Aktienemissionen über das Internet – eine Gefährdung des Anlegerschutzes?

Studien zum Europäischen
und Internationalen Wirtschaftsrecht
Studies in European and International Economic Law

Herausgegeben von/eds.
Peter Hay, Meinhard Hilf, Herbert Kronke, Wolfgang Oehler

Band/Volume 22

PL ACADEMIC RESEARCH

Christoph Rodenhäuser

Aktienemissionen über das Internet – eine Gefährdung des Anlegerschutzes?

PL ACADEMIC RESEARCH

Bibliografische Information der Deutschen Nationalbibliothek
Die Deutsche Nationalbibliothek verzeichnet diese Publikation in der Deutschen Nationalbibliografie; detaillierte bibliografische Daten sind im Internet über http://dnb.d-nb.de abrufbar.

Zugl.: Heidelberg, Univ., Diss., 2013

D 16
ISSN 0941-3650
ISBN 978-3-631-65855-0 (Print)
E-ISBN 978-3-653-05087-5 (E-Book)
DOI 10.3726/ 978-3-653-05087-5

PL Academic Research ist ein Imprint der Peter Lang GmbH.

Peter Lang – Frankfurt am Main · Bern · Bruxelles · New York · Oxford · Warszawa · Wien

Diese Publikation wurde begutachtet.

www.peterlang.com

Meinen Eltern

Vorwort

Die vorliegende Arbeit wurde im Sommersemester 2013 von der Juristischen Fakultät der Universität Heidelberg als Dissertation angenommen. Das ursprüngliche Manuskript aus dem Jahr 2006 musste aus Gründen, die der Verfasser nicht zu vertreten hat, sowie auf Grund der rasant fortschreitenden Entwicklungen im Kapitalmarktrecht und im Internationalen Privatrecht vor Annahme als Dissertation in großen Teilen überarbeitet und ergänzt werden. Dies bot die Chance einer eingehenden Auseinandersetzung und Bewertung der vom Gesetzgeber in den letzten Jahren auf diesen Gebieten getroffenen Regelungen im Hinblick auf ihre Auswirkungen auf den Anlegerschutz und ihre praktische Handhabung in Bezug auf den elektronischen Geschäftsverkehr. Literatur und Rechtsprechung konnten bis Dezember 2013 berücksichtigt werden.

An dieser Stelle möchte ich all denjenigen danken, die mich während der Erstellung meiner Dissertation in vielfacher Weise unterstützt und mir Rückhalt gegeben haben.

Für die Übernahme der Betreuung meiner Arbeit im Jahr 2010 und die bereitwillige und zügige Erstattung des Erstgutachtens bin ich Herrn Professor Dr. Witt zu besonderem Dank verpflichtet. Herrn Professor Dr. Kronke danke ich ebenfalls herzlich für die mir gewährte Unterstützung, die Erstattung des Zweitgutachtens sowie die Aufnahme in die Schriftenreihe „Studien zum Europäischen und Internationalen Wirtschaftsrecht".

Herrn Professor Dr. Stefan Huber danke ich für seine wertvollen Anregungen und Hinweise. Weiterhin möchte ich dem Institut für Ausländisches und Internationales Privat- und Wirtschaftsrecht der Ruprecht-Karls-Universität Heidelberg herzlich für die mir gewährte Unterstützung, insbesondere für die Ermöglichung der Nutzung der Bibliothek, danken.

Meinen Heidelberger Freunden, insbesondere Barbara, Thorsten, Frederike und Alfredo, danke ich für ihre Hilfsbereitschaft und den Zuspruch während meiner Arbeitsphasen im Institut für Ausländisches und Internationales Privat- und Wirtschaftsrecht in Heidelberg.

Meiner Partnerin Jennifer Meinicke danke ich vor allem für ihre Geduld und ihre liebevolle Zuwendung.

Großer Dank gebührt an dieser Stelle meinen Eltern Maria und Dr. Wolfgang Rodenhäuser. Ihre bedingungslose Unterstützung ist für meinen beruflichen Werdegang wie auch für das Gelingen dieser Arbeit von unschätzbarer Bedeutung.

Berlin, im November 2014 Christoph Rodenhäuser

Inhaltsverzeichnis

Abkürzungsverzeichnis

a.A.	anderer Ansicht
a.F.	alte Fassung
ABl.	Amtsblatt
AcP	Archiv für die civilistische Praxis (Zeitschrift)
AEUV	Vertrag über die Arbeitsweise der Europäischen Union
AG	Die Aktiengesellschaft (Zeitschrift)
AGB	Allgemeine Geschäftsbedingungen
AktG	Aktiengesetz
AnSVG	Anlegerschutzverbesserungsgesetz
Art.	Artikel
BaFin	Bundesanstalt für Finanzdienstleistungsaufsicht
BAKred	Bundesaufsichtsamt für das Kreditwesen
BAV	Bundesaufsichtsamt für das Versicherungswesen
BAWe	Bundesaufsichtsamt für den Wertpapierhandel, Frankfurt am Main
BB	Betriebsberater (Zeitschrift)
BDSG	Bundesdatenschutzgesetz
BGB	Bürgerliches Gesetzbuch
BGB-InfoV	Verordnung über Informations- und Nachweispflichten nach bürgerlichem Recht
BGBl.	Bundesgesetzblatt
BGH	Bundesgerichtshof
BGHZ	Entscheidungen des Bundesgerichtshofs in Zivilsachen
BKR	Zeitschrift für Bank- und Kapitalmarktrecht
BörsG	Börsengesetz
BörsZulV	Börsenzulassungs-Verordnung
BR-Drs.	Bundesratsdrucksache
BT-Drs.	Bundestagsdrucksache
c.i.c.	culpa in contrahendo
CESR	The Committee of European Securities Regulators
CR	Computer und Recht (Zeitschrift)
DB	Der Betrieb (Zeitschrift)
DStR	Deutsches Steuerrecht (Zeitschrift)
DuD	Datenschutz und Datensicherung (Zeitschrift)
DVBl.	Deutsches Verwaltungsblatt (Zeitschrift)

EBLR	European Business Law Review (Zeitschrift)
ECRL	E-Commerce-Richtlinie
EG	Europäische Gemeinschaft(en)
EGG	Gesetz über rechtliche Rahmenbedingungen für den elektronischen Geschäftsverkehr (Elektronischer Geschäftsverkehr-Gesetz)
EGV	Vertrag zur Gründung der Europäischen Gemeinschaft
endg.	Endgültig
EU	Europäische Union
EuGH	Gerichtshof der europäischen Gemeinschaften
EuGVO	Verordnung über die gerichtliche Zuständigkeit und die Anerkennung und Vollstreckung von Entscheidungen in Zivil- und Handelssachen
EUV	Vertrag über die Europäische Union
EuZW	Europäische Zeitschrift für Wirtschaftsrecht
EVÜ	Übereinkommen über das auf vertragliche Schuldverhältnisse anzuwendende Recht
EWiR	Entscheidungen zum Wirtschaftsrecht (Zeitschrift)
EWR	Europäischer Wirtschaftsraum
EWS	Europäisches Wirtschafts- und Steuerrecht (Zeitschrift)
FESCO	Forum of European Securities Commissions, Paris
FinDAG	Gesetz über die integrierte Finanzdienstleistungsaufsicht
FMFG	Finanzmarktförderungsgesetz
FS	Festschrift
FWB	Frankfurter Wertpapierbörse
GATT	General Agreement on Tariffs and Trade
GATS	General Agreement on Trade in Services
h.M.	herrschende Meinung
Hrsg.	Herausgeber
i.d.F.	in der Fassung
IOSCO	International Organisation of Securities Commissions, Montreal
IPO	Initial Public Offering
IPR	Internationales Privatrecht
IPRax	Praxis des internationalen Privat- und Verfahrensrechts (Zeitschrift)
ISP	Internet Servie Provider
K & R	Kommunikation & Recht (Zeitschrift)
KapMuG	Kapitalanleger-Musterverfahrensgesetz

KG	Kammergericht
KOM	Dokumente der Kommission der Europäischen Gemeinschaften
KWG	Gesetz über das Kreditwesen
LG	Landgericht
MDStV	Mediendienstestaatsvertrag
MMR	Multimedia und Recht (Zeitschrift)
MoU	Memorandum of Understanding
NASDAQ	National Association of of Securities Dealers Automated Quotations System
NJW	Neue Juristische Wochenschrift
NVwZ	Neue Zeitschrift für Verwaltungsrecht
NZG	Neue Zeitschrift für Gesellschaftsrecht
OFC	Off-Shore Financial Center
OLG	Oberlandesgericht
OTC	Over the counter
PCIJ	Permanent Court of International Justice
RabelsZ	Rabels Zeitschrift für ausländisches und internationales Privatrecht
RegBegr.	Regierungsbegründung
RGZ	Entscheidungen des Reichsgerichts in Zivilsachen
RIW	Recht der internationalen Wirtschaft (Zeitschrift)
RL	Richtlinie
Rn.	Randnummer
Rs.	Rechtssache
RStV	Rundfunkdienstestaatsvertrag
SEC	Securities and Exchange Commission
Slg.	Sammlung der Rechtsprechung des Gerichtshofs und des Gerichts erster Instanz der europäischen Gemeinschaften
StIGH	Ständiger Internationaler Gerichtshof
TDG	Teledienstegesetz
TKG	Telekommunikationsgesetz
TMG	Telemediengesetz
UMAG	Gesetz zur Unternehmensintegrität und Modernisierung des Anfechtungsrechts
VerkProspG	Verkaufsprospektgesetz
VerkProspVO	Verkaufsprospektverordnung
VersR	Versicherungsrecht (Zeitschrift)
VO	Verordnung
WM	Wertpapiermitteilungen (Zeitschrift)

WpDVerOV	Verordnung zur Konkretisierung der Verhaltensregeln und Organisationsanforderungen für Wertpapierdienstleistungsunternehmen (Wertpapierdienstleistungs-Verhaltens- und Organisationsverordnung
WPg	Die Wirtschaftsprüfung
WpHG	Wertpapierhandelsgesetz
WpPG	Permanent Court of International Justice
z.Zt.	zur Zeit
ZBB	Zeitschrift für Bankrecht und Bankwirtschaft
ZEuP	Zeitschrift für Europäisches Privatrecht
ZGR	Zeitschrift für Unternehmens- und Gesellschaftsrecht
ZHR	Zeitschrift für das gesamte Handelsrecht und Wirtschaftsrecht
ZIP	Zeitschrift für Wirtschaftsrecht
ZPO	Zivilprozessordnung
ZVglRWiss	Zeitschrift für Vergleichende Rechtswissenschaft

Einleitung

A. Ausgangspunkt

Die Nutzung des Internets als schnelles und kostengünstiges Medium bietet sich für den Kapitalmarkt geradezu an, da durch seinen Einsatz kosteneffiziente Kommunikation und Transaktionen ermöglicht werden[1]. Daher ist es nicht verwunderlich, dass seit Ende der 1990er Jahre Veränderungen des Finanzdienstleistungssektors zu beobachten sind, die darauf beruhen, dass sich die Akteure diesen Vorteil zunutze machen. Am Anfang dieser Veränderungen stand eine zunehmende Nutzung des Internets für die Erbringung von Bankdienstleistungen (Online-Banking), doch hat das Internet zunehmend auch den Bereich der Finanz- und Kapitalmärkte erobert[2].

Grundsätzlich bietet sich das Internet als Markt für Informationen, als Primär- und (außerbörslicher) Sekundärmarkt für Wertpapiere sowie als Börse an[3]. Als Folge dessen sind eine Veränderung bestehender Geschäftsmodelle[4] und das Entstehen neuer[5] zu beobachten. Auch wenn diese Entwicklung grundsätzlich positiv beurteilt wird[6], sollte nicht übersehen werden, dass manches Geschäftsmodell neben neuen Chancen auch Risiken, insbesondere für den Anleger, birgt[7].

Dies wird besonders am Beispiel einer Eigenemission deutlich. Bei einer solchen bietet der Emittent die zu emittierenden Wertpapiere selbst, ohne Beteiligung Dritter, an. Bisher beschränkte sich die Möglichkeit einer solchen Emission auf Ausnahmefälle, bei denen die Mitwirkung von Kreditinstituten aus strukturellen Gründen nicht notwendig war. Eine solche Ausnahmesituation lag beispielsweise vor, wenn Konzerntöchter in der Rechtsform einer AG eine Kapitalerhöhung

1 Siehe hierzu: Spindler, ZHR 165(2001), 324 ff.; ders., NZG 2000, 1058 ff.

2 Jäger, NZG 2000, 1049, 1053 ff.; Tawakkoli, DStR 1999, 1330 ff.; Pfüller/Westerwelle, MMR 1998, 171 ff.

3 Siehe Weber MMR 1999, 385 ff.; Tawakkoli, DStR 1999, 1330 ff.; Pfüller/Westerwelle, MMR 1998, 171, 172 ff.; Schaefer, MMR 2001, 491 ff.

4 Durch den Einsatz des Internets wurde Direct-Broking erst möglich.

5 Das Entstehen virtueller Emissionshäuser, außerbörslicher Marktplätze oder der Einsatz von Direktemissionen zur Kapitalbeschaffung wären ohne Verwendung des Internets in diesem Umfang nicht denkbar; siehe hierzu: Weber, MMR 1999, 385 ff.; Tawakkoli, DStR 1999, 1330, 1331 ff.; Pfüller/Westerwelle, MMR 1998, 171 ff.; Jäger NZG 2000, 1049, 1053 ff.

6 Schaefer, MMR 2001, 491 ff.; Jäger, NZG 2000, 1049, 1054 f.; Tawakkoli, DStR 1999, 1330, 1336; Zacharias, 298.

7 „Hohe Kursverluste bei Net.IPO“, FAZ v. 18.03.2000, Nr. 66, S. 25; Weber, MMR 1999, 385, 386; Assmann, in: FS-Schütze, 15, 21 ff.

vornahmen und die Muttergesellschaft die neuen Aktien übernahm[8]. Weiterhin nahmen auch Daueremittenten, insbesondere Kreditinstitute, die an ihre Kunden Schuldverschreibungen zwecks Finanzierung ihres Aktivgeschäfts ausgaben, die Möglichkeit einer Selbstemission wahr[9]. Dies gilt insbesondere für die Ausgabe von Hypotheken- und Pfandbriefen, wobei die Emission entsprechend der Nachfrage interessierter Anleger erfolgt. Dagegen schien das Instrument einer Direktemission bis vor ein paar Jahren als ungeeignet, wenn der Emittent Fremdmittel zu einem bestimmten Zeitpunkt benötigte[10]. Diese Situation hat sich jedoch mit fortschreitender Verbreitung des Internet grundlegend geändert, wie erfolgreich[11] durchgeführte Selbstemissionen belegen. Dies führte zu grundlegenden Veränderungen sowohl im börslichen als auch im außerbörslichen, als grauer Kapitalmarkt[12] bezeichneten, Bereich[13].

In der folgenden Arbeit soll untersucht werden, inwieweit Anlegerschutz bei den einzelnen Emissionsformen bzw. Geschäftsmodellen gewährleistet wird. Die Gewährleistung von Anlegerschutz erfolgt nicht nur durch kapitalmarktrechtliche Normen[14], sondern auch durch Gesellschaftsrecht und vornehmlich durch aktienrechtliche Vorschriften[15]. So dienen beispielsweise die Rechnungslegungsvorschriften des Handelsgesetzbuchs nicht nur dem Gläubiger-, sondern auch dem

---

8 Grundmann, in: Schimansky/Bunte/Lwowski, Bankrechts-Handbuch, Band 2, § 112, Rn. 6; Ekkenga/Maas, Rn. 73; Müller, in: Kümpel/Wittig, Rn. 15.82.

9 Müller, in: Kümpel/Wittig, Rn. 15.82; Grundmann, in: Schimansky/Bunte/Lwowski, Bankrechts-Handbuch, Band 2, § 112, Rn. 6; Ekkenga/Maas, Rn. 73.

10 Müller, in: Kümpel/Wittig, Rn. 15.83; Grundmann, in: Schimansky/Bunte/Lwowski, Bankrechts-Handbuch, Band 2, § 112, Rn. 6; Singhof/Weber, in: Habersack/Mülbert/Schlitt, § 4, Rn. 24 vertreten die Auffassung, dass das Internet nichts an dieser Situation geändert hat.

11 Einige dieser Emissionen waren aus Anlegersicht weniger erfolgreich, da es zu herben Kursverlusten oder gar Insolvenzen kam. So sind bzw. waren die Met@box AG sowie die Infomatec AG Gegenstand staatsanwaltschaftlicher Ermittlungsverfahren. Die Vorstände der Infomatec AG wurden zwischenzeitlich vom BGH, Urt. v. 19.7.2004, II ZR 402/02, BB 2004, 1816 f. zur Zahlung von Schadensersatz an geschädigte Anleger verurteilt. Als positives Gegenbeispiel für eine gelungene Eigenemission ist der Börsengang von Google Inc. zu nennen.

12 Siehe zum Begriff des grauen Kapitalmarkts: Oulds, in: Kümpel/Wittig, Rn. 14.50 ff.; Assmann, in: Assmann/Schneider, WpHG, Einl., Rn. 5 ff.; Heidelbach, in: Schwark/Zimmer, Kapitalmarktrechts-Kommentar, Vor § 8f VerkProspG, Rn. 2, 4.

13 Siehe zu diesen Veränderungen: Weber, NJW 2000, 2063 ff.; Jäger, NZG 2000, 1049 ff.; Kündgen, in: FS Lutter, Mutmaßungen über die Zukunft europäischer Börsen, 1401 ff.; Jäger, Aktiengesellschaft, § 54, Rn. 103 ff.

14 Siehe hierzu: Raiser/Veil, 5. Auflage, § 12, Rn. 1 ff.; Möller, ZGR 1997, 334 ff.

15 Lenenbach, Kapitalmarkt- und Börsenrecht, Rn. 8.5; Hommelhoff, ZHR 153(1989), 181, 194; Jäger, Aktiengesellschaft, § 54, Rn. 144 f.

Anlegerschutz[16]. Beispiele für dem Anlegerschutz dienende aktienrechtliche Vorschriften sind Mitteilungspflichten über Beteiligungen an anderen Unternehmen gemäß §§ 20 ff. AktG, die Grundsätze der Kapitalaufbringung und -erhaltung sowie Mitentscheidungsrechte der Aktionäre[17].

Vereinfacht lässt sich sagen, dass der kapitalmarktrechtliche Anlegerschutz das Ziel verfolgt, Informationsasymmetrien abzubauen, während Schutzziel des gesellschaftsrechtlichen Anlegerschutzes der Ausgleich von Machtungleichgewichten und die Kontrolle von Verwaltungsträgern ist[18]. Der Schwerpunkt der vorliegenden Arbeit wird auf den kapitalmarktrechtlichen Anlegerschutz gelegt.

B. Vorgehensweise

Als Ausgangspunkt der Betrachtung wird die Emissionsform bzw. das Geschäftsmodell gewählt, das augenscheinlich den höchsten Anlegerschutz gewährleistet. Gemeinhin denkt man hierbei an eine Emission von Wertpapieren mit gleichzeitiger Börseneinführung unter Beteiligung von Banken. Zum einen bestehen bei diesem Modell umfangreiche Prospektpflichten, zum anderen steht dem Anleger neben dem Emittenten auch die Emissionsbank als (solventer) Anspruchsgegner zur Verfügung[19].

In einem ersten Teil wird daher die Funktion der Banken im Emissionsgeschäft näher betrachtet. Hierfür sollen kurz der Ablauf einer klassischen Emission, d.h. einer mit gleichzeitiger Börseneinführung der emittierten Wertpapiere, beschrieben und die einzelnen Rechtsbeziehungen zwischen den Beteiligten, insbesondere zwischen den Emissionsbanken und den Anlegern, näher dargestellt werden. Hierbei wird auf die Prospektverantwortlichkeit der Banken und bestehende Aufklärungs- und Beratungspflichten eingegangen werden. Im Anschluss werden sodann einige bankenaufsichtsrechtliche Regelungen vorgestellt. Diese sollen auf ihre Relevanz bzgl. des Anlegerschutzes untersucht werden.

In einem zweiten Teil wird sodann die Finanzierungsform einer Internetemission in Form einer Fremdemission untersucht werden, wobei die Haupteinsatzgebiete einer Internetemission nach Marktsegmenten (regulierter Markt, Freiverkehr, sonstiger Handel/vorbörsliche Risikobeteiligungen) geordnet näher betrachtet werden. Der Einsatz des Internets ermöglicht es, dass ausländische

16 Lenenbach, Kapitalmarkt- und Börsenrecht, Rn. 8.5.

17 Hommelhoff, ZHR 153(1989), 181, 194 f., 205 f.; Raiser/Veil, 4. Auflage, § 9, Rn. 17.

18 Lenenbach, Kapitalmarkt- und Börsenrecht, Rn. 8.5; Jäger, Aktiengesellschaft, § 54, Rn. 147; siehe zu den Grenzen des Anlegerschutzes durch das WpHG: Cahn, ZHR 162(1998). 1 ff.

19 Bei den beiden spektakulärsten Prospekthaftungsfällen nach § 45 a.F. BörsG „Beton- und Monierbau" (BGH, Urt. v. 12.7.1982, II ZR 175/81, WM 1982, 862 f.) und „Bond" (OLG Frankfurt, Urt. v. 1.2.1994, 5 U 213/92, WM 1994, 291 f.) war ein wirtschaftlich wirksamer Anlegerschutz nur durch die Mithaftung der solventen Emissionsbegleiter zu sichern.

Wertpapierdienstleistungsunternehmen, die keine physische Präsenz im Inland unterhalten (im Folgenden als virtuelles Emissionshaus bezeichnet), im Wege des grenzüberschreitenden Dienstleistungsverkehrs Wertpapierdienstleistungen im Inland erbringen. Eine Besonderheit stellt hier die Tatsache dar, dass der Dienstleistungserbringer seinen Sitz nicht notwendigerweise im Inland haben muss und auch oftmals keine inländische Zweigniederlassung betreibt. Es stellt sich dann die Frage nach dem anwendbaren Rechtsregime. Diese lässt sich nicht pauschal beantworten, vielmehr muss zwischen den im Verlauf einer Emission auftretenden einzelnen Rechtsbeziehungen unterschieden werden. Hierbei ist zu beachten, dass Anlegerschutz in erster Linie durch Informationen gewährleistet wird, wobei sich Informationspflichten aus handelsrechtlichen, aktienrechtlichen und kapitalmarktrechtlichen Vorschriften ergeben. Je nach anwendbarem Rechtsregime bestehen somit auch unterschiedliche Informationspflichten. Schließlich ist auch der Umfang der einzelnen Informationspflichten zu untersuchen. Dabei ist der Frage nachzugehen, ob der Umfang der Beratungs- und Informationspflichten nach WpHG bei virtuellen Emissionshäusern ein anderer als bei örtlichen Banken ist und inwieweit hierauf warnend hingewiesen werden muss. Auch ist zu prüfen, wie aufsichtsrechtliche Maßnahmen gegenüber ausländischen Emittenten durchgesetzt werden können. Dabei sollen neben einer Zusammenarbeit der Aufsichtsbehörden auch andere Möglichkeiten, beispielsweise die Sperrung eines Internetangebots, untersucht werden.

Im dritten Teil der Arbeit wird auf die Platzierungsform einer Eigenemission näher eingegangen. Ausgangspunkt wird wiederum eine kurze Betrachtung der bestehenden Marktsituation sein. Im Anschluss hieran werden die Folgen der Nichtanwendbarkeit des WpHG und des KWG für den Anlegerschutz untersucht. Hierfür ist der Frage nachzugehen, welche zivilrechtlichen Aufklärungs- und Beratungspflichten den Emittenten gegenüber dem Anleger obliegen und welche Rechtsfolgen eine mögliche Pflichtverletzung nach sich zieht. Abschließend soll untersucht werden, welche Ansprüche dem geschädigten Anleger gegen den Emittenten wegen Verletzung von Prospektpflichten zustehen und in welchen Konstellationen der Vorstand eines Emittenten neben diesem einem geschädigten Anleger haftet.

In einem vierten Teil erfolgt ein Vergleich der in den ersten drei Teilen der Arbeit gefundenen Ergebnisse unter dem Gesichtspunkt der Gewährleistung von Anlegerschutz. Dabei werden die Unterschiede zwischen einer Eigen- und Fremdemission, einer Emission eines in- und eines ausländischen Emittenten sowie einer Emission im regulierten und nicht regulierten Markt dargestellt. Dabei sollen die jeweils bestehenden Schutzlücken aufgezeigt werden.

Die folgende Untersuchung wird auf Ansprüche von Privatanlegern gegen Emittenten und Emissionshäuser beschränkt. Ansprüche institutioneller Investoren sind nicht Gegenstand dieser Arbeit.

C. Geschichtliche Entwicklung

Das Wort Aktie stammt aus dem Niederländischen und lässt einen Rückschluss darauf zu, wo erstmalig aktienmäßige Beteiligungen vorkamen[20]. Im Jahr 1602 wurden von der Allgemeinen Niederländischen Vereinigten Ostindischen Compagnie Aktien ausgegeben, wobei es sich bei diesen um Namensaktien handelte[21]. Die Handelskompanien, welche Handel mit den neuen Kolonien in Übersee betrieben, besaßen eigene Rechtspersönlichkeit und waren wegen der ihnen verliehenen Hoheitsrechte gemischt privatrechtlich/öffentlich-rechtliche Gebilde[22]. Eine Konzessionierung erfolgte durch vom Souverän ausgefertigte Urkunden, die sog. „Octroni"[23]. Die Erwerber mussten sich von der Aktiengesellschaft in ein Aktienbuch eintragen lassen und waren damit im Unterschied zu den Aktionären der später durch Inhaberaktien finanzierten Aktiengesellschaften namentlich bekannt[24]. Diese Gesellschaften betrieben in erster Linie Handel mit den Kolonien in Übersee[25]. Für die Übertragung der Aktien war die Zustimmung der Gesellschaft erforderlich, so dass diese nur bedingt börsenfähig waren[26]. Wenig später entstanden auch in England und Schottland Kolonialgesellschaften auf Aktienbasis[27]. In den folgenden Jahren stieg die Anzahl der Aktiengesellschaften erheblich an. Existierten 1688 in England und Schottland lediglich 24 joint-stock companies, so stieg ihre Zahl im Zeitraum zwischen 1692 und 1695 um weitere 150[28]. Die ersten Inhaberaktien wurden 1717 von der Lawschen Mississippigesellschaft ausgegeben. Erstmals wurden 1756 deutsche Aktien von den Preußischen Kolonialgesellschaften ausgegeben. Hierbei handelte es sich um Papiere der Asiatischen und Bengalischen Kompanie[29]. Eine zunehmende Bedeutung als Finanzierungsinstrument erlangten Aktien im Rahmen des Eisenbahnbaus seit den 1840er Jahren[30]. In der zweiten Hälfte des 19. Jahrhunderts kamen verstärkt Industrieaktien hinzu[31]. Die

20 North, Von Aktie bis Zoll, 18; Hoffmann-Becking, in: Münchner Handbuch des GesR, Band 4, § 1, Rn. 1.

21 North, Von Aktie bis Zoll, 18; Schlüter, Börsenhandelsrecht, Rn. 10; Raiser/Veil, 5. Auflage, § 3, Rn. 1.

22 Hoffmann-Becking, in: Münchner Handbuch des GesR, Band 4, § 1, Rn. 1; Raiser/Veil, 5. Auflage, § 3, Rn. 1.

23 Hoffmann-Becking, in: Münchner Handbuch des GesR, Band 4, § 1, Rn. 1; Raiser/Veil, 5. Auflage, § 3, Rn. 1.

24 North, Von Aktie bis Zoll, 18.

25 Hoffmann-Becking, in: Münchner Handbuch des GesR, Band 4, § 1, Rn. 1.

26 North, Von Aktie bis Zoll, 18.

27 North, Von Aktie bis Zoll, 18.

28 North, Von Aktie bis Zoll, 18.

29 North, Von Aktie bis Zoll, 18.

30 Hoffmann-Becking, in: Münchner Handbuch des GesR, Band 4, § 1, Rn. 3.

31 Hoffmann-Becking, in: Münchner Handbuch des GesR, Band 4, § 1, Rn. 3.

Ausgabe von Aktien war bis Ende 1870 in Deutschland noch konzessionspflichtig[32]. Etwa seit dieser Zeit stellt die Aktie das wichtigste Beteiligungspapier an den Kapitalmärkten dar, obgleich deren Emission wegen spekulativer Übertreibungen zeitweilig eingeschränkt worden war. Diesen Umtrieben versuchte man mit dem Börsengesetz von 1896, novelliert 1908, zu begegnen[33].

Die erste Aktienemission über das Internet[34] in Form einer Selbstemission fand im Herbst 1995 statt[35]. Damals kam Andrew Klein, Besitzer der Spring Street Brewing Company, einer kleinen Gasthausbrauerei mit Sitz in New York, auf die Idee, deren Aktien ohne Zuhilfenahme Dritter direkt über das Internet zu platzieren[36]. Es wurden 3500 Anleger gewonnen, welche auf diese Weise Anteile im Gesamtwert von 1,6 Mio. $ zeichneten[37]. Diese Vorgehensweise stieß bei der SEC[38] auf Widerspruch[39]. Nachdem sich diese zu den Rahmenbedingungen geäußert hatte, bei deren Einhaltung eine Emission über das Internet als zulässig zu erachten sei, begannen sich Aktienemissionen über das Netz weltweit zu verbreiten[40].

Die erste Aktienemission über das Internet in Europa fand 1996 in England statt (Argo Interactive)[41]. In Deutschland wurden 1997 erstmalig Aktien über das Internet platziert[42]. Emittenten waren die PIOS Computer AG (heute Met@box AG), Internet 2000 AG und die Infomatec AG[43]. Zwar führten die Emission der Spring Street Brewing Company und in deren Anschluss die Gründung der Investmentbank Wit Capital nicht zu einem regelrechten Siegeszug von Internet-IPOs[44],

---

32 Hoffmann-Becking, in: Münchner Handbuch des GesR, Band 4, § 1, Rn. 3; Raiser/Veil, 5. Auflage, § 3, Rn. 1; siehe zur Abschaffung des Konzessionssystems: Schubert, ZGR 1981, 285 ff.

33 Siehe hierzu: Hoffmann-Becking, in: Münchner Handbuch des GesR, Band 4, § 1, Rn. 6 f.; Schlüter, Börsenhandelsrecht, Rn. 34.

34 Genaugenommen wird nichts über das Internet emittiert, sondern emittierte Wertpapiere werden über das Internet zum Kauf bzw. zur Zeichnung angeboten.

35 Weber, MMR 1999, 385; Assmann, in: FS-Schütze, 15, 16.

36 Weber, MMR 1999, 385; Pfüller/Westerwelle, MMR 1998, 171, 172.

37 Jäger, Aktiengesellschaft, § 54, Rn. 104; Weber MMR 1999, 385; Pfüller/Westerwelle, MMR 1998, 171, 172.

38 Securities Exchange Commission.

39 So Assmann, in: FS-Schütze unter Verweis auf Jakob, Initial Public Offerings, 1998, 341 sowie „SEC stoppt Handel mit Aktien im Internet“, Handelsblatt v. 25.3.1996, Nr. 60, S. 40.

40 Weber, MMR 1999, 385; Assmann, in: FS-Schütze, 15, 16.

41 Weber, MMR 1999, 385; Jäger, Aktiengesellschaft, § 54, Rn. 104.

42 Jäger, NZG 2000, 1049, 1053; Jäger, Aktiengesellschaft, § 54, Rn. 104.

43 Weber, MMR 1999, 385, Fn. 8. Beide Unternehmen waren Gegenstand staatsanwaltschaftlicher Ermittlungsverfahren. Die Vorstände der Infomatec AG wurden zwischenzeitlich vom BGH, Urt. v. 19.7.2004, II ZR 402/02, BB 2004, 1816 f. zur Zahlung von Schadensersatz an geschädigte Anleger verurteilt.

44 IPO steht für Initial Public Offering. Hierunter versteht man das erstmalige öffentliche Anbieten von Aktien verbunden mit einer Börseneinführung.

jedoch kam es im Zeitraum von 1996 bis 1998 immerhin zu weltweit 150 Eigenemissionen, wovon ca. 10% auf den europäischen Raum entfielen[45].

Wenig später wurden immer mehr virtuelle Emissionshäuser gegründet, die Fremdemissionen durchführen. Das erste dieser Art – Wit Capital – wurde ebenfalls von Andrew Klein gegründet und ist seit Mai 1999 an der NASDAQ gelistet[46]. Bis Mitte 2000 wurden von Wit Capital mehr als 200 Kapitalmarkttransaktionen via Internet durchgeführt. Auch in Deutschland kam es in den letzten Jahren zur Gründung virtueller Emissionshäuser. Diese bieten teilweise weder Konto- noch Depotführung an, sondern konzentrieren sich ausschließlich auf die Durchführung von Emissionen[47]. Andererseits hat aber auch die Deutsche Bank seit 1999 als erstes großes europäisches Kreditinstitut den Einstieg in den bisher von nationalen Pionierunternehmen geprägten Markt gewagt[48]. Ähnliche Tendenzen waren bereits vorher in den USA zu beobachten. Nach Auskunft des ehemaligen BAKred hat aber auch der graue Kapitalmarkt das Potential des Internets für sich nutzbar gemacht[49]. Der Missbrauch des Internets durch Anbieter dubioser Finanzprodukte oder Anbieter nicht-konzessionierter Bankgeschäfte und Finanzdienstleistungen sei allerdings nicht allein durch deutsche Unternehmen erfolgt, vielmehr seien Bankgeschäfte oder Finanzdienstleistungen auch aus dem Ausland, gezielt mit deutschsprachigen Websites, grenzüberschreitend angeboten worden[50].

Im Jahre 2000 wurden Aktien mit einem Volumen von EUR 46 Mrd. emittiert, wovon 50% im Wege eines IPO begeben wurden[51]. In den folgenden beiden Jahren, die durch stark fallende Kursen an den Aktienmärkten geprägt waren, kam es zu einem erheblichen Einbruch der Emissionstätigkeit[52]. Bis Anfang Mai 2004, also für einen Zeitraum von achtzehn Monaten, kam es zu keiner Neuemission[53]. Im Zeitraum zwischen 2004 und 2008 war dann wieder eine verstärkte Emissionstätigkeit in Deutschland zu beobachten, die allerdings mit dem Ausbruch der Finanzkrise

45 Assmann, in: FS-Schütze, 15, 16, Fn. 5 m.w.N.; siehe zu weiteren Daten: Teodore D. Cocca, Der Schweizer Treuhänder, 2001, 1055 ff.

46 Weber, MMR 1999, 385.

47 So laut Weber, MMR 1999, 385 beispielsweise VEM Virtuelles Emissionshaus AG; siehe auch: „Internet-Emissionsbank VEM hat Zulauf", FAZ Nr. 94 v. 20.4.2000, S. 27.

48 Weber, MMR 1999, 385.

49 BAKred, Jahresbericht 2000, 125.

50 BAKred, Jahresbericht 2000, 125.

51 Schäcker/Brehm, in: Habersack/Mülbert/Schlitt, 2. Auflage, § 2, Rn. 2.

52 Jäger, Aktiengesellschaft, § 54, Rn. 105.

53 Kurz nach dem sehr kleinen IPO der MIFA Mitteldeutsche Fahrradwerke AG stellte die Emission der Wincor Nixdorf AG mit einem Volumen von EUR 362 Mio. den ersten bedeutenden IPO in Deutschland seit der Emission der AIG International Real Estate GmbH & Co. KGaA im Juli 2002 dar; Schäcker/Brehm, in: Habersack/Mülbert/Schlitt, 2. Auflage, § 2, Fn. 2.

im Jahr 2008 praktisch zeitweilig zum Erliegen kam[54]. In den nachfolgenden Jahren handelte es sich bei einem Großteil der durchgeführten Emissionen um Kapitalerhöhungen mit Bezugsrecht, insbesondere im Bankensektor[55]. Dagegen war das Volumen von Neuemissionen eher gering. Auch kam es aufgrund schwieriger Marktverhältnisse zur Verschiebung von Börsengängen, so z.B. beim Börsengang von Evonik[56].

Die größte Emission unter Verwendung des Internet stellte bisher der IPO der Google Inc. am 19.8.2004 dar. Es wurden 19,6 Millionen Aktien ausgegeben; die Preisspanne der Papiere betrug $ 85 bis $ 95 pro Aktie[57]. Die Aktie wurde im NASDAQ aufgenommen und hatte eine Erstnotiz von $ 100,01[58].

54 Siehe Schäcker/Kunze/Wohlgefahrt, in: Habersack/Mülbert/Schlitt, § 3, Rn. 4 (Schaubild).

55 Siehe Schäcker/Kunze/Wohlgefahrt, in: Habersack/Mülbert/Schlitt, § 3, Rn. 4.

56 Laut Schäcker/Kunze/Wohlgefahrt, in: Habersack/Mülbert/Schlitt, § 3, Rn. 4.

57 http://www.google-ipo.com (Stand: 30.11.2013); Kuls, „Google bringt keinen Schub für Neuemissionen“, FAZ Nr. 198 v. 26.8.2004, S. 17.

58 http://www.google-ipo.com (Stand: 30.11.2013); Kuls, „Google bringt keinen Schub für Neuemissionen“, FAZ Nr. 198 v. 26.8.2004, S. 17.

Erster Teil: Die Stellung der Banken im Emissionsprozess

1. Abschnitt: Der Ablauf einer Emission

A. Allgemeines

Bei Aktien handelt es sich um ein Kapitalmarktprodukt, das – wie andere Produkte auch – erst „hergestellt“ werden muss, bevor es gehandelt werden kann[59]. Aktien werden von ihren Ausstellern begeben. Im Anschluss hieran erfolgt eine Abgabe der neu geschaffenen Aktien. Dabei bezeichnet der Begriff Emission die erstmalige Ausgabe und Platzierung von Wertpapieren durch den Emittenten[60].

B. Emissionsformen

Grundsätzlich lassen sich nach der Art ihrer Durchführung zwei Formen von Emissionen unterscheiden: Eigen- und Fremdemission.

I. Eigenemission

Bei einer Eigenemission – synonym Selbstemission – bedient sich der Emittent zur Platzierung der Wertpapiere nicht der Mithilfe eines Dritten. Vielmehr zeichnen die an den Aktien interessierten Anleger diese selber[61].

II. Fremdemission

Bei einer Fremdemission schaltet der Emittent zur Platzierung der Aktien ein Emissionskonsortium ein. Im Wesentlichen lassen sich drei Typen von Emissionskonsortien unterscheiden, welche jeweils die Aktien vor der Emission übernehmen bzw. zeichnen[62]. Das Bankenkonsortium hat neben dieser Aufgabe und der damit verbundenen Risikoübernahme in der Regel noch weitere Aufgaben, insbesondere die der Platzierung und Börseneinführung[63].

---

59 Müller, in: Kümpel/Wittig, Rn. 15.1.

60 Lenenbach, Kapitalmarkt- und Börsenrecht, Rn. 7.1; Müller, in: Kümpel/Wittig, Rn. 15.2.

61 Ekkenga/Maas, Rn. 72 f.; Singhof/Weber, in: Habersack/Mülbert/Schlitt, § 4, Rn. 24.

62 Vgl. Müller, in: Kümpel/Wittig, Rn. 15.6 ff.; Schanz, Börseneinführung, § 9, Rn. 35 ff.

63 Siehe zu Emissionskonsortien: De Meo, Bankenkonsortien, 10 ff., 146 ff.; Schanz, Börseneinführung, § 9, Rn. 4, 24 f.; Müller, in: Kümpel/Wittig, Rn. 15.316 ff. (zu den Rechtsverhältnissen innerhalb des Emissionskonsortiums); Ekkenga/Maas, Rn. 49 ff.

Bei der Emission von Kapitalmarktpapieren, insbesondere von Aktien, ist die feste Übernahme der Wertpapiere durch die beteiligten Banken heute der Regelfall[64]. Diese übernehmen das Risiko der vollständigen Unterbringung der Wertpapiere im Markt. Bei der Festübernahme schaffen die Banken dem Emittenten den Gegenwert der Emission sofort an. Diese Form des Übernahmekonsortiums wird als Firm Commitment Underwriting[65] bzw. Hard-Underwriting[66] bezeichnet. Bei dem Underwriting handelt es sich um ein erlaubnispflichtiges Bankgeschäft, § 1 Abs. 1 S. 2 Nr. 10 KWG. Diese Norm erfasst auch die Fälle, in denen sich die Kreditinstitute verpflichten, die nicht verkauften Wertpapiere in den Eigenbestand zu nehmen, unabhängig davon, ob sie als Kommissionäre für Rechnung des Emittenten, als schlichte Geschäftsbesorger oder in offener Stellvertretung handeln[67].

Verpflichten sich die Kreditinstitute dagegen nur zu einer kommissionsweisen Platzierung (ohne Abgabe einer Übernahmegarantie), so spricht man von einem Begebungskonsortium oder synonym von „best-effort-underwriting"[68]. Bei dieser Gestaltungsvariante sind die Kreditinstitute dazu angehalten, für eine dauerhafte Unterbringung der Aktien im Markt zu sorgen, ohne jedoch eine solche zu garantieren[69]. Der Geschäftsbeziehung zwischen Emittenten und Konsortium liegt in diesem Fall ein Kommissionsvertrag zugrunde. Hierbei handelt es sich wie bei den Effektengeschäften an Sekundärmärkten um ein Finanzkommissionsgeschäft gemäß § 1 Abs. 1 S. 2 Nr. 4 KWG. Das Platzierungsrisiko verbleibt bei dieser Gestaltungsform beim Emittenten.

Kein Finanzkommissionsgeschäft liegt dagegen vor, wenn die Emission in offener Stellvertretung des Emittenten, also im Namen und in Rechnung für diesen, platziert wird. In einem solchen Fall liegt eine Geschäftsbesorgung vor, die als Finanzdienstleistung in Form einer Abschlussvermittlung (§ 1 Abs. 1a S. 2 Nr. 2 KWG) oder eines Platzierungsgeschäfts (§ 1 Abs. 1a S. 2 Nr. 1c KWG) zu qualifizieren ist. Die diese Dienstleistung erbringenden Banken bilden ein Geschäftsbesorgungskonsortium[70].

---

64 Brandt, in: Kümpel/Wittig, Rn. 15.93; Schücking, in: Habersack/Mülbert/Schlitt, § 32, Rn. 21; Ekkenga/Maas, Rn. 291; Schanz, Börseneinführung, § 9, Rn. 39.

65 Schäfer, in: Boos/Fischer/Schulte-Mattler, KWG, § 1, Rn. 103; Fischer, in: Schimansky/Bunte/Lwowski, Bankrechts-Handbuch, Band 2, § 127, Rn. 26.

66 Brandt, in: Kümpel/Wittig, Rn. 15.416.

67 Schäfer, in: Boos/Fischer/Schulte-Mattler, KWG, § 1, Rn. 104; Brandt, in: Kümpel/Wittig, Rn. 15.8; Schäfer, WM 2002, 361, 364.

68 Brandt, in: Kümpel/Wittig, Rn. 15.414 f.; Schäfer, in: Boos/Fischer/Schulte-Mattler, KWG, § 1, Rn. 57 ff., Rn. 105; Schücking, in: Habersack/Mülbert/Schlitt, § 32, Rn. 18.

69 Brandt, in: Kümpel/Wittig, Rn. 15.414; Hopt, Prospekthaftung, 13; Schücking, in: Habersack/Mülbert/Schlitt, § 32, Rn. 18.

70 Schäfer, in: Boos/Fischer/Schulte-Mattler, KWG, § 1, Rn. 106; Brandt, in: Kümpel/Wittig, Rn, 15.11; De Meo, Bankenkonsortien, 11.

C. Platzierungsformen

Grundsätzlich lassen sich zwei Platzierungsformen unterscheiden. Die Platzierung der Aktien kann öffentlich erfolgen oder im Wege einer Privatplatzierung (Prviate Placement)[71]. In erstem Fall werden die Aktien einem breiten Publikum, bestehend aus privaten und institutionellen Anlegern, offeriert, bei einer Privatplatzierung werden sie dagegen zielgerichtet einem eng begrenzten Personenkreis zum Kauf angeboten[72]. Teilweise werden beide Platzierungsverfahren in der Form kombiniert, dass die Aktien im Heimatland des Emittenten öffentlich angeboten werden, international dagegen eine Privatplatzierung erfolgt[73]. Die Unterscheidung zwischen beiden Platzierungsformen spielt bei der Frage der Prospektpflichtigkeit nach WpPG eine Rolle[74].

Weiterhin kann bei der Herkunft der zu platzierenden Aktien zwischen Aktien aus einer Kapitalerhöhung und Aktien aus dem Besitz von Altaktionären unterschieden werden[75]. Schließlich kann eine Diffrerenzierung zwischen Erstemissionen[76] und Folgeemissionen vorgenommen werden.

D. Platzierungsverfahren/Preisfindungsmechanismen bei einer Fremdemission

Zu einem großen Teil hängt der Erfolg einer Emission von der Findung eines marktgerechten Preises ab. Hieraus resultiert ein Zielkonflikt zwischen Emittent und Anleger hinsichtlich der Höhe des Emissionspreises, wobei der Emittent an einem möglichst hohen, der Anleger an einem möglichst niedrigen Erwerbspreis interessiert ist[77]. Dieser Konflikt besteht auch zwischen Anleger und Emissionskonsortium, da das Konsortium einen bestimmten Prozentsatz des Emissionsvolumens als Vergütung für die erbrachten Dienstleistungen erhält[78]. Es ist daher ein Platzierungsverfahren zu wählen, das allen Interessen am besten gerecht wird.

71 Siehe zur Abgrenzung dieser Platzierungsformen: Heidelbach, in: Schwark/Zimmer, Kapitalmarktrechts-Kommentar, § 3 WpPG, Rn. 21 ff.; Oulds, in: Kümpel/Wittig, Rn. 15.133 ff.; Groß, Kapitalmarktrecht, § 2 WpPG, Rn. 16 f.

72 Schanz, Börseneinführung, § 10, Rn. 14.

73 Schanz, Börseneinführung, § 10, Rn. 15; Schäcker/Kunze/Wohlgefahrt, in: Habersack/Mülbert/Schlitt, § 3, Rn. 16.

74 Siehe zu Einzelheiten: 2. Teil, 3. Abschnitt unter I.1.

75 Schäcker/Kunze/Wohlgefahrt, in: Habersack/Mülbert/Schlitt, § 3, Rn. 17.

76 Sogenannte Initial Public Offerings (IPOs).

77 Schantz, in: Schwintowski, Bankrecht, § 22, Rn. 9, 65; Brandt, in: Kümpel/Wittig, Rn. 15.512.

78 Ekkenga/Maas, Rn. 360; siehe zur Provisionshöhe: Haag, in: Habersack/Mülbert/Schlitt, § 32, Rn. 30.

I. Festpreisverfahren

Bis in die Mitte der 90er Jahre des vorigen Jahrhunderts dominierte das Festpreisverfahren das inländische Aktienemissionsgeschäft. Inzwischen ist es fast vollständig vom Bookbuilding-Verfahren verdrängt worden[79]. Im Unterschied zum Bookbuilding-Verfahren werden beim Festpreisverfahren die Aktien den Investoren zu einem festgelegten Preis angeboten. Im Regelfall verpflichtet sich jede Konsortialbank einen festen Teil des Platzierungsvolumens zu übernehmen und zu platzieren, sog. Underwritingverpflichtung.

Hier beruht die Festlegung des Emissionspreises auf einer fundamentalen Unternehmensbewertung unter Berücksichtigung der Börsenbewertung vergleichbarer Unternehmen sowie der Marktverfassung[80]. Problematisch an diesem Verfahren ist jedoch, dass die Nachfrage nur zeitverzögert während der Verkaufsfrist festgestellt werden kann. In der Vergangenheit führte diese Preisfindungsmethode zu Fehleinschätzungen bei der Preisfindung, dem sogenannten Pricing. Bis Mitte der 80er Jahre gingen die Fehleinschätzungen tendenziell zu Lasten der Emittenten, während Ende der 90er Jahre, bedingt durch einen schärferen Wettbewerb um Emissionsmandate, eher Investoren und Emissionsbanken zuviel zahlten[81]. Da das Bankenkonsortium das volle Risiko einer Nichtabsetzbarkeit der Wertpapiere trägt, wird es sich dieses Risiko durch einen Abschlag vom für angemessen gehaltenen Kurs vergüten lassen[82].

II. Bookbuilding-Verfahren

Aus oben genannten Gründen hat sich etwa seit 1995[83] das in anglo-amerikanischen Ländern gebräuchliche sogenannte Bookbuilding-Verfahren in Deutschland durchgesetzt[84]. Der wesentliche Unterschied zum Festpreisverfahren besteht in der Einbindung der Investoren in die Preisgestaltung. Das Bookbuilding-Verfahren

---

79 Lenenbach, Kapitalmarkt- und Börsenrecht, Rn. 7.93; Müller, in: Kümpel/Wittig, Rn. 15.87; Brandt, in: Kümpel/Wittig, Rn. 15.515 weisen allerdings darauf hin, dass das Festpreisverfahren nach wie vor bei der Bezugsrechtsemission Anwendung findet.

80 Schanz, Börseneinführung, § 10, Rn. 74; Brandt, in: Kümpel/Wittig, Rn. 15.514; Koch/Wegmann, Praktiker-Handbuch Börseneinführung, 163.

81 Siehe zur Entwicklung des Kurs-Gewinn-Verhältnisses (KGV) am Emissionstag: Koch/Wegmann, Praktiker-Handbuch Börseneinführung, Anhang A, 241–263.

82 Siehe zu Einzelheiten: Schanz, Börseneinführung, § 10, Rn. 76.

83 Laut Groß, ZHR 162(1998), 318, 319 (unter Berufung auf Die Bank 1/1995, 48, 50; 1/1996, 55, 57; 1/1997, 40, 42; 1/1998, 38, 39) wurde im Jahr 1994 noch keiner der 13 IPOs in Deutschland im Bookbuilding-Verfahren durchgeführt. Dagegen waren es 1995 bereits 11 von 20, im Jahr 1996 9 von 13 und im Jahr 1997 wurden schließlich sämtliche IPOs im Bookbuilding-Verfahren durchgeführt.

84 Groß, ZHR 162(1998), 318 f.; Koch/Wegmann, Praktiker-Handbuch Börseneinführung, 163; Schanz, Börseneinführung, § 10, Rn. 82.

lässt sich in mehrere Phasen gliedern[85]. Am Beginn einer Platzierung steht regelmäßig die Ausarbeitung einer „Equity-Story". Hierunter versteht man das Sammeln zentraler Argumente für eine dauerhafte Platzierung der Aktie im Markt[86]. Es erfolgt zugleich eine Festlegung der bevorzugt anzusprechenden Investorengruppe und eine Präjudizierung des Platzierungspreises[87]. Ist die „Equity-Story" festgelegt, so präsentiert sich der Emittent den Research-Analysten der Emissionsbanken, um diese auf einen einheitlichen Informationsstand zu bringen[88]. Diese wiederum fertigen sogenannte „Research-Reports", die sie im Vorfeld der Platzierung Investoren zur Verfügung stellen.

In der sogenannten Pre-Marketing Phase erfolgt sodann eine gezielte Kontaktaufnahme zu institutionellen Investoren, die auf die Story des Unternehmens und die Struktur der Platzierung angesprochen werden sollen, um sie für ein Investment in das Unternehmen zu gewinnen und evtl. gegen das Unternehmen bestehende Vorbehalte offen zu legen. Die angesprochenen Investoren geben dann auf Grundlage der von den Banken erstellten Unternehmensanalysen und ihrer eigenen Preiseinschätzungen eine eigene Bewertung ab[89]. Diese bildet wiederum die Grundlage für eine Preisspanne von 10–20 Prozent[90], welche die Konsortialführung in die Aufforderung zur Zeichnung aufnimmt. Parallel hierzu treffen die Wertpapierberater der Konsortialbanken Vorbereitungen für die Platzierung bei privaten Anlegern. Im Anschluss hieran beginnt in der Regel eine mehrtägige „Roadshow" des Managements des Unternehmens, in deren Verlauf das Management institutionellen Investoren das Unternehmen präsentiert[91]. Diese Präsentationen erfolgen oftmals in bedeutenden internationalen Finanzzentren, wobei die Dauer vom Platzierungsvolumen und den geographischen Schwerpunkten der Platzierung abhängt, und überschneiden sich meist mit der Angebotsfrist[92].

Während der Angebotsfrist wird die innerhalb der Preisspanne liegende Nachfrage institutioneller und privater Investoren in einem elektronisch geführten Buch erfasst. Der Konsortialführer, der als Bookrunner bzw. Lead-Manager bezeichnet wird[93], ist für die Steuerung und Platzierung der Aktien verantwortlich und erhält

85 Siehe Groß, ZHR 162(1998), 318, 320 f.; Groß, Börseneinführung, § 10, Rn. 82 ff.
86 Koch/Wegmann, Praktiker-Handbuch Börseneinfphrung, 163; Groß, ZHR 162(1998), 318, 320.
87 Schanz, Börseneinführung, § 10, Rn. 85; Koch/Wegmann, Praktiker-Handbuch Börseneinführung, 163.
88 Groß, ZHR 162(1998), 318, 320.
89 Schanz, Börseneinführung, § 10, Rn. 85.
90 Schanz, Börseneinführung, § 10, Rn. 85; Koch/Wegmann, Praktiker-Handbuch Börseneinführung, 165; Groß, ZHR 182(1998), 318, 321 geht dagegen nur von einer Preisspanne von 10% aus.
91 Schanz, Börseneinführung, § 10, Rn. 86.
92 Siehe hierzu: Schanz, Börseneinführung, § 10, Rn. 86.
93 Groß, ZHR 182(1998), 322; Voigt, Die Bank 1995, 339, 341.

zu diesem Zwecke fortlaufend detaillierte Angaben zum Stand der Nachfrage[94]. Die Nachfrage privater Investoren wird grundsätzlich bei den Konsortialbanken aggregiert[95], d.h. es werden keine Angaben zur Einzelorder an den Konsortialführer – Bookrunner – weitergeleitet. Nach Schließung des Buches erfolgt die Analyse der Nachfrage auf Basis der im Buch gezeigten Orderlage unter Berücksichtigung der Preissensitivität der Investoren. Auf Grundlage dieser Daten wird der Platzierungspreis festgelegt, so dass die Investoren bei diesem Verfahren indirekt in die Preisfestlegung eingebunden werden[96]. Die Zuteilung der Aktien erfolgt im institutionellen Bereich grundsätzlich direkt an den Investor (direct allocation), während im privaten Bereich Banken zwischengeschaltet werden[97].

Wesentlicher Bestandteil des Bookbuilding-Verfahrens ist die dem Konsortialführer zustehende Mehrzuteilungs- bzw. Greenshoe[98]-Option[99]. Hierbei handelt es sich um eine Kaufoption, die dem Emissionskonsortium bzw. meist dem Konsortialführer[100] vom Emittenten oder Altaktionären eingeräumt wird und diesen berechtigt, innerhalb einer bestimmten Frist über das Volumen der Basistransaktion (Emissionsvolumen ohne Greenshoe-Aktien) hinaus weitere Aktien zum Emissionspreis zu erwerben[101]. Sinn und Zweck dieser Kaufoption ist es, ein Sinken des Preises der emittierten Aktien unter den Ausgabekurs zu verhindern[102].

Im Rahmen der Zuteilung von Aktien teilt das Emissionskonsortium Investoren gezielt mehr Aktien zu als zur Emission vorgesehen sind. Dies hat zur Folge, dass für Rechnung des Bankenkonsortiums eine Short-Position eingegangen wird.

---

94 Schanz, Börseneinführung, § 10, Rn. 87; Groß, ZHR 182(1998), 318, 322.

95 Groß, ZHR 182(1998), 318, 322; Schanz, Börseneinführung, § 10, Rn. 87.

96 Schanz, Börseneinführung, § 10, Rn. 89; Groß, ZHR 182(1998), 318, 323.

97 Die Zuteilung von Aktien an institutionelle Investoren erfolgt nach bestimmten Kriterien, wie beispielsweise Anlegertyp oder Anlageorientierung. Gegenüber Privatanlegern gelten seit 2000 Zuteilungsgrundsätze, „Grundsätze für die Zuteilung von Aktienemissionen an Privatanleger" der Börsensachverständigenkommission vom 7.6.2000, ZBB 2000, 287 ff.

98 Diese Emissionstechnik hat ihren Namen von der Greenshoe Manufacturing Co., Boston erhalten. Bei dieser Kapitalmarkttransaktion kam das Verfahren erstmalig zum Einsatz.

99 Siehe ausführlich zur Funktionsweise eines Greenshoe: Schanz, Börseneinführung, § 10, Rn. 162 ff.; Schwark, in: Schwark/Zimmer, Kapitalmarktrechts-Kommentar, § 20a WpHG, Rn. 86 ff.; Singhof/Weber, in: Habersack/Mülbert/Schlitt, § 4, Rn. 84 ff.; Brandt, in: Kümpel/Wittig, Rn. 529 ff.

100 Schwark, in: Schwark/Zimmer, Kapitalmarktrechts-Kommentar, § 20a WpHG, Rn. 86.

101 Das vom Optionsrecht erfasste Volumen hat regelmäßig ein Volumen von 10%–15% der Basistransaktion, siehe hierzu Schanz, Börseneinführung, § 10, Rn. 92; Groß, ZHR 182(1998), 318, 321.

102 Brandt, in: Kümpel/Wittig, Rn. 15.529; Herfs, in: Habersack/Mülbert/Schlitt, Unternehmensfinanzierung, § 5, Rn. 88; krit. KG Berlin, Urt. v. 22.08.2001, 23 U 6712/99, AG 2002, 243 ff.

Sie wird sodann im Wege einer Wertpapierleihe überbrückt. Die Eindeckung der Short-Position erfolgt, sofern der Marktpreis unter dem Emissionspreis liegt, üblicherweise im Rahmen von Stabilisierungsaktivitäten durch Aktienrückkäufe im Markt oder anderenfalls durch Ausübung der Greenshoe-Option, d.h. durch Erwerb zusätzlicher Aktien zum Platzierungspreis[103]. Diese Aktien stammen entweder aus einer Kapitalerhöhung[104] oder aus dem Besitz von Altaktionären[105].

E. Zuteilung und Verpflichtung

Ein Kaufvertrag zwischen Konsorten und Investoren kommt nicht etwa durch Abgabe eines Gebotes des Investors im Rahmen des Bookbuilding-Verfahrens – eines Zeichnungsantrages – zustande, sondern erst durch die Zuteilung der Aktien[106]. Die Zuteilung durch die Konsorten stellt daher die Annahme des vom Investor abgegebenen Angebots dar. Zwar ist die Aufforderung zur Zeichnung von Aktien durch die Konsortialbanken ein öffentliches Angebot i.S.d. § 2 Nr. 4 WpPG[107] (bis

103 Siehe zur Zulässigkeit und Risiken einer solchen Kurspflege- bzw. Stabilisierungsmaßnahme: Schanz, Börseneinführung, § 10, Rn. 175; Grüger, BKR 2007, 437 ff.; Möller, in: KK-WpHG, § 31, Rn. 137 f.; Schwark, in: Schwark/Zimmer, Kapitalmarktrechts-Kommentar, § 20a WpHG, Rn. 78 ff.

104 Hierbei ist grds. das Bezugsrecht der Aktionäre zu beachten. In der Regel wird die Hauptversammlung einen Bezugsrechtsausschluss zugunsten der Emissionsbegleiter fassen. Siehe weitergehend zu dieser Thematik: Groß, ZHR 182(1998), 318, 333; Brandt, in: Kümpel/Wittig, Rn. 15.539; Schanz, Börseneinführung, § 10, Rn. 170 f.

105 Siehe hierzu: Schanz, Börseneinführung, § 10, Rn. 168; Brandt, in: Kümpel/Wittig, Rn. 15.536 f.

106 Singhof/Weber, in: Habersack/Mülbert/Schlitt, § 4, Rn. 82; Schanz, Börseneinführung, § 10, Rn. 102; Groß, ZHR 182(1999), 318, 329 f.

107 Gesetz über die Erstellung, Billigung und Veröffentlichung des Prospekts, der beim öffentlichen Angebot von Wertpapieren oder bei der Zulassung von Wertpapieren zum Handel an einem organisierten Markt zu veröffentlichen ist (Wertpapierprospektgesetz) vom 22.06.05, BGBl. I 2005, S. 1698, zuletzt geändert durch Art. 13b Nr. 2 i.V.m. Art. 14 Abs. 3 des Finanzmarktrichtlinie-Umsetzungsgesetzes vom 16.07.07, BGBl. I 2007, S. 1330. Durch dieses ist zur Umsetzung der Richtlinie 2003/71/EG des Europäischen Parlaments und des Rates vom 4. November 2003 betreffend den Prospekt, der beim öffentlichen Angebot von Wertpapieren oder bei deren Zulassung zum Handel zu veröffentlichen ist, und zur Änderung der Richtlinie 2001/34/EG, ABl. EU Nr. L 345 v. 31.12.2003, S. 64 zum 1.7.2005 ein neues Wertpapierprospektgesetz geschaffen worden, welches zu umfangreichen Änderungen des BörsG, der BörsZulVO sowie des VerkProspG geführt hat. Der Begriff des öffentlichen Angebots ist nunmehr in § 2 Nr. 4 WpPG im Gegensatz zu § 1 VerkProspG legaldefiniert. Siehe zur neuen Rechtslage: Schlitt/Schäfer, AG 2005, 498 ff.; Kullmann/Sester, WM 2005, 1068 ff.; Ekkenga, BB 2005, 561 ff.

1.7.2005 § 1 VerkProspG[108]), jedoch keines i.S.v. § 145 BGB[109]. Vielmehr handelt es sich um eine bloße invitatio ad offerendum. Anderenfalls würden sich die Konsortialbanken im Falle einer Überzeichnung im Rahmen des Bookbuilding-Verfahrens schadensersatzpflichtig machen[110].

Aber auch im Rahmen des Festpreisverfahrens kommt ein Vertrag erst durch Zuteilung der Aktien und nicht schon durch Abgabe eines Angebots auf Zeichnung zustande[111]. Nach Bosch/Groß[112] stellt dagegen eine solche „Zeichnungerklärung" bereits die Annahme des Angebots der Bank, Aktien zu einem bestimmten Festpreis zu erwerben, dar. Diese Ansicht ist nur im Falle einer Kapitalerhöhung, bei der das Bezugsrecht der Altaktionäre nicht ausgeschlossen worden ist, zutreffend, da es in allen anderen Konstellationen ebenfalls zu einer Überzeichnung mit den daraus resultierenden Konsequenzen kommen kann[113].

Im Falle einer Überzeichnung einer Emission stellt sich die Frage, nach welchen Grundsätzen die Zuteilung der Aktien zu erfolgen hat. Aufgrund der wachsenden Kritik[114] an der Zuteilungspraxis[115] hat die Börsensachverständigenkommission beim Bundesministerium für Finanzen im Jahr 2000 „Grundsätze für die Zuteilung von Aktienemissionen an Privatanleger" veröffentlicht[116]. Diese finden – wie der

---

108 Der Gesetzgeber hält das Publikum schon im Vorfeld eines Angebots gemäß § 145 BGB für schutzwürdig und hat daher § 1 VerkPropG einen abweichenden Angebotsbegriff zugrunde gelegt, BT-Drs. 11/6340, S. 11; in diesem Sinne auch das BAWe, vgl. I.2. Abs. 6 der Bekanntmachung zum Verkaufsprospektgesetz vom 15.4.1996, BAnz. Nr. 82 v. 30.4.1996, S. 5069 ff.

109 von Kopp-Colomb, in: Assmann/Schlitt/von Kopp-Colomb, WpPG, § 2 WpPG, Rn. 34; Heidelbach, in: Schwark/Zimmer, Kapitalmarktrechts-Kommentar, § 2 WpPG, Rn. 15 f., Rn. 8; Schanz, Börseneinführung, § 10, Rn. 102.

110 Servatius, in: Spindler/Stilz, § 185 AktG, Rn. 9, 14; Peifer, in: MüKo-AktG, Band 4, § 185, Rn. 65; OLG Koblenz, Urt. v. 6.5.1993, 6 U 448/91, NJW-RR 1993, 1062 f. (Bezugsrechtemission).

111 Hunecke, 117, Brandt, in: Kümpel/Wittig, Rn. 15.526 sowie Peifer, in: MüKo-AktG, Band 4, § 185, Rn. 31 weisen darauf hin, dass im Rahmen des Festpreisverfahrens dann durch die Zeichnungserklärung des Anlegers ein Vertrag zustande kommt, falls diesem der Erwerb einer konkreten Anzahl von Aktien zu einem festgelegtem Preis angeboten wird.

112 So aber Bosch/Groß, Das Emissionsgeschäft, 10/265.

113 Brandt, in: Kümpel/Wittig, Rn. 15.470; Hunecke, 133.

114 Siehe hierzu: Brandt, in: Kümpel/Wittig, Rn. 15.527 ff.; Schanz, Börseneinführung, § 10, Rn. 114.

115 Auf dem Höhepunkt des Neuen Marktes war es bei den Konsortialbanken Usus bei überzeichneten Emissionen bevorzugt Vorstände, Mitarbeiter sowie privilegierte Kunden bei der Zuteilung zu berücksichtigen, siehe hierzu: Schanz, Börseneinführung, § 10, Rn. 114 ff.; Brandt, in: Kümpel/Wittig, Rn. 15.528.

116 „Grundsätze für die Zuteilung von Aktienemissionen an Privatanleger" der Börsensachverständigenkommission beim Bundesfinanzministerium vom 7.6.2000, abgedruckt in: ZBB 2000, 287 ff.

Name bereits sagt – bei Zuteilung an institutionelle Investoren keine Anwendung. Die Rechtsnatur dieser Grundsätze ist umstritten[117]. Einigkeit besteht jedoch darin, dass die Zuteilungsgrundsätze jedenfalls nicht den Rang einer Rechtsverordnung haben. Ob dagegen eine Verletzung dieser Grundsätze eine Schadensersatzpflicht zu begründen vermag, ist umstritten[118]. In der Praxis haben sich diese Zuteilungsgrundsätze zwischenzeitlich faktisch durchgesetzt[119], nicht zuletzt, weil gemäß Ziff. 3.14 ZulBedNM[120] der Emittent und das Emissionskonsortium verpflichtet waren, der Deutschen Börse AG die Einhaltung der Zuteilungsgrundsätze nachzuweisen. Gemäß Ziffer 2.9 SMAX-TB[121] bestand diese Verpflichtung auch für eine Teilnahme am SMAX. Nach Einstellung dieser beiden Marktsegmente findet sich allerdings heute keine solche Verpflichtung im Regelwerk des Prime- und General-Standards der Deutschen Börse AG. Vielmehr beruht eine Einhaltung der Zuteilungsgrundsätze auf einer freiwilligen Selbstverpflichtung der Wertpapierdienstleistungsunternehmen[122].

F. Börsenzulassung

Im Regelfall wird eine Emission mit der Börsenzulassung verknüpft, da sich eine solche meist positiv auf den Erfolg der Platzierung auswirkt[123]. Die Zulassung von Wertpapieren zum Handel im regulierten Markt an einer inländischen Börse wird in §§ 32–42 BörsG (vor Inkrafttreten des FRUG[124] §§ 30–48 BörsG a.F.) sowie in der BörsZulVO[125] näher geregelt[126].

117 Siehe hierzu: Schanz, Börseneinführung, § 10, Rn. 115 ff.; Heidelbach, in Schwark: Kapitalmarktrechts-Kommentar, 3. Auflage, § 37 BörsG, Fn. 24; Lenenbach, Kapitalmarkt- und Börsenrecht, Rn. 8.128 f.

118 Ablehnend: Lenenbach, Kapitalmarkt- und Börsenrecht, Rn. 8.129; zweifelnd: Heidelbach, in: Schwark, Kapitalmarktrechts-Kommentar, 3. Auflage, § 37 BörsG, Fn. 89; bejahend: Brandner/Bergmann, in: FS-Peltzer, 2001, 17, 24 f.

119 Heidelbach, in Schwark: Kapitalmarktrechts-Kommentar, 3. Auflage, § 37 BörsG, Rn. 24.

120 Zulassungsbedingungen für den neuen Markt.

121 SMAX-Teilnahmebedingungen (SMAX-TB).

122 Singhof/Weber, in: Habersack/Mülbert/Schlitt, § 4, Rn. 35, 83; Schanz, Börseneinführung, § 10, Rn. § 10, Rn. 115.

123 Oulds, in: Kümpel/Wittig. Rn. 14.339 ff.; Lenenbach, Kapitalmarkt- und Börsenrecht, Rn. 7.101.

124 Finanzmarkt-Richtlinie-Umsetzungsgesetz vom 16. 7. 2007, BGBl. I 2007, S. 1330.

125 Verordnung über die Zulassung von Wertpapieren zum regulierten Markt einer Wertpapierbörse (Börsenzulassungs-Verordnung – BörsZulV) i.d.F. der Bekanntmachung vom 9.9.1998 (BGBl. I 1998, S. 2832), die zuletzt durch Artikel 19a Nummer 2 des Gesetzes vom 21.12.2007 (BGBl. I 2007, S. 3089) geändert worden ist.

126 An dieser Stelle soll nur ein kurzer Überblick über das Börsenzulassungsverfahren gegeben werden, da dies ansonsten den Rahmen der Arbeit sprengen würde.

Das Finanzmarktrichtlinie-Umsetzungsgesetz[127] (im Folgenden FRUG), durch das die Finanzmarktrichtlinie (Richtlinie 2004/39/EG, im Folgenden MiFID)[128] sowie die MiFID-Durchführungsrichtlinie[129] in deutsches Recht umgesetzt wurde, hat das Börsengesetz in vielen Bereichen grundlegend geändert und zu einer Neufassung des Gesetzes durch Art. 2 des FRUG geführt. Dabei wurde erstmalig eine Legaldefinition des Börsenbegriffs vorgenommen und das Prinzip des Börsenvorrangs (§ 22 BörsG a.F.) aufgehoben.

Als weitere Handelsplätze für Finanzinstrumente wurden durch die MiFID und die MiFID-Durchführungsrichtlinie bzw. das FRUG neben der Börse (§ 2 Abs. 1 BörsG) multilaterale Handelssysteme (sog. Multilateral Trading Facilities; im Folgenden MTF gemäß § 2 Abs. 3 Nr. 8 WpHG[130]) sowie systematische Internalisierer gemäß § 2 Abs. 10 WpHG[131] eingeführt.

Der MiFID ist allerdings der Terminus Börse fremd. Sie definiert vielmehr in Art. 4 Abs. 1 Nr. 14 den Begriff des geregelten Marktes. Der deutsche Gesetzgeber hat diese Vorgaben durch § 2 Abs. 5 WpHG umgesetzt[132], verwendet jedoch anstelle des Begriffs „geregelter Markt" den Terminus „organisierter Markt". Grund hierfür ist, dass man eine etwaige Verwechslung mit dem ehemaligen Börsensegment des „geregelten Marktes" vermeiden wollte[133]. Ein geregelter Markt i.S.v. Art. 4 Abs. 1 Nr. 14

Siehe zu Einzelheiten: Schanz, Börseneinführung, § 12; Lenenbach, Kapitalmarkt- und Börsenrecht, 129–145; Ekkenga/Maas, Rn. 152 ff.

127 Gesetz zur Umsetzung der Richtlinie über Märkte für Finanzinstrumente und der Durchführungsrichtlinie der Kommission (Finanzmarktrichtlinie-Umsetzungsgesetz – FRUG), Gesetz vom 16.07.2007, BGBl. I 2007, S. 1330.

128 Richtlinie 2004/39/EG des Europäischen Parlaments und des Rates über Märkte für Finanzinstrumente, zur Änderung der Richtlinien 85/91/EWG und 93/6/EWG des Rates und der Richtlinie 2000/12/EG des Europäischen Parlaments und das Rates und zur Aufhebung der Richtlinie 93/22/EWG des Rates vom 21. April 2004 (Markt- und Finanzdienstleistungsrichtlinie), ABl. EU Nr. L 145 v. 30.4.2004, S. 1 f.

129 Verordnung (EG) Nr. 1287/2006 der Kommission zur Durchführung der Richtlinie 2004/39/EG des Europäischen Parlaments und des Rates betreffend die Aufzeichnungspflichten für Wertpapierfirmen, die Meldung von Geschäften, die Markttransparenz, die Zulassung von Finanzinstrumenten zum Handel und bestimmte Begriffe im Sinne dieser Richtlinie, ABl. EU Nr. L 241 v. 2.9.2006, S. 1.

130 Siehe hierzu: Fuchs, in: Fuchs, WpHG. § 2, Rn. 104 ff.; Assmann, in: Assmann/Schneider, WpHG, § 2, Rn. 107 ff.

131 Siehe hierzu: Fuchs, in: Fuchs, WpHG, § 2, Rn. 166 ff.; Assmann, in: Assmann/Schneider, WpHG, § 2, Rn. 184 ff.

132 Siehe zu § 2 Abs. 5 WpHG: Fuchs, in: Fuchs, WpHG, § 2, Rn. 142 ff.; Assmann, in: Assmann/Schneider, WpHG, § 2, Rn. 158 ff.

133 Fuchs, in: Fuchs, WpHG, § 2, Rn. 142; Assmann, in: Assmann/Schneider, WpHG, § 2, Rn. 158; Begr. RegE. eines Gesetzes zur Umsetzung von EG-Richtlinien zur Harmonisierung bank- und wertpapieraufsichtsrechtlicher Vorschriften, BT-Drs. 13/7142, S. 103.

MiFID muss im Inland bzw. in einem EWR-Staat betrieben oder verwaltet sowie im Unterschied zu einem multilateralen Handelssystem durch staatliche Stellen genehmigt, geregelt und überwacht werden. Ferner müssen die dort gehandelten Finanzinstrumente entweder gemäß den Regeln des Marktes und/oder den Systemen des Marktes zum Handel zugelassen worden sein. In Deutschland erfüllt allein das Segment des regulierten Marktes[134] an einer Börse i.S.v. § 32 BörsG die Anforderungen an einen organisierten Markt i.S.v. § 2 Abs. 5 WpHG bzw. Art. 4 Abs. 1 Nr. 14 MiFID. Der Freiverkehr an einer Börse ist kein organisierter Markt i.S.v. § 2 Abs. 5 WpHG, da es hier an einer ausreichenden staatlichen Überwachung fehlt. Die Einbeziehung von Wertpapieren in den Handel im Freiverkehr erfolgt rein privatrechtlich[135]. Börsliche Handelsplattformen für Rechte und andere Wirtschaftsgüter, wie Waren oder Rohstoffe, unterfallen zwar ebenfalls dem deutschen Börsenbegriff, sind aber keine organisierten Märkte i.S.v. 2 Abs. 5 WpHG, da hier keine Finanzinstrumente i.S.v. Art. 4 Abs. 1 Nr. 17 i.V.m. Anhang I Abschnitt C MiFID gehandelt werden, umgesetzt in deutsches Recht durch § 2 Abs. 2b WpHG.

Die Regelung der außerbörslichen Wertpapierhandelssysteme erfolgt nach Umsetzung der MiFID außerhalb des BörsG im WpHG. Bei der Regelung der außerbörslichen Wertpapierhandelssysteme hat sich der Europäische Gesetzgeber weitgehend an den CESR[136]-Vorschlägen orientiert. Der Betrieb eines multilateralen Handelssystems stellt gemäß § 2 Abs. 3 Nr. 8 WpHG, § 1 Abs. 1a Nr. 2b KWG die Erbringung einer Wertpapierdienstleistung dar. Ein MTF weist börsenähnliche Konturen auf. Es handelt sich bei einem multilateralen Handelssystem jedoch nicht um eine Börse, da es privatrechtlich organisiert ist und u.a. die Preisfeststellung und Zulassung zum Handel nicht staatlich überwacht wird[137]. Ein MTF muss als Mindestvoraussetzungen ein Regelwerk besitzen, welches die Mitgliedschaft, Handelsaufnahme von Finanzinstrumenten, Handel zwischen den Mitgliedern, Meldungen über abgeschlossene Geschäfte und Transparenzpflichten regelt. Eine Handelsplattform im technischen Sinn ist jedoch nicht erforderlich. Die Voraussetzungen für den Betrieb regelt § 31f WpHG[138].

Damit weisen MTF und Börsen erhebliche Gemeinsamkeiten auf. Der wesentliche Unterschied zwischen einem MTF und einer Börse besteht neben der Intensität der staatlichen Überwachung darin, dass bei einem MTF der Vertragsschluss zwischen Käufer und Verkäufer eines Finanzinstruments im System erfolgt, während bei einer

134 Beim regulierten Markt handelt es sich um ein Börsensegment, in welchem der vormalige amtliche Markt sowie der vormalige geregelte Markt zusammengefasst wurden.

135 Groß, Kapitalmarktrecht, § 48 BörsG, Rn. 2; Groß, in: Ebenroth/Boujong/Joost/Strohn, Band 2, BoersG 2007 § 48, Rn. IX483; Fuchs, in: Fuchs, WpHG. § 2, Rn. 149.

136 The Committee of European Securities Regulators.

137 Fuchs, in: Fuchs, WpHG, § 2, Rn. 147; Assmann, in: Assmann/Schneider, WpHG, § 2, Rn. 159.

138 Siehe hierzu: Fuchs, in: Fuchs, WpHG, § 31f, Rn. 1 ff.; Assmann, in: Assmann/Schneider, WpHG, § 31f, Rn. 1 ff.

Börse der Vertragsschluss auch außerhalb des Systems erfolgen kann. Der Betreiber einer Handelsplattform hat daher die Wahl, sich als Börse nach den Vorschriften des BörsG oder als multilaterales Handelssystem (MTF) nach den Vorschriften des KWG und WpHG (§ 1 Abs. 1a S. 2 Nr. 1b KWG, § 2 Abs. 3 Nr. 8 WpHG) genehmigen zu lassen[139].

Ein systematischer Internalisierer i.S.v. § 2 Absatz 10 WpHG, Art. 21 MiFID-Durchführungsverordnung[140] ist dagegen ein Wertpapierdienstleistungsunternehmen, welches in organisierter und systematischer Weise Handel für eigene Rechnung durch Ausführung von Kundenaufträgen außerhalb von organisierten Märkten oder MTFs betreibt[141]. Das Betreiben einer systematischen Internalisierung als solche stellt keine Wertpapierdienstleistung i.S.v. § 2 Abs. 3 WpHG dar; jedoch sind die einzelnen Ausführungsgeschäfte jeweils Wertpapierdienstleistungen i.S.v. § 3 Abs. 2 und 3 WpHG. Systematische Internalisierer unterliegen einzelnen WpHG Pflichten wie beispielsweise den §§ 32 bis 32d WpHG. Systematische Internalisierer werden nicht als Börsen behandelt und daher auch nicht entsprechend reguliert.

Mit der Umsetzung dieser Vorgaben in nationales Recht wurden die bisherigen provisorischen Bestimmungen der §§ 58 ff. BörsG über elektronische Handelssysteme und börsenähnliche Einrichtungen hinfällig und durch detaillierte gesetzliche Vorgaben ersetzt.

Bei der Zulassung durch die Börse handelt es sich um einen Verwaltungsakt[142]. Mit Inkrafttreten des Prospektrichtlinie-Umsetzungsgesetzes wurde die Billigung des Börsenzulassungsprospekts aus dem Zulassungsverfahren herausgenommen. Diese erfolgt nunmehr gesondert durch die BaFin[143]. Vielmehr wird im Rahmen des Zulassungsverfahrens lediglich das Vorliegen eines gebilligten Börsenzulassungsprospekts geprüft, § 32 Abs. 3 Nr. 2 BörsG. Im Rahmen der Umstrukturierung des BörsG durch das FRUG wurde schließlich auch die Börsenzulassungsstelle als selbstständiges Börsenorgan abgeschafft und die Zuständigkeit für die Zulassung auf die Geschäftsführung der jeweiligen Börse übertragen[144].

---

139 Siehe hierzu: Hopt, in: Baumbach/Hopt, HGB, § 4 BörsG, Rn. 2; Schäfer, in: Boos/Fischer/Schulte-Mattler, KWG, § 1, Rn. 123i ff.

140 Verordnung (EG) Nr. 1287/2006 der Kommission zur Durchführung der Richtlinie 2004/39/EG des Europäischen Parlaments und des Rates betreffend die Aufzeichnungspflichten für Wertpapierfirmen, die Meldung von Geschäften, die Markttransparenz, die Zulassung von Finanzinstrumenten zum Handel und bestimmte Begriffe im Sinne dieser Richtlinie, ABl. EU Nr. L 241 v. 2.9.2006, S. 1.

141 Siehe zu Einzelheiten: Fuchs, in: Fuchs, WpHG, § 2, Rn. 166 ff.; Assmann, in: Assmann/Schneider, WpHG, § 2, Rn. 184 ff.

142 Groß, Kapitalmarktrecht, § 32 BörsG, Rn. 5; Heidelbach, in: Schwark/Zimmer, Kapitalmarktrechts-Kommentar, § 32 BörsG, Rn. 64 ff.

143 Siehe hierzu: Groß, in: Ebenroth/Boujong/Joost/Strohn, Band 2, BörsZulVO, Rn IX508; Grub, Thiem, NZG 2005, 750.

144 Siehe hierzu: Groß, Kapitalmarktrecht, § 32 BörsG, Rn. 4a; Holzborn, NJW 2008, 791, 796.

I. Zulassung zum Handel im regulierten Markt an einer inländischen Börse

Der regulierte Markt entstand am 1.11.2007 aufgrund des FRUG durch die Fusion des geregelten Marktes und des amtlichen Marktes[145]. Alle Wertpapiere, die vor dem 1.11.2007 einem der beiden fusionierten Segmente angehörten, wurden automatisch in den regulierten Markt aufgenommen. Der regulierte Markt ist ein organisierter Markt im Sinne von § 2 Abs. 5 WpHG[146] und wird öffentlich-rechtlich reguliert. Die mit der Zulassung zum regulierten Markt verbundenen Pflichten entsprechen denen des früheren amtlichen Marktes, sind also strenger als die des ehemaligen geregelten Marktes, und werden in § 32 Abs. 3 BörsG sowie in der auf der Grundlage des § 34 BörsG erlassenen BörsZulVO näher geregelt[147]. Daneben eröffnen § 42 Abs. 1 BörsG n.F. wie auch schon § 42 BörsG a.F. für den vormaligen amtlichen Markt sowie § 50 Abs. 3 BörsG a.F. für den vormaligen geregelten Markt die Möglichkeit im regulierten Markt Teilbereiche zu schaffen, die zusätzliche Voraussetzungen vorsehen für die Zulassung von Aktien oder Aktien vertretenden Zertifikaten und weitere Unterrichtungspflichten des Emittenten auf Grund der Zulassung zum Schutz des Publikums oder für einen ordnungsgemäßen Börsenhandel[148]. Eine Rechtsgrundlage für diese Neusegmentierung des Aktienmarktes wurde erstmals durch das am 10.7.2002 in Kraft getretene Gesetz zur weiteren Fortentwicklung des Finanzplatzes Deutschland, das so genannte vierte Finanzmarktförderungsgesetz[149], für den vormaligen geregelten wie auch vormaligen amtlichen Markt geschaffen. Die Neusegmentierung beruhte ursprünglich auf zwei wortgleichen Ermächtigungsgrundlagen. § 42 BörsG a.F. eröffnete für den amtlichen Markt, § 50 Abs. 3 BörsG a.F. für den geregelten Markt die Möglichkeit, zusätzliche Unterrichtungspflichten, die dem Schutz der Anleger oder einem ordnungsgemäßen Börsenhandel dienen sollen, einzuführen[150]. Die Frankfurter Wertpapierbörse (FWB) hatte von diesen Ermächtigungsgrundlagen jeweils Gebrauch gemacht und sowohl im amtlichen wie auch im geregelten Markt jeweils einen Teilbereich, den

---

145 Schanz, Börseneinführung, § 11, Rn. 22; Groß, Kapitalmarktrecht, § 62 BörsG, Rn. 4a.

146 Siehe hierzu: Ekkenga, in: MüKo-HGB, Band 5, Effektengeschäft, Rn 8; Assmann, in: Assmann/Schneider, WpHG, § 2, Rn. 158 ff.; Weber, NJW 2007, 3688, 3689.

147 Siehe zu diesen Pflichten: Schanz, Börseneinführung, § 11, Rn. 25 ff.; Groß, Kapitalmarktrecht, § 32 BörsG, Rn. 10 ff.

148 Siehe zu Einzelheiten: Schanz, Börseneinführung, § 11, Rn. 25 ff.; Groß, Kapitalmarktrecht, § 42 BörsG, Rn. 1 ff.

149 BGBl. I 2002, S. 2010 ff.; siehe hierzu: Fleischer, NJW 2002, 2977 ff.; Heidelbach, in: Schwark/Zimmer, Kapitalmarktrechts-Kommentar, § 42 BörsG, Rn. 1 ff.; Gebhardt, WM-Sonderbeilage Nr. 2/2003, 1 ff.; Trapp, in: Habersack/Mülbert/Schlitt, § 37, Rn. 30 ff.; Ekkenga/Maas, Rn. 174.

150 Heidelbach, in: Schwark, Kapitalmarktrechts-Kommentar, 3. Auflage, § 42, Rn. 6 f.; Schlitt, AG 2003, 57 f.

sog. Prime-Standard, mit fünf zusätzlichen Zulassungsfolgepflichten normiert[151]. Die Regelung des § 42 BörsG a.F. blieb im Rahmen des FRUG im Wesentlichen unverändert; jedoch wurden neben Aktien auch Aktien vertretende Zertifikate als weiterer zulässiger Regelungsgegenstand in die Börsenordnung aufgenommen sowie § 42 Abs. 2 BörsG neu eingefügt, um eine bis dahin fehlende Rechtsgrundlage für Sanktionsmaßnahmen in Fällen, in denen die Zulassungsfolgepflichten nicht erfüllt wurden, zu schaffen[152].

1. Der Prime Standard

Ziel der Errichtung eines Prime Standards im regulierten Markt an der Frankfurter Wertpapierbörse war es, durch Schaffung weiterer über die gesetzlichen Vorschriften hinausgehender Transparenzpflichten[153] einen verbesserten Anlegerschutz zu gewährleisten.

Eine Aufnahme in den Prime Standard erfordert neben der Zulassung zum regulierten Markt (vormals geregelten bzw. amtlichen Markt) einen weiteren Zulassungsantrag; bei dieser Zulassung handelt es sich ebenfalls um einen Verwaltungsakt[154]. Einzelheiten sind in §§ 63 ff. BörsO FWB[155] geregelt. Voraussetzung für eine Aufnahme in die Indizes DAX, MDAX, TecDAX und SDAX ist eine Aufnahme in den Prime-Standard[156]. Auf die einzelnen Zulassungskriterien

---

151 Die Frankfurter Wertpapierbörse (FWB) hat von dieser Ermächtigung Gebrauch gemacht und hat in §§ 60 ff. BörsO FWB i.d.F. v. 1.7.2003 weitere Pflichten aufgestellt; siehe zu Einzelheiten: Gebhardt, WM-Sonderbeilage Nr. 2/2003, 4, Fn. 24; Schlitt AG 2003, 57, 60 f. Die BörsO FWB i.d.F. v. 1.7.2003 ist unter http://xetra.com/INTERNET/XETRA/x4_member.nsf/0/84B341C6EA9CE689C125749C0042AF88/$FILE/05612999.PDF/r-06-03-Anlage4.PDF?OpenElement abrufbar (Stand: 30.11.2013).

152 Groß, Kapitalmarktrecht, § 42 BörsG, Rn. 7; Hopt, in: Baumbach/Hopt, HGB, BörsG, § 42, Rn. 2.

153 Dies sind folgende: ausführlichere Zwischenberichterstattung zum ersten sowie zum dritten Quartal, Ad-hoc-Mitteilungen zusätzlich in englischer Sprache, Mindestens eine Analystenkonferenz jährlich. Unternehmenskalender und Finanzberichte sind in deutscher sowie in englischer Sprache zu verfassen und zu veröffentlichen, Unternehmenskalender und Finanzberichte müssen in elektronischer Form der Geschäftsführung der Börse übermittelt werden, eingeschränkte Wahlmöglichkeiten bei der Finanzberichterstellung, dadurch Offenlegung bei den Finanzberichten etwas größer; siehe hierzu auch: Ganzer/Borsch, BKR 2003, 484 ff.; Heidelbach, in: Schwark/Zimmer, Kapitalmarktrechts-Kommentar, § 42, Rn. 9, 11 ff.; Schanz, Börseneinführung, § 11, Rn. 27 ff.

154 Groß, Kapitalmarktrecht, § 42 BörsG, Rn. 6; Schlitt, AG 2003, 57, 61; Gebhardt, WM-Sonderbeilage Nr. 2/2003, 6; Heidelbach, in: Schwark/Zimmer, Kapitalmarktrechts-Kommentar, § 42 BörsG, Rn. 16.

155 Börsenordnung für die Frankfurter Wertpapierbörse, FWB01, Stand: 16.12.2013; abrufbar unter: http://www.deutsche-boerse.de (Stand: 23.12.2013).

156 Schanz, Börseneinführung, § 11, Rn. 68, Fn. 105.

und Zulassungsfolgepflichten soll an dieser Stelle nicht näher eingegangen werden[157]. Viele dieser Pflichten, die bei einer Zulassung zum Handel im regulierten Markt gelten, wurden durch das TUG[158] wie auch das FRUG in das WpHG ausgelagert, siehe beispielsweise §§ 37v–37y WpHG. Das Börsengesetz reduziert sich damit immer stärker auf reines Marktorganisationsrecht. Die speziell bei einer Zulassung zum Prime Standard geltenden Zulassungsfolgepflichten sind in §§ 65 ff. BörsO FWB geregelt.

2. Der General Standard

In Abgrenzung zum Prime Standard wird der verbleibende Teilbereich des regulierten Marktes der FWB als General Standard bezeichnet. Einer gesonderten Zulassung bedarf es nicht, da der General Standard die Menge aller Wertpapiere darstellt, die nicht zum Prime-Standard, aber zum regulierten Markt zugelassen worden sind.

II. Einbeziehung von Wertpapieren zum Handel im regulierten Markt an einer inländischen Börse

Gemäß § 33 Abs. 1 BörsG können Wertpapiere auf Antrag eines Handelsteilnehmers oder von Amts wegen durch die Geschäftsführung zum Börsenhandel in den regulierten Markt einbezogen werden, wenn die Wertpapiere bereits an einer anderen inländischen Börse zum Handel im regulierten Markt oder in einem EWR-Staat zum Handel an einem organisierten Markt oder an einem Markt in einem Drittstaat zugelassen sind, sofern an diesem Markt Zulassungsvoraussetzungen und Melde- und Transparenzpflichten bestehen, die mit denen im regulierten Markt für zugelassene Wertpapiere vergleichbar sind, der Informationsaustausch zum Zwecke der Überwachung des Handels mit den zuständigen Stellen in dem jeweiligen Staat gewährleistet ist und keine Umstände bekannt sind, die bei Einbeziehung der Wertpapiere zu einer Übervorteilung des Publikums oder einer Schädigung erheblicher allgemeiner Interessen führen[159]. Eine Einbeziehung kann auch gegen den Willen des Emittenten erfolgen[160]. Gemäß § 33 Abs. 3 BörsG hat die Geschäftsleitung der Börse den Emittenten über die Einbeziehung zu unterrichten.

---

157 Siehe zu diesen: Hutter, Kaulamo, NJW 2007, 550 ff.; Schanz, Börseneinführung, § 11, Rn. 27 ff.

158 Gesetz zur Umsetzung der Richtlinie 2004/109/EG des Europäischen Parlaments und des Rates vom 15. Dezember 2004 zur Harmonisierung der Transparenzanforderungen in Bezug auf Informationen über Emittenten, deren Wertpapiere zum Handel auf einem geregelten Markt zugelassen sind, und zur Änderung der Richtlinie 2001/34/EG (Transparenzrichtlinie-Umsetzungsgesetz – TUG) vom 5.1.2007, BGBl. I 2007, S. 10.

159 Siehe hierzu: Heidelbach, in: Schwark/Zimmer, Kapitalmarktrechts-Kommentar, § 33 BörsG, Rn. 1 ff.; Groß, Kapitalmarktrecht, § 33 BörsG, Rn. 1 ff.

160 Groß, Kapitalmarktrecht, § 33 BörsG, Rn. 5; Heidelbach, in: Schwark/Zimmer, Kapitalmarktrechts-Kommentar, § 33 BörsG, Rn. 5.

Die Einbeziehung erfordert nicht die Erstellung eines Börsenzulassungsprospekts[161]. Dieser ist nur zu erstellen, sofern auch ein öffentliches Angebot vorliegt.

III. Einbeziehung in den Freiverkehr

Daneben sieht § 48 BörsG die Möglichkeit vor, dass die Börse für Wertpapiere, die weder zum Handel im regulierten Markt zugelassen noch zum Handel in den regulierten Markt einbezogen sind, den Betrieb eines Freiverkehrs durch den Börsenträger zulässt, sofern durch eine Handelsordnung sowie durch Geschäftsbedingungen des Börsenträgers, die von der Geschäftsführung gebilligt wurden, eine ordnungsmäßige Durchführung des Handels und der Geschäftsabwicklung gewährleistet erscheint[162]. Bei dem durch § 48 BörsG geregelten Freiverkehr handelt es sich um keinen geregelten Markt i.S.v. Art. 4 Abs. 1 Nr. 14 MiFID bzw. um keinen organisierten Markt i.S.v. § 2 Abs. 5 WpHG, da er die dafür erforderlichen Voraussetzungen, insbesondere, dass er gemäß den Bestimmungen des Titel III der MiFID funktioniert bzw. durch staatliche Stellen genehmigt, geregelt und überwacht wird, nicht hinreichend erfüllt[163]. Der Freiverkehr ist privatrechtlich[164] ausgestaltet und stellt ein multilaterales Handelssystem (MTF) i.S.v. Art. 4 Abs. 1 Nr. 15 MiFID bzw. i.S.v. §§ 2 Abs. 3 S. 1 Nr. 8, 31f WpHG dar. Eine Einbeziehung in den Freiverkehr der Frankfurter Wertpapierbörse – dieser wird als Open Market bezeichnet – setzt gemäß § 48 Abs. 1 BörsG i.V.m. § 175 Abs. 1 BörsO FWB i.V.m. den Allgemeine Geschäftsbedingungen der Deutsche Börse AG für den Freiverkehr an der Frankfurter Wertpapierbörse eine Antragstellung durch ein zum Börsenhandel an der FWB zugelassenes Unternehmen voraus und kann auch gegen den Willen des Emittenten erfolgen. Sofern die jeweiligen AGB des Börsenträgers nichts anderes bestimmen[165], muss – falls kein öffentliches Angebot vorliegt – für eine Einbeziehung in den Handel im Freiverkehr kein Propsekt erstellt werden[166].

---

161 Groß, Kapitalmarktrecht, § 33 BörsG, Rn. 5; Heidelbach, in: Schwark/Zimmer, Kapitalmarktrechts-Kommentar, § 33 BörsG, Rn. 4.

162 Siehe zum Einbeziehungsverfahren: Heidelbach, in: Schwark/Zimmer, Kapitalmarktrechts-Kommentar, § 48 BörsG, Rn. 8 ff.; Groß, Kapitalmarktrecht, § 48 BörsG, Rn. 3 ff.

163 OLG München, Beschluss v. 21.5.2008, 31 Wx 62/07, WM 2008, 1602, 1605; Groß, Kapitalmarktrecht, § 48 BörsG, Rn. 2; Groß, in: Ebenroth/Boujong/Joost/Strohn, Band 2, BoersG 2007 § 48, Rn. IX483; Fuchs, in: Fuchs, WpHG. § 2, Rn. 149; Hopt, in: Baumbach/Hopt, HGB, BörsG, § 48, Rn. 2.

164 Siehe zur Rechtsnatur des Freiverkehrs: Groß, Kapitalmarktrecht, § 48 BörsG, Rn. 2; Ekkenga, in: MüKo-HGB, Band 5, Effektengeschäft, Rn. 9.

165 Siehe hierzu: 1. Abschnitt, F.III.2.

166 Groß, Kapitalmarktrecht, § 48 BörsG, Rn. 10; Heidelbach, in: Schwark/Zimmer, Kapitalmarktrechts-Kommentar, § 48 BörsG, Rn. 12; Sudmeyer/Rückert/Kuthe, BB 2005, 2703.

1. Beendigung des Neuen Marktes und des SMAX

Am 10.3.1997 initiierte die Frankfurter Wertpapierbörse (FWB) den Neuen Markt[167] mit dem Ziel, junge Wachstumsunternehmen mit Eigenkapital zu versorgen[168]. Knapp sechs Jahre danach kündigte die Trägergesellschaft der FWB, die Deutsche Börse AG, die Einstellung dieses Marktsegments sowie des SMAX an[169], kündigte die Zulassung bzw. Teilnahme an diesem Marktsegment wie auch dem SMAX allen Emittenten zum Ablauf des 31.12.2003 und wies daraufhin, dass beide Handelssegmente danach eingestellt werden. Die anfangs in die Entwicklung des Neuen Marktes gesetzten – euphorischen – Hoffnungen[170] im Gefolge des Dot-Com Hypes sind mehr als enttäuscht worden[171]; der Neue Markt ist zum Synonym für Kapitalvernichtung geworden. Dieses zuletzt schlechte Image des Handelssegmentes dürfte mit ausschlaggebend für seine Schließung gewesen sein.

2. Teilbereiche des Freiverkehrs

Am 25.10.2005 hat die Deutsche Börse AG ein neues Börsensegment innerhalb des Freiverkehrs geschaffen. Der sogenannte Entry Standard soll Börsengänge kleinerer und mittlerer Unternehmen ermöglichen[172]. Vorbild für dieses Segment ist der Alternative Investment Market (AIM) in London[173]. Im Zuge der Schaffung des Entry Standard wurde der ehemalige Freiverkehr in Open Market umbenannt. Die Transparenzpflichten im Entry Standard liegen unter denen im Prime Standard und General Standard[174]. Allerdings wurden diese im Februar 2011 verschärft[175]. Die Transparenzpflichten im Entry Standard regeln die §§ 16 bis 23 der Allgemeine Geschäftsbedingungen der Deutsche Börse AG für den Freiverkehr an der Frankfurter Wertpapierbörse (im Folgenden AGB-Freiverkehr)[176]. Gemäß § 16 Abs. 1 S. 1

---

167 Der Neue Markt war nach h.M. dem Freiverkehr zuzuordnen.

168 Schanz, Börseneinführung, 2. Auflage, § 1, Rn. 6; Kümpel, Bank- und Kapitalmarktrecht, 3. Auflage, Rn. 17.644 ff.; Helmschrott/Waßmer, WM 1999, 1853, 1854.

169 Gebhardt, WM-Sonderbeilage Nr. 2/2003, 8; Schwark, in: Schwark, Kapitalmarktrechts-Kommentar, 3. Auflage, § 49 BörsG, Rn. 6; Schlitt, AG 2003, 57 f.

170 Schanz, Börseneinführung, 2. Auflage, § 1, Rn. 5; Helmschrott/Waßmer, WM 1999, 1853, 1854.

171 Lenenbach, Kapitalmarkt- und Börsenrecht, Rn. 3.63; Kümpel, Bank- und Kapitalmarktrecht, 3. Auflage, Rn. 17.644; Jäger, Aktiengesellschaft, § 54, Rn. 58 ff.

172 Siehe hierzu: Sudmeyer/Rückert/Kuthe, BB 2005, 2703 ff.; Oelke, BKR 2006, 7 ff.; Schlitt/Schäfer, AG 2006, 47 ff.; Schanz, Börseneinführung, § 11, Rn. 53 ff.

173 Sudmeyer/Rückert/Kuthe, BB 2005, 2703; Oelke, BKR 2006, 7 f.

174 Siehe zu diesen Pflichten: Schanz, Börseneinführung, § 11, Rn. 53 ff.; Freytag/Koenen, WM 2011, 1594, 1595 f.

175 Siehe hierzu: Freytag/Koenen, WM 2011, 1594 ff.; Schanz, Börseneinführung, § 11, Rn. 49.

176 Allgemeine Geschäftsbedingungen der Deutsche Börse AG für den Freiverkehr an der Frankfurter Wertpapierbörse, Stand: 26.7.2013, FWB10, abrufbar unter http://deutsche-boerse.com (Stand: 30.11.2013).

AGB-Freiverkehr kann ein Antrag auf Einbeziehung nunmehr nur zusammen mit einem Kreditinstitut, einem Finanzdienstleistungsinstitut oder einem nach § 53 Abs. 1 S. 1 KWG oder § 53b Abs. 1 S. 1 KWG tätigen Unternehmen gestellt werden. Das Unternehmen muss gemäß § 16 Abs. 1 S. 2 AGB-Freiverkehr ein haftendes Eigenkapital i.H.v. mindestens EUR 730.000,– besitzen. Gemäß § 16 Abs. 1 S. 3 AGB-Freiverkehr steht der Mitantragsteller für die Vollständigkeit und Richtigkeit der im Antrag gemachten Angaben und für die Vollständigkeit der eingereichten Unterlagen ein. Auch setzt eine Einbeziehung in den Entry-Standard gemäß § 17 Abs. 1 lit. a) AGB-Freiverkehr das Vorliegen eines (prospektpflichtigen) öffentlichen Angebots sowie die Erstellung eines Wertpapierprospekts voraus[177].

Ein weiteres Segment des Freiverkehrs an der Frankfurter Wertpapierbörse ist das Quotation Board, welches im Vergleich zum Entry Standard geringere Transparenzpflichten hat. Gemäß § 9 Abs. 1 AGB-Freiverkehr kann ein Antrag auf Einbeziehung zum Handel in diesem Segment von jedem Handelsteilnehmer an der Frankfurter Wertpapierbörse gestellt werden[178]. Eine Mitwirkung eines Kreditinstituts, eines Finanzdienstleistungsinstitut oder eines nach § 53 Abs. 1 S. 1 KWG oder § 53b Abs. 1 S. 1 KWG tätigen Unternehmens ist hierfür nicht erforderlich. Jedoch können zum Handel in diesem Segment nur Aktien einbezogen werden, die an einem anderen von der Deutschen Börse AG anerkannten in- oder ausländischen handelsmäßigen Börsenplatz zugelassen sind, § 12 Abs. 1 AGB-Freiverkehr[179]. Ein Handel von Aktien im „normalen" Freiverkehr außerhalb dieser beiden Segmente findet an der Frankfurter Wertpapierbörse seit dem 1.10.2012 nicht mehr statt[180]. Grund hierfür waren eine Vielzahl von Verdachtsfällen auf Marktmanipulation im „normalen" Freiverkehr[181].

G. Rechtsnatur des Emissionsgeschäfts

Das Emissionsgeschäft ist durch eine Vielzahl von Rechtsbeziehungen geprägt, wobei im Wesentlichen zwischen vier verschiedenen Gruppen von Rechtsbeziehungen unterschieden werden kann. Diese Rechtsbeziehungen regeln das Rechtsverhältnis (1) der Konsortialmitglieder untereinander, (2) zwischen Emittent und Emissionskonsortium, (3) zwischen Emissionskonsortium und Anlegern sowie

177 Schanz, Börseneinführung, § 11, Rn. 53.

178 Siehe hierzu: Groß, Kapitalmarktrecht, § 48 BörsG, Rn. 3; Schwark, in: Schwark/Zimmer, Kapitalmarktrecht-Kommentar, § 48 BörsG, Rn. 8.

179 Schanz, Börseneinführung, § 11, Rn. 48.

180 Siehe Rundschreiben Open Market Nr. 06/12 v.8.6.2012, Neufassung der Allgemeinen Geschäftsbedingungen für den Freiverkehr der Deutsche Börse AG an der Frankfurter Wertpapierbörseörse zum 1.7.2012, abrufbar unter http://www.xetra.com (Stand: 23.12.2013); Schanz, Börseneinführung, § 11, Rn. 49.

181 Siehe Rundschreiben Open Market Nr. 01/12 v.6.2.2012, Weitere Maßnahmen im Freiverkehr (Open Market), abrufbar unter http://www.xetra.com (Stand: 23.12.2013); Schanz, Börseneinführung, § 11, Rn. 49.

(4) zwischen Anlegern und Emittenten. Im Folgenden sollen die Rechtsverhältnisse (3) und (4) ausführlicher betrachtet werden, die Rechtsverhältnisse (1) und (2) interessieren dagegen nur am Rande.

I. Rechtsbeziehungen zwischen den Konsortialmitgliedern

Da die Leistungskraft einer einzelnen Bank bzw. der von ihr ansprechbare Kundenkreis bei größeren Emissionsvolumina zu gering ist, schließen sich mehrere Banken in der Regel zu einem Emissionskonsortium zusammen[182]. Zweck eines solchen Konsortiums sind auch die Streuung des mit der Übernahme und Platzierung verbundenen Risikos und eine Begrenzung des in Anspruch genommenen Eigenkapitals[183]. Dabei sind bei der Gestaltung der zwischen den einzelnen Konsortialmitgliedern geschlossenen Verträge vielfältige Möglichkeiten eröffnet. So kann es sich bei einem Bankenkonsortium um eine Außengesellschaft bürgerlichen Rechts[184] mit dem gemeinsamen Zweck der Schaffung der Voraussetzungen für eine erfolgreiche Aktienplatzierung handeln. Dies setzt voraus, dass sich alle Konsortialmitglieder dem Emittenten gegenüber zu einer Übernahme verpflichten. Ein Innenkonsortium und damit keine Außengesellschaft liegt dagegen in den Fällen vor, in denen nur der Konsortialführer mit dem Emittenten einen Übernahmevertrag schließt, auch wenn er dies für Rechnung mehrerer anderer Banken tut[185]. Es sind noch viele weitere Gestaltungsmöglichkeiten denkbar, die aber im Rahmen dieser Arbeit nicht näher betrachtet werden sollen[186]. Für die technische Abwicklung der Börseneinführung einschließlich des Verfassens eines Börsenzulassungsprospektes und der Übernahme der Prospekthaftung erhält das Bankenkonsortium i.d.R. eine Börseneinführungsprovision i.H.v. 1% des Nominalbetrages

---

182 De Meo, Bankenkonsortien, 7; Lenenbach, Kapitalmarkt- und Börsenrecht, Rn. 7.4; Müller, in: Kümpel/Wittig, Rn. 15.114 ff., Brandt, in: ders., Rn. 15.465 ff.; Singhof/Weber, in: Habersack/Mülbert/Schlitt, § 4, Rn. 25 m.w.N.

183 Müller, in: Kümpel/Wittig, 15.114; Singhof/Weber, in: Habersack/Mülbert/Schlitt, § 4, Rn. 25 m.w.N.

184 Ulmer, in: MüKo-BGB, Band 5, 5. Auflage, Vor § 705, Rn. 56; Müller, in: Kümpel/Wittig, Rn. 15.121; Ekkenga/Maas, Rn. 262 f.; dagegen vertreten Ulmer/Schäfer, in: MüKo-BGB, Band 5, Vor § 705, Rn. 56 nunmehr abweichend zur 5. Auflage die Auffassung, dass der Übernahmevertrag mit dem Emittenten nicht vom Konsortium selbst, welches als Innengesellschaft nicht im Rechtsverkehr auftrete, geschlossen werde, sondern entweder von der Konsortialführerin als Vertreterin der je für sich handelnden Konsorten oder unmittelbar von den Konsorten selbst.

185 Müller, in: Kümpel/Wittig, Rn. 15.117 m.w.N.; Schücking, in: Habersack/Mülbert/Schlitt, § 32, Rn. 29.

186 Eine ausführliche Darstellung über die in einem Bankenkonsortium bestehenden Rechtsbeziehungen bietet De Meo, Bankenkonsortien; Müller, in: Kümpel/Wittig, Rn. 15.114 ff.; Brandt, in: ders., Rn. 15.465 ff.; Schücking, in: Habersack/Mülbert/Schlitt, § 32, Rn. 28 ff.

der einzuführenden Aktien[187]. Daneben erhält das Bankenkonsortium in der Regel für die Übernahme und Begebung der Aktien eine Provision von 4% bis 5% des Emissionserlöses[188].

II. Rechtsbeziehungen zwischen Emittent und Emissionskonsortium

Zwischen dem Emittenten und dem Emissionskonsortium kommt neben einem Übernahmevertrag[189] eine weitere, von diesem zu trennende dienstvertragliche Rechtsbeziehung, die eine Geschäftsbesorgung zum Gegenstand hat, zustande[190]. Dieser Vertrag verpflichtet in der Regel nicht nur den Konsortialführer, sondern das gesamte Konsortium, sich um eine erfolgreiche Börsenzulassung zu bemühen[191]. Im Rahmen dieser Arbeit wird nicht weiter auf diese Rechtsbeziehungen einzugehen sein.

III. Rechtsbeziehungen zwischen Emissionskonsortium und Anleger

Die zwischen dem Emissionskonsortium und dem Anleger bestehende Rechtsbeziehung folgt aus dem Platzierungsvorgang. Durch diesen entstehen die unterschiedlichsten Rechtsbeziehungen (Anlageberatung, Verkauf, Prospekthaftung). Diese sollen im 2. Abschnitt näher untersucht werden.

IV. Rechtsbeziehungen zwischen Emittent und Anleger

Durch die Platzierung der emittierten Wertpapiere tritt der Emittent in eine direkte Rechtsbeziehung mit den Anlegern, die sich sowohl aus dem Platzierungsvorgang als solchem ergibt, z.B. aufgrund der Prospekthaftung, wie auch aus den allgemeinen Bedingungen der emittierten Wertpapiere. Diese Rechtsbeziehungen sollen im 3. Abschnitt näher betrachtet werden.

---

187 Behrens, Risikokapitalbeschaffung, 20; Schanz, Börseneinführung, § 10, Rn. 232.

188 Behrens, Risikokapitalbeschaffung, 20; Grüger, BKR 2007, 437 f., Fn. 12 m.w.N.; Schanz, Börseneinführung, § 10, Rn. 230 f. geht dagegen davon aus, dass die Emissionsbanken neben sonstigen Provisionen (z.B. für die Übernahme des Prospektrisikos) eine Provision i.H.v. 3%-6% des Emissionsvolumens erhalten, die sich auf eine Management-, Übernahme- sowie Verkaufsprovision aufteilt.

189 Siehe zu Einzelheiten der Rechtsnatur eines Übernahmevertrages: De Meo, Bankenkonsortien, 146 f.; Brandt, in: Kümpel/Wittig, Rn. 15.411 ff., 15.421 ff.; Lenenbach, Kapitalmarkt- und Börsenrecht, Rn. 7.82 f.

190 De Meo, Bankenkonsortien, 12; Singhof/Weber, in: Habersack/Mülbert/Schlitt, § 4, Rn. 99; siehe zu den einzelnen Pflichten aus einem Übernahmevertrages: Schücking, in: Habersack/Mülbert/Schlitt, 32, Rn. 11 ff.

191 Schäfer, ZIP 1991, 1557; Müller, in: Kümpel/Wittig, Rn. 15.110.

2. Abschnitt: Die Haftung der Bank gegenüber dem Anleger

Nachdem im bisherigen Teil der Arbeit im Wesentlichen der Ablauf einer Emission dargestellt worden ist, stellt sich nunmehr die Frage nach der Ausgestaltung der zwischen Anlegern und Banken bestehenden Rechtsbeziehungen.

A. Rechtsbeziehung zwischen Anleger und depotführender Bank

Aus dem Grundsatz der Privatautonomie[192] folgt, dass prinzipiell jeder selbst für die Beschaffung und Beurteilung der zum Abschluss eines Geschäfts notwendigen Informationen verantwortlich ist[193]. Aufgrund von Informationsasymmetrien[194] wird dieser Grundsatz nicht selten durchbrochen. So lassen sich im Zusammenhang mit dem Erwerb von Wertpapieren im Wege eines Primärgeschäfts drei unterschiedliche Typen von Informationspflichtverhältnissen unterscheiden, die eine unterschiedliche Intensität aufweisen[195]. So treffen beispielsweise das Wertpapierdienstleistungsunternehmen im Rahmen von Vertragsverhandlungen Informations- und Aufklärungspflichten[196]; ebenso können diese aber als Nebenpflichten eines bereits geschlossenen Vertrages bestehen. Diese Pflichten können sowohl zivilrechtlicher Natur sein – hierbei handelt es sich dogmatisch um eine Haftung für in Anspruch genommenes Vertrauen – als auch öffentlich-rechtlich, durch Bankaufsichtsrecht, begründet werden, beispielsweise durch § 31 WpHG. In letzterem Fall bestehen diese Pflichten jedoch in erster Linie gegenüber den Aufsichtsbehörden; in wieweit öffentlich-rechtlich begründete Informations- und Aufklärungspflichten zivilrechtliche Ausstrahlungswirkung entfalten, bedarf einer gesonderten Klärung (I.)[197], bevor auf den genauen Umfang dieser Pflichten im Rahmen von Wertpapierdienstleistungen eingegangen wird (II.). Schließlich kann die Bank im Rahmen eines Beratungsvertrages zur Beratung und Aufklärung verpflichtet sein (III.). Hierbei wird der Pflichtenumfang im Vergleich zu anderen Wertpapierdienstleistungen erheblich erweitert, da nunmehr die Weitergabe und Bewertung von Informationen die vertraglich geschuldete Hauptleistung darstellen. Auch statuieren einige kapitalmarktrechtliche Gesetze zum Schutz des Anlegers eine Prospektpflicht (B.). Die spezialgesetzliche Prospekthaftung setzt keinen geschäftlichen Kontakt zwischen Anspruchsteller und Anspruchsgegner voraus.

---

192 Siehe zu diesem Grundsatz: Lang, § 2, Rn. 3 f.

193 Richrath, WM 2004, 653; Lang, § 2, Rn. 3.

194 Siehe hierzu: Fleischer, Informationsasymmetrien im Vertragsrecht; Fuchs, in: Fuchs, WpHG, Vor §§ 31–37a, Rn. 53.

195 Möllers/Leisch, JZ 2000, 1085 ff.; ausführlich: Lang, § 3, Rn. 1 ff.

196 Ellenberger, WM-Sonderbeilage 1/2001, 2 f. ; Starke, in: Kümpel/Wittig, Rn. 17.31; Roth, in: Assmann/Schütze, HdB, KapitalanlageR, § 11, Rn. 1 ff.

197 Siehe hierzu unten I.3.b.

I. Grundlagen

Im Rahmen von Schuldverhältnissen sind Parteien verpflichtet, sich so zu verhalten, wie es Treu und Glauben mit Rücksicht auf die Verkehrssitte erfordern[198]. Hieraus lassen sich Rücksichtnahme- und Schutzpflichten herleiten, welche nicht erst mit Vertragsschluss entstehen, sondern schon im Stadium der Vertragsanbahnung[199]. Verletzt eine Vertragspartei diese Pflichten schuldhaft, so macht sie sich schadensersatzpflichtig. Die Verletzung vorvertraglicher Pflichten führt zu Ansprüchen gemäß §§ 280, 241 Abs. 2, 311 Abs. 2 BGB (culpa in contrahendo), die Verletzung nebenvertraglicher Pflichten zu einem Anspruch gemäß § 280 Abs. 1 BGB (vormals positive Vertragsverletzung (pVV)). Schließlich kommen auch Schadensersatzansprüche gemäß § 823 Abs. 2 BGB i.V.m. einem Schutzgesetz oder wegen vorsätzlicher sittenwidriger Schädigung gemäß § 826 BGB in Betracht. Banken schulden ihren Kunden Aufklärung. Der Zweck dieser Aufklärungspflichten besteht darin, den Kunden durch Informationsgewährung zu eigenverantwortlichen Entscheidungen zu verhelfen. Außerdem führen diese Aufklärungspflichten zu einer höheren Markttransparenz und zum Abbau bestehender Informationsasymmetrien.

Neben diesen zivilrechtlichen Verpflichtungen bestehen jedoch im Kapitalmarktrecht auch öffentlich-rechtliche Verpflichtungen, die nicht losgelöst vom Zivilrecht betrachtet werden können. So wurden beispielsweise durch die §§ 31, 32 WpHG a.F. die in den Art. 10 und Art. 11 der Wertpapierdienstleistungsrichtlinie (RL 93/22/EG)[200] statuierten „Rules of Conduct" in deutsches Recht umgesetzt, indem durch diese Vorschriften Aufklärungs- und Informationspflichten im kundenbezogen Wertpapiergeschäft festgelegt worden sind[201]. Diese Pflichten waren öffentlich-rechtlicher Natur; ihre Einhaltung wurde von der BaFin überwacht. Bei der Formulierung des Gesetzestextes hatte sich der deutsche Gesetzgeber stark an die im „Bond"-Urteil[202] aufgestellten Grundsätze zur anleger- und anlagegerechten Beratung angelehnt[203]. Der BGH hatte sich seinerseits bei der Ausarbeitung der dargestellten Rechtsgrundsätze an der zu diesem Zeitpunkt noch nicht in deutsches Recht umgesetzten

198 Siehe hierzu: Roth/Schubert, in: MüKo-BGB, Band 3, § 242, Rn. 8 ff., 165 ff.; Grüneberg, in: Palandt, § 242, Rn. 1, 23 ff.; Looschelders/Olzen, in: Staudinger, Buch 2, § 242, Rn. 110 ff.

199 Roth/Schubert, in: MüKo-BGB, Band 3, § 241, Rn. 122 f.; Ekkenga/Bernau, in: Handbuch zum deutschen und europäischen Bankrecht, § 50, Rn. 56; Looschelders/Olzen, in: Staudinger, Buch 2, § 242, Rn. 130.

200 Richtlinie 93/22/EWG des Rates vom 10.5.1993 über Wertpapierdienstleistungen, ABl. EG Nr. L 141 v. 11.6.1993, S. 27 ff.

201 Siehe hierzu: Lang, § 4, Rn. 1 ff. sowie § 6, Rn. 1 ff.

202 BGH, Urt. v. 6.7.1993, XI ZR 12/93, BGHZ 123, 126.

203 Beschlussempfehlung des Finanzausschusses des Deutschen Bundestages, BT-Drs. 12/7918, S. 103, 104; Lang, § 2, Rn. 16 sowie § 6, Rn. 16; Kümpel, Wertpapierhandelsgesetz 1996, 172; Ekkenga/Bernau, in: Handbuch zum deutschen und europäischen Bankrecht, 1. Auflage, § 49, Rn. 46.

Wertpapierdienstleistungsrichtlinie (RL 93/22/EG) orientiert[204]. Art. 11 Abs. 1 der einen Monat vor dem „Bond"-Urteil verabschiedeten Wertpapierdienstleistungsrichtlinie verlangte von den Mitgliedstaaten dafür zu sorgen, dass Kunden von Banken alle zweckdienlichen Informationen erhalten und dass die Einhaltung dieser Wohlverhaltensregeln von Aufsichtsbehörden überwacht wird[205]. Zur Konkretisierung dieser Pflichten hatte das vormalige BAWe[206] eine Richtlinie[207] erlassen, die allerdings in einzelnen Punkten in ihren Anforderungen an Aufklärungspflichten, die Wertpapierdienstleistungsunternehmen bei der Erbringung von Wertpapierdienstleistungen zu erfüllen hatten, hinter dem „Bond"-Urteil zurückblieb. Diese Richtlinie stand im Rang einer Verwaltungsvorschrift[208] und wurde zum 1.11.2007 im Zuge des Inkrafttretens des Finanzmarktrichtlinie-Umsetzungsgesetzes (FRUG) aufgehoben.

Die derzeitige Fassung des WpHG beruht auf dem FRUG, durch welches die MiFID (RL 2004/39/EG)[209] sowie die MiFID-Durchführungsrichtlinie in deutsches Recht umgesetzt wurden. Durch die MiFID wurde die Wertpapierdienstleistungsrichtlinie (RL 93/22/EG) ersetzt. Dabei stellt die MiFID die Zentralnorm eines mehrstufigen Normgebungsprozesses auf Grundlage des Lamfalussy-Verfahrens[210] dar[211]. Bei

---

204 So Lang, § 6, Rn. 16; Kümpel, WM 1995, 689, 692 unter Verweis auf BGH, Urt. v. 6.7.1993, XI ZR 12/93, BGHZ 123, 126, 128 und die Beschlussempfehlung des Finanzausschusses des Deutschen Bundestages, BT-Drs. 12/7918, S. 103, 104; dagegen gelangt Reich, WM 1997, 1601, 1606 zum Ergebnis, dass die in der Beschlussempfehlung des Finanzausschusses gezogene Schlussfolgerung, der BGH habe sich in seinem „Bond"-Urteil an der RL 93/22/EG orientiert, nicht ganz zutreffe.

205 Siehe Lang, § 2.

206 Mit dem Gesetz über die integrierte Finanzaufsicht vom 22.4.2002 (BGBl. I 2002, S. 1310) ist die Bundesanstalt für Finanzdienstleistungsaufsicht (BaFin) an die Stelle des Bundesaufsichtsamtes für Wertpapierhandel (BAWe) getreten.

207 BAWe, Richtlinie gemäß § 35 Abs. 2 des Gesetzes über den Wertpapierhandel zur Konkretisierung der §§ 31 und 32 WpHG für das Kommissionsgeschäft, den Eigenhandel für andere und das Vermittlungsgeschäft der Wertpapierdienstleistungsunternehmen v. 26.5.1997, Banz Nr. 98 v. 3.6.1997, S. 6586. Diese wurde durch die Richtlinie gemäß § 35 Abs. 6 WpHG zur Konkretisierung der §§ 31 und 32 WpHG für das Kommissionsgeschäft, den Eigenhandel für andere und das Vermittlungsgeschäft der Wertpapierdienstleistungsunternehmen v. 23.8.2001, BAnz. Nr. 165 v. 4.9.2001, S. 19.217 abgelöst.

208 Koller, in: Assmann/Schneider, WpHG, 4. Auflage, § 35, Rn. 6; Leisch, 74.

209 Richtlinie 2004/39/EG des Europäischen Parlaments und des Rates über Märkte für Finanzinstrumente, zur Änderung der Richtlinien 85/91/EWG und 93/6/EWG des Rates und der Richtlinie 2000/12/EG des Europäischen Parlaments und das Rates und zur Aufhebung der Richtlinie 93/22/EWG des Rates vom 21. April 2004 (Markt- und Finanzdienstleistungsrichtlinie), ABl. EU Nr. L 145 v. 30.4.2004, S. 1 f.

210 Siehe zum Lamfalussy-Verfahren: Möller, ZEuP 2008, 480 ff.; Duve/Keller, BB 2006, 2425 ff.; Balzer ZBB 2003, 177, 179 ff.; Schmolke, NZG 2005, 912 ff.; siehe zur Reform des Lamfalussy-Verfahrens: Rötting /Lang, EuZW 2012, 8 ff.

211 Siehe hierzu: Ekkenga, in: MüKo-HGB, Band 5, Effektengeschäft, Rn. 73; Fuchs, in: Fuchs, WpHG, Vor §§ 31–37a, Rn. 28.

diesem handelt es sich um ein spezielles Komitologieverfahren. Zur Konkretisierung der MiFID hat die EU-Kommission, unterstützt von vier Fachausschüssen, im Wege eines delegierten Rechtsakts eine MiFID-Durchführungsverordnung[212] erlassen, die u. a. die Aufzeichnungspflichten von Wertpapierdienstleistungsunternehmen, Meldepflichten sowie Markttransparenz regelt[213], sowie eine MiFID-Durchführungsrichtlinie (RL 2006/73/EG)[214] zur näheren Ausgestaltung der organisatorischen Anforderungen an Wertpapierfirmen und der Bedingungen für die Ausübung ihrer Tätigkeit verabschiedet (sog. zweite Stufe des Lamfalussy-Verfahrens[215]). Auf der dritten Stufe des Lamfalussy-Verfahrens erfolgten Leitlinien und Empfehlungen des CESR[216], um eine EU-weit einheitliche Interpretation und Anwendung der Vorschriften durch die nationalen Aufsichtsbehörden zu gewährleisten[217]. Zur Umsetzung der MiFID sowie der MiFID-Durchführungsverordnung in nationales Recht wurden die §§ 31 ff. WpHG a.F. grundlegend überarbeitet[218]; es erfolgte eine detailliertere Regelung der einzelnen Informations- und Aufklärungspflichten durch §§ 31 ff. WpHG n.F. sowie durch die auf der Ermächtigungsgrundlage des § 31 Abs. 11 S. 1 WpHG erlassenen WpDVerOV[219].

Weitere Änderungen hat das WpHG jüngst durch das AnsFuG[220] erfahren[221], welches am 1.7.2011 in Kraft getreten ist. Neben dem Bereich der Anlageberatung

212 Verordnung (EG) Nr. 1287/2006 der Kommission zur Durchführung der Richtlinie 2004/39/EG des Europäischen Parlaments und des Rates betreffend die Aufzeichnungspflichten für Wertpapierfirmen, die Meldung von Geschäften, die Markttransparenz, die Zulassung von Finanzinstrumenten zum Handel und bestimmte Begriffe im Sinne dieser Richtlinie, ABl. EU Nr. L 241 v. 2.9.2006, S. 1.

213 Ekkenga, in: MüKo-HGB, Band 5, Effektengeschäft, Rn. 73.

214 Richtlinie 2006/73/EG der Kommission vom 10. 8. 2006 zur Durchführung der RL 2004/39/EG des Europäischen Parlaments und des Rates in Bezug auf die organisatorischen Anforderungen an Wertpapierfirmen und die Bedingungen für die Ausübung ihrer Tätigkeit sowie in Bezug auf die Definition bestimmter Begriffe für die Zwecke der genannten Richtlinie, ABl. EU Nr. L 241 v. 2.9.2006, S. 26.

215 Siehe hierzu: Rötting, Lang, EuZW 2012, 8; Schmolke, NZG 2005, 912, 913.

216 Committee of European Securities Regulators.

217 So Ekkenga, in: MüKo-HGB, Band 5, Effektengeschäft, Rn. 73.

218 Siehe hierzu u.a.: Duve/Keller, BB 2006, 2425 f.; Fleischer, BKR 2006, 389 f.; Mülbert, WM 2007, 1149 ff.; Einsele, JZ 2008, 477; Kumpan/Hellgardt, DB 2006, 1714 ff.; Veil ZBB 2008, 34 ff.; Weichert/Wenninger, WM 2007, 627.

219 Verordnung zur Konkretisierung der Verhaltensregeln und Organisationsanforderungen für Wertpapierdienstleistungsunternehmen (Wertpapierdienstleistungs-Verhaltens- und Organisationsverordnung – WpDVerOV) vom 20. Juli 2007 (BGBl. I 2007, S. 1432), die zuletzt durch Art. 7 des Gesetzes vom 31. Juli 2009 (BGBl. I S. 2512) geändert worden ist.

220 Gesetz zur Stärkung des Anlegerschutzes und Verbesserung der Funktionsfähigkeit des Kapitalmarkts (AnsFuG) vom 5.4.2011, BGBl. I 2011, S. 538.

221 Siehe zum AnsFuG: Preuße/Schmidt, BKR 2011, 265 ff.; Müller-Christmann, DB 2011, 749 ff.; Wagner, NZG 2011, 609 ff.; Möllers/Wenninger, NJW 2011, 1697.

haben sich bei Beteiligungstransparenz (§§ 21 ff. WpHG) sowie offenen Immobilienfonds Änderungen ergeben. Im Rahmen dieser Arbeit wird der Fokus jedoch auf die im Bereich der Anlageberatung eingetretenen Änderungen gerichtet[222]. Die §§ 31 ff. WpHG a.F. wie auch die §§ 31 ff. WpHG n.F. wenden sich unmittelbar an das Wertpapierdienstleistungsunternehmen, statuieren aber auch den Umfang von Aufklärungspflichten dem Kunden gegenüber. Es stellt sich mithin die Frage nach der Rechtsnatur der §§ 31 ff. WpHG[223].

1. Rechtsnatur der §§ 31 ff. WpHG

Sinn und Zweck des WpHG ist der Schutz und die Stärkung des Vertrauens der Anleger in die Ordnungsgemäßheit, Fairness und Integrität der Kapitalmärkte[224]. Einigkeit besteht dahingehend, dass die §§ 31 ff. WpHG a.F.[225] wie auch die §§ 31 ff. WpHG n.F.[226] eine öffentlich-rechtliche Komponente enthalten, da sie das verwaltungsrechtliche Verhältnis zwischen der BaFin als Marktaufsichtsbehörde und den Finanzintermediären, also den Finanzdienstleistungsinstituten, näher ausgestalten. Umstritten ist jedoch, ob die §§ 31 ff. WpHG n.F. darüber hinaus auch eine zivilrechtliche Komponente enthalten bzw. zivilrechtliche Ausstrahlungswirkung entfalten.

In Bezug auf die §§ 31, 32 WpHG a.F. wurde dies teilweise[227] mit dem Argument verneint, die Kodifizierung vertraglicher Pflichten durch eine gewerberechtliche bzw. aufsichtsrechtliche Vorschrift stelle für das deutsche Rechtssystem eine derart außergewöhnliche Regelungstechnik dar, dass sie im Gesetzeswortlaut oder zumindest in den Gesetzesmaterialien ihren Niederschlag hätte finden müssen. Da

---

222 Siehe zu Einzelheiten: Preuße/Schmidt, BKR 2011, 265, ff.; Müller-Christmann, DB 2011, 749, 750 f.; Wagner, NZG 2011, 609 ff.; Möllers/Wenninger, NJW 2011, 1697.

223 Einen umfassenden Überblick zu dieser Fragestellung bieten Leisch, Informationspflichten (zu § 31 WpHG a.F.); Lang, § 5 (ebenfalls zu § 31 WpHG a.F.); Schwark, in: Schwark, Kapitalmarktrechts-Kommentar, 3. Auflage, § 31 WpHG, Rn. 5 f. (zu § 31 WpHG a.F.); siehe zu den §§ 31 ff. WpHG n.F.: Koller, in: Assmann/Schneider, WpHG, Vor § 31, Rn. 3 ff.; Schwark, in: Schwark/Zimmer, Kapitalmarktrechts-Kommentar, Vor §§ 31 ff., Rn. 12 ff.; Mülbert, ZHR 172(2008), 170 ff.; Rothenhöfer, in: FS-Hopt, 55 ff.; Weichert/Wenninger, WM 2007, 627, 635; Nikolaus/d'Oleire, WM 2007, 2134.

224 Begr. RegE. 2. FFG, BT-Drs. 12/6679, S. 33; siehe auch: Koller, in: Assmann/Schneider, WpHG, § 31, Rn. 1 ff.; Fuchs, in: Fuchs, WpHG, Vor §§ 31–37a, Rn. 51 ff.; Schwark, in: Schwark/Zimmer, Kapitalmarktrechts-Kommentar, Vor §§ 31 ff. WpHG, Rn. 11; Koller, in: Assmann/Schneider, WpHG, § 31, Rn. 1 ff.; Rothenhöfer, in: FS-Hopt, 55 ff.

225 So auch Koller, in: Assmann/Schneider, WpHG, 4. Auflage, Vor § 31, Rn. 17; Schwark, in: Schwark/Zimmer, Kapitalmarktrechts-Kommentar, 3. Auflage, Vor §§ 31 ff. WpHG, Rn. 7.; Lange, Informationspflichten von Finanzdienstleistern, 300.

226 Rothenhöfer, in: FS-Hopt, 55, 56; Koller, in: Assmann/Schneider, WpHG, Vor § 31, Rn. 2 f.; Weichert/Wenninger, WM 2007, 627, 635; Fuchs, in: Fuchs, WpHG, Vor § 31, Rn. 56; Veil, WM 2007, 1821, 34, 41; Mülbert, WM 2007, 1149, 1157

227 Lenenbach, Kapitalmarkt- und Börsenrecht, Rn. 8.8; Balzer, ZBB 1997, 260, 261.

dies nicht der Fall sei, enthielten auch §§ 31, 32 WpHG a.F. keine zivilrechtliche Komponente bzw. Ausstrahlungswirkung. Diese Auffassung wird auch zu §§ 31 ff. WpHG n.F. teilweise[228] vertreten.

Für eine zivilrechtliche Komponente der §§ 31 ff. WpHG n.F. – diese wurden aufgrund der Umsetzung der MiFID durch das FRUG neu gefasst – in Form einer Doppelnatur[229] oder zumindest einer Ausstrahlungswirkung[230] spricht, dass sie auch auf die Rechtsbeziehungen zwischen Finanzintermediären und Kunden ausstrahlen. Dabei konkretisieren die §§ 31 ff. WpHG die den kommissions- und auftragsrechtlichen Normen (§§ 611, 663 ff. BGB i.V.m. § 675 BGB; § 383 HGB) zugrunde liegenden Gedanken. Als weiteres Indiz zumindest für eine zivilrechtliche Ausstrahlung der §§ 31 ff. WpHG kann der Zusammenhang dieser Vorschriften mit der Rechtsordnung gewertet werden. Anders als beispielsweise § 33 WpHG kommen die §§ 31 ff. WpHG dem einzelnen Anleger zugute, da diese Bedeutung für Inhalt und Umfang vorvertraglicher Pflichten besitzen können. Eine Doppelnatur der §§ 31 ff. WpHG n.F. wird teilweise damit begründet[231], dass die §§ 31 ff. WpHG eine zwingende gesetzliche Ausgestaltung eines typisierten Schuldverhältnisses darstellten und hiernach als unmittelbare Ausgestaltung des Rechtsverhältnisses aus Vertrag gälten. Rechtsfolge dieser Qualifikation sei, dass sie den Umfang der (vor)vertraglichen und aufsichtsrechtlichen Pflichten verbindlich normiere und daher auch nicht durch Vertrag abbedungen oder verschärft werden könne[232].

Gegen eine Qualifikation der §§ 31 ff. WpHG n.F. als Doppelnorm spricht jedoch, dass der Europäische Gesetzgeber bei Erlass der MiFID sowie der MiFID-Durchführungsrichtlinie keine Kompetenz zum Erlass von Normen auf dem Gebiet des Zivilrechts besaß[233]. Als Rechtsgrundlage zum Erlass der MiFID sowie der

---

228 Podewils/Reisich, NJW 2009, 116, 120; Assmann, ZBB 2008, 21, 30 (zu § 31d WpHG).

229 So in Bezug auf §§ 31 ff. WpHG n.F.: Weichert/Wenninger, WM 2007, 627, 635; Veil, WM 2007, 1821, 1825 f.; Nikolaus/d'Oleire, WM 2007, 2129, 2134 gelangen faktisch zum gleichen Ergebnis, wenngleich sie die §§ 31 ff. WpHG n.F. nicht als Doppelnorm bezeichnen, sondern ausführen, dass aufgrund von EU-Recht über §§ 31 ff. WpHG n.F. hinausgehende zivilrechtliche Anforderungen unzulässig seien; zu §§ 31, 32 WpHG a.F.: Möllers, in: KöKo-WpHG, § 31, Rn. 6, 320; Lang, § 6, Rn. 10; Leisch, 68 f.

230 Rothenhöfer, in: FS-Hopt, 55, 73; Fuchs, in: Fuchs, WpHG, Vor § 31, Rn. 60; Schwark, in: Schwark/Zimmer, Kapitalmarktrechts-Kommentar, Vor §§ 31 ff. WpHG, Rn. 12, 16; Koller, in: Assmann/Schneider, WpHG, Vor § 31, Rn. 3; BGH, Urt. v. 19.12.2006, XI ZR 56/05, NJW 2007, 1734 ff.

231 So in Bezug auf §§ 31 ff. WpHG n.F.: Weichert/Wenninger, WM 2007, 627, 635; Veil, WM 2007, 1821, 1825 f.; zu §§ 31, 32 WpHG a.F.: Möllers, in: KöKo-WpHG, § 31, Rn. 320; Lang, § 6, Rn. 10; Benicke, 461.

232 Hierauf weist Rothenhöfer, in: FS-Hopt, 55, 67 zu Recht hin.

233 Assmann, ZBB 2008, 21, 30; Rothenhöfer, in: FS-Hopt, 55, 68; Veil, ZBB 34, 41 f. der trotzdem von einer Doppelfunktionalität ausgeht.

MiFID-Durchführungsverordnung wurde auf Art. 47 EGV (nunmehr Art. 53 AEUV) zurückgegriffen. Diese Norm ermächtigt zum Erlass von Vorschriften, die der Koordinierung der Rechts- und Verwaltungsvorschriften der Mitgliedstaaten über die Aufnahme und Ausübung selbstständiger Tätigkeiten dienen. Auch sind der Richtlinie an keiner Stelle Anhaltspunkte zu entnehmen, dass durch diese auch das Zivilrecht vereinheitlicht werden soll[234]. Des Weiteren sind auch keine Anhaltspunkte ersichtlich, dass der deutsche Gesetzgeber abweichend vom europäischen Gesetzgeber eine Regelung mit Doppelnatur schaffen wollte. Vielmehr war dies gerade nicht beabsichtigt, wie aus der Entstehungsgeschichte des FRUG ersichtlich ist[235]. So wird beispielsweise im Bericht des Finanzausschusses zum FRUG ausdrücklich betont, dass das WpHG lediglich aufsichtsrechtlich sanktionierte Pflichten der Wertpapierhandelsunternehmen normiere[236]. Auch wird im Regierungsentwurf zum FRUG darauf hingewiesen, dass durch das FRUG keine zusätzlichen zivilrechtlichen Pflichten begründet werden sollen[237]. Zudem wird in der Begründung des Regierungsentwurfs zum FRUG darauf hingewiesen, dass zum Erlass des FRUG nicht auf die Gesetzgebungskompetenz im Bereich des Bürgerlichen Rechts (Art. 74 Abs. 1 Nr. 1 GG) zurückgegriffen wurde, sondern der Erlass vielmehr auf Art. 74 Abs. 1 Nr. 11 GG (Recht der Wirtschaft) gestützt wird[238]. Neben einer historischen Auslegung sprechen gesetzessystematische Gründe gegen eine Qualifikation der §§ 31 ff. WpHG n.F. als Doppelnorm. Denn nicht jeder Verstoß gegen eine aufsichtsrechtliche Norm stellt zugleich eine Verletzung eines Schuldverhältnisses dar. Gegen eine solche Qualifikation wird auch eingewandt, dass sie zu einer Kollision zwischen Zivilrecht und Aufsichtsrecht führen könne, falls zivilrechtliche Pflichten über aufsichtsrechtliche Standards hinausgingen[239].

Fraglich ist, ob die Wohlverhaltensregeln trotz ihres öffentlich-rechtlichen Charakters auf das Zivilrecht ausstrahlen. Der BGH hat in mehreren Entscheidungen hierzu ausgeführt, dass aufsichtsrechtliche Bestimmungen regelmäßig weder eine

234 Möllers, WM 2008, 93, 96; Ellenberger, FS-Nobbe, 523, 537; so auch im Ergebnis Einsele, JZ 2008, 477, 482 ohne nähere Begründung.

235 Dies wird selbst von Mülbert, WM 2007, 1149, 1155 eingeräumt, der eine Doppelnatur der §§ 31 ff. WpHG n.F. annimmt.

236 BT-Drs. 16/4899, S. 28.

237 Im Gesetzesentwurf der Bundesregierung, Begründung, BT-Drs. 16/4028, S. 37 wird in Bezug auf § 31 Abs. 8 WpHG-E ausgeführt, dass „eine zivilrechtliche Dokumentationspflicht [...] hierdurch nicht begründet [wird]". § 31 Abs. 8 WpHG statuiert eine Informationspflicht der Wertpapierdienstleistungsunternehmen gegenüber ihren Kunden über ausgeführte Geschäfte.

238 Siehe BT-Drs. 16/4028, S. 53; siehe auch: Koller, in: Assmann/Schneider, WpHG, Vor § 31, Rn. 2, 5; Schwark, in: Schwark/Zimmer, Kapitalmarktrechts-Kommentar, Vor §§ 31 ff. WpHG, Rn. 14.

239 Rothenhöfer, in: FS-Hopt, 55, 71; dies kann laut Mülbert, ZHR 172(2008), 170, 178 f. im Ergebnis dazu führen, dass das öffentliche Recht keine weitergehenden zivilrechtlichen Pflichten zulässt.

Begrenzung noch Erweiterung der zivilrechtlich zu beurteilenden Haftung des Anlageberaters bewirkten[240]. Auch käme den §§ 31 ff. WpHG keine eigenständige, über die zivilrechtlichen Aufklärungs- und Beratungspflichten hinausgehende Bedeutung zu[241]. In zwei Entscheidungen vom 27.9.2011 zur Fragestellung des Bestehens einer Offenlegungspflicht über Gewinnmargen bei Festpreisgeschäften nahm der BGH dazu Stellung, ob Bestimmungen der MiFID sowie der MiFID-Durchführungsrichtlinie zivilrechtlich oder öffentlich-rechtlich in nationales Recht umzusetzen seien, und gelangte zum Ergebnis, dass dies dem Umsetzungsgesetzgeber frei stehe und sich der deutsche Gesetzgeber für eine Umsetzung in Form von öffentlich-rechtlichen Normen entschieden habe[242].

Schließlich hat der BGH jüngst unter Bezugnahme auf die eingangs zitierten Entscheidungen vom 19.12.2006[243] sowie vom 27.9.2011[244] mit Urteil vom 17.9.2013 festgestellt, dass § 31d WpHG nicht im Wege einer Ausstrahlungswirkung eine eigenständige schuldrechtliche Aufklärungspflicht über Gewinnmargen begründen könne[245]. Hieraus wird geschlussfolgert, dass der BGH (neuerdings) generell eine Ausstrahlungswirkung der §§ 31 ff. WpHG auf das Zivilrecht verneint[246]. Damit weicht der BGH von seiner bisherigen Rechtsprechung ab. So hatte der BGH in seiner Entscheidung vom 19.12.2006, auf welche er in seiner Entscheidung vom 17.9.2013 auch Bezug nimmt[247], lediglich eine Aussage zum Verhältnis zwischen Zivilrecht und Aufsichtsrecht im Hinblick auf die Fragestellung, ob es sich bei den §§ 31 ff. WpHG um Schutzgesetzte i.S.v. § 823 Abs. 2 BGB handelt, getroffen und dies verneint[248]. Dagegen hat der BGH in seiner Entscheidung vom 19.12.2006 nicht

240 BGH, Urt. v. 27.09.2011, XI ZR 182/10, WM 2011, 2268, 2273, Rn. 47; BGH, Urt. v. 27.9.2011, XI ZR 178/10, WM 2011, 2261, 2265, Rn. 50; BGH, Urt. v. 19.12.2006, XI ZR 56/05, NJW 2007, 1876, 1878, Rn. 18; BGH, Urt. v. 17.9.2013, XI ZR 332/12, WM 2013, 1983, 1985, Rn. 20.

241 BGH, Urt. v. 27.09.2011, XI ZR 182/10, WM 2011, 2268, 2273, Rn. 50; BGH, Urt. v. 27.9.2011, XI ZR 178/10, WM 2011, 2261, 2265, Rn. 47; BGH, Urt. v. 17.9.2013, XI ZR 332/12, WM 2013, 1983, 1985, Rn. 20.

242 BGH, Urt. v. 27.09.2011, XI ZR 182/10, WM 2011, 2268, 2273, Rn. 47; BGH, Urt. v. 27.9.2011, XI ZR 178/10, WM 2011, 2261, 2265, Rn. 50.

243 BGH, Urt. v. 19.12.2006, XI ZR 56/05, NJW 2007, 1876 ff.

244 BGH, Urt. v. 27.09.2011, XI ZR 182/10, WM 2011, 2268 ff.; BGH, Urt. v. 27.9.2011, XI ZR 178/10, WM 2011, 2261 ff.

245 BGH, Urt. v. 17.9.2013, XI ZR 332/12, WM 2013, 1983, 1985, Rn. 20.

246 So Harnos, BKR 2014, 1, 5.

247 BGH, Urt. v. 17.9.2013, XI ZR 332/12, WM 2013, 1983, 1985, Rn. 20.

248 Der BGH, Urt. v. 19.12.2006, XI ZR 56/05, NJW 2007, 1876, 1878, Rn. 18 hat hierzu ausgeführt: „Schutzgesetzcharakter i.S. des § 823 Abs. 2 BGB können die §§ 31 ff. WpHG nur haben, soweit sie nicht lediglich aufsichtsrechtlicher Natur sind, sondern ihnen auch anlegerschützende Funktion zukommt. Ist dies der Fall, so können sie zwar für Inhalt und Reichweite (vor-)vertraglicher Aufklärungs- und Beratungspflichten von Bedeutung sein. Ihr zivilrechtlicher Schutzbereich geht aber nicht über diese (vor-)vertraglichen Pflichten hinaus. Daraus folgt,

eine Ausstrahlungswirkung der §§ 31 ff. WpHG a.F. auf das Zivilrecht abgelehnt, sondern vielmehr § 31 Abs. 1 Nr. 2 WpHG a.F. herangezogen, um eine zivilrechtliche Pflicht zur Aufklärung über Rückvergütungen zu begründen[249]. Auch hat der BGH in einer Entscheidung im Zusammenhang mit Börsentermingeschäften ausgeführt, dass § 31 Abs. 1 Nr. 1 WpHG a.F., der in erster Linie aufsichtsrechtlicher Natur sei, auch anlegerschützende Funktion und damit Bedeutung für Inhalt und Umfang vor- und nebenvertraglicher Pflichten zukomme[250]. In weiteren Entscheidungen hatte der BGH schließlich eine Aufklärungspflicht eines freien Anlagevermittlers über Rückvergütungen verneint, sofern der Anwendungsbereich des § 31d WpHG nicht eröffnet ist[251]. Damit bleibt festzuhalten, dass der BGH – anders als in seiner Entscheidung vom 17.9.2013 angedeutet[252] – nicht in der Vergangenheit generell eine Ausstrahlungswirkung der §§ 31 ff. WpHG auf das Zivilrecht verneint hat[253]. Es erscheint zweifelhaft, ob die vom BGH getroffene Feststellung, dass § 31d WpHG nicht im Wege einer Ausstrahlungswirkung eine eigenständige schuldrechtliche Aufklärungspflicht über Gewinnmargen begründen könne, zwingend als generelle Ablehnung jedweder Ausstrahlungswirkung auf das Zivilrecht zu interpretieren ist. Eine solche Interpretation wäre nur dann geboten, wenn der BGH aus § 31d WpHG eine öffentlich-rechtliche Pflicht zur Aufklärung über Gewinnmargen hergeleitet, aber gleichzeitig das Bestehen einer entsprechenden zivilrechtlichen Pflicht verneint hätte. Der BGH hat in seinem Urteil vom 17.9.2013 jedoch die Frage, ob § 31d WpHG eine öffentlich-rechtliche Pflicht zur Aufklärung über Gewinnmargen statuiert, nicht entschieden[254].

Dagegen spricht für die Annahme einer Ausstrahlungswirkung der durch §§ 31 ff. WpHG statuierten Wohlverhaltensregeln auf das Zivilrecht, dass Aufsichtsrecht und Zivilrecht in einer Wechselwirkung zueinander stehen[255]. Die §§ 31 ff. WpHG konkretisieren bestehende vertragliche und vorvertragliche Pflichten und können

---

dass ihnen keine eigenständige, über die zivilrechtlichen Aufklärungs- und Beratungspflichten hinausgehende schadensersatzrechtliche Bedeutung zukommt."

249 Hierauf weist Harnos, BKR 2014, 1, 5 unter Bezugnahme auf BGH, Urt. v. 19.12.2006, XI ZR 56/05, NJW 2007, 1876, 1878, Rn. 23 hin.

250 BGH, Urt. v. 8.5.2001, XI ZR 192/00, NJW 2001, 62, 63.

251 BGH, Urt. v. 15.4.2010, III ZR 196/09, BKR 2010, 247, 248, Rn. 14; BGH, Urt. v. 3.3.2011, III ZR 170/10, BKR 2011, 248, Rn. 11 ff.; BGH, Beschluss v. 9.3.2011, XI ZR 191/10, BKR 2011, 299, 301; BGH, Urt. v. 19.1.2012, III ZR 48/11, BKR 2012, 165, Rn. 10.

252 So aber BGH, Urt. v. 17.9.2013, XI ZR 332/12, WM 2013, 1983, 1985, Rn. 20.

253 Hierauf weist Harnos, BKR 2014, 1, 5 hin.

254 BGH, Urt. v. 17.9.2013, XI ZR 332/12, WM 2013, 1983, 1986, Rn. 28.

255 Fuchs, in: Fuchs, WpHG, Vor § 31, Rn. 60; Rothenhöfer, in: FS-Hopt, 55, 72; BGH, Urt. v. 8.5.2001, XI ZR 192/00, NJW 2001, 62, 63.; Kumpan/Hellgardt, DB 2006, 1714, 1715; Koller, in: FS-Huber, 821, 839; Schwark, in: Schwark/Zimmer, Kapitalmarktrechts-Kommentar, §Vor §§ 31 ff. WpHG, Rn. 16; zurückhaltend: Ellenberger, in: FS-Nobbe, 523, 535.

daher zur Auslegung des Umfangs dieser herangezogen werden[256]. Ansonsten wäre es denkbar, dass die Erfüllung aufsichtsrechtlicher Informationspflichten zu einer Verletzung zivilrechtlicher Informationspflichten führen könnte[257]. Für eine Ausstrahlungswirkung der §§ 31 ff. WpHG auf das Zivilrecht spricht auch der Wille des Gesetzgebers. Dieser geht – entgegen dem BGH – sogar davon aus, dass einzelne Bestimmungen der §§ 31 ff. WpHG, jedenfalls § 31 Abs. 3a WpHG, Schutzgesetz i.S.v. § 823 Abs. 2 BGB sind[258]. So wird in der Begründung des Regierungsentwurfs eines Gesetzes zur Stärkung des Anlegerschutzes und Verbesserung der Funktionsfähigkeit des Kapitalmarkts (Anlegerschutz- und Funktionsverbesserungsgesetz) ausgeführt, dass die Verletzung der durch den § 31 Abs. 3a WpHG neu geschaffenen Anforderungen an Informationsblätter zivilrechtliche Haftungsansprüche wegen Verletzung eines Schutzgesetzes i.S.v. § 823 Abs. 2 BGB begründen könne[259]. Mithin besitzen die §§ 31 ff. WpHG n.F. lediglich eine Ausstrahlungswirkung auf das Zivilrecht und sind nicht doppelfunktional. Allerdings können die §§ 31 ff. WpHG nur insoweit auf das Vertragsverhältnis zwischen Anleger und Bank ausstrahlen, wie sie sich auf dieses Rechtsverhältnis beziehen[260]. Soweit sie das Rechtsverhältnis zwischen Bank und Aufsichtsbehörde regeln und nur aufsichtsrechtlichen Zwecken dienen, ist eine Ausstrahlungswirkung zu verneinen[261].

2. Verhältnis der durch §§ 31 ff. WpHG statuierten Verhaltens-/Aufklärungspflichten zu den durch §§ 241 Abs. 2, 242 BGB statuierten allgemeinen Verhaltens-/Schutzpflichten

Rechtsprechung[262] und Literatur[263] erkennen an, dass neben diesen spezialgesetzlich geregelten Aufklärungspflichten bei Wertpapiergeschäften aufgrund der allgemeinen Verhaltens- und Schutzpflichten, welche Ausfluss des der gesamten Rechtsordnung zugrunde liegenden aus § 242 BGB abgeleiteten Vertrauensprinzips

---

256 Koller, in: FS-Huber, 821, 840; Kumpan/Hellgardt, DB 2006, 1714, 1715.

257 Rothenhöfer, in: FS-Hopt, 55, 71.

258 RegE. AnsFuG vom 8.11.2010, BT-Drs. 17/3628, S. 21.

259 RegE. AnsFuG vom 8.11.2010, BT-Drs. 17/3628, S. 21.

260 Hierauf weist Rothenhöfer, in: FS-Hopt, 55, 74 hin.

261 So Rothenhöfer, in: FS-Hopt, 55, 74.

262 In Entscheidungen, die vor Inkrafttreten des WpHG gefällt wurden, wurden diese Pflichten immer aus allgemeinen Verhaltens- und Schutzpflichten abgeleitet: BGH, Urt. v. 6.7.1993, XI ZR 12/93, WM 1993, 1455, 1456; OLG Celle, Urt. v. 25.11.1992, 3 U 303/91, WM 1993, 191, 192; OLG Köln, Urt. v. 18.2.1994, 19 U 195/93, WM 1995, 381, 384.

263 Fuchs, in: Fuchs, WpHG, Vor §§ 31–37a, Rn. 60; Seyfried, in: Kümpel/Wittig, Rn. 3.90; Lange, 20; Reich, WM 1997, 1601, 1606; Schwark, in: Schwark/Zimmer, Kapitalmarktrechts-Kommentar, Vor §§ 31 ff. WpHG, Rn. 19; Lang, WM 2000, 450, 451 f.; Ekkenga, in: MüKo-HGB, Band 5, Effektengeschäft, Rn. 271; Koller, in Assmann/Schneider, WpHG, Vor § 31 WpHG, Rn. 4 f.; Siol, in: FS-Schimansky, 781, 785.

sind, weitere Aufklärungspflichten bestehen. Seit der Schuldrechtsreform wird diskutiert, ob der Gesetzgeber diesen Pflichtenkomplex zumindest teilweise in § 241 Abs. 2 BGB erfasst hat[264]. Dem Wortlaut nach ist dies zu bejahen, da diese Norm den Bereich der Schutzpflichten betrifft. Andere leistungsbezogene oder auch leistungssichernde Nebenpflichten verbleiben im Anwendungsbereich des § 242 BGB oder unterfallen nunmehr § 241 Abs. 1 BGB. Schutzobjekt dieser vertraglichen Nebenpflichten ist das Integritätsinteresse des Anlegers[265], also das Interesse an der Erhaltung seiner vermögensrechtlichen Ausgangsposition. Dabei ist der genaue Inhalt dieser Pflichten aus der jeweiligen Interessenlage des Kunden heraus zu beurteilen.

Mithin ist festzustellen, dass die aus § 242 BGB abgeleiteten Aufklärungspflichten für das Effektengeschäft zu Gunsten des Anlegers den gleichen Schutzzweck verfolgen wie die in §§ 31, 32 WpHG a.F.[266] und §§ 31 ff. WpHG n.F. statuierten Aufklärungspflichten. Im Gegensatz zu § 242 BGB handelt es sich bei §§ 31, 32 WpHG a.F. wie auch bei den §§ 31 WpHG n.F. jedoch um Normen des öffentlichen Rechts, die aber Ausstrahlungswirkung auf das Zivilrecht entfalten. Mit Rücksicht auf denselben Schutzzweck beider Normkomplexe, §§ 31, 32 WpHG a.F. sowie § 242 BGB, konnte bei der Auslegung der durch § 31 Abs. 2 WpHG a.F. statuierten gesetzlichen Informations- und Aufklärungspflichten auf die bisherige Rechtsprechung zu allgemeinen Verhaltens- und Schutzpflichten aus § 242 BGB zurückgegriffen werden[267]. Umgekehrt berücksichtigte die BaFin bei der Formulierung der auf Grundlage von § 35 Abs. 4 WpHG a.F. (vormals § 35 Abs. 6 WpHG) erlassenen Wohlverhaltensrichtlinie[268] neue Erkenntnisse der Gerichte. Aus europarechtlicher Sicht war ein solches Vorgehen unproblematisch, da die Wertpapierdienstleistungsrichtlinie (RL 93/22/EG) als bloße Mindestharmonisierung konzipiert ist. So stand es den Mitgliedstaaten auch frei, strengere, über Art. 11 Wertpapierdienstleistungsrichtlinie (RL 93/22/EG) hinausgehende Wohlverhaltensregeln

---

264 Peterek, in: Kümpel/Wittig, Rn. 6.563 ff.; Roth/Schubert, in: MüKo-BGB, Band 2, § 242, Rn. 166 ff.

265 Peterek, in: Kümpel/Wittig, Rn. 6.566; Balzer, DB 1997, 2311, 2312.

266 Kümpel, Bank- und Kapitalmarktrecht, 3. Auflage, Rn. 16.541; Schwark, in: Schwark, Kapitalmarktrechts-Kommentar, 3. Auflage, § 31 WpHG, Rn. 53; Horn, ZBB 1997, 139 f., Reich, WM 1997, 1601, 1606.

267 Schäfer, in: Schäfer, Wertpapierhandelsgesetz, § 31 WpHG, Rn. 64; Kümpel, Bank- und Kapitalmarktrecht, 3. Auflage, Rn. 16.541; Schwark, in: Schwark, Kapitalmarktrechts-Kommentar, 3. Auflage, § 31 WpHG, Rn. 53; Ekkenga/Bernau, in: Handbuch zum deutschen und europäischen Bankrecht, 1. Auflage, § 49, Rn. 41, die für einen Gleichklang zwischen Aufsichtsrecht und zivilrechtlichen Aufklärungspflichten plädieren; Helmschrott/Waßmer, WM 1999, 1853, 1854.

268 Richtlinie gemäß § 35 Abs. 6 WpHG (jetzt § 35 Abs. 4 WpHG) zur Konkretisierung der §§ 31 und 32 WpHG für das Kommissionsgeschäft, den Eigenhandel für andere und das Vermittlungsgeschäft der Wertpapierdienstleistungsunternehmen vom 23.8.2001, BAnz. Nr. 165 v. 4.9.2001, S. 19217.

aufzustellen. Ob diese öffentlich-rechtlicher Natur oder Ausfluss zivilrechtlicher Rechtsprechung waren, war dabei europarechtlich nicht relevant.

Seit Neufassung der Wohlverhaltensregeln im Rahmen der MiFID durch das FRUG in deutsches Recht ist jedoch umstritten, ob zur Auslegung der §§ 31 ff. WpHG noch auf die bisherige zivilrechtliche Rechtsprechung zu allgemeinen Verhaltens- und Schutzpflichten zurückgegriffen werden kann und inwieweit es zulässig ist, zivilrechtlich Aufklärungspflichten beizubehalten oder neu zu begründen, die über die öffentlich-rechtlichen Pflichten hinausgehen[269]. Umgekehrt ist es (europarechtlich) unproblematisch, zur Konkretisierung von zivilrechtlichen Aufklärungspflichten auf die §§ 31 ff. WpHG zurückzugreifen. Praktische Relevanz besitzt dieser Meinungsstreit in den folgenden zwei Punkten: (1) Der BGH hatte im Rahmen seines „Bond"-Urteils[270] eine anleger- und anlagengerechte/objektgerechte Beratung gefordert. Auch hat die Rechtsprechung im Zusammenhang mit der Gewährung von Zuwendungen durch Dritte Grundsätze aufgestellt, die über die aufsichtsrechtliche Regelung des § 31d WpHG hinausgehen[271].

(1) Sofern man die Auffassung[272] vertritt, § 31 Abs. 4 WpHG n.F. begründe aufsichtsrechtlich lediglich eine Pflicht zur anlegergerechten, nicht jedoch zur anlagengerechten/ objektgerechten Beratung, gelangt man zu dem Ergebnis, dass die aufsichtsrechtlichen Vorgaben an die Kundeninformation sich auf die Erteilung von angemessenen Informationen über Arten von Finanzinstrumenten oder Wertpapierdienstleistungen beschränken. Denn § 31 Abs. 4 WpHG n.F. statuiert dann lediglich die Pflicht zur Empfehlung und Erteilung von Informationen über ein geeignetes Finanzinstrument und nicht eine zusätzliche Pflicht zur Erteilung von Informationen über die spezifischen Risiken eines bestimmten Finanzinstruments. Die Prüfung beschränkt sich in diesem Fall darauf, ob ein Finanzinstrument einer bestimmten Art für den Anleger geeignet ist; ob das konkret vorgeschlagene Finanzinstrument geeignet ist, ist dieser Ansicht nach nicht von Bedeutung.

Dies steht im Widerspruch zum Erfordernis einer objektgerechten Beratung und Information i.S. der Bond-Judikatur. Hiernach sind gerade auch über die spezifischen Risiken des empfohlenen Produkts Informationen zu erteilen. Inhaltlich verlangt die Pflicht zur objektgerechten Beratung, dass über das Anlageobjekt zutreffend, vollständig und verständlich aufgeklärt wird. Der Berater muss eine

---

269 Ablehnend: Mülbert, WM 2007, 1149, 1156 f.; Nikolaus/d'Oleire, WM 2007, 2129, 2134 f.; dagegen zustimmend: Veil, WM 2007, 1821, 1825 f.; Assmann ZBB 2008, 21, 29 f.; Einsele JZ 2007, 477, 481 f.; Ellenberger, in: FS-Nobbe, 523, 537 ff.; Fuchs, in: Fuchs, WpHG, § 31, Rn. 254.

270 BGH, Urt. v. 6.7.1993, XI ZR 12/93, WM 1993, 1455.

271 BGH, Urt. v. 19.12.2006, XI ZR 56/05, NJW 2007, 1876 ff.; siehe zu dieser Entscheidung: Nikolaus/d'Oleire, WM 2007, 2129 ff.

272 So Mülbert, WM 2007, 1149, 1156; ders. ZHR 172(2008), 170, 183 ff.; Koller, in: FS-Huber, 821, 839; anders: Einsele, JZ 2008, 477, 482; Veil, ZBB 2008, 34, 41; Fuchs, in: Fuchs, WpHG, § 31, Rn. 254; Koller, in: Assmann/Schneider, WpHG, § 31, Rn. 151.

Einschätzung und Bewertung des nachgefragten oder angebotenen Anlageobjekts aussprechen. Dem Kunden sind konkrete Informationen über das empfohlene Produkt zu erteilen. Somit werden europarechtliche Vorgaben überschritten, wie sie von der MiFID, der MiFID-Durchführungsverordnung sowie der MiFID Durchführungsrichtlinie aufgestellt wurden. Hieraus wird teilweise geschlussfolgert[273], das Festhalten am Erfordernis einer objektgerechten Beratung als zivilrechtliche Pflicht eines Anlageberatungsvertrages sei europarechtswidrig.

(2) § 31d WpHG, diese Norm dient der Umsetzung von Art. 26 der MiFID-Durchführungsrichtlinie[274], verbietet dem Wertpapierdienstleistungsunternehmen grundsätzlich die Annahme von Zuwendungen Dritter, die nicht Kunden des Wertpapierdienstleistungsunternehmens sind. Gleichzeitig legt § 31d WpHG fest, unter welchen Voraussetzungen ein Wertpapierdienstleistungsunternehmen Zuwendungen ausnahmsweise annehmen darf, wobei nach der Konzeption der Norm die Ausnahme entgegen dem Wortlaut eher die Regel ist[275]. Sinn und Zweck des § 31d WpHG ist es, Interessenkonflikte zu vermeiden, die dadurch entstehen können, dass die vorrangige Wahrung des Kundeninteresses durch Zuwendungen Dritter an das Wertpapierdienstleistungsunternehmen gefährdet wird. Sofern die Zuwendung darauf ausgelegt ist, die Qualität der für den Kunden erbrachten Dienstleistung zu verbessern, und der ordnungsgemäßen Erbringung der Dienstleistung im Interesse des Kunden nicht entgegen steht, darf das Wertpapierdienstleistungsunternehmen diese annehmen, sofern es die Existenz, die Art sowie den Umfang der Zuwendung oder, soweit sich der Umfang noch nicht bestimmen lässt, die Art und Weise seiner Berechnung, dem Kunden vor der Erbringung der Wertpapierdienstleistung oder Wertpapiernebendienstleistung in umfassender, zutreffender und verständlicher Weise deutlich offen legt.

Der BGH hatte im Urteil vom 19.12.2006[276] eine Verpflichtung des Wertpapierdienstleistungsunternehmens angenommen, den Anleger über den Erhalt sowie die Größenordnung von Rückvergütungen generell und unaufgefordert

273 Mülbert WM 2007, 1149, 1157; abschwächend ders. in ZHR 172 (2008), 170, 183; zweifelnd auch Koller, FS-Huber, 821, 839; dagegen Veil ZBB 2008, 34, 41 f.; Ekkenga, in: MüKo-HGB, Band 5, Effektengeschäft, Rn. 268; Einsele, JZ 2008, 477, 481 f.; Fuchs, in: Fuchs, WpHG, § 31, Rn. 254, Ellenberger, in: FS-Nobbe, 523, 537 f.

274 Richtlinie 2006/73/EG der Kommission vom 10. August 2006 zur Durchführung der Richtlinie 2004/39/EG des Europäischen Parlaments und des Rates in Bezug auf die organisatorischen Anforderungen an Wertpapierfirmen und die Bedingungen für die Ausübung ihrer Tätigkeit sowie in Bezug auf die Definition bestimmter Begriffe für die Zwecke der genannten Richtlinie, ABl. EU Nr. L 241 vom 2.9.2006, S. 26 ff.

275 Siehe kritisch hierzu: Assmann, ÖBA 55(2007), 40, 51; Fuchs, in: Fuchs, WpHG, § 31d, Rn. 4.

276 BGH, Urt. v. 19.12.2006, XI ZR 56/05, NJW 2007, 1876 ff.; siehe auch die Anmerkung zum Urteil: Möllers, LMK 2007, 220857.

aufzuklären. Dabei gehen die vom BGH aufgestellten Offenlegungspflichten in einem Punkt, nämlich der Pflicht zur unaufgeforderten Offenlegung, über die durch § 31d WpHG statuierten hinaus[277]. Es stellt sich auch hier die Frage, ob eine weitergehende zivilrechtliche Aufklärungspflicht grundsätzlich zulässig ist[278]. In diesem Zusammenhang wird in der Literatur auch der Frage nachgegangen, ob ein Wertpapierdienstleistungsunternehmen Zuwendungen, die es im Einklang mit § 31d WpHG vereinnahmt hat, nach auftragsrechtlichen Vorschriften herauszugeben hat oder aber § 31d WpHG insoweit einen Rückgriff auf diese Vorschriften sperrt[279]. Es stellt sich mithin die Frage nach dem Verhältnis der zivilrechtlichen Anforderungen an die Anlageberatung im Rahmen eines Anlageberatungsvertrags sowie auf Offenlegungspflichten von Zuwendungen bei sämtlichen Wertpapierdienstleistungen, da in diesen Bereichen öffentlich-rechtliche und zivilrechtliche Pflichten voneinander abweichen. Die Beantwortung der Frage, ob es zulässig ist, zivilrechtlich Anforderungen aufzustellen, die über die aufsichtsrechtlichen hinausgehen, hängt davon ab, welcher Harmonisierungsgrad mit der MiFID angestrebt wurde, sowie davon, ob lediglich eine Harmonisierung von öffentlich-rechtlichen Vorschriften oder aber auch des Zivilrechts vorgenommen werden sollte. Dies ist derzeit nicht abschließend geklärt.

Das durch die MiFID und die MiFID-Durchführungsrichtlinie geschaffene umfängliche Regelungswerk übersteigt in vielen Bereichen erheblich das mit der früheren Wertpapierdienstleistungsrichtlinie (RL 22/93/EG) verfolgte Ziel einer Mindestharmonisierung der nationalen Rechtsordnungen. Andererseits bleiben die MiFID sowie die MiFID-Durchführungsrichtlinie an einigen Stellen hinter zivilrechtlichen Aufklärungspflichten, wie sie von der höchstrichterlichen Rechtsprechung aufgestellt wurden, zurück.

Es stellt sich mithin die Frage, ob durch die MiFID eine Mindestharmonisierung, Maximalharmonisierung oder eine Vollharmonisierung der Wohlverhaltensregeln bezweckt wird und ob diese lediglich auf dem Gebiet des öffentlichen Rechts oder aber auch auf dem Gebiet des Zivilrechts erfolgen sollte. Während es im Rahmen einer Mindestharmonisierung zulässig ist, strengeres nationales Recht in den Grenzen des Gemeinschaftsrechts zu erlassen, ist eine solche Vorgehensweise im Rahmen einer Vollharmonisierung nicht zulässig[280]. Es ist weiter zu beachten, dass

277 So Mülbert, ZHR 172(2008), 170, 191 f.; Assmann, ÖBA, 40, 54; Nikolaus/d'Oleire, WM 2007, 2129, 2133; a.A.: Ellenberger, in: FS-Nobbe, 523, 534; Rozok, WM 2007, 217, 225 die von einem Gleichlauf ausgehen.

278 Bejahend: Assmann, ZBB 2008, 21, 30; Ellenberger, in: FS-Nobbe, 523, 537 ff.; in diesem Sinne auch Fuchs, in Fuchs, WpHG, § 31d WpHG, Rn. 44 ff.; verneinend: Mülbert, ZHR 172(2008), 170, 190 ff.

279 Siehe hierzu: Mülbert, ZHR (172)2008, 170, 192 ff.; Assmann, ZBB 2008, 21, 31 ff.; Rothenhöfer, in: FS-Hopt, 55, 77 ff.

280 Siehe hierzu jüngst die im Zusammenhang mit der Frage, ob Mitgliedstaaten zum Erlass von datenschutzrechtlichen Bestimmungen befugt sind, welche über die Datenschutzrichtlinie hinausgehen, ergangene EuGH Entscheidung, EuGH,

die Begriffe Maximalharmonisierung und Vollharmonisierung in der Literatur teilweise synonym verwendet werden und auch manchmal eine einheitliche Terminologie fehlt[281]. Während manche Autoren lediglich zwischen einer Mindest- und einer Vollharmonisierung unterscheiden bzw. die Begriffe Maximal- und Vollharmonisierung synonym im Sinne eines Verbots verwenden, bei grenzüberschreitenden Sachverhalten im Aufnahmemitgliedstaat strengere nationale Vorschriften zu erlassen als von der Richtlinie vorgesehen[282], unterscheidet Mülbert[283] zwischen einer Maximal- und einer Vollharmonisierung.

Während er unter einer Vollharmonisierung das Verbot versteht, innerstaatliche und grenzüberschreitende Sachverhalte strenger als in der Richtlinie vorgesehen zu regeln, verwendet er den Begriff Maximalharmonisierung im Sinne eines Verbots, bei grenzüberschreitenden Sachverhalten im Aufnahmemitgliedstaat strengere nationale Vorschriften zu erlassen als von der Richtlinie vorgesehen[284]. Dagegen soll dies für reine Binnensachverhalte im Rahmen einer Maximalharmonisierung zulässig sein, was im Ergebnis zu einer Inländerdiskriminierung führen könne.

In der Literatur wird teilweise die Ansicht vertreten[285], die MiFID strebe eine Maximalharmonisierung bzw. Vollharmonisierung in dem Sinne an, dass der Erlass

Urt. v. 24.11.2011 (Rs. C-468/10 und Rs. C-469/10) zum spanischen Datenschutzrecht. Der EuGH führte aus, dass insgesamt die Harmonisierung nicht auf eine Mindestharmonisierung beschränkt sei, sondern zu einer umfassenden Harmonisierung führe. Die Richtlinie 95/46/EG sei daher erschöpfend. Aus diesem Grund sei es unzulässig, weitergehende Anforderungen in nationalen Normen zu schaffen.

281 So auch Ellenberger, in: FS-Nobbe, 523, 536 f.; Ekkenga, in: MüKo-HGB, Band 5, Effektengeschäft, Rn. 73.

282 So nehmen beispielsweise Möllers WM 2008, 93, 96; Möllers, in: FS- Horn 2006, 473, 485; Weichert/Wenninger, WM 2007, 627, 628; Nikolaus/d'Oleire, WM 2007, 2129, 2134, Fn. 55 an, dass die MiFID eine Vollharmonisierung bezwecke und unterscheiden zwischen einer Mindest- und einer Vollharmonisierung, Dagegen verwenden Assmann, ZBB 2008, 21, 30; Veil ZBB 2008, 34, 41 die Begrifflichkeit Maximalharmonisierung und gehen davon aus, dass die MiFID keine Maximalharmonisierung im Sinne eines Verbots des Erlasses strengerer über die Richtlinienvorgaben hinausgehender zivilrechtlicher Pflichten bezweckte Mülbert, ZHR 172(2008), 170, 176 ff. nimmt an, dass die MiFID eine Zwischenstufe zwischen Maximal- und Vollharmonisierung anstrebe.

283 Mülbert, ZHR 172(2008), 170, 176 ff.

284 Mülbert, ZHR 172(2008), 170, 176.

285 Nikolaus/d'Oleire, WM 2007, 2129, 2134 f.; weitergehend Mülbert, ZHR 172(2008), 170, 179 der annimmt, dass eine Zwischenstufe zwischen Maximal- und Vollharmonisierung angestrebt wird. Möllers, WM 2008, 93, 96 geht ebenfalls davon aus, dass die MiFID eine Vollharmonisierung bezwecke, erachtet aber den Erlass von strengeren zivilrechtlichen Vorgaben als zulässig, da die MiFID keine Regelung im Bereich des Zivilrechts treffe.

bzw. die Beibehaltung strengerer die MiFID Vorgaben überschreitender zivilrechtlicher Aufklärungspflichten unzulässig sei, da nationale Vorschriften, sofern sie über die Bestimmungen der MiFID und der MiFID-Durchführungsrichtlinie hinausgehen, als strengere nationale Regelungen richtlinienwidrig seien. Dies gelte auch für strengere zivilrechtliche Vorschriften, da die von den MiFID Rechtsakten gezogenen Obergrenzen auch für das Zivilrecht Geltung beanspruchten[286]. Begründet wird dies damit, dass das Ziel der MiFID, einen Binnenmarkt für Wertpapierdienstleistungen zu schaffen, nicht erreichbar sei, falls es den Mitgliedstaaten weiterhin gestattet wäre, zivilrechtlich strengere Anforderungen aufzustellen[287]. Die Festlegung gemeinschaftsrechtlicher Obergrenzen für strengeres nationales Recht liefe dann praktisch ins Leere.

Andere wiederum vertreten die Auffassung[288], der Erlass strengerer über die Anforderungen der Richtlinie hinausgehender zivilrechtlicher Anforderungen sei zulässig, da die MiFID keine Regelungen auf dem Gebiet des Zivilrechts schaffe. Auch nach Ansicht von CESR soll die Beibehaltung strengerer zivilrechtlicher Regelungen auf nationaler Ebene zulässig sein[289].

Gegen die Annahme, die MiFID und die MiFID-Durchführungsrichtlinie bezweckten eine Vollharmonisierung bzw. Maximalharmonisierung im Sinne eines Verbots des Erlasses strengerer zivilrechtlicher Anforderungen, wird angeführt, dass dies gegen das für Rechtssetzungsakte der Europäischen Union geltende Subsidiaritätsprinzip verstoße[290]. Denn im Unterschied zu anderen Richtlinien, wie beispielsweise der Verbraucherkreditrichtlinie[291], werde weder in der MiFID noch in der MiFID-Durchführungsrichtlinie explizit zum Ausdruck gebracht, dass auch Regelungen auf dem Gebiet des Zivilrechts getroffen werden sollen. Vielmehr stelle Erwägungsgrund Nr. 71 klar, dass die Richtlinie das Subsidiaritätsprinzip beachte und entsprechend dem Verhältnismäßigkeitsprinzip nicht über das zur Erreichung des Ziels der Richtlinie Erforderliche hinausgehe[292]. Auch werde der Begriff der Vollharmonisierung an keiner Stelle in der MiFID

286 Mülbert, ZHR 172(2008), 170, 183; Nikolaus/d'Oleire, WM 2007, 2129, 2134.

287 Mülbert, ZHR 172(2008), 170, 183 f.; Nikolaus/d'Oleire, WM 2007, 2129, 2134.

288 Assmann, ZBB 2008, 21, 30; Ellenberger, in: FS-Nobbe, 523, 537; Möllers, WM 2008, 93, 96, der gleichwohl annimmt, dass die MiFID eine Vollharmonisierung bezwecke; Veil ZBB 2008, 34, 41; im Ergebnis Einsele, JZ 2008, 477, 481 f.; Koller, in: Assmann/Schneider, WpHG, Vor § 31, Rn. 5 f.

289 CESR's Technical Advice on Level 2 Implementing Measures on the first set of mandates Markets in Financial Instruments Directive, FEEDBACK STATEMENT, January 2005, CESR/05–025, S. 34, abrufbar unter http://www.esma.europa.eu/system/files/05_025.pdf (Stand: 23.12.2013).

290 Ellenberger, in: FS-Nobbe, 523, 536.

291 Richtlinie 2008/48/EG des Europäischen Parlaments und des Rates vom 23. April 2008 über Verbraucherkreditverträge und zur Aufhebung der Richtlinie 87/102/EWG des Rates, ABl. EU Nr. L 133 v. 22.5.2008, S. 66.

292 Ellenberger, in: FS-Nobbe, 523, 536.

sowie der MiFID-Durchführungsrichtlinie verwendet, was selbst von einzelnen Vertretern[293] der Ansicht, die MiFID strebe eine Vollharmonisierung an, nicht bestritten wird. Dem ist zuzustimmen. Erwägungsgrund Nr. 10 der MiFID-Durchführungsrichtlinie bringt klar zum Ausdruck, dass keine Vollharmonisierung angestrebt wird. Dagegen kommt in anderen Richtlinien, beispielsweise der Zahlungsverkehrsrichtlinie oder der Verbraucherkreditrichtlinie (RL 98/48/EG)[294], die eine Vollharmonisierung bezwecken, dies auch eindeutig zum Ausdruck.

Im Übrigen ist zu berücksichtigen, dass Aufsichtsrecht und Zivilrecht nicht immer die gleiche Zielrichtung besitzen. So bezweckt § 31d WpHG beispielsweise die Entstehung von Interessenkonflikten zu verringern, indem nach dieser Norm nur Zuwendungen zur Qualitätsverbesserung zulässig sind. Dagegen bezweckt die zivilrechtliche Aufklärungspflicht über die Offenlegung der Höhe von Rückvergütungen auch, dem Anleger die Urteilsbildung über die Werthaltigkeit einer Anlage zu ermöglichen[295]. Hieraus wird ersichtlich, dass zivilrechtliche und öffentlichrechtliche Aufklärungspflichten nicht immer deckungsgleich sind[296].

Andere Autoren[297] weisen zutreffend darauf hin, dass der EU beim Erlass der MiFID die Gesetzgebungskompetenz im Zivilrecht gefehlt habe. Begründet wird dies damit, dass der Erlass der Richtlinie auf Grundlage von Art. 47 EGV (nunmehr Art. 53 AEUV) erfolgte. Diese Norm ermächtigt jedoch nur zum Erlass von Vorschriften, die der Koordinierung der Rechts- und Verwaltungsvorschriften der Mitgliedstaaten über die Aufnahme und Ausübung selbstständiger Tätigkeiten dienen. Auch wird in der Literatur[298] darauf hingewiesen, dass der Richtlinie an keiner Stelle Anhaltspunkte zu entnehmen seien, dass durch diese das Zivilrecht vereinheitlicht werden solle. Dagegen enthalten die Zahlungsdiensterichtlinie (Richtlinie 2007/64/EG) und die Verbraucherkreditrichtlinie (Richtlinie 2008/48/EG) explizite Hinweise, dass das Zivilrecht vereinheitlicht werden soll. Als Ermächtigungsgrundlage zum Erlass dieser Richtlinien wurde Art. 95 EGV (nunmehr Art. 114 AEUV) gewählt, der zum Erlass von Maßnahmen zur Angleichung der Rechts- und Verwaltungsvorschriften der Mitgliedstaaten, welche die Errichtung und das Funktionieren des Binnenmarkts zum Gegenstand haben, ermächtigt. Dies spricht dafür,

293 Möllers, WM 2008, 93, 96.

294 Richtlinie 2007/64/EG des Europäischen Parlaments und des Rates vom 13. November 2007 über Zahlungsdienste im Binnenmarkt, zur Änderung der Richtlinien 97/7/EG, 2002/65/EG, 2005/60/EG und 2006/48/EG sowie zur Aufhebung der Richtlinie 97/5/EG, ABl. EU Nr. L 319 v. 5.12.2007, S. 1 ff.

295 So BGH, Urt. v. 6.2.2006, II ZR 329/04, ZIP 2006, 893, 894; BGH, Urt. v. 12.3.2007, III ZR 218/06, ZIP 2007, 871.

296 Assmann, ZBB 2008, 21, 29; Fuchs, in: Fuchs, WpHG, Vor §§ 31–37a, Rn. 61; Rothenhöfer, in: FS-Hopt, 55, 71.

297 Koller, in: FS-Huber, 821, 840; Assmann, ZBB 2008, 21, 30; Rothenhöfer, in: FS-Hopt, 55, 68; Veil, ZBB 2008, 34, 41 f.

298 So Möllers, WM 2008, 93, 96; Ellenberger, FS-Nobbe, 523, 537; so auch im Ergebnis Einsele, JZ 2008, 477, 482 ohne nähere Begründung.

dass durch die MiFID keine Regelungen auf dem Gebiet des Zivilrechts getroffen werden sollen. Gegen die Annahme einer Vollharmonisierung auch auf dem Gebiet des Zivilrechts spricht des Weiteren, dass das Europäische Parlament und der Rat mit dem Erlass der MiFID u. a. das Ziel verfolgten, „eine Harmonisierung in dem Umfang vorzunehmen, der notwendig ist, um Anlegern ein hohes Schutzniveau zu bieten“[299]. Das Verständnis der MiFID sowie der MiFID-Durchführungsrichtlinie als Vollharmonisierung würde diesem Ziel zuwider laufen, da es in Deutschland und möglicherweise in weiteren Mitgliedstaaten zu einer teilweisen Verringerung des Anlegerschutzes führen könnte. Die Beibehaltung strengerer zivilrechtlicher Aufklärungs- und Informationspflichten ist daher zulässig.

Es ist darauf hinzuweisen, dass die zivilrechtlich wirkenden Grundsätze der „Bond“-Rechtsprechung nur zur Anwendung gelangen, sofern deutsches Recht anwendbar ist. Ein ausländisches Wertpapierdienstleistungsunternehmen, welches im Wege des grenzüberschreitenden Dienstleistungsverkehrs Wertpapierdienstleistungen erbringt, ist frei, durch Rechtswahl sein Heimatlandrecht zur Anwendung zu berufen. Freilich findet die Möglichkeit einer Rechtswahl ihre Grenzen in Art. 6 Abs. 2 S. 2 Rom I-VO[300]. Im Zweifelsfall müsste der EuGH im Wege eines Vorabentscheidungsverfahrens über die Zulässigkeit von zivilrechtlichen Aufklärungspflichten, die über die von der MiFID aufgestellten Anforderungen hinausgehen, entscheiden.

3. §§ 31 ff. WpHG als Schutzgesetze i.S.v. § 823 Abs. 2 BGB

Eine andere Frage ist dagegen, ob es sich bei den §§ 31 ff. WpHG um Schutzgesetze i.S.v. § 823 Abs. 2 BGB handelt. Eine Norm stellt dann ein Schutzgesetz dar, wenn sie nicht lediglich dem Schutz der Allgemeinheit dient, sondern auch gezielt die Interessen Einzelner schützt[301].

In der Lehre[302] herrschte weitestgehend Einigkeit darüber, dass die §§ 31, 32 WpHG a.F. Schutzgesetze i.S.v. § 823 Abs. 2 BGB waren. Begründet wurde dies damit, dass diese Normen gerade auch den Sinn und Zweck hätten, den Einzelnen gegen die Verletzung seiner Rechtsgüter, beispielsweise des Vermögens, durch

---

299 MiFID (RL 2004/39/EG), Erwägungsgrund 2.

300 Siehe hierzu: 2. Teil, 3. Abschnitt, B.IV.1.b.

301 Siehe zum Begriff des Schutzgesetzes: Wagner, in: MüKo-BGB, Band 5, § 823 BGB, Rn. 405 ff.; Spindler, in: Bamberger/Roth, Beck-OK BGB, § 823, Rn. 155 ff.; siehe speziell zum WpHG: Hopt, in: Baumbach/Hopt, HGB, Einl, Rn. 8 ff.; BGH, Urt. v. 22.6.2010, VI ZR 212/09, NJW 2010, 3651, Rn. 26 (zu § 34a WpHG).

302 Koller, in: Assmann/Schneider, WpHG, 4. Auflage, Vor § 31, Rn. 17; Schäfer, in: Schäfer, Wertpapierhandelsgesetz, Vor § 31 WpHG, Rn. 9; Eisele, in: Schimansky/Bunte/Lwowski, Bankrechts-Handbuch, Band III, 2. Auflage, § 109, Rn. 18; Schwark, in: Schwark, Kapitalmarktrechts-Kommentar, 3. Auflage, Vor § 31 WpHG, Rn. 9; Lang, § 6, Rn. 20 f.; Leisch, 86 f.

die Gewährung von Schadensersatzansprüchen zu schützen[303]. Denn neben einem institutionellen Funktionsschutz bezweckten die §§ 31, 32 WpHG a.F. auch einen Individualschutz der Anleger. Auch das KG Berlin[304] und das OLG Frankfurt[305] hatten § 31 Abs. 2 Nr. 2 WpHG als Schutzgesetz i.S.v. § 823 Abs. 2 BGB qualifiziert. Als Argument für eine Qualifikation der §§ 31, 32 WpHG a.F. als Schutzgesetze wurde auch angeführt, dass ein Vergleich mit § 15 WpHG a.F. für eine Schutzgesetzeigenschaft der §§ 31, 32 WpHG a.F. spreche[306]. So bestimmte § 15 Abs. 6 S. 1 WpHG a.F., dass der Emittent, welcher gegen eine Regelung des § 15 Abs. 1–4 WpHG a.F. verstieß, sich nicht aus diesem Grunde schadensersatzpflichtig macht[307]. Eine vergleichbare Vorschrift sucht man jedoch bei den §§ 31, 32 WpHG a.F. vergeblich. Dies erlaube den Umkehrschluss, dass es sich bei den §§ 31, 32 WpHG um Schutzgesetze i.S.d. § 823 Abs. 2 WpHG a.F. handele[308].

Der BGH hatte lange Zeit nicht eindeutig zu der Frage Stellung beziehen müssen, ob es sich bei den §§ 31, 32 WpHG a.F. um Schutzgesetze i.S.v. § 823 Abs. 2 BGB handelt[309]. Erstmalig hatte der BGH mit Urteil vom 19.12.2006[310] über die Schutzgesetzeigenschaft des § 31 Abs. 1 Nr. 2 WpHG a.F. zu befinden. Er hat in seinem Urteil ausgeführt, § 31 Abs. 1 Nr. 2 WpHG a.F. sei kein Schutzgesetz, da der zivilrechtliche Schutzbereich der in der Norm enthaltenen Informationsverpflichtungen nicht über den vorvertraglicher Informationspflichten hinausgehe[311]. Den in erster Linie aufsichtsrechtlichen Regeln des WpHG komme keine eigenständige schadensersatzrechtliche Bedeutung zu[312]. Weiterhin hat der BGH in einem Urteil

303 Schwark, in: Schwark, Kapitalmarktrechts-Kommentar, 3. Auflage, Vor § 31 WpHG, Rn. 9; Koller, in: Assmann/Schneider, WpHG, 4. Auflage, Vor § 31, Rn. 17.

304 KG, Urt. v. 11.3.2004 – 19 U 71/03, NJW 2004, 2755.

305 OLG Frankfurt, Urt. v. 5.7.2006, 21 U 15/06, BKR 2007, 299.

306 OLG Frankfurt, Urt. v. 5.7.2006, 21 U 15/06, BKR 2007, 299, 300; Balzer ZBB 1997, 260, 263; Koller in Assmann/Schneider WpHG, 4. Auflage, vor § 31, Rn. 17; Ekkenga, in: MüKo-HGB, Band 5, Effektengeschäft, Rn. 283.

307 OLG Frankfurt, Urt. v. 5.7.2006, 21 U 15/06, BKR 2007, 299, 300; Balzer ZBB 1997, 260, 263; Koller in Assmann/Schneider WpHG, 4. Auflage, Vor § 31, Rn. 17. Dass § 15 Abs. 6 WpHG später auf die neueren Haftungsregeln der §§ 37 b, 37 c WpHG umgestellt wurde, vermag laut Ekkenga, in: MüKo-HGB, Band 5, Effektengeschäft, Rn. 283 an dieser historischen Einschätzung nichts zu ändern.

308 So auch Koller, in: Assmann/Schneider, WpHG, 4. Auflage, Vor § 31, Rn. 17; Lang, § 6, Rn. 21, 23; OLG Frankfurt, Urt. v. 5. 7. 2006, 21 U 15/06, BKR 2007, 299; mit gleicher Begründung für §§ 31 ff. WpHG n.F.: Ekkenga, in: MüKo-HGB, Effektengeschäft, Band 5, Rn. 283.

309 Siehe: BGH, Urt. v. 5.10.1999, XI ZR 296/98, ZIP 1999, 1915, 1918; BGH, Urt. v. 7.5.2002, XI ZR 197/01, NJW 2002, 2703, 2705; BGH, Urt. v. 8.5.2001, XI ZR 192/00, NJW 2002, 62, 64.

310 BGH, Urt. v. 19.12.2006, XI ZR 56/05, NJW 200 7, 1876 ff.

311 BGH, Urt. v. 19.12.2006, XI ZR 56/05, NJW 2007, 1876, 1878, Rn. 18.

312 BGH, Urt. v. 19.12.2006, XI ZR 56/05, NJW 2007, 1876, 1878, Rn. 18.

vom 19.2.2008[313] festgestellt, § 32 Abs. 2 Nr. 1 WpHG i.d.F. vom 9.9.1998 sei ebenfalls kein Schutzgesetz i.S.v. § 823 Abs. 2 BGB. Begründet wurde dies u.a. damit, dass nach allgemeinen zivilrechtlichen Grundsätzen die Eigenhaftung des Vertreters im Rahmen vertraglicher Sonderverbindungen auf Ausnahmefälle beschränkt und an sehr hohe Voraussetzungen geknüpft sei[314]. § 311 Abs. 3 BGB und § 826 BGB machten dies deutlich[315]. Die strikte Beschränkung der Eigenhaftung des Vertreters im bürgerlichen Recht würde im Anwendungsbereich des § 32 Abs. 2 Nr. 1 WpHG ausgehebelt, wenn jede fahrlässige Verletzung einer Beratungspflicht über § 823 Abs. 2 BGB zu einer Haftung des Organs oder des Angestellten eines Wertpapierdienstleistungsunternehmens führen würde[316]. Die Haftungsvoraussetzungen für den Vertreter und den Vertragspartner als Vertretenen wären dann, anders als bei allen Beratungspflichtverletzungen außerhalb des Anwendungsbereichs des WpHG, identisch[317]. Als weiteres Argument gegen eine Qualifikation von § 32 Abs. 2 Nr. 1 WpHG als Schutzgesetz i.S.v. § 823 Abs. 2 BGB hatte der BGH angeführt, dass eine eigene Schadensersatzpflicht von Organen und Angestellten eines Wertpapierdienstleistungsunternehmens bei einer fahrlässigen Beratungspflichtverletzung in Widerspruch zu § 37a WpHG a.F. stünde[318]. Gemäß § 37a WpHG a.F. verjährten lediglich Ansprüche aus einer Beratungspflichtverletzung gegen das Wertpapierdienstleistungsunternehmen selbst in drei Jahren von dem Zeitpunkt an, in dem der Anspruch entstanden ist. Auf fahrlässigem Verhalten beruhende Ansprüche aus § 823 Abs. 2 BGB i.V.m. § 32 Abs. 2 Nr. 1 WpHG a.F. gegen Organe und Angestellte des Unternehmens wären von § 37a WpHG a.F. nicht erfasst gewesen und hätten der Regelverjährung des § 195 BGB unterlegen.

Im Unterschied hierzu hatte das OLG Frankfurt[319] als Vorinstanz die Schutzgesetzeigenschaft von § 32 Abs. 2 Nr. 1 WpHG a.F. mit der Begründung bejaht, diese Vorschrift diene nicht nur dem Schutz der Allgemeinheit, sondern auch und gerade dem Schutz des Kunden gegen eine Verletzung seines Rechts auf anleger- und objektgerechte Beratung.

Die soeben skizzierten Entscheidungen ergingen noch zu §§ 31, 32 WpHG a.F. Diese Normen wurden durch Umsetzung der MiFID durch das FRUG neu gefasst. Auch wurde die Verjährungsvorschrift des § 37a WpHG a.F. aufgehoben. Es stellt sich die damit die Frage, ob die zur Schutzgesetzeigenschaft von §§ 31, 32 WpHG a.F. ergangenen Entscheidungen entsprechend auf die §§ 31 ff. WpHG n.F. übertragen werden können.

313 BGH, Urt. v. 19.2.2008, XI ZR 170/07, NJW 2008, 1734 ff.
314 BGH, Urt. v. 19.2.2008, XI ZR 170/07, NJW 2008, 1734, 1735, Rn. 16.
315 BGH, Urt. v. 19.2.2008, XI ZR 170/07, NJW 2008, 1734, 1735, Rn. 16.
316 BGH, Urt. v. 19.2.2008, XI ZR 170/07, NJW 2008, 1734, 1735, Rn. 16.
317 BGH, Urt. v. 19.2.2008, XI ZR 170/07, NJW 2008, 1734, 1735, Rn. 16.
318 BGH, Urt. v. 19.2.2008, XI ZR 170/07, NJW 2008, 1734, 1736, Rn. 23.
319 OLG Frankfurt, Urt. v. 5. 7. 2006, 21 U 15/06, BKR 2007, 299.

In der Literatur werden überwiegend[320] auch die §§ 31 ff. WpHG n.F. als Schutzgesetze i.S.v. § 823 Abs. 2 BGB betrachtet. Allerdings sei diese Frage für jede der Verhaltensnormen der §§ 31 ff. WpHG n.F. gesondert zu entscheiden[321]. Begründet wird dies damit, dass auch die neuen Wohlverhaltensregeln nicht nur dem Funktionsschutz des Kapitalmarkts dienen, sondern auch dem Individualschutz des einzelnen Anlegers[322]. Als weiteres Argument für eine Schutzgesetzeigenschaft wird angeführt, dass es, um die aufsichtsrechtliche Durchsetzbarkeit der Wohlverhaltensregeln zu verbessern, einer zivilrechtlichen Flankierung bedürfe, was auch das Gemeinschaftsrecht gebiete[323]. Auch lassen sich die zu §§ 31, 32 WpHG a.F. ergangenen höchstrichterlichen Entscheidungen nicht ohne weiteres auf §§ 31 ff. WpHG n.F. übertragen. Einige Stimmen in der Literatur[324] begründen dies zutreffend damit, dass sich die Frage, ob ein Organ oder ein Arbeitnehmer eines Wertpapierdienstleistungsunternehmens unmittelbar aus § 823 Abs. 2 BGB i.V.m. mit §§ 31 ff. WpHG n.F. in Anspruch genommen werden kann[325], nicht mehr stellt, da sich die §§ 31 ff. WpHG n.F. ausschließlich an das Wertpapierdienstleistungsunternehmen selbst richten. Dagegen richtete sich das Empfehlungsverbot des § 32 Abs. 2 WpHG a.F. an Angestellte eines Wertpapierdienstleistungsunternehmens. Nach Aufhebung dieser Norm durch das FRUG kommt eine persönliche Haftung des Vertreters eines Wertpapierdienstleistungsunternehmens wegen einer fahrlässigen Verletzung von § 823 Abs. 2 BGB i.V.m. § 31 ff. WpHG n.F. nicht mehr in Betracht[326]. Auch stellt sich nach Aufhebung des § 37a WpHG a.F. nicht mehr die Problematik, dass Ansprüche gegen das Wertpapierdienstleistungsunternehmen selbst einer kürzeren Verjährung unterliegen als Ansprüche gegen Organe und Angestellte des Wertpapierdienstleistungsunternehmens[327]. Damit sind die beiden wesentlichen vom BGH gegen eine Schutzgesetzeigenschaft der §§ 31, 32 WpHG a.F. angeführten Argumente im Rahmen der §§ 31 ff. WpHG n.F.

---

320 Einsele, JZ 2008, 477, 482; Fuchs, in: Fuchs, WpHG, Vor §§ 31–37a, Rn. 81a ff.; Ekkenga, in: MüKo-HGB, Band 5, Effektengeschäft, Rn. 283; Kumpan/Hellgardt, DB 2006, 1714, 1715; Veil, WM 2008, 1821, 1826; Oulds, in: Kümpel/Wittig, Rn. 14.179; Koller, in: Assmann/Schneider, WpHG, 5. Auflage, Vor § 31, Rn. 6; dagegen offen gelassen: ders., in der 6. Auflage, Vor § 31, Rn. 7; a.A.: Schäfer, WM 2007, 1872, 1875; Podewils/Reisich, NJW 2009, 116, 120; Rothenhöfer, in: FS-Hopt, 55, 65, der jedenfalls eine generelle Einordnung der §§ 31 ff. WpHG als Schutzgesetze ablehnt; mit der Begründung offen gelassen, dass dieser Streit in der Praxis nach der Neufassung der §§ 31 ff. WpHG nie zum Tragen komme: Nikolaus/d'Oleire, WM 2007, 2129, 2130.

321 Einsele, JZ 2008, 477, 482; Fuchs, in: Fuchs, WpHG, Vor §§ 31–37a, Rn. 78, 82 ff.

322 Veil, WM 2007, 1821, 1826; Fuchs, in: Fuchs, WpHG, Vor §§ 31–37a, Rn. 81a.

323 Veil, WM 2007, 1821, 1826.

324 Ekkenga, in: MüKo-HGB, Effektengeschäft, Band 5, Rn. 288; Koller, in: Assmann/Schneider, WpHG, Vor § 31, Rn. 7.

325 Siehe hierzu: BGH, Urt. v. 19.2.2008, XI ZR 170/07, NJW 2008, 1734 ff.

326 Hierauf weisen Ekkenga, in: MüKo-HGB, Effektengeschäft, Band 5, Rn. 288; Koller, in: Assmann/Schneider, WpHG, Vor § 31, Rn. 7 hin.

327 Rothenhöfer, in: Schwark/Zimmer, Kapitalmarktrechts-Kommentar, Vor §§ 31 ff. WpHG, Rn. 21.

hinfällig geworden. Zudem ist zu berücksichtigen, dass das gegen eine Schutzgesetzeigenschaft der §§ 31, 32 WpHG a.F. vorgetragene Argument, die Verhaltenspflichten seien inhaltlich zu unbestimmt[328], auf Grund des hohen Detaillierungsgrads der §§ 31 ff. WpHG n.F. nicht mehr trägt[329]. Denn die §§ 31 ff. WpHG n.F. legen i.V.m. der WpDVerOV nunmehr den Umfang der Aufklärungspflichten eines Wertpapierdienstleistungsunternehmens hinreichend bestimmt fest und beschränken sich nicht mehr wie §§ 31, 32 WpHG a.F. darauf, lediglich allgemeine Grundsätze aufzustellen.

Gleichwohl hat der BGH jüngst in einer Entscheidung auch die Schutzgesetzeigenschaft der §§ 31 ff. WpHG n.F. verneint[330]. Er begründete dies damit, dass zwar die §§ 31 ff. WpHG dem Anlegerschutz dienten, jedoch die Schaffung eines individuellen Schadensersatzanspruchs im Lichte des haftungsrechtlichen Gesamtsystems nicht tragbar sei, da eine Tendenz des Gesetzgebers für eine deliktische Einstandspflicht des Wertpapierdienstleistungsunternehmens oder des handelnden Mitarbeiters nicht ersichtlich sei[331]. Auch verlange Art. 19 der MiFID i.V.m. Art. 26 der MiFID-Durchführungsrichtlinie keine Umsetzung in nationales Recht dergestalt, dass unmittelbare Rechtswirkungen zwischen dem Wertpapierdienstleistungsunternehmen und dem Kunden begründet werden[332]. Auch von Teilen der Literatur wird eine Schutzgesetzeigenschaft der §§ 31 ff. WpHG n.F. mit dem Argument verneint, dass es neben dem Schutz des Vermögens des Anlegers durch das Vertragsrecht keines zusätzlichen deliktsrechtlichen Schutzes bedürfe, da ein hinreichender Schutz bereits gewährleistet sei[333]. Diese Ansicht wie auch die BGH Entscheidung vom 13.9.2013 überzeugen jedoch nicht[334]. Da im Rahmen von §§ 31 ff. WpHG n.F. ein Organ oder ein Arbeitnehmer eines Wertpapierdienstleistungsunternehmens nicht mehr unmittelbar aus § 823 Abs. 2 BGB i.V.m. mit §§ 31 ff. WpHG n.F. in Anspruch genommen werden kann und nach Aufhebung des § 37a WpHG a.F. Ansprüche gegen das Wertpapierdienstleistungsunternehmen selbst keiner kürzeren Verjährung mehr unterliegen als Ansprüche gegen Organe und Angestellte des Wertpapierdienstleistungsunternehmens, ist nicht ersichtlich, weshalb die Schaffung eines individuellen Schadensersatzanspruchs im Lichte des haftungsrechtlichen Gesamtsystems nicht tragbar sei. Auch bezweckt § 31d WpHG neben dem Schutz des Kapitalmarkts auch gerade den Schutz des einzelnen Anlegers[335]. Zwar ist – wie der BGH ausgeführt hat – zutreffend, dass Art. 19 der

328 So Wieneke, 96 ff.

329 So auch Veil, WM 2007, 1821, 1826.

330 BGH, Urt. v. 13.9.2013, XI ZR 332/12, WM 2013, 1983, 1985, Rn. 22.

331 BGH, Urt. v. 13.9.2013, XI ZR 332/12, WM 2013, 1983, 1985, Rn. 23, 24.

332 BGH, Urt. v. 13.9.2013, XI ZR 332/12, WM 2013, 1983, 1985, Rn. 26.

333 Schäfer, WM 2007, 1872, 1875; Rothenhöfer, in: FS-Hopt, 55, 65, der jedenfalls eine generelle Einordnung der §§ 31 ff. WpHG als Schutzgesetze ablehnt.

334 So auch Harnos, BKR 2014, 1 ff.

335 Fuchs, in: Fuchs, WpHG, Vor §§ 31–37a, 31d, Rn. 82 sowie § 31, Rn. 60; Harnos, BKR 2014, 1, 4 f.; Koch, in: Schwark/Zimmer, Kapitalmarktrechts-Kommentar, § 31d WpHG, Rn. 106.

MiFID i.V.m. Art. 26 der MiFID-Durchführungsrichtlinie keine Umsetzung in nationales Recht dergestalt erfordert, dass unmittelbare Rechtswirkungen zwischen dem Wertpapierdienstleistungsunternehmen und dem Kunden begründet werden. Jedoch stehen diese Vorschriften einer Qualifikation der in ihrer Umsetzung ergangenen nationalen Normen als Schutzgesetz nicht im Wege, da es dem Umsetzungsgesetzgeber überlassen wurde zu entscheiden, ob und welche vertraglichen Folgen Verstöße gegen Bestimmungen der MiFID nach sich ziehen[336]. Wenn aber der Umsetzungsgesetzgeber frei ist zu entscheiden, Verstöße gegen Bestimmungen der MiFID zivilrechtlich zu sanktionieren, so steht einer Qualifikation von in Umsetzung der MiFID erlassenen Bestimmungen als Schutzgesetz i.S.v. § 823 Abs. 2 BGB erst recht nichts im Wege. Im Übrigen steht es dem Umsetzungsgesetzgeber sogar frei zu entscheiden, wie er die MiFID in nationales Recht umsetzt, also ob eine Umsetzung zivilrechtlich oder öffentlich-rechtlich erfolgt[337]. Schließlich spricht gegen die vom BGH getroffene pauschale Aussage, dass die §§ 31 ff. WpHG gerade nicht dem Individualschutz dienen sollen, dass in der Begründung des Regierungsentwurfs eines Gesetzes zur Stärkung des Anlegerschutzes und Verbesserung der Funktionsfähigkeit des Kapitalmarkts (Anlegerschutz- und Funktionsverbesserungsgesetz)[338] ausgeführt wird, dass die Verletzung der durch den § 31 Abs. 3a WpHG neu geschaffenen Anforderungen an Informationsblätter zivilrechtliche Haftungsansprüche wegen Verletzung eines Schutzgesetzes i.S.v. § 823 Abs. 2 BGB begründen könne[339].

Auch vermag das gegen die Annahme einer Schutzgesetzeigenschaft der §§ 31 ff. WpHG n.F. vorgebrachte Argument nicht zu überzeugen, dass aufgrund der Detailliertheit der anlegerbezogenen Schutzpflichten der §§ 31 ff. WpHG diese bereits eine gesetzliche Ausgestaltung individualvertraglicher Nebenpflichten i.S.d. § 241 Abs. 2 BGB darstellten, weshalb ihre Nichteinhaltung unmittelbare haftungsrechtliche Konsequenzen nach sich ziehen könne[340]. Damit seien hinreichend Schadensersatzansprüche auf vertraglicher und vorvertraglicher Ebene eröffnet, und es bedürfe deshalb keines zusätzlichen deliktsrechtlichen Vermögensschutzes mehr[341]. Das bloße Vorhandensein eines hinreichenden vertraglichen Schutzes erscheint nicht ausreichend, um eine Schutzgesetzeigenschaft der §§ 31 WpHG ff. n.F. zu verneinen. Es ist zu berücksichtigen, dass diese Normen neben einem Funktionsschutz des Kapitalmarkts auch einen Individualschutz des einzelnen Anlegers bezwecken.

---

336 EuGH, Urt. v. 30. 5. 2013, Rs. C-604/11 (Genil 48 SL u. a./Bankinter SA u. a.), EuZW 2013, 557, 559, Rn. 57.

337 Schwark, in: Schwark/Zimmer, Kapitalmarktrechts-Kommentar, Vor §§ 31 ff. WpHG, Rn. 14.

338 RegE. AnsFuG vom 8.11.2010, BT-Drs. 17/3628, S. 21; siehe auch: Möllers/Wenninger, NJW 2011, 1697, 1698.

339 RegE. AnsFuG vom 8.11.2010, BT-Drs. 17/3628, S. 21.

340 Veil, WM 2007, 1821, 1826; Kumpan/Hellgardt, DB 2006, 1714, 1715.

341 So Schäfer, WM 2007, 1872, 1875; offen gelassen Nikolaus/d'Oleire, WM 2007, 2129, 2130.

In der Literatur[342] wird darauf hingewiesen, dass dies insbesondere an § 31 Abs. 4 S. 3 WpHG (Empfehlungsverbot bei mangelnden Informationen) oder § 31c WpHG (Regelung der Bearbeitung von Kundenaufträgen) deutlich werde. Diese Normen bezweckten gerade den Individualschutz des einzelnen Kunden. Dieses Argument findet eine weitere Stütze in der Begründung des Regierungsentwurfs eines Gesetzes zur Stärkung des Anlegerschutzes und Verbesserung der Funktionsfähigkeit des Kapitalmarkts (Anlegerschutz- und Funktionsverbesserungsgesetz)[343]. Im Entwurf wird ausgeführt, dass die Verletzung der durch den § 31 Abs. 3a WpHG neu geschaffenen Anforderungen an Informationsblätter – ein solches muss künftig einem Anleger vor Erbringung einer Wertpapierdienstleistung ausgehändigt werden – zivilrechtliche Haftungsansprüche wegen Verletzung eines Schutzgesetzes i.S.v. § 823 Abs. 2 BGB begründen könne[344]. Diese Normen wollen gerade den einzelnen Kunden, der auch Verbraucher ist, individuell schützen. Auch sprechen gegen die Annahme einer Schutzgesetzeigenschaft der §§ 31 ff. WpHG n.F. keine gesetzessystematischen Überlegungen. Zwar ist mit Ausnahme von § 826 BGB dem BGB eine allgemeine deliktische Haftung für primäre Vermögensschäden fremd. Jedoch kann das Vermögen auch nach der Rechtsprechung des BGH[345] über § 823 Abs. 2 BGB geschützt werden, sofern dies im Licht des haftpflichtrechtlichen Gesamtsystems als tragbar und die Schaffung eines individuellen Schadensersatzanspruchs als sinnvoll erscheint.

Wie soeben gezeigt, ist die Annahme einer Schutzgesetzeigenschaft der §§ 31 ff. WpHG n.F. im Licht des haftungsrechtlichen Gesamtsystems tragbar. Es ergeben sich nach Neufassung der §§ 31 ff. WpHG nicht mehr die Probleme einer möglichen Fahrlässigkeitshaftung des Vertreters und unterschiedlicher Verjährungsfristen.

Jedoch begründet eine Verletzung dieser Verhaltens- und Aufklärungspflichten unter bestimmten Voraussetzungen bereits Ansprüche gemäß §§ 311 Abs. 2, 241 Abs. 2 BGB (c.i.c.) sowie aus § 280 Abs. 1 BGB, so dass der Meinungsstreit, ob die §§ 31 ff. WpHG Schutzgesetze i.S.v. § 823 Abs. 2 BGB sind, nach Inkrafttreten des FRUG und Aufhebung des § 37a WpHG a.F. oftmals keine große praktische Relevanz mehr besitzt[346]. Indes kann im Rahmen von Auslandssachverhalten mit Rechtswahlklauseln die Annahme einer Schutzgesetzeigenschaft der § 31 ff. WpHG n.F. sinnvoll sein, da für vertragliche Ansprüche eine ausländische Rechtsordnung gewählt werden kann, sich dies aber im Hinblick auf deliktische Ansprüche schwieriger gestaltet[347].

---

342 Veil, WM 2007, 1821, 1826; Ekkenga, in: MüKo-HGB, Band 5, Effektengeschäft, Rn. 283 (im Hinblick auf § 31 Abs. 1 Nr. 2, Abs. 2, 3 WpHG); Fuchs, in: Fuchs, WpHG, Vor §§ 31–37, Rn. 82; Koller, in: Assmann/Schneider, WpHG, § 31, Rn. 7.

343 RegE. AnsFuG v. 8.11.2010, BT-Drs. 17/3628, S. 21.

344 RegE. AnsFuG v. 8.11.2010, BT-Drs. 17/3628, S. 21.

345 BGH, Urt. v. 8.6.1976, VI ZR 50/75, NJW 1976, 1740; BGH, Urt. v. 19.2.2008, Az. XI ZR 170/07, NJW 2008, 1734, 1736, Rn. 18.

346 Veil WM 2007, 1821, 1826; ähnlich Siol, in: FS-Schimansky, 781, 786.

347 Siehe ausführlich hierzu: 2. Teil, 3. Abschnitt, B.IV. sowie B.V.

Bei den §§ 31 ff. WpHG kann es sich somit um Schutzgesetze i.S.v. § 823 Abs. 2 BGB handeln. Ob eine Norm Schutzgesetz i.S.v. § 823 Abs. 2 BGB ist, muss jedoch für jede Norm gesondert geprüft werden. Dabei sind Schutzgesetze in erster Linie diejenigen Vorschriften, die – wie beispielsweise § 31 Abs. 1 Nr. 2, Abs. 2, 3 WpHG – die notwendigen Informationsinhalte vorgeben[348]. Ebenfalls Schutzgesetzcharakter besitzt § 31 Abs. 4, 5 WpHG sowie § 31d WpHG. Diese Normen formulieren Informationsziele, deren Verfehlung mit deliktischem Erfolgsunrecht gleichzusetzen ist. Hiervon sind solche Verhaltensregeln zu unterscheiden, die sich lediglich mit aufsichtsrechtlichen Standards beschäftigen, beispielsweise Organisationspflichten gemäß § 33 WpHG. Sie enthalten keine Schutzgesetze[349], sondern mögliche Kriterien für die Annahme eines Verschuldens des Wertpapierdienstleistungsunternehmens.

II. Haftung für unzureichende Aufklärung (und Beratung) bei Wertpapiergeschäften

1. Anwendungsbereich der §§ 31 ff. WpHG

Der Begriff des Wertpapierdienstleistungsunternehmens wird in § 2 Abs. 4 WpHG[350] legaldefiniert. Demnach sind alle Kreditinstitute, Finanzdienstleistungsinstitute und nach § 53 Abs. 1 Satz 1 KWG tätige Unternehmen, die Wertpapierdienstleistungen allein oder zusammen mit Wertpapiernebendienstleistungen gewerbsmäßig oder in einem Umfang erbringen, der einen in kaufmännischer Weise eingerichteten Geschäftsbetrieb erfordert, Wertpapierdienstleistungsunternehmen i.S.v. § 2 Abs. 4 WpHG[351]. Damit erfolgt die Qualifikation eines Unternehmens als Wertpapierdienstleistungsunternehmen durch Anknüpfung an die Erbringung eines spezifischen Dienstleistungstyps, nämlich an die Erbringung einer Wertpapierdienstleistung.

Der Begriff der Wertpapierdienstleistung wird in § 2 Abs. 3 WpHG legaldefiniert und der Katalog der erlaubnispflichtigen Wertpapierdienstleistungen durch die MiFID bzw. das FRUG um die Anlageberatung und Finanzanalyse sowie Warenderivate erweitert[352]. Im Zusammenhang mit dem Erwerb von Aktien spielt § 2 Abs. 3 Nr. 1–3 WpHG eine Rolle. Eine Anwendbarkeit der §§ 31 ff. WpHG setzt

348 Ekkenga, in: MüKo-HGB, Band 5, Effektengeschäft, Rn. 283; einschränkend Schäfer, WM 2007, 1872, 1875.

349 BGH, Urt. v. 19. 12. 2006, XI ZR 56/05, ZIP 2007, 518 m. Anm. Lang/Balzer; Kumpan/Hellgardt DB 2006, 1714, 1716.

350 Diese Vorschrift geht auf Art. 4 Abs. 1 der MiFID zurück. Allerdings verwendet die MiFID nicht den Terminus des Wertpapierdienstleistungsunternehmens, sondern spricht von Wertpapierfirma. Beide Begrifflichkeiten sind deckungsgleich.

351 Kumpan, in: Schwark/Zimmer, Kapitalmarktrechts-Kommentar, § 2 WpHG, Rn. 113 ff.

352 Siehe hierzu: Kumpan, in: Schwark/Zimmer, Kapitalmarktrechts-Kommentar, § 2 WpHG, Rn. 61 ff.; Fleischer, BKR 389, 392 ff.; Teuber, BKR 2006, 429 ff.; Spindler/Kasten, WM 2006, 1749 ff.

voraus, dass ein Wertpapierdienstleistungsunternehmen eine Wertpapierdienstleistung erbringt[353].

Verpflichtet sich das Wertpapierdienstleistungsunternehmen, für fremde Rechnung im eigenen Namen Wertpapiere zu erwerben, so handelt es sich um einen Kommissionsvertrag, der eine entgeltliche Geschäftsbesorgung (§§ 675, 611 BGB) zum Inhalt hat[354]. Der Geschäftsbesorgungsvertrag ist ein besonderer Dienstleistungsvertragstyp[355]. Das Unternehmen erbringt eine Wertpapierdienstleistung i.S.v. § 2 Abs. 3 Nr. 1 WpHG. Diese Konstellation ist in der Praxis am weitesten verbreitet, da die Sonderbedingungen für Wertpapiergeschäfte (SBW) in Nr. 1 das Kommissionsgeschäft als Regelform für den Effektenerwerb ansehen[356]. Werden dagegen Aktien im Wege eines Festpreisgeschäftes erworben, so liegt eine Wertpapierdienstleistung i.S.v. § 2 Abs. 3 Nr. 2 WpHG (Eigenhandel für andere) vor[357]. Die Variante des § 2 Abs. 3 Nr. 3 WpHG (Abschlussvermittlung) spielt hingegen in der Praxis keine Rolle, da die Kreditinstitute aus wirtschaftlichem Interesse Wert darauf legen, dass es bei der Abwicklung von Effektenaufträgen zu keinem rechtsgeschäftlichen Kontakt mit anderen Kreditinstituten kommt[358]. Bei der Einschaltung eines Wertpapierdienstleistungsunternehmens in den Erwerbsvorgang finden somit immer die §§ 31 ff. WpHG Anwendung.

2. Abgrenzung zwischen Aufklärungs- und Beratungspflichten

Über einen längeren Zeitraum hinweg trennte die (zivilrechtliche) Rechtsprechung[359] nicht scharf zwischen Beratungs- und Aufklärungspflichten[360]. Auch statuierte § 31 Abs. 2 WpHG a.F. in einer Generalklausel öffentlich-rechtliche Aufklärungs- und Beratungspflichten, die einem Wertpapierdienstleistungsunternehmen

353 Siehe zum Begriff der Wertpapierdienstleistung: Assmann, in: Assmann/Schneider, WpHG, § 2, Rn. 63 ff.; Kumpan, in: Schwark/Zimmer, Kapitalmarktrechts-Kommentar, § 2, Rn. 61 ff.

354 Assmann, in: Assmann/Schneider, WpHG, § 2, Rn. 63 f.; ; Fuchs, in: Fuchs, WpHG, § 2, Rn. 76 ff.

355 Starke, in: Kümpel/Wittig, Rn. 17.53; Richrath, in: Staudinger, Vor §§ 611 ff., Rn. 68.

356 Roth, in: Assmann/Schütze, HdB. KapitalanlageR, § 10, Rn. 43; Lenenbach, Kapitalmarkt- und Börsenrecht, Rn. 4.8.

357 Siehe hierzu: Assmann, in: Assmann/Scheider, WpHG, 6. Auflage, § 2, Rn. 49 f.; Kumpan, in: Schwark/Zimmer, Kapitalmarktrechts-Kommentar, § 2 WpHG, Rn. 65 f.

358 Kumpan, in: Schwark/Zimmer, Kapitalmarktrechts-Kommentar, § 2 WpHG, Rn. 68; Fuchs, in: Fuchs, WpHG, § 2, Rn. 88; Lenenbach, Kapitalmarkt- und Börsenrecht, Rn. 4.7.

359 Lang, § 3, Rn. 1 nennt als Beispiel hierfür u.a. BGH, Urt. v. 27.2.1996, XI ZR 133/95, WM 1996, 664 f.; OLG Köln, Urt. v. 24.2.1988, 16 U 72/87, WM 1989, 402 ff.; OLG Köln, Urt. v. 18.2.1994, 19 U 195/93, WM 1995, 381 ff.

360 Lang, § 3, Rn. 1.

obliegen, ohne eine exakte Trennung zwischen beiden Pflichten vorzunehmen[361]. Vielmehr wurde je nach Einzelfall das Bestehen von Beratungs-, Auskunfts- oder Aufklärungspflichten angenommen[362]. Teilweise wurde hierzu die Ansicht vertreten, dass eine klare Trennung zwischen Beratungs- und Aufklärungspflichten auch gar nicht möglich sei[363]. Dem ist jedoch zu entgegnen, dass es sich bei Aufklärung um eine bloße Tatsachenmitteilung handelt[364]. Auf Grundlage dieser Tatsachenmitteilung soll der Kunde in die Lage versetzt werden, eine eigenständige Anlageentscheidung zu treffen[365]. Bei der Beratung liegt hingegen der Schwerpunkt in der Bewertung von Tatsachen[366]. Dieser Ansicht ist auch der BGH gefolgt[367].

Mit Umsetzung der MiFID durch das FRUG und Aufnahme der Anlageberatung in den Katalog der erlaubnispflichtigen Wertpapierdienstleistungen wurde nunmehr in § 2 Abs. 3 Nr. 9 WpHG eine Legaldefinition des Begriffs der Anlageberatung vorgenommen[368]. Demnach ist unter Anlageberatung die Abgabe persönlicher Empfehlungen in Bezug auf Finanzinstrumente an einen Kunden zu verstehen. Gemäß Art. 4 sowie Erwägungsgrund Nr. 82 der MiFID-Durchführungs-Richtlinie[369] stellen persönliche Empfehlungen des Wertpapierdienstleistungsunternehmens, die an den Vertreter des Kunden oder an potenzielle Kunden gerichtet sind, ebenfalls Anlageberatung dar. Wesentliches Abgrenzungsmerkmal[370] der Anlageberatung von anderen Wertpapier- bzw. Wertpapiernebendienstleistungen

361 Bliesener, § 13 I 2 d (S. 310); Weichert/Wenninger, WM 2007, 627.

362 Siehe Nachweise bei Bliesener, § 13 I 1 (S. 301), Fn. 355 sowie bei Lang, § 3, Rn. 2, Fn. 10, z.B. OLG Köln, Urt. v. 18.2.1994, 19 U 195/93, WM 1995, 381, 383 f.; OLG Frankfurt a.M., Urt. v. 19.12.1996, 16 U 109/96, AG 1997, 422, 424.

363 Siol, in: Schimansky/Bunte/Lwowski, Bankrechts-Handbuch, Band I, 2. Auflage, § 43, Rn. 12; Hopt, in: Bankrechtstag 1992, S. 1; siehe auch zu den Abgrenzungsproblemen: Roth, in: Assmann/Schütze, HdB KapitalanlageR, § 11, Rn. 28 f.; Bachmann/Roth, in: MüKo-BGB, Band 2, § 241, Rn. 131.

364 Lang, § 3, Rn. 9; Tonner, in: Derleder/Knops/Bamberger, § 4, Rn. 12; Kümpel, Bankrecht, 3. Auflage, Rn. 16.533.

365 Balzer, WM 2001, 1533, 1534; Tonner, in: Derleder/Knops/Bamberger, § 4, Rn. 12; Lang, § 3, Rn. 9.

366 Lang, § 3, Rn. 10; Balzer, WM 2001, 1533, 1534; Tonner, in: Derleder/Knops/Bamberger, § 4, Rn. 13; Horn, ZBB 1997, 139, 141.

367 BGH, Urt. v. 9.5.2000, XI ZR 159/99, WM 2000, 1441, 1442; siehe hierzu: Ellenberger, WM-Sonderbeilage 1/2001, 1, 3.

368 Siehe hierzu: Holzborn, NJW 2008, 791, 792; Kühne, BKR 2005, 275, 276; Spindler/Kasten, WM 2006, 1749, 1752; Assmann, in: Assmann/Schneider, WpHG, § 2, Rn. 111 f.

369 Die MiFID Durchführungs-Richtlinie 2006/73/EG, ABl. EU Nr. L 241 v. 2.9.2006, S. 26 dient der Konkretisierung der Rahmenvorschriften der Finanzmarkt-Richtlinie; vgl. zum Lamfalussy-Verfahren: Möllers, ZEuP 2008, 480 ff.; Fleischer, BKR 2006, 389, 390.

370 Siehe zu Abgrenzungsfragen: Ekkenga, in: MüKo-HGB, Band 5, Effektengeschäft, Rn. 319 ff.; Veil ZBB 2008, 34, 35 f.; Balzer, ZBB 2007, 333, 334 ff.

wie beispielsweise der Finanzanalyse ist, dass es sich um eine „persönliche Empfehlung" handeln muss. Durch das Merkmal „persönlich" wird eine Abgrenzung zu öffentlicher Informationsverbreitung vorgenommen, beispielsweise zu Börseninformationsdiensten und Börsenbriefen[371]. Eine Anlageberatung erfordert darüber hinaus die Abgabe einer Empfehlung, die sich von der bloßen Informationsverschaffung durch eine Bewertung und Beurteilung vor dem Hintergrund der persönlichen Verhältnisse, Anlageziele und Risikoneigung des Kunden abhebt[372]. Zwar handelt es sich bei dem FRUG und dem WpHG um Regelungen des öffentlichen Rechts, jedoch lässt sich eine Ausstrahlungswirkung der dort verwendeten Begrifflichkeiten auf das Zivilrecht nicht verneinen.

3. Der Umfang der Aufklärungspflichten der §§ 31 ff. WpHG

Bisher wurde nur auf die Funktion des §§ 31 ff. WpHG eingegangen. Im Folgenden soll näher untersucht werden, welche Aufklärungs- und Verhaltenspflichten §§ 31 ff. WpHG in Abhängigkeit von der zu erbringenden Wertpapierdienstleistung normieren und inwieweit diese den Anleger bei der Zeichnung von Aktien schützen.

Aufsichtsrechtlich hatte der von der Rechtsprechung ausgeformte zivilrechtliche Grundsatz der anleger- und objektgerechten Aufklärung seinen Niederschlag in § 31 Abs. 2 WpHG a.F. gefunden. Der BGH verlangt seit dem „Bond"-Urteil[373] eine anlage- und objektgerechte Beratung, welche sich an den Verhältnissen des Kunden sowie am Anlageobjekt zu orientieren hat. Die in diesem Urteil aufgestellten Grundsätze orientieren sich stark an der anglo-amerikanischen Suitability-Doktrin („know your customer and your product")[374] und an Art. 11 der Wertpapierdienstleistungsrichtlinie (Richtlinie 93/22/EG)[375]. Diese war kurz vor Verkündung des „Bond"-Urteils in Kraft getreten, jedoch noch nicht in deutsches Recht umgesetzt worden. Zwar lag diesem Urteil ein Sachverhalt zugrunde, bei dem es um eine Anlageberatung ging, jedoch hat sich der Gesetzgeber bei der Formulierung der Wohlverhaltensregeln (§§ 31, 32 WpHG a.F.) erkennbar am „Bond"-Urteil orientiert, so dass bei der Interpretation der Wohlverhaltensregeln auf die zur Anlageberatung ergangene Rechtsprechung zurückgegriffen werden konnte[376]. Nach alter Rechtslage wurde der Umfang von Aufklärungs- und Beratungspflichten bei allen

---

371 So ausdrücklich Erwägungsgrund 79 sowie ähnlich Art. 52 Satz 3 der Richtlinie 2006/73/EG, ABl. EU Nr. L 241 v. 2.9.2006, S. 33, 57.

372 Schwennicke, WM 1998, 1101, 1102 f.; Koller, in: Assmann/Schneider, WpHG, § 31, Rn. 131 ff.

373 BGH, Urt. v. 6. Juli 1993, XI ZR 12/93, WM 1993, 1455, 1456.

374 Siehe hierzu: Reich, WM 1997, 1601, 1604.

375 Hierauf weisen Mülbert, WM 2007, 1149, 1154 sowie Rothenhöfer, in: FS-Hopt, 55, 62 hin.

376 In diesem Sinne auch Helmschrott/Waßmer, WM 1999, 1853, 1854; Horn, ZBB 1997, 139, 149; Kümpel, Wertpapierhandelsgesetz 1996, 172; Ekkenga/Bernau, Handbuch zum deutschen und europäischen Bankrecht, 1. Auflage, § 49, Rn. 46.

Wertpapierdienstleistungen und -nebendienstleistungen durch die Generalklausel des § 31 Abs. 2 WpHG a.F. bestimmt.

Durch Umsetzung der MiFID und der MiFID-Durchführungsrichtlinie in deutsches Recht im Zuge des FRUG wurden die Wohlverhaltensregeln grundlegend überarbeitet und erweitert[377]. Nunmehr erfolgt die Festlegung des Umfangs von Aufklärungs- und Beratungspflichten durch einen detaillierten Pflichtenkatalog (§ 31 Abs. 1 bis Abs. 10 WpHG) sowie durch die auf Grundlage des § 31 Abs. 11 S. 1 WpHG erlassenen WpDVerOV[378].

Die neuen Regelungen statuieren gewisse Verhaltenspflichten, die bei allen Wertpapierdienstleistungen gleich sind, § 31 Abs. 1–3 WpHG. Dabei normiert § 31 Abs. 1 WpHG n.F. wie bereits § 31 Abs. 1 WpHG a.F. Sorgfaltspflichten sowie Interessenwahrungspflichten, die ein Wertpapierdienstleistungsunternehmen bei der Erbringung von Wertpapierdienstleistungen zu erfüllen hat (siehe II.4.a). § 31 Abs. 2 WpHG bestimmt, dass dem Kunden sämtliche Informationen, einschließlich Werbemitteilungen, redlich sowie in eindeutiger und nicht irreführender Weise erteilt werden müssen (II.4.b). § 31 Abs. 3 WpHG statuiert Transparenzpflichten (II.4.c). Die in § 31 Abs. 2 und 3 WpHG festgelegten Pflichten können durch standardisiertes Informationsmaterial erfüllt werden.

Die Absätze 4, 5 und 7 des § 31 WpHG statuieren dagegen von der Art der Dienstleistung und des Kunden abhängige Explorations-, Informations- und Aufklärungspflichten bei bestimmten Geschäftsarten. So legt § 31 Abs. 4 WpHG zusätzliche Pflichten bei der Anlageberatung und Portfolioverwaltung fest (siehe II.4.d sowie III.). Dagegen regelt § 31 Abs. 5 WpHG den Umfang von Informations- und Aufklärungspflichten bei allen anderen Wertpapierdienstleistungen (siehe II.4.e.); § 31 Abs. 7 WpHG verringert dagegen den Umfang von Informations- und Aufklärungspflichten bei „execution-only“ Geschäften (siehe II.4.f. sowie 2. Teil, 4. Abschnitt, B.II).

Im Unterschied zur Wertpapierdienstleistungsrichtlinie (RL 93/22/EG) fordert die MiFID in Bezug auf die Wohlverhaltensregeln nicht lediglich eine Mindest-, sondern eine Maximalharmonisierung[379]. Das FRUG orientiert sich daher eng an den Vorgaben der MiFID und setzt diese Richtlinie in weiten Bereichen

---

377 Siehe hierzu: Mülbert, WM 2007, 1149 ff.; Einsele, JZ 2008, 477; Kumpan/Hellgardt, DB 2006, 1714 ff.; Veil ZBB 2008, 34 ff.; Weichert/Wenninger, WM 2007, 627; Balzer, ZBB 2007, 333 ff.

378 Verordnung zur Konkretisierung der Verhaltensregeln und Organisationsanforderungen für Wertpapierdienstleistungsunternehmen (Wertpapierdienstleistungs-Verhaltens- und Organisationsverordnung – WpDVerOV) vom 20. Juli 2007 (BGBl. I 2007, S. 1432), die zuletzt durch Art. 7 des Gesetzes vom 31. Juli 2009 (BGBl. I 2009, S. 2512) geändert worden ist.

379 Siehe hierzu: Koller, in: Assmann/Schneider, WpHG, Vor § 31, Rn. 4; Möllers, WM 2008, 93, 96; weitergehend Mülbert, ZHR 172(2008), 170, 179 der annimmt, dass eine Zwischenstufe zwischen Maximal- und Vollharmonisierung angestrebt wird.

Eins-zu-Eins um[380]. Dies beruht nicht zuletzt auf dem Umstand, dass aufgrund des hohen Detaillierungsgrades der MiFID sowie der MiFID-Durchführungsrichtlinie der nationale Gesetzgeber bei der Umsetzung nur einen geringen Gestaltungsspielraum besaß[381]. Der Umfang von Aufklärungspflichten hängt nunmehr von der Art der erbrachten Wertpapierdienstleistung, von der Zuordnung zu einer bestimmten Kundenklasse sowie vom gewählten Vertriebsweg ab[382]. An die Stelle einer Generalklausel ist ein detailliertes Regelwerk getreten[383].

a) Einteilung in Kundenklassen

Eine wesentliche Neuerung dieses Regelwerks besteht darin, dass der Umfang der Aufklärungspflichten anhand der Zuordnung zu einer bestimmten Kundenklasse bestimmt wird. § 31a WpHG nimmt eine Einteilung von Kunden in bestimmte Kundenklassen vor[384]. Dabei wird zwischen drei Kundenklassen unterschieden; (1) professionelle Kunden (§ 31a Abs. 2 WpHG), (2) geeignete Gegenparteien (§ 31a Abs. 4 WpHG) sowie (3) Privatkunden (§ 31a Abs. 3 WpHG).

(1) Bei professionellen Kunden i.S.v. § 31a Abs. 2 WpHG handelt es sich um Kunden, die über ausreichende Erfahrungen, Kenntnisse und Sachverstand verfügen, um ihre Anlageentscheidung zu treffen und die damit verbundenen Risiken selbst angemessen beurteilen zu können[385]. Nach dem Willen des europäischen Gesetzgebers sollen von dieser Regelung alle natürlichen und juristischen Personen erfasst werden, die der Aufsicht unterliegen und eine Zulassung besitzen müssen, um an den Finanzmärkten tätig werden zu können. Es handelt sich bei professionellen Kunden in der Regel um Wertpapierfirmen, Kreditinstitute, Pensionsfonds und Versicherungsgesellschaften, § 31a Abs. 2 S. 2 Nr. 1a-f WpHG. Darüber hinaus sind institutionelle Anleger, beispielsweise nationale Regierungen und andere staatliche oder supranationale Einrichtungen (z. B. der Internationale Währungsfonds oder die Weltbank), professionelle Kunden. Des Weiteren fallen alle institutionellen Anleger, deren Haupttätigkeit in der Anlage von Finanzinstrumenten besteht, unter den Anwendungsbereich der Vorschrift, § 31a Abs. 2 S. 2 Nr. 5 WpHG. Auch werden große Unternehmen, die die in § 31a Abs. 2 S. 2 Nr. 2 aufgestellten

---

380 Weichert/Wenninger, WM 2007, 627, 628.

381 Weichert/Wenninger, WM 2007, 627, 628.

382 Schwark, in: Schwark/Zimmer, Kapitalmarktrechts-Kommentar, Vor §§ 31 ff., Rn. 6; Weichert/Wenninger, WM 2007, 627, 628 f.

383 Weichert/Wenninger, WM 2007, 627, 628 f.; Fuchs, in: Fuchs, WpHG, Vor §§ 31–37a, Rn. 29.

384 Siehe hierzu: Kasten, BKR 2007, 261 ff.; Eisele, JZ 2008, 477, 479; Fuchs, in: Fuchs, WpHG, § 31a, Rn. 1 ff.

385 Art. 4 Abs. 1 Nr. 11 i.V. m. Anhang II der MiFID, umgesetzt in deutsches Recht durch § 31a Abs. 2 WpHG; siehe zum Begriff des professionellen Kunden: Ekkenga, in: MüKo-HGB, Band 5, Effektengeschäft, Rn. 132 f.; Fuchs, in: Fuchs, WpHG, § 31a, Rn. 18 ff.; Koch, in: Schwark/Zimmer, Kapitalmarktrechts-Kommentar, § 31a WpHG, Rn. 6 ff.

Kriterien erfüllen[386], als professionelle Kunden eingestuft. Eine Einstufung als professioneller Kunde führt gemäß § 31 Abs. 9 WpHG zu einer Herabsetzung der einem Wertpapierdienstleistungsunternehmen obliegenden Aufklärungspflichten[387].

(2) Als weitere Kundenklasse sieht § 31a Abs. 4 WpHG die geeignete Gegenpartei vor[388]. Bei dieser handelt es sich um eine Unterkategorie der professionellen Kunden. Bestimmte professionelle Kunden wie beispielsweise Wertpapierfirmen, Versicherungsunternehmen, Kreditinstitute und nationale Regierungen sind gemäß der MiFID Vorgaben zwingend als geeignete Gegenpartei einzustufen[389]. Darüber hinaus eröffnet Art. 24 Abs. 3 der MiFID den Mitgliedstaaten die Möglichkeit, bei der Umsetzung der MiFID in nationales Recht weitere Kunden als geeignete Gegenpartei einzustufen. Diesen steht es frei, quantitative und qualitative Anforderungen für die Einstufung eines Kunden als geeignete Gegenpartei festzulegen. Der deutsche Gesetzgeber hat mit Schaffung des § 31a Abs. 4 S. 2 WpHG von dieser Möglichkeit Gebrauch gemacht und in- sowie ausländischen großen Unternehmen die Möglichkeit eröffnet, sich als geeignete Gegenpartei einstufen zu lassen[390]. Voraussetzung für eine freiwillige Einstufung als geeignete Gegenpartei ist, dass die betroffenen professionellen Kunden dieser Einstufung zustimmen, § 31a Abs. 4 S. 2 a.E. WpHG[391]. Rechtsfolge einer Einstufung als geeignete Gegenpartei ist gemäß § 31b Abs. 1 S. 1 WpHG, dass Wertpapierdienstleistungsunternehmen, die gegenüber einer geeigneten Gegenpartei bestimmte Wertpapierdienstleistungen erbringen, von den meisten Aufklärungspflichten, beispielsweise denen nach § 31 Abs. 2, 3 WpHG, entbunden sind, § 31b Abs. 1 S. 1 WpHG[392].

(3) Daneben kennt § 31a WpHG die Kategorie der Privatkunden[393]. Privatkunden i.S.v. § 31a Abs. 3 WpHG sind alle Kunden, die keine professionellen Kunden i.S.v. § 31a Abs. 2 WpHG sind. Jedoch besitzen Privatkunden gemäß § 31a Abs. 7 S. 1 WpHG die Möglichkeit, sich unter bestimmten Voraussetzungen als professionelle

---

386 Ein Unternehmen ist „groß“, sofern es zwei von drei quantitativen Kriterien erfüllt. Es muss eine Bilanzsumme von EUR 20 Millionen, einen Nettoumsatz von EUR 40 Millionen bzw. Eigenmittel in Höhe von EUR 2 Millionen ausweisen; siehe hierzu: Fuchs, in: Fuchs, WpHG, § 31a, Rn. 21.

387 Siehe hierzu: Ekkenga, in: MüKo-HGB, Effektengeschäft, Rn. 140 f.; Fuchs, in: Fuchs, WpHG, § 31a, Rn. 18.

388 Siehe hierzu: Fuchs, in: Fuchs, WpHG, § 31a, Rn. 26 ff.; Koch, in: Schwark/Zimmer, Kapitalmarktrechts-Kommentar, § 31a WpHG, Rn. 24 ff.

389 Art. 24 Abs. 2 MiFID.

390 Siehe hierzu: Koch, in: Schwark/Zimmer, Kapitalmarktrechts-Kommentar, § 31a WpHG, Rn. 27 f.

391 Siehe zur Möglichkeit einer Hochstufung: Fuchs, in: Fuchs, WpHG, § 31a, Rn. 33 ff.; Koch, in: Schwark/Zimmer, Kapitalmarktrechts-Kommentar, § 31a WpHG, Rn. 27.

392 Ekkenga, in: MüKo-HGB, Effektengeschäft, Rn. 148; Fuchs, in: Fuchs, WpHG, § 31a, Rn. 46 ff.

393 Siehe hierzu: Fuchs, in: Fuchs, WpHG, § 31a, Rn. 17; Ekkenga, in: MüKo-HGB, Effektengeschäft, Rn. 149.

Kunden einstufen zu lassen. § 37a Abs. 1 S. 3 WpHG stellt nähere Kriterien auf, die kumulativ erfüllt sein müssen, damit eine Umstufung erfolgen kann[394]. Das Wertpapierdienstleistungsunternehmen hat den Privatkunden dann gemäß § 31a Abs. 7 S. 4 WpHG darüber zu unterrichten, dass für ihn mit der Änderung der Einstufung die Schutzvorschriften für Privatkunden des WpHG nicht mehr gelten. Für den weiteren Fortgang der Untersuchung sind nur Privatkunden von Interesse.

b) Art der erbrachten Wertpapierdienstleistung

Des Weiteren hängt der Umfang der Aufklärungspflichten von der Art der erbrachten Wertpapierdienstleistung ab. Die §§ 31 ff. WpHG nehmen nunmehr eine Unterscheidung zwischen beratenden und beratungslosen Wertpapierdienstleistungen vor. Während der Umfang der Aufklärungspflichten bei der Erbringung von Wertpapierdienstleistungen mit beratendem Charakter – dies sind Portfolioverwaltung und Anlageberatung – durch § 31 Abs. 3a, 4, 4a WpHG festgelegt wird, regelt § 31 Abs. 5 WpHG den Umfang von Aufklärungspflichten bei der Erbringung von beratungslosen Wertpapierdienstleistungen. Dabei wird dem Wertpapierdienstleistungsunternehmen durch § 31 Abs. 4 WpHG bei der Erbringung einer Anlageberatung oder Portofolioverwaltung eine umfänglichere Erkundigungspflicht über den Kunden auferlegt als im Rahmen anderer wertpapierbezogener Finanzdienstleistungen, § 31 Abs. 5 WpHG.

c) Vertriebsform

Des Weiteren sieht § 31 Abs. 7 WpHG, diese Vorschrift geht auf Art. 19 Abs. 6 MiFID zurück, für „execution-only" Geschäfte, hierbei handelt es sich um Geschäfte, die auf Veranlassung des Kunden zustande kommen, eine Reduzierung der Aufklärungspflichten vor[395]. Bei Geschäften, die dem Bereich des Discount-Broking bzw. „execution-only" zuzurechnen sind, entfällt die Pflicht zur einzelfallbezogenen Erkundigung über den Kunden ebenso wie der Angemessenheitstest und die Warnpflicht, § 31 Abs. 7 WpHG[396].

4. Einzelheiten

Die durch §§ 31 ff. WpHG begründeten öffentlich-rechtlichen Pflichten lassen sich in solche unterteilen, die dem Wertpapierdienstleistungsunternehmen immer, also unabhängig von der Art der zu erbringenden Wertpapierdienstleistung, obliegen, und solche, die nur bei Erbringung einer bestimmten Art von

---

394 Siehe hierzu: Fuchs, in: Fuchs, WpHG, § 31a, Rn. 33; Koch, in: Schwark/Zimmer, Kapitalmarktrechts-Kommentar, § 31a WpHG, Rn. 23.

395 Siehe hierzu: Koller, in: Assmann/Schneider, WpHG, § 31, Rn. 181 ff.; Rothenhöfer, in: Schwark/Zimmer, Kapitalmarktrechts-Kommentar, § 31 WpHG, Rn. 318 ff.

396 Siehe hierzu: Fuchs, in: Fuchs, WpHG, § 31, Rn. 302 ff.; Möllers, in: KöKo-WpHG, § 31, Rn. 270 ff., 291 ff.; Balzer ZBB 2007, 333, 340 ff.; Koller, in: Assmann/Schneider, WpHG, § 31, Rn. 181 ff.

Wertpapierdienstleistung einzuhalten sind. Zur ersten Gruppe zählen die durch § 31 Abs. 1 WpHG statuierte allgemeine Sorgfalts- und Interessenwahrungspflicht (a), das Transparenzgebot (§ 31 Abs. 2 WpHG) (b), die von § 31 Abs. 3 WpHG festgelegten Informationspflichten (c) sowie das von § 31d WpHG begründete Verbot, von Dritten Zuwendungen anzunehmen (g). Zu zweiter Gruppe zählen hingegen die von § 31 Abs. 4 WpHG statuierten Beratungspflichten (d), die dem Wertpapierdienstleistungsunternehmen bei der Erbringung einer Anlageberatung oder Portfolioverwaltung obliegen, sowie die nach § 31 Abs. 5 WpHG bei der Erbringung sonstiger Wertpapierdienstleistungen bestehenden Aufklärungspflichten (e) wie die bei reinen Ausführungsgeschäften i.S.v. § 31 Abs. 7 Nr. 2 WpHG bestehende Informationspflicht (f).

a) § 31 Abs. 1 WpHG

§ 31 Abs. 1 Nr. 1 WpHG n.F. verpflichtet, wie schon § 31 Abs. 1 Nr. 1 WpHG a.F.[397], alle Wertpapierdienstleistungsunternehmen zur Einhaltung von allgemeinen Sorgfalts- und Interessenwahrungspflichten[398]. Diese öffentlich-rechtlichen Pflichten obliegen dem Wertpapierdienstleistungsunternehmen unabhängig vom Typ der zu erbringenden Wertpapierdienstleistung. Sie gelten mithin u.a. für die Anlageberatung, die Anlagevermittlung, das Festpreisgeschäft wie auch das Finanzkommissionsgeschäft. Aus § 31 Abs. 1 Nr. 1 WpHG erwächst dem Wertpapierdienstleistungsunternehmen die Verpflichtung, sich gegenüber Kunden uneingeschränkt loyal zu verhalten und sich bei der Ausführung von Wertpapiergeschäften maßgeblich am Interesse des Kunden zu orientieren[399].

Im Rahmen der Umsetzung der MiFID sowie der MiFID-Durchführungsrichtlinie durch das FRUG wurden die speziellen Wohlverhaltensregeln des § 32 WpHG a.F. aufgehoben, die spezielle Formen von Interessenkonflikten regelten[400]. Regelungen

---

397 Durch das FRUG erfuhr § 31 Abs. 1 Nr. 1 WpHG a.F. keine inhaltliche Änderung. § 31 Abs. 1 Nr. 1 WpHG n.F. entspricht § 31 Abs. 1 Nr. 1 WpHG a.F.; siehe hierzu: Möllers, in: KöKo-WpHG, § 31, Rn. 17; Koller, in: Assmann/Schneider, WpHG, § 31, Rn. 13 f.; Fuchs, in: Fuchs, WpHG, § 31, Rn. 15.

398 Siehe zu diesen Pflichten: Koller, in: Assmann/Schneider, WpHG, § 31, Rn. 13 ff.; Heybey, BKR 2008, 353 ff.; Fuchs, in: Fuchs, WpHG, § 31, Rn. 13 ff.; Rothenhöfer, in: Schwark/Zimmer, Kapitalmarktrechts-Kommentar, § 31 WpHG, Rn. 15 ff.; siehe zum inhaltsgleichen § 31 Abs. 1 Nr. 1 WpHG a.F.: Koller, in: Assmann/Schneider, WpHG, 4. Auflage, § 31, Rn. 5 ff.; Möllers, in: KöKo-WpHG, § 31, Rn. 64 ff.

399 Rothenhöfer, in: Schwark/Zimmer, Kapitalmarktrechts-Kommentar, § 31 WpHG, Rn. 24 f.; Koller, in: Assmann/Schneider, WpHG, § 31, Rn. 17 f.; Heybey, BKR 2008, 353, 354.

400 Siehe zu § 32 WpHG a.F: Koller, in: Assmann/Schneider, WpHG, 4. Auflage, § 32, Rn. 1 ff.

zu Interessenkonflikten treffen nunmehr in modifizierter Form die §§ 31 Abs. 1 Nr. 1, Abs. 4, 31c Abs. 1 Nr. 5 WpHG sowie § 20a WpHG n.F.[401].

Des Weiteren trifft § 31 Abs. 1 Nr. 2 WpHG Regelungen, die der Vermeidung von Interessenkonflikten dienen[402]. Wertpapierdienstleistungsunternehmen sind hiernach verpflichtet, sich um die Vermeidung von Interessenkonflikten zu bemühen. Sofern diese nicht vermeidbar sind, sollen Interessenkonflikte grundsätzlich zugunsten des Kunden aufgelöst werden[403]. Interessenkonflikte sind in den verschiedensten Konstellationen denkbar. Sie können zwischen Wertpapierdienstleistungsunternehmen und Kunden, aber auch zwischen den einzelnen Kunden auftreten[404]. Beispielsweise haben bei einer Aktienemission der Emittent wie auch das die Emission begleitende Wertpapierdienstleistungsunternehmen ein Interesse an einem möglichst hohen Emissionserlös, während der Anleger Aktien zu einem fairen Preis zeichnen möchte[405].

Soweit die organisatorischen Maßnahmen nach § 33 Abs. 1 S. 2 Nr. 3 WpHG zur Vermeidung des Risikos einer Beeinträchtigung von Kundeninteressen nicht ausreichen, muss das Wertpapierdienstleistungsunternehmen vor der Durchführung von Geschäften dem Kunden die allgemeine Art und die Herkunft möglicher Interessenkonflikte eindeutig darlegen[406]. Der Kunde muss durch die Unterrichtung in die Lage versetzt werden, seine Entscheidung über die Inanspruchnahme der avisierten Wertpapierdienstleistungen, bei deren Erbringung ein Interessenkonflikt auftritt, unter Berücksichtigung seiner Kundenklasse auf informierter Grundlage zu treffen, § 13 Abs. 4 S. 1 WpDVerOV.

---

401 Begr. RegE. FRUG, BT-Drs. 16/4028, S. 63, 69; siehe auch: Heybey, BKR 2008, 353, 355; Grundmann, in: in: Ebenroth/Boujong/Joost/Strohn, HGB, Band 2, WpHG § 31, Rn. VI207 ff.

402 Siehe hierzu: Fuchs, in: Fuchs, WpHG, § 31, Rn. 45 ff.; Koller, in: Assmann/Schneider, WpHG, § 31, Rn. 33 ff.; Rothenhöfer, in: Schwark/Zimmer, Kapitalmarktrechts-Kommentar, § 31 WpHG, Rn. 48 ff.

403 Koller, in: Assmann/Schneider, WpHG, § 31, Rn. 42; Heybey, BKR 2008, 353, 354; Ekkenga, in: MüKo-BGB, Band 5, Effektengeschäft, Rn. 391 weist darauf hin, dass § 31 Abs. 1 Nr. 2 WpHG n.F. im Unterschied zu § 31 Abs. 1 Nr. 2 WpHG a.F. nicht mehr ausdrücklich festschreibe, wie Interessenkonflikte zu lösen seien.

404 Siehe zu den möglichen Erscheinungsformen eines Interessenkonflikts: Fuchs, in: Fuchs, WpHG, § 31, Rn. 77 ff.; Rothenhöfer, in: Schwark/Zimmer, Kapitalmarktrechts-Kommentar, § 31 WpHG, Rn. 74 ff.

405 Siehe auch: Koller, in: Assmann/Schneider, WpHG, § 31, Rn. 36; Rothenhöfer, in: Schwark/Zimmer, Kapitalmarktrechts-Kommentar, § 31 WpHG, Rn. 78.

406 Siehe hierzu: Koller, in: Assmann/Schneider, WpHG, § 31, Rn. 41 ff.; Fuchs, in: Fuchs, WpHG, § 31, Rn. 61 ff., 68 ff.; Rothenhöfer, in: Schwark/Zimmer, Kapitalmarktrechts-Kommentar, § 31 WpHG, Rn. 64 ff.

b) § 31 Abs. 2 WpHG

Im Unterschied zu § 31 Abs. 3–5 WpHG statuiert § 31 Abs. 2 WpHG keine Aufklärungs- und Beratungspflichten, sondern legt Standards fest, die Wertpapierdienstleistungsunternehmen einzuhalten haben, wenn sie Kunden pflichtgemäß oder auch freiwillig Informationen zukommen lassen[407]. Dabei sind auch Werbemitteilungen Informationen i.S.v. § 31 Abs. 2 S. 1 WpHG und als solche zu kennzeichnen[408]. Bei § 31 Abs. 2 WpHG handelt es sich um ein allgemeines Transparenzgebot[409], welches unabhängig von der Art der zu erbringenden Wertpapierdienstleistung zur Anwendung gelangt[410]. Jedoch sind die vom Wertpapierdienstleistungsunternehmen bei der Informationserteilung einzuhaltenden Standards davon abhängig, ob sich das Unternehmen an einen Privatkunden oder einen professionellen Kunden wendet[411]. § 4 WpDVerOV nimmt eine Präzisierung der Anforderungen vor und findet nur im Verhältnis zu Privatkunden Anwendung[412]. Gemäß § 31 Abs. 2 S. 1 WpHG i.V.m. § 4 WpDVerOV müssen alle Informationen – einschließlich Werbemitteilungen –, die ein Wertpapierdienstleistungsunternehmen seinen Kunden zugänglich macht, redlich, eindeutig und nicht irreführend sein. Gemäß § 4 Abs. 1 S. 1 WpDVerOV müssen Informationen einschließlich Werbemitteilungen, die Wertpapierdienstleistungsunternehmen Privatkunden zugänglich machen, ausreichend und in einer Art und Weise dargestellt sein, dass sie für den angesprochenen Kundenkreis verständlich sind. Informationen sind dann ausreichend i.S.v. § 4 Abs. 1 S. 1 WpDVerOV, wenn durch diese kein falscher Gesamteindruck erweckt wird[413]. Die Verständlichkeit einer Information beurteilt sich nach dem Horizont eines durchschnittlichen Privatkunden aus dem angesprochen Kundenkreis[414]. Sofern ein aufmerksamer Durchschnittskunde des angesprochenen Kundenkreises eine Information vernünftigerweise auch anders verstehen kann, ist

407 Siehe zu § 31 Abs. 2 WpHG: Koller, in: Assmann/Schneider, WpHG, § 31, Rn. 47 ff.; Fuchs, in: Fuchs, WpHG, § 31, Rn. 93 ff.; Rothenhöfer, in: Schwark/Zimmer, Kapitalmarktrechts-Kommentar, § 31 WpHG, Rn. 87 ff.

408 Siehe zum Begriff der Werbemitteilung und der Information: Koller, in: Assmann/Schneider, WpHG, § 31, Rn. 51 ff.; Fuchs, in: Fuchs, WpHG; § 31, Rn. 106 ff.

409 Grundmann, in: Ebenroth/Boujong/Joost/Strohn, HGB, Band 2, WpHG § 31, Rn. VI230.

410 Fuchs, in: Fuchs, WpHG, § 31, Rn. 93 f.

411 Koller, in: Assmann/Schneider, WpHG, § 31, Rn. 47 ff.; Fuchs, in: Fuchs, WpHG, § 31, Rn. 93.

412 Rothenhöfer, in: Schwark/Zimmer, Kapitalmarktrechts-Kommentar, § 31 WpHG, Rn. 88, 111 ff.; Fuchs, in: Fuchs, WpHG, § 31, Rn. 112 ff.; Koller, in: Assmann/Schneider, WpHG, § 31, Rn. 61 ff.

413 Rothenhöfer, in: Schwark/Zimmer, Kapitalmarktrechts-Kommentar, § 31 WpHG, Rn. 113; Koller, in: Assmann/Schneider, WpHG, § 31, Rn. 67, der darüber hinaus fordert, dass die wichtigsten Details des Finanzinstruments und der Wertpapierdientstleistung samt der wesentlichen Risiken dargestellt werden müssen.

414 Koller, in: Assmann/Schneider, WpHG, § 31, Rn. 62; Fuchs, in: Fuchs, WpHG, § 31, Rn. 126.

im Privatkundengeschäft eine Irreführungseignung der Information zu bejahen[415]. Gemäß Erwägungsgrund Nr. 47 der MiFID-Durchführungsrichtlinie ist es dabei unerheblich, ob ein Irreführungswille seitens des Wertpapierdienstleistungsunternehmens besteht. Gemäß § 4 Abs. 1 S. 2 WpDVerOV sind Informationen nur dann redlich, eindeutig und nicht irreführend i.S.d. § 31 Abs. 2 WpHG, wenn sie die in § 4 Abs. 2–11 WpDVerOV aufgestellten Voraussetzungen erfüllen[416]. § 4 Abs. 2 S. 1 WpDVerOV bestimmt, dass Vorteile einer Wertpapierdienstleistung oder eines Finanzinstruments nur hervorgehoben werden dürfen, wenn gleichzeitig eindeutig auf etwaige damit einhergehende Risiken verwiesen wird[417]. Gemäß § 4 Abs. 2 S. 2 WpDVerOV dürfen wichtige Aussagen oder Warnungen nicht unverständlich oder abgeschwächt dargestellt werden[418]. § 4 Abs. 3 WpDVerOV regelt, wie verschiedene Wertpapierdienstleistungen miteinander zu vergleichen sind, und bezweckt, dass der Kunde durch Vergleiche nicht irregeführt wird[419]. § 4 Abs. 4–7 WpDVerOV stellt Anforderungen an Informationen zur Wertentwicklung eines Finanzinstruments auf[420]. Hierzu gehören Berechnungsmethoden zur Angabe von Wertentwicklungen und die Verpflichtung des Wertpapierdienstleistungsunternehmens, darauf hinzuweisen, dass frühere Wertentwicklungen keine Rückschlüsse auf künftige Wertentwicklungen zulassen. § 4 Abs. 9, 10 WpDVerOV regeln die Anforderungen an Werbemitteilungen[421]. § 4 Abs. 11 WpDVerOV bestimmt, dass der Name von Aufsichtsbehörden nicht zu Werbezwecken missbraucht werden darf.

c) § 31 Abs. 3 WpHG

§ 31 Abs. 3 WpHG regelt für alle Arten von Wertpapierdienstleistungen in Umsetzung von Art. 19 Abs. 3 MiFID, Artt. 28–34 MiFID-Durchführungsrichtlinie den Umfang der dem Anleger bei der Erbringung von Wertpapierdienstleistungen

---

415 Grundmann, in: Ebenroth/Boujong/Joost/Strohn, HGB, Band 2, WpHG § 31, Rn. VI231; Fuchs, in: Fuchs, WpHG, § 31, Rn. 98.

416 Siehe zu Einzelheiten: Koller, in: Assmann/Schneider, WpHG, § 31, Rn. 56 ff.; Fuchs, in: Fuchs, WpHG, § 31, Rn. 112 ff.

417 Siehe zu Einzelheiten: Koller, in: Assmann/Schneider, WpHG, § 31, Rn. 68 ff.; Fuchs, in: Fuchs, WpHG, § 31, Rn. 113; Rothenhöfer, in: Schwark/Zimmer, Kapitalmarktrechts-Kommentar, § 31 WpHG, Rn. 114.

418 Siehe zu Einzelheiten: Koller, in: Assmann/Schneider, WpHG, § 31, Rn. 71 ff.; Rothenhöfer, in: Schwark/Zimmer, Kapitalmarktrechts-Kommentar, § 31 WpHG, Rn. 118.

419 Siehe zu Einzelheiten: Koller, in: Assmann/Schneider, WpHG, § 31, Rn. 74; Fuchs, in: Fuchs, WpHG, § 31, Rn. 114 ff.

420 Siehe zu Einzelheiten: Koller, in: Assmann/Schneider, WpHG, § 31, Rn. 75 ff.; Rothenhöfer, in: Schwark/Zimmer, Kapitalmarktrechts-Kommentar, § 31 WpHG, Rn. 121 ff.

421 Siehe zu Einzelheiten: Fuchs, in: Fuchs, WpHG, § 31, Rn. 117; Rothenhöfer, in: Schwark/Zimmer, Kapitalmarktrechts-Kommentar, § 31 WpHG, Rn. 132 f.

zu erteilenden Basisinformationen[422]. Diese sind auch bei reinen Ausführungsgeschäften i.S.v. § 31 Abs. 7 WpHG[423], so genanntes „execution-only", zur Verfügung zu stellen. § 31 Abs. 4, 5 WpHG statuieren für bestimmte Wertpapierdienstleistungen weitergehende Informationspflichten. § 31 Abs. 3 WpHG stellt damit die Zentralnorm der aufsichtsrechtlichen Informationspflichten dar[424]. Eine Informationserteilung gemäß § 31 Abs. 3 S. 2 WpHG kann auch standardisiert durch die Übergabe von Informationsbroschüren erfolgen[425], beispielsweise durch die von der Kreditwirtschaft verwandte Broschüre „Basisinformationen über Vermögensanlagen in Wertpapieren".

§ 31 Abs. 3 S. 1 WpHG bestimmt, dass Kunden rechtzeitig und in verständlicher Form Informationen zur Verfügung zu stellen sind, die angemessen sind, damit die Kunden nach vernünftigem Ermessen die Art und die Risiken der ihnen angebotenen oder von ihnen nachgefragten Arten von Finanzinstrumenten verstehen und auf dieser Grundlage ihre Anlageentscheidungen treffen können. Die zur Verfügung gestellten Informationen müssen den Anforderungen des § 31 Abs. 2 WpHG genügen und sind vor Vertragsschluss zur Verfügung zu stellen[426]. Wann eine Information als angemessen betrachtet werden kann, bestimmt sich anhand des Empfängerhorizonts des Kunden (Privatkunde, professioneller Kunde, geeignete Gegenpartei) sowie anhand der erbrachten Wertpapierdienstleistung. Dabei ist auf das Verständnis eines rational agierenden durchschnittlichen Anlegers der jeweiligen Kundengruppe abzustellen[427]. Der Umfang der nach § 31 Abs. 3 Nr. 1, 2 und 4 WpHG gegenüber Privatkunden zu erteilenden Informationen wird von § 5 WpDVerOV näher konkretisiert[428]. Die gemäß § 31 Abs. 3 WpHG i.V.m. § 5 WpDVerOV zu erteilenden Informationen müssen sich gemäß § 31 Abs. 3 S. 3 Nr. 1 WpHG i.V.m. § 5 Abs. 2 S. 2 Nr. 1 WpDVerOV auf das Wertpapierdienstleistungsunternehmen und seine Dienstleistungen, gemäß § 31 Abs. 3 S. 3 Nr. 2 i.V.m. § 5 Abs. 1 WpDVerOV auf die Arten von Finanzinstrumenten und vorgeschlagenen Anlagestrategien einschließlich damit verbundener Risiken, gemäß § 31 Abs. 3 S. 3 Nr. 3 WpHG

422 Siehe zu § 31 Abs. 4 WpHG: Fuchs, in: Fuchs, WpHG, § 31, Rn. 118 ff.; Koller, in: Assmann/Schneider, WpHG, § 31, Rn. 92 ff.; Rothenhöfer, in: Schwark/Zimmer, Kapitalmarktrechts-Kommentar, § 31 WpHG, Rn. 148 ff.

423 Siehe zu § 31 Abs. 7 WpHG: Fuchs, in: Fuchs, WpHG, § 31, Rn. 302 ff.; Koller, in: Assmann/Schneider, WpHG, § 31, Rn. 181 ff.

424 Rothenhöfer, in: Schwark/Zimmer, Kapitalmarktrechts-Kommentar, § 31 WpHG. Rn. 148; Ekkenga, in: MüKo-HGB, Band 5, Effektengeschäft, Rn. 298.

425 Siehe hierzu: Fuchs, in: Fuchs, WpHG, § 31, Rn. 131 ff.; Koller, in: Assmann/Schneider, WpHG, § 31, Rn. 93a ff.; Veil, WM 2007, 1821, 1824.

426 Siehe Begr. RegE. FRUG zu § 31 Abs. 3 WpHG, BT-Drs. 16/4028, S. 64; Fuchs, in: Fuchs, WpHG, § 31, Rn. 122 ff.

427 Rothenhöfer, in: Schwark/Zimmer, Kapitalmarktrechts-Kommentar, § 31 WpHG, Rn. 169; Koller, in: Assmann/Schneider, WpHG, § 31, Rn. 95 f.

428 Siehe zu Einzelheiten: Rothenhöfer, in: Schwark/Zimmer, Kapitalmarktrechts-Kommentar, § 31 WpHG, Rn. 197 ff.; Fuchs, in: Fuchs, WpHG, § 31, Rn. 144 ff.

auf Ausführungsplätze sowie gemäß § 31 Abs. 3 S. 3 Nr. 4 WpHG i.V.m. § 5 Abs. 2 S. 2 Nr. 5 WpDVerOV auf Kosten und Nebenkosten beziehen. Gemäß § 31 Abs. 3 S. 3 Nr. 1 WpHG sind Informationen zum Wertpapierdienstleistungsunternehmen sowie zu den vom Unternehmen angebotenen Dienstleistungen zu erteilen[429]. Dabei sind Privatkunden zusätzlich die in § 5 Abs. 2 S. 2 Nr. 1 WpDVerOV aufgeführten Informationen zur Verfügung zu stellen. Dies sind u.a. der Name und die Anschrift des Wertpapierdienstleistungsunternehmens, weitere Angaben, wie beispielsweise zu verwendende Sprache und Kommunikationsmittel, die dem Kunden eine effektive Kommunikation mit dem Wertpapierdienstleistungsunternehmen ermöglichen sollen, Namen und Anschrift der Behörde, die dem Wertpapierdienstleistungsunternehmen eine Zulassung erteilt hat, Art, Häufigkeit und Zeitpunkt der Berichte über die gegenüber dem Kunden erbrachten Dienstleistungen, eine Beschreibung der wesentlichen Maßnahmen, die das Wertpapierdienstleistungsunternehmen zum Schutz der bei ihm verwahrten Finanzinstrumente oder Gelder seiner Kunden trifft, sowie eine Beschreibung der Grundsätze des Wertpapierdienstleistungsunternehmens für den Umgang mit Interessenkonflikten. Sinn und Zweck dieser sowie der anderen durch § 31 Abs. 3 WpHG i.V.m. § 5 WpDVerOV statuierten Informationspflichten ist es, dem Kunden eine eigenverantwortliche Anlageentscheidung zu ermöglichen. Erbringt das Wertpapierdienstleistungsunternehmen eine Finanzportfolioverwaltung, so sind Privatkunden zusätzlich die in § 5 Abs. 2 S. 2 Nr. 2 WpDVerOV aufgeführten Informationen zu erteilen[430]. Darüber hinaus statuiert § 31 Abs. 3 S. 3 Nr. 2 WpHG i.V.m. § 5 Abs. 1 WpDVerOV die Verpflichtung zur Erteilung von Produktinformationen. Dies sind Informationen über die Arten von Finanzinstrumenten und vorgeschlagenen Anlagestrategien einschließlich damit verbundener Risiken[431]. Dabei müssen die gemäß § 31 Abs. 3 Satz 3 Nr. 2 WpHG zur Verfügung zu stellenden Informationen unter Berücksichtigung der Einstufung des Kunden eine ausreichend detaillierte allgemeine Beschreibung der Art und der Risiken der Finanzinstrumente enthalten, § 5 Abs. 2 S. 1 WpDVerOV.

Auf Aktien bezogen bedeutet dies, dass der Kunde darüber zu informieren ist, dass er das unternehmerische Risiko der Aktiengesellschaft in Höhe des von ihm eingesetzten Kapitals trägt. Des Weiteren ist auch über Kursrisiken, Liquiditätsrisiken sowie Konjunktur- und Währungsrisiken aufzuklären[432]. Im Unterschied zur alten Rechtslage nach § 31 Abs. 2 Nr. 2 WpHG a.F. müssen die im Rahmen von § 31 Abs. 3 S. 3 Nr. 2 WpHG n.F. zu erteilenden Informationen sich lediglich abstrakt auf bestimmte Arten von Finanzdienstleistungen und Finanzinstrumenten

---

429 Siehe zu Einzelheiten: Fuchs, in: Fuchs, WpHG, § 31, Rn. 144 f.; Koller, in: Assmann/Schneider, WpHG, § 31, Rn. 97 f.

430 Siehe hierzu: Koller, in: Assmann/Schneider, WpHG, § 31, Rn. 101.

431 Siehe hierzu: Fuchs, in: Fuchs, WpHG, § 31, Rn. 147 ff.; Koller, in: Assmann/Schneider, § 31, 6. Auflage, Rn. 103 ff.; Ekkenga, in: MüKo-HGB, Band 5, Effektengeschäft, Rn. 323.

432 Siehe näher hierzu: Fuchs, in: Fuchs, WpHG, § 31, Rn. 167; Koller, in: Assmann/Schneider, WpHG, § 31, Rn. 104.

beziehen; aufsichtsrechtlich nicht erforderlich ist dagegen, dass über die besonderen Umstände des konkret vom Kunden ins Auge gefassten Geschäfts Informationen erteilt werden[433]. Dies bedeutet auf Aktien bezogen, dass das Wertpapierdienstleistungsunternehmen nicht über konkrete Risiken einer bestimmten Aktie informieren muss, sondern auf eine mit einer bestimmten Kategorie von Aktien, wie beispielsweise nicht börsennotierten Aktien (geringe Fungibilität) oder Auslandsaktien (Währungsrisiko), verbundene Risiken[434]. So ist eine Differenzierung zwischen mit Inlands- und Auslandsaktien verbundenen Risiken vorzunehmen[435]. Auch sollte bei Inlandsaktien weiter danach differenziert werden, ob und in welchen Marktsegmenten die Aktien gehandelt werden (regulierter Markt, Freiverkehr, außerbörslicher Markt). Risiken sind ihrer Art nach zu beschreiben[436].

Allerdings spricht § 5 Abs. 1 S. 2 Nr. 1, 4 WpDVerOV von Finanzinstrumenten „der betreffenden Art", während in § 5 Abs. 1 S. 2 Nr. 2, 3, 5 WpDVerOV die Begrifflichkeit „von betreffenden Finanzinstrumenten" verwendet wird; ebenso nehmen Art. 31 Abs. 2 lit. a), lit. d) der MiFID-Durchführungsrichtlinie sowie Art. 31 Abs. 2 lit. b), lit. c), lit. e) der MiFID-Durchführungsrichtlinie eine entsprechende Unterscheidung vor. Hieraus wird vereinzelt geschlussfolgert[437], dass Informationen hinsichtlich der Volatilität, der Marktenge, der zusätzlichen Verpflichtungen sowie Risiken der verbundenen Produkte nicht nur ihrer Art nach, sondern auf das konkrete Finanzinstrument bezogen, benannt werden müssen. Alle anderen Informationen müssten hingegen nur abstrakt auf eine bestimmte Art von Finanzinstrumenten bezogen erteilt werden[438]. Gegen eine solche Betrachtungsweise spricht jedoch, dass eine objektspezifische Informationserteilung das Geschäftsmodell der Discount-Broker zunichte machen würde, da die Beschaffung von objektspezifischen Informationen für alle Finanzinstrumente, die ein Kunde aus eigener Initiative nachfragt, erhebliche Mehrkosten verursachen würde, die wiederum auf die Kunden umgelegt werden müssten. Auch würde die Annahme einer solchen Informationspflicht wahrscheinlich dazu führen, dass ein Wertpapierdienstleistungsunternehmen letzten Endes nur solche Aktien, auch im Rahmen von reinen Ausführungsgeschäften, verkaufen könnte, über die es hinreichende Informationen

433 Veil, ZBB 2008, 34, 39; Mülbert, WM 2007, 1149, 1156; Ekkenga, in: MüKo-HGB, Band 5, Effektengeschäft, Rn. 323; Rothenhöfer, in: Schwark/Zimmer, Kapitalmarktrechts-Kommentar, § 31 WpHG, Rn. 217; Weichert/Wenninger, WM 2007, 627, 634; Möllers, in: KK-WpHG, § 31, Rn. 244; Fuchs, in: Fuchs, WpHG, § 31, Rn. 169 bzgl. des beratungsfreien Geschäfts (§ 31 Abs. 5 WpHG) sowie „execution-only" Geschäften i.S.v. § 31 Abs. 7 WpHG; nicht eindeutig: Koller, in: Assmann/Schneider, WpHG, § 31, Rn. 103 ff.

434 Siehe zu weiteren Differenzierungsmerkmalen: Fuchs, in: Fuchs, WpHG, § 31, Rn. 167 ff.; Ekkenga, in: MüKo-BGB, Band 5, Effektengeschäft, Rn. 338.

435 Koller, in: Assmann/Schneider, WpHG, § 31, Rn. 104.

436 Fuchs, in: Fuchs, WpHG, § 31, Rn. 168.

437 Koller, in: Assmann/Schneider, WpHG, § 31, Rn. 107.

438 Koller, in: Assmann/Schneider, WpHG, § 31, Rn. 107.

besitzt. Gerade bei Nebenwerten und ausländischen Titeln sind solche Informationen jedoch nicht immer vorhanden. Auch liefe die Annahme einer solchen Informationspflicht § 31 Abs. 3 S. 2 WpHG zuwider, wonach Informationen standardisiert erteilt werden können[439]. Zudem gibt der Wortlaut des Art. 31 Abs. 1 der MiFID-Durchführungsrichtlinie nicht hinreichend Argumente für eine solche Auslegung, da der Europäische Gesetzgeber durch die gewählte Formulierung „allgemeine Beschreibung der Art und der Risiken der Finanzinstrumente" klargestellt hat, dass sich die Aufklärung auf anlageformbezogene Informationen beschränkt.

Des Weiteren hat das Wertpapierdienstleistungsunternehmen gemäß § 31 Abs. 3 S. 3 Nr. 2 WpHG i.V.m. § 5 Abs. 2 S. 2 Nr. 3 WpDVerOV bei nach § 3 WpPG prospektpflichtigen Angeboten die Stelle zu benennen, bei der ein Prospekt erhältlich ist. Wird eine Aktie zum ersten Mal im Inland öffentlich angeboten, so ist ein Prospekt gemäß § 3 Abs. 1 WpPG zu erstellen[440].

Gemäß § 31 Abs. 3. S. 3 Nr. 3 WpHG sind dem Kunden Informationen über Ausführungsplätze zu übermitteln. Als Ausführungsplatz von Wertpapiergeschäften kommen neben Börsen auch multilaterale Handelssysteme (MTF i.S.v. § 2 Abs. 3 Nr. 8 WpHG) oder die interne Zusammenführung von Wertpapierorders (systematische Internalisierung i.S.v. § 2 Abs. 10 WpHG) in Betracht[441].

Schließlich sind dem Kunden gemäß § 31 Abs. 3 S. 3 Nr. 4 WpHG i.V.m. § 5 Abs. 2 S. 2 Nr. 5 WpDVerOV Informationen über Kosten und Nebenkosten der angebotenen Wertpapierdienstleistung zur Verfügung zu stellen[442]. Dies sind neben dem Preis des Finanzinstruments beispielsweise Gebühren, Provisionen, Entgelte und Auslagen sowie alle anderen über das Wertpapierdienstleistungsunternehmen zu entrichtenden Steuern, Provisionen und Ausgabeaufschläge.

Gemäß § 5 Abs. 3 WpDVerOV sind die Informationen über die Vertragsbedingungen und gemäß § 5 Abs. 2 S. 2 Nr. 1, Nr. 2 WpDVerOV über das Wertpapierdienstleistungsunternehmen den Privatkunden zur Verfügung zu stellen, bevor eine Wertpapierdienstleistung oder Wertpapiernebendienstleistung erbracht oder ein Vertrag hierüber geschlossen wird; die übrigen Informationen sind den Privatkunden vor Erbringung der Wertpapierdienstleistung oder Nebendienstleistung zur Verfügung zu stellen[443].

Gemäß § 5 Abs. 5 S. 1 WpDVerOV sind die nach den § 5 Abs. 1, 2 WpDVerOV zu erteilenden Informationen auf einem dauerhaften Datenträger zur Verfügung

---

439 So Rothenhöfer, in: Schwark/Zimmer, Kapitalmarktrechts-Kommentar, § 31 WpHG, Rn. 220.

440 Siehe hierzu: 1. Teil, 2. Abschnitt, B.I.1.c.

441 Siehe zu Einzelheiten: Fuchs, in Fuchs: WpHG, § 31, Rn. 149; Koller, in: Assmann/Schneider, WpHG, § 31, Rn. 102.

442 Siehe zu Einzelheiten: Ekkenga, in: MüKo-HGB, Band 5, Effektengeschäft, Rn. 340 ff.; Koller, in: Assmann/Schneider, WpHG, § 31, Rn. 111 ff.; Fuchs, in: Fuchs, WpHG; § 31, Rn. 150 ff.

443 Siehe zu Einzelheiten: Ekkenga, in: MüKo-HGB, Band 5, Effektengeschäft Rn. 309 ff.; Fuchs, in: Fuchs, WpHG, § 31, Rn. 122 ff.

zu stellen[444]. Gemäß § 5 Abs. 5 S. 3 WpDVerOV genügt eine Information auf einer Internetseite dem Erfordernis des § 5 Abs. 5 S. 1 WpDVerOV unter den Voraussetzungen des § 3 Abs. 3 WpDVerOV. Gemäß § 3 Abs. 3 WpDVerOV ist eine auf aktuellem Stand gehaltene Veröffentlichung auf einer Internetseite ausreichend, sofern die dort veröffentlichten Informationen nicht an den Kunden persönlich gerichtet sind, die Bereitstellung der betreffenden Informationen über das Internet den Rahmenbedingungen, unter denen das Geschäft zwischen dem Wertpapierdienstleistungsunternehmen und dem Kunden ausgeführt wird, angemessen ist, der Kunde der Bereitstellung der Informationen in dieser Form ausdrücklich zugestimmt hat, die Adresse der Internetseite, auf der die Informationen bereitgestellt werden, dem Kunden zumindest auf einem dauerhaften Datenträger mitgeteilt worden ist und die Informationen auf der Internetseite laufend abgefragt werden können und so lange eingestellt bleiben, wie dies unter billigem Ermessen für den Kunden zu erwarten ist.

d) § 31 Abs. 3a, 4, 4a WpHG

§ 31 Abs. 4 S. 1 WpHG regelt den Umfang von Erkundigungs- und Aufklärungspflichten bei der Erbringung von Anlageberatung und Portfolioverwaltung sowie die Art und Weise der Erteilung von Anlageempfehlungen[445]. § 31 Abs. 4 WpHG wird durch die im Zuge des AnsFuG eingeführten Absätze 3a und 4a ergänzt[446]. § 31 Abs. 4 WpHG statuiert keine Pflicht des Wertpapierdienstleistungsunternehmens zur Anlageberatung. Eine solche Pflicht kann nur durch Vertrag begründet werden[447]. Im Folgenden wird ausschließlich auf den Tatbestand der Anlageberatung gemäß § 31 Abs. 4 S. 1, 1. Alt. WpHG näher eingegangen, da die Portfolioverwaltung (§ 31 Abs. 4 S. 1, 2. Alt. WpHG) nicht Gegenstand dieser Arbeit ist.

Der Tatbestand der Anlageberatung ist dreigliedrig aufgebaut. Das Wertpapierdienstleistungsunternehmen hat zuerst gemäß § 31 Abs. 4 S. 1 WpHG i.V.m. § 6 WpDVerOV Angaben über den Kunden und seine Kenntnisse und Erfahrungen in bestimmten Finanzinstrumenten, seine Anlageziele sowie seine finanziellen Verhältnisse einzuholen (aa). Diese Verpflichtung wird als Explorationspflicht bezeichnet[448]. Aufbauend auf diesen Angaben hat das Wertpapierdienstleistungsunternehmen

---

444 Siehe zu Einzelheiten: Koller, in: Assmann/Schneider, WpHG, § 31, Rn. 119; Ekkenga, in: MüKo-HGB, Effektengeschäft, Band 5, Rn. 303; Fuchs, in: Fuchs, WpHG, § 31, Rn. 134 ff.; Mülbert, WM 2007, 1149, 1155; Einsele, JZ 2008, 477, 479 ff.; Veil, ZBB, 2008, 34 ff.; Möllers, WM 2008, 93, 95 ff.

445 Siehe zur Anlageberatung: Fuchs, in: Fuchs, WpHG, § 31, Rn. 236 ff.; Koller, in: Assmann/Schneider, WpHG, 31, Rn. 131 ff.; Veil, ZBB 2008, 34 ff.; Rothenhöfer, in: Schwark/Zimmer, Kapitalmarktrechts-Kommentar, § 31 WpHG, Rn. 227 ff.

446 Koller, in: Assmann/Schneider, WpHG, § 31, Rn. 122 f.

447 Koller, in: Assmann/Schneider, WpHG, § 31, Rn. 150; Mülbert, WM 2007, 1149, 1155, 1162.

448 Siehe zu dieser: Fuchs, in: Fuchs, WpHG, § 31, 188 ff.; Koller, in: Assmann/Koller, WpHG, § 31, Rn. 46 ff.; Veil, ZBB 2008, 34, 37.

sodann eine geeignete Anlageempfehlung auszusprechen, wobei sich die Geeignetheit anhand der von § 31 Abs. 4 S. 2 WpHG aufgestellten Kriterien beurteilt (bb). Schließlich hat das Wertpapierdienstleistungsunternehmen vor Erbringung einer Anlageberatung dem Kunden rechtzeitig und in verständlicher Form Informationen über die angebotene Leistung zur Verfügung zu stellen (cc). Diese Informationspflicht wird durch die in § 31 Abs. 3a WpHG neu eingeführte Pflicht zur Aushändigung eines kurzen und leicht verständlichen Informationsblattes über das empfohlene Finanzinstrument ergänzt (dd). Schließlich hat das Wertpapierdienstleistungsunternehmen ein Protokoll über die Beratung zu erstellen und dieses auf Verlangen dem Kunden auszuhändigen (ee).

aa) Explorationspflicht

Die von § 31 Abs. 4 S. 1 WpHG statuierte Explorationspflicht wird in § 6 WpDVerOV näher konkretisiert. Dabei legt § 6 Abs. 1 WpDVerOV spezielle Explorationspflichten, die lediglich im Rahmen einer Anlageberatung sowie einer Portfolioverwaltung einzuhalten sind, fest[449]. So hat gemäß § 6 Abs. 1 Nr. 1 WpDVerOV das Wertpapierdienstleistungsunternehmen Informationen hinsichtlich der finanziellen Verhältnisse des Kunden einzuholen. Hierzu gehören Angaben zur Grundlage und Höhe regelmäßiger Einkommen und regelmäßiger finanzieller Verpflichtungen sowie Angaben über vorhandene Vermögenswerte. Die Angaben über die finanziellen Verhältnisse dienen nicht in erster Linie dem Schutz des Wertpapierdienstleistungsunternehmens vor insolventen Kunden, sondern haben anlegerschützende Funktion[450]. Das Wertpapierdienstleistungsunternehmen soll mit Hilfe dieser Angaben beurteilen, ob die empfohlene Anlageentscheidung bzw. das empfohlene Finanzinstrument für den Kunden finanziell tragbar ist[451]. Die finanziellen Verhältnisse des Kunden sind zur Beurteilung seiner Risikotragfähigkeit von entscheidender Bedeutung.

Gemäß § 6 Abs. 1 Nr. 2 WpDVerOV sind außerdem Angaben über die mit den Geschäften verfolgten Ziele, die Anlagedauer, die Risikobereitschaft des Kunden und den Zweck der Anlage einzuholen[452]. Die Bestimmung der Anlageziele des Kunden erfolgt anhand der Kriterien Anlagedauer, Risikobereitschaft des Kunden sowie Zweck der Anlage[453]. Das Unternehmen soll mit Hilfe dieser Angaben in die

449 Siehe zu Einzelheiten: Rothenhöfer, in: Schwark/Zimmer, Kapitalmarktrechts-Kommentar, § 31 WpHG, Rn. 231 ff.; Fuchs, in: Fuchs, WpHG, § 31, Rn. 188 ff.

450 Koller, in: Assmann/Schneider, WpHG, § 31, Rn. 141; Balzer, ZBB 2007, 333, 338; Schwark, in: Schwark/Zimmer, Kapitalmarktrechts-Kommentar, § 31, Rn. 44; a.A. Fuchs, in: Fuchs, WpHG, § 31, Rn. 230, der beide Ziele als gleichrangig erachtet.

451 Koller, in: Assmann/Schneider, WpHG, § 31, Rn. 141; Fuchs, in: Fuchs, WpHG, § 31, Rn. 223 ff.

452 Siehe hierzu: Fuchs, in: Fuchs, WpHG, § 31, Rn. 223 ff.; Koller, in: Assmann/Schneider, WpHG, § 31, Rn. 139 f.; Teuber, BKR 2006, 429, 432.

453 Siehe zu Einzelheiten: Rothenhöfer, in: Schwark/Zimmer, Kapitalmarktrechts-Kommentar, § 31 WpHG, Rn. 231 ff.; Koller, in: Assmann/Schneider, WpHG, § 31, Rn. 136 ff.

Lage versetzt werden zu beurteilen, ob eine Anlage geeignet ist, die genannten Ziele des Kunden zu erreichen oder eher diese zu gefährden[454].

Im Unterschied hierzu legt § 6 Abs. 2 S. 1 WpDVerOV weitere Explorationspflichten fest, die bei der Erbringung jedweder Wertpapierdienstleistung, also sowohl bei einer Anlageberatung wie auch im beratungsfreien Geschäft[455] nicht jedoch bei reinen Ausführungsgeschäften i.S.v. § 31 Abs. 7 WpHG, bestehen[456]. Demnach sind vom Wertpapierdienstleistungsunternehmen gemäß § 6 Abs. 2 S. 1 Nr. 1 WpDVerOV Angaben über Kenntnisse und Erfahrungen des Kunden zu Arten von Wertpapierdienstleistungen oder Finanzinstrumenten sowie Angaben zu Art, Umfang, Häufigkeit und Zeitraum zurückliegender Geschäfte des Kunden mit Finanzinstrumenten einzuholen. Dabei handelt es sich bei Kenntnissen und Erfahrungen um praktisches Wissen, welches der Kunde aufgrund von bereits getätigten Wertpapiergeschäften besitzt[457]. Des Weiteren sind gemäß § 6 Abs. 2 S. 1 Nr. 2 WpDVerOV Angaben zur Ausbildung sowie zu den gegenwärtigen und relevanten früheren beruflichen Tätigkeiten des Kunden einzuholen. Dies soll dem Wertpapierdienstleistungsunternehmen ermöglichen, Rückschlüsse auf die Kenntnisse des Kunden sowie seine Fähigkeit, erteilte Informationen bewerten zu können, zu ziehen[458].

Die Einholung von Kundenangaben kann in standardisierter Form erfolgen[459]. Dem Wortlaut des § 31 Abs. 4 S. 1 WpHG sowie des § 6 WpDVerOV zufolge steht die Verpflichtung zur Einholung diverser Angaben wie schon im Rahmen von § 31 Abs. 2 S. 1 Nr. 1 WpHG a.F. unter dem Vorbehalt der Erforderlichkeit[460]. Maßstab hierfür ist die Fähigkeit des Wertpapierdienstleistungsunternehmens, auf der Grundlage der eingeholten Informationen eine Aussage über die Geeignetheit des empfohlenen Geschäfts für den Kunden treffen zu können. Weigert sich der Anleger, Angaben zu machen, so darf gemäß § 31 Abs. 4 S. 3 WpHG das

454 Rothenhöfer, in: Schwark/Zimmer, Kapitalmarktrechts-Kommentar, § 31 WpHG, Rn. 231.

455 Siehe hierzu: 1. Teil, 2. Abschnitt, A.II.4.e.

456 Siehe hierzu: 1. Teil, 2. Abschnitt, A.II.4.f sowie Fuchs, in: Fuchs, WpHG, § 31, Rn. 223 ff.; Rothenhöfer, in: Schwark/Zimmer, Kapitalmarktrechts-Kommentar, § 31 WpHG, Rn. 322 ff.

457 Fuchs, in: Fuchs, WpHG, § 31, Rn. 220 ff.; Koller, in: Assmann/Schneider, WpHG, § 31, Rn. 136.

458 Fuchs, in: Fuchs, WpHG, § 31, Rn. 222, der allerdings darauf hinweist, dass diesen Informationen regelmäßig nur eine gewisse Indizwirkung zukommen könne.

459 Fuchs, in: Fuchs, WpHG, § 31, Rn. 191; Koller, in: Assmann/Schneider, WpHG, § 31, Rn. 146.

460 Fuchs, in: Fuchs, WpHG, § 31, Rn. 198; siehe zur alten Rechtslage: Balzer, ZBB 2007, 333, 338.

Wertpapierdienstleistungsunternehmen keine auf die persönlichen Verhältnisse zugeschnitten Anlageempfehlungen abgeben[461].

bb) Empfehlung einer geeigneten Anlage

Dem Wortlaut des § 31 Abs. 4 WpHG zufolge besteht aufsichtsrechtlich keine Verpflichtung des Wertpapierdienstleistungsunternehmens, nur für den Kunden geeignete Finanzinstrumente zu empfehlen. So stellt § 34 Abs. 4 S. 2 WpHG lediglich Kriterien auf, anhand derer sich die Geeignetheit einer Anlageempfehlung beurteilt. § 31 Abs. 4 S. 1 aE WpHG enthält ebenfalls nicht ausdrücklich eine Verpflichtung, (lediglich) geeignete Wertpapierdienstleistungen oder Finanzinstrumente empfehlen zu dürfen, sondern regelt, dass Wertpapierdienstleistungsunternehmen erst dann eine Empfehlung aussprechen dürfen, wenn sie ihren Explorationspflichten nachgekommen sind. Aus diesem Grund wurde in der Literatur vereinzelt erwogen[462], ein Wertpapierdienstleistungsunternehmen dürfe aufgrund des Wortlauts der §§ 2 Abs. 3 Nr. 9, 31 Abs. 4 WpHG jedes beliebige Finanzinstrument unabhängig von seiner Eignung für den Kunden empfehlen, sobald es seiner Informationsobliegenheit nachgekommen ist. Das Kriterium der „Geeignetheit" diene dem Wortlaut des Gesetzes zufolge nur dazu, die Reichweite der Verpflichtung des Wertpapierdienstleistungsunternehmens zur Einholung von Informationen festzuschreiben[463]. Unabhängig hiervon besteht jedoch zivilrechtlich eine Verpflichtung zur Empfehlung von geeigneten Finanzinstrumenten.

Der durch das AnsFuG neu eingefügte § 31 Abs. 4a WpHG verpflichtet Wertpapierdienstleistungsunternehmen explizit dazu, nur solche Wertpapierdienstleistungen oder Finanzinstrumente zu empfehlen, die nach den eingeholten Informationen für den Kunden geeignet sind, und verweist zur Beurteilung der Geeignetheit auf § 31 Abs. 4 S. 2 WpHG[464]. Damit besitzt die BaFin nunmehr die Möglichkeit zur Prüfung der Qualität von Anlageempfehlungen[465]. Verstöße gegen die Pflicht zur Empfehlung geeigneter Finanzprodukte sind gemäß § 39 Abs. 2 Nr. 16a WpHG bußgeldbewehrt[466]. Die Grundsätze über die anleger- und objektgerechte Beratung

---

461 Rothenhöfer, in: Schwark/Zimmer, Kapitalmarktrechts-Kommentar, § 31 WpHG, Rn. 289 f.; Koller, in: Assmann/Schneider, WpHG, § 31, Rn. 149.

462 So Mülbert WM 2007, 1149, 1155, der allerdings mit dem Hinweis auf den Teleos des Art. 19 Abs. 4 der MiFID schlussfolgert, dass kein Zweifel daran bestehen könne, dass im Rahmen von § 31 Abs. 4 WpHG nur das für den Kunden „geeignete" und nicht irgendein Finanzprodukt empfohlen werden darf.

463 So erwogen von Mülbert WM 2007, 1149, 1155.

464 Siehe hierzu: Möllers/Wenninger, NJW 2011, 1697, 1609; Wagner, NZG 2011, 609, 610; siehe zum Diskussionsentwurf des AnsFuG: Rothenhöfer, in: Schwark/Zimmer, Kapitalmarktrechts-Kommentar, § 31 WpHG, Rn. 291a ff.

465 Möllers/Wenninger, NJW 2011, 1697, 1609.

466 Vgl. Entwurf der Bundesregierung eines Gesetzes zur Stärkung des Anlegerschutzes und zur Funktionsverbesserung des Kapitalmarkts v. 8.11.2010, BT-Drs. 17/3628, S. 21, zu Nr. 5, Buchstabe b.

besitzen damit aufsichtsrechtliche Qualität. Es besteht nunmehr auch eine aufsichtsrechtliche Pflicht zur anleger- und objektgerechten Beratung[467].

§ 31 Abs. 4 S. 2 WpHG stellt Kriterien auf, anhand derer die Geeignetheit der unterbreiteten Anlageempfehlung zu prüfen ist[468]. Die aufsichtsrechtlichen Vorgaben zur Durchführung einer Geeignetheitsprüfung stimmen größtenteils mit den von der zivilrechtlichen Rechtsprechung zur anleger- und objektgerechten Beratung entwickelten Grundsätzen überein, wie sie im „Bond"-Urteil ihren Niederschlag gefunden haben[469].

Im Rahmen der Geeignetheitsprüfung hat das Wertpapierdienstleistungsunternehmen zu prüfen, ob die beabsichtigte Empfehlung mit dem Anlageziel des Kunden, seiner finanziellen Risikotragfähigkeit sowie seinen Kenntnisse und Erfahrungen übereinstimmt[470]. Nur wenn diese Kriterien erfüllt sind, darf das Wertpapierdienstleistungsunternehmen dem Kunden ein konkretes Wertpapiergeschäft empfehlen. Das konkret dem Kunden empfohlene Finanzinstrument muss für diesen geeignet sein; eine Geeignetheit lediglich der Gattung reicht nicht aus[471].

cc) Informationserteilung

Ebenso wie die Erkundigungspflicht des § 31 Abs. 4 S. 1 WpHG durch das Merkmal der Erforderlichkeit eingeschränkt wird, wird der Umfang der Informationspflichten des § 31 Abs. 3 WpHG (vormals § 31 Abs. 2 Nr. 2 WpHG a.F.)[472] durch das Merkmal der Angemessenheit begrenzt. Dabei bestimmt sich die Angemessenheit einer Information nach Art und Umfang des beabsichtigten Geschäfts sowie anhand der durch die Kundenbefragung gewonnenen Daten[473]. Im Rahmen von § 31 Abs. 4 WpHG stellt sich die Frage, ob neben den gemäß § 31 Abs. 3 WpHG bei

---

467 Eine solche Bestand nach h.M. in der Literatur bereits vor Einführung des § 31 Abs. 4a WpHG. Siehe Rothenhöfer, in: Schwark/Zimmer, Kapitalmarktrechts-Kommentar, § 31 WpHG, Rn. 270; Fuchs, in: Fuchs, WpHG. § 31, Rn. 255; Koller, in: Assmann/Schneider, WpHG, § 31, Rn. 151.

468 Siehe zu den einzelnen Elementen der Geeignetheitsprüfung: Fuchs, in: Fuchs, WpHG; § 31, Rn. 255 ff.; Rothenhöfer, in: Schwark/Zimmer, Kapitalmarktrechts-Kommentar, § 31 WpHG, Rn. 269 ff.

469 Rothenhöfer, in: Schwark/Zimmer, Kapitalmarktrechts-Kommentar, § 31, Rn. 270; Koller, in: Assmann/Schneider, WpHG, § 31, Rn. 151; Balzer, ZBB 2007, 333, 337; Einsele, JZ 2008, 477, 481 f.; Fuchs, in: Fuchs, WpHG, § 31, Rn. 255; a.A. Mülbert, WM 2007, 1149, 1156 ff.

470 Fuchs, in: Fuchs, WpHG, § 31, Rn. 255 ff.; Rothenhöfer, in: Schwark/Zimmer, Kapitalmarktrechts-Kommentar, § 31 WpHG, Rn. 266.

471 Koller, in: Assmann/Schneider, WpHG, § 31, Rn. 151; Rothenhöfer, in: Schwark/Zimmer, Kapitalmakrtrechts-Kommentar, § 31 WpHG, Rn. 276.

472 Siehe zu § 31 Abs. 2 Nr. 2 WpHG a.F.: Schwark, in: Schwark, Kapitalmarktrechts-Kommentar, 3. Auflage, § 31 WpHG, Rn. 63 f.; Koller, in: Assmann/Schneider, WpHG, 4. Auflage, § 31, Rn. 111.

473 Rothenhöfer, in: Schwark/Zimmer, Kapitalmarktrechts-Kommentar, § 31 WpHG, Rn. 173 ff.; Fuchs, in: Fuchs, WpHG, § 31, Rn. 121, 140 f.

der Erbringung einer jeden Wertpapierdienstleistung zur Verfügung zu stellenden Informationen weitere Informationen über das konkret empfohlene Finanzinstrument, also die konkret vorgeschlagene Aktie, oder lediglich über die Art des vorgeschlagenen Finanzinstruments zur Verfügung zu stellen sind, also über Aktien oder bestimmte Aktiengattungen.

Teilweise wird die Ansicht vertreten[474], im Rahmen der Anlageberatung bestehe eine aufsichtsrechtliche Pflicht zur Erteilung von Informationen, die sich auf das konkret empfohlene Finanzinstrument bezieht. Begründet wird dies beispielsweise von Einsele[475] damit, dass das Wertpapierdienstleistungsunternehmen im Rahmen der Anlageberatung verpflichtet sei, ein geeignetes Finanzinstrument zu empfehlen. Die Frage der Geeignetheit beurteile sich danach, ob der Kunde mit seinen Kenntnissen und Erfahrungen die Anlagerisiken des konkreten Geschäfts verstehen könne. Hieraus zieht Einsele den Schluss, dass der Kunde daher auch Informationen über das konkrete Finanzinstrument benötigt, welches ihm empfohlen wurde[476].

Dagegen wird eingewandt[477], dass die aufsichtsrechtlichen Vorgaben an die Kundeninformation sich auf die Anforderungen des § 31 Abs. 3 WpHG beschränkten. § 31 Abs. 4 WpHG gebiete lediglich die Empfehlung eines geeigneten Instruments, nicht aber die zusätzliche Erteilung von Informationen über dieses Instrument[478]. Danach seien rechtzeitig lediglich die angemessenen Informationen über „Arten“ von Finanzinstrumenten oder Wertpapierdienstleistungen zur Verfügung zu stellen, nicht aber Informationen über die spezifischen Risiken eines bestimmten Produkts[479]. Gegen diese Ansicht spricht, dass das Wertpapierdienstleistungsunternehmen im Kontext der Anlageberatung dem Kunden ein konkretes Finanzinstrument, nicht lediglich eine bestimmte Gattung von Finanzinstrumenten empfehlen muss. Auch das im Rahmen von § 31 Abs. 3 WpHG angeführte Argument gegen eine auf ein konkretes Finanzinstrument bezogene Informationspflicht, eine objektspezifische Informationserteilung mache das Geschäftsmodell der Discount-Broker zunichte und führe darüber hinaus auch dazu, dass ein Wertpapierdienstleistungsunternehmen selbst bei reinen Ausführungsgeschäften nur solche Aktien verkaufen könne, über die es hinreichende Informationen besitzt, vermag im Hinblick auf § 31 Abs. 4 WpHG nicht zu überzeugen.

---

474 Fuchs, in: Fuchs, WpHG, § 31, Rn. 255; Einsele, JZ 2008, 477, 481; differenzierend: Koller, in: Assmann/Schneider, WpHG, § 31, Rn. 107 der annimmt, dass hinsichtlich der Volatilität, der Marktenge sowie der zusätzlichen Verpflichtungen und der verbundenen Produkte die Risiken nicht nur ihrer Art nach, sondern auch auf das konkrete Finanzinstrument bezogen benannt werden müssen.

475 Einsele, JZ 2008, 477, 481 f.

476 Einsele, JZ 2008, 477, 481 f.

477 Mülbert, WM 2007, 1149, 1156; Veil, ZBB 2008, 34, 38 f.

478 Mülbert, WM 2007, 1149, 1156.

479 Mülbert, WM 2007, 1149, 1156.

Ein Wertpapierdienstleistungsunternehmen erbringt im Wege des Discount-Broking in der Regel keine Anlageberatung. Auch kann es nur solche Finanzinstrumente empfehlen, über die es hinreichend Informationen besitzt. Diese kann das Unternehmen dem Anleger ohne größere Schwierigkeiten zur Verfügung stellen. Schließlich hat der Gesetzgeber durch Einfügen von § 31 Abs. 3a WpHG und die Verpflichtung des Unternehmens, ein kurzes und leicht verständliches Informationsblatt über jedes Finanzinstrument bereit zu stellen, klar vorgegeben, dass sich im Rahmen einer Anlageberatung die zu erteilenden Informationen auf ein konkretes Finanzinstrument beziehen müssen.

dd) „Beipackzettel"

Durch das AnsFuG[480] wurde § 31 Abs. 3a WpHG neu eingefügt[481] und der vormalige § 31 Abs. 3 S. 4 WpHG a.F. aufgehoben. Im Rahmen einer Anlageberatung sind Wertpapierdienstleistungsunternehmen seit dem 1.7.2011 dazu verpflichtet, dem Kunden rechtzeitig vor dem Abschluss eines Geschäfts über Finanzinstrumente ein kurzes und leicht verständliches Informationsblatt über jedes Finanzinstrument zur Verfügung zu stellen, auf das sich eine vom Wertpapierdienstleistungsunternehmen im Rahmen der Anlageberatung ausgesprochene Kaufempfehlung bezieht[482]. Der Inhalt wie auch der Aufbau dieser Informationsblätter wird durch § 5a WpDVerOV in einem hohen Detaillierungsgrad vorgegeben und durch ein Rundschreiben der BaFin weiter konkretisiert[483]. Während die gemäß § 31 Abs. 3 WpHG zu erteilenden Informationen eher abstrakter Natur sind, begründen §§ 31 Abs. 3a WpHG, 5a WpDVerOV Informationspflichten, die auf ein konkretes Finanzinstrument bezogen sind[484]. Die wesentlichen Informationen über das jeweilige Finanzinstrument müssen in übersichtlicher und leicht verständlicher Weise so dargestellt werden, dass der Kunde insbesondere die Art des Finanzinstruments, seine Funktionsweise, die damit verbundenen Risiken, die Aussichten für die Kapitalrückzahlung und Erträge unter verschiedenen Marktbedingungen und die mit der Anlage verbundenen Kosten einschätzen und mit den Merkmalen anderer Finanzinstrumente vergleichen kann[485]. Das Informationsblatt darf keine werbenden

480 Gesetz zur Stärkung des Anlegerschutzes und Verbesserung der Funktionsfähigkeit des Kapitalmarkts (AnsFuG) vom 5.4.2011, BGBl. I 2011, S. 538.

481 Siehe zum AnsFuG: Preuße/Schmidt, BKR 2011, 265 ff.; Müller-Christmann, DB 2011, 749 ff.; Wagner, NZG 2011, 609 ff.

482 Siehe zu Einzelheiten: Möllers/Wenninger, NJW 2011, 1697, 1698; Preuße/Schmidt, BKR 2011, 265 ff.; Koller, in: Assmann/Schneider, WpHG, § 31, Rn. 122 ff.

483 Rundschreiben 6/2011 (WA) vom 1.6.2011 zu den Informationsblättern nach § 31 Abs. 3a, 9 WpHG und § 5a WpDVerOV, Gz. WA 36 – Wp 2002 – 2010/0002, abrufbar unter: http://www.bafin.de/DE/DatenDokumente/Dokumentlisten/ListeRundschreiben/liste_rundschreiben_node.html (Stand: 23.12.2013).

484 Schmidt/Preuße, BKR 2011, 265.

485 Koller, in: Assmann/Schneider, § 31 WpHG, Rn. 125; Preuße/Schmidt, BKR 2011, 265, 267 ff.

Hinweise enthalten und bei nicht-komplexen Finanzinstrumenten höchstens zwei, bei sonstigen Finanzinstrumenten höchstens drei Seiten umfassen.

Verstöße gegen die Verpflichtung, Informationsblätter bereit zu stellen, können gemäß § 39 Abs. 2 Nr. 15a WpHG mit einem Bußgeld geahndet werden[486] und stellen gegenüber dem Anleger nach dem Willen des Gesetzgebers einen Verstoß gegen ein Schutzgesetz i.S.v. § 823 Abs. 2 BGB dar[487]. Jedenfalls ist ein Verstoß gegen § 31 Abs. 3a WpHG gleichzeitig ein Verstoß gegen die Pflichten aus einem Anlageberatungsvertrag.

ee) Beratungsprotokoll

Weiterhin wurde durch das SchVG[488] mit § 34 Abs. 2a WpHG eine Verpflichtung des Wertpapierdienstleistungsunternehmens geschaffen, ein schriftliches Beratungsprotokoll über die Anlageberatung zu fertigen. Der Gesetzgeber beabsichtigte hiermit, eine aufsichtsrechtliche Kontrollmöglichkeit des Ablaufs von Beratungsgesprächen zu schaffen und so den Anlegerschutz zu stärken[489]. Das Protokoll ist von demjenigen zu unterzeichnen, der die Anlageberatung durchgeführt hat, und dem Kunden unverzüglich nach Abschluss der Anlageberatung, jedenfalls aber vor einem auf der Beratung beruhenden Geschäftsabschluss, in Papierform oder auf einem anderen dauerhaften Datenträger zur Verfügung zu stellen. Neben dieser aufsichtsrechtlichen Verpflichtung zur Aushändigung eines Beratungsprotokolls räumt der ebenfalls durch das SchVG geschaffene § 34 Abs. 2b WpHG dem Anleger einen zivilrechtlichen Herausgabeanspruch gegenüber dem Wertpapierdienstleistungsunternehmen ein[490]. Dies dürfte Anlegern die Beweisführung in einem Prozess erheblich erleichtern. Die in das Beratungsprotokoll aufzunehmenden Angaben werden durch den ebenfalls durch das SchVG neu geschaffenen § 14 Abs. 6 WpDVerOV näher konkretisiert.

e) § 31 Abs. 5 WpHG

Erbringt das Wertpapierdienstleistungsunternehmen weder eine Anlageberatung noch eine Portfolioverwaltung, so bestimmt sich der Umfang von Informations- und

---

486 Siehe Preuße/Schmidt, BKR 2011, 265, 271; Möllers/Wenninger, NJW 2011, 1697, 1698.

487 RegE. AnsFuG, BT-Drs. 17/3628, S. 21; Möllers/Wenninger, NJW 2011, 1697, 1698; krit. Müller-Christmann, DB 2011, 749, 751; ablehnend: Preuße/Schmidt, BKR 2011, 265, 271.

488 Gesetz zur Neuregelung der Rechtsverhältnisse bei Schuldverschreibungen aus Gesamtemissionen und zur verbesserten Durchsetzbarkeit von Ansprüchen von Anlegern aus Falschberatung (Schuldverschreibungsgesetz) v. 31.7.2009, BGBl. I 2009, S. 2512, zuletzt geändert durch Art. 2 Abs. 52 des Gesetzes vom 22.12.2011, BGBl. I 2011, S. 3044.

489 Begr. RegE. Schuldverschreibungsgesetz, BT-Drs. 16/12814, S. 14.

490 Siehe hierzu: Fett, in: Schwark/Zimmer, Kapitalmarktrechts-Kommentar, § 34 WpHG, Rn. 7 ff.; Koller, in: Assmamm/Schneider, WpHG, § 34 WpHG, Rn. 10 ff.

Aufklärungspflichten im Rahmen der zu erbringenden Wertpapierdienstleistung nach § 31 Abs. 5 WpHG[491]. § 31 Abs. 5 WpHG regelt den Umfang von Aufklärungspflichten bei beratungsfreien Geschäften. Der Standard, der für Anlageberatung und Portfolioverwaltung im Rahmen von § 31 Abs. 5 WpHG gilt, wird abgesenkt[492]. Es besteht eine eingeschränkte Explorationspflicht des Wertpapierdienstleistungsunternehmens. Während im Rahmen der Anlageberatung und der Portfolioverwaltung Angaben gemäß § 6 Abs. 1, 2 WpDVerOV einzuholen sind, bestimmt sich der Umfang der Erkundigungspflichten bei Wertpapierdienstleistungen i.S.v. § 31 Abs. 5 S. 1 WpHG ausschließlich anhand von § 6 Abs. 2 WpDVerOV. Das Wertpapierdienstleistungsunternehmen hat lediglich Informationen über den Kunden einzuholen, die erforderlich sind, um die Angemessenheit der vom Kunden zur Ausführung beauftragten Wertpapierdienstleistung beurteilen zu können. Dies sind gemäß § 31 Abs. 5 S. 1 WpHG i.V.m. § 6 Abs. 2 WpDVerOV Angaben zu Arten von Wertpapierdienstleistungen oder Finanzinstrumenten, mit denen der Kunde vertraut ist, Angaben zu Art, Umfang, Häufigkeit und Zeitraum zurückliegender Geschäfte des Kunden mit Finanzinstrumenten sowie Angaben zur Ausbildung und der gegenwärtigen und relevanten früheren beruflichen Tätigkeiten des Kunden. Dagegen sind keine Angaben hinsichtlich der finanziellen Verhältnisse der Kunden sowie der mit den Geschäften verfolgten Ziele einzuholen.

Im Rahmen von § 31 Abs. 5 S. 2 WpHG hat das Wertpapierdienstleistungsunternehmen des Weiteren anstelle einer Geeignetheitsprüfung eine Angemessenheitsprüfung vorzunehmen. Das Wertpapierdienstleistungsunternehmen hat lediglich zu prüfen, ob der Anleger über die erforderlichen Kenntnisse und Erfahrungen verfügt, um die im Zusammenhang mit der Art der Finanzinstrumente bzw. der Art der Wertpapierdienstleistung stehenden Risiken angemessen beurteilen zu können[493]. Im Unterschied zur im Rahmen der Anlageberatung gemäß § 31 Abs. 4 S. 2 WpHG vorzunehmenden Geeignetheitsprüfung beschränken sich die aufsichtsrechtlichen Pflichten des Wertpapierdienstleistungsunternehmens im Rahmen einer Angemessenheitsprüfung i.S.v. § 31 Abs. 5 S. 2 WpHG darauf zu prüfen, ob der Anleger die Risiken richtig einschätzen kann, da Anlageziele und finanzielle Risikotragfähigkeit nicht abzufragen sind[494]. Auch müssen sich die Kenntnisse und Erfahrungen des Kunden lediglich auf die Art des Finanzinstruments, beispielsweise Aktien im Allgemeinen, und nicht auf ein konkretes Finanzinstrument

491 Siehe hierzu: Fuchs, in: Fuchs, WpHG, § 31, Rn. 275 ff.; Koller, in: Assmann/Schneider, WpHG, § 31, Rn. 174 ff.; Rothenhöfer, in: Schwark/Zimmer, Kapitalmarktrechts-Kommentar, § 31 WpHG, Rn. 292 ff.

492 Rothenhöfer, in: Schwark/Zimmer, Kapitalmarktrechts-Kommentar, § 31 WpHG, Rn. 293; Koller, in: Assmann/Schneider, WpHG, § 31, Rn. 175.

493 Siehe zu Einzelheiten der Angemessenheitsprüfung: Rothenhöfer, in: Schwark/Zimmer, Kapitalmarktrechts-Kommentar, § 31 WpHG, Rn. 300 ff.; Fuchs, in: Fuchs, WpHG, § 31, Rn. 280 ff.

494 Fuchs, in: Fuchs, WpHG, § 31, Rn. 281; Rothenhöfer, in: Schwark/Zimmer, Kapitalmarktrechts-Kommentar, § 31 WpHG, Rn. 300.

(Aktie XY) beziehen[495]. Begründet wird die Absenkung des Schutzniveaus damit, dass der Anleger seine Entscheidung nicht auf Basis einer im Rahmen einer Anlageberatung ausgesprochenen Empfehlung, sondern eigenverantwortlich trifft[496]. Gelangt das Wertpapierdienstleistungsunternehmen bei der Angemessenheitsprüfung zu einer negativen Einschätzung des Finanzinstruments bzw. der Wertpapierdienstleistung, so hat es gemäß § 31 Abs. 5 S. 3 WpHG dem Kunden einen Hinweis zu erteilen[497]. Diesen Hinweis kann das Wertpapierdienstleistungsunternehmen gemäß § 31 Abs. 5 S. 5 WpHG auch standardisiert erteilen. Sofern der Kunde trotz des Hinweises an der Durchführung des avisierten Geschäfts festhält, steht dem nichts entgegen. Kann das Wertpapierdienstleistungsunternehmen die Angemessenheit des Finanzinstruments bzw. der Wertpapierdienstleistung nicht beurteilen, weil der Kunde die erforderlichen Informationen nicht erteilt hat, so hat es den Kunden hierauf gemäß § 31 Abs. 5 S. 4 WpHG hinzuweisen[498]. Der entsprechende Hinweis kann ebenfalls gemäß § 35 Abs. 5 S. 5 WpHG in standardisierter Form erfolgen.

Das Wertpapierdienstleistungsunternehmen hat sodann dem Kunden gemäß § 31 Abs. 3 WpHG rechtzeitig vor Ausführung des Auftrags Informationen zur Verfügung zu stellen, die angemessen sind, damit der Kunde nach vernünftigem Ermessen die Art und die Risiken der ihm angebotenen oder von ihm nachgefragten Arten von Finanzinstrumenten oder Wertpapierdienstleistungen verstehen und auf dieser Grundlage seine Anlageentscheidungen treffen kann.[499]

f) § 31 Abs. 7 WpHG

§ 31 Abs. 7 WpHG regelt in Umsetzung von Art. 19 Abs. 6 MiFID den Umfang von Informations- und Aufklärungspflichten bei reinen Ausführungsgeschäften, die sich auf einen eng umgrenzten Katalog bestimmter Arten von Finanzinstrumenten beziehen müssen. Bei dieser Art von Wertpapierdienstleistung ist das Wertpapierdienstleistungsunternehmen zu keiner Exploration, Angemessenheits- oder Geeignetheitsprüfung verpflichtet. § 31 Abs. 7 WpHG bestimmt, dass die Pflichten des § 31 Abs. 5 WpHG, insbesondere die Hinweispflichten des § 31 Abs. 5 S. 3, 4 WpHG, bei einer vom Wertpapierdienstleistungsunternehmen festgestellten Unangemessenheit des beabsichtigten Geschäfts nicht zur Anwendung

495 Siehe zu Einzelheiten der Angemessenheitsprüfung: Rothenhöfer, in: Schwark/Zimmer, Kapitalmarktrechts-Kommentar, § 31 WpHG, Rn. 300 ff.; Fuchs, in: Fuchs, WpHG, § 31, Rn. 280 ff.

496 Seyfried, WM 2006, 1375, 1383 unter Hinweis auf die Background Note zur Durchführungs-Richtlinie; Teuber, BKR 2006, 429, 433.

497 Siehe zur Hinweispflicht: Fuchs, in: Fuchs, WpHG, § 31, Rn. 285 ff.; Rothenhöfer, in: Schwark/Zimmer, Kapitalmarktrechts-Kommentar, § 31 WpHG, Rn. 303 ff.; Ekkenga, in: MüKo-HGB, Band 5, Effektengeschäft, Rn. 353.

498 Siehe hierzu: Rothenhöfer, in: Schwark/Zimmer, Kapitalmarktrechts-Kommentar, § 31 WpHG, Rn. 308 f.; Koller, in: Assmann/Schneider, WpHG, § 31, Rn. 180.

499 Siehe zu Einzelheiten 1. Teil, 2. Abschnitt, A.II.4.c.

gelangen[500]. Die Tätigkeit des Wertpapierdienstleistungsunternehmens beschränkt sich auf das reine Ausführen von Kundenaufträgen bezüglich eines vom Kunden ausgewählten nicht-komplexen Finanzinstruments.

Der Anwendungsbereich des § 31 Abs. 7 WpHG ist nur eröffnet, wenn das Wertpapierdienstleistungsunternehmen auf Veranlassung des Kunden tätig wird. Dabei ist – wie der Begründung zum Regierungsentwurf des FRUG[501] zu entnehmen ist – die in § 31 Abs. 7 Nr. 1 WpHG verwendete Formulierung „auf Veranlassung des Kunden" den Vorgaben der MiFID entsprechend weit auszulegen[502]. Vereinzelt wird in der Literatur die Auffassung vertreten[503], § 31 Abs. 7 WpHG finde nur auf die Erbringung von Finanzdienstleistungen im Wege des Fernabsatzes Anwendung, da dem Wortlaut des Art. 19 Abs. 6 MiFID zufolge diese Dienstleistung von einem Wertpapierdienstleistungsunternehmen erbracht werden müsse, welches ausschließlich „execution-only"-Dienstleistungen anbiete. Daher könne sich eine „normale" Filialbank nicht auf die Vorschrift des § 31 Abs. 7 WpHG berufen[504]. Dem ist jedoch entgegenzuhalten, dass dies dem Wortlaut des Art. 19 Abs. 6 MiFID gerade nicht entnommen werden kann[505]. Art. 19 Abs. 6 MiFID bestimmt, dass Wertpapierdienstleistungsunternehmen, deren Wertpapierdienstleistungen lediglich in der Ausführung von Kundenaufträgen und/oder der Annahme und Übermittlung von Kundenaufträgen mit oder ohne Nebendienstleistungen bestehen, solche Wertpapierdienstleistungen für ihre Kunden erbringen dürfen, ohne zuvor die Angaben gemäß Art. 19 Abs. 5 MiFID einholen oder bewerten zu müssen. Demnach ist der Anwendungsbereich des § 31 Abs. 7 WpHG immer dann eröffnet, wenn gegenüber dem konkreten Kunden nur ein reines Ausführungsgeschäft erbracht wird. Unerheblich ist, ob das Wertpapierdienstleistungsunternehmen gegenüber anderen Kunden andere als die in § 31 Abs. 7 WpHG benannten Wertpapierdienstleistungen erbringt. Eine weitere Begrenzung erfährt der Anwendungsbereich des § 31 Abs. 7 WpHG dadurch, dass Ausführungsgeschäfte nur dann der Norm unterfallen, wenn sie sich auf nicht-komplexe Finanzinstrumente beziehen[506].

---

500 Rothenhöfer, in: Schwark/Zimmer, Kapitalmarktrechts-Kommentar, § 31 WpHG, Rn. 321; Fuchs, in: Fuchs, WpHG, § 31, Rn. 282 ff.

501 Begr. RegE., BT-Drs. 16/4028 S. 36.

502 Rothenhöfer, in: Schwark/Zimmer, Kapitalmarktrechts-Kommentar, § 31 WpHG, Rn. 322; Fuchs, in: Fuchs, WpHG, § 31, Rn. 311 ff.; Ekkenga, in: MüKo-HGB, Band 5, Effektengeschäft, Rn. 356; Spindler/Kasten, WM 2006, 1797, 1800, legen dagegen diese Formulierung eng aus.

503 Weichert/Wenninger, WM 2007, 627, 632; unentschieden: Ekkenga, in: MüKo-HGB, Band 5, Effektengeschäft, Rn. 355.

504 Weichert/Wenninger, WM 2007, 627, 632.

505 Rothenhöfer, in: Schwark/Zimmer, Kapitalmarktrechts-Kommentar, § 31 WpHG. Rn. 320; Fuchs, in: Fuchs, WpHG, § 31, Rn. 304; Koller, in: Assmann/Schneider, WpHG, § 31, Rn. 182.

506 Siehe zum Begriff des nicht-komplexen Finanzinstruments: Rothenhöfer, in: Schwark/Zimmer, Kapitalmarktrechts-Kommentar, § 31 WpHG, Rn. 324 ff.; Fuchs, in: Fuchs, WpHG, § 31, Rn. 305 ff.

Des Weiteren hat das Wertpapierdienstleistungsunternehmen den Kunden gemäß § 31 Abs. 7 Nr. 2 WpHG darauf hinzuweisen, dass keine Angemessenheitsprüfung i.S.v. § 31 Abs. 5 WpHG erfolgt. Liegen die Voraussetzung des § 31 Abs. 7 WpHG vor, so beschränkt sich die Informationspflicht der Bank darauf, die in § 31 Abs. 3 WpHG statuierten Informationspflichten durch Übergabe von standardisierten Informationen zu erfüllen.

g) § 31d WpHG

Der in Umsetzung von Art. 26 MiFID-Durchführungsrichtlinie durch das FRUG eingefügte § 31d WpHG trifft eine besondere aufsichtsrechtliche Regelung zur Vermeidung von Interessenkonflikten[507]. Nach dieser Norm ist es Wertpapierdienstleistungsunternehmen im Zusammenhang mit der Erbringung von Wertpapierdienstleistungen grundsätzlich verboten, Zuwendungen Dritter anzunehmen, sofern der Dritte nicht Kunde der Wertpapierdienstleistung ist[508]. Gleiches gilt für die Gewährung von Zuwendungen an Dritte. Durch das Zuwendungsverbot soll vermieden werden, dass sich das Wertpapierdienstleistungsunternehmen bei der Erbringung von Wertpapierdienstleistungen von Interessen Dritter leiten lässt, statt ausschließlich im Kundeninteresse zu handeln. Gleichzeitig legt § 31d WpHG fest, unter welchen Voraussetzungen ein Wertpapierdienstleistungsunternehmen Zuwendungen ausnahmsweise annehmen darf, wobei nach der Konzeption der Norm die Ausnahme entgegen dem Wortlaut eher die Regel ist[509]. § 31d WpHG findet bei der Erbringung jeder Wertpapierdienstleistung i.S.v. § 2 Abs. 3 WpHG Anwendung[510].

§ 31d Abs. 2 WpHG definiert den Begriff der Zuwendung näher[511]. Demnach sind Zuwendungen i.S.v. § 31d WpHG Provisionen, Gebühren oder sonstige Geldleistungen sowie alle geldwerten Vorteile wie beispielsweise der Zugang zu Informationsdiensten, die Bereitstellung von Finanzanalysen und Fortbildungsmaßnahmen. Auch fallen immaterielle Vorteile unter den Zuwendungsbegriff[512]. Unerheblich ist, ob die Zuwendung marktüblich ist oder der Zuwendende ein Interesse hat, das Wertpapierdienstleistungsunternehmen in eine bestimmte

---

507 Siehe hierzu: Fuchs, in: Fuchs, WpHG, § 31d, Rn. 1 ff.; Koller, in: Assmann/Schneider, WpHG, § 31d, Rn. 1 ff.; Assmann, ZBB 2008, 21 ff.; Ellenberger, in: FS-Nobbe, 523 ff.

508 Fuchs, in: Fuchs, WpHG, § 31d, Rn. 3 ff.; Koch, in: Schwark/Zimmer, Kapitalmarktrechts-Kommentar, § 31d WpHG, Rn. 1 ff.

509 Siehe kritisch hierzu: Assmann, ÖBA 55(2007), 40, 51; Fuchs, in: Fuchs, WpHG, § 31d, Rn. 4; Koller, ZBB 2007, 197, 199.

510 Koch, in: Schwark/Zimmer, Kapitalmarktrechts-Kommentar, § 31d WpHG, Rn. 9; Fuchs, in: Fuchs, WpHG, § 31d, Rn. 7.

511 Siehe hierzu: Assmann, ZBB 2008, 21, 24 f.; Fuchs, in: Fuchs, WpHG, § 31d, Rn. 8 ff.; Koller, in: Assmann/Schneider, WpHG, § 31d, 6. Auflage, Rn. 6 ff.

512 Koller, in: Assmann/Schneider, WpHG, § 31d, Rn. 7; Assmann, ZBB 2008, 21, 24; siehe auch Begr. RegE. FRUG, BT-Drs. 16/4028, S. 67.

Richtung zu bewegen[513]. Klassische Beispiele für Zuwendungen sind Provisionsrückvergütungen, sog. „Kick-Back“-Zahlungen sowie sonstige Innenprovisionen[514]. Fraglich ist, ob auch Gewinnmargen bei Festpreisgeschäften, hierbei handelt es sich um die Handelsspanne zwischen An- und Verkaufspreis, dem Anwendungsbereich des § 31d WpHG unterfallen. Dies wird teilweise mit der Begründung bejaht, dass hier ein vergleichbarer Interessenkonflikt wie bei Zuwendungen Dritter auftreten könne[515]. Die h.M. in der Literatur[516] wie auch der Großteil der Rspr.[517] lehnen dagegen richtigerweise eine Anwendbarkeit von § 31d WpHG auf Gewinnmargen bei Festpreisgeschäften ab. Grund hierfür ist, dass es an einer Zuwendung durch einen Dritten fehlt[518]. Auch soll nach dem Willen des Gesetzgebers § 31d WpHG gerade nicht im Zwei-Personen-Verhältnis Anwendung finden. Somit besteht auch – wie vereinzelt von Seiten der Literatur angenommen wird[519] – keine planwidrige Regelungslücke, so dass eine analoge Anwendung von § 31d WpHG auf Gewinnmargen nicht in Betracht kommt[520]. Auch folgt aus der § 31d WpHG zugrunde liegenden Vorschrift des Art. 26 MiFID-Durchführungsrichtlinie nichts anderes, da auch diese Norm von einer Zuwendungen in einem Drei-Personen-Verhältnis ausgeht[521].

Schaltet eine Konsortialbank weitere Banken in den Vertrieb zu platzierender Aktien ein, so werden in der Regel Zuwendungen i.S.v. § 31d Abs. 2 WpHG gewährt. Im Zusammenhang mit Aktienemissionen stellt sich die Frage, ob die vom Emittenten an die Konsortialbank für die Übernahme des Platzierungsrisikos sowie für die Erbringung von anderen im Zusammenhang mit der Emission stehenden Dienstleistungen geleisteten Entgelte ebenfalls Zuwendungen Dritter i.S.v. § 31d Abs. 2 WpHG sind. Dem Sinn und Zweck der Norm zufolge ist dies zu bejahen.

---

513 Assmann, ZBB 2008, 21, 26.

514 Siehe hierzu: Fuchs, in: Fuchs, WpHG, § 31d, Rn. 8 ff.; Koch, in: Schwark/Zimmer, Kapitalmarktrechts-Kommentar, § 31d, Rn. 12 ff.

515 OLG Frankfurt, Urt. v. 18.5.2011, 17 U 253/10, NZG 2011, 1154, 1155 f.; Schumacher, WM 2011, 678, 680 ff.; ohne nähere Begründung: Mülbert, WM 2009, 1149, 1161; ders., ZHR 172(2008), 170, 173 f.

516 Koch, in: Schwark/Zimmer, Kapitalmarktrechts-Kommentar, § 31d, Rn. 19; Harnos, BKR 2014, 1, 4; Fuchs, in: Fuchs, WpHG, § 31d, Rn. 15; Spindler, WM 2009, 1821, 1827; Bausch, NJW 2012, 354, 357; Zingel/Rieck, BKR 2009, 353, 355; Rozok, BKR 2007, 217, 218; differenzierend: Koller, in: Assmann/Schneider, WpHG, § 31d WpHG, Rn. 8.

517 OLG Hamburg, Urt. v. 23.4.2010, 13 U 117/09, BKR 2010, 250, 256, Rn. 105; OLG Karlsruhe, Urt. v. 17.7.2012, 17 U 148/11, WM 2012, 2333, 2335; offen gelassen von BGH, Urt. v. 17.9.2013, XI ZR 332/12, WM 2013, WM 2013, 1983 ff.

518 Fuchs, in: Fuchs, WpHG, § 31d, Rn. 15; Koch, in: Schwark/Zimmer, Kapitalmarktrechts-Kommentar, § 31d WpHG, Rn. 19; Spindler, WM 2009, 1821, 1827.

519 So aber Schumacher, WM 2011, 678, 681.

520 So Harnos, BKR 2014, 1, 4.

521 So OLG Hamburg, Urt. v. 23.4.2010, 13 U 117/09, BKR 2010, 250, 256, Rn. 105; Harnos, BKR 2014, 1, 4.

Allerdings stellt sich die Frage, ob solche vom Emittenten an die Emissionsbank geleisteten Zahlungen im Zusammenhang mit der dem Anleger gegenüber erbrachten Wertpapierdienstleistung (z.B. Anlageberatung, Abschlussvermittlung) stehen.

Der Anwendungsbereich des § 31d WpHG ist nur dann eröffnet, wenn die von einem Dritten gewährte Zuwendung im Zusammenhang mit der Erbringung einer Wertpapierdienstleistung für einen anderen Kunden steht[522]. Dabei ist die Norm nach Sinn und Zweck weit auszulegen. Eine Zuwendung steht demnach im Zusammenhang mit der Erbringung einer Wertpapierdienstleistung, wenn die Zuwendung geeignet ist, einen Interessenkonflikt bei der Erbringung der Wertpapierdienstleistung hervorzurufen[523]. Hierfür ist nicht erforderlich, dass die Zuwendung im Zusammenhang mit einem konkreten Wertpapiergeschäft steht; vielmehr reicht ein mittelbarer Zusammenhang aus. Dieser soll bereits dann gegeben sein, wenn die Zuwendung in einer allgemeinen Beziehung zu bestimmten Finanzprodukten, die Gegenstand einer Wertpapierdienstleistung sein können, steht[524]. Dies können beispielsweise Werbekostenzuschüsse für bestimmte Produkte oder bei einer Emission Geldleistungen sein, die der Emittent an das Wertpapierdienstleistungsunternehmen zur Förderung von Kundenbeziehungen leistet[525]. Teilweise wird ein Zusammenhang zwischen Zahlungen, die der Emittent an das Emissionskonsortium als Entgelt für eine Aktienplatzierung entrichtet, und der vom Emissionskonsortium gegenüber einem Kunden, der die Aktien zeichnet, erbrachten Wertpapierdienstleistung verneint, sofern der Emittent die Zahlung an einen anderen Geschäftsbereich des Wertpapierdienstleistungsunternehmens leistet[526]. Diese Auffassung vermag jedoch nicht zu überzeugen, da eine organisatorische Trennung alleine die Gefahr von Interessenkonflikten innerhalb eines Wertpapierdienstleistungsunternehmens nicht zu verhindern vermag. Dies wird selbst von einem einzelnen Vertreter[527] der soeben dargestellten Meinung für den Fall, dass das Wertpapierdienstleistungsunternehmen eine Platzierungsgarantie übernommen hat, anerkannt.

Die Annahme von Zuwendungen ist grundsätzlich verboten, jedoch ausnahmsweise beim Vorliegen von drei kumulativ zu erfüllenden Kriterien erlaubt, § 31d

---

522 Fuchs, in: Fuchs, WpHG, § 31d, Rn. 10; Koch, in: Schwark/Zimmer, Kapitalmarktrechts-Kommentar, § 31d WpHG, Rn. 28.

523 Assmann, ZBB 2008, 21, 25; Fuchs, in: Fuchs, WpHG, § 31d, Rn. 10; Koch, in: Schwark/Zimmer, Kapitalmarktrechts-Kommentar, § 31d WpHG, Rn. 28.

524 Fuchs, in: Fuchs, WpHG, § 31d, Rn 11; Koller, in: Assmann/Schneider, WpHG, § 31d, Rn. 10 f.; Assmann, ZBB 2008, 21, 25.

525 Assmann, ZBB 2008, 21, 25.

526 Ekkenga, in: MüKo-HGB, Band 5, Effektengeschäft, Rn. 345; Koch, in: Schwark/Zimmer, Kapitalmarktrechts-Kommentar, § 31d WpHG, Rn. 30.

527 Koch, in: Schwark/Zimmer, Kapitalmarktrechts-Kommentar, § 31d WpHG, Rn. 30.

Abs. 1 S. 1 WpHG[528]. Demnach muss die Zuwendung darauf ausgelegt sein (1) die Qualität der für den Kunden erbrachten Dienstleistung zu verbessern. Des Weiteren darf die Zuwendung der ordnungsgemäßen Erbringung der Dienstleistung im Interesse des Kunden nicht entgegenstehen (2). Schließlich hat das Wertpapierdienstleistungsunternehmen auch die Existenz, die Art sowie den Umfang der Zuwendung oder, soweit sich der Umfang noch nicht bestimmen lässt, die Art und Weise seiner Berechnung dem Kunden vor der Erbringung der Wertpapierdienstleistung oder Wertpapiernebendienstleistung in umfassender, zutreffender und verständlicher Weise deutlich offen zu legen (3). Die Form der Offenlegung regelt § 31d Abs. 3 WpHG.

(1) Es stellt sich die Frage, unter welchen Voraussetzungen eine Zuwendung darauf ausgelegt ist, die Qualität der für den Kunden zu erbringenden Wertpapierdienstleistung zu verbessern. Zur Beurteilung dieser Frage könnte man entweder auf den Willen des Zuwendenden abstellen oder darauf, wie der Zuwendungsempfänger den Zweck der Zuwendung verstehen durfte (Empfängerhorizont) oder wie der Zuwendungsempfänger den Zweck der Zuwendung tatsächlich versteht[529]. Dem Wortlaut von Art. 26 Abs. 1 lit. b) (ii) MiFID-Durchführungsrichtlinie zufolge muss die Zuwendung „darauf angelegt" sein, die Qualität der Wertpapierdienstleistung zu verbessern. Zwar könnte man aufgrund der gewählten Formulierung den Schluss ziehen, dass es lediglich auf die Willensrichtung des Zuwendenden ankommt, jedoch würde eine solche Sichtweise dem Schutzzweck der Norm widersprechen. Vielmehr muss die Zuwendung dem Grundsatz nach auch objektiv dazu geeignet sein, qualitätssteigernd zu wirken[530]. Laut Begründung zum Regierungsentwurf des FRUG wird allerdings bereits der Ausbau oder die Aufrechterhaltung einer qualitativ hochwertigen Infrastruktur für den Erwerb und die Veräußerung von Finanzinstrumenten als Qualitätsverbesserung angesehen[531]. Auch soll die Bereitstellung von weiteren Beratern oder Filialen eine Qualitätsverbesserung

528 Siehe hierzu: Fuchs, in: Fuchs, WpHG, § 31d, Rn. 24 ff.; Ellenberger, in: FS-Nobbe, 523, 528 ff.; Assmann, ZBB 2008, 21, 26 ff.; Koller, in: Assmann/Schneider, WpHG; 6. Auflage, § 31d, Rn. 27 ff.

529 Siehe hierzu: Koller, in: Assmann/Koller, WpHG, 6. Auflage, § 31d WpHG, Rn. 31; Fuchs, in: Fuchs, WpHG, § 31d, Rn. 25 ff.

530 Fuchs, in: Fuchs, WpHG, § 31d, Rn. 25; Assmann, ZBB 2008, 21, 27; Ekkenga, in: MüKo-HGB, Band 5, Effektengeschäft, Rn, 513; krit. dagegen Koller, in: Assmann/Schneider, WpHG, § 31d, Rn. 38.

531 Siehe die Begründung des Entwurfs der Bundesregierung eines Gesetzes zur Umsetzung der Richtlinie über Märkte für Finanzinstrumente und der Durchführungsrichtlinie der Kommission (Finanzmarkt-Richtlinie-Umsetzungsgesetz), BT-Drs. 16/4028, S. 67.

darstellen[532] und laut CESR auch die Erstattung von Akquisitionsaufwendungen[533]. Damit ist das Kriterium der Qualitätsverbesserung in der Praxis meist erfüllt.

Durch das AnsFuG wurde – nachdem die Wirkungskraft des § 31d WpHG insgesamt in der Literatur stark angezweifelt worden war[534] – die Vermutung des § 31d Abs. 4 WpHG aufgehoben[535]. Nach dieser Norm wurde im Rahmen der Erbringung einer Anlageberatung vermutet, dass Provisionen und andere geldwerte Vorteile, die ein Wertpapierdienstleistungsunternehmen von einem Dritten erhielt, stets auf die Qualitätsverbesserung ausgerichtet seien. Hierdurch war es Kunden praktisch unmöglich zu beweisen, dass das Wertpapierdienstleistungsunternehmen sich bei der Erbringung von Wertpapierdienstleistungen nicht ausschließlich von den Kundeninteressen leiten ließ.

(2) Des Weiteren darf im Interesse des Kunden die Zuwendung der ordnungsgemäßen Erbringung der Dienstleistung nicht entgegenstehen. Da Wertpapierdienstleistungsunternehmen bereits gemäß § 31 Abs. 1 S. 1 Nr. 1 WpHG dazu verpflichtet sind, Wertpapierdienstleistungen im Interesse des Kunden zu erbringen, stellt sich jedoch die Frage nach einem eigenständigen Regelungsgehalt dieses in § 31d Abs. 1 S. 1 Nr. 1 WpHG aufgestellten Kriteriums[536]. Laut Ellenberger[537] soll jedenfalls dann keine ordnungsgemäße Erbringung einer Wertpapierdienstleistung mehr gegeben sein, wenn mit einer Rückvergütung Vertriebsanreize verbunden sind, die einen Anlageberater dazu verleiten, ein bestimmtes Produkt wegen der gewährten Zuwendungen zu empfehlen. Andere Stimmen[538] wiederum verneinen das Vorliegen einer ordnungsgemäßen Erbringung einer Wertpapierdienstleistung und nehmen eine Gefährdung des Kundeninteresses dann an, wenn die Ausgestaltung und Höhe der Zuwendung überwiegend Anreize zu einer nicht kundengerechten Beratung gibt.

(3) Zuwendungen, die qualitätssteigernd wirken und deren Gewährung einer ordnungsgemäßen Erbringung der Dienstleistung im Interesse des Kunden nicht entgegensteht, sind (als weiteres Zulässigkeitserfordernis) nach Existenz, Art und Umfang der Zuwendung vor der Erbringung in umfassender, zutreffender und verständlicher Weise deutlich gemäß § 31d Abs. 1 S. 1 Nr. 2 WpHG offen zu

---

532 So Rozok, BKR 2007, 217, 221; Fuchs, in: Fuchs, WpHG, § 31d, Rn. 26.

533 CESR, Inducements under MiFID, Recommendations (Ref CESR/07/228b) vom Mai 2007, 3. Abschnitt, Beispiel Nr. VI.

534 Assmann, ÖBA 2007, 40, 49 ff.; Heybey, BKR 2008, 353, 362; Sethe, in: FS-Nobbe, 769, 773 ff.

535 Siehe zur Aufhebung von § 31d Abs. 4: Möllers/Wenninger, NJW 2011, 1697, 1699; Müller-Christmann, DB 2011, 749, 752.

536 Siehe hierzu: Koch, in: Schwark/Zimmer, Kapitalmarktrechts-Kommentar, § 31d WpHG, Rn. 44 ff.; Assmann, ZBB 2008, 21, 28; Rozok, BKR 2007, 217, 223.

537 Ellenberger, in: FS-Nobbe, 523, 530.

538 Koch, in: Schwark/Zimmer, Kapitalmarktrechts-Kommentar, § 31d WpHG, Rn. 45; Assmann, ZBB 2008, 21, 28; Fuchs, in: Fuchs, WpHG, § 31d, Rn. 33.

legen[539]. Gemäß § 31d Abs. 3 WpHG kann die Offenlegung jedoch auch in Form einer Zusammenfassung der wesentlichen Bestandteile der Vereinbarungen über Zuwendungen erfolgen, sofern das Wertpapierdienstleistungsunternehmen dem Kunden die Offenlegung näherer Einzelheiten anbietet und auf Nachfrage gewährt. Durch § 31d Abs. 3 WpHG wird die Aussagekraft der Angaben über Zuwendungen geschmälert.

Sind diese drei Kriterien kumulativ erfüllt, darf das Wertpapierdienstleistungsunternehmen aufsichtsrechtlich zulässig Zuwendungen annehmen. Schließlich bestimmt § 31d Abs. 5 WpHG, dass Gebühren und Entgelte, die die Erbringung von Wertpapierdienstleistungen erst ermöglichen oder dafür notwendig sind und die ihrer Art nach nicht geeignet sind, die Erfüllung der Pflicht nach § 31 Abs. 1 S. 1 Nr. 1 WpHG zu gefährden, vom Verbot der Annahme von Zuwendungen generell ausgenommen sind[540].

5. Anspruchsvoraussetzungen für einen Schadensersatzanspruch wegen Verletzung von Aufklärungspflichten

Wie bereits im 1. Teil, 2. Abschnitt unter A.I.3.b. ausgeführt, stellen die §§ 31 ff. WpHG eine Konkretisierung der den kommissions- und auftragsrechtlichen Normen (§§ 611, 662 ff. BGB i.V.m. § 675 BGB; § 383 HGB) zugrundeliegenden Gedanken dar. Ein Anspruch gemäß § 280 Abs. 1 BGB setzt daher eine zumindest fahrlässige Verletzung dieser vertraglichen Nebenpflichten sowie den Eintritt eines Schadens voraus.

Das Vorliegen einer Aufklärungspflichtverletzung hat der geschädigte Anleger zu beweisen[541]. Durch das Schuldverschreibungsgesetz[542] hat der Gesetzgeber die Beweisführung für das Vorliegen einer Aufklärungspflichtverletzung und damit die Durchsetzbarkeit von Ansprüchen geschädigter Anleger wegen Falschberatung erleichtert[543]. Gemäß § 34 Abs. 2a S. 1 WpHG n.F. ist ein Wertpapierdienstleistungsunternehmen nunmehr verpflichtet, über jede Anlageberatung ein Protokoll

539 Siehe zu Einzelheiten: Fuchs, in: Fuchs, WpHG, § 31d, Rn. 35 ff.; Koch, in: Schwark/Zimmer, Kapitalmarktrechts-Kommentar, § 31d WpHG, Rn. 49 ff.; Assmann, ZBB 2008, 21, 28 f.

540 Siehe zu § 31d Abs. 5 WpHG: Koch, in: Schwark/Zimmer, Kapitalmarktrechts-Kommentar, § 31d WpHG, Rn 62 ff.; Fuchs, in: Fuchs, WpHG, § 31d, Rn. 12 ff.

541 BGH, Urt. v. 02.04.1987, IX ZR 68/86, WM 1987, 725, 727; Ekkenga, in: MüKo-HGB, Band 5, Effektengeschäft, Rn 429.

542 Gesetz zur Neuregelung der Rechtsverhältnisse bei Schuldverschreibungen aus Gesamtemissionen und zur verbesserten Durchsetzbarkeit von Ansprüchen von Anlegern aus Falschberatung vom 31. 7. 2009, BGBl. I 2009, S. 2512.

543 Siehe hierzu: Böhm, BKR 2009, 221 ff.; Brinckmann, BKR 2010, 45 ff.; Schwark, in: Schwark/Zimmer, Kapitalmarktrechts-Kommentar, Vor § 31 WpHG, Rn. 2 sowie Fett, in: ders., § 34 WpHG, Rn. 7.

anzufertigen, welches vom Berater zu unterzeichnen ist[544]. Das Protokoll ist dem Kunden auszuhändigen, § 34 Abs. 2a S. 2 WpHG. Es hat gemäß § 16 Abs. 6 WpDVerOV vollständige Angaben über den Anlass der Beratung, die Dauer des Beratungsgesprächs, die der Beratung zugrunde liegenden Informationen über die persönliche Situation des Kunden sowie über die Finanzinstrumente und Wertpapierleistungen, die Gegenstand der Anlageberatung sind, die vom Kunden im Zusammenhang mit der Anlageberatung geäußerten wesentlichen Anliegen und deren Gewichtung sowie die im Verlauf des Beratungsgesprächs erteilten Empfehlungen und die für diese Empfehlungen maßgeblichen Gründe zu enthalten. Hierdurch wurde es dem Anleger erheblich erleichtert, eine Pflichtverletzung zu beweisen[545]. Steht eine solche Pflichtverletzung fest, so wird die Kausalität der Aufklärungspflichtverletzung für den Schadenseintritt vermutet[546]. Gleiches gilt für Ansprüche aus §§ 311 Abs. 2, 241 Abs. 2 BGB[547]. Des Weiteren indiziert eine Aufklärungspflichtverletzung gleichzeitig auch ein Verschulden des Wertpapierdienstleistungsunternehmens[548]. Dieses muss darlegen, dass es das Verschulden nicht zu vertreten hat[549].

Die Verjährung von Ansprüchen wegen Aufklärungs- und Beratungspflichtverletzungen richtete sich bis zur Aufhebung des § 37a WpHG a.F. durch das Schuldverschreibungsgesetz nach dieser Norm. Gemäß § 37a WpHG a.F. verjährten Ansprüche innerhalb von drei Jahren nach Abschluss des durch die fehlerhafte Aufklärung veranlassten Geschäfts[550]. Begründet wurde dies damit, dass der Anleger durch Abschluss des Geschäfts in seiner Dispositionsbefugnis beeinträchtigt worden war und hierdurch bereits eine schadensgleiche Vermögensgefährdung eingetreten sei[551]. Die Notwendigkeit, § 37a WpHG aufzuheben, wurde mit dem

---

544 Siehe hierzu: Koller, in: Assmann/Schneider, WpHG, § 34, Rn. 10 ff.; Hannöver, in: Schimansky/Bunte/Lwowski, Bankrechts-Handbuch, Band 2, § 110, Rn. 88 ff.

545 Hannöver, in: Schimansky/Bunte/Lwowski, Bankrechts-Handbuch, Band 2, § 110, Rn. 89.

546 Ekkenga, in: MüKo-HGB, Band 5, Effektengeschäft, Rn 430; Hannöver, in: Schimansky/Bunte/Lwowski, Bankrechts-Handbuch, Band 2, § 110, Rn. 99; BGH, Urt. v. 14.5.1996, XI ZR 188/95, WM 1996, 1214, 1216; BGH, Urt. v. 11.3.1997, XI ZR 93/96, WM 1997, 811, 813; Ellenberger, WM-Sonderbeilage 15/2001, 2, 9.

547 Ellenberger, WM-Sonderbeilage 15/2001, 2, 9.

548 Möllers/Leisch, JZ 2000, 1085, 1089; Ellenberger, WM-Sonderbeilage 15/2001, 2, 9; Ekkenga, in: MüKo-HGB, Band 5, Effektengeschäft, Rn 431.

549 Hannöver, in: Schimansky/Bunte/Lwowski, Bankrechts-Handbuch, Band 2, § 110, Rn. 99, 109 ff.; BGH, Urt. v. 8.7.2010, III ZR 249/09, NJW 2010, 3292, 3294, Rn. 20; BGH, Urt. v. 19.11.2009, III ZR 169/08, BKR 2010, 118, 121, Rn. 26.

550 Koller, Assmann/Schneider, WpHG, 4. Auflage, § 37a, Rn. 7, 18; Kümpel, 3. Auflage, Bank- und Kapitalmarktrecht, Rn. 16.466; KG, Urt. v. 11. 3. 2004, 19 U 71/03, NJW 2004, 2755 f.

551 Lang, § 20, Rn. 9; BGH, Urt. v. 7.5.1991, IX ZR 188/90, WM 1991, 1302, 1305 bzgl. der Haftung eines StB bei Eingehung einer Beteiligung an einer Abschreibungsgesellschaft; BGH, Urt. v. 27.1.1994, IX ZR 195/93, NJW 1994, 1405, 1407;

Umstand begründet, dass die Empfehlung ungeeigneter Produkte sich für den Kunden oftmals erst lange nach Vertragsschluss und erst nachdem sein Schadensersatzanspruch gemäß § 37a WpHG bereits verjährt war, zeigte[552].

Nach Aufhebung des § 37a WpHG a.F. richtet sich die Verjährungsfrist nunmehr nach den allgemeinen Vorschriften der §§ 195, 199 BGB[553]. Anders als bei § 37a WpHG a.F. beginnt die Verjährung des § 195 BGB nicht mit Entstehung des Anspruchs, sondern erst mit Ablauf des Jahres, in welchem der geschädigte Anleger Kenntnis von dem entstandenen Anspruch erlangt oder ohne grobe Fahrlässigkeit erlangt haben müsste.

Als ersatzfähiger Schaden kommt bei der Verletzung vorvertraglicher Aufklärungspflichten die zwischen dem Zeitpunkt der Pflichtverletzung und dem der Geltendmachung des Anspruchs entstandene Vermögensdifferenz in Betracht. In diesem Falle hat die Bank dem Kunden das negative Interesse zu ersetzen[554]. Dabei liegt der Schaden typischerweise in dem Minderwert der erworbenen Aktie oder in einem späteren Wertverlust, der bis zum Totalverlust reichen kann. Der geschädigte Anleger hat einen Anspruch auf Rückabwicklung des abgeschlossenen Vertrags und Ersatz seiner nutzlos geleisteten Aufwendungen[555].

Im Falle einer vorsätzlichen sittenwidrigen Informationspflichtverletzung kommen daneben auch Schadensersatzansprüche gemäß § 826 BGB in Betracht[556]. Die Vorsatzhaftung gemäß § 826 BGB war im Effektengeschäft der Banken bisher von untergeordneter Bedeutung und lediglich für die persönliche Inanspruchnahme derjenigen Vertreter, Vertreterfirmen, Telefonverkäufer und sonstiger Mittelspersonen von Bedeutung, deren sich freischaffende Anlageberater zum Zwecke des Kundenfanges zu bedienen pflegten. Die Rechtsprechung bejaht die Außenhaftung

---

Kümpel, Bank- und Kapitalmarktrecht, 3. Auflage, Rn. 16.466; Ellenberger, WM-Sonderbeilage 15/2001, 2, 15; a.A. Schwark, Kapitalmarktrechts-Kommentar, 3. Auflage, § 37a WpHG, Rn. 4, der für den Beginn der Verjährung auf den Zeitpunkt abstellt, in dem sich das durch die Falschinformation enthaltene Risiko beispielsweise durch einen Kursverlust realisiert.

552 RegE v. 20. 2. 2009, BR-Drs. 180/09, S. 20; eine Streichung von § 37a WpHG wird von der überwiegenden Meinung in der Literatur befürwortet; vgl. Fuchs, in: Fuchs, WpHG, § 37a, Rn. 33; Köndgen, ZBB 2009, 157, 160; Koller, in: Assmann/Schneider, WpHG, 5. Auflage, § 37a, Rn. 1; a.A. Böhm, BKR 2009, 221, 227 f., der kritisiert, dass eine Abschaffung des § 37a WpHG regelmäßig zu einer Verjährung nach 10 Jahren führen wird.

553 Siehe hierzu: Schwark, in: Schwark/Zimmer, Kapitalmarktrechts-Kommentar, Vor § 31 WpHG, Rn. 2.

554 Hannöver, in: Schimansky/Bunte/Lwowski, Bankrechts-Handbuch, Band 2, § 110, Rn. 100; v. Heymann/Edelmann, in: Assmann/Schütze, Hdb. KapitalanlageR, § 4, Rn. 123.

555 v. Heymann/Edelmann, in: Assmann /Schütze, Hdb. KapitalanlageR, § 4, Rn. 123; Hannöver, in: Schimansky/Bunte/Lwowski, Bankrechts-Handbuch, Band 2, § 110, Rn. 100.

556 Siehe hierzu: Wagner, in: MüKo-BGB, Band 5, § 826, Rn. 68, 73 ff.; Schmitt, 114 ff.

der Vertreter und Telefonverkäufer nach § 826 BGB[557], wenn sie den Kunden planmäßig und unter bewusster Verschweigung der geschäftlichen Risiken zum Erwerb spekulativer Anlagen oder Terminpositionen überredet haben. Vertreter mit leitender Funktion, namentlich Geschäftsführer oder Vorstände, haften darüber hinaus schon dann nach § 826 BGB, wenn sie die Fehlberatung ihrer Kunden über Broschüren oder telefonische Kontakte wissentlich geschehen lassen, ohne eine Warnung auszusprechen[558].

Ansprüche des geschädigten Anlegers gemäß § 826 BGB richten sich auf das positive Interesse. Es sind nicht nur die entstandenen Kosten, beispielsweise Transaktionskosten, zu ersetzen, sondern auch der entgangene Gewinn. Hierbei stellt sich jedoch das Problem, dass der entgangene Gewinn oftmals nicht einmal annähernd prognostiziert werden kann.

III. Rechtsbeziehungen aufgrund von Anlageberatung

Im Unterschied zur Aufklärung tritt bei der Anlageberatung das Element der Informationsbewertung hinzu. Ergebnis dieses Vorgangs ist ein auf ein konkretes Geschäft bezogener Vorschlag des Beraters[559]. Während vor Umsetzung der MiFID durch das FRUG Anlageberatung lediglich eine erlaubnisfreie Wertpapiernebendienstleistung i.S.v. § 2 Abs. 3a Nr. 3 WpHG a.F. darstellte und damit Unternehmen, die allein Anlageberatung erbrachten, keine Wertpapierdienstleistungsunternehmen i.S.d. § 2 Abs. 4 WpHG a.F. waren, handelt es sich bei der Anlageberatung nunmehr um eine erlaubnispflichtige Finanzdienstleistung i.S.d. § 2 Abs. 3 Nr. 9 WpHG, so dass das Unternehmen gemäß § 1 Abs. 1a S. 2 Nr. 1a KWG einer Erlaubnis nach § 32 KWG bedarf[560]. Anlageberater haben somit auch die Eigenkapitalanforderungen des § 33 Abs. 1 S. 1 Nr. 1a KWG zu erfüllen[561]. Hiernach müssen sie

---

557 BGH, Urt. v. 15.11.2011, XI ZR 54/09, BKR 2012, 78, 85, Rn. 46; BGH, Urt. v. 13.7.2010, XI ZR 57/08, BKR 2010, 421, 425, Rn. 37; BGH, Urt. v. 2.2.1999, XI ZR 381/97, NJW-RR 1999, 843, 844; BGH, Urt. v. 22.11.2005, XI ZR 76/05, NJW-RR 2006, 627, 629, Rn. 26.

558 Wagner, in: MüKo-BGB, Band 5, § 826 BGB, Rn. 88; BGH, Urt. v. 9.3.2010, XI ZR 93/09, WM 2010, 49, 753, Rn. 43; BGH, Urt. v. 2.2.1999, XI ZR 381/97, NJW-RR 843, 844.

559 Hadding, in: FS-Schimansky, 74 f.; Kumpan, in: Schwark/Zimmer, Kapitalmarktrechts-Kommentar, § 2 WpHG, Rn. 97; Assmann, in: Assmann/Schneider, WpHG, § 2, Rn. 113 f.; Ellenberger, WM-Sonderbeilage 1/2001, 2, 3; BGH, Urt. v. 2.12.1991, II ZR 141/90, WM 1992, 143.

560 Siehe hierzu: Schäfer, in: Boos/Fischer/Schulte-Mattler, KWG, § 1, Rn. 123a ff.; Balzer, ZBB 2007, 333, 334.

561 Diese Vorschrift geht auf Art. 7 i.V.m. Art. 3 Abs. 1 lit. b) (iii) der Richtlinie 2006/49/EG des Europäischen Parlaments und des Rates vom 14. Juni 2006 über die angemessene Eigenkapitalausstattung von Wertpapierfirmen und Kreditinstituten, ABl. EU Nr. L 177 v. 30.6.2006, S. 211 ff. zurück; siehe hierzu: Fischer, in: Boos/Fischer/Schulte-Mattler, KWG, § 33, Rn. 22.

ein Eigenkapital i.H.v. EUR 50.000,– vorweisen, sofern sie nicht befugt sind, sich bei der Erbringung von Finanzdienstleistungen Eigentum oder Besitz an Geldern oder Wertpapieren von Kunden zu verschaffen. Anstelle des Nachweises des Eigenkapitals können Anlagerberater, die nicht befugt sind, sich bei der Erbringung von Finanzdienstleistungen Eigentum oder Besitz an Geldern oder Wertpapieren von Kunden zu verschaffen, gemäß § 33 Abs. 1 S. 2 KWG den Abschluss einer geeigneten Versicherung zum Schutz der Kunden, die eine Versicherungssumme von mindestens EUR 1.000.000,– für jeden Versicherungsfall und eine Versicherungssumme von mindestens EUR 1.500.000,– für alle Versicherungsfälle eines Versicherungsjahres vorsieht, nachweisen[562]. Sofern Anlageberater befugt sind, sich Besitz an Geldern oder Wertpapieren von Kunden zu verschaffen, muss gemäß § 33 Abs. 1 S. 1 Nr. 1b KWG ein Eigenkapital i.H.v. EUR 125.000,– vorgehalten werden[563].

Dagegen benötigten Unternehmen, die ausschließlich Anlageberatung anboten, nach alter Rechtslage keine Erlaubnis nach § 32 KWG, da es sich um zulassungsfreie Finanzunternehmen nach § 1 Abs. 3 Nr. 6 KWG a.F. handelte.

Die MiFID und das die MiFID in deutsches Recht umsetzende FRUG haben kein gänzlich neues Konzept der Anlageberatung und der Vermögensverwaltung eingeführt. Jedoch wurden die einzelnen Pflichten, die einem Wertpapierdienstleistungsunternehmen im Rahmen einer Anlageberatung obliegen, detaillierter als bisher geregelt. So wurden die neuen Explorations- und Informationspflichten (§ 31 Abs. 3, 4 WpHG i.V.m. §§ 5 f. WpDVerOV) im Stile eines festen Tatbestandssystems formuliert. Damit wurde von einer generalklauselartigen Regelung, wie sie § 31 Abs. 2 WpHG a.F. darstellte, Abstand genommen[564].

1. Entstehung eines Beratungsvertrages

Eine Pflicht zur individuellen Beratung leitet sich nicht schon aus §§ 31 ff. WpHG her, da diese Norm nur die Pflicht der Wertpapierdienstleistungsunternehmen statuiert, ihren Kunden alle für die Anlageentscheidung zweckdienlichen Informationen zur Verfügung zu stellen[565]. Insbesondere begründet § 31 Abs. 4 WpHG keine Pflicht des Wertpapierdienstleistungsunternehmens zur Anlageberatung. Eine solche Pflicht kann nur durch Vertrag begründet werden[566].

Gegenstand des Effektengeschäfts ist grundsätzlich nicht die Erbringung von Beratungsleistungen, sondern lediglich die Ausführung eines Auftrags über den

562 Siehe hierzu: Schwennicke, in: Schwennicke/Auerbach, KWG, § 33, Rn. 22; Fischer, in: Boos/Fischer/Schulte-Mattler, KWG, § 33, Rn. 25 f.

563 Schwennicke, in: Schwennicke/Auerbach, KWG, § 33, Rn. 12; Fischer, in: Boos/Fischer/Schulte-Mattler, KWG, § 33, Rn. 21.

564 Siehe hierzu: Veil, ZBB 2008, 33, 39.

565 Siol, in: FS für Schimansky, 783; Schwark, in: Koller, in: Assmann/Schneider, WpHG, § 31, Rn. 131.

566 Koller, in: Assmann/Schneider, WpHG, § 31, Rn. 150; Mülbert, WM 2007, 1149, 1155, 1162.

Erwerb oder die Veräußerung von bestimmten Finanzinstrumenten[567]. Auch lässt sich aus der Schutzpflicht des § 241 Abs. 2 BGB keine über die Aufklärungspflicht hinausgehende Beratungspflicht ableiten[568]. Folgerichtig qualifiziert das Wertpapierhandelsgesetz die Anlageberatung als eigenständige Wertpapiernebendienstleistung. Wäre aber das Wertpapierdienstleistungsunternehmen schon aufgrund seiner Pflicht zur Information und Aufklärung zur Beratung verpflichtet, so wäre die Qualifikation der Anlageberatung als eigenständige Wertpapierdienstleistung i.S.v. § 2 Abs. 3 Nr. 9 WpHG überflüssig[569]. Eine Haftung des Wertpapierdienstleistungsunternehmens wegen fehlerhafter Beratung setzt daher grundsätzlich den Abschluss eines Beratungsvertrages voraus. An den Abschluss eines solchen stellt die Rechtsprechung[570] jedoch nicht allzu hohe Anforderungen[571]. So reicht es bereits aus, wenn ein Kunde sich Rat suchend an seine Bank wendet, diese ihn daraufhin berät oder ihm von sich aus ein solches Gespräch anbietet und der Kunde dieses wahrnimmt[572]. Für das Wertpapierdienstleistungsunternehmen muss erkennbar sein, dass die erteilten Ratschläge für den Kunden im Hinblick auf seine Anlageentscheidung von erheblicher Bedeutung sind[573]. Auch kann ein Beratungsvertrag dadurch zustande kommen, dass ein Wertpapierdienstleistungsunternehmen einem Kunden empfiehlt, ein erworbenes Finanzinstrument zu halten[574].

In der Praxis wird die Anlageberatung meist nicht als separate Dienstleistung mit gesonderter Vergütung erbracht, sondern steht in einem engen zeitlichen und sachlichen Zusammenhang mit anderen Finanzdienstleistungen wie beispielsweise der Anlagevermittlung oder dem Effektenkommissionsgeschäft[575].

---

567 Hierauf weisen Ekkenga, in: MüKo-HGB, Band 5, Effektengeschäft, Rn. 251, Koller, in: Assmann/Schneider, WpHG, § 31, Rn. 131 sowie Mülbert, WM 2007, 1149, 1155 hin.

568 Ekkenga, in: MüKo-HGB, Band 5, Effektengeschäft, Rn. 251; Möllers, in: KöKo-WpHG, § 31, Rn. 225.

569 Mit ähnlicher Argumentation zur alten Rechtslage unter §§ 31 ff. WpHG a.F. – hier war die Anlageberatung eine Wertpapiernebendienstleistung i.S.v. § 2 Abs. 3a Nr. 3 WpHG a.F.: Möllers/Leisch, JZ 2000, 1085, 1090; Reich, WM 1997, 1601, 1607.

570 BGH, Urt. v. 9. Mai 2000, XI ZR 159/99, WM 2000, 1441, 1442; OLG Koblenz, Urt. v. 6.7.2001, 10 U 981/99, WM 2002, 1224, 1226; OLG Karlsruhe, Urt. v. 29.11.2001, 19 U 86/01, WM 2002, 1295, 1296.

571 Ellenberger, WM-Sonderbeilage 1/2001, 2, 3; Lenebach, Kapitalmarkt- und Börsenrecht, Rn. 8.19; Kümpel, Bank- und Kapitalmarktrecht, 3. Auflage, Rn. 16.554.

572 BGH, Urt. v. 4.3.1987, IVa ZR 122/85, WM 1987, 495; BGH, Urt. v. 6. Juli 1993, XI ZR 12/93, WM 1993, 1455.

573 Fuchs, in: Fuchs, WpHG, § 31, Rn. 242; BGH, Urt. v. 8.12.1998, XI ZR 50/98, ZIP 1999, 275 ff.

574 Veil WM, 2007, 1821, 1822; Mülbert, ZHR (172)2008, 170, 189, Fn. 58.

575 Fuchs, in: Fuchs, WpHG, § 31, Rn. 242; Ekkenga, in: MüKo-HGB, Band 5, Effektengeschäft, Rn. 267.

An der BGH-Judikatur hinsichtlich des Erfordernisses einer objektgerechten Beratung[576] wird im neueren Schrifttum im Zusammenhang mit der Umsetzung der MiFID in deutsches Recht und der damit einhergehenden Neufassung der §§ 31 ff. WpHG vereinzelt Kritik geübt[577]. So wird die Inpflichtnahme der Banken auf Grund eines konkludent abgeschlossenen Auskunfts- oder Beratungsvertrages verbunden mit der Pflicht zur objektgerechten Aufklärung als Verstoß gegen europäisches Recht gewertet, da hierdurch die von der MiFID gesetzten Aufklärungsstandards auf mitgliedstaatlicher Ebene unzulässig verschärft würden[578]. Hierdurch werde die mit der MiFID angestrebte Voll- oder Maximalharmonisierung missachtet. Wie bereits gezeigt[579], strebt die MiFID jedoch lediglich eine Voll- bzw. Maximalharmonisierung auf dem Gebiet des öffentlichen Rechts an. Das Zivilrecht soll nicht vereinheitlicht werden[580].

Andere wiederum kritisieren, dass die BGH-Rechtsprechung zum Abschluss eines konkludenten Beratungsvertrags nicht der Bankpraxis gerecht werde, da es an einem entsprechenden Rechtsbindungswillen der Bank zur Durchführung einer neutralen Beratung fehle[581]. Teilweise wird die Annahme des Abschlusses eines stillschweigenden Beratungsvertrags als dogmatisch verfehlt[582] bzw. als bloße Fiktion[583], die von Gerichten einzelfallbezogen eingesetzt werde[584], kritisiert. Stattdessen wird vorgeschlagen, die bisher von der Rechtsprechung unter dem Gesichtspunkt eines Beratungsverschuldens behandelten Fälle unter dem Gesichtspunkt einer Nebenpflichtverletzung gemäß §§ 241 Abs. 2, 311 Abs. 2 BGB zu behandeln[585].

---

576 BGH, Urt. v. 06.7.1993, XI ZR 12/93, NJW 1993, 2433 ff.; siehe auch BGH, Urt. v. 6.3.2008, III ZR 298/05, WM 2008, 725, 729.

577 Mülbert WM 2007, 1149, 1157; Mülbert, ZHR 172 (2008), 170, 183; zweifelnd: Koller, FS-Huber, 821, 839.

578 Mülbert WM 2007, 1149, 1157; Mülbert, ZHR 172 (2008), 170, 183; zweifelnd: Koller, FS-Huber, 821, 839.

579 Siehe 1. Teil, 2. Abschnitt, A.I.2.

580 Ellenberger, in: FS-Nobbe, 523, 537; Veil, ZBB 2008, 34, 41 f.; Fuchs, in: Fuchs, WpHG, Vor §§ 31–37a, Rn. 63.

581 Krüger, NJW 2013, 1845, 1846; ähnlich: Ekkenga, in: MüKo-HGB, Band 5, Effektengeschäft, Rn. 269, der allerdings nicht das von der Rechtsprechung entwickelte Konstrukt des stillschweigenden Beratungsvertrags in Frage stellt; siehe zu Interessenkonflikten bei der Anlageberatung und Defiziten in der Beratungspraxis: Reiter/Methner, WM 2013, 2053 ff.; Koller, ZBB 2011, 361 ff.; einen guten Überblick über den aktuellen Stand der Diskussion gibt Buck-Heeb, WM 2012, 625 ff.

582 So Wagner DStR 2003, 1757, 1760; Wagner, DStR 2004, 1883, 1885 f.; Herresthal ZBB 2012, 89, 92 f.

583 Roth, in: MüKo-BGB, Band 2, § 241, Rn. 133; Herresthal ZBB 2012, 89, 93.

584 So Roth, in: MüKo-BGB, Band 2, § 241, Rn. 133; Wagner DStR 2003, 1757, 1760.

585 Krüger, NJW 2013, 1845, 1846 f.; Wagner, DStR 2003, 1757, 1760; ablehnend: Buch-Heeb, WM 2012, 625, 630 f.

Die gegen die Annahme eines stillschweigenden Beratungsvertrags vorgebrachte Kritik überzeugt nicht vollständig. In der Literatur wird zu Recht darauf hingewiesen, dass ein stillschweigend abgeschlossener Beratungsvertrag nur dann eine Fiktion sei, wenn die Parteien des Vertrages sich nachweislich keine Gedanken darüber gemacht haben, ob ein entsprechender Beratungsvertrag zustande kommt[586]. Schließlich wird darauf verwiesen, dass einige Banken explizit mit dem Anbieten von Beratung werben[587]. Einem Wertpapierdienstleistungsunternehmen steht es frei, das Zustandekommen eines Beratungsvertrages dadurch zu verhindern, dass es nach außen kundtut, dass keine Beratungspflichten übernommen werden sollen[588]. Dies muss sich dann auch in der Beratungspraxis der Banken dadurch niederschlagen, dass keine Exploration hinsichtlich der Anlageziele und finanziellen Verhältnisse der Anleger erfolgt[589]. Denn diese Angaben sind gemäß § 6 Abs. 1 WpDVerOV nur im Rahmen einer Anlageberatung einzuholen. Soll eine solche nicht durchgeführt werden, ist die Einholung dieser Angaben auch entbehrlich. Im Übrigen besitzt die Unterscheidung keine große praktische Relevanz, da im Falle der Verletzung einer vertraglichen Nebenpflicht wie auch im Falle der Verletzung von Pflichten eines Beratungsvertrags zu Schadensersatzansprüchen des geschädigten Anlegers führt[590].

2. Beratungspflichten

Der BGH verlangt seit dem „Bond"-Urteil[591] eine anlage- und objektgerechte Beratung, welche sich an den Verhältnissen des Kunden sowie am Anlageobjekt zu orientieren hat. Die in diesem Urteil aufgestellten Grundsätze orientieren sich stark an der anglo-amerikanischen Suitability-Doktrin[592] („know your customer and your product") und Art. 11 Wertpapierdienstleistungsrichtlinie (Richtlinie 93/22/EG), der im Zeitpunkt der BGH Entscheidung noch nicht in deutsches Recht umgesetzt worden war. § 31 Abs. 2 WpHG a.F., durch den Art. 11 der RL 93/22/EG umgesetzt worden war, war daher stark an die Entscheidungsgründe des „Bond"-Urteils angelehnt[593]. Diese von der Rechtsprechung entwickelten Grundsätze zur

---

586 Buck-Heeb, WM 2012, 625, 628.

587 Wiechers, WM 2012, 477, 480.

588 Buck/Heeb, BKR 2010, 1, 8.

589 Ekkenga, in: MüKo-HGB, Band 5, Effektengeschäft, Rn. 268.

590 Hierauf weisen Roth, in: MüKo-BGB, Band 2, § 241, Rn. 133 sowie Tonner, in: Derleder/Knops/Bamberger, Handbuch europäisches Bankrecht, § 4, Rn. 5 hin.

591 BGH, Urt. v. 6.7.1993, XI ZR 12/93, WM 1993, 1455, 1456.; siehe auch BGH, Urt. v. 6.3.2008, III ZR 298/05, WM 2008, 725, 729.

592 Siehe hierzu: Reich, WM 1997, 1601, 1604.

593 Beschlußempfehlung und Bericht des Finanzausschusses zum Entwurf der Bundesregierung eines Gesetzes über den Wertpapierhandel und zur Änderung börsenrechtlicher und wertpapierrechtlicher Vorschriften (Zweites Finanzmarktförderungsgesetz), BT-Drs. 12/7918, S. 103 f.; Lenenbach, Kapitalmarkt- und Börsenrecht, Rn. 8.7.

anleger- und anlagen-/objektgerechten Beratung haben auch nach Umsetzung der MiFID sowie der MiFID-Durchführungsrichtlinie durch das FRUG und der damit einhergehenden Neuformulierung der §§ 31 ff. WpHG n.F. weiterhin Bestand, da von der MiFID sowie der MiFID-Durchführungsrichtlinie keine Regelungen auf dem Gebiet des Zivilrechts geschaffen wurden[594].

a) Anlegergerechte Beratung

Hiernach sind bei der Beratung der Wissensstand des Kunden, seine Risikobereitschaft und seine finanziellen Verhältnisse zugrunde zu legen[595]. Es ist zu berücksichtigen, dass bei unerfahrenen Kunden eine intensivere Beratung zu erfolgen hat als bei erfahrenen. Auch muss die Anlageempfehlung die Risikobereitschaft des Anlegers berücksichtigen.

Weiterhin hat sich die Beratung am Kundeninteresse zu orientieren und darf nicht dem Ziel der Gewinnmaximierung des Anlageberaters dienen. Spricht der Berater eine Empfehlung aus, welche nicht mit dem Kundeninteresse vereinbar ist, so macht er sich wegen einer Beratungspflichtverletzung schadensersatzpflichtig. Zur anlagegerechten Beratung gehört auch, dass der Berater seine eigenen Interessen hinter die des Kunden stellt.

Die zivilrechtlichen Informations- und Aufklärungspflichten hinsichtlich einer anlegergerechten Aufklärung im Rahmen eines Anlageberatungsvertrags sind somit mit den öffentlich-rechtlichen, in § 31 Abs. 4 WpHG statuierten Pflichten weitestgehend identisch.

b) Anlagegerechte/objektgerechte Beratung

Seit Umsetzung der MiFID durch das FRUG in deutsches Recht ist ein Wertpapierdienstleistungsunternehmen aufsichtsrechtlich nicht mehr dazu verpflichtet, eine anlagengerechte/objektgerechte Beratung vorzunehmen, da gemäß § 31 Abs. 3, 4 WpHG i.V.m. § 5 Abs. 1 S. 2 WpDVerOV lediglich Informationen über die Art eines Finanzinstruments, nicht jedoch Informationen über das konkrete Finanzinstrument, also einen Einzeltitel, erteilt werden müssen[596].

Eine Pflicht zur anlagengerechten/objektgerechten Beratung ergibt sich jedoch zivilrechtlich aus einem Beratungsvertrag. Objektgerechte Beratung bedeutet, dass sich die Beratung in Bezug auf das konkrete Anlageobjekt auf diejenigen Risiken beziehen muss, die für die jeweilige Anlageentscheidung wesentliche Bedeutung

---

594 Assmann, ZBB 2008, 21, 30; Ellenberger, in: FS-Nobbe, 523, 537; Möllers, WM 2008, 91, 96; Veil ZBB 2008, 34, 41; im Ergebnis Einsele, JZ 2008, 477, 481 f.; Koller, in: Assmann/Schneider, WpHG, Vor § 31, Rn. 5; Fuchs, in: Fuchs, WpHG, Vor § 31, Rn. 63.

595 Lenenbach, Kapitalmarkt- und Börsenrecht, Rn. 8.27; Ellenberger, WM Sonderteil 15/2001, 2, 4; Seyfried, in: Kümpel/Wittig, Rn. 3.153; Fuchs, in: Fuchs, WpHG, § 31, Rn. 249 ff.

596 Siehe 1. Teil, 2. Abschnitt, A.II.4.c, d.

haben oder haben können[597], wobei zwischen allgemeinen Risiken (Konjunkturlage, Entwicklung des Börsenmarktes) und objektspezifischen Risiken (Kurs-, Währungsrisiko) zu unterscheiden ist[598]. Weiterhin ist bedeutsam, ob die Bank das Anlageobjekt in ein von ihr aufgestelltes Anlageprogramm aufgenommen hat und dieses Programm zur Grundlage ihrer Beratung macht. Ist dies der Fall, kann sich die Bank nicht darauf berufen, sie habe keine Kenntnisse über das Anlageobjekt[599]. Etwas anderes gilt jedoch, wenn der Kunde sich an die Bank wendet und ein Produkt erwerben will, welches nicht zum Anlageprogramm der Bank gehört. In diesem Fall kann sich die Bank durch Erteilung eines Hinweises, dass sie keine Sachkunde besitzt, einer Aufklärungspflicht weitestgehend entziehen[600].

c) Aufklärung über bestimmte Arten von Zuwendungen

Daneben besteht die (zivilrechtliche) Pflicht einen Anleger über das Bestehen und die Höhe von bestimmten Arten von Zuwendungen aufzuklären[601]. Der Umfang und Inhalt dieser Offenlegungspflicht wie auch die Frage, über welche Arten von Zuwendungen aufzuklären ist, waren in den letzten Jahren häufig Gegenstand gerichtlicher Auseinandersetzungen[602]. Eine Offenlegungspflicht könnte beispielsweise erwachsen, wenn durch die Zahlung von verdeckten Innenprovisionen die Erwartungen des Anlegers an die Werthaltigkeit der Kapitalanlage enttäuscht werden[603]. Daneben könnte eine Offenlegungspflicht von bestimmten Arten von Zuwendungen auch unter dem Gesichtspunkt eines möglichen Interessenkonflikts der beratenden Bank in Betracht kommen.

597 Ellenberger, WM Sonderteil 15/2001, 2, 5; Lenenbach, Kapitalmarkt- und Börsenrecht, Rn. 8.32.

598 v. Heymann/Edelmann, in: Assmann/Schütze, Hdb. KapitalanlageR, § 4, Rn. 20 ff.; Fuchs, in: Fuchs, WpHG, § 31, Rn. 250.

599 Lang, § 10, Rn. 47; Balzer, Anm. zu OLG Stuttgart, Urt. v. 5.5.1999, 9 U 170/98, EWiR 199 9, 775, 776.

600 BGH, Urt. v. 19.5.1998, XI ZR 286/97, ZIP 1998, 1220, 1221; Lang, § 10, Rn. 47; Ellenberger, WM Sonderteil 15/2001, 1, 5; BGH, Urt. v. 6.7.1990, XI ZR 12/93, WM 1993, 1455, 1456.

601 Siehe hierzu: Jordans, BKR 2011, 456 ff.; Veil, WM 2009, 2193 ff.; Buck-Heeb, BKR 2010, 309 ff.; Spindler, WM 2009, 1821 ff.; Koch, in: Schwark/Zimmer, Kapitalmarktrechts-Kommentar, § 31d WpHG, Rn. 68 ff.; Schwab, BKR 2011, 450 ff.; Zingel/Rieck, BKR 2009, 353 ff.; Harnos, BKR 2014, 1 ff.; Herresthal, ZBB 2012, 89 ff.; Bauch, NJW 2012, 354 ff.

602 Siehe: BGH, Urt. v. 19.12.2000, XI ZR 349/99, NJW 2001, 962 ff.; BGH, Urt. v. 19.12.2006, XI ZR 56/05, NJW 2007, 1876 ff.; BGH, Urt. 27.10.2009, XI ZR 338/08, WM 2009, 2306; BGH, Urt. v. 27.9.2011, XI ZR 178/10, WM 2011, 2261 ff.; BGH, Urt. 17.9.2013, XI ZR 332/12, WM 2013, 1983 ff.; OLG Hamburg, Urt. v. 23.4.2010, 13 U 117/09, BKR 2010, 250 ff.; OLG Karlsruhe, Urt. v. 17.7.2012, 17 U 148/11, WM 2012, 2333 ff.

603 Jooß, WM 2011, 1260, 1266.

aa) Pflicht zur Offenlegung von Rückvergütungen

Der BGH hat in einem Urteil vom 19.12.2000 hierzu ausgeführt, dass eine Bank, die einem (externen) Vermögensverwalter ihres Kunden Provisionen und Depotgebühren rückvergütet, ihren Kunden vor Abschluss der vom Vermögensverwalter initiierten Effektengeschäfte darauf hinzuweisen hat, dass sie durch die Provisionsbeteiligungsvereinbarung mit dem Vermögensverwalter des Kunden eine Gefährdung der Kundeninteressen durch den Vermögensverwalter geschaffen hat[604]. Der BGH begründete diese Verpflichtung mit der Notwendigkeit der Offenlegung eines möglichen Interessenkonflikts[605]. Es bestehe die Gefahr, dass bei Entscheidungen des Vermögensverwalters nicht allein das Interesse des Kunden, sondern auch das eigene Interesse an möglichst umfangreichen Vergütungen aus der Provisionsbeteiligungsvereinbarung Berücksichtigung finde[606]. Über diese von ihr geschaffene Gefährdung der Kundeninteressen habe die Bank den Kunden, den ihr der externe Vermögensverwalter zuführt, vor Vertragsabschluss ungefragt aufzuklären[607]. In einem weiteren Urteil vom 19.12.2006 hat der BGH entschieden, dass eine Verletzung des zwischen einem Kunden und seiner Bank geschlossenen Beratungsvertrags vorliegt, falls die Bank Fondsanteile empfiehlt und es unterlässt den Kunden darüber aufzuklären, dass und in welcher Höhe Rückvergütungen aus der jährlichen Verwaltungsgebühr und den Ausgabeaufschlägen von der Fondsgesellschaft an sie gezahlt werden[608]. Der BGH begründete das Vorliegen einer Pflichtverletzung damit, dass der Kunde bei einer unterlassenen Aufklärung nicht beurteilen könne, ob die Anlageempfehlung allein im Kundeninteresse nach den Kriterien anleger- und objektgerechter Beratung erfolgt sei oder zumindest teilweise auch im Interesse der Bank, möglichst hohe Rückvergütungen zu erhalten[609]. In einer Entscheidung vom 27.10.2009 hat der BGH eine Präzisierung des Begriffs der aufklärungspflichtigen Rückvergütung, sogenannter „Kick-Back“

---

604 BGH, Urt. v. 19.12.2000, XI ZR 349/99, NJW 2001, 962, 963; siehe zu diesem Urteil: Lang/Balzer, in: FS-Nobbe, 639, 670 f.

605 BGH, Urt. v. 19.12.2000, XI ZR 349/99, NJW 2001, 962, 963; siehe zu diesem Urteil: Koch, in: Schwark/Zimmer, Kapitalmarktrechts-Kommentar, § 31d WpHG, Rn. 69; Sethe, in: FS-Nobbe, 769, 778 ff.

606 BGH, Urt. v. 19.12.2000, XI ZR 349/99, NJW 2001, 962, 963.

607 BGH, Urt. v. 19.12.2000, XI ZR 349/99, NJW 2001, 962, 963.

608 BGH, Urt. v. 19.12.2006, XI ZR 56/05, NJW 2007, 1876, 1878, Rn. 22; siehe zu diesem Urteil: Lang/Balzer, in: FS-Nobbe, 639, 671 f.; Ellenberger, in: FS-Nobbe, 523, 524 ff.; Sethe, in: FS-Nobbe, 769, 784; Koch, in: Schwark/Zimmer, Kapitalmarktrechts-Kommentar, § 31d, WpHG, Rn. 71; Nikolaus/d'Oleire, WM 2129, 2132.

609 BGH, Urt. v. 19.12.2006, XI ZR 56/05, NJW 2007, 1876, 1877, Rn. 23. Mit Beschluss v. 20.1.2009, XI ZR 510/07, BKR 2009, 126, 127, Rn. 12 hat der BGH diese Rechtsprechung auf den Vertrieb von Medienfonds durch eine Bank für anwendbar erklärt, also auf Sachverhalte außerhalb des Anwendungsbereichs des WpHG; siehe zu dieser Entscheidung: Koch, in: Schwark/Zimmer, Kapitalmarktrechts-Kommentar, § 31d WpHG, Rn. 73 ff.; Seyfried, in: Kümpel/Wittig, Rn. 3.133.

vorgenommen und ausgeführt, dass eine solche dann vorliege, wenn Teile des Ausgabeaufschlags oder der Verwaltungsgebühren, die der Kunde über die beratende Bank an eine Fondsgesellschaft gezahlt hat hinter dem Rücken des Kunden an die Bank umsatzabhängig zurückfließen, so dass die Bank ein für den Kunden nicht erkennbares besonderes Interesse hat, gerade diese Beteiligung zu empfehlen[610]. Der BGH hat die in seinem Urteil vom 27.10.2009 vorgenommene Definition des „Kick-Back" mit Beschluss vom 9.3.2011 bestätigt und klargestellt, dass die in seiner bisherigen Rechtsprechung als Quellen für die Zahlung von Rückvergütungen genannten Ausgabeaufschläge und Verwaltungsgebühren nur beispielhaften Charakter besitzen und nicht abschließend seien[611]. Dagegen handele es sich bei Innenprovisionen um nicht ausgewiesene Vertriebsprovisionen, die dem Anlagevermögen entnommen werden[612]. Über diese sei nach der Rechtsprechung des BGH nur unter bestimmten Umständen aufzuklären, sofern sie Auswirkungen auf die Werthaltigkeit der vom Anleger erworbenen Anlage haben und deswegen bei diesem insoweit eine Fehlvorstellung hervorrufen können[613]. Teilweise wird in diesem Beschluss eine weitreichende Änderung der bisherigen BGH Rechtsprechung gesehen[614]. Dies hat der BGH in einem Beschluss vom 24.8.2011 verneint[615]. Er führte in diesem Beschluss aus, dass es sich bei aufklärungspflichtigen Rückvergütungen regelmäßig um umsatzabhängige Provisionen handele, die im Gegensatz zu Innenprovisionen nicht aus dem Anlagevermögen, sondern aus offen (im Prospekt) ausgewiesenen Positionen gezahlt werden[616]. Der BGH hat in mehreren Entscheidungen ausgeführt, dass durch das Unterlassen der Offenlegung der Rückvergütung zwar beim Anleger keine Fehlvorstellung über die Werthaltigkeit der Anlage hervorgerufen werde, dieser jedoch nicht das besondere Interesse der beratenden Bank an der Empfehlung gerade jener Anlage erkennen könne[617]. Fraglich ist, ob diese Rechtsprechungsgrundsätze auf den freien Anlageberater übertragbar

610 BGH, Urt. 27.10.2009, XI ZR 338/08, WM 2009, 2306, 2307, Rn. 31; siehe hierzu: Koch, in: Schwark/Zimmer, Kapitalmarktrechts-Kommentar, § 31d WpHG, Rn. 80 ff.; Varadinek/Röh, ZIP 2009, 2380, 2383 ff. f.; Habersack, WM 2010, 1245, 1247 ff.; Seyfried, in: Kümpel/Wittig, Rn. 3.134 ff.; Koch, BKR 2010, 177 ff.; Langen, BB 2010, 17 f.

611 BGH, Beschluss v. 9.3.2011, XI ZR 191/10, WM 2011, 925, 927, Rn. 23, 24; siehe auch: BGH, Beschluss v. 19.7.2011, XI ZR 191/10, WM 2011, 1506, Rn. 4.

612 BGH, Beschluss v. 9.3.2011, XI ZR 191/10, WM 2011, 925, 926, Rn. 22.

613 BGH, Beschluss v. 9.3.2011, XI ZR 191/10, WM 2011, 925, 926, Rn. 22.

614 So Nobbe, BKR 2011, 302 ff.; Jordans, BKR 2011, 456, 462 f.; a.A. Wiechers, WM 2012, 477, 481 f.

615 BGH, Beschluss v. 24.8.2011, XI ZR 191/10, WM 2011, 1804, Rn. 3, 6 f.; zustimmend: Wiechers, WM 2012, 477, 481 f.

616 BGH, Beschluss v. 24.8.2011, XI ZR 191/10, WM 2011, 1804, Rn. 4; BGH, Beschluss v. 9.3.2011, XI ZR 191/10, WM 2011, 925, 927, Rn. 25; BGH, Urt. v. 8.5.2012, XI ZR 262/10, NJW 2012, 2427, 2428, Rn. 17.

617 BGH, Beschluss v. 9.3.2011, XI ZR 191/10, WM 2011, 925, 927, Rn. 24; BGH, Urt. v. 8.5.2012, XI ZR 262/10, NJW 2012, 2427, 2428, Rn. 17.

sind. In seinem Urteil vom 15.4.2010 hat der BGH dies verneint und ausgeführt, dass – jedenfalls außerhalb des Anwendungsbereichs des § 31d WpHG – ein freier Anlageberater im Gegensatz zu einem bankabhängigen Anlagerberater nicht über verdeckte Rückvergütungen ungefragt aufklären müsse, sofern diesem vom Anleger selbst keinerlei Entgelt oder Provision gezahlt werde und dem Anleger offen die Kosten eines Agios oder der Eigenkapitalbeschaffung ausgewiesen werden, aus denen ihrerseits die Vertriebsprovisionen gezahlt werden[618]. Der BGH hat seine Entscheidung damit begründet, dass es für den Anleger auf der Hand liege, dass der Anlageberater von der kapitalsuchenden Anlagegesellschaft Vertriebsprovisionen erhalte, die jedenfalls wirtschaftlich betrachtet dem vom Anleger an die Anlagegesellschaft gezahlten Betrag entnommen werden[619]. Da der Anlageberater mit der Beratung als solcher sein Geld verdienen muss, könne der Anleger nicht berechtigter Weise annehmen, dass der Anlageberater im Gegensatz zu einer Bank, die mit ihrem Kunden in einer dauerhaften Geschäftsbeziehung steht, aus welcher sie Entgelte oder Provisionen erhält, seine Leistung kostenlos erbringe[620]. Diese Entscheidung ist in der Literatur teilweise auf Kritik gestoßen[621]. Gegen sie wird angeführt, wenn schon bei einer Bank, die sich auch anders als über Provisionen finanzieren könne, ein Interessenkonflikt bestehe, dann sei dieser bei einem freien Anlageberater, der neben Provisionen keine weitere Einnahmequelle besitze, ungleich größer[622]. Zumindest im Anwendungsbereich des § 31d WpHG ist jedoch eine Unterscheidung zwischen freien Anlageberatern und bankgebundenen Beratern nicht statthaft, da das WpHG keine Differenzierung vornimmt[623]. Das BVerfG hat die Rechtsprechung des BGH[624] zu Aufklärungspflichten über Rückvergütungen als mit Artt. 3 Abs. 1, 12 Abs. 1, 101 Abs. 1 S. 2 GG sowie Art. 103 Abs. 1 GG für vereinbar erachtet[625]. Im Rahmen des Erwerbs von Aktien spielen Aufklärungspflichten über Rückvergütungen im Sinne der BGH-Rechtsprechung jedoch keine Rolle, da der Anleger weder einen Ausgabeaufschlag noch eine jährliche

---

618 BGH, Urt. v. 15.4.2010, III ZR 169/09, BKR 2010, 247, 248, Rn. 11, 14; siehe zu diesem Urteil: Buck-Heeb, BKR 2010, 309, 314 f.; Habersack, WM 2012, 1245, 1248.

619 BGH, Urt. v. 15.4.2010, III ZR 169/09, BKR 2010, 247, 248, Rn. 14.

620 BGH, Urt. v. 15.4.2010, III ZR 169/09, BKR 2010, 247, 248, Rn. 10, 13.

621 Buck-Heeb, BKR 2010, 309, 315 f.; Koch, in: Schwark/Zimmer, Kapitalmarktrechts-Kommentar, § 31d, Rn. 77.

622 Buck-Heeb, BKR 2010, 309, 315; Koch, in: Schwark/Zimmer, Kapitalmarktrechts-Kommentar, § 31d, Rn. 77.

623 So Buck-Heeb, BKR 2010, 309, 315 unter Verweis auf BGH, Urt. v. 15.4.2010, III ZR 169/09, BKR 2010, 247, 248, Rn. 14; Koch, in: Schwark/Zimmer, Kapitalmarktrechts-Kommentar, § 31d, Rn. 77.

624 Gegenstand des Verfahrens vor dem BVerfG waren die Beschlüsse des BGH v. 9.3.2011, XI ZR 191/10, WM 2011, 925 ff., v. 19. 7. 2011, XI ZR 191/10, WM 2011, 1506 ff. sowie v. 24.8.2011, XI ZR 191/10, WM 2011, 1804.

625 BVerfG, Beschluss v. 8.12.2011, 1 BvR 2514/11, NJW 2012, 443 ff.; siehe zu diesem Beschluss: Herresthal, ZBB 2012, 89 ff.

Verwaltungsvergütung an die Aktiengesellschaft entrichtet, aus denen Rückvergütungen an die den Anleger beratende Bank gezahlt werden könnten.

bb) Pflicht zur Offenlegung von Innenprovisionen

Fraglich ist, inwieweit auch eine zivilrechtliche Pflicht zur Aufklärung über Innenprovisionen besteht[626] und die in der „Kick-Back"-Rechtsprechung des BGH aufgestellten Grundsätze auf Innenprovisionen übertragbar sind. Bei Innenprovisionen handelt es sich um nicht offen ausgewiesene Rückvergütungen, die aus dem Anlagevermögen als Vertriebsprovision gezahlt werden[627]. Innenprovisionen haben Auswirkungen auf die Werthaltigkeit einer Kapitalanlage. Außerhalb des Anwendungsbereichs des WpHG hat der BGH im Zusammenhang mit dem Erwerb von geschlossenen Fonds eine Offenlegungspflicht durch den Anlageberater bzw. -vermittler nur dann angenommen, wenn Innenprovisionen nicht oder fehlerhaft im Prospekt angegeben sind, allerdings nur dann, sofern diese einen Wert von 15% des Gesamtanlagevermögens übersteigen[628]. Der BGH hat dies damit begründet, dass die Bank im Rahmen der Anlageberatung über diese Kosten und die vereinnahmte Vertriebsprovision nicht ungefragt weiter aufzuklären brauche, wenn die Kosten der Eigen- und Fremdkapitalbeschaffung im Prospekt korrekt ausgewiesen seien und sie dem Kunden den Prospekt so rechtzeitig übergebe, dass er sich mit seinem Inhalt vor Vertragsabschluss vertraut machen könne[629]. Das Bestehen der Offenlegungspflicht durch den Anlageberater begründet der BGH damit, dass eine Überschreitung dieses Schwellenwerts zu einer Einschränkung der Werthaltigkeit und Rentabilität der Anlage führe, auf die der Kapitalanleger hingewiesen werden müsse[630]. Dagegen hat der BGH eine Aufklärungspflicht über offen ausgewiesene Rückvergütungen, die die beratende Bank für die Vermittlung von Fondsanteilen erhält, auch bei einem Unterschreiten der 15%-Schwelle angenommen[631].

---

626 Siehe hierzu: Lippe/Voigt, BKR 2011, 151 ff.; Fullenkamp, NJW 2011, 421 ff.; Koch, in: Schwark/Zimmer, Kapitalmarktrechts-Kommentar, § 31d WpHG, Rn. 80 ff.; Zingel/Rieck, BKR 2009, 353 ff.

627 BGH, Beschluss v. 24.8.2011, XI ZR 191/10, WM 2011, 1804, Rn. 4; BGH, Senatsbeschluss v. 9.3.2011, XI ZR 191/10, WM 2011, 925, 927, Rn. 32; Wiechers, WM 2012, 477, 481.

628 BGH, Urt. v. 12.2.2004, III ZR 359/02, BKR 2004, 195, 199 (Anlagevermittlung); BGH, Urt. v. 9.2.2006, III ZR 20/05, NJW-RR 2006, 685, 686, Rn. 5 (Anlagevermittlung); BGH, Urt. v. 22.3.2007, III ZR 218/06, NJW-RR 2007, 925, 926, Rn. 9 (Anlagevermittlung); BGH, Urt. v. 25.9.2007, XI ZR 320/06, BKR 2008, 199, 200, Rn. 14.

629 BGH, Urt. v. 25.9.2007, XI ZR 320/06, BKR 2008, 199, 200, Rn. 15 f.; BGH Urt. v. 27.10.2009, XI ZR 338/08, WM 2009, 2306, 2307, Rn. 31.

630 BGH, Urt. v. 12.2.2004, III ZR 359/02, BKR 2004, 195, 198 f.; BGH, Urt. v. 25.9.2007, XI ZR 320/06, BKR 2008, 199, 201, Rn. 16.

631 Hierauf weist Veil, WM 2009, 2193, 2195 hin. Siehe zu Einzelheiten: 1. Teil, 2. Abschnitt, A.III.2.c.aa.

Die zitierten BGH-Entscheidungen zu Innenprovisionen betrafen allesamt geschlossene Fonds und sind außerhalb des Anwendungsbereichs des WpHG ergangen. Ob diese Rechtsprechung jedoch ohne weiteres auf Sachverhalte im Anwendungsbereich des WpHG übertragbar ist, erscheint zweifelhaft[632]. Fraglich ist, ob stattdessen die vom BGH zur Offenlegungspflicht von „Kick-Backs" aufgestellten Grundsätze auf Innenprovisionen Anwendung finden. Dies wird teilweise in der Literatur[633] wie auch der instanzgerichtlichen Rechtsprechung[634] unter Verweis auf die BGH-Entscheidung vom 27.10.2009[635] abgelehnt. Der BGH hatte ausgeführt, dass eine aufklärungspflichtige Rückvergütung nur dann vorliege, wenn Teile der Ausgabeaufschläge oder Verwaltungsgebühren, die der Kunde über die Bank an die Gesellschaft zahlt, hinter seinem Rücken an die beratende Bank umsatzabhängig zurückfließen[636]. Eine Übertragbarkeit der BGH-Rechtsprechung auf aus dem Anlagevermögen gezahlte nicht offen ausgewiesene Innenprovisionen wird mit dem Argument abgelehnt, dass es sich bei Innenprovisionen um Kostenbestandteile der Kapitalanlage handele, die der Emittent in deren Preis bzw. das Nominalkapital einpreise und die im Gegensatz zu aus Ausgabeaufschlag oder Verwaltungsgebühren gezahlten Rückvergütungen keinerlei anrüchigen oder schmiergeldähnlichen Charakter besäßen[637]. Eine Ablehnung der Übertragbarkeit der BGH-Rechtsprechung erscheint aber – zumindest dann, wenn Teile der Innenprovision an die beratende Bank zurückfließen, – nicht sachgerecht. Zum einen besteht bei der Zahlung von Innenprovisionen für den Anleger eine wie bei der Zahlung von „Kick-Backs" vergleichbare Gefahrenlage[638]. Darüber hinaus besteht bei der Zahlung von Innenprovisionen die weitere Gefahr, dass der Anleger wegen des Mitteabflusses ein Anlageobjekt erwirbt, welches wegen des Abflusses einen geringeren Wert als

---

632 Ablehnend: Koch, in: Schwark/Zimmer, Kapitalmarktrechts-Kommentar, § 31d WpHG, Rn. 82 f.; ähnlich Brocker, BKR 2008, 199, 202; unentschieden: Wiechers, WM 2012, 477, 483.

633 Nobbe, BKR 2011, 302; Habersack. WM 2010, 1245, 1247 f.; Varadinek/Röh, ZIP 2009, 2380, 2383 f.; Seyfried, in: Kümpel/Wittig, Rn. 3.135, jedenfalls für geschlossene Fonds, also einem Produkt außerhalb des Anwendungsbereichs des § 31d WpHG.

634 OLG Stuttgart, Urt. v. 12.5.2010 – 3 U 200/09, NZG 2010, 995, 997, Rn. 50 f.

635 BGH, Urt. 27.10.2009, XI ZR 338/08, WM 2009, 2306 f.

636 BGH, Urt. 27.10.2009, XI ZR 338/08, WM 2009, 2306, 2307, Rn. 31; siehe auch: BGH, Urt. v. 15.4.2010, III ZR 196/09, BKR 2010, 247, 248, Rn. 10.

637 OLG Stuttgart, Urt. v. 12.5.2010, 3 U 200/09, NZG 2010, 995, 997, Rn. 56; Nobbe, WuB I G 1. – 5.10, S. 125.

638 OLG Stuttgart, Urt. v. 28.7.2010, 9 U 182/09, Rn. 32, zitiert nach juris; OLG Frankfurt/Main, Urt. v. 19.11.2010, 17 U 29/10, Rn. 46, 53, zitiert nach juris; Koch, in: Schwark/Zimmer, Kapitalmarktrechts-Kommentar, § 31d, Rn. 83; Buck-Heeb, BKR 2010, 309, 311; Schwab, BKR 2011, 450, 452 f.; Jooß, WM 2012, 1260, 1264 f.; Assmann, ZIP 2009, 2125, 2129, der allerdings die Begrifflichkeiten Innenprovision und Rückvergütung nicht wie der BGH verwendet.

das Gesamtanlagevermögen aufweist[639]. Schließlich ist die öffentlich-rechtliche Vorschrift des § 31d WpHG auf „Kick-Back"-Zahlungen wie auf Innenprovisionen gleichermaßen anwendbar[640]. Folgerichtig wird eine Offenlegungspflicht über Innenprovisionen bei der Anlageberatung im Anwendungsbereich des WpHG von Teilen der Literatur[641] wie auch teilweise der Rechtsprechung[642] auch bei Innenprovisionen unter 15% bejaht. Im Anwendungsbereich des WpHG ist es sachgerecht die von der Rechtsprechung für die Offenlegung über „Kick-Back"-Zahlungen aufgestellten Grundsätze Eins-zu-Eins auf Innenprovisionen zu übertragen[643].

cc) Keine Offenlegungspflicht über Gewinnmargen

Fraglich ist, ob auch eine zivilrechtliche Pflicht zur Aufklärung über die Gewinnspanne bei Festpreisgeschäften besteht[644]. Dies wird von Teilen der Literatur[645] wie auch zum Teil von Instanzgerichten[646] mit dem Argument bejaht, dass der Kunde nur bei Offenlegung der Höhe der Gewinnmarge den Grad seiner Gefährdung aus dem Interessenkonflikt des Wertpapierdienstleistungsunternehmens erkennen könne. Auch bestehe bei einem Festpreisgeschäft im Rahmen des Eigenhandels ein vergleichbarer Konflikt wie bei der Anlagevermittlung oder -beratung[647]. Weiterhin hänge es vom Zufall ab, ob die Bank den Kundenauftrag im Wege eines Festpreisgeschäfts oder eines Kommissionsgeschäfts durchführe[648]. Seitens der Literatur wird als weiteres Argument für eine Offenlegungspflicht angeführt, dass ein Anlageberater, der neben offen ausgewiesenen Provisionen noch eine

---

639 Hierauf weist Schwab, BKR 2011, 450, 454 hin.

640 Siehe hierzu: 2. Abschnitt, A.II.4.g.

641 Buck-Heeb, BKR 2010, 309, 311 f.; Koch, BKR 2010, 177, 184; Schwab, BKR 2011, 450, 454; Schäfer, in: FS-Nobbe, 725, 739.

642 OLG Stuttgart, Urt. v. 28.7.2010, 9 U 182/09, Rn. 32, zitiert nach juris; OLG Frankfurt/Main, Urt. v. 19.11.2010, 17 U 29/10, Rn. 46, 53, zitiert nach juris.

643 Koch, in: Schwark/Zimmer, Kapitalmarktrechts-Kommentar, § 31d, Rn. 82 ff.; Buck-Heeb, BKR 2010, 309, 311 f.; wohl auch Schäfer, in: FS-Nobbe, 725, 738 f.; offengelassen: Wiechers, WM 2012, 477, 482.

644 Siehe hierzu: Buck-Heeb, BKR 2010, 1 ff.; Koch, in: Schwark/Zimmer, Kapitalmarktrechts-Kommentar, § 31d WpHG, Rn. 86 ff.; Schwab, BKR 2011, 450, 451 ff.; Harnos, BKR 2014, 1 ff.; Wiechers, WM 2012, 477, 484 f.; Herresthal, ZBB 2012, 89, 99 ff.; Spindler, WM 2009, 1821, 1824 ff.; Schäfer, WM 2012, 197 ff.

645 Geßner, BKR 2010, 89, 95; Roth, in: Assmann/Schütze, HdB Kapitalanlagerecht, § 11, Rn. 61 (für eigene Anlageprodukte der Bank); Schwab, BKR 2011, 450, 454 bejaht eine solche Pflicht dann, wenn nicht der gesamte vom Anleger eingesetzte Betrag in das Anlageobjekt fließt; zweifelnd: Buck-Heeb, BKR 2010, 1, 8.

646 LG Hamburg, Urt. v. 23.6.2009, 310 O 4/09, WM 2009, 1282, 1286; LG Frankfurt/M, Urt. v. 10.3.2008, 2–04 O 388/06, WM 2008, 1061, 1067 f.

647 LG Hamburg, Urt. v. 23.6.2009, 310 O 4/09, WM 2009, 1282, 1286; LG Frankfurt/M, Urt. v. 10.3.2008, 2–04 O 388/06, WM 2008, 1061, 1069; Geßner, BKR 2010, 89, 95.

648 Sethe, in: FS-Nobbe, 769, 786.

Gewinnspanne aus dem Festpreisgeschäft realisiere, den Anleger über seine finanziellen Interessen am Vertragsschluss täusche[649].

Dagegen verneint der BGH[650] wie auch der überwiegende Teil der instanzgerichtlichen Rechtsprechung[651] und der Literatur[652] eine Aufklärungspflicht über Gewinnmargen bei einem im Wege des Eigengeschäfts durchgeführten Festpreisgeschäft. Zur Begründung wird ausgeführt, dass es bei einem Eigengeschäft an einem der Zahlung von Rückvergütungen beim Kommissionsgeschäft vergleichbaren Interessenkonflikt fehle, da keine Provisionen hinter dem Rücken des Kunden von einem Dritten an die beratende Bank gezahlt würden[653]. Auch spricht gegen eine Offenlegungspflicht im Rahmen eines Festpreisgeschäfts, dass anders als bei einem Kommissionsgeschäft – hier ist die Bank zur Wahrung der Kundeninteressen verpflichtet, fördert aber gleichzeitig das Absatzinteresse eines Dritten – die Bank ihr Eigeninteresse am Vertragsschluss mit dem Kunden nicht mit dem Fremdinteresse des Dritten an der Absatzförderung direkt verknüpft[654]. Auch setzt das Vorliegen einer aufklärungspflichtigen Rückvergütung ein Drei-Personen-Verhältnis voraus[655]. Schließlich wird gegen eine Offenlegungspflicht angeführt, dass es für den Kunden offensichtlich sei, dass die Bank ein eigenes Gewinninteresse verfolge und daher eine Aufklärung hierüber nicht erforderlich sei[656]. Die

649 Geßner, BKR 2010, 89, 95.

650 BGH, Urt. v. 22.3.2011, Az. XI ZR 33/10, WM 2011, 682, 687, Rn. 38 (zum Vertrieb eigener Anlageprodukte); BGH, Urt. v. 27.9.2011, XI ZR 178/10, WM 2011, 2261, 2265, Rn. 38 ff. (zum Vertrieb fremder Anlageprodukte unter Geltung der §§ 31, 32 WpHG a.F.); BGH, Urt. v. 27.9.2011, XI ZR 182/10, WM 2268, 2272, Rn. 41 ff. (zum Vertrieb fremder Anlageprodukte unter Geltung der §§ 31, 32 WpHG a.F.); BGH, Urt. 17.9.2013, XI ZR 332/12, WM 2013, 1983, 1984, Rn. 11 (zum Vertrieb fremder Anlageprodukte unter Geltung der §§ 31 ff. n.F.)

651 OLG Frankfurt, Urt. v. 21.9.2010, 9 U 151/10, WM 2010, 2111, 2112; OLG Karlsruhe, Urt. v. 2.11.2010, 17 U 62/10 WM 2011, 353, 355 f., OLG Karlsruhe, Urt. v. 17.7.2012, 17 U 148/11, WM 2012, 2333, 2335; OLG Köln, Urt. v. 8.6.2011, 13 U 55/10, WM 2011, 1652, 1653.

652 Spindler, WM 2009, 1821, 1824 f.; Bausch, NJW 2012, 354, 357; Zingel/Rieck, BKR 2009, 353, 355; Wiechers, WM 2012, 477, 484 f.; Herresthal, ZBB 2012, 89, 100 f.; Fuchs, in: Fuchs, WpHG, § 31d, Rn. 51; differenzierend: Koch, in: Schwark/Zimmer, Kapitalmarktrechts-Kommentar, § 31d WpHG, Rn. 86 f., der eine Unterscheidung danach vornehmen will, ob eigene oder fremde Anlageprodukte verkauft werden und ob der Eindruck einer neutralen Beratung erweckt wird.

653 BGH, Urt. v. 27.9.2011, XI ZR 178/10, WM 2011, 2261, 2266, Rn. 46; BGH, Urt. v. 27.9.2011, XI ZR 182/10, WM 2268, 2272, Rn. 43; Spindler, WM 2009, 1821, 1824 f.

654 So OLG Karlsruhe, Urt. v. 2.11.2010, 17 U 62/10 WM 2011, 353, 355.

655 BGH, Urt. v. 27.9.2011, XI ZR 178/10, WM 2011, 2261, 2265, Rn. 44; BGH, Urt. v. 27.9.2011, XI ZR 182/10, WM 2268, 2272, Rn. 41.

656 BGH, Urt. v. 27.9.2011, XI ZR 178/10, WM 2011, 2261, 2265, Rn. 47; BGH, Urt. v. 27.9.2011, XI ZR 182/10, WM 2268, 2272, Rn. 50; OLG Frankfurt, Urt. v. 21.9.2010, 9 U 151/10, WM 2010, 2111, 2113.

Annahme einer entsprechenden Offenlegungspflicht würde im Übrigen die Banken dazu zwingen, praktisch ihre gesamte Ertragsstruktur offen zu legen[657]. Gegen eine Offenlegungspflicht von Gewinnmargen spricht weiter, dass Einkaufsrabatte – anders als Innenprovisionen – nicht die Werthaltigkeit der Kapitalanlage mindern[658]. Auch ginge eine solche zivilrechtliche Offenlegungspflicht über die öffentlich-rechtlichen Aufklärungspflichten, wie sie im Rahmen von § 31d WpHG bestehen[659], hinaus[660]. Über Gewinnmargen ist daher im Rahmen eines Beratungsvertrags nicht aufzuklären. Entgegen dem BGH[661] wird von Teilen der Literatur[662] und der instanzgerichtlichen Rechtsprechung[663] eine Aufklärungspflicht über den Umstand angenommen, dass der Auftrag des Anlegers nicht im Wege eines Kommissionsgeschäfts, sondern als Festpreisgeschäft durchgeführt wird. Das OLG Frankfurt hatte eine entsprechende Aufklärungspflicht unter Bezugnahme auf Ziffer Nr. 4.3. Abs. 5 S. 1 der Richtlinie des vormaligen BAWe[664] damit begründet, dass nur durch eine Offenlegung das mit dem Verkauf verbundene Umsatzinteresse der ihn beratenden Bank für den Kunden erkennbar sei[665]. Eine entsprechende Pflicht erwächst dem Wertpapierdienstleistungsunternehmen aufsichtsrechtlich auch aus

657 Spindler, WM 2009, 1821, 1824 f.; Bausch, NJW 2012, 354, 357; Koch, in: Schwark/Zimmer, Kapitalmarktrechts-Kommentar, § 31d WpHG, Rn. 88.

658 Hierauf weisen Schäfer, WM 2012, 197, 201 sowie Wiechers, WM 2012, 477, 484 f. hin.

659 Siehe zur öffentlich-rechtlichen Pflicht zur Aufklärung über Gewinnmargen: 2. Abschnitt, A.II.4.g.

660 Mit dieser Begründung lehnen Zingel/Rieck, BKR 2009, 353, 358 sowie Herresthal, ZBB 2012, 89, 99 f. eine Pflicht zur Aufklärung über Gewinnmargen für Sachverhalte nach Inkrafttreten der MiFID ab.

661 BGH, Urt. v. 27.9.2011, XI ZR 178/10, WM 2011, 2261, 2267, Rn. 51; BGH, Urt. v. 27.9.2011, XI ZR 182/10, WM 2268, 2272, Rn. 48. Dagegen hatte der BGH, Urt. v. 25.6.2002, XI ZR 239/01, BKR 2002, 736, 737 noch das Bestehen einer solchen Pflicht in einem Obiter Dictum bejaht.

662 Herresthal, ZBB 2012, 89, 101; Roth, in: Assmann/Schütze, HdB KapitalanlageR, § 10, Rn. 54.

663 OLG Frankfurt, Urt. v. 29.6.2011, 17 U 12/11, ZIP 2011, 1462, 1463; OLG Köln, Urt. v. 8.6.2011, 13 U 55/10, WM 2011, 1652, 1653.

664 Richtlinie des vormaligen BAWe gemäß § 35 Abs. 2 WpHG zur Konkretisierung der §§ 31 und 32 WpHG für das Kommissions-, Festpreis- und Vermittlungsgeschäft der Kreditinstitute vom 26.5.1997, BAnz. Nr. 98 v. 3.6.1997, S. 6586. Diese Richtlinie wurde durch die Richtlinie gemäß § 35 Abs. 6 WpHG (jetzt § 35 Abs. 4 WpHG) zur Konkretisierung der §§ 31 und 32 WpHG für das Kommissionsgeschäft, den Eigenhandel für andere und das Vermittlungsgeschäft der Wertpapierdienstleistungsunternehmen vom 23. August 2001, BAnz. Nr. 165 v. 4.9.2001, S. 19217 ersetzt. Diese Richtlinie wurde mit Schreiben der BaFin vom 23.10.2007 zum 1.11.2007 aufgehoben. Beide Richtlinien waren somit im Zeitpunkt der Urteilsverkündung aufgehoben.

665 OLG Frankfurt, Urt. v. 29.6.2011, 17 U 12/11, ZIP 2011, 1462, 1463.

§ 31 Abs. 1 S. 2 Nr. 2, 2. HS WpHG[666]. Wegen der zivilrechtlichen Ausstrahlungswirkung der §§ 31 WpHG[667] ist der Anleger darüber aufzuklären, dass der Erwerb im Wege eines Festpreisgeschäfts und nicht mittels eines Kommissionsgeschäfts erfolgt. Wertpapierdienstleistungsunternehmen haben somit beim Erwerb von Aktien mittels eines Festpreisgeschäfts nicht über ihre Gewinnmarge, jedoch darüber, dass der Erwerb im Wege eines Festpreisgeschäfts erfolgt, aufzuklären.

IV. Keine Rechtsbeziehung aufgrund Prospekthaftung

Hat die beratende Bank nicht an der Erstellung des Börsenzulassungsprospektes mitgewirkt, so entstehen durch die Empfehlung keine Ansprüche aus börsengesetzlicher Prospekthaftung. Vielmehr richtet sich in diesem Fall die Haftung der Bank ausschließlich nach den oben geschilderten Grundsätzen.

B. Rechtsbeziehungen zwischen den Emissionsbanken und Anlegern

Durch den Verkauf von Wertpapieren kann es zu Rechtsbeziehungen zwischen dem Konsortium und Anlegern kommen. Erfolgt der Verkauf der Wertpapiere jedoch nicht durch eine am Konsortium beteiligte Bank, welche sich ihrerseits die Wertpapiere bei dem Emissionskonsortium besorgen muss, so entstehen keine kaufvertraglichen oder sonstigen vorvertraglichen Beziehungen zwischen Emissionskonsortium und Anleger[668]. Hieraus folgt, dass dem Anleger, der die Wertpapiere nicht unmittelbar von einer emissionsbegleitenden Bank erwirbt, keine Ansprüche aus § 280 Abs. 1 BGB oder aus § 311 Abs. 2 i.V.m. §§ 280 Abs. 1, 241 Abs. 2 BGB gegen das Emissionskonsortium zustehen.

Zwischen den Konsortialmitgliedern und Anlegern entsteht jedoch durch Veröffentlichung eines Emissionsprospekts eine Rechtsbeziehung[669]. Regelmäßig wirken die Banken bei der Prospekterstellung mit, da im Normalfall nur die Emissionsbanken und nicht die Emittenten selbst über geschultes Personal zur Abfassung von Emissionsprospekten verfügen[670].

---

666 Fuchs, in: Fuchs, WpHG, § 31, Rn. 84; Rothenhöfer, in: Schwark/Zimmer, Kapitalmarktrechts-Kommentar, § 31 WpHG, Rn. 77.
667 Siehe hierzu: 1. Teil, 2. Abschnitt, A.I.1.
668 Hopt, in: FS-Kellermann, 181, 192.
669 Kümpel, Bank- und Kapitalmarktrecht, 3. Auflage, Rn. 9.340; Lenenbach, Kapitalmarkt- und Börsenrecht, Rn. 7.115; De Meo, Bankenkonsortien, 196, 197.
670 Schanz, Börseneinführung, § 9, Rn. 2; Müller, in: Kümpel/Wittig, Rn. 15.89.

I. Rechtsbeziehung zwischen Konsortialführer und Anleger aufgrund von Prospektverantwortlichkeit

Durch Veröffentlichung eines Emissionsprospekts entsteht zwischen Emissionsbanken und Anlegern ein gesetzliches Schuldverhältnis[671].

Am 1.7.2005 trat das Prospektrichtlinie-Umsetzungsgesetz[672] in Kraft. Hierdurch wurde die sogenannte EU-Prospektrichtlinie in nationales Recht umgesetzt. Kernstück dieses Gesetzes ist Art. 1, der das neue Wertpapierprospektgesetz (WpPG) enthält. Dieses bildet zusammen mit der unmittelbar anwendbaren EU-Prospektverordnung[673] den gesetzlichen Rahmen für Wertpapieremissionen im Wege des öffentlichen Angebots. Damit werden die bisherigen Regelungen zur Prospekterstellung in der Verkaufsprospektverordnung (VerkProspV) vollständig, diejenigen im Wertpapier-Verkaufsprospektgesetz (VerkProspG) sowie in der Börsenzulassungsverordnung (BörsZulVO) größten Teils aufgehoben und das Börsengesetz (BörsG) stellenweise modifiziert. Weiterhin wurden durch die EU-Prospektverordnung die inhaltlichen Anforderungen an einen Prospekt, der bei Vorliegen eines öffentlichen Angebots sowie bei Börsenzulassungen zu erstellen ist, einheitlich geregelt. Es wird keine Unterscheidung zwischen Verkaufsprospekt und Börsenzulassungsprospekt mehr vorgenommen. Die EU-Prospektverordnung ersetzt insoweit größtenteils die BörsZulVO. In dieser werden nur noch das Zulassungsverfahren zum Handel im regulierten Markt geregelt, jedoch nicht mehr die inhaltlichen Anforderungen an einen Börsenzulassungsprospekt.

Eine weitere Neuerung besteht darin, dass die BaFin für die Prüfung der Prospekte zuständig ist, unabhängig davon, ob eine Börsenzulassung zum Handel im regulierten Markt beantragt ist oder lediglich ein öffentliches Angebot vorliegt. Wird eine Börsenzulassung zum Handel im regulierten Markt angestrebt, so ist nach neuer Rechtslage nur noch ein Prospekt zu erstellen. Dagegen hat die EU-Prospektrichtlinie keine Harmonisierung der unterschiedlichen Prospekthaftungsvoraussetzungen in den einzelnen Mitgliedstaaten geschaffen. Lediglich Art. 6 Abs. 1 EU-Prospektrichtlinie schreibt den Mitgliedstaaten vor, dass diese eine Anspruchsgrundlage für

---

671 Kümpel, Bank- und Kapitalmerkrecht, 3. Auflage, Rn. 9.340; Lenenbach, Bank- und Börsenrecht, Rn. 7.116.

672 Gesetz zur Umsetzung der Richtlinie 2003/71/EG des Europäischen Parlaments und des Rates vom 4. November 2003 betreffend den Prospekt, der beim öffentlichen Angebot von Wertpapieren oder bei deren Zulassung zum Handel zu veröffentlichen ist, und zur Änderung der Richtlinie 2001/34/EG (Prospektrichtlinie-Umsetzungsgesetz) vom 22. Juni 2005, BGBl. I 2005, S. 1698.

673 Verordnung (EG) Nr. 809/2004 der Kommission vom 29. April 2004 zur Umsetzung der Richtlinie 2003/71/EG des Europäischen Parlaments und des Rates betreffend die in Prospekten enthaltenen Informationen sowie das Format, die Aufnahme von Informationen mittels Verweis und die Veröffentlichung solcher Prospekte und die Verbreitung von Werbung, ABl. EU Nr. L 149 v. 30.4.2004, S. 1, berichtigt durch ABl. EU Nr. L 215 v. 16.6.2004, S. 1 sowie ABl. EU Nr. L 186 v. 18.7.2005, S. 3.

Schadensersatzansprüche wegen unrichtiger bzw. unvollständiger Prospekte schaffen müssen. Aufgrund der in Art. 31 der Prospektrichtlinie verankerten Revisionsklausel fand eine Überarbeitung der Prospektrichtlinie statt. Anfang 2009 wurde ein Konsultationspapier[674] auf der Homepage der EU-Kommission veröffentlicht und den Marktteilnehmern sowie der interessierten Öffentlichkeit die Möglichkeit eröffnet, sich mit eigenen Vorschlägen und Stellungnahmen an der Fortentwicklung der Richtlinie zu beteiligen. Nach Abschluss der öffentlichen Konsultation hat die Europäische Kommission am 24.9.2009 einen entsprechenden Revisionsvorschlag[675] unterbreitet. Schließlich wurde die Richtlinie 2010/73/EU des Europäischen Parlaments und des Rates zur Änderung der Richtlinie 2003/71/EG betreffend den Prospekt, der beim öffentlichen Angebot von Wertpapieren oder bei deren Zulassung zum Handel zu veröffentlichen ist, und der Richtlinie 2004/109/EG zur Harmonisierung der Transparenzanforderungen in Bezug auf Informationen über Emittenten, deren Wertpapiere zum Handel auf einem geregelten Markt zugelassen sind[676] (im Folgenden RL 2010/73/EU), vom Europäischen Parlament und dem Rat angenommen und trat am 31.12.2011 in Kraft. Ziel der Richtlinie (RL 2010/73/EU) ist es, Harmonisierungsdefizite bei der Umsetzung und Auslegung der Prospektrichtlinie (RL 2003/71/EG) zu beseitigen[677]. Die Änderungen mussten bis spätestens 1.7.2012 in innerstaatliches Recht umgesetzt werden[678]. Eine Umsetzung erfolgte in Deutschland durch das Gesetz zur Umsetzung der Richtlinie 2010/73/EU und zur Änderung des Börsengesetzes vom 26.6.2012[679].

Schließlich wurden durch das Gesetz zur Novellierung des Finanzanlagenvermittler- und Vermögensanlagerechts[680] die §§ 44, 45 BörsG a.F. sowie §§ 13, 13a VerkProspG a.F. aufgehoben und in das WpPG verschoben[681]. Hierdurch wurden sämtliche Haftungsvorschriften für fehlerhafte und fehlende Prospekte für Wertpapiere unabhängig davon, ob sie Grundlage für die Zulassung von Wertpapieren zum Handel an einer inländischen Börse sind oder nicht, in dem auf sämtliche Prospekte für Wertpapiere

674 Abrufbar unter: http://ec.europa.eu/internal_market/consultations/docs/2009/prospectus/review_en.pdf (Stand: 23.12.2013).

675 Vorschlag für eine Richtlinie des Europäischen Parlaments und des Rates zur Änderung der Richtlinie 2003/71/EG betreffend den Prospekt, der beim öffentlichen Angebot von Wertpapieren oder bei deren Zulassung zum Handel zu veröffentlichen ist, und der Richtlinie 2004/109/EG zur Harmonisierung der Transparenzanforderungen in Bezug auf Informationen über Emittenten, deren Wertpapiere zum Handel auf einem geregelten Markt zugelassen sind, KOM (2009), 491 endg.; siehe hierzu auch: Elsen/Jäger, ZfgK 2009, S. 1063 f.

676 ABl. EU Nr. L 327 v. 11.12.2010, S. 1.

677 Siehe hierzu: Kullmann/Metzger, WM 2009, 1292, 1294; Elsen/Jäger, BKR 2010, 97 ff.

678 Siehe hierzu: Groß, Kapitalmarktrecht, Einl., Rn. 20e.

679 BGBl. I 2012, S. 1375.

680 BGBl. I 2011, S. 4281.

681 Siehe hierzu: Groß, Kapitalmarktrecht, Einl., Rn. 20d.

anwendbaren Wertpapierprospektgesetz konzentriert[682]. Grund hierfür war, dass, nachdem durch das WpPG die bisherige Unterscheidung zwischen Verkaufsprospekt gemäß dem VerkProspG und Börsenzulassungsprospekt nach BörsG aufgehoben wurde, eine Aufsplitterung der Haftungstatbestände in §§ 13, 13a VerkProspG a.F. sowie in §§ 44 ff. BörsG a.F. nicht mehr sachgerecht schien[683]. Das WpPG sieht für die Billigung von Prospekten ein einheitliches Verfahren vor und regelt die inhaltlichen Anforderungen an Prospekte einheitlich[684]. Des Weiteren wurde die in § 46 BörsG a.F. enthaltene Verjährungsfrist für spezialgesetzliche Prospekthaftungsansprüche ersatzlos gestrichen. § 21 WpPG n.F. entspricht nunmehr weitestgehend § 44 BörsG a.F., § 22 WpPG n.F. dem vormaligen § 13 VerkProspG a.F., § 23 WpPG n.F. dem vormaligen § 45 BörsG, § 24 WpPG n.F. dem vormaligen § 13a VerkProspG sowie § 25 WpPG n.F. dem vormaligen § 47 BörsG. Die Vorschriften der §§ 21–23 WpPG a.F. wurden in die §§ 27–28 WpPG n.F. verschoben und erfuhren kleinere Änderungen[685].

1. Die Haftung der Prospektverantwortlichen

Durch das Wertpapierprospektgesetz wurde die bisherige Unterscheidung zwischen Börsenzulassungsprospekten und (sonstigen) Verkaufsprospekten für Wertpapiere aufgegeben und eine einheitliche Regelung für beide Prospektarten in das WpPG aufgenommen. Durch das Gesetz zur Novellierung des Finanzanlagenvermittler- und Vermögensanlagerechts wurden schließlich die vorher in §§ 44, 45 BörsG a.F. für Börsenzulassungsprospekte und in §§ 13, 13a VerkProspG a.F. für sonstige Wertpapierprospekte enthaltenen Haftungstatbestände in das WpPG neu aufgenommen. Die Haftung wegen Verletzung von Prospektpflichten bei öffentlichen Angeboten ohne Börsenzulassung ist in § 22 WpPG (vormals § 13 VerkProspG) geregelt. Sofern eine Börsenzulassung erfolgt, richten sich Schadensersatzansprüche nach § 21 Abs. 1, 2 WpPG (vormals § 44 Abs. 1, 2 BörsG). Praktische Auswirkungen hat diese Änderung jedoch nicht, da § 22 WpPG (wie auch die Vorgängernorm § 13 VerkProspG) auf § 21 WpPG (vormals § 44 BörsG) verweist.

a) Bei Zulassung zum Handel im regulierten Markt an einer Börse

Gemäß § 21 Abs. 1 Nr. 1 WpPG (vormals § 44 Abs. 1 Nr. 1 BörsG) haftet derjenige, der die Verantwortung für den Prospekt übernommen hat, und gemäß § 21 Abs. 1 Nr. 2 WpPG (vormals § 44 Abs. 1 Nr. 2 BörsG) derjenige, von dem der Erlass

682 So die Begründung des Entwurfs der Bundesregierung für ein Gesetz zur Novellierung des Finanzanlagenvermittler- und Vermögensanlagenrechts, BT-Drs. 17/6051, S. 30, 46.

683 So die Begründung des Entwurfs der Bundesregierung für ein Gesetz zur Novellierung des Finanzanlagenvermittler- und Vermögensanlagenrechts, BT-Drs. 17/6051, S. 30, 46.

684 Groß, Kapitalmarktrecht, Einl., Rn. 20d.

685 Groß, Kapitalmarktrecht, § 21 WpPG, Rn. 2b.

eines Prospektes ausgeht, dem Anleger[686]. § 32 Abs. 2 BörsG bestimmt, dass, sofern Wertpapiere aufgrund des Prospekts zum Handel in einem regulierten Markt zugelassen werden sollen, der Zulassungsantrag vom Emittenten der Wertpapiere zusammen mit einem Kreditinstitut, Finanzdienstleistungsinstitut oder einem nach § 53 Abs. 1 S. 1 KWG oder § 53b Abs. 1 S. 1 KWG tätigen Unternehmen gestellt werden muss. Gemäß § 3 Abs. 4 WpPG hat derjenige, der den Zulassungsantrag stellt, einen Prospekt zu erstellen, wenn Wertpapiere im Inland zum Handel in einem organisierten Markt zugelassen werden sollen[687]. Dabei werden die Begriffe regulierter Markt i.S.d. BörsG sowie i.S.v. § 2 Abs. 5 WpHG und organisierter Markt i.S.d. § 2 Nr. 16 WpPG synonym verwendet[688]. Der Prospekt ist gemäß § 5 Abs. 3 S. 2 WpPG vom Antragsteller i.S.v. § 2 Nr. 11 WpPG zu unterzeichnen. Antragsteller i.S.v. §§ 5 Abs. 3 S. 2, 2 Nr. 11 WpPG sind die Emissionsbegleiter, die den Zulassungsantrag unterzeichnet haben und dadurch nach außen in Erscheinung getreten sind[689]. Diese sind gemäß § 5 Abs. 4 WpPG im Prospekt anzugeben[690]. In der Regel handelt es sich bei Konsortien um Außengesellschaften, jedoch ist auch denkbar, dass einzelne Banken nur eine Innenbeteiligung eingehen (sog. sub-underwriting)[691]. Dies ist beispielsweise bei internationalen Konsortien der Fall, wenn einzelne ausländische Konsorten nicht die Voraussetzungen des § 32 Abs. 2

686 Siehe hierzu: Groß, Kapitalmarktrecht, § 21 WpPG, Rn. 30 ff.; siehe zur inhaltsgleichen Vorgängernorm § 44 BörsG: Schwark, in: Schwark/Zimmer, Kapitalmarktrechts-Kommentar, §§ 44, 45 BörsG, Rn. 8 ff.

687 Siehe hierzu: Groß, Kapitalmarktrecht, § 3 WpPG, Rn. 11; siehe zur inhaltsgleichen Vorgängernorm § 3 Abs. 3 WpPG: Heidelbach, in: Schwark/Zimmer, Kapitalmarktrechts-Kommentar, § 3 WpPG, Rn. 31 f.; von Kopp-Colomb/Gajdos, in: Assmann/Schlitt/von Kopp-Colomb, § 3 WpPG, Rn. 45.

688 Groß, Kapitalmarktrecht, § 2 WpPG, Rn. 35; Heidelbach, in: Schwark/Zimmer, Kapitalmarktrechts-Kommentar, § 2 WpPG, Rn. 81; von Kopp-Colomb/Knobloch, in: Assmann/Schlitt/von Kopp-Colomb, § 5 WpPG, Rn. 89.

689 Heidelbach/Deleczik, in: Schwark/Zimmer, Kapitalmarktrechts-Kommentar, § 5 WpPG, Rn. 27; von Schlitt/Schäfer, in: Assmann/Schlitt/von Kopp-Colomb, § 5 WpPG, Rn. 43.

690 Heidelbach/Deleczik, in: Schwark/Zimmer, Kapitalmarktrechts-Kommentar, § 5 WpPG, Rn. 29 ff.; von Schlitt/Schäfer, in: Assmann/Schlitt/von Kopp-Colomb, § 5 WpPG, Rn. 45; Die in § 5 Abs. 4 geregelte Verantwortlichkeitsklausel entspricht teilweise § 14 BörsZulV a.F. und beruht auf Art. 4 Abs. 1 Prospektrichtlinie (RL 2003/71/EG). Groß, Kapitalmarktrecht, § 5 WpPG, Rn. 8 weist darauf hin, dass Art. 4 Abs. 1 der Prospektrichtlinie (RL 2003/71/EG) nicht eine Unterzeichnung des Zulassungsantragstellers fordert und damit dieser auch nicht die Verantwortlichkeit für den Prospekt übernehmen muss. Er verweist darauf, dass andere europäische Länder, wie Luxemburg, auf dieses Erfordernis verzichten.

691 Schwark, in: Schwark/Zimmer, Kapitalmarktrechts-Kommentar, §§ 44, 45 BörsG, Rn. 10; Groß, Kapitalmarktrecht, § 21 WpPG, Rn. 34; Hauptmann, in: Vortmann/Hauptmann, § 3, Rn. 51.

BörsG erfüllen[692]. In dieser Konstellation stellt sich die Frage, ob auch eine Haftung von Innenkonsorten in Betracht kommt, wenn diese weder den Zulassungsantrag gestellt noch den Prospekt mitunterzeichnet haben und auch nicht gemäß § 5 Abs. 4 WpPG als Prospektverantwortliche aufgeführt worden sind.

Die Anbietereigenschaft ergibt sich aus der Art und Weise des Auftretens gegenüber dem Anlegerpublikum. Demnach ist für die Prospektverantwortlichkeit nicht maßgebend, ob der einzelne Konsorte an der Erstellung des Prospekts tatsächlich mitgewirkt, sondern nur, ob er nach dem äußeren Bild des Prospekts aus der Sicht der Anleger die Verantwortung für den Prospekt übernommen hat[693]. Auch ist nicht maßgebend, wer das Platzierungsrisiko übernommen hat[694].

Gegen ein Abstellen auf die Übernahme des Platzierungsrisikos spricht, dass dies in erster Linie das Rechtsverhältnis zwischen dem Emittenten und den Konsorten betrifft und dieses Rechtsverhältnis dem betroffenen Anleger meist nicht bekannt ist. Auch liefe es der dogmatischen Begründung eines Prospekthaftungsanspruchs zuwider, ließe man reine Innenkonsorten haften. Denn zwischen diesen und den Anlegern bestehen keine rechtsgeschäftlichen Kontakte; auch wurde von jenen kein Anlegervertrauen in Anspruch genommen[695]. Diese Ansicht findet auch eine Stütze in § 5 Abs. 3, 4 WpPG, wonach die Personen, die die Verantwortung für den Prospekt übernommen haben, in diesem auch benannt werden müssen, sowie in § 5 Abs. 2b Nr. 4 WpPG, der fordert, dass in den Prospekt ein Warnhinweis aufzunehmen ist, dass die Personen, die für den Prospekt die Verantwortung übernommen haben, haftbar gemacht werden können. Derjenige, der mit Anlegern nach Außen in Kontakt tritt, ist somit Prospekterlasser, unabhängig von der Ausgestaltung des Innenverhältnisses zwischen Emittent und beauftragten Dritten. Daneben können unabhängig davon, wer an der Prospekterstellung mitgewirkt hat, gemäß § 5 Abs. 4 S. 1 WpPG weitere Konsortialmitglieder als Prospektverantwortliche benannt werden[696].

Daneben kommt auch eine Haftung der Prospektveranlasser in Betracht. Dies sind die tatsächlichen Urheber des Prospekts[697]. Bei diesen handelt es sich laut Regierungsbegründung zum 3. Finanzmarktförderungsgesetz[698] um diejenigen Personen, die ein eigenes wirtschaftliches Interesse an der Emission haben, wie beispielsweise

692 Groß, Kapitalmarktrecht, § 21 WpPG, Rn. 33.

693 Schwark, in: Schwark/Zimmer, Kapitalmarktrechts-Kommentar, §§ 44, 45 BörsG, 10; Groß, Kapitalmarktrecht, § 21 WpPG, Rn. 34.

694 Groß, Kapitalmarktrecht, § 21 WpPG, Rn. 35; Singhof/Weber, in: Habersack/Mülbert/Schlitt, § 4, Rn. 107.

695 Groß, Kapitalmarktrecht, § 21 WpPG, Rn. 34; Schwark, in: Schwark/Zimmer, Kapitalmarktrechts-Kommentar, §§ 44, 45 BörsG, Rn. 10.

696 Groß, Kapitalmarktrecht, § 21 WpPG, Rn. 34; Schwark, in: Schwark/Zimmer, Kapitalmarktrechts-Kommentar, §§ 44, 45 BörsG, Rn. 8.

697 Groß, Kapitalmarktrecht, § 21 WpPG, Rn. 35; Schwark, in: Schwark/Zimmer, Kapitalmarktrechts-Kommentar, §§ 44, 45 BörsG, Rn. 9.

698 RegBegr. RegE. zum 3. Finanzmarkförderungsgesetz, BT-Drs. 13/8933, S. 54, 78.

ein seine Beteiligung veräußernder Großaktionär, eine Konzernobergesellschaft oder der die Prospekterstellung maßgeblich steuernde Vorstand oder Aufsichtsrat[699].

Auf die Frage der Prospekthaftung des Emittenten wird im 1. Teil, 3. Abschnitt unter A.II. näher eingegangen werden.

b) Bei Einbeziehung in den Handel im regulierten Markt an einer Börse

Die Einbeziehung in den Handel im regulierten Markt erfordert gemäß § 33 Abs. 1 BörsG weder einen Zulassungsantrag des Emittenten noch einen Antrag eines Kreditinstituts, Finanzdienstleistungsinstituts oder eines nach § 53 Abs. 1 S. 1 KWG oder § 53b Abs. 1 S. 1 KWG tätigen Unternehmens[700]. Vielmehr kann jeder Handelsteilnehmer einen Antrag auf Einbeziehung in den Börsenhandel im regulierten Markt stellen; zudem kann eine Einbeziehung auch von Amts wegen durch die Geschäftsführung der Börse erfolgen.

Es ist auch kein Prospekt zu erstellen, sofern nicht gleichzeitig ein öffentliches Angebot vorliegt. Die Einbeziehung selbst stellt kein öffentliches Angebot dar. Liegt ein öffentliches Angebot vor, so bestimmt sich der Kreis der Haftenden nach den im Folgenden unter c) dargestellten Grundsätzen

c) Öffentliches Angebot ohne Börsenzulassung

Ist keine Zulassung zum Handel im regulierten Markt an einer inländischen Börse beantragt worden, liegt aber ein öffentliches Angebot vor, so haften regelmäßig ebenfalls der Prospekterlasser sowie der Prospektveranlasser gemäß § 22 WpPG i.V.m. § 21 Abs. 1, 2 WpPG. Bei dem Prospekterlasser handelt es sich um diejenige Person, die nach außen erkennbar die Verantwortung für den Prospekt übernommen hat. Dies ist der Anbieter (§ 2 Nr. 10 WpPG), ggf. auch der Emittent (§ 2 Nr. 9 WpPG)[701].

Gemäß § 3 Abs. 1 WpPG muss der Anbieter für Wertpapiere, die im Inland öffentlich angeboten werden, einen Prospekt veröffentlichen. § 2 Nr. 10 WpPG definiert als Anbieter diejenige Person oder Gesellschaft, die Wertpapiere öffentlich anbietet. Gemäß § 5 Abs. 3 S. 1 WpPG ist der Prospekt vom Anbieter zu unterzeichnen. Gemäß § 5 Abs. 4 S. 1 WpPG muss der Prospekt die Namen der (juristischen) Personen angeben, die für seinen Inhalt die Verantwortung übernehmen. Im Unterschied zu einem Prospekt, der der Zulassung zum Handel in einem organisierten Markt an einer inländischen Börse dient, fehlt es in der vorliegenden Konstellation an einem Zulassungsantragsteller, so dass die Vorschrift des § 5 Abs. 4 S. 2 WpPG nicht anwendbar ist. Zur Bestimmung der Anbietereigenschaft

699 Schwark, in: Schwark/Zimmer, Kapitalmarktrechts-Kommentar, §§ 44, 45 BörsG, Rn. 9; Groß, Kapitalmarktrecht, § 21 WpPG, Rn. 35.

700 Siehe hierzu: Groß, Kapitalmarktrecht, § 33 BörsG, Rn. 5; Heidelbach, in: Schwark/Zimmer, Kapitalmarktrechts-Kommentar, § 33 BörsG, Rn. 5, 16.

701 Siehe zur Frage der Prospekthaftung des Emittenten: 1. Teil, 3. Abschnitt unter A.II.

ist darauf abzustellen, wer im Außenverhältnis gegenüber den Anlegern erkennbar die Verantwortung für den Prospekt übernommen hat[702].

Prospektveranlasser sind dagegen diejenigen Personen, die ein eigenes wirtschaftliches Interesse an der Emission haben und von denen der Prospekt ausgeht[703].

d) Bei Unterlassen einer Prospektveröffentlichung

Anders als bei Börsenzulassungsprospekten, die nur fehlerhaft oder unvollständig sein, jedoch niemals fehlen können, da ohne ihre Vorlage keine Zulassung zum Handel an einer deutschen Börse im regulierten Markt erfolgt, kann es im Rahmen einer Emission ohne Börsenzulassung dazu kommen, dass ein öffentliches Angebot ohne Veröffentlichung eines Verkaufsprospekts erfolgt. In diesem Fall haftet der Emittent gemäß § 24 WpPG (vormals § 13a VerkProspG). Die Regelung wurde durch das Anlegerschutzverbesserungsgesetz (AnSVG) in das vormalige VerkProspG eingefügt und ist von der Systematik her stark an § 22 WpPG (vormals § 13 Abs. 1 VerkProspG) angelehnt[704].

2. Kausalität und Verschulden

Weitere Voraussetzung für das Bestehen eines Prospekthaftungsanspruchs ist, dass ein ursächlicher Zusammenhang zwischen dem fehlerhaften Prospekt und dem Erwerb der Wertpapiere besteht[705]. Ein solcher ist gegeben, wenn der geschädigte Anleger bei ordnungsgemäßer Erfüllung der Prospektpflichten die Aktien nicht erworben hätte. Dabei hat entgegen früherer Rechtslage nicht der Erwerber die Ursächlichkeit des fehlerhaften Prospekts für den Erwerb darzulegen, sofern der Erwerb nach Veröffentlichung eines Prospekts innerhalb einer Sechsmonatsfrist erfolgt ist, § 21 Abs. 1 S. 1 a.E. WpPG[706]. Vielmehr trägt der Anspruchsgegner die Darlegungs- und Beweislast für die fehlende Kausalität (§ 23 Abs. 2 Nr. 1 WpPG).

Weiterhin setzt die Haftung für einen unrichtigen Prospekt voraus, dass der Adressat der Prospekthaftung die Fehlerhaftigkeit des Prospekts kennt oder aufgrund grob fahrlässiger Unkenntnis nicht gekannt hat. Dies folgt aus § 23 Abs. 1 WpPG. Grobe Fahrlässigkeit liegt vor, wenn die im Verkehr erforderliche

---

702 Groß, Kapitalmarktrecht, § 2 WpPG, Rn. 25 ff.; Heidelbach, in: Schwark/Zimmer, Kapitalmarktrechts-Kommentar, § 2 WpPG, Rn. 57 ff. sowie § 13 VerkProspG, Rn. 18; Schlitt/Schäfer, in: Assmann/Schlitt/von Kopp-Colomb, § 5 WpPG, Rn. 45.

703 Groß, Kapitalmarktrecht, § 21 WpPG, Rn. 35; Heidelbach, in: Schwark/Zimmer, Kapitalmarktrechts-Kommentar, § 13 VerProspG, Rn. 18; Oulds, in: Kümpel/Wittig, Rn. 15.210.

704 Siehe hierzu: Groß, Kapitalmarktrecht, § 24 WpPG, Rn. 2 ff.; Heidelbach, in: Schwark/Zimmer, Kapitalmarktrechts-Kommentar, § 13a VerkProspG, Rn. 1.

705 Ekkenga/Maas, Rn. 433; Schwark, in: Schwark/Zimmer, Kapitalmarktrechts-Kommentar, §§ 44, 45 BörsG, Rn. 46 ff.

706 Siehe hierzu: Ekkenga/Maas, Rn. 433; Groß, Kapitalmarktrecht, § 21 WpPG, Rn. 69; Schwark, in: Schwark/Zimmer, Kapitalmarktrechts-Kommentar, §§ 44, 45 BörsG, Rn. 46 ff.

Sorgfalt in besonders schwerem Maße verletzt worden ist[707]. Dabei sind an die Sorgfaltspflichten des Emittenten höhere Anforderungen zu stellen als an die des Emissionshelfers, da der Emittent regelmäßig näher an den betreffenden Informationen ist. Während beispielsweise der Emittent uneingeschränkten Zugriff auf Daten seines Rechnungswesens hat und seine Geschäftsrisiken am besten einschätzen kann, hat ein Emissionsbegleiter u.U. nur eingeschränkten Zugang zu diesen Daten und ist auf Einschätzungen des Emittenten angewiesen[708].

3. Umfang des Schadensersatzes

Gemäß § 21 Abs. 1 S. 1 WpPG kann der geschädigte Anleger die Rücknahme der aufgrund des unrichtigen bzw. unvollständigen Prospekts erworbenen Aktien Zug um Zug gegen Erstattung des Erwerbspreises und der mit dem Erwerb verbundenen üblichen Kosten verlangen[709]. Ist der Erwerber nicht mehr Inhaber der Wertpapiere, kann er gemäß § 21 Abs. 2 WpPG die Differenz zwischen Erwerbspreis und Veräußerungspreis einschließlich der üblichen Transaktionskosten verlangen. Der Veräußerungspreis ist regelmäßig der tatsächlich erzielte Preis. Erfolgt jedoch eine Veräußerung unterhalb des üblicherweise erzielbaren Börsenpreises, so liegt hierin ein Verstoß gegen die Schadensminderungspflicht, so dass für die Schadensberechnung nicht der tatsächlich erzielte Veräußerungserlös zugrunde zu legen ist, sondern der an der Börse (fiktiv) erzielbare Erlös[710]. Dabei ist in beiden Fällen der Zahlungsanspruch nach oben durch den Ausgabepreis der Aktien begrenzt. Der Gesetzgeber begründet dies damit, dass nach Ausgabe der Wertpapiere eintretende Preisänderungen sich in aller Regel nicht mehr allein auf den Prospekt zurückführen ließen[711].

II. Rechtsbeziehungen zwischen Konsortialmitgliedern und Anlegern

Wird eine Emission nicht von einer einzelnen Bank, sondern von einem Bankenkonsortium begeben, was heute der Regelfall ist, so stellt sich die Frage nach der Prospektverantwortlichkeit der anderen Konsortialmitglieder[712]. Soweit neben

707 Groß, Kapitalmarktrecht, § 21 WpPG, Rn. 73 f.; Schwark, in: Schwark/Zimmer, Kapitalmarktrechts-Kommentar, §§ 44, 45 BörsG, Rn. 48 ff.; Ekkenga/Maas, Rn. 436.

708 Schwark, in: Schwark/Zimmer, Kapitalmarktrechts-Kommentar, §§ 44, 45 BörsG, Rn. 48; Groß, Kapitalmarktrecht, § 21 WpPG, Rn. 76 ff.

709 Siehe zu Einzelheiten: Groß, Kapitalmarktrecht, § 21, Rn. 86 f.; Schwark, in: Schwark/Zimmer, Kapitalmarktrechts-Kommentar, §§ 44, 45 BörsG, Rn. 64 ff.

710 Groß, Kapitalmarktrecht, § 21 WpPG, Rn. 87; grundlegend zum Umfang des Schadensersatzanspruchs eines geschädigten Aktionärs im Rahmen von § 823 BGB: BGH, Urt. v. 9.5.2005, II 287/02, WM 2005, 1358, 1359 (EM.TV).

711 Begr. RegE. 3. Finanzmarkförderungsgesetz, BT-Drs. 13/8933, S. 78; krit. Groß, Kapitalmarktrecht, § 21 WpPG, Rn. 86.

712 Siehe hierzu: Schwark, in: Schwark/Zimmer, Kapitalmarktrechts-Kommentar, §§ 44, 45 BörsG, Rn. 10 ff.; Groß, Kapitalmarktrecht, § 21 WpPG, Rn. 83; Assmann, in: Assmann/Schütze, Hdb. KapitalanlageR, § 6, Rn. 222.

dem Konsortialführer weitere Banken nach außen als Prospektherausgeber in Erscheinung treten, haften sie gesamtschuldnerisch[713]. Dies ist dann der Fall, wenn sie den Prospekt mitunterzeichnet oder gemäß § 5 Abs. 4 S. 2 WpPG die Verantwortung für ihn übernommen haben. Dies gilt auch, wenn im Innenverhältnis die alleinige Haftung des Konsortialführers vereinbart worden ist[714]. Bei einem Innenkonsortium kommt eine Prospektverantwortlichkeit der Innenkonsorten allerdings nicht in Betracht, da diese nach außen keine Verantwortung für den Prospekt übernommen haben[715]. Dies ist auch der Fall, wenn Kreditinstitute vom Emissionskonsortium Aktien als sogenannte Sub-underwriter übernehmen und im Prospekt ausdrücklich als Sub-underwriter aufgeführt werden[716].

3. Abschnitt: Haftung des Emittenten

Weiterhin stellt sich die Frage, inwieweit der Emittent für falsche Prospektangaben zur Verantwortung gezogen werden kann.

A. Rechtsbeziehung zwischen Emittent und Anleger

Die Platzierung von Aktien begründet zwischen Emittent und Anleger ein mitgliedschaftliches Rechtsverhältnis, dessen Inhalt in der Emissionspraxis nur in wenigen Punkten kautelarjuristisch ausgestaltet wird[717].

I. Keine Beratungspflichten

Zwischen Emittent und Anleger bestehen bei einer Fremdemission keine direkten vertraglichen Beziehungen. Vielmehr ist für den Anleger neben den

---

713 Schwark/Zimmer, Kapitalmarktrechts-Kommentar, §§ 44, 45 BörsG, Rn. 10; Groß, Kapitalmarktrecht, § 21 WpPG, Rn. 34.

714 Hamann, in: Schäfer, Wertpapierhandelsgesetz, §§ 45, 46 BörsG a.F., Rn. 41; Mülbert/Steup, in: Habersack/Mülbert/Schlitt, § 41, Rn. 72.

715 Schwark, in: Schwark/Zimmer, Kapitalmarktrechts-Kommentar, §§ 44, 45 BörsG, Rn. 10; Mülbert/Steup, in: Habersack/Mülbert/Schlitt, § 41, Rn. 72; siehe zur Rechtsnatur der Prospekthaftung: Bischoff, AG 2002, 489, 491 Köndgen AG 1983, 83 f.; ; Schwark, in: Schwark/Zimmer, Kapitalmarktrechts-Kommentar, § § 44, 45 BörsG, Rn. 5 ff.; Groß, Kapitalmarktrecht, § 21, Rn. 9 ff.

716 Groß, Kapitalmarkt, 5. Auflage, § 21 WpPG, Rn. 34; Lenenbach, Kapitalmarkt- und Börsenrecht, Rn. 8.94; Schwark/Zimmer, Kapitalmarktrechts-Kommentar, §§ 44, 45 BörsG, Rn. 10.

717 Grundmann, in: Schimansky/Bunte/Lwowski, Bankrechts-Handbuch, Band 2, § 112, Rn. 109 ff.; Ekkenga/Maas, Rn. 395 f. bzgl. des zwischen Altaktionären und Emittenten bestehenden Rechtsverhältnisses sowie Rn. 407 ff. bzgl. des zwischen nicht bezugsberechtigten Aktionären und dem Emittenten; siehe hierzu auch den 3. Teil, 2. Abschnitt dieser Arbeit.

Konsortialbanken die depotführende Bank Ansprechpartner, der der Anleger den Auftrag erteilt, Aktien zu zeichnen.

II. Prospekthaftung

Gemäß § 21 Abs. 1 Nr. 1 WpPG haften dem Anleger derjenige, der die Verantwortung für den Prospekt übernommen hat, und gemäß § 21 Abs. 1 Nr. 2 WpPG derjenige, von dem der Erlass eines Prospektes ausgeht[718].

Gemäß § 3 Abs. 4 WpPG hat der Antragsteller einen Prospekt zu erstellen, wenn Wertpapiere im Inland zum Handel in einem organisierten Markt zugelassen werden sollen[719]. §§ 32 Abs. 2 S. 1 BörsG, 5 Abs. 3 S. 2 WpPG bestimmen, dass in diesem Fall der Zulassungsantrag vom Emittenten der Wertpapiere zusammen mit einem Kreditinstitut, Finanzdienstleistungsinstitut oder einem nach § 53 Abs. 1 S. 1 KWG oder § 53b Abs. 1 S. 1 KWG tätigen Unternehmen gestellt und unterzeichnet werden muss. Hieraus folgt, dass der Emittent, sofern eine Zulassung zum Handel in einem regulierten Markt an einer Börse im Inland beantragt wurde, als Prospekterlasser gemäß § 21 Abs. 1 Nr. 1 WpPG dem geschädigten Anleger für unrichtige Prospektangaben haftet.

Ist hingegen keine Zulassung zum Handel im regulierten Markt an einer inländischen Börse beantragt worden, so hat lediglich der Anbieter und nicht der Emittent den Prospekt zu unterzeichnen, § 5 Abs. 3 S. 1 WpPG. Ein vom Emittenten unabhängiger Dritter, der im Rahmen einer Fremdemission Aktien eines Unternehmens anbietet, ist Anbieter i.S.v. §§ 2 Nr. 10, 3 Abs. 1 WpPG, sofern ein öffentliches Angebot vorliegt, und haftet als Prospektverantwortlicher dem geschädigten Anleger.

Etwas anderes gilt allerdings, wenn der Emittent gleichzeitig Anbieter ist. Dies ist bei einer Eigenemission der Fall, wenn neue Aktien im Wege einer Kapitalerhöhung (mit Bezugsrechtsausschluss) ausgegeben werden[720]. Hier hat der Emittent an der Platzierung ein eigenes wirtschaftliches Interesse; er steuert den Platzierungsvorgang und die Gewinnung außenstehender Aktionäre und ist somit Prospektveranlasser[721].

Im Rahmen einer Umplatzierung kann auch der die Aktien abgebende Anleger Prospektverantwortlicher sein, da er ein eigenes wirtschaftliches Interesse an einer Umplatzierung hat und ein externer Anbieter Aktien auch nur von Altaktionären erhalten kann[722]. Dies gilt unabhängig davon, ob die Aktien zum Handel in einem organisierten Markt zugelassen worden sind, sofern ein öffentliches Angebot

718 Siehe hierzu: Groß, Kapitalmarktrecht, § 21 WpPG, Rn. 30 ff.; siehe zum inhaltsgleichen § 44 BörsG a.F.: Schwark, in: Schwark/Zimmer, Kapitalmarktrechts-Kommentar, §§ 44, 45 BörsG, Rn. 8 ff.

719 Siehe hierzu: Heidelbach, in: Schwark/Zimmer, Kapitalmarktrechts-Kommentar, § 3 WpPG, Rn. 31 f.; Groß, Kapitalmarktrecht, § 3 WpPG, Rn. 11 ff.; von Kopp-Colomb/Gajdos, in: Assmann/Schlitt/von Kopp-Colomb, § 3 WpPG, Rn. 45.

720 Siehe hierzu ausführlich: 3. Teil, 2. Abschnitt, A.I.

721 Auf diese Konstellation wird im 3. Teil, 5. Abschnitt unter A. näher eingegangen.

722 Siehe hierzu: BGH, Urt. v. 31.5.2011, II ZR 141/09, WM 2011, 1273 ff. (Umplatzierung von Aktien der Telekom AG).

vorliegt. In dieser Konstellation ist der Emittent in der Regel nicht Prospektverantwortlicher[723], es sei denn, er hat ausdrücklich neben dem Altaktionär die Prospektverantwortung mit übernommen[724].

Liegt dagegen kein öffentliches Angebot vor oder werden Aktien von einem externen Anbieter ohne Mitwirkung des Emittenten umplatziert[725], so besteht kein Anspruch gemäß § 22 WpPG i.V.m. § 21 Abs. 1, 2 WpPG gegen den Emittenten.

1. Umfang der (Mit-)Haftung

Strittig ist, ob eine Aktiengesellschaft als (Mit-)Erlasserin des Prospekts (im Falle einer Zulassung zum Handel im regulierten Markt) über ihre eigenen Aktien gemäß § 21 Abs. 1 WpPG (vormals § 44 Abs. 1 BörsG) und, falls keine Börsenzulassung angestrebt ist, gemäß § 22 WpPG i.V.m. § 21 Abs. 1, 2 WpPG, haftbar gemacht werden kann, da ein Prospekthaftungsanspruch gegen den Emittenten zur Kollision mit aktienrechtlichen Vorschriften zur Kapitalerhaltung führt. Haftet der Emittent gemäß § 21 Abs. 1 S. 1 WpPG, so hat dies zur Folge, dass er seine eigenen Aktien zurücknehmen muss und im Falle des § 21 Abs. 2 S. 1 WpPG Wertersatz zu leisten hat. Dem könnten jedoch im Falle des § 21 Abs. 1 S. 1 WpPG die aktienrechtlichen Vorschriften über den Erwerb eigener Aktien (§§ 71–71e AktG) und das Verbot der Einlagenrückgewähr (§ 57 AktG) entgegenstehen. Damit stellt sich die Frage, in welchem Verhältnis Aktien- und Börsengesetz zueinander stehen. Dies war in der jüngsten Vergangenheit häufiger Gegenstand gerichtlicher Entscheidungen[726]

---

723 Hamann, in: Schäfer/Hamann, KMG, BörsG §§ 44, 45, Rn. 92.

724 Siehe zur Frage zur Zulässigkeit der Mitübernahme der Prospektverantwortlichkeit bei einer Umplatzierung: BGH, Urt. v. 31.5.2011, II ZR 141/09, WM 2011, 1273 ff.; OLG Köln, Urt. v. 28.5.2009, 18 U 108/07, NZG 2009, 951 ff.; LG Bonn, Urt. v. 01.06.2007, 1 O 552/05, ZIP 2009, 1276 ff.

725 § 33 Abs. 1 BörsG, der Art. 40 Abs. 5 der MiFID in deutsches Recht umsetzt, ermöglicht es, dass ohne den bis dahin (siehe § 56 BörsG a.F.) erforderlichen Antrag eines Handelsteilnehmers oder des Emittenten des Wertpapiers eine Einbeziehung in den Handel im regulierten Markt erfolgen kann, wenn die Geschäftsführung der Börse ein entsprechendes Marktbedürfnis annimmt. § 74 Abs. 1 S. 2 BörsenO der FWB schließt das Widerspruchsrecht des Emittenten gegen eine Einbeziehung sogar ausdrücklich aus. Da die Einbeziehung keine Zulassung zum Handel im regulierten Markt darstellt, greifen das Wertpapierprospektgesetz und die darin angeordnete Prospektpflicht nicht ein, sofern mit der Einbeziehung in den Handel in den regulierten Markt kein öffentliches Angebot im Inland einhergeht.

726 BGH, Urt. v. 31.5.2011, II ZR 141/09, WM 2011, 1273 ff.; OLG Köln, Urt. v. 28.5.2009, 18 U 108/07, NZG 2009, 951 ff.; LG Bonn, Urt. v. 01.06.2007, 1 O 552/05, ZIP 2009, 1276 ff.; OLG Frankfurt, Urt. v. 17.3.2005, 1 U 149/04, BB 2005, 1651 f. (Comroad I); OLG München, Urt. v. 20.4.2005, 7 U 5303/04, DB 2005, 1447 f. (Comroad II); BGH, Urt. v. 9.5.2005, II 287/02, BB 2005, 1644 f. (EM.TV); OLG Stuttgart, Urt. v. 28.4.2008, 5 U 6/08, WM 2008, 1368 (zum Verhältnis zwischen § 826 BGB und Kapitalerhaltungsvorschriften).

und Erörterungen in der Literatur[727]. In den beiden „Comroad"-Entscheidungen[728] sowie der BGH Entscheidung zu EM.TV[729] hatten die Gerichte zu entscheiden, ob eine Aktiengesellschaft für rechtswidriges Verhalten ihrer Vorstandsmitglieder, nämlich Abgabe falscher Ad-hoc Mitteilungen, gemäß §§ 826, 31 BGB haftet. In diesem Zusammenhang hatten die Gerichte sich auch damit auseinanderzusetzen, wie sich der gesellschaftsrechtliche Grundsatz der Kapitalerhaltung und das Verbot, eigene Aktien zu erwerben, zu den Vorschriften der §§ 44 ff. BörsG und zu § 826 BGB verhalten.

Jüngst hatte der BGH[730] zu entscheiden, ob die (Mit-)Übernahme des Prospekthaftungsrisikos gegenüber den Altaktionären durch die Aktiengesellschaft bei einer Umplatzierung von Altaktien an der Börse einen Verstoß gegen das durch § 57 Abs. 1 AktG statuierte Verbot der Einlagenrückgewähr darstellt[731] und der Aktiengesellschaft aus diesem Grund gegen die Altaktionäre ein Anspruch gemäß §§ 62, 57 AktG zusteht[732]. In dieser Entscheidung ging es jedoch nicht um die Fragestellung, ob § 57 AktG der Geltendmachung von spezialgesetzlichen Prospekthaftungsansprüchen durch Neuaktionäre entgegensteht, sondern vielmehr darum, ob in der Übernahme der Prospekthaftung und der Freistellung der Altaktionäre durch die Aktiengesellschaft eine Vermögenszuwendung an die die Aktien abgebenden Altaktionäre zu sehen ist, wenn kein Ausgleich für die Haftungsübernahme erfolgt ist. Es galt zu entscheiden, wie bei einer Börsenplatzierung von Altaktien die Haftung zwischen Altaktionär und Aktiengesellschaft aufzuteilen ist[733].

---

727 Casper, BKR 2005, 83 ff.; Möllers, BB 2005, 1637 ff.; siehe zusammenfassend: Groß, Kapitalmarktrecht, § 21 WpPG, Rn. 10 ff.; Schwark, in: Schwark/Zimmer, Kapitalmarktrechts-Kommentar, §§ 44, 45 BörsG, Rn. 13; Mülbert/Steup, in: Habersack/Mülbert/Schlitt, § 41, Rn. 5 ff.

728 OLG Frankfurt, Urt. v. 17.3.2005, 1 U 149/04, BB 2005, 1651 f. (Comroad I; zur deliktischen Haftung für fehlerhafte Ad-hoc-Mitteilung); OLG München, Urt. v. 20.4.2005, 7 U 5303/04, DB 2005, 1447 f. (Comroad II).

729 BGH, Urt. v. 9.5.2005, II 287/02, BB 2005, 1644 f. (EM.TV).

730 BGH, Urt. v. 31.5.2011, II ZR 141/09, WM 2011, 1273 ff.; siehe auch die Entscheidungen der Vorinstanzen: OLG Köln, Urt. v. 28.5.2009, 18 U 108/07, NZG 2009, 951 ff.; LG Bonn, Urt. v. 01.06.2007, 1 O 552/05, ZIP 2009, 1276 ff.

731 Siehe hierzu: Wackerbarth, WM 2011, 193 ff.; Witt, WuB II A. § 57 AktG 1.07; Schäfer, ZIP 2010, 2010, 1877; Maaß/Toidl, BB 2011, 2563 ff.; Fleischer, in: Schmidt/Lutter, AktG, Band 1, § 57, Rn. 25.

732 Siehe zu § 62 AktG: Fleischer, in: Schmidt/Lutter, AktG, Band 1,§ 62, Rn. 1 ff.; Hüffer, AktG, § 62, Rn. 1 ff.; Bayer, in: MüKo-AktG, Band 1, § 62 AktG, Rn. 1 ff.

733 Wackerbarth, WM 2011, 193 ff.; Fleischer, ZIP 2007, 1969, 1970 ff.; Schäfer, ZIP 2010, 1877, 1878 ff.

a) Genereller Vorrang des AktG

Die frühere Rechtsprechung des Reichsgerichts[734] hat den Anlegerschutz hinter den Gläubigerschutz zurücktreten lassen, so dass ein geschädigter Aktionär keine Prospekthaftungsansprüche gegen den Emittenten geltend machen konnte. Es begründete seine Auffassung damit, es könne nicht sein, dass ein Aktionär seine Aktienbeteiligung in ein Gläubigerrecht umwandelt und so in Konkurrenz zu den anderen Gläubigern einer Aktiengesellschaft tritt. Dies gelte sowohl für den Fall des originären[735] wie auch des derivativen Erwerbs[736].

Auch in der Literatur[737] wurde die Auffassung vertreten, dass die Geltendmachung eines Prospekthaftungsanspruchs gegen den Emittenten ausgeschlossen sei, weil dies im Ergebnis einen Erwerb eigener Aktien darstelle und ein solcher von keinem der in § 71 AktG aufgeführten Erlaubnistatbestände erfasst werde.

b) Differenzierung nach originären und derivativen Erwerb

In einer späteren Entscheidung[738] lehnte das Reichsgericht das Bestehen eines Prospekthaftungsanspruchs gegen den Emittenten dagegen nicht grundsätzlich ab, sondern differenzierte zwischen einem Erwerb aufgrund eines Verkehrsgeschäfts und einem Erwerb durch Zeichnung bzw. durch Ausübung eines Bezugsrechts. Im ersteren Falle hafte der Emittent nach den Vorschriften der §§ 45, 46 BörsG a.F., heute § 21 WpPG. Begründet wurde dies damit, dass ein solcher Erwerbsvorgang den Grundsatz der Kapitalerhaltung nicht mehr tangiere, da er nicht mehr als gesellschaftsrechtlicher Beteiligungsakt sondern als Umsatzvertrag anzusehen sei und damit auch rechtlich und wirtschaftlich etwas anderes als eine Einlagenrückgewähr darstelle[739].

Dieser Rechtsprechung hat sich die Literatur teilweise angeschlossen[740]. Das OLG Frankfurt[741] hat eine ähnliche Auffassung bekundet, ohne jedoch im konkreten Fall über diese Frage entscheiden zu müssen, da es sich im zugrunde liegenden Sachverhalt um einen derivativen Erwerb gehandelt hatte. Eine solche Differenzierung wird auch damit begründet[742], dass im Falle einer Zeichnung bzw. Bezugsrechtsausübung die Rechtsnatur und die Bestandskraft eines Zeichnungsvertrags Prospekthaftungsansprüchen entgegenstünden. Nach dieser Ansicht haftet der

734 RGZ 54, 128, 132; RGZ 62, 29, 31.

735 RGZ 54, 128 f.

736 RGZ 62, 29 f.

737 Lutter, in: KöKo-AktG, 2. Auflage 1988, Band 1, § 71, Rn. 69.

738 RG, Urt. v. 28.4.1909, I. 254/08, RGZ, 71, 97, 99, bestätigt durch RG, Urt. v. 2.6.1916, Az. III. 61/16, RGZ 88, 271, 272.

739 RG, Urt. v. 28.4.1909, I. 254/08, RGZ, 71, 97, 99, bestätigt durch RG, Urt. v. 2.6.1916, Az. III. 61/16, RGZ 88, 271, 272.

740 Schwark, in: Schwark/Zimmer, §§ 44, 45 BörsG, Rn. 13; Henze, in: GK-AktG, Band 2, § 57, Rn. 22.

741 OLG Frankfurt, Urt. v. 17.3.1999, 21 U 260/97, ZIP 1999, 1005, 1007.

742 Henze, in: GK-AktG, Band 1, § 57, Rn. 22; Henze, NZG 2005, 115.

Emittent einem geschädigten Anleger für den praktisch wichtigen Fall der Ausübung eines mittelbaren Bezugsrechts, § 186 Abs. 5 AktG, da der Zeichnungsvertrag nicht zwischen dem Emittenten und dem geschädigten Anleger, sondern zwischen dem Emittenten und dem Emissionshelfer zustande kommt[743]. Von diesem erwirbt der Altaktionär die Papiere im Wege eines derivativen Erwerbs. Dagegen steht dem Anleger bei einer Eigenemission nach dieser Meinung kein Prospekthaftungsanspruch gegen den Emittenten zu, wenn hierdurch das Grundkapital der AG angetastet würde[744].

c) Vorrang des Börsengesetzes

Nach der mittlerweile wohl h.M.[745] sollen die Vorschriften des Börsengesetzes im Falle eines Prospekthaftungsanspruchs immer vorrangig vor den §§ 57, 71 AktG zur Anwendung kommen. Der BGH[746] hat dies in seiner „EM.TV"-Entscheidung zwar offen gelassen, jedoch darauf hingewiesen, dass der Wille des Gesetzgebers eine solche Sichtweise nahe lege. Der BGH hatte im konkret vorliegenden Fall zu entscheiden, ob eine vorsätzlich sittenwidrige Schädigung von Anlegern infolge falscher Ad-hoc-Mitteilungen des Vorstandes zu Schadensersatzansprüchen gemäß § 826 BGB führt. Er entschied, dass der Kapitalschutzgedanke des § 57 AktG im vorliegenden Fall zurücktreten müsse[747], und hat dies in mehreren Entscheidungen bestätigt[748].

Das OLG München[749] hat unter Verweis auf die Gesetzesbegründung zum 3. FMFG[750] explizit festgestellt, dass die §§ 57, 71 AktG der Geltendmachung eines

743 Bayer, in: MüKo-AktG, 2. Auflage, Band 1, § 57, Rn. 20 (dieser Standpunkt wurde jedoch zwischenzeitlich aufgegeben, siehe: Bayer, in: MüKo-AktG, Band 1, 3. Auflage, § 57, Rn. 29); Henze, in: GK-AktG, Band 1, § 57, Rn. 24.

744 Siehe hierzu: Henze, in: GK-AktG, Band 1, § 57, Rn. 23.

745 Mülbert/Steup, in: Habersack/Mülbert/Schlitt, § 41, Rn. 7 f.; Bayer, in: MüKo-AktG, Band 1, § 57, 3. Auflage, Rn. 15; Groß, Kapitalmarktrecht, § 21 WpPG, Rn. 14 f.; Fleischer, in: Schmidt/Lutter, AktG, § 57, Rn. 66 ff.; Hamann, in: Hamann/Schäfer, KMG, §§ 44, 45 BörsG. Rn. 78 ff.; Möllers, BB 2005, 1637, 1639 ff.; OLG München, Urt. v. 20.4.2005, 7 U 5303/04, DB 2005, 1447, 1449; der BGH, Urt. v. 9.5.2005, II ZR, 287/02, WM 2005, 1358, 1359 hat dies lediglich angedeutet; LG Frankfurt, Urt. v. 7.10.1997, 3/11 O 44/96, ZIP 1998, 641 zur Rechtslage vor dem 3. FMFG; Hommelhoff/van Aerssen, EWiR 1998, 579, 580; Oulds, in: Kümpel/Wittig, Rn. 15.231.

746 BGH, Urt. v. 9.5.2005, II 287/02, BB 2005, 1644 f. (EM.TV).

747 BGH, Urt. v. 9.5.2005, II 287/02, BB 2005, 1644, 1646 (EM.TV).

748 BGH, Urt. v. 3.3.2008, II ZR 310/06, NJW-RR 2008, 1004 (COMROAD VIII); BGH, Urt. v. 04.06.2007, II ZR 147/05, NZG 2007, 707, 708 (COMROAD IV); BGH, Urt. v. 04.06.2007, II ZR 173/05, NZG 2007, 711 (COMROAD V); BGH, Hinweisbeschluss v. 28. 11. 2005, II ZR 80/04, NZG 2007, 345; BGH, Beschluss v. 26.6.2006, II ZR 153/05, NJW-RR 2007, 544.

749 OLG München, Urt. v. 20.4.2005, 7 U 5303/04, DB 2005, 1447, 1449

750 Begr. RegE. 3. Finanzmarkförderungsgesetz, BT-Drs. 13/8933, S. 87.

Prospekthaftungsanspruchs gemäß § 21 Abs. 1, 2 WpPG sowohl beim originären wie auch beim derivativen Erwerb nicht entgegenstünden.

Teilweise wird ein Vorrang der spezialgesetzlichen Prospekthaftung vor den Vorschriften der §§ 57, 71 AktG auch damit begründet[751], dass die Prospekthaftung eine abschließende Spezialregelung darstelle. Dies folge auch aus der lex posterior Regel, da es sich bei den Vorschriften über die Prospekthaftung um die jüngeren handele[752]. Nach teilweise vertretener Ansicht[753] soll jedoch beim originären Erwerb – also durch Zeichnung – eine Entschädigung der Anleger auf das freie Vermögen der AG (freie Rücklagen, Überschüsse) beschränkt sein; beim derivativen Erwerb solle dagegen diese Einschränkung nicht gelten. Begründet wird dies damit, dass dem Anleger beim derivativen Erwerb eine gläubigerähnliche Stellung zuzubilligen sei[754].

Andere Stimmen[755] wiederum wollen unabhängig davon, ob ein originärer oder derivativer Erwerb vorliegt, den Umfang der Prospekthaftungsansprüche auf das freie Vermögen der Aktiengesellschaft beschränken, da der Gesetzgeber – wie im 4. FMFG mit §§ 37b, c WpHG geschehen – die Aktiengesellschaft verstärkt auch für unzutreffende oder unterlassene Ad-hoc-Mitteilungen haftbar mache und es ohne Haftungsbeschränkung zu einem zu starken Eingriff in das europarechtlich statuierte Kapitalschutzsystem käme[756]. Auch sei eine solche Beschränkung aus dem Grund sinnvoll, dass es sonst zu einer Benachteiligung der Fremdschuldner käme, die im Gegensatz zu den Eigenkapitalgebern keine Mitwirkungs- und Kontrollrechte haben[757].

---

751 LG Frankfurt, Urt. v. 7.10.1997, 3/11 O 44/96, ZIP 1998, 641 zur Rechtslage vor dem 3. FMFG; Hommelhoff/van Aerssen, EWiR 1998, 579, (580); Oulds, in: Kümpel/Wittig, Rn. 15.231; Groß, Kapitalmarktrecht, § 21 WpPG, Rn. 14.

752 Groß, Kapitalmarktrecht, § 21 WpPG, Rn. 14; Henze, in: GK-AktG, Band 1, § 57, Rn. 20 im Hinblick auf den derivativen Erwerb; Huber, EWiR 1998, 645.

753 Schwark, in: Schwark/Zimmer: Kapitalmarktrechts-Kommentar, §§ 44, 45 BörsG, Rn. 13; Henze, in: GK-AktG, Band 1, § 57, Rn. 23; dagegen: BGH, Urt. v. 9.5.2005, II ZR 2087/02, BB 2005, 1644, 1646 (für einen Anspruch aus § 826 BGB bzw. § 823 Abs. 2 BGB i.V.m. § 400 AktG).

754 Schwark, in: Schwark/Zimmer, in: Kapitalmarktrechts-Kommentar, §§ 44, 45 BörsG, Rn. 13 m.w.N. in Fn. 66.

755 Bayer, in: MüKo-AktG, 2. Auflage, § 57, Rn. 24; dieser Standpunkt wurde jedoch zwischenzeitlich aufgegeben, siehe: Bayer, in: MüKo-AktG, Band 1, 3. Auflage, § 57, Rn. 29.

756 Bayer, in: MüKo-AktG, 2. Auflage, § 57, Rn. 24; dieser Standpunkt wurde jedoch zwischenzeitlich aufgegeben, siehe: Bayer, in: MüKo-AktG, Band 1, 3. Auflage, § 57, Rn. 29.

757 Bayer, in: MüKo-AktG, 2. Auflage, § 57, Rn. 24; dieser Standpunkt wurde jedoch zwischenzeitlich aufgegeben, siehe: Bayer, in: MüKo-AktG, Band 1, 3. Auflage, § 57, Rn. 29.

Teilweise[758] wird die Notwendigkeit einer solchen Beschränkung auch damit begründet, dass Aktionäre im Verhältnis zu Fremdkapitalgebern mit der Bereitstellung von Eigenkapital das höhere Risiko übernähmen und dieses auch entsprechend höher vergütet werde.

d) Stellungnahme

Räumt man den aktienrechtlichen Bestimmungen den Vorrang ein, so führt dies zu einem Versagen der Prospekthaftung, wenn wie bei einer Direktemission neben dem Emittenten keine weiteren Haftenden, beispielsweise eine Emissionsbank, vorhanden sind oder wenn zwar den Emittenten ein eigenes Verschulden trifft, nicht aber die Emissionsbegleiter. Es sind keine Anhaltspunkte ersichtlich, warum gerade diese für Anleger besonders risikoträchtige Situation von der Prospekthaftung ausgenommen werden sollte[759]. Der Gesetzgeber des 3. FMFG[760] hat diesen Konflikt erkannt und in der Gesetzesbegründung ausgeführt, dass die Regelungen über die Prospekthaftung im Verhältnis zu den §§ 57 und 71–71e AktG eine abschließende Spezialregelung darstellen, die den aktienrechtlichen Vorschriften über die Kapitalerhaltung vorgehen[761]. Dieses Ergebnis steht auch nicht im Widerspruch zu europarechtlichen Vorgaben, sondern wird von diesen gestützt[762]. Gemäß Art. 6 Abs. 1 der Prospektrichtlinie (RL 2003/71/EG) haben die Mitgliedstaaten sicherzustellen, dass je nach Fall zumindest der Emittent oder dessen Verwaltungs-, Management- bzw. Aufsichtsstellen, der Anbieter, die Person, die die Zulassung zum Handel an einem geregelten Markt beantragt, oder der Garantiegeber für die in einem Prospekt enthaltenen Angaben haftet.

Gegen eine unterschiedliche Behandlung von originärem und derivativem Erwerb spricht auch der Gedanke der Einheitlichkeit der Rechtsordnung. Der Gesetzgeber des 4. FMFG hat mit den §§ 37b, 37c WpHG[763] eine Regelung geschaffen, die nicht zwischen beiden Erwerbsarten unterscheidet.

Außer diesem gesetzgeberischen Willen spricht auch der Umstand, dass § 57 AktG nicht generell die Geltendmachung von Schadensersatzansprüchen hindert,

---

758 Bayer, in: MüKo-AktG, 2. Auflage, § 57, Rn. 24, der diese Auffassung jedoch nicht mehr vertritt, siehe: Bayer, in: MüKo-AktG, 3. Auflage, § 57, Rn. 29; für diese Schranke nur beim originären Erwerb: Schwark, in: Schwark/Zimmer, Kapitalmarktrechts-Kommentar, §§ 44, 45 BörsG, Rn. 13.

759 So auch Huber, EWiR 1998, 645.

760 Begr. RegE. 3. Finanzmarkförderungsgesetz, BT-Drs. 13/8933, S. 78.

761 Schwark, in: Schwark/Zimmer, Kapitalmarktrechts-Kommentar, §§ 44, 45 BörsG, Rn. 13; BR-Drs. 605/97, 78.

762 Hierauf weisen Mülbert/Steup, in: Habersack/Mülbert/Schlitt, § 41, Rn. 7 sowie Groß, Kapitalmarktrecht. 5. Auflage, § 21 WpPG, Rn. 14 hin.

763 Siehe zu dieser Regelung: Zimmer, in: Schwark/Zimmer, Kapitalmarktrechts-Kommentar, §§ 37b, c WpHG, Rn. 1 ff.

für einen Vorrang des Börsengesetzes[764]. Zudem schließt § 71 AktG einen Prospekthaftungsanspruch nicht grundsätzlich aus. Da § 21 Abs. 1, 2 WpPG das speziellere Gesetz darstellt, ist es unschädlich, dass § 71 AktG nicht den Fall des Erwerbs eigener Aktien im Rahmen einer Prospekthaftung nennt. Bei Prospekthaftungsansprüchen muss die Aktiengesellschaft im Fall des § 21 Abs. 1, 2 WpPG eigene Aktien von den geschädigten Aktionären erwerben. Doch vermag bei näherer Betrachtung nicht zu überzeugen, dass diese Verpflichtung nur im Falle eines derivativen Erwerbs bestehen soll, da in beiden Konstellationen – originärer wie derivativer Erwerb – die Anleger gleich schutzbedürftig sind. Auch erscheint es merkwürdig, dass ein Aktionär, der seine Aktien über ein Emissionskonsortium erwirbt, welches die Aktien gezeichnet hat, Ansprüche gegen den Emittenten geltend machen kann, nicht aber, wenn er diese selbst gezeichnet hat, wie im Falle einer Direktemission.

Bei der Prospekthaftung handelt es sich nicht um eine Regelung über Wandelung des Zeichnungsvertrages oder Minderung, sondern um eine spezialgesetzlich geregelte Folge fehlerhafter Prospektangaben[765]. Mit Leistung der Einlage und Ausgabe der Aktien ist der Zeichnungsvertrag erfüllt, so dass die entsprechende Einlageverpflichtung des Zeichners erloschen ist. Es ist weder dem Gesetzeswortlaut noch der Gesetzesbegründung[766] zu entnehmen, dass der Gesetzgeber zwischen originären und derivativen Erwerb differenzieren wollte[767].

Eine Beschränkung auf das freie Vermögen ist wie im Falle der §§ 37b, c WpHG abzulehnen. Würde man, wie von Hamann[768] gefordert, im Rahmen eines Schadensersatzanspruchs gemäß § 21 Abs. 1, 2 WpPG die 10% Schranke des § 71 Abs. 2 AktG entsprechend anwenden, so führte dies in der Praxis zum Ergebnis, dass Anleger, welche zuerst klagen, noch entschädigt werden, während die nachfolgenden das Nachsehen haben. Auch der BGH hat eine Beschränkung auf bestimmte Vermögensmassen abgelehnt[769].

Eine der Prospekthaftung ähnliche Konstellation ist im Übrigen in § 71 Abs. 1 Nr. 3 AktG geregelt. Nach dieser Norm ist der Erwerb eigener Aktien zulässig, wenn dieser dazu dient, Aktionäre abzufinden, welche ansonsten durch konzern- oder umwandlungsrechtliche Maßnahmen einen Nachteil erleiden würden, d.h. das grundsätzliche Verbot eigene Aktien zu erwerben wird durchbrochen, um Aktionäre zur Aufgabe ihrer Gesellschafterrechte zu bewegen.

---

764 Hommelhoff/van Aerssen, EWiR 1998, 580; Groß, Kapitalmarktrecht, 2. Auflage, §§ 45, 46 BörsG, Rn. 7b.
765 Groß, Kapitalmarktrecht, § 21 WpPG, Rn. 15.
766 Begr. RegE. 3. Finanzmarkförderungsgesetz, BT-Drs. 13/8933, S. 78.
767 Huber, EWiR 1998, 645.
768 Hamann, in: Schäfer, Wertpapierhandelsgesetz, §§ 45, 46 BörsG a.F., Rn. 48.
769 BGH, Urt. v. 9.5.2005, II ZR, 287/02, WM 2005, 1358, 1359.

2. Ergebnis

Der aktienrechtliche Kapitalerhaltungsgrundsatz, wie er in § 57 Abs. 1 AktG und den §§ 71–71e AktG zum Ausdruck kommt, steht der Geltendmachung eines Prospekthaftungsanspruchs gemäß § 21 Abs. 1, 2 WpPG wie auch gemäß § 22 WpPG i.V.m. § 21 Abs. 1, 2 WpPG nicht entgegen. Dieser Anspruch ist der Höhe nach auch nicht auf das freie Kapital der Aktiengesellschaft begrenzt.

B. Konkurrenz

Im Folgenden soll näher untersucht werden, in welchem Konkurrenzverhältnis Prospekthaftungsansprüche und Ansprüche wegen Aufklärungspflichtverletzungen zueinander stehen.

I. Zwischen einzelnen Ansprüchen gegen die Emissionsbanken und Depotbanken

§ 25 Abs. 2 WpPG regelt, welche Ansprüche gegen den Emittenten bzw. Prospekterlasser neben Ansprüchen aus spezialgesetzlicher Prospekthaftung geltend gemacht werden können, nämlich vertragliche und deliktische Ansprüche nach BGB neben solchen aus börsengesetzlicher Prospekthaftung. Dabei versteht § 25 Abs. 2 WpPG unter vertraglichen Ansprüchen solche, die aus dem individuellen Erwerb der Aktien herrühren[770]. Hieraus folgt, dass bei einer vertraglichen Beziehung zwischen Anleger und emissionsbegleitender Bank der geschädigte Anleger gegen die Konsortialbank auch Ansprüche wegen Aufklärungspflichtverletzung geltend machen kann[771]. War hingegen in den Erwerb eine weitere Bank eingeschaltet, die die Aktien ihrerseits von einer Konsortialbank bezogen hat, so besteht zwischen Konsortialbank und Anleger keine vertragliche Beziehung, so dass neben einem Anspruch gemäß § 21 Abs. 1, 2 WpPG allenfalls ein Anspruch gemäß § 823 Abs. 2 BGB i.V.m. § 264a StGB gegen die Konsortialbank besteht. Ansprüche aus zivilrechtlicher Prospekthaftung im engeren und weiteren Sinne gegen den Emittenten oder eine Konsortialbank werden durch § 25 Abs. 2 WpPG ausgeschlossen[772]. Gegen die in den Erwerbsvorgang eingeschaltete Bank kann der geschädigte Anleger Ansprüche wegen Aufklärungspflichtverletzungen geltend machen.

---

770 Schwark, in: Schwark/Zimmer, Kapitalmarktrechts-Kommentar, § 47 BörsG, Rn. 3; Groß, Kapitalmarktrecht, § 25 WpPG, Rn. 3; Kort AG 1999, 9, 18.

771 Siehe zu § 47 Abs. 2 BörsG a.F., der mit § 25 Abs. 2 WpHG weitestgehend identisch ist: Schwark, in: Schwark/Zimmer, Kapitalmarktrechts-Kommentar, § 47 BörsG, Rn. 4; Kort, AG 1999, 9, 18.

772 Groß, Kapitalmarktrecht, § 25 WpPG, Rn. 3 ff.; Schwark, in: Schwark/Zimmer, Kapitalmarktrechts-Kommentar, § 47 BörsG, Rn. 3.

Emittent und Emissionsbanken haften dem geschädigten Anleger gegenüber aus spezialgesetzlicher Prospekthaftung gesamtschuldnerisch.

4. Abschnitt: Überwachung der Banken und Schutz der Anleger

Im folgenden Abschnitt soll die Frage näher beleuchtet werden, welche Instrumente der Bundesanstalt für Finanzdienstleistungsaufsicht (im Folgenden BaFin) bei Verstößen von Emissionshäusern gegen anlegerschützende Normen zur Verfügung stehen. Die BaFin ist eine rechtsfähige, bundesunmittelbare Anstalt des öffentlichen Rechts im Geschäftsbereich des Bundesministeriums der Finanzen.

A. Überwachung der Einhaltung von Vorschriften des WpPG

Im Folgenden soll kurz dargestellt werden, welche Maßnahmen die BaFin gegenüber Emittenten ergreifen kann, die ihren Prospektpflichten nicht nachkommen.

Wie bereits im 1. Teil, 2. Abschnitt unter B.I.2. dargestellt, ist für Wertpapiere, die öffentlich angeboten werden oder zum Handel in einem organisierten Markt im Inland zugelassen werden sollen, gemäß § 3 Abs. 1 WpPG ein Prospekt zu veröffentlichen[773]. Bevor ein Prospekt veröffentlicht werden darf, muss er gemäß § 13 Abs. 1 S. 2 WpPG an die BaFin übermittelt und von dieser binnen zehn Werktagen bzw. bei erstmaliger Börsennotierung binnen 20 Werktagen gebilligt werden. Bis zum 1.7.2005 regelte § 8a VerkProspG a.F. das Verfahren der Billigung/Gestattung durch die BaFin. Anders als nach alter Rechtslage (§ 8a Abs. 1 VerkProspG a.F.) führt der Ablauf der Billigungsfrist nunmehr nicht automatisch zu einer Billigungsfiktion[774]. Vielmehr kann der Anbieter nach Ablauf dieser Frist u.U. Amtshaftungsansprüche geltend machen[775].

Auch nach neuer Rechtslage findet lediglich eine Prüfung auf Vollständigkeit des Prospektes, jedoch nicht auf inhaltliche Richtigkeit oder Bonität des Anbieters statt[776]. Jedoch ist der nach neuer Rechtslage vorzunehmende Prüfungsumfang

773 Siehe hierzu: Groß, Kapitalmarktrecht, § 3 WpPG, Rn. 2 ff.; Schlitt/Schäfer, AG 2005, 498, 499.

774 Kullmann/Sester, WM 2005, 1068, 1073; Schlitt/Singhof/Schäfer, BKR 2005, 251, 257; vgl. auch die amtliche Begründung zu § 13 Abs. 2 WpPG.

775 Kullmann/Sester, WM 2005, 1068, 1073.

776 Groß, Kapitalmarktrecht, WpPG § 13, Rn. 8; Begr. RegE. Prospektrichtlinie-Umsetzungsgesetz, BT-Drs. 15/4999, S. 25, 34; a.A. Schlitt/Schäfer, AG 2005, 498, 506 f., die unter Hinweis auf Crüwell, AG 2003, 243, 250, 251 und Kunold/Schlitt, BB 2004, 501, 509 behaupten, der Prüfungsumfang „dürfte damit über die bisherige formale Prüfung von Verkaufsprospekten gemäß § 8a VerkProsG a.F. hinaus gehen."; siehe zur alten Rechtslage: Heidelbach, in: Schwark,

weiter, da nunmehr auch eine Überprüfung der eingereichten Prospekte im Hinblick auf Verständlichkeit und Kohärenz erfolgt[777]. Ist eine Billigung des Prospekts durch die BaFin erfolgt, so muss der Emittent bzw. Anbieter den Prospekt gemäß § 14 Abs. 1 WpPG spätestens einen Werktag vor Beginn des öffentlichen Angebots oder der Zulassung zum Handel an einem organisierten Markt veröffentlichen. Auf welche Weise der Prospekt zu veröffentlichen ist, regelt § 14 Abs. 2 WpPG[778].

Im Folgenden soll näher betrachtet werden, welche Vorgehensmöglichkeiten der Aufsichtsbehörde nach WpPG gegen Emittenten, die die Prospektpflicht verletzen, zur Verfügung stehen. Im Jahr 2012 untersagte die BaFin in vier Fällen die Veröffentlichung eines Wertpapierprospekts[779]. Im Jahr 2011 untersagte die BaFin ebenfalls in vier Fällen die Veröffentlichung eines Wertpapierprospekts[780] und leitete in fünf Fällen wegen Verstößen gegen das WpPG Bußgeldverfahren ein[781]. Im Jahr 2007 entdeckte die BaFin im Rahmen einer sog. „Internet Surf Week" in 41 Fällen, dass Wertpapiere öffentlich angeboten wurden, ohne dass ein entsprechender Wertpapierprospekt vorlag[782]. Im Jahr 2003 – vor Inkrafttreten des WpPG – leitete die BaFin 26 Verfahren wegen unterlassener oder nicht rechtzeitiger Veröffentlichung bzw. Mitteilung eines Wertpapier-Verkaufsprospekts[783] ein.

I. Untersagung eines öffentlichen Angebots

§ 26 Abs. 4 WpPG gestattet der BaFin, ein öffentliches Angebot zu untersagen, wenn entgegen § 3 WpPG kein Prospekt veröffentlicht wurde, entgegen § 13 WpPG ein Prospekt veröffentlicht wird, der Prospekt oder das Registrierungsformular nicht mehr nach § 9 WpPG gültig ist, die Billigung des Prospekts nicht durch eine Bescheinigung im Sinne des § 18 Abs. 1 WpPG nachgewiesen worden ist oder der Prospekt nicht der Sprachenregelung des § 19 WpPG genügt[784]. Die Vorschrift

---

Kapitalmarktrechts-Kommentar, 3. Auflage, § 8a VerkProspG, Rn. 3 f.; Groß, Kapitalmarktrecht, 2. Auflage, VerkProspG § 8a, Rn. 3 f.

777 Schlitt/Singhof/Schäfer, BKR 2005, 251, 255; Groß, Kapitalmarktrecht, § 13 WpPG, Rn. 8.

778 Siehe zu Einzelheiten: Kullmann/Sester, WM 2005, 1068, 1073; Groß, Kapitalmarktrecht, § 14 WpPG, Rn. 6.

779 Siehe Jahresbericht der Bundesanstalt für Finanzdienstleistungsaufsicht 2012, S. 193.

780 Siehe Jahresbericht der Bundesanstalt für Finanzdienstleistungsaufsicht 2011, S. 216.

781 Siehe Jahresbericht der Bundesanstalt für Finanzdienstleistungsaufsicht 2011, S. 218.

782 Siehe Jahresbericht der Bundesanstalt für Finanzdienstleistungsaufsicht 2007, S. 156.

783 Siehe Jahresbericht der Bundesanstalt für Finanzdienstleistungsaufsicht 2003, S. 198.

784 Siehe hierzu: Groß, Kapitalmarktrecht, § 26 WpPG, Rn. 7; siehe zum inhaltsgleichen § 21 WpPG a.F.: von Kopp-Colomb, in: Assmann/Schlitt/von Kopp-Colomb, WpPG, § 21 WpPG, Rn. 19 ff.; Ritz/Voß, in: Just/Voß/Ritz/Zeising, WpPG, § 21, Rn. 27 ff.

des § 26 Abs. 4 WpPG entspricht insoweit § 8b VerkPorspG a.F[785]. Eine § 8a VerkProspG a.F. entsprechende Norm enthält das WpPG nicht, da das WpPG im Gegensatz zum VerkProspG a.F. keine Billigungsfiktion kennt[786].

Gerade im Bereich des grauen Kapitalmarkts hat die BaFin von der Befugnis einer Untersagung öffentlicher Angebote in der Vergangenheit Gebrauch gemacht, im Jahr 1999 in 30 Fällen, im Jahr 2000 waren es bereits 84 Fälle (Stichtag 22.11.2000)[787], jedoch im Jahr 2012 lediglich noch in vier Fällen[788]. Dem standen 3.043 Bewilligungen gegenüber.

Sinn und Zweck der durch § 13 WpPG statuierten formellen Vollständigkeitskontrolle – eine materielle Kontrolle der Richtigkeit der gemachten Angaben erfolgt nicht[789] – ist es sicherzustellen, dass der Anleger seine Anlageentscheidung auf der Grundlage vollständiger Informationen treffen kann. Normzweck ist mithin der Anlegerschutz[790].

Jedoch folgt aus dem Verhältnismäßigkeitsgrundsatz, dass, sofern der an die BaFin übermittelte Verkaufsprospekt nur geringfügige, vom Anbieter innerhalb von zehn Tagen behebbare Mängel aufweist, die BaFin dem Anbieter Nachbesserung, also das Nachreichen fehlender Angaben vor Fristablauf, zu ermöglichen hat und die Veröffentlichung nur untersagt werden darf, wenn die Nachbesserung nicht fristgemäß erfolgt. Daneben kann die BaFin gemäß § 26 Abs. 1 WpPG vom Anbieter oder Zulassungsantragsteller die Aufnahme zusätzlicher Angaben in den Prospekt verlangen, wenn dies zum Schutz des Publikums geboten erscheint[791].

---

785 Groß, Kapitalmarktrecht, § 26 WpPG, Rn. 7; siehe zu § 8b VerkProspG a.F.: Heidelbach, in: Schwark, Kapitalmarkt-Rechtskommentar, 3. Auflage, § 8b VerkProspG, Rn. 1 ff.; Groß, Kapitalmarktrecht, 2. Auflage, VerkProspG § 8b, Rn. 1 ff.

786 Siehe zur Billigungsfiktion: Heidelbach, in: Schwark, Kapitalmarktrechts-Kommentar, 3. Auflage, § 8a VerkProspG, Rn. 5.

787 Lenz, in: Assmann/Lenz/Ritz, § 8a, Fn. 34.

788 Siehe Jahresbericht der Bundesanstalt für Finanzdienstleistungsaufsicht 2012, S. 193.

789 Siehe zur alten Rechtslage: Ziff. VII.2. der Bekanntmachung des BAWe zum Wertpapier-Verkaufsprospektgesetz in der Fassung der Bekanntmachung vom 9.9.1998 (BGBl. I 1998, S. 2701 ff.) und zur Verordnung über Wertpapier-Verkaufsprospekte in der Fassung der Bekanntmachung vom 9.9.1998 (BGBl. I 1998, S. 2835 ff.) vom 6.9.1999, BAnz. Nr. 177 v 21.9.1999, S. 16180.

790 Groß, Kapitalmarktrecht, § 13 WpPG, Rn. 1; siehe zu § 8a VerkProspG a.F.: Begr. RegE. 3. Finanzmarktförderungsgesetz, BT-Drs. 13/8933, S. 87.

791 Siehe hierzu: Groß, Kapitalmarktrecht, § 26 WpPG, Rn. 4.

II. Untersagung von Werbung

§ 15 WpPG statuiert bestimmte Anforderungen an Werbung und geht teilweise über die Vorgängerreglung des § 8e VerkProspG a.F. hinaus. Verstößt der Anbieter gegen die in § 15 Abs. 2–5 WpPG aufgestellten Anforderungen an Werbung, so kann die BaFin gemäß § 15 Abs. 6 WpPG für höchstens 10 Werktage diese Werbung untersagen[792]. Der Begriff „Werbung" ist von einem öffentlichen Angebot anhand des Kriteriums „konkrete Erwerbsmöglichkeit" abzugrenzen. Demnach liegt kein öffentliches Angebot, sondern Werbung vor, wenn dem Anleger Informationsmaterial ausgehändigt wird oder er sich lediglich für einen Wertpapiererwerb vormerken lassen kann, diese Vormerkung jedoch keine Erwerbspflicht auslöst[793].

III. Auskunfts- und Vorlagepflichten des Anbieters

Des Weiteren kann die BaFin gemäß § 26 Abs. 2 WpPG[794] vom Emittenten, Anbieter oder Zulassungsantragsteller Auskünfte, die Vorlage von Unterlagen und die Überlassung von Kopien verlangen[795]. Die Vorschrift entspricht im Wesentlichen der Regelung des § 8c VerkProspG a.F[796]. § 26 Abs. 3 WpPG räumt der BaFin eine solche Befugnis auch gegenüber den Abschlussprüfern und Mitgliedern von Aufsichts- oder Geschäftsführungsorganen des Emittenten, des Anbieters oder Zulassungsantragstellers sowie gegenüber den mit der Platzierung des öffentlichen Angebots oder der Zulassung zum Handel beauftragten Instituten im Sinne des § 1 Abs. 1b KWG oder einem nach § 53 Abs. 1 S. 1 oder § 53b Abs. 1 S. 1 KWG tätigen Unternehmen ein.

Werden der Bundesanstalt bei einem Prospekt, der die Zulassung von Wertpapieren zum Handel an einem organisierten Markt vorbereiten soll, Umstände bekannt, auf Grund derer begründete Anhaltspunkte für die wesentliche inhaltliche Unrichtigkeit oder wesentliche inhaltliche Unvollständigkeit des Prospekts bestehen, die zu einer Übervorteilung des Publikums führen, so stehen ihr gemäß § 26 Abs. 8 WpPG die Befugnisse aus § 26 Abs. 2 WpPG zu. Sie kann in diesem Fall vom Anbieter verlangen, das öffentliche Angebot bis zur Klärung des Sachverhalts

792 Schlitt/Schäfer, AG 2005, 498, 509; Laurenz, NZG 2005, 109, 114; Schlitt/Singhof/Schäfer, BKR 2005, 251, 257.

793 Lenz/Ritz, WM 2000, 904, 905; siehe auch die Parallelnormen § 23 Abs. 1 KWG sowie § 36b Abs. 1 WpHG.

794 Durch das am 1.6.2012 in Kraft getretene Gesetz zur Novellierung des Finanzanlagenvermittler- und Vermögensanlagenrechts wurde § 21 WpPG a.F. nach § 26 WpPG n.F. verschoben.

795 Siehe hierzu: Groß, Kapitalmarktrecht, § 26 WpPG, Rn. 5; siehe zum inhaltsgleichen § 21 WpPG a.F.: von Kopp-Colomb, in: Assmann/Schlitt/von Kopp-Colomb, WpPG, § 21, Rn. 8 f.; Ritz/Voß, in: Just/Voß/Ritz/Zeising, WpPG, § 21, Rn. 17 ff.

796 Siehe zur Vorgängervorschrift: Heidelbach, in: Schwark, Kapitalmarktrechts-Kommentar, 3. Auflage, § 8c VerkProspG, Rn. 1 ff.; Assmann/Lenz/Ritz, VerkProspG, § 8e, Rn. 1 ff.

auszusetzen. Steht die inhaltliche Unrichtigkeit oder inhaltliche Unvollständigkeit des Prospekts fest, kann die Bundesanstalt die Billigung widerrufen und das öffentliche Angebot untersagen[797].

IV. Bekanntgabe und Vollstreckung der Anordnungen

Die aufgrund von Vorschriften des WpPG erlassenen Verfügungen sind gemäß § 31 WpPG sofort vollziehbar; der Widerspruch hat keine aufschiebende Wirkung. Die Bekanntgabe erfolgt gemäß den Vorschriften des VwVfG.

Gemäß § 17 FinDAG besitzt die BaFin die Befugnis, die in ihrem Geschäftsbereich erlassenen Verfügungen mit den Zwangsmitteln des VwVG zu vollstrecken. Schließlich kann die BaFin gemäß § 35 WpPG bei Verstößen gegen die Prospektpflicht und bei Zuwiderhandlungen gegen Anordnungen ein Ordnungsgeld in einer Höhe bis zu EUR 500.000,– verhängen[798].

Daneben sieht § 30 WpPG vor, dass die BaFin unanfechtbare Maßnahmen, die sie wegen Verstößen gegen Verbote oder Gebote des WpPG getroffen hat, auf ihrer Internetseite öffentlich bekannt machen kann, soweit dies zur Beseitigung oder Verhinderung von Missständen geboten ist[799]. Eine Veröffentlichung hat jedoch zu unterbleiben, sofern dies die Finanzmärkte erheblich gefährden oder zu einem unverhältnismäßigen Schaden bei den Beteiligten führen würde.

B. Überwachung der Banken nach KWG

Das Erfordernis einer staatlichen Erlaubnis zum Betrieb eines Bankgeschäfts wurde mit dem ersten Reichs-KWG[800] von 1934 eingeführt und im KWG von 1961 übernommen[801]. Seit der 6. KWG Novelle von 1997[802] ist nunmehr auch das Emissionsgeschäft Bankgeschäft i.S.d. § 1 Abs. 1 S. 2 Nr. 10 KWG[803]. Bis zu diesem Zeitpunkt war dagegen das Emissionsgeschäft kein Bankgeschäft, welches

797 Groß, Kapitalmarktrecht, § 26 WpPG, Rn. 11.

798 Siehe zu Einzelheiten: Groß, Kapitalmarktrecht, § 35 WpPG, Rn. 1 ff.; siehe zum inhaltsgleichen § 30 WpPG a.F.: Heidelbach, in: Schwark/Zimmer, Kapitalmarktrechts-Kommentar, § 30 WpPG, Rn. 1 ff.

799 Siehe zum inhaltsgleichen § 25 WpPG a.F.: Heidelbach, in: Schwark/Zimmer, Kapitalmarktrechts-Kommentar, § 25 WpPG, Rn. 1 ff.; Ritz/Voß, in: Just/Voß/Ritz/Zeising, WpPG, § 25, Rn. 1 ff.; von Kopp-Colomb, in: Assmann/Schlitt/von Kopp-Colomb, WpPG, § 25 WpPG, Rn. 1 ff.

800 RGBl. I S. 1203.

801 Siehe auch: Fischer, in: Boos/Fischer/Schulte-Mattler, KWG, Einführung, Rn. 11 ff.

802 Art. 1 des Gesetzes zur Umsetzung von EG-Richtlinien zur Harmonisierung bank- und wertpapieraufsichtlicher Vorschriften v. 22.10.1997, BGBl. I 1997, S. 2518.

803 Schwennicke, in: Auerbach/Schwennicke, KWG, § 1, Rn. 68 ff.; Schäfer, in: Boos/Fischer/Schulte-Mattler, KWG, § 1, Rn. 103 f.

eine Genehmigungspflicht nach § 1 KWG auslöste[804]. Ist eine Bank in den Emissionsprozess eingebunden, so erbringt sie eine Finanzdienstleistung in Gestalt der Anlagevermittlung nach § 1 Abs. 1a S. 2 Nr. 1 KWG, des Platzierungsgeschäfts i.S.d. § 1 Abs. 1a S. 2 Nr. 1c[805], der Abschlussvermittlung nach § 1 Abs. 1a S. 2 Nr. 2 KWG oder des Eigengeschäfts i.S.v. § 1 Abs. 1a S. 2 Nr. 4 KWG[806], bei einer Festübernahme i.S.d. § 1 Abs. 1 S. 2 Nr. 10 KWG ein Bankgeschäft und unterliegt damit den Erlaubnisvoraussetzungen des § 32 Abs. 1 S. 1 KWG sowie einer laufenden Beaufsichtigung durch die BaFin.

Die einzelne Emission ist genehmigungsfrei, doch sind die eingegangenen Risiken mit Eigenkapital zu unterlegen[807]. Verstößt ein Finanzdienstleistungsunternehmen oder ein Kreditinstitut gegen die ihm auferlegten Pflichten, so stehen der BaFin nachstehend aufgeführte Sanktionen zur Verfügung.

I. Auskunfts- und Prüfungsverlangen

Vergleichbar der Regelung des § 35 WpHG ermächtigt § 44 Abs. 1 KWG die BaFin sowie die Deutschen Bundesbank dazu, Auskünfte von Kreditinstituten und Finanzdienstleistungsinstituten zu verlangen, Prüfungen vorzunehmen und die Herausgabe von Unterlagen zu verlangen[808]. Diese Vorschrift ist jedoch nur auf Institute anwendbar, die eine Erlaubnis gemäß § 32 KWG besitzen.

Daneben räumt § 44 Abs. 2 KWG der BaFin sowie der Bundesbank Prüfungsrechte bei Instituten i.S.v. § 44 Abs. 1 KWG nahe stehenden Unternehmen und deren Organen sowie § 44 Abs. 1 S. 2 KWG Prüfungsrechte bei externen Dienstleistern (Auslagerungsunternehmen)[809], auf die wesentliche Aktivitäten oder Prozesse ausgelagert sind, ein.

Um feststellen zu können, ob ein Unternehmen, welches keine Erlaubnis gemäß § 32 KWG besitzt, Bankgeschäfte ohne Erlaubnis oder aber verbotene Bankgeschäfte betreibt, ermächtigt § 44c Abs. 1 KWG die BaFin sowie die Deutsche Bundesbank, Auskünfte und die Vorlage von Unterlagen zu verlangen[810]. Gemäß § 44c Abs. 2 KWG besitzt die BaFin auch die Möglichkeit, Prüfungen in Räumen des Unternehmens vorzunehmen, gemäß Abs. 3 derselben Vorschrift das Recht diese

804 Grundmann, in: Schimansky/Bunte/Lwowski, Bankrechts-Handbuch, Band 2, § 112, Rn. 2.

805 § 1 Abs. 1a S. 2 Nr. 1c wurde zur Umsetzung des Anhang I Abschnitt A Nr. 7 der MiFID eingesetzt und ist wortgleich mit der Regelung des § 2 Abs. 3 S. 1 Nr. 6 WpHG.

806 Siehe hierzu: Schäfer, in: Boos/Fischer/Schulte-Mattler, KWG, § 1, Rn. 132 f.

807 Herfs, in: Habersack/Mülbert/Schlitt, § 5, Rn. 23.

808 Siehe zu Einzelheiten: Braun, in: Boos/Fischer/Schulte-Mattler, KWG, § 44, Rn. 12 ff.; Haug, in: Szagunn/Haug/Ergenzinger, § 44, Rn. 1 ff.

809 Siehe hierzu: Braun, in: Boos/Fischer/Schulte-Mattler, KWG, § 44, Rn. 67 ff.

810 Siehe hierzu: Lindemann, in: Boos/Fischer/Schulte-Mattler, KWG, § 44c, Rn. 13 ff.; Schwennicke, in: Schwennicke/Auerbach, KWG, § 44c, Rn. 2.

Räume zu durchsuchen und gemäß Abs. 4 das Recht Unterlagen zu beschlagnahmen. Voraussetzung für ein Vorgehen nach § 44c Abs. 1, 2, 3, 4 KWG ist, dass Tatsachen die Annahme rechtfertigen[811], dass das Unternehmen verbotene Bankgeschäfte betreibt.

II. Einschreiten gegen verbotene Geschäfte gemäß § 37 Abs. 1 KWG

§ 37 KWG stellt klar, dass die BaFin nicht nur gegen Institute, welche nach § 32 KWG zugelassen sind, vorgehen kann, sondern auch gegen „Nichtinstitute“[812]. Im Zusammenhang mit Aktienemissionen bedeutet dies, dass die BaFin gegen ein Unternehmen, welches ein Emissionsgeschäft bzw. Finanzkommissionsgeschäft betreibt, ohne die dafür erforderliche Erlaubnis nach § 32 KWG zu besitzen, Maßnahmen nach § 37 Abs. 1 S. 4 KWG ergreifen kann. Um welche Maßnahmen es sich dabei im Einzelnen handelt, steht im pflichtgemäßen Ermessen der BaFin. Sie kann einen Hinweis erteilen, dem Unternehmen aufgeben, unverzüglich einen Antrag auf Erlaubnis gemäß § 32 KWG zu stellen, oder auch eine Untersagungsverfügung erlassen[813] und anschließend die Abwicklung des Instituts betreiben[814].

III. Einschreiten gegen Institute gemäß § 6 Abs. 3 KWG

§ 6 Abs. 3 KWG ermöglicht es der BaFin, Verfügungen gegen Kreditinstitute zu erlassen, um gegen Missstände einzuschreiten. Diese Generalklausel, die § 4 Abs. 1 S. 3 WpHG entspricht, wurde durch die 6. KWG-Novelle eingeführt und ermöglicht das Einschreiten gegen institutsbezogene Missstände[815]. § 6 Abs. 3 KWG ermöglicht der BaFin beispielsweise, Mängel der internen Organisation abzustellen,

---

811 Diese Formulierung entspricht dem einfachen Tatverdacht in § 152 Abs. 2 StPO, Lindemann, in: Boos/Fischer/Schulte-Mattler, KWG, § 44c, Rn. 14.

812 Fischer, in: Boos/Fischer/Schulte-Mattler, KWG, § 37, Rn. 7; Schwennicke, in: Schwennicke/Auerbach, KWG, § 37, Rn. 8. Neben der allgemeinen Befugnis der BaFin, nach § 6 Abs. 3 Anordnungen zu treffen, die geeignet und erforderlich sind, Missstände zu verhindern oder zu beseitigen, gibt das KWG der BaFin eine Reihe von Eingriffsmöglichkeiten bei Missständen, z.B. nach § 25a Abs. 1 S. 5, § 35 Abs. 2, § 36 Abs. 1a, §§ 45a, 46ff., 56 u.a. Die meisten dieser Befugnisse setzen aber voraus, dass die Maßnahmen sich gegen Institute, die der Aufsicht unterliegen, richten. § 37 geht darüber hinaus und lässt Maßnahmen auch gegenüber Instituten ohne Erlaubnis und insbesondere solchen, die den Begriff des Kreditinstituts oder des Finanzdienstleistungsunternehmens nicht erfüllen, zu.

813 Fischer, in: Boos/Fischer/Schulte-Mattler, KWG, § 37, Rn. 9.

814 Siehe zu Einzelheiten einer Institutsabwicklung: Fischer, in: Boos/Fischer/Schulte-Mattler, KWG, § 37, Rn. 12 ff.; Schwennicke, in: Schwennicke/Auerbach, KWG, § 37, Rn. 14 ff.

815 Schäfer, in: Boos/Fischer/Schulte-Mattler, KWG, § 6, Rn. 57.

ohne gleich die Geschäftsführer abberufen zu müssen[816]. Allerdings ist die Ermächtigungsgrundlage des § 6 Abs. 3 KWG im Vergleich zu anderen Normen subsidiär. Begründet man das Vorliegen eines Missstandes mit der Verletzung von Spezialgesetzen – z.B. des WpPG oder WpHG – so bedarf es keines Rückgriffs auf § 6 Abs. 3 KWG, sofern das Spezialgesetz eine Ermächtigungsgrundlage enthält[817]. Dagegen kann ein Vorgehen nicht auf § 6 Abs. 2 KWG gestützt werden, da diese Vorschrift die BaFin nach h.M.[818] lediglich zu bloßem Verwaltungshandeln und nicht zum Erlass von Verwaltungsakten ermächtigt.

IV. Abberufung des Geschäftsführers gemäß § 36 KWG

Erweist sich ein Geschäftsführer als fachlich nicht geeignet oder unzuverlässig, so besitzt die BaFin auch die Möglichkeit, diesen gemäß § 36 Abs. 1, 2 KWG abzuberufen[819]. In der Regel handelt es sich bei der Abberufung des Geschäftsführers um ein milderes Mittel als die Aufhebung der Erlaubnis. Denn die Aufhebung der Erlaubnis ist grundsätzlich nur zulässig, wenn kein anderes gleichwirksames Mittel zur Verfügung steht[820]. Dies folgt aus dem Verhältnismäßigkeitsgrundsatz.

Die Abberufung gemäß § 36 Abs. 1 KWG kann erfolgen, wenn einer der Erlaubnisentzugsgründe des § 35 Abs. 2 Nr. 3, Nr. 4 oder Nr. 6 KWG vorliegt. Dem Erlaubnisentzugsgrund des § 35 Abs. 2 Nr. 6 KWG dürfte hierbei wiederum die größte Bedeutung zukommen.

V. Aufheben der Erlaubnis

Besitzt ein Institut, welches ein Emissionsgeschäft bzw. Finanzkommissionsgeschäft betreibt, die hierfür notwendige Erlaubnis, verstößt es aber fortgesetzt gegen Normen des KWG, so kann als ultima ratio die erteilte Erlaubnis unter den Voraussetzungen des § 35 Abs. 2 KWG aufgehoben werden[821]. Über den Verweis in § 35 Abs. 2 Nr. 6 KWG auf das WpHG und auf die zu seiner Durchführung erlassenen Verordnungen kann die BaFin auch bei nachhaltigen Verstößen gegen Wohlverhaltensregeln die Erlaubnis entziehen[822].

---

816 Samm, in: Beck/Samm/Kokemoor, KWG, Band 1, § 6, Rn. 58c; Schäfer, in: Boos/Fischer/Schulte-Mattler, KWG, § 6, Rn. 58.

817 Schäfer, in: Boos/Fischer/Schulte-Mattler, KWG, § 6, Rn. 39.

818 Samm, in: Beck/Samm/Kokemoor, KWG, Band 1, § 6, Rn. 57; Schäfer, in: Boos/Fischer/Schulte-Mattler, KWG, § 6, Rn. 55.

819 Siehe hierzu: Fischer, in: Boos/Fischer/Schulte-Mattler, KWG, § 36, Rn. 1 ff.; Schwennicke, in: Schwennicke/Auerbach, KWG, § 36, Rn. 1 ff.

820 Schwennicke, in: Schwennicke/Auerbach, KWG, § 36, Rn. 3; Fischer, in: Boos/Fischer/Schulte-Mattler, KWG, § 36, Rn. 4.

821 Siehe hierzu: Fischer, in: Boos/Fischer/Schulte-Mattler, KWG, § 35, Rn. 10 ff.; Haug, in: Szagunn/Haug/Ergenzinger, § 35, Rn. 3 ff.; Schwennicke, in: Schwennicke/Auerbach, KWG, § 35, Rn. 16 ff.

822 Fischer, in: Boos/Fischer/Schulte-Mattler, KWG, § 35, Rn. 45.

Ein Verstoß gegen Vorschriften des BörsG oder des WpPG kann dagegen nicht über § 35 Abs. 2 Nr. 6 KWG bzw. § 35 KWG geahndet werden, da diese Normen lediglich ein Einschreiten der BaFin bei Verstößen gegen Vorschriften des KWG oder des WpHG sowie gegen die zur Durchführung dieser Gesetze erlassenen Verordnungen oder Anordnungen ermöglichen. Ein Einschreiten kommt in diesem Fall lediglich nach § 6 Abs. 3 KWG in Betracht, da der Anwendungsbereich dieser Norm auch bei Verstößen gegen andere Gesetze eröffnet ist.

VI. Vollstreckung

Gemäß § 49 KWG haben Widerspruch und Anfechtungsklage gegen die oben beschriebenen Maßnahmen keine aufschiebende Wirkung[823]. Die von der BaFin getroffenen Maßnahmen sind mithin sofort vollziehbar, eine Vollstreckung erfolgt gemäß § 17 FinDAG mit den Mitteln des VwVG[824].

C. Überwachung der Einhaltung der Wohlverhaltensregeln gemäß §§ 31 ff. WpHG

Daneben kann die BaFin nicht nur auf Grundlage von Vorschriften des KWG oder WpPG gegen den Emittenten vorgehen, sondern ein Eingreifen auch auf Vorschriften des WpHG stützen.

I. Anordnungsbefugnisse gemäß § 4 Abs. 1 S. 3 WpHG sowie gemäß § 4 Abs. 2 S. 1 WpHG

§ 4 WpHG wurde durch das AnSVG[825] grundlegend umstrukturiert und erheblich erweitert[826]. Mehrere bis dahin in anderen Normen des WpHG enthaltene Eingriffsbefugnisse wurden in § 4 WpHG zusammengefasst. Bei § 4 WpHG handelt es sich nunmehr um eine „Generalbefugnisnorm", in der bisherige unterschiedlichste

823 Lindemann, in: Boos/Fischer/Schulte-Mattler, KWG, § 49, Rn. 1 ff.; Haug, in: Szagunn/Haug/Ergenzinger, § 49, Rn. 1 ff.

824 Lindemann, in: Boos/Fischer/Schulte-Mattler, KWG, § 17 FinDAG, 3. Auflage, Rn. 1 ff.; Döhmel, in: Assmann/Schneider, WpHG, Vor § 3, Rn. 60 ff.

825 Gesetz zur Verbesserung des Anlegerschutzes (Anlegerschutzverbesserungsgesetz – AnSVG), BGBl. I 2004, S. 2630. Mit diesem Gesetz wurde die Marktmissbrauchsrichtlinie (RL 2003/6/EG des Europäischen Parlaments und des Rates vom 28.1.2003 über Insider-Geschäfte und Marktmanipulation) in nationales Recht umgesetzt. Zentrale Normen des Wertpapierhandelsgesetzes, insbesondere das Insiderrecht, das Recht der Ad-hoc- und Directors' Dealings-Publizität und die Regelungen über Marktmanipulationen, sind damit auf europäischer Ebene vereinheitlicht worden.

826 Siehe hierzu: Zetzsche, in: Schwark/Zimmer, Kapitalmarktrechts-Kommentar, § 4 WpHG, 6; Döhmel, in: Assmann/Schneider, WpHG, § 4, Rn. 1.

Einzelbefugnisse zusammengefasst worden sind (z.B. §§ 16, 18, 20b, 29, 35 WpHG a.F.)[827].

Gemäß § 4 Abs. 1 S. 2 WpHG obliegt es der BaFin, im Rahmen der ihr zugewiesenen Aufgaben Missständen entgegenzuwirken, welche die ordnungsgemäße Durchführung des Handels mit Finanzinstrumenten oder von Wertpapierdienstleistungen oder Wertpapiernebendienstleistungen beeinträchtigen oder erhebliche Nachteile für den Finanzmarkt bewirken können[828]. Gemäß § 4 Abs. 1 S. 3 WpHG kann sie zu diesem Zweck Anordnungen treffen. Die Vorschrift entspricht ihrer Konzeption nach § 6 Abs. 3 KWG[829]. Es kann daher wegen der Tatbestandsvoraussetzungen auf die Ausführungen zu § 6 Abs. 3 KWG verwiesen werden.

Daneben statuiert § 4 Abs. 2 WpHG eine allgemeine Pflicht der BaFin zur Überwachung der im WpHG festgelegten Ge- und Verbote. Der Anwendungsbereich von § 4 Abs. 2 S. 1 WpHG ist immer dann eröffnet, wenn die Verfügung ergeht, um die Einhaltung von Vorschriften des WpHG sicherzustellen[830].

II. Auskunfts- und Vorlagerechte

§ 4 Abs. 3 WpHG regelt Auskunftspflichten der Wertpapierdienstleistungsunternehmen und sonstiger Personen gegenüber der BaFin sowie die Pflicht dieser, der BaFin Unterlagen vorzulegen und Kopien zu überlassen[831]. Daneben räumt § 4 Abs. 3 WpHG der BaFin das Recht ein, Personen zu laden und zu vernehmen.

827 Döhmel, in: Assmann/Schneider, WpHG, § 4, Rn. 14; Zetsche, in: Schwark/Zimmer, Kapitalmarktrechts-Kommentar, § 4 WpHG, Rn. 30 ff.

828 Siehe zum Missstandsbegriff: Döhmel, in: Assmann/Schneider, WpHG, § 4, Rn. 15 ff.; Zetsche, in: Schwark/Zimmer, Kapitalmarktrechts-Kommentar, § 4 WpHG, Rn. 20 ff.; Schlette/Bouchon, in: Fuchs, WpHG, § 2, Rn. 17 ff.

829 Schäfer, in: Boos/Fischer/Schulte-Mattler, KWG, § 6, Rn. 57.

830 Döhmel, in: Assmann/Schneider, WpHG, § 4, Rn. 21 f.; Zetzsche, in: Schwark/Zimmer, Kapitalmarktrechts-Kommentar, § 4 WpHG, Rn. 31 vertritt dagegen die Ansicht, dass eine klare Abgrenzung der Anwendungsbereiche von § 4 Abs. 1 S. 3 WpHG und § 4 Abs. 2 S. 1 WpHG nicht möglich sei, da Abs. 2 S. 2 die Aufgaben nach Abs. 1 S. 2 sowie Abs. 2 S. 1 in Bezug nehme. Schlette/Bouchon, in: Fuchs, WpHG, § 4, Rn. 30 erachtet dagegen § 4 Abs. 1 S. 3 WpHG aufgrund des durch das FRUG erweiterten Anwendungsbereichs des § 4 Abs. 2 WpHG als überflüssig.

831 Siehe zu Einzelheiten: Schlette/Bouchon, in: Schwark/Zimmer, Kapitalmarktrechts-Kommentar, § 4 WpHG, Rn. 36 ff.; Döhmer, in: Assmann/Schneider, WpHG, § 4, Rn. 28 ff.

Die Vorschrift des § 4 Abs. 3 WpHG wurde durch das AnsVG[832] sowie das FRUG[833] neu geschaffen und die bisher in mehreren Paragraphen gegenüber bestimmten Personengruppen bestehenden Auskunftspflichten in einer Zentralnorm zusammengefasst[834]. Dabei wurde der Kreis der zur Auskunft Verpflichteten auf „jedermann" erweitert[835]. Daneben räumt § 4 Abs. 4 WpHG der BaFin Zutrittsrechte zu den Räumlichkeiten der nach § 4 Abs. 3 WpHG auskunftspflichtigen Personen ein. Flankiert werden die Regelungen von einer Verschwiegenheitspflicht nach § 4 Abs. 8 WpHG über von der BaFin eingeleiteteMaßnahmen, um die Ermittlungen der BaFin nicht zu gefährden[836].

III. Prüfungsrechte gemäß § 35 Abs. 1 WpHG

§ 35 Abs. 1 WpHG räumt der BaFin Prüfungsbefugnisse zum Zwecke der Überwachung der in den §§ 31 ff. WpHG geregelten Pflichten sowie der Meldepflicht nach § 9 WpHG gegenüber inländischen Wertpapierdienstleistungsunternehmen sowie mit diesen verbundenen Unternehmen, den Zweigniederlassungen im Sinne des § 53b KWG, Unternehmen, mit denen eine Auslagerungsvereinbarung im Sinne des § 25a Abs. 2 KWG besteht oder bestand, und sonstigen zur Durchführung eingeschalteten dritten Personen oder Unternehmen ein[837]. Das Wertpapierdienstleistungsunternehmen hat der BaFin zum Zwecke der Prüfung auch Unterlagen zu überlassen. Sinn und Zweck dieser Norm ist es, der BaFin unabhängig von der Jahresprüfung gemäß § 36 WpHG ein Instrument an die Hand zu geben, mit dessen

---

832 Gesetz zur Verbesserung des Anlegerschutzes (Anlegerschutzverbesserungsgesetz – AnSVG), BGBl. I 2004, S. 2630. Mit diesem Gesetz wurde die Marktmissbrauchsrichtlinie (RL 2003/6/EG des Europäischen Parlaments und des Rates vom 28.1.2003 über Insider-Geschäfte und Marktmanipulation) in nationales Recht umgesetzt. Zentrale Normen des Wertpapierhandelsgesetzes, insbesondere das Insiderrecht, das Recht der Ad-hoc- und Directors' Dealings-Publizität und die Regelungen über Marktmanipulationen, sind damit auf europäischer Ebene vereinheitlicht worden.

833 Gesetz zur Umsetzung der Richtlinie über Märkte für Finanzinstrumente (RiL 2004/39/EG, MiFID) und der Durchführungsrichtlinie (RL 2006/73/EG) der Kommission (Finanzmarkt-Richtlinie-Umsetzungsgesetz) vom 16.7.2007, BGBl. I 2007, S. 1330.

834 Döhmel, in: Assmann/Schneider, WpHG, § 4, Rn. 14, 34 ff.; Spindler, NJW 2004, 3449 ff.; Diekmann, Sustmann, NZG 2004, 929 ff.

835 Siehe zur verfassungsrechtlichen Diskussion der Erweiterung des Adressatenkreises: Spindler, NJW 2004, 3449; Dreyling/Döhmel, in: Assmann/Schütze, WpHG, 5. Auflage, § 4, Rn. 29; Schlette/Bouchon, in: Fuchs, WpHG, § 4, Rn. 37.

836 Siehe hierzu: Döhmel, in: Assmann/Schneider, WpHG, § 4, Rn. 59 ff.

837 Siehe hierzu: Koller, in: Assmann/Schneider, WpHG, § 35, Rn. 2 ff.; Schlette/Bouchon, in: Fuchs, WpHG, § 35, Rn. 4 ff.; Fett, in: Schwark/Zimmer, Kapitalmarktrechts-Kommentar, § 35 WpHG, Rn. 2 ff.

Hilfe Missstände zeitnah aufgedeckt werden können[838]. § 35 Abs. 1 WpHG räumt der BaFin das Recht ein, ohne besonderen Anlass Prüfungen durchzuführen.

Während § 35 Abs. 3 WpHG a.F. der BaFin noch die Befugnis einräumte, die nach § 35 Abs. 1 WpHG gegenüber einem Wertpapierdienstleistungsunternehmen zulässigen Maßnahmen auch gegenüber solchen Unternehmen zu ergreifen, bei denen lediglich der Verdacht besteht, dass diese Wertpapierdienstleistungen erbringen, sind diese Befugnisse nunmehr in § 4 Abs. 3 WpHG geregelt.

IV. Jahresprüfung gemäß § 36 Abs. 1 S. 1 WpHG

Wertpapierdienstleistungsunternehmen sind gemäß § 36 Abs. 1 S. 1 WpHG verpflichtet, einmal jährlich die Einhaltung der in § 9 WpHG und §§ 31 ff. WpHG statuierten Pflichten durch einen externen Prüfer prüfen zu lassen[839]. Dabei sind Zeitpunkt, Art und Umfang der Prüfung sowie der Inhalt des Prüfberichts in der aufgrund des § 36 Abs. 5 WpHG erlassenen Wertpapierdienstleistungs-Prüfungsverordnung (WpDPV)[840] näher geregelt. Gemäß § 36 Abs. 1 S. 4 WpHG ist das Wertpapierdienstleistungsunternehmen befugt, sich einen Prüfer selbst zu suchen, jedoch kann die BaFin auch die Bestellung eines anderen Prüfers verlangen, § 36 Abs. 2 S. 2 WpHG. Den Inhalt der Prüfung kann die BaFin bestimmen, § 36 Abs. 3 WpHG.

Durch das zum 1.7.2011 in Kraft getretene AnsFuG erfuhr § 36 Abs. 4 WpHG eine Änderung. Bisher erfolgte – anders als in den Fällen des § 35 Abs. 1 WpHG – die Prüfung im Regelfall[841] nicht durch die BaFin direkt. Der Prüfer hatte vielmehr seinen Prüfbericht nach Abschluss der Prüfung bei der BaFin sowie der Deutschen Bundesbank einzureichen, § 36 Abs. 1 S. 7 WpHG. Nunmehr kann die BaFin wie im Rahmen von § 35 Abs. 1 WpHG die Prüfung anlassunabhängig und nicht mehr nur in Einzelfällen selbst vornehmen oder einen externen Prüfer bestimmen. Laut Begründung zum Regierungsentwurf des AnsFuG soll hierdurch „die unabhängige Stellung der Prüfer, beispielsweise durch zufällige Bestimmung eines Prüfers oder Eigenprüfung durch die BaFin, noch einmal unterstrichen werden“[842]. Des

838 Fett, in: Schwark/Zimmer, Kapitalmarktrechts-Kommentar, § 35 WpHG, Rn. 4; Koller, in: Assmann/Schneider, WpHG, § 35, Rn. 3.

839 Siehe hierzu: Koller, in: Assmann/Schneider, WpHG, § 36, Rn. 1 ff.; Schlette/Bouchon, in: Fuchs, WpHG, § 36, Rn. 1 ff.

840 Wertpapierdienstleistungs-PrüfungsVO v. 16.12.2004, BGBl. I 2004, S. 3515, zuletzt geändert durch VO v. 24.10.2007, BGBl. I 2007, S. 2499; siehe hierzu auch: Fett, in: Schwark/Zimmer, Kapitalmarktrechts-Kommentar, § 36 WpHG, Rn. 2 ff.; Koller, in: Assmann/Schneider, WpHG, § 36, Rn. 4 f.

841 Die BaFin kann in Ausnahmefällen gemäß § 36 Abs. 4 S. 1 WpHG auch eine Prüfung selbst vornehmen.

842 Begründung des Entwurfs der Bundesregierung eines Gesetzes zur Stärkung des Anlegerschutzes und Verbesserung der Funktionsfähigkeit des Kapitalmarkts (Anlegerschutz- und Funktionsverbesserungsgesetz), BT-Drs. 17/3628, S. 24.

Weiteren liege eine solche Vorgehensweise auch im Interesse einer unabhängigen Aufsicht[843].

V. Vollstreckung

Gemäß § 4 Abs. 7 WpHG haben Widerspruch und Anfechtungsklage gegen auf Grundlage von § 4 Abs. 1–6 WpHG getroffene Maßnahmen keine aufschiebende Wirkung[844]. Gleiches gilt gemäß § 35 Abs. 3 WpHG für auf Grundlage von § 35 Abs. 1, 2 WpHG getroffene Maßnahmen. Die von der BaFin getroffenen Maßnahmen sind mithin sofort vollziehbar; eine Vollstreckung erfolgt gemäß § 17 FinDAG nach dem VwVG[845]. Daneben besitzt die BaFin gemäß § 39 Abs. 4 WpHG die Möglichkeit, bei unzulässiger Auskunftsverweigerung und anderen Verstößen gegen Regelungen des WpHG gegen das Wertpapierdienstleistungsunternehmen ein Bußgeld zu verhängen[846].

5. Abschnitt: Zusammenfassung

Der klassische Vertrieb über ein Filialbanksystem führt aus regulatorischer Sicht zu keinen Schutzlücken gegenüber dem Erwerber von Aktien im Hinblick auf die Anwendbarkeit von Vorschriften des KWG, WpHG sowie WpPG. Vorschriften des KWG und WpHG sind immer anwendbar. Insbesondere § 31 WpHG verpflichtet Wertpapierdienstleistungsunternehmen zu einer umfassenden Aufklärung. Sofern Aktien nicht im Wege einer Privatplatzierung begeben werden, ist auch ein Wertpapierverkaufsprospekt bzw. ein Börsenzulassungsprospekt zu erstellen. Daraus folgt, dass ein Privatanleger bei einer Fremdemission – außer im Falle einer Privatplatzierung – immer auf einen weiteren Prospektverantwortlichen neben dem Emittenten zurückgreifen kann.

Der Frage, ob die durch §§ 31 ff. WpHG statuierten Informations-, Aufklärungs- und Beratungspflichten in der Praxis hinreichenden Anlegerschutz gewährleisten, soll an dieser Stelle nicht weiter vertieft werden.

---

843 Begründung des Entwurfs der Bundesregierung eines Gesetzes zur Stärkung des Anlegerschutzes und Verbesserung der Funktionsfähigkeit des Kapitalmarkts (Anlegerschutz- und Funktionsverbesserungsgesetz), BT-Drs. 17/3628, S. 24

844 Döhmel, in: Assmann/Schneider, WpHG, § 4, Rn. 58; Schlette/Bouchon, in: Schwark/Zimmer, Kapitalmarktrechts-Kommentar, § 4 WpHG, Rn. 123.

845 Siehe hierzu: Döhmel, in: Assmann/Schneider, WpHG, Vor § 3, Rn. 60 ff.; Schlette/Bouchon, in: Schwark/Zimmer, Kapitalmarktrechts-Kommentar, § 4 WpHG, Rn. 102 ff.

846 Siehe zu Einzelheiten: Vogel, in: Assmann/Schneider, WpHG, § 39, Rn. 1 ff.; Zimmer/Cloppenburg, in: Schwark/Zimmer, Kapitalmarktrechts-Kommentar, § 39 WpHG, Rn. 1 ff.

Zweiter Teil: Wertpapieremissionen über das Internet – virtuelle Emissionshäuser

Im ersten Teil der Arbeit wurde dargestellt, welche Anlegerschutzmechanismen bezüglich des Aktienerwerbs bei einer inländischen „Offline"-Bank bestehen. Im zweiten Teil soll nun der Frage nachgegangen werden, welche Auswirkungen der Einsatz des Internets als Vertriebsweg für Wertpapieremissionen auf den Anlegerschutz zeitigen. Dabei wird ein Schwerpunkt auf die Betrachtung ausländischer Emissionshäuser zu legen sein.

1. Abschnitt: Einsatzmöglichkeiten einer Internetemission zur Platzierung nach Marktsegmenten

Zur Nutzung des Vertriebsweges „Internet" für eine Fremdemission haben sich im Wesentlichen zwei Einsatzmöglichkeiten herausgebildet: die Internet-Distribution traditioneller Banken[847] und die Bildung von Internet-Emissionshäusern[848], die von etablierten Banken unabhängig sind. Während erstere Gruppe das Internet im Wesentlichen als zusätzlichen Vertriebsweg für börsennotierte Wertpapiere nutzt[849], sind einige virtuelle Emissionshäuser auf die Platzierung kleinerer Emissionsvolumina spezialisiert[850]. Andere[851] wiederum bieten nicht-börsennotierte Aktien (Pre-IPO) an und betreiben daneben Plattformen, auf welchen ein Handel mit diesen vor- bzw. außerbörslichen Beteiligungen stattfindet[852]. Ein Einsatz des Internets zur Platzierung von Aktien zum Handel im regulierten Markt kommt in der Regel nur unterstützend zu anderen Vertriebsmethoden hinzu (sogenanntes Multi-Channeling). Wesentlicher Grund hierfür ist das große Emissionsvolumen,

847 So haben beispielsweise die Deutsche Bank und die vormalige Dresdner Bank von dieser Möglichkeit Gebrauch gemacht; siehe Weber, MMR 1999, 385, Florian, 168.

848 Pioniere auf diesem Gebiet sind in Deutschland die VEM Virtuelles Emissionshaus AG und net.IPO AG, in den USA Wit Capital; siehe zur Entwicklung auch Jäger, Aktiengesellschaft, § 54, Rn. 103 f.; Assmann, in: FS-Schütze, 15, 16.

849 Tawakkoli, DStR 1999, 1330, 1332.

850 Zu dieser Gruppe gehören die Publity AG, die VEM Virtuelles Emissionshaus AG sowie die net.IPO AG; siehe auch: Weber, MMR 1999, 385, 386; Assmann, in: FS-Schütze, 15, 16.

851 Ein solches System wurde u.a. von Tradecross.com AG und Go4Equity.com betrieben. Diese Unternehmen sind Ende 2013 nicht mehr tätig.

852 Jäger, Aktiengesellschaft, § 54, Rn. 105; siehe zum Handel per Erscheinen: Pfüller/Koehler, WM 2002, 781 f.

welches sich nur schwer ausschließlich mittels Internet platzieren lässt. Gleiches gilt für den geregelten Markt. Eine Ausnahme hierzu stellte der IPO von Google Inc. im Jahr 2004 dar, wobei hier nicht zuletzt der große Bekanntheitsgrad des Unternehmens eine Rolle gespielt haben dürfte[853]. Internet-IPOs dienten bislang – insbesondere Ende der 1990er Jahre[854] – hauptsächlich der Kapitalbeschaffung junger, wachstumsorientierter Unternehmen, denen andere Finanzierungsmöglichkeiten nicht oder nur im geringen Maße zur Verfügung stehen. Daher handelt es sich bei Beteiligungen an diesen Unternehmen in aller Regel um hochriskante Kapitalanlagen[855]. Zu den wesentlichen Risiken einer solchen Anlage sind neben dem Preisrisiko auch das Bonitätsrisiko zu zählen[856].

2. Abschnitt: Der Ablauf einer „virtuellen“ Emission

Im folgenden Abschnitt sollen die wesentlichen Unterschiede im Ablauf zwischen einer „herkömmlichen“ und einer „virtuellen“ Emission näher betrachtet werden[857]. Diese liegen im Preisfeststellungsverfahren und in der Zuteilung.

Vor dem Hintergrund einerseits hoher Zeichnungsgewinne und andererseits niedrigen Erfolgschancen der Zeichner bei Neuemissionen auf der anderen Seite wurden Ende der 1990er Jahre Preisermittlungs- und Zuteilungsverfahren diskutiert, welche übermäßige Kursgewinne auf Seiten der Zeichner vermeiden und zu einer Steigerung des Emissionserlöses führen sollten. In diesem Zusammenhang ist immer wieder das Auktionsverfahren in den Mittelpunkt des Interesses gerückt[858].

A. Auktionsverfahren

Bei diesem Verfahren, das mindestens zweimal in Deutschland zur Anwendung gelangte[859], unterbreiten potentielle Anleger bei der Zeichnung ein nach oben

---

853 Schanz, Börseneinführung, § 10, Rn. 10.

854 Jäger, Aktiengesellschaft, § 54, Rn. 105 prognostizierte für den Fall einer Wiederbelebung des Neuemissionsmarktes eine Zunahme von Internetemissionen. Diese Prognose ist allerdings nicht eingetroffen; siehe Oulds, in: Kümpel/Wittig, Rn. 15.84.

855 Assmann, in: FS-Schütze, 15, 21 f.

856 Pfüller/Koehler, WM 2002, 781, 784; Christina Amann, „Plötzlich ist das Kapital weg, Außerbörsliche Aktien sind für Privatanleger hochriskant“, SZ v. 4.1.2006, S. 21.

857 Siehe hierzu: Assmann, in: FS-Schütze, 15, 18 ff., 45 f.; Tawakkoli, DStR 1999, 1330, 1332 f.; Weber, MMR 1999, 385, 386; Schaefer, MMR 2001, 491, 495 f.

858 Schäcker/Kunze/Wohlgefahrt, in: Habersack/Mülbert/Schlitt, Unternehmensfinanzierung, § 3, Rn. 46; Schanz, Börseneinführung, § 10, Rn. 92 ff.

859 So Schanz, Börseneinführung, § 10, Rn. 92, Fn. 166; Schäcker/Kunze/Wohlgefahrt, in: Habersack/Mülbert/Schlitt, § 3, Rn. 46.

limitiertes Preisangebot. Eine Zuteilung erfolgt dann entsprechend dem höchsten Gebot[860]. So wurde beispielsweise beim Börsengang der Trius AG, Friedrichsdorf, im Februar/März 2000 bei einem Mindestgebot von EUR 28,00 ein Ausgabepreis von EUR 36,50 festgelegt[861]. Der erste Kurs lag am ersten Handelstag bei EUR 50,00[862].

Für den Emittenten besteht der Vorteil dieses Verfahrens darin, dass ein höherer Emissionserlös erzielt werden kann. Andererseits wird eine Platzierung der Aktien bei dem Unternehmen genehmen Aktionären durch das Auktionsverfahren erschwert, da einziges Zuteilungskriterium das im Rahmen des Auktionsprozesses genannte Preislimit ist. Für die Aktionäre führt dieses Verfahren zu einer höheren Zuteilungsgerechtigkeit, da es nunmehr keine Rolle mehr spielt, von welcher Bank der Anleger sein Depot führen lässt. In der Praxis ist es nämlich üblich, dass am Emissionskonsortium beteiligte Banken ihren Kunden bevorzugt Aktien zuteilen.

Teilweise werden aber an das Auktionsverfahren zu hohe Erwartungen gestellt. So erscheint es zumindest zweifelhaft, ob eine Erhöhung der Zeichnungsqualität erreicht wird, indem der Anleger nunmehr gezwungen ist, sich Gedanken über den Wert des Unternehmens zu machen. Auch erscheint fraglich, ob der Emittent durch ein solches Verfahren eine breite Streuung seiner Aktien bei langfristig agierenden Investoren erreicht. Zuletzt ist anzuführen, dass dem Auktionsverfahren die Gefahr einer Überbewertung der Aktie mit entsprechend negativem und volatilem Kursverlauf innewohnt[863].

B. Weitere alternative Zuteilungsverfahren

Als weiteres alternatives Zuteilungsverfahren ist zunächst das Los-Verfahren zu nennen, das jedoch in der Praxis kaum zum Einsatz kommt[864]. Verbreiteter ist hingegen ein Verfahren, wonach vor einer Zuteilung den potentiellen Aktionären ein Fragebogen ausgehändigt wird, nach dessen Beantwortung sich die Zuteilung richtet[865]. Der Emittent möchte damit erreichen, dass nur solche Anleger Aktien zeichnen, die ein gewisses Interesse an der Emission besitzen und dies durch die zutreffende Beantwortung der Fragen dokumentieren können.

Den größten Stellenwert unter den alternativen Zuteilungsprogrammen nehmen in der Praxis wohl die sogenannten „Friends & Family-Programme“ ein. Bei

860 Siehe zum Auktionsverfahren Jäger, Aktiengesellschaft, § 54, Rn. 138; Ekkenga/Maas, Rn. 133 f.

861 K. Dofel, „Auktion bei Trius-Aktie erfolgreich“, FTD vom 10.3.2000, S. 21; Schanz, Börseneinführung, § 10, Rn. 92, Fn. 166.

862 Schanz, Börseneinführung, § 10, Rn. 92, Fn. 166.

863 Aus diesem Grund wurde im Börsenprospekt des im Rahmen eines modifizierten Auktionsverfahrens durchgeführten IPOs der Google Inc. ein Hinweis auf ein substanzielles Preisrisiko aufgenommen. Allerdings waren in diesem Fall entgegen dieser Befürchtung hohe Kursgewinne zu verzeichnen.

864 Tawakkoli, DStR 1999, 1330, 1332.

865 Tawakkoli, DStR 1999, 1330, 1333.

diesen wird Mitarbeitern sowie deren Angehörigen und Geschäftspartnern des Emittenten, von denen eine höhere Bereitschaft zu einer dauerhaften Anlage erwartet wird, bis zu einem bestimmten Höchstvolumen eine Zuteilung zu den allgemeinen oder reduzierten Angebotsbedingungen garantiert[866].

3. Abschnitt: Das anwendbare Recht

Internetinformationen – und somit auch Verkaufsangebote für Aktien – können theoretisch an jedem Ort der Welt von jedem, der über einen Internet-Zugang verfügt, empfangen werden. Dies gilt unabhängig davon, an welchem Ort bzw. in welchem Land sie ins Netz eingestellt werden. Insoweit ist zunächst die Frage zu beantworten, welches (nationale) Recht auf Internetemissionen von Aktien anzuwenden ist. Hierbei bedarf es einer Unterscheidung zwischen den einzelnen, im Rahmen eines IPO entstehenden Rechtsbeziehungen.

A. Anwendbarkeit von deutschem Kapitalmarktrecht

Bei einer virtuellen Emission mit Auslandsbezug ist zu allererst die Frage nach dem anwendbaren Wirtschaftskollisionsrecht zu klären[867]. Aufgrund der an jedem Ort abrufbaren Internetinformationen ergibt sich hier das Problem der extraterritorialen Anwendung deutschen Rechts. Deutsches Recht kann nicht gegen den Willen des ausländischen Staates in dessen Staatsgebiet durchgesetzt werden[868]. Auch kann vom Anbieter nicht verlangt werden, dass er die aufsichts- und transaktionsrechtlichen Vorschriften sämtlicher Staaten berücksichtigt, in denen das Angebot zugänglich ist; denn dies würde die Nutzung des Internets zur Anbahnung und Durchführung von Kapitalanlagegeschäften faktisch unmöglich machen[869].

---

866 Singhof/Weber, in: Habersack/Mülbert/Schlitt, § 4, Rn. 18 f., 35; Ekkenga/Maas, Rn. 464.

867 Siehe hierzu: Ruthig, in: Gounalakis, Rechtshandbuch Electronic Business, § 14; Assmann, in: FS- Schütze, 27 ff.; Spindler NZG 2000, 1058, 1059; Spindler, IPRax 2000, 400 ff.; Ohler, WM 2002, 162 ff.; Borges, WM 2001, 1542 ff.; Schneider, AG 2001, 269 ff.

868 Beispielsweise im Kartellrecht verweigern ausländische Staaten nicht selten die Anerkennung und Vollstreckung deutscher Entscheidungen, falls sie den extraterritorialen Anwendungsanspruch des deutschen Rechts ablehnen; siehe hierzu Rehbinder, in: Immenga/Mestmäcker, GWB, § 130 Abs. 2, Rn. 314.

869 Hierauf weist Assmann, in: FS-Schütze, 15, 24 hin; IOSCO, Securities Activity on the Internet, 20. Oktober 1998, http://www.iosco.org/docs-public/1998-internet/security-document01.htm (Stand: 23.12.2013), Key Principles; siehe zur allgemeinen Problematik der extraterritorialen Anwendung deutschen Rechts: Ruthig, in: Gounalakis, Rechtshandbuch Electronic Business, § 14, Rn. 5; Sieber, ZRP 2001, 97, 99.

Welche Auswirkungen eine solche Betrachtungsweise und damit verbunden eine uneingeschränkte (extraterritoriale) Anwendung von wirtschaftsrechtlichen Normen hätte, zeigt der Fall Compuserve[870], in dem durch ein Strafverfahren gegen den deutschen Geschäftsführer vor deutschen Gerichten wegen Verstoßes gegen deutsches Recht die Sperrung von Internetseiten in den USA erreicht worden ist. In eine ähnliche Richtung zielten Maßnahmen einer Medienaufsichtsbehörde[871]. Auch verboten deutsche Gerichte[872] ausländischen Internetapotheken den Versand von Arzneimitteln nach Deutschland. Wie diese Beispiele zeigen, bedarf es einer Klärung der Frage, nach welchen Gesichtspunkten eine Bestimmung des auf Internetangebote anwendbaren Kapitalmarktrechts zu erfolgen hat. So könnte man auf den Sitz des Emittenten oder den Sitz des virtuellen Emissionshauses abstellen. Möglich wäre aber auch, auf den Sitz des Providers oder auf den gewöhnlichen Aufenthaltsort der hauptsächlich angesprochenen Verkehrskreise abzustellen[873].

Es geht hierbei maßgeblich um die Frage, ob das Herkunftslandprinzip oder das Marktortprinzip zur Anwendung gelangt. Das Herkunftslandprinzip besagt, dass Anbieter grundsätzlich nur den innerstaatlichen Vorschriften des Staates unterworfen sind, in welchem sie niedergelassen sind[874]. Das Ziellandkonzept, welches auch als Marktortprinzip bezeichnet wird, besagt dagegen, dass das Recht des Staates, auf welches ein Angebot zielt, Anwendung findet. Zwar mag diese Frage auf den ersten Blick unter Anlegerschutzgesichtspunkten zweitrangig sein, jedoch knüpft der zivilrechtliche Anlegerschutz oftmals an öffentlich-rechtlich statuierte Pflichten an. Diese sind daher als Vorfrage eigenständig zu untersuchen. Selbst wenn die Verletzung öffentlich-rechtlicher Pflichten durch ausländische Anbieter

---

870 AG München, Urt. v. 28.5.1998, 8340 Ds 465 Js 173158/95, ZUM 1998, 685 f.; diese Entscheidung wurde vom Berufungsgericht LG München I, Urt. v. 17.11.1999, 20 Ns 463 Js 173158/95, NJW 2000, 1051 wieder aufgehoben.

871 Die Bezirksregierung Düsseldorf ging gegen rechtsradikale Inhalte in den USA mit einer Sperrungsverfügung gegen einen deutschen Access-Provider vor; siehe hierzu: Stadler, MMR 2002, 343 ff.

872 OLG Frankfurt, Urt. v. 31.5.2001, 6 U 240/00, ZIP 2001, 1164 ff., das die Entscheidung des LG Frankfurt, Urt. v. 9.11.2000, 2–03 O 366/00, ZIP 2000, 2080 ff. bestätigt hat; das LG Frankfurt, Beschluss v. 10.08.2001, 3–11 O 64/01, NJW 2001, 2824 f. hat das Verfahren gemäß § 148 ZPO ausgesetzt und dem EuGH gemäß Art. 234 EGV bestimmte Rechtsfragen zur Vorabentscheidung vorgelegt. Der EuGH hat mit Urt. v. 11.12.2003, Rs. C-322/01, EuZW 2004, 21 f. zu der Vereinbarkeit des deutschen arzneimittelrechtlichen Versandhandelsverbots mit der Warenverkehrsfreiheit Stellung bezogen.

873 Siehe hierzu Weber, MMR 1999, 386 ff.

874 Siehe zum Herkunftslandprinzip des Art. 3 ECRL bzw. § 3 TMG (vormals 4 TDG) und öffentlichem Kapitalmarktrecht: Spindler, WM 2001, 1689 ff.; ders. ZHR(165) 2001, 324 ff.; Spindler, in: Mansel/Bauer, Systemwechsel im europäischen Kollisionsrecht, 107 ff.; Pfeiffer/Weller/Nordmeier, in: Spindler/Schuster, § 3 TMG, Rn. 1 ff.; Marly, in: Grabitz/Hilf, Band IV, A4, Art. 3, Rn. 1 ff.

in der Praxis nicht durch deutsche Behörden ohne weiteres sanktionierbar ist – ein Verwaltungsakt kann im Ausland ggf. schwerlich vollstreckt werden – kann jedoch u.U. ein entsprechender Verwaltungsakt auch gegen mittelbare Störer im Inland, hier Zugangsanbieter, erlassen werden[875].

I. Prospektpflicht von Wertpapierangeboten

Eine wesentliche Funktion im System des Anlegerschutzes kommt dem Verkaufsprospekt zu. Inwieweit das Angebot von Wertpapieren aus dem Ausland über das Internet in Deutschland solche Prospektpflichten auslöst, wird daher im Folgenden näher zu untersuchen sein.

1. Platzierung ohne Börsenzulassung

Bis zum 1.7.2005 verpflichtete das Verkaufsprospektgesetz, mit dem die europäische Emissionsprospektrichtlinie[876] umgesetzt worden war, den Emittenten von Wertpapieren, die nicht zum Handel an einer Börse in einem organisierten Markt bestimmt waren, vor Abgabe eines öffentlichen Angebots im Inland einen Verkaufsprospekt zu publizieren, § 1 VerkProspG a.F.[877]. Hierdurch sollte Anlegerschutz gewährleistet werden, indem dem Anleger alle für seine Anlageentscheidung relevanten Informationen vor der Kaufentscheidung zur Verfügung gestellt wurden. Mithin hing die Anwendbarkeit des VerkProspG davon ab, wann bei dem Angebot von Aktien über das Internet vom Vorliegen eines öffentlichen Angebots im Inland ausgegangen werden konnte. An dieser Rechtslage hat sich nach Inkrafttreten des WpPG zum 1.7.2005, das die EG-Prospektrichtlinie (Richtlinie 2003/71/EG)[878] in nationales Recht umsetzt, grundsätzlich nichts geändert[879]. Nunmehr statuiert § 3 Abs. 1 WpPG, dass für Wertpapiere, die im Inland öffentlich angeboten werden, ein Prospekt zu veröffentlichen ist[880]. Im Unterschied zu § 1 VerkProspG

875 Diese Thematik wird im 2. Teil, 6. Abschnitt unter C.II. näher betrachtet.

876 Richtlinie 89/298/EWG des Rates vom 17. April 1989 vom 17.4.1989 zur Koordinierung der Bedingungen für die Erstellung, Kontrolle und Verbreitung des Prospekts, der im Falle öffentlicher Angebote von Wertpapieren zu veröffentlichen ist, ABl. EG Nr. L 124 v. 5.5.1989, S. 8.

877 Siehe zu Einzelheiten, insbesondere der Frage, wann auch bei Beantragung einer Börsenzulassung ein Verkaufsprospekt zu erstellen ist, die im 1. Teil, 3. Abschnitt, B, II. gemachten Ausführungen.

878 Richtlinie 2003/71/EG des Europäischen Parlaments und des Rates vom 4. November 2003 betreffend den Prospekt, der beim öffentlichen Angebot von Wertpapieren oder bei deren Zulassung zum Handel zu veröffentlichen ist, und zur Änderung der Richtlinie 2001/34/EG, ABl. EU L Nr. 345 v. 31.12.2003, S. 64 ff.

879 Groß, Kapitalmarktrecht, § 3 WpPG, Rn. 2; Schnorbus, in: Frankfurter Kommentar zum WpPG, § 3 WpPG, Rn 1.

880 Siehe hierzu: Groß, Kapitalmarktrecht, § 3 WpPG, Rn. 2 ff.; Heidelbach, in: Schwark/Zimmer, Kapitalmarktrechts-Kommentar, § 3 WpPG, Rn. 3 ff.

a.F. besteht jedoch gemäß § 3 Abs. 1 WpPG auch für bereits zum Handel an einem organisierten Markt zugelassene Wertpapiere eine Prospektpflicht, sofern diese öffentlich angeboten werden[881]. Dies folgt daraus, dass § 3 Abs. 1 WpPG im Gegensatz zu § 1 VerkProspG a.F. keine Differenzierung mehr vornimmt, ob ein Wertpapier bereits zum Handel zugelassen worden ist oder nicht.

a) Vorliegen eines öffentlichen Angebots im Inland
Es ist also zunächst zu klären, wann bei Wertpapierangeboten über das Internet ein öffentliches Angebot im Inland im Sinne des § 2 Nr. 4 WpHG[882] vorliegt, welches eine Prospektpflicht gemäß § 3 Abs. 1 WpPG auslöst.

aa) Vorliegen eines Angebots
Der Begriff des öffentlichen Angebots ist nunmehr in § 2 Nr. 4 WpPG legaldefiniert[883]. Demnach handelt es sich bei jeder Mitteilung an das Publikum in jedweder Form und jedweder Art und Weise, die ausreichende Informationen über die Angebotsbedingungen und die anzubietenden Wertpapiere enthält, um einen Anleger in die Lage zu versetzen, sich für den Kauf oder die Zeichnung von Wertpapieren zu entscheiden, um ein Angebot[884]. Nach Ansicht der Bundesregierung entspricht diese Definition dem bisherigen Verständnis eines Angebots[885]. Das VerkProspG enthielt zwar in seiner bis 1.7.2005 gültigen Fassung keine Legaldefinition des Begriffs des Angebots, ebenso wie auch die dem VerkProspG zugrunde liegende Emissionsprospektrichtlinie[886]. Es war aber anerkannt, dass der Angebotsbegriff des § 1 VerkProspG a.F. nicht mit dem Begriff des Angebots des § 145 BGB deckungsgleich ist[887], worauf bereits in der Gesetzesbegründung zu § 1 VerkProspG

881 Groß, Kapitalmarktrecht, § 3 WpPG, Rn. 2; Heidelbach, in: Schwark/Zimmer, Kapitalmarktrechts-Kommentar, § 3 WpPG, Rn. 3.

882 Durch diese Norm wurde Art. 2 Abs. 1 lit. d) der Prospektrichtlinie (Richtlinie 2003/71/EG) umgesetzt.

883 Siehe hierzu: Groß, Kapitalmarktecht, 5. Auflage, § 2 WpPG, Rn. 8 ff.;von Kopp-Colomb/Knobloch, in: Assmann/Schlitt/von Kopp-Colomb, § 2 WpPG, Rn. 28 ff.; Ritz/Zeising, in: Just/Voß/Ritz/Zeising, WpPG, § 2, Rn. 91 ff.

884 Siehe hierzu: Groß, Kapitalmarktrecht, § 2 WpPG, Rn. 9 ff.; Heidelbach, in: Schwark/Zimmer, Kapitalmarkrechts-Kommentar, § 2 WpPG, Rn. 15 ff.

885 Begr. RegE. Prospektrichtlinie-Umsetzungsgesetz, BT-Drs. 15/4999, S. 25, 28 (zu § 2 Nr. 4 WpPG).

886 Richtlinie 89/298/EWG des Rates der Europäischen Gemeinschaften vom 17.4.1989 zur Koordinierung der Bedingungen für die Erstellung, Kontrolle und Verbreitung des Prospekts, der im Falle öffentlicher Angebote von Wertpapieren zu veröffentlichen ist, ABl. EG Nr. L 124 v. 5.5.1989, S. 8.

887 Heidelbach, in: Schwark, Kapitalmarktrechts-Kommentar, 3. Auflage, § 1 VerkProspG, Rn. 8.

a.F. hingewiesen wurde[888]. Der Gesetzgeber hielt das Publikum schon im Vorfeld eines Angebots gemäß § 145 BGB für schutzwürdig und hat daher einen abweichenden Angebotsbegriff in § 1 VerkProspG a.F. zugrunde gelegt[889]. Aus diesem Grund war nach alter Rechtslage bereits eine invitatio ad offerendum als Angebot i.S.v. § 1 VerkProspG a.F. zu betrachten[890]. Das vormalige BAWe vertrat zu dieser Frage den Strandpunkt[891], dass ein Angebot vorliegt, wenn für den Anleger eine konkrete Möglichkeit zum Erwerb der offerierten Wertpapiere bestand, d.h. dieser Maßnahmen ergreifen konnte, die ohne sein weiteres Zutun dazu führten, dass er Eigentümer der Wertpapiere wurde. Er musste aufgrund der ihm vorliegenden Informationen ein Angebot abgeben können, welches der Anbieter dann einseitig annehmen konnte. Es musste mithin eine konkrete Erwerbsmöglichkeit bestehen.

Nach neuer Rechtslage ist umstritten, ob der Anleger eine konkrete Erwerbsmöglichkeit besitzen muss[892] oder es bereits für das Vorliegen eines Angebots ausreicht, dass dem Anleger ausreichend Informationen über die Angebotsbedingungen und die anzubietenden Wertpapiere zur Verfügung gestellt werden, um ihn in die Lage zu versetzen, über den Kauf oder die Zeichnung der Wertpapiere zu entscheiden[893]. Für letztere Ansicht könnte sprechen, dass sich während der Verhandlungen zur Prospektrichtlinie die Mitgliedstaaten nicht einigen konnten, welche Bedeutung diesem Merkmal beizumessen ist, und aufgrund dessen auf das Erfordernis einer konkreten Erwerbsmöglichkeit bewusst verzichtet wurde[894]. Jedoch folgt das Erfordernis einer konkreten Erwerbsmöglichkeit aus dem Umstand, dass der umworbene Anleger eine konkrete Investitionsentscheidung treffen können muss[895]. Ohne eine konkrete Erwerbsmöglichkeit besteht keine

888 Vgl. Begr. RegE. eines Gesetzes über Wertpapier-Verkaufsprospekte und zur Änderung von Vorschriften über Wertpapiere, BT-Drs. 11/6340, S. 11; in diesem Sinne auch das vormalige BAWe, I., 2. Abs. 6 der Bekanntmachung zum Verkaufsprospektgesetz vom 15.4.1996, BAnz. Nr. 82 v. 30.4.1996, S. 5069 f.

889 BT-Drs. 11/6340, S. 11.

890 Groß, Kapitalmarktrecht, 2. Auflage, § 1, VerkProspG, Rn. 17; Heidelbach, in: Schwark, Kapitalmarktrechts-Kommentar, 3. Auflage, § 1 VerkProspG, Rn. 8.

891 Vgl. Ziffer 1.2.c) der Bekanntmachung des BAWe zur Verordnung über Wertpapier-Verkaufsprospekte (Verkaufsprospekt-Verordnung) in der Fassung der Bekanntmachung 8.9.1999 vom 6.9.1999, BAnz. Nr. 177 vom 21.9.1999, S. 16.

892 So von Kopp-Colomb/Knobloch, in: Assmann/Schlitt/von Kopp-Colomb, § 2 WpPG, Rn. 46; Ritz/Zeising, in: Just/Voß/Ritz/Zeising, WpPG, § 2, Rn. 128; Groß, Kapitalmarktrecht, § 2 WpPG, Rn. 12 f.; Schnorbus, in: Frankfurter Kommentar zum WpPG, § 2, Rn. 44.

893 So Schlitt/Schäfer, AG 2005, 498, 500.

894 Progress Report der belgischen Ratspräsidentschaft v. 16.5.2002, Ziffer II.7, Dok-Nr. 8933/02, 2001/0117 (COD), abrufbar unter: http://register.consilium.europa.eu/pdf/en/02/st08/st08933.en02.pdf (Stand: 23.12.2013).

895 Groß, Kapitalmarktrecht, § 2 WpPG, Rn. 13; Schnorbus, in: Frankfurter Kommentar zum WpPG, § 2, Rn. 44.

potentielle Vermögensgefährdung aufgrund einer auf unvollständigen Informationen beruhenden Investitionsentscheidung. Aus diesem Grund ist eine Vorverlagerung der Prospektpflicht auf den Zeitpunkt bloßer Werbung nicht geboten[896]. Im Übrigen folgt aus § 15 Abs. 2, 3 S. 3 a.E. WpPG, dass auch für einen später prospektpflichtigen Umstand geworben werden kann, ohne eine Prospektpflicht auszulösen. Daher kann es auf Werbung als Auslöser für ein öffentliches Angebot alleine nicht ankommen[897]. § 3 Abs. 1 WpPG legt fest, dass ein Prospekt nicht vor seiner Billigung veröffentlicht werden darf. Der im WpPG verwendete Begriff des Angebots entspricht somit dem im VerkProspG verwendeten Angebotsbegriff[898].

bb) Öffentlichkeit des Angebots

Im Gegensatz zum WpPG enthielt das VerkProspG in seiner bis 1.7.2005 gültigen Fassung keine Bestimmung, wann eine Öffentlichkeit des Angebots gegeben ist. Die dem VerkProspG a.F. zugrunde liegende Emissionsprospektrichtlinie enthielt ebenfalls keine Definition des Begriffs der „Öffentlichkeit“[899]. Das öffentliche Angebot war von einer Privatplatzierung i.S.v. § 2 Nr. 2 VerkProspG a.F. – einem sogenannten „private placement“ – abzugrenzen. Hierunter wurde nach alter Rechtslage ein Angebot an einen begrenzten Personenkreis verstanden. Laut Gesetzesbegründung zu § 1 VerkProspG a.F.[900] war bei der Frage, ob sich das Angebot an einen begrenzten Personenkreis richtete, darauf abzustellen, ob zwischen dem Anbieter und dem angesprochenen Anleger eine persönliche Beziehung bestand, ohne dass sich der Anbieter an die Öffentlichkeit wendete. § 2 Nr. 4 WpPG verwendet anstelle des Begriffs der „Öffentlichkeit“ den Begriff des „Publikums“. Hieraus ergeben sich jedoch materiell-rechtlich keine Änderungen zur alten Rechtslage[901].

Bezüglich einer Internetemission war nach alter Rechtslage fraglich, ob ein Angebot öffentlich war, wenn der Zugang zu diesem nur mittels Kennwort bzw.

896 Diesen Standpunkt vertritt auch das Committee of European Securities Regulators (CESR), Frequently asked questions regarding Prospectuses: Common positions agreed by CESR Members, 9th Updated Version – September 2009, Ref. CESR/09–103, Frage 6; abrufbar unter: http://www.esma.europa.eu/system/files/09_798pdf.pdf (Stand: 23.12.2013).

897 Schnorbus, in: Frankfurter Kommentar zum WpPG, § 2, Rn. 40 ff.; Groß, Kapitalmarktrecht, § 2 WpPG, Rn. 11.

898 Begr. RegE. Prospektrichtlinie-Umsetzungsgesetz, BT-Drs. 15/4999, S. 28; Ritz/Zeising, in: Just/Voß/Ritz/Zeising, WpPG, § 2, Rn. 97, 124; Groß, Kapitalmarktrecht, § 2 WpPG, Rn. 13.

899 Siehe 7. Erwägungsgrund der Richtlinie 89/298/EWG des Rates vom 17.4.1989 zur Koordinierung der Bedingungen für die Erstellung, Kontrolle und Verbreitung des Prospekts, der im Falle öffentlicher Angebote von Wertpapieren zu veröffentlichen ist, ABl. EG Nr. L 124 v. 5.5.1989, S. 8.

900 BT-Drs. 11/6340, S. 11.

901 von Kopp-Colomb/Knobloch, in: Assmann/Schlitt/von Kopp-Colomb, § 2 WpPG, Rn. 36; Ritz/Zeising, in: Just/Voß/Ritz/Zeising, WpPG, § 2, Rn. 99.

PIN möglich war. In einem solchen Fall war jedoch darauf abzustellen, an welchen Personenkreis ein solches Kennwort vergeben wurde. Erhielt jeder, der ein Anmeldeverfahren – beispielsweise durch persönliche Registrierung – durchlief, ein Kennwort bzw. eine PIN, so handelte es sich um ein öffentliches Angebot[902]. Insoweit war danach zu differenzieren, ob sich ein Angebot an einen bestimmbaren, von der Öffentlichkeit abgrenzbaren Personenkreis, richtete[903]. Traf dies zu, lag kein öffentliches Angebot vor.

Nunmehr enthält § 3 Abs. 2 S. 1 Nr. 2 WpPG eine ausdrückliche Regelung, wann ein Angebot an einen begrenzten Personenkreis vorliegt bzw. wann aus anderen Gründen keine Prospektveröffentlichung stattfinden muss[904]. So statuiert § 3 Abs. 2 S. 1 Nr. 2 WpPG, dass eine Verpflichtung zur Veröffentlichung eines Verkaufsprospekts entfällt, sofern in jedem Staat des EWR weniger als 150 nicht qualifizierte Anleger angesprochen werden. Im Gegensatz zur alten Rechtslage wird somit auf das Kriterium der Abgrenzbarkeit des angesprochenen Personenkreises verzichtet und stattdessen auf die absolute Zahl der angesprochenen Anleger abgestellt[905].

Daneben enthalten § 3 Abs. 2 S. 1 Nr. 1, Nr. 3, Nr. 4 und Nr. 5 WpPG weitere Regeln, wann eine Pflicht zur Veröffentlichung eines Prospekts entfällt[906]. Dies ist gemäß § 3 Abs. 2 S. 1 Nr. 1 WpPG beispielsweise dann der Fall, wenn sich ein Angebot ausschließlich an qualifizierte Anleger richtet[907]. Der Begriff des qualifizierten Anlegers wird in § 2 Nr. 6 WpPG legaldefiniert. Hierzu zählen gemäß § 2 Nr. 6a WpPG neben juristischen Personen, wie Kreditinstitute und Versicherungsunternehmen, auch Unternehmen sowie Privatpersonen, die vorbehaltlich einer Einstufung als Privatkunde professionelle Kunden oder geeignete Gegenparteien gemäß § 31a Abs. 2, Abs. 4 WpHG sind, oder die gemäß § 31a Abs. 5 S. 1, 7 WpHG auf Antrag als solche eingestuft worden sind oder gemäß § 31a Abs. 6 S. 5 WpHG weiterhin als professionelle Kunden behandelt werden. Gemäß § 3 Abs. 2 S. 1 Nr. 3

902 Ritz, in: Assmann/Lenz/Ritz, VerkProspG, § 1 VerkProspG, Rn. 75.

903 Heidelbach, in: Schwark, Kapitalmarktrechts-Kommentar, 3. Auflage, § 1 VerkProspG, Rn. 17; Schäfer, in: Schäfer, Wertpapierhandelsgesetz, § 1 VerkProspG, Rn. 13; Groß, Kapitalmarktrecht, 2. Auflage, § 1 VerkProspG, Rn. 22.

904 Groß, Kapitalmarktrecht, § 3 WpPG, Rn. 7 ff.; Heidelbach, in: Schwark/Zimmer, Kapitalmarktrechts-Kommentar, § 3 WpPG, Rn. 16 ff.; von Kopp-Colomb/Gajdos, in: Assmann/Schlitt/von Kopp-Colomb, § 3 WpPG, Rn. 25 ff.; Zeising, in: Just/Voß/Ritz/Zeising, WpPG, § 3, Rn. 39 ff.

905 Dagegen vertreten Schlitt/Schäfer, AG 2005, 498, 501 den Standpunkt, dass selbst im Fall, dass mehr als 100 Anleger in einem EWR-Staat angesprochen werden, das Angebot weiterhin nicht prospektpflichtig sei, sofern es sich an einen abgrenzbaren Personenkreis richtet. Diese Ansicht findet jedoch im Gesetz keine Stütze.

906 Siehe hierzu: Groß, Kapitalmarktrecht, § 3 WpPG, Rn. 6; Heidelbach, in: Schwark/Zimmer, Kapitalmarktrechts-Kommentar, § 3 WpPG, Rn. 15; Ekkenga, BB 2005, 561; Kullmann/Sester, WM 2005, 1068, 1069; Schlitt/Schäfer, AG 2005, 498, 499.

907 Groß, Kapitalmarktrecht, § 3 WpPG, Rn. 4a ff.; Heidelbach, in: Schwark/Zimmer, Kapitalmarktrechts-Kommentar, § 3 WpPG, Rn. 14 ff

WpPG entfällt eine Pflicht zur Veröffentlichung eines Prospekts, sofern sich das Angebot nur an Anleger richtet, die Wertpapiere ab einem Mindestbetrag von EUR 100.000,– pro Anleger je Angebot erwerben können[908]. Gemäß § 3 Abs. 2 S. 1 Nr. 4 WpPG entfällt ebenfalls eine solche Pflicht, falls die angebotenen Wertpapiere eine Mindeststückelung von mindestens EUR 100.000,– haben[909]. Gemäß § 3 Abs. 2 S. 1 Nr. 5 WpPG können Wertpapiere ohne die Veröffentlichung eines Prospekts angeboten werden, sofern der Angebotspreis der Wertpapiere insgesamt einen Wert von EUR 100.000,– unterschreitet[910].

cc) Im Inland

Das wesentliche Problem bei Kapitalmarktangeboten über das Internet liegt in der Frage, wann vom Vorliegen eines Angebots im Inland auszugehen ist. Zwar ist der Inlandsbezug kein ausdrücklich im Wortlaut des § 2 Nr. 4 WpPG aufgeführtes Tatbestandsmerkmal eines öffentlichen Angebots, jedoch ist das Erfordernis eines Inlandsbezugs des öffentlichen Angebots in § 3 Abs. 1 WpPG enthalten, der insoweit wortgleich mit § 1 VerkProspG a.F. ist[911]. Das WpPG ist als marktbezogenes Kapitalmarktrecht anzusehen, so dass diese Frage anhand der Zielmarktorientierung bzw. marktbezogen zu beantworten ist[912]. Dies bedeutet, dass darauf abzustellen ist, ob Personen, die im Geltungsbereich des WpPG ihren gewöhnlichen Aufenthalt haben, also in Deutschland, gezielt angesprochen werden[913]. Es ist also nicht auf die Staatsangehörigkeit des angesprochenen Anlegers abzustellen, sondern vielmehr darauf, wo dieser seinen gewöhnlichen Aufenthalt hat[914].

Damit stellt sich die Frage, wie die Zielrichtung eines Angebots festgestellt werden kann. So könnte man – ähnlich wie dies im Rahmen von Art. 29 Abs. 1 Nr. 1

908 Groß, Kapitalmarktrecht, § 3 WpPG, Rn. 8; Heidelbach, in: Schwark/Zimmer, Kapitalmarktrechts-Kommentar, § 3 WpPG, Rn. 19 f.

909 Groß, Kapitalmarktrecht, § 3 WpPG, Rn. 8; Heidelbach, in: Schwark/Zimmer, Kapitalmarktrechts-Kommentar, § 3 WpPG, Rn. 19 f.

910 Groß, Kapitalmarktrecht, § 3 WpPG, Rn. 9; Heidelbach, in: Schwark/Zimmer, Kapitalmarktrechts-Kommentar, § 3 WpPG, Rn. 14 ff

911 Groß, Kapitalmarktrecht, § 3 WpPG, Rn. 4; Heidelbach, in: Schwark/Zimmer, Kapitalmarktrechts-Kommentar, § 3 WpPG, Rn. 4.

912 Hier besteht eine Parallele zum internationalen Wettbewerbsrecht, vgl. hierzu: Mankowski, GRURInt 1999, 909, 915 f.; Spindler ZUM 1996, 534, 564 f.

913 Heidelbach, in: Schwark/Zimmer, Kapitalmarktrechts-Kommentar, § 3 WpPG, Rn. 7; Groß, Kapitalmarktrecht, § 3 WpPG. Rn. 4; siehe zur alten Rechtslage unter § 1 VerkProspG a.F.: Heidelbach, in: Schwark, Kapitalmarktrechts-Kommentar 3. Auflage, § 1 VerkProspG, Rn. 23; Groß, Kapitalmarktrecht, 2. Auflage, § 1 VerkProspG, Rn. 33.

914 Groß, Kapitalmarktrecht, § 3 WpPG, Rn. 4; Heidelbach, in: Schwark/Zimmer, Kapitalmarktrechts-Kommentar, § 3 WpPG, Rn. 4.

EGBGB a.F. vertreten wurde[915] (nunmehr Art. 6 Rom I-VO) – darauf abstellen, ob dem Angebot Indizien entnommen werden können, dass Personen mit gewöhnlichem Aufenthalt im Inland angesprochen werden sollen. Solche Indizien ergeben sich anhand der Sprache[916], der Produktbeschreibung[917], der Länderkennung der Homepage des Anbieters oder aufgrund von Hinweisen auf gesetzliche Bestimmungen im Aufenthaltsstaat des Anlegers[918].

Weiterhin wird vertreten[919], die angesprochenen Kundenkreise anhand subjektiver Kriterien zu bestimmen. Die globale Zielrichtung eines Webangebotes sei zwar grundsätzlich zu vermuten[920], jedoch könnte der Anbieter durch Verwendung eines „Disclaimers“[921] das Rechtsanwendungsrisiko steuern[922].

Schließlich könnte man die Zielrichtung eines Angebots anhand des Faktischen bestimmen: Sofern ein Anbieter beispielsweise durch Abfrage von geografischen Daten nicht verhindert, dass ein Anleger mit gewöhnlichem Aufenthalt im Inland Wertpapiere erwerben kann, läge ein Angebot i.S.v. § 2 Nr. 4 WpPG vor.

Das vormalige BAWe erklärte 1999 Wertpapierangebote im Internet für prospektpflichtig, sofern Anleger in Deutschland mit dem Angebot zielgerichtet angesprochen oder vom Angebot nicht ausdrücklich ausgeschlossen werden[923].

---

915 Pichler, in: Hoeren/Sieber, Hdb. MultiMedia-Recht, Teil 31, Rn. 183; Borges, WM 2001, 1542, 1548.

916 Borges, WM 2001, 1542, 1547; Mankowski, RabelsZ 63(1999), 203, 246 weist zu Recht darauf hin, dass dieses Abgrenzungskriterium bei Verwendung einer Weltsprache wie Englisch versagt.

917 Borges, WM 2001, 1542, 1547.

918 Schnorbus, in: Frankfurter Kommentar zum WpPG, § 3, Rn. 6; siehe zur Rechtslage unter § 1 VerkProspG a.F.: Assmann/Lenz/Ritz, VerkProspG, § 1, Rn. 71; Groß, Kapitalmarktrecht, 2. Auflage, § 1 VerkProspG, Rn. 33.

919 Pfüller/Westerwelle, MMR 1998, 171, 172; Assmann, in: FS-Schütze, 15, 25 f.

920 Heidelbach, in: Schwark/Zimmer, Kapitalmarktrechts-Kommentar, § 3 WpPG, Rn. 7.

921 Unter einem Disclaimer versteht man einen ausdrücklichen Hinweis, an welche Personen sich ein Angebot nicht richten soll; siehe zu Einzelheiten: Schnorbus, in: Frankfurter Kommentar zum WpPG, § 3, Rn. 7 ff.; Heidelbach, in: Schwark/Zimmer, Kapitalmarktrechts-Kommentar, § 3 WpPG, Rn. 8 ff.; siehe zur alten Rechtslage unter § 1 VerkProspG: Spindler NZG 2000, 1061; Heidelbach, in: Schwark, Kapitalmarktrechtskommentar, 3. Auflage, § 1 VerkProspG, Rn. 26, 27; Ritz, in: Assmann/Lenz/Ritz, VerkProspG, § 1 VerkProspG, Rn. 73.

922 Pfüller/Westerwelle, MMR 1998, 171, 172; Assmann, in: FS-Schütze, 15, 25 f.; Heidelbach, in: Schwark/Zimmer, Kapitalmarktrechts-Kommentar, § 3 WpPG, Rn. 8.

923 BAWe, Bekanntmachung zum Wertpapierverkaufsprospektgesetz und zur Verordnung über Wertpapierverkaufsprospekte vom 6.9.1999, BAnz Nr. 177 v. 21.9.1999, S. 16; siehe auch: Groß, Kapitalmarktrecht, § 3 WpPG, Rn. 4; Schnorbus, in: Frankfurter Kommentar zum WpPG, § 3, Rn. 4; siehe zur alten Rechtslage unter § 1 VerkProspG a.F.: Heidelbach, in: Schwark, Kapitalmarktrechtskommentar, 3. Auflage, § 1 VerkProspG, Rn. 25 ff.

Ein Indiz (objektives Kriterium) für ein an Deutsche gerichtetes Angebot stelle die Verwendung deutscher Sprache oder die Nennung eines deutschen Ansprechpartners dar[924]. Ebenfalls werden die Angabe des Kaufpreises sowie Hinweise auf steuerliche Regelungen in Deutschland als Indiz für das Vorliegen eines Angebots im Inland gewertet[925]. Dagegen soll kein Angebot im Inland vorliegen, wenn in eindeutiger Weise durch einen „Disclaimer" darauf hingewiesen wird, dass sich das Angebot nicht an in Deutschland ansässige Anleger richtet (subjektives Kriterium)[926]. Hierzu sei jedoch zusätzlich erforderlich, entsprechende begleitende Maßnahmen zu treffen, durch welche sichergestellt wird, dass kein Anleger im Inland die angebotenen Wertpapiere erwerben kann (faktisches Kriterium). Als solche Maßnahmen käme die Abfrage geographischer Daten (Adresse, Telefon) des interessierten Anlegers in Betracht. Es könnten aber auch von Seiten des Anbieters technische Maßnahmen ergriffen werden, die verhindern, dass Anleger, die von Deutschland aus auf die entsprechende Webseite zugreifen, die entsprechenden Informationen erhalten[927]. Art. 29 Abs. 2 der EU-Prospekt-VO[928] schreibt ebenfalls vor, dass der Anbieter von Wertpapieren entsprechende (technische) Vorkehrungen zu treffen hat, um das Angebot auf einen bestimmten Markt zu begrenzen[929]. Gemäß Art. 29 Abs. 2 S. 1 der EU-Prospekt-VO kommt hierfür auch die Verwendung eines „Disclaimers" in Betracht. Insoweit decken sich die von Art. 29 Abs. 2 EU-Prospekt-VO aufgestellten Kriterien mit den in der BAWe Bekanntmachung aufgestellten Anforderungen[930].

Der Ansatz des ehemaligen BAWe kombiniert somit alle zuvor genannten Kriterien, um die Zielrichtung eines Angebots zu bestimmen. Soweit auf eine Kombination von objektiven und subjektiven Kriterien abgestellt wird, erscheint dies auch sachgerecht. Dies gilt jedoch – sowohl für die alte als auch die neue Rechtslage – nicht für das faktische Kriterium, also die Frage, ob ein Anleger mit gewöhnlichem

---

924 So Ziffer I 2.b der Bekanntmachung des BAWe zum Wertpapier-Verkaufsprospekt und zur Verordnung über Wertpapierverkaufsprospekte vom 6.9.1999, BAnz. Nr. 177 v. 21.9.1999, S. 16180; siehe hierzu: Weber, NJW 2000, 2061, 2067; Ritz/Zeising, in: Just/Voß/Ritz/Zeising, § 2, Rn. 171 ff.

925 BAWe, Jahresbericht 1998, S. 15.

926 Vgl. Ziffer 1.2.b) der Bekanntmachung des BAWe vom 6.9.1999.

927 Heidelbach, in: Schwark/Zimmer, Kapitalmarktrechts-Kommentar, § 3 WpPG, Rn. 9; Schnorbus, in: Frankfurter Kommentar zum WpPG, § 3, Rn. 9 f.; siehe zur Rechtslage unter § 1 VerkProspG a.F.: Lenz/Ritz, WM 2000, 904, 906; kritisch: Groß, Kapitalmarktrecht, 2. Auflage, § 1 VerkProspG, Rn. 33.

928 Verordnung (EG) Nr. 809/2004 der Kommission vom 29. April 2004 zur Umsetzung der Richtlinie 2003/71/EG des Europäischen Parlaments und des Rates betreffend die in Prospekten enthaltenen Informationen sowie das Format, die Aufnahme von Informationen mittels Verweis und die Veröffentlichung solcher Prospekte und die Verbreitung von Werbung, ABl. EU Nr. L 149 v. 30.4.2004, 1 ff.

929 Siehe hierzu: Berrar, in: Frankfurter Kommentar zum WpPG, Art. 29 ProspektVO, Rn. 13 ff.

930 Berrar, in: Frankfurter Kommentar zum WpPG, Art. 29 ProspektVO, Rn. 15.

Aufenthalt im Inland tatsächlich Wertpapiere erwerben kann. Denn im Rahmen von § 3 Abs. 1 WpPG – diese Norm entspricht § 1 VerkProspG a.F. – geht es um die Fragestellung, wann ein öffentliches Angebot im Inland vorliegt. Unter einem Angebot i.S.v. § 3 Abs. 1 WpPG versteht man jedoch kein Angebot gemäß § 145 BGB, sondern lediglich eine invitatio ad offerendum. Wollte man darauf abstellen, ob es tatsächlich zu einem Vertragsschluss gekommen ist, so stellte dies eine sachwidrige ex-post Betrachtung dar. Es würde darauf abgestellt, ob ein Angebot i.S.v. § 145 BGB vorliegt und nicht darauf, ob eine invitatio ad offerendum gegeben ist.

Vielmehr muss im Augenblick des Vertragsschlusses die Frage geklärt sein, ob ein prospektpflichtiges Angebot vorliegt, da der Anbieter sich sonst im Falle des Unterlassens einer Prospektveröffentlichung gemäß § 24 WpPG, (vormals § 13a Abs. 1 VerkProspG) schadensersatzpflichtig macht. Ist ein Angebot aufgrund objektiver und subjektiver Kriterien eindeutig nicht auf Deutschland ausgerichtet, kontrahiert der Anbieter jedoch mit einem Anleger mit gewöhnlichem Aufenthalt im Inland, so würde nachträglich eine Prospektpflichtigkeit eintreten, folgte man der Ansicht des vormaligen BAWe[931]. Ein einziger Vertragsschluss mit einem Anleger mit gewöhnlichem Aufenthalt im Inland würde eine Prospektpflicht nach § 3 Abs. 1 WpPG auslösen. Dies würde es dem Anleger faktisch unmöglich machen, Aktien im Ausland zu erwerben, da die meisten Anbieter aufgrund der drohenden Prospektpflichtigkeit einen vereinzelten Vertragsschluss mit Anlegern im Inland ablehnen würden. Dies käme faktisch einem Verbot gleich ins Ausland zu reisen und dort Aktien bei einer Bank zu erwerben. Es fehlt im Übrigen an einer Schutzbedürftigkeit des Anlegers, wenn dieser ein Angebot wahrnimmt, dass sich ausdrücklich nicht an ihn richtet, da er sich in dieser Situation freiwillig einer anderen Rechtsordnung unterwirft.

Es kann somit festgehalten werden, dass es sinnvoller erscheint, lediglich anhand einer Kombination objektiver und subjektiver Kriterien zu bestimmen, ob Anleger mit gewöhnlichem Aufenthalt im Inland angesprochen werden sollen[932]. Hierdurch wird in ausreichendem Maße sichergestellt, dass ein „Disclaimer" nicht rechtsmissbräuchlich dazu verwendet wird, sich einer Prospektpflichtigkeit in Deutschland zu entziehen.

b) Zulassung zum Handel an einer Börse im regulierten Markt

Nach § 1 VerkProspG a.F. war weitere Voraussetzung für das Bestehen einer Prospektpflicht, dass die angebotenen Aktien noch nicht zum amtlichen Handel oder zum Handel im geregelten Markt[933] zugelassen waren. Die bloße

---

931 Kritisch hierzu: Schwark, in: Schwark, Kapitalmarktrechtskommentar, 3. Auflage, § 1 VerkProspG, Fn. 33.

932 In diesem Sinne auch: Heidelbach, in: Schwark/Zimmer, Kapitalmarktrechts-Kommentar, § 3 WpPG, Rn. 9.

933 Für Aktien, welche zum Neuen Markt zugelassen waren, musste auch kein Verkaufsprospekt nach § 1 VerkProspG erstellt werden, da die Zulassung zum Neuen Markt eine vorherige Zulassung im geregelten Markt voraussetzte, § 66a Abs. 4 a.F. BörsO Frankfurt.

Antragstellung auf Zulassung befreite nicht von der Prospektpflicht des § 1 VerkProspG a.F. Daraus folgte, dass auch für Wertpapiere, welche an einer ausländischen Börse notiert sind, beim Vorliegen eines öffentlichen Angebots im Inland eine Pflicht zur Erstellung eines Verkaufsprospektes bestand. § 15 Abs. 3 VerkProspG a.F. sah für Emittenten aus anderen EU- bzw. EWR-Staaten Erleichterungen durch Anerkennung von im Ausland gebilligten Prospekten vor, sofern ein öffentliches Angebot zeitgleich im In- und Ausland erfolgte[934]. Jedoch musste im Regelfall der Prospekt in die deutsche Sprache übersetzt werden, es sei denn, er war in einer im grenzüberschreitenden Wertpapierhandel üblichen Sprache[935] verfasst, § 15 Abs. 3 S. 2 VerkProspG a.F. Folglich war bei Vorliegen der oben beschriebenen Voraussetzungen ein Verkaufsprospekt zu erstellen. Seit dem Inkrafttreten des 4. Finanzmarktförderungsgesetzes im Jahr 2002 war der Anbieter zudem verpflichtet, den Prospekt auch im Internet zu veröffentlichen, wenn die Wertpapiere dort angeboten wurden. Erst nach der Veröffentlichung des Prospektes dürfen die Wertpapiere öffentlich angeboten werden.

Seit dem Inkrafttreten des Prospektrichtlinie-Umsetzungsgesetzes zum 1.7.2005 wird keine Unterscheidung mehr zwischen Börsenzulassungsprospekt einerseits und Verkaufsprospekt andererseits vorgenommen[936]. Vielmehr ist unabhängig davon, ob eine Börsenzulassung im Inland beantragt worden bzw. bereits im Ausland erfolgt ist, ein Prospekt zu erstellen, wenn ein öffentliches Angebot im Inland vorliegt. Liegt kein öffentliches Angebot im Inland vor, ist jedoch beabsichtigt, die Wertpapiere zum Handel an einem organisierten Markt im Inland zuzulasssen, so ist abweichend von § 3 Abs. 1 WpPG gemäß § 3 Abs. 4 WpPG ebenfalls ein Prospekt zu erstellen[937]. Dies folgt aus § 32 Abs. 3 Nr. 2 BörsG, der die Vorlage eines gebilligten Prospekts als Zulassungsvoraussetzung festlegt. Dagegen ist bei einer Einbeziehung in den Freiverkehr kein Prospekt zu erstellen, sofern kein öffentliches Angebot vorliegt, da es sich beim Freiverkehr nicht um einen inländischen organisierten Markt i.S.v. § 2 Nr. 16 WpPG handelt[938].

934 Siehe zu Einzelheiten Ritz, in: Assmann/Lenz/Ritz, VerkProspG, § 15 VerkProspG, Rn. 21 f.; Heidelbach, in: Schwark, Kapitalmarktrechts-Kommentar, 3. Auflage, § 15 VerkProspG, Rn. 5, 6.

935 Das BAWe erkannte Englisch als eine solche Sprache an, vgl. Bekanntmachung zum Verkaufsprospektgesetz (zu § 15 Abs. 3) Ziffer XI, BAnz. Nr. 177 v. 21.9.1999, S. 16181.

936 Crüwell, AG 2003, 243, 244; Heidelbach, in: Schwark/Zimmer, Kapitalmarktrechts-Kommentar, § 3 WpPG, Rn. 2.

937 Siehe hierzu: Groß, Kapitalmarktrecht, § 3 WpPG, Rn 11; Heidelbach, in: Schwark/Zimmer, Kapitalmarktrechts-Kommentar, § 3 WpPG, Rn. 31 ff.

938 Groß, Kapitalmarktrecht, § 2 WpPG, Rn. 16; Heidelbach, in: Schwark/Zimmer, Kapitalmarktrechts-Kommentar, § 2 WpPG, Rn. 82.

Sofern ein Emittent bzw. Anbieter seinen Sitz in einem Mitgliedstaat des EWR hat, kann ein Prospekt jedoch auch im Sitzstaat des Emittenten gebilligt werden. Das WpPG enthält mit § 17 Abs. 3 WpPG sowie § 19 Abs. 4, 5 WpPG Regelungen für den „Import" von im Ausland gebilligten Prospekten ins Inland, den so genannten Europäischen Pass[939]. Diese Regelung besagt, dass ein Prospekt, der in einem Mitgliedstaat des EWR durch die zuständige Behörde gebilligt worden ist, in allen weiteren Mitgliedstaaten ohne erneute Billigung verwendet werden kann[940]. Gemäß § 17 Abs. 3, § 19 Abs. 4 WpPG muss jedoch der Prospekt in einer von der BaFin anerkannten Sprache oder einer in internationalen Finanzkreisen üblichen Sprache verfasst sein. Daneben ist eine in deutscher Sprache verfasste Zusammenstellung des Prospekts zu veröffentlichen. Es muss sich in der Praxis um einen englischsprachigen Prospekt mit deutscher Zusammenfassung handeln[941].

c) Aufsichtsbehörden anderer Staaten

Mit seinem Ansatz zur Beurteilung der Frage, wann ein öffentliches Angebot im Inland vorliegt, folgte das vormalige BAWe dem US-amerikanischen Standpunkt[942]. Die Kapitalmarktaufsichtsbehörde SEC (Securities and Exchange Commission) erklärte 1998 die US-amerikanischen Registrierungsvorschriften[943] für anwendbar, sofern ein im Internet veröffentlichtes Wertpapierangebot auf Personen mit gewöhnlichem Aufenthalt in den USA zielte[944]. Ein solches öffentliches Angebot im (US-)Inland sollte demnach nicht vorliegen, wenn in diesem aufgrund unmissverständlicher Erklärungen deutlich gemacht wird, dass es sich nicht an Personen mit gewöhnlichen Aufenthalt in den USA wendet und darüber hinaus durch geeignete Maßnahmen, beispielsweise der Überprüfung von Kundenangaben, wie z.B. Adresse und Telefonnummer, sichergestellt wird, dass die angebotenen Papiere nicht an US-amerikanische Anleger verkauft und/oder die offerierten Dienstleistungen nicht gegenüber Personen mit gewöhnlichen Aufenthalt in den USA erbracht werden können[945].

---

939 Siehe zum Europäischen Pass für Wertpapierprospekte: Crüwell, AG 2003, 253 ff; Kullmann/Sester, WM 2005, 1068, 1069; Groß, Kapitalmarktrecht, § 17 WpPG, Rn. 1.

940 Siehe zum Konzept des Europäischen Passes: Sandberger, EWS 2004, 297 ff.; Crüwell, AG 2003, 243 ff.

941 Holzborn/Israel, ZIP 2005, 1668, 1675; Schlitt/Schäfer, AG 2005, 498, 509; Kullmann/Sester, WM 2005, 1068, 1070.

942 Siehe hierzu: Göthel, IPRax 2001, 411, 412; Assmann, in: FS-Schütze, 15, 25 f.; Werlen/Sulzer, in: Habersack/Mülbert/Schlitt, § 45, Rn. 29 ff.

943 Siehe zu diesen: Werlen/Sulzer, in: Habersack/Mülbert/Schlitt, § 45, Rn. 12 ff., 30 ff.; Assmann, in: FS-Schütze, 15, 26.

944 Assmann, in: FS-Schütze, 15, 25; Werlen/Sulzer, in: Habersack/Mülbert/Schlitt, § 45, Rn. 203 f.

945 Assmann, in: FS-Schütze, 15, 26; Werlen/Sulzer, in: Habersack/Mülbert/Schlitt, § 45, Rn. 204.

International hat sich der amerikanische Ansatz der Zielmarktorientierung für die Beurteilung der Anwendbarkeit nationaler Vertriebsvorschriften durchgesetzt[946]. So hat sich beispielsweise die IOSCO[947], ein weltweiter Zusammenschluss von über 150 Aufsichtsstellen aus mehr als 90 Ländern[948], diesen Ansatz zu Eigen gemacht[949].

d) Veränderungen aufgrund der E-Commerce-Richtlinie?

Fraglich ist, ob das unter A.I.1.c. gefundene Ergebnis aufgrund des in der E-Commerce-Richtlinie[950] (im Folgenden als ECRL bezeichnet) verankerten Herkunftslandprinzips modifiziert wird. Am 4.5.2000 wurde vom Europäischen Parlament die ECRL verabschiedet. Diese trat schließlich am 17.6.2000 in Kraft. Ihre endgültige Fassung beruht auf dem gemeinsamen Standpunkt des Rates vom 28.2.2000[951]. Der deutsche Gesetzgeber hat diese Vorgaben durch Verabschiedung des Artikelgesetzes über rechtliche Rahmenbedingungen für den elektronischen Geschäftsverkehr (EGG) umgesetzt[952]. Während durch das EGG noch getrennte Regelungen für Teledienste, diese wurden durch das TDG[953] reguliert, sowie

946 Assmann, in: Assmann/Lenz/Ritz, VerkProspG, § 1 VerkProspG, Rn. 72; Assmann, in: FS-Schütze, 15, 27; siehe zum Ansatz der schweizerischen Aufsichtsbehörde: Weber/Kronauer/Huber, in: Habersack/Mülbert/Schlitt, § 44, Rn. 81 ff. sowie der luxemburgischen Aufsichtsbehörde: Kremer/Pabelick, in: Habersack/Mülbert/Schlitt, § 42, Rn. 56 ff.

947 International Organisation of Securities Commissions, Montreal.

948 BAWe, Jahresbericht 1998, S. 35.

949 IOSCO, Securitites Activity on the Internet, September 1998, S. 35 f., Empfehlung Nr. 16; abrufbar unter: http://www.iosco.org/library/pubdocs/pdf/IOSCOPD83.pdf (Stand: 23.12.2013).

950 Richtlinie 2000/31/EG des Europäischen Parlaments und des Rates vom 8.6.2000 über bestimmte rechtliche Aspekte der Dienste der Informationsgesellschaft, insbes. des elektronischen Geschäftsverkehrs, im Binnenmarkt, ABl. EG Nr. L 178 v. 17.7.2000, S. 1 ff.

951 Gemeinsamer Standpunkt Nr. 22/00/EG des Rates im Hinblick auf den Erlass der Richtlinie über bestimmte rechtliche Aspekte der Dienste der Informationsgesellschaft, insbes. des elektronischen Geschäftsverkehrs, im Binnenmarkt vom 28. Februar 2000, ABl. EG Nr. C 128 v. 8.5.2000, S. 32 ff.

952 Siehe hierzu: Hoffmann, MMR 2002, 65 ff.; Mankowski, ZVglRWiss 10(2001), 137 ff.; Mankowski, IPRax 2002, 257 ff.; Spindler, in: Gounalakis, Rechtshandbuch Electronic-Business, § 9, Rn. 89 f.

953 Telemediengesetz (TMG) vom 26.2.2007 (BGBl. I 2007, S. 179), zuletzt geändert durch Artikel 1 des Gesetzes vom 31. Mai 2010, BGBl. I 2010, S. 692; dieses Gesetz dient der Umsetzung der Richtlinie 2007/65/EG des Europäischen Parlaments und des Rates vom 11. Dezember 2007 zur Änderung der Richtlinie 89/552/EWG des Rates zur Koordinierung bestimmter Rechts- und Verwaltungsvorschriften der Mitgliedstaaten über die Ausübung der Fernsehtätigkeit (neuer Titel: „Richtlinie 89/552/EWG des Europäischen Parlaments und des Rates vom 3. Oktober 1989 zur Koordinierung bestimmter Rechts- und

Mediendienste, diese unterfielen dem Anwendungsbereich des MDStV, getroffen wurden, wurde durch das zum 1.3.2007 in Kraft getretene TMG ein einheitlicher Rechtsrahmen für Tele- und Mediendienste geschaffen[954]. Diese werden nunmehr als Telemedien bezeichnet[955].

In Bezug auf Internetemissionen ist zu prüfen, welche Auswirkungen die ECRL auf die oben geschilderte Rechtslage hat. Kernstück der ECRL ist Art. 3 Abs. 1, 2 ECRL, umgesetzt in deutsches Recht durch § 3 Abs. 1, 2 TMG (vormals § 4 Abs. 1, 2 TDG), der das sogenannte Herkunftslandprinzip statuiert[956]. Dieses besagt, dass Anbieter von Diensten der Informationsgesellschaft mit Sitz in einem EU-Mitgliedstaat sich nur an ihrer eigenen Rechtsordnung orientieren müssen, strengere Anforderungen in einem anderen EU-Mitgliedstaat, in dem diese ihre Dienste anbieten, sind grundsätzlich unbeachtlich.

Um den Anwendungsbereich der ECRL zu eröffnen, muss die Emission von Aktien mittels Internet einen Dienst der Informationsgesellschaft darstellen. Art. 2 lit. a) der ECRL verweist zur Begriffsbestimmung, was unter einem Dienst der Informationsgesellschaft[957] zu verstehen ist, auf Art. 1 Nr. 2 der Transparenzrichtlinie[958]. Ein Dienst der Informationsgesellschaft liegt demnach vor, wenn eine Dienstleistung gegen Entgelt im Fernabsatz auf individuellen Abruf

---

Verwaltungsvorschriften der Mitgliedstaaten über die Bereitstellung audiovisueller Mediendienste – Richtlinie über audiovisuelle Mediendienste –“), ABl. EU Nr. L 332 v. 18.12.2007, S. 27.

954 Siehe hierzu: Roßnagel, NVwZ 2007, 743 ff.; Kitz, ZUM 2007, 368 ff.; Mückl, JZ 2007, 1077 ff.

955 Siehe hierzu: Roßnagel, NVwZ 2007, 743; Kitz, ZUM 2007, 368. Für Telemedien trifft der Bund nunmehr im Telemediengesetz die wirtschaftlich orientierten Regelungen, welche der Umsetzung der E-Commerce-Richtlinie dienen und bisher im Teledienstegesetz wie auch im Mediendienste-Staatsvertrag mit gleichem Wortlaut geregelt waren, sowie Regelungen zum Datenschutz, die vor Inkrafttreten des TMG gleichlautend im Teledienstedatenschutzgesetz und Mediendienste-Staatsvertrag enthalten waren.

956 Siehe hierzu: Nordmeier/Pfeiffer/Weller, in: Spindler/Schuster, § 3 TMG, Rn. 1 ff.; Martiny, in: MüKo-BGB, Band 10, Anh. III zu Art. 9 Rom I-VO, § 3 TMG, Rn. 19 ff.; Marly, in: Grabitz/Hilf, Band IV, A4, Art. 3, Rn. 1 ff.; Spindler, in: Gounalakis, Rechtshandbuch Electronic Business, § 9, Rn. 31 ff.

957 Siehe ausführlich zu der Begrifflichkeit „Dienst der Informationsgesellschaft“: Marly, in: Grabitz/Hilf, Band IV, A4, Art. 2, Rn. 7–14; Spindler, in: Gounalakis, Rechtshandbuch Electronic Business, § 9, Rn. 14 ff.; Holznagel/Ricke, in: Spindler/Schuster, § 2 TMG, Rn. 2 ff.

958 Richtlinie 98/34/EG über ein Informationsverfahren auf dem Gebiet der Normen und technischen Vorschriften, in der Fassung der Richtlinie 98/48/EG des Europäischen Parlaments und des Rates vom 20. Juli 1998, ABl. EG Nr. L 217 v. 5.8.1998, S. 18.

des Empfängers erbracht wird[959]. Aufgrund des weitgefassten Wortlauts der ECRL werden somit von ihr auch Angebote über Wertpapiere erfasst[960], sofern der Diensteanbieter dem Kunden gegenüber eine Dienstleistung erbringt. Dies ist bei einer Fremdemission der Fall[961].

Der deutsche Gesetzgeber hat im TDG wie auch später im TMG im Gegensatz zur ECRL nicht die Begrifflichkeit „Dienste der Informationsgesellschaft" aus Art. 1 Abs. 2 der Transparenzrichtlinie[962] verwendet, sondern vielmehr in § 2 Nr. 1 TMG Diensteanbieter als jede natürliche oder juristische Person, die eigene oder fremde Telemedien zur Nutzung bereithält oder den Zugang zur Nutzung vermittelt, definiert[963]. Bei einem virtuellen Emissionshaus handelt es sich um einen Teledienst i.S.v. § 2 Nr. 1 TMG (vormals § 3 Nr. 1 TDG), so dass ein ausländisches Emissionshaus, welche Wertpapiere im Inland anbietet, grundsätzlich dem Herkunftslandprinzip unterfällt. Es liegt auch keine Bereichsausnahme[964] gemäß Art. 1 Abs. 5 ECRL, umgesetzt in deutsches Recht durch § 3 Abs. 4 TMG (vormals § 4 Abs. 4 TDG), vor, so dass der Anwendungsbereich der ECRL vorliegend auch im Hinblick auf das WpPG, durch welches die RL 2003/71/EG (Prospektrichtlinie)[965] in nationales Recht umgesetzt worden ist, eröffnet ist. Gleiches galt auch für das

959 Siehe zu Einzelheiten: Marly, in: Grabitz/Hilf, Band IV, A4, Art. 2, Rn. 7 f.; Spindler, in: Gounalakis, Rechtshandbuch Electronic-Business, § 9, Rn. 6 f.; Thünken, Das kollisionsrechtliche Herkunftslandprinzip, 64 ff.

960 Siehe auch: Mitteilung der Kommission an den Rat, das Europäische Parlament und die Europäische Zentralbank, Anwendung von Artikel 3 Absätzen 4 bis 6 der Richtlinie über den elektronischen Geschäftsverkehr auf Finanzdienstleistungen, KOM(2003) 259 endg.

961 Bei einer Eigenemission gestaltet sich diese Frage schon problematischer, da in dieser Konstellation keine Wertpapierdienstleistung i.S.v. § 2 Abs. 3 WpHG erbracht und auch kein Bankgeschäft i.S.v. § 1 KWG betrieben wird. Siehe zu Einzelheiten: 2. Teil, 5. Abschnitt, B.

962 Richtlinie 98/34/EG über ein Informationsverfahren auf dem Gebiet der Normen und technischen Vorschriften, in der Fassung der Richtlinie 98/48/EG des Europäischen Parlaments und des Rates vom 20. Juli 1998, ABl. EG Nr. L 217 v. 5.8.1998, S. 18.

963 Siehe zum Begriff des Diensteanbieters im Rahmen des TMG: Holznagel/Ricke, in: Spindler/Schuster, § 2, Rn. 2 ff.; Härting, Internetrecht, Rn. 1637 ff.

964 Siehe zu den Bereichsausnahmen der ECRL: Spindler, in: Gounalakis, Rechtshandbuch Electronic Business, § 9, Rn. 23 f.; Pfeiffer/Weller, in: Spindler/Schuster, § 3 TMG, Rn. 11 ff.

965 Richtlinie 2003/71/EG des Europäischen Parlaments und des Rates vom 4. November 2003 betreffend den Prospekt, der beim öffentlichen Angebot von Wertpapieren oder bei deren Zulassung zum Handel zu veröffentlichen ist, und zur Änderung der Richtlinie 2001/34/EG, ABl. EU Nr. L 345 v. 31.12.2003, S. 64 ff.

VerkProspG in seiner bis zum 1.7.2005 gültigen Fassung, durch das die Emissionsprospektrichtlinie[966] in deutsches Recht umgesetzt worden war.

Gemäß Art. 3 Abs. 1 ECRL, umgesetzt in deutsches Recht durch § 3 Abs. 1 TMG, gilt für Dienste der Informationsgesellschaft das Herkunftslandprinzip[967], d.h. dass Anbieter grundsätzlich nur den innerstaatlichen Vorschriften des Mitgliedstaates zu entsprechen haben, in welchem sie niedergelassen sind. Allerdings findet das Herkunftslandprinzip nur auf solche Diensteanbieter Anwendung, die in einem anderen Staat innerhalb des Geltungsbereichs der ECRL niedergelassen sind. Die ECRL findet in allen EU-Mitgliedstaaten sowie in allen EWR Staaten Anwendung. Das Sitzland des Diensteanbieters bestimmt sich gemäß § 2a Abs. 1 TMG danach, wo dieser seine Geschäftstätigkeit tatsächlich ausübt. Dies ist gemäß § 2a Abs. 1 S. 2 TMG der Ort, an dem sich der Mittelpunkt der Tätigkeiten des Diensteanbieters im Hinblick auf ein bestimmtes Telemedienangebot befindet. Art. 2 lit. c) ECRL stellt klar, dass das Vorhandensein und die Nutzung technischer Mittel und Technologien, die zum Anbieten des Dienstes erforderlich sind, allein keine Niederlassung des Anbieters begründen. Vielmehr ist dieser nach der Rechtsprechung des EuGH zu Art. 56 AEUV[968] anhand von Indizien, wie beispielsweise dem Ort der Räumlichkeiten, in denen der Diensteanbieter hauptsächlich tätig wird, zu bestimmen[969].

Gemäß § 3 Abs. 2 TMG, durch den § 3 Abs. 2 ECRL umgesetzt worden ist, darf der freie Dienstleistungsverkehr von Telemedien, die in Deutschland von Diensteanbietern geschäftsmäßig angeboten oder erbracht werden, die in einem anderen Staat innerhalb des Geltungsbereichs der ECRL niedergelassen sind, nicht eingeschränkt werden. Dies bedeutet, dass sich die an eine Wertpapieremission gestellten Anforderungen grundsätzlich nach der Rechtsordnung des Herkunftslandes des Diensteanbieters beurteilen. Damit entfällt die Pflicht eines Emissionshauses bzw. Anbieters, der seinen Sitz in einem Staat des Geltungsbereichs der ECRL hat, im Rahmen der Prospektveröffentlichungspflicht nach § 3 Abs. 1 WpPG (bis zum 1.7.2005 § 1 VerkProspG a.F.) die durch § 17 Abs. 3 WpPG sowie § 19 Abs. 4, 5 WpPG aufgestellten Regelungen für den „Import" von im Ausland gebilligten Prospekten ins Inland, den so genannten Europäischen Pass, einzuhalten. Diese verpflichten den ausländischen Anbieter bei Vorliegen eines öffentlichen Angebots im Inland

966 Richtlinie vom 17.4.1989 zur Koordinierung der Bedingungen für die Erstellung, Kontrolle und Verbreitung des Prospekts, der im Falle von öffentlichen Angeboten von Wertpapieren zu veröffentlichen ist (sog. Emissionsprospektrichtlinie), ABl. EG Nr. L 124 v. 5.5.1989, S. 8.

967 Siehe zum Herkunftslandprinzip in Art. 3 ECRL bzw. § 3 TMG (vormals § 4 TDG) und öffentlichem Kapitalmarktrecht: Spindler, WM 2001, 1689 ff.; ders. ZHR(165) 2001, 324 ff.; Spindler, in: Mansel/Bauer, Systemwechsel im Europäischen Kollisionsrecht, 107 ff.; Pfeiffer/Weller/Nordmeier, in: Spindler/Schuster, § 3 TMG, Rn. 1 f.; Marly, in: Grabitz/Hilf, Band IV, A4, Art. 3, Rn. 1 ff.

968 EuGH, Urt. v. 25.07.1991, Rs. C-221/89, Slg. 1991, I-3905.

969 Siehe Schmitz, in: Spindler/Schuster, § 2 TMG, Rn. 5.

dazu, der BaFin eine Billigungsbescheinigung vorzulegen sowie einen Prospekt in englischer Sprache mit deutscher Zusammenfassung zu veröffentlichen. § 15 Abs. 3 VerkProspG a.F., der auf Art. 21 und Art. 22 der Emissionsprospektrichtlinie i.d.F. v. 17. April 1989 beruht[970], enthielt eine den §§ 17 Abs. 3, 19 Abs. 4 WpPG vergleichbare Regelung im Sinne eines eingeschränkten Herkunftslandprinzips. Eine Zulassung bzw. Billigung eines Verkaufsprospekts durch die zuständige Behörde eines EWR-Staates führte dazu, dass eine Billigung in Deutschland nicht mehr zu erfolgen brauchte, sofern der Prospekt in deutscher Sprache vorlag oder eine übliche Sprache im grenzüberschreitenden Wertpapierhandel benutzt wurde[971] und der Prospekt vor Veröffentlichung der BaFin übermittelt worden war.

Würde die ECRL Vorrang vor der Emissionsprospektrichtlinie i.d.F. v. 17. April 1989 bzw. der Prospektrichtlinie (RL 2003/71/EG) besitzen, so hieße dies, dass ein Prospekt nicht mehr in die deutsche Sprache übersetzt und der BaFin übermittelt werden müsste. Auch nach Inkrafttreten des WpPG zum 1.7.2005 besteht diese Problematik fort, da die Prospektrichtlinie (RL 2003/71/EG) ebenfalls nur ein eingeschränktes Herkunftslandprinzip kennt[972]. Durch Art. 17 und Art. 18 der Richtlinie wird der sogenannte Europäische Pass für Emittenten eingeführt[973]. Dieser sieht vor, dass Wertpapiere grenzüberschreitend öffentlich angeboten bzw. zum Handel zugelassen werden können, wenn der zu Grunde liegende Prospekt in einem Mitgliedstaat gebilligt wurde.

Die BaFin darf nach diesen Bestimmungen keine erneute Prospektprüfung vornehmen, falls ein Prospekt bereits von der Heimatlandbehörde des Emittenten gebilligt worden ist. Jedoch ergeben sich im Hinblick auf die Sprache, in der der Prospekt erstellt worden ist, Probleme. Art. 19 und Art. 20 der Prospektrichtlinie (RL 2003/71/EG) regeln, in welcher Sprache der Prospekt bei grenzüberschreitenden Angeboten verfasst sein muss. Der deutsche Gesetzgeber hat diese Vorgaben durch §§ 17 Abs. 3, 19 Abs. 4 WpPG in nationales Recht umgesetzt. Demnach muss ein englischsprachiger Prospekt mit deutscher Zusammenfassung bei der BaFin hinterlegt werden[974]. Damit ist die Frage, ob die ECRL Vorrang vor der Prospektrichtlinie (RL 2003/71/EG) genießt, weiterhin von praktischer Bedeutung. Wäre dies der Fall, so müsste beispielsweise ein von der portugiesischen Aufsicht gebilligter, in portugiesischer Sprache verfasster Prospekt bei einem öffentlichen

970 Assmann/Lenz/Ritz, VerkProspG, § 15 VerkProspG, Rn. 21 f .; Hamann, in: Schäfer, Wertpapierhandelsgesetz, § 15 VerkProspG, Rn. 2; Heidelbach, in: Schwark, Kapitalmarktrechts-Kommentar, 3. Auflage, § 15 VerkProspG, Rn. 5, 6.

971 Das vormalige BAWe erkannte Englisch als eine solche Sprache an; vgl. Bekanntmachung zum VerkProspG, Ziff. XI, BAnz. Nr. 177 v. 21.9.1999, S. 16181.

972 Siehe zum Konzept des Europäischen Passes: Sandberger, EWS 2004, 297 ff.; Kullmann/Sester, WM 2005, 1068, 1071.

973 Holzborn/Israel, ZIP 2005, 1668, 1675; Schlitt/Songhof/Schäfer, BKR 2005, 251, 257; Crüwell, AG 2003, 243, 253.

974 In diesem Sinne auch: Holzborn/Israel, ZIP 2005, 1668, 1675; Schlitt/Songhof/Schäfer, BKR 2005, 251, 257.

Angebot in Deutschland nicht gemäß § 19 Abs. 4 WpPG in englischer Sprache und deutscher Zusammenfassung veröffentlicht werden.

Fraglich ist nun, ob das in Art. 3 Abs. 1, 2 ECRL verankerte Herkunftslandprinzip, umgesetzt in deutsches Recht durch § 3 Abs. 1, 2 TMG, auch für Emissionshäuser aus anderen EU-Mitgliedstaaten sowie EWR Staaten gilt[975]. Die Prospektrichtlinie (RL 2003/71/EG) ist nicht im Anhang zu Art. 3 Abs. 3 ECRL bzw. in § 3 Abs. 3, 4 TMG aufgeführt. In diesem Anhang bzw. in diesen Absätzen werden alle Richtlinien genannt, für die das Herkunftslandprinzip nicht gelten soll. Somit müsste das Herkunftslandprinzip auch im Rahmen der § 3 Abs. 1 WpPG gelten, da diese Norm auf der Umsetzung der Prospektrichtlinie (RL 2003/71/EG) beruht und diese Richtlinie nicht vom Anwendungsbereich des Art. 3 Abs. 1, 2 ECRL ausgenommen worden ist. Allerdings wurde die Prospektrichtlinie erst nach Inkrafttreten der ECRL verabschiedet. Jedoch ist auch die Emissionsprospektrichtlinie nicht im Anhang zu Art. 3 Abs. 3 ECRL aufgeführt.

Andererseits stellen Erwägungsgrund Nr. 11 und Art. 1 Abs. 3 ECRL klar, dass das durch europäische Richtlinien erreichte Schutzniveau nicht durch die ECRL herabgesetzt werden soll. Jedoch ist in Erwägungsgrund Nr. 11 weder die Emissionsprospektrichtlinie noch die Prospektrichtlinie (RL 2003/71/EG) – anders als beispielsweise die Wertpapierdienstleistungsrichtlinie (RL 93/22/EG)[976] – explizit als nicht von der ECRL betroffen aufgeführt. Jedoch handelt es sich bei den in Erwägungsgrund Nr. 11 aufgeführten Richtlinien um keine abschließende Aufzählung, wie aus dem Wort „insbesondere" ersichtlich wird.

Jedenfalls für die Prospektrichtlinie (RL 2003/71/EG) lässt sich anführen, dass diese nach der ECRL erlassen wurde. Sie regelt explizit die Konstellation, dass Wertpapiere über das Internet angeboten werden. So heißt es beispielsweise in Erwägungsgrund Nr. 31 der Prospektrichtlinie (RL 2003/71/EG), dass ein Rückgriff auf elektronische Kommunikationsmittel – wie das Internet – gefördert werden solle. Auch gilt gemäß § 14 Abs. 2 S. 1 lit. c) der Prospektrichtlinie (RL 2003/71/EG) ein Prospekt als veröffentlicht, wenn er auf der Website des Emittenten gemäß § 14 Abs. 2 S. 1 lit. d) Prospektrichtlinie (RL 2003/71/EG) auf der Website eines geregelten Marktes oder gemäß Art. 14 Abs. 2 S. 1 lit. e) Prospektrichtlinie (RL 2003/71/EG) auf der Website der zuständigen Aufsichtsbehörde des Herkunftsmitgliedstaates veröffentlicht worden ist. Die Prospektrichtlinie (RL 2003/71/EG) berücksichtigt mithin die Konstellation, dass ein Diensteanbieter der Informationsgesellschaft Wertpapiere über das Internet anbietet, und schafft hierfür ausdrückliche Regelungen. Dagegen enthalten die Artt. 17–20 der Prospektrichtlinie (RL 2003/71/EG), die

975 Gemäß § 3 Abs. 1 TMG gilt das Herkunftslandprinzip nur für solche Diensteanbieter, die in einem anderen Staat innerhalb des Geltungsbereichs der Richtlinie 2000/31/EG (ECRL) niedergelassen sind.

976 Richtlinie vom 17.4.1989 zur Koordinierung der Bedingungen für die Erstellung, Kontrolle und Verbreitung des Prospekts, der im Falle von öffentlichen Angeboten von Wertpapieren zu veröffentlichen ist (sog. Emissionsprospektrichtlinie), ABl. EG Nr. L 124 v. 5.5.1989, S. 8.

die grenzüberschreitende Verwendung von Prospekten regeln, keine Sonderregelungen bzgl. der im Prospekt zu verwendenden Sprache für den Fall, dass eine Prospektveröffentlichung im Internet erfolgt. Auch in diesem Fall gilt die eingangs angesprochene Sprachenregelung. Gemäß Art. 19 Abs. 2 S. 1 der Prospektrichtlinie (RL 2003/71/EG) ist der Prospekt in einer in internationalen Finanzkreisen anerkannten oder von der Aufsichtsbehörde des Aufnahmestaates anerkannten Sprache zu veröffentlichen. Daneben kann die Behörde des Aufnahmestaates gemäß Art. 19 Abs. 2 S. 2 der Prospektrichtlinie (RL 2003/71/EG) eine Übersetzung der Prospektzusammenfassung in die jeweilige Amtssprache verlangen.

Aus alledem folgt, dass die Prospektrichtlinie (RL 2003/71/EG) auch im Bereich von Internetsachverhalten Regelungen schaffen möchte. Hätte der Gesetzgeber eine abweichende Regelung hinsichtlich der Sprache, in welcher der Prospekt veröffentlicht werden muss, für Angebote über das Internet schaffen wollen, so hätte er dies explizit in der Richtlinie zum Ausdruck gebracht. Die Prospektrichtlinie (RL 2003/71/EG) hat somit Vorrang vor der ECRL. Das in Art. 3 Abs. 1, 2 ECRL, umgesetzt in deutsches Recht durch § 3 Abs. 1, 2 TMG, verankerte Herkunftslandprinzip findet auf Prospekte keine Anwendung.

e) Ergebnis

Bezüglich der Prospektpflicht einer Emission gilt somit das Ziellandkonzept bzw. Marktortprinzip. Prospektpflichten nach dem WpPG werden somit ausgelöst, wenn Anlegern mit gewöhnlichem Aufenthalt in Deutschland ein öffentliches Angebot unterbreitet wird. Unerheblich ist, von welchem Ort aus das Angebot auf den Server aufgespielt worden ist oder wo sich der Server befindet. Im Rahmen von § 15 Abs. 3 VerkProspG a.F. bestand Rechtsunsicherheit, ob aufgrund des in Art. 3 Abs. 1, 2 ECRL statuierten Herkunftslandprinzips beim Vertrieb über das Internet der Prospekt lediglich den im Herkunftsland des Emittenten geltenden Vorschriften zu entsprechen hatte oder aber dieser aufgrund der Vorgaben von § 15 Abs. 3 VerkProspG a.F. auch in deutscher oder einer im Inland auf dem Gebiet des Wertpapierhandels nicht unüblichen Sprache abgefasst sein musste.

Diese Rechtsunsicherheit besteht nach Umsetzung der Prospektrichtlinie (RL 2003/71/EG) in deutsches Recht nicht mehr fort. Unabhängig von der Vertriebsart – also davon, ob ein Angebot „offline" oder „online" unterbreitet wird – hat der Anbieter aufgrund der Vorgaben in Art. 18 der Prospektrichtlinie (RL 2003/71/EG) den Prospekt in einer in internationalen Finanzkreisen anerkannten oder von der Aufsichtsbehörde des Aufnahmestaates anerkannten Sprache zu veröffentlichen. Für ein auf Deutschland ausgerichtetes Angebot bedeutet dies, dass ein englischsprachiger Prospekt sowie eine deutsche Zusammenfassung zu erstellen sind, §§ 17 Abs. 3, 19 Abs. 4 und 5 WpPG.

2. Platzierung im regulierten Markt

Bis zum Inkrafttreten des Prospektrichtlinie-Umsetzungsgesetzes zum 1.7.2005 wurden unterschiedliche inhaltliche Anforderungen an Prospekte gestellt, die beim Vorliegen eines öffentlichen Angebots i.S.v. § 1 VerkProspG a.F. zu erstellen waren, und an solche, die für die Zulassung zum Handel im vormaligen amtlichen oder im geregelten Markt erforderlich waren. Dies beruhte auf der Tatsache, dass die an eine Zulassung zum Handel im ehemaligen geregelten und amtlichen Markt gestellten Anforderungen an Prospekte in der Börsenprospektrichtlinie[977] geregelt waren, während die Anforderungen an Prospekte, die bei Vorliegen eines öffentlichen Angebots zu erstellen waren, durch die Emissionsprospektrichtlinie[978] festgelegt wurden.

Die Prospektrichtlinie (RL 2003/71/EG)[979] unterwirft dagegen Prospekte für öffentliche Angebote und solche für die Zulassung zum Handel an einem organisierten Markt grundsätzlich den gleichen Regelungen. § 3 Abs. 4 WpPG statuiert, dass für Wertpapiere, die im Inland zum Handel an einem organisierten Markt zugelassen werden sollen, ein Prospekt erstellt werden muss[980]. Für diesen gelten die gleichen inhaltlichen Anforderungen wie für Prospekte, die gemäß § 3 Abs. 1 WpPG beim Vorliegen eines öffentlichen Angebots zu erstellen sind.

II. Wertpapierhandelsgesetz: Verhaltens- und Organisationspflichten

Eine weitere mit Internetemissionen mit Auslandsbezug zusammenhängende Frage ist die nach der Anwendbarkeit deutschen Wertpapierhandelsrechts. Diese Problematik stellt sich wiederum nur im Kontext mit einer Fremdemission, da der Emittent bei einer Eigenemission keine Wertpapierdienstleistung erbringt und somit der Anwendungsbereich des WpHG nicht eröffnet ist.

Im Gegensatz zum KWG stellte das WpHG vor Umsetzung der MiFID nicht durchgängig auf den Sitz des Unternehmens ab[981]; insbesondere erfolgte die Kontrolle der Einhaltung der Wohlverhaltensregeln der §§ 31, 32 WpHG a.F. durch die

977 Richtlinie 2001/34/EG vom 28.5.2001 über die Zulassung von Wertpapieren zur amtlichen Börsennotierung und über die hinsichtlich dieser Wertpapiere zu veröffentlichenden Information, ABl. EG Nr. L 184 v. 6.7.2001, S. 1.

978 Richtlinie vom 17.4.1989 zur Koordinierung der Bedingungen für die Erstellung, Kontrolle und Verbreitung des Prospekts, der im Falle von öffentlichen Angeboten von Wertpapieren zu veröffentlichen ist (sog. Emissionsprospektrichtlinie), ABl. EG Nr. L 124 v. 5.5.1989, S. 8.

979 Richtlinie 2003/71/EG des Europäischen Parlaments und des Rates vom 4. November 2003 betreffend den Prospekt, der beim öffentlichen Angebot von Wertpapieren oder bei deren Zulassung zum Handel zu veröffentlichen ist, und zur Änderung der Richtlinie 2001/34/EG, ABl. EU Nr. L 345 v. 31.12.2003, S. 64.

980 Groß, Kapitalmarktrecht, § 3 WpPG, Rn. 11 ff.; Heidelbach, in: Schwark/Zimmer, Kapitalmarktrechts-Kommentar, § 3 WpPG, Rn. 31.

981 In Bezug auf die §§ 2 Abs. 4, § 9 Abs. 1 S. 1, 16 Abs. 2 S. 2, 35 Abs. 2 WpHG a.F. war dies durch das Gesetz zur Umsetzung der EG-Richtlinie zur Harmonisierung bank- und wertpapierrechtlicher Vorschriften v. 22.10.1997, BGBl. I 1997, S. 2518 v. 28.12.1997 geändert worden; siehe zu Einzelheiten Assmann, in: Assmann/Schneider, 4. Auflage, WpHG, Einl., Rn. 23.

Aufsichtsbehörde des Aufnahmestaats, sog. Gastlandkontrolle. Nach Umsetzung der MiFID (RL 2004/39/EG) sowie der MiFID-Durchführungsrichtlinie in deutsches Recht erfolgt die Kontrolle der Einhaltung der Wohlverhaltensregeln gemäß §§ 31 ff. WpHG n.F. – bis auf wenige Ausnahmefälle[982] – nunmehr durch den Herkunftsstaat, sog. Herkunftslandkontrolle, sofern das Wertpapierdienstleistungsunternehmen seine Hauptniederlassung in einem EWR-Staat hat (§ 2 Abs. 8 Nr. 1 WpHG). Im Unterschied zur Rechtslage vor Umsetzung der MiFID in deutsches Recht besteht im Bereich der Wohlverhaltensregeln auch keine optionale Verschärfungsmöglichkeit des Aufnahmemitgliedstaats mehr, wie sie Art. 11 Abs. 2 der Wertpapierdienstleistungsrichtlinie (RL 93/22/EG) vorsah, da die MiFID zumindest im Bereich des Aufsichtsrechts eine Vollharmonisierung anstrebt[983].

Damit gelten die in Umsetzung des Art. 19 MiFID (RL 2004/39/EG) in Deutschland erlassenen Wohlverhaltensregeln für inländische Wertpapierdienstleistungsunternehmen. Für Wertpapierdienstleistungsunternehmen, welche ihre Hauptniederlassung in einem anderen EWR-Staat haben, gelten die jeweils im anderen EWR-Staat in Umsetzung von Art. 19 MiFID erlassenen Vorschriften. Diese sollten im Idealfall mit den in Deutschland geltenden Vorschriften identisch sein, da Art. 19 MiFID – im Unterschied zu Art. 11 der Wertpapierdienstleistungsrichtlinie – keine optionale Verschärfungsmöglichkeit mehr vorsieht.

Für Wertpapierdienstleistungsunternehmen aus einem Nicht-EWR-Staat, die grenzüberschreitend Wertpapierdienstleistungen im Inland erbringen, gelten gemäß § 31 Abs. 10 WpHG dagegen die in Umsetzung von Art. 19 MiFID erlassenen Vorschriften[984]. Dies folgt daraus, dass Unternehmen mit Sitz in einem Nicht-EWR-Staat sich nicht auf den Europäischen Pass für Wertpapierdienstleistungsunternehmen berufen können.

Damit besitzt die BaFin für Wertpapierdienstleistungsunternehmen mit einer Hauptniederlassung in einem Drittstaat, hierbei handelt es sich um einen Nicht-EWR-Staat, Überwachungsbefugnisse, sofern diese Unternehmen eine grenzüberschreitende Wertpapierdienstleistung im Inland erbringen. Dagegen besitzt die BaFin gegenüber Wertpapierdienstleistungsunternehmen mit Sitz bzw. Hauptniederlassung in einem EWR-Staat lediglich noch eine subsidiäre Zuständigkeit in Bezug auf anlegerschützende Maßnahmen verbunden mit einer Mitteilungspflicht an die zuständigen Behörden im Herkunftsmitgliedstaat, § 36a Abs. 4 i.V.m. Abs. 3 S. 2 WpHG[985].

---

982 Siehe § 36a Abs. 4 i.V.m. Abs. 3 S. 2 WpHG.

983 Siehe hierzu: 1. Teil, 2. Abschnitt, A.I.

984 Siehe hierzu: Rothenhöfer, in: Schwark/Zimmer, Kapitelmarktrechts-Kommentar, § 31 WpHG, Rn. 354 ff.; Fuchs, in: Fuchs, WpHG, § 31, Rn. 325.

985 Siehe zu dieser Zuständigkeit: Fett, in: Schwark/Zimmer, Kapitelmarktrechts-Kommentar, § 36a WpHG, Rn. 21 ff.; Döhmel, in: Assmann/Schneider, WpHG, § 36a, Rn. 11.

Im Folgenden soll der Ausschnitt der Wohlverhaltensregeln näher betrachtet werden. Gemäß §§ 31 ff. WpHG unterliegen Wertpapierdienstleistungsunternehmen bestimmten Verhaltenspflichten. Wertpapierdienstleistungsunternehmen sind alle Kredit- und Finanzdienstleistungsinstitute (§ 2 Abs. 4 WpHG) und Unternehmen i.S.v. § 53 Abs. 1 S. 1 KWG, welche Wertpapierdienstleistungen gewerblich oder in einem Umfang erbringen, der einen in kaufmännischer Weise eingerichteten Gewerbebetrieb erfordert[986]. Virtuelle Emissionshäuser sind solche Wertpapierdienstleistungsunternehmen bzw. Kreditinstitute, die Wertpapierdienstleistungen ausschließlich oder auch über das Internet erbringen. Diese erbringen dem Anleger gegenüber bei einer Aktienemission je nach Ausgestaltung entweder eine Wertpapierdienstleistung in Form eines Finanzkommissionsgeschäfts i.S.v. § 2 Abs. 3 Nr. 1 WpHG, einer Abschlussvermittlung i.S.v. § 2 Abs. 3 Nr. 3 WpHG oder einer Anlagevermittlung i.S.v. § 2 Abs. 3 Nr. 4 WpHG. Gegenüber dem Emittenten kann bei der Übernahme von Wertpapieren für eigenes Risiko zur Platzierung oder bei Übernahme gleichwertiger Garantien eine Wertpapierdienstleistung i.S.v. § 2 Abs. 3 Nr. 5 WpHG[987] (Emissionsgeschäft) erbracht werden. Werden keine Garantien übernommen, so wird gegenüber dem Emittenten eine Wertpapierdienstleistung in Form eines Platzierungsgeschäfts i.S.v. § 2 Abs. 3 Nr. 6 WpHG erbracht. Haben diese Unternehmen ihre Hauptniederlassung[988] in Deutschland, unterliegt die Überwachung der Einhaltung der Wohlverhaltensregeln gemäß § 35 Abs. 1 WpHG der BaFin.

Schwieriger gestaltet sich dagegen die Rechtslage, wenn das Wertpapierdienstleistungsunternehmen seine Hauptniederlassung im Ausland, insbesondere außerhalb eines EWR-Staates, hat und über das Internet Wertpapierdienstleistungen im Inland erbringt. In dieser Konstellation stellt sich die Frage, welches Aufsichtsrecht anwendbar ist und welche nationale Behörde bei grenzüberschreitenden Wertpapierdienstleistungen die Aufsicht führt. Im Folgenden soll untersucht werden, wann die für den Anlegerschutz besonders bedeutsamen Normen der §§ 31 ff. WpHG bei grenzüberschreitenden Geschäften anwendbar sind.

---

986 Siehe zum Begriff des Wertpapierdienstleistungsunternehmens: Assmann, in: Assmann/Schneider, WpHG, § 2, Rn. 139 ff.; Fuchs, in: Fuchs, WpHG, § 2, Rn. 132 ff.

987 Siehe zu Einzelheiten beim Emissionsgeschäft: Kumpan, in: Schwark/Zimmer, Kapitalmarktrechts-Kommentar, § 2 WpHG, Rn. 71 f.; Assmann, in: Assmann/Schneider, WpHG, § 2, Rn. 86 ff.

988 Im Rahmen der Wertpapierdienstleistungsrichtlinie (RL 93/22/EG) bestimmte sich der Sitz eines Wertpapierunternehmens bei natürlichen Personen danach, wo diese ihren gewöhnlichen Aufenthalt haben. Bei juristischen Personen ist dagegen primär auf den satzungsmäßigen Sitz, sekundär auf den Ort der Hauptverwaltung abzustellen, wenn das einzelstaatliche Recht den satzungsmäßigen Sitz nicht kennt, Art. 1 Nr. 6 lit. a, b) RL 93/22/EG. Die MiFID hat diesen Regelungsansatz beibehalten; siehe zu Einzelheiten: Koller, in: Assmann/Schneider, WpHG, § 31, Rn. 202; Kumpan, in: Schwark/Zimmer, Kapitalmarktrechts-Kommentar, § 2 WpHG, Rn. 124 ff.; Fuchs, in: Fuchs, WpHG, § 31, Rn. 352.

Gemäß § 31 Abs. 10 WpHG gelten § 31 Abs. 1 Nr. 1, Abs. 2 bis 9 WpHG, §§ 31a, 31b, 31d WpHG sowie § 31e WpHG entsprechend für Unternehmen mit Sitz in einem Drittstaat, die Wertpapierdienstleistungen oder Wertpapiernebendienstleistungen gegenüber Kunden mit gewöhnlichem Aufenthalt oder Geschäftsleitung im Inland erbringen, sofern die Wertpapierdienstleistung oder Wertpapiernebendienstleistung einschließlich der damit im Zusammenhang stehenden Nebenleistungen nicht ausschließlich in einem Drittstaat erbracht werden[989]. Drittstaaten i.S.v. § 31 Abs. 10 WpHG sind dabei alle Nicht-EWR-Staaten. Im Unterschied zu §§ 31, 32 WpHG a.F. ist der Anwendungsbereich der §§ 31 ff. WpHG gemäß § 31 Abs. 10 WpHG somit nur eröffnet, wenn das Wertpapierdienstleistungsunternehmen, welches im Inland im Wege einer Korrespondenzdienstleistung eine Wertpapierdienstleistung erbringt, seine Hauptniederlassung in einem Drittstaat hat. Liegt der Sitz in einem EWR-Staat, obliegt die Kontrolle der Wohlverhaltensregeln der Behörde im Herkunftsland des Wertpapierdienstleistungsunternehmens. Im Gegensatz dazu verwendeten §§ 31 Abs. 3, 32 Abs. 3 WpHG a.F. die Terminologie „Ausland". Hierbei handelte es sich auch um EWR-Staaten. Unternehmen aus diesen Staaten dürfen im Rahmen des Europäischen Passes[990] rechtmäßigerweise ihre Dienstleistungen im Inland anbieten. Im Unterschied zur alten Rechtslage besitzt die BaFin keine Zuständigkeit mehr zur Überprüfung, ob die in §§ 31 ff. WpHG enumerierten Pflichten eingehalten werden.

Angebote aus Drittstaaten, welche aufsichtsrechtlich wegen Verstoßes gegen Vorschriften des KWG evtl. unzulässig sind, unterfallen dagegen § 31 Abs. 10 WpHG. Ein im Inland befindlicher Anleger soll auch bei nach KWG unzulässigen Angeboten den Schutz der in § 31 Abs. 10 WpHG aufgeführten Normen genießen.

1. Deutsches Aufsichtsrecht bei zumindest teilweiser Erbringung im Inland

Für die Anwendbarkeit der allgemeinen Verhaltensregeln der § 31 ff. WpHG auf Unternehmen mit Sitz in einem Nicht-EWR-Staat ist somit zu klären, unter welchen Voraussetzungen Wertpapierdienstleistungen nicht ausschließlich im Ausland, also zumindest teilweise im Inland, erbracht werden. Nach dem Willen des deutschen Gesetzgebers[991] finden die allgemeinen Verhaltensregeln nur dann keine Anwendung, wenn die Wertpapierdienstleistung einschließlich der damit im Zusammenhang stehenden Nebenleistungen nach dem Vertragsinhalt im Ausland

989 Siehe hierzu: Rothenhöfer, in: Schwark/Zimmer, Kapitalmarktrechts-Kommentar, § 31 WpHG Rn. 357; Fuchs, in: Fuchs, WpHG, § 31, Rn. 325; Möllers, in: KöKo-WpHG, § 31, Rn. 311.

990 Siehe zum Europäischen Pass für Wertpapierdienstleistungsunternehmen: Beck, in: Schwark/Zimmer, Kapitalmarktrechts-Kommentar, § 7 WpHG, Rn. 2; Döhmel, in: Assmann/Schneider, WpHG, § 7, Rn. 5; Sedlaczek, in: Streinz, EUV/EGV, Art. 56, Rn. 38 f.

991 BT-Drs. 12/7918, S. 104 ff. zum 2. FMFG.

erbracht wird. Nach Umsetzung der MiFID ist an die Stelle der Begrifflichkeit Ausland die Begrifflichkeit Drittstaat (Nicht-EWR-Staat) getreten. Fraglich ist, wann vom Vorliegen einer solchen Konstellation bei Internetsachverhalten auszugehen ist. Eine vergleichbare Vorschrift enthält im Bereich des internationalen Privatrechts Art. 6 Abs. 4 lit. a) Rom I-VO. Demnach sind auf Verträge über die Erbringung von Dienstleistungen, wenn die dem Verbraucher geschuldeten Dienstleistungen ausschließlich in einem anderen als dem Staat erbracht werden müssen, in dem der Verbraucher seinen gewöhnlichen Aufenthalt hat, nicht die verbraucherschützenden Vorschriften des Staates des gewöhnlichen Aufenthalts des Verbrauchers anzuwenden. Es bietet sich an, die Vorschrift des § 31 Abs. 10 WpHG im Kontext mit Art. 6 Rom I-VO auszulegen[992]. Es ist die Frage zu klären, wann eine teilweise Dienstleistungserbringung im Inland bzw. keine ausschließliche Dienstleistungserbringung in einem anderen Staat vorliegt.

a) Erbringung einer Teilleistung im Inland

Wohl überwiegend[993] wird die Ansicht vertreten, dass es für die Anwendbarkeit von § 31 Abs. 10 WpHG bereits ausreicht, wenn irgendeine Teilleistung im Inland erbracht wird, wobei unter Teilleistung bereits die Lieferung von Wertpapieren ins Inland[994], die Überweisung von Anlegergeldern ins Ausland oder die Beratung im Inland verstanden wird.

Zum Teil[995] wird sogar der Standpunkt vertreten, dass bereits das Anfordern von Angaben gemäß § 31 Abs. 4, S. 1, Abs. 5 S. 1 WpHG, oder die Erteilung von Informationen ins Inland eine teilweise Dienstleistungserbringung im Inland

992 So auch: Mankowski, in: Reithmann/Martiny, Internationales Vertragsrecht, Rn. 2505.

993 Koller, in: Assmann/Schneider, WpHG, § 31, Rn. 202; Fuchs, in: Fuchs, WpHG, § 31, Rn. 325 ff.; Schwark, in: Schwark/Zimmer, Kapitalmarktrechts-Kommentar, § 31 WpHG, Rn. 354; Mankowski, in: Reithmann/Martiny, Internationales Vertragsrecht, Rn. 2505; zur Vorgängernorm § 31 Abs. 3 WpHG a.F.: Schäfer, in: Schäfer, Wertpapierhandelsgesetz, § 31 WpHG, Rn. 69; Florian, 31; Assmann, in: FS-Schütze, 15, 35; Weber, MMR 1999, 385, 389; Pfüller/Westerwelle, in: Hdb. MultiMedia-Recht, Teil 13.7, Rn. 184 Spindler, WM 2001, 1689, 1699.

994 A.A. zu § 31 Abs. 3 WpHG a.F.: Schwark, in: Schwark, Kapitalmarktrechts-Kommentar, 3. Auflage, § 31 WpHG, Rn 70, der zwar generell das Erbringen einer Teilleistung im Inland für eine Anwendbarkeit der §§ 31, 32 WpHG a.F. ausreichen lassen möchte, nicht aber die Lieferung von Wertpapieren ins Inland nach Durchführung des Geschäfts. Warum dies so ist, wird jedoch von ihm nicht näher begründet.

995 Rothenhöfer, in: Schwark/Zimmer, Kapitalmarktrechts-Kommentar, § 31 WpHG, Rn. 357; Fuchs, in: Fuchs, WpHG, § 31, Rn. 325 fordert zusätzlich, dass die eigentliche Wertpapierdienstleistung ausschließlich im Ausland erbracht werden muss; siehe zu § 31 Abs. 3 WpHG a.F.: Koller, in: Assmann/Schneider, 4. Auflage, § 31, Rn. 177; Schäfer, in: Schäfer, Wertpapierhandelsgesetz, § 31 WpHG, Rn. 73.

darstellen bzw. bereits das Erbringen einer Wertpapiernebendienstleistung[996]. Als Begründung für diese Auffassung wird angeführt, dass eine strikte Anwendung des Herkunftslandprinzips zur Folge hätte, dass ein in Deutschland ansässiger Anleger unterschiedlichen Anlegerschutzstandards unterworfen wäre, je nachdem, aus welchem Herkunftsland das Wertpapierdienstleistungsunternehmen stammt[997].

Dies bedeutet, dass bei mehraktigen Dienstleistungen bereits eine teilweise Erbringung der Dienstleistung im Inland zur Anwendbarkeit von § 31 Abs. 10 WpHG führt. Diese nationale Regelung beruht auf Art. 31 Abs. 1 UAbs. 2 der MiFID (Richtlinie 2004/39/EG) und findet nur auf Wertpapierdienstleistungsunternehmen, die ihre Hauptniederlassung in einem Nicht-EWR-Staat haben, Anwendung. Diese müssen die in Deutschland geltenden Aufklärungs- und Beratungspflichten erfüllen. Dagegen gilt aufgrund des durch die MiFID eingeführten Herkunftslandprinzips für Wertpapierdienstleistungsunternehmen, die ihre Hauptniederlassung in einem EWR-Staat haben, dass sich der Umfang der Aufklärungs- und Beratungspflichten nach den im Herkunftsstaat geltenden Bestimmungen richtet. Die Einhaltung dieser Bestimmungen wird durch die zuständige Behörde im Herkunftsland überwacht.

Dagegen beruhten die §§ 31 Abs. 3, 32 Abs. 3 WpHG a.F. auf Art. 11 Abs. 2 der Wertpapierdienstleistungsrichtlinie (RL 93/22/EG), die eine Durchbrechung der Heimatlandkontrolle zugunsten der Gastlandkontrolle statuierte. Es galt vor Umsetzung der MiFID in deutsches Recht folglich bzgl. der Aufklärungspflichten auch für Wertpapierdienstleistungsunternehmen, die ihre Hauptniederlassung in einem EWR-Staat hatten, das Marktort- und nicht das Herkunftslandprinzip. Nach Umsetzung der MiFID gilt nunmehr für Unternehmen aus EWR-Staaten dagegen das Herkunftslandprinzip bzgl. der Aufklärungspflichten.

b) Disclaimer-Lösung

Spindler[998] fordert hingegen, dass ein zielgerichtetes Ansprechen von Anlegern mit gewöhnlichem Aufenthalt im Inland stattfinden müsse, damit deutsche Wohlverhaltensregeln zur Anwendung gelangen. Es wird bei diesem Ansatz auf das Kriterium, ob die Wertpapierdienstleistung teilweise im Inland erbracht wird, verzichtet. Spindler[999] begründet seine Auffassung mit dem Argument, dass es nicht sein könne, dass das passive Herunterladen eines Angebots von der Webseite eines ausländischen Anbieters bereits als Wertpapierdienstleistungserbringung im Inland zu qualifizieren ist, während dies noch keine Prospektpflichten nach § 3 Abs. 1 WpPG – vormals § 1 VerkProspG – auslöst.

996 Koller, in: Assmann/Schneider, WpHG, § 31, Rn. 202; Schwark, in: Schwark/Zimmer, Kapitalmarktrechts-Kommentar, § 31 WpHG, Rn 357.

997 Schäfer, in: Schäfer, Wertpapierhandelsgesetz, § 31 WpHG, Rn. 69, 73 zu § 31 Abs. 3 WpHG a.F.

998 Spindler, WM 2001, 1689, 1699.

999 Spindler, WM 2001, 1689, 1699.

c) Kommission der Europäischen Gemeinschaften

Die Europäische Kommission gab im Zusammenhang mit dem Europäischen Pass für Wertpapierdienstleistungsunternehmen eine Stellungnahme ab, unter welchen Voraussetzungen eine grenzüberschreitende Dienstleistungserbringung ihrer Ansicht nach vorliegt und damit verbunden Meldepflichten gemäß Art. 20 (Ausübung des Niederlassungsrechts) der zweiten Bankenrichtlinie[1000] bestehen[1001]. Dem Entwurf der Mitteilung zufolge sollten Meldepflichten nur dann bestehen, wenn das ausländische Unternehmen beabsichtigt eine Zweigniederlassung im Inland zu errichten oder im Inland im Wege des grenzüberschreitenden Dienstleistungsverkehrs tätig zu werden. Im Entwurf der Mitteilung führte die Kommission aus, dass es darauf ankomme, ob der Kunde mit der Bank oder die Bank mit dem Kunden Kontakt aufnehme[1002]. Nur im letzteren Fall solle eine Meldepflicht gemäß Art. 20 der zweiten Bankenrichtlinie und damit eine teilweise Dienstleistungserbringung im Inland vorliegen[1003]. Nur in diesem Fall würden dann die §§ 31 ff. WpHG Anwendung finden, wenn man die von der Europäischen Kommission im Entwurf ihrer Mitteilung aufgestellten Grundsätze auf die Frage übertragen würde, wann eine teilweise Dienstleistungserbringung im Inland bzw. keine ausschließliche Dienstleistungserbringung in einem anderen Staat vorliegt[1004]. Von diesem Standpunkt ist die Europäische Kommission allerdings in der endgültigen Fassung ihrer Mitteilung abgerückt und fordert nunmehr, dass auf den Ort, an welchem die charakteristische Leistung erbracht wird, abzustellen sei[1005].

1000 Richtlinie 2000/12/EG des Europäischen Parlaments und des Rates vom 20. März 2000 über die Aufnahme und Ausübung der Tätigkeit der Kreditinstitute, ABl. EG Nr. L 126 v. 26.5.2000, S. 1.

1001 Mitteilung der Kommission zu Auslegungsfragen über den freien Dienstleistungsverkehr vom 10. Juli 1997 (97/C 209/04), ABl. EG Nr. C 209 v. 10.7.1997, S. 6, 8; siehe zu dieser Mitteilung: Vahldiek, in: Boos/Fischer/Schulte-Mattler, KWG, § 53b, Rn. 42 ff.

1002 Entwurf einer Mitteilung der Kommission, Freier Dienstleistungsverkehr und Allgemeininteresse in der Zweiten Bankenrichtlinie (95 C 291/7), ABl. EG Nr. C 291 v. 4.11.1995, S. 7, 9; siehe auch: Abrams, EFSL 1995, 317.

1003 In diesem Sinne auch: Rögner, WM 2005, 745, 746, der die Auffassung vertritt, dass wenn ein inländischer Kunde sich an eine ausländische Bank wende, keine Erlaubnispflicht gemäß § 32 KWG für das Betreiben grenzüberschreitender Bankgeschäfte bestehe.

1004 Diese Schlussfolgerung zieht auch Stephan, Sicherstellung der Wohlverhaltensregeln bei grenzüberschreitendem Bezug, 123.

1005 Mitteilung der Kommission zu Auslegungsfragen über den freien Dienstleistungsverkehr vom 10. Juli 1997 (97/C 209/04), ABl. EG Nr. C 209 v. 10.7.1997, S. 6, 8; krit. hierzu: Vahldiek, in: Boos/Fischer/Schulte-Mattler, KWG, § 53b, Rn. 45 ff.

d) Stellungnahme

Die unter a) geschilderten Ansichten werfen einige Probleme auf. So ist ein Abstellen darauf, ob bereits die Anforderung von Angaben nach § 31 Abs. 4 S. 1, Abs. 5 S. 1 WpHG eine teilweise Dienstleistungserbringung im Inland darstellt, nicht unproblematisch. Denn solche Angaben werden meist nur angefordert werden, wenn eine Pflicht hierzu besteht. Und um zu beurteilen, ob eine solche Pflicht besteht, kann nicht darauf abgestellt werden, ob solche Angaben angefordert werden. Zum einen handelt es sich hierbei um einen Zirkelschluss, zum anderen könnte ein ausländisches Wertpapierdienstleistungsunternehmen dann durch das Anfordern von Angaben steuern, ob es sich deutschen Verhaltensregeln unterwerfen möchte. Auch das Kriterium der Überweisung von Anlagegeldern aus dem Inland ins Ausland als teilweise Dienstleistungserbringung im Inland vermag nicht vollständig zu überzeugen. Denn hier erbringt die ausländische Bank keine Teildienstleistung im Inland, wenn sie einem ausländischen Konto Kundengelder gutschreibt. Die Lieferung von Wertpapieren ins Inland kann ebenfalls nicht genügen, um eine Erbringung einer Teilleistung im Inland darzustellen. Denn damit wäre einer Umgehung der deutschen Vorschriften Tür und Tor geöffnet; der Liefervorgang ließe sich derart ausgestalten, dass nicht das ausländische Wertpapierdienstleistungsunternehmen die Wertpapiere liefert, sondern vielmehr der Kunde einen Kurierdienst mit der Abholung im Ausland beauftragt. Dass dies nicht von der Hand zu weisen ist, zeigt die Tatsache, dass sich seinerzeit auch die Internet-Apotheke DocMorris mit einer ähnlichen Konstruktion beholfen hat[1006]. Weiterhin vermag die von der Europäischen Kommission vorgeschlagene Lösung danach zu unterscheiden, ob der Anleger den Anbieter oder aber der Anbieter den Anleger angesprochen hat, nicht zu überzeugen. Denn die hierzu erforderliche Beweisführung ist in den meisten Fällen nicht praktikabel; die Anwendbarkeit der §§ 31 ff. WpHG würde somit faktisch vom Zufall abhängen, was dem Erfordernis nach Rechtssicherheit nicht Genüge tut. Es wäre im Übrigen auch widersinnig, beurteilte man das Ansprechen durch den Anleger als passive Dienstleistung und das Ansprechen eines Anlegers durch ein Wertpapierdienstleistungsunternehmen als Korrespondenzdienstleistung.

Sinnvoller erscheint es, die Frage, wann eine teilweise Dienstleistungserbringung im Inland vorliegt, von der europarechtlichen Seite her zu betrachten, anstatt dies an einzelnen Beispielen festzumachen. Eine Definition des Begriffs der teilweisen Dienstleistungserbringung im Inland enthalten weder das WpHG noch die diesem Gesetz zugrunde liegende MiFID (RL 2004/39/EG)[1007] noch die Vorgängerrichtlinie

---

1006 Siehe hierzu: Spindler, in: Gounalakis, Rechtshandbuch Electronic Business, § 9, Rn. 125 m.w.N.; LG Frankfurt a.M., Urt. v. 9.11.2000, 2–03 O 366/00, ZIP 2000, 2080 f.; OLG Frankfurt, Urt. v. 31.5.2001, 6 U 240/00, ZIP 2001, 1164 f.

1007 Richtlinie 2004/39/EG des Europäischen Parlaments und des Rates über Märkte für Finanzinstrumente, zur Änderung der Richtlinien 85/91/EWG und 93/6/EWG des Rates und der Richtlinie 2000/12/EG des Europäischen Parlaments und das

93/22/EG (Wertpapierdienstleistungsrichtlinie)[1008]. Die MiFID (RL 2004/39/EG) enthält lediglich eine Definition des Begriffes der Wertpapierdienstleistung[1009], ebenso wie die Vorgängerrichtlinie[1010]. Auch enthält weder die MiFID (RL 2004/39/EG) noch die Vorgängerrichtlinie 93/22/EG (Wertpapierdienstleistungsrichtlinie) eine Definition des Begriffs des grenzüberschreitenden Dienstleistungsverkehrs.

Insoweit muss deshalb auf den primär-rechtlichen Dienstleistungsbegriff der Artt. 56, 57 AEUV (vormals Artt. 49, 50 EGV) zurückgegriffen werden: Hier wird zwischen vier Arten des grenzüberschreitenden Dienstleistungsverkehrs differenziert[1011]: (1) einer aktiven Dienstleistung (Geschäftsbesuch), (2) einer grenzüberschreitenden Dienstleistung (Korrespondenzdienstleistung), (3) dem passiven Dienstleistungsverkehr sowie (4) dem Austausch der Dienstleistung in einem anderen Mitgliedstaat.

Wenn § 31 Abs. 10 WpHG davon spricht, dass die Wohlverhaltensregeln nur anwendbar sind, wenn keine ausschließliche Dienstleistungserbringung im Ausland vorliegt, so ist für die Anwendbarkeit der §§ 31 ff. WpHG das Vorliegen einer Korrespondenzdienstleistung Voraussetzung. Nach europarechtlicher Terminologie liegt eine solche dann vor, wenn weder der Dienstleistungserbringer noch der Dienstleistungsempfänger, sondern nur die Dienstleistung die Grenze überschreitet[1012]. Diese Konstellation wird in Art. 1 Abs. 2 lit a) GATS als grenzüberschreitende Dienstleistung bezeichnet. Eine passive Dienstleistung nach europarechtlicher Terminologie – Art. 1 Abs. 2 lit b) GATS spricht von einer Nutzung im Ausland – liegt dagegen dann vor, wenn eine Dienstleistung von einem Ausländer im Ausland an einen im Ausland befindlichen Nutzer mit gewöhnlichem Aufenthalt im Inland erbracht wird[1013]. In diesem Fall bestehen keine Aufklärungspflichten nach §§ 31 ff. WpHG. Ein Austausch der Dienstleistung in einem anderen EU-Mitgliedstaat liegt dann vor, wenn sowohl der Dienstleistungserbringer wie auch der

---

Rates und zur Aufhebung der Richtlinie 93/22/EWG des Rates vom 21. April 2004 (Markt- und Finanzdienstleistungsrichtlinie), ABl. EG Nr. L 145 v. 30.4.2004, S. 1.

1008 Richtlinie 93/22/EWG des Rates v. 10.05.1993 über Wertpapierdienstleistungen, ABl. EG Nr. L 141/27 v.

1009 Art. 4 Nr. 2 i.V.m. Anhang I, Abschnitt A sowie Anhang I, Abschnitt C.

1010 Art. 1 Nr. 1 i.V.m. Anhang A der Richtlinie 93/22/EWG des Rates v. 10.05.1993 über Wertpapierdienstleistungen, ABl. EG Nr. L 141 v. 11.06.1993, S. 27.

1011 Kotzur, in: Geiger/Khan/Kotzur, Art. 57, Rn. 8 ff.; Hakenberg/Seyr, in: Lenz/Borchard, EU-Verträge, Art. 56/57 AEUV, Rn. 14.; Vahldiek, in: Boos/Fischer/Schulte-Mattler, KWG, § 53b, Rn. 204 ff.; Randelzhofer/Forstloff, in: Grabitz/Hilf/Nettesheim, Band I, Art. 56/47 AEUV, Rn. 52 ff.

1012 Kotzur, in: Geiger/Khan/Kotzur, Art. 57, Rn. 10; Hakenberg/Seyr, in: Lenz/Borchard, EU-Verträge, Art. 56/57 AEUV, Rn. 14; Randelzhofer/Forstloff, in: Grabitz/Hilf/Nettesheim, Band I, Art. 56/57 AEUV, Rn. 54.

1013 Kotzur, in: Geiger/Khan/Kotzur, Art. 57, Rn. 9; Hakenberg/Seyr, in: Lenz/Borchard, EU-Verträge, Art. 56/57 AEUV, Rn. 14; Randelzhofer/Forstloff, in: Grabitz/Hilf/Nettesheim, Band I, Art. 56/47 AEUV, Rn. 53.

Dienstleistungsempfänger nicht Gebietsfremde sind, sich aber auf den Austausch der Dienstleistung in einem anderen EU-Mitgliedstaat einigen, also gemeinsam die Grenze überschreiten, um dort die Dienstleistung auszutauschen[1014].

Der EuGH hat sich mit der Frage der materiell-rechtlichen Reichweite der deutschen Wohlverhaltensregeln gemäß §§ 31 Abs. 10 ff. WpHG bislang nicht beschäftigt. Daher soll im Folgenden ein Augenmerk auf Entscheidungen gelegt werden, die sich mit der Frage auseinandersetzen, wann aus europarechtlicher Sicht vom Vorliegen einer grenzüberschreitenden Dienstleistung in Form der Korrespondenzdienstleistung auszugehen ist. Im Fall Alpine Investment führte der EuGH[1015] aus, dass bereits die Anbahnung von Dienstleistungen, insbesondere auch das Angebot zum Abschluss eines Vertrages, dem Schutzbereich der Dienstleistungsfreiheit unterfalle und somit das Ansprechen eines ausländischen Anlegers aus dem Inland heraus eine grenzüberschreitende Dienstleistung darstelle[1016]. Insoweit werde bereits eine telefonische Kundenwerbung vom Schutzbereich des Art. 56 AEUV erfasst. Überträgt man die Alpine Investment Entscheidung des EuGH auf § 31 Abs. 10 WpHG, so wird hierdurch die Ansicht gestützt, dass bereits Vertragsanbahnungshandlungen eine Korrespondenzdienstleistung darstellen. Der Unterschied zu einer telefonischen Geschäftsanbahnung besteht bei Internetsachverhalten aber darin, dass bei letzteren der Anbieter nicht immer den potentiellen Anleger gezielt wie beim Telefonmarketing anspricht, sondern der Anleger u.U. von sich aus auf das Angebot zugreift. Insofern erscheint es sinnvoll, auch bei der Frage, ob eine teilweise Dienstleistungserbringung im Inland vorliegt, darauf abzustellen, ob ein zielgerichtetes Ansprechen stattfindet. Denn ohne das Erfordernis eines zielgerichteten Ansprechens von Anlegern mit gewöhnlichem Aufenthalt im Inland käme man zu dem widersinnigen Ergebnis, dass Beratungspflichten gemäß §§ 31 ff. WpHG bestehen würden, nicht aber Prospektpflichten nach § 3 Abs. 1 WpPG.

Die „Disclaimer-Lösung“ hat den weiteren Vorteil, dass hierdurch dem Wertpapierdienstleistungsunternehmen ein sicheres Kriterium an die Hand gegeben wird, um zu beurteilen, ob es sich deutschen Wohlverhaltensregeln unterwerfen muss. Die anderen, oben unter b) aufgeführten Kriterien führen dazu, dass je nach Ausgestaltung der Transaktion Wohlverhaltensregeln anwendbar sind oder nicht. Dies ist nicht mit dem Sinn und Zweck von § 31 Abs. 10 WpHG zu vereinbaren. Neben einem Disclaimer sollten jedoch – ähnlich wie im Rahmen von § 3 Abs. 1 WpPG – vormals § 1 VerkProspG a.F. – objektive Kriterien wie verwendete Sprache und Hinweise auf Besteuerungsgrundlagen zur Bestimmung der Zielrichtung

1014 Siehe hierzu: Randelzhofer/Forstloff, in: Grabitz/Hilf/Nettesheim, Band I, Art. 56/47 AEUV, Rn. 55; Seyr, in: Lenz/Borchard, EU-Verträge, Art. 56/57 AEUV, Rn. 14.

1015 EuGH, Urt. v. 10.5.1995, Rs. C-384/93, Slg. 1995, I-1141.

1016 Siehe hierzu: Welter, in: Schimansky/Bunte/Lwowski, Bankrechts-Handbuch, Band 1, § 28, Rn. 31 ff.; Reich, EuZW 95, 407 ff.

herangezogen werden, um die missbräuchliche Verwendung eines Disclaimers zu unterbinden.

Zusammenfassend lässt sich festhalten, dass die in den §§ 31 ff. WpHG statuierten Verhaltensregeln somit anwendbar sind, wenn ein Anbieter aus einem Nicht-EWR-Staat Anleger mit gewöhnlichem Aufenthalt im Inland zielgerichtet anspricht und damit eine Korrespondenzdienstleistung im Inland erbringt. Spricht ein Anbieter aus einem EWR-Staat dagegen Anleger mit gewöhnlichem Aufenthalt im Inland zielgerichtet an, so richten sich aufgrund des Herkunftslandprinzips der Inhalt und Umfang der Aufklärungs- und Beratungspflichten nach den in Umsetzung der MiFID im Herkunftsland des Wertpapierdienstleistungsunternehmens ergangenen Vorschriften.

2. Änderungen durch die E-Commerce-Richtlinie?

Fraglich ist, ob durch das in Art. 3 ECRL, umgesetzt in deutsches Recht durch § 3 TMG, verankerte Herkunftslandprinzip das gefundene Ergebnis modifiziert wird, falls die Wertpapierdienstleistung aus einem anderen EU-Mitgliedstaat bzw. EWR Staat heraus erbracht wird. Der Wortlaut der ECRL und des deutschen Umsetzungsgesetzes (TMG) sind so weit gefasst, dass auch Angebote über Wertpapiere erfasst werden.

Somit findet die ECRL bzw. das TMG grundsätzlich auch auf Wertpapierdienstleistungen Anwendung. Denn es liegt keine Bereichsausnahme gemäß Art. 1 Abs. 5 ECRL, umgesetzt in deutsches Recht durch § 3 Abs. 4 TMG, vor, so dass der Anwendungsbereich der ECRL vorliegend auch im Hinblick auf die MiFID (Richtlinie 2004/39/EG) und das die MiFID in deutsches Recht umsetzende WpHG eröffnet ist. Gleiches galt auch schon für die Wertpapierdienstleistungsrichtlinie (Richtlinie 93/22/EG). Im Unterschied zur Wertpapierdienstleistungsrichtlinie (Richtlinie 93/22/EG) sieht die MiFID (Richtlinie 2004/39/EG) nunmehr – mit Ausnahme einer subsidiären Eingriffskompetenz der Gastlandbehörde in Ausnahmefällen[1017] – für den Bereich der Wohlverhaltensregeln für Unternehmen mit Sitz in einem anderen EWR-Staat, die im Wege einer grenzüberschreitenden Dienstleistungserbringung im Inland tätig sind, eine Herkunftslandkontrolle vor. Lediglich für Wertpapierdienstleistungsunternehmen mit Sitz in einem Nicht-EWR-Staat ist eine Überprüfung der Einhaltung der Wohlverhaltensregeln im Wege einer Gastlandkontrolle durch die BaFin bei der Erbringung von grenzüberschreitenden Wertpapierdienstleistungen noch möglich. Des Weiteren sind bei der Erbringung von grenzüberschreitenden Wertpapierdienstleistungen im Inland lediglich die in Umsetzung von Art. 19 MiFID (Richtlinie 2004/39/EG) im Herkunftsstaat des Wertpapierdienstleistungsunternehmens erlassenen Wohlverhaltensregeln einzuhalten, sofern das Wertpapierdienstleistungsunternehmen seine Hauptverwaltung

1017 Siehe hierzu: Fett, in: Schwark/Zimmer, Kapitalmarktrechts-Kommentar, § 36a, Rn. 16 ff.; Fuchs, in: Fuchs, WpHG, § 36a, Rn. 8.

in einem anderen EWR-Staat hat. Aufgrund der mit der MiFID angestrebten Vollharmonisierung sind diese mit den §§ 31 ff. WpHG weitestgehend identisch.

Dagegen sah Art. 11 der Wertpapierdienstleistungsrichtlinie (Richtlinie 93/22/EG) zwar ebenfalls für den Bereich der Wohlverhaltensregeln das Herkunftslandprinzip vor, doch bot Art. 11 Abs. 2 der Wertpapierdienstleistungsrichtlinie (RL 93/22/EG) die Möglichkeit das Herkunftslandprinzip zu durchbrechen, indem den EU-Mitgliedstaaten erlaubt wurde, Ausnahmen von diesem Prinzip im Bereich der Wohlverhaltensregeln zuzulassen. Der deutsche Gesetzgeber hatte von dieser optionalen Verschärfungsmöglichkeit durch die §§ 31, 32 WpHG a.F. Gebrauch gemacht. Der Umfang und genaue Inhalt der Wohlverhaltensregeln konnte im Anwendungsbereich der Wertpapierdienstleistungsrichtlinie (RL 93/22/EG) von den einzelnen EU-Mitgliedstaaten ausgestaltet werden. Mithin hätte ein Vorrang der ECRL vor der Wertpapierdienstleistungsrichtlinie (RL 93/22/EG) zur Folge gehabt, dass die auf Art. 11 der RL 93/22/EG beruhenden §§ 31 Abs. 3, 32 Abs. 3 WpHG a.F. bei ausländischen Emittenten mit Sitz im Geltungsbereich der ECRL nicht zur Anwendung gelangt wären. Dies hätte zur Folge gehabt, dass sich der Umfang der Aufklärungspflichten ebenfalls nach dem Recht des Herkunftslands des Emissionshauses bestimmt hätte und nicht nach dem Recht des Marktortes. Aus diesem Grund wurde bis zum Inkrafttreten der MiFID das Konkurrenzverhältnis zwischen der Wertpapierdienstleistungsrichtlinie (RL 93/22/EG) und der ECRL kontrovers diskutiert.

Fraglich war, ob das in Art. 3 Abs. 1, 2 ECRL, umgesetzt in deutsches Recht durch § 3 Abs. 1, 2 TMG, verankerte Herkunftslandprinzip auch für Emissionshäuser aus anderen EU-Mitgliedstaaten sowie EWR Staaten galt[1018]. Die Wertpapierdienstleistungsrichtlinie (Richtlinie 93/22/EG), die durch die MiFID abgelöst wurde, ist wie auch die MiFID nicht im Anhang zu Art. 3 Abs. 3 ECRL bzw. in § 3 Abs. 3, 4 TMG aufgeführt. In diesem Anhang bzw. Absätzen werden alle Richtlinien aufgezählt, für die das Herkunftslandprinzip nicht gelten soll[1019]. Andererseits stellen Erwägungsgrund Nr. 11 und Art. 1 Abs. 3 ECRL klar, dass das durch europäische Richtlinien erreichte Schutzniveau nicht durch die ECRL herabgesetzt werden soll. Der Erwägungsgrund Nr. 11 führt explizit die Richtlinie 93/22/EG als nicht von der ECRL betroffen auf[1020].

Es stellte sich somit die Frage, wie dieser Widerspruch aufgelöst werden kann. Zum einen bestand die Möglichkeit, dass man Art. 11 RL 93/22/EG bzw. §§ 31, 32

1018 Gemäß § 3 Abs. 1 TMG gilt das Herkunftslandprinzip nur für solche Diensteanbieter, die in einem anderen Staat innerhalb des Geltungsbereichs der Richtlinie 2000/31/EG (ECRL) niedergelassen sind. Das Sitzland des Diensteanbieters bestimmt sich nach § 2a TMG; siehe hierzu: Martiny, in: MüKo-BGB, Band 10, Anh. III zu Art. 9 Rom I-VO, § 3 TMG, Rn. 15.

1019 Siehe hierzu: Nordmeier/Pfeiffer/Weller, in: Spindler/Schuster, § 3 TMG, Rn. 11 ff.; Martiny, in: MüKo-BGB, Band 10, Anh. III zu Art. 9 Rom I–VO, § 3 TMG, Rn. 40 ff.

1020 Siehe hierzu: Spindler, WM 2001, 1689, 1691 f.; ders., ZHR 165(2001), 324, 347 f.

WpHG a.F. Vorrang vor dem in der ECRL verankerten Herkunftslandprinzip einräumt. Für eine solche Betrachtungsweise könnte der Wortlaut des Art. 1 Abs. 3 ECRL sprechen. Demnach sollen einzelstaatliche Vorschriften, die zur Umsetzung von Gemeinschaftsrechtsakten ergangen sind[1021] und dem Schutz von Verbrauchern[1022] dienen, unberührt bleiben. Allerdings soll dies gemäß Art. 1 Abs. 3 ECRL nur dann gelten, wenn hierdurch nicht die Freiheit, Dienste der Informationsgesellschaft anzubieten, beeinträchtigt wird. Durch die Anwendung unterschiedlicher Wohlverhaltensregeln in den EU-Mitgliedstaaten könnte jedoch die Freiheit der Informationsdienste berührt werden. Mithin ist der Wortlaut des Art. 1 Abs. 3 ECRL nicht dazu geeignet, die Frage des Vorrangs eindeutig zu klären. Insoweit ist für die Auslegung von Art. 1 Abs. 3 ECRL auf den hinter dieser Vorschrift stehenden gesetzgeberischen Willen zurückzugreifen, wie er im bereits genannten Erwägungsgrund Nr. 11 ECRL zum Ausdruck gekommen ist[1023]. Wenn das durch die Wertpapierdienstleistungsrichtlinie (RL 93/22/EG) erreichte Schutzniveau nicht durch die ECRL berührt werden soll, so kann dieses Ziel hinsichtlich der Wohlverhaltensregeln nur erreicht werden, wenn in diesem Bereich nicht das Herkunftslandprinzip zur Anwendung kommt. Jedoch beruhten die Wohlverhaltensregeln der §§ 31, 32 WpHG a.F. auf einzelstaatlichen Rechtsvorschriften, mit denen ein höheres Schutzniveau durch Art. 11 der Wertpapierdienstleistungsrichtlinie (RL 93/22/EG) ausdrücklich zugelassen worden ist. Bei der Wertpapierdienstleistungsrichtlinie (RL 93/22/EG) handelte es sich um eine sogenannte Mindestrichtlinie, die mit Art. 11 optional Verschärfungen ermöglichte[1024]. Einiges spricht dafür, den Wortlaut des Art. 1 Abs. 3 ECRL dahingehend auszulegen, dass solche optionalen Verschärfungen durch die EU-Mitgliedstaaten grundsätzlich zulässig sind, sofern ausnahmsweise keine Beeinträchtigung der Freiheit der Diensteanbieter vorliegt[1025].

1021 Demgegenüber werden von der ECRL bereits erlassene Richtlinien selbst nicht berührt, sofern sie in Erwägungsgrund Nr. 11 aufgeführt sind, sondern lediglich die auf bereichsspezifischen Öffnungsklauseln beruhenden nationalen Maßnahmen; Spindler, in: Gounalakis, Rechtshandbuch Electronic Business, § 9, Rn. 55; Marly, in: Grabitz/Hilf, A4, Art. 1, Rn. 10.

1022 Bei privaten Anlegern handelt es sich um Verbraucher, siehe hierzu: Spindler, ZHR 65(2001), 324, 341 f. m.w.N.; Hoffmann, WM 2006, 560 f.

1023 So Marly, in: Grabitz/Hilf, A4, Art. 1, Rn. 10.

1024 Marly, in: Grabitz/Hilf, A4, Art. 1, Rn. 10; Spindler, in: Gounalakis, Rechtshandbuch Electronic Business, § 9, Rn. 55.

1025 In diesem Sinne: Marly, in: Grabitz/Hilf, Band IV, A4, Art. 1, Rn. 10; Spindler, in: Gounalakis, Rechtshandbuch Electronic Business, § 9, Rn. 55; Sack, WRP 2001, 408, 422.

Für eine solche Auslegung der Vorschrift spricht auch der Gang des Gesetzgebungsverfahrens[1026]. Im ursprünglichen Richtlinienvorschlag[1027] hatte die Kommission noch für Art. 1 Abs. 3 die Formulierung verwendet, dass „diese Richtlinie [...] das hinsichtlich der Dienste der Informationsgesellschaft anwendbare Gemeinschaftsrecht (ergänzt) und [...] das durch bestehende Gemeinschaftsmaßnahmen eingeführte Schutzniveau für öffentliche Gesundheit und Verbraucher unberührt (lässt), einschließlich der Maßnahmen, die im Binnenmarkt erlassen wurden." Im gemeinsamen Standpunkt[1028] mit dem Rat wurde schließlich der Begriff des Schutzniveaus umfassender verwendet[1029]. Art. 1 Abs. 3 wurde um die Formulierungen „soweit", „und einzelstaatlichen Rechtsvorschriften zu deren Umsetzung" sowie „soweit die Freiheit, Dienste der Informationsgesellschaft anzubieten, dadurch nicht eingeschränkt wird" ergänzt[1030]. Durch das Einfügen des Wortes „insbesondere" wurde klargestellt, dass es neben dem Schutz der öffentlichen Gesundheit sowie des Verbraucherschutzes noch weitere Gründe für eine Beschränkung der Freiheit der Dienste der Informationsgesellschaft geben und dass eine Beschränkung der Freiheit der Dienste der Informationsgesellschaft nicht nur aufgrund von Gemeinschaftsrechtsakten, sondern auch aus Bestimmungen, die zu deren Umsetzung erlassen worden sind, erfolgen kann[1031]. Nach dieser Formulierung ist es nun möglich, dass das Schutzniveau sich anhand von optionalen Verschärfungsmöglichkeiten, die in Richtlinien vorgesehen sind, – wie beispielsweise Art. 11 der Wertpapierdienstleistungsrichtlinie (RL 93/22/EG) – bestimmt[1032]. Das mitgliedschaftliche Schutzniveau kann somit über die gemeinschaftsrechtlichen Vorgaben hinausgehen und hierdurch die Freiheit der Diensteanbieter einschränken. Aus

1026 So Marly. in: Grabitz/Hilf, A4, Art. 1, Rn. 10, der den Gang des Gesetzgebungsverfahrens ausführlich schildert.

1027 Vorschlag für eine Richtlinie des Europäischen Parlaments und des Rates über bestimmte rechtliche Aspekte des elektronischen Geschäftsverkehrs im Binnenmarkt, KOM (1998) 586 endg.

1028 Mitteilung der Kommission an das Europäische Parlament gemäß Art. 251 Abs. 2, UAbs. 2 EGV zum gemeinsamen Standpunkt des Rates im Hinblick auf den Vorschlag für eine Richtlinie über bestimmte rechtliche Aspekte der Dienste der Informationsgesellschaft, insbesondere des elektronischen Geschäftsverkehrs, im Binnenmarkt („Richtlinie über den elektronischen Geschäftsverkehr") vom 28.2.2000, SEK (2000) 386 endg., S. 9.

1029 Siehe ausführlich hierzu: Marly, in: Grabitz/Hilf, Band IV, A4, Art. 1, Rn. 10.

1030 Art. 1 Abs. 3 der ECRL lautet: „Diese Richtlinie ergänzt das auf die Dienste der Informationsgesellschaft anwendbare Gemeinschaftsrecht und lässt dabei das Schutzniveau insbesondere für die öffentliche Gesundheit und den Verbraucherschutz, wie es sich aus Gemeinschaftsrechtsakten und einzelstaatlichen Rechtsvorschriften zu deren Umsetzung ergibt, unberührt, soweit die Freiheit, Dienste der Informationsgesellschaft anzubieten, dadurch nicht eingeschränkt wird." (Ergänzungen sind durch Unterstreichen kenntlich gemacht).

1031 Marly, in: Grabitz/Hilf, Band IV, A4, Art. 1, Rn. 10.

1032 So Marly, in: Grabitz/Hilf, Band IV, A4, Art. 1, Rn. 10.

diesem Grunde fügte der Rat den Halbsatz „... soweit die Freiheit, Dienste der Informationsgesellschaft anzubieten, dadurch nicht eingeschränkt wird." ein[1033].

Dieser Halbsatz ist dahingehend zu verstehen, dass nur das Schutzniveau aufgrund solcher mitgliedstaatlichen Regelungen im Rahmen von Art. 1 Abs. 3 ECRL nicht unberührt bleibt, die über gemeinschaftsrechtliche Vorgaben hinausgehen, also auf optionalen, in Richtlinien zugelassenen Verschärfungsmöglichkeiten beruhen[1034]. Denn der Gesetzgeber der ECRL wollte gerade Diensteanbieter dem Zugriff verschiedener einzelstaatlicher Regelungen entziehen. Auch handelt es sich bei der ECRL um eine querschnittsartige Richtlinie[1035], was ebenfalls dafür spricht, dass die ECRL Vorrang vor in Umsetzung von Art. 11 der Wertpapierdienstleistungsrichtlinie (RL 93/22/EG) erlassenen optionalen Verschärfungsmöglichkeiten bzw. §§ 31, 32 WpHG a.F. hat[1036].

Umfang und Inhalt der Wohlverhaltensregeln der §§ 31, 32 WpHG a.F. bestimmten sich somit nach dem Sitzstaat des Dienstanbieters, sofern dieser im Geltungsbereich der ECRL niedergelassen ist. Für Unternehmen mit Sitz im diesbezüglichen Ausland finden diese deutschen Normen bezüglich Emissionen im Internet keine Anwendung[1037].

Gemäß Art. 69 S. 2 der MiFID (RL 2004/36/EG) gelten Bezugnahmen in anderen Richtlinien – wie beispielsweise der ECRL – auf die Wertpapierdienstleistungsrichtlinie (RL 93/22/EWG) als Bezugnahme auf die MiFID (Richtlinie 2004/39/EG). Daher können die zum Konkurrenzverhältnis zwischen der ECRL und der Wertpapierdienstleistungsrichtlinie (RL 93/22/EG) gemachten Ausführungen unverändert auf das Konkurrenzverhältnis zwischen ECRL und MiFID übertragen werden.

Nach Umsetzung der MiFID in nationales Recht durch das FRUG ist dieser Konflikt jedoch entschärft. Es stellt sich nach Umsetzung der MiFID in deutsches Recht lediglich noch die Frage, ob die BaFin auf die ihr gemäß § 36a Abs. 4 WpHG eingeräumten subsidiären Eingriffskompetenzen zurückgreifen darf – die Vorschrift sieht im Bereich der grenzüberschreitenden Wertpapierdienstleistungen eine partielle Durchbrechung des Herkunftslandprinzips vor – oder ob diese subsidiäre Eingriffskompetenz aufgrund des in der ECRL verankerten Herkunftslandprinzips gesperrt ist. § 36a Abs. 4 i.V.m. Abs. 3 WpHG beruht im Unterschied zu §§ 31, 32 WpHG a.F. weder auf einer in einer Richtlinie vorgesehenen optionalen Verschärfungsmöglichkeit noch legt diese Norm Anforderungen an Diensteanbieter fest. Vielmehr räumt sie in bestimmten Ausnahmefällen der Gastlandbehörde die Befugnis ein, Maßnahmen gegen Wertpapierdienstleistungsunternehmen zu ergreifen, die gegen Vorschriften des Herkunftslandes verstoßen. § 36a Abs. 4

1033 Marly, in: Grabitz/Hilf, Band IV, A4, Art. 1, Rn. 10.

1034 So Marly, in: Grabitz/Hilf, Band IV, A4, Art. 1, Rn. 10; Spindler, ZHR 165(2001), 324, 348.

1035 Spindler, WM 2001, 1689, 1692; Marly, in: Grabitz/Hilf, Band IV, Vorbem. A4, Rn. 56.

1036 In diesem Sinne auch Spindler, ZHR 165(2001), 324, 348.

1037 So auch Spindler, WM 2001, 1689, 1700 zu Art. 13 der RL 93/22/EG.

i.V.m. Abs. 3 S. 2 WpHG sieht vor, dass die BaFin in Fällen, in denen die Aufsichtsbehörde des Herkunftsstaats des Wertpapierdienstleistungsunternehmens keine angemessenen Maßnahmen zur Behebung von Missständen gegen Wertpapierdienstleistungsunternehmen in ihrem Zuständigkeitsbereich ergreift, Maßnahmen ergreifen kann[1038]. Diese Norm ist in Umsetzung von Art. 62 MiFID erlassen worden und im Wesentlichen mit Art. 3 Abs. 4 lit. a) der ECRL, umgesetzt durch § 3 Abs. 5 Nr. 3 TMG, inhaltsgleich. Hier stellt sich daher – anders als im Rahmen von §§ 31, 32 WpHG a.F. – nicht mehr die Frage nach dem Verhältnis zwischen MiFID und ECRL. Einer Anwendung von § 36a Abs. 4, Abs. 3 WpHG steht das in § 3 TMG verankerte Herkunftslandprinzip nicht entgegen.

3. Ergebnis

Mag auf den ersten Blick die Anwendbarkeit deutschen Wertpapierhandelsrechts in Bezug auf Unternehmen aus Nicht-EWR-Staaten äußerst weit erscheinen, so bleibt doch zu beachten, dass das Emissionshaus ähnlich wie in den vom WpPG erfassten Fällen die Möglichkeit besitzt, durch entsprechende Auswahl der Kontakte mit Internet-Investoren die Anwendbarkeit inländischen Wertpapierhandelsrechts zu steuern. Hinsichtlich der Aufklärungs- und Beratungspflichten gilt für Unternehmen, die ihre Hauptniederlassung in einem Nicht-EWR-Staat haben, das Marktortprinzip. Während vor Inkrafttreten bzw. vor Umsetzung der MiFID in deutsches Recht im Anwendungsbereich der ECRL der Anbieter sich aufgrund von Art. 3 ECRL auf das Herkunftslandprinzip berufen konnte und aus öffentlich-rechtlicher Sicht nur die in seinem Niederlassungsstaat geltenden Wohlverhaltensregeln einhalten musste, folgt dies nunmehr aus der MiFID bzw. aus § 31 Abs. 10 WpHG. Seit Inkrafttreten bzw. Umsetzung der MiFID in deutsches Recht gibt es somit auch im Bereich der Wohlverhaltensregeln keinen Konflikt mehr zwischen MiFID und ECRL.

Jedoch könnte der Diensteanbieter aufgrund von Art. 6 Abs. 1 Rom I-VO aus zivilrechtlichen Gründen gezwungen sein, deutsche Wohlverhaltensregeln anzuwenden, sofern man die §§ 31 ff. WpHG als doppelfunktional betrachtet oder den Normen zumindest eine Ausstrahlungswirkung beimisst. Im Rahmen von Art. 6 Abs. 1 Rom I-VO könnte deutsches Recht zur Anwendung gelangen[1039]. Der Umfang von Aufklärungs- und Beratungspflichten wurde zwar aufsichtsrechtlich durch die MiFID EU-weit harmonisiert; jedoch beurteilt sich der zivilrechtliche Umfang nach deutschem Recht, wobei auch die §§ 31 ff. WpHG Berücksichtigung finden.

1038 Siehe zu dieser Norm: Fett, in: Schwark/Zimmer, Kapitalmarktrechts-Kommentar, § 36a, Rn. 21; Assmann/Schneider, WpHG, § 36a, Rn. 11.

1039 Siehe hierzu: 2. Teil, 3. Abschnitt, B.III.2.b.

III. Zulassungs- und Aufsichtsrecht nach dem KWG

Wurde vorstehend davon ausgegangen, dass das WpPG wie auch §§ 31 ff. WpHG zur Anwendung kommen und somit Prospektpflichten und Aufklärungspflichten nach WpHG bestehen, falls ein Anleger mit gewöhnlichem Aufenthalt in Deutschland zielgerichtet angesprochen wird, so erscheint es doch zumindest als fraglich, ob dieses Kriterium zur Beurteilung der Anwendbarkeit eines jeden kapitalmarktbezogenen Gesetzes, insbesondere des KWG, herangezogen werden kann[1040]. Ausländische Emissionshäuser, die Aktien ausländischer Emittenten platzieren, unterliegen nicht schon deshalb der Zulassungspflicht nach deutschem Recht, weil Deutsche oder in Deutschland ansässige Anleger auch das Angebot abrufen können. Eine solche Betrachtungsweise würde dazu führen, dass die Bundesrepublik Deutschland weltweit für die Aufsicht zuständig wäre[1041].

Der Anwendungsbereich des KWG ist grundsätzlich eröffnet, wenn ein Unternehmen mit Sitz im Inland gewerbsmäßig Bankgeschäfte betreibt oder Finanzdienstleistungen erbringt. Über § 53 Abs. 1 S. 1 KWG wird fingiert, dass eine Zweigstelle eines ausländischen Kredit- bzw. Finanzdienstleistungsinstituts im Inland als inländisches Kredit- bzw. Finanzdienstleistungsinstitut gilt, auf welches gemäß § 53 Abs. 2 KWG die Regeln dieses Gesetzes unter bestimmten Maßgaben[1042] ebenfalls anwendbar sind. Regelungen über den grenzüberschreitenden Dienstleistungsverkehr findet man im KWG nur in § 53b Abs. 2a KWG bzgl. Unternehmen aus anderen EWR-Staaten. Die Erlaubnispflicht für Bankgeschäfte dieser Unternehmen knüpft an das Betreiben dieser Geschäfte im Geltungsbereich des Gesetzes über das Kreditwesen – also im Inland – an, § 32 Abs. 1 S. 1 KWG[1043].

1040 Verneinend bzgl. KWG: Assmann, in: FS-Schütze, 15, 32; Weber, MMR 1999, 385, 389; Zweifelnd: VGH Kassel, Beschluss v. 21.1.2005, 6 TG 1568/04, ZIP 2005, 610, 611 f.

1041 Ohler, WM 2002, 162, 166; Teilweise wurde befürchtet, dass eine solche Auffassung u.U. Staatshaftungsansprüche nach sich ziehen könnte, falls die Regelung des § 4 Abs. 4 FinDAG im Vorlageverfahren vor dem EuGH keinen Bestand haben sollte; siehe zu dieser Thematik, Hanten, WM 2003, 1412, 1413. Zwischenzeitlich haben der EuGH in einer Vorabentscheidung v. 20.1.2005, Rs. C-222/02, DVBl 2005, 43 f. sowie der BGH mit Urt. v. 2.6.2005, III ZR 365/03, DVBl 2006, 114 f. entschieden, dass die Regelung des § 4 Abs. 4 FinDAG Bestand hat und die BaFin die ihr übertragenen Aufgaben nur im öffentlichen Interesse wahrnimmt und somit eine Verletzung von aufsichtlichen Amtspflichten in Bezug auf ein beaufsichtigtes Unternehmen für den geschädigten Anleger, der Kunde dieses Unternehmens ist, gegenüber keine Ansprüche aus Staatshaftung (Art. 34 GG, § 839 BGB) zu begründen vermag.

1042 Siehe hierzu: Vahldiek, in: Boos/Fischer/Schulte-Mattler, KWG, § 53, Rn. 48 ff.; Auerbach, in: Schwennicke/Auerbach, KWG, § 53, Rn. 21 ff.

1043 Ohler, WM 2002, 162, 163; Fischer, in: Boos/Fischer/Schulte-Mattler, KWG, § 32, Rn. 6, 15 f.

Bei Aktivitäten über das Internet lässt sich aufgrund der Natur des gewählten Mediums jedoch nicht auf den ersten Blick erkennen, wo der Anbieter seinen Sitz hat. Aus den Umständen (Verwendung der deutschen Sprache, Geltung deutschen Rechts, inländische Internetadresse, Telefonnummer oder Anschrift) kann sich sogar der Eindruck ergeben, dass es sich um ein inländisches Institut handelt, obwohl das Angebot aus dem Ausland heraus erfolgt.

1. Bestimmung des Sitzes eines Kreditinstituts

Daher stellt sich die Frage, nach welchen Kriterien der Sitz eines Finanzdienstleistungsinstituts bzw. eines Kreditinstituts zu bestimmen ist. Grundsätzlich kommen hierfür zwei Möglichkeiten in Betracht: (1) Nach der Gründungstheorie[1044] wird der Sitz nach dem Ort der Gründung des Unternehmens bestimmt. Das Personalstatut wird dem Recht desjenigen Staates entnommen, in dem die Gesellschaft gegründet wurde und ihren Satzungssitz hat. (2) Nach der Sitztheorie[1045] ist Sitz des Unternehmens derjenige Ort, an welchem sich die Hauptverwaltung befindet.

Dem KWG liegt eine Anknüpfung nach der Sitztheorie zugrunde. Dies folgt aus § 33 Abs. 1 Nr. 6 KWG[1046], da diese Norm statuiert, dass ein Kreditinstitut seine Hauptverwaltung im Inland haben muss. Ein rein formaler, nur satzungsrechtlich festgelegter Sitz der Hauptverwaltung im Inland reicht nicht aus; vielmehr müssen alle wesentlichen Geschäftsentscheidungen tatsächlich im Inland getroffen werden[1047]. Eine Aufsicht am Gründungsort würde dagegen nicht greifen, wenn dort keine Leitungsorgane vorhanden wären. Ein weiteres Argument für die Anwendung der Sitztheorie im KWG ist die Tatsache, dass das KWG zum besonderen Ordnungsrecht gehört und hier der Grundsatz der Effektivität der Gefahrenabwehr gilt.

Nachdem nun Kriterien aufgestellt worden sind, an Hand derer sich der Sitz eines Unternehmens bestimmen lässt, geht es um die Beantwortung der Frage, ob das KWG auch anwendbar ist, wenn der Sitz eines Unternehmens, welches im Wege einer Korrespondenzdienstleistung in Deutschland Bankgeschäfte betreibt oder Finanzdienstleistungen erbringt, außerhalb Deutschlands liegt.

1044 Siehe hierzu: Kindler, in: MüKo-BGB, Band 11, IntGesR, Rn. 7 ff., 339 ff.; Rehm, JZ 2005, 304, 306; Sandrock, ZVglRWiss 02(2003), 447, 450; Leible/Hoffmann, RIW 2002, 925, 935 f.

1045 Siehe hierzu: Kindler, in: MüKo, Band 11, IntGesR, Rn. 400 ff., 433 ff. m.w.N.

1046 Diese Norm ist in Übereinstimmung mit Art. 6 Abs. 2 der Richtlinie 2000/12 des Europäischen Parlaments und des Rates vom 20. März 2000 über die Aufnahme und Ausübung der Tätigkeit der Kreditinstitute, ABl. EG Nr. L 126 vom 26.5.2000, 1, geändert durch die Richtlinie 2000/28 des Europäischen Parlaments und des Rates vom 18. September 2000 zur Änderung der Richtlinie 2000/12/EG über die Aufnahme und Ausübung der Tätigkeit der Kreditinstitute, ABl. EG Nr. L 275 v. 27.10.2000, S. 37, ergangen.

1047 Ohler, WM 2002, 162, 164; Fischer, in: Boos/Fischer/Schulte-Mattler, KWG, § 33, Rn. 28; Schwennicke, in: Schwennicke/Auerbach, KWG, § 33, Rn. 71.

Anknüpfungspunkte hierfür sind § 53 Abs. 1 S. 1 KWG, § 53a KWG sowie § 53b KWG. Im Jahr 2000 bewarb erstmals eine Bank aus dem Ausland heraus ohne deutsche Niederlassung ausschließlich im Internet und gezielt deutsche Kunden[1048].

2. PC des Anlegers als Zweigstelle bzw. Repräsentanz

Es könnte ein Anknüpfungspunkt bestehen, falls man den PC des Anlegers als Zweigstelle gemäß § 53 Abs. 1 S. 1 KWG oder als Repräsentanz gemäß § 53a KWG eines ausländischen Kreditinstitutes betrachten würde[1049]. Unter einer Zweigstelle i.S.v. § 53 KWG versteht man einen örtlich vom Hauptunternehmen getrennten Betriebsteil eines Kreditinstituts, welcher zumindest teilweise erlaubnispflichtige Bankgeschäfte durchführt und rechtlich unselbstständig ist[1050]. Eine Repräsentanz eines ausländischen Kreditinstituts liegt dagegen vor, wenn von dieser Einrichtung aus keine Bankgeschäfte erbracht werden, sondern sich ihre Tätigkeit auf die Beschaffung von Informationen über die bankwirtschaftliche Situation und die wirtschaftliche Entwicklung des Landes sowie auf Kontaktpflege, Werbung, Anbahnung und Vermittlung von Geschäften beschränkt[1051].

a) PC des Anlegers als Zweigstelle

Aus der Aufzählung des § 53 Abs. 2 KWG folgt jedoch, dass der Begriff der Zweigstelle nach dem Willen des Gesetzgebers eine auf Dauer angelegte physische Präsenz vor Ort, also eine Zusammenfassung von sachlichen und personellen Mitteln in einer im Inland unterhaltenen ortsfesten Einrichtung, voraussetzt[1052]. Dies folgt u.a. aus § 52 Abs. 2 Nr. 1 KWG, der statuiert, dass zwei natürliche Personen als Geschäftsführer der Zweigstelle mit Wohnsitz im Inland zu bestellen sind[1053]. Teilweise wird in diesem Zusammenhang auch auf die Regelungen zur Zweigniederlassung in den §§ 13 ff. HGB verwiesen[1054], welche ebenfalls eine räumliche Einrichtung voraussetzen. Jedoch muss eine Zweigstelle nicht die in § 13 HGB statuierten Merkmale einer Zweigniederlassung aufweisen[1055], vielmehr erscheint es für die Annahme einer Zweigstelle ausreichend, wenn eine inländische Stelle in rechtserheblicher Weise im Inland für das

---

1048 BAKred, Jahresbericht 2000, S. 74.

1049 Dies wird von Florian, 28 ff. erwogen, aber im Ergebnis verworfen.

1050 Auerbach, in: Schwennicke/Auerbach, KWG, § 53, Rn. 5 ff.; Vahldiek, in: Boos/Fischer/Schulte-Mattler, KWG, § 53, Rn. 10 f., 14; Ohler, WM 2002, 162, 164.

1051 Siehe zum Begriff der Repräsentanz: Vahldiek, in: Boos/Fischer/Schulte-Mattler, KWG, § 53a, Rn. 3 ff., 12; Auerbach, in: Schwennicke/Auerbach, KWG, § 53a, Rn. 4 ff.

1052 Vahldiek, in: Boos/Fischer/Schulte-Mattler, KWG, § 53, Rn. 20; Florian, 28.

1053 Siehe Florian, 28.

1054 Hanten in: Beck/Samm/Kokemoor, KWG, Band 2, § 53, Rn. 20; Auerbach, in Schwennicke/Auerbach, KWG, § 53, Rn. 9.

1055 Schneider, in: Bähre/Schneider, § 53, Anm. 2; Auerbach, in: Schwennicke/Auerbach, KWG, § 53, Rn. 11.

ausländische Institut tätig wird[1056]. Nicht ausreichend ist jedenfalls eine bloße Weiterleitung von Kundenaufträgen der im Gebiet gelegenen Stelle[1057]. Auch ist zu beachten, dass im grenzüberschreitenden Verkehr Bankautomaten, welche von einem ausländischen Institut im Inland aufgestellt werden[1058], nicht als Zweigstelle i.S.v. § 53 KWG angesehen werden, da es an einer kumulativen Zusammenfassung von personellen und sachlichen Mitteln im Inland fehlt[1059]. Lässt sich ein von einem ausländischen Institut im Inland aufgestellter Geldautomat schon nicht als Zweigstelle qualifizieren, so kann ein von einem inländischen Anleger zur Durchführung von Bankgeschäften aufgestellter PC erst recht nicht als Zweigstelle qualifiziert werden[1060].

b) PC des Anlegers als Repräsentanz

Weiterhin ist zu prüfen, ob der PC des Anlegers als Repräsentanz i.S.v. § 53a KWG eines ausländischen Wertpapierdienstleistungsunternehmens angesehen werden kann[1061]. Der Begriff der Repräsentanz ist in § 53a KWG nicht legaldefiniert, sondern wird als gegeben vorausgesetzt[1062]. Nach Sinn und Zweck des § 53a KWG ist es abzulehnen, den PC des potentiellen Anlegers als Repräsentanz zu betrachten. Es fehlt an einer aud räumlich-physischen Präsenz des ausländischen Wertpapierdienstleistungsunternehmens im Inland[1063]. Sinn und Zweck des § 53a KWG ist es, der BaFin die Möglichkeit einzuräumen, Nachforschungen anzustellen, ob bereits Bankgeschäfte durch die Repräsentanz eines ausländischen Unternehmens im Inland betrieben werden und somit eine Zweigstelle vorliegt[1064]. Diese Regelung

1056 Schwennicke, in: Schwennicke/Auerbach, KWG, § 32, Rn. 9 ff.; Voge, WM 2007, 381, 383; Becker, in: Reischauer/Kleinhans, § 53, Anm. 3c mit Verweis auf das Schreiben des BAKred v. 24.6.1996, ZS-173–20/95 in Fn. 1; Florian, 29; BVerwG, Urt. v. 22.4.2009, 8 C 2.09, WM 2009, 1553 ff., Rn. 27–29, 37.

1057 Florian, 29; Vahldiek, in: Boos/Fischer/Schulte-Mattler, KWG, § 53, Rn. 21 ff.

1058 Die Tatsache, dass das vormalige BAKred eine solche Aufstellung grds. als unzulässig erachtete, ändert nichts daran, dass ein solcher Automat nicht als Zweigstelle qualifiziert wird; siehe zu Einzelheiten: Vahldiek, in: Boos/Fischer/Schulte-Mattler, KWG, § 53, Rn. 16 der darauf hinweist, dass im Fall, dass Bankautomaten von einem im Aufnahmestaat befindlichen Unternehmen beherbergt und betreut werden, dieses Unternehmen als selbstständiger Vermittler agiert.

1059 Mitteilungen der EG-Kommission zu Auslegungsfragen über den freien Dienstleistungsverkehr und das Allgemeininteresse in der Zweiten Bankrechtsrichtlinie, SEK (97) 1193, ABl. EG Nr. C 209 v. 10.7.1997, S. 6, 12; Vahldiek, in: Boos/Fischer/Schulte-Mattler, KWG, § 53, Rn. 16 sowie § 53b, Rn. 51; Hanten in: Beck/Samm/Kokemoor, KWG, Band 2, § 53, Rn. 20.

1060 Florian, 29.

1061 Siehe hierzu: Florian, 28 f.

1062 Vahldiek, in: Boos/Fischer/Schulte-Mattler, KWG, § 53a, Rn. 3.

1063 Florian, 29.

1064 Begr. RegE. 2. Gesetz zur Änderung des Gesetzes über das Kreditwesen v. 24.3.1978, abgedruckt bei Schork, KWG, § 53a, Vor Anm. 1; Vahldiek, in: Boos/Fischer/Schulte-Mattler, KWG, § 53a, Rn. 2.

ergibt jedoch nur dann Sinn, wenn es sich bei dem PC des Anwenders um eine Zweigstelle handeln könnte. Eine solche Möglichkeit scheidet aber aus oben genannten Gründen aus[1065].

c) Teilergebnis

Ein ausländisches Kredit- bzw. Finanzdienstleistungsinstitut, das Aktien zur Zeichnung im Inland ausschließlich über das Internet anbietet und abwickelt, betreibt weder eine Zweigniederlassung noch eine Repräsentanz im Inland. Die technischen Vorrichtungen stellen ein bloßes Übertragungsmedium dar, auf dessen Betrieb das ausländische Wertpapierdienstleistungsinstitut keinen Einfluss nehmen kann.

3. Vorliegen und Erlaubnispflicht einer grenzüberschreitenden Finanzdienstleistung

Inwieweit das Betreiben von Bankgeschäften bzw. das Erbringen von Wertpapierdienstleistungen mittels Internet im Wege des grenzüberschreitenden Dienstleistungsverkehrs aus dem Ausland im Inland einer Erlaubnis gemäß § 32 KWG bedarf bzw. erlaubnisfähig ist, hat in jüngster Vergangenheit etliche Gerichte beschäftigt[1066].

1065 Florian, 29.

1066 So hatte das VG Frankfurt a.M. mit Beschluss vom 7.5.2004, 9 G 6496/03(V), ZIP 2004, 1259 ff. in einem Verfahren des vorläufigen Rechtsschutzes entschieden, dass eine auf § 32 Abs. 1 S. 1 KWG gestützte Untersagungsverfügung gegen ein Drittstaatenunternehmen, welches im Wege einer Korrespondenzdienstleistung das Effektenkommissionsgeschäft im Inland betreibt, rechtmäßig ist. Dagegen hat das VGH Kassel mit Beschluss vom 21.1.2005, 6 TG 1568/04, ZIP 2005, 610 ff. entgegen des VG Frankfurt a.M. die Untersagungsverfügung als nicht mit der Kapitalverkehrsfreiheit vereinbar betrachtet. Der EuGH hat dagegen in einem Vorabentscheidungsverfahren, in dem es um die Fragestellung ging, ob eine gewerbsmäßige Kreditvergabe eines Unternehmens mit Sitz in der Schweiz in Deutschland über das Internet im Wege einer Korrespondenzdienstleistung rechtmäßigerweise untersagt werden kann, mit Urteil vom 3.10.2006, Rs. C-452/04, WM 2006, 1949 ff. festgestellt, dass Mitgliedstaaten gemeinschaftsrechtlich nicht gehindert sind, für Institute, die ihren Sitz in einem Drittstaat haben und nicht in den Anwendungsbereich der Richtlinie fallen, Erlaubnispflichten zu begründen oder beizubehalten. Aus diesem Grund verstoße eine Untersagungsverfügung nicht gegen die Kapitalverkehrsfreiheit. Das BVerwG hat mit Urteil vom 15.08.2009, 8 C 2.09, WM 2009, 1553 ff. im selben Fall entschieden, dass auch dann ein Bankgeschäft i.S.d. § 32 Abs. 1 Satz 1 KWG im Inland betrieben wird, wenn ein Kreditinstitut bankgeschäftliche Leistungen dort ohne eigene physische Präsenz im Wege des grenzüberschreitenden Dienstleistungsverkehrs erbringt und eine Untersagung der Erbringung im Einklang mit dem Grundgesetz sowie den Grundfreiheiten erfolgen kann. Die Vorinstanz VG Frankfurt a.M. hat mit Urteil

Fraglich ist, ob das erstmalige öffentliche Angebot von Aktien in Deutschland durch ein ausländisches Wertpapierdienstleistungsunternehmen mittels Internet eine Erbringung einer grenzüberschreitenden Wertpapier- bzw. Finanzdienstleistung darstellt und ob diese erlaubnispflichtig ist. Bei der Beantwortung dieser Frage geht es darum, einen Ausgleich zwischen den widerstreitenden Interessen Anlegerschutz und uneingeschränkter Teilnahmemöglichkeit an international angebotenen Wertpapierdienstleistungen herzustellen.

a) Der Begriff der grenzüberschreitenden Dienstleistung

Eine Definition des Begriffs des grenzüberschreitenden Dienstleistungsverkehrs enthält weder das KWG noch die diesem Gesetz zugrunde liegenden Richtlinien 2006/48/EG[1067] (vormals 2000/12/EG[1068]) sowie 2004/39/EG (MiFID)[1069] (vormals Wertpapierdienstleistungsrichtlinie (Richtlinie 93/22/EWG)). In § 1 Abs. 1a S. 2 KWG findet sich eine Definition des Begriffs Finanzdienstleistung, welcher auf den sekundärrechtlichen Begriff der Wertpapierdienstleistung zurückgeht[1070]. Der Begriff der grenzüberschreitenden Dienstleistung wird in § 53b Abs. 2a KWG verwendet, ohne näher definiert zu werden. Für die Auslegung des Begriffs der grenzüberschreitenden Dienstleistung ist daher auf den primärrechtlichen Dienstleistungsbegriff in Artt. 56, 57 AEUV zurückzugreifen[1071].

---

v. 5.7.2007, 1 E 4355/06, BKR 2007, 341 ff. die gleiche Linie wie das BVerwG vertreten.

1067 Richtlinie 2006/48/EG des Europäischen Parlaments und des Rates vom 14. Juni 2006 über die Aufnahme und Ausübung der Tätigkeit der Kreditinstitute (Neufassung), ABl. EU Nr. L 177 v. 30.6.2006, S. 1, geändert durch die Richtlinie 2009/111/EG des Europäischen Parlaments und des Rates vom 16. September 2009 zur Änderung der Richtlinien 2006/48/EG, 2006/49/EG und 2007/64/EG hinsichtlich Zentralorganisationen zugeordneter Banken, bestimmter Eigenmittelbestandteile, Großkredite, Aufsichtsregelungen und Krisenmanagement, ABl. EU Nr. L 302 v. 17.11.2009, S. 97.

1068 Richtlinie 2000/12/EG des Europäischen Parlaments und des Rates über die Aufnahme und Ausübung der Tätigkeit der Kreditinstitute vom 20. März 2000 (Bankaufsichtsrichtlinie), ABl. EG Nr. L 126 v. 26.5.2000, S. 1.

1069 Richtlinie 2004/39/EG des Europäischen Parlaments und des Rates über Märkte für Finanzinstrumente, zur Änderung der Richtlinien 85/91/EWG und 93/6/EWG des Rates und der Richtlinie 200/12/EG des Europäischen Parlaments und das Rates und zur Aufhebung der Richtlinie 93/22/EWG des Rates vom 21. April 2004 (Markt- und Finanzdienstleistungsrichtlinie), ABl. EU Nr. L 145 v. 30.4.2004, S. 1.

1070 Art. 2 Abs. 1 Nr. 2 i.V.m. Anhang I Abschnitt A der RL 2004/39/EG; vormals Art. 1 Nr. 1 der Richtlinie 93/22/EWG des Rates vom 10.05.1993 über Wertpapierdienstleistungen, ABl. EG Nr. L 141 v. 11.06.1993, S. 27.

1071 So auch Ohler, WM 2002, 162, 165; Vahldiek, in: Boos/Fischer/Schulte-Mattler, KWG, § 53b, Rn. 41.

Im Rahmen von Artt. 56, 57 AEUV wird zwischen vier Arten des Dienstleistungsverkehrs differenziert[1072]; (1) einer aktiven Dienstleistung (Geschäftsbesuch), (2) einer grenzüberschreitenden Dienstleistung (Korrespondenzdienstleistung), (3) dem passiven Dienstleistungsverkehr sowie (4) dem Austausch der Dienstleistung in einem anderen Mitgliedstaat. Von den oben geschilderten Arten des Dienstleistungsverkehrs ist nur der Fall (1) explizit im KWG geregelt, § 53b Abs. 2a KWG. Diese Norm bezieht sich nur auf den aktiven Dienstleistungsverkehr durch Geschäftsbesuche[1073]. Die Behandlung der anderen Konstellationen ist umstritten. Im Rahmen dieser Arbeit interessieren die unter (2) und (3) aufgeführten Arten.

Nach europarechtlicher Terminologie liegt eine Korrespondenzdienstleistung dann vor, wenn weder der Dienstleistungserbringer noch der Dienstleistungsempfänger die Grenze überschreitet sondern nur die Dienstleistung[1074]. Diese Konstellation wird in Art. 1 Abs. 2 lit. a) GATS als grenzüberschreitende Dienstleistung bezeichnet. Eine passive Dienstleistung nach europarechtlicher Terminologie – Art. 1 Abs. 2 lit. b) GATS spricht von einer Nutzung im Ausland – liegt dagegen dann vor, wenn eine Dienstleistung von einem Ausländer im Ausland an einen im Ausland befindlichen Nutzer mit gewöhnlichem Aufenthalt im Inland erbracht wird[1075].

Im Fall Alpine Investment hatte der EuGH[1076] den Standpunkt vertreten, dass bereits die Anbahnung von Dienstleistungen, insbesondere auch das Angebot zum Abschluss eines Vertrags, in den Schutzbereich der Dienstleistungsfreiheit falle und das Ansprechen eines ausländischen Anlegers aus dem Inland heraus eine grenzüberschreitende Dienstleistung darstelle. Demnach unterfalle bereits telefonische Kundenwerbung dem Schutzbereich des Art. 49 EGV und stelle somit eine Dienstleistung dar. Zur Beurteilung der Frage, wann eine Korrespondenzdienstleistung und damit eine zumindest teilweise Dienstleistungserbringung im Inland vorliegt, kann im Übrigen auf die Ausführungen im 2. Teil, 3. Abschnitt unter A.II.3. verwiesen werden. Demnach liegt eine solche vor, wenn ein ausländischer Anbieter zielgerichtet Anleger mit gewöhnlichem Aufenthalt im Inland anspricht.

1072 Kotzur, in: Geiger/Khan/Kotzur, Art. 57 AEUV, Rn. 8 ff.; Seyr, in: Lenz/Borchard, EU-Verträge, Art. 56/57 AEUV, Rn. 14; Marwede, in: Boos/Fischer/Schulte-Mattler, KWG, § 53b, Rn. 41 ff., 204 ff.

1073 Brocker, in: Schwennicke/Auerbach, KWG, § 53b, Rn. 14; siehe auch zu § 53b Abs. 2a KWG: Vahldiek, in: Boos/Fischer/Schulte-Mattler, KWG, § 53b, Rn. 4, 41 ff.

1074 Kotzur, in: Geiger/Khan/Kotzur, Art. 57 AEUV, Rn. 10; Seyr, in: Lenz/Borchard, EU-Verträge, Art. 56/57 AEUV, Rn. 14; Vahldiek, in: Boos/Fischer/Schulte-Mattler, KWG, § 53, Rn. 228 ff.

1075 Kotzur, in: Geiger/Khan/Kotzur, Art. 57 AEUV, Rn. 11;; Seyr, in: Lenz/Borchard, EU-Verträge, Art. 56/57 AEUV, Rn. 14; Vahldiek, in: Boos/Fischer/Schulte-Mattler, KWG, § 53, Rn. 231.

1076 EuGH, Urt. v. 10.5.1995, Rs. C-384/93, Slg. 1995, I-1141.

b) Erlaubnispflicht grenzüberschreitender Dienstleistungen

Die Frage, ob eine grenzüberschreitende Dienstleistung erlaubnispflichtig ist, wird unterschiedlich beantwortet. Die hierzu vertretenen Positionen bewegen sich zwischen einer generellen Erlaubnisfreiheit und einer generellen Unzulässigkeit.

aa) Erlaubnisfreiheit

Grenzüberschreitende Tätigkeiten ausländischer Banken wurden vom ehemaligen BAKred aufgrund ihres geringen Umfangs als nicht nach dem KWG erlaubnispflichtig angesehen[1077]. Hierzu vertrat auch die EU-Kommission noch 1997 die Auffassung, dass auf dem Fernwege erbrachte Bankdienstleistungen im Regelfall nicht einmal einer Anzeige als grenzüberschreitende Dienstleistung bedürfen[1078]. In der Literatur[1079] wird die Erlaubnisfreiheit grenzüberschreitender Dienstleistungen teilweise[1080] damit begründet, dass nur eine zumindest vorübergehende physische Präsenz im Inland eine Erlaubnispflicht begründen könne. Im Übrigen habe der Gesetzgeber einen institutsbezogenen und keinen vertriebsbezogenen Regulierungsansatz gewählt[1081]. Diesem Standpunkt hat sich der VGH Kassel angeschlossen[1082]. In einem Verfahren des vorläufigen Rechtsschutzes hatte er zu entscheiden, ob eine von der BaFin erlassene Untersagungsverfügung gegen eine auf den British Virgin Islands ansässige Brokerfirma, die gezielt Anleger in Deutschland anspricht und das Effektenkommissionsgeschäft im Inland mittels einer Korrespondenzdienstleistung betreibt, auf § 32 KWG gestützt werden kann. Der VGH Kassel sah in einer solchen Auslegung des § 32 KWG einen möglichen Verstoß gegen Art. 63 AEUV (vormals Art. 56 EGV), da sich auch Personen aus Drittstaaten auf die Kapitalverkehrsfreiheit gemäß Art. 63 AEUV berufen könnten[1083]. Es handele sich um eine einseitig begünstigende Norm. Der VGH hatte sich jedoch nicht mit der Frage auseinandergesetzt, ob das Institut sich überhaupt auf die Kapitalverkehrsfreiheit berufen konnte oder aber nicht im vorliegenden Fall die Dienstleistungsfreiheit

1077 BAKred Jahresbericht 2000, S. 74.

1078 Mitteilungen der EG-Kommission zu Auslegungsfragen über den freien Dienstleistungsverkehr und das Allgemeininteresse in der Zweiten Bankrechtslinie, ABl. EG Nr. C 209 v. 10.7.1997, S. 6, 8; so auch Hanten WM 2003, 1412, 1416.

1079 Hanten, in: Beck/Samm/Kokemoor, KWG, Band 2, § 53, Rn. 4; Rögner, WM 2006, 745, 747 ff.; Schwennicke, in: Schwennicke/Auerbach, KWG, § 53, Rn. 11; Haug, in: Szagunn/Haug/Ergenzinger, KWG, § 32, Rn. 7.

1080 Marwede, in: Boos/Fischer/Schulte-Mattler, KWG, 2. Auflage, § 53, Rn. 118; Hanten, in: Beck/Samm/Kokemoor, KWG, Band 2, § 53, Rn. 4.

1081 Marwede, in: Boos/Fischer/Schulte-Mattler, KWG, 2. Auflage, § 53, Rn. 114; Hanten, WM 2003, 162, 165; Rögner, WM 2006, 745, 749.

1082 VGH Kassel, Beschluss v. 21.1.2005, 6 TG 1568/04, ZIP 2005, 610, 611; zustimmend Rögner, WM 2006, 745, 747.

1083 Siehe hierzu: Ress/Ukrow, in: Grabitz/Hilf/Nettesheim, Band I, Art. 63 AEUV, Rn. 102; Schürmann, in: Lenz/Borchard, EU-Verträge, Art. 63 AEUV, Rn. 18; Sedlaczek/Züger, in: Streinz, EUV/AEUV, Art. 63 AEUV, Rn. 26.

vorrangig einschlägig war, auf welches sich aber ein Unternehmen aus einem Drittstaat nicht berufen kann[1084]. In dem dem Beschluss zugrunde liegendem Sachverhalt hatte ein ausländisches Unternehmen das Finanzkommissionsgeschäft betrieben, so dass auch eine Dienstleistung erbracht wurde.

bb) Differenzierender Standpunkt

Nach der von der BaFin[1085], Teilen der Literatur[1086] sowie der Rechtsprechung[1087] vertretenen Teilaktstheorie[1088] sind nicht nur vollständig im Inland angebahnte und abgewickelte Bankgeschäfte, sondern auch schon die Vornahme von Teilakten dieser Bankgeschäfte als erlaubnispflichtiges Geschäft anzusehen[1089]. Allerdings löse nur das Betreiben wesentlicher Teilakte eine Erlaubnispflicht aus[1090]. Im Rahmen dieser Teilaktstheorie vertrat das vormalige BAKred den Standpunkt, dass das grenzüberschreitende Betreiben von Bankgeschäften im Inland aufgrund des geringen Umfangs nicht nach dem KWG erlaubnispflichtig sei. Allerdings hatte das vormalige BAKred bereits in seinem Jahresbericht 2000 angedeutet[1091], dass es diesen Standpunkt in Zukunft nicht mehr vertreten wird. Vielmehr solle bereits das zielgerichtete Anbieten von Bankdienstleistungen an inländische Kunden als ein Betreiben des Bankgeschäfts im Inland und daher als erlaubnispflichtig angesehen werden. Begründet hat das BAKred dies damit, dass für inländische Kunden nicht ohne weiteres zu erkennen sei, dass das anbietende Institut über keine Präsenz in Deutschland verfügt. Auch sei zur Schaffung eines „level playing field" für ausländische und inländische Banken eine solche Handhabung notwendig.

1084 Siehe zu dieser Fragestellung: Ress/Ukrow, in: Grabitz/Hilf/Nettesheim, Band I, Art. 63 AEUV, Rn. 213 ff.; Schürmann, in: Lenz/Borchard, EU-Verträge, Art. 63 AEUV, Rn. 17; Seyr, in: ders., Art. 56/57 AEUV, Rn. 4; Schwenke, IStR 2006, 748, 752 ff.

1085 Marwede, in: Boos/Fischer/Schulte-Mattler, KWG, 2. Auflage, § 53, Rn. 123 ff. vertritt fälschlicherweise die Ansicht, dass die BaFin die Teilaktstheorie aufgegeben habe. Hierauf weist Voge, WM 2007, 381, 383, Fn. 15 hin.

1086 Voge, WM 2007, 2007, 381, 383 ff.; Seebach, WM 2010, 733, 735 ff.; a.A.: Schwennicke, in: Schwennicke/Auerbach, KWG, § 32, Rn. 14; Rögner, WM 2006, 745, 747; Hanten, WM 2003, 1412, 1413 ff.

1087 BVerwG, Urt. v. 22. 4. 2009, 8 C 2.09, Rn. 27–29, 37, WM 2009, 1553 ff.; VG Frankfurt a.M., Urt. v. 5. 7. 2007, 1 E 4355/06 (V), BKR 2007, 341, 346; VG Berlin, Urt. v. 23.7.1987, 14 A 16/87, NJW 1988, 1105, 1106.

1088 Siehe zur Teilaktstheorie im Zusammenhang mit ausländischen Kreditinstituten: Vahldiek, in: Boos/Fischer/Schulte-Mattler, KWG, § 53, Rn. 23 f.; Schwennicke, in: Auerbach/Schwennicke, KWG, § 32, Rn. 9 ff.

1089 Vahldiek, in: Boos/Fischer/Schulte-Mattler, KWG, § 53, Rn. 23.

1090 Vahldiek, in: Boos/Fischer/Schulte-Mattler, KWG, § 53, Rn. 23; Schwennicke, in: Schwennicke/Auerbach, KWG, § 53, Rn. 10.

1091 BAKred, Jahresbericht 2000, S. 74.

Im September 2003 änderte die BaFin dann ihre Verwaltungspraxis und erklärte auf einem Merkblatt zu § 32 KWG[1092], dass nunmehr das zielgerichtete Ansprechen von Anlegern mit gewöhnlichem Aufenthalt im Inland Erlaubnispflichten nach § 32 KWG auslöse. Diese Ansicht hat die BaFin in einem weiteren Merkblatt im April 2005 bekräftigt[1093]. Ob ein Angebot auf das Inland zielt, sei anhand der im Rahmen von § 3 Abs. 1 WpPG aufgestellten objektiven und subjektiven Kriterien zu beurteilen. Hingegen solle die passive Dienstleistungsfreiheit auch künftig keiner Beschränkung unterfallen[1094]. Damit knüpft die Verwaltungspraxis der BaFin nicht mehr ausschließlich an das Vorhandensein einer physischen Präsenz im Inland an, sondern folgt einem vertriebs- bzw. marktbezogenen Ansatz[1095]. Grund für die Änderung der Verwaltungspraxis war, dass teilweise Unternehmen in Drittstaaten, in denen keine (wirksame) Bankenaufsicht besteht, gegründet wurden, um durch gezielte Angebote Gelder deutscher Anleger einzusammeln[1096]. Teilweise handelte es sich dabei um Unternehmen, denen die Bankenaufsicht das Geschäft in Deutschland untersagt hatte[1097]. Häufig verlagerten diese tatsächlich oder auch nur scheinbar mittels Postfachadressen ihren Unternehmenssitz ins Ausland, vorzugsweise in die Karibik[1098].

Das VG Frankfurt a.M.[1099] hat diese Verwaltungspraxis der BaFin bestätigt. Der Entscheidung des VG Frankfurt a.M. lag der Sachverhalt zugrunde, dass

---

1092 Merkblatt, Hinweise zur Erlaubnispflicht nach § 32 Abs. 1 KWG in Verbindung mit § 1 Abs. 1, 1a KWG von grenzüberschreitend betriebenen Bankgeschäften und/oder grenzüberschreitend erbrachten Finanzdienstleistungen, Stand September 2003.

1093 Merkblatt, Hinweise zur Erlaubnispflicht nach § 32 Abs. 1 KWG in Verbindung mit § 1 Abs. 1, 1a KWG von grenzüberschreitend betriebenen Bankgeschäften und/oder grenzüberschreitend erbrachten Finanzdienstleistungen v. 1.4.2005, abrufbar unter: http://www.bafin.de/SharedDocs/Veroeffentlichungen/DE/Merkblatt/mb_050401_grenzueberschreitend.html?nn=2818474 (Stand: 30.11.2013); siehe hierzu: Voge, WM 2007, 381, 382; Freiwald, WM 2008, 1542 f.

1094 Merkblatt, Hinweise zur Erlaubnispflicht nach § 32 Abs. 1 KWG in Verbindung mit § 1 Abs. 1, 1a KWG von grenzüberschreitend betriebenen Bankgeschäften und/oder grenzüberschreitend erbrachten Finanzdienstleistungen v. 1.4.2005.

1095 Zustimmend: Voge, WM 2007, 381, 382 f.; Vahldiek, in: Boos/Fischer/Schulte-Mattler, KWG, § 53, Rn. 174 ff.; Seebach, WM 2010, 733, 740; ablehnend: Rögner, WM 2005, 745, 747 ff.; Schwennicke, in: Schwennicke/Auerbach, KWG, § 53, Rn. 14.

1096 BaFin Jahresbericht 2003, S. 77; Voge WM 2007, 381, 385.

1097 BaFin Jahresbericht 2003, S. 77.

1098 BaFin Jahresbericht 2003, S. 77.

1099 VG Frankfurt a.M., Urt. v. 05.07.2007, VG 1 E 4355/06 (V), BKR 2007, 341; davor hatte das VG Frankfurt a.M., Beschluss v. 7.5.2004, 9 G 6496/03, WM 2004, 1917 ff. in einem Verfahren des vorläufigen Rechtsschutzes ebenfalls die Verwaltungspraxis der BaFin bestätigt. Jedoch hatte der VGH Kassel, 6 TG 1568/04, WM 2005, 1123 ff. den Beschluss des VG Frankfurt wieder aufgehoben.

die schweizerische Fidium Finanz AG deutschen Kunden per Internet Kredite angeboten hatte. Das VG Frankfurt a.M. stellte in seinem Urteil fest, dass der Anwendungsbereich des § 32 Abs. 1 S. KWG auch Bankgeschäfte erfasse, die grenzüberschreitend mittels des Internets ohne Zweigniederlassung oder Hauptverwaltung von einem Drittstaat aus zielgerichtet im Inland erbracht werden[1100]. Im Zusammenhang mit diesem Verfahren hatte der EuGH[1101] in einem Vorabentscheidungsverfahren[1102] festgestellt, dass Mitgliedstaaten gemeinschaftsrechtlich nicht gehindert sind, für Institute, die ihren Sitz in einem Drittstaat haben und nicht in den Anwendungsbereich der Richtlinie fallen, Erlaubnispflichten zu begründen oder beizubehalten. Der EuGH stellte in seinem Urteil fest, dass Unternehmen mit Sitz in einem Nicht-EWR-Staat sich nicht auf die Dienstleistungsfreiheit gemäß Art. 49 EGV (nunmehr Art. 56 AEUV) berufen können[1103]. Anbieter aus Nicht-EWR-Staaten müssten zur Erlangung der gemäß § 32 KWG erforderlichen Erlaubnis ein Tochterunternehmen oder eine Zweigstelle in Deutschland gründen. Aus diesem Grund verstoße eine Untersagungsverfügung nicht gegen die Kapitalverkehrsfreiheit[1104].

Das BVerwG[1105] hat diese Verwaltungspraxis der BaFin und das Urteil des VG Frankfurt[1106] bestätigt. Für die Lokalisierung einer per Telekommunikation unterbreiteten bankgeschäftlichen Offerte sei der Ort ihres bestimmungsgemäßen Zugangs maßgeblich[1107]. Ein bestimmungsgemäßer Zugang der Mitteilung liege jedenfalls dann vor, wenn ein im Inland abrufbarer Seiteninhalt konkret für inländische Internetnutzer bestimmt sei. Dies erfordere keine ausdrückliche Umschreibung des Adressatenkreises. Vielmehr genüge ein gezielter Zuschnitt – auch – auf

---

1100 VG Frankfurt a.M., Urt. v. 05.07.2007, VG 1 E 4355/06 (V), BKR 2007, 341, 342, 345 f.

1101 EuGH, Urt. v. 3.10.2006, Rs. C-452/04 (Fidium Finanz AG/Bundesanstalt für Finanzdienstleistungsaufsicht), EuZW 2006, 689 ff.; siehe zu dieser Entscheidung: Voge, WM 2007, 381, 386 ff.; Freiwald WM 2008, 1537, 1538.

1102 Das VG Frankfurt a.M., Beschluss v. 11.10.2004, 9 E 933/04(V), ZIP 2004, 2323 f. hatte dem EuGH sechs Vorlagefragen gestellt. U.A. sollte der EuGH zur Frage Stellung nehmen, ob die vom Gericht zugrunde gelegte Auffassung gegen die Kapitalverkehrsfreiheit verstoße; siehe zum Vorlagebeschluss des VG Frankfurt a.M.: Freiwald, WM 2008, 1537, 1538.

1103 EuGH, Urt. v. 3.10.2006, Rs. C-452/04 (Fidium Finanz AG/Bundesanstalt für Finanzdienstleistungsaufsicht), EuZW 2006, 689, 691, Rn. 47.

1104 EuGH, Urt. v. 3.10.2006, Rs. C-452/04 (Fidium Finanz AG/Bundesanstalt für Finanzdienstleistungsaufsicht), EuZW 2006, 689, 691, Rn. 50.

1105 BVerwG, Urt. v. 15.08.2009, 8 C 2.09, WM 2009, 1553 ff.; siehe zu diesem Urteil: Seebach, WM 2010, 733 ff.; Vahldiek, in: Boos/Fischer/Schulte-Mattler, KWG, § 53, Rn. 163.

1106 VG Frankfurt a.M., Urt. v. 05.07.2007, VG 1 E 4355/06 (V), BKR 2007, 341 ff.

1107 BVerwG, Urt. v. 15.08.2009, 8 C 2.09, WM 2009, 1553, 1557, Rn. 41; siehe hierzu: Seebach, WM 2010, 733 ff.

die inländische Zielgruppe[1108]. Das BVerwG hatte in seiner Entscheidung weiter ausgeführt, dass strikt zwischen der Frage der Erlaubnispflichtigkeit und Erlaubnisfähigkeit zu trennen sei[1109]. Im vorliegenden Fall war das grenzüberschreitend betriebene Bankgeschäft erlaubnispflichtig, jedoch nicht erlaubnisfähig, da das Unternehmen seinen Sitz in keinem EWR-Staat hatte und auch keine physische Präsenz oder Zweigniederlassung im Inland besaß. Damit wurde die Verwaltungspraxis der BaFin bestätigt.

Eine ähnliche Ansicht wie das BVerwG hatte auch das VG Frankfurt a.M.[1110] in einem Verfahren des vorläufigen Rechtsschutzes vertreten. Jedoch wurde der Beschluss vom VGH Kassel[1111] wieder aufgehoben. In diesem Verfahren ging es um die Fragestellung, ob ein auf den British Virgin Islands ansässiges Unternehmen mittels einer Korrespondenzdienstleistung das Effektenkommissionsgeschäft im Inland betreiben darf.

Den Standpunkt der BaFin vertritt in ähnlicher Weise ein Teil der Literatur[1112], wenn dort gefordert wird, dass die bloße Abrufbarkeit von Internetangeboten im Inland, der sog. passive Dienstleistungsverkehr, keiner Erlaubnis bedürfe, sondern vielmehr die Tätigkeit des Unternehmens auf das Inland ausgerichtet sein muss. Ohler[1113] geht beispielsweise vom Vorliegen einer passiven erlaubnisfreien Dienstleistung aus, falls eine Person mit gewöhnlichem Aufenthalt im Inland aus eigener Initiative Dienstleistungen eines ausländischen Unternehmens im Ausland nachfragt. Dies sei der Fall, wenn ein Anleger von sich aus die Webseite eines Anbieters aufsuche. In diesem Falle fehle es an einem zielgerichteten Ansprechen im Inland und daraus resultierend an dem Erfordernis der Erlaubnisbedürftigkeit[1114]. Diese Situation sei mit einer Auslandsreise eines Inländers vergleichbar. Suche dagegen der Kunde nicht aus eigener Initiative der Bank die Webseite auf, sondern werde er von der Bank angesprochen, so liege nach dieser Ansicht keine einer Auslandsreise vergleichbare Situation mehr vor. Darauf abzustellen, ob der Kunde die Bank oder die Bank den Kunden anspricht, ist jedoch kein taugliches Abgrenzungskriterium, da dies in der Praxis erhebliche Beweisprobleme mit sich bringt. Außerdem wird dadurch, dass der Anleger die Bank anspricht und nicht die Bank den Kunden, aus einer Korrespondenzdienstleistung nicht eine passive Dienstleistung.

Überzeugender ist es, grundsätzlich, also unabhängig davon, ob der Kunde von sich aus eine Webseite aufgerufen hat oder die Bank an ihn herangetreten ist, vom Vorliegen einer Korrespondenzdienstleistung auszugehen und nur dann, wenn

1108 BVerwG, Urt. v. 15.08.2009, 8 C 2.09, WM 2009, 1553, 1557, Rn. 41; kritisch hierzu: Seebach, WM 2010, 933 ff.

1109 BVerwG, Urt. v. 15.08.2009, 8 C 2.09, WM 2009, 1553, 1557, Rn. 53.

1110 VG Frankfurt a.M., Beschluss v. 7.5.2004, 9 G 6496/03(V), ZIP 2004, 1259 ff.

1111 VGH Kassel, Beschluss v. 21.1.2005, 6 TG 1568/04, ZIP 2005, 610, 611.

1112 Ohler, WM 2002, 162, 166; Freiwald WM 2008, 1537, 1544; Seebach, WM 2010, 733, 740; Vahldiek, in: Boos/Fischer/Schulte-Mattler, KWG, § 32, Rn. 174 ff.

1113 Ohler, WM 2002, 162, 166.

1114 Ohler, WM 2002, 162, 168.

zusätzlich ein zielgerichtetes Ansprechen vorliegt, eine Erlaubnispflicht nach § 32 KWG zu fordern. Auch spricht für ein solches Ergebnis, dass eine Erlaubnispflicht nach § 32 KWG an das Kriterium der „gewerbsmäßigen" Erbringung von Bankdienstleistungen im Inland anknüpft[1115]. Das Kriterium der Gewerbsmäßigkeit ist erfüllt, falls nicht nur sehr vereinzelt Bankdienstleistungen im Inland erbracht werden[1116], der Betrieb auf eine gewisse Dauer angelegt ist und der Betreiber ihn mit Gewinnerzielungsabsicht verfolgt[1117]. Wendet sich eine Webseite nicht an inländische Kunden – dies bestimmt sich anhand objektiver und subjektiver Kriterien – sondern finden nur vereinzelte Vertragsschlüsse im Inland statt, so fehlt es am Kriterium des gewerbsmäßigen Handelns im Inland.

cc) Verbot

Der Referentenentwurf zum 4. FMFG sah eine erhebliche Ausweitung der Erlaubnispflicht vor, die in der Begründung allerdings als Klarstellung bezeichnet worden war[1118]. Gemäß § 32 Abs. 2 KWG des Entwurfs sollte eine Erlaubnispflicht bereits schon dann gegeben sein, wenn bei grenzüberschreitenden Geschäften der Erbringer oder Empfänger seinen Sitz oder gewöhnlichen Aufenthalt im Inland hat. Die Umsetzung dieses Entwurfes hätte zur Folge gehabt, dass jedes Kapitalmarktangebot, welches von Inländern in Anspruch genommen wird, Erlaubnispflichten nach § 32 KWG auslöst.

dd) Stellungnahme

Der unter cc) erörterten Auffassung kommt keine weitere Bedeutung zu, denn der Gesetzgeber hat § 32 Abs. 2 KWG aus dem Referentenentwurf entfernt. Dagegen überzeugt es, bei einem zielgerichteten Angebot an Personen mit gewöhnlichem Aufenthalt im Inland, sofern es sich um eine Korrespondenzdienstleistung handelt, von einer Erlaubnisbedürftigkeit auszugehen. Eine solche Erlaubnis kann jedoch nur dann erteilt werden, wenn das die Erlaubnis beantragende Institut seine Hauptverwaltung im Inland hat, § 33 Abs. 1 Nr. 6 KWG.

Das von Marwede[1119] zur Begründung der generellen Zulässigkeit grenzüberschreitender Bankgeschäfte vorgebrachte Argument, die Vorschriften der §§ 31 Abs. 3, 32 Abs. 3 WpHG a.F. (nunmehr § 31 Abs. 10 WpHG), die Verhaltenspflichten bei grenzüberschreitenden Dienstleistungen statuieren, seien bei einem Verbot

---

1115 Siehe zum Begriff der Gewerbsmäßigkeit: Schäfer, in: Boos/Fischer/Schulte-Mattler, KWG, § 1, Rn. 17 f.; Schwennicke, in: Schwennicke/Auerbach, KWG, § 1, Rn. 6.

1116 Ähnlich auch VG Frankfurt a.M., Beschluss v. 7.5.2004, 9 G 6496/03(V), ZIP 2004, 1259, 1262.

1117 Schäfer, in Boos/Fischer/Schulte-Mattler, KWG, § 1, Rn. 18.

1118 Siehe hierzu: Fischer, in: Boos/Fischer/Schulte-Mattler, KWG, § 32, Rn. 16; Voge WM 2007, 381, 834.

1119 Marwede, in: Boos/Fischer/Schulte-Mattler, KWG, 2. Auflage, § 53, Rn. 120.

solcher Dienstleistungen nach KWG überflüssig, vermag nicht zu überzeugen[1120]. Denn grenzüberschreitende Dienstleistungen sind nur insofern verboten, als sie nicht im Rahmen des Europäischen Passes erbracht werden. Es gab unter der Geltung der §§ 31, 32 WpHG a.F. damit sehr wohl nach KWG zulässige grenzüberschreitende Dienstleistungen, bei denen auch §§ 31 Abs. 3, 32 Abs. 3 WpHG a.F. zum Tragen kam, da diese Norm sowohl für Anbieter aus EU-Mitgliedstaaten wie auch aus Drittstaaten galt. Erstere konnten im Rahmen des Europäischen Passes rechtmäßigerweise grenzüberschreitende Finanzdienstleistungen im Inland erbringen[1121]. Gegen eine generelle Zulässigkeit von grenzüberschreitenden Dienstleistungen spricht weiterhin, dass das KWG mit § 53b Abs. 2a nur eine Regelung für EWR-Institute enthält. Würde man grenzüberschreitende Bankdienstleistungen aus allen Ländern für zulässig erachten, so käme man zu dem widersinnigen Ergebnis, dass Institute aus EWR-Staaten einer Heimatlandkontrolle und gemäß § 53b Abs. 2a KWG i.V.m. § 53b Abs. 3 S. 3 KWG einer Restgeltung[1122] des KWG unterworfen wären, während Institute aus Nicht-EWR-Staaten evtl. keiner Heimatlandkontrolle unterlägen und daneben auch keiner Restgeltung des KWG.

Auch vermag die Ansicht des VGH Kassel[1123], bei § 32 KWG handele es sich nicht um einen vertriebsbezogenen Regulierungsansatz und eine solche Auslegung sei nicht mit Art. 63 AEUV zu vereinbaren, nicht zu überzeugen. Zum einen erscheint bereits fraglich, ob vorliegend überhaupt eine Berufung auf die Kapitalverkehrsfreiheit in Frage kommt oder nicht vielmehr die Dienstleistungsfreiheit einschlägig ist[1124]. Zwar unterfallen Aktien und sonstige Wertpapiere der Kapitalverkehrsfreiheit, soweit sie ein gültiges Recht verbriefen[1125]. Jedoch stellt das Betreiben eines Bankgeschäfts gleichzeitig auch eine Dienstleistungserbringung dar[1126].

Fraglich ist daher, ob Kapitalverkehrs- und Dienstleistungsfreiheit parallel nebeneinander zur Anwendung gelangen können. Hierzu wird von Seiten der

---

1120 Siehe auch: BVerwG, Urt. v. 15.08.2009, 8 C 2.09, WM 2009, 1553, 1559, Rn. 54.

1121 Das BVerwG, Urt. v. 15.08.2009, 8 C 2.09, WM 2009, 1553, 1559, Rn. 54 hat zu § 31 Abs. 10 WpHG n.F. ausgeführt, dass diese Norm wegen der Verschiedenheit des Regelungszwecks und der Regelungssystematik nicht zur Begrenzung des Inlandsmerkmals i.S.v. § 32 Abs. 1. S. 1 KWG herangezogen werden könne und keine Rückschlüsse auf die Reichweite des Erlaubnisvorbehalts gegenüber Drittstaats-Instituten zulasse.

1122 Siehe zur Restgeltung: Vahldiek, in: Boos/Fischer/Schulte-Mattler, KWG, § 53b, Rn. 87 ff.

1123 VGH Kassel, Beschluss v. 21.1.2005, 6 TG 1568/04, ZIP 2005, 610, 612.

1124 In diesem Sinne: EuGH, Urt. v. 3.10.2006, Rs. C-452/04 (Fidium Finanz AG/Bundesanstalt für Finanzdienstleistungsaufsicht), EuZW 2006, 689, 690, Rn. 25, 46 ff., 49; Wunderlich/Blaschke, IStR 2008, 754, Freitag, EWS 1997, 186, 191 ff.; Ohler, WM 1996, 1801, 1802 f.; Schön, in: GS-Knobbe-Keuk, 743, 753 ff.

1125 Ress/Ukow, in: Grabitz/Hilf/Nettesheim, Band I, Art. 63 AEUV, Rn. 211.

1126 Ress/Ukow, in: Grabitz/Hilf/Nettesheim, Band I, Art. 63 AEUV, Rn. 214.

Literatur teilweise[1127] die Ansicht vertreten, dass Kapitalverkehrs- und Dienstleistungsfreiheit generell parallel zur Anwendung gelangen können. Begründet wird dies mit semantischen und systematischen Erwägungen. Art. 57 Abs. 1 AEUV (vormals Art. 50 Abs. 1 EGV) definiere Dienstleistungen als Leistungen, die in der Regel gegen Entgelt erbracht werden, soweit sie nicht den Vorschriften über den freien Waren- und Kapitalverkehr und über die Freizügigkeit der Personen unterlägen. Aus der durch den „soweit"-Satz vorgenommen Einschränkung folge die parallele Anwendbarkeit der Vorschriften zur Kapitalverkehrs- und zur Dienstleistungsfreiheit[1128]. Auf eine mögliche parallele Anwendung der Vorschriften über die Kapitalverkehrs- und die Dienstleistungsfreiheit weise im Übrigen auch Art. 58 Abs. 2 AEUV hin, da diese Vorschrift bestimme, dass die Liberalisierung der mit dem Kapitalverkehr verbundenen Dienstleistungen der Banken und Versicherungen im Einklang mit der Liberalisierung des Kapitalverkehrs durchgeführt werde[1129]. Dies spreche somit gegen ein Exklusivitätsverhältnis[1130].

Der EuGH[1131] wie auch Teile der Literatur[1132] vertreten dagegen die Auffassung, dass eine Transaktion, die Elemente der Kapitalverkehrs- wie auch der Dienstleistungsfreiheit enthalte, ausschließlich entweder nach den Vorschriften über die Kapitalverkehrs- oder die Dienstleistungsfreiheit zu beurteilen sei. So prüft der EuGH die in Rede stehende Maßnahme nur im Hinblick auf eine der beiden Grundfreiheiten, sofern sich herausstellt, dass unter den Umständen des Einzelfalls eine der beiden Freiheiten der anderen gegenüber völlig zweitrangig ist und ihr zugeordnet werden kann[1133]. Betrifft eine innerstaatliche Maßnahme sowohl den freien Dienstleistungsverkehr als auch die Kapitalverkehrsfreiheit, so sei laut EuGH zu prüfen, inwieweit die Maßnahme die Ausübung diese Grundfreiheiten berührt und ob unter den im Ausgangsverfahren gegebenen Umständen eine von ihnen hinter die andere zurücktrete[1134].

1127 Ress/Ukow, in: Grabitz/Hild/Nettesheim, Band I, Art. 63 AEUV, Rn. 214.

1128 Ress/Ukow, in: Grabitz/Hild/Nettesheim, Band I, Art. 63 AEUV, Rn. 214.

1129 Ress/Ukow, in: Grabitz/Hild/Nettesheim, Band I, Art. 63 AEUV, Rn. 215.

1130 Ress/Ukow, in: Grabitz/Hild/Nettesheim, Band I, Art. 63 AEUV, Rn. 215.

1131 EuGH, Urt. v. 3.10.2006, Rs. C-452/04 (Fidium Finanz AG/Bundesanstalt für Finanzdienstleistungsaufsicht), EuZW 2006, 689, 690, Rn. 34.

1132 Freitag, EWS 1997, 186, 191 ff.; Ohler, WM 1996, 1801, 1802 f.; Schön, in: GS-Knobbe-Keuk, 743, 753 ff.; Schwenke, IStR 2006, 748, 752 ff.; Schürmann, in: Lenz/Borchard, EU-Verträge, Art. 63 AEUV, Rn. 17.

1133 EuGH, Urt. v. 24.3.1994, Rs. C-275/92 (Schindler), Slg. 1994, I-1039, Rn. 22; EuGH, Urt. v. 22.1.2002, Rs. C-390/99 (Canal Satélite Digital), Slg. 2002, I-607, Rn. 31; EuGH, Urt. v. 26.5.2005, Rs. C-20/03 (Burmanjer u.a.), Slg. 2005, I-4133, Rn. 35.

1134 Vgl. EuGH, Urt. v. 25.3.2004, Rs. C-71/02 (Karner), Slg. 2004, I-3025, Rn. 47; EuGH, Urt. v. 14.10.2004, Rs. C-36/02 (Omega), Slg. 2004, I-9609, Rn. 27; EFTA Gerichtshof, Urt. v. 14.7.2000, Rs. E-1/00 (State Management Debt Agency/Islandsbanki-FBA), EFTA Court Report 2000–2001, S. 8, Rn. 32.

Eine Berufung auf die Dienstleistungsfreiheit scheidet im vorliegenden Fall aus, da diese nicht für Unternehmen aus Drittstaaten gilt[1135]. Dies hat der EuGH hinsichtlich der Erlaubnispflicht für grenzüberschreitende Bankgeschäfte im Inland, die aus Nicht-EWR-Staaten heraus erbracht werden, bestätigt[1136]. Der EuGH führte in seinem Urteil aus, dass sich Unternehmen aus Drittstaaten nicht auf die Dienstleistungsfreiheit gemäß Art. 56 AEUV (vormals Art. 49 EGV) berufen können und eine Berufung auf die nur reflexartig beeinträchtigte Kapitalverkehrsfreiheit nach Artt. 63 ff. AEUV ausscheide. Eine Beeinträchtigung der Kapitalverkehrsfreiheit sei daher in dem durch § 32 KWG statuierten Erlaubnisvorbehalt nicht zu sehen.

Aber auch wenn man entgegen dem EuGH in dem durch § 32 KWG statuierten Erlaubnisvorbehalt einen Eingriff in die Kapitalverkehrsfreiheit sehen und diese parallel neben der Dienstleistungsfreiheit anwenden würde, wäre dieser Eingriff jedenfalls gerechtfertigt. Zwar können sich Personen aus Drittstaaten grundsätzlich auch auf die durch Art. 63 AEUV gewährleistete Kapitalverkehrsfreiheit berufen[1137]. Jedoch kann diese gemäß Art. 64 AEUV (vormals Art. 57 EGV) gegenüber Personen aus Drittstaaten unter bestimmten Voraussetzungen eingeschränkt werden[1138]. Drittstaaten i.S.v. Art. 64 AEUV sind alle Nicht-EWR-Staaten. Des Weiteren kann eine Einschränkung der Kapitalverkehrsfreiheit auch gegenüber Personen aus EU-Mitgliedstaaten bzw. EWR-Staaten unter den eng umrissenen Voraussetzungen des Art. 65 AEUV (vormals Art. 58 EGV) erfolgen[1139]; außerdem sind Einschränkungen der Kapitalverkehrsfreiheit aus zwingenden Gründen des Allgemeininteresses zulässig[1140].

Art. 64 Abs. 1 AEUV lässt ausnahmsweise eine Einschränkung des freien Kapitalverkehrs zu, sofern die Beschränkung bereits am 31.12.1993 bestanden hat und u.a. die Erbringung von Finanzdienstleistungen betrifft[1141]. Nach Ansicht des VGH Kassel ist die Stillhalteklausel (Art. 64 Abs. 1 AEUV) auf § 32 KWG nicht

---

1135 Randelzhofer/Forstloff, in: Grabitz/Hilf/Nettesheim, Band I, Art. 56/57 AEUV, Rn. 17 f.; Seyr, in: Lenz/Borchard, EU-Verträge, Art. 56/57 AEUV, Rn. 4; EuGH, Urt v. 3.10.2006, Rs. C-452/04 (Fidium Finanz AG/Bundesanstalt für Finanzdienstleistungsaufsicht), Slg. 2006, I-9521 = WM 2006, 1949, 1951, Rn. 25.

1136 EuGH, Urt. v. 3.10.2006, Rs. C-452/04 (Fidium Finanz AG/Bundesanstalt für Finanzdienstleistungsaufsicht), EuZW 2006, 689, 691, Rn. 25.

1137 Ress/Ukow, in: Grabitz/Hilf/Nettesheim, Band I, Art. 63 AEUV, Rn. 102; Schürmann, in: Lenz/Borchard, EU-Verträge, Art. 63, Rn. 18; Sedlaczek/Züger, in: Streinz, EUV/AEUV, Art. 63 AEUV, Rn. 26.

1138 Siehe hierzu: Kotzur, in: Geiger/Khan/Kotzur, Art. 64 AEUV, Rn. 1 ff.; Ress/Ukow, in: Grabitz/Hilf/Nettesheim, Band I, Art. 64 AEUV, Rn. 1 ff.

1139 Siehe hierzu: Kotzur, in: Geiger/Khan/Kotzur, Art. 65 AEUV, Rn. 1 ff.; Ress/Ukow, in: Grabitz/Hilf/Nettesheim, Band I, Art. 65 AEUV, Rn. 1 ff.

1140 Glaesner, in: Schwarze, EU-Kommentar, Art. 63 EGV, Rn. 24; Ress/Ukow, in: Grabitz/Hilf/Nettesheim, Band I, Art. 63 AEUV, Rn. 182 ff.

1141 Schürmann, in: Lenz/Borchard, EU-Verträge, Art. 64 AEUV, Rn. 3 f.; Sedlaczek/Züger, in: Streinz, EUV/AEUV, Art. 64 AEUV, Rn. 10 ff.; Ress/Ukow, in: Grabitz/Hilf/Nettesheim, Band I, Art. 64 AEUV, Rn. 18 ff.

anwendbar[1142]. Weshalb dies der Fall ist, wird vom VGH Kassel nicht näher begründet. Ebenfalls abgelehnt wird vorliegend eine Anwendbarkeit von Art. 65 Abs. 1 lit. b) AEUV (vormals Art. 58 Abs. 1 lit. b) EGV) sowie das Vorliegen eines zwingenden Grunds des Allgemeininteresses.

Im Falle der Erbringung einer Finanzdienstleistung aus einem Nicht-EWR-Staat mittels Internet im Inland könnte jedoch entgegen der Entscheidung des VGH Kassel ein zwingender Grund des Allgemeininteresses vorliegen, der eine Beschränkung der Kapitalverkehrsfreiheit rechtfertigt. Der EuGH hat in seiner Veronica-Entscheidung[1143] die Cassis-Rechtsprechung[1144] auf den Bereich der Kapitalverkehrsfreiheit übertragen. In diesen Entscheidungen hat der EuGH ungeschriebene Schranken des Schutzbereichs von Grundfreiheiten anerkannt. Im Bereich des Kapitalverkehrs können als solche ungeschriebene Schranken Erfordernisse der Lauterkeit des Kapitalverkehrs oder des Anlegerschutzes angesehen werden[1145]. Die Wertpapierdienstleistungsrichtlinie (Richtlinie 93/22/EWG) wie auch die MiFID (RL 2004/39/EG) verlangen beispielsweise eine insolvenzfeste Trennung von Kundengeldern und Kundendepots[1146]. Auch gilt es zu bedenken, dass die innerhalb der EU vorgenommene Liberalisierung im Bereich von Bank- und Finanzdienstleistungen nur möglich wurde, weil entscheidende Bereiche, wie die Mindestanforderung an die Zulassung und Aufsicht über Kreditinstitute, harmonisiert wurden[1147]. Anbieter von Finanz- und Bankdienstleistungen, die aus einem Drittland stammen, unterliegen evtl. gar keiner Aufsicht oder einer niedereren Standards[1148]. Auch ist eine Zusammenarbeit mit den Aufsichtsbehörden solcher Länder, insbesondere von sogenannten „Offshore-Staaten", nicht gewährleistet.

Es liegen somit zwingende Erfordernisse des Allgemeininteresses vor. Eine Auslegung des § 32 KWG im Sinne eines vertriebsbezogenen Regulierungsansatzes ist mit Art. 63 AEUV vereinbar. Denn Wertpapierfirmen aus Drittstaaten unterliegen nicht den in den EWR-Staaten geltenden Aufsichtsbestimmungen. Nur Firmen mit Sitz in einem EWR-Staat dürfen Korrespondenzdienstleistungen im Inland erbringen.

1142 VGH Kassel, Beschluss v. 21.1.2005, 6 TG 1568/04, ZIP 2005, 610, 612.

1143 EuGH, Urt. v. 3.2.1993, Rs. C-148/91 (Veronica Omroep Organisatie/Commisariaat voor de Media), Slg. 1993, I-487; siehe zu dieser Entscheidung: Glaesner, in: Schwarze, EU-Kommentar, 3. Auflage, Art. 63 AEUV, Rn. 23.

1144 EuGH, Urt. v. 20.2.1979, Rs. C-120/78 (Rewe Zentral AG/Bundesmonopolverwaltung für Branntwein), Slg. 1979, 649; siehe zu dieser Entscheidung auch Leible/T. Streinz, in: Grabitz/Hilf/Nettesheim, Band I, Art. 34 AEUV, Rn. 67 ff.; Becker, in: Schwarze, EU-Kommentar, 3. Auflage, Art. 34 AEUV, Rn. 43, 55.

1145 Ress/Ukow, in: Grabitz/Hilf/Nettesheim, Band I, Art. 63 AEUV, Rn. 177 f.; Glaesner, in: Schwarze, EU-Kommentar, Art. 63 AEUV, Rn. 24.

1146 Sedlaczek, in: Streinz, EUV/EGV, Art. 56, Rn. 48.

1147 Schürmann, in: Lenz/Borchard, EU-Verträge, Vorb. Art. 63–66 AEUV, Rn. 12 f.; Sedlaczek, in: Streinz, EUV/EGV, Art. 56, Rn. 36.

1148 Voge WM 2007, 381, 385.

Es ist weiterhin fraglich, ob das Kriterium der Zielgerichtetheit geeignetes Abgrenzungskriterium für eine Erlaubnispflicht nach KWG ist. Auf die Zielgerichtetheit eines Angebots abzustellen hätte den positiven Nebeneffekt, dass ein Gleichklang zwischen Vorschriften des WpHG, WpPG und KWG hergestellt wird. Es bietet auch aus beweisrechtlicher Sicht einige Vorteile, da es leichter überprüfbar ist, ob ein ausländisches Institut einen „Disclaimer" verwendet und anhand objektiver Kriterien das Angebot auf das Inland ausrichtet oder ob der Anleger die Bank oder die Bank den Anleger angesprochen hat. Auch spricht für ein solches Ergebnis, dass eine Erlaubnispflicht nach § 32 KWG an das Kriterium der „gewerbsmäßigen" Erbringung von Bankdienstleistungen im Inland anknüpft. Das Kriterium der Gewerbsmäßigkeit ist jedoch nur erfüllt, wenn ein größerer Kundenkreis angesprochen wird. Das sehr vereinzelte Erbringen von Bankgeschäften erfüllt noch nicht das Kriterium der Gewerbsmäßigkeit.

ee) Ergebnis

Das Ergebnis lässt sich dergestalt zusammenfassen, dass ein Betreiben von Bankgeschäften oder Erbringen von Finanzdienstleistungen immer dann anzunehmen ist, wenn ein ausländisches Institut Kunden mit gewöhnlichem Aufenthalt im Inland zielgerichtet anspricht. In diesem Fall benötigt das Institut eine Erlaubnis nach § 32 KWG, die nur erteilt werden kann, wenn das Institut eine Zweigniederlassung im Inland hat oder im Rahmen des Europäischen Passes am grenzüberschreitenden Dienstleistungsverkehr teilnehmen darf. Einem Institut ohne Niederlassung in einem EWR-Staat kann keine Erlaubnis erteilt werden. Jedoch darf ein solches vereinzelt Bankdienstleistungen gegenüber Anlegern mit gewöhnlichem Aufenthalt im Inland erbringen, sofern das Angebot nicht auf das Inland ausgerichtet ist und inländische Anleger nur vereinzelt an das Institut herantreten. Geschieht dies dagegen in einem größeren Umfang, so werden unzulässigerweise Bankgeschäfte im Inland betrieben.

4. Modifikation der gefundenen Ergebnisse durch die E-Commerce-Richtlinie?

Fraglich ist, ob und inwiefern diese Ergebnisse aufgrund der ECRL bzw. des TMG modifiziert werden. Wie bereits im 2. Teil, 3. Abschnitt unter A.I.1.d. aufgezeigt wurde, handelt es sich bei Aktienemissionen über das Internet um Dienste der Informationsgesellschaft, so dass der Anwendungsbereich der ECRL bzw. des TMG eröffnet ist. Gemäß Art. 3 Abs. 1, 2 ECRL, umgesetzt in deutsches Recht durch § 3 Abs. 1, 2 TMG, gilt grundsätzlich das Herkunftslandprinzip, d.h. dass Netzangebote nur den innerstaatlichen Vorschriften des Mitgliedstaates zu entsprechen haben, in welchem der Dienstanbieter niedergelassen ist.

Im Kern stellt sich somit die Frage nach dem Verhältnis zwischen der ECRL bzw. dem TMG und § 53b Abs. 2a KWG. § 53b Abs. 2a KWG geht auf die Umsetzung der

Wertpapierdienstleistungsrichtlinie (RL 93/22/EG), der E-Geldinstitutsrichtlinie[1149] und der Richtlinie 2000/12/EG[1150] zurück. Die Wertpapierdienstleistungsrichtlinie (RL 93/22/EG) wurde zwischenzeitlich durch die MiFID ersetzt. Eine Bank, die Wertpapiere öffentlich anbietet, handelt nicht als Kreditinstitut i.S.v. Artt. 1 Abs. 1, 18 Abs. 1 der RL 2000/12/EG, sondern als Wertpapierfirma i.S.v. Artt. 1 Nr. 2, 14 Abs. 1 der Wertpapierdienstleistungsrichtlinie (RL 93/22/EG) bzw. i.S.v. Art. 4 Abs. 1 Nr. 1 der MiFID. Insofern nimmt sie den Europäischen Pass für Wertpapierfirmen und nicht den Europäischen Pass für Kreditinstitute in Anspruch[1151]. Die Regelungen betreffend den Europäischen Pass für Wertpapierfirmen beruhen auf den Artt. 31 Abs. 1, 32 Abs. 1 der MiFID, vormals Artt. 14, 17–19 der Wertpapierdienstleistungsrichtlinie (RL 93/22/EG).

Daher ist im vorliegenden Fall das Verhältnis zwischen ECRL und MiFID zu klären. Da gemäß Art. 69 S. 2 der MiFID Bezugnahmen in anderen Richtlinien auf die Wertpapierdienstleistungsrichtlinie als Bezugnahme auf die MiFID gelten, kann insoweit auf die zum Verhältnis zwischen der Wertpapierdienstleistungsrichtlinie (RL 93/22/EG) und der ECRL gemachten Ausführungen zurück gegriffen werden.

Erwägungsgrund Nr. 11 und Art. 1 Abs. 3 ECRL stellen klar, dass das durch europäische Richtlinien erreichte Schutzniveau nicht durch die ECRL herabgesetzt werden soll. Insofern kann auf die Ausführungen im 2. Teil, 3. Abschnitt unter A.II.2. im Rahmen der Anwendbarkeit von §§ 31 ff. WpHG zum Verhältnis zwischen ECRL und der Wertpapierdienstleistungsrichtlinie (RL 93/22/EG) bzw. der MiFID verwiesen werden.

Das in Art. 3 ECRL verankerte Herkunftslandprinzip tritt somit hinter die in § 53b Abs. 2a KWG aufgestellten Regelungen zurück. Denn bei § 53b Abs. 2a KWG handelt es sich um eine Norm, die auch aufgrund der Wertpapierdienstleistungsrichtlinie (RL 93/22/EG) ergangen ist[1152]. Die entsprechenden Artikel der Wertpapierdienstleistungsrichtlinie (RL 93/22/EG) lassen keine optionalen Verschärfungsmöglichkeiten zu; ebenso die entsprechenden Artikel der MiFID, die die Wertpapierdienstleistungsrichtlinie abgelöst hat. Nach Inkrafttreten der Richtlinie MiFID (RL 2004/36/EG) am 1.11.2007 hat sich an diesem Ergebnis nichts geändert, da gemäß Art. 69 S. 2 der MiFID (RL 2004/36/EG) Bezugnahmen in anderen Richtlinien – wie beispielsweise der ECRL – auf die Wertpapierdienstleistungsrichtlinie (93/22/EWG) als Bezugnahmen auf die MiFID (RL 2004/39/EG) gelten.

1149 Richtlinie 2000/46/EG des Europäischen Parlaments und des Rates vom 18.9.2000 über die Aufnahme, Ausübung und Beaufsichtigung der Tätigkeit von E-Geld Instituten, ABl. EG Nr. L 126 v. 27.10.2000, S. 39 ff.

1150 Richtlinie 2000/12/EG des Europäischen Parlaments und des Rates vom 20. März 2000 über die Aufnahme und Ausübung der Tätigkeit der Kreditinstitute, ABl. EG Nr. L 126 v. 26.5.2000, S. 1.

1151 Siehe hierzu: Elster, Europäisches Kapitalmarktrecht, 306 ff.; Ress/Ukow, in: Grabitz/Hilf/Nettesheim, Band I, Art. 63 AEUV, Rn. 288.

1152 Siehe zu Einzelheiten: Elster, Europäisches Kapitalmarktrecht, 314 ff.

5. Ergebnis

Der von der BaFin vertretenen Auffassung, dass bereits das zielgerichtete Anbieten von Bankdienstleistungen an inländische Kunden ein Betreiben des Bankgeschäfts im Inland darstellt und daher der Erlaubnispflicht des § 32 KWG unterliegt, ist zuzustimmen. Hieraus ergibt sich auch keine unbillige Belastung ausländischer Kredit- bzw. Wertpapierdienstleistungsinstitute, da diese in der Lage sind, ihre Kundenkontakte zu steuern.

Sofern das Unternehmen seinen Sitz in einem Nicht-EWR-Staat hat, ist das Erbringen von grenzüberschreitenden Bank- und Finanzdienstleistungen in Deutschland aufsichtsrechtlich unzulässig, wenn Anleger mit gewöhnlichem Aufenthalt im Inland zielgerichtet angesprochen werden. Hat der Anbieter dagegen seinen Sitz in einem EWR-Staat, so unterliegt er gemäß § 53b Abs. 2a KWG i.V.m. § 53b Abs. 3 S. 3 KWG einer teilweisen Kontrolle durch die BaFin, wenn Anleger im Inland zielgerichtet angesprochen werden. Das Herkunftslandprinzip in Art. 3 Abs. 1, 2 ECRL, umgesetzt in deutsches Recht durch § 3 Abs. 1, 2 TMG, überlagert nicht die Regelung des § 53b Abs. 2a KWG, die den Umfang der Restgeltung von KWG Vorschriften festlegt.

Institute, die keine Erlaubnis zum Betreiben von Bankgeschäften besitzen oder nicht unter Regeln des Europäischen Passes fallen, dürfen im Inland nicht Finanzdienstleistungen oder Bankgeschäfte im Wege des grenzüberschreitenden Dienstleistungsverkehrs erbringen. Verstoßen sie gegen dieses Verbot, so kann die BaFin gemäß § 37 Abs. 1 KWG die sofortige Einstellung des Geschäftsbetriebs und die unverzügliche Abwicklung dieser Geschäfte anordnen. Den deutschen Behörden fehlt jedoch im Ausland oftmals eine Sanktionsmöglichkeit[1153]. Es ist weiterhin zu beachten, dass einseitige Maßnahmen deutscher Behörden immer auch einen Eingriff in fremde Souveränitätsrechte darstellen.

IV. Zusammenfassung

Es bleibt festzuhalten, dass bzgl. der Prospektpflicht bei einer Emission das Zielmarktkonzept bzw. Marktortprinzip gilt. Gleiches gilt in Bezug auf die Wohlverhaltensregeln, sofern das Wertpapierdienstleistungsunternehmen seinen Sitz bzw. seine Hauptniederlassung in einem Nicht-EWR-Staat hat. Für Unternehmen mit einer Hauptverwaltung in einem EWR-Staat gilt seit Inkrafttreten der MiFID das Herkunftslandprinzip. Unter Geltung der Wertpapierdienstleistungsrichtlinie (RL 93/22/EG) galt dagegen im Bereich der Wohlverhaltensregeln das Marktortprinzip bzw. das Ziellandkonzept. Im Rahmen der KWG-Vorschriften gilt dagegen das eingeschränkte Herkunftslandprinzip mit einer Restgeltung deutscher Vorschriften gemäß § 53b Abs. 2a KWG i.V.m. § 53b Abs. 3 S. 3 KWG, sofern der Anbieter seinen Sitz in einem EWR-Staat hat. Finanzdienstleistungs- und Kreditinstitute, die ihren Sitz bzw. ihre Hauptverwaltung außerhalb eines Staates des EWR haben, sind

---

1153 Siehe zu Einzelheiten 2. Teil, 6. Abschnitt.

dagegen nicht berechtigt, im Wege des grenzüberschreitenden Dienstleistungsverkehrs im Inland tätig zu werden. Tun sie es doch, so bestehen Prospektpflichten nach WpPG und es sind die Verhaltensregeln der §§ 31 ff. WpHG einzuhalten, obwohl ein solches Angebot nach dem KWG unzulässig ist.

B. Privatrechtliche Vorschriften

I. Ausgangspunkt

Auch im Bereich des Privatrechts stellt sich eine Fülle zu klärender Fragen, insbesondere die, welches Recht auf die Zeichnung und den Kauf der Wertpapiere sowie auf Schadensersatzansprüche des in der Bundesrepublik Deutschland ansässigen Anlegers wegen deliktischen Verhaltens des Emittenten bzw. des Emissionshelfers anzuwenden ist, wenn der Anleger seinen gewöhnlichen Aufenthalt in Deutschland und das virtuelle Emissionshaus seinen Sitz im Ausland hat. Als Ausgangspunkt der Betrachtung, nach welcher Rechtsordnung die Prüfung eines Anspruchs zu erfolgen hat, wird die Perspektive eines deutschen Gerichts gewählt. Dabei hat eine Ermittlung des anwendbaren Rechts auf der Grundlage des in Deutschland anzuwendenden Kollisionsrechts zu erfolgen[1154].

Ein Kaufvertrag über Aktien unterliegt dem internationalen Schuldvertragsrecht und unterfällt somit dem Anwendungsbereich der Rom I-VO, wie im Folgenden noch genauer gezeigt wird[1155]. Nur die aus der Aktie als Anteilschein herrührenden Rechte und Pflichten selbst unterfallen dem Gesellschaftsstatut[1156], weshalb vorliegend weder die Ausnahme des Art. 1 Abs. 2 lit. d) Rom I-VO (ehemals Art. 37 S. 1 Nr. 1 3. Var. EGBGB/Art. 1 Abs. 2 lit. c) EVÜ) noch die des Art. 1 Abs. 2 lit. f) Rom I-VO (vormals Art. 37 S. 1 Nr. 2 EGBGB/Art. 1 Abs. 2 lit. e) EVÜ) einschlägig ist.

Gemäß Art. 25 Abs. 1 Rom I-VO berühren die in der Verordnung enthaltenen Kollisionsnormen nicht die Anwendbarkeit internationaler Übereinkommen, sofern ein oder mehrere Mitgliedstaaten zum Zeitpunkt der Annahme der Rom I-VO diesen Abkommen angehören und die internationalen Abkommen Kollisionsnormen für vertragliche Schuldverhältnisse enthalten[1157]. Beim Wiener UN-Übereinkommen über Verträge über den Internationalen Warenkauf (Convention

1154 Welter, in: Schimansky/Bunte/Lwowski, Bankrechts-Handbuch, Band 1, § 26, Rn. 59 ff.; Pfeiffer, Internationale Zuständigkeit, 1; ders. in: Gounalakis, Rechtshandbuch Electronic Business, § 13, Rn. 7.

1155 Siehe hierzu: 2. Teil, 3. Abschnitt, B.III.3.

1156 Siehe zu dieser Thematik: Mankowski, in: Reithmann/Martiny, Internationales Vertragsrecht, Rn. 2404; ders. in: MüKo-BGB, Band 10, Art. 1 Rom I-VO, Rn. 53 ff.; Geyrhalter, ZIP 1999, 647, 649; ders. RIW 2002, 386, 388 (Übertragung von GmbH Anteilen); Merkt, Internationaler Unternehmenskauf, Rn. 38 f.

1157 Siehe hierzu: Martiny, in: Reithmann/Martiny, Internationales Vertragsrecht, Rn. 78 ff.; Leible/Lehmann, RIW 2008, 528, 531.

on the International Sale of Goods – CISG)[1158] sowie dem Haager Kaufrechtsübereinkommen von 1955[1159] könnte es sich um solche Abkommen handeln[1160]. Der Anwendungsbereich des CISG ist beim gewerblichen Warenkauf von Parteien, die ihre Niederlassung in verschiedenen Staaten haben, eröffnet[1161]. Waren i.S.v. Art. 1 Abs. 1 CISG sind alle beweglichen Sachen. Eine Anwendung von UN-Kaufrecht scheidet vorliegend jedoch aus, da dieses gemäß Art. 2 lit. d) CISG keine Anwendung auf den Kauf von Wertpapieren findet[1162]. Ebenso findet gemäß Art. 1 des Haager Kaufrechtsübereinkommens dieses Abkommen auf den Kauf von Wertpapieren keine Anwendung.

Sofern ein Anleger aus dem Erwerbsvorgang Ansprüche aus §§ 280, 241 Abs. 2, 311 Abs. 2 BGB (culpa in contrahendo)[1163] oder aus spezialgesetzlicher Prospekthaftung (§ 44 BörsG)[1164] oder aus § 823 Abs. 2 BGB i.V.m. einem Schutzgesetz geltend machen möchte, unterfallen diese Ansprüche dem Anwendungsbereich der Rom II-VO[1165]. Wie diese anzuknüpfen sind, wird an späterer Stelle in der Arbeit näher behandelt[1166].

Der Anwendungsbereich der Rom II-VO ist eröffnet, sofern es sich bei spezialgesetzlichen Prospekthaftungsansprüchen, bei Ansprüchen aus §§ 280, 241 Abs. 2, 311 Abs. 2 BGB (culpa in contrahendo) sowie Ansprüchen aus § 823 Abs. 2 BGB i.V.m. mit einem Schutzgesetz um Ansprüche aus außervertraglichen Schuldverhältnissen i.S.d. Rom II-VO handelt und keine der in Art. 1 Abs. 2 Rom II-VO aufgeführten Bereichsausnahmen greift[1167]. Der Begriff des außervertraglichen Schuldverhältnisses ist gemäß Erwägungsgrund Nr. 11 der Rom II-VO autonom und in Abgrenzung zum Anwendungsbereich der Rom I-VO auszulegen[1168]. Die

1158 Wiener UN-Übereinkommen über Verträge über den Internationalen Warenkauf, BGBl. II 1989, S. 588.

1159 Haager Übereinkommen vom 15.6.1955 betreffend das auf internationale Kaufverträge über bewegliche körperliche Sachen anwendbare Recht.

1160 Martiny, in: MüKo-BGB, Band 10, Art. 25 Rom I-VO, Rn. 3; Magnus, in: Staudinger, Band IVR 2, Art. 25 Rom I-VO, Rn. 13.

1161 Martiny, in: MüKo-BGB, Band 10, Anh. zu Art. 4 Rom I-VO (UN-Einheitskaufrecht), Art. 1, Rn. 14.

1162 Martiny, in: MüKo-BGB, Band 10, Anh. zu Art. 4 Rom I-VO (UN-Einheitskaufrecht), Art. 2, Rn. 51.

1163 Siehe hierzu ausführlich: 2. Teil, 3. Abschnitt, B.III.4.

1164 Siehe hierzu ausführlich: 2. Teil, 3. Abschnitt, B.III.1.

1165 Junker, in: MüKo-BGB, Band 10, Art. 1 Rom II-VO, Rn. 25 ff.; Wurmnest, in: jurisPK-BGB, Band 6, Art. 1 Rom II-VO, Rn. 45 ff.

1166 Siehe hierzu: 2. Teil, 3. Abschnitt, B.III.

1167 Siehe zu den Bereichsausnahmen: Junker, in: MüKo-BGB, Band 10, Art. 1 Rom II–VO, Rn. 25 ff.; Unberath/Cziupka, in: Rauscher, EuZPR, Art. 1 Rom II–VO, Rn. 29 ff.; speziell zu Prospekthaftungsansprüchen: Schmitt, BKR 2010, 366, 368 f.; von Hein, in: FS-Hopt, Perspektiven des Wirtschaftsrechts, 371, 379 ff.

1168 Junker, in: MüKo-BGB, Band 10, Art. 1 Rom II–VO, Rn. 14 ff.; Unberath/Cziupka, in: Rauscher, EuZPR, Art. 1 Rom II-VO, Rn. 16.

Rom II–VO enthält keine Definition eines außervertraglichen Schuldverhältnisses. Die Begründung der EU-Kommission zum Vorschlag der Rom II–VO[1169] verweist zur Abgrenzung von vertraglichen zu außervertraglichen Ansprüchen auf die Rechtsprechung des EuGH zu Art. 5 Nr. 1 und 3 EuGVO. Art. 2 Abs. 1 Rom II-VO nennt als Beispiele für Schäden aus außervertraglichen Schuldverhältnissen sämtliche Folgen aus unerlaubten Handlungen, Ansprüche aus culpa in contrahendo, bereicherungsrechtliche Ansprüche sowie Ansprüche aus Geschäftsführung ohne Auftrag. Damit ist der Anwendungsbereich der Rom II-VO im Hinblick auf die eingangs genannten Ansprüche grundsätzlich eröffnet.

Die Bereichsausnahme des Art. 1 Abs. 2 Rom II-VO[1170] greift vorliegend nicht ein. Ansprüche aus spezialgesetzlicher Prospekthaftung unterfallen nicht dem Anwendungsbereich des Art. 1 Abs. 2 lit. c) Rom II-VO, da sie kein Recht aus einem handelbaren Wertpapier darstellen[1171]. Sie sind nicht wertpapiermäßig verbrieft und gehen daher bei einer Übertragung des Wertpapiers nicht auf den Erwerber über.

Gemäß Art. 1 Abs. 2 lit. d) Rom II-VO, der Art. 1 Abs. 2 lit. e) EVÜ nachempfunden ist, sind außervertragliche Schuldverhältnisse, die sich aus dem Gesellschaftsrecht ergeben, vom Anwendungsbereich der Rom II-VO ausgenommen[1172]. Die aus der Aktie als Anteilschein herrührenden Rechte und Pflichten selbst unterfallen dem Gesellschaftsstatut[1173]. Jedoch handelt es sich bei (spezialgesetzlichen) Prospekthaftungsansprüchen nicht um Haftungstatbestände, die sich nicht von dem für die Unternehmensform geltenden Recht trennen lassen. Prospekthaftungsansprüche bestehen unabhängig von der Unternehmensform des Emittenten. Sie sind gerade nicht mit dem Personalstatut der Gesellschaft untrennbar verbunden.

Daher ist zur Feststellung der einschlägigen Rechtsordnung auf die Rom I–VO sowie auf die Rom II–VO zurückzugreifen. Gemäß Art. 3 Abs. 1 EGBGB, der

---

1169 Vorschlag für eine Verordnung des Europäischen Parlaments und des Rates über das auf außervertragliche Schuldverhältnisse anzuwendende Recht („Rom II"), KOM(2003) 427, S. 9.

1170 Diese Bereichsausnahme entspricht Art. 1 Abs. 2 lit. c) EVÜ.

1171 Siehe zu dieser Bereichsausnahme: Junker, in: MüKo-BGB, Band 6, Art. 1 Rom II–VO, Rn. 33 ff.; Unberath/Cziupka, in: Rauscher, EuZPR, Art. 1 Rom II–VO, Rn. 36; von Hein, in: FS-Hopt, 371, 379 ff.

1172 Siehe zu dieser Bereichsausnahme: Junker, in: MüKo-BGB, Band 6, Art. 1 Rom II–VO, Rn. 36 ff.; Unberath/Cziupka, in: Rauscher, EuZPR, Art. 1 Rom II–VO, Rn. 37 ff.; von Hein, in: FS-Hopt, 371, 381 ff.

1173 Siehe zu dieser Thematik: Mankowski, in: Reithmann/Martiny, Internationales Vertragsrecht, Rn. 2404, 2530 ff.; ders. in: MüKo-BGB, Band 10, Art. 1 Rom I–VO, Rn. 53 ff.; Geyrhalter, ZIP 1999, 647, 649; ders. RIW 2002, 386, 388 (Übertragung von GmbH Anteilen); Merkt, Internationaler Unternehmenskauf, Rn. 38 f.

lediglich deklaratorische Bedeutung besitzt, ist somit zur Bestimmung des anwendbaren Rechts ein Rückgriff auf Vorschriften des EGBGB versperrt[1174].

Der zivilrechtliche Anlegerschutz basiert im Wesentlichen auf drei Säulen: (1) der spezialgesetzlichen Prospekthaftung der für eine Emission Verantwortlichen (§ 21 Abs. 1, 2 WpPG bzw. §§ 22, 21 Abs. 1, 2 WpPG), (2) der zivilrechtlichen Prospekthaftung im engeren Sinne[1175], welche richterrechtlich für den grauen Kapitalmarkt entwickelt worden ist, und (3) der Haftung des Anlagevermittlers und Beraters auf der Grundlage der § 280 Abs. 1 BGB i.V.m. §§ 311 Abs. 2, 241 Abs. 2 BGB) (zivilrechtliche Prospekthaftung im weiteren Sinne) oder § 823 Abs. 2 BGB i.V.m. §§ 31 ff. WpHG oder einem anderen Schutzgesetz.

Eine generelle Anknüpfung aller in Betracht kommender Anspruchsgrundlagen an dieselbe Kollisionsnorm kommt nicht in Betracht. Vielmehr ist jede Anspruchsgrundlage gesondert anzuknüpfen. Hierbei ist ein besonderes Augenmerk darauf zu richten, welchen Einfluss das in Art. 3 Abs. 1, 2 ECRL[1176], umgesetzt in deutsches Recht durch § 3 Abs. 1, 2 TMG, verankerte Herkunftslandprinzip hat, wobei zuerst eine Klärung herbeigeführt werden muss, in welchem Verhältnis die ECRL zum IPR steht. Schließlich ist zu untersuchen, ob und inwieweit sich die Richtlinie über den Fernabsatz von Finanzdienstleistungen[1177] auf das anzuwendende Rechtsregime auswirkt.

II. Das Verhältnis zwischen ECRL und IPR (Kollisionsrechtlicher Gehalt der ECRL)

Mit Art. 3 Abs. 1, 2 ECRL[1178] ist für Binnenmarktsachverhalte das Herkunftslandprinzip eingeführt worden. Welche Auswirkungen dieses auf das bestehende Kollisionsrecht hat, wird im Folgenden näher zu betrachten sein.

1174 Siehe hierzu: Sonnenberger, in: MüKo-BGB, Band 10, Art. 3 EGBGB, Rn. 3; Martiny, in: Reithmann/Martiny, Rn. 36.

1175 Diese bleibt in der weiteren Untersuchung ausgespart, da wie im ersten Teil erwähnt eine zivilrechtliche Prospekthaftung im engeren Sinne nicht in Betracht kommt, wenn Aktien öffentlich angeboten werden. Es kommt in diesem Fall vielmehr die spezialgesetzlich geregelte Prospekthaftung zur Anwendung.

1176 Richtlinie 2000/31/EG des Europäischen Parlaments und des Rates vom 8.6.2000 über bestimmte rechtliche Aspekte der Dienste der Informationsgesellschaft, insbes. des elektronischen Geschäftsverkehrs, im Binnenmarkt, ABl. EG Nr. L 178 v. 17.7.2000, S. 1.

1177 Richtlinie 2002/65/EG des Europäischen Parlaments und des Rates über den Fernabsatz von Finanzdienstleistungen an Verbraucher und zur Änderung der Richtlinie 90/619/EWG des Rates und der Richtlinie 97/7/EG und 98/27/EG vom 23. September 2002, ABl. EG Nr. 271 v. 9.10.2002, S. 16.

1178 Richtlinie 2000/31/EG des Europäischen Parlaments und des Rates vom 8. Juni 2000 über bestimmte rechtliche Aspekte der Dienste der Informationsgesellschaft, insbesondere des elektronischen Geschäftsverkehrs, im Binnenmarkt („Richtlinie über den elektronischen Geschäftsverkehr"), ABl. EG Nr. L 178 v. 17.7.2000, S. 1.

1. Kollisionsrechtlicher Gehalt des Art. 3 Abs. 1 ECRL

Art. 1 Abs. 4 der ECRL stellt (vermeintlich) klar, dass durch die Richtlinie keine zusätzlichen Regeln im Bereich des Internationalen Privatrechts geschaffen werden sollen. Eine nähere Erläuterung dieses Grundsatzes findet sich in Erwägungsgrund Nr. 23 der ECRL. Gemäß diesem ziele die ECRL weder darauf ab, zusätzliche Regeln im Bereich des Internationalen Privatrechts hinsichtlich des anwendbaren Rechts zu schaffen, noch befasse die ECRL sich mit der Zuständigkeit der Gerichte. Auch dürften Vorschriften des anwendbaren Rechts, die durch Regeln des Internationalen Privatrechts bestimmt sind, nicht die Freiheit zur Erbringung von Diensten der Informationsgesellschaft i.S.d. ECRL einschränken.

Dagegen statuiert Art. 3 Abs. 1, 2 ECRL, umgesetzt in deutsches Recht durch § 3 Abs. 1, 2 TMG, das so genannte Herkunftslandprinzip[1179]. Dieses besagt, dass Anbieter von Diensten der Informationsgesellschaft mit Sitz in einem anderen Staat im Geltungsbereich der ECRL – dies sind alle EU-Mitgliedstaaten sowie EWR-Staaten – sich nur an ihrer eigenen Rechtsordnung orientieren müssen, strengere Anforderungen in einem anderen Staat im Geltungsbereich der ECRL seien unzulässig. Laut Erwägungsgrund Nr. 22 S. 4 der ECRL unterliegen Dienste der Informationsgesellschaft grundsätzlich dem Rechtssystem des Niederlassungsstaates des Diensteanbieters.

Während das Herkunftslandprinzip im Bereich des öffentlichen Rechts weitgehend bekannt ist, beispielsweise im Kapitalmarktrecht[1180], ist es im Zivilrecht ein Fremdkörper[1181]. Es stellt sich somit die Frage nach dem kollisionsrechtlichen Gehalt von Art. 3 ECRL[1182].

1179 Siehe zu diesem: Mankowski, ZVglRWiss 100(2001), 137 ff.; Spindler, in: Bauer/Mansel, Systemwechsel im europäischen Kollisionsrecht, 107 ff.; Lurger/Vallant, RIW 2002, 188 ff.; Fezer/Koos, IPRax 2000, 349 ff.; Thünken, Das kollisionsrechtliche Herkunftslandprinzip, 62 ff.
Ähnlich Thünken, Das kollisionsrechtliche Herkunftslandprinzip, 68, 69; Spindler, RabelsZ 66(2002), 633 ff.

1180 Siehe hierzu 2. Teil, 3. Abschnitt unter A.

1181 Lediglich die Fernsehrichtlinie – Richtlinie 89/552/EWG des Rates vom 3. Oktober 1989 zur Koordinierung bestimmter Rechts- und Verwaltungsvorschriften der Mitgliedstaaten über die Ausübung der Fernsehtätigkeit, ABl. EG Nr. L 298 v. 17.10.1989, S. 23, geändert durch die Richtlinie 97/36/EG des Europäischen Parlaments und des Rates vom 30. Juni 1997, ABl. EG Nr. L 202 v. 30.7.1997, S. 60 enthält ebenfalls ein solches Prinzip.

1182 Eine ausführliche Untersuchung dieser Streitfrage kann an dieser Stelle nicht durchgeführt werden und ist auch nicht Thema der Arbeit. Siehe zu diesem Streit: Mankowski, ZVglRWiss 100(2001), 137 f.; Spindler, in: Bauer/Mansel, Systemwechsel im europäischen Kollisionsrecht, 107 ff.; Lurger/Vallant, RIW 2002, 188 ff.; Fezer/Koos, IPRax 2000, 349 ff.; Thünken, Das kollisionsrechtliche Herkunftslandprinzip, 62 ff.; Sack EWS 2010, 70 ff.; Martiny, in: MüKo-BGB, Band 10, Anh. III zu Art. 9 Rom I-VO, § 3 TMG, Rn. 19 ff.

Gemäß Art. 3 Abs. 1 ECRL, umgesetzt in deutsches Recht durch § 3 Abs. 1 TMG, unterliegen Diensteanbieter, die ihre Niederlassung in Deutschland haben, nur deutschem Recht. Allgemein formuliert unterliegt ein Diensteanbieter nur dem Rechtsregime seines Niederlassungsstaates. Nur der Niederlassungsstaat ist befugt und auch verpflichtet, die Rechtmäßigkeit der Tätigkeit des Diensteanbieters zu überwachen. Art. 3 Abs. 2 ECRL, umgesetzt in deutsches Recht durch § 3 Abs. 2 TMG, trifft dagegen eine Regelung für Diensteanbieter aus anderen Staaten mit Niederlassung im Geltungsbereich der ECRL[1183], die gegenüber Personen, die im Inland ihren gewöhnlichen Aufenthalt haben, Dienste der Informationsgesellschaft erbringen. Art. 3 Abs. 2 ECRL besagt, dass der freie Dienstleistungsverkehr von Diensten der Informationsgesellschaft aus einem anderen Mitgliedstaat nicht aus Gründen eingeschränkt werden darf, die in den koordinierten Bereich der ECRL fallen.

Im Folgenden soll in erster Linie die Regelung des Art. 3 Abs. 2 ECRL interessieren, da Untersuchungsgegenstand der Arbeit der Schutz inländischer Anleger ist. Allerdings kann eine Auslegung dieser Regelung nicht losgelöst von Art. 3 Abs. 1 ECRL erfolgen, da sie praktisch zu dieser spiegelbildlich ist[1184]. Die größten Schwierigkeiten bereitet dabei die Interpretation des Herkunftslandprinzips, insbesondere die Frage, welchen kollisionsrechtlichen Gehalt diese Norm hat. Der BGH[1185] hatte jüngst dem EuGH diese Frage im Wege einer Vorabentscheidung vorgelegt. Der EuGH[1186] hat nunmehr diese Frage entschieden.

Im Wesentlichen bieten sich vier Deutungsmöglichkeiten des Herkunftslandprinzips an. So könnte man Art. 3 Abs. 1, 2 ECRL (a) als kollisionsrechtliche Norm interpretieren, die als Gesamtverweisung auf das Sach- und Kollisionsrecht, oder aber (b) als Kollisionsnorm, die nur auf das Sachrecht des Herkunftslandes verweist. Daneben könnte man Art. 3 Abs. 1, 2 ECRL (c) als sachrechtlichen Prüfungsmaßstab und nicht als IPR-Regel betrachten oder aber (d) als Verweisung nach dem Günstigkeitsprinzip.

1183 Die ECRL verwendet den Terminus Mitgliedstaaten, jedoch findet die ECRL auch in EWR-Staaten Anwendung.

1184 Ähnlich Thünken, Das kollisionsrechtliche Herkunftslandprinzip, 68, 69; Spindler, RabelsZ 66(2002), 633 ff.

1185 BGH, Beschluss v. 10.11.2009, VI ZR 217/08, EuZW 2010, 313 f.

1186 EuGH, Urt. v. 25.10.2011, verb. Rs. C-509/09 (eDate Advertising) und Rs. C-161/10 (Martinez und Martinez), EuZW 2011, 962 ff.; der EuGH, Urt. v. 15.3.2012, Rs. C-292/10, BeckRS 2012, 80592, Rn. 70 hat die in seinem Urteil vom 25.10.2011 getroffene Wertung jüngst bestätigt.

a) *Herkunftslandprinzip als Gesamtverweisung: Verweis auf das Kollisionsrecht und das Sachrecht des Herkunftslandes*

Teilweise wird in Literatur[1187] und Rechtsprechung[1188] die Ansicht vertreten, dass es sich bei dem in Art. 3 Abs. 1, 2 ECRL verankerten Herkunftslandprinzip um eine Kollisionsnorm in Form einer Gesamtverweisung handelt. Eine entsprechende Umsetzung der ECRL in nationales Recht erfolgte seitens Österreichs[1189] sowie Luxemburgs[1190]. Der grundlegende Unterschied zwischen einer Sachnorm und einer Kollisionsnorm besteht darin, dass eine Sachnorm auf der Rechtsfolgenseite eine Sachentscheidung anordnet, während eine Kollisionsnorm die für eine Sachentscheidung maßgebliche Rechtsordnung bestimmt[1191]. Dabei kann eine Sachnorm auch eine Kollisionsnorm enthalten[1192].

Legt man Art. 3 Abs. 1, 2 ECRL allein nach dem Wortlaut aus, so kann man zu dem Schluss gelangen, dass nicht nur das materielle Recht, sondern auch das Kollisionsrecht des Staates, in dem der Diensteanbieter seinen Sitz hat, zur Geltung kommen soll[1193]. Einen solchen Verständnis stehe auch nicht Art. 1 Abs. 4 ECRL entgegen. Gemäß dieser Norm sollen durch die ECRL keine zusätzlichen Regeln im Bereich des Internationalen Privatrechts geschaffen werden. Bei dieser Norm handele es sich um Verbalequilibristik bzw. eine bewusste Irreführung des europäischen Gesetzgebers[1194]. Die Organe der europäischen Union besäßen (vor Inkrafttreten des Vertrages von Lissabon) keine Definitionskompetenz dafür, was

---

1187 So Hoeren, MMR 1999, 192, 195 (zum Vorschlag der Kommission); Spindler, MMR-Beilage 7/2000, 4, 9, der diesen Standpunkt allerdings in späteren Veröffentlichungen nicht mehr vertreten hat, siehe z.B. Spindler, ZHR 165(2001), 324 ff., 337 f.; Lurger, VR 2001, 14, 23; Faulenbach, Der gemeinschaftsrechtliche Vorbehalt im europäischen Wettbewerbsrecht, 222.

1188 OGH, Urt. v. 21.11.2006, 4 Ob 62/06, MMR 2007, 360 ff.; KG Berlin, Urt. v. 24.03.2006, 9 U 126/05, BeckRS 2006, 04377; OLG Hamburg, Urt. v. 09.02.2004, 3 W 1/04; GRUR 2004, 880, 881.

1189 OGH, Urt. v. 21.11.2006, 4 Ob 62/06, MMR 2007, 360 ff.

1190 Hierauf weist der BGH, Beschluss v. 10.11.2009, VI ZR 217/08, EuZW 2010, 313, 317, Rn. 38.

1191 Kropholler, Internationales Privatrecht, § 13 II (S. 102 ff.); Bischoff, AG 2002, 489, 490; Sonnenberger, in: MüKo-BGB, Band 10, Einl., Rn 3, 464 ff., 471.

1192 Thünken, Das kollisionsrechtliche Herkunftslandprinzip, 68; Neuhaus, Grundbegriffe, 98 ff.

1193 Spindler, MMR-Beilage 7/2000, 4, 9; ders., in: Gounalakis, Rechtshandbuch Electronic Business, § 9, Rn. 88 zieht eine solche Interpretation in Erwägung, lehnt diese aber letztendlich ab; ebenso: Sonnenberger, ZVglRWiss 100(2001), 107, 128; bezüglich des Richtlinienvorschlags der Kommission auch: Hoeren, MMR 1999, 192, 195.

1194 So Mankowski, ZVglRWiss 100(2001), 137, 141; Thünken, Das kollisionsrechtliche Herkunftslandprinzip, 73.

Internationales Privatrecht sei und was nicht[1195]. Teilweise wird sogar von einer Art gesetzgeberischer „falsa demonstratio“ gesprochen[1196].

Folgt man dieser Auffassung, so handelt es sich bei Art. 3 Abs. 1, 2 ECRL um eine Gesamtverweisung. Das nationale Kollisionsrecht in den EU-Mitgliedstaaten ist mit Inkrafttreten der Rom I-VO sowie der Rom II-VO in vielen Bereichen EU-weit vereinheitlicht worden. Jedoch ist weiterhin das nationale Kollisionsrecht in manchen Bereichen, wie beispielsweise bei Persönlichkeitsrechtsverletzungen, maßgeblich[1197].

Eine Interpretation von Art. 3 ECRL als Kollisionsnorm, die sowohl auf das Sach- wie auch das Kollisionsrecht verweist, hätte zur Folge, dass je nach den im Herkunftsland geltenden Regeln des Internationalen Privatrechts der Diensteanbieter sich wieder mit einer Vielzahl von anwendbaren Rechtsordnungen auseinandersetzen müsste[1198]. Bei einem solchen Verständnis des Herkunftslandprinzips würde an die Stelle der Sicherheit des Anbieters, dass nur sein materielles Niederlassungsrecht zur Anwendung kommt, nur die Sicherheit treten, dass das IPR seines Niederlassungsortes zur Anwendung gelangt[1199].

b) Herkunftslandprinzip als kollisionsrechtlicher Verweis auf das Sachrecht des Herkunftslandes

Aus diesem Grund wird von denjenigen, die das Herkunftslandprinzip als kollisionsrechtliche Norm verstanden wissen wollen, die Ansicht vertreten[1200], dass das in Art. 3 Abs. 1, 2 ECRL verankerte Herkunftslandprinzip als eine kollisionsrechtliche Norm, die nur auf das Sachrecht des Herkunftslandes verweist, zu interpretieren sei. Begründet wird dies damit, dass eine Gesamtverweisung dem Ziel der ECRL, die Ermittlung des anzuwendenden Rechts zu vereinfachen und optimale

---

1195 So Mankowski, ZVglRWiss 100(2001), 137, 141; Thünken, Das kollisionsrechtliche Herkunftslandprinzip, 73.

1196 Spindler, RabelsZ 66(2002), 633, 651; Mankowski, IPRax 2002, 257, 258, der allerdings in Art. 3 ECRL eine Kollisionsnorm sieht, die nur auf das Sachrecht des Herkunftslandes verweist.

1197 Gemäß Art. 1 Abs. 2 lit. g) Rom II-VO findet diese auf Persönlichkeitsrechtsverletzungen und Verletzungen der Privatsphäre keine Anwendung; siehe zu Persönlichkeitsrechtsverletzungen mittels Internet: Brand, NJW 2012, 127, 130; BGH, Beschluss v. 10.11.2009, VI ZR 217/08 EuZW 2010, 313 f.; KG Berlin, Urt. v. 24.03.2006, 9 U 126/05, BeckRS 2006, 04377.

1198 So Mankowski, ZVglRWiss 100(2001), 137, 153; Lurger/Vallant, RIW 2002, 188, 196; Fezer/Koos, IPRax 2000, 349, 353 zur Rechtslage vor Inkrafttreten der Rom I-VO sowie der Rom II-VO.

1199 Lurger/Vallant, RIW 2002, 188, 196.

1200 Thünken, IPRax 2001, 15, 20; ders., Das kollisionsrechtliche Herkunftslandprinzip, 83; Dethloff, JZ 2000, 179, 181; Härting, CR 2001, 271, 273; Mankowski, ZVglRWiss (100)2001, 137, 138 ff.; Lurger/Vallant, MMR 2002, 203 ff.

Bedingungen für ein EURO-Marketing zu schaffen, zuwider liefe. Auch sollten die Rechtsermittlungskosten gesenkt werden[1201].

Dies bedeutet auf Internet-Sachverhalte bezogen, dass einzig das Sachrecht des Herkunftslandes des Diensteanbieters, sofern dieser im Geltungsbereich der ECRL niedergelassen ist, anwendbar wäre. Dies hätte zur Folge, dass durch Art. 3 ECRL alle bestehenden nationalen IPR-Anknüpfungen[1202] im koordinierten Bereich der ECRL überlagert werden würden. Eine solche Interpretation des Herkunftslandprinzips dürfte neben einem sachrechtlichen Verständnis der Norm sich noch am ehesten mit den Vorstellungen des Verordnungsgebers decken[1203]. Im Übrigen würde eine solche Sichtweise auch den Anbieterinteressen am ehesten gerecht, sich bei der Erbringung von Diensten der Informationsgesellschaft im Binnenmarkt mit möglichst wenig unterschiedlichen Rechtsordnungen auseinander setzen zu müssen[1204].

c) Herkunftslandprinzip als sachrechtlicher Prüfungsmaßstab

In Literatur[1205] und Rechtsprechung[1206] wird versucht, den Widerspruch zwischen Art. 1 Abs. 4 ECRL (keine IPR-Regelung) und Art. 3 Abs. 1, 2 ECRL dahingehend aufzulösen, das Herkunftslandprinzip als ein sachrechtliches Prinzip zu betrachten. Nach dieser Deutung würde es sich bei Art. 3 Abs. 1, 2 ECRL um eine der Anwendung des IPR nachgelagerte Regel handeln, die vergleichbar den Grundfreiheiten des AEUV (vormals EGV) erst am materiell-rechtlichen Anwendungsergebnis ansetzt[1207], also um ein sekundärrechtliches Herkunftslandprinzip. Das Herkunftslandprinzip würde dieser Betrachtungsweise zufolge dann das Sachrecht

---

1201 Mankowski, ZVglRWiss 100(2001), 137, 140; Ahrens, CR 2000, 835, 836; Thünkens, IPRax 2001, 15, 20.

1202 Seit Inkrafttreten der Rom I-VO sowie der Rom II-VO sind viele nationale IPR Anknüpfungen durch diese Verordnungen ersetzt worden. Allerdings werden Persönlichkeitsrechtsverletzungen weiterhin nach nationalem IPR angeknüpft, da diese gemäß Art. 1 Abs. 2 lit. g) Rom II-VO vom Anwendungsbereich der Verordnung ausgenommen worden sind.

1203 Siehe 8. Erwägungsgrund der ECRL.

1204 Siehe hierzu: Mankowski, ZVglRWiss 100(2001), 137, 142.

1205 Pfeiffer, in: Gounalakis, Rechtshandbuch Electronic Business, § 12, Rn. 11; Fezer/Koos, IPRax 2000, 349, 352 f.; Halfmeier, ZEuP 2001, 837, 864; Pfeiffer/Weller/Nordmeier, in: Spindler/Schuster, § 3 TMG, Rn. 7; Spindler, in: Gounalakis, Rechtshandbuch Electronic Business, § 9, Rn. 88; ders., ZHR 165(2001), 324, 335; Sack, EWS 2010, 370, 374 weist darauf hin, dass Art. 3 Abs. 1 ECRL und Art. 3 Abs. 2 ECRL einen unterschiedlichen Regelungsgehalt besitzen und streng voneinander zu trennen sind.

1206 EuGH, Urt. v. 25.10.2011, verb. Rs. C-509/09 (eDate Advertising) und Rs. C-161/10 (Martinez und Martinez), EuZW 2011, 962 ff.; OLG Hamburg (zu § 3 Abs. 2 TMG), Urt. v. 24.7.2007, 7 U 98/06, ZUM 2008, 63.

1207 Spindler, ZHR(161)2001, 324, 335; Fezer/Koos, IPRax 2000, 349, 352.

in einer Art und Weise, wie dies aus dem EU-Primärrecht (Artt. 34, 56 AEUV; vormals Artt. 28, 49 EGV) bekannt ist, überlagern[1208].

Dieser Auffassung hat sich jüngst auch der EuGH[1209] angeschlossen. Der EuGH hat in seinem Urteil vom 25.10.2011 ausgeführt, dass es sich bei Art. 3 Abs. 2 ECRL um keine Kollisionsnorm, sondern um ein sachrechtliches Prinzip handelt und folglich Art. 3 Abs. 2 ECRL keine Umsetzung in Form einer speziellen Kollisionsregel verlange[1210]. Begründet hat er dies u.a. damit, dass bei der Auslegung des Art. 3 Abs. 2 ECRL auch Art. 1 Abs. 4 ECRL zu berücksichtigen sei, wonach die ECRL keine zusätzlichen Regeln im Bereich des Internationalen Privatrechts hinsichtlich des anwendbaren Rechts schaffe[1211]. Aus Art. 1 Abs. 4 der ECRL sowie Erwägungsgrund Nr. 23 der Richtlinie folge, dass es den Aufnahmemitgliedstaaten grundsätzlich freistehe, das anwendbare Sachrecht anhand ihres Internationalen Privatrechts zu bestimmen, soweit sich daraus keine Einschränkung der Freiheit zur Erbringung von Diensten des elektronischen Geschäftsverkehrs ergebe[1212]. Des Weiteren hat der EuGH in seiner Entscheidung vom 25.10.2011 auch zu Art. 3 Abs. 1 ECRL Stellung genommen und hierzu ausgeführt, dass diese Norm ebenfalls als sachrechtliches Prinzip zu interpretieren sei[1213].

d) Herkunftslandprinzip als Verweisung nach dem Günstigkeitsprinzip

Vereinzelt[1214] wird die Auffassung vertreten, dass aus Art. 3 Abs. 1, 2 ECRL eine Art Günstigkeitsprinzip herausgelesen werden könne. Als kollisionsrechtliches Prinzip vergleicht es zwei oder mehrere Rechtsordnungen nach ihrer Günstigkeit für eine Person, hier den Diensteanbieter, und bringt sodann die für diesen günstigere Rechtsordnung zur Anwendung. Nach einem solchen Verständnis verweist Art. 3 Abs. 2 ECRL unter der Bedingung, dass es weniger beschränkend als das Recht des

1208 Vgl. hierzu: Halfmeier, ZEuP 2001, 837, 858 ff.; Thünken, IPRax 2001, 15, 18; ders., Das kollisionsrechtliche Herkunftslandprinzip, 83.

1209 EuGH, Urt. v. 25.10.2011, verb. Rs. C-509/09 (eDate Advertising) und Rs. C-161/10 (Martinez und Martinez), EuZW 2011, 962, 965.

1210 EuGH, Urt. v. 25.10.2011, verb. Rs. C-509/09 (eDate Advertising) und Rs. C-161/10 (Martinez und Martinez), EuZW 2011, 962, 965, Rn. 63.

1211 EuGH, Urt. v. 25.10.2011, verb. Rs. C-509/09 (eDate Advertising) und Rs. C-161/10 (Martinez und Martinez), EuZW 2011, 962, 965, Rn. 60.

1212 EuGH, Urt. v. 25.10.2011, verb. Rs. C-509/09 (eDate Advertising) und Rs. C-161/10 (Martinez und Martinez), EuZW 2011, 962, 965, Rn. 62.

1213 a.A. Sack, WRP, 2011, 513, 518, der die EuGH-Entscheidung, Urt. v. 25.10.2011, verb. Rs. C-509/09 (eDate Advertising) und Rs. C-161/10 (Martinez und Martinez), EuZW 2011, 962, 965, Rn. 68 dahingehend auslegt, dass es sich bei dem in Art. 3 Abs. 1 ECRL niedergelegten Herkunftslandprinzip um einen Günstigkeitsvergleich handele, während das in Art. 3 Abs. 2 ECRL statuierte Herkunftslandprinzip eine Sachnormverweisung ohne Günstigkeitsvergleich darstelle.

1214 So Sack, WRP 2002, 271, 275; Ohly, GRUR Int 2001, 899, 902.

Empfangsstaates ist, auf das Recht des Herkunftslandes des Diensteanbieters[1215]. Ist das Recht des Aufnahmestaates günstiger als das des Herkunftslandes, so kommt das Recht des Aufnahmestaates zur Anwendung.

e) Stellungnahme

Keine der beschriebenen Interpretationen ist frei von Widersprüchen[1216]. Daher war es nur eine Frage der Zeit, bis diese Frage dem EuGH zur Entscheidung vorgelegt wurde[1217]. Für eine kollisionsrechtliche Deutung des Herkunftslandprinzips – wie es in Art. 3 Abs. 1, 2 ECRL niedergelegt ist – könnte sprechen, dass eine Unterwerfung unter ein bestimmtes Rechtssystem nichts anderes als eine kollisionsrechtliche Verweisung darstellt[1218]. Für eine kollisionsrechtliche Interpretation des Herkunftslandprinzips spricht ebenfalls, dass es der in Art. 3 Abs. 3 ECRL i.V.m. Anhang, 5. und 6. Spgstr. statuierten Ausnahmen (Freiheit der Rechtswahl) sowie (vertragliche Schuldverhältnisse in Bezug auf Verbrauchersachen) vom Herkunftslandprinzip nicht bedurft hätte, wenn Art. 3 Abs. 1, 2 ECRL lediglich ein sachrechtliches Prinzip darstellen würde[1219]. Bei einer Rechtswahlmöglichkeit handelt es sich um eine kollisionsrechtliche Regelung. Wenn, wie Art. 1 Abs. 4 ECRL bestimme, durch diese Richtlinie keine neuen Regelungen im IPR, also kollisionsrechtliche Regelungen, getroffen worden wären, hätte es dieser Ausnahme nicht bedurft[1220]. Gemäß dieser Ansicht würde es sich bei Art. 1 Abs. 4 ECRL um eine unbeachtliche Erklärung des Gesetzgebers, eine bewusste Irreführung, handeln[1221]. Auch wird eine Unbeachtlichkeit von Art. 1 Abs. 4 ECRL damit begründet, dass die Organe der EU keine Interpretationskompetenz besäßen zu definieren, was Internationales Privatrecht sei[1222]. Eine Interpretation des Herkunftslandprinzips als sachrechtliches Beschränkungsverbot würde demnach ausscheiden.

Interpretiert man Art. 3 Abs. 1, 2 ECRL als Kollisionsnorm, so stellt sich die Frage, ob diese Norm eine Gesamtverweisung, also eine Verweisung auf das Kollisions- und das Sachrecht des Herkunftslandes des Diensteanbieters, oder aber

---

1215 Sack, WRP 2002, 271, 275; Ohly, GRUR Int 2001, 899, 902.

1216 Siehe hierzu auch: Sonnenberger, in: MüKo-BGB, Band 10, Einl. IPR, Rn. 192 ff.

1217 Der BGH hat mit Beschluss vom 10.11.2009, VI ZR 217/08 dem EuGH u.a. die Frage, wie das in Art. 3 Abs. 1, 2 ECRL verankerte Herkunftslandprinzip zu interpretieren ist, zur Auslegung des Gemeinschaftsrechts gemäß Art. 267 AEUV (vormals Art. 234 EGV) zur Vorabentscheidung vorgelegt. Dagegen hatte der BGH, Urt. v. 30.3.2006, 24/03, WPR 2006, 736 diese Frage offen gelassen.

1218 So Mankowski, CR 2001, 630, 632; Spindler ZHR 165(2001), 324, 335; Lurger/Vallant, RIW 2002, 188, 198.

1219 So Mankowski, IPRax 2002, 257, 258; Thünken, IPRax 2001, 15, 20.

1220 Hierauf weisen Mankowski, IPRax 2002, 257, 258 sowie Spindler, RIW 2002, 183, 185 hin.

1221 Mankowski, ZVglRWiss 100(2001), 137, 141; Thünken, Das kollisionsrechtliche Herkunftslandprinzip, 73.

1222 So Mankowski, ZVglRWiss 100(2001), 137, 138.

lediglich um eine Verweisung auf das Sachrecht handelt. Teilweise[1223] wird Art. 3 Abs. 1, 2 ECRL als eine Gesamtverweisung auf das Kollisions- und das Sachrecht des Herkunftslandes des Diensteanbieters interpretiert. Begründet wird dies mit dem Wortlaut der Norm, wonach sich die Verweisung in Art. 3 Abs. 1 ECRL auf die „innerstaatlichen Vorschriften" auf das gesamte Recht des Herkunftslands, einschließlich Kollisionsnormen, erstrecke[1224]. Gegen eine Interpretation des Herkunftslandprinzips als Gesamtverweisung könnte aber der Normzweck von Art. 3 Abs. 1, 2 ECRL sprechen. Eine Sachnormverweisung bewirkt eine weitergehende Vereinfachung der Rechtslage für den Diensteanbieter als eine Gesamtverweisung und könnte daher dem Normzweck des Art. 3 ECRL am ehesten gerecht werden[1225]. Ziel der ECRL sei es auch, die Ermittlung des anzuwendenden Rechts zu vereinfachen und Rechtsanwendungsrisiken zu minimieren. Auch wird in der Literatur[1226] für eine Interpretation von Art. 3 Abs. 1, 2 ECRL als eine Kollisionsnorm, die lediglich auf das Sachrecht des Herkunftslandes verweist, angeführt, dass Rechtsermittlungskosten gesenkt werden sollen. Diese Ziele könnten mit einer Gesamtverweisung nicht erreicht werden.

Andererseits würde eine kollisionsrechtliche Interpretation des Herkunftslandprinzips im Widerspruch zum Wortlaut von Art. 1 Abs. 4 ECRL sowie Erwägungsgrund Nr. 23 ECRL stehen[1227], wonach die ECRL IPR-Neutralität besitzt[1228]. Der europäische Gesetzgeber wollte durch die ECRL bewusst keine Regeln im Bereich des Internationalen Privatrechts schaffen[1229], was er durch Art. 1 Abs. 4 ECRL sowie Erwägungsgrund Nr. 23 der ECRL zum Ausdruck gebracht hat. Nachdem der europäische Gesetzgeber in Erwägungsgrund Nr. 7 des Richtlinienentwurfs[1230] bereits betont hatte, dass die ECRL kein neuen Regelungen im Bereich des Internationalen

---

1223 Hoeren, MMR 1998, 192, 195 (zum Entwurf der Richtlinie); Spindler, MMR-Beilage 7/2000, 4, 9; Lurger, VR 2001, 14, 23.

1224 Spindler ZUM 1999, 775, 785 f.; Hoeren MMR 1999, 192, 195 (jeweils zum Vorschlag der KOM).

1225 Fezer/Koos, IPRax 2000, 349, 353; Mankowski, ZVglRWiss 100(2001), 137, 179 f.

1226 Mankowski, ZVglRWiss 100(2001), 137, 140; Ahrens, CR 2000, 835, 836; Thünkens, IPRax 2001, 15, 20.

1227 Hierauf weisen zu Recht Fezer/Koos, IPRax 2000, 349, 352; Ahrens, CR 2000, 835, 837; Sack, WRP 2002, 271, 272 ff.; ders., EWS 2011, 65 ff. hin.

1228 Sack, EWS 2011, 513, 514; Martiny, in: MüKo-BGB, Band 10, Anh. III zu Art. 9 Rom I-VO, § 3 TMG, Rn. 26.

1229 Fezer/Koos, IPRax 2000, 349, 352; Spindler, in: Systemwechsel im europäischen Kollisionsrecht, 107, 110; Sack, WRP 2002, 271, 274.

1230 Vorschlag der Kommission für eine Richtlinie über bestimmte rechtliche Aspekte des elektronischen Geschäftsverkehrs im Binnenmarkt vom 23.12.1998, KOM 1998(586) endg. sowie geänderter Vorschlag für eine Richtlinie über bestimmte rechtliche Aspekte des elektronischen Geschäftsverkehrs im Binnenmarkt, KOM 1999(427) endg.

Privatrechts schaffen wolle, und dies von Seiten der Literatur ignoriert wurde[1231], hat er diese Aussage durch Einfügen von Art. 1 Abs. 4 ECRL und Erwägungsgrund Nr. 23 der ECRL bestärkt[1232].

Auch kann aus den in Art. 3 Abs. 3 ECRL i.V.m. Anhang I, 5. und 6. Spgstr. erwähnten Ausnahmen (Freiheit der Rechtswahl) sowie (vertragliche Schuldverhältnisse in Bezug auf Verbrauchersachen) vom Herkunftslandprinzip nicht geschlossen werden, dass Art. 3 Abs. 1, 2 ECRL eine kollisionsrechtliche Norm darstellt, da der Anhang zu Art. 3 Abs. 3 ECRL ein wenig strukturiertes Sammelsurium von Ausnahmen vom Herkunftslandprinzip enthält[1233]. So nimmt der Anhang zu Art. 3 Abs. 3 ECRL beispielsweise das gesamte Urheberrecht, Glücksspiele, die Freiheit der Rechtswahl oder Vorschriften für vertragliche Schuldverhältnisse in Bezug auf Verbraucherverträge vom Herkunftslandprinzip aus[1234].

Weiterhin spricht der Wortlaut des Art. 3 Abs. 2 ECRL gegen eine kollisionsrechtliche Interpretation des Art. 3 Abs. 1, 2 ECRL. Gemäß Art. 3 Abs. 2 ECRL dürfen Mitgliedstaaten den freien Verkehr von Diensten der Informationsgesellschaft aus einem anderen Mitgliedstaat nicht aus Gründen einschränken, die in den koordinierten Bereich der Richtlinie fallen. Dieser Tatbestand ist dem primärrechtlichen Beschränkungsverbot des AEUV, welches Ausfluss der Grundfreiheiten ist, nachempfunden[1235]. Bei diesem handelt es sich jedoch nicht um eine Kollisionsnorm, sondern um ein sachrechtliches Prinzip. Eine sachrechtliche Interpretation des in Art. 3 Abs. 1, 2 ECRL verankerten Herkunftslandprinzips wird schließlich durch Art. 3 Abs. 4 ECRL gestützt[1236]. Diese Norm sieht ein Schutzklauselverfahren vor, welches der Verhältnismäßigkeitsprüfung bei der Frage der Zulässigkeit der Beschränkung der Grundfreiheiten nachempfunden ist[1237].

Gegen eine Interpretation des Herkunftslandprinzips als sachrechtliches Prinzip mit einem Günstigkeitsvergleich spricht, dass es dem Ziel der ECRL, Minimierung

1231 Siehe beispielsweise: Dethloff, JZ 2000, 179, 181; Mankowski, GRUR Int 1999, 909, 912.

1232 Hierauf weist Sack, WRP 2002, 271, 274 hin.

1233 Hierauf weist Spindler, in: Systemwechsel im europäischen Kollisionsrecht, 107, 111 hin, der allerdings Art. 3 Abs. 1, 2 ECRL als eine hybride – zwischen einer kollisionsrechtlichen Norm und einem sachrechtlichen Korrektiv stehende – Konstruktion erachtet.

1234 Siehe hierzu: Pfeiffer/Weller/Nordmeier, in: Spindler/Schuster, 2. Auflage, § 3 TMG, Rn. 11 ff.

1235 So Sack, EWS 2010, 70, 71.

1236 Spindler, in: Systemwechsel im europäischen Kollisionsrecht, 107, 111, der allerdings Art. 3 Abs. 1, 2 ECRL als eine hybride – zwischen einer kollisionsrechtlichen Norm und einem sachrechtlichen Korrektiv stehende – Konstruktion erachtet.

1237 Pfeiffer/Weller/Nordmeier, in: Spindler/Schuster, Vorbem zu Art. 9 Rom II–VO und Art. 40–42 EGBGB, Rn. 9.

von Rechtsrisiken für Diensteanbieter, widerspräche[1238]. Durch ein solches Prinzip sänken keinesfalls die Rechtsermittlungskosten. Im Übrigen lässt sich ein solches Günstigkeitsprinzip auch nicht aus Art. 3 Abs. 1 ECRL ableiten, da diese Bestimmung nur die Aufsichtspflicht des Niederlassungsstaates normiert. Es ergibt jedoch wenig Sinn, dass der Niederlassungsstaat seine Aufsichtspflicht gegenüber inländischen Anbietern nach ausländischem Recht ausübt, sofern dieses für den Anbieter günstiger ist als das Recht seines Niederlassungsstaates[1239] .

Auch birgt das Günstigkeitsprinzip aus der Perspektive ausländischer Bestimmungsländer einige Probleme in sich. Ein Günstigkeitsvergleich wird einem inländischen Diensteanbieter im EU-Ausland wenig nutzen, wenn er dort am Erfolgsortsgerichtsstand unter einem dort geltenden, strikt verstandenen Herkunftslandprinzip (ohne Günstigkeitsvergleich) verklagt wird, weil es die Standards seines Heimatlandrechts verletzt hat[1240]. Aus dem Wortlaut des Art. 3 Abs. 2 ECRL lässt sich kein Herkunftslandprinzip mit Günstigkeitsvorbehalt herleiten.

Daher ist das Herkunftslandprinzip des Art. 3 Abs. 1, 2 ECRL als sachrechtliches Prinzip zu interpretieren. Es ist in einem ersten Schritt das nach deutschen Kollisionsregeln anzuwendende Sachrecht zu bestimmen. In einem zweiten Schritt ist sodann zu prüfen, ob das aufgrund des deutschen Kollisionsrechts zur Anwendung berufene Sachrecht das grenzüberschreitende Erbringen von Telemediendiensten behindert. Ist dies der Fall, kommt aufgrund von § 3 Abs. 2 TMG das nach deutschem Kollisionsrecht anwendbare Recht, soweit es um Bestimmungen geht, die das grenzüberschreitende Erbringen der Telemedien behindern, nicht zur Anwendung[1241]. Die vom deutschen Sachrecht – bei diesem handelt es sich aus Sicht des Diensteanbieters um ausländisches Sachrecht – aufgestellten Anforderungen sind auf die vom Sachrecht des Herkunftslandes aufgestellten Anforderungen zu reduzieren[1242].

1238 Spindler, in: Systemwechsel im europäischen Kollisionsrecht, 107, 114 ff.; Mankowski, CR 2001, 630, 640; Lurger/Vallant, RIW 2002, 188, 196.

1239 Hierauf weisen Mankowski, CR 2001, 630, 634; Spindler, in: Systemwechsel im europäischen Kollisionsrecht, 107, 114; Lurger/Vallant, RIW 2002, 188, 196 zu Recht hin; a.A. Sack, WRP, 2011, 513, 518, der die EuGH-Entscheidung, Urt. v. 25.10.2011, verb. Rs. C-509/09 (eDate Advertising) und Rs. C-161/10 (Martinez und Martinez), EuZW 2011, 962, 965; Rn. 68 dahingehend auslegt, dass es sich bei dem in Art. 3 Abs. 1 ECRL niedergelegten Herkunftslandprinzip um einen Günstigkeitsvergleich handele, während das in Art. 3 Abs. 2 ECRL statuierte Herkunftslandprinzip eine Sachnormverweisung ohne Günstigkeitsvergleich darstelle.

1240 Hierauf weist Mankowski, CR 2001, 630, 636 hin.

1241 Pfeiffer in: Gounalakis, Hdb. Electronic Business, § 12, Rn. 9 ff.; Pfeiffer/Weller/Nordmeier, in: Spindler/Schuster, § 3 TMG, Rn. 7.

1242 Pfeiffer in: Gounalakis, Hdb. Electronic Business, § 12, Rn. 9 ff.; Sack, EWS 2011, 513, 516.

f) Umsetzung durch den deutschen Gesetzgeber

Der deutsche Gesetzgeber hat sich nicht explizit für eine der vier Interpretationsmöglichkeiten entschieden[1243]. Eindeutig ausgeschlossen wurde lediglich eine wie unter d) beschriebene Interpretationsmöglichkeit im Sinne eines Günstigkeitsprinzips[1244].

(i) Anbieter im Inland

In einem späten Stadium des Gesetzgebungsverfahrens, nämlich im federführenden Wirtschaftsausschuss des Deutschen Bundestages, hatte der deutsche Gesetzgeber aufgrund heftiger Proteste der Wirtschaft[1245] sowie auf Druck der EU-Kommission[1246] von einer Einführung eines Günstigkeitsprinzips in § 4 Abs. 1, 2 TDG a.F. (nunmehr § 3 Abs. 1, 2 TMG)[1247] Abstand genommen[1248]. Während der Entwurf[1249] noch das so genannte Günstigkeitsprinzip vorsah, wonach für international tätige Diensteanbieter das jeweils den freien Dienstleistungsverkehr am wenigsten einschränkende Recht gelten sollte, wurde dieser Passus in der endgültigen Fassung des EGG[1250] gestrichen. Nunmehr soll nur deutsches Recht auf inländische Diensteanbieter von Telemedien Anwendung finden. Allerdings scheiterte ein Gegenantrag der CDU/CSU-Fraktion[1251], der ausdrücklich nur die Anwendung deutschen Sachrechts forderte. Damit hat der deutsche Umsetzungsgesetzgeber das Problem, ob § 4 Abs. 1 TDG a.F. (nunmehr § 3 Abs. 1 TMG) nur auf das Sachrecht oder aber auch auf das Kollisionsrecht des Herkunftslandes verweist oder aber ein sachrechtliches Beschränkungsverbot darstellt, nicht gelöst. Es verbleiben damit die unter a), b) und c) dargestellten Deutungsmöglichkeiten des Herkunftslandprinzips.

1243 Als Ergebnis des parlamentarischen Verfahrens wurde offen gelassen, auf welchem dogmatischen Weg die Maßgeblichkeit des Sachrechts des Niederlassungsstaates des Diensteanbieters erreicht wird. Bei der schwierigen Umsetzung des Herkunftslandprinzips in deutsches Recht hat der Gesetzgeber daher sich möglichst eng am Wortlaut der Richtlinie orientiert, siehe hierzu: BT-Drs. 14/7345, S. 28, 59; Sonnenberger, in: MüKo-BGB, Band 10, Einl. IPR, Rn. 193 ff.

1244 Siehe hierzu: Martiny, in: MüKo-BGB, Band 10, Anh. III zu Art. 9 Rom I–VO, § 3 TMG, Rn. 38 f.; Spindler, in: Systemwechsel im europäischen Kollisionsrecht, 114 ff.; Mankowski, CR 2001, 630, 640; Lurger/Vallant, RIW 2002, 188, 196

1245 Beschlussempfehlung des Ausschusses für Wirtschaft und Technologie, Sitzung vom 8.10.2001, BT-Drs. 14/7345, S. 32.

1246 Lurger/Vallant, RIW 2002, 188, 196 (Fn. 95 m.w.N.

1247 Siehe zur Novellierung des TMG: Roßnagel, NVwZ 2007, 743 ff.; Kitz, ZUM 2007, 368 ff.; Mückl, JZ 2007, 1077 ff.

1248 Siehe hierzu: Martiny, in: MüKo-BGB, Band 10, Anh. III zu Art. 9, § 3 TMG, Rn. 5; Sack WRP 2002, 271, 277.

1249 Gesetzesentwurf der Bundesregierung, BT-Drs. 14/6098, S. 5.

1250 Elektronischer Geschäftsverkehr-Gesetz (EGG) vom 21.12.2001, BGBl. I 2001, S. 3721.

1251 Spindler, RIW 2002, 186, Fn. 42.

Die Lösung dieses Problems wurde somit letzten Endes Wissenschaft und Rechtsprechung überlassen[1252]. Nachdem der EuGH[1253] nunmehr davon ausgeht, dass es sich bei Art. 3 Abs. 1 ECRL um ein sachrechtliches Beschränkungsverbot handelt und eine Umsetzung von Art. 3 Abs. 1 ECRL in nationales Recht in Form einer Kollisionsnorm nicht erforderlich ist, ist § 3 Abs. 1 TMG dementsprechend als ein sachrechtliches Beschränkungsverbot zu interpretieren[1254].

(ii) Anbieter aus dem EU-Ausland

Von größerem Interesse für die vorliegende Untersuchung ist dagegen die Umsetzung von Art. 3 Abs. 2 ECRL durch § 3 Abs. 2 TMG in deutsches Recht. Der deutsche Umsetzungsgesetzgeber hatte sich bei der Schaffung der gleich lautenden Vorgängernorm § 4 Abs. 2 TDG a.F. dabei – wie auch im Rahmen von § 4 Abs. 1 TDG a.F. – stark am Wortlaut von Art. 3 Abs. 2 ECRL orientiert[1255]. Diese Regelung bestimmt, welches Recht auf Diensteanbieter von Telemedien mit Sitz in einem anderen Mitgliedstaat zur Anwendung gelangt, falls diese gegenüber Personen mit gewöhnlichem Aufenthalt im Inland Telemediendienste erbringen. § 3 Abs. 2 TMG ist im wesentlichen wortgleich mit Art. 3 Abs. 2 ECRL[1256]. Daher kann zur Beantwortung der Frage, ob es sich bei § 3 Abs. 2 TMG um eine Kollisionsnorm oder um ein sachrechtliches Beschränkungsverbot handelt, auf die zu Art. 3 Abs. 2 gemachten Ausführungen zurück gegriffen werden[1257].

(iii) Somit gilt im Hinblick auf niedergelassene Diensteanbieter mit Sitz in einem anderen EU-Mitgliedstaat bzw. EWR-Staat, die ihre Dienste in Deutschland im Wege einer Korrespondenzdienstleistung anbieten, dass zuerst das nach deutschen Kollisionsregeln anzuwendende Sachrecht zu bestimmen ist. In einem zweiten Schritt ist sodann zu prüfen, ob das aufgrund des deutschen Kollisionsrechts zur Anwendung berufene Sachrecht das grenzüberschreitende Erbringen von Telemediendiensten behindert. Ist dies der Fall, kommt das durch deutsches Kollisionsrecht zur Anwendung berufene Sachrecht, soweit es um Bestimmungen geht, die

1252 So auch Sonnenberger, MüKo-BGB, Band 10, Einl. IPR, Rn. 194 f.; Spindler, in: Gounalakis, Rechtshandbuch Electronic Business, § 12, Rn. 92.

1253 EuGH, Urt. v. 25.10.2011, verb. Rs. C-509/09 (eDate Advertising) und Rs. C-161/10 (Martinez und Martinez), EuZW 2011, 962, 965, Rn. 68.

1254 a.A. Sack, WRP, 2011, 513, 518, der die EuGH-Entscheidung, Urt. v. 25.10.2011, verb. Rs. C-509/09 (eDate Advertising) und Rs. C-161/10 (Martinez und Martinez), EuZW 2011, 962, 965, Rn. 68 dahingehend auslegt, dass es sich bei dem in Art. 3 Abs. 1 ECRL niedergelegten Herkunftslandprinzip um einen Günstigkeitsvergleich handele, während das in Art. 3 Abs. 2 ECRL statuierte Herkunftslandprinzip eine Sachnormverweisung ohne Günstigkeitsvergleich darstelle.

1255 Lurger/Vallant, RIW 2002, 188, 199; Sonneberger, in: MüKo-BGB, Band 10, Einl. IPR, Rn. 193 f.

1256 Sonnenberger, in: MüKo-BGB, Band 10, Einl. IPR, Rn. 194; Spindler, RIW 2002, 183, 186.

1257 Siehe 2. Teil, 3. Abschnitt, B.II.1.f.

das grenzüberschreitende Erbringen der Telemedien behindern, nicht zur Anwendung[1258]. Die durch das vom deutschen Kollisionsrecht zur Anwendung berufene Sachrecht aufgestellten Anforderungen sind gemäß § 3 Abs. 2 TMG auf die vom Sachrecht des Herkunftslandes aufgestellten Anforderungen zu reduzieren[1259].

Demnach darf die Freiheit zur Erbringung von Telemediendiensten im koordinierten Bereich der ECRL nicht beschränkt werden. Allerdings sind abweichend von diesem Grundsatz Einschränkungen zulässig, sofern eine der in § 3 Abs. 3–5 TMG aufgezählten Ausnahmen eingreift[1260].

2. Verhältnis der ECRL zur Rom I-VO sowie zur Rom II-VO

Nach Inkrafttreten der Rom I-VO sowie der Rom II-VO stellt sich die Frage nach dem Verhältnis zwischen der ECRL und den beiden Verordnungen.

a) Das Verhältnis zur Rom I-Verordnung

Gemäß Art. 23 Rom I-VO sollen Vorschriften des Gemeinschaftsrechts, die in besonderen Bereichen Kollisionsnormen enthalten, von der Anwendung der Rom I-VO unberührt bleiben[1261]. Hauptanwendungsgebiet der Norm sind primär konkurrierende Kollisionsnormen des europäischen Sekundärrechts im Bereich der vertraglichen Schuldverhältnisse, die in Richtlinien enthalten sind. Bei einer EU-rechtskonformen Auslegung der Norm ist auf das Richtlinienrecht in seiner umgesetzten Form abzustellen, nur dieses kann zur vorrangigen Anwendung berufen werden. Daher ist auch das nationale Recht, das eine Kollisionsnorm umsetzt, von dem Verweis in Art. 23 Rom I-VO erfasst[1262].

Es stellt sich die Frage, ob es sich bei § 3 Abs. 1, 2 TMG, durch welchen Art. 3 Abs. 1, 2 der ECRL in nationales Recht umgesetzt wurde, um eine solche Kollisionsnorm handelt. Laut Erwägungsgrund Nr. 40 Abs. 2 S. 2 der Rom I-VO sollen die durch die Verordnung zur Anwendung berufenen Sachnormen nicht die Vorschriften der ECRL berühren, d.h. durch die Anwendung der Rom I-VO soll keine Beschränkung der Freiheit des Waren- und Dienstleistungsverkehrs, wie sie durch Art. 3 Abs. 1, 2 ECRL ausgestaltet ist, erfolgen[1263]. Im Kommissionsvorschlag

---

1258 Pfeiffer in: Gounalakis, Hdb. Electronic Business, § 12, Rn. 9 ff.; Pfeiffer/Weller/Nordmeier, in: Spindler/Schuster, § 3 TMG, Rn. 7.

1259 Sack, EWS 2011, 513, 516.

1260 Siehe zu diesen Ausnahmen: Pfeiffer/Weller/Nordmeier, in: Spindler/Schuster, § 3 TMG, Rn. 11 ff.; Müller-Broich, Telemediengesetz, § 3 TMG, Rn. 9 ff.; Martiny, in: MüKo-BGB, Band 10, Anh. III zu Art. 9 Rom I-VO, § 3 TMG, Rn. 40 ff.

1261 Siehe zu Art. 23 Rom I-VO: Martiny, in: MüKo-BGB, Band 10, Art. 23 Rom I-VO, Rn. 7 ff.; Thorn, in: Rauscher, EZPR, Art. 23 Rom I-VO, Rn. 6 ff.; Ringe, in: jurisPK-BGB, Band 6. Art. 23 Rom I-VO, Rn. 6 ff.

1262 Ringe, in: jurisPK-BGB, Band 6, Art. 23 Rom I-VO, Rn. 8; Leible/Lehmann, RIW 2008, 528, 531.

1263 Siehe hierzu: Pfeiffer/Weller/Nordmeier, in: Spindler/Schuster, Art. 23 Rom I-VO, Rn. 6 ff.; Martiny, in: MüKo-BGB, Band 10, Art. 23 Rom I-VO, Rn. 18.

für eine Rom I-VO[1264] war dagegen noch mit Art. 22 lit. c) eine Bestimmung vorgesehen, wonach die Rom I-VO nicht die Anwendung oder den Erlass von Rechtsakten durch Organe der Europäischen Gemeinschaften berühren sollte, die Bestimmungen zur Förderung des reibungslosen Funktionierens des Binnenmarkts vorschreiben, soweit diese Bestimmungen nicht gemeinsam auf das durch das Internationale Privatrecht bezeichnete Recht Anwendung finden können.

Fraglich ist, wie sich das Verhältnis zwischen Art. 3 Abs. 1, 2 ECRL und der Rom I-VO gestaltet. Überwiegend[1265] wird die Ansicht vertreten, dass es sich bei Art. 3 Abs. 1, 2 ECRL nicht um eine Kollisionsnorm handele, die gemäß Art. 23 Rom I-VO vorrangig Anwendung finde. Teilweise wird auch eine Eigenschaft von Art. 3 ECRL als Kollisionsnorm i.S.v. Art. 23 Rom I-VO unter Verweis auf Art. 1 Abs. 4 ECRL mit dem Argument verneint, dass Art. 3 ECRL bei einer wörtlichen Auslegung keine kollisionsrechtlichen Vorgaben enthalte[1266].

Vereinzelt[1267] wird dagegen – allerdings ohne explizite Begründung – ein Vorrang von Art. 3 Abs. 1, 2 ECRL vor der Rom I-VO angenommen. Eine solche Betrachtungsweise steht jedoch im Widerspruch zur Rechtsprechung des EuGH[1268], wonach es sich bei Art. 3 Abs. 1, 2 ECRL nicht um eine Kollisionsnorm, sondern um ein sachrechtliches Prinzip handelt. Der Vorrang des Gemeinschaftsrechts gemäß Art. 23 Rom I-VO beschränkt sich auf Kollisionsnormen für vertragliche Schuldverhältnisse auf besonderen Gebieten, welche in gemeinschaftsrechtlichen Rechtsakten enthalten sind. Bei Art. 3 Abs. 1, 2 ECRL, umgesetzt in deutsches Recht durch § 3 Abs. 1, 2 TMG, handelt es sich gerade nicht um eine solche Kollisionsnorm. Im Übrigen spricht auch der Gang des Gesetzgebungsverfahrens gegen eine solche Betrachtungsweise. Während im Kommissionsentwurf[1269] der Rom I-VO noch mit Art. 22 lit. c) ein expliziter Hinweis enthalten war, dass die Anwendung von Rechtsakten, die in besonderen Bereichen Bestimmungen zur Förderung des reibungslosen Funktionierens des Binnenmarkts vorschreiben, nicht von der Rom I-VO berührt werden sollen, fehlt in der endgültigen Fassung der Rom I-VO ein

1264 Vorschlag für eine Verordnung des Europäischen Parlaments und des Rates über das auf vertragliche Schuldverhältnis anzuwendende Recht („Rom I"), KOM (2005) 650 endg.

1265 Martiny, in: MüKo-BGB, Band 10, Art. 23 Rom I-VO, Rn. 18; Sack, EWS 2011, 513, 514; Leible, in: Hüßtege/Mansel, BGB, Band 6, Art. 23 Rom I-VO, Rn. 9; offen gelassen von Ringe, in: jurisPK-BGB, Band 6, Art. 23, Rn. 17.

1266 Sack, EWS 2011, 513, 514.

1267 Clausnitzer/Woopen, BB 2008, 1798, 1807.

1268 EuGH, Urt. v. 25.10.2011, verb. Rs. C-509/09 (eDate Advertising) und Rs. C-161/10 (Martinez und Martinez), EuZW 2011, 962 ff.; der EuGH, Urt. v. 15.3.2012, Rs. C-292/10, BeckRS 2012, 80592, Rn. 70 hat die in seinem Urteil vom 25.10.2011 getroffene Wertung jüngst bestätigt.

1269 Vorschlag für eine Verordnung des Europäischen Parlaments und des Rates über das auf vertragliche Schuldverhältnis anzuwendende Recht („Rom I"), KOM (2005) 650 endg.

solcher Hinweis[1270]. Bei § 3 Abs. 1, 2 TMG, durch welchen Art. 3 Abs. 1, 2 ECRL in deutsches Recht umgesetzt worden ist, handelt es sich somit um keine Kollisionsnorm i.S.v. Art. 23 Rom I-VO.

b) Das Verhältnis zur Rom II-Verordnung

Eine Parallelvorschrift zu Art. 23 Rom I-VO befindet sich in Art. 27 Rom II-VO. Gemäß Art. 27 Rom II-VO soll die Rom II-VO nicht die Anwendung von Vorschriften des Gemeinschaftsrechts, die für besondere Gegenstände Kollisionsnormen für außervertragliche Schuldverhältnisse enthalten, berühren[1271]. Der Begriff „Vorschriften des Gemeinschaftsrechts" soll dabei auch grundsätzlich Richtlinien und deren nationale Umsetzungsgesetze umfassen[1272].

Erwägungsgrund Nr. 35 S. 1 der Rom II-VO, führt aus, dass durch Art. 27 Rom II-VO eine Aufteilung der Kollisionsnormen auf zahlreiche Rechtsakte sowie Unterschiede zwischen diesen Normen vermieden werden soll. Dagegen läuft die in Erwägungsgrund Nr. 35 S. 2 bis 4 getroffene Aussage auf das Gegenteil hinaus. Gemäß Erwägungsgrund Nr. 35 S. 4 der Rom II-VO soll der Anwendungsbereich der ECRL nicht durch die Rom II-VO eingeschränkt werden. Es stellt sich die Frage, wie dieser Konflikt aufzulösen ist.

Im Vermittlungsverfahren hatte sich das Europäische Parlament dafür eingesetzt, dass das Herkunftslandprinzip in den binnenmarktrelevanten Rechtsakten die kollisionsrechtliche Prüfung nach der Rom II-VO ersetzen sollte[1273]. Dies hätte vielfach direkt zur Anwendung des Rechts des Diensteanbieters geführt[1274]. Dagegen hatte sich der Rat im Vermittlungsverfahren ausdrücklich für einen Vorrang der Rom I-VO vor Art. 3 Abs. 1, 2 ECRL ausgesprochen[1275]. Schließlich einigte man sich auf die Einfügung von Erwägungsgrund Nr. 35 S. 4, der mit Art. 23 Abs. 2 des

1270 Hierauf weist Martiny, in: MüKo-BGB, Band 10, Art. 23 Rom I-VO, Rn. 18 hin und spricht sich auch gegen eine vorrangige Anwendung von § 3 Abs. 1, 2 TMG aus, begründet dies jedoch fälschlicherweise damit, dass im Anhang I zu Art. 22 lit. a) des Rom I-VO-Entwurfs (KOM(2005) 650 endg.) die ECRL aufgeführt gewesen sei. Dies ist jedoch nicht der Fall.

1271 Siehe zu Art. 27 Rom II-VO: Junker, in: MüKo-BGB, Band 10, Art. 27 Rom II-VO, Rn. 9 ff.; Jakob/Picht, in: Rauscher, EZPR, Art. 27 Rom II-VO, Rn. 1 ff.; Ludwig, in: jurisPK-BGB, Band 6, Art. 27 Rom II-VO, Rn. 1 ff.

1272 Junker, in: MüKo-BGB, Band 10, Art. 27 Rom II-VO, Rn. 9 ff.

1273 von Hein, VersR 2007, 440, 451; siehe zum Gesetzgebungsverfahren: Junker, in: Müko-BGB, Band 10, Art. 27 Rom II-VO, Rn. 4 ff.; von Hein ZVglRWiss. 102 (2003), 528, 560 f.; Jakob/Picht, in: Rauscher, EZPR, Art. 27 Rom II-VO, Rn. 1 ff.

1274 Wagner, in: FS-Kropholler, 715, 725; in: MüKo-BGB, Band 10, Art. 27 Rom II-VO, Rn. 18.

1275 Wagner, in: FS-Kropholler, 715, 725; Junker, in: MüKo-BGB, Band 10, Art. 27 Rom II-VO, Rn. 18.

Kommissionsentwurf[1276] der Rom II-VO identisch ist[1277]. Es handelt sich hierbei um einen politischen Kompromiss, der keine abschließende Klärung des Konkurrenzverhältnisses zwischen Rom II-VO und ECRL herbeiführt[1278].

Verbreitet wird in der Literatur[1279] hieraus die Schlussfolgerung gezogen, dass im Rahmen der Erbringung von Diensten der Informationsgesellschaft begangene Delikte einer Anknüpfung nach der Rom II-VO entzogen seien und vielmehr anhand des in Art. 3 Abs. 1, 2 ECRL verankerten kollisionsrechtliche Herkunftslandprinzip anzuknüpfen seien. Diese Auffassung ist abzulehnen, da Art. 3 Abs. 1, 2 der ECRL kein kollisionsrechtliches Herkunftslandprinzip statuiert, sondern es sich hierbei um einen sachrechtlichen Prüfungsmaßstab handelt. Nachdem der EuGH einen kollisionsrechtlichen Gehalt von Art. 3 Abs. 1, 2 ECRL verneint hat[1280], lässt sich nur noch schwerlich vertreten, dass das in Art. 3 Abs. 1, 2 ECRL verankerte Herkunftslandprinzip gemäß Art. 27 Rom II-VO der Anwendung der Rom II-VO vorgeht.

Demzufolge findet die Rom II-VO auch im Anwendungsbereich von Art. 3 Abs. 1, 2 ECRL Anwendung. In einem ersten Schritt ist im Anwendungsbereich der Rom II-VO anhand der Verordnung das anwendbare Sachrecht zu bestimmen. Erst in einem zweiten Schritt ist sodann anhand von Art. 3 Abs. 1, 2 ECRL, umgesetzt in deutsches Recht durch § 3 Abs. 1, 2 TMG zu prüfen, ob das durch die Rom II-VO Anwendung berufene Sachrecht nicht die Freiheit des Waren- oder Dienstleistungsverkehrs beschränkt[1281], indem es strengere Anforderungen an den

---

1276 Vorschlag für eine Verordnung des Europäischen Parlaments und des Rates über das auf außervertragliche Schuldverhältnisse anzuwendende Recht („ROM II"), KOM (2003), 427 endg.; siehe zu Art. 23 des Kommissionsentwurf: Leible/Engel, EuZW 2004, 7, 17.

1277 Art. 23 Abs. 2 des Kommissionsentwurfs vom 22.7.2003 lautet: „Diese Verordnung berührt nicht die Gemeinschaftsrechtsakte für besondere Bereiche, die in dem jeweils koordinierten Bereich die Erbringung von Dienstleistungen und die Lieferung von Waren den nationalen Bestimmungen unterwerfen, die im Hoheitsgebiet des Mitgliedstaats anwendbar sind, in dem der Dienstleistende niedergelassen ist, und die in dem koordinierten Bereich eine Beschränkung des freien Verkehrs von Dienstleistungen und Waren aus einem anderen Mitgliedstaat gegebenenfalls nur unter bestimmten Bedingungen erlauben."; kritisch hierzu: von Hein ZVglRWiss. 102(2003), 528, 560 f.

1278 Hierauf weist von Hein, ZEuP 2009, 6, 30 hin; siehe auch: Jakob/Picht, in: Rauscher, EZPR Art. 27 Rom II-VO, Rn. 4.

1279 Spickhoff, in: Bamberger/Roth, BeckOK-BGB, Art. 27 Rom II, Rn. 1; Dickinson, The Rome II Regulation, 2008, Rn. 16.33 ff.; Ludwig, in: jurisPK-BGB, Band 6, Art. 27 Rom II-VO, Rn. 3, 5; Leible/Lehmann, RIW 2007, 721, 729 für das Wettbewerbsrecht; dagegen krit. bis ablehnend an anderer Stelle: RIW, 2007, 721, 735.

1280 EuGH, Urt. v. 25.10.2011, verb. Rs. C-509/09 (eDate Advertising) und Rs. C-161/10 (Martinez und Martinez), EuZW 2011, 962, 965, Rn. 60.

1281 von Hein, in: ZEuP 2009, 6, 31 f.; Wagner, in: FS-Kropholler, 715, 725; Wagner, IPRax 2008, 1, 3; offen gelassen: Jakob/.

Diensteanbieter stellt als das Sachrecht des Herkunftslandes. Vereinzelt[1282] wird auch vorgeschlagen, das in Art. 3 Abs. 1, 2 ECRL verankerte Herkunftslandprinzip im Rahmen der Ausweichklausel des Art. 4 Abs. 3 Rom II-VO zu berücksichtigen.

c) Ergebnis

Das in Art. 3 Abs. 1, 2 ECRL verankerte Herkunftslandprinzip würde, sofern man Art. 3 ECRL einen kollisionsrechtlichen Gehalt zuspricht, grundsätzlich weder durch die Rom I-VO noch durch die Rom II-VO überlagert. Sieht man hingegen richtigerweise in Art. 3 Abs. 1, 2 ECRL ein sachrechtliches Prinzip, so ist zu prüfen, ob das durch die Rom I-VO bzw. das durch die Rom II-VO zur Anwendung berufene Sachrecht eine im Vergleich zum Herkunftsstaat des Diensteanbieters den freien Dienstleistungsverkehr beschränkende Regelung enthält. Ist dies der Fall, so kommt das Recht des Herkunftslandes zur Anwendung, falls das Recht des Gastlands strengere Anforderungen an den Diensteanbieter stellt.

3. Ausnahmen vom Herkunftslandprinzip

Wie bereits oben erwähnt, erfährt das Herkunftslandprinzip jedoch einige Einschränkungen. So sind vom koordinierten Bereich der ECRL u.a. die Freiheit der Rechtswahl durch Parteien (Art. 3 Rom I-VO; vormals Art. 27 EGBGB/Art. 3 EVÜ[1283]) und das Verbrauchervertragsrecht (Art. 6 Rom I-VO; vormals Art. 29 EGBGB/Art. 5 EVÜ) gemäß dem 5. Spgstr. bzw. 6. Spgstr. des Anhangs zu Art. 3 Abs. 3 der ECRL vom Herkunftslandprinzip ausgenommen[1284]. Der deutsche Gesetzgeber hat diese Vorgaben durch § 3 Abs. 3 TMG umgesetzt[1285]. Hingegen spielt das Herkunftslandprinzip im Zusammenhang mit Art. 4 Rom I-VO (vormals Art. 28 Abs. 2 EGBGB/Art. 4 Abs. 2 EVÜ) nur eine untergeordnete Rolle[1286], da im Rahmen der objektiven Anknüpfung auf Verträge in der Regel das Recht des Niederlassungsortes des Anbieters der charakteristischen Leistung zur Anwendung findet. Der Anbieter der charakteristischen Leistung ist im Regelfall das virtuelle Emissionshaus, so dass in diesem Punkt das in Art. 3 Abs. 1, 2 der ECRL verankerte Herkunftslandprinzip zum gleichen Ergebnis wie eine Anknüpfung über Art. 4 Rom I-VO führt[1287].

1282 von Hein, in: ZEuP 2009, 6, 32.

1283 Übereinkommen von Rom über das auf vertragliche Schuldverhältnisse anzuwendende Recht von 1980 (konsolidierte Fassung), ABl. EG Nr. C 27 v. 26.1.1998, S. 34.

1284 Siehe zu Einzelheiten: Lurger/Vallant, RIW 2002, 188, 190; Marly, in: Grabitz/Hilf, Band IV, A4, Art. 3, Rn. 27.

1285 Siehe hierzu: Martiny, in: MüKo-BGB, Band 10, Anh. III zu Art. 9 Rom I-VO, § 3 TMG, Rn. 40 ff.; Pfeiffer/Weller/Nordmeier, in: Spindler/Schuster, § 3 TMG, Rn. 11 ff.

1286 So auch Mankowski, ZVglRWiss 100(2001), 137, 156; Spindler, MMR-Beilage 7/2000, 4, 13.

1287 Martiny, in: MüKo-BGB, Band 10, Anh. III zu Art. 9 Rom I-VO, § 3 TMG, Rn. 42; Spickhoff, in: Bamberger/Roth, Beck OK-BGB, Art. 27 EGBGB, Rn. 12.

a) Keine Einschränkung der Freiheit der Rechtswahl

Der 5. Spgstr. des Anhangs zu Art. 3 Abs. 3 ECRL bestimmt, dass die Freiheit der Rechtswahl vom Herkunftslandprinzip der ECRL ausgenommen ist. Der deutsche Gesetzgeber hat diese Vorgabe in § 3 Abs. 3 Nr. 1 TMG umgesetzt[1288]. Dies hat zur Folge, dass sich die Zulässigkeit einer Rechtswahl ausschließlich nach Art. 3 Rom I-VO beurteilt. Diese Norm wird nicht durch das in Art. 3 Abs. 1, 2 ECRL verankerte Herkunftslandprinzip überlagert[1289].

b) Ausnahme des vertraglichen Verbraucherschutzes vom Herkunftslandprinzip

Weiterhin ist gemäß dem 6. Spgstr. des Anhangs zu Art. 3 Abs. 3 ECRL, umgesetzt in deutsches Recht durch § 3 Abs. 3 Nr. 2 TMG, der vertragliche Verbraucherschutz vom Herkunftslandprinzip ausgenommen[1290].

Es stellt sich die Frage, ob es sich bei Anlegern um Verbraucher i.S.d. ECRL bzw. des TMG handelt. Teilweise[1291] wird dies mit der Begründung, dass Anleger mit ihren Geschäften Gewinn erzielen wollen, bezweifelt. Eine Definition des Verbraucherbegriffs befindet sich in Art. 2 e) der ECRL. Demnach ist Verbraucher jede Person, die nicht zu gewerblichen oder beruflichen Zwecken handelt. Die Auslegung des Verbraucherbegriffs kann auch im Kontext mit anderen europarechtlich Normen erfolgen, die ebenfalls den Verbraucherbegriff verwenden. So wurde der Verbraucherbegriff des Art. 13 EuGVÜ und der des Art. 6 Rom I-VO[1292], wie auch schon im Rahmen des Art. 29 EGBGB a.F./Art. 5 EVÜ, dahingehend ausgelegt, dass jegliche nicht der beruflichen oder gewerblichen Sphäre der Vertragspartei unterfallende Tätigkeit die Verbrauchereigenschaft zu begründen vermag. Hieraus folgt, dass Anleger solange als Verbraucher aufzufassen sind, wie der Erwerb von Wertpapieren nicht zu ihrer beruflichen Tätigkeit gehört[1293]. Der Gesetzgeber der ECRL hat sich somit bei der Definition des Verbraucherbegriffs in Art. 2 e) der ECRL

1288 Siehe zu § 3 Abs. 3 Nr. 1 TMG: Pfeiffer/Weller/Nordmeier, in: Spindler/Schuster, § 3 TMG, Rn. 12; Martiny, in: MüKo-BGB, Band 10, Anh. III zu Art. 9 Rom I-VO, § 3 TMG, Rn. 41.

1289 Siehe hierzu: Martiny, in: MüKo-BGB, Band 10, Anh. III zu Art. 9 Rom I-VO, § 3 TMG, Rn. 41 ff.; (zur Vorgängernorm Art. 27 EGBGB): Marly, in: Grabitz/Hilf, Band IV, A4, Art. 3, Rn. 27; Spindler, in: Gounalakis, Rechtshandbuch Electronic Business, § 12, Rn. 47

1290 Martiny, in: MüKo-BGB, Band 10, Anh. III zu Art. 9 Rom I-VO, § 3 TMG, Rn. 43 ff.; Pfeiffer/Weller/Nordmeier, in: Spindler/Schuster, § 3 TMG, Rn. 13.

1291 Koch, IPRax 1995, 71 f.

1292 Siehe zur Auslegung des Verbraucherbegriffs im Rahmen der Rom I-VO: Martiny, in: MüKo-BGB, Band 10, Art. 6 Rom I-VO, Rn. 6 f.; Leible/Lehmann, RIW 2008, 528, 536; Martiny, in: Reithmann/Martiny, Internationales Vertragsrecht, Rn. 4177.

1293 Kümpel, WM 2005, 1, 6; EuGH, Urt. v. 19.1.1993, Rs C – 89/91 (Shearson Lehman Hutton Inc./TVB Treuhandgesellschaft für Vermögensverwaltung und Beteiligungen mbH), NJW 1993, 1251, 1252; Vorlagebeschluss dazu BGH,

an anderen europäischen Rechtsakten orientiert und fasst den Anlegerschutz als besonderen Fall des Verbraucherschutzes auf, wie ein Blick auf Art. 3 Abs. 4 ECRL zeigt.

Es ist zu klären, was unter vertraglichem Verbraucherschutz i.S.d. ECRL zu verstehen ist. Der deutsche Gesetzgeber vertritt hierzu die Auffassung[1294], dass die Ausnahme vom Herkunftslandprinzip für den vertraglichen Verbraucherschutz nur eingreift, falls es sich um Gesetze handelt, die sich spezifisch an Verbraucher richten. Dies hat zur Folge, dass Normen des vormaligen VerbrKrG, HTWG und AGBG – nunmehr §§ 491, 312f, 305, BGB – unter den 6. Spgstr. des Anhangs zu Art. 3 Abs. 3 ECRL bzw. unter § 3 Abs. 3 Nr. 2 TMG subsumiert werden können und daher nicht das Herkunftslandprinzip zur Anwendung gelangt. Verallgemeinernd lässt sich sagen[1295], dass alle Normen, welche sich an Verbraucher richten, als Verbraucherschutznormen i.S.d. 6. Spgstr. des Anhangs zu Art. 3 Abs. 3 ECRL qualifiziert werden können und somit nicht dem Herkunftslandprinzip unterfallen. Erwägungsgrund Nr. 11 der ECRL stützt diese Ansicht, da hier eine explizite Aufzählung der dem Verbraucherschutz dienenden Normen vorgenommen wird. Dagegen fielen Gesetze, die sich nicht speziell an Verbraucher richten, nicht unter die Ausnahme vom Herkunftslandprinzip, weshalb Ansprüche aus § 280 Abs. 1 BGB i.V.m. §§ 311 Abs. 2, 241 Abs. 2 BGB und allgemein vertragliche Normen nicht der Ausnahme unterfielen[1296]. Diese Sichtweise würde den vertraglichen Verbraucherschutz auf die in Art. 46b Abs. 3 EGBGB (vormals Art. 29a Abs. 4 EGBGB) enumerierten Richtlinien reduzieren.

Andere[1297] wiederum interpretieren den Begriff des vertraglichen Verbraucherschutzes weitreichender und stellen nur darauf ab, ob ein Verbrauchervertrag vorliegt. Ist dies der Fall, so komme hinsichtlich aller vertraglichen Fragen das Herkunftslandprinzip nicht zur Anwendung, weshalb dann auch Ansprüche aus § 280 Abs. 1 BGB i.V.m. §§ 311 Abs. 2, 241 Abs. 2 BGB nicht dem Herkunftslandprinzip unterfielen. Unter dem Gesichtspunkt der Einheitlichkeit der Rechtsordnung ist es sinnvoll, den Begriff des vertraglichen Verbraucherschutzes in Anlehnung an Art. 6 Rom I-VO auszulegen[1298].

Beschluss v. 29.1.1991, XI ZR 17/90, WM 1991, 361 f.; BGH, Beschluss v. 23.5.1993, XI ZR 45 und 59/91, WM 1993, 1215 f.; Spindler, ZHR 165(2001), 324, 342.

1294 Begr. RegE zu § 4 Abs. 3 Nr. 2 TDG a.F. (nunmehr § 3 Abs. 3 Nr. 2 TMG), BT-Drs. 14/6098, S. 18.

1295 So Spindler, ZHR 165(2001), 324, 343; Spindler, in: Gounalakis, Rechtshandbuch Electronic Business, § 9, Rn. 49, der aber den Begriff des vertraglichen Verbraucherschutzes weitergehend auslegt.

1296 Begr. RegE zu § 4 Abs. 3 Nr. 2 TDG a.F., BT-Drs. 14/6098, S. 18.

1297 Marly, in: Grabitz/Hilf, Band IV, A4, Art. 3, Rn. 28; Spindler, in: Gounalakis, Rechtshandbuch Electronic Business, § 9, Rn. 50; Martiny, in: MüKo-BGB, Band 10, Anh. III zu Art. 9 Rom I-VO, Rn. 45.

1298 Siehe Pfeiffer/Weller/Nordmeier, in: Spindler/Schuster, § 3 TMG, Rn. 13.

Obiger Streit verliert jedoch an Bedeutung, wenn man Art. 6 Rom I-VO (vormals Art. 29 EGBGB/Art. 5 EVÜ) ebenfalls als Norm des vertraglichen Verbraucherschutzes auffasst, da man dann über den Umweg dieser Norm zur Anwendung deutscher Vorschriften beim Vorliegen eines Verbrauchervertrages gelangt. Art. 6 Abs. 1 Rom I-VO statuiert, dass bei Vorliegen eines solchen Vertrages das Recht des Staates, in dem der Verbraucher seinen gewöhnlichen Aufenthalt hat, zur Anwendung gelangt, falls keine Rechtswahl wirksam getroffen worden ist.

Grundsätzlich gehören auch kollisionsrechtliche Normen zu den Vorschriften des vertraglichen Verbraucherschutzes, folglich auch Art. 6 Rom I-VO sowie Art. 46b EGBGB (vormals Art. 29a EGBGB[1299]). Zwar stößt eine solche Betrachtungsweise in der Literatur auf Kritik[1300], doch folgt dieses Ergebnis aus Art. 1 Abs. 4 ECRL, da gerade keine neuen Regelungen auf dem Gebiet des Internationalen Privatrechts geschaffen werden sollen und der Gesetzgeber auch nicht in bestehende Staatsverträge bzw. die Rom I-VO eingreifen wollte[1301].

Für eine Qualifikation des Art. 6 Rom I-VO als verbraucherschützende Norm sprechen auch Erwägungsgründe 55 und 56 der ECRL. Ausweislich dieser Erwägungsgründe soll die Richtlinie das sich aus Verbraucherverträgen ergebende Recht im Hinblick auf vertragliche Schuldverhältnisse nicht berühren und das durch zwingende Vorschriften des mitgliedstaatlichen Rechts gewährte Schutzniveau für Verbraucher nicht herabsetzen. Art. 6 Rom I-VO stellt darauf ab, ob eine Vertragspartei Verbraucher ist. Unerheblich ist hierbei, ob auch ein konkretes Gesetz eine Verbraucherschutzvorschrift ist. Vielmehr kommt es darauf an, dass Sinn und Zweck des Gesetzes der Schutz der schwächeren Vertragspartei ist. Somit sind alle Vorschriften, welche den schwächeren Vertragsteil schützen sollen, zur Anwendung berufen. Auf diesem Wege gelangt man schließlich auch, je nach kollisionsrechtlicher Qualifikation, zur Anwendung anlegerschützenden Kapitalmarktrechts, sofern dieses auf vertraglichen Ansprüchen beruht.

Aus der Formulierung „vertraglicher Verbraucherschutz" folgt allerdings, dass nur vertragliche Ansprüche vom Herkunftslandprinzip ausgenommen sein sollen, nicht jedoch deliktische. Zu diesem Ergebnis gelangt man entweder über Art. 6 Rom I-VO, falls man nur verbraucherschützende Normen vom Herkunftslandprinzip ausnehmen will, oder aber direkt, falls man den 6. Spgstr. des Anhangs zu Art. 3 Abs. 3 ECRL bzw. § 3 Abs. 3 Nr. 2 TMG dahingehend interpretiert, dass alle vertraglichen Ansprüche bei Vorliegen eines Verbrauchervertrages nicht dem Herkunftslandprinzip unterfallen.

1299 Marly, in: Grabitz/Hilf, Band IV, A4, Art. 3, Rn. 28; Spindler, in: Gounalakis, Rechtshandbuch Electronic Business, § 9, Rn. 51; Magnus, in: Staudinger (2002), Art. 29 EGBGB, Rn. 71.

1300 So Waldenberger, EuZW 1999, 296, 298 zu Art. 29a EGBGB, der Vorgängernorm des Art. 46b EGBGB.

1301 Mankowski, MMR-Beilage 7/2000, 22, 23; Martiny, in: MüKo-BGB, Band 10, Anh. III zu Art. 9 Rom I-VO, § 3 TMG, Rn. 43.

4. Weitere Vorgehensweise

Nachdem abstrakt gezeigt wurde, in welchen Bereichen Veränderungen durch die ECRL eingetreten sind, sollen nun die Auswirkungen des Herkunftslandprinzips auf die Geltendmachung von Schadensersatzansprüchen gegen das virtuelle Emissionshaus – sowie bei einer Direktemission gegen den Emittenten – wegen Beratungsfehlern und Prospekthaftung an Hand der einzelnen Anspruchsgrundlagen untersucht werden. Insbesondere soll untersucht werden, wann ein Verbrauchervertrag vorliegt und welche Ansprüche deliktischer Natur sind. Es wird zu untersuchen sein, ob und inwieweit die ECRL zu anderen Ergebnissen führt als das nach der Rom I-VO und Rom II-VO anwendbare Recht. Dabei soll zuerst geprüft werden, welches Recht durch die Rom I-VO und die Rom II-VO sowie – soweit einschlägig – nach deutschem IPR anzuwenden ist. In einem zweiten Schritt ist dann zu prüfen, ob ein Anspruch des Anlegers gegen das virtuelle Emissionshaus sowie den Emittenten in den koordinierten Bereich der ECRL fällt und damit das Herkunftslandprinzip zur Anwendung gelangt. Dies könnte nicht zuletzt von der gewählten Anspruchsgrundlage abhängig sein.

So ist für alle Ansprüche der in Deutschland ansässigen Anleger gegen ein virtuelles Emissionshaus aus einem anderen EU-Mitgliedstaat bzw. EWR-Staat – bei diesen handelt es sich um einen Anbieter von Diensten der Informationsgesellschaft –, die in den koordinierten Bereich der ECRL fallen und nicht auf einem Schuldverhältnis aus einem Verbrauchervertrag beruhen, gemäß Art. 3 Abs. 2 ECRL, umgesetzt in deutsches Recht durch § 3 Abs. 2 TMG, das Recht des Herkunftsstaates des Diensteanbieters maßgeblich, sofern durch die Anwendung deutschen Rechts die Freiheit der Erbringung von Diensten der Informationsgesellschaft eingeschränkt würde.

III. Qualifikation der einzelnen Anspruchsgrundlagen

Um das anwendbare Recht zu bestimmen, bedarf es zunächst einer kollisionsrechtlichen Qualifikation der einzelnen Anspruchsgrundlagen. Diese erfolgt nach h.M.[1302] nach der lex fori, sofern es nicht um die Auslegung von Staatsverträgen geht. Art. 27–37 EGBGB a.F., mit Ausnahme von Art. 29a EGBGB a.F. (nunmehr Art. 46b EGBGB), beruhten auf dem EVÜ, so dass hier die Qualifikation aus dem Abkommen heraus vorgenommen werden musste. Lediglich deliktische Ansprüche waren vor Inkrafttreten der Rom II-VO nach der lex fori zu qualifizieren, da Art. 40–42 EGBGB a.F. nicht auf einem Staatsvertrag beruhten.

Dagegen ist im Rahmen der Rom I-VO sowie der Rom II-VO eine kollisionsrechtliche Qualifikation europarechtlich autonom, vom nationalen Recht losgelöst, aus der jeweiligen Verordnung heraus vorzunehmen[1303]. Dabei ist darauf zu achten,

---

1302 Martiny, in: Reithmann/Martiny, Internationales Vertragsrecht, Rn. 144, 160; Sonneberger, in: MüKo-BGB, Band 10, Einl. IPR, Rn. 495 f.

1303 Martiny, in: Reithmann Martiny, Internationales Vertragsrecht, Rn. 37.

dass eine Auslegung im Zusammenhang mit anderen europäischen Kollisionsnormen, wie beispielsweise der EuGVO[1304], erfolgt[1305].

1. Ansprüche aus § 21 Abs. 1, 2 WpPG

Voraussetzung für das Vorliegen eines Anspruchs gemäß § 21 Abs. 1, 2 WpPG (vormals § 44 Abs. 1, 2 BörsG a.F.) ist eine inländische Börsenzulassung[1306]. Sind die Aktien eines Emittenten nur an einer Börse im Ausland notiert, so gelangt man gegebenenfalls über § 22 WpPG (vormals § 13 Abs. 1 VerkProspG) zu einem Anspruch gemäß § 21 Abs. 1, 2 WpPG[1307]. Sind dagegen Aktien sowohl an einer in- wie auch an einer ausländischen Börse gelistet, so besteht ein Anspruch nur unter den besonderen Voraussetzungen des § 21 Abs. 3 WpPG. Gemäß § 21 Abs. 3 WpPG ist Voraussetzung für einen Anspruch gemäß § 21 Abs. 1, 2 WpPG, dass Wertpapiere auf Grund eines Inlandsgeschäfts oder einer ganz bzw. teilweise im Inland erbrachten Wertpapierdienstleistung erworben worden sind[1308]. Sinn und Zweck dieser Regelung ist es, die Haftung eines ausländischen Emittenten, dessen Aktien an mehreren Börsen zugelassen sind, dahingehend zu beschränken, dass er bei ausschließlich im Ausland erfolgten Erwerbsvorgängen nicht mit einer Prospekthaftung nach deutschen Recht rechnen muss[1309].

Internationalprivatrechtlich ist umstritten, ob es sich bei § 21 Abs. 3 WpPG um eine reine Sachnorm[1310] handelt oder um eine solche, in der sich eine spezielle Kollisionsnorm[1311] verbirgt. Von der Beantwortung dieser Frage hängt es ab, ob nach Bejahung des Vorliegens eines Inlandsgeschäfts von einer Anwendbarkeit der Norm auszugehen oder aber in einem Schritt vorher zu ermitteln ist, ob überhaupt deutsches Recht zur Anwendung berufen ist. Ersteres wäre der Fall, wenn man § 21 Abs. 3 WpPG als Sachnorm mit kollisionsrechtlichem Gehalt auffassen würde, letzteres dann, wenn man diese Norm als reine Sachnorm betrachten würde. Während eine Sachnorm auf der Rechtsfolgenseite eine Sachentscheidung

1304 Verordnung (EG) Nr. 44/2001 des Rates vom 22. Dezember 2000 über die gerichtliche Zuständigkeit und die Anerkennung und Vollstreckung von Entscheidungen in Zivil- und Handelssachen, ABl. EG Nr. L 12 v. 16.1.2001, S. 1.

1305 Siehe hierzu: Bitter, IPRax 2008, 96 ff.

1306 Floer, 60; Bischoff, AG 2002, 489, 494; Hamann, in: Schäfer, Wertpapierhandelsgesetz, §§ 45, 46 BörsG n.F., Rn. 24; Weber, WM 2008, 1581, 1587.

1307 Bischoff, AG 2002, 489, 490.

1308 Groß, Kapitalmarktrecht, § 21 WpPG, Rn. 72; Schwark, in: Schwark/Zimmer, Kapitalmarktrechts-Kommentar, § 44, 45 BörsG, Rn. 41.

1309 Groß, Kapitalmarktrecht, § 21 WpPG, Rn. 72; Schwark, in: Schwark/Zimmer, Kapitalmarktrechts-Kommentar, § 44, 45 BörsG, Rn. 41; Bischoff, AG 2002, 489, 490; BT-Drs. 13/8933, S. 79; zurückhaltend: Oulds, in: Kümpel/Wittig, Rn. 15.525 f.

1310 In diesem Sinne: Bischoff, AG 2002, 489, 492; Floer, 130.

1311 In diesem Sinne: Schwark, in: Schwark/Zimmer, Kapitalmarktrechts-Kommentar, §§ 44, 45 BörsG, Rn. 41

anordnet, bestimmt eine Kollisionsnorm das für eine Sachentscheidung maßgebliche Recht[1312].

Wendet man diese Differenzierung auf § 21 Abs. 3 WpPG an, so kommt man zu dem Ergebnis, dass es sich um eine Sachnorm handelt, da diese Norm nicht eine bestimmte Rechtsordnung zu Anwendung beruft sondern zusätzliche Erfordernisse aufstellt, unter denen ein Anspruch gemäß § 21 Abs. 1, 2 WpPG besteht. Es handelt sich mithin bei § 21 Abs. 3 WpPG um eine reine Sachnorm[1313], nicht um eine Kollisionsnorm[1314].

Da es sich bei § 21 Abs. 3 WpPG um eine reine Sachnorm handelt, die keine Antwort auf die Frage nach dem anwendbaren Recht gibt, bedarf es einer gesonderten Klärung dieser Frage. Ob börsengesetzliche Prospekthaftungsansprüche dem Vertragsstatut und damit dem Anwendungsbereich der Rom I-VO oder dem Deliktsstatut und damit dem Anwendungsbereich der Rom II-VO unterfallen, hängt von der sachrechtlichen Qualifikation des § 21 WpPG ab.

a) Rechtsnatur des § 21 WpPG

Die Rechtsnatur der börsengesetzlichen Prospekthaftung ist nicht unumstritten; es werden hierzu drei Theorien vertreten.

aa) Theorie der kraft Gesetzes eintretenden Vertrauenshaftung

Teilweise[1315] wird die Ansicht vertreten, dass es sich bei der börsengesetzlichen Prospekthaftung um eine kraft Gesetzes eintretende Vertrauenshaftung handelt. Begründet wird dies u.a. damit, dass die Rechtsprechung[1316] die allgemein bürgerlich-rechtliche Prospekthaftung als Vertrauenshaftung qualifiziere[1317]. Auch wird eine BGH-Entscheidung zur Frage der Zulässigkeit der Einlagenrückgewähr als

---

1312 So Bischoff, AG 2002, 489, 490; Kropholler, IPR, § 13 II.2. (S. 108).

1313 Bischoff, AG 2002, 489, 490; Harmann, in: Schäfer, Wertpapierhandelsgesetz, §§ 45, 46 BörsG n.F., Rn. 24 zu § 45 Abs. 3 BörsG i.d.F. v. 8.9.1998, der inhaltlich mit dem neuen § 21 Abs. 3 WpPG identisch ist; Floer, 130.

1314 Nach Schwark, in: Schwark/Zimmer, Kapitalmarktrechts-Kommentar, §§ 44, 45 BörsG, Rn. 41 handelt es sich dagegen bei § 44 Abs. 3 BörsG a.F. (nunmehr § 21 Abs. 3 WpPG) um eine Sachnorm, in welcher sich eine Kollisionsnorm verbirgt. Dieser Auffassung kann jedoch wie soeben dargelegt nicht gefolgt werden.

1315 Hamann, in: Schäfer, Wertpapierhandelsgesetz, §§ 45, 46 BörsG a.F., Rn. 18; Schwark, in: Schwark/Zimmer, Kapitalmarktrechts-Kommentar, §§ 44, 45 BörsG, Rn. 7; Groß, Kapitalmarktrecht, § 21 WpPG, Rn. 9.

1316 So z.B. BGH, Urt. v. 6.10.1980, II ZR 60/80, NJW 1981, 1449, 1450; BGH, Urt. v. 15.12.2005, III ZR 424/04, NZG 2006, 862, 863, Rn. 15.

1317 Hamann, in: Schäfer, Wertpapierhandelsgesetz, §§ 45, 46 BörsG a.F., Rn. 18; Schwark, in: Schwark/Zimmer, Kapitalmarktrechts-Kommentar, §§ 44, 45 BörsG, Rn. 7.

Beleg für diese Ansicht herangezogen[1318]. Dem stehe auch nicht entgegen, dass es an einem konkreten rechtsgeschäftlichen Kontakt fehle, da die besondere allgemeine Teilnahme am rechtsgeschäftlichen Verkehr eine Vertrauenshaftung begründe.

bb) Theorie der rechtsgeschäftlichen Erklärung/vertragsähnlicher Anspruch

Köndgen[1319] wiederum vertritt die Ansicht, dass die Prospekthaftung Ausfluss einer vertraglichen oder zumindest vertragsähnlichen Haftung sei. Er begründet dies damit, dass der Prospekt ein mit Rechtsbindungswillen abgegebenes generelles Qualitätsversprechen hinsichtlich der Vermögensanlage enthalte, das mit Erwerb der Wertpapiere Bestandteil des individuell abgeschlossenen Vertrages werde.

cc) Theorie der deliktischen Haftung

Schließlich wird die Ansicht vertreten[1320], Ansprüche aus § 21 WpPG seien deliktsrechtlicher Natur und unterfielen daher dem Deliktsstatut. Begründet wird dies damit, dass unrichtige Angaben im Prospekt eine Verletzung vorvertraglicher (Informations-) Verkehrspflichten darstellten. Darüber hinaus fehle es oftmals auch an einer vertraglichen Beziehung zwischen Emittenten und Anleger, beispielsweise, wenn Wertpapiere nicht von einer Konsortialbank oder im Wege eines Zweiterwerbs erlangt werden.

dd) Stellungnahme

§ 21 WpPG greift unabhängig vom Bestehen einer Vertragsbeziehung zwischen Emittenten und Erwerber ein. Eine Klassifikation der börsengesetzlichen Prospekthaftung als Vertragshaftung lässt sich daher nicht überzeugend begründen und ist abzulehnen. Erwirbt der Anleger nicht im Rahmen eines Primärgeschäfts von einer Konsortialbank, sondern von einer nicht dem Emissionskonsortium angehörenden Bank oder im Wege eines Sekundärgeschäfts von einem Ersterwerber Wertpapiere, so besteht keine vertragliche Beziehung zwischen Prospektunterzeichner und geschädigtem Anleger[1321]. Dies spricht dagegen, Ansprüche aus börsengesetzlicher Prospekthaftung als eine Art Vertragshaftung aufzufassen.

Auch die Klassifizierung als eine kraft Gesetz eintretende Vertrauenshaftung vermag nicht zu überzeugen. Denn seit der Börsengesetzreform von 1998 ist für die Geltendmachung eines Prospekthaftungsanspruchs lediglich Voraussetzung, dass der Geschädigte innerhalb von sechs Monaten nach Prospektveröffentlichung

1318 Groß, Kapitalmarktrecht, § 21 WpPG, Rn. 9 interpretiert die Entscheidung des BGH, Urt. v. 31.5.2011, II ZR 141/09, NJW 2011, 2719, 2720, Rn. 17 dahingehend.

1319 Köndgen, AG 1983, 85, 91.

1320 Bischoff, AG 2002, 489, 491; Schütze, in: Assmann/Schütze, Hdb. KapitalanlageR, § 6, Rn. 28; Mankowski, in: Reithmann/Martiny, Internationales Vertragsrecht, Rn. 2530; von Hein, in: FS-Hopt, 371, 384 ff.; Weber, WM 2008, 1581; Floer, 148.

1321 Hamann, in: Schäfer, Wertpapierhandelsgesetz, §§ 45, 46 BörsG a.F., Rn. 17; Bischoff, AG 2002, 489, 491.

Wertpapiere erworben hat, § 21 Abs. 1 WpPG[1322]. Erforderlich ist dagegen nicht, dass der geschädigte Anleger den Prospekt erhalten hat[1323]. Vielmehr vermutet die Vorschrift eine Kausalität zwischen Prospektveröffentlichung und Aktienerwerb. Diese Konstruktion entspricht weniger der klassischen Rechtsschein- bzw. Vertrauenshaftung als vielmehr einer gegenüber einem unbestimmten Adressatenkreis wirkenden Verkehrspflicht, da es nicht darauf ankommt, ob der geschädigte Anleger auf die Angaben im Prospekt vertraut hat[1324]. Der Prospektpflichtige ist sämtlichen Anlegern gegenüber zur umfassenden und zutreffenden Prospektpublizität verpflichtet[1325]. Die Theorie der kraft Gesetzes eintretenden Vertrauenshaftung ist daher ebenfalls abzulehnen. Prospekthaftungsansprüche gemäß § 21 Abs. 1, 2 WpPG sind deliktischer Natur und unterfallen somit dem Deliktsstatut.

b) Anwendbarkeit der Rom II-VO auf spezialgesetzliche Prospekthaftungsansprüche

Es stellt sich die Frage, ob Ansprüche aus spezialgesetzlicher Prospekthaftung dem Anwendungsbereich der Rom II-VO unterfallen[1326].

Die Rom II-VO regelt mit Ausnahme der in Art. 1 Abs. 2 Rom II-VO aufgeführten Bereichsausnahmen das Kollisionsrecht für außervertragliche Schuldverhältnisse. Der Begriff des außervertraglichen Schuldverhältnisses ist gemäß Erwägungsgrund Nr. 11 der Rom II-VO europarechtlich autonom auszulegen. Aus Art. 1 Abs. 1 S. 1 i.V.m. Art. 2 Abs. 1 Rom II-VO folgt, dass hierzu neben unerlaubten Handlungen auch Ansprüche aus ungerechtfertigter Bereicherung, Geschäftsführung ohne Auftrag und Verschulden bei Vertragsverhandlungen (culpa in contrahendo) zählen[1327].

Gemäß Art. 1 Abs. 2 lit. c) Rom II-VO sind Schuldverhältnisse aus Wechseln, Schecks und anderen handelbaren Wertpapieren, sofern die Verpflichtungen aus deren Handelbarkeit entstehen, vom Anwendungsbereich der Rom II-VO ausgenommen[1328]. Diese Bereichsausnahme entspricht insoweit Art. 1 Abs. 2 lit. c) EVÜ. Nach dem Bericht Giuliano/Lagarde zum EVÜ[1329] war Sinn und Zweck dieser Ausnahme die detaillierten, auf diesen Bereich abgestimmten Regelungen der

---

1322 Hierauf weist Bischoff, AG 2002, 489, 491 hin.

1323 Siehe hierzu: Schwark, in: Schwark/Zimmer, Kapitalmarktrechts-Kommentar, §§ 44, 45 BörsG, Rn. 46; Groß, 5. Auflage, § 21 WpPG, Rn. 70.

1324 Bischoff, AG 2002, 489, 491.

1325 Floer, 134.

1326 Siehe hierzu: von Hein, in: FS-Hopt, 371 ff.; Weber, WM 2008, 1581 ff.; Tschäpe,/ Kramer/Glück, RIW 2008, 657 ff.

1327 Junker, in: MüKo-BGB, Band 10, Art. 1 Rom II-VO, Rn. 5; Unberath/Cziupka, in: Rauscher, EuZPR, Art. 1 Rom II-VO, Rn. 16.

1328 Siehe hierzu: von Hein, in: FS-Hopt, 371, 379 ff.; Junker, in: MüKo-BGB, Band 10, Art. 1 Rom II-VO, Rn. 33 ff.; Wurmnest, in: jurisPK-BGB, Band 6, Art. 1 Rom II-VO, Rn. 45.

1329 Bericht Giuliano/Lagarde, ABl. EG Nr. C 282 v. 31.10.1980, S. 1, 11.

Genfer Konventionen vom 7.6.1930[1330] bzw. 19.3.1931[1331] nicht zu unterlaufen[1332]. Bei Inhaber- sowie Namensaktien handelt es sich um andere handelbare Wertpapiere[1333]. Allerdings sind Ansprüche aus spezialgesetzlicher Prospekthaftung nicht von dieser Bereichsausnahme erfasst, da diese nicht aus der Handelsbarkeit des Wertpapier folgen und auch nicht wertpapiermäßig verbrieft sind[1334]. Sie gehen bei einer Veräußerung der Wertpapiere nicht auf den jeweiligen Erwerber über[1335]. Vielmehr handelt es sich um Ansprüche wegen Verletzung von Informationspflichten, die auch noch nach der Veräußerung des Wertpapiers geltend gemacht werden können[1336].

Fraglich ist, ob die Bereichsausnahme des Art. 1 Abs. 2 lit. d) Rom II-VO vorliegend einschlägig ist. Gemäß Art. 1 Abs. 2 lit. d) Rom II-VO sind außervertragliche Schuldverhältnisse, die sich aus dem Gesellschaftsrecht ergeben, wie beispielsweise die Errichtung durch Eintragung oder auf andere Weise, die Rechts- und Handlungsfähigkeit, die innere Verfassung und die Auflösung von Gesellschaften, die persönliche Haftung der Gesellschafter und der Organe für die Verbindlichkeiten einer Gesellschaft sowie die persönliche Haftung der Rechnungsprüfer gegenüber einer Gesellschaft oder ihren Gesellschaftern bei der Pflichtprüfung der Rechnungslegungsunterlagen, vom Anwendungsbereich der Rom II-VO ausgenommen[1337]. Diese Bereichsausnahme entspricht Art. 1 Abs. 2 lit. e) EVÜ. Laut der Begründung des Vorschlags der Kommission für eine Verordnung über das auf außervertragliche Schuldverhältnisse anzuwendende Recht sei eine solche Bereichsausnahme erforderlich, da sich Haftungsfragen nicht von dem für Unternehmensformen geltenden Recht trennen ließen[1338].

1330 Genfer Übereinkommen über Bestimmungen auf dem Gebiet des internationalen Wechselprivatrechts v. 7.6.1930, RGBl. 1933 II, S. 444; siehe hierzu: Magnus, in: Staudinger, Band IVR 1, Anhang I zu Art. 1 Rom I-VO, Rn. 3 ff.

1331 Genfer Übereinkommen über Bestimmungen auf dem Gebiet des internationalen Scheckprivatrechts v. 19.3.1931, RGBl. 1933 II, S. 594.

1332 Hierauf weist Schmitt, BKR 2010, 366, 368 hin.

1333 von Hein, in: FS-Hopt, 371, 379; Junker, in: MüKo-BGB, Band 10, Art. 1 Rom II-VO, Rn. 34; siehe zu Inhaber- und Namensaktien: Vatter, in: Spindler/Stilz, § 10 AktG, Rn. 6 ff.; Heider, in: MüKo-AktG, Band 1, § 10, Rn. 25 ff.

1334 Weber, WM 2008, 1581, 1584; Schmitt. BKR 2010, 366, 368; von Hein, in: FS-Hopt, 371, 379; Unberath/Cziupka, in: Rauscher, EuZPR, Art. 1 Rom II-VO, Rn. 36; Junker, in: MüKo-BGB, Band 10, Art. 1 Rom II-VO, Rn. 35.

1335 Weber, WM 2008, 1581, 1584; Schmitt. BKR 2010, 366, 368; von Hein, in: FS-Hopt, 371, 380 f.

1336 von Hein, in: FS-Hopt, 371, 380 ff.; Junker, in: MüKo-BGB, Band 10, Art. 1 Rom II-VO, Rn. 35.

1337 Siehe zu Art. 1 Abs. 2 lit. d) Rom II-VO: Junker, in: MüKo-BGB, Band 10, Art. 1 Rom II-VO, Rn. 36 ff.; Wurmnest, in: jurisPK-BGB, Band 6, Art. 1 Rom II-VO, Rn. 47 ff.; Unberath/Cziupka, in: Rauscher, EuZPR, Art. 1 Rom II-VO, Rn. 37 f.

1338 Siehe Begründung des Vorschlags der EU-Kommission vom 22.7.2003 für eine Verordnung des Europäischen Parlaments und des Rates über das auf

Spezialgesetzliche Prospekthaftungsansprüche bestehen jedoch unabhängig von der Rechtsform des Emittenten[1339]. Sie unterfallen nicht dem Personalstatut der Gesellschaft. Dieses bestimmt, unter welchen Voraussetzungen die Gesellschaft gegründet oder aufgelöst wird[1340]. Spezialgesetzliche Prospekthaftungsansprüche sind mit diesem nicht untrennbar verbunden und gehören funktional betrachtet zum Kapitalmarktrecht[1341]. Emittenten, die nach einem ausländischen Gesellschaftsstatut organisiert sind, müssen den inländischen Informationspflichten nachkommen, wenn sie sich auf den inländischen Kapitalmarkt begeben[1342]. Spezialgesetzliche Prospekthaftungsansprüche stellen daher keine außervertraglichen Schuldverhältnisse, die sich aus dem Gesellschaftsrecht ergeben, i.S.v. Art. 1 Abs. 2 lit. d) Rom II-VO dar[1343]. Sie unterfallen somit dem Anwendungsbereich der Rom II-VO[1344].

2. Ansprüche aus § 22 WpPG i.V.m. § 21 Abs. 1, 2 WpPG und § 24 WpPG

Im Gegensatz zu § 21 Abs. 1, 2 WpPG ist für das Bestehen eines Anspruchs aus § 22 WpPG i.V.m. § 21 Abs. 1, 2 WpPG eine Zulassung zum Handel im regulierten Markt an einer inländischen Börse nicht Anspruchsvoraussetzung. Daraus folgt, dass die kollisionsrechtliche Anknüpfung nicht an die international öffentlich-rechtliche Vorfrage der Zulassung an einer inländischen Börse gebunden ist. Vielmehr ist darauf abzustellen, wann ein öffentliches Angebot im Inland vorliegt, § 3 Abs. 1 WpPG. Werden die Aktien dagegen auch im Ausland öffentlich angeboten, so reicht das Vorliegen eines Angebots im Inland jedoch für das Bestehen eines Prospekthaftungsanspruchs noch nicht aus. § 22 Nr. 2 WpPG modifiziert § 21 Abs. 3 WpPG dahingehend, dass bei einem Angebot von Aktien auch im Ausland

außervertragliche Schuldverhältnisse anzuwendende Recht („ROM II"), KOM (2003) 427 endg. – 2003/0168 (COD), S. 10.

1339 Schmitt, BKR 2010, 366, 368; Weber, WM 2008, 1581, 1584; von Hein, in: FS-Hopt, 371, 382.

1340 BGH, Urt. 11.7.1957, BGHZ 25, 134, 144; Hausmann, in: Reithmann/Martiny, Internationales Vertragsrecht, Rn. 5031; Kindler, in: MüKo-BGB, Band 11, IntGesR, Rn. 543 ff.; Müller, in: Spindler/Stilz, AktG, IntGesR, Rn. 25; Kronke/Mazza, in: Kronke/Melis/Schnyder, Teil K, Rn. 109 ff., 143 ff.

1341 So Junker, in: MüKo-BGB, Band 10, Art. 1 Rom I-VO, Rn. 40; Schmitt, BKR 2010, 366, 368; von Hein, in: FS-Hopt, 371, 382.

1342 Junker, in: MüKo-BGB, Band 10, Art. 1 Rom I-VO, Rn. 40; von Hein, in: FS-Hopt, 371, 382.

1343 Junker, in: MüKo-BGB, Band 10, Art. 1 Rom I-VO, Rn. 40; Tschäpe/Kramer/Glück RIW 2008, 657, 661; von Hein, in: FS-Hopt, 371, 384;Freitag, in: Reithmann/Martiny, Internationales Vertragsrecht, Rn. 1275.

1344 von Hein, in: FS-Hopt, 371, 384; Weber WM 2008, 1581, 1584; Freitag, in: Reithmann/Martiny, Internationales Vertragsrecht, Rn. 1275; Mankowski, in: Reithmann/Martiny, Internationales Vertragsrecht, Rn. 2530.

ein Anspruch nur besteht, wenn die Aktien aufgrund eines Inlandsgeschäfts erworben worden sind (1. Alt.) oder aufgrund einer zumindest teilweise im Inland erbrachten Wertpapierdienstleistung (2. Alt.)[1345]. Sinn und Zweck dieser Norm ist es, das Haftungsrisiko des Emittenten bei einem Angebot in mehreren Ländern zu begrenzen[1346]. Der Emittent soll nur in den Fällen nach deutschem Recht haften, in denen ein Erwerb in Deutschland stattgefunden hat[1347]. Es soll dadurch verhindert werden, dass ausländische Anleger, die ihre Aktien im Ausland erworben haben, Prospekthaftungsansprüche nach deutschem Recht geltend machen können. § 22 WpPG verweist auf § 21 WpPG. Daraus folgt, dass Ansprüche aus dieser Norm ebenfalls dem Deliktstatut und damit dem Anwendungsbereich der Rom II-VO unterfallen. Liegt ein Angebot im Inland vor und wurde kein Prospekt veröffentlicht, so haftet der Emittent gemäß § 24 WpPG (vormals § 13a VerkProspG a.F.)[1348].

3. Ansprüche aus § 280 Abs. 1 BGB (positive Vertragsverletzung)

Ansprüche aus § 280 Abs. 1 BGB sind vertraglicher Natur und unterfallen daher grundsätzlich dem Anwendungsbereich der Rom I-VO.

Gemäß Art. 1 Abs. 2 lit. d) Rom I-VO sind Verpflichtungen aus Wechseln, Schecks, Eigenwechseln und anderen handelbaren Wertpapieren, soweit die Verpflichtungen aus diesen anderen Wertpapieren aus deren Handelbarkeit entstehen, vom Anwendungsbereich der Rom I-VO ausgeschlossen[1349]. Inhaber- wie auch Namensaktien – bei letzteren handelt es sich um Orderpapiere – sind andere handelbare Wertpapiere i.S.v. Art. 1 Abs. 2 lit. d) Rom I-VO[1350]. Ansprüche gegen ein Wertpapierdienstleistungsunternehmen gemäß § 280 Abs. 1 BGB stellen keine Verpflichtungen i.S.v. Art. 1 Abs. 2 lit. d) Rom I-VO dar, da diese aus der Verletzung von Aufklärungs- und Beratungspflichten eines zwischen dem Anleger und einem Wertpapierdienstleistungsunternehmen geschlossenen Vertrags und nicht aus der Handelbarkeit der Aktie herrühren. Im Übrigen wäre Art. 6 Abs. 4 lit. d) Rom I-VO überflüssig, würden solche Ansprüche nicht dem Anwendungsbereich

---

1345 Groß, Kapitalmarktrecht, § 22 WpPG, Rn. 7; Heidelbach, in: Schwark/Zimmer, Kapitalmarktrechts-Kommentar, § 13 VerkProspG, Rn. 30; Hamann, in: Schäfer, Wertpapierhandelsgesetz, § 13 VerkProspG n.F., Rn. 10; Assmann, in: Assmann/Lenz/Ritz, § 13 VerkProspG, Rn. 72.

1346 Schnyder, in: MüKo-BGB, Band 11, IntKapMarktR, Rn. 104.

1347 Schnyder, in: MüKo-BGB, Band 11, IntKapMarktR, Rn. 104 f.; Bischoff, AG 2002, 489, 490.

1348 Siehe hierzu: Groß, Kapitalmarktrecht, § 24 WpPG, Rn. 1 ff.

1349 Siehe hierzu: Martiny, in: MüKo-BGB, Art. 1 Rom I-VO, Rn. 26 ff., 53 ff.; ders., in: Reithmann/Martiny, Internationales Vertragsrecht, Rn. 54; Mankowski, RIW 2009, 98 ff.; Limbach, in: jurisPK-BGB, Band 6, Art. 1 Rom I-VO, Rn. 29 ff.; von Hein, in: Rauscher, EuZPR, Art. 1 Rom I-VO, Rn. 31 ff.

1350 von Hein, in: Rauscher, EuZPR, Art. 1 Rom I-VO, Rn. 33; Martiny, in: MüKo-BGB, Band 10, Art. 1 Rom I-VO, Rn. 51 f.; Magnus, in: Staudinger, Band IVR 1, Art. 1 Rom I-VO, Rn. 68.

der Rom I-VO unterfallen[1351]. Art. 6 Abs. 4 lit. d) Rom I-VO bestimmt, dass Rechte und Pflichten im Zusammenhang mit einem Finanzinstrument sowie Rechte und Pflichten, durch die die Bedingungen für die Ausgabe oder das öffentliche Angebot und öffentliche Übernahmeangebote bezüglich übertragbarer Wertpapiere festgelegt werden, vom Anwendungsbereich des Art. 6 Rom I-VO ausgenommen sind, sofern es sich dabei nicht um die Erbringung von Finanzdienstleistungen handelt[1352]. Erwägungsgrund Nr. 26 Rom I-VO verweist zur Definition des Begriffs der Finanzdienstleistung auf Anhang I, Abschnitt A und Abschnitt B der MiFID[1353]. Damit bringt Art. 6 Abs. 4 Rom I-VO deutlich zum Ausdruck, dass Ansprüche, die im Zusammenhang mit der Erbringung einer Finanzdienstleistung stehen, dem Anwendungsbereich der Rom I-VO unterfallen sollen[1354].

Ansprüche gemäß § 280 Abs. 1 BGB wegen der Verletzung von Beratungs- und Aufklärungspflichten sind auch nicht gemäß Art. 1 Abs. 2 lit. f) Rom I-VO vom Anwendungsbereich der Rom I-VO ausgenommen[1355]. Art. 1 Abs. 2 lit. f) Rom I-VO bestimmt, dass Fragen betreffend das Gesellschaftsrecht, das Vereinsrecht und das Recht der juristischen Personen, wie die Errichtung durch Eintragung oder auf andere Weise, die Rechts- und Handlungsfähigkeit, die innere Verfassung und die Auflösung von Gesellschaften, Vereinen und juristischen Personen sowie die persönliche Haftung der Gesellschafter und der Organe für die Verbindlichkeiten einer Gesellschaft, eines Vereins oder einer juristischen Person vom Anwendungsbereich der Rom I-VO ausgenommen sind. Ein Anspruch gemäß § 280 Abs. 1 BGB wegen Verletzung von Informations- und Aufklärungspflichten stellt keinen Anspruch i.S.v. Art. 1 Abs. 2 lit. f) Rom I-VO dar.

Die in Art. 1 Abs. 2 Rom I-VO aufgeführten Ausschlusstatbestände greifen vorliegend nicht, so dass Ansprüche gemäß § 280 Abs. 1 BGB dem Anwendungsbereich der Rom I-VO unterfallen.

4. Ansprüche aus §§ 280, 241 Abs. 2, 311 Abs. 2 BGB (culpa in contrahendo)

Eine weitere Säule des Anlegerschutzes stellt neben der Prospekthaftung die Haftung des nicht dem Emittenten zuzurechnenden Dritten – des Finanzintermediärs – aus §§ 280, 241 Abs. 2, 311 Abs. 2 BGB (culpa in contrahendo) bzw. § 280 Abs. 1 BGB (pVV) dar.

1351 In diesem Sinne: Einsele, WM 2009, 289, 294 f.

1352 Siehe zu Art. 6 Abs. 4 lit. d) Rom I-VO: Martiny, in: MüKo-BGB, Band 10, Art. 6 Rom I-VO, Rn. 25 ff.; Mankowski, RIW 2009, 98, 101 ff.

1353 Magnus, in: Staudinger, IVR 1, Art. 6 Rom I-VO, Rn. 99 f.; Martiny, in: MüKo-BGB, Band 10, Art. 6 Rom I-VO, Rn. 27; Monkowski, RIW 2009, 98, 103 f.

1354 Monkowski, RIW 2009, 98, 103 f.; Magnus, in: Staudinger, IVR 1, Art. 6 Rom I-VO, Rn. 99 f.; Martiny, in: MüKo-BGB, Band 10, Art. 6 Rom I-VO, Rn. 27.

1355 Siehe zu Art. 1 Abs. 2 lit. f) Rom I-VO: Martiny, in: MüKo-BGB, Band 10, Art. 1 Rom I-VO, Rn. 59 ff.; Ringe, in: jurisPK-BGB, Band 6, Art. 1 Rom I-VO, Rn. 35 ff.

Bei Ansprüchen aus culpa in contrahendo trat vor Inkrafttreten der Rom II-VO bei der kollisionsrechtlichen Qualifikation die Problematik auf, dass die nach deutschem Recht unter diese Anspruchsgrundlage zu subsumierenden Sachverhalte im internationalen Vergleich zum Teil quasivertraglich, zum Teil deliktsrechtlich qualifiziert wurden[1356]. Dies führte dazu, dass je nach Qualifikation Ansprüche deliktisch oder vertraglich anzuknüpfen waren. Ursache hierfür ist, dass das deutsche Recht zwischen den dem Schutz des Integritätsinteresse dienenden Verkehrspflichten einerseits und den dem Schutz des Äquivalenzinteresses dienenden Aufklärungs- und Beratungspflichten andererseits unterscheidet. Im ersten Fall ist eine gewisse Nähe zum Deliktsrecht gegeben, im zweiten Fall eine Nähe zum Recht der Leistungsstörungen[1357]. Dies führte dazu, dass bis zum Inkrafttreten der Rom II-VO die zivilrechtliche Prospekthaftung im weiteren Sinne – im Gegensatz zur allgemein zivilrechtlichen Prospekthaftung im engeren Sinne, die aus kollisionsrechtlicher Sicht deliktisch zu qualifizieren ist[1358] – nach dem Vertragsstatut zu bestimmen war[1359] . Dies folgte aus der Tatsache, dass Haftungsgrund nicht allgemein in Anspruch genommenes Vertrauen oder eine Art Berufshaftung war, sondern

---

1356 Pfeiffer, in: Gounalakis, Rechtshandbuch Electronic Business, § 12, Rn. 133; Martiny, in: Reithmann/Martiny, Internationales Vertragsrecht, 6 Auflage, Rn. 282; Spellenberg, in: MüKo-BGB, Band 10, 4. Auflage, Art. 32 EGBGB, Rn. 58 f.; Mankowski, IPRax 2003, 127 ff.

1357 Spellenberg, in: MüKo-BGB, Band 10, 4. Auflage, Art. 32 EGBGB, Rn. 59; Pfeiffer, in: Gounalakis, Rechtshandbuch Electronic Business, § 12, Rn. 133; Martiny, in: Reithmann/Martiny, Internationales Vertragsrecht, 6. Auflage, Rn. 283.

1358 Assmann, Prospekthaftung, 252 ff.; Spindler, IPRax 2001, 400, 407; a.A. Freitag, in: Martiny, Internationales Vertragsrecht, 6. Auflage, Rn. 447, der allerdings keine Unterscheidung zwischen der allgemein zivilrechtlichen Prospekthaftung im engeren und weiteren Sinne vornimmt. Unter der allgemein zivilrechtlichen Prospekthaftung im engeren Sinne versteht man die Haftung für Inanspruchnahme typisierten Vertrauens. Diese setzt das Vorliegen eines haftungstauglichen Prospekts voraus und kommt nur dann zur Anwendung, sofern kein spezialgesetzlicher Prospekthaftungstatbestand besteht (beispielsweise beim Erwerb von KG Anteilen). Dagegen knüpft die zivilrechtliche Prospekthaftung im weiteren Sinne an die Inanspruchnahme persönlichen Vertrauens an. Ein Anspruch setzt voraus, dass ein Sachwalter oder Emissionshelfer einen Kunden berät und hierbei unrichtige Prospekte verwendet. Im Bereich der Anlageberatung und Vermittlung kann aber auch der Fall auftreten, dass eine fehlerhafte Beratung auf Grundlage eines richtigen Prospekts erfolgt. Siehe zum Ganzen: Assmann, in: Assmann/Schütze, Hdb. KapitalanlageR, § 6, Rn. 16 f., 129 ff.; Oulds, in: Kümpel/Wittig, Rn. 15.186 ff., 15.244 ff.

1359 So bei Verletzung von Aufklärungspflichten bei der Anlagevermittlung Schütze, in: Assmann/Schütze, Hdb. Kapitalanlagerecht, § 8, Rn. 10 ff.; Wortmann, WM 1993, 582 ff. bei Verletzung von Aufklärungs- und Beratungspflichten bei grenzüberschreitenden Bankdienstleistungen.

(vor-)vertragliche Pflichten verletzt worden sind, die dem Schutz des Äquivalenzinteresses dienen.

Auch wurde für die Anwendung des Vertragsstatuts die Tatsache angeführt, dass bei Verletzung der Aufklärungs- und Beratungspflichten nach Vertragsschluss Ansprüche aus § 280 Abs. 1 BGB (pVV) bestehen. Ansprüche aus pVV unterfallen nach einhelliger Meinung dem Vertragsstatut[1360]. Es wäre wertungswidersprüchlich gewesen, wollte man die Verletzung gleicher Pflichten je nach Verletzungszeitpunkt unterschiedlich qualifizieren. Eine solche Betrachtungsweise hätte im Ergebnis zur Anwendung unterschiedlicher Rechtsordnungen führen können, abhängig davon, ob eine Pflicht während der Anbahnung eines Vertrages oder nach Vertragsschluss verletzt worden ist. Daraus folgte, dass sich das anwendbare Recht nicht nach dem Delikts-, sondern vielmehr nach dem Vertragsstatut bestimmte. Dieses Ergebnis stand auch nicht im Widerspruch zur „Taccomi"-Entscheidung des EuGH[1361]. Der EuGH hatte in diesem Fall zu entscheiden, ob der ungerechtfertigte Abbruch von Vertragsverhandlungen eine Zuständigkeit des Gerichts am Deliktsort nach Art. 5 Nr. 3 EuGVÜ zu begründen vermochte. Dies wurde mit dem Argument bejaht, dass es im konkreten Fall an einer dem Beklagten gegenüber eingegangen freiwilligen Verpflichtung fehlte und somit auch keine vertraglichen Ansprüche geltend gemacht würden[1362]. Es gäbe keine freiwillige Verpflichtung, Vertragsverhandlungen nicht abzubrechen[1363]. Ein solches Verhalten sei daher deliktisch zu qualifizieren[1364].

Nach Inkrafttreten der Rom II-VO sind Ansprüche aus culpa in contrahendo unstrittig als Ansprüche aus einem außervertraglichen Schuldverhältnis zu qualifizieren und unterfallen damit dem Anwendungsbereich der Rom II-VO. Dies folgt aus Art. 1 Abs. 2 lit. i) Rom I-VO, der solche Ansprüche ausdrücklich vom Anwendungsbereich der Rom I-VO ausschließt[1365]. Erwägungsgrund Nr. 10 der Rom I-VO begründet den Ausschluss damit, dass Schuldverhältnisse, die aus Verhandlungen

1360 Spellenberg, in: MüKo-BGB, Band 10, Art. 12 Rom I-VO, Rn. 62; Martiny, in: Reithmann/Martiny, Internationales Vertragsrecht, 321; Thorn, in: Palandt, Art. 12 Rom I-VO, Rn. 7; BGH, Urt. v. 14.7.1993, I ZR 204/91, BGHZ 123, 201, 207; OLG München, Urt. v. 9.1.1996, 25 U 4605/95, RIW 1996, 329, 330. Allerdings hat der EuGH, Urt. v. 17.9.2002, Rs. C-334/00 (Tacconi), NJW 2002, 3159 zu Art. 5 Nr. 1, 3 EUGVÜ entschieden, dass Schadensersatzansprüche aus c.i.c. wegen des Abbruchs von Vertragsverhandlungen deliktisch einzuordnen sind.

1361 EuGH, Urt. v. 17.9.2002, Rs. C-334/00 (Tacconi), NJW 2002, 3159 f.

1362 EuGH, Urt. v. 17.9.2002, Rs. C-334/00 (Tacconi), NJW 2002, 3159, Rn. 23; in diesem Fall wurden Verkehrspflichten verletzt, die dem Schutz des Integritätsinteresses dienen.

1363 EuGH, Urt. v. 17.9.2002, Rs. C-334/00 (Tacconi), NJW 2002, 3159, Rn. 24, 25.

1364 EuGH, Urt. v. 17.9.2002, Rs. C-334/00 (Tacconi), NJW 2002, 3159, 3160, Rn. 26.

1365 Lüttinghaus, RIW 2008, 193, 194; siehe zu Art. 1 Abs. 2 lit. i) Rom II-VO: Martiny, in: MüKo-BGB, Band 10, Art. 1 Rom I-VO, Rn. 71; Magnus, in: Staudinger, Band IVR 1, Art. 1 Rom I-VO, Rn. 96 ff.

vor Abschluss eines Vertrags entstehen, unter Art. 12 der Rom II-VO fallen. Die Sonderanknüpfung des Art. 12 Rom II-VO bestimmt das auf diese Ansprüche anzuwendende Recht für außervertragliche Schuldverhältnisse als Recht des Staates, das auf den zwischen den Parteien abgeschlossenen Vertrag anzuwenden ist bzw. auf diesen anzuwenden wäre, wenn er geschlossen worden wäre[1366]. Ansprüche gemäß §§ 280, 241 Abs. 2, 311 Abs. 2 BGB sind somit kollisionsrechtlich als Ansprüche aus einem außervertraglichen Schuldverhältnis zu qualifizieren.

5. Ansprüche aus § 823 Abs. 2 BGB i.V.m. §§ 31 ff. WpHG oder sonstigen Schutzgesetzen

Neben Ansprüchen gemäß §§ 280, 241 Abs. 2, 311 Abs. 2 BGB (culpa in contrahendo) gegen das virtuelle Emissionshaus steht dem Anleger möglicherweise auch ein Anspruch aus § 823 Abs. 2 BGB i.V.m. §§ 31 ff. WpHG oder aus § 823 Abs. 2 BGB i.V.m. einem anderen Schutzgesetz zu. Beispielsweise handelt es sich bei § 32 KWG ebenfalls um ein Schutzgesetz i.S.v. § 823 Abs. 2 BGB[1367].

Ein Anspruch gemäß § 823 Abs. 2 BGB i.V.m. §§ 31 ff. WpHG kommt nur dann in Betracht, wenn die öffentlich-rechtliche Vorfrage dahingehend geklärt wird, dass das deutsche WpHG Anwendung findet. Dies ist immer der Fall, wenn ein Wertpapierdienstleistungsunternehmen mit Sitz in einem Nicht-EWR-Staat eine Wertpapierdienstleistung zumindest teilweise im Inland erbringt[1368]. Seit Umsetzung der MiFID und der MiFID-Durchführungsrichtlinie in deutsches Recht sind die durch die §§ 31 ff. WpHG statuierten Verhaltenspflichten gemäß § 31 Abs. 10 WpHG lediglich für Unternehmen aus Drittstaaten, dies sind alle Nicht-EWR-Staaten, anwendbar, da für Unternehmen mit Sitz in einem EWR-Staat aufgrund des Herkunftslandprinzips die in Umsetzung von Art. 19 MiFID geltenden Bestimmungen zur Anwendung gelangen.

Es stellt sich die Frage, ob Art. 19 MiFID oder die in Umsetzung von Art. 19 MiFID von anderen EU-Mitgliedstaaten erlassenen Normen ebenfalls als Schutzgesetze i.S.v. § 823 Abs. 2 BGB betrachtet werden können. Hinsichtlich von EU-Rechtsakten in Form einer EU-Verordnung kann man dies auf Grundlage einer

---

1366 Siehe hierzu: Spellenberg, in: MüKo-BGB, Band 10, Art. 12 Rom II-VO, Rn. 1 ff.; Backmann, in: jurisPK-BGB, Band 6, Art. 12 Rom II-VO, Rn. 4 ff.; Martiny, in: Reithmann/Martiny, Internationales Vertragsrecht, Rn. 470 ff.; Lüttringhaus, RIW 2008, 193 ff.

1367 St. Rspr. BGH, Urt. v. 23.3.2010, VI ZR 57/09 NZG 2010, 587; BGH, Urt. v. 11.7.2006, VI ZR 339/04, NJW-RR 2006, 1713; BGH, Urt. v. 19.1.2006, III ZR 105/05, NJW-RR 2006, 630.

1368 Siehe zu dieser Frage 2. Teil, 2. Abschnitt, A.II.

Entscheidung des EuGH[1369] durchaus annehmen[1370]. Da sich dagegen eine EU-Richtlinie lediglich direkt an EU-Mitgliedstaaten wendet und nicht im Horizontalverhältnis zwischen Bürgern der EU-Mitgliedstaaten direkt wirkt, scheidet eine Qualifikation von Art. 19 MiFID als Schutzgesetz i.S.v. § 823 Abs. 2 BGB aus. Der EuGH[1371] verneint dementsprechend auch das Bestehen von Schadensersatzansprüchen im Verhältnis zwischen Privaten im Falle des Verstoßes gegen Vorgaben einer EU-Richtlinie, die der betreffende EU-Mitgliedstaat nicht umgesetzt hat.

Jedoch kann es sich bei den im jeweiligen EU-Mitgliedstaat in Umsetzung einer EU-Richtlinie erlassenen Rechtsvorschriften um Schutzgesetze i.S.v. § 823 Abs. 2 BGB handeln, sofern diese den Schutz von Individuen bezwecken[1372]. Eine gemeinschaftsrechtskonforme Auslegung des § 823 Abs. 2 BGB erfordert es daher, auch auf EU-Richtlinien beruhende Normen anderer EU-Mitgliedstaaten im Einzelfall als Schutzgesetze i.S.v. § 823 Abs. 2 BGB zu behandeln[1373], sofern diese individualschützend wirken. Anders als bei ausländischen öffentlichen Normen, die nicht auf der Umsetzung einer EU-Richtlinie beruhen, in der Regel nur im Ausland Geltung beanspruchen und keine Schutzgesetze i.S.v. § 823 Abs. 2 BGB darstellen[1374], beansprucht eine EU-Richtlinie in sämtlichen EU-Mitgliedstaaten Geltung. Daher handelt es sich bei den in Umsetzung von Art. 19 MiFID von anderen EU-Mitgliedstaaten erlassenen Normen um Schutzgesetze i.S.v. § 823 Abs. 2 BGB. Kollisionsrechtlich ist § 823 Abs. 2 BGB deliktisch zu qualifizieren, so dass Ansprüche gemäß § 823 Abs. 2 i.V.m. §§ 31 WpHG ff. dem Statut für außervertragliche Schuldverhältnisse und somit dem Anwendungsbereich der Rom II-VO unterfallen.

1369 EuGH, Urt. v. 17.9.2002, Rs. C-253/00 (A. Muñoz y Cía SA, Superior Fruiticole SA/ Frumar Ltd), Slg. 2002, I-7289, 7321 f. Der EuGH hatte zwar hier nicht eine bestimmte Norm als Schutzgesetz i.S.v. § 823 Abs. 2 BGB qualifiziert, sondern festgestellt, dass die Beachtung der Bestimmungen über Qualitätsnormen für Obst und Gemüse, welche die VO (EWG) 1035/72 festlegt, im Wege eines Zivilprozesses gegen Konkurrenten durchsetzbar sein muss, wenn diese Konkurrenten auch schützen. Es ging hier um die Fragestellung, ob die praktische Wirksamkeit einer EU-Verordnung ein Klagerecht Privater gegen andere Private, die gegen Vorschriften dieser VO verstoßen, erfordert. Dies hat der EuGH bejaht.

1370 Wagner, in: MüKo-BGB, Band 5, § 823, Rn. 336; Spindler, in: Bamberger/Roth, Beck'scher Online-Kommentar BGB, § 823, Rn. 147.

1371 EuGH, Urt. v. 7.6.2007, Rs. C-80/06 (Carp Snc di L. Moleri e V. Corsi/Ecorad Srl), EuZW 2007, 545, 546, Rn. 20.

1372 Wagner, in: MüKo-BGB, Band 5, § 823, Rn. 336; a.A. Spindler, in: Bamberger/ Roth, Beck-OK-BGB, § 823, Rn. 147, sowie RabelsZ 66 (2002) 633, 661 allerdings zu ausländischen Gesetzen als Schutzgesetz i.S.v. § 823 Abs. 2 BGB.

1373 Wagner, in: MüKo-BGB, Band 5, § 823, Rn. 336.

1374 Siehe zu dieser Problematik: Spindler, RabelsZ 66 (2002) 633, 660 ff.

IV. Vertragsstatut

Wie unter B.III.4. festgestellt, unterfallen Ansprüche gemäß § 280 Abs. 1 BGB wegen Verletzung vertraglicher Nebenpflichten dem Vertragsstatut und damit dem Anwendungsbereich der Rom I-VO. Vor Inkrafttreten der Rom II-VO unterfielen dagegen auch Ansprüche gemäß §§ 280, 241 Abs. 2, 311 Abs. 2 BGB (culpa in contrahendo) dem Vertragsstatut[1375]. Diese Ansprüche unterfallen nunmehr dem Anwendungsbereich der Rom II-VO, da sie als außervertragliche Ansprüche zu qualifizieren sind[1376]. Allerdings bestimmt die Sonderanknüpfung des Art. 12 Rom II-VO, dass das auf diese Ansprüche anzuwendende Recht das Recht des Staates ist, das auf den zwischen den Parteien abgeschlossenen Vertrag anzuwenden ist oder anzuwenden gewesen wäre, wenn er geschlossen worden wäre[1377].

1. Rechtswahl

Gemäß Art. 3 Rom I-VO steht es den Parteien im Rahmen der Vertragsfreiheit offen, Verträge einer bestimmten Rechtsordnung zu unterwerfen. Durch Umsetzung der ECRL hat sich nichts an diesem Ergebnis geändert, da gemäß dem 5. Spgstr. des Anhangs zu Art. 3 Abs. 3 ECRL bzw. § 3 Abs. 3 Nr. 1 TMG die Freiheit der Rechtswahl vom Herkunftslandprinzip ausgenommen worden ist[1378]. Dies bedeutet, dass die allgemeinen Regeln des IPR, die die Rechtswahlfreiheit betreffen, auch im Anwendungsbereich der ECRL zur Geltung gelangen.

1375 Spellenberg, in: MüKo, Band 10, 4. Auflage, Art. 32 EGBGB, Rn. 59; Martiny, in: Reithmann/Martiny, Internationales Vertragsrecht, 6. Auflage, Rn. 282; Thorn, in: Palandt, 68. Auflage, Art. 32 EGBGB, Rn. 8; BGH, Urt. v. 14.7.1993, I ZR 204/91, BGHZ 123, 201, 207; OLG München, Urt. v. 9.1.1996, 25 U 4605/95, RIW 1996, 329, 330. Allerdings hat der EuGH, Urt. v. 17.9.202, Rs. C-334/00 (Tacconi), NJW 2002, 3159 zu Art. 5 Nr. 1, 3 EuGVÜ entschieden, dass Schadensersatzansprüche aus c.i.c. wegen des Abbruchs von Vertragsverhandlungen deliktisch einzuordnen sind.

1376 Siehe hierzu oben: 2. Teil, 3. Abschnitt, B.III.4.

1377 Siehe hierzu: Spellenberg, in: MüKo-BGB, Band 10, Art. 12 Rom II-VO, Rn. 1 ff.; Backmann, in: jurisPK-BGB, Band 6, Art. 12 Rom II-VO, Rn. 4 ff.; Martiny, in: Reithmann/Martiny, Internationales Vertragsrecht, Rn. 470 ff.; Lüttringhaus, RIW 2008, 193 ff.

1378 Siehe zu Einzelheiten: Lurger/Vallant, RIW 2002, 188, 190; Marly, in: Grabitz/Hilf, Band IV, A4, Art. 3, Rn. 27; Pfeiffer/Weller/Nordmeier, in: Spindler/Schuster, § 3 TMG, Rn. 12.

Rechtswahlvereinbarungen können von den Parteien individuell, ausdrücklich, stillschweigend[1379] oder durch AGB getroffen werden[1380], auch im Internet[1381]. In der Praxis werden Rechtswahlvereinbarungen im Internet meist durch AGB bzw. Formularverträge getroffen[1382].

a) Beurteilung der Zulässigkeit einer Rechtswahlvereinbarung

Die Zulässigkeit der Rechtswahl richtet sich nicht nach dem gewählten Recht, sondern nach der lex fori[1383]. Hingegen beurteilen sich das Zustandekommen, die Form sowie die Wirksamkeit von Rechtswahlvereinbarungen nach dem Recht, welches anzuwenden wäre, wenn die Rechtswahlvereinbarung wirksam getroffen worden wäre (lex causae)[1384], Art. 3 Abs. 5 Rom I-VO. Dabei stellt der Verweisungsvertrag seinerseits einen eigenständigen Vertrag dar, der strikt vom Hauptvertrag zu trennen ist[1385]. Eine Rechtswahlklausel ist oftmals in AGB enthalten. § 6 AGB-Banken erklärt beispielsweise deutsches Recht für anwendbar[1386].

Es stellt sich die Frage, nach welcher Rechtsordnung eine Einbeziehungskontrolle der in AGB getroffenen Rechtswahl zu erfolgen hat, also ob eine Rechtswahlvereinbarung einer Kontrolle gemäß §§ 305, 305c BGB unterliegt. Vereinzelt[1387]

1379 Siehe hierzu: Martiny, in: Reithmann/Martiny, Internationales Vertragsrecht, Rn. 113 ff.; ders., in: MüKo-BGB, Band 10, Art. 3 Rom I-VO, Rn. 45 ff.; Leible/Lehmann, RIW 2008, 528, 532.

1380 Siehe zu Einzelheiten der Zulässigkeit einer Rechtswahlvereinbarung mittels AGB: Martiny, in: MüKo, Band 10, Art. 3 Rom I-VO, Rn. 13 sowie Spellenberg, in: ders., Art. 10 Rom I-VO, Rn. 145 ff.; von Hein, in: Rauscher, EuZPR, Art. 3 Rom I-VO, Rn. 42 ff.; Bühr, in: Gounalakis, Rechtshandbuch Electronic Business, § 17, Rn. 43 ff. (zu Art. 27 EGBGB a.F.).

1381 Martiny, in: Reithmann/Martiny, Internationales Vertragsrecht, Rn. 91; siehe zur Zulässigkeit von Rechtswahlklauseln im elektronischen Geschäftsverkehr (im Rahmen von Art. 27 EGBGB a.F.): Pfeiffer, in: Gounalakis, Rechtshandbuch Electronic Business § 12, Rn. 47 ff.; Junker, RIW 1999, 809, 817; Mankowski, RabelsZ 63(1999), 203, 210 ff.

1382 Lenenbach, Bank- und Kapitalmarktrecht, Rn. 4.74; Borges, in: Derleder/Knops/Bamberger, § 9, Rn. 166.

1383 BGH, Urt. v. 26.10.1993, XI ZR 42/93, NJW 1994, 262; Martiny, in: MüKo, Band 10, Art. 3 Rom I-VO, Rn 8, 104; ders., in: Reithmann/Martiny, Internationales Vertragsrecht, Rn. 61; Pfeiffer, in: Gounalakis, Rechtshandbuch Electronic Business, § 12, Rn. 44; BGH, Urt. v. 26.10.1993, XI ZR 42/93, BGHZ 123, 380, 383.

1384 Leible/Lehmann, RIW 2008, 528, 532; Martiny, in: MüKo-BGB, Band 10, Art. 3 Rom I-VO, Rn. 104.

1385 Martiny, in: Reithmann/Martiny, Internationales Vertragsrecht, Rn. 88; Thorn, in: Palandt, Art. 3 Rom I-VO, Rn. 2.

1386 Siehe hierzu: Martiny, in: MüKo-BGB, Band 10, Art. 4 Rom I-VO, Rn. 67; Welter, in: Schimansky/Bunte/Lwowski, Bankrechts-Handbuch, Band 1, § 26, Rn. 3 ff.

1387 So AG Langenfeld, Urt. v. 30.4.1998, 18 C 260/96, NJW-RR 1998, 1524 zu § 2 AGBGB a.F., der § 305 BGB entspricht.

wird die Auffassung vertreten, dass die Wirksamkeit der Einbeziehung von AGB als internationalprivatrechtliche Vorfrage nicht nach der lex causae, sondern nach deutschem Recht als lex fori zu beurteilen sei. Gegen eine solche Betrachtungsweise spricht jedoch, dass gemäß Art. 3 Abs. 5 Rom I-VO i.V.m. Art. 10 Abs. 1 Rom I-VO (vormals Art. 27 Abs. 4 EGBGB i.V.m. Art. 31 Abs. 1 EGBGB) sich das Zustandekommen und die Wirksamkeit eines Vertrages nach dem Recht, welches vereinbart worden ist, beurteilt[1388]. Die Vornahme einer Einbeziehungskontrolle anhand von §§ 305, 305c BGB widerspräche im Übrigen dem Ausnahmecharakter des Art. 10 Abs. 2 Rom I-VO[1389]. Schließlich könne derjenige, der einen internationalen Vertrag abschließe, nicht auf die Anwendbarkeit seines Heimatlandrechts vertrauen[1390].

Teilweise wird die Ansicht[1391] vertreten, dass eine Überraschungskontrolle formularmäßiger Rechtswahlklauseln unter bestimmten Umständen gemäß Art. 3 Abs. 5 Rom I-VO i.V.m. Art. 10 Abs. 2 Rom I-VO (vormals Art. 27 Abs. 4 EGBGB i.V.m. Art. 31 Abs. 2 EGBGB) dem deutschen Recht – also § 305c BGB – unterfalle. Bei dieser Norm handele es sich um eine kollisionsrechtliche Zumutbarkeitsregel, mit welcher ein ausnahmsweise bestehendes berechtigtes Vertrauen auf Freiheit von Bindung geschützt werde[1392]. Im Übrigen habe eine Einbeziehungskontrolle aber gemäß Art. 3 Abs. 5 Rom I-VO i.V.m. Art. 10 Abs. 1 Rom I-VO nach dem vereinbarten Statut zu erfolgen[1393]. Überzeugender erscheint es jedoch, untergeschobene Rechtswahlklauseln als Verstoß gegen das Transparenzgebot zu werten[1394], welches Ausfluss des Art. 3 Abs. 1 S. 2 Rom I-VO ist, anstatt auf Art. 3 Abs. 5 Rom I-VO i.V.m. Art. 10 Abs. 2 Rom I-VO zurückzugreifen. Denn bei der Frage, ob eine Klausel überraschend ist, geht es in erster Linie um Parteiautonomie bzw. Transparenz. Diese unterfällt aber dem Regelungsbereich des Art. 3 Abs. 1 S. 2 Rom I-VO und nicht Art. 3 Abs. 5 Rom I-VO (vormals Art. 27 Abs. 4 EGBGB)[1395].

1388 Spellenberg, in: MüKo-BGB, Band 10, Art. 10 Rom I-VO, Rn. 167; Leible/Lehmann, RIW 2008, 528, 532; Martiny, in: MüKo-BGB, Band 10, Art. 3 Rom I-VO, Rn. 104; ders. in: Reithmann/Martiny, Internationales Vertragsrecht, Rn. 265.

1389 So Felke, 31.

1390 Martiny, in: Reithmann/Martiny, Internationales Vertragsrecht, Rn. 265; Felke, 31.

1391 Magnus, in: Staudinger, Band IVR 1, Art. 3 Rom I-VO, Rn. 176; Thorn, in: Palandt, Art. 3 Rom I-VO, Rn. 9; Limbach, in: jurisPK-BGB, Band 6, Art. 3 Rom I-VO, Rn. 7; so zu Art. 27 Abs. 4 EGBGB a.F.: Pfeiffer, NJW 1997, 1207, 1211; ders. in: Gounalakis, Rechtshandbuch Electronic Business, § 12, Rn. 66; Felke, 31.

1392 So Spellenberg, in: MüKo-BGB, Band 10, Art. 10 Rom I-VO, Rn. 208.

1393 Martiny, in: Reithmann/Martiny, Internationales Vertragsrecht, Rn. 265; Spellenberg, in: MüKo-BGB, Band 10, Art. 10 Rom I-VO, Rn. 167.

1394 Jayme, in: FS-Lorenz, 435, 439; Spellenberg, in: MüKo-BGB, Band 10, Art. 10 Rom I-VO, Rn. 167 Martiny, in: Reithmann/Martiny, Internationales Vertragsrecht, Rn. 265.

1395 Spellenberg, in: MüKo-BGB, Band 10, Art. 10 Rom I-VO, Rn. 167; Jayme, in: FS-Lorenz, 435, 437.

Eine andere Frage ist dagegen, ob eine Inhaltskontrolle der getroffenen Rechtswahl gemäß § 307 BGB stattfindet. Von Seiten der Rechtsprechung[1396] sind Rechtswahlklauseln vereinzelt wegen Verstoßes gegen die AGB-Vorschriften für unwirksam erachtet worden. Gegen eine solche Inhaltskontrolle der getroffenen Rechtswahl nach deutschem Recht spricht jedoch, dass § 10 Nr. 8 AGBG i.d.F. v. 9.12.1976 nach Inkrafttreten des Art. 27 EGBGB a.F. 1986 aufgehoben worden ist[1397], da er nicht mit Art. 3 EVÜ vereinbar war[1398]. Würde man § 307 BGB trotzdem anwenden, so würde die Entscheidung des Gesetzgebers über den Umweg des § 307 BGB rückgängig gemacht. Eine Sonderanknüpfung des § 307 BGB über Art. 6 Abs. 2 Rom I-VO oder Art. 46b EGBGB muss ausscheiden, da Art. 6 Abs. 2 Rom I-VO sowie Art. 46b EGBGB gerade eine wirksame Rechtswahl voraussetzen[1399]. Würde § 307 BGB im Rahmen dieser Artikel Anwendung finden und zur Unwirksamkeit der getroffenen Rechtswahl führen, so würde die Anwendung der Art. 6 Rom I-VO sowie Art. 46b EGBGB ihre Anwendungsgrundlage zerstören[1400]. Auch verkennt das OLG Düsseldorf[1401] in seiner Entscheidung, dass es sich bei einer Rechtswahlvereinbarung um einen eigenständigen Vertrag handelt, der nicht als Verbrauchervertrag i.S.v. Art. 6 Abs. 1 Rom I-VO (Art. 29 Abs. 1 EGBGB) zu klassifizieren ist. Aus diesem Grund kann keine Kontrolle der getroffenen Rechtswahl über die Hintertür des Art. 6 Abs. 2 Rom I-VO vorgenommen werden[1402]. Vielmehr ist die Wirksamkeit einer getroffenen Rechtswahl an Hand des Rechts

1396 OLG Düsseldorf, Urt. v. 14.1.1994, 17 U 129/93, RIW 1994, 420, 421; OLG Frankfurt/M, Urt. v. 1.6.1989, 6 U 76/88, RIW 1989, 646, 648 (in diesem Fall bestand allerdings die Besonderheit, dass im Zeitpunkt des Vertragsabschlusses laut OLG Frankfurt eine Auslandsberührung fehlte).

1397 Dies geschah durch Art. 6 § 2 des Gesetzes zur Neuregelung des Internationalen Privatrechts vom 25.7.1986, BGBl. I 1986, S. 1142.

1398 Siehe Begr. RegE. eines Gesetzes zur Neuregelung des Internationalen Privatrechts, BT-Drs. 10/504, S. 95; so auch Spellenberg, in: MüKo-BGB, Band 10, Art. 10 Rom I-VO, Rn. 265; OLG Frankfurt/M, Urt. v. 1.6.1989, 6 U 76/88, RIW 1989, 646, 648.

1399 So Felke, 33; im Hinblick auf die Prüfung der Wirksamkeit der Rechtswahlvereinbarung: Martiny, in: MüKo-BGB, Band 10, Art. 3 Rom I-VO, Rn. 104.

1400 So Felke, 33; Martiny, in: Reithmann/Martiny, Internationales Vertragsrecht, Rn. 265; dagegen differenzierend zwischen der Frage der Zulässigkeit der Prüfung der Wirksamkeit der Rechtswahlvereinbarung und ihrer Zulässigkeit: Martiny, in: MüKo-BGB, Band 10, Art. 10 Rom I-VO, Rn 104.

1401 OLG Düsseldorf, Urt. v. 14.1.1994, 17 U 129/93, RIW 1994, 420, 421 (zu Art. 27, 29 EGBGB).

1402 Selbiges Ergebnis zu Art. 29 EGBGB a.F.: Jayme, in: FS-Lorenz, 435 ff., der aber generell eine Inhaltskontrolle von Rechtswahlklauseln an Hand des AGBG für unzulässig erachtet. Das Problem sei vielmehr am Transparenzgebot des Art. 27 Abs. 1 S. 2 EGBGB a.F. festzumachen. Mit der Zulässigkeit einer Rechtswahl gemäß Art. 27, Art. 29 Abs. 1 EGBGB a.F. sei eine Inhaltskontrolle anhand nationaler Vorschriften ausgeschlossen.

zu überprüfen, das in der Klausel vereinbart worden ist[1403]. Bei Vereinbarung einer ausländischen Rechtsordnung finden damit die deutschen AGB Vorschriften gemäß Art. 3 Abs. 5 Rom I-VO und Art. 10 Abs. 1 Rom I-VO auf das Zustandekommen einer Rechtswahl keine Anwendung. Wird hingegen deutsches Recht vereinbart, so findet eine Inhaltkontrolle gemäß §§ 305 ff. BGB statt. Aus alledem folgt, dass ein virtuelles Emissionshaus grundsätzlich eine andere Rechtsordnung vereinbaren kann. Diese Parteiautonomie stößt jedoch an Grenzen.

b) Einschränkung der Rechtswahlfreiheit aufgrund von Art. 6 Abs. 2 S. 2 Rom I-VO

Eine Beschränkung der Rechtswahlfreiheit besteht einerseits gemäß Art. 3 Abs. 3 Rom I-VO bei fehlendem Auslandsbezug[1404]. Reine Inlandsfälle liegen dann vor, wenn keines der im Rahmen von Art. 4 Rom I-VO zu berücksichtigenden Anknüpfungsmomente wie gewöhnlicher Aufenthalt, Abschluss- oder Erfüllungsort auf einen anderen Staat verweist[1405]. In diesem Fall gelten die zwingenden Vorschriften des Inlands trotz Wahl einer anderen Rechtsordnung fort, Art. 3 Abs. 3 Rom I-VO. Aber auch bei bestimmten Verträgen mit Verbrauchern findet eine Beschränkung der Rechtswahlfreiheit durch Art. 6 Rom I-VO sowie Art. 46b EGBGB statt.

Während die Regelung des Art. 3 Abs. 3 Rom I-VO nur bei reinen Inlandssachverhalten die Freiheit der Rechtswahl beschränkt, kommt eine Beschränkung gemäß Art. 6 Abs. 2 S. 2 Rom I-VO bei Auslandsbezug in Betracht[1406]. Damit versperrt Art. 3 Abs. 3 Rom I-VO den Zugang zu Art. 6 Abs. 2 S. 2 Rom I-VO[1407].

Art. 6 Abs. 2 S. 2 Rom I-VO statuiert hingegen, dass der Verbraucher, sofern ein Vertragsschluss unter den in Art. 6 Abs. 1 Rom I-VO genannten Voraussetzungen erfolgt ist, trotz anderslautender Rechtswahl nicht den Schutz verliert, den ihm diejenigen Bestimmungen gewähren, von denen nach dem Recht, das nach Art. 6

1403 Pfeiffer, in: Gounalakis, Rechtshandbuch Electronic Business, § 12, Rn. 48; BGH, Urt. v. 19.3.1997, VIII ZR 316/96, NJW 1997, 1697, 1698; BGH, Urt. v. 26.10.1993, XI ZR 42/93, NJW 1994, 262, 263; Thorn in: Palandt, Art. 3 Rom I-VO, Rn. 8.

1404 Siehe hierzu: Martiny, in: MüKo-BGB, Band 10, Art. 3 Rom I-VO, Rn. 92; von Hein, in: Rauscher, EuZPR, Art. 3 Rom I-VO, Rn. 106 ff.

1405 von Hein, in: Rauscher, EuZPR, Art. 3 Rom I-VO, Rn. 107; Martiny, in: MüKo-BGB, Band 10, Art. 3 Rom I-VO, Rn. 93; Limbach, in: jurisPK-BGB, Band 6, Art. 3 Rom I-VO, Rn. 45.

1406 Martiny, in: MüKo-BGB, Band 10, Art. 3 Rom I-VO, Rn. 95; Magnus, in: Staudinger, Band IVR 1, Art. 6 Rom I-VO, Rn. 25, möchte Art. 6 Abs. 2 Rom I-VO auch auf Inlandssachverhalten anwenden, sofern die Wahl ausländischen Rechts für den Verbraucher günstiger ist.

1407 Martiny, in: MüKo-BGB, Band 10, Art. 3 Rom I-VO, Rn. 95; von Hein, in: Rauscher, EuZPR, Art. 3 Rom I-VO, Rn. 124; ^Thorn, in: Palandt, Art. 6 Rom I-VO, Rn. 8; dagegen möchte Magnus, in: Staudinger, Band IVR 1, Art. 6 Rom I-VO, Rn. 25 auch bei Inlandssachverhalten dann Art. 6 Abs. 2 Rom I-VO anwenden, wenn die Wahl ausländischen Rechts für den Verbraucher günstiger ist.

Abs. 1 Rom I-VO mangels einer Rechtswahl anzuwenden wäre, durch Vereinbarung nicht abgewichen werden darf. Art. 6 Abs. 2 S. 2 Rom I-VO wird auch nicht durch das in der ECRL verankerte Herkunftslandprinzip überlagert, da es sich bei dieser Vorschrift um eine solche des vertraglichen Verbraucherschutzes handelt und für diesen Bereich gemäß dem 6. Spgstr. des Anhangs zu Art. 3 Abs. 3 ECRL, umgesetzt in deutsches Recht durch § 3 Abs. 3 Nr. 2 TMG, nicht das Herkunftslandprinzip gilt. Trotz anderslautender Rechtswahl kann sich der Verbraucher auf zwingende Normen des Staates, in welchem er seinen gewöhnlichen Aufenthalt hat, berufen, sofern der Anwendungsbereich des Art. 6 Abs. 2 S. 2 Rom I-VO eröffnet ist.

Daneben statuiert Art. 11 Abs. 4 S. 2 Rom I-VO – unabhängig davon, ob eine Rechtswahl getroffen worden ist – dass, sofern die Voraussetzungen des Art. 6 Rom I-VO vorliegen, sich die Form eines Verbrauchervertrages abweichend von Art. 11 Abs. 1, 2, 3 Rom I-VO nach dem Recht des Staates, in dem der Verbraucher seinen gewöhnlichen Aufenthalt hat, richtet[1408]. Art. 6 Rom I-VO bestimmt dagegen das anwendbare Recht für den Fall, dass keine Rechtswahl getroffen worden ist. Im Folgenden wird untersucht, inwiefern durch Art. 6 Abs. 2 S. 2 Rom I-VO die Freiheit der Rechtswahl des virtuellen Emissionshauses/Emittenten eingeschränkt wird und dieses sich durch die Wahl einer ausländischen Rechtsordnung deutschen anlegerschützenden Normen entziehen kann.

aa) Persönlicher Anwendungsbereich

Voraussetzung für die Anwendbarkeit des Art. 6 Abs. 2 S. 2 Rom I-VO ist in persönlicher Hinsicht, dass eine der Vertragsparteien Verbraucher ist und der Vertrag dem privaten Lebensbereich zuzuordnen ist[1409].

Fraglich ist, ob Anleger Verbraucher i.S.v. Art. 6 Rom I-VO sind. Dies wird vereinzelt bezweifelt[1410], da diese mit Gewinnerzielungsabsicht handeln. Gegen ein solches Verständnis spricht jedoch die allgemein anerkannte Definition des Verbraucherbegriffs. Dieser wird im Rahmen von Art. 6 Rom I-VO wie auch schon im Rahmen von Art. 5 EVÜ/Art. 29 EGBGB a.F. sowie im Rahmen von Art. 15 EuGVO dahingehend ausgelegt, dass jegliche nicht der beruflichen oder gewerblichen Sphäre der Vertragspartei unterfallende Tätigkeit die Verbrauchereigenschaft zu begründen vermag[1411]. Hieraus folgt, dass Anleger solange als Verbraucher gelten,

---

1408 Spellenberg, in: MüKo-BGB, Band 10, Art. 11 Rom I-VO, Rn. 28 f.; Thorn, in: Palandt, Art. 11 Rom I-VO, Rn. 15; Magnus, in: Staudinger, Band IVR 2, Art. 11 Rom I-VO, Rn. 137.

1409 Limbach, in: jurisPK-BGB, Band 6, Art. 6 Rom I-VO, Rn. 14; Martiny, in: Reithmann/Martiny, Internationales Vertragsrecht, Rn. 4177; Magnus, in: Staudinger, IVR 1, Art. 6 Rom I-VO, Rn. 38 ff.

1410 So Koch, IPRax 1995, 71 zu Art. 29 EGBGB a.F.

1411 Limbach, in: jurisPK-BGB, Band 6, Art. 6 Rom I-VO, Rn. 15; Thorn, in: Palandt, Art. 6 Rom I-VO, Rn. 5; Martiny, in: MüKo-BGB, Band 10, Art. 6 Rom I-VO, Rn. 6 ff.; zu Art. 15 Abs. 1 EuGVO: Geimer, in: Geimer/Schütze, EZVR, A1, Art. 15,

wie der Erwerb von Wertpapieren nicht zu ihrer beruflichen Tätigkeit gehört[1412]. Private Anleger sind somit Verbraucher i.S.v. Art. 6 Rom I-VO. Die Definition des Verbraucherbegriffs entspricht daher der des § 13 BGB[1413]. Fraglich ist, ob die Verbrauchereigenschaft für das Wertpapierdienstleistungsunternehmen aufgrund objektiver Kriterien erkennbar sein muss oder aber auf den inneren Willen des Verbrauchers abzustellen ist. Ein Abstellen auf den inneren Willen des Verbrauchers, als solcher zu handeln, ist für den Vertragspartner nicht erkennbar und daher untaugliches Abgrenzungskriterium[1414]. Vielmehr ist darauf abzustellen, ob für den Anbieter nach den objektiven Umständen erkennbar ist, dass dem Vertrag ein privater Verwendungszweck zugrunde liegt[1415]. Treffen beide Parteien dagegen eine ausdrückliche Abrede, ob ein Geschäft privaten oder beruflichen bzw. gewerblichen Zwecken dienen soll, so geht diese Abrede den objektiven Kriterien vor[1416].

bb) Sachlicher Anwendungsbereich

Des Weiteren muss auch der sachliche Anwendungsbereich des Art. 6 Rom I-VO eröffnet sein, damit eine Einschränkung der Rechtswahlfreiheit gemäß Art. 6 Abs. 2 S. 2 Rom I-VO stattfindet. Anders als im Rahmen von Art. 29 EGBGB a.F. ist der sachliche Anwendungsbereich des Art. 6 Rom I-VO nicht auf die Lieferung von Waren und die Erbringung von Dienstleistungen beschränkt, sondern insgesamt weiter gefasst. Grundsätzlich werden von Art. 6 Rom I-VO alle Vertragstypen erfasst[1417]. Jedoch bestimmt Art. 6 Abs. 4 Rom II-VO Ausnahmen vom sachlichen Anwendungsbereich des Art. 6 Abs. 1, 2 Rom I-VO[1418].

Rn. 24; Staudinger, in: Rauscher, EuZPR, Art. 15–17 Brüssel I-VO, Rn. 2; zu Art. 29 EGBGB a.F.: Magnus, in: Staudinger (2002), Art. 29 EGBGB, Rn. 31.

1412 EuGH, Urt. v. 19.1.1993, Rs C-89/91 (Shearson Lehman Hutton Inc./TVB Treuhandgesellschaft für Vermögensverwaltung und Beteiligungen mbH), NJW 1993, 1251, 1252; Vorlagebeschluss dazu BGH, Beschluss v. 29.1.1991, XI ZR 17/90, WM 1991, 361; BGH, Beschluss v. 23.5.1993, XI ZR 45 und 59/91, WM 1993, 1215; Kümpel, WM 2005, 1, 6; Mankowski, in: Reithmann/Martiny, Internationales Vertragsrecht, Rn. 2351 f.

1413 Martiny, in: Reithmann/Martiny, Internationales Vertragsrecht, Rn. 4177; Felke, 47.

1414 Martiny, in: Reithmann/Martiny, Internationales Vertragsrecht, Rn. 4178; ebenso für eine Auslegung des Verbraucherbegriffs im Rahmen von Art. 15 EuGVO: Geimer, in: Geimer/Schütze, EZVR, A1, Art. 15, Rn. 23.

1415 Begr. RegE. eines Gesetzes zur Neuregelung des Internationalen Privatrechts, BT-Drs. 10/504, S. 79; Martiny, in: Reithmann/Martiny, Internationales Vertragsrecht, Rn 4179; Junker, RIW 1999, 809, 815.

1416 Martiny, in: Reithmann/Martiny, Internationales Vertragsrecht, Rn. 4178; Magnus, in: Staudinger, Band IVR 1, Art. 6 Rom I-VO, Rn. 47.

1417 Martiny, in: MüKo-BGB, Band 10, Art. 6 Rom I-VO, Rn. 13; Mankowski, IHR 2008, 133, 141; Limbach, in: jurisPK-BGB, Band 6, Art. 6 Rom I-VO, Rn. 10 ff.

1418 Siehe zu diesen Ausnahmen: Magnus, in: Staudinger, Band IVR 1, Art. 6 Rom I-VO, Rn. 66 ff.; Martiny, in: MüKo-BGB, Band 10, Art. 6 Rom I-VO, Rn. 16 ff.

aaa) Keine ausschließliche Dienstleistungserbringung in einem anderen Staat

So findet Art. 6 Rom I-VO beispielsweise gemäß Art. 6 Abs. 4 lit. a) Rom I-VO keine Anwendung, sofern eine Dienstleistung ausschließlich in einem anderen Staat als dem Wohnsitzstaat des Verbrauchers erbracht wird[1419]. Art. 6 Abs. 4 lit. a) Rom I-VO übernimmt wortgleich die bereits in Art. 5 Abs. 4 lit. b) EVÜ und Art. 29 Abs. 4 S. 1 Nr. 2 EGBGB a.F. vorgesehene Regelung. Wie im 2. Teil, 3. Abschnitt unter A.II.3. gezeigt, erbringt ein ausländisches Wertpapierdienstleistungsunternehmen gegenüber einem Anleger mit gewöhnlichem Aufenthalt im Inland, der Aktien über dieses Unternehmen erwirbt, eine Korrespondenzdienstleistung, so dass keine ausschließliche Dienstleistungserbringung in einem anderen Staat als dem Wohnsitzstaat des Verbrauchers vorliegt. Die Ausnahmeregelung des Art. 6 Abs. 4 lit. a) Rom I-VO greift somit nicht ein.

bbb) Ausnahme vom sachlichen Anwendungsbereich gemäß Art. 6 Abs. 4 lit. d) Rom I-VO?

Weiterhin findet gemäß Art. 6 Abs. 4 lit. d) Rom I-VO Art. 6 Abs. 1, 2 Rom I-VO keine Anwendung auf Rechte und Pflichten im Zusammenhang mit einem Finanzinstrument sowie Rechte und Pflichten, durch die die Bedingungen für die Ausgabe oder das öffentliche Angebot und öffentliche Übernahmeangebote bezüglich übertragbarer Wertpapiere und die Zeichnung oder den Rückkauf von Anteilen an Organismen für gemeinsame Anlagen in Wertpapieren festgelegt werden, sofern es sich nicht um die Erbringung von Finanzdienstleistungen handelt[1420].

Damit beinhaltet Art. 6 Abs. 4 lit. d) zwei Untertatbestände, welche eine Ausnahme vom sachlichen Anwendungsbereich des Art. 6 Abs. 1, 2 Rom I-VO statuieren. Diese betreffen Finanzinstrumente sowie die Bedingungen für die Ausgabe oder das öffentliche Angebot und öffentliche Übernahmeangebote bezüglich übertragbarer Wertpapiere und die Zeichnung oder den Rückkauf von OGAW-Anteilen[1421]. Laut Erwägungsgrund Nr. 28 der Rom I-VO soll durch diese Regelung vermieden werden, dass für jedes ausgegebene Finanzinstrument in Abhängigkeit vom gewöhnlichen Aufenthaltsort des Verbrauchers ein anderes Recht anzuwenden ist, da dies einen fungiblen Handel und ein fungibles Angebot verhindern würde.[1422].

1419 Siehe hierzu: Martiny, in: Reithmann/Martiny, Internationales Vertragsrecht, Rn. 4192; Mankowski, IHR 2008, 133, 143; Limbach, in: jurisPK-BGB, Band 6, Art. 6 Rom I-VO, Rn. 26 ff.

1420 Siehe hierzu: Einsele, WM 2009, 289, 294 ff.; Martiny, in: Reithmann/Martiny, Internationales Vertragsrecht, Rn. 4196 ff.; Limbach, in: jurisPK-BGB, Band 6, Art. 6 Rom I-VO, Rn. 34 ff.; Mankowski, RIW 2009, 98, 105 ff.; Magnus, in: Staudinger, Band IVR 1, Art. 6 Rom I-VO, Rn. 89.

1421 Siehe hierzu ausführlich: Mankowski, RIW 2009, 98, 102 ff.; Magnus, in: Staudinger, Band IVR 1, Art. 6 Rom I-VO, Rn. 89 ff.; Einsele, WM 2009, 289, 294 ff.

1422 Martiny, in: MüKo-BGB, Band 10, Art. 6 Rom I-VO, Rn. 25; Einsele, WM 2009, 289, 294.

Art. 6 Abs. 4 lit. d) Rom I-VO enthält keine Legaldefinition des Begriffs des Finanzinstruments, jedoch Art. 4 Abs. 1 lit. h) Rom I-VO sowie Erwägungsgrund Nr. 30 der Rom I-VO. Im Rahmen von Art. 6 Abs. 4 lit. d) Rom I-VO ist der Begriff des Finanzinstruments[1423] daher anhand von Erwägungsgrund Nr. 30 der Rom I-VO zu bestimmen[1424]. Dieser verweist auf Art. 4 MiFID i.V.m. Anhang I, Abschnitt C, welcher die betroffenen Instrumente aufzählt. Bei Aktien handelt es sich somit um Finanzinstrumente i.S.v. Art. 6 Abs. 4 lit. d) Rom I-VO, da diese in Anhang I, Abschnitt C zu Art. 4 MiFID aufgeführt werden. Demnach unterfällt der reine Kauf von Aktien, sofern nicht gleichzeitig auch eine Finanzdienstleistung erbracht wird, nicht dem Anwendungsbereich des Art. 6 Rom I-VO[1425]. Die Vorschrift des Art. 6 Abs. 2 S. 2 Rom I-VO findet daher bei einem Kauf von eigenen Aktien einer Gesellschaft oder von einem Großaktionär keine Anwendung, so dass hier keine Beschränkung der Rechtswahlfreiheit erfolgt. Zeichnet ein Anleger bei einer Eigenemission Aktien des Emittenten, so ist in Bezug auf den Zeichnungsvertrag der Anwendungsbereich der Rom I-VO nicht eröffnet[1426].

Jedoch unterfallen die im Zusammenhang mit Finanzinstrumenten stehenden Rechte und Pflichten dann nicht der Ausnahme des Art. 6 Abs. 4 lit. d), 1. Alt. Rom I-VO, wenn es sich um die Erbringung von Finanzdienstleistungen handelt[1427]. Auch unterfallen Rechte und Pflichten, durch die die Bedingungen für die Ausgabe oder das öffentliche Angebot und öffentliche Übernahmeangebote bezüglich übertragbarer Wertpapiere festgelegt werden, gemäß Art. 6 Abs. 4 lit. d), 2. Alt. Rom I-VO nicht dem Anwendungsbereich des Art. 6 Rom I-VO[1428], sofern es sich nicht um die Erbringung von Finanzdienstleistungen handelt[1429].

Der Begriff der Finanzdienstleistung wird in Art. 6 Abs. 4 lit. d) nicht legaldefiniert, doch enthält Erwägungsgrund Nr. 26 der Rom I-VO eine Definition des Begriffs der Finanzdienstleistung. Demnach fallen jedenfalls Wertpapierdienstleistungen und Anlagetätigkeiten sowie Nebendienstleistungen nach Anhang I, Abschnitte A und B der MiFID unter den Begriff der Finanzdienstleistungen, ohne dass sich die Finanzdienstleistungen i.S.d. Rom I-VO auf diese beschränken. Es

1423 Siehe zu diesem Begriff im Kontext der Rom I-VO: Martiny, in: MüKo-BGB, Band 10, Art. 4 Rom I-VO, Rn. 138; Mankowski, RIW 2009, 98, 102; Magnus, in: Staudinger, Band IVR 1, Art. 4 Rom I-VO, Rn. 90 sowie Art. 6 Rom I-VO, Rn 92.

1424 Magnus, in: Staudinger, Band IVR 1, Art. 6 Rom I-VO, Rn. 92; Mankowski, RIW 2009 98, 102.

1425 Siehe zu Einzelheiten: 3. Teil, 4. Abschnitt, B.I.

1426 Siehe zu Einzelheiten: 2. Teil, 3. Abschnitt, B.IV.3.b.

1427 Siehe zu Art. 6 Abs. 4 lit. d), 1. Alt. Rom I-VO: Magnus, in: Staudinger, Band IVR 1, Art. 6 Rom I-VO, Rn. 92 ff.; Mankowski, RIW 2009, 98, 102; Limbach, in: jurisPK-BGB, Band 6, Art. 6 Rom I-VO, Rn. 34 ff.

1428 Limbach, in: jurisPK-BGB, Band 6, Art. 6 Rom I-VO, Rn. 38; Magnus, in: Staudinger, Band IVR 1, Art. 6 Rom I-VO; Rn. 95 ff.; Mankowski, RIW 2009, 98, 102 f.

1429 Limbach, in: jurisPK-BGB, Band 6, Art. 6 Rom I-VO, Rn. 38; Magnus, in: Staudinger, Band IVR 1, Art. 6 Rom I-VO, Rn 98; a.A. Mankowski, RIW 2009, 98, 104 f.

wird hierzu die Ansicht vertreten, dass der Begriff der Finanzdienstleistung i.S.v. Art. 6 Abs. 4 lit. d) Rom I-VO eher mit dem weitergehenden Finanzdienstleistungsbegriff der Richtlinie 2002/65/EG über den Fernabsatz von Finanzdienstleistungen[1430] identisch sei[1431].

Im Rahmen einer Fremdemission erwirbt der Anleger seine Aktien über ein Wertpapierdienstleistungsunternehmen. Der mit dem Unternehmen abgeschlossene Vertrag stellt einen Dienstleistungsvertrag dar, da das Wertpapierdienstleistungsunternehmen eine Wertpapierdienstleistung entweder in Form eines Finanzkommissionsgeschäfts i.S.v. § 2 Abs. 3 Nr. 1 WpHG, eines Eigenhandels für andere i.S.v. § 2 Abs. 3 Nr. 2 WpHG, einer Abschlussvermittlung i.S.v. § 2 Abs. 3 Nr. 3 WpHG oder einer Anlagevermittlung i.S.v. § 2 Abs. 3 Nr. 4 WpHG erbringt. Hierbei handelt es sich insgesamt um Finanzdienstleistungen i.S.v. Anhang I, Abschnitte A und B der MiFID, so dass die Frage, ob der Begriff der Finanzdienstleistung im Rahmen der Rom I-VO auch Finanzdienstleistungen i.S.d. Richtlinie 2002/65/EG über den Fernabsatz von Finanzdienstleistungen mitumfasst, vorliegend nicht von Bedeutung ist.

Fraglich ist, ob sich diese Rückausnahme nur auf die erste Alternative des Art. 6 Abs. 4 lit d) Rom I-VO (Rechte und Pflichten im Zusammenhang mit einem Finanzinstrument) oder auch auf die zweite Alternative (öffentliche Angebote) bezieht. Hierzu wird teilweise[1432] die Ansicht vertreten, dass sich die Rückausnahme lediglich auf die erste Alternative beziehe. Begründet wird dies mit der Gesetzgebungsgeschichte. Jedoch sprechen Wortlaut und Sinn des Art. 6 Abs. 4 lit. d) Rom I-VO gegen eine solche einschränkende Auslegung[1433]. Des Weiteren spricht auch Erwägungsgrund Nr. 26 der Rom I-VO, der Finanzdienstleistungen dem Anwendungsbereich des Art. 6 Rom I-VO unterwirft, hiergegen.

Im Übrigen ist der Streit vorliegend nicht von Bedeutung, da Ansprüche gemäß § 280 BGB wegen Verletzung von Aufklärungspflichten des Wertpapierdienstleistungsunternehmens im Zusammenhang mit dem Erwerb von Aktien Art. 6 Abs. 4 lit. d), 1. Alt. Rom I-VO und nicht Art. 6 Abs. 4 lit. d), 2. Alt. Rom I-VO unterfallen[1434]. Somit ist der Anwendungsbereich des Art. 6 Rom I-VO bei einem Aktienerwerb im

---

1430 Richtlinie 2002/65/EG des Europäischen Parlaments und des Rates vom 23.09.2002 über den Fernabsatz von Finanzdienstleistungen an Verbraucher und zur Änderung der Richtlinie 90/619/EWG des Rates und der Richtlinien 97/7/EG und 98/27/EG, ABl. EG Nr. L 271 v. 09.10.2002, S. 16.

1431 Mankowski, RIW 2009, 98,104; Limbach, in: jurisPK-BGB, Band 6, Art. 6 Rom I-VO, Rn. 36; Magnus, in: Staudinger, Band IVR 1, Art. 6 Rom I-VO, Rn. 99 f.; zurückhaltend: Martiny, in: MüKo-BGB, Band 10, Art. 6 Rom I-VO, Rn. 27.

1432 Mankowski, RIW 2009, 98, 104 f., 117; Mankowski, in: Reithmann/Martiny, Internationales Vertragsrecht, Rn. 2380 ff.

1433 Martiny, in: MüKo-BGB, Band 10, Art. 6 Rom I-VO, Rn. 27; Limbach, in: jurisPK-BGB, Band 6, Art. 6 Rom I-VO, Rn. 36; Magnus, in: Staudinger, Band IVR 1, Art. 6 Rom I-VO, Rn. 98; im Ergebnis auch Einsele, WM 2009, 289, 294 f.

1434 So auch Mankowski, RIW 2009, 98, 107.

Rahmen einer Fremdemission sachlich eröffnet, da hier das Wertpapierdienstleistungsunternehmen eine Wertpapierdienstleistung erbringt und damit die Rückausnahme des Art. 6 Abs. 4 lit. d) aE Rom I-VO greift. Daher kann in diesem Fall eine Beschränkung der Rechtswahlfreiheit gemäß Art. 6 Abs. 2 S. 2 Rom I-VO erfolgen, soweit auch der situative Anwendungsbereich eröffnet ist. Dagegen ist der sachliche Anwendungsbereich des Art. 6 Rom I-VO bei einer Eigenemission nicht eröffnet, da hier die Rückausnahme des Art. 6 Abs. 4 lit. d) a.E. Rom I-VO nicht eingreift, weil der Emittent keine Finanzdienstleistung erbringt. Dieses Ergebnis deckt sich auch mit Erwägungsgrund Nr. 26 der Rom I-VO, wonach Finanzdienstleistungen wie Wertpapierdienstleistungen, Anlagetätigkeiten und Nebendienstleistungen nach Anhang I, Abschnitt A und Abschnitt B der MiFID, die ein Unternehmer für einen Verbraucher erbringt, Art. 6 der Rom I-VO unterliegen sollen.

ccc) Kein Vertragsschluss innerhalb eines multilateralen Handelssystems

Des Weiteren ist gemäß Art. 6 Abs. 4 lit. e) Rom I-VO der Anwendungsbereich des Art. 6 Rom I-VO nicht eröffnet, sofern es zu einem Vertragsschluss innerhalb der Art von Systemen gekommen ist, auf die Artikel 4 Abs. 1 lit. h) Rom I-VO Anwendung findet[1435]. Gemäß Art. 4 Abs. 1 lit. h) Rom I-VO unterliegen Verträge, die innerhalb eines multilateralen Systems geschlossen werden, das die Interessen einer Vielzahl Dritter am Kauf und Verkauf von Finanzinstrumenten im Sinne von Art. 4 Abs. 1 Nr. 17 MiFID nach nicht diskretionären Regeln und nach Maßgabe eines einzigen Rechts zusammenführt oder das Zusammenführen fördert, dem Recht des multilateralen Handelssystems, welches anhand einer objektiven Anknüpfung zu bestimmen ist. Da diese Systeme strikte Voraussetzungen für die Teilnahme am Handel vorsehen, werden die Vertragspartner bei Abschluss dieser Verträge grundsätzlich in Ausübung ihrer beruflichen oder gewerblichen Tätigkeit und damit als Unternehmer handeln[1436]. Privatanlegern ist der Zugang zu solchen Systemen verwehrt. Auch werden über multilaterale Handelssysteme lediglich Sekundärgeschäfte und nicht Primärgeschäfte wie die Zeichnung von Aktien abgewickelt, so dass im vorliegenden Fall die Ausnahme des Art. 6 Abs. 4 lit. e) Rom I-VO nicht greift.

ddd) Zwischenergebnis

Damit ist der sachliche Anwendungsbereich des Art. 6 Rom I-VO lediglich bei einer Fremdemission, nicht jedoch bei einer Eigenemission, eröffnet. Diese Rechtslage deckt sich mit der Rechtslage vor Inkrafttreten der Rom I-VO. Somit kann bei einer

---

1435 Siehe hierzu: Mankowski, in: Reithmann/Martiny, Internationales Vertragsrecht, Rn. 2387 f. sowie Martiny, in: ders., Rn. 4202; Einsele, WM 2009, 289, 295; Limbach, in: jurisPK-BGB, Band 6, Art. 6 Rom I-VO, Rn. 39.

1436 Einsele, WM 2009, 289, 295; Leible/Lehmann, RIW 2008, 528, 537; Limbach, in: jurisPK-BGB, Band 6, Art. 6 Rom I-VO, Rn. 39.

Fremdemission eine Beschränkung der Rechtswahlfreiheit gemäß Art. 6 Abs. 2 S. 2 Rom I-VO erfolgen, soweit auch der situative Anwendungsbereich eröffnet ist.

cc) Situativer Anwendungsbereich/hinreichender Inlandsbezug

Der Anwendungsbereich des Art. 6 Rom I-VO ist eröffnet, sofern das Emissionshaus gemäß Art. 6 Abs. 1 lit. a) Rom I-VO seine berufliche oder gewerbliche Tätigkeit in dem Staat ausübt, in dem der Verbraucher seinen gewöhnlichen Aufenthalt hat, oder sofern es gemäß Art. 6 Abs. 1 lit. b) Rom I-VO eine solche Tätigkeit auf irgendeine Weise auf diesen Staat oder auf mehrere Staaten, einschließlich dieses Staates, ausrichtet und der mit einem Anleger abgeschlossene Vertrag in den Bereich dieser Tätigkeit fällt. In diesem Fall erfolgt dann gemäß Art. 6 Abs. 2 S. 2 Rom I-VO eine Beschränkung der Rechtswahlfreiheit.

Art. 6 Abs. 1 Rom I-VO weist einen im Vergleich zu Art. 29 Abs. 2 EGBGB a.F. erweiterten situativen Anwendungsbereich auf. Der situative Anwendungsbereich des Art. 6 Abs. 1 Rom I-VO ist weitestgehend mit dem des Art. 15 Abs. 1 lit. c) EuGVO[1437] deckungsgleich[1438]. Dies ist ausweislich der Erwägungsgründe Nr. 7 und Nr. 24 der Rom I-VO vom Verordnungsgeber beabsichtigt, um eine einheitliche Auslegung der Rom I-VO, der EuGVO sowie der Rom II-VO zu ermöglichen[1439]. Grund für die Ausweitung des situativen Anwendungsbereichs war, dass man der wachsenden Bedeutung des elektronischen Geschäftsverkehrs Rechnung tragen wollte[1440]. Es wird nicht mehr darauf abgestellt, ob der Verbraucher die zum Vertragsschluss führenden rechtlichen Schritte im Staat seines gewöhnlichen Aufenthalts vorgenommen oder ob der Anbieter in diesem Staat die Bestellung des Verbrauchers entgegengenommen hat (Art. 29 Abs. 1 Nr. 2 EGBGB a.F./Art. 5 Abs. 2, 2. Spgstr. EVÜ). Im elektronischen Geschäftsverkehr bereitet die Lokalisierung des Ortes, an welchem die zum Vertragsschluss führenden Handlungen vorgenommen worden sind, erhebliche Schwierigkeiten[1441].

1437 Verordnung (EG) Nr. 44/2001 des Rates vom 22. Dezember 2000 über die gerichtliche Zuständigkeit und die Anerkennung und Vollstreckung von Entscheidungen in Zivil- und Handelssachen, ABl. EG Nr. L 12 v. 6.1.2001, S. 1.

1438 Leible/Lehmann, RIW 2008, 528, 538; Clausnitzer, EuZW 2010, 374; Martiny, in: MüKo-BGB, Band 10, Art. 6 Rom I-VO, Rn. 31 ff.; siehe auch Erwägungsgrund Nr. 24 der Rom I-VO.

1439 Martiny, in: Martiny, Internationales Vertragsrecht, Rn. 4182; Bitter, IPRax 2008, 96 ff.

1440 Siehe Vorschlag für eine Verordnung des Rates über die gerichtliche Zuständigkeit und die Anerkennung und Vollstreckung von Entscheidungen in Zivil- und Handelssachen, KOM 1999 (348) endg., S. 17 zu Art. 15 EuGVO sowie Erwägungsgrund Nr. 24 S. 1 der Rom I-VO.

1441 Siehe Staudinger, in: Rauscher, EuZPR, Art. 15 Brüssel I-VO, Rn. 14 m.w.N.; Micklitz/Rott, EuZW 2001, 325, 331; Spindler, MMR 2000, 18, 20 ff.

aaa) Ausübung einer beruflichen oder gewerblichen Tätigkeit (Art. 6 Abs. 1 lit. a) Rom I-VO)

Fraglich ist, wann ein Unternehmen eine berufliche oder gewerbliche Tätigkeit im Staat des gewöhnlichen Aufenthalts des Verbrauchers ausübt. Dies ist jedenfalls regelmäßig dann der Fall, wenn eine aktive Beteiligung am Wirtschaftsverkehr durch das Anbieten und Abwickeln von Leistungen vorliegt[1442], z.B. beim Verkauf von Waren und beim Abschluss von Dienstleistungsverträgen durch die inländische Niederlassung[1443]. Dagegen reicht ein vereinzeltes Tätigwerden nicht für die Annahme des Ausübens einer gewerblichen Tätigkeit i.S.v. Art. 6 Abs. 1 lit. a) Rom I-VO aus, da ansonsten Art. 6 Abs. 1 lit. a) Rom I-VO jegliche Begrenzungsfunktion verlieren würde[1444]. Vielmehr ist ein gezieltes Auftreten auf dem Markt des Wohnsitzstaates des Verbrauchers erforderlich[1445], das bereits vor Vertragsschluss erfolgt sein muss. Dem BGH[1446] zufolge muss der Unternehmer seine berufliche Tätigkeit bereits vor und unabhängig von dem Vertragsschluss mit dem Verbraucher in dessen Aufenthaltsstaat ausgeübt haben. Eine erstmalige Tätigkeitsaufnahme aufgrund des mit dem Verbraucher geschlossenen Vertrags reicht zur Anwendbarkeit von Art. 6 Abs. 1 lit. a) Rom I-VO daher nicht aus. Der Unternehmer muss vor Vertragsschluss mit einer gewissen Regelmäßigkeit im Aufenthaltsstaat des Verbrauchers tätig gewesen sein und beim Verbraucher den Anschein erweckt haben, vergleichbar einem inländischen Anbieter zu agieren[1447].

Zur Frage, wann eine gewisse Regelmäßigkeit vorliegt, kann auf die Ausführungen zum Vorliegen einer grenzüberschreitenden Wertpapierdienstleistung i.S.v. § 31 Abs. 10 WpHG bzw. zum Betreiben eines Bankgeschäfts im Inland i.S.v. § 32 KWG zurückgegriffen werden[1448]. Wird eine Wertpapierdienstleistung im Inland i.S.v. § 31 Abs. 10 WpHG erbracht bzw. ein inländisches Bankgeschäft i.S.v. § 32 KWG betrieben, so übt das Wertpapierdienstleistungsunternehmen auch eine gewerbliche Tätigkeit im Inland aus.

1442 Mankowski IHR 2008, 133, 142; Einsele WM 2009, 289, 292; Martiny, in: Martiny, Internationales Vertragsrecht, Rn. 4183; Magnus, in: Staudinger, Band IVR 1, Art. 6 Rom I-VO, Rn. 107.

1443 Heidenhoff, in: Rauscher, EuZPR, Art. 6 Rom I-VO, Rn. 29; Limbach in: jurisPK-BGB, Art. 6 Rom I-VO, Rn. 44.

1444 Heidenhoff, in: Rauscher, EuZPR, Art. 6 Rom I-VO, Rn. 29; Limbach in: jurisPK-BGB, Art. 6 Rom I-VO, Rn. 44.

1445 Staudinger, in: Rauscher, EuZPR Art. 15 Brüssel I-VO, Rn. 13; Geimer, in: Geimer/Schütze, EZVR, A.1, Art. 15, Rn. 38.

1446 BGH, Urt. v. 30.03.2006, VII ZR 249/04, WM 2006, 1401, 1402, Rn. 25; zustimmend: Magnus, in: Staudinger, Band IVR 1, Art. 6 Rom I-VO, Rn. 106, 110.

1447 Limbach, in: jurisPK-BGB, Band 6, Art. 6 Rom I-VO, Rn. 44; Magnus, in: Staudinger, Band IVR 1, Art. 6 Rom I-VO, Rn. 106, 110.

1448 Siehe 2. Teil, 3. Abschnitt, A.II.3. bzw. A.III.3.

bbb) Ausrichtung der beruflichen oder gewerblichen Tätigkeit

Eine Beschränkung des Umfangs der Rechtswahl gemäß Art. 6 Abs. 2 S. 2 Rom I-VO tritt ebenso ein, wenn ein Unternehmer seine berufliche oder gewerbliche Tätigkeit auf den Mitgliedstaat, in welchem der Verbraucher seinen gewöhnlichen Aufenthalt hat, ausrichtet und der Vertragsschluss in den Bereich der ausgerichteten Tätigkeit fällt, Art. 6 Abs. 1 lit. b) Rom I-VO. Die Vorschrift des Art. 6 Abs. 1 lit. b) Rom I-VO ist somit mit Art. 15 Abs. 1 lit. c), 2. Alt. EuGVO identisch[1449].

Die Auslegung des Begriffs des „Ausrichtens" bereitet im Rahmen von Art. 6 Rom I-VO wie auch von Art. 15 EuGVO einige Schwierigkeiten. Auf eine Definition dieses Begriffs wurde sowohl im Rahmen von Art. 15 Abs. 1 lit. c) EuGVO wie auch im Rahmen von Art. 6 Abs. 1 lit. b) Rom I-VO verzichtet, da im Gesetzgebungsverfahren (zu Art. 15 EuGVO) keine Einigung zwischen den Organen der EU erzielt werden konnte[1450]. Dies hing nicht zuletzt mit im Rahmen des Gesetzgebungsverfahrens von Seiten der Wirtschaft vorgetragenen Bedenken zusammen, dass eine zu weite Auslegung des Begriffs des „Ausrichtens" kleinere und mittlere Unternehmen von der Nutzung des Internets zur Absatzförderung abhalten könnte[1451]. Bei der Auslegung dieses Begriffs ist zwischen dem Schutzinteresse des Verbrauchers, der beim Abschluss eines Vertrages im elektronischen Geschäftsverkehr im Staat seines gewöhnlichen Aufenthalts darauf vertraut, dass die ihm bekannten Vorschriften seiner Rechtsordnung zur Anwendung gelangen, und dem Interesse des Unternehmens, nicht 28 verschiedene Rechtsordnungen beachten zu müssen und in 28 Mitgliedstaaten gerichtspflichtig zu werden, abzuwägen. Der Unternehmer sollte nur dann den Vorschriften einer anderen Rechtsordnung unterworfen werden, wenn er sich bewusst entschieden hat, seine Tätigkeit auf den Mitgliedstaat des Verbrauchers auszurichten. Bei der Auslegung des Begriffs

---

1449 Martiny, in: MüKo-BGB, Band 10, Art. 6 Rom I-VO, Rn. 31; Limbach, in: jurisPK-BGB, Band 6, Art. 6 Rom I-VO, Rn. 8, 46.

1450 Siehe hierzu: Vermerk des Generalsekretariates des Rates und der Europäischen Kommission für den AStV v. 14.12.2000 in der korrigierten Fassung v. 20.12.2000 (14139/00 u. 14139/00 COR2(de)-JUSTCIV 137), abgedruckt in IPRax 2001, 259, 261 sowie den geänderten Vorschlag für eine Verordnung des Rates über die gerichtliche Zuständigkeit und die Anerkennung und Vollstreckung von Entscheidungen in Zivil- und Handelssachen, KOM(2000) 689 endg. Das Europäische Parlament hatte die Aufnahme eines neuen Absatzes in Art. 15 vorgeschlagen, der den Begriff der „Ausrichtung einer Tätigkeit" auf ein oder mehrere Mitgliedstaaten definiert hätte. Die EU-Kommission hat die Aufnahme eines entsprechenden Absatzes mit der Begründung abgelehnt, dass sie dem Geist der geplanten VO widerspräche.

1451 Siehe Mankowski, IHR 2008, 132, 142 sowie die Stellungnahme des Wirtschafts- und Sozialausschusses v. 1.3.2000 zu dem Vorschlag für eine Verordnung (EG) des Rates über die gerichtliche Zuständigkeit und die Anerkennung und Vollstreckung von Entscheidungen in Zivil- und Handelssachen, CES 233/2000, ABl. EG Nr. C 117 v. 26.4.2000, S. 6, Ziffer 4.2.1.

geht es daher um die Schaffung eines angemessenen Ausgleichs der Interessen von Verbrauchern und Unternehmen. Laut EuGH kommt der „Sonderregelung für Verbraucherverträge die Funktion [...] (zu), für einen angemessenen Schutz des Verbrauchers als dem gegenüber seinem beruflich oder gewerblich handelnden Kontrahenten wirtschaftlich schwächeren und rechtlich weniger erfahrenen Vertragspartner zu sorgen“[1452].

Der Begriff des „Ausrichtens“ ist Gegenstand kontrovers geführter Diskussionen in der Literatur[1453] und hat neben Gerichten in Mitgliedstaaten[1454] bereits jüngst den EuGH[1455] beschäftigt. Der EuGH[1456] hatte sich im Rahmen der Vorabentscheidungsverfahren „Hotel Alpenhof“ und „Pammer“ u.a. mit der Frage auseinanderzusetzen, wann ein Anbieter seine Tätigkeit auf den Wohnsitzstaat des Verbrauchers ausrichtet. Zwar beziehen sich die Vorlagebeschlüsse des OGH[1457] an den EuGH auf Art. 15 Abs. 1 lit. c) EuGVO, jedoch sind die in Art. 15 Abs. 1 lit. c) EuGVO und Art. 6 Abs. 1 lit. b) Rom I-VO verwendeten Begrifflichkeiten gemäß Erwägungsgrund Nr. 24 S. 2 der Rom I-VO einheitlich auszulegen.

Einigkeit[1458] besteht dahingehend, dass der Begriff des „Ausrichtens“ weit auszulegen ist und die Ausübung einer beruflichen oder gewerblichen Tätigkeit i.S.v. Art. 6 Abs. 1 lit. a) Rom I-VO mitumfasst, so dass „Ausrichten“ i.S.v. Art. 6 Abs. 1

1452 EuGH, Urt. v. 7.12.2010, Rs. C-585/08, Rs. C-144/09 (Peter Pammer/Reederei Karl Schlüter GmbH & Co. KG und Hotel Alpenhof GesmbH/Oliver Heller), NJW 2011, 505, 507, Rn. 58; EuGH, Urt. v. 20.1.2005, Rs. C-464/01 (Gruber/BayWa AG), NJW 2005653, 654, Rn. 34.

1453 Clausnitzer/Woopen BB 2008, 1798, 1802; Clausnitzer, EuZW 2010, 374 ff. (zu Art. 15 Abs. 1 lit. c) EuGVO); Limbach, in: jurisPK-BGB, Band 6, Art. 6, Rn. 46 ff.; Mankowski, IHR 2008, 133, 142; Leible, JZ 2010, 272, 275 ff.; Mankowski, IPRax 2009, 238; Sujecki, EWS 2010, 360, 362 ff.; Kluth; 289 ff.; MPI, RabelsZ 71 (2007), 2205, 272 f.

1454 BGH, Beschluss v. 17.9.2008, III ZR 71/08, NJW 2009, 298 ff.; BGH, Urt. v. 30.3.2006, VII ZR 249/04, NJW 2006, 1672 ff.; OLG Dresden, Urt. v. 15.12.2004, 8 U 1855/04, WM 2006, 806 ff.; Cour d'appel de Montpellier, Urt. v. 16.11.2009, 09/04838 (Frankreich).

1455 EuGH, Urt. v. 7.12.2010, Rs. C-585/08, Rs. C-144/09 (Peter Pammer/Reederei Karl Schlüter GmbH & Co. KG und Hotel Alpenhof GesmbH/Oliver Heller), NJW 2011, 505 ff. allerdings zu Art. 15 Abs. 1 lit. c) EuGVO.

1456 EuGH, Urt. v. 7.12.2010, Rs. C-585/08 (Peter Pammer ./. Reederei Karl Schlüter GmbH & Co. KG), Rs. C-144/09 (Hotel Alpenhof GesmbH ./. Oliver Heller), NJW 2011, 505 ff.

1457 OGH, Entscheidung v. 26.3.2009, 6Ob24/09m; 6Ob257/10b; 4Ob32/11a; 4Ob172/12s; 1Ob37/13t; abrufbar unter http://www.ris.bka.gv.at/Judikatur/ (Stand: 30.11.2013).

1458 Mankowski, IHR 2008, 133, 142; Martiny, in: Reithmann/Martiny, Internationales Vertragsrecht, Rn. 4185; Limbach, in: jurisPK-BGB, Band 6, Rom I-VO, Rn. 47 f.; zu Art. 15 EuGVO: EuGH, Urt. v. 7.12.2010, Rs. C-585/08, Rs. C-144/09 (Peter Pammer/Reederei Karl Schlüter GmbH & Co. KG und Hotel Alpenhof GesmbH/

lit. b) Rom I-VO einen Oberbegriff darstellt[1459]. Die Begrifflichkeit „Ausrichten einer beruflichen oder gewerblichen Tätigkeit“ i.S.v. Art. 6 Abs. 1 lit. b) Rom I-VO ist nicht mit dem Begriff „Werbung“ i.S.v. Art. 29 Abs. 1 Nr. 1 EGBGB a.F. gleichzusetzen, sondern weiter gefasst[1460]. Als Tätigkeit werden absatzfördernde Handlungen aller Art, wie beispielsweise Prospekte, Zeitungsanzeigen, Telefonanrufe, Rundfunksendungen, Fernsehspots und Internetseiten[1461], betrachtet. Der situative Anwendungsbereich des Art. 6 Abs. 1 lit. b) Rom I-VO erfordert mithin nicht mehr das Vorliegen einer Werbung oder eines Angebot „im Inland“, sondern lediglich ein „Ausrichten“ einer Tätigkeit auf das Inland bzw. den Staat des gewöhnlichen Aufenthalts des Verbrauchers[1462].

Während im Rahmen von Art. 29 Abs. 1 Nr. 1 EGBGB a.F. umstritten war, wann bei Internetsachverhalten eine Werbung oder ein Angebot im Inland vorlag, stellt sich nun die Frage, ob und wann durch das Bereitstellen einer Webseite eine Ausrichtung einer beruflichen oder gewerblichen Tätigkeit auf den Wohnsitzstaat des Verbrauchers erfolgt. Zu fragen ist, ob es einer willentlichen Handlung des Unternehmers bedarf, um ein „Ausrichten“ einer Tätigkeit anzunehmen, oder ob lediglich auf eine Tätigkeit abzustellen ist[1463].

Eine Besonderheit bei Internetsachverhalten besteht darin, dass Webseiten von Unternehmen regelmäßig weltweit abrufbar sind. Es stellt sich somit im Rahmen von Art. 6 Abs. 1 lit. b) Rom I-VO wie auch im Rahmen von Art. 15 Abs. 1 lit. c) EuGVO die Frage, anhand welcher Kriterien festgestellt wird, ob eine Webseite und damit die Tätigkeit eines Unternehmers auf den Wohnsitzmitgliedstaat des Verbrauchers ausgerichtet sind. Eine sehr weite Auslegung des Begriffs des „Ausrichtens“ der beruflichen oder gewerblichen Tätigkeit könnte dazu führen, dass bereits die bloße Abrufbarkeit einer Webseite zur Folge hätte, dass Unternehmen ihre Tätigkeit auf den Wohnsitzstaat des Verbrauchers ausrichten.

Oliver Heller), NJW 2011, 505, 508, Rn. 61; BGH, Urt. v. 29.11.2011, XI ZR 172/11, BeckRS 2011, 29801, Rn. 21.

1459 So Magnus, in: Staudinger, Band IVR 1, Art. 6 Rom I-VO, Rn. 106; Thorn, in: Palandt, Art. 6 Rom I-VO, Rn. 6; Mankowski, IPRax 2009, 238, 239.

1460 Mankowski, IHR 2008, 133, 142; Martiny, in: Reithmann/Martiny, Internationales Vertragsrecht, Rn. 4185; Leible/Lehmann, RIW 2008, 528, 538.

1461 Mankowski IHR 2008, 133, 142; Clausnitzer/Woopen BB 2008, 1798, 1801 ff.; Mankowski, IPRax 2009, 238, 239; Magnus, in: Staudinger, Band IVR 1, Art. 6 Rom I-VO, Rn. 113.

1462 Siehe Magnus, in: Staudinger, Band IVR 1, Art. 6 Rom I-VO, Rn. 113; Martiny, in: MüKo-BGB, Band 10, Art. 6 Rom I-VO, Rn. 33.

1463 Siehe hierzu: EuGH, Urt. v. 7.12.2010, Rs. C-585/08, Rs. C-144/09 (Peter Pammer/Reederei Karl Schlüter GmbH & Co. KG und Hotel Alpenhof GesmbH/Oliver Heller), NJW 2011, 505, 508, Rn. 63 f.

(1) Hierzu wird die Ansicht vertreten[1464], dass Internetangebote und Werbung auf die ganze Welt zielten, da eine Internetseite weltweit abrufbar sei. Dies sei auch dem Anbieter bekannt. Nutze ein Anbieter die Vorteile des Internets, so habe er auch die Nachteile, namentlich die Wirkung über das Zielgebiet hinaus (so genannter spill-over Effekt), zu tragen[1465]. Dieser Standpunkt ist im Ergebnis mit demjenigen identisch, der den Anwendungsbereich des Art. 29 Abs. 1 Nr. 1 EGBGB a.F. für eröffnet hielt, falls Werbung im Inland in irgendeiner Weise Wirkung entfaltete. Eine solche Betrachtungsweise stellt den faktischen Verzicht auf das Kriterium der Zielgerichtetheit im Rahmen von Art. 29 Abs. 1 EGBGB a.F. bzw. des „Ausrichtens" als willentliche Handlung i.S.v. Art. 6 Abs. 1 lit. b) Rom I-VO dar.

(2) Andere[1466] wiederum nehmen nur dann das Vorliegen einer zielgerichteten Werbung bzw. das Ausrichten einer beruflichen oder gewerblichen Tätigkeit auf den Wohnsitzstaat des Verbrauchers an, wenn die Webseite objektive Hinweise enthält, dass Kunden im Inland angesprochen werden sollen. Eine Ausrichtung des Angebots auf das Inland könne an Hand der Sprache[1467], der Produktbeschreibung[1468], der Länderkennung (Top-Level-Domain)[1469] oder aufgrund von Hinweisen auf gesetzliche Bestimmungen im Aufenthaltsstaat des Verbrauchers festgestellt werden. Als weiteres Kriterium sollen auch vom Unternehmen getroffene Vorkehrungen in Betracht kommen, die dafür sorgen, dass die Unternehmenswebseite bei einer in einem anderen Mitgliedstaat durchgeführten Internet-Suche an prominenter Stelle in der Ergebnisliste einer Suchmaschine erscheint, beispielsweise

---

1464 So zu Art. 29 Abs. 1 Nr. 1 EGBGB a.F.: Thorn, in: Palandt, 68. Auflage, Art. 29 EGBGB, Rn. 6; Mankowski, RabelsZ 63(1999), 203, 234 ; Junker, RIW 1999, 809, 816; zu Art. 15 Abs. 1 lit. c) EuGVO: Laut Clausnitzer, EuZW 2010, 374, 375, Fn. 16 – der sich auf den Sitzungsbericht des EuGH in den Rechtssachen C-585/08 u. C-144/09 beruft – sollen die Regierungen von Tschechien und Österreich in einem Verfahren vor dem EuGH die Auffassung vertreten haben, dass eine Internetseite immer auf alle Mitgliedstaaten ausgerichtet sei.

1465 Junker, RIW 1999, 809, 816.

1466 Zu Art. 15 Abs. 1 lit. c) EuGVO: Clausnitzer, EuZW 2010, 374, 377; .zu Art. 29 EGBGB a.F.; Pichler, in: Hoeren/Sieber, Hdb. MultiMedia-Recht, Teil 31, Rn. 183; Borges, WM 2001, 1542, 1548; Horn, MMR 2002, 209, 213.

1467 Zu Art. 6 Rom I-VO: Magnus, in: Staudinger, Band IVR 1, Art. 6 Rom I-VO, Rn. 117, der allerdings das Vorliegen weiterer Kriterien fordert; zu Art. 29 EGBGB a.F.: Borges, WM 2001, 1542, 1547; Mankowski, RabelsZ 63(1999), 203, 246 weist zu Recht darauf hin, dass dieses Abgrenzungskriterium bei Verwendung einer Weltsprache wie Englisch versagt. Ebenso haben der Rat und die Europäische Kommission in einer gemeinsamen Erklärung festgestellt, dass die verwandte Sprache kein taugliches Abgrenzungskriterium sei, Vermerk des Generalsekretariates des Rates und der Europäischen Kommission für den AStV/Rat v. 14.12.2000 (in der korrigierten Fassung v. 20.12.2000) (14139/00 u. 14139/00 COR2(de)-JUSTCIV 137), abgedr. in IPRax 2001, 259, 261.

1468 Borges, WM 2001, 1542, 1547.

1469 Clausnitzer, EuZW 2010, 374, 377; Felke, 56.

dadurch, dass das Unternehmen einen Suchmaschinenbetreiber für eine prominente Platzierung der Unternehmenswebseite in der Ergebnisliste der Suchmaschine bezahlt[1470]. In eine ähnliche Richtung weist auch die jüngste Entscheidung des EuGH[1471] zur Parallelproblematik im Rahmen von Art. 15 Abs. 1 lit. c), 2. Alt. EuGVO. Der EuGH hatte in dieser Entscheidung festgestellt, dass das Kriterium des „Ausrichtens" erfüllt sei, wenn der Gewerbetreibende seinen Willen zum Ausdruck gebracht hat, Geschäftsbeziehungen zu Verbrauchern auch im Wohnsitzmitgliedsstaat des Verbrauchers herzustellen[1472]. Das Vorliegen der Bereitschaft hierzu sei anhand einer Reihe von objektiven Kriterien zu prüfen, die aber nicht erschöpfend seien. Als taugliche Kriterien führte der EuGH u.a. „den internationalen Charakter der fraglichen Tätigkeit, wie bestimmter touristischer Tätigkeiten, die Angabe von Telefonnummern mit internationaler Vorwahl, die Verwendung eines anderen Domänennamens oberster Stufe als dem des Mitgliedstaats, in dem der Gewerbetreibende niedergelassen ist, z. B. „.de", oder die Verwendung von neutralen Domänennamen oberster Stufe wie „.com" oder „.eu", Anfahrtsbeschreibungen von einem oder mehreren anderen Mitgliedstaaten aus zum Ort der Dienstleistung oder die Erwähnung einer internationalen Kundschaft, die sich aus in verschiedenen Mitgliedstaaten wohnhaften Kunden zusammensetzt, insbesondere durch die Wiedergabe von Kundenbewertungen" auf[1473].

(3) Einer weiteren Ansicht[1474] zufolge soll die Bestimmung der angesprochenen Kundenkreise vorwiegend anhand subjektiver Kriterien vorgenommen werden. Die globale Zielrichtung eines Webangebotes sei zwar grundsätzlich zu vermuten,

---

1470 Clausnitzer, EuZW 2010, 374, 377.

1471 EuGH, Urt. v. 7.12.2010, Rs. C-585/08, Rs. C-144/09 (Peter Pammer/Reederei Karl Schlüter GmbH & Co. KG und Hotel Alpenhof GesmbH/Oliver Heller), NJW 2011, 505 ff.

1472 EuGH, Urt. v. 7.12.2010, Rs. C-585/08, Rs. C-144/09 (Peter Pammer/Reederei Karl Schlüter GmbH & Co. KG und Hotel Alpenhof GesmbH/Oliver Heller), NJW 2011, 505, 508, Rn. 75 f.

1473 EuGH, Urt. v. 7.12.2010, Rs. C-585/08, Rs. C-144/09 (Peter Pammer/Reederei Karl Schlüter GmbH & Co. KG und Hotel Alpenhof GesmbH/Oliver Heller), NJW 2011, 505, 508 f., Rn. 83 ff.

1474 Laut Clausnitzer, EuZW 2010, 374, 375, Fn. 16 – der sich auf den Sitzungsbericht des EuGH in den Rechtssachen C-585/08 u. C-144/09 beruft – hatte Österreich eine solche Vorgehensweise angeregt; so auch zu Art. 29 Abs. 1 Nr. 1 EGBGB a.F.: Mehrings, CR 1998, 613, 619; einschränkend zu Art. 6 Rom I-VO: Magnus, in: Staudinger, Band IVR 1, Art. 6 Rom I-VO, Rn. 118 der einen „Disclaimer" als einen von mehreren Anhaltspunkten für die Bestimmung der Zielrichtung einer Webseite erachtet; zurückhaltender Pfeiffer/Weller/Nordmeier, in: Spindler/Schuster, Art. 6 Rom I-VO, Rn. 15 unter Hinweis darauf, dass ein Disclaimer dann wirkungslos sein könne, wenn „der disclaimer ersichtlich nicht ernst gemeint" ist, wenn also ein bestimmter Markt ausdrücklich ausgeschlossen, zugleich aber an Verbraucher dieses Marktes geliefert wurde; ähnlich: BGH, Urt. v. 30.3.2006, I ZR 24/03, GRUR Int 2006, 605, 607 zu Arzneimittelwerbung im Internet.

doch könne der Anbieter durch Verwendung eines „Disclaimers" – ähnlich wie im Rahmen der Prospektpflichtigkeit nach § 3 Abs. 1 WpPG[1475] – das Rechtsanwendungsrisiko steuern[1476] oder aber auch dadurch, dass er den Vertragsschluss mit Kunden aus bestimmten Ländern ablehne[1477].

(4) Weiterhin könnte man zur Bestimmung, ob ein Unternehmen seine Tätigkeit auf das Inland ausrichtet, darauf abstellen, ob es sich um eine (inter)aktive oder passive Webseite handelt[1478]. Laut EU-Kommission sei (im Rahmen von Art. 15 Abs. 1 lit. c) EuGVO) eine Ausrichtung auf den Wohnsitzstaat des Verbrauchers dann anzunehmen, wenn ein Verbrauchervertrag über eine (inter)aktive Webseite abgeschlossen worden sei, die im Verbraucherstaat abrufbar sei. Eine (inter)aktive Webseite wird in der Begründung zum Verordnungsvorschlag für die EuGVO von der EU-Kommission dahingehend definiert, dass es sich bei (inter)aktiven Webseiten um solche handelt, die eine Bestellung auf der Webseite selbst ermöglichen[1479]. (Inter)aktive Webseiten seien von passiven Webseiten abzugrenzen, die lediglich über das Unternehmen und dessen Produkte informierten, aber keine direkte Bestellmöglichkeit böten. Es wird mithin darauf abgestellt, ob es bei einer Bestellung zu einem Medienbruch kommt. In einer gemeinsamen im Rahmen des Gesetzgebungsverfahrens zur EuGVO aufgrund von zahlreichen Unstimmigkeiten und Unklarheiten hinsichtlich der Auslegung von Art. 15 Abs. 1 lit. c) der EuGVO verabschiedeten Erklärung des Rates und der EU-Kommission[1480] wird es dagegen als

1475 Siehe hierzu: Heidelbach, in: Schwark/Zimmer, Kapitalmarktrechts-Kommentar, § 3 WpPG, Rn. 8; BAWe, Bekanntmachung zum VerkProspG und VerkProspVO v. 06.09.1999, BGBl. I 1999, S. 2853, I. Nr. 2 b).

1476 Mehrings, CR 1998, 613, 619; Leible, JZ 2010, 272, 276.

1477 Leible, JZ 2010, 272, 276.

1478 Siehe Begr. zum Vorschlag für eine Verordnung (EG) des Rates über die gerichtliche Zuständigkeit und die Anerkennung und Vollstreckung von Entscheidungen in Zivil- und Handelssachen, KOM (1999) 348 endg., S. 17; BGH, Beschluss v. 17.9.2008, III ZR 71/08, NJW 2009, 298, Rn. 10; zu Art. 29 EGBGB a.F.: Hausmann, in: Staudinger (2002), Anhang II zu Art. 27–37 EGBGB, Rn. 106; Schlosser, EuZPR, Art. 15 EuGVVO, Rn. 8a.

1479 Begr. zum Verordnungsvorschlag, KOM (1999) 348 endg., S. 17.; so auch zu Art. 29 EGBGB a.F.: Hausmann, in: Staudinger (2002), Anhang II zu Art. 27–37 EGBGB, Rn. 106; Mankowski, MMR 2002, 642, 646.

1480 Anlage II „Gemeinsame Erklärung des Rates und der Kommission zu den Artikeln 15 und 73 der Verordnung Nr. 44/2001" zum Vermerk des Generalsekretariates des Rates und der Europäischen Kommission für den AStV v. 14.12.2000 in der korrigierten Fassung v. 20.12.2000 (14139/00 u. 14139/00 COR2(de)-JUSTCIV 137), abgedruckt in IPRax 2001,259, 261 sowie den geänderten Vorschlag für eine Verordnung des Rates über die gerichtliche Zuständigkeit und die Anerkennung und Vollstreckung von Entscheidungen in Zivil- und Handelssachen, KOM(2000) 689 endg. Das Europäische Parlament hatte die Aufnahme eines neuen Absatzes in Art. 15 vorgeschlagen, der den Begriff der „Ausrichtung einer Tätigkeit" auf ein oder mehrere Mitgliedstaaten definiert hätte. Die EU-Kommission hat die

ausreichend erachtet, dass eine Webseite den Vertragsabschluss im Fernabsatz in irgendeiner Art und Weise anbietet, beispielsweise mittels Fax oder E-Mail und der Vertragsschluss auch tatsächlich im Fernabsatz erfolgt ist. Die auf einer Webseite benutzte Sprache oder die Währung seien dabei nicht von Bedeutung[1481]. Schließlich wurde die gemeinsame Erklärung in Erwägungsgrund Nr. 24 der Rom I-VO aufgenommen, so dass sie bei der Auslegung des Art. 6 Abs. 1 lit c) zu berücksichtigen ist[1482].

In einer späteren im Zusammenhang mit dem Erlass der Rom I-VO abgegebenen Stellungnahme[1483] ließ die EU-Kommission schließlich verlautbaren, dass eine passive Webseite für die Begründung einer Zuständigkeit nach Art. 15 Abs. 1 lit. c) EuGVO genüge, sofern der Kunde die Möglichkeit besitze, einen Vertrag unter Verwendung von Fernkommunikationsmitteln, wie beispielsweise Fax oder einer kostenlosen Telefonnummer, zu schließen, und hierauf auf der Webseite hingewiesen werde. Dagegen reiche das Vorhandensein einer passiven Webseite nicht aus, falls diese nur Produktinformationen enthalte und für einen Vertragsschluss an einen örtlichen Händler verweise[1484]. Der BGH[1485] hat jüngst ähnliche Kriterien aufgestellt.

Eine ähnliche Ansicht[1486] wurde bereits im Rahmen von Art. 29 Abs. 1 Nr. 1 EGBGB a.F. vertreten. Hiernach sollte zur Bestimmung, wann ein Angebot oder eine Werbung im Inland vorliegt, ebenfalls darauf abgestellt werden, ob es sich um eine (inter)aktive oder passive Webseite handelt[1487]. Eine (inter)aktive Webseite stelle ein Angebot im Inland dar, eine passive Webseite enthalte dagegen lediglich Anpreisungen und/oder Informationen[1488]. Im Unterschied zur eben dargestellten Meinung sollte jedoch bei einer passiven Webseite anhand einer Gesamtschau darauf abzustellen sein, ob diese auf den Markt des Verbrauchers ziele. Dabei seien

Aufnahme eines entsprechenden Absatzes mit der Begründung abgelehnt, dass sie dem Geist der geplanten VO widerspräche.

1481 Anlage II „Gemeinsame Erklärung des Rates und der Kommission zu den Artikeln 15 und 73 der Verordnung Nr. 44/2001" zum Vermerk des Generalsekretariates des Rates und der Europäischen Kommission für den AStV v. 14.12.2000 in der korrigierten Fassung v. 20.12.2000 (14139/00 u. 14139/00 COR2(de)-JUSTCIV 137), abgedruckt in IPRax 2001,259, 261.

1482 Staudinger, in: Rauscher, EuZPR, Art. 15 Brüssel I-VO, Rn. 14; von Hein, IPRax 2006, 16, 19.

1483 Vgl. Grünbuch der Kommission über die Umwandlung des Übereinkommens von Rom aus dem Jahr 1980 über das auf vertragliche Schuldverhältnisse anzuwendende Recht in ein Gemeinschaftsinstrument sowie über seine Aktualisierung, KOM (2002) 654 endg., S. 38.

1484 KOM (2002) 654 endg., S. 38; so auch Leible, JZ 2010, 272, 276.

1485 BGH v. 17.09.2008, III ZR 71/08, NJW 2009, 298, Rn. 8 f.; vgl. auch Martiny, RIW 2009, 737, 743.

1486 Pfeiffer, in: Gounalakis, Rechtshandbuch Electronic Business, § 12, Rn. 75.

1487 Pfeiffer, in: Gounalakis, Rechtshandbuch Electronic Business, § 12, Rn. 75.

1488 Pfeiffer, in: Gounalakis, Rechtshandbuch Electronic Business, § 12, Rn. 75.

Kriterien wie Sprache, Währung, die tatsächliche Auslieferungsbereitschaft und sonstige Kriterien zu berücksichtigen[1489].

(5) Stellungnahme

Die eingangs unter (1) dargestellte Ansicht weist die Problematik auf, dass demnach schon die bloße Abrufbarkeit von Produktinformationen im Internet immer den Anwendungsbereich des Art. 6 Rom I-VO eröffnen würde, was zur Folge hätte, dass der Anbieter immer nach dem Recht des Staates, in welchem der Verbraucher seinen gewöhnlichen Aufenthalt hat, kontrahieren würde. Damit verlöre das Kriterium des „Ausrichtens“ in Art. 6 Abs. 1 lit. b) Rom I-VO jegliche Begrenzungsfunktion.

Auf diese Kritik wird entgegnet[1490], dass es dem Anbieter frei stehe, mit Verbrauchern, die in solchen Staaten ihren gewöhnlichen Aufenthalt haben, welche er nicht bewerben wollte, einen Vertrag abzuschließen. Hierdurch könne der Anbieter sein Rechtsanwendungsrisiko steuern. Nutze er die Vorteile, die ihm ein weltweiter Vertrieb eröffne, so müsse er auch die damit verbundenen, durch sonst ihn nicht bindende Verbraucherschutzregelungen entstehenden Nachteile in Kauf nehmen[1491].

Dieses Ergebnis steht im Widerspruch zu den im Rahmen von § 3 Abs. 1 WpPG gemachten Ausführungen. Eine Prospektpflicht gemäß § 3 Abs. 1 WpPG besteht immer dann, wenn ein Angebot im Inland vorliegt. Wann dies der Fall ist, beurteilt sich anhand der unter (2) und (3) aufgestellten Kriterien. Im Rahmen von § 3 Abs. 1 WpPG gilt – wie im internationalen Wettbewerbsrecht[1492] – das Marktortprinzip[1493]. Dieser Widerspruch ließe sich sachlich durch die Tatsache rechtfertigen, dass dem Anbieter im vertraglichen Bereich ein wirksames Instrument zum Selbstschutz zur Verfügung steht[1494]. Er ist nicht gezwungen, Verträge mit Verbrauchern aus einer Rechtsordnung zu schließen, deren Recht er sich nicht unterwerfen möchte[1495]. Diese Möglichkeit besitzt er im Wettbewerbsrecht nicht, da dort auf den Ort abgestellt wird, an dem die wettbewerbsrechtliche Interessenkollision stattfindet[1496].

1489 Pfeiffer, in: Gounalakis, Rechtshandbuch Electronic Business, § 12, Rn. 75.

1490 So zu Art. 29 Abs. 1 Nr. 1 EGBGB a.F.: Junker, RIW 1999, 809, 816; Mankowski, RabelsZ 63(1999), 203, 248; Ganssauge, 201.

1491 So zu Art. 29 Abs. 1 Nr. 1 EGBGB a.F.: Magnus, in: Staudinger (2002), Art. 29 EGBGB, Rn. 71; Mankowski, RabelsZ 63(1999), 203, 239.

1492 OLG Frankfurt/M, Beschluss v. 3.12.1998, 6 W 122/98, K&R 1999, 138; Dethloff, JZ 2000, 179, 182; Mankowski, GRUR 1999, 909, 911.

1493 Siehe auch Ziffer I. Nr. 2b), BAWe, Bekanntmachung zum VerkProspG und VerkProspVO vom 6.9.1999, BGBl. I 1999, S. 2853.

1494 So Ganssauge, 201; Mankowski, RabelsZ 63(1999), 203, 248.

1495 Ganssauge, 202.

1496 BGH, Urt. v. 30.6.1961, I ZR 39/60, BGHZ 35, 329, 333 f.; Fezer, in: Staudinger, Internationales Wirtschaftsrecht, Rn. 454 f

Dem kann jedoch entgegengehalten werden, dass ein Verbraucher auch nicht mit einem im Ausland ansässigen Anbieter kontrahieren muss, wenn er eine Anwendbarkeit von Verbraucherschutznormen des Staates seines gewöhnlichen Aufenthalts wünscht[1497]. Außerdem führt eine solche Betrachtungsweise dazu, dass dem Anleger bewusst die Möglichkeit genommen wird, Aktien im Ausland zu erwerben, die offiziell nicht im Inland vertrieben werden. Denn kein ausländischer Anbieter, der mit seinem Angebot nur Anleger außerhalb Deutschlands ansprechen möchte, würde sich auf eine vereinzelte Lieferung von Aktien nach Deutschland einlassen, wenn hierdurch deutsches Verbraucherschutzrecht zur Anwendung gelangen würde. Es käme im Übrigen keiner auf die Idee, deutsches Recht für anwendbar zu erklären, wenn sich ein Deutscher gezielt ins Ausland begibt, um Produkte zu erwerben, die in Deutschland nicht erhältlich sind, und das ausländische Unternehmen, welches diese Produkte vertreibt, nicht zuvor gezielt für diese Produkte im Wohnsitzstaat des Verbrauchers geworben hat.

Auch führte eine solche Sichtweise zu einer ungerechtfertigten Einschränkung des freien Kapitalverkehrs gemäß Art. 63 AEUV (vormals Art. 63 AEUV (vormals Art. 56 EGV)[1498]. Diese Norm möchte gerade Anbietern ein europaweites Handeln ermöglichen. Eine Beschränkung von Grundfreiheiten mit dem Argument, der Anbieter könne sich ja auf seinen Heimatmarkt beschränken, erscheint bedenklich[1499]. Auch spricht gegen einen solchen Standpunkt, dass es bei herkömmlichen Medien für die Eröffnung des Anwendungsbereichs des Art. 6 Abs. 1 Rom I-VO[1500], wie schon im Rahmen von Art. 29 Abs. 1 Nr. 1 EGBGB a.F.[1501], ebenfalls nicht ausreicht, wenn der Verbraucher Werbung eines ausländischen Senders im Inland hört oder eine ausländische Zeitschrift im Inland erwirbt. Vielmehr müsste der Sender ein spezielles Programm für das Verbraucherland ausstrahlen[1502] oder die Zeitungsanzeigen, die auch im Verbraucherland weite Verbreitung finden, müssten gezielt Verbraucher mit gewöhnlichem Aufenthalt im Inland umwerben[1503]. Gleiches muss auch im Internet gelten. Ansonsten käme es zu einer Spaltung der Rechtsordnung

---

1497 Felke, 54.

1498 Siehe hierzu: Felke, 19 f., 54; Paefgen, ZEuP 2003, 266, 270 ff.

1499 Eine solche Argumentation ist vom EuGH bisher bei der Einschränkung von Grundfreiheiten nicht in Erwägung gezogen worden; siehe hierzu Felke, 54, Fn. 277.

1500 Leible, JZ 2010, 272, 276; Staudinger, in: Rauscher, EuZPR, Art. 15 Brüssel I-VO, Rn. 14.

1501 Dem Bericht von Guiliano/Lagarde, BT-Drs. 10/503, S. 33, 56 zufolge soll der Anwendungsbereich des Art. 5 EVÜ/Art. 29 EGBGB a.F. nicht eröffnet sein, wenn ein Verbraucher mit gewöhnlichem Aufenthalt in Deutschland eine Werbung in einer für den US amerikanischen Markt bestimmten Zeitung liest.

1502 Martiny, in: Reithmann/Martiny, Internationales Vertragsrecht, 6. Auflage, Rn. 811; von Hoffmann, in: Soergel, Art. 29 EGBGB, Rn. 18.

1503 Martiny, in: Reithmann/Martiny, Internationales Vertragsrecht, 6. Auflage, Rn. 811.

in „Online“ und „Offline“ Sachverhalte. Auch ist zu berücksichtigen, dass es sich bei Art. 6 Rom I-VO um eine allseitige Kollisionsnorm handelt. Dies hätte zur Folge, dass – sofern man der unter (1) dargestellten Auffassung folgt – ein deutscher Anbieter, dessen Angebot auch im Ausland abrufbar ist, obwohl er eigentlich nur Anleger mit gewöhnlichem Aufenthalt im Inland ansprechen möchte, sich ausländischen Verbraucherschutzregelungen aussetzen würde. Daher ist die unter (1) dargestellte Auffassung abzulehnen.

Die unter (2) dargestellte Methodik zur Ermittlung der Zielrichtung eines Angebots im Internet anhand objektiver Kriterien vermag ebenfalls nicht vollständig zu überzeugen. So ist beispielsweise ein reines Abstellen auf die Sprache kein taugliches Abgrenzungskriterium zur Bestimmung der Zielrichtung eines Angebots. Bei international gebräuchlichen Sprachen wie Englisch ist die Aussagekraft dieses Kriteriums gering[1504]. Aber auch bei Verwendung der deutschen Sprache ist nicht eindeutig ersichtlich, ob das Angebot sich an Anleger mit gewöhnlichem Aufenthalt in Österreich, der Schweiz oder Deutschland wendet[1505]. Diese Problematik hat auch der EuGH[1506] gesehen und daher festgestellt, dass die verwendete Sprache nur dann als taugliches Abgrenzungskriterium in Betracht gezogen werden könne, falls der Anbieter zusätzlich eine andere als in seinem Mitgliedstaat üblicherweise verwendete Sprache zum Vertragsschluss anbiete. Gleiches gilt bezgl. der verwendeten Währung. Aber auch ein Abstellen auf die Top-Level-Domain (TLD)[1507] ist oftmals nicht weiterführend, da eine große Anzahl von Webseiten eine TLD verwendet, die keinen Länderbezug hat (beispielsweise bei .com, .org, .net, .biz, .info)[1508]. Andererseits ist die Verwendung einer länderspezifischen TLD wie beispielsweise .de oder .fr noch kein hinreichendes Indiz dafür, dass der Anbieter sich nur an Kunden aus dem entsprechenden Land – hier Deutschland bzw. Frankreich – wenden möchte[1509]. Vielmehr könnte eine solche auch lediglich als Hinweis auf die Herkunft des jeweiligen Unternehmens verstanden werden[1510].

An der „Disclaimer“-Lösung (3) wird mit dem Argument Kritik geübt, dass ein Vorbehalt wegen Verstoßes gegen Treu und Glauben unbeachtlich sei, falls der

1504 Borges, ZIP 1999, 565, 570; Pfeiffer, in: Gounalakis, Rechtshandbuch Electronic Business, § 12, Rn. 75; Leible, JZ 2010, 272, 275.

1505 Felke, 57.

1506 EuGH, Urt. v. 7.12.2010, Rs. C-585/08, C-144/09 Peter Pammer/Reederei Karl Schlüter GmbH & Co. KG und Hotel Alpenhof GesmbH/Oliver Heller) NJW 2011, 505, 508, Rn. 84.

1507 TLD steht für Top Level Domain und Bezeichnet die Endung einer Internetadresse. Die TLD hat die Funktion etwas über die geographische Herkunft sowie Inhalt einer Internetseite auszusagen; siehe hierzu Kühne/Bledjian, in: Gounalakis, Rechtshandbuch Electronic Business, § 7, Rn. 113 f.

1508 Gounalakis/Mand, in: Gounalakis, Rechtshandbuch Electronic Business, § 24, Rn. 11; Ganssauge, 197.

1509 Ganssauge, 197; a.A. Felke, 56.

1510 Ganssauge, 197.

Anbieter entgegen des „Disclaimers“ mit Personen Verträge schließe[1511]. Die Verwendung eines „Disclaimers“ müsse wirkungslos bleiben, wenn der Anbieter trotz Kenntnis der Tatsache, dass ein Kunde aus einem Land kommt, in welchem er keine Verträge abschließen wollte, trotzdem einen Vertragsschluss tätigt[1512].

Die unter (4) beschriebene Vorgehensweise zur Bestimmung, wann ein Angebot im Inland vorliegt, ist ebenfalls nicht unproblematisch. An die Stelle der Notwendigkeit der Abgrenzung eines gezielten von einem zufälligen Angebot im Inland tritt die Problematik, eine inter(aktive) Webseite von einer passiven Webseite abgrenzen zu müssen. Seitens der Literatur[1513] wird kritisiert, dass es an einem klaren Abgrenzungskriterium für eine Unterscheidung zwischen diesen beiden Typen einer Webseite fehlt. Aber auch wenn man zum Ergebnis kommt, dass es sich um eine passive Webseite handelt, ist laut Pfeiffer[1514] in einer Gesamtschau zu bestimmen, ob die passive Webseite auf das Inland ausgerichtet ist, da auch eine passive Webseite als auf das Inland zielende Werbung betrachtet werden kann. In diesem Zusammenhang stellt sich aber dann wieder die Frage, wie sich die Zielrichtung eines solchen Angebots einschränken lässt[1515].

Auch spricht der Umstand, dass gemäß Art. 5 Abs. 1 lit. c) der ECRL der Anbieter von Diensten der Informationsgesellschaft verpflichtet ist, den Nutzern des Dienstes vor Vertragsschluss neben seiner E-Mail-Adresse weitere Informationen zur Verfügung zu stellen, die eine schnelle Kontaktaufnahme und eine unmittelbare und effiziente Kommunikation mit ihm ermöglichen[1516], dagegen, anhand des Kriteriums, ob es sich um eine (inter)aktive Webseite oder passive Webseite handelt, zu bestimmen, ob ein Unternehmen seine Tätigkeit auf das Inland ausrichtet. Eine Webseite muss immer eine Kontaktmöglichkeit zum Anbieter bieten. Der EuGH[1517] hat mit diesem Argument eine Unterscheidung zwischen (inter)aktiver und passiver Webseite als Abgrenzungskriterium für die Frage, ob ein ausländisches Unternehmen seine Tätigkeit auf das Inland ausrichtet, verworfen und festgestellt, dass die Verpflichtung zur Bereitstellung von Informationen unabhängig

1511 Mankowski, MMR-Beilage 7/2000, 22, 26; Spindler, MMR 2000, 18, 21.

1512 Leible, JZ 2010, 272, 27276; Mankowski, MMR-Beilage 7/2000, 22, 26; Spindler, MMR 2000, 18, 21

1513 Micklitz/Rott, EuZW 2001, 325, 331; Staudinger, in: Rauscher, EuZPR, Art. 15 Brüssel I-VO, Rn. 15; Buchner, EWS 2000, 147, 151; Geimer, in: Geimer/Schütze, EZVR, A.1, Art. 15 EuGVO, Rn. 38.

1514 Pfeiffer, in: Gounalakis, Rechtshandbuch Electronic Business, § 12, Rn. 75.

1515 Siehe zur Parallelproblematik bei Art. 15 EuGVO: Staudinger, in: Rauscher, EZVR, Art. 15 Brüssel I-VO, Rn. 15.

1516 Siehe hierzu: EuGH, Urt. v. 16.10.2008, Rs. C-298/07 (Bundesverband der Verbraucherzentralen und Verbraucherverbände – Verbraucherzentrale Bundesverband e.V./.deutsche internet versicherung AG), NJW 2008, 3553, 3555, Rn. 40.

1517 EuGH, Urt. v. 7.12.2010, Rs. C-585/08, C-144/09 (Peter Pammer/Reederei Karl Schlüter GmbH & Co. KG und Hotel Alpenhof GesmbH/Oliver Heller), NJW 2011, 505, 508, Rn. 76.

davon gelte, auf welchen Mitgliedstaat der Gewerbetreibende seine Tätigkeit ausrichte, und selbst dann, wenn diese nur auf das Hoheitsgebiet seines eigenen Niederlassungsmitgliedstaats ausgerichtet sei.

(6) Lösungsansatz

Sinnvoller erscheint es daher, die unter (2) und (3) dargestellten Ansichten zur Bestimmung der Zielrichtung eines Angebots zu kombinieren[1518]. Es ist zu fragen, ob Anleger mit gewöhnlichem Aufenthalt im Inland durch „Disclaimer" vom Angebot ausgenommen worden sind. Ist dies der Fall, sprechen aber objektive Kriterien trotzdem für eine Zielrichtung des Angebots auf das Inland, wobei die Verwendung der deutschen Sprache alleine nicht ausreicht, so muss der „Disclaimer" wegen widersprüchlichen Verhaltens wirkungslos bleiben. Liegen nur objektive Kriterien vor und wird kein „Disclaimer" verwendet, so ist ebenfalls davon auszugehen, dass das Angebot auf das Inland gerichtet ist. Liegen die unter (2) genannten Kriterien nicht vor und wurden Anleger mit gewöhnlichem Aufenthalt im Inland mittels „Disclaimer" (3) vom Angebot ausgenommen, so richtet der Anbieter nicht seine Tätigkeit auf Anleger mit gewöhnlichem Aufenthalt im Inland aus und der Anwendungsbereich des Art. 6 Abs. 1 lit. b) Rom I-VO ist somit nicht eröffnet. In diesem Fall hat der Anbieter die Zielrichtung seines Angebots deutlich eingegrenzt. Geht ein Anleger von sich aus auf den Anbieter zu und fragt diesen, ob er nicht ausnahmsweise ins Ausland liefern kann, so ist der Anwendungsbereich des Art. 6 Abs. 1 lit. b) Rom I-VO nicht eröffnet[1519]. In einem solchen Fall ist der Verbraucher/ Anleger nicht schutzwürdig, da er sich bewusst an einen ausländischen Anbieter wendet und daher nicht auf die Anwendbarkeit deutschen Rechts vertrauen kann[1520]. Dieser Fall ist mit dem in den Materialien zum EVÜ gebildeten Beispiel einer auch außerhalb der Landesgrenze verkauften Tageszeitung vergleichbar, in der eine Anzeige eines Anbieters erscheint[1521]. In dieser Konstellation liege keine Werbung im Inland vor. In einer Lieferung von Wertpapieren kann in dieser Konstellation auch kein widersprüchliches Verhalten gesehen werden, da hier der Anbieter nicht beabsichtigt hat – anders als in dem Falle, in welchem objektive Kriterien ein auf das Inland gerichtetes Angebot nahe legen, ein „Disclaimer" jedoch das Gegenteil behauptet –, Anleger im Inland anzusprechen. Eine andere Betrachtungsweise führte dazu, dass dem Anleger bewusst die Möglichkeit genommen wird, Aktien im Ausland zu erwerben, die offiziell nicht im Inland vertrieben werden sollen, und

---

1518 So auch Koch/Maurer, WM 2002, 2443, 2451; zu Art. 15 Abs. 1 lit. c) EuGVO: Staudinger, in: Rauscher, EuZPR, Art. 15 Brüssel I-VO, Rn. 15; zu Art. 6 Rom I-VO: Magnus, in: Staudinger, Band IVR 1, Art. 6 Rom I-VO, Rn. 18.

1519 Pfeiffer, in: Gounalakis, Rechtshandbuch Electronic Business, § 12, Rn. 75 zu Art. 29 Abs. 1 Nr. 1 EGBGB a.F.; krit. Pfeiffer/Weller/Nordmeier, in: Spindler/ Schuster, Art. 6 Rom I-VO, Rn. 15

1520 Horn, MMR 2002, 209, 213; im Ergebnis ebenso Pfeiffer, in: Gounalakis, Rechtshandbuch Electronic Business, § 12, Rn. 75.

1521 Bericht Giuliano/Lagarde, ABl. EG Nr. C 282 v. 31.10.1980, S. 1, 24.

stellte eine unzulässige Beschränkung des freien Kapitalverkehrs gemäß Art. 63 AEUV dar.

ccc) Vertrag muss Tätigkeitsbereich des Anbieters unterfallen

Gemäß Art. 6 Abs. 1 a.E. Rom I-VO ist weitere Voraussetzung für die Eröffnung des situativen Anwendungsbereichs, dass der mit dem Verbraucher geschlossene Vertrag in den Bereich der vom Unternehmen im Aufenthaltsstaat des Verbrauchers ausgeübten oder dahin ausgerichteten beruflichen oder gewerblichen Tätigkeit fällt. Dies entspricht insoweit auch den in Art. 15 Abs. 1 lit. c) EuGVO aufgestellten Kriterien[1522]. Mit Einführung dieses Kriteriums wurde auf das bisherige Erfordernis verzichtet, dass der Verbraucher die zum Vertragsschluss führende Handlung im Staat seines gewöhnlichen Aufenthalts vorgenommen bzw. der Unternehmer die Bestellung des Verbrauchers in diesem Staat entgegengenommen haben muss. Diese Kriterien hatten gerade bei Internet-Sachverhalten zu erheblichen Problemen geführt. Art. 6 Rom I-VO fordert lediglich noch eine Kausalität zwischen dem „Ausrichten" der Tätigkeit auf den Wohnsitzstaat des Verbrauchers und dem Vertragsschluss[1523]. Erforderlich ist mithin im Unterschied zur alten Rechtslage unter Art. 29 EGBGB a.F. lediglich ein kausaler Zusammenhang zwischen ausgerichteter Tätigkeit und konkretem Vertrag[1524]. Dieser ist dann gegeben, wenn der Verbraucher aufgrund einer vom Unternehmen auf seinen Wohnsitzstaat ausgerichteten Tätigkeit den Vertrag schließt. Richtet ein Wertpapierdienstleistungsunternehmen seine Tätigkeit auf den Wohnsitzstaat eines Verbrauchers aus und schließt dieser einen Vertrag über die Erbringung von Finanzdienstleistungen ab, so ist der situative Anwendungsbereich des Art. 6 Rom I-VO mithin eröffnet.

ddd) Teilergebnis

Die Vorschrift des Art. 6 Abs. 2 S. 2 Rom I-VO erfasst somit alle Formen des Wertpapiererwerbs bei einer Fremdemission, sofern das Wertpapierdienstleistungsunternehmen seine Tätigkeit (auch) auf das Inland ausgerichtet hat. Dies hat zur Folge, dass, sofern eine Rechtswahl wirksam getroffen wurde, dem Verbraucher nicht der Schutz entzogen werden darf, der ihm durch diejenigen Bestimmungen gewährt

---

1522 Siehe zu diesem Kriterium im Rahmen von Art. 15 EuGVO: von Hein, in: Kropholler/von Hein, EuZPR, Art. 15 EuGVO, Rn. 23 ff.; Staudinger, in: Rauscher, EuZPR, Art. 15 Brüssel I-VO, Rn. 16 ff.; Wagner, in: Stein/Jonas, ZPO, Band 10, Art. 15 EuGVVO, Rn. 48.

1523 Magnus, in: Staudinger, Band IVR 1, Art. 6 Rom I-VO, Rn. 120; Limbach, in: jurisPK, Band 6, Art. 6 Rom I-VO, Rn. 45; Martiny, in: MüKo-BGB, Band 10, Art. 6 Rom I-VO, Rn. 37; BGH, Beschluss v. 17.9.2008, III ZR 71/08, NJW 2009, 298, Rn. 12.

1524 Martiny, in: MüKo-BGB, Band 10, Art. 6 Rom I-VO, Rn. 37; Mankowski IHR 2008, 133, 142; ebenso für Art. 15 EuGVO: BGH, Beschluss v. 17.9.2008, III ZR 71/08, EuZW 2009, Rn. 26 ff.

wird, von denen nach dem Recht, das nach Art. 6 Abs. 1 Rom I-VO mangels einer Rechtswahl anzuwenden wäre, nicht durch Vereinbarung abgewichen werden darf.

Der sachliche Anwendungsbereich des Art. 6 Rom I-VO ist jedoch bei einer Eigenemission nicht eröffnet, da hier vom Emittenten keine Finanzdienstleistung erbracht wird und daher die Rückausnahme des Art. 6 Abs. 4 lit. d) a.E. Rom I-VO nicht einschlägig ist. In diesem Fall sind auf den zwischen dem Emittenten und dem Verbraucher geschlossenen Vertrag gemäß Art. 6 Abs. 2 S. 2 Rom I-VO nicht diejenigen Bestimmungen anwendbar, von denen nach dem Recht, das nach Art. 6 Abs. 1 Rom I-VO mangels einer Rechtswahl anzuwenden wäre, nicht durch Vereinbarung abgewichen werden darf.

Wendet sich ein Anleger an ein Wertpapierdienstleistungsunternehmen, dass sein Angebot nicht auf Deutschland ausgerichtet hat, und bittet dieses, Aktien erwerben zu können, so ist der Anwendungsbereich des Art. 6 Rom I-VO ebenfalls nicht eröffnet, da der Anleger nicht mit der Geltung deutschen Rechts rechnen kann und auch keine auf den Wohnsitzstaat des Verbrauchers ausgerichtete Tätigkeit vorliegt. In diesem Fall kommt es zu keiner Beschränkung der freien Rechtswahl gemäß Art. 6 Abs. 2 S. 2 Rom I-VO. Wollte man dennoch jedem Anbieter unabhängig davon, ob er sein Angebot auf den Wohnsitzstaat des Verbrauchers ausgerichtet hat oder nicht, die Einhaltung deutscher Verbraucherschutzvorschriften abverlangen, so führte dies faktisch zu einer Beschränkung der Einkaufsmöglichkeiten eines Verbrauchers mit gewöhnlichem Aufenthalt im Inland, denn nur die wenigsten Anbieter ließen sich dann auf einen Vertragsschluss ein[1525].

dd) Rechtsfolge des Art. 6 Abs. 2 S. 2 Rom I-VO

Liegen die Voraussetzungen des Art. 6 Abs. 1 vor, so darf gemäß Art. 6 Abs. 2 S. 2 Rom I-VO (vormals Art. 29 Abs. 1 EGBGB) eine getroffene Rechtswahl nicht dazu führen, dass dem Verbraucher der Schutz entzogen wird, der ihm durch diejenigen Bestimmungen gewährt wird, von denen nach dem Recht, das nach Art. 6 Abs. 1 Rom I-VO mangels einer Rechtswahl anzuwenden wäre, nicht durch Vereinbarung abgewichen werden darf. Zu diesen Bestimmungen i.S.v. Art. 6 Abs. 2 S. 2 Rom I-VO gehören alle nicht-dispositiven, gesetzlichen oder richterrechtlichen Regeln im Verbraucherstaat, von denen durch Vertrag nicht abgewichen werden kann[1526] und die dem Schutz der schwächeren Partei dienen[1527]. Dagegen erfasst Art. 6 Abs. 2 S. 2 Rom I-VO keine Bestimmungen, die allgemein wirtschaftlichen, sozialen oder

---

1525 Hierauf weisen auch Clausnitzer/Woopen, BB 2008, 1200, 1202 hin.

1526 Martiny, in: MüKo-BGB, Band 10, Art. 6 Rom I-VO, Rn. 43; Limbach, in: jurisPK-BGB, Band 6, Art. 6 Rom I-VO, Rn. 54; Magnus, in: Staudinger, Band IVR 1, Art. 6 Rom I-VO, Rn. 140; siehe zu Art. 29 EGBGB a.F.: Magnus, in: Staudinger (2002), Art. 29 EGBGB, Rn. 102.

1527 Martiny, in: MüKo-BGB, Band 10, Art. 6 Rom I-VO, Rn. 43; ders. in: Reithmann/Martiny, Internationales Vertragsrecht, Rn. 4204; siehe zu Art. 29 EGBGB a.F.: Spindler, ZHR 165(2001), 324, 344.

außenpolitischen Zwecken dienen. In Zusammenhang mit Aktienemissionen über das Internet stellt sich die Frage, ob die Regelungen betreffend den Fernabsatz von Finanzdienstleistungen, betreffend AGB Klauseln, § 280 Abs. 1 BGB (pVV) sowie §§ 280 Abs. 1, 241 Abs. 2, 311 Abs. 2 BGB (culpa in contrahendo)[1528] im Rahmen dieser Norm anzuwendende Bestimmungen darstellen.

Zu den Vorschriften über den Fernabsatz von Finanzdienstleistungen[1529] und betreffend AGB Klauseln[1530] bleibt festzuhalten, dass diese auf europäischen Richtlinien beruhen, die dem Verbraucherschutz dienen[1531]. Bei diesen handelt es sich somit um im Rahmen von Art. 6 Abs. 2 S. 2 Rom I-VO anzuwendende Bestimmungen. Während die Klauselrichtlinie (Richtlinie 93/13/EWG), umgesetzt in deutsches Recht durch die §§ 305 ff. BGB, eindeutig dem Verbraucherschutz dient und im Rahmen von Art. 6 Abs. 2 S. 2 Rom I-VO zur Anwendung gelangt[1532], ist es bei den in Umsetzung der ECRL erlassenen Vorschriften fraglich, ob diese dem Verbraucherschutz dienen oder aber vielmehr den E-Commerce fördern sollen. Art. 6 und Art. 10 ECRL, umgesetzt in deutsches Recht durch §§ 5, 6 TMG (vormals §§ 6, 7 TDG und § 3 BGB-InfoV), statuieren Informationspflichten, die der Diensteanbieter zu erfüllen hat. Sinn und Zweck dieser Pflichten ist es, bestehende Informationsasymmetrien abzubauen und dadurch den Verbraucher zu schützen. Dieses Ziel ist in den Erwägungsgründen Nr. 29 und Nr. 30 der ECRL ausdrücklich festgeschrieben worden. Somit sind die in der ECRL statuierten Informationspflichten verbraucherschützender Natur[1533].

1528 Zwar sind Ansprüche aus culpa in contrahendo als außervertragliche Ansprüche zu qualifizieren und unterfallen damit nicht direkt dem Anwendungsbereich der Rom I-VO. Jedoch findet gemäß Art. 12 Abs. 1 Rom II-VO auf außervertragliche Schuldverhältnisse aus Verhandlungen vor Abschluss eines Vertrags, unabhängig davon, ob der Vertrag tatsächlich geschlossen wurde oder nicht, das Recht Anwendung, das auf den Vertrag anzuwenden ist oder anzuwenden gewesen wäre, wenn er geschlossen worden wäre.

1529 Diese beruhen auf der Richtlinie 2002/65/EG des Europäischen Parlaments und des Rates vom 23. September 2002 über den Fernabsatz von Finanzdienstleistungen an Verbraucher und zur Änderung der Richtlinie 90/619/EWG des Rates und der Richtlinien 97/7/EG und 98/27/EG, ABl. EG Nr. L 271 v. 09.10.2002, S. 16.

1530 Diese sind in Umsetzung der Richtlinie 93/13/EWG des Rates vom 5. April 1993 über missbräuchliche Klauseln in Verbraucherverträgen, ABl. EG Nr. L 95 v. 21.4.1993, S. 29.

1531 Martiny, in: MüKo-BGB, Band 10, Art. 6 Rom I-VO, Rn. 44;. Magnus, in: Staudinger, Band IVR 1, Art. 6 Rom I-VO, Rn. 140; Limbach, in: jurisPK-BGB, Band 6, Art. 6 Rom I-VO, Rn. 55.

1532 Martiny, in: MüKo-BGB, Band 10, Art. 6 Rom I-VO, Rn. 44, Einsele, WM 2009, 289, 293; siehe zu Art. 29 EGBGB a.F.: Magnus, in: Staudinger (2002), Art. 29 EGBGB, Rn. 102; Martiny, in: Reithmann/Martiny, Internationales Vertragsrecht, 6. Auflage, Rn. 825.

1533 Siehe zu Art. 29 EGBGB a.F.: Marly, in: Grabitz/Hilf, Band IV, A4, Art. 10, Rn. 2.

Fraglich ist dagegen, ob es sich bei § 280 Abs. 1 BGB um eine Norm des zwingenden Rechts handelt. Die von der Rechtsprechung entwickelten Aufklärungs- und Beratungspflichten, bei deren Verletzung im Rahmen eines Anspruchs gemäß § 280 Abs. 1 BGB Schadensersatz geltend gemacht werden kann, besitzen zwingenden Charakter. Auch kraft Richterrecht geschaffene Schutzregelungen können zwingende Regeln i.S.v. Art. 6 Abs. 2 S. 2 Rom I-VO darstellen[1534]. Der BGH hat in einer Entscheidung[1535] unmissverständlich darauf hingewiesen, dass die von ihm entwickelten Grundsätze über Aufklärungs-, Hinweis- und Warnpflichten gegenüber Kapitalanlegern zu den zwingenden Vorschriften i.S.v. Art. 29 EGBGB a.F. (nunmehr Art. 6 Rom I-VO) gehören. Eine Anwendung des inländischen Rechts steht jedoch unter dem Vorbehalt eines Günstigkeitsvergleichs[1536]. Dies bedeutet, dass inländisches Recht nur dann Anwendung findet, wenn es im konkreten Fall für den Verbraucher günstiger ist als das betreffende ausländische Recht[1537].

c) Einschränkung der Rechtswahlfreiheit aufgrund von Art. 46b EGBGB (Verbraucherschutz für besondere Gebiete)

Eine weitere Beschränkung der Rechtswahlfreiheit nimmt Art. 46b Abs. 1 EGBGB vor. Durch Art. 2 Abs. 2 Nr. 1 des Gesetzes über Fernabsatzverträge[1538] ist in Umsetzung des Art. 12 Abs. 2 der FARL[1539] unter Zusammenfassung aller bisher bestehenden Regelungen zur zwingenden Anwendbarkeit verbraucherschützender Regelungen mit Art. 29a EGBGB a.F. eine Kollisionsnorm geschaffen worden[1540]. Im Rahmen des Inkrafttretens der Rom I-VO und der damit verbundenen Aufhebung der Artt. 27–37 EGBGB a.F. zum 17.12.2009 durch das Gesetz zur Anpassung der Vorschriften des Internationalen Privatrechts[1541] wurde die der Umsetzung von Richtlinien dienende

1534 Martiny, in: MüKo-BGB, Band 10, Art. 6 Rom I-VO, Rn. 43; Magnus, in: Staudinger, Art. 6 Rom I-VO, Rn. 140.

1535 BGH, Urt. v. 25.1.2005, XI ZR 78/04, RIW 2005, 463, 464 zu Art. 29 EGBGB a.F.

1536 Siehe hierzu: Martiny, in: MüKo-BGB, Band 10, Art. 6 Rom I-VO, Rn. 46 ff.; Magnus, in: Staudinger, Art. 6 Rom I-VO, Rn. 143 ff.

1537 Martiny, in: MüKo-BGB, Band 10, Art. 6 Rom I-VO, Rn. 46 f., Mankowski IHR 2008, 133, 140; siehe zu Art. 29 EGBGB a.F.: Magnus, in: Staudinger (2002), Art. 29 EGBGB, Rn. 105 f.

1538 Gesetz über Fernabsatzverträge und andere Fragen des Verbraucherrechts sowie zur Umstellung von Vorschriften auf Euro vom 27.6.2000, BGBl. I 2000, S. 897.

1539 Richtlinie 97/7/EG des Europäischen Parlamentes und des Rates vom 20.5.1997 über den Verbraucherschutz bei Vertragsabschlüssen im Fernabsatz, ABl. EG Nr. L 144 v. 4.6.1997, S. 19.

1540 Siehe zur Entstehungsgeschichte dieser Norm: Martiny, in: Reithmann/Martiny, Internationales Vertragsrecht, Rn. 4231; Magnus, in: Staudinger, Band IVR 1, Art. 46b EGBGB, Rn. 7.

1541 Gesetz zur Anpassung der Vorschriften des Internationalen Privatrechts an die Verordnung (EG) Nr. 593/2008 vom 25.6.2009, BGBl. I 2009, S. 1574; dazu BT-Drs. 16/12104.

Vorschrift des Art. 29a EGBGB durch Art. 46b EGBGB ersetzt[1542]. Inhaltlich orientiert sich Art. 46b EGBGB weitestgehend an Art. 29a EGBGB a.F., wenngleich der in Art. 46 Abs. 3 EGBGB aufgeführte Katalog der Verbraucherschutzrichtlinien um die Verbraucherkreditrichtlinie[1543] erweitert wurde[1544].

Im Gegensatz zu Art. 6 Rom I-VO, der nur im Falle des Vorliegens bestimmter Vertragstypen (Verbraucherverträge) zur Anwendung gelangt, regelt Art. 46b EGBGB die Anwendbarkeit solcher Normen, die in Umsetzung von Verbraucherschutzrichtlinien ergangen sind[1545]. Jene sind in Art. 46b Abs. 3 EGBGB abschließend aufgeführt[1546]. Es wird auf die Sekundärrechtsakte in ihrer jeweils geltenden Fassung verwiesen. Dies sind derzeit die Richtlinie 93/13/EWG (AGB-Gesetz)[1547], die Richtlinie 94/47/EG (Time-Sharing)[1548], die Richtlinie 97/7/EG (Fernabsatz)[1549], die Richtlinie 99/44/EG (Verbrauchsgüterkauf)[1550], die Richtlinie 2002/65/EG (Fernabsatz von Finanzdienstleistungen)[1551] sowie die Richtlinie 2008/48/EG (Verbraucherkreditverträge)[1552].

1542 Siehe hierzu: Martiny, RIW 2009, 737, 741; Martiny, in: MüKo-BGB, Band 11, Art. 46b EGBGB, Rn. 1.

1543 Richtlinie 2008/48/EG des Europäischen Parlaments und des Rates vom 23. April 2008 über Verbraucherkreditverträge und zur Aufhebung der Richtlinie 87/102/EWG des Rates, ABl. EU Nr. L 133 v. 22.5.2008, S. 66.

1544 Magnus, in: Staudinger, Band IVR 1, Art. 46 EGBGB, Rn. 10.

1545 Thorn, in: Palandt, Art. 46b EGBGB, Rn. 3; Martiny, in: Reithmann/Martiny, Internationales Vertragsrecht, Rn. 4243.

1546 Martiny, in: Reithmann/Martiny, Internationales Vertragsrecht, Rn. 4245; Magnus, in: Staudinger, Band IVR 2, Art. 46b EGBGB, Rn. 55.

1547 Richtlinie 93/13/EWG des Rates vom 5. April 1993 über missbräuchliche Klauseln in Verbraucherverträgen, ABl. EG Nr. L 95 v. 21.4.1993, S. 29.

1548 Richtlinie 94/47/EG des Europäischen Parlaments und des Rates vom 26. Oktober 1994 zum Schutz der Erwerber im Hinblick auf bestimmte Aspekte von Verträgen über den Erwerb von Teilzeitnutzungsrechten an Immobilien, ABl. EG Nr. L 280 v. 29.10.1994, S. 83.

1549 Richtlinie 97/7/EG des Europäischen Parlaments und des Rates vom 20. Mai 1997 über den Verbraucherschutz bei Vertragsabschlüssen im Fernabsatz, ABl. EG Nr. L 144 v. 4.6.1997, S. 19.

1550 Richtlinie 1999/44/EG des Europäischen Parlaments und des Rates vom 25. Mai 1999 zu bestimmten Aspekten des Verbrauchsgüterkaufs und der Garantien für Verbrauchsgüter, ABl. EG Nr. L 171 v. 7.7.1999, S. 12.

1551 Richtlinie 2002/65/EG des Europäischen Parlaments und des Rates vom 23. September 2002 über den Fernabsatz von Finanzdienstleistungen an Verbraucher und zur Änderung der Richtlinie 90/619/EWG des Rates und der Richtlinien 97/7/EG und 98/27/EG, ABl. EG Nr. L 271 v. 9.10.2002, S. 16; siehe zur Umsetzung der RL 2002/65/EG in deutsches Recht: Rott, BB 2005, 53 ff.; Fischer, ZAP 2005, Fach 8, 401 ff.

1552 Richtlinie 2008/48/EG des Europäischen Parlaments und des Rates vom 23. April 2008 über Verbraucherkreditverträge und zur Aufhebung der Richtlinie 87/102/EWG des Rates, ABl. EU Nr. L 133 v. 22.5.2008, S. 66.

Art. 46b EGBGB findet nur Anwendung, wenn der Vertrag aufgrund subjektiver Anknüpfung – also Rechtswahl – nicht dem Recht eines EWR-Staates unterliegt, obwohl er einen engen Zusammenhang mit einem solchen Staat aufweist[1553]. Daher stellt sich die Frage des Konkurrenzverhältnisses zwischen den beiden Normen nur bei Sachverhalten mit Bezug zu Nicht-EWR-Staaten. Der Gesetzgeber ging bei der Formulierung dieser Norm davon aus, dass innerhalb der EWR-Staaten hinsichtlich verbraucherschützender Normen der gleiche Standard gewährleistet ist, da dort die in Art. 46b Abs. 3 EGBGB (vormals Art. 29a Abs. 4 EGBGB) genannten Richtlinien umgesetzt worden sind und damit Bestandteil des Vertragsstatuts werden[1554]. Nicht erfasst – auch nicht im Wege einer Analogie – werden Sachverhalte, auf die das Recht eines Drittstaates aufgrund objektiver Anknüpfung anwendbar ist[1555]. Bei diesem Ergebnis bleibt es auch, wenn ein EU/EWR-Staat die in Art. 46b Abs. 3 EGBGB aufgezählten Richtlinien nicht umgesetzt hat. In diesem Falle kann der Geschädigte allerdings einen Schadensersatzanspruch gegen den Mitgliedstaat geltend machen, der die Richtlinie nicht ordnungsgemäß umgesetzt hat[1556].

aa) Verhältnis zwischen Art. 46b EGBGB und Art. 6 Abs. 2 S. 2 Rom I-VO

Fraglich ist, in welchem Verhältnis Art. 6 Abs. 2 S. 2 Rom I-VO zu Art. 46b EGBGB steht. Zu den Vorgängernormen Art. 29 EGBGB a.F. sowie Art. 29a EGBGB a.F. wurde teilweise[1557] die Ansicht vertreten, Art. 29 EGBGB a.F. (nunmehr Art. 6 Rom I-VO) sei im Verhältnis zu Art. 29a EGBGB a.F. (nunmehr Art. 46b EGBGB) generell vorrangig anzuwenden. Gegen eine solche Betrachtungsweise wurde angeführt, dass Art. 20 EVÜ dem Richtlinienrecht inklusive der Kollisionsnormen und damit auch den zu seiner Umsetzung ergangenen Rechtsakten Vorrang vor

1553 Martiny, in: Reithmann/Martiny, Internationales Vertragsrecht, Rn. 4235; Limbach, in: juris-PK-BGB, Band 6, Art. 46b EGBGB, Rn. 18 ff.; Thorn, in: Palandt, Art. 46b EGBGB Rn. 24 ff.; Martiny, in: MüKo-BGB, Band 11, Art. 46b EGBGB, Rn. 31.

1554 Magnus, in: Staudinger, Band IVR 2, Art. 46b EGBGB, Rn. 31 unter Verweis auf Begr. RegE. eines Gesetzes über Fernabsatzverträge und andere Fragen des Verbraucherrechts sowie zur Umstellung von Vorschriften auf Euro, BT-Drs. 14/2658, S. 50; siehe auch: Martiny, in: Reithmann/Martiny, Internationales Vertragsrecht, Rn. 4237.

1555 Martiny, in: Reithmann/Martiny, Internationales Vertragsrecht, Rn. 4236; Pfeiffer, in: Gounalakis, Rechtshandbuch Electronic Business, § 12, Rn. 89; Magnus, in: Staudinger, Band IVR 2, Art. 46b EGBGB, Rn. 31.

1556 Magnus, in: Staudinger, Band IVR 2, Art. 46b EGBGB, Rn. 32; Martiny, in: MüKo-BGB, Band 11, Art. 46b EGBGB, Rn. 76.

1557 Staudinger, RIW 2000, 416, 419; Begründung des Entwurfs der Bundesregierung eines Gesetzes über Fernabsatzverträge und andere Fragen des Verbraucherrechts sowie zur Umstellung von Vorschriften auf Euro BT-Drs. 14/2658, S. 50.

dem EVÜ einräume[1558]. Auch wenn der deutsche Gesetzgeber in den Materialien zu Art. 29a EGBGB a.F. davon ausgehe, dass Art. 29 EGBGB Vorrang genieße[1559], so bedeute dies lediglich, dass es keiner Prüfung von Art. 29a EGBGB a.F. bedurfe, falls sich die Anwendung des durch die Umsetzung der in Art. 29a Abs. 4 EGBGB a.F. aufgeführten Richtlinien bereits aus Art. 29 EGBGB a.F. ergebe[1560].

Im Rahmen des Gesetzgebungsverfahrens zu Art. 46b EGBGB hatte der Bundesrat eine Regelung zur Klarstellung des Konkurrenzverhältnisses zwischen Art. 46b EGBGB und Art. 6 Abs. 2 S. 2 Rom I-VO vorgeschlagen[1561]. Ein solches Ansinnen wurde jedoch von der Bundesregierung richtigerweise mit der Begründung abgelehnt, dass der Bund auf diesem Gebiet keine Gesetzgebungskompetenz besitze[1562]. Eine solche Abgrenzung betrifft das Verhältnis zwischen Richtlinienrecht und Verordnungsrecht und kann deshalb nur vom europäischen Gesetzgeber vorgenommen werden, da es sich um eine Frage auf dem Gebiet des Sekundärrechts handelt[1563].

Für das Verhältnis zwischen Art. 6 Abs. 2 S. 2 Rom I-VO und Art. 46b EGBGB ist die Vorschrift des Art. 23 Rom I-VO von maßgeblicher Bedeutung[1564]. Gemäß Art. 23 Rom I-VO soll die Rom I-VO mit Ausnahme des Art. 7 Rom I-VO (Versicherungsverträge) nicht die Anwendung von Vorschriften des Gemeinschaftsrechts, die in besonderen Bereichen Kollisionsnormen für vertragliche Schuldverhältnisse enthalten, berühren.

Fraglich ist, ob es sich bei Art. 46b EGBGB um eine solche Norm handelt. Art. 46b EGBGB setzt Vorschriften des Gemeinschaftsrechts, die in besonderen Bereichen Kollisionsnormen für vertragliche Schuldverhältnisse enthalten, in nationales Recht um. Aufgrund des fehlenden Günstigkeitsvergleichs in Art. 46b EGBGB, für einen solchen lassen die durch Art. 46b EGBGB umgesetzten Richtlinien Spielraum[1565], wurden die betreffenden Richtlinien nicht in gebotener Weise

1558 Pfeiffer, in: Gounalakis, Rechtshandbuch Electronic Business, § 12, Rn. 86; Martiny, in: Reithmann/Martiny, Internationales Vertragsrecht, 6. Auflage, Rn. 846; Rühl, RIW 1999, 321, 325 (hinsichtlich § 12 AGBGB); Magnus, in: Staudinger (2002), Art. 29a EGBGB, Rn. 25.

1559 BT-Drs. 14/2658, 50.

1560 Martiny, in: Reithmann/Martiny, Internationales Vertragsrecht, 6. Auflage, Rn. 846; Pfeiffer, in: Gounalakis, Rechtshandbuch Electronic Business, § 12, Rn. 86; Thorn, in: Palandt, 68. Auflage, Art. 29 EGBGB, Rn. 1.

1561 Stellungnahme des Bundesrats, BT-Drs. 16/12104, S. 13.

1562 Gegenäußerung der Bundesregierung, BT-Drs. 16/12104, S. 14.

1563 Martiny, RIW 2009, 737, 745.

1564 Siehe zu dieser Norm: Magnus, in: Staudinger, Band IVR 2, Art. 23 Rom I-VO, Rn. 1 ff.; Martiny, in: MüKo-BGB, Art. 23 Rom I-VO, Rn. 1 ff.; Ringe, in: jurisPK, Band 6, Art. 23 Rom I-VO, Rn. 1 ff.

1565 Martiny, in: MüKo-BGB, Band 11, Art. 46b EGBGB, Rn. 11; Magnus, in: Staudinger, Band IVR 2, Art. 46b EGBGB, Rn. 54; zu § 12 AGBG a.F.: Jayme/Kohler IPRax 1995, 343, 345; Freitag/Leible EWS 2000, 342, 347; a.A.: v. Wilmowsky ZEuP 1995, 735, 760.

in nationales Recht umgesetzt[1566]. Hieraus wird teilweise[1567] geschlussfolgert, dass Art. 46b EGBGB nur insoweit Vorrang vor Art. 6 Abs. 2 S. 2 Rom I-VO genieße, wie eine richtlinienkonforme Umsetzung erfolgt sei. Aus den Materialien[1568] zur Rom I-VO sei nicht zu entnehmen, dass die Rom I-VO die vorrangige Anwendung der umgesetzten Kollisionsnormen des Gemeinschaftsrechts auch dann unberührt lasse, wenn die betreffenden Richtlinien nicht in gebotener Weise umgesetzt worden seien[1569]. Der durch Art. 23 Rom I-VO bestimmte Anwendungsvorrang gelte daher nur für fehlerfrei umgesetzte Kollisionsnormen der betreffenden Richtlinien, nicht jedoch für nationale Vorschriften, die gegen Richtlinienvorgaben verstießen. Damit scheide ein Anwendungsvorrang des Art. 46b EGBGB vor Art. 6 Abs. 2 S. 2 Rom I-VO insoweit aus, als Art. 46b EGBGB in seiner Schutzwirkung hinter den Vorgaben der Richtlinien zurücksteht[1570]. Dies sei beispielsweise dann der Fall, wenn infolge einer Rechtswahl das anwendbare Recht im Vergleich mit dem Recht des betroffenen EWR-Staats günstiger für den Verbraucher ist[1571]. Nach der entsprechenden Richtlinie würde nämlich in diesem Fall das günstigere fremde Recht angewendet, nach Art. 46b EGBGB jedoch das ungünstigere EWR-Verbraucherrecht[1572]. Hieraus wird die Schlussfolgerung gezogen, dass hinsichtlich der Frage des Verhältnisses zwischen Art. 6 Abs. 2 S. 2 Rom I-VO und Art. 46b EGBGB zwei Konstellationen unterschieden werden müssten[1573]. Sei das betreffende materielle EWR-Verbraucherrecht günstiger als das durch die Rechtswahl vereinbarte Recht, erziele Art. 46b EGBGB das gleiche Ergebnis wie die Günstigkeitsprüfung der ihm zugrunde liegenden Richtlinien[1574]. Aus der Sicht des Art. 23 Rom I-VO bestehe daher kein Anlass, Art. 46b EGBGB seine Vorrangstellung zu entziehen[1575]. Stelle sich jedoch heraus, dass das durch Rechtswahl zur Anwendung berufene Recht eines Drittstaates günstiger als das EWR-Verbraucherrecht ist, komme Art. 46b

---

1566 Martiny, in: MüKo-BGB, Band 11, Art. 46b EGBGB, Rn. 79; Limbach, in: jurisPK-BGB, Band 6, Art. 46b, Rn. 10; Thorn, in: Palandt, Art. 46b EGBGB, Rn. 5; ebenso zu Art. 29a EGBGB a.F.: Freitag/Leible EWS 2000, 342, 347; Staudinger, RIW 2000, 416, 418.

1567 Limbach, in: jurisPK-BGB, Band 6, Art. 46b EGBGB, Rn. 14; a.A. Magnus, in: Staudinger, Band IVR 2, Art. 46 EGBGB, Rn. 26.

1568 Vorschlag für eine Verordnung des Europäischen Parlaments und des Rates über das auf vertragliche Schuldverhältnisse anzuwendende Recht (Rom I), KOM(2005) 650 endg.; Grünbuch über die Umwandlung des Übereinkommens von Rom aus dem Jahr 1980 über das auf vertragliche Schuldverhältnisse anzuwendende Recht in ein Gemeinschaftsinstrument sowie über seine Aktualisierung, KOM (2002)654 endg.

1569 Limbach, in: jurisPK-BGB, Band 6, Art. 46b EGBGB, Rn. 14.

1570 Limbach, in: jurisPK-BGB, Band 6, Art. 46b EGBGB, Rn. 14.

1571 Limbach, in: jurisPK-BGB, Band 6, Art. 46b EGBGB, Rn. 14.

1572 Limbach, in: jurisPK-BGB, Band 6, Art. 46b EGBGB, Rn. 15.

1573 Limbach, in: jurisPK-BGB, Band 6, Art. 46b EGBGB, Rn. 15.

1574 Limbach, in: jurisPK-BGB, Band 6, Art. 46b EGBGB, Rn. 15.

1575 Limbach, in: jurisPK-BGB, Band 6, Art. 46b EGBGB, Rn. 15.

EGBGB mangels ordnungsgemäßer Umsetzung der Richtlinienvorgaben nicht zur Anwendung. In dieser Konstellation solle dann Art. 6 Abs. 2 S. 2 Rom I-VO zur Anwendung gelangen, da diese Norm einen Günstigkeitsvergleich vornehme[1576].

Der vorgeschlagene Lösungsansatz vermag jedoch nicht vollständig zu überzeugen[1577], da der sachliche Anwendungsbereich des Art. 6 Rom I-VO aufgrund der Ausnahmetatbestände des Art. 6 Abs. 4 Rom I-VO enger gefasst ist. Auch ist der situative Anwendungsbereich des Art. 6 Rom I-VO im Vergleich zu Art. 46b EGBGB enger gefasst, so dass die von Limbach vorgeschlagene Lösung des Normenkonflikts in bestimmten Konstellationen nicht funktioniert. Dies ist beispielsweise dann der Fall, wenn aufgrund subjektiver Rechtswahl das Recht eines Nicht-EWR-Staates zur Anwendung gelangt, welches im Vergleich zum Recht eines EWR-Staates für den Verbraucher günstiger ist, und gleichzeitig aber entweder nicht der sachliche oder der situative Anwendungsbereich des Art. 6 Rom I-VO eröffnet ist, jedoch aber der Anwendungsbereich des Art. 46b EGBGB. In diesem Fall wäre nämlich ein Rückgriff auf Art. 6 Rom I-VO, der einen Günstigkeitsvergleich vorsieht, nicht möglich. Daher kann dem von Limbach gefundenen Ergebnis[1578], dass es immer zu einem Günstigkeitsvergleich komme, nicht zugestimmt werden[1579].

Vielmehr bietet es sich zur Lösung des Normenkonflikts an, generell Art. 6 Abs. 2 S. 2 Rom I-VO Vorrang zu gewähren[1580]. Erst wenn der Anwendungsbereich dieser Vorschrift nicht eröffnet ist, sollte ein Rückgriff auf Art. 46b EGBGB erfolgen. Es stellt sich dann die Frage, ob im Rahmen einer richtlinienkonformen Auslegung des Art. 46b EGBGB ein Günstigkeitsvergleich vorzunehmen ist[1581]. Dies kann letztlich nur der EuGH entscheiden. Für die Vornahme eines Günstigkeitsvergleichs im Rahmen von Art. 46b EGBGB spricht jedenfalls, dass nach Sinn und Zweck der Norm der Verbraucher vor nachteiligen Wirkungen einer Rechtswahl geschützt werden soll. Eine Beschränkung ist jedoch nur erforderlich, wenn

1576 Limbach, in: jurisPK-BGB, Band 6, Art. 46b EGBGB, Rn. 15.

1577 Magnus, in: Staudinger, Band IVR 2, Art. 46b EGBGB, Rn. 26.

1578 Limbach, in: jurisPK-BGB, Band 6, Art. 46b EGBGB, Rn. 15.

1579 So auch Magnus, in: Staudinger, Band IVR 2, Art. 46b EGBGB, Rn. 26, allerdings mit anderer Begründung.

1580 Martiny, RIW 2009, 737, 745; Martiny, in: Reithmann/Martiny, Internationales Vertragsrecht, Rn. 4246; Magnus, in: Staudinger, Band IVR 2, Art. 46 EGBGB, Rn. 26: Thorn, in: Palandt, Art. 6 Rom I-VO, Rn. 2, der diese Ansicht mit der mangelnden Richtlinienkonformität des Art. 46b EGBGB begründet; zu Art. 29a EGBGB a.F.: Freitag/Leible, EWS 2000, 342, 346; Begr. RegE., BT-Drs. 14/2658, S. 50.

1581 Bejahend: Martiny, in: MüKo-BGB, Band 11, Art. 46b EGBGB, Rn. 81; Magnus, in: Staudinger, Band IVR 2, Art. 46 EGBGB, Rn. 26; zu Art. 29a EGBGB a.F.: Wagner IPRax 2000, 255, 257; Pfeiffer, in: Gounalakis, Rechtshandbuch Electronic Business, § 12, Rn. 92; a.A.: Thorn, in: Palandt, Art. 46b Rom I-VO, Rn. 5; Paefgen, ZEuP 2003, 266, 278 f., der annimmt, dass ein Günstigkeitsvergleich in den Richtlinien nicht zwingend vorausgesetzt wird.

Verbraucherschutz nicht bereits durch das gewählte Recht gewährt wird. Ist das gewählte Recht eines Nicht-EWR-Staates für den Verbraucher günstiger, so fehlt es an der Schutzbedürftigkeit.

bb) Persönlicher Anwendungsbereich

Der persönliche Anwendungsbereich des Art. 46b EGBGB ist mit dem persönlichen Anwendungsbereich des Art. 29a EGBGB a.F. deckungsgleich. Der persönliche Anwendungsbereich des Art. 46b EGBGB ist nur eröffnet, wenn die eine Vertragspartei Unternehmer und die andere Vertragspartei Verbraucher ist[1582]. Dies folgt mittelbar aus der in Art. 46b Abs. 2 Nr. 1 EGBGB gewählten Formulierung[1583]. Auch ist das Vorliegen der Verbrauchereigenschaft für eine Anwendung des Art. 46b EGBGB Voraussetzung, da Art. 46b Abs. 3 EGBGB sich nur auf solche Normen bezieht, die der Umsetzung verbraucherrechtlicher Richtlinien dienen[1584]. Deren Anwendungsbereich ist sachlich aber nur dann eröffnet, wenn eine Vertragspartei Verbraucher ist und der Vertrag nicht für berufliche oder gewerbliche Zwecke dieser Partei abgeschlossen worden ist[1585].

cc) Sachlicher Anwendungsbereich

Sachlich erfasst Art. 46b EGBGB wie auch schon Art. 29a EGBGB a.F. grundsätzlich Verträge, ohne eine Einschränkung auf bestimmte Vertragstypen vorzunehmen. Jedoch findet durch Art. 46b Abs. 3 EGBGB eine indirekte Beschränkung des sachlichen Anwendungsbereiches dahingehend statt, dass es sich um solche Verbraucherverträge handeln muss, die in den Anwendungsbereich der in Art. 46b Abs. 3 EGBGB aufgezählten Richtlinien fallen[1586]. Sofern die weiteren Voraussetzungen des Art. 46b EGBGB vorliegen, finden die in Umsetzung dieser Sekundärrechtsakte ergangenen Normen auf alle Verbraucherverträge Anwendung; eine

1582 Magnus, in: Staudinger, Band IVR 2, Art. 46EGBGB, Rn. 35; Martiny, in: MüKo-BGB, Band 11, Art. 46b EGBGB, 16; Limbach, in: jurisPK, Band 6, Art. 46b EGBGB, Rn. 16.

1583 „Ein enger Zusammenhang ist insbesondere anzunehmen, wenn der Unternehmer [...] in dem Mitgliedstaat der Europäischen Union oder einem anderen Vertragsstaat des Abkommens über den Europäischen Wirtschaftsraum, in dem der Verbraucher seinen gewöhnlichen Aufenthalt hat, eine berufliche oder gewerbliche Tätigkeit ausübt ...".

1584 Martiny, in: Reithmann/Martiny, Internationales Vertragsrecht, Rn. 4233.

1585 Magnus, in: Staudinger, Band IVR 2, Art. 46b EGBGB, Rn. 35; zu Art. 29a Abs. 4 EGBGB a.F.: Pfeiffer, in: Gounalakis, Rechtshandbuch Electronic Business, § 12, Rn. 88.

1586 Martiny, in: Martiny, Internationales Vertragsrecht, Rn. 4234; Limbach, in: jurisPK-BGB, Band 6, Art. 46b, Rn. 19; Magnus, in: Staudinger, Band IVR 2, Art. 46b EGBGB, Rn. 30.

Beschränkung auf bestimmte Vertragstypen, wie sie Art. 6 Abs. 4 Rom I-VO vornimmt, ist Art. 46b EGBGB fremd[1587].

dd) Situativer Anwendungsbereich

Der situative Anwendungsbereich des Art. 46b EGBGB ist eröffnet, wenn der Vertrag aufgrund subjektiver Anknüpfung nicht dem Recht eines EWR-Staates unterliegt, aber mit dem Gebiet eines EWR-Staates einen engen Zusammenhang aufweist. Die in Art. 46b Abs. 3 EGBGB aufgezählten Richtlinien gelten in diesem Fall ergänzend zu den Normen des durch Rechtswahl bestimmten Vertragsstatuts. Besteht ein enger Bezug zu mehreren EWR-Staaten, so ist das Richtlinienrecht in der Fassung desjenigen Staates anzuwenden, mit dem der Vertrag am engsten verbunden ist[1588]. Besteht ein enger Bezug zu einem Staat innerhalb des EWR-Gebietes und zugleich zu einem Staat außerhalb dieses Gebietes, so setzt sich das Richtlinienrecht auch dann durch, wenn der Vertrag im Übrigen mit dem Staat außerhalb des EWR am engsten verbunden ist[1589]. Dabei enthält Art. 46b Abs. 2 EGBGB keine abschließende, sondern nur eine beispielhafte Aufzählung, wann von einem engen Bezug zum Gemeinschaftsgebiet auszugehen ist[1590].

(1) Enger Zusammenhang i.S.v. Art. 46b Abs. 2 EGBGB

Während im Rahmen von Art. 29a Abs. 2 EGBGB a.F. für die Annahme eines engen Zusammenhangs erforderlich war, dass ein Vertrag auf Grund eines öffentlichen Angebots, einer öffentlichen Werbung oder einer ähnlichen geschäftlichen Tätigkeit eines Unternehmens in einem EWR-Staat zustande kam und der Vertragspartner bei Abgabe seiner auf Vertragsschluss gerichteten Erklärung seinen gewöhnlichen Aufenthalt in einem EWR-Staat hatte, geht Art. 46b Abs. 2 EGBGB in Anlehnung an Art. 6 Abs. 1 Rom I-VO davon aus, dass ein enger Zusammenhang insbesondere dann vorliegt, wenn ein Unternehmer seine berufliche oder gewerbliche Tätigkeit in einem EWR-Staat ausübt (Art. 46b Abs. 2 Nr. 1 EGBGB)[1591] oder seine Tätigkeit

---

1587 Martiny, in: MüKo-BGB, Band 11, Art. 46b, Rn. 2; Limbach, in: jurisPK-BGB, Band 6, Art. 46b EGBGB, Rn. 20; Magnus, in: Staudinger, Band IVR 2, Art. 46b EGBGB, Rn. 30; zu Art. 29a EGBGB a.F.: Pfeiffer, in: Gounalakis, Rechtshandbuch Electronic Business, § 12, Rn. 88.

1588 Magnus, in: Staudinger, Band IVR 2, Art. 46b EGBGB, Rn. 38; Martiny, in: MüKo-BGB, Band 11, Art. 46b EGBGB, Rn. 52; siehe zu Art. 29a EGBGB a.F.: Begr. RegE., BT-Drs. 14/2658, S. 50; Freitag/Leible, EWS 2000, 342, 345.

1589 Martiny, in: MüKo-BGB, Band 11, Art. 46b EGBGB, Rn. 55; Magnus, in: Staudinger, Band IVR 2, Art. 46b EGBGB, Rn. 39.

1590 Martiny, in: MüKo-BGB, Band 11, Art. 46b EGBGB, Rn. 57; Magnus, in: Staudinger, Band IVR 2, Art. 46b EGBGB, Rn. 41.

1591 Siehe hierzu: Martiny, in: MüKo-BGB, Band 11, Art. 46b EGBGB, Rn. 58 ff.; Limbach, in: jurisPK-BGB, Band 6, Art. 46b EGBGB, Rn. 22; Magnus, in: Staudinger, Band IVR 2, Art. 46b EGBGB, Rn. 42 f.

auf diesen Staat ausrichtet (Art. 46 Abs. 2 Nr. 2 EGBGB)[1592] und der zwischen dem Verbraucher und Unternehmer geschlossene Vertrag in diesen Tätigkeitsbereich fällt. Diese Formulierung ist jedoch nicht den in Art. 46b EGBGB enumerierten Richtlinien entnommen, sondern geht auf den deutschen Gesetzgeber zurück, der mit ihr eine gewisse Angleichung an die Situationsbezogenheit der Vorschrift des Art. 6 Rom I-VO zu erreichen suchte[1593]. Es kann daher insoweit auf die Ausführungen in dieser Arbeit zum situativen Anwendungsbereich von Art. 6 Abs. 1 Rom I-VO zur Auslegung des Art. 46b Abs. 2 EGBGB zurückgegriffen werden[1594].

Jedoch wird das Ziel einer einheitlichen Auslegung und Anwendung hierdurch nur teilweise erreicht, da der situative Anwendungsbereich des Art. 46 Abs. 2 EGBGB weiter gefasst ist; denn neben den in Art. 6 Abs. 1 Rom I-VO aufgezählten Konstellationen einer engen Verbindung sieht Art. 46b Abs. 2 EGBGB weitere Konstellationen vor, in denen eine enge Verbindung vorliegt, wie das Wort „insbesondere" verdeutlicht[1595]. Hierdurch soll zum Ausdruck gebracht werden, dass die in Art. 46 Abs. 2 EGBGB aufgeführten Beispiele, die insoweit Art. 6 Abs. 1 Rom I-VO entsprechen, nicht abschließend sind[1596].

(2) Sonstiger enger Zusammenhang i.S.v. Art. 46b Abs. 2 EGBGB

Daher kommt daneben eine Anwendung von Art. 46b EGBGB – wie auch schon der Vorgängernorm Art. 29a EGBGB a.F. – auch dann in Betracht, wenn ein sonstiger enger Zusammenhang aus einem anderen als in Art. 46b Abs. 2 EGBGB explizit aufgeführten Grund gegeben ist. Dies wird an der Formulierung „insbesondere" ersichtlich. Der Begriff des engen Zusammenhangs ist europarechtlich auszulegen[1597], da er Art. 6 Abs. 2 der RL 93/13/EWG über missbräuchliche Klauseln sowie Art. 12 Abs. 2 der RL 97/7/EG über den Fernabsatz entnommen ist. Die in Art. 46b Abs. 3 EGBGB aufgeführten Richtlinien geben jedoch selbst keine Kriterien vor, wann von einem engen Zusammenhang auszugehen ist[1598]. Die Begrifflichkeit

---

1592 Siehe hierzu: Martiny, in: MüKo-BGB, Band 11, Art. 46b EGBGB, Rn. 60 ff.; Limbach, in: jurisPK-BGB, Band 6, Art. 46b EGBGB, Rn. 22; Magnus, in: Staudinger, Band IVR 2, Art. 46b EGBGB, Rn. 44 f.

1593 Begr. RegE., BT-Drs. 16/12104, S. 10; siehe auch: Martiny, in: MüKo-BGB, Band 11, Art. 46b EGBGB, Rn. 57.

1594 Siehe 2. Teil, 3. Abschnitt, B.IV.1.b.cc.

1595 Martiny, RIW 2009, 737, 743; Limbach, in: jurisPK-BGB, Band 6, Art. 46b EGBGB, Rn. 22.

1596 Begr. RegE., BT-Drs. 16/12104, S. 10.

1597 Martiny, in: MüKo-BGB, Band 11, Art. 46b EGBGB, Rn. 36; Magnus, in: Staudinger, Band IVR 2, Art. 46b EGBGB, Rn. 40; zu Art. 29a EGBGB a.F.: Pfeiffer, in: Grabitz/Hilf, Band IV, A5, Art. 6 RL 93/13/EWG, Rn. 22; Paefgen, ZEuP 2003, 266, 276; Rusche, IPRax 2001, 420 ff.

1598 Martiny, in: MüKo-BGB, Band 11, Art. 46b EGBGB, Rn. 37; Limbach, in: jurisPK-BGB, Band 6, Art. 46 EGBGB, Rn. 23; Magnus, in: Staudinger, Band IVR 2, Art. 46b EGBGB, Rn. 40.

des „engen Zusammenhangs“ bzw. der „engsten Verbindung“ wird u.a. in Art. 4 Abs. 3, 4 sowie Art. 7 Abs. 2 Rom I-VO verwendet, um ein bestimmtes Näheverhältnis mit dem Gebiet eines EWR-Staates zu beschreiben[1599]. Fraglich ist, ob Art. 46b Abs. 2 EGBGB auch einschlägig ist, wenn der enge Zusammenhang lediglich darin besteht, dass der Vertrag in einem EWR-Staat erfüllt wird. Im Zusammenhang mit Aktienemissionen stellt sich somit die Frage, ob die Lieferung von Wertpapieren in einem EWR-Staat ausreicht, um den Anwendungsbereich des Art. 46b EGBGB zu eröffnen. Dabei ist der Begriff des Erfüllungsortes europarechtlich und im Einklang mit Art. 5 Abs. 1 EuGVO auszulegen[1600]. Beim Kauf beweglicher Sachen ist Erfüllungsort der Lieferort[1601], bei Dienstleistungen ist dagegen auf den Erbringungsort abzustellen. Damit kämen die in Art. 46b Abs. 3 EGBGB aufgeführten Normen bei Aktienemissionen über das Internet – auch bei einer Eigenemission – immer dann zur Anwendung, wenn Aktien in den Aufenthaltsstaat des Verbrauchers geliefert werden, auch dann, wenn kein öffentliches Angebot oder eine Werbung im Inland vorliegen bzw. keine auf einen EWR-Staat ausgerichtete berufliche oder gewerbliche Tätigkeit.

Teilweise[1602] wird geschlussfolgert, dass ein „enger Zusammenhang“ immer dann gegeben sei, wenn die allgemeinen kollisionsrechtlichen Vorschriften (Art. 4, Art. 6 Rom I-VO) ohne die Rechtswahlklausel auf das Recht eines EWR-Staates verweisen würden. Hierbei solle auch die Korrekturklausel des Art. 4 Abs. 3 Rom I-VO bzw. die Generalklausel des Art. 4 Abs. 4 Rom I-VO zu berücksichtigen sein[1603]. Dies hätte zur Folge, dass dem Merkmal des „engen Zusammenhangs“ keine eigenständige Bedeutung mehr zukäme[1604]. Folgte man dieser Ansicht, so würde beispielsweise eine Vertragserfüllung in einem EWR-Staat, hier die Lieferung von Aktien, nicht ausreichen, um den situativen Anwendungsbereich des Art. 46b Abs. 2 EGBGB zu eröffnen.

Gegen eine solche Auslegung des situativen Anwendungsbereichs des Art. 46b EGBGB spricht jedoch der Wortlaut des Art. 6 Rom I-VO, der zwei konkrete Beispiele

---

1599 Martiny, in: MüKo-BGB, Band 11, Art. 46b EGBGB, Rn. 36.

1600 Leible, in: Rauscher, EZPR, Art. 5 Brüssel I-VO, Rn. 32; Pfeiffer, in: Gounalakis, Rechtshandbuch Electronic Business, § 13, Rn. 37 f.

1601 Gottwald, in: MüKo-ZPO, Art. 5 EuGVO, Rn. 6; Geimer, in: Geimer/Schütze, EZVR, A1, Art. 5, Rn. 86.

1602 Limbach, in: jurisPK-BGB, Band 6, Art. 46 EGBGB, Rn. 24; zu Art. 29a EGBGB a.F.: Pfeiffer, in: Gounalakis, Rechtshandbuch Electronic Business, § 12, Rn. 90; Borges, ZIP 1999, 565, 572 f.

1603 Limbach, in: jurisPK-BGB, 4. Auflage, Band 6, Art. 46 EGBGB, Rn. 21, dagegen wird dieser Standpunkt von Limbach nicht mehr in der 5. Auflage vertreten.

1604 So zu Art. 29a EGBGB a.F.: Magnus, in: Grabitz/Hilf, EGV, Band IV, A15, Art. 7, Rn. 28 sowie Pfeiffer, in: Gounalakis, Rechtshandbuch Electronic Business, § 12, Rn. 90.

aufzählt und nicht die Generalklausel des „engen Zusammenhangs" verwendet[1605]. Dem Wortlaut „insbesondere" in Art. 46b Abs. 2 EGBGB würde keine eigenständige Bedeutung mehr zukommen, wenn man zur Auslegung des unbestimmten Rechtsbegriffs einer sonstigen engen Verbindung ausschließlich auf Art. 6 Abs. 1 Rom I-VO mit seinen zwei abschließenden Beispielen zurückgreifen würde. Der ausgedehnte sachliche Anwendungsbereich der durch Art. 46b EGBGB umgesetzten Richtlinien würde konterkariert, wenn ihre kollisionsrechtliche Anwendung lediglich am Maßstab des Art. 6 Abs. 1 Rom I-VO bzw. des Art. 4 Rom I-VO gemessen würde. Denn auch eine an Art. 4 Rom I-VO angelehnte Auslegung hilft nicht weiter, da Art. 4 Abs. 2 Rom I-VO die Vermutung aufstellt, dass ein Vertrag seine engste Verbindung zum Aufenthaltsort derjenigen Vertragspartei hat, die die vertragscharakteristische Leistung erbringt. Dies ist aber immer der Anbieter[1606].

Der EuGH[1607] hat anlässlich der unzureichenden spanischen Umsetzung von Art. 6 Abs. 2 der Klauselrichtlinie (Richtlinie 93/13/EWG) entschieden, dass der „enge Zusammenhang" zwar durch Vermutungen konkretisiert werden darf, jedoch seine Funktion darin besteht, je nach den Umständen des Einzelfalls die Berücksichtigung verschiedener Anknüpfungspunkte zu ermöglichen. Der nationale Gesetzgeber dürfe daher nicht durch eine Kombination von im Voraus definierten Anknüpfungskriterien, wie etwa die kumulativen Voraussetzungen des Aufenthalts und des Vertragsabschlusses, eine Einschränkung vornehmen[1608]. Eine ausschließliche Anlehnung an Art. 4, Art. 6 Rom I-VO ist bei der Auslegung des Begriffs des „engen Zusammenhangs" im Rahmen von Art. 46b EGBGB damit nicht weiterführend[1609].

Art. 46b EGBGB dient der Umsetzung mehrerer Richtlinien in einer einzigen Bestimmung und liefert für alle Richtlinien zwei Regelbeispiele[1610]. Es ist jedoch der enge Zusammenhang jeweils für eine der genannten Richtlinien zu ermitteln, da dieser in den einzelnen Richtlinien unterschiedlich ausgestaltet ist. Bei der Bestimmung des Zusammenhanges ist daher auf das Schutzkonzept der jeweiligen Richtlinie Rücksicht zu nehmen[1611]. Ein sonstiger enger Zusammenhang kommt beispielsweise dann in Betracht, wenn der Verbraucher seinen gewöhnlichen

1605 Martiny, RIW 2009, 737, 743; zu Art. 29 EGBGB sowie Art. 29a EGBGB a.F.: Rusche, IPRax 2001, 420, 421 mit dem Argument, dass eine solche Auslegung dazu führen würde, dass im EVÜ bestehende Schutzlücken auch im Anwendungsbereich des Art. 29a EGBGB a.F. bestünden blieben.

1606 So auch Rusche, IPRax 2001, 420, 421 zu Art. 4 Abs. 2 EVÜ.

1607 EuGH, Urt. v. 9.9.2004, Rs. C-70/03 (Kommission/Spanien), RIW 2005, 142, 144, Rn. 32.

1608 EuGH, Urt. v. 9.9.2004, Rs. C-70/03 (Kommission/Spanien), RIW 2005, 142, 144, Rn. 33, 34.

1609 Martiny, in: MüKo-BGB, Band 11, Art. 46b, Rn. 38.

1610 Siehe hierzu: Magnus, in: Staudinger, Band IVR 2, Art. 46b EGBGB, Rn. 12, 40 f.

1611 Martiny, in: MüKo-BGB, Band 11, Art. 46b, Rn. 11 ff.

Aufenthalt in einem EWR-Staat hat und die Vertragsdurchführung ebenfalls in einem EWR-Staat erfolgen soll[1612].

Für eine Anwendbarkeit von Art. 46b EGBGB bei der Lieferung von Produkten ins Inland wird ins Feld geführt, Art. 46b EGBGB stelle auf den Vertrag insgesamt und nicht lediglich auf die Vertragsanbahnung ab[1613]. Das von Rusche[1614] für diese Auslegung ins Feld geführte Argument, europäische Firmen würden ansonsten dazu verleitet, Dependancen im außereuropäischen Ausland zu errichten, um den EU-Verbraucherschutz zu umgehen, vermag nicht zu überzeugen. Sprechen diese gezielt eine größere Zahl von Verbrauchern mit gewöhnlichem Aufenthalt in einem EWR-Staat an, so liegt eine auf einen EWR-Staat ausgerichtete Tätigkeit vor (bzw. ein öffentliches Angebot oder eine öffentliche Werbung i.S.v. Art. 29a Abs. 2 Nr. 1 EGBGB a.F.), so dass Art. 46b EGBGB aus diesem Grunde bereits einschlägig ist. Staudinger[1615] schließlich liefert für seine Auffassung keine Begründung, sondern stellt lediglich fest, dass eine solche Auslegung mit Art. 6 Abs. 2 der Klauselrichtlinie (Richtlinie 93/13/EWG) vereinbar sei. Indes sagt dies noch nichts über eine Vereinbarkeit dieser Auslegungsvariante mit den Grundfreiheiten aus. Allerdings stellt sich die Frage, in wieweit sich ein Anbieter aus einem Nicht-EWR-Staat auf die Grundfreiheiten und das primärrechtliche Verhältnismäßigkeitsprinzip berufen kann. Die von Paefgen[1616] und von Wilmowsky[1617] vorgebrachten Bedenken gegen eine weite Auslegung des Begriffs „enger Zusammenhang" beziehen sich grundsätzlich nicht darauf, dass ein „enger Zusammenhang" bereits dann angenommen wird, wenn Erfüllung in einem EWR-Staat erfolgt. Vielmehr haben diese eine Konstellation im Blick, in der in einem Drittstaat ein Verbrauchervertrag geschlossen wird, der einen grenzüberschreitenden Dienstleistungs-, Waren- oder Kapitalverkehr in der Union zur Folge hat[1618]. Weshalb aber hier eine Verletzung von Grundfreiheiten gegeben sein soll, ist nicht ersichtlich. Hätte der Anbieter seinen Sitz in einem EU-Mitgliedstaat gehabt, so wären die in Art. 46b Abs. 3 EGBGB aufgezählten Richtlinien über Art. 6 Abs. 2 S. 2 Rom I-VO zur Anwendung gelangt, sofern nicht eine der in Art. 6 Abs. 4 Rom I-VO enumerierten Konstellationen vorliegt.

Gleichwohl erscheint eine bloße Lieferung von Wertpapieren ins Inland, sofern nicht weitere Kriterien hinzutreten, als nicht ausreichend, um einen sonstigen

---

1612 Thorn, in: Palandt, Art. 46b EGBGB, Rn. 3; Magnus, in: Staudinger, Band IVR 2, Art. 46b EGBGB, Rn. 49; siehe zur Diskussion wann ein enger Zusammenhang vorliegt, Martiny, in: MüKo-BGB, Band 11, Art. 46b EGBGB, Rn. 36 ff.

1613 Staudinger, IPRax 1999, 414, 415; Rusche, IPRax 2001, 420, 423; Pfeiffer, in: Grabitz/Hilf, Band IV, A5, Art. 6 RL 93/13/EWG, Rn. 30; Felke, 65; a.A. Thorn, IPRax 1999, 1, 8, jeweils zu Art. 29a EGBGB a.F.

1614 Rusche, IPRax 2001, 420, 423.

1615 Staudinger, IPRax 1999, 414, 415.

1616 Paefgen, ZEuP 2003, 266, 276 f.

1617 v. Wilmowsky, ZEuP 1995, 735, 760.

1618 v. Wilmowsky, ZEuP 1995, 735, 759, Fn. 72.

engen Zusammenhang zu begründen. Hat ein ausländischer Anbieter mittels „Disclaimer" und aufgrund objektiver Kriterien sein Angebot nicht auf das Inland ausgerichtet, sondern liefert nur ausnahmsweise auf Wunsch des Anlegers ins Inland, so fehlt es an einer Ausübung oder Ausrichtung einer beruflichen oder gewerblichen Tätigkeit auf den Wohnsitzstaat des Verbrauchers. Denn in diesem Fall liegt keine individuelle Kontaktaufnahme durch den Anbieter vor; auch fordert dieser nicht den Verbraucher/Anleger zur Abgabe eines Angebots auf. Geht ein Kunde auf einen ausländischen Anbieter in Kenntnis der Tatsache zu, dass dieser nur ausnahmsweise ins Inland liefert, so fehlt es an einer Schutzbedürftigkeit des Kunden, da dieser nicht auf die Anwendbarkeit inländischer Normen vertrauen kann[1619]. Eine Lieferung von Wertpapieren ins Inland ist daher nicht geeignet, den Anwendungsbereich des Art. 46b EGBGB zu eröffnen.

(3) Kein Günstigkeitsvergleich

Anders als im Rahmen von Art. 6 Rom I-VO findet im Rahmen von Art. 46b EGBGB kein Günstigkeitsvergleich statt[1620]. An der europarechtlichen Zulässigkeit des Ausschlusses eines Günstigkeitsvergleichs durch Art. 46b EGBGB bestehen jedoch Zweifel[1621].

ee) Aufgrund von Art. 46b EGBGB anwendbare Normen

Liegen die Voraussetzungen des Art. 46b Abs. 1, 2 EGBGB vor, so sind die in Art. 46b Abs. 3 EGBGB enumerierten Normen auf den Vertrag trotz Wahl eines anderen Rechts anwendbar, wobei die Liste des Art. 46b Abs. 3 EGBGB dynamisch ausgestaltet worden ist. Es wird auf die Sekundärrechtsakte in ihrer jeweils geltenden Fassung verwiesen. Dies sind derzeit die Richtlinie 93/13/EWG (AGB-Gesetz)[1622], die Richtlinie 94/47/EG (Time-Sharing)[1623], die Richtlinie 97/7/EG

1619 Felke, 63.

1620 Martiny, RIW 2009, 737, 743; Limbach, in: jurisPK-BGB, Band 6, Art. 46b EGBGB, Rn. 30; Thorn, in: Palandt, Art. 46b EGBGB, Rn. 5; siehe zu Art. 29a EGBGB a.F.: Thorn, in: 68. Auflage, Art. 29a EGBGB, Rn. 5; Magnus, in: Staudinger (2002), Art. 29a EGBGB, Rn. 54.

1621 Siehe hierzu: Martiny, in: MüKo-BGB, Band 11, Art. 46b, Rn. 81; Thorn, in: Palandt, Art. 6 Rom I-VO, Rn. 5; zu Art. 29a EGBGB a.F.: Wagner IPRax 2000, 255, 257; Pfeiffer, in: Gounalakis, Rechtshandbuch Electronic Business, § 12, Rn. 92; Jayme/Kohler, IPRax 1995, 343, 346; Staudinger, RIW 2000, 416, 418; Paefgen, ZEuP 2003, 266, 278.

1622 Richtlinie 93/13/EWG des Rates vom 5. April 1993 über missbräuchliche Klauseln in Verbraucherverträgen, ABl. EG Nr. L 95 v. 21.4.1993, S. 29.

1623 Richtlinie 94/47/EG des Europäischen Parlaments und des Rates vom 26. Oktober 1994 zum Schutz der Erwerber im Hinblick auf bestimmte Aspekte von Verträgen über den Erwerb von Teilzeitnutzungsrechten an Immobilien, ABl. EG Nr. L 280 v. 29.10.1994, S. 83.

(Fernabsatz)[1624], die Richtlinie 99/44/EG (Verbrauchsgüterkauf)[1625], die Richtlinie 2002/65/EG (Fernabsatz von Finanzdienstleistungen)[1626] sowie die Richtlinie 2008/48/EG (Verbraucherkreditverträge)[1627].

Von besonderem Interesse bei Eigen- wie auch Fremdemissionen über das Internet sind die Klauselrichtlinie (Richtlinie 93/13/EWG) sowie bei Fremdemissionen die Richtlinie betreffend den Fernabsatz von Finanzdienstleistungen (Richtlinie 2002/65/EG).

ff) Keine analoge Anwendung von Art. 46b EGBGB auf weitere Richtlinien

Im Gegensatz zu den soeben genannten Richtlinien enthält eine Reihe von EU-Richtlinien mit Verbraucherschutzcharakter keine ausdrückliche Vorgabe über ihren Anwendungsbereich, wie beispielsweise die Haustürgeschäfts-Richtlinie[1628] oder die ECRL. Für den weiteren Gang der Untersuchung ist nur die ECRL von Bedeutung. Diese Richtlinie statuiert in den Art. 5, 6 sowie Art. 10 Informationspflichten, die dem Anbieter von Diensten der Informationsgesellschaft Verbrauchern gegenüber obliegen. Fraglich ist, ob diese Pflichten Anbieter treffen, wenn die Voraussetzungen des Art. 46b Abs. 1, 2 EGBGB vorliegen, obwohl diese Richtlinie nicht in Art. 46b Abs. 3 EGBGB aufgeführt ist.

Im Gefolge der Ingmar/Eaton Entscheidung des EuGH[1629] ist die Frage aufgeworfen worden, ob EU-Richtlinien mit Verbraucherschutzcharakter, die keine ausdrückliche Vorgabe über ihren Anwendungsbereich haben, kollisionsrechtlich über eine analoge Anwendung von Art. 29a EGBGB (nunmehr Art. 46b EGBGB) oder Art. 29 EGBGB (nunmehr Art. 6 Rom I-VO) zur Anwendung gelangen können.

1624 Richtlinie 97/7/EG des Europäischen Parlaments und des Rates vom 20. Mai 1997 über den Verbraucherschutz bei Vertragsabschlüssen im Fernabsatz, ABl. EG Nr. L 144 v. 4.6.1997, S. 19.

1625 Richtlinie 1999/44/EG des Europäischen Parlaments und des Rates vom 25. Mai 1999 zu bestimmten Aspekten des Verbrauchsgüterkaufs und der Garantien für Verbrauchsgüter, ABl. EG Nr. L 171 v. 7.7.1999, S. 12.

1626 Richtlinie 2002/65/EG des Europäischen Parlaments und des Rates vom 23. September 2002 über den Fernabsatz von Finanzdienstleistungen an Verbraucher und zur Änderung der Richtlinie 90/619/EWG des Rates und der Richtlinien 97/7/EG und 98/27/EG, ABl. EG Nr. L 271 v. 9.10.2002, S. 16; siehe zur Umsetzung der RL 2002/65/EG in deutsches Recht: Rott, BB 2005, 53 ff.; Fischer, ZAP 2005, Fach 8, 401 ff.

1627 Richtlinie 2008/48/EG des Europäischen Parlaments und des Rates vom 23. April 2008 über Verbraucherkreditverträge und zur Aufhebung der Richtlinie 87/102/EWG des Rates, ABl. EU Nr. L 133 v. 22.5.2008, S. 66.

1628 Richtlinie 85/577/EWG betreffend den Verbraucherschutz von außerhalb von Geschäftsräumen geschlossenen Verträgen, ABl. EG Nr. L 372 v. 31.12.1985, S. 31 ff.

1629 EuGH, Urt. v. 9.11.2000, Rs. C-381/98 (Ingmar GB Ltd./Eaton Leonhard Technologies Inc.), EuZW 2001, 50 f.; siehe hierzu auch: Staudinger, NJW 2001, 1974 f.; Magnus, in: Staudinger (2002), Art. 34 EGBGB, Rn. 42; Reich, in: EuZW 2001, 51 f.; Freitag, in: Reithmann/Martiny, Internationales Vertragsrecht, Rn. 544 ff.

In der Ingmar/Eaton Entscheidung ging es um die Fragestellung, ob ein englischer Handelsvertreter, der mit einem kalifornischen Unternehmen einen Handelsvertretervertrag für das Gebiet von Großbritannien geschlossen hatte, der dem Recht Kaliforniens unterstellt wurde, nach Beendigung des Vertragsverhältnisses einen Ausgleichsanspruch geltend machen kann. Der EuGH bejahte diese Frage und erklärte die Art. 17–19 der Richtlinie 86/653/EWG in ihrer in England umgesetzten Form, die einen solchen Ausgleichsanspruch statuiert, unabhängig von einer subjektiven Rechtswahl für unabdingbar[1630]. Zur Begründung führte der EuGH aus, dass diese Normen über die Gruppe der Handelsvertreter die Niederlassungsfreiheit sowie einen unverfälschten Wettbewerb im Binnenmarkt schützen sollen und daher die Einhaltung dieser Bestimmungen im Gemeinschaftsgebiet für die Verwirklichung dieser Ziele unerlässlich erscheine[1631].

Vereinzelt[1632] wird eine analoge Anwendung des Art. 46b EGBGB auf weitere Richtlinien mit dem Argument bejaht, dem Gesetzgeber sei bei der Neugestaltung des vormaligen Art. 29a EGBGB a.F. (nunmehr Art. 46b EGBGB) im Rahmen der Schuldrechtsmodernisierung ein unbeabsichtigter Fehler unterlaufen, den es durch eine Analogie zu beheben gelte.

Gegen eine Übertragung der Ingmar/Eaton Entscheidung auf weitere EU-Richtlinien – und damit verbunden eine analoge Anwendung des Art. 46b EGBGB auf diese – spricht jedoch, dass hierdurch die Vorschrift des Art. 46b EGBGB faktisch ausgehebelt würde, da Art. 46b EGBGB auf bestimmte Richtlinien begrenzt ist. Nur innerhalb dieses Bereiches wollte der Gesetzgeber in das System des EVÜ bzw. der Rom I-VO eingreifen. Hinzu kommt, dass dem deutschen Gesetzgeber bei Erlass des Gesetzes zur Änderung der Vorschriften über Fernabsatzverträge bei Finanzdienstleistungen, durch welches die Richtlinie 2002/65/EG[1633] in deutsches Recht umgesetzt worden ist, wie auch bei der Neufassung des Art. 46b EGBGB die Ingmar/Eaton Entscheidung des EuGH bekannt war. Das von Paefgen[1634] zu Art. 29a EGBGB a.F. vorgebrachte Argument einer planwidrigen Regelungslücke vermag daher nicht zu überzeugen. Eine analoge Anwendung von Art. 46b EGBGB auf weitere Richtlinien – wie die ECRL – scheidet daher aus[1635].

1630 EuGH, Urt. v. 9.11.2000, Rs. C-381/98 (Ingmar GB Ltd./Eaton Leonhard Technologies Inc.), EuZW 2001, 50, 51, Rn. 24 f.

1631 EuGH, Urt. v. 9.11.2000, Rs. C-381/98 (Ingmar GB Ltd./Eaton Leonhard Technologies Inc.), EuZW 2001, 50, 51, Rn. 24.

1632 So zur Vorgängernorm Art. 29a EGBGB a.F., Paefgen, ZEuP 2003, 266, 292.

1633 Richtlinie 2002/65/EG des Europäischen Parlaments und des Rates über den Fernabsatz von Finanzdienstleistungen an Verbraucher und zur Änderung der Richtlinie 90/619/EWG des Rates und der Richtlinien 97/9/EG und 98/7/EG, ABl. EG Nr. L 271 v. 9.10.2002, S. 16.

1634 Paefgen, ZEuP 2003, 266, 292.

1635 Martiny, RIW 2009, 737, 744; Magnus, in: Staudinger, Band IVR 2, Art. 46b EGBGB, Rn. 55; so auch zu Art. 29a EGBGB a.F.: Reich, EuZW 2001, 51, 53; Felke, 73.

d) Umfang der Rechtswahl

Die Möglichkeit einer Rechtswahlvereinbarung beschränkt sich auf vertragliche Ansprüche. Bei deliktischen Ansprüchen besteht keine Rechtswahlfreiheit, da gemäß Art. 14 Abs. 1 lit. a) Rom II-VO[1636] eine solche bzgl. der deliktischen Haftung nur nach Eintritt des schädigenden Ereignisses zulässig ist.

e) Ergebnis

Eine Beschränkung des Umfangs der Rechtswahl erfolgt über Art. 6 Abs. 2 S. 2 Rom I-VO, sofern ein ausländisches Wertpapierdienstleistungsunternehmen seine Tätigkeit auf den Staat des gewöhnlichen Aufenthalt des Verbrauchers ausrichtet. Folglich kommt es bei einer Fremdemission in den meisten Fällen zu einer Beschränkung der Rechtswahlfreiheit. Es sind in diesem Fall trotz anderslautender Rechtswahl die Vorschriften des Staates des gewöhnlichen Aufenthalts des Verbrauchers anzuwenden, von denen nach dem Recht, das mangels einer Rechtswahl anzuwenden wäre, nicht durch Vereinbarung abgewichen werden darf. Dies sind die in Umsetzung der Richtlinie über Fernabsatz von Finanzdienstleistungen (Richtlinie 2002/65/EG), der Klauselrichtlinie (Richtlinie 93/13/EWG) sowie der ECRL ergangenen Vorschriften. Daneben handelt es sich auch bei § 280 Abs. 1 BGB sowie §§ 280 Abs. 1, 241 Abs. 2, 311 Abs. 2, 241 Abs. 2 BGB um Vorschriften des zwingenden Rechts.

Im Rahmen einer Eigenemission findet dagegen keine Beschränkung des Umfangs der Rechtswahlfreiheit gemäß Art. 6 Abs. 2 S. 2 Rom I-VO statt, da der Kauf bzw. die Zeichnung von Aktien gemäß Art. 6 Abs. 4 lit. d) Rom I-VO nicht dem Anwendungsbereich des Art. 6 Rom I-VO unterfällt.

In diesem Fall kommt aber eine Beschränkung des Umfangs der Rechtswahl über Art. 46b EGBGB in Betracht, sofern ein „enger Zusammenhang" i.S.v. Art. 46b Abs. 2 EGBGB gegeben ist. Trotz anderslautender Rechtswahl finden die in Umsetzung der Klauselrichtlinie (RL 93/13/EWG) sowie grundsätzlich auch der Richtlinie über den Fernabsatz von Finanzdienstleistungen ergangenen deutschen Vorschriften Anwendung. Allerdings bedarf es hier noch einer Klärung, inwieweit der sachliche Anwendungsbereich der Richtlinie über den Fernabsatz von Finanzdienstleistungen in diesem Fall eröffnet ist[1637].

2. Verbraucherverträge gemäß Art. 6 Rom I-VO

Wie oben festgestellt gelten trotz einer anderslautenden Rechtswahl für bestimmte zwischen Unternehmen und Verbrauchern geschlossene Verträge die zwingenden Verbraucherschutzvorschriften des Staates, in dem der Verbraucher seinen gewöhnlichen Aufenthalt hat, Art. 6 Abs. 2 S. 2 Rom I-VO.

1636 Siehe hierzu: Juncker, in: MüKo-BGB, Band 10, Art. 14 Rom II-VO, Rn. 7; eine Art. 14 Abs. 1 lit. a) Rom II-VO vergleichbare Vorschrift enthielt Art. 42 S. 1 EGBGB a.F.

1637 Siehe hierzu: 3. Teil, 5. Abschnitt, B.IV.2.

Art. 6 Abs. 1 Rom I-VO enthält dagegen eine Regelung für den Fall, dass keine Rechtswahl getroffen worden ist. Grund hierfür ist, dass die Vermutung des Art. 4 Abs. 2 Rom I-VO in der Regel zur Anwendung des Rechts des Unternehmens führt, da dieses meist die vertragscharakteristische Leistung erbringt[1638]. Aus Gründen des Verbraucherschutzes findet für Verbraucherverträge gemäß Art. 6 Abs. 1 Rom I-VO eine besondere Anknüpfung statt, sofern ein Vertragsschluss unter den in Art. 6 Abs. 1 lit. a), lit. b) Rom I-VO beschriebenen Umständen erfolgt ist. Diese sind – wie im 2. Teil, 3. Abschnitt unter B.IV.1.b.bb. dargestellt – im Falle einer Fremdemission grundsätzlich gegeben, bei einer Eigenemission hingegen nicht.

Aufgrund des Ausschlusstatbestands des Art. 6 Abs. 4 lit. d) Rom I-VO ist der sachliche Anwendungsbereich des Art. 6 Abs. 1 Rom I-VO bei einer Eigenemission nicht gegeben. Dagegen ist bei einer Fremdemission aufgrund der Rückausnahme des Art. 6 Abs. 4 lit. d) a.E. Rom I-VO der sachliche Anwendungsbereich des Art. 6 Abs. 1 Rom I-VO eröffnet, da das Wertpapierdienstleistungsunternehmen dem Verbraucher gegenüber eine Finanzdienstleistung erbringt.

Fraglich ist, wie diese kollisionsrechtliche Lage, welche für Anleger als Verbraucher das inländische Recht zur Anwendung bringt, durch das in der Art. 3 Abs. 1, 2 ECRL statuierte Herkunftslandprinzip beeinflusst wird. Für private Anleger wird Art. 4 Rom I-VO durch Art. 6 Rom I-VO überlagert, da gemäß des 6. Spgstr. des Anhangs zu Art. 3 Abs. 3 ECRL, umgesetzt in deutsches Recht durch § 3 Abs. 3 Nr. 2 TMG, Art. 6 Rom I-VO vom Herkunftslandprinzip ausgenommen worden ist[1639]. Für Gewerbetreibende als Anleger greift dagegen das Herkunftslandprinzip der ECRL ein, so dass ohne eine Rechtswahlvereinbarung das durch Art. 4 Rom I-VO gefundene Ergebnis durch das Herkunftslandprinzip der ECRL überlagert wird. Praktische Auswirkungen hat dies jedoch meist nicht, da die charakteristische Leistung am Sitz des Wertpapierdienstleistungsunternehmens erbracht wird und daher das Herkunftslandprinzip und Art. 4 Rom I-VO zum selben Ergebnis führen.

3. Das mangels Rechtswahl auf Verträge anwendbare Recht

Ist von den Parteien keine Rechtswahl getroffen worden, ist diese unwirksam oder greift Art. 6 Abs. 1 Rom I-VO nicht ein, so ist gemäß Art. 4 Abs. 1 Rom I-VO (vormals Art. 28 EGBGB) das anzuwendende Vertragstatut mittels objektiver Anknüpfung zu bestimmen[1640].

1638 Siehe Heidenhoff, in: Rauscher, EuZPR, Art. 6 Rom I-VO, Rn. 1 f.

1639 Marly, in: Grabitz/Hilf, Band IV, A4, Art. 3, Rn. 28 m.w.N.; Pfeiffer/Weller/Nordmeier, in: Spindler/Schuster, § 3 TMG, Rn. 13.

1640 Siehe zu Art. 4 Rom I-VO: Martiny, in: MüKo-BGB, Band 10, Art. 4 Rom I-VO, Rn. 1 ff.; Thorn, in: Rauscher, EuZPR, Art. 4 Rom I-VO, Rn. 1 ff.; Magnus, in: Staudinger, Band IVR 1, Art. 4 Rom I-VO, Rn. 1 ff.

a) Bei der Fremdemission

Für eine Anwendbarkeit von Art. 4 Rom I-VO verbleibt bei einer Fremdemission – hier wird ein Finanzintermediär eingeschaltet, der eine Finanzdienstleistung i.S.d. Art. 6 Abs. 4 lit. d) aE Rom I-VO erbringt – nur in den seltensten Fällen Raum, da die Vorschrift des Art. 6 Abs. 1 Rom I-VO den Anwendungsbereich des Art. 4 Rom I-VO versperrt. Nur wenn die situativen Voraussetzungen des Art. 6 Abs. 1 lit. b) Rom I-VO nicht vorliegen, es also an einer auch auf den Staat des gewöhnlichen Aufenthalts des Verbrauchers ausgerichteten Tätigkeit fehlt, bestimmt sich das bei einer Fremdemission anzuwendende Recht nach Art. 4 Rom I-VO. Dies ist immer dann der Fall, wenn das virtuelle Emissionshaus in dem Staat, in dem der Anleger seinen gewöhnlichen Aufenthalt hat, weder eine berufliche oder gewerbliche Tätigkeit ausübt noch seine Tätigkeit auf diesen Staat ausgerichtet hat.

Gemäß Art. 4 Abs. 1 lit. b) Rom I-VO unterliegen Dienstleistungsverträge dem Recht des Staates, in dem der Dienstleister seinen gewöhnlichen Aufenthalt hat[1641]. Art. 19 Abs. 1 UAbs. 1 Rom I-VO bestimmt, dass für die Zwecke der Rom I-VO der Ort des gewöhnlichen Aufenthalts von Gesellschaften, Vereinen und juristischen Personen der Ort ihrer Hauptverwaltung ist[1642]. Auch im Rahmen des EVÜ war bei juristischen Personen zur Bestimmung ihres gewöhnlichen Aufenthalts auf den Ort der Hauptverwaltung abzustellen[1643]. Der Begriff der Hauptverwaltung ist europarechtlich auszulegen und wird in der Rom I-VO nicht legaldefiniert[1644]. Jedoch verwendet Art. 5 Nr. 5 EuGVO/Art. 5 EuGVÜ diesen Begriff, so dass zur Begriffsauslegung auf die zu diesen Artikeln ergangene Rechtsprechung des EuGH[1645] zurückgegriffen werden kann[1646]. Art. 19 Abs. 1 UAbs. 2 Rom I-VO bestimmt, dass für die Zwecke der Rom I-VO der Ort des gewöhnlichen Aufenthalts einer natürlichen Person, die im Rahmen der Ausübung ihrer beruflichen Tätigkeit handelt, der Ort ihrer Hauptniederlassung ist[1647]. Eine Niederlassung ist demnach immer dann anzunehmen, wenn eine sachliche Ausstattung vorliegt, die eine nach außen

1641 Siehe zur Anwendbarkeit von Art. 4 Abs. 1 lit. b) Rom I-VO auf Bankverträge: Martiny, in: MüKo-BGB, Band 10, Art. 4 Rom I-VO, Rn. 67 ff.; Einsele, WM 2009, 289, 290.

1642 Magnus, in: Staudinger, Band IVR 2, Art. 19 Rom I-VO, Rn. 13 ff.; Martiny, in: MüKo-BGB, Band 10, Art. 19 Rom I-VO, Rn. 4 ff.

1643 Martiny, in: Reithmann/Martiny, Internationales Vertragsrecht, 6. Auflage, Rn. 131.

1644 Magnus, in: Staudinger, Band IVR 2, Art. 19 Rom I-VO, Rn. 13; Martiny, in: MüKo-BGB, Band 10, Art. 19 Rom I-VO, Rn. 4.

1645 EuGH, Urt. v. 22.11.1978, Rs. 32/78 (Somafar ./. Saar Ferngas), BeckRS 2004, 70835, Rn. 11.

1646 Martiny, in: MüKo-BGB, Band 10, Art. 19 Rom I-VO, Rn. 10; Ringe, in: jurisPK-BGB, Band 6, Art. 19 Rom I-VO, Rn. 10 ff.; Bitter, IPRax 2008, 96, 100; GA Darmon, Schlussanträge in der Rechtssache C-89/91 v. 27.10.1992, Rn. 51.

1647 Martiny, in: MüKo-BGB, Band 10, Art. 19 Rom I-VO, Rn. 7 ff.; Magnus, in: Staudinger, Band IVR 2, Art. 19 Rom I-VO, Rn. 14 ff.

gerichtete Geschäftstätigkeit ermöglicht. Auch muss eine Niederlassung eine Geschäftsführung besitzen und auf eine gewisse Dauer angelegt sein[1648]. Existieren mehrere Niederlassungen, so ist diejenige von ihnen Hauptniederlassung, die den Mittelpunkt der geschäftlichen Tätigkeit bildet[1649].

Bei Internetsachverhalten stellt sich die Frage, wie der Ort der Hauptverwaltung zu lokalisieren ist[1650]. So könnte die Nutzung eines Servers an einem anderen Ort als dem Sitz des Anbieters eine Niederlassung i.S.d. Art. 4 Abs. 2 Rom I-VO begründen. Der Server erfüllt allerdings nur eine Hilfsfunktion[1651]. Er kann kurzfristig an einem anderen Ort aufgestellt werden, so dass es an der für die Niederlassung erforderlichen Dauerhaftigkeit fehlt[1652]. Auch hängt der Serverstandort in einem erheblichen Maße davon ab, welche Funktionen ein Unternehmen im Wege des Outsourcings ausgelagert hat. Maßgeblich für die Bestimmung des Ortes, an welchem die charakteristische Leistung erbracht wird, ist mithin die Hauptverwaltung[1653]. Fehlt eine solche, da der Anbieter nur im Internet tätig ist, so ist stattdessen der Aufenthaltsort der Person, die sich hinter dem Anbieter verbirgt, maßgeblich[1654] oder, wenn diese den Rechtsschein erweckt, die Hauptniederlassung befinde sich in einem bestimmten Land, dieses Land[1655]. Art. 19 Abs. 2 Rom I-VO legt abweichend hiervon fest, dass auf Verträge, die im Rahmen des Betriebs einer Zweigniederlassung oder sonstigen Niederlassung geschlossen wurden oder wenn eine solche Niederlassung nach dem Vertrag für dessen Erfüllung verantwortlich ist, das Recht der betreffenden Niederlassung Anwendung findet[1656]. Auch der Begriff der Dienstleistung ist europarechtlich autonom und gemäß Erwägungsgrund Nr. 17 Rom I-VO im Einklang mit Art. 5 EuGVO auszulegen[1657]. Zur Auslegung kann auch der Dienstleistungsbegriff des Art. 57 AEUV verwendet werden. Unter diesen fallen auch Finanzdienstleistungen.

Sofern bei einer Fremdemission der situative Anwendungsbereich des Art. 6 Abs. 1 lit. b) Rom I-VO nicht eröffnet ist, bestimmt sich das Vertragsstatut anhand

---

1648 Martiny, in: MüKo-BGB, Band 10, Art. 19 Rom I-VO, Rn. 10; Ringe, in: jurisPK-BGB, Band 6, Art. 19 Rom I-VO, Rn. 10 ff.; Mankowski, RabelsZ 63(1999), 203, 222.

1649 Martiny, in: MüKo-BGB, Band 10, Art. 19 Rom I-VO, Rn. 10; Magnus, in: Staudinger (2002), Art. 28, Rn. 86.

1650 Siehe zur Problematik der Lokalisierung international mobiler Dienstleister, Mankowski, RabelsZ 63(1999), 203, 226 f.; Junker, RIW 1999, 809, 818; Martiny, ZEuP 1999, 246, 259 ff.

1651 Mankowski, RabelsZ 63 (1999), 203, 227; Junker, RIW 1999, 809, 818.

1652 Mankowski, RabelsZ 63 (1999), 203, 227; Junker, RIW 1999, 809, 818.

1653 Mankowski, RabelsZ 63(1999), 203, 228 f.

1654 Junker, RIW 1999, 809, 818; Mankowski, RabelsZ 63(1999), 203, 229.

1655 Mankowski, RabelsZ 63(1999), 203, 223.

1656 Martiny, in: MüKo-BGB, Band 10, Art. 19 Rom I-VO, Rn. 12; Thorn, in: Rauscher, EuZPR, Art. 19 Rom I-VO, Rn. 16 ff.

1657 Martiny, in: Reithmann/Martiny, Internationales Vertragsrecht, Rn. 146; Leible, in: Rauscher, EuZPR, Art. 5 Brüssel I-VO, Rn. 49, Einsele, WM 2008, 289 291.

von Art. 4 Abs. 1 lit. b) Rom I-VO nach dem Ort der Hauptverwaltung des Wertpapierdienstleistungsunternehmens. In diesem Fall kommt bei grenzüberschreitender Erbringung von Finanzdienstleistungen das Recht des Staates, in welchem das Wertpapierdienstleistungsunternehmen seine Hauptniederlassung hat, zur Anwendung.

b) Bei einer Eigenemission

Daneben könnte Art. 4 Rom I-VO auch beim Erwerb von Aktien im Wege einer Eigenemission eine Rolle spielen, sofern der Anwendungsbereich der Rom I-VO in dieser Konstellation eröffnet ist.

aa) Eröffnung des Anwendungsbereichs der Rom I-VO beim Erwerb von Aktien, die von der Aktiengesellschaft gehalten werden[1658]

Gemäß Art. 4 Abs. 1 lit. a) Rom I-VO unterliegen Kaufverträge über bewegliche Sachen dem Recht des Staates, in dem der Verkäufer seinen gewöhnlichen Aufenthalt hat[1659]. Es stellt sich die Frage, ob es sich bei einer Aktie um eine bewegliche Sache handelt. Gemäß Erwägungsgrund Nr. 17 der Rom I-VO soll die Begrifflichkeit „Verkauf beweglicher Sachen“ so wie im Rahmen von Art. 5 Nr. 1 EuGVO ausgelegt werden. Sache wird im Rahmen dieser Vorschrift als körperlicher Gegenstand aufgefasst[1660]. Damit ist vorliegend die Vorschrift des Art. 4 Abs. 1 lit. a) Rom I-VO nicht einschlägig, da es sich bei einer Aktie nicht um eine bewegliche Sache im Sinne dieser Vorschrift handelt[1661]. Bei Erwerb von durch die Aktiengesellschaft gehaltenen Aktien erbringt diese regelmäßig keine Finanzdienstleistung und auch keine Dienstleistung. Der Anwendungsbereich des Art. 4 Abs. 1 lit. b) Rom I-VO ist somit in dieser Konstellation nicht eröffnet.

Fraglich ist, ob in dieser Konstellation die Vorschrift des Art. 4 Abs. 1 lit. h) Rom I-VO einschlägig ist. Gemäß dieser Norm unterfallen Verträge, die innerhalb eines multilateralen Systems geschlossen werden, das die Interessen einer Vielzahl Dritter am Kauf und Verkauf von Finanzinstrumenten i.S.v. Art. 4 Abs. 1 Nr. 17 der MiFID nach nicht diskretionären Regeln und nach Maßgabe eines einzigen Rechts zusammenführt oder das Zusammenführen fördert, dem auf das System anwendbaren Recht[1662]. Die Vorschrift des Art. 4 Abs. 1 lit. h) Rom I-VO ist mit Art. 6 Abs. 1

1658 Bei dieser Konstellation handelt es sich nicht um eine Eigenemission.

1659 Siehe zu Art. 4 Rom I-VO: Martiny, in: MüKo-BGB, Band 10, Art. 4 Rom I-VO, Rn. 11 ff.; ders, in: Reithmann/Martiny, Internationales Vertragsrecht, Rn. 145; Ringe, in: jurisPK-BGB, Band 6, Art. 4 Rom I-VO, Rn. 14 ff.

1660 Leible, in: Rauscher, EuZPR, Art. 5 Brüssel I-VO, Rn. 47; Ringe, in: jurisPK-BGB, Band 6, Art. 4 Rom I-VO, Rn. 16, 27.

1661 Mankowski, in: Reithmann/Martiny, Internationales Vertragsrecht, Rn. 2406; Magnus, in: Staudinger, Band IVR 1, Art. 3 Rom I-VO, Rn. 38.

1662 Siehe hierzu: Magnus, in: Staudinger, IVR Band 1, Art. 4 Rom I-VO, Rn. 89 ff.; Martiny, in: MüKo-BGB, Band 10, Art. 4 Rom I-VO, Rn. 133 ff.

lit. e) Rom I-VO wortgleich[1663]. Sofern eine Aktiengesellschaft eigene Aktien mittels eines multilateralen Handelssystems veräußert, bestimmt sich das anwendbare Recht anhand von Art. 4 Abs. 1 lit. h) Rom I-VO.

Wird ein solches System nicht benutzt, so ist das auf den Erwerb von Aktien anwendbare Recht bei einer Eigenemission anhand von Art. 4 Abs. 2 Rom I-VO zu bestimmen. Gemäß dieser Norm unterfällt ein Vertrag, sofern dieser nicht dem Anwendungsbereich des Art. 4 Abs. 1 Rom I-VO unterfällt oder seine Bestandteile durch mehr als einen der Buchstaben des Art. 4 Abs. 1 Rom I-VO erfasst werden, dem Recht des Staates, in dem die Partei, welche die für den Vertrag charakteristische Leistung zu erbringen hat, ihren gewöhnlichen Aufenthalt hat[1664]. Generell lässt sich sagen, dass für einen Schuldvertrag diejenige Leistung charakteristisch ist, welche den Vertrag von anderen Verträgen unterscheidet[1665], also nicht die Geldleistung.

Fraglich ist, wie ein Vertrag über den Erwerb von Aktien zu qualifizieren ist. Erwirbt der Neuaktionär bereits bestehende im Eigentum der Aktiengesellschaft befindliche Aktien, so handelt es sich um einen Rechtskauf[1666]. Dies hat zur Folge, dass die die Aktien veräußernde Aktiengesellschaft die vertragstypische Leistung erbringt und damit das Recht des Staates der Hauptverwaltung zur Anwendung gelangt.

bb) Keine Eröffnung des Anwendungsbereichs der Rom I-VO bei der Zeichnung von neuen Aktien

Davon abweichend könnte die Rechtslage im Fall, dass ein Aktionär neue Aktien zeichnet, zu beurteilen sein. Die Zeichnung von Aktien unterfällt, sofern nicht auch gleichzeitig eine Finanzdienstleistung erbracht wird, niemals dem Anwendungsbereich des Art. 6 Abs. 1 Rom I-VO, da gemäß Art. 6 Abs. 4 lit. d) Rom I-VO diese Vorschrift auf Rechte und Pflichten, durch die die Bedingungen für die Ausgabe oder das öffentliche Angebot und öffentliche Übernahmeangebote bezüglich übertragbarer Wertpapiere festgelegt werden, keine Anwendung findet[1667]. Damit ist grundsätzlich ein Rückgriff auf Art. 4 Rom I-VO möglich.

1663 Ringe, in: jurisPK-BGB, Band 6, Art. 6 Rom I-VO, Rn. 39; Martiny, in: MüKo-BGB, Band 10, Art. 4 Rom I-VO, Rn. 28.

1664 Ringe, in: jurisPK-BGB, Band 6, Art. 4 Rom I-VO, Rn. 45 ff.; Martiny, in: MüKo-BGB, Band 10, Art. 4 Rom I-VO, Rn. 146 ff.; Magnus, in: Staudinger, Band IVR 1, Art. 4 Rom I-VO, Rn. 97 ff.

1665 Martiny, in: Reithmann/Martiny, Internationales Vertragsrecht, Rn. 122; Magnus, in: Staudinger (2002), Art. 28 EGBGB, Rn. 87.

1666 Merkt/Göthel, in: Reithmann/Martiny, Internationales Privatrecht, Rn. 4403 ff.; Magnus, in: Staudinger, Band IVR 1, Art. 4 Rom I-VO, Rn. 225 ff.

1667 Siehe zu dieser Ausnahme: Martiny, in: MüKo-BGB, Band 10, Art. 6 Rom I-VO, Rn. 25 ff.; Mankowski, in: Reithmann/Martiny, Internationales Vertragsrecht, Rn. 2371; Mankowski, RIW 2009, 98, 103 ff.

Es stellt sich jedoch die Frage, ob bei einer Zeichnung von Aktien der Anwendungsbereich der Rom I-VO überhaupt eröffnet ist. Werden neue Aktien gezeichnet, so handelt es sich nicht um einen Rechtskauf. Bei dem zwischen dem Neuaktionär und der Aktiengesellschaft abgeschlossenen Zeichnungsvertrag handelt es sich nach h.M.[1668] um einen korporationsrechtlichen Vertrag zwischen der Aktiengesellschaft und dem Zeichner; teilweise[1669] wird auch eine Doppelnatur dahingehend angenommen, dass ein Zeichnungsvertrag schuldrechtliche Elemente mit Zahlungs- und Lieferverpflichtungen enthalte und andererseits ein kooperationsrechtliches Rechtsgeschäft, das auf Einräumung einer Mitgliedschaft einer Gesellschaft gerichtet ist. Beide Elemente lassen sich jedenfalls nicht klar voneinander trennen.

Gemäß Art. 1 Abs. 2 lit. d) Rom I-VO sind vom Anwendungsbereich der Rom I-VO Verpflichtungen aus handelbaren Wertpapieren ausgeschlossen, soweit die Verpflichtungen auf der Handelbarkeit der Wertpapiere beruhen[1670]. Weder ein Zeichnungsvertrag noch ein Zeichnungsschein ist als handelbares Wertpapier zu qualifizieren[1671]. Somit greift vorliegend nicht die Bereichsausnahme des Art. 1 Abs. 2 lit. d) Rom I-VO.

Jedoch könnten vertragliche Ansprüche, die im Zusammenhang mit einem Zeichnungsvertrag stehen, aufgrund von Art. 1 Abs. 2 lit. f) Rom I-VO vom Anwendungsbereich der Rom I-VO ausgenommen sein. Gemäß Art. 1 Abs. 2 lit. f) Rom I-VO sind Fragen betreffend das Gesellschaftsrecht, das Vereinsrecht und das Recht der juristischen Personen, wie die Errichtung durch Eintragung oder auf andere Weise, die Rechts- und Handlungsfähigkeit, die innere Verfassung und die Auflösung von Gesellschaften, Vereinen und juristischen Personen sowie die persönliche Haftung der Gesellschafter und der Organe für die Verbindlichkeiten einer Gesellschaft, eines Vereins oder einer juristischen Person vom Anwendungsbereich der Rom I-VO ausgenommen[1672]. Demnach sind alle Rechtsakte, die für die Errichtung einer Gesellschaft erforderlich sind, vom Anwendungsbereich der Rom I-VO ausgenommen. Als zur Gründung erforderliche Rechtsakte werden alle Gründungs- und Errichtungserfordernisse wie Verträge, Verwaltungsakte und

---

1668 Peifer, in: MüKo-AktG, Band 4, § 185, Rn. 32; Lutter, in: KöKo-AktG, § 185, Rn 5; Wiedemann, in: GK-AktG, § 185, Rn. 29; Servatius, in: Spindler/Stilz/Servatius, § 185, Rn. 12.

1669 v. Dryander/Niggemann, in: Hölters, AktG, § 185, Rn. 7; Hüffer, AktG, § 185, Rn. 4; Lutter, in: KöKo-AktG, § 185, Rn 5; Wiedemann, in: GK-AktG, § 185, Rn. 29; Servatius, in: Spindler/Stilz/Servatius, § 185, Rn. 12.

1670 Siehe hierzu: Martiny, in: Reithmann/Martiny, Internationales Vertragsrecht, Rn. 54 ff.; von Hein, in: Rauscher, EuZPR, Art. 1 Rom I-VO, Rn. 31 ff.; Magnus, in: Staudinger, Band IVR 1, Art. 1 Rom I-VO, Rn. 63 ff.

1671 Peifer, in: MüKo-AktG, Band 4, § 185, Rn. 9; Wiedemann, in: GK-AktG, § 185, Rn. 14; v. Dryander/Niggemann, in: Hölters, AktG, § 185, Rn. 4.

1672 Siehe zu dieser Ausnahme: Martiny, in: MüKo-BGB, Band 10, Art. 1 Rom I-VO, Rn. 59 ff.; Ringe, in: jurisPK-BGB, Band 6, Art. 1 Rom I-VO, Rn. 36 ff.

Registrierung betrachtet[1673]. Auch die Rechte und Pflichten der einzelnen Gesellschafter und Vereinsmitglieder werden erfasst. Dagegen soll die Rom I-VO im Hinblick auf Vorverträge, die eine Gesellschaftsgründung zum Ziel haben, anwendbar bleiben[1674].

Damit ist die Frage zu klären, ob es sich bei einem Zeichnungsvertrag um einen zur Gründung erforderlichen Rechtsakt handelt. Der Zeichnungsvertrag kann im Rahmen einer Gründung einer Aktiengesellschaft oder im Rahmen einer Kapitalerhöhung abgeschlossen werden[1675]. Jedoch stellt ein Zeichnungsvertrag keinen Vorvertrag dar, der die Gründung einer Aktiengesellschaft zum Ziel hat. Durch das Zustandekommen des Zeichnungsvertrags entsteht noch kein Anwartschaftsrecht des Zeichners auf eine künftige Mitgliedschaft[1676]. Mit Zustandekommen des Zeichnungsvertrags verpflichtet sich der Zeichner nach deutschem Recht dazu, diejenigen Einzahlungen an die Aktiengesellschaft zu leisten, die vor der Anmeldung der Gründung der Aktiengesellschaft oder vor der Durchführung der Kapitalerhöhung nach dem Gründungsvertrag oder dem Kapitalerhöhungsbeschluss zu zahlen sind[1677]. Die Aktiengesellschaft verpflichtet sich durch den Zeichnungsvertrag dazu, die Interessen des Zeichners im Rahmen der Durchführung der Kapitalerhöhung zu schützen[1678]. Ein Anspruch des Zeichners auf Durchführung der Kapitalerhöhung besteht dagegen gegen die Gesellschaft nicht. Bis zur Eintragung der Durchführung der Kapitalerhöhung erwachsen der Aktiengesellschaft aus dem Zeichnungsvertrag Pflichten nach § 241 Abs. 2 BGB[1679]. Nach erfolgter Durchführung der Kapitalerhöhung, also nach Eintragung im Handelsregister, kann ein Zeichner einen Anspruch auf Aushändigung einer Aktienurkunde über die Verkörperung seiner Mitgliedschaft besitzen[1680], wenn nicht die Satzung – wie weitgehend üblich – den Anspruch des Aktionärs auf Verbriefung seines Anteils ausschließt (§ 10 Abs. 5 AktG). Bei einem Zeichnungsvertrag handelt es sich somit nicht um einen Vorvertrag zur Gründung einer Gesellschaft, der dem Anwendungsbereich

1673 So Martiny, in: MüKo-BGB, Band 10, Art. 1 Rom I-VO, Rn. 61; siehe zum gleich lautenden Art. 1 Abs. 2 lit. e) des EVÜ: Bericht zum EVÜ *Giuliano/Lagarde*, BT-Drs. 10/503, S. 44.

1674 Martiny, in: MüKo-BGB, Band 10, Art. 1 Rom I-VO, Rn. 65; Kindler, in: MüKo-BGB, Band 11, IntGesR, Rn. 547; siehe zum gleich lautenden Art. 1 Abs. 2 lit. e) des EVÜ: Bericht zum EVÜ *Giuliano/Lagarde*, BT-Drs. 10/503, S. 45.

1675 Siehe zu Einzelheiten: Hunecke, 3 ff., 24 ff.

1676 Peifer, in: MüKo-AktG, Band 4, § 185, Rn. 35; Hüffer, AktG, § 185, Rn. 4; Servatius, in: Spindler/Stilz, AktG, § 185, Rn. 12.

1677 Siehe zu den einzelnen Pflichten eines Zeichnungsvertrags: Servatius, in: Spindler/Stilz, AktG, § 185, Rn. 12 ff.; Hunecke, 144 ff.; Peifer, in: MüKo-AktG, Band 4, § 185, Rn. 36 f.; Hunecke, 89 ff.

1678 Servatius, in: Spindler/Stilz, AktG, § 185, Rn. 12; Peifer, in: MüKo-AktG, Band 4, § 185, Rn. 35.

1679 Peifer, in: MüKo-AktG, Band 4, § 185, Rn. 35.

1680 Hunecke, 81; Peifer, in: MüKo-AktG, Band 4, § 185, Rn. 35.

der Rom I-VO unterfällt, sondern um einen korperationsrechtlichen Vertrag, der auf die Einräumung eines Mitgliedschaftsrechts gerichtet ist.

Die materiellen Wirksamkeitserfordernisse der Errichtung und Auflösung der Gesellschaft ergeben sich aus dem Gesellschaftsstatut, welches festlegt, nach welchem nationalen Recht eine Gesellschaft „entsteht, lebt und untergeht“[1681]. Zu den Gründungsvorgängen, die ebenfalls nach dem Gesellschaftsstatut zu beurteilen sind, gehören auch der Erwerb von Mitgliedsrechten durch die Übernahme und Zeichnung von Gesellschaftsanteilen[1682] sowie sämtliche Kapitalmaßnahmen wie Kapitalerhöhung und Kapitalherabsetzung[1683]. Bei diesen Maßnahmen handelt es sich um Satzungsänderungen, deren Wirksamkeit ebenfalls anhand des Gesellschaftsstatuts zu bestimmen ist. Ebenfalls nach dem Personalstatut der Gesellschaft richtet sich der Inhalt der Mitgliedschaft[1684]. Ansprüche im Zusammenhang mit der Zeichnung von Aktien sind somit nicht nach der Rom I-VO anzuknüpfen. Das auf solche Ansprüche anwendbare Recht richtet sich vielmehr nach dem Gesellschaftsstatut.

Das auf den Zeichnungsvertrag anzuwendende Recht ist daher anhand des Gesellschaftsstatuts zu bestimmen. Nach diesem werden grundsätzlich alle Rechtsverhältnisse angeknüpft, die als gesellschaftsrechtlich qualifiziert werden können[1685]. Das internationale Gesellschaftsstatut ist in Deutschland bisher nicht kodifiziert worden. Grund hierfür ist, dass der deutsche Gesetzgeber Vereinheitlichungsbestrebungen auf multinationaler Ebene nicht vorgreifen wollte[1686]. Allerdings ist ein entsprechendes Abkommen nie in Kraft getreten[1687].

Das auf das Personalstatut der Gesellschaft anzuwendende Recht ist entweder nach der Sitztheorie oder nach der Gründungstheorie zu ermitteln. Nach der

---

1681 BGH, Urt. 11.7.1957, II ZR 18/55, BGHZ 25, 134, 144; Hausmann, in: Reithmann/Martiny, Internationales Vertragsrecht, Rn. 5031; Kindler, in: MüKo-BGB, Band 11, IntGesR, Rn. 543 ff.; Müller, in: Spindler/Stilz, AktG, IntGesR, Rn. 25; Kronke/Mazza, in: Kronke/Melis/Schnyder, Teil K, Rn. 109 ff., 143 ff.

1682 Kindler, in: MüKo-BGB, Band 11, IntGesR, Rn. 548 m.w.N. in Fn. 4; Müller, in: Spindler/Stilz, AktG, IntGesR, Rn. 37 ff.

1683 Kindler, in: MüKo-BGB, Band 11, IntGesR, Rn. 620; Müller, in: Spindler/Stilz, AktG, IntGesR, Rn. 33; Kronke/Mazza, in: Kronke/Melis/Schnyder, Teil K, Rn. 136.

1684 Kindler, in: MüKo-BGB, Band 11, IntGesR, Rn. 610; Müller, in: Spindler/Stilz, AktG, IntGesR, Rn. 37 ff.; Kronke/Mazza, in: Kronke/Melis/Schnyder, Teil K, Rn. 125 ff.

1685 Siehe hierzu: Kindler, in: MüKo-BGB, Band 11, IntGesR, Rn. 549; Müller, in: Spindler/Stilz, AktG, IntGesR, Rn. 24 ff.

1686 Hausmann, in: Reithmann/Martiny, Internationales Vertragsrecht, Rn. 5031; Müller, in: Spindler/Stilz, AktG, IntGesR, Rn. 1 ff.

1687 Das Brüsseler Übereinkommen über die gegenseitige Anerkennung von Gesellschaften und juristischen Personen vom 29.2.1968 (BGBl. II 1972, S. 370) wurde nicht durch die Niederlande ratifiziert; siehe hierzu: Müller, in: Spindler/Stilz, IntGesR, Rn. 1.

Sitztheorie[1688] gelangt das Recht des Staates, in dem die Gesellschaft ihren tatsächlichen Verwaltungssitz hat, zur Anwendung; nach der Gründungstheorie[1689] ist dagegen das Recht des Staates maßgeblich, nach welchem die Gesellschaft gegründet worden ist. Dies ist das Recht am Gründungs- bzw. Registrierungsorts[1690]. Damit unterscheidet sich die (strenge) Sitztheorie von der Gründungstheorie dadurch, dass eine wirksame Gesellschaftsgründung nicht nur in Übereinstimmung mit den einschlägigen Vorschriften des Gründungsstaates erfolgt, sondern auch die zusätzliche Bedingung erfüllt sein muss, dass der Verwaltungssitz der Gesellschaft im Staat der Gründung belegen ist[1691]. Diese Rechtslage galt bis zum Inkrafttreten des MoMiG[1692] auch in Deutschland[1693].

Die in den letzten Jahren in Literatur[1694] und Rspr.[1695] geführte Kontroverse, ob der Gründungs- oder (strengen) Sitztheorie der Vorzug zu geben ist, wurde in erster Linie im Zusammenhang mit der Anerkennung von ausländischen Gesellschaften

---

1688 Siehe zu dieser: Kindler, in: MüKo-BGB, Band 11, IntGesR, Rn. 420 ff.; Müller, in: Spindler/Stilz, AktG, IntGesR, Rn. 4 ff.; Altmeppen/Ego, in: MüKo-AktG, Band 7, IntGesR, Rn. 173 ff.; Großfeld, in: Staudinger, IntGesR, Rn. 26 ff., 38 ff.; Hellgardt/Illmer, NZG 2009, 94 ff.

1689 Siehe zu dieser: Kindler, in: MüKo-BGB, Band 11, IntGesR, Rn. 359 ff.; Altmeppen/Ego, in: MüKo-AktG, Band 7, IntGesR, Rn. 181 ff., 218 ff.

1690 Eidemüller, ZIP 2002, 2233 ff.

1691 Kindler, in: MüKo-BGB, Band 11, IntGesR, Rn. 420; Hausmann, in: Reithmann/Martiny, Internationales Vertragsrecht, Rn. 5123.

1692 Gesetz zur Modernisierung des GmbH-Rechts und zur Bekämpfung von Missbräuchen (MoMiG) vom 23.10.2008, BGBl I 2008, 2026.

1693 Ebenroth/Auer, JZ 1993, 374, 375; Eidenmüller ZIP 2002, 2233, 2242; siehe weitere Nachweise bei: Kindler, in: MüKo-BGB, Band 11, IntGesR, Rn. 525, Fn. 2; BGH, Beschluss v. 2.6.2008, II ZB 1/06, NJW 2008, 2914, 2915 f.; OLG Hamm, Beschluss v. 30.4.1997, 15 W 91–97, NJW-RR 1998, 615; BayObLGZ, Beschluss v. 07.05.1992, 3Z BR 14/92, NJW-RR 1993, 43.

1694 Kronke/Mazza, in: Kronke/Melis/Schnyder, Teil K, Rn. 80 ff.; Kindler, in: MüKo-BGB, Band 11, IntGesR, Rn. 359 ff., 420 ff.; Rehm, JZ 2005, 304 ff.; Sandrock, ZVglRwiss 102(2003), 447 ff.; Leible/Hoffmann, RIW 2002, 925 ff.; Raiser/Veil, 5. Auflage, § 58, Rn. 16 ff.

1695 EuGH, Urt. v. 27.9.1988, Rs. C-81/87, NJW 1989, 2186 ff.; BGH, Urt. v. 13.3.2003, VII ZR 370/98 (Überseering), NJW 2003, 1461; BGH, Urt. v. 13.9.2004, II ZR 276/02, NJW 2004, 3706, 3707; EuGH, Urt.v. 5.11.2002, Rs. C-208/00 (Überseering BV/Nordic Construction Company Baumanagement GmbH), NJW 2002, 3614 ff.; EuGH, Urt. v. 30.9.2003, Rs. C-167/01 (Kamer van Koophandel en Fabrieken voor Amsterdam/Inspire Art Ltd), NJW 2003, 3331 ff.; EuGH, Urt. v. 16.12.2008, Rs. C-210/06 (CARTESIO Oktató és Szolgáltató bt), NZG 2009, 61 ff.; EuGH, Urt. v. 29.11.2011, Rs. C-371/10 (National Grid Indus BV/Inspecteur van de Belastingdienst Rijnmond/kantoor Rotterdam), NZG 2012, 114 ff.

im Inland[1696], dem Zuzug ausländischer Gesellschaften ins Inland[1697] sowie dem Wegzug inländischer Gesellschaften ins Ausland[1698] geführt. Auf diese Diskussion soll im Rahmen dieser Arbeit nicht weiter eingegangen werden.

Als allseitige Kollisionsregeln können die Sitztheorie sowie im Anwendungsbereich des AEUV und von Staatsverträgen[1699] die Gründungstheorie eine Einschränkung durch Rück- oder Weiterverweisung gemäß Art. 4 EGBGB erfahren[1700]. Gemäß Art. 4 Abs. 1 S. 1 EGBGB stellt eine Verweisung des deutschen Kollisionsrechts auf das Recht eines ausländischen Staates eine Verweisung auch auf dessen Kollisionsrecht dar[1701], sofern dies nicht dem Sinn der Verweisung widerspricht. Art. 4 Abs. 1 S. 1 EGBGB greift beispielsweise im Rahmen der Verweisung auf das Gründungsrecht durch zweiseitige Staatsverträge[1702] ein. In diesem Fall kommt nicht das internationale Privatrecht der anderen Vertragspartei zur Anwendung. Verweist das Kollisionsrecht des anderen Staates auf deutsches Recht zurück, so finden die deutschen Sachnormen gemäß Art. 4 Abs. 1 S. 2 EGBGB Anwendung.

Gesellschaften aus anderen EU-Mitgliedstaaten oder EWR-Staaten, die sich auf die Niederlassungsfreiheit gemäß Artt. 49, 54 AEUV berufen können, unterliegen – vorbehaltlich einer Rück- oder Weiterverweisung gemäß Art. 4 Abs. 1 S. 2 EGBGB[1703] – dem an ihrem Satzungssitz geltenden Recht, sofern dieser im Geltungsbereich derjenigen Rechtsordnung belegen ist, nach der die Gesellschaft gegründet wurde[1704]. Auf Gesellschaften, die in einem Staat gegründet wurden, der

1696 Siehe hierzu: Kindler, in: MüKo-BGB, Band 11, IntGesR, Rn. 316 ff.

1697 Siehe hierzu: Kindler, in: MüKo-BGB, Band 11, IntGesR, Rn. 339, 340; Altmeppen/Ego, in: MüKo-AktG, Band 7, B. Europäische Niederlassungsfreiheit, Rn. 57 ff.; Hüffer, AktG, § 1, Rn. 35, 36.

1698 Siehe hierzu: Kindler, in: MüKo-BGB, Band 11, IntGesR, Rn. 341 ff.; Altmeppen/Ego, in: MüKo-AktG, Band 7, B. Europäische Niederlassungsfreiheit, Rn. 50 ff.; Müller, in: Spindler/Stilz, AktG, IntGesR, Rn. 19; Hüffer, AktG, § 1, Rn. 37.

1699 Siehe z.B. Art. XXV Abs. 5 S. 2 des deutsch-amerikanischen Freundschafts-, Handels- und Schiffahrtsvertrags von 1954, BGBl. II 1956, S. 487.

1700 Hausmann, in: Reithmann/Martiny, Internationales Vertragsrecht, Rn. 5090 ff., 5095; Kindler, in: MüKo-BGB, Band 11, IntGesR, Rn. 506; siehe zu Art. 4 EGBGB: Sonnenberger, in: MüKo-BGB, Band 10, Art. 4 EGBGB, Rn. 2 ff.; Lorenz, in: Bamberger/Roth, BeckOK-BGB, Art. 4 EGBGB, Rn. 1 ff.

1701 Sonnenberger, in: MüKo-BGB, Band 10, Art. 4 EGBGB, Rn. 6, 15 ff.; Lorenz, in: Bamberger/Roth, BeckOK-BGB, Art. 4 EGBGB, Rn. 5.

1702 Siehe zu diesen: Kindler, in: MüKo-BGB, Band 11, IntGesR, Rn. 426 ff.

1703 Siehe hierzu: Hausmann, in: Reithmann/Martiny, Internationales Vertragsrecht, Rn. 5090 f., 5095; eine Rück- oder Weiterverweisung kommt beispielsweise dann in Betracht, wenn in einem anderen EU-Mitgliedstaat oder EWR Staat, in welchem die Aktiengesellschaft ihren Satzungssitz, nicht aber ihren Verwaltungssitz hat, die Sitztheorie zur Anwendung gelangt.

1704 Kindler, in: MüKo-BGB, Band 11, IntGesR, Rn. 427; Hüffer, AktG, § 1, Rn. 38 f.; BGH, Urt. v. 13.3.2003, VII ZR 370/98 (Überseering), NJW 2003, 1461; BGH, Urt. v. 13.9.2004, Az- II ZR 276/02, NJW 2004, 3706, 3707; EuGH, Urt.v. 5.11.2002,

weder EU-Mitgliedstaat noch EWR-Staat ist, findet dagegen die modifizierte Sitztheorie Anwendung[1705], sofern nicht in einem Staatsvertrag eine anderweitige Regelung getroffen wurde, Art. 3 Nr. 2 EGBGB. So wurde beispielsweise in Art. XXV Abs. 5 S. 2 des deutsch-amerikanischen Freundschafts-, Handels- und Schiffahrtsvertrags von 1954[1706] festgeschrieben, dass im Verhältnis zu den USA die Gründungstheorie Anwendung findet[1707]. Dagegen findet im Verhältnis zur Schweiz die Sitztheorie Anwendung, da die Schweiz nicht EWR-Staat ist und auch kein entsprechender Staatsvertrag besteht, der eine anderweitige Regelung enthält[1708].

Dies bedeutet, dass sich das auf den Zeichnungsvertrag anzuwendende Recht im Verhältnis zu Staaten, zu denen Deutschland die Gründungstheorie als Kollisionsregel anwendet[1709], anhand der im Gründungsstaat geltenden Rechtsordnung beurteilt. Es tritt kollisionsrechtlich keine Rück- oder Weiterverweisung ein, sofern der Staat, in dem die Aktiengesellschaft gegründet worden ist, seinerseits der Gründungstheorie folgt[1710]. Das ausländische internationale Gesellschaftsrecht des Gründungsstaates nimmt die durch die inländische Kollisionsregel ausgesprochene Verweisung in diesem Fall an. Findet in diesem Staat dagegen die Sitztheorie Anwendung[1711], so ist danach zu unterscheiden, ob die Aktiengesellschaft in dem

---

Rs. C-208/00 (Überseering BV/Nordic Construction Company Baumanagement GmbH), NJW 2002, 3614 ff.; EuGH, Urt. v. 30.9.2003, Rs. C-167/01 (Kamer van Koophandel en Fabrieken voor Amsterdam/Inspire Art Ltd), NJW 2003, 3331 ff.; Kronke/Mazza, in: Kronke/Melis/Schnyder, Teil K, Rn. 94 ff.

1705 Kindler, in: MüKo-BGB, Band 11, IntGesR, Rn. 428; Hausmann, in: Reithmann/Martiny, Internationales Vertragsrecht, Rn. 5066.

1706 Freundschafts-, Handels- und Schiffahrtsvertrag zwischen der Bundesrepublik Deutschland und den Vereinigten Staaten von Amerika v. 29.10.1954, BGBl. II 1956, S. 487.

1707 BGH. Urt. v. 9.1.2003, VIII ZR 155/02, 1607 f.; BGH, Urt. v. 13.10.2004, I ZR 245/01, NZG 2005, 44 f.; Kindler, in: MüKo-BGB, Band 11, IntGesR, Rn. 241 f.; Hüffer, AktG, § 1, Rn. 35; Hausmann, in: Reithmann/Martiny, Internationales Vertragsrecht, Rn. 5072; Hübner, 80 ff.

1708 BGH, Urt. v. 27.10.2008, II ZR 158/06 (Trabrennbahn), NJW 2009, 289 ff.; dagegen ging die Vorinstanz (OLG Hamm, Urt. v. 26.5.2006, 30 U 166/05, BeckRS 2006, 09857) davon aus, dass auch im Verhältnis zur Schweiz die Gründungstheorie zur Anwendung gelangt.

1709 Dies sind alle EU-Mitgliedstaaten und EWR-Staaten sowie Staaten, mit denen entsprechende Verträge abgeschlossen wurden, beispielsweise die USA.

1710 Der Gründungstheorie folgen innerhalb der EU und des übrigen EWR z.B. die Niederlande, England und Italien; siehe Länderliste bei Kindler, in: MüKo-BGB, Band 11, IntGesR, Rn. 360. Die USA folgen ebenfalls der Gründungstheorie; siehe auch: Kronke/Mazza, in: Kronke/Melis/Schnyder, Teil K, Rn. 108 ff.

1711 Der Sitztheorie folgen innerhalb der EU und des übrigen EWR z.B. Belgien, Dänemark, Frankreich, Griechenland, Luxemburg, Österreich, Polen und Spanien; siehe Länderliste bei Kindler, in: MüKo-BGB, Band 11, IntGesR, Rn. 511.

Staat, in welchem sie gegründet wurde, ihren Verwaltungssitz hat oder nicht[1712]. Hat sie dort ihren Verwaltungssitz, so wird die Verweisung mit der Folge angenommen, dass das Gesellschaftsstatut sich anhand des dortigen Rechts bestimmt. Hat die Gesellschaft dagegen ihren Verwaltungssitz nicht im Gründungsstaat, so kommt es zu einer Rück- oder Weiterverweisung auf das Recht des Staates des Verwaltungssitzes.

Kommt dagegen im Verhältnis zu einem Drittstaat die Sitztheorie zur Anwendung[1713], so ist danach zu unterscheiden, ob der Drittstaat seinerseits der Gründungs- oder der Sitztheorie folgt. Folgt der Drittstaat der Sitztheorie, so findet das Recht dieses Staates auf den Zeichnungsvertrag Anwendung, sofern der effektive Verwaltungssitz in diesem Staat belegen ist. Es kommt in diesem Fall zu keiner Rück- oder Weiterverweisung. Folgt der Drittstaat dagegen seinerseits der Gründungstheorie, so kann es zu einer Rück- oder Weiterverweisung auf das Recht des Gründungsstaats der Gesellschaft kommen, falls der Ort der Gründung der Gesellschaft und ihr effektiver Verwaltungssitz auseinander fallen[1714].

4. Eingriffsnormen gemäß Art. 9 Abs. 2 Rom I-VO

Art. 9 Abs. 1 Rom I-VO definiert erstmals in Anlehnung an die EuGH-Entscheidung in der Rechtssache Arblade[1715] den Begriff des zwingenden Rechts autonom[1716]. Demnach sind Eingriffsnormen zwingende Vorschriften, deren Einhaltung von einem Staat als so entscheidend für die Wahrung seines öffentlichen Interesses, insbesondere seiner politischen, sozialen oder wirtschaftlichen Organisation, angesehen wird, dass sie ungeachtet des nach Maßgabe der Rom I-VO auf den Vertrag anzuwendenden Rechts auf alle Sachverhalte anzuwenden sind, die in den Anwendungsbereich der Verordnung fallen.

Möglicherweise könnten über die Sonderanknüpfung des Art. 9 Abs. 2 Rom I-VO (vormals Art. 34 EGBGB/Art. 7 Abs. 2 EVÜ) zwingende Vorschriften des deutschen Rechts zur Anwendung kommen, auch wenn die Vertragsparteien eine ausländische Rechtsordnung gewählt haben oder diese aufgrund objektiver Anknüpfung zur Anwendung berufen ist. Während Art. 9 Abs. 2 Rom I-VO den Einfluss zwingender Vorschriften der lex fori, also der eigenen Rechtsordnung, gegenüber dem ausländischen Recht regelt, bestimmt Art. 9 Abs. 3 Rom I-VO, welchen

1712 Siehe hierzu: Kindler, in: MüKo-BGB, Band 11, IntGesR, Rn. 511, 518.

1713 Dies ist bei allen Nicht-EWR-Staaten sowie Staaten der Fall, mit denen keine Staatsverträge mit einer abweichenden Regelung geschlossen wurden. Auch im Verhältnis zur Schweiz findet die Gründungstheorie Anwendung; siehe BGH, Urt. v. 27.10.2008, II ZR 158/06 (Trabrennbahn), NJW 2009, 289 ff.

1714 Siehe Kindler, in: MüKo-BGB, Band 11, IntGesR, Rn. 506 ff.

1715 EuGH, Urt. v. 23.11.1999, Rs. C-369/96 (Arblade) und Rs. C-376/96, Slg. 1999, I-8453.

1716 Siehe zum Begriff des zwingenden Rechts i.S.v. Art. 9 Rom I-VO: Ringe in: jurisPK-BGB, Band 6, Art. 9 Rom I-VO, Rn. 11 ff.; Martiny, in: MüKo. BGB, Band 10, Art. 9 Rom I-VO, Rn. 7 ff.; Mankowski, IHR 2008, 133, 146 ff.

Eingriffsnormen des Staates, in dem die durch den Vertrag begründeten Verpflichtungen erfüllt werden sollen oder erfüllt worden sind, Wirkung verliehen werden sollen. Dagegen regelt Art. 9 Rom I-VO nicht die Konstellation, dass drittstaatliche Normen Geltung beanspruchen, die weder dem Schuldstatut noch der lex fori angehören[1717].

Im Folgenden soll auf die erste Konstellation (Art. 9 Abs. 2 Rom I-VO) näher eingegangen werden. Hier stellt sich die Frage, inwieweit ein Rückgriff auf Art. 9 Abs. 2 Rom I-VO möglich ist, wenn der Anwendungsbereich des Art. 6 Rom I-VO und/oder des Art. 46b EGBGB eröffnet ist. Es bedarf daher einer Klärung der Frage, in welchem Verhältnis Art. 6 Rom I-VO sowie Art. 46b EGBGB zu Art. 9 Rom I-VO stehen.

a) Verhältnis zu Art. 6 Rom I-VO

Hierzu wird die Auffassung vertreten, Art. 6 Rom I-VO verdränge als die speziellere verbraucherschützende Regelung Art. 9 Rom I-VO[1718]. Ein Rückgriff auf Art. 9 Rom I-VO wird aber dann für zulässig erachtet, wenn ein Vertrag in sachlicher Hinsicht nicht dem Anwendungsbereich des Art. 6 Rom I-VO unterfalle, da insoweit keine Ausschlusswirkung eintrete[1719]. Nach anderer Ansicht[1720] besitzt Art. 9 Abs. 2 Rom I-VO relativen Vorrang vor Art. 6 Rom I-VO. Dies bedeute, dass die international zwingenden Normen des deutschen Rechts grundsätzlich Vorrang vor dem durch Art. 6 Rom I-VO zur Anwendung berufenen Vertragsstatut haben. Im Einzelfall solle aber das Vertragsstatut gleichwohl Anwendung finden, falls dies für den Verbraucher günstiger sei als deutsches Eingriffsrecht und keine Gründe ersichtlich seien, dem geschützten Personenkreis diese Vergünstigung vorzuenthalten[1721].

Teilweise[1722] wird auch versucht, das Rangverhältnis beider Normen durch eine strikte Abgrenzung der jeweiligen Normbereiche zu lösen, indem nach dem

---

1717 Siehe hierzu: Martiny, in: MüKo-BGB, Band 10, Art. 9 Rom I-VO, Rn. 3 m.w.N.

1718 Thorn, in: Palandt, Art. 6 Rom I-VO, Rn. 2; Freitag, in: Reithmann/Martiny, Internationales Vertragsrecht, Rn. 515 ff, 525; Limbach, in: jurisPK-BGB, Band 6, Art. 6 Rom I-VO, Rn. 53 f.; Thorn, in: Rauscher, EuZPR, Art. 9 Rom I-VO, Rn. 26; Martiny, in: MüKo-BGB, Band 10, Art. 6 Rom I-VO, Rn. 56; so auch zum Verhältnis zwischen Art. 29 EGBGB a.F. und Art. 34 EGBGB a.F.: Begr. RegE., BT-Drs, 10/504, S. 83; BGH, Urt. v. 25.1.2005, XI ZR 78/04, RIW 2005, 263, 265.

1719 Staudinger, in: Ferrari/Kieninger/Mankowski u.a., Internationales Vertragsrecht, Art. 6 Rom I-VO, Rn. 6; Thorn, in: Palandt, Art. 6 Rom I-VO, Rn. 2; Limbach, in: jurisPK-BGB, Band 6, Art. 6 Rom I-VO, Rn. 53.

1720 Magnus, in: Staudinger, Band IVR 1, Art. 9 Rom I-VO, Rn. 25; Martiny, in: MüKo-BGB, Band 10, Art. 9 Rom I-VO, Rn. 139, der aber an anderer Stelle gegenteiliger Ansicht ist, ders., in: MüKo-BGB, Band 10, Art. 6 Rom I-VO, Rn. 56.

1721 Magnus, in: Staudinger, Band IVR 1, Art. 9 Rom I-VO, Rn. 25, 27; Martiny, in: MüKo-BGB, Band 10, Art. 9 Rom I-VO, Rn. 139.

1722 So zu Art. 29 EGBGB a.F. und Art. 34 EGBGB a.F.: von Hoffmann, in: Soergel, Art. 30 EGBGB, Rn. 18, 22 f.; Mankowski, DZWir 1996, 273 f.

jeweiligen Charakter der Norm zu fragen sei. Art. 6 Rom I-VO erfasse alle verbraucherschützenden Normen, während Art. 9 Rom I-VO lediglich staatspolitisch motivierte Normen erfasse[1723]. Eine Abgrenzung zwischen verbraucherschützenden und staatspolitisch motivierten Normen klärt nicht das Rangverhältnis zwischen Art. 6 Rom I-VO und Art. 9 Abs. 2 Rom I-VO, da zwingende Bestimmungen, die von Art. 6 Rom I-VO berufen werden, auch Eingriffsnormen i.S.v. Art. 9 Abs. 2 Rom I-VO darstellen können[1724]. Daher ist die Bestimmung des Rangverhältnisses beider Normen über eine Abgrenzung der Normbereiche abzulehnen.

Die Einräumung eines generellen Vorrangs von Art. 6 Rom I-VO im Verhältnis zu Art. 9 Abs. 2 Rom I-VO ist ebenfalls abzulehnen, da einzelne zwingende Bestimmungen, die von Art. 6 Rom I-VO zur Anwendung berufen werden können, auch international zwingenden Charakter i.S.v. Art. 9 Abs. 1 Rom I-VO haben können[1725].

b) Verhältnis zu Art. 46b EGBGB

Fraglich ist ebenfalls, in welchem Verhältnis Art. 46b EGBGB zu Art. 9 Rom I-VO steht. Dies hängt davon ab, ob man (umgesetztes) Richtlinienrecht als Eingriffsnorm i.S.v. Art. 9 Rom I-VO betrachtet. Art. 23 Rom I-VO bestimmt, dass die Vorschriften der Rom I-VO nicht die Anwendung von Vorschriften des Gemeinschaftsrechts, die in besonderen Bereichen Kollisionsnormen für vertragliche Schuldverhältnisse enthalten, berühren sollen[1726]. Die in Art. 46b Abs. 3 EGBGB aufgeführten Richtlinien und deren deutsche Umsetzungsgesetze enthalten solche Normen[1727]. Hätte der Gesetzgeber diese Normen als zwingende Vorschriften i.S.v. Art. 9 Rom I-VO verstanden wissen wollen, so hätte es der Norm des Art. 46b EGBGB nicht bedurft. Vielmehr soll Verbraucherschutzrecht nur in einem gewissen Umfang zur Geltung verholfen werden. Bzgl. der in Art. 46b Abs. 3 EGBGB aufgeführten Richtlinien regelt Art. 46b EGBGB den Umfang des im Rahmen einer subjektiven Rechtswahl des Rechts eines Nicht-EWR-Staates anzuwendenden Verbraucherschutzrechts[1728]. Nach dem Willen des europäischen Gesetzgebers sollen diese Normen jedoch nicht im Rahmen einer objektiven Anknüpfung zur Geltung gelangen[1729].

1723 So zu Art. 29 EGBGB a.F. und Art. 34 EGBGB a.F.: Mankowski, DZWir 1996, 273 f.

1724 Einsele, WM 2009, 289, 295, Fn. 65; Magnus, in: Staudinger, Band IVR 1, Art. 9 Rom I-VO, Rn. 21.

1725 Magnus, in: Staudinger, Band IVR 1, Art. 9 Rom I-VO, Rn. 26.

1726 Thorn, in: Rauscher, EuZPR, Art. 23 Rom I-VO, Rn. 1 ff.; Martiny, in: MüKo-BGB, Band 10, Art. 23 Rom I-VO, Rn. 1 ff.

1727 Magnus, in: Staudinger, Band IVR 1, Art. 9 Rom I-VO, Rn. 33; Freitag, in: Reithmann/Martiny, Internationales Vertragsrecht, Rn. 527.

1728 Martiny, in: MüKo-BGB, Band 11, Art. 46b EGBGB, Rn. 118; Magnus, in: Staudinger, Band IVR 1, Art. 9 Rom I-VO, Rn. 37; Freitag, in: Reithmann/Martiny, Internationales Vertragsrecht, Rn. 528.

1729 Freitag, in: Reithmann/Martiny, Internationales Vertragsrecht, Rn. 530.

Die in Art. 46b Abs. 3 EGBGB aufgezählten Richtlinien enthalten sämtlich Sonderkollisionsregeln, die in ihrem Bereich die Funktion des Art. 9 Abs. 2 Rom I-VO erfüllen. Ein Rückgriff auf Art. 9 Abs. 2 Rom I-VO erübrigt sich bei diesen Normen, da die Richtlinien ihren Anwendungsbereich selbst über ihre Sonderkollisionsregeln bestimmen[1730]. Eine zusätzliche Anwendung dieser Richtlinien über die Regelung des Art. 9 Rom I-VO würde ihren Anwendungsbereich in einer unzulässigen Art und Weise ausweiten[1731], da diese dann auch im Rahmen einer objektiven Rechtswahl zur Anwendung gelangen würden. Die in Art. 46b Abs. 3 EGBGB aufgezählten Richtlinien stellen somit auch keine zwingenden Vorschriften i.S.v. Art. 9 Rom I-VO dar[1732]. Daraus folgt auch, dass Art. 46b EGBGB selbst keine zwingende Vorschrift i.S.v. Art. 9 Rom I-VO darstellt. Im Anwendungsbereich des Art. 46b EGBGB ist ein Rückgriff auf Art. 9 Rom I-VO wegen Art. 23 Rom I-VO versperrt.

c) Teilergebnis

Vorliegend ist somit der Anwendungsbereich des Art. 9 Abs. 2 Rom I-VO regelmäßig nur im Falle einer Direktemission eröffnet, da bei einer Fremdemission Art. 6 Abs. 1 Rom I-VO eingreift. Etwas anderes gilt nur, wenn der Anleger sich gezielt an einen Anbieter wendet und darum bittet, Wertpapiere erwerben zu können, die normalerweise nicht im Inland vertrieben werden. In diesem Fall ist Art. 6 Abs. 1 lit. b) Rom I-VO nicht einschlägig, so dass auf Art. 9 Abs. 2 Rom I-VO grundsätzlich zurückgegriffen werden kann. Liegt im Falle einer Direktemission eine subjektive Rechtswahl vor, so kommt Art. 9 Abs. 2 Rom I-VO ebenfalls neben Art. 46b EGBGB zur Anwendung, da sich die durch Art. 46b EGBGB und Art. 9 Abs. 2 Rom I-VO zur Anwendung berufenen Normen unterscheiden, wie nachstehend gezeigt wird.

d) Begriff der Eingriffsnorm

Im Folgenden soll näher betrachtet werden, welche dem Schutz der Anleger und des Kapitalmarkts dienenden deutschen Vorschriften zwingende Vorschriften i.S.v. Art. 9 Abs. 2 Rom I-VO (vormals Art. 7 EVÜ bzw. Art. 34 EGBGB) sind. In Abweichung zur EuGH-Entscheidung in der Rechtssache Arblade[1733] und dem Vorschlag der EU-Kommission zur Rom I-VO[1734] fordert Art. 9 Rom I-VO das Vorliegen eines öffentlichen Interesses des Erlassstaates der betreffenden Norm an ihrer international zwingenden Durchsetzung. Diese Formulierung stimmt mit dem bisherigen Verständnis einer Eingriffsnorm im deutschen Kollisionsrecht

1730 Freitag, in: Reithmann/Martiny, Internationales Vertragsrecht, Rn. 529 f.; Thorn, in: Rauscher, EuZPR, Art. 9 Rom I-VO, Rn. 30.

1731 Zum Verhältnis zwischen Art. 29 EGBGB a.F. und Art. 34 EGBGB a.F.: Paefgen, ZEuP 2003, 266, 286 f.

1732 Freitag, in: Reithmann/Martiny, Internationales Vertragsrecht, Rn. 544; Martiny, in: MüKo-BGB, Band 10, Art. 9 Rom I-VO, Rn. 89 ff.

1733 EuGH, Urt. v. 23.11.1999, Rs. C-369/96 und C-376/96 (Arblade), Slg. 1999, I-8453.

1734 KOM(2005) 650 endg. – 2005/0261 (COD).

überein[1735]. Demnach sind Eingriffsnormen zwingende Vorschriften, deren Einhaltung von einem Staat als so entscheidend für die Wahrung seines öffentlichen Interesses, insbesondere seiner politischen, sozialen oder wirtschaftlichen Organisation, angesehen wird, dass sie ungeachtet des nach Maßgabe der Rom I-VO auf den konkreten Vertrag anzuwendenden Rechts den Sachverhalt oder Sachverhaltsteil zwingend regeln wollen[1736]. Diese im Schnittpunkt zwischen IPR und internationalem öffentlichen Recht liegende Frage betrifft die privatrechtlichen Folgen, insbesondere die Auswirkungen öffentlich-rechtlicher Verbote, auf internationale Schuldverhältnisse.

Der in Art. 9 Rom I-VO verwendete Begriff des zwingenden Rechts ist jedoch nicht mit dem Begriff des zwingenden Rechts im Sinne des nicht-dispositiven Rechts gleichzusetzen; vielmehr sind höhere Anforderungen zu stellen[1737]. Nach allgemeiner Auffassung[1738] entscheidet mangels einer ausdrücklichen Anordnung der internationalen Anwendbarkeit einer Norm ihr Zweck über ihre internationale Reichweite. Es ist zu prüfen, ob die betreffende Norm überhaupt sachlich und räumlich Geltung beansprucht[1739]. Es ist zu fragen, ob der Zweck einer Norm sich im Ausgleich widerstreitender Interessen der Vertragsparteien erschöpft oder aber überwiegend auf die Durchsetzung fundamentaler öffentlicher Interessen gerichtet ist[1740]. Letzterer Kategorie unterfallen beispielsweise Ein- und Ausfuhrbeschränkungen, Kartellbestimmungen sowie Währungs- und Devisenbestimmungen[1741]. In einem weiteren Schritt ist sodann auf Ebene des Gemeinschaftsrechts zu prüfen, ob die mit der Vorschrift verfolgten Interessen so gewichtig sind, dass die betreffende Vorschrift die Öffnungsklausel des Art. 9 Rom I-VO passieren kann[1742].

1735 Freitag, in: Reithmann/Martiny, Internationales Vertragsrecht, Rn. 510.

1736 Ringe, in: jurisPK-BGB, Band 6, Art. 9 Rom I-VO, Rn. 12; Freitag, in: Reithmann/Martiny, Internationales Privatrecht, Rn. 510 ff.; Martiny, in: MüKo-BGB, Band 10, Art. 9 Rom I-VO, Rn. 8 ff.

1737 Freitag, in: Reithmann/Martiny, Internationales Vertragsrecht, Rn. 540; Martiny, in: MüKo-BGB, Band 10, Art. 9 Rom I-VO, Rn. 7; zu Art. 34 EGBGB a.F.: BGH, Urt. v. 19.3.1997, VIII ZR 316/96, BGHZ 135, 124, 135 f.

1738 Martiny in: MüKo-BGB, Band 10, Art. 9 Rom I-VO, Rn. 107; Ringe in: jurisPK-BGB, Band 6, Art. 9 Rom I-VO, Rn. 17; Magnus, in: Staudinger, Band IVR 1, Art. 9 Rom I-VO, Rn. 54; Staudinger, in: Ferrari/Kieninger/Mankowski u.a., Internationales Vertragsrecht, Art. 9 Rom I-VO, Rn. 7.

1739 Martiny, in: MüKo-BGB, Band 10, Art. 9 Rom I-VO, Rn. 107; Freitag, in: Reithmann/Martiny, Internationales Vertragsrecht, Rn. 511.

1740 Freitag, in: Reithmann/Martiny, Internationales Vertragsrecht, Rn. 514; Mankowski, IHR 2008, 133, 147; Martiny, in: MüKo-BGB, Band 10, Art. 9 Rom I-VO, Rn. 13.

1741 Freitag, in: Reithmann/Martiny, Internationales Vertragsrecht, Rn. 588 f.

1742 Freitag, in: Reithmann/Martiny, Internationales Vertragsrecht, Rn. 511; Magnus, in: Staudinger, IVR Band 1, Art. 9 Rom I-VO, Rn. 55; Mankowski, IPRax 2006, 321, 331.

aa) Verbraucherschützende Vorschriften als Eingriffsnorm i.S.v. Art. 9 Rom I-VO

Fraglich ist, ob auch Verbraucherschutzvorschriften als Eingriffsnormen i.S.v. Art. 9 Rom I-VO in Betracht kommen können. Verbraucherschutzvorschriften dienen in erster Linie dem Schutz einzelner Verbraucher; nur nachrangig üben diese eine dem Wettbewerbsrecht angelehnte Funktion der Marktregulierung aus[1743]. Teilweise[1744] wird daher die Ansicht vertreten, dass Verbraucherschutzvorschriften generell keine Eingriffsnormen i.S.v. Art. 9 Rom I-VO seien. Gegen eine solche Betrachtungsweise spricht jedoch, dass verbraucherschützende Vorschriften in Einzelfällen auch der Wahrung starker öffentlicher Interessen dienen oder aufgrund einer ausdrücklichen Normierung international zwingenden Charakter besitzen können.[1745].

Allerdings scheiden die Vorschriften, die in Umsetzung der Klauselrichtlinie (Richtlinie 93/13/EWG), der Richtlinie über den Fernabsatz (Richtlinie 97/7/EG), der Richtlinie über den Fernabsatz von Finanzdienstleistungen (Richtlinie 2002/65/ EG) sowie der Richtlinie zu bestimmten Aspekten des Verbrauchsgüterkaufs (Richtlinie 1999/44/EG) erlassen worden sind, als zwingende Vorschriften Art. 9 Rom I-VO aus, da diese aufgrund der Wertung des Art. 46b EGBGB nur im Falle einer subjektiven Rechtswahl zur Anwendung kommen sollen[1746]. Auch bestimmt Art. 23 Rom I-VO, dass die Rom I-VO mit Ausnahme der Vorschrift des Art. 7 Rom I-VO nicht die Anwendung von Vorschriften des Gemeinschaftsrechts, die in besonderen Bereichen Kollisionsnormen für vertragliche Schuldverhältnisse enthalten, berühren soll. Auch aus diesem Grund verbietet sich eine Qualifikation der in Art. 46b Abs. 3 EGBGB enumerierten Richtlinien als Eingriffsnorm i.S.v. Art. 9 Rom I-VO[1747].

Es stellt sich mithin die Frage, ob sonstige in Umsetzung verbraucherschützender Richtlinien ergangene Vorschriften, die nicht im Katalog des Art. 46b Abs. 3 EGBGB aufgeführt sind, zwingende Vorschriften i.S.v. Art. 9 Rom I-VO sein können[1748]. Im Zusammenhang mit Aktienemissionen über das Internet ist die Frage von Bedeutung, ob die in Umsetzung der Art. 5, Art. 6 und Art. 10 ECRL ergangenen Normen, die Informationspflichten des Diensteanbieters gegenüber Verbrauchern statuieren, zwingende Vorschriften i.S.v. Art. 9 Rom I-VO darstellen.

1743 Martiny, in: MüKo-BGB, Band 10, Art. 9 Rom I-VO, Rn. 88.

1744 Leible, in: Das Grünbuch zum Internationalen Privatrecht, 179.

1745 Freitag, in: Reithmann/Martiny, Internationales Privatrecht, Rn. 514; Martiny, in: MüKo-BGB, Band 10, Art. 9 Rom I-VO, Rn. 60; Magnus, in: Staudinger, Band IVR 1, Art. 9 Rom I-VO, Rn. 60.

1746 Freitag, in: Reithmann/Martiny, Internationales Vertragsrecht, Rn. 530.

1747 Freitag, in: Reithmann/Martiny, Internationales Vertragsrecht, Rn. 529; Magnus, in: Staudinger, Band IVR 1, Art. 9 Rom I-VO, Rn. 36; Thorn, in: Rauscher, EuZPR, Art. 9 Rom I-VO, Rn. 30.

1748 Siehe zu dieser Thematik: Freitag, in: Reithmann/Martiny, Internationales Vertragsrecht, Rn. 537, 544 ff.; Magnus, in: Staudinger, Band IVR 1, Art. 9 Rom I-VO, Rn. 36 ff.

Teilweise[1749] werden sonstige, auch verbraucherschützende Normen in Richtlinien mit Verweis auf die Ingmar/Eaton Entscheidung des EuGH[1750] als zwingende Vorschriften i.S.v. Art. 9 Rom I-VO angesehen, falls eine verbraucherschützende Norm auch gleichzeitig wichtigen Zielen des Gemeinschaftsrechts dient. Allerdings kommt die Anwendung einer auch verbraucherschützenden Norm einer Richtlinien über Art. 9 Rom I-VO nur dann in Betracht, wenn nicht in der Richtlinie selbst eine Sonderkollisionsnorm vorgesehen ist[1751]. Ist dies der Fall, so ist gemäß Art. 23 Rom I-VO ein Rückgriff auf Art. 9 Rom I-VO versperrt. Die ECRL enthält keine Sonderkollisionsnorm, da es sich bei Art. 3 Abs. 1, 2 ECRL um einen sachrechtlichen Prüfungsmaßstab und nicht um eine Kollisionsnorm handelt[1752]. Daher wäre im vorliegenden Fall grundsätzlich ein Rückgriff auf Art. 9 Rom I-VO möglich.

Würde man allerdings sonstige verbraucherschützende Normen in Richtlinien mit Verweis auf die Ingmar/Eaton Entscheidung des EuGH[1753] als zwingende Vorschriften i.S.v. Art. 9 Rom I-VO ansehen, so würde dies zu einem Wertungswiderspruch mit Art. 6 Rom I-VO sowie Art. 46b EGBGB führen[1754]. Diese beiden Normen verwenden differenzierte Anknüpfungskriterien. Eine derart weite Auslegung des Art. 9 Rom I-VO würde dieses System aus den Angeln heben[1755]. Sonstige Normen, die in Umsetzung verbraucherschützender Richtlinien ergangen sind, stellen grundsätzlich keine zwingenden Vorschriften i.S.v. Art. 9 Rom I-VO dar. Im Einzelfall kann dies anders sein, falls dies zur Sicherung eines unverfälschten Wettbewerbs notwendig ist[1756]. Dies ist im Hinblick auf Artt. 5, 6 und Art. 10 der ECRL nicht der Fall. Die Ingmar/Eaton Entscheidung lässt sich daher nicht ohne weiteres auf die ECRL oder sonstige Richtlinien übertragen[1757].

1749 Freitag, in: Reithmann/Martiny, Internationales Vertragsrecht, Rn. 546; Staudinger, in: Ferrari/Kieninger/Mankowski u.a., Internationales Vertragsrecht, Art. 9 Rom I-VO, Rn. 21; Magnus, in: Staudinger, Band IVR 1, Art. 9 Rom I-VO, Rn. 39 ff.; OLG München, Urt. v. 17.5.2006, 7 U 1781/06, IPRax 2007, 322 zu Art. 34 EGBGB a.F.; siehe zu Art. 34 EGBGB a.F.: Reich, EuZW 2000, 51, 53.

1750 EuGH, Urt. v. 9.11.2000, Rs. C-381/98 (Ingmar GB Ltd./Eaton Leonhard Technologies Inc.), EuZW 2001, 50 f.

1751 Freitag, in: Reithmann/Martiny, Internationales Vertragsrecht, Rn. 544 f.; Magnus, in: Staudinger, Band IVR 1, Art. 9 Rom I-VO, Rn. 369.

1752 Siehe 2. Teil, 3. Abschnitt, B.II.1.f.

1753 EuGH, Urt. v. 9.11.2000, Rs. C-381/98 (Ingmar GB Ltd./Eaton Leonhard Technologies Inc.), EuZW 2001, 50.

1754 Freitag, in: Reithmann/Martiny, Internationales Vertragsrecht, Rn. 547; Paefgen, ZEuP 2003, 266, 287 zu Art. 29 EGBGB a.F. und Art. 29a EGBGB a.F.

1755 Freitag, in: Reithmann/Martiny, Internationales Vertragsrecht, Rn. 547; zu Art. 34 EGBGB a.F.: Paefgen, ZEuP 2003, 266, 287; Ebke, IPRax 1998, 263, 269.

1756 Magnus, in: Staudinger, Band IVR 1, Art. 9 Rom I-VO, Rn. 42; dagegen kritisch: Freitag, in: Reithmann/Martiny, Internationales Vertragsrecht, Rn. 547.

1757 Magnus, in: Staudinger, Band IVR 1, Art. 9 Rom I-VO, Rn. 42; Freitag; in: Reithmann/Martiny, Internationales Vertragsrecht, Rn. 547.

Diese Linie wird auch durch zwei BGH-Entscheidungen[1758] gestützt. So hat der BGH[1759] eine Anwendbarkeit von § 1 HTWG a.F. als zwingende Norm i.S.v. Art. 34 EGBGB a.F. mit der Begründung abgelehnt, dass diese nicht über Art. 34 EGBGB a.F. auf Verträge anwendbar sei, die in den Anwendungsbereich von Art. 29 EGBGB a.F. fallen. In einer Grundsatzentscheidung[1760] aus dem Jahre 1997 hat er weiter festgestellt, dass eine Sonderanknüpfung verbraucherschützender Vorschriften über Art. 34 EGBGB a.F. (nunmehr Art. 9 Rom I-VO) ausscheide, sofern es an einem Inlandsbezug i.S.v. Art. 29 EGBGB a.F. (nunmehr Art. 6 Rom I-VO) fehle. Etwas anderes könne ausnahmsweise dann gelten, wenn zumindest der in Art. 29 EGBGB a.F. normierte situative Inlandsbezug vorliege, es aber an einem Verbrauchervertrag i.S.v. Art. 29 EGBGB a.F. mangele[1761]. Ob es sich bei § 1 HTWG a.F. um eine zwingende Vorschrift i.S.v. Art. 34 EGBGB a.F. handelte, wurde ausdrücklich offen gelassen[1762].

Notwendig ist ein dem Art. 6 Abs. 1 Rom I-VO vergleichbarer Inlandsbezug, da ansonsten eine Sonderanknüpfung von geringeren Anforderungen abhinge als wenn ein Verbrauchervertrag i.S.v. Art. 6 Rom I-VO vorläge. Insofern kommt eine Anwendbarkeit des Art. 9 Rom I-VO hinsichtlich auch verbraucherschützender Normen nur im Falle einer Direktemission in Betracht, da bei einer Fremdemission entweder verbraucherschützende Normen über Art. 6 Rom I-VO zur Anwendung gelangen oder es aber an einem notwendigen Inlandsbezug i.S.v. Art. 6 Rom I-VO fehlt, weil beispielsweise das Angebot nicht auf das Inland ausgerichtet ist.

Weiterhin kommen vorliegend als zwingendes Recht die Wohlverhaltensregeln des §§ 31 ff. WpHG über § 31 Abs. 10 WpHG[1763], Vorschriften des KWG, insbesondere § 32 KWG, sowie § 22 WpPG und § 21 WpPG in Betracht.

bb) §§ 31 ff. WpHG als Eingriffsnorm i.S.v. Art. 9 Rom I-VO

Bei den §§ 31 ff. WpHG, die auf der Umsetzung von Art. 19 MiFID beruhen, handelt es sich um öffentlich-rechtliche Vorschriften, die aufsichtsrechtlich allgemeine Verhaltens- und Organisationspflichten von Wertpapierdienstleistungsunternehmen normieren. Diese besitzen allerdings zumindest auch eine zivilrechtliche Ausstrahlungswirkung[1764].

Im Rahmen von §§ 31, 32 WpHG a.F. betonte der Gesetzgeber[1765] ausdrücklich den Sonderanknüpfungscharakter dieser Norm. Auch wenn ausländisches Recht

1758 BGH, Urt. v. 26.10.1993, XI ZR 42/93, IPRax 1994, 449 f.; BGH, Urt. v. 19.3.1997, VIII ZR 316/96, BGHZ 135, 124 f.

1759 BGH, Urt. v. 26.10.1993, XI ZR 42/93, IPRax 1994, 449, 452.

1760 BGH, Urt. v. 19.3.1997, VIII ZR 316/96, BGHZ 135, 124, 135.

1761 BGH, Urt. v. 19.3.1997, VIII ZR 316/96, BGHZ 135, 124, 135.

1762 BGH, Urt. v. 19.3.1997, VIII ZR 316/96, BGHZ 135, 124, 136.

1763 Samtleben, in: Hopt/Rudolph/Baum, Börsenreform, S. 512 ff. zu §§ 31, 32 WpHG a.F.

1764 Siehe hierzu oben: 1. Teil, 2. Abschnitt, A.I.1.

1765 Beschlussempfehlung des Finanzausschusses, BT-Drs. 12/7918, S. 104.

auf den Vertrag anwendbar war, sollten gleichwohl die Wohlverhaltensregeln gelten[1766]. Allerdings war der Anwendungsbereich der §§ 31, 32 WpHG a.F. im Falle einer Direktemission sachlich nicht eröffnet, da diese Vorschriften das Vorliegen einer Wertpapierdienstleistung voraussetzten. Eine solche ist im Falle einer Direktemission nicht gegeben.

Nach Umsetzung der MiFID sowie der MiFID-Durchführungsrichtlinie in deutsches Recht durch das FRUG verbietet sich eine Sonderanknüpfung der §§ 31 ff. WpHG über Art. 9 Abs. 2 Rom I-VO, da es hierdurch im Verhältnis zu anderen EU-Mitgliedstaaten zu einem Wertungswiderspruch mit § 31 Abs. 10 WpHG und dem in Art. 31, Art. 36 Abs. 4 MiFID verankerten Herkunftslandprinzip und der damit einhergehenden Herkunftslandkontrolle kommen würde[1767]. Im Falle einer Fremdemission sind die §§ 31 ff. WpHG anwendbar, falls die Voraussetzungen des § 31 Abs. 10 WpHG vorliegen. Dies ist immer dann der Fall, wenn ein Wertpapierdienstleistungsunternehmen aus einem Drittstaat eine grenzüberschreitende Wertpapierdienstleistung im Inland erbringt. Dabei ist Drittstaat jeder Staat, der weder Mitgliedstaat der Europäischen Union noch Vertragsstaat des Abkommens über den Europäischen Wirtschaftsraum ist. Die Vorschriften der §§ 31 ff. WpHG sind aufgrund von § 31 Abs. 10 WpHG damit auf Wertpapierdienstleistungsunternehmen, die ihren Sitz in einem anderen EWR-Staat haben, nicht anwendbar.

Würde man eine Sonderanknüpfung über Art. 9 Abs. 2 Rom I-VO vornehmen wollen, so käme es zu einer unzulässigen Anwendung deutschen Aufsichtsrechts auf Wertpapierdienstleistungsunternehmen mit Sitz in einem anderen EWR-Staat. Im Übrigen spricht gegen eine Qualifikation der §§ 31 ff. WpHG als Eingriffsnorm auch § 36a WpHG. Gemäß dieser Norm beanspruchen die §§ 31 ff. WpHG Geltung nur gegenüber inländischen Wertpapierdienstleistungsunternehmen sowie gemäß § 35 Abs. 2 WpHG gegenüber Anbietern aus Drittstaaten, die im Wege des grenzüberschreitenden Dienstleistungsverkehrs Wertpapierdienstleistungen im Inland erbringen. § 31 Abs. 10 WpHG stellt somit eine eigenständige Kollisionsnorm dar, so dass es eines Rückgriffs auf Art. 9 Rom I-VO nicht bedarf[1768]. Dieses Ergebnis deckt sich im Übrigen auch mit Art. 23 Rom I-VO und Art. 27 Rom II-VO, sofern

---

1766 Beschlussempfehlung des Finanzausschusses, BT-Drs. 12/7918, S. 104; Schneider, Kapitalmarktrechtlicher Anlegerschutz, 331; Freitag, in: Reithmann/Martiny, Internationales Vertragsrecht, 6. Auflage, Rn 450.

1767 Mankowski, in: Reithmann/Martiny, Internationales Vertragsrecht, Rn. 2504; Freitag, in: ders., Rn. 606 f.; siehe zu den Vor- und Nachteilen einer Herkunftslandkontrolle: Benicke, S. 345 ff.; a.A. Magnus, in: Staudinger, Band IVR 1, Art. 9 Rom I-VO, Rn. 176 sowie Schnyder, in: MüKo-BGB, Band 11, IntKapMarktR, Rn. 336, die §§ 31 ff. WpHG (im Verhältnis zu Drittstaaten) als Eingriffsnorm i.S.v. Art. 9 Rom I-VO erachten.

1768 Mankowski, in: Reithmann/Martiny, Internationales Vertragsrecht, Rn. 2504; Einsele, JZ 2008, 477, 487; Fuchs, in: Fuchs, WpHG, § 31, Rn. 323; a.A. Magnus, in: Staudinger, Band IVR 1, Art. 9 Rom I-VO, Rn. 176.

man in § 31 Abs. 10 WpHG eine in Umsetzung der MiFID ergangene Kollisionsnorm sieht[1769].

cc) § 21 Abs. 1, 2 WpPG und § 22 WpPG i.V.m. § 21 Abs. 1, 2 WpPG als Eingriffsnorm i.S.v. Art. 9 Rom I-VO

Auf die Frage, ob es sich bei diesen Normen um Vorschriften des zwingenden Rechts i.S.v. Art. 9 Rom I-VO handelt[1770], kommt es nicht an, da diese außervertraglich bzw. deliktisch zu qualifizieren sind[1771] und schon aus diesem Grunde trotz anders lautendem Vertragsstatut anwendbar bleiben[1772]. Die Vereinbarung eines Vertragsstatuts hat keine Auswirkungen auf außervertragliche bzw. deliktische Ansprüche. Weder § 21 Abs. 1, 2 WpPG bzw. § 22 WpPG noch Art. 6 Abs. 2 UAbs. 1 der Prospektrichtlinie, der durch die eingangs genannten Bestimmungen in deutsches Recht umgesetzt wurde, stellen Eingriffsnormen dar[1773].

dd) Vorschriften des KWG als Eingriffsnorm i.S.v. Art. 9 Rom I-VO

Bei § 32 KWG handelt es sich nicht um eine Vorschrift des zwingenden Rechts i.S.v. Art. 9 Abs. 2 Rom I-VO. Zwar werden durch diese Norm öffentliche Interessen, nämlich die Funktionsfähigkeit der Finanzmärkte[1774], geschützt. Jedoch gehen der BGH[1775] und die Obergerichte[1776] in ständiger Rechtsprechung bei innerstaatlichen Sachverhalten davon aus, dass das Fehlen einer nach § 32 KWG erforderlichen Erlaubnis zum Betreiben von Bankgeschäften nicht zu einer Nichtigkeit des zwischen Bank und Kunden geschlossenen Vertrags gemäß § 134 BGB führt. Daher kommt eine international zwingende Durchsetzung des Erlaubnisvorbehalts des § 32 KWG nicht in Betracht[1777].

e) Ergebnis

Im Zusammenhang mit Aktienemissionen sind die §§ 31 ff. WpHG und § 32 KWG keine Vorschriften des zwingenden Rechts. Eine Anwendbarkeit der §§ 31 ff. WpHG ergibt sich jedoch bereits aus §§ 31 Abs. 10 WpHG, allerdings nur für

---

1769 Mankowski, in: Internationales Vertragsrecht, Rn. 2504; Einsele, JZ 2008, 477, 487.

1770 Zustimmend Martiny, in: MüKo-BGB, Band 10, Art. 9 Rom I-VO, Rn. 71.

1771 Monkowski, in: Reithmann/Martiny, Internationales Vertragsrecht, Rn. 2530; Bischoff, AG 2002, 491; Assmann, in: Assmann/Schütze, Hdb. KapitalanlageR, § 6, Rn. 28; Schütze, in: ders., § 8, Rn. 17.

1772 Schneider, Kapitalmarktrechtlicher Anlegerschutz, 253.

1773 Mankowski, in: Reithmann/Martiny, Internationales Vertragsrecht, Rn. 2530; von Hein, in: FS-Hopt, 371, 388.

1774 Siehe hierzu: Fischer, in: Boos/Fischer/Schulte-Mattler, KWG, § 32, Rn. 5.

1775 BGH, Urt. v. 13.7.1978, III 178/76, WM 1978, 1268, 1269; BGH, Urt. v. 23. 1. 1980, VIII ZR 91/79, NJW 1980, 1394.

1776 OLG Saarbrücken, Urt. v. 4.8.1999, 1 U 684/98–125, OLGR Saarbrücken 2000, 64; KG Berlin, Urt.v. 4.12.2001, 14 U 103/01, KGR Berlin 2002, 6.

1777 Freitag, in: Reithmann/Martiny, Internationales Vertragsrecht, Rn. 1279.

Wertpapierdienstleistungsunternehmen aus Nicht-EWR-Staaten[1778]. Im Falle einer Fremdemission ergibt sich die Anwendbarkeit verbraucherschützender Normen aus Art. 6 Rom I-VO und Art. 46b EGBGB. Liegen die tatbestandlichen Voraussetzungen dieser Normen nicht vor, weil kein hinreichender Inlandsbezug gegeben ist, so ist ein Rückgriff auf Art. 9 Rom I-VO nicht möglich. Im Falle einer Eigenemission werden verbraucherschützende Normen ebenfalls nicht über Art. 9 Abs. 2 Rom I-VO zur Anwendung berufen, da es sich bei diesen nicht um zwingendes Recht i.S.v. Art. 9 Abs. 1 Rom I-VO handelt.

5. Eingriffsnormen i.S.v. Art. 9 Abs. 3 Rom I-VO

Gemäß Art. 9 Abs. 3 S. 1 Rom I-VO kann Eingriffsnormen des Staates, in dem die durch den Vertrag begründeten Verpflichtungen erfüllt werden sollen oder erfüllt worden sind, Wirkung verliehen werden, soweit diese Eingriffsnormen die Erfüllung des Vertrags unrechtmäßig werden lassen[1779].

Mit Art. 9 Abs. 3 Rom I-VO wurde erstmals eine in allen EU-Mitgliedstaaten verbindliche Regelung geschaffen, die die Anwendung ausländischer Eingriffsnormen in allen EU-Mitgliedstaaten unter eng umrissenen Voraussetzungen regelt. Die Vorgängernorm des Art. 7 Abs. 1 EVÜ hatte dagegen einen weiteren Anwendungsbereich. Jedoch sah diese auch die Möglichkeit vor, einen Vorbehalt gegen ihre Anwendung einzulegen. Von dieser Möglichkeit hatten mehrere EU-Mitgliedstaaten, u.a. auch Deutschland, Gebrauch gemacht[1780]. Durch Art. 9 Abs. 3 Rom I-VO sollen unabhängig vom anwendbaren Recht Eingriffsnormen des Rechts des Erfüllungsorts zur Anwendung berufen werden[1781]. Der Begriff der Eingriffsnorm ist im Rahmen von Art. 9 Abs. 3 Rom I-VO identisch mit dem im Rahmen von Art. 9 Abs. 2 Rom I-VO verwendeten Begriff. Allerdings finden nur solche Eingriffsnormen Anwendung, die die Erfüllung des abgeschlossenen Vertrages unrechtmäßig werden lassen[1782]. Als solche Normen kommen nur Verbotsnormen in Betracht, die zu einer teilweisen oder vollständigen Unwirksamkeit oder Nichtigkeit des geschlossenen

---

1778 Siehe hierzu: 2. Teil, 3. Abschnitt, B.II.3.

1779 Siehe hierzu: Thorn, in: Rauscher, EuZPR, Art. 9 Rom I-VO, Rn. 60 ff.; Martiny, in: MüKo-BGB, Art. 9 Rom I-VO, Rn. 112; Magnus, in: Staudinger, Band IVR 1, Art. 9 Rom I-VO, Rn. 90 ff.

1780 Pfeiffer, EuZW 2008, 622, 628; Thorn, in: Rauscher, EuZPR, Art. 9 Rom I-VO, Rn. 60.

1781 Thorn, in: Rauscher, EuZPR, Art. 9 Rom I-VO, Rn. 61; Freitag, in: Reithmann/Martiny, Internationales Vertragsrecht, Rn. 638 ff.

1782 Thorn, in: Rauscher, EuZPR, Art. 9 Rom I-VO, Rn. 66; Freitag, in: Reithmann/Martiny, Internationales Vertragsrecht, Rn. 634; Magnus, in: Staudinger, Band IVR 1, Art. 9 Rom I-VO, Rn. 94.

Vertrages führen und damit die Erfüllung des Vertrages unrechtmäßig erscheinen lassen[1783] oder die Erfüllung als solche verbieten[1784].

Es stellt sich die Frage, wie im Rahmen von Art. 9 Abs. 3 Rom I-VO der Erfüllungsort zu bestimmen ist[1785]. Man könnte auf den rechtlichen oder aber den faktischen Erfüllungsort abstellen. Unter denjenigen, die den Erfüllungsort rein rechtlich bestimmen wollen, werden wiederum unterschiedliche Ansätze vertreten, wie dieser zu ermitteln sei[1786]. So wird teilweise[1787] die Ansicht vertreten, dass der Begriff des Erfüllungsortes in Anlehnung an Art. 5 Nr. 1 EuGVO zu bestimmen sei. Begründet wird dies damit, dass die Rom I-VO Entscheidungsharmonie zwischen den verschiedenen Instrumenten des europäischen Kollisions- und Kollisionsprozessrechts anstrebe[1788]. Hier stellt sich jedoch das Problem, dass Art. 5 Abs. 1 EuGVO eine Differenzierung zwischen Kauf- und Dienstleistungsverträgen (Art. 5 Abs. 1 lit. b) EuGVO) auf der einen Seite und sonstigen Verträgen (Art. 5 Abs. 1 lit. a) EuGVO) auf der anderen Seite vornimmt[1789]. Für letztere wird der Erfüllungsort anhand der lex causae bestimmt. Daher wird vertreten[1790], dass zur Bestimmung des Erfüllungsorts Art. 5 Abs. 1 lit. b) EuGVO heranzuziehen sei, wobei faktisch eine Beschränkung auf einen Ort vorzunehmen sei[1791]. Teilweise[1792] wird die Ansicht vertreten, dass der Erfüllungsort kollisionsrechtlich zu bestimmen und hierfür in Anlehnung an Art. 5 Abs. 1 lit. a) EuGVO die lex causae heranziehen sei. Begründet wird dies damit, dass der Wortlaut des Art. 9 Abs. 3 Rom I-VO Art. 5 Nr. 1 lit. a) EuGVO nachempfunden sei und daher anders als Art. 5 Abs. 1 lit. b) EuGVO die Bestimmung des Erfüllungsorts weiterhin im Sinne der „Tessili-Formel" dem Vertragsstatut überlassen werde und aus diesem Grund auch unterschiedliche Erfüllungsorte möglich seien. Denkbar wäre auch den Erfüllungsort ebenfalls

1783 Thorn, in: Rauscher, EuZPR, Art. 9 Rom I-VO, Rn. 66 ff.; Freitag, in: Reithmann/Martiny, Internationales Vertragsrecht, Rn. 634.

1784 Freitag, IPRax 2009, 109, 112; Thorn, in: Rauscher, EuZPR, Art. 9 Rom I-VO, Rn. 66.

1785 Siehe zur Bestimmung des Erfüllungsorts im Rahmen von Art. 9 Abs. 3 Rom I-VO: Magnus, in: Staudinger, Band IVR 1, Art. 9 Rom I-VO, Rn. 100 ff.; Martiny, in: MüKo-BGB, Band 10, Art. 9 Rom I-VO, Rn. 116; Harris, in: Ferrari/Leible, Rome I Regulation, 315 ff.; Freitag, in: Reithmann/Martiny, Internationales Vertragsrecht, Rn. 638 ff.; Thorn, in: Rauscher, EuZPR, Art. 9 Rom I-VO, Rn. 63 ff.; Ringe, in: jurisPK, Band 6, Art. 9 Rom I-VO, Rn. 26 ff.

1786 Siehe Leible/Lehmann, RIW 2008, 528, 543; Ringe, in: jurisPK, Band 6, Art. 9 Rom I-VO, Rn. 26 f.; Martiny, in: MüKo-BGB, Band 10, Art. 9 Rom VO, Rn. 116 ff.

1787 Ringe, in: jurisPK, Band 6, Art. 9 Rom I-VO, Rn. 27.

1788 Ringe, in: jurisPK, Band 6, Art. 9 Rom I-VO, Rn. 27.

1789 Hierauf weist Magnus, in Staudinger, Band IVR 1, Art. 9 Rom I-VO, Rn. 101 hin.

1790 Pfeiffer, EuZW 2008, 622, 628; ähnlich auch Magnus, in Staudinger, Band IVR 1, Art. 9 Rom I-VO, Rn. 103 ff.

1791 Pfeiffer, EuZW 2008, 622, 628.

1792 Harris, in: Ferrari/Leible, Rome I Regulation, 315 ff.; angedeutet von Martiny, in: MüKo-BGB, Band 10, Art. 9 Rom I VO, Rn. 116.

kollisionsrechtlich zu bestimmen und hierfür die lex fori oder das Eingriffsrecht selber heranzuziehen.

Andere[1793] wiederum wollen den Erfüllungsort faktisch bestimmen. Begründet wird dies damit, dass der Begriff des Erfüllungsortes sich im Rahmen von Art. 9 Abs. 3 Rom I-VO aufgrund der Zweckbestimmung der Norm vom im Rahmen von Art. 5 Nr. 1 EuGVO verwendeten Begriff des Erfüllungsorts unterscheide. Eine Bestimmung des Erfüllungsortes anhand von Art. 5 Abs. 1 lit. a) EuGVO würde im Übrigen zu erheblicher Rechtsunsicherheit führen, da aufgrund der „Tessili-Formel"[1794] – diese besagt, dass der Erfüllungsort sich gemäß der lex causae, folglich nach dem Recht, welches für das mit der Streitsache befasste Gericht maßgeblich ist – die vom Wortlaut des Art. 9 Abs. 3 Rom I-VO beabsichtigte Beschränkung auf einen Erfüllungsort nicht zu erreichen wäre[1795], wenn sämtliche Orte, an denen der Schuldner Leistungshandlungen erbringt, oder auch nur alle rechtlichen Erfüllungsorte des Vertragsstatuts zu berücksichtigen wären.

Ein Abstellen auf den rechtlichen Erfüllungsort gemäß dem Vertragsstatut hätte auch zur Folge, dass es teilweise der Parteiautonomie überlassen bliebe zu bestimmen, wann Eingriffsrecht zur Anwendung käme[1796]. Eine solche Betrachtungsweise böte sich an, wenn man die Vertragserfüllung in den Vordergrund stellte und die Anwendung von Eingriffsnormen des Erfüllungsorts auf ein Minimum beschränken wollte[1797]. Daher ist im Rahmen von Art. 9 Abs. 3 Rom I-VO auf den tatsächlichen, faktischen Erfüllungsort abzustellen[1798].

Weiterhin besteht im Gegensatz zu Art. 9 Abs. 2 Rom I-VO im Rahmen von Art. 9 Abs. 3 Rom I-VO kein Zwang forumsfremde Eingriffsnormen uneingeschränkt anzuwenden. Vielmehr ist forumsfremden Eingriffsnormen lediglich (angemessene) Wirkung zu verleihen[1799]. Dies bedeutet, dass die lex fori darüber entscheidet, ob forumsfremde Eingriffsnormen zur Anwendung gelangen und inwieweit diese bei ihrer Anwendung zu modifizieren sind[1800]. Hierbei handelt es

1793 Freitag, in: Reithmann/Martiny, Internationales Vertragsrecht, Rn. 641 ff.; Freitag, IPRax 2009, 109, 114; Thorn, in: Rauscher, EuZPR, Art. 9 Rom I-VO, Rn. 64; Mankowski, IHR 2008, 133, 148, der dies allerdings krit. sieht und die Formulierung von Art. 9 Abs. 3 Rom I-VO insoweit als verfehlt erachtet.

1794 EuGH, Urt. v. 6.10.1976, Rs. 12/76 (Industria Tessili Italiana Como/Dunlop AG), NJW 1977, 491 f.

1795 So Thorn, in: Rauscher, EuZPR, Art. 9 Rom I-VO, Rn. 63.

1796 Hierauf weist Martiny, in: MüKo-BGB, Band 10, Art. 9 Rom I-VO, Rn. 116 hin.

1797 So Martiny, in: MüKo-BGB, Band 10, Art. 9 Rom VO, Rn. 116.

1798 Thorn, in: Rauscher, EuZPR, Art. 9 Rom I-VO, Rn. 64; Freitag, in: Reithmann/Martiny, Internationales Vertragsrecht, Rn. 639 ff.

1799 Martiny, in: MüKo-BGB, Band 10, Art. 9 Rom I-VO, Rn. 118; Thorn, in: Rauscher, EuZPR, Art. 9 Rom I-VO, Rn. 69 ff.

1800 Pfeiffer, EuZW 2008, 622, 628; Freitag, in: Reithmann/Martiny, Internationales Vertragsrecht, Rn. 650; Martiny, in: MüKo-BGB, Band 10, Art. 9 Rom I-VO, Rn. 118.

sich um eine Ermessensentscheidung, bei der die Art und Zweck der Eingriffsnorm sowie die Folgen, die sich aus ihrer Anwendung oder Nichtanwendung ergeben, miteinander abzuwägen sind[1801].

Als Eingriffsnormen i.S.v. Art. 9 Abs. 3 Rom I-VO kommen beispielsweise ausländische Vorschriften zur Regelung des Börsenverkehrs bei der Durchführung von Geschäften an ausländischen Börsen in Betracht[1802]. Auch können ausländische Anlegerschutzvorschriften über Art. 9 Abs. 3 Rom I-VO zur Anwendung gelangen, sofern die Erfüllung des Rechtsgeschäfts in dem Land erfolgen soll[1803]. Dies kommt beispielsweise bei ausländischen Regelungen in Betracht, die einen kreditfinanzierten Wertpapiererwerb untersagen, oder für die Anknüpfung von US-amerikanischen Verhaltens- und Lauterkeitsregelungen[1804].

V. Das auf außervertragliche Schuldverhältnisse anzuwendende Statut/Deliktsstatut

Im Folgenden wird zu klären sein, wie Ansprüche aus Verschulden bei Vertragsverhandlung, aus börsengesetzlicher Prospekthaftung sowie Ansprüche aus § 823 Abs. 2 BGB i.V.m. einem Schutzgesetz anzuknüpfen sind. Wie gezeigt, unterfallen diese grds. dem Anwendungsbereich der Rom II-VO.

1. Keine Rechtswahl möglich

§ 6 AGB-Banken sieht die Möglichkeit einer Rechtswahl vor. Eine solche hat keine unmittelbaren Auswirkungen auf die außervertragliche bzw. deliktische Haftung der Bank, da gemäß Art. 14 Abs. 1 lit. a) Rom II-VO[1805] eine Rechtswahl bzgl. der außervertraglichen bzw. deliktischen Haftung nur nach Eintritt des schädigenden Ereignisses zulässig ist, sofern nicht beide Parteien der Rechtswahlvereinbarung einer kommerziellen Tätigkeit nachgehen[1806]. Soweit Dritte, die nicht

1801 Siehe hierzu: Ringe, in: jurisPK-BGB, Band 6, Art. 9 Rom I-VO, Rn. 33 ff.; Freitag, in: Reithmann/Martiny, Internationales Vertragsrecht, Rn. 650; Martiny, in: MüKo-BGB, Band 10, Art. 9 Rom I-VO, Rn. 118.

1802 Freitag, in: Reithmann/Martiny, Internationales Vertragsrecht, Rn. 657 m.w.N. Fn. 4.

1803 So Freitag, in: Reithmann/Martiny, Internationales Vertragsrecht, Rn. 658.

1804 So Freitag, in: Reithmann/Martiny, Internationales Vertragsrecht, Rn. 658; siehe zu diesen Regeln: Göthel, IPRax 2001, 411 ff.

1805 Siehe zu dieser Norm: Junker, in: MüKo-BGB, Band 10, Art. 14 Rom II-VO, Rn. 1 ff.; Martiny, in: Reithmann/Martiny, Internationales Vertragsrecht, Rn. 445 ff.; Nordmeier/Pfeiffer/Weller, in: Spindler/Schuster, Art. 14 Rom II-VO, Rn. 1 ff.

1806 Auch nach Eintritt eines schädigenden Ereignisses wird eine Rechtswahl von Schneider, Kapitalmarktrechtlicher Anlegerschutz, 255 mit der Begründung für unzulässig erachtet, dass die Prospekthaftung nicht nur dem Schutz von Individualinteressen diene, sondern ähnlich wie das Wettbewerbsrecht auch dem Schutz überindividueller Interessen. Dieser Auffassung ist jedoch nicht zu folgen,

an der Rechtswahl beteiligt wurden, Ansprüche geltend machen, verbleibt für eine Rechtswahl kein Raum. Im Rahmen der Prospekthaftung machen bei einer Fremdemission gegenüber dem Emittenten jedoch immer Dritte einen Anspruch geltend; der geschädigte Anleger steht nur mit der Konsortialbank oder einer weiteren Bank, die ihrerseits die Aktien von der Konsortialbank erworben hat, in einer vertraglichen Beziehung, nicht jedoch mit dem Emittenten.

2. Ansprüche aus Verschulden bei Vertragsverhandlungen

Fraglich ist, wie Ansprüche aus culpa in contrahendo nach Inkrafttreten der Rom II-VO anzuknüpfen sind. Wie bereits gezeigt[1807], unterfallen Ansprüche aus Verschulden bei Vertragsverhandlungen dem Anwendungsbereich der Rom II-VO. Dies folgt aus Art. 1 Abs. 2 lit. i) Rom I-VO[1808], der solche Ansprüche ausdrücklich vom Anwendungsbereich der Rom I-VO ausschließt. Erwägungsgrund Nr. 10 der Rom I-VO begründet den Ausschluss damit, dass Schuldverhältnisse, die aus Verhandlungen vor Abschluss eines Vertrags entstehen, unter Art. 12 der Rom II-VO fallen. Die Sonderanknüpfung des Art. 12 Rom II-VO bestimmt das auf diese Ansprüche anzuwendende Recht als Recht des Staates, das auf den zwischen den Parteien abgeschlossenen Vertrag anzuwenden ist bzw. auf diesen anzuwenden wäre, wenn er geschlossen worden wäre[1809]. Die allgemeinen Vorschriften der Rom II-VO zur Ermittlung des Geltungsbereichs der Verordnung gelangen ebenfalls zur Anwendung.

Der Begriff des Verschuldens bei Vertragsverhandlungen ist autonom auszulegen und kann daher nicht zwangsläufig wie im nationalen Recht ausgelegt werden[1810]. Dies verdeutlichen auch Erwägungsgrund Nr. 30 der Rom II-VO und die „Tacconi"-Entscheidung des EuGH[1811]. Dieser hatte den Abbruch von Vertragsverhandlungen deliktisch qualifiziert. Ansprüche aus Informations- und

---

da § 25 Abs. 1 WpPG (vormals § 47 Abs. 1 BörsG a.F.) ausdrücklich nur eine Vereinbarung, durch die ein Prospekthaftungsanspruch im Voraus ermäßigt oder erlassen wird, für unwirksam erklärt. Ist aber auf sachrechtlicher Ebene ein nachträglicher Anspruchsverzicht zulässig, so muss erst recht eine nachträgliche Rechtswahl zulässig sein; siehe hierzu auch: Floer, 142 f.

1807 Siehe 2. Teil, 3. Abschnitt, B.III.4.

1808 Siehe hierzu: Martiny, in: MüKo-BGB, Band 10, Art. 1 Rom I-VO, Rn. 71; Ringe, in: jurisPK-BGB, Band 6, Art. 1 Rom I-VO, Rn. 43 ff.

1809 Siehe hierzu: Spellenberg, in: MüKo-BGB, Band 10, Art. 12 Rom II-VO, Rn. 1 ff.; Backmann, in: jurisPK-BGB, Band 6, Art. 12 Rom II-VO, Rn. 4 ff.; Martiny, in: Reithmann/Martiny, Internationales Vertragsrecht, Rn. 470 ff.; Lüttringhaus, RIW 2008, 193 ff.

1810 Martiny, in: Reithmann/Martiny, Internationales Vertragsrecht, Rn. 472; Wagner, IPRax 2008, 1, 12; Backmann, in: jurisPK-BGB, Band 6, Art. 12 Rom II-VO, Rn. 5 ff.; Lüttringhaus, RIW 2008, 193, 197.

1811 EuGH, Urt. v. 17.9.2002, Rs. C-334/00 (Tacconi), Slg. 2002, I-7357 = NJW 2002, 3159 f.

Aufklärungspflichtverletzungen gemäß §§ 280 Abs. 1, 241 Abs. 2, 311 Abs. 2 BGB unterfallen unstrittig dem Anwendungsbereich des Art. 12 Rom II-VO, da diese aus Verhandlungen vor Vertragsschluss resultieren. Diese Ansprüche dienen dem Schutz des Äquivalenzinteresses und weisen eine große Ähnlichkeit mit Ansprüchen wegen positiver Vertragsverletzung auf. Jedoch werden nicht alle Ansprüche, die bisher im deutschen Recht als Anspruch aus §§ 280 Abs. 1, 241 Abs. 2, 311 Abs. 2 BGB (culpa in contrahendo) qualifiziert wurden, vom Anwendungsbereich des Art. 12 Rom II-VO erfasst. So wird beispielsweise die im Zusammenhang mit Vertragsverhandlungen begangene Körperverletzung nicht vom Anwendungsbereich der Rom I-VO erfasst[1812].

Rechtsfolge des Art. 12 Abs. 1 Rom II-VO ist, dass Ansprüche aus culpa in contrahendo vertragsakzessorisch anzuknüpfen sind. Damit wird ein Gleichlauf zwischen vertraglichen Ansprüchen wie beispielsweise positiver Vertragsverletzung, diese unterfallen dem Anwendungsbereich der Rom I-VO, und Ansprüchen wegen Verletzung vorvertraglicher Pflichten, jene unterfallen dem Anwendungsbereich der Rom II-VO und werden als außervertragliches Schuldverhältnis qualifiziert, erreicht. D.h., dass Ansprüche wegen Verletzung von vorvertraglichen Beratungs- und Aufklärungspflichten gemäß §§ 280 Abs. 1, 241 Abs. 2, 311 Abs. 2 BGB gemäß Art. 12 Abs. 1 Rom II-VO i.V.m. Art. 6 Abs. 1 lit. b) Rom I-VO anzuknüpfen sind. Sofern ein ausländisches Wertpapierdienstleistungsunternehmen seine Tätigkeit auf das Inland ausrichtet oder im Inland ausübt, ist das Recht des gewöhnlichen Aufenthalts des Anlegers anwendbar, sofern keine Rechtswahlvereinbarung getroffen wurde.

Grundsätzlich bestimmt sich die Zulässigkeit einer Rechtswahlvereinbarung anhand von Art. 12 Abs. 1 Rom II-VO i.V.m. Art. 3 Rom I-VO und nicht anhand von Art. 14 Rom II-VO[1813]. Der Anwendungsbereich des Art. 14 Rom II-VO ist nur einschlägig, sofern es zu einer nachträglichen Rechtswahl kommt und sich diese auf Ansprüche aus culpa in contrahendo beschränkt[1814]. Jedoch ist es problematisch eine hypothetische Rechtswahlvereinbarung zu treffen, wenn kein Vertrag geschlossen wurde[1815]. Daher ist auch in diesen Fällen regelmäßig eine objektive Anknüpfung vorzunehmen[1816]. Die Annahme einer hypothetischen Rechtswahl ist nur ausnahmsweise zulässig, wenn klare Anhaltspunkte vorliegen, dass eine

1812 Leible/Lehmann, RIW 2007, 721, 733; Backmann, jurisPK-BGB, Band 6, Art. 12 Rom II-VO, Rn. 6.

1813 Spellenberg, in: MüKo-BGB, Band 10, Art. 12 Rom II-VO, Rn. 2; Junker, in: MüKo-BGB, Band 10, Art. 14 Rom II-VO, Rn. 9.

1814 Spellenberg, in: MüKo-BGB, Band 10, Art. 12 Rom II-VO, Rn. 2; Junker, in: MüKo-BGB, Band 10, Art. 14 Rom II-VO, Rn. 8 ff.; dagegen Backmann, in: jurisPK-BGB, Band 6, Art. 12 Rom II-VO, Rn. 11.

1815 Leible/Lehmann, RIW 2007, 721, 733; Martiny, in: Reithmann/Martiny, Internationales Vertragsrecht, Rn. 476.

1816 Leible/Lehmann, RIW 2007, 721, 733; Martiny, in: Reithmann/Martiny, Internationales Vertragsrecht, Rn. 476

solche von beiden Parteien gewollt war. Dies kann beispielsweise bei einer langjährigen Geschäftsbeziehung mit ständiger Verwendung einer bestimmten Rechtswahlklausel oder beim Bestehen eines entsprechenden Handelsbrauchs der Fall sein[1817]. Die Rechtswahlfreiheit bei Verbraucherverträgen erfährt mit Art. 6 Abs. 2 S. 2 Rom I-VO eine Grenze.

Liegen nicht die situativen oder sachlichen Voraussetzungen des Art. 6 Rom I-VO vor, so bestimmt sich das auf Ansprüche wegen Verletzung von vorvertraglichen Aufklärungs- und Beratungspflichten anzuwendende Recht anhand von Art. 12 Abs. 1 Rom II-VO i.V.m. Art. 4 Abs. 1 lit. b) Rom I-VO im Falle einer Fremdemission und im Falle einer Eigenemission nach Art. 12 Abs. 1 Rom II-VO i.V.m. Art. 4 Abs. 2 Rom I-VO.

3. Ansprüche aus spezialgesetzlicher Prospekthaftung

Fraglich ist, wie Ansprüche gemäß § 21 Abs. 1, 2 WpPG sowie Ansprüche gemäß § 22 WpPG i.V.m. § 21 Abs. 1, 2 WpPG im Rahmen der Rom II-VO anzuknüpfen sind[1818]. Auch nach Inkrafttreten der Rom II-VO ist dies wie auch schon nach alter Rechtslage[1819] umstritten, da die Rom II-VO keine spezielle Anknüpfungsregel für Prospekthaftungsansprüche besitzt. Wie oben gezeigt[1820], unterfallen Ansprüche aus spezialgesetzlicher Prospekthaftung grundsätzlich dem Anwendungsbereich der Rom II-VO. Es kommen als Anknüpfungsregeln Art. 4 Abs. 1, Art. 4 Abs. 3, Art. 12 sowie Art. 27 Rom II-VO in Betracht.

a) Keine Anknüpfung gemäß Art. 27 Rom II-VO

Teilweise[1821] wird über Art. 27 Rom II-VO[1822] eine Anknüpfung an das (sekundärrechtliche) Herkunftslandprinzip erwogen. Soweit andere Vorschriften des Gemeinschaftsrechts für die spezialgesetzliche Prospekthaftung besondere Kollisionsnormen für außervertragliche Schuldverhältnisse enthalten, gehen diese

---

1817 Backmann, in: jurisPK-BGB, Band 6, Art. 12 Rom II-VO, Rn. 14; Thorn, in: Palandt, Art. 12 Rom II-VO Rn. 5.

1818 Siehe hierzu: Einsele, Bank- und Kapitalmarktrecht, § 7, Rn. 91 ff.; von Hein, in: FS-Hopt, 371 ff.; Weber, WM 2008, 1581 ff.; Schmitt, BKR 2010, 366 ff.; Freitag, in: Reithmann/Martiny, Internationales Vertragsrecht, Rn. 1275 ff.; Mankowski, in: ders., Rn. 2531 ff.; Tschäpe/Kramer/Glück, RIW 2008, 657 ff.

1819 Siehe zur alten Rechtslage: Mankowski, in: Reithmann/Martiny, Internationales Vertragsrecht, 6. Auflage, Rn. 1300; Schneider, Kapitalmarktrechtlicher Anlegerschutz, 255 ff.; Spindler, in: Bauer/Mansel, Systemwechsel im europäischen Kollisionsrecht, 130; Tschäpe/Kramer/Glück, RIW 2008, 657, 660 ff.

1820 Siehe hierzu: 2. Teil, 3. Abschnitt, B.III.1.b.

1821 Tschäpe/Kramer/Glück, RIW 2008, 657, 663; Schmitt, BKR 2010, 366, 370, der dies aber im Ergebnis verwirft.

1822 Siehe zu Art. 27 Rom II-VO: Junker, in: MüKo-BGB, Band 10, Art. 27 Rom II-VO, Rn. 1 ff.; Ludwig, in: jurisPK-BGB, Band 6, Art. 27 Rom II-VO, Rn. 1 ff.; Jakob/Picht, in: Rauscher, EuZPR, Art. 27 Rom II-VO, Rn. 1 ff.

gemäß Art. 27 Rom II-VO der Rom II-VO vor. Erwägungsgrund Nr. 35 der Rom II-VO stellt klar, dass die Rom II-Verordnung die Anwendung spezieller gemeinschaftsrechtlicher Kollisionsnormen unberührt lässt[1823]. Des Weiteren soll gemäß Erwägungsgrund Nr. 35 S. 4 der Rom II-VO die Anwendung des durch diese Verordnung berufenen Rechts nicht die Freiheit des Waren- und Dienstleistungsverkehrs, wie sie in den Rechtsinstrumenten der Gemeinschaft wie beispielsweise der ECRL ausgestaltet ist, beschränken.

Eine Anknüpfung an das sekundärrechtliche Herkunftslandprinzip setzt somit die Existenz einer Kollisionsnorm in Gemeinschaftsrechtsakten für Ansprüche aus spezialgesetzlicher Prospekthaftung voraus. Die Prospekt-Richtlinie (Richtlinie 2003/71/EG) stellt gemeinschaftsrechtliche Mindestanforderungen an einen Verkaufsprospekt auf[1824]. Ihr liegt gemäß Erwägungsgrund Nr. 14 das Herkunftslandprinzip zugrunde[1825]. Daher könnte man für den Bereich der Prospekthaftung das Herkunftslandprinzip als ein allgemein anerkanntes gemeinschaftsrechtliches Prinzip begreifen, welches über Art. 27 Rom II-VO vorrangig vor den anderen Anknüpfungen der Rom II-VO anzuwenden ist[1826]. Grund für die Einführung des Herkunftslandprinzips in Richtlinien ist, dass ein Anbieter von Dienstleistungen oder Waren nicht den Haftungsnormen eines anderen Mitgliedstaates ausgesetzt werden soll, wenn er die rechtlichen Voraussetzungen seines Heimatstaates erfüllt[1827]. Denn die Regelung der Haftung für deliktisches Verhalten oder eine sonstige außervertragliche Haftung durch Mitgliedstaaten stellt eine Art der staatlichen Regulierung wirtschaftlicher Tätigkeiten dar, die mit den Grundfreiheiten des EU-Vertrages vereinbar sein muss. Jedoch findet gemäß Art. 6 Abs. 1 UAbs. 2 der Prospektrichtlinie (RL 2003/71/EG) das Herkunftslandprinzip nicht auf Haftungsansprüche Anwendung[1828]. Vielmehr schreibt Art. 6 der Prospektrichtlinie (RL 2003/71/EG) lediglich den Mitgliedstaaten vor, dass diese eine Haftungsnorm schaffen müssen. Aus diesem Grund wird teilweise versucht[1829] eine kollisionsrechtlich für alle Mitgliedstaaten einheitliche Lösung aus übergeordneten Prinzipien des Gemeinschaftsrechts abzuleiten und das Ergebnis über Art. 27 Rom II-VO

1823 Tschäpe/Kramer/Glück, RIW 2008, 657, 663; Schmitt, BKR 2010, 366, 370; Jakob/Picht, in: Rauscher, EuZPR, Art. 27 Rom II-VO, Rn. 3.

1824 Schmitt, BKR 2010, 366, 370; von Hein, in: FS-Hopt, 371, 386.

1825 von Hein, in: FS-Hopt, 371, 387; Schmidt, BKR 2010, 366, 370.

1826 Dies erwägen sowohl Schmitt, BKR 2010, 366, 370 wie auch Kuntz, WM 2007, 432, 433, lehnen dies aber im Ergebnis ab.

1827 Einsele, in: Bank- und Kapitalmarktrecht, § 7, Rn. 93 weist darauf hin, dass die Einführung eines Herkunftslandprinzips die Interessen der Anbieterseite einseitig bevorzuge und sich daher nicht für das internationale Deliktrsrecht eigne.

1828 Kuntz, WM 2007, 432, 433; Mankowski, in: Reithmann/Martiny, Internationales Vertragsrecht, Rn. 2530.

1829 So Tschäpe/Kramer/Glück, RIW 2008, 657, 663.

in Einklang mit der Rom II-VO zu bringen. Als ein solches übergeordnetes Prinzip wird ein primärrechtliches Herkunftslandprinzip erachtet[1830].

b) Anknüpfung gemäß Art. 12 Abs. 1 Rom II-VO

Gemäß Art. 12 Abs. 1 Rom II-VO sind Ansprüche aus Verschulden bei Vertragsverhandlungen dem Recht des Staates, das auf den zwischen den Parteien abgeschlossenen Vertrag anzuwenden ist bzw. auf diesen anzuwenden wäre, wenn er geschlossen worden wäre, zu unterstellen[1831]. Der Begriff des Verschuldens bei Vertragsverhandlungen ist europarechtlich autonom auszulegen und muss daher nicht zwangsläufig im Einklang mit nationalem Recht stehen. Dies verdeutlichen auch Erwägungsgrund Nr. 30 der Rom II-VO und die „Taccomi"-Entscheidung des EuGH[1832]. Dieser hatte den Abbruch von Vertragsverhandlungen deliktisch qualifiziert.

Der Anwendungsbereich des Art. 12 Abs. 1 Rom II-VO ist immer dann eröffnet, wenn es zu vorvertraglichen Verhandlungen gekommen ist[1833]. Diese müssen nicht zwangsläufig zwischen Schädiger und Geschädigtem stattgefunden haben. Auch Verhandlungen mit Dritten können genügen, sofern die Verhandlungen dem Anspruchsgegner zugerechnet werden können[1834]. Voraussetzung für das Bestehen eines spezialgesetzlichen Prospekthaftungsanspruchs gemäß § 21 Abs. 1, 2 WpPG ist jedoch nicht das Bestehen eines vorvertraglichen Schuldverhältnisses. In den meisten Konstellationen kommt es zwischen dem Prospektverantwortlichen und dem Geschädigten zu keinem rechtsgeschäftlichen Kontakt; insbesondere werden zwischen diesen keine Vertragsverhandlungen geführt[1835].

Bei einer Fremdemission führt der Emittent regelmäßig mit dem die Aktie erwerbenden Anleger keine Vertragsverhandlungen. Der geschädigte Anleger erwirbt seine Aktien nicht vom Emittenten direkt, sondern von einem Wertpapierdienstleistungsunternehmen. Dieses ist nur dann Prospektverantwortlicher, wenn es als Konsortialbank an der Begebung der Aktien beteiligt war oder in sonstiger Weise die Verantwortung für den Prospekt (mit)übernommen hat. Kapitalanlagegeschäfte sind typischerweise Kommissionsgeschäfte, bei denen es gerade keine Verhandlungen zwischen den Prospektverantwortlichen und dem Anleger gibt. Dies gilt erst recht für Geschäfte am Sekundärmarkt, bei denen der geschädigte

---

1830 So Tschäpe/Kramer/Glück, RIW 2008, 657, 663.

1831 Siehe zu Art. 12 Rom II-VO: Spellenberg, in: MüKo-BGB, Band 10, Art. 12 Rom II-VO, Rn. 1 ff.; Thorn, in: Palandt, Art. 12 Rom II-VO, Rn. 1 ff.; Backmann, in: jurisPK-BGB, Band 6, Art. 12 Rom II-VO, Rn. 1 ff.

1832 EuGH, Urt. v. 17.9.2002, Rs. C-334/00 (Tacconi), Slg. 2002, I-7357 = NJW 2002, 3159 ff.

1833 Leible/Lehmann, RIW 2007, 721, 733; Martiny, in: Reithmann/Martiny, Internationales Vertragsrecht, Rn. 472; Backmann, in: jurisPK-BGB, Band 6, Art. 12 Rom II-VO, Rn. 7.

1834 Martiny, in: Reithmann/Martiny, Internationales Vertragsrecht, Rn. 473.

1835 Schmitt, BKR 2010, 366, 369.

Anleger seine Aktien von einem Ersterwerber bezogen hat; hier besteht keine vertragliche Beziehung zwischen Prospektunterzeichner und geschädigtem Anleger[1836].

Eine vertragsakzessorische Anknüpfung führte im Rahmen einer Fremdemission zu dem merkwürdigen Ergebnis, dass Ansprüche gegen den Emittenten und gegen die Konsortialbank zwei unterschiedlichen Rechtsordnungen unterfallen können. Denn nur zwischen Konsortialbank und Anleger besteht gegebenenfalls ein Vertrag, sofern der Anleger direkt von der Konsortialbank die Aktien erworben hat und nicht ein weiteres Institut in den Erwerbsvorgang eingeschaltet war. Zwischen Emittent und Anleger bestehen dagegen bei einer Fremdemission anders als bei einer Eigenemission keine vertraglichen Beziehungen. Folglich wären nur die Prospekthaftungsansprüche gegen die Konsortialbank vertragsakzessorisch anzuknüpfen, die gegen den Emittenten jedoch nicht. Würde der Anleger die Anteile von einem in den Erwerbsvorgang eingeschalteten Institut erwerben, das seinerseits die Aktien von der Konsortialbank erworben hat, so könnte auch im Rahmen einer Fremdemission keine vertragsakzessorische Anknüpfung der Prospekthaftung erfolgen. Denn eine akzessorische Anknüpfung kommt nur dort in Betracht, wo zwischen den Parteien eine rechtliche Sonderverbindung besteht[1837]. Da keine Vertragsverhandlungen zwischen dem Geschädigten und dem Deliktsverantwortlichen geführt wurden, ist Art. 12 Abs. 1 Rom II-Verordnung mangels Parteiidentität im Rahmen einer Fremdemission nicht anwendbar[1838]. Im Übrigen spricht gegen eine Anknüpfung über Art. 12 Rom II-VO, dass die spezialgesetzliche Prospekthaftung nicht – wie von Köndgen vertreten[1839] – Ausfluss einer vertraglichen oder zumindest vertragsähnlichen Haftung ist. Auch enthält der Prospekt hinsichtlich der Vermögensanlage kein mit Rechtsbindungswillen abgegebenes generelles Qualitätsversprechen, das mit Erwerb der Wertpapiere Bestandteil des individuell abgeschlossenen Vertrages wird. Auch aus diesem Grund ist eine vertragsakzessorische Anknüpfung von Prospekthaftungsansprüchen gemäß Art. 12 Abs. 1 Rom II-VO abzulehnen.

c) Anknüpfung gemäß Art. 4. Abs. 1 Rom II-VO

Teilweise[1840] wird die Ansicht vertreten, dass Prospekthaftungsansprüche gemäß Art. 4 Abs. 1 Rom II-VO an den Erfolgsort anzuknüpfen seien. Gemäß Art. 4 Abs. 1 Rom II-VO ist auf ein außervertragliches Schuldverhältnis aus unerlaubter

1836 Hamann, in: Schäfer, Wertpapierhandelsgesetz, §§ 45, 46 BörsG a.F., Rn. 17; Bischoff, AG 2002, 489, 491.

1837 Junker, in: MüKo-BGB, Band 10, Art. 4 Rom II-VO, Rn. 54; Schneider, Kapitalmarktrechtlicher Anlegerschutz, 254.

1838 Thorn, in: *Palandt*, Art. 12 Rom II-VO, Rn. 5; Schmitt, BKR 2010, 366, 369; *Lüttringhaus*, IPRax 2008, 193, 198.

1839 Köndgen, AG 1983, 85, 91.

1840 Junker, RIW 2010, 257, 263; Mankowski, in: Reithmann/Martiny, Internationales Vertragsrecht, Rn. 2530, der allerdings den Marktort als Erfolgsort ansieht.

Handlung das Recht des Staates, in welchem der Schaden eingetreten ist, anzuwenden, soweit Vorschriften der Rom II-VO nichts anderes bestimmen. Dies gilt unabhängig davon, in welchem Staat das schadensbegründende Ereignis oder die indirekte Schadensfolge eingetreten ist[1841]. Wie gezeigt, sind im vorliegenden Fall die Vorschriften des Art. 12 Rom II-VO sowie Art. 27 Rom II-VO nicht einschlägig.

Gemäß Art. 4 Abs. 1 Rom I-VO ist das Deliktsrecht des Staates anzuwenden, in dem der direkte Schaden eingetreten ist, soweit nicht gemäß Art. 4 Abs. 2 Rom II-VO der Geschädigte und der Prospekthaftungsverantwortliche in demselben Staat ihren gewöhnlichen Aufenthalt haben[1842]. Dies ist bei grenzüberschreitenden Wertpapierdienstleistungen regelmäßig nicht der Fall.

Vor Inkrafttreten der Rom II-VO konnten aufgrund des Ubiquitätsprinzips dagegen bei einem Auseinanderfallen von Handlungs- und Erfolgsort beide Rechtsordnungen alternativ angewendet werden[1843]. Dies führte bei Distanzdelikten – solche liegen bei Sachverhalten mit Internetbezug in aller Regel vor – dazu, dass eine Unterscheidung zwischen Handlungsort, Verletzungsort und Erfolgsort bzw. Schadensort vorgenommen wurde[1844]. Bei einem Auseinanderfallen von Handlungs- und Erfolgsort konnten beide Rechtsordnungen alternativ angewendet werden[1845]. Anders als im bisherigen deutschen autonomen IPR gelten im Rahmen von Art. 4 Rom II-VO weder das Ubiquitäts- noch das Günstigkeitsprinzip[1846]. Es besteht somit kein Wahlrecht des Geschädigten zwischen dem Recht des Handlungs- und dem des Erfolgsortes[1847]. Nach Art. 4 Abs. 1 Rom II-VO ist vielmehr allein das Recht des Orts des Schadeneintritts maßgeblich[1848].

Bei dem in Prospekthaftungsfällen eintretenden Schaden handelt es sich um einen reinen Vermögensschaden. Auch handelt es sich bei Prospekthaftungsfällen mit Auslandsbezug in aller Regel um Distanzdelikte. Bei Distanzdelikten ist wie

1841 Siehe hierzu: Junker, in: MüKo-BGB, Band 10, Art. 4 Rom II-VO, Rn 18 ff.; Wurmnest, in: jurisPK-BGB, Band 6, Art. 4 Rom II-VO, Rn. 13 ff.; Thorn, in: Palandt, Art. 4 Rom II-VO, Rn. 1.

1842 Siehe zu Art. 4 Abs. 2 Rom II-VO: Junker, in: MüKo-BGB, Band 10, Art. 4 Rom II-VO, Rn 5; Wurmnest, in: jurisPK-BGB, Band 6, Art. 4 Rom II-VO, Rn. 17 ff.

1843 Unberath/Cziupka, in: Rauscher, EuZPR, Art. 4 Rom II-VO, Rn. 5; Junker, in: MüKo-BGB, Band 6, Art. 4 Rom II-VO, Rn. 11; siehe zur Rechtslage vor Inkrafttreten der Rom II-VO: Kropholler, IPR, § 53 IV 2a (S. 513); Spindler, in: Hoeren/Sieber, Hdb. Multimedia Recht, Teil 29, Rn. 438.

1844 Kropholler, IPR, § 53 IV 2 (S. 512); Welter, in: Schimansky/Bunte/Lwowski, Bankrechts-Handbuch, Band I, 3. Auflage, § 26, Rn. 86.

1845 Kropholler, IPR, § 53 IV 2a (S. 513); Spindler, in: Hoeren/Sieber, Hdb. Multimedia-Recht, Teil 29, Rn. 438; Junker, in: MüKo-BGB, Band 10, Art. 4 Rom II-VO, Rn. 3.

1846 Junker, in: MüKo-BGB, Band 10, Art. 4 Rom II-VO, Rn. 3; Wurmnest, in: jurisPK-BGB, Band 6, Art. 4 Rom II-VO, Rn. 1, 23.

1847 Wurmnest, in: jurisPK-BGB, Band 6, Art. 4 Rom II-VO, Rn. 2; Wagner, IPRax 2006, 372, 374 ff.; Junker, in: MüKo-BGB, Band 10, Art. 4 Rom II-VO, Rn. 3, 11 ff.

1848 Thorn, in: Palandt, Art. 4 Rom I-VO, Rn. 1; Junker, in: MüKo-BGB, Band 10, Art. 4 Rom II-VO, Rn. 18.

generell im Rahmen von Art. 4 Abs. 1 Rom II-VO eine Anknüpfung an den Erfolgsort vorzunehmen, da dieser im Gegensatz zum Handlungsort für den Geschädigten vorhersehbar ist, während der Handlungsort seinem Einflussbereich entzogen ist[1849]. Eine Erfolgsortanknüpfung auch bei Distanzdelikten ist daher aus Gründen der Opferentschädigungsfunktion des Art. 4 Abs. 1 Rom II-VO geboten[1850]. Dabei bestimmt sich einer EuGH-Entscheidung[1851] zu Art. 5 Nr. 3 EuGVO zufolge der Erfolgsort als Ort des Schadenseintritts danach, wo das den Schaden auslösende Ereignis seine schädigende Wirkung entfaltet hat. Bei der Verletzung von absoluten Rechten ist somit das Recht des Staats maßgeblich, in dem das geschützte Rechtsgut verletzt worden ist. Gemäß Erwägungsgrund Nr. 7 der Rom II-VO – dieser bestimmt, dass der materielle Anwendungsbereich und die Bestimmungen der Rom II-VO mit denen der EuGVO in Einklang stehen sollen – kann zur Auslegung des Begriffs des Erfolgsorts im Rahmen von Art. 4 Rom I-VO auf die zu Art. 5 Nr. 3 EuGVO ergangene Rechtsprechung zurückgegriffen werden[1852].

Bei primären Vermögensschäden, bei diesen kommt es zu keiner Verletzung eines absoluten Rechts, fehlt es nach deutschem Verständnis jedoch an einer Rechtsgutverletzung, auf die ein Verletzungserfolg bezogen werden kann[1853]. Es ist daher zu klären, wie bei reinen Vermögensschäden der Erfolgsort zu bestimmen ist. Erfolgsort könnte der Ort sein, an welchem der geschädigte Anleger seinen Wohnsitz und damit seine Vermögenszentrale hat[1854]. Alternativ könnte man den Erfolgsort auch als den Ort bestimmen, an welchem der geschädigte Anleger die zum Vermögensschaden führende Verfügung getroffen hat[1855] oder als den Ort, an welchem ein konkret abgrenzbarer Vermögensteil geschädigt worden ist[1856].

1849 Wurmnest, in: jurisPK-BGB, Art. 4 Rom II-VO, Rn. 2; Wagner, IPRax 2008, 1, 5; Junker, in: MüKo-BGB, Band 10, Art. 4 Rom II-VO, Rn. 3.

1850 Junker, in: MüKo-BGB, Band 10, Art. 4 Rom II-VO, Rn. 3; Wagner, IPRax 2008, 1, 5.

1851 Siehe hierzu: EuGH, Urt. v. 16.7.2009, Rs. C-189/08 (Zuid-Chemie BV/Philippo's Mineralenfabriek NV/SA), EuZW 2009, 608 ff.

1852 Junker, in: MüKo-BGB, Band 10, Art. 4 Rom II-VO, Rn. 3; Wurmnest, in: jurisPK-BGB, Band 6, Art. 4 Rom II-VO, Rn. 13. Allerdings sieht Art. 5 Nr. 3 EuGVO auch eine Geltendmachung von Schadensersatzansprüchen am Handlungsort vor.

1853 Junker, in: MüKo-BGB, Band 10, Art. 4 Rom II-VO, Rn. 21; Wurmnest, in: jurisPK-BGB, Band 6, Art. 4 Rom II-VO, Rn. 14; differenzierend: Leible, in: Rauscher, EuZPR, Art. 5 Brüssel I-VO, Rn. 86c.

1854 Unberath/Cziupka, in: Rauscher, EuZPR, Art. 4 Rom II-VO, Rn. 40 ff.; von Hofmann, in: Staudinger (2001), Art. 40 EGBGB, Rn. 282 ff.; Weller, IPRax 2000, 202, 207; differenzierend: Leible, in: Raucher, EuZPR, Art. 5 Brüssel I-VO, Rn. 86c.

1855 So im Falle des Kapitalanlagebetrugs: von Hein, IPRax 2005, 17, 21; Wagner, in: Stein/Jonas, Band 10, Art. 5 EuGVVO, Rn. 161.

1856 Wurmnest, in: jurisPK-BGB, Art. 4 Rom II-VO, Rn. 14; Junker, in: MüKo-BGB, Band 10, Art. 4 Rom II-VO, Rn. 21; BGH, Urt. v. 13.7.2010, XI ZR 28/09, NZG 2011, 69, 72, Rn. 30 f.; Wagner, in: Stein/Jonas, Band 10, Art. 5 EuGVVO, Rn. 161 zu Fällen, in denen kein Kapitalanlagebetrug vorliegt.

Im Rahmen von Art. 5 Nr. 3 EuGVÜ hat der EuGH[1857] entschieden, dass der Ort des Klägerwohnsitzes als Ort des Mittelpunkts seines Vermögens nicht prinzipiell dazu geeignet ist, eine Zuständigkeit am Wohnsitzort des Klägers zu begründen, wenn einziger Anknüpfungspunkt der Umstand ist, dass dem Kläger nach seinem Vorbringen durch Verlust von Vermögensbestandteilen in einem anderen Vertragsstaat als seinem Wohnort ein finanzieller Schaden entstanden ist. Der EuGH hatte in seinem Urteil weiter ausgeführt, dass die Wendung „Ort, an dem das schädigende Ereignis eingetreten ist" nach der Rechtsprechung des EuGH nicht so weit auszulegen ist, dass sie jeden Ort erfasst, an dem die nachteiligen Folgen eines Umstands spürbar werden können, der bereits einen – tatsächlich an einem anderen Ort entstandenen – Schaden verursacht hat[1858].

Der Erfolgsort ist bei Vermögensschäden der Ort, an dem der Schaden an einem klar abgrenzbaren Vermögensteil eingetreten ist[1859]. Aus diesem Grund ist der Erfolgsort nicht anhand des Ortes der Vermögenszentrale des geschädigten Anlegers zu bestimmen, sondern anhand des Orts der Belegenheit des betroffenen Vermögensteils[1860], also beispielsweise dem Ort, an dem die kontoführende Bank des Anlegers ihre Niederlassung hat. Eine Erfolgsortanknüpfung führt bei Vermögensschäden u.U. zu fragwürdigen Ergebnissen, beispielsweise dann, wenn das anzuwendende Recht keinen Bezug zum Anlagemarkt hat[1861]. Daher ist eine Anknüpfung an den Schadensort und damit verbunden die Anwendung der Grundsatzkollisionsnorm des Art. 4 Abs. 1 Rom II-VO auf spezialgesetzliche Prospekthaftungsansprüche abzulehnen[1862].

1857 EuGH, Urt. v. 10.6.2004, Rs. C-168/02 (Kronhofer/Maier u.a.), EuZW 2004, 477.

1858 EuGH, Urt. v. 10.6.2004, Rs. C-168/02 (Kronhofer/Maier u.a.), EuZW 2004, 477, Rn. 19.

1859 Wurmnest, in: jurisPK-BGB, Art. 4 Rom II-VO, Rn. 14; Junker, in: MüKo-BGB, Band 10, Art. 4 Rom II-VO, Rn. 21; Wagner, in: Stein/Jonas, Band 10, Art. 5 EuGVVO, Rn. 161 zu Fällen, in denen kein Kapitalanlagebetrug vorliegt.

1860 So im Fall der spezialgesetzlichen Prospekthaftung: Bachmann, IPRax 2007, 77, 82; siehe für den Fall einer fehlerhaften Ad-hoc Mitteilung: OLG Frankfurt, Beschluss v. 5.8.2010, 21 AR 50/10, EuZW 2010, 918, 919.

1861 Ringe, in: jurisPK-BGB, Band 6, Art. 4 Rom II-VO, Rn. 65; Schmitt, BKR 2010, 366, 370 nennt hier das Beispiel, dass ein englischer Emittent seine Emission ausschließlich auf den deutschen Markt ausrichtet und ein deutscher Anleger, der bei einer Bank in New York ein Konto hat, von diesem Konto aus die Anteilszeichnung bezahlt. Eine Schädigung eines abgrenzbaren Vermögensteils finde auf dem Konto in New York statt, was zur Folge habe, dass das Recht von New York auf etwaige Prospekthaftungsansprüche anwendbar sei.

1862 In diesem Sinne auch: Tschäpe/Kramer/Glück, RIW 2008, 657, 662; Weber, WM 2008, 1581, 1585 f.; Schmitt, BKR 2010, 366, 370; dagegen eine Anknüpfung gemäß Art. 4 Abs. 1 Rom I-VO befürwortend: Junker, RIW 2010, 257, 263.

d) *Anknüpfung gemäß Art. 4 Abs. 3 Rom II-VO*

Teilweise[1863] wird daher eine Anknüpfung gemäß Art. 4 Abs. 3 Rom I-VO vorgeschlagen. Gemäß Art. 4 Abs. 3 Rom II-VO soll eine vom Schadensort abweichende Anknüpfung möglich sein, wenn nach der Gesamtheit der Umstände die unerlaubte Handlung eine offensichtlich engere Verbindung zu einem anderen Staat aufweist. Aus diesem Grund wird zum Teil im Schrifttum eine Anknüpfung an das Recht des jeweiligen Marktortes[1864], eine akzessorische Anknüpfung an die Prospektpflicht[1865] oder in dem Herkunftslandprinzip[1866] eine offensichtlich engere Verbindung i.S.d. Art. 4 Abs. 3 Rom II-VO gesehen.

Für eine Anknüpfung an das Recht des Marktortes wird angeführt, dass sich Anleger und Emittent überwiegend und typischerweise am Platzierungsmarkt begegneten[1867]. Außerdem sei der Marktort im Gegensatz zur Erfolgsortanknüpfung nach Art. 4 Abs. 1 Rom II-VO für beide Seiten voraussehbar[1868]. Die hierdurch erreichte Vorhersehbarkeit des anwendbaren Rechts sei ein übergeordnetes Ziel der Verordnung (siehe Erwägungsgrund Nr. 7 Rom II-VO), so dass die Anwendung der Ausweichklausel nach Art. 4 Abs. 3 Rom II-VO geboten sei[1869]. Daher sei hinsichtlich börsennotierter Wertpapiere bei einem Börsenhandel das Recht am Börsenort maßgeblich[1870]. Bei nicht börsennotierten Wertpapieren sei das Recht des Landes

---

1863 Freitag, in: Reithmann/Martiny, Internationales Vertragsrecht, Rn. 1276; Weber, WM 2008, 1581, 1586 ff.; Schnyder, in: MüKo-BGB, Band 11, IntKapMarktR, Rn. 100; Hellgardt/Ringe, ZHR 173 (2009), 802, 833; von Hein, in: FS-Hopt, 371, 390 f.

1864 Weber, WM 2008, 1581, 1586 f.; Freitag, in: Reithmann/Martiny, Internationales Vertragsrecht, Rn. 1276; Schnyder, in: MüKo-BGB, Band 11, IntKapMarktR, Rn. 100; zur alten Rechtslage unter Geltung von Art. 41 EGBGB a.F. Floer, 141; Bischoff, AG 2002, 489, 492; Assmann, in: FS-Schütze, 15, 28 f.

1865 Hellgardt/Ringe, ZHR 173(2009), 802, 832 f.; von Hein, in: FS-Hopt, 371, 392 ff., der allerdings im Verhältnis zu Nicht-EWR-Staaten anstelle einer akzessorischen Anknüpfung an die Prospektpflicht eine Marktortanknüpfung vornehmen möchte; andeutungsweise Benicke, in: FS-Jayme, 25, 32 f.

1866 Schmitt, BKR 2010, 363, 371.

1867 Weber WM 2008, 1581, 1586; Schnyder, in: MüKo-BGB, Band 11, IntKapMarktR, Rn. 101.

1868 Freitag, in: Reithmann/Martiny, Internationales Vertragsrecht, Rn. 1276; Schnyder, in: MüKo-BGB, Band 11, IntKapMarktR, Rn. 100; Weber, WM 2008, 1581, 1586.

1869 Weber, WM 2008, 1581, 1586; ähnlich Freitag, in: Reithmann/Martiny, Internationales Vertragsrecht, Rn. 1276.

1870 Weber, WM 2008, 1581, 1586; Schnyder, in: MüKo-BGB, Band 11, IntKapMarktR, Rn. 101; Mankowski, in: Reithmann/Martiny, Internationales Vertragsrecht, Rn. 2533, der allerdings eine Marktortanknüpfung für Ansprüche gemäß § 21 WpPG (vormals § 44 Abs. 1, 2 BörsG) anscheinend über Art. 4 Abs. 1 Rom I-VO vornehmen möchte.

maßgeblich, in dem potentielle Anleger mit dem öffentlichen Angebot zielgerichtet angesprochen werden[1871].

Auch vor Inkrafttreten der Rom II-VO wurde im deutschen IPR für den Bereich der Prospekthaftung die Ansicht vertreten, dass das Deliktstatut durch eine marktbezogene Anknüpfung zu ersetzen sei[1872]. Begründet wurde dies damit, dass sowohl die Prospektpflicht wie auch die Prospektinhaltsvorschriften einseitig an den inländischen Börsenort und im Rahmen des VerkProspG an den inländischen Marktort anknüpften. Davon könne die internationalprivatrechtliche Fragestellung der ebenfalls an diese Pflichten anknüpfenden Prospekthaftung nicht abweichen[1873]. Teilweise[1874] wurde dieses Ergebnis über die Anwendung der Vorschrift des Art. 41 EGBGB a.F. auf spezialgesetzliche Prospekthaftungsansprüche erreicht. Andere[1875] wiederum versuchten dieses Ergebnis über einen Ausbau des § 44 Abs. 3 BörsG a.F. zu einer allseitigen Kollisionsnorm zu erreichen.

Für eine kollisionsrechtliche Anknüpfung an das Herkunftslandprinzip mittels Art. 4 Abs. 3 Rom I-VO wird dagegen angeführt, dass eine solche Anknüpfung neben der hierdurch geschaffenen Rechtssicherheit infolge der eindeutigen Vorhersehbarkeit des anwendbaren Deliktsrechts zu einem Gleichlauf zwischen dem Prospektzulassungs- und dem Prospekthaftungsregime führe[1876]. Eine solche Vorgehensweise sei erforderlich, um der Bedeutung des Europäischen Passes[1877], der die Freizügigkeit von Wertpapierprospekten im Europäischen Binnenmarkt umsetzt, gerecht zu werden[1878].

Eine akzessorische Anknüpfung an die Prospektpflicht wird damit begründet, dass hiermit dem Bedürfnis der Emittenten Rechnung getragen werde, ihre Prospekte im Binnenmarkt hinsichtlich der Haftungsfolgen möglichst nur nach einem

---

1871 Weber, WM 2008, 1581, 1587; Schnyder, in: MüKo-BGB, Band 11, IntKapMarktR, Rn. 101.

1872 Mankowski, in: Reithmann/Martiny, Internationales Vertragsrecht, 6. Auflage, Rn. 1300; Schneider, Kapitalmarktrechtlicher Anlegerschutz, 255 ff.; Spindler, in: Bauer/Mansel, Systemwechsel im europäischen Kollisionsrecht, 130 bzgl. der zivilrechtlichen Prospekthaftung im engeren Sinne; Einsele, Bank- und Kapitalmarktrecht, § 7, Rn. 98; Grundmann, in: Schimansky/Bunte/Lwowski, Bankrechts-Handbuch, 3. Auflage, § 112, Rn. 65.

1873 Schneider, Kapitalmarktrechtlicher Anlegerschutz, 256.

1874 Mankowski, in: Reithmann/Martiny, Internationales Vertragsrecht, 6. Auflage, Rn. 1300; Schneider, Kapitalmarktrechtlicher Anlegerschutz, 255 ff.; Spindler, in: Bauer/Mansel, Systemwechsel im europäischen Kollisionsrecht, 107, 130.

1875 Einsele, Bank- und Kapitalmarktrecht, § 7, Rn. 98; Grundmann, in: Schimansky/Bunte/Lwowski, Bankrechts-Handbuch, Band 2, § 112, Rn. 65.

1876 So Schmitt, BKR 2010, 366, 370, der dies aber nur als Notlösung betrachtet.

1877 Siehe zum Europäischen Pass für Wertpapierprospekte: Holzborn/Israel, ZIP 2005, 1668, 1675; Schlitt/Songhof/Schäfer, BKR 2005, 251, 257; Crüwell, AG 2003, 243, 253.

1878 Schmitt, BKR 2010, 366, 371.

Haftungsregime zu beurteilen[1879]. Auch werde so ein Gleichlauf zwischen Prospektzulassungs- und Prospekthaftungsregime erreicht[1880].

e) Stellungnahme

Gegen eine mit Art. 27 Rom II-VO begründete sekundärrechtliche Herkunftslandsanknüpfung spricht, dass das in der Prospektrichtlinie (Richtlinie 2003/71/EG) statuierte Herkunftslandprinzip nur für das Aufsichtsrecht Geltung beansprucht. Gemäß Artt. 17, 18 der Prospektrichtlinie (RL 2003/71/EG) gilt das Herkunftslandprinzip lediglich im Bereich des Aufsichtsrechts und hier für die Erstellung, Billigung und Veröffentlichung von Wertpapierprospekten. Dagegen enthält die Prospektrichtlinie keine Kollisionsnorm und auch kein Herkunftslandprinzip für eine spezialgesetzliche Prospekthaftung[1881]. Dies wird am Umstand ersichtlich, dass Art. 6 Abs. 2 UAbs. 1 der Prospektrichtlinie (Richtlinie 2003/71/EG) lediglich vorschreibt, dass die Mitgliedstaaten in Umsetzung der Richtlinie für (irgend-) eine Prospekthaftungsregel zu sorgen haben. Die Richtlinie enthält jedoch keine konkreten Vorgaben hinsichtlich der genauen Ausgestaltung der Haftung, sondern belässt es dabei, auf europäischer Ebene die Frage nicht zu regeln. Wie eine genaue Ausgestaltung des Prospekthaftungsanspruchs auszusehen hat, wird in das Ermessen der Mitgliedstaaten gestellt.

Gegen eine mit Art. 27 Rom II-VO begründete primärrechtliche Herkunftslandsanknüpfung spricht, dass das Gemeinschaftsrecht kein primärrechtliches Herkunftslandprinzip kennt[1882]. Ein solches ist lediglich im Sekundärrecht in einigen Richtlinien vorgesehen. Auch bedürfte es nicht der Regelung des Art. 27 Rom II-VO, wenn man ein primärrechtliches Herkunftslandprinzip anerkennen würde, da ein solches Prinzip schon aufgrund des normenhierarchischen Vorrangs zur Anwendung gelangen würde[1883]. Folglich scheidet eine Anknüpfung von spezialgesetzlichen Prospekthaftung über Art. 27 Rom II-VO i.V.m. einem primärrechtlichen Herkunftslandprinzip aus[1884].

Ebenfalls scheidet eine Anknüpfung über Art. 12 Abs. 1 Rom II-VO aus, da spezialgesetzliche Prospekthaftungsansprüche deliktisch zu qualifizieren sind[1885]. Gegen eine Erfolgsortanknüpfung gemäß Art. 4 Abs. 1 Rom I-VO spricht, dass mit der

1879 Hellgarth/Ringe, ZHR 173(2009), 802, 832 f.; von Hein, in: FS-Hopt, 371, 394.

1880 von Hein, in: FS-Hopt, 371, 394.

1881 von Hein, in: FS-Hopt, 371, 385 ff.; Benicke, in: FS-Jayme, 25, 36; Kuntz, WM 2007, 432, 433.

1882 Mankowski, in: Reithmann/Martiny, Internationales Vertragsrecht, Rn. 2531; ders, in: MüKo-UWG, IntWettbR, Rn. 78 ff.; v. Wilmowsky, RabelsZ 64(2000), 157, 159; EuGH, Urt. v. 13.5.1997, Rs. C- 233/94, Slg. 1997, I-2405, 2464, Rn. 64; Sack, WRP 2001, 1408, 1413 f.

1883 Mankowski, in: Reithmann/Martiny, Internationales Vertragsrecht, Rn. 2531.

1884 So auch Schmitt, BKR 2010, 366, 371; Mankowski, in: Reithmann/Martiny, Internationales Vertragsrecht, Rn. 2531.

1885 So auch Tschäpe/Kramer/Glück, RIW 2008, 657, 660, .

Lokalisierung von Vermögensschäden erhebliche Probleme verbunden sind[1886], da es sich bei Vermögen um kein absolutes Recht handelt. Sofern man den Erfolgsort als den Ort definiert, an dem es zu einer Schädigung an einem klar abgrenzbaren Vermögensteil gekommen ist, führt dies bei Prospekthaftungsansprüchen im Rahmen von Art. 4 Abs. 1 Rom I-VO zu Zufallsergebnissen, da der Erfolgsort dann durch den Ort der Niederlassung der kontoführenden Bank des Anlegers bestimmt würde[1887]. Auch führte eine solche Anknüpfung zu einer nicht vorhersehbaren Haftung des Emittenten[1888]. Darüber hinaus stünde eine solche Anknüpfung im Widerspruch zu Erwägungsgrund Nr. 6 der Rom II-VO, den Ausgang von Rechtsstreitigkeiten vorhersehbar zu machen[1889].

Es ist daher eine Anknüpfung gemäß Art. 4 Abs. 3 Rom II-VO vorzunehmen. Hier stellt sich die Frage, ob im jeweiligen Marktort[1890], in einer akzessorischen Anknüpfung an die Prospektpflicht[1891] oder in dem Herkunftslandprinzip[1892] eine offensichtlich engere Verbindung i.S.d. Art. 4 Abs. 3 Rom II-VO gesehen werden kann. Gegen eine mit Art. 4 Abs. 3 begründete Herkunftslandsanknüpfung spricht jedoch, dass das in der Prospektrichtlinie (RL 2003/71/EG) statuierte Herkunftslandprinzip nur für das Aufsichtsrecht Geltung beansprucht. Art. 6 Abs. 2 UAbs. 1 der Prospektrichtlinie (RL 2003/71/EG) schreibt den Mitgliedstaaten lediglich vor, sicherzustellen, dass ihre Rechts- und Verwaltungsvorschriften im Bereich der Haftung für die Personen gelten, die für die in einem Prospekt enthaltenen Angaben verantwortlich sind. Die genaue Ausgestaltung von Prospekthaftungsansprüchen wird damit in das Ermessen der Mitgliedstaaten gestellt.

Gegen eine akzessorische Anknüpfung der Prospekthaftung an die Prospektpflichtigkeit spricht, dass Art. 4 Abs. 3 S. 2 Rom II-VO als mögliche Grundlage für eine akzessorische Anknüpfung ein bereits zwischen den Parteien bestehendes Rechtsverhältnis nennt[1893]. Zwischen Emittenten und Anleger fehlt es aber bei

1886 Siehe hierzu: Freitag, in: Reithmann/Martiny, Internationales Vertragsrecht, Rn. 1276; Wagner/Gess, NJW 2009, 3481 3482 ff.

1887 Ringe, in: jurisPK-BGB, Band 6, Art. 4 Rom II-VO, Rn. 65; Schmitt, BKR 2010, 366, 370.

1888 So Kronke, Recueil des Cours 286 (2000), S. 245, 310; Schmitt, BKR 2010, 366, 370; Freitag, in: Reithmann/Martiny, Internationales Vertragsrecht, Rn. 1276.

1889 Schmitt, BKR 2010, 366, 370.

1890 Weber, WM 2008, 1581, 1586 f.; Schnyder, in: MüKo-BGB, Band 11, IntKapMarktR, Rn. 100 ff.; Freitag, in: Reithmann/Martiny, Internationales Vertragsrecht, Rn. 1276.

1891 Hellgardt/Ringe, ZHR 173(2009), 802, 832 f.; von Hein, in: FS-Hopt, 371, 392 ff., der allerdings im Verhältnis zu Nicht-EWR-Staaten anstelle einer akzessorischen Anknüpfung an die Prospektpflicht eine Marktortanknüpfung vornehmen möchte; andeutungsweise Benicke, in: FS-Jayme, 25, 32 f.

1892 Schmitt, BKR 2010, 366, 370, der dies aber nur als Notlösung betrachtet.

1893 Siehe zu Art. 4 Abs. 3 S. 2 Rom II-VO: Junker, in: MüKo-BGB, Band 10, Art. 4 Rom II-VO, Rn. 50 ff.; Wurmnest, in: jurisPK, Band 6, Art. 4 Rom II-VO, Rn. 58 ff.

einer Fremdemission an einem solchen Rechtsverhältnis, da der Erwerb über ein zwischengeschaltetes Wertpapierdienstleistungsunternehmen erfolgt. Auch wird eine bloß faktische Verbindung – anders als noch in der legislativen Entschließung des Europäischen Parlaments zum Vorschlag der Rom II-VO vorgesehen[1894] – als nicht ausreichend erachtet[1895]. Im Übrigen würde man es dem Emittenten ermöglichen, durch Wahl des Staates, in welchem er den Prospekt prüfen und billigen lässt, den Umfang seiner Haftung zu bestimmen[1896]. Dies ist insbesondere dann problematisch, wenn der Emittent als Staat, in welchem er den Prospekt prüfen und billigen lässt, einen Nicht-EWR-Staat wählt[1897].

Für eine marktbezogene Anknüpfung spricht dagegen, dass Sinn und Zweck des § 21 Abs. 1, 2 WpPG eine zivilrechtliche Absicherung der öffentlich-rechtlichen Prospektpflichten ist[1898]. Im Übrigen ist zu beachten, dass über § 21 Abs. 3 WpPG bereits eine Korrektur des sachlichen Anwendungsbereichs der Norm in räumlicher Hinsicht erfolgt[1899]. Das gegen eine Marktortanknüpfung vorgebrachte Argument, dass hierdurch die Bedürfnisse des Emittenten, seinen Prospekt im Binnenmarkt auch in Bezug auf die Haftungsfolgen möglichst nur nach einem Recht ausrichten zu müssen[1900], nicht berücksichtigt werden, überzeugt nicht vollständig. Denn ein Anspruch wegen Verletzung von Prospektpflichten besteht nur bei unrichtigen Angaben in einem Wertpapierprospekt. Die in einem Wertpapierprospekt zu machenden Angaben sind EU-weit durch die Prospektrichtlinie (RL 20003/71/EG) vereinheitlicht worden. Auch spricht für eine Anknüpfung an das Marktortprinzip, dass meist hierdurch ein Gleichklang mit verbraucherschützenden Vorschriften erreicht wird, die über Art. 6 Rom I-VO zur Anwendung berufen werden[1901].

Prospekthaftungsansprüche bestehen gemäß § 21 Abs. 3 WpPG nur dann, wenn im Inland eine Wertpapierdienstleistung in Form einer Korrespondenzdienstleistung

1894 Art. 4 Abs. 3 UAbs. 2 lit. b) i.d.F. der legislativen Entschließung des Europäischen Parlaments v. 6.7.2005, abgedruckt in IPRax 2006, 413, 415.
1895 Junker, in: MüKo-BGB, Band 10, Art. 4 Rom II-VO, Rn. 54; Wurmnest, in: jurisPK, Band 6, Art. 4 Rom II-VO, Rn. 28; Wagner, IPRax 2008, 1, 6; Junker, JZ 2008, 169, 175; a.A. von Hein, in: FS-Hopt, 371, 392.
1896 Hierauf weist Junker, RIW 2010, 257, 264 zu Recht hin.
1897 Wohl aus diesem Grund will von Hein, in: FS-Hopt, 371, 394 lediglich im Verhältnis zu EWR Staaten eine akzessorische Anknüpfung an die öffentlich-rechtliche Prospektpflichtigkeit vornehmen. Im Verhältnis zu Nicht-EWR-Staaten plädiert er für eine Anknüpfung an den Marktort.
1898 Floer, 139; Schwark, in: Schwark/Zimmer, Kapitalmarktrechts-Kommentar, §§ 44, 45 BörsG, Rn. 1.
1899 Schwark; in: Schwark/Zimmer; Kapitalmarktrechts-Kommentar, §§ 44, 45 BörsG, Rn. 41 ff.; krit.: Oulds, in: Kümpel/Wittig, Rn. 15.252 f.
1900 So von Hein, in: FS-Hopt, 371, 394.
1901 Kuntz, WM 2010, 432, 434, der sich aber im Ergebnis gegen einen solchen Gleichlauf ausspricht; krit. bzgl. eines Gleichlaufs unter Hinweis auf die Bereichsausnahme des Art. 6 Abs. 4 lit. d) Rom I-VO: von Hein, FS-Hopt, 371, 393.

erbracht wird oder aber ein Verkaufsprospekt zu veröffentlichen ist, §§ 22 Nr. 2, 21 Abs. 3 WpPG[1902]. Eine Prospektveröffentlichungspflicht besteht nur, wenn ein öffentliches Angebot im Inland vorliegt. Insofern würde ein Abstellen auf den Erfolgsort, wenn dieser vom Marktort abweicht, schon gar nicht zu einer deliktischen Haftung führen können, da es bei einer Unanwendbarkeit deutscher kapitalmarktrechtlicher Normen bereits an der Verletzung eines Schutzgesetzes fehlt[1903]. Gleiches gilt auch bzgl. einer Anknüpfung an den Handlungsort, die im Übrigen auch im Widerspruch zu Art. 4 Rom II-VO stünde. Einer marktortbezogenen Anknüpfung ist daher der Vorzug zu geben[1904]. Dieses Ergebnis stimmt auch mit der öffentlich-rechtlichen Frage, wann Prospektpflichten bestehen und wann Wohlverhaltensregeln einzuhalten sind, überein.

Auch hat der deutsche Gesetzgeber mit § 21 Abs. 3 WpPG bereits eine Entscheidung getroffen, in welchen Fällen mit Auslandsbezug deutsches Recht Anwendung finden soll. Insofern scheint ein Abweichen von dieser Wertung nicht geboten[1905].

f) Ergebnis

Ansprüche aus spezialgesetzlicher Prospekthaftung sind gemäß Art. 4 Abs. 3 Rom II-VO an den Marktort anzuknüpfen.

4. Ansprüche aus § 823 Abs. 2 BGB i.V.m. einem Schutzgesetz

Fraglich ist, wie Ansprüche gemäß § 823 BGB i.V.m. einem Schutzgesetz anzuknüpfen sind. Diese sind deliktischer Natur, so dass grundsätzlich die Vorschrift des Art. 4 Abs. 1 Rom I-VO einschlägig ist. Eine Anknüpfung am Handlungsort ist jedoch im Rahmen von Art. 4 Rom II-VO im Gegensatz zur Rechtslage vor Inkrafttreten der Rom II-VO nicht mehr möglich[1906]. Damit besteht eine Parallele zu Art. 5 Nr. 3 EuGVO.

Gemäß Art. 4 Abs. 1 Rom II-VO ist auf ein außervertragliches Schuldverhältnis aus unerlaubter Handlung das Recht des Staates, in welchem der Schaden

---

1902 So auch Groß, Kapitalmarktrecht, § 22 WpPG, Rn. 7; Schwark; in: Schwark/Zimmer, Kapitalmarktrechts-Kommentar, §§ 44, 45 BörsG, Rn. 42.

1903 Eine ähnliche Ansicht vertritt Schneider, Kapitalmarktrechtlicher Anlegerschutz, 256 bzgl. des Anwendungsbereichs von § 45 BörsG a.F.

1904 So auch Schnyder, in: MüKo-BGB, Band 11, IntKapMarktR, Rn. 100; Freitag, in: Reithmann/Martiny, Internationales Vertragsrecht, Rn. 1276; Weber, WM 2008, 1581, 1585 ff.

1905 Floer, 141; siehe kritisch zur Funktion und Berechtigung des § 44 Abs. 3 BörsG a.F. (nunmehr § 21 Abs. 3 WpPG) im Geltungsbereich der Rom II-VO: Weber, WM 2008, 1581, 1587, der die Auffassung vertritt, dass dieser Norm nach Inkrafttreten der Rom II-VO gegenstandslos geworden ist; ebenso auch Tschäpe/Kramer/Glück, RIW 2008, 657, 664; von Hein, in: FS-Hopt, 371, 390 ff.; Oulds, in: Kümpel/Wittig, Rn. 15.252 f.

1906 Junker, in: MüKo-BGB, Band 10, Art. 4 Rom II-VO, Rn. 11; Wurmnest, in: jurisPK-BGB, Band 6, Art. 4 Rom II-VO, Rn. 13 ff.

eingetreten ist, anzuwenden, soweit Vorschriften der Rom II-VO nichts anderes bestimmen. Dies gilt unabhängig davon, in welchem Staat das den Schaden begründende Ereignis oder die indirekte Schadensfolge eingetreten ist[1907].

Erfolgsort bei Vermögensschäden könnte der Ort sein, an welchem der geschädigte Anleger seinen Wohnsitz und damit seine Vermögenszentrale hat[1908]. Alternativ könnte man den Erfolgsort auch als den Ort bestimmen, an welchem der geschädigte Anleger die zum Vermögensschaden führende Verfügung getroffen hat[1909] oder als den Ort, an welchem ein konkret abgrenzbarer Vermögensteil geschädigt worden ist[1910]. Der Erfolgsort ist bei Vermögensschäden grds. der Ort, an dem der Schaden an einem klar abgrenzbaren Vermögensteil eingetreten ist[1911]. Aus diesem Grund ist der Erfolgsort nicht anhand des Ortes der Vermögenszentrale des geschädigten Anlegers zu bestimmen, sondern anhand des Orts der Belegenheit des betroffenen Vermögensteils[1912], also beispielsweise dem Ort, an dem die kontoführende Bank des Anlegers ihre Niederlassung hat.

Gemäß Art. 4 Abs. 3 Rom II-VO soll jedoch eine vom Schadensort abweichende Anknüpfung möglich sein, wenn nach der Gesamtheit der Umstände die unerlaubte Handlung eine offensichtlich engere Verbindung zu einem anderen Staat aufweist[1913]. Eine solche wesentlich engere Verbindung i.S.v. Art. 4 Abs. 3 S. 2 Rom II-VO kann sich im Rahmen deliktischer Ansprüche insbesondere aus einem bereits bestehenden Rechtsverhältnis zwischen Schädiger und Geschädigten ergeben, das mit der betreffenden unerlaubten Handlung in enger Verbindung steht[1914].

1907 Siehe hierzu: Junker, in: MüKo-BGB, Band 10, Art. 4 Rom II-VO, Rn 18 ff.; Wurmnest, in: jurisPK-BGB, Band 6, Art. 4 Rom II-VO, Rn. 13 ff.; Thorn, in: Palandt, Art. 4 Rom II-VO, Rn. 1.

1908 Unberath/Cziupka, in: Rauscher, EuZPR, Art. 4 Rom II-VO, Rn. 40 ff.; von Hofmann, in: Staudinger (2001), Art. 40 EGBGB, Rn. 282 ff.; Weller, IPRax 2000, 202, 207; differenzierend: Leible, in: Raucher, EuZPR, Art. 5 Brüssel I-VO, Rn. 86c.

1909 So im Falle des Kapitalanlagebetrugs: von Hein, IPRax 2005, 17, 21; Wagner, in: Stein/Jonas, Band 10, Art. 5 EuGVVO, Rn. 161.

1910 Wurmnest, in: jurisPK-BGB, Art. 4 Rom II-VO, Rn. 14; Junker, in: MüKo-BGB, Band 10, Art. 4 Rom II-VO, Rn. 21; BGH, Urt. v. 15.11.2011, XI ZR 54/09, BKR 2012, 78, 81, Rn. 30; BGH, Urt. v. 13.7.2010, XI ZR 28/09, NZG 2011, 69, 72, Rn. 30 f.; Wagner, in: Stein/Jonas, Band 10, Art. 5 EuGVVO, Rn. 161 zu Fällen, in denen kein Kapitalanlagebetrug vorliegt.

1911 Siehe 2. Teil, 3. Abschnitt, B.V.3.c.

1912 So im Fall der spezialgesetzlichen Prospekthaftung: Bachmann, IPRax 2007, 77, 82; siehe für den Fall einer fehlerhaften Ad-hoc Mitteilung: OLG Frankfurt, Beschluss v. 5.8.2010, 21 AR 50/10, EuZW 2010, 918, 919.

1913 Siehe zu Art. 4 Abs. 3 Rom II-VO: Junker, in: MüKo-BGB, Band 10, Art. 4 Rom II-VO, Rn 46 ff.; Wurmnest, in: jurisPK-BGB, Band 6, Art. 4 Rom II-VO, Rn. 22 ff.

1914 Junker, in: MüKo-BGB, Band 10, Art. 4 Rom II-VO, Rn 51 ff.; Wurmnest, in: jurisPK-BGB, Band 6, Art. 4 Rom II-VO, Rn. 25 ff.

Im Unterschied zur alten Rechtslage unter Geltung von Art. 41 Abs. 2 Nr. 1 EGBGB a.F. reicht eine faktische Verbindung dagegen nicht aus[1915].

Macht ein geschädigter Anleger Ansprüche gemäß § 823 Abs. 2 BGB i.V.m. §§ 31 ff. WpHG[1916] geltend, käme gemäß Art. 4 Abs. 3 S. 2 Rom II-VO eine vertragsakzessorische Anknüpfung an den zwischen Wertpapierdienstleistungsunternehmen und Anleger geschlossenen Vertrag, dessen Inhalt u.a. auch die Einhaltung der Wohlverhaltensregeln ist, in Betracht[1917]. Solche Ansprüche bestehen aber nur, wenn von einem Wertpapierdienstleistungsunternehmen aus einem Nicht-EWR-Staat eine Wertpapierdienstleistung in Form einer Korrespondenzdienstleistung im Inland erbracht wird, da ansonsten der Anwendungsbereich der §§ 31 ff. WpHG nicht eröffnet ist. Gemäß § 31 Abs. 10 WpHG finden die §§ 31 ff. WpHG aufgrund des in der MiFID verankerten Herkunftslandprinzips keine Anwendung auf Wertpapierdienstleistungsunternehmen mit Sitz in einem anderen EWR-Staat[1918]. Anstelle der §§ 31 ff. WpHG finden die in Umsetzung von Art. 19 der MiFID im jeweiligen Herkunftsland des Wertpapierdienstleistungsunternehmens erlassenen Regeln Anwendung. Die in Umsetzung von Art. 19 MiFID von anderen EU-Mitgliedstaaten bzw. EWR-Staaten erlassenen Normen können ebenfalls als Schutzgesetze i.S.v. § 823 Abs. 2 BGB betrachtet werden[1919]. Denn bei den im jeweiligen EU-Mitgliedstaat in Umsetzung einer EU-Richtlinie erlassenen Rechtsvorschriften kann es sich um Schutzgesetze i.S.v. § 823 Abs. 2 BGB handeln, sofern diese den Schutz von Individuen bezwecken[1920]. Eine gemeinschaftsrechtskonforme Auslegung des § 823 Abs. 2 BGB erfordert es daher, auch auf EU-Richtlinien beruhende Normen anderer EU-Mitgliedstaaten im Einzelfall als Schutzgesetze i.S.v. § 823 Abs. 2 BGB zu behandeln[1921], sofern diese individualschützend wirken. Anders als bei ausländischen öffentlich-rechtlichen Normen, die nicht auf der Umsetzung einer EU-Richtlinie beruhen, in der Regel nur im Ausland Geltung beanspruchen und keine Schutzgesetze i.S.v. § 823 Abs. 2 BGB darstellen[1922], beansprucht eine EU-Richtlinie in sämtlichen EU-Mitgliedstaaten Geltung. Daher handelt es sich bei

---

1915 Junker, in: MüKo-BGB, Band 10, Art. 4 Rom II-VO, Rn. 55; Wurmnest, in: jurisPK-BGB, Band 6, Art. 4 Rom II-VO, Rn. 28; Wagner IPRax 2008, 1, 6; a.A. von Hein, ZEuP 2009, 6, 19.

1916 Nach der hier vertretenen Auffassung handelt es sich bei den §§ 31 ff. WpHG um Schutzgesetze i.S.v. § 823 Abs. 2 BGB; siehe hierzu: 1. Teil, 2. Abschnitt, A.I.3.

1917 Mankowski, in: Reithmann/Martiny, Internationales Vertragsrecht, Rn. 2521.

1918 Siehe hierzu: Rothenhöfer, in: Schwark/Zimmer, Kapitelmarktrechts-Kommentar, § 31 WpHG, Rn. 354 ff.; Fuchs, in: Fuchs, WpHG, § 31, Rn. 325.

1919 Siehe hierzu ausführlich: 2. Teil, 3. Abschnitt, B.III.5.

1920 Wagner, in: MüKo-BGB, Band 5, § 823, Rn. 336; a.A. Spindler, in: Bamberger/Roth, BeckOK-BGB, § 823, Rn. 147 sowie RabelsZ(66) 2002, 633, 661 f. allerdings zu ausländischen Gesetzten als Schutzgesetz i.S.v. § 823 Abs. 2 BGB.

1921 Wagner, in: MüKo-BGB, Band 5, § 823, Rn. 336.

1922 Siehe zu dieser Problematik: Spindler, RabelsZ(66), 2002, 633, 660 ff.

den in Umsetzung von Art. 19 MiFID von anderen EU-Mitgliedstaaten erlassenen Normen um Schutzgesetze i.S.v. § 823 Abs. 2 BGB.

Eine vertragsakzessorische Anknüpfung im Rahmen von Art. 4 Abs. 3 S. 2 Rom II-VO bewirkt, dass vertragliche wie auch deliktische Ansprüche demselben Recht unterfallen. Bei einer wirksam getroffenen Rechtswahlvereinbarung kann es für einen geschädigten Anleger jedoch nachteilig sein, falls man eine vertragsakzessorische Anknüpfung im Rahmen von Art. 4 Rom II-VO vornimmt.

Macht ein geschädigter Anleger Ansprüche gemäß § 823 Abs. 2 BGB i.V.m. § 263 StGB geltend, bietet sich dagegen eine Anknüpfung am Erfolgsort an. Gegen eine Erfolgsortanknüpfung gemäß Art. 4 Abs. 1 Rom I-VO könnte jedoch vorliegend sprechen, dass mit der Lokalisierung von Vermögensschäden erhebliche Probleme verbunden sind[1923], da es sich bei Vermögen um kein absolutes Recht handelt. Sofern man den Erfolgsort als den Ort definiert, an dem es zu einer Schädigung an einem klar abgrenzbaren Vermögensteil gekommen ist, kann dies bei durch Kapitalanlagebetrug verursachten Vermögensschäden, wie im Übrigen bei Ansprüchen aus spezialgesetzlicher Prospekthaftung[1924], zu Zufallsergebnissen führen, da der Erfolgsort dann durch den Ort der Niederlassung der kontoführenden Bank des Anlegers bestimmt würde[1925]. Eine Erfolgsortanknüpfung führt bei Vermögensschäden u.U. zu fragwürdigen Ergebnissen, beispielsweise dann, wenn das anzuwendende Recht keinen Bezug zum Anlagemarkt hat[1926]. Daher erscheint es bei durch betrügerische Handlungen verursachten Vermögensschäden sinnvoller als Erfolgsort i.S.v. Art. 4 Abs. 1 Rom II-VO auf den Ort abzustellen, an dem die zum Schaden führende Verfügung getroffen wurde[1927], da der Anleger durch sein Handeln erst den Schaden herbeigeführt hat und der Erfolg des Schädigers darin besteht, den Geschädigten zu einer Vermögensverfügung veranlasst zu haben[1928]. Ein Abstellen auf diesen Ort ist auch aus Gründen der Beweisnähe vorteilhaft[1929].

1923 Freitag, in: Reithmann/Martiny, Internationales Vertragsrecht, Rn. 1276; Wagner/Gess, NJW 2009, 3481 ff.

1924 Siehe zu der vergleichbaren Problematik im Rahmen von spezialgesetzlichen Prospekthaftungsansprüchen: 2. Teil, 3. Abschnitt, B.V.3.e.

1925 Ringe, in: jurisPK-BGB, Band 6, Art. 4 Rom II-VO, Rn. 65; Schmitt, BKR 2010, 366, 370.

1926 Ringe, in: jurisPK-BGB, Band 6, Art. 4 Rom II-VO, Rn. 65; Schmitt, BKR 2010, 366, 370 nennen hier das Beispiel, dass ein englischer Emittent seine Emission ausschließlich auf den deutschen Markt ausrichtet und ein deutscher Anleger, der bei einer Bank in New York ein Konto hat, von diesem Konto aus die Anteilszeichnung bezahlt. Eine Schädigung eines abgrenzbaren Vermögensteils finde auf dem Konto in New York statt, was zur Folge habe, dass das Recht von New York auf etwaige Prospekthaftungsansprüche anwendbar sei.

1927 So im Falle des Kapitalanlagebetrugs: von Hein, IPRax 2005, 17, 21; Wagner, in: Stein/Jonas, Band 10, Art. 5 EuGVVO, Rn. 161.

1928 von Hein, IPRax 2005, 17, 21 f.; so auch Huber, in: IPRax 2009, 134, 137, allerdings für die Bestimmung des Erfolgsortes im Rahmen von § 32 ZPO.

1929 von Hein, IPRax 2005, 17, 21 f

5. Modifikation durch ECRL

Fraglich ist, welche Auswirkungen das in Art. 3 Abs. 1, 2 ECRL, umgesetzt in deutsches Recht durch § 3 Abs. 1, 2 TMG, verankerte Herkunftslandprinzip auf eine Marktortanknüpfung hat. Wie bereits gezeigt handelt es sich bei Art. 3 ECRL um keine Kollisionsnorm, sondern um ein sachrechtliches Beschränkungsverbot[1930]. Es ist in einem ersten Schritt das nach deutschen Kollisionsregeln – hierzu gehören sowohl die Rom I-VO wie auch die Rom II-VO – anzuwendende Sachrecht zu bestimmen. In einem zweiten Schritt ist sodann zu prüfen, ob das aufgrund des Kollisionsrechts zur Anwendung berufene Sachrecht das grenzüberschreitende Erbringen von Telemediendiensten behindert. Ist dies der Fall, kommt aufgrund von § 3 Abs. 2 TMG das nach deutschem Kollisionsrecht anwendbare Recht, soweit es um Bestimmungen geht, die das grenzüberschreitende Erbringen der Telemedien behindern, nicht zur Anwendung[1931]. Die vom deutschen Sachrecht – bei diesem handelt es sich aus Sicht des Diensteanbieters um ausländisches Sachrecht – aufgestellten Anforderungen sind auf die vom Sachrecht des Herkunftslandes aufgestellten Anforderungen zu reduzieren[1932]. Dieses Ergebnis wird weder durch Art. 23 Rom I-VO noch Art. 27 Rom II-VO modifiziert, da es sich bei Art. 3 Abs. 1, 2 ECRL bzw. § 3 Abs. 1, 2 TMG nicht um Vorschriften des Gemeinschaftsrechts handelt, die in besonderen Bereichen Kollisionsnormen für vertragliche Schuldverhältnisse bzw. außervertragliche Schuldverhältnisse enthalten[1933].

Prinzipiell kommen auch deliktsrechtliche Anforderungen im Marktortstaat als Einschränkung des freien Verkehrs der Dienste der Informationsgesellschaft i.S.v. Art. 3 Abs. 1 ECRL in Betracht[1934]. Fraglich ist, ob deliktsrechtliche Regelungen, sofern sie auch verbraucherschützend wirken, vom Anwendungsbereich des Herkunftslandprinzips gemäß dem 6. Spgstr. des Anhangs zu Art. 3 Abs. 3 ECRL, umgesetzt in deutsches Rechts durch § 3 Abs. 3 Nr. 2 TMG, ausgenommen sind. Dies ist zu verneinen, da nur der Bereich des vertraglichen Verbraucherschutzes vom Herkunftslandprinzip ausgenommen worden ist, nicht jedoch deliktsrechtliche Ansprüche, die im Zusammenhang mit solchen Verträgen stehen[1935].

Wie bereits gezeigt, unterfallen Wertpapierdienstleistungen dem koordinierten Bereich der ECRL[1936]. Das virtuelle Emissionshaus erbringt einen Dienst der Informationsgesellschaft i.S.v. Art. 2 lit. a) ECRL bzw. ist Diensteanbieter von Telemedien

---

1930 Siehe 2. Teil, 3. Abschnitt, B.II.1.f.

1931 Pfeiffer in: Gounalakis, Rechtshandbuch Electronic Business, § 12, Rn. 9 ff.; Pfeiffer/Weller/Nordmeier, in: Spindler/Schuster, § 3 TMG, Rn. 7.

1932 Pfeiffer in: Gounalakis, Rechtshandbuch Electronic Business, § 12, Rn. 9 ff.; Sack, EWS 2011, 513, 516.

1933 Siehe hierzu: 2. Teil, 3. Abschnitt, B.II.2.c.

1934 Pfeiffer, in: Gounalakis, Rechtshandbuch Electronic Business, § 12, Rn. 150; Spindler, ZHR 165(2001), 324, 349, 353 f.

1935 Siehe 2. Teil, 3. Abschnitt, B.III.2.b.

1936 Siehe 2. Teil, 3. Abschnitt, A.I.1.d.

i.S.v. §§ 1, 2 S. 1 Nr. 1 TMG.[1937] Es ist somit zu klären, inwieweit die soeben dargestellten Grundsätze durch das in Art. 3 Abs. 1, 2 ECRL, umgesetzt in deutsches Recht durch § 3 Abs. 1, 2 TMG, verankerte Herkunftslandprinzip überlagert werden.

a) Ansprüche gemäß § 21 Abs. 1, 2 WpPG

Anders als im öffentlichen Recht ergeben sich im Rahmen des internationalen Deliktsrechts einige Probleme im Verhältnis zwischen ECRL und den Vorschriften zur spezialgesetzlichen Prospekthaftung im WpPG. Während den Vorschriften zur spezialgesetzlichen Prospekthaftung im WpPG das Marktortprinzip zugrunde liegt, statuiert die ECRL das Herkunftslandprinzip. Es könnte daher auf die Frage ankommen, ob die Prospekthaftung nach § 21 Abs. 1, 2 WpPG als vertraglicher Verbraucherschutz begriffen werden kann. Auf diesem Gebiet gilt nämlich nicht das in der ECRL verankerte Herkunftslandprinzip.

Hieran bestehen jedoch Zweifel, da Ansprüche aus § 21 Abs. 1, 2 WpPG gerade als dem Deliktsstatut und damit dem Anwendungsbereich der Rom II-VO unterfallend qualifiziert worden sind[1938]. Dies hat zur Folge, dass trotz kollisionsrechtlicher Anknüpfung inländischen Sachrechts dieses aufgrund europarechtlicher Normen nicht zur Anwendung gelangt, wenn das inländische Sachrecht eine schärfere Regelung als das Recht im Herkunftsland des Diensteanbieters trifft, Art. 3 Abs. 2 ECRL bzw. § 3 Abs. 2 TMG[1939]. Das Recht der Prospekthaftung ist jedoch nicht vollständig harmonisiert worden. Die bis zum 1.7.2005 gültige Emissionsprospektrichtlinie[1940] sah lediglich Bestimmungen zur Koordinierung der für die Erstellung, Verbreitung und Kontrolle von Emissionsprospekten geltenden Bestimmungen vor. Haftungsrechtliche Regelungen enthielt die Richtlinie hingegen nicht. Zwar wurde durch Inkrafttreten der Prospektrichtlinie (RL 2003/71/EG)[1941] die soeben dargestellte Problematik entschärft, da diese mit Art. 6 UAbs. 2 S. 1 eine Norm enthält, die die Mitgliedstaaten verpflichtet, bei Prospektverstößen eine Haftungsregelung für Prospekthaftungsfälle zur Verfügung zu stellen. Jedoch haben die Mitgliedstaaten bei der Umsetzung von Art. 6 UAbs. 2 S. 1 der Prospektrichtlinie (RL 2003/71/EG) einen großen Gestaltungsspielraum, so dass die vereinzelt geäußerte Hoffnung[1942], dass mit Inkrafttreten der Prospektrichtlinie (RL 2003/71/EG) und

1937 Siehe ausführlich: 2. Teil, 4. Abschnitt, C.I.

1938 Siehe 2. Teil, 3. Abschnitt, B.III.1.b.

1939 Spindler, ZHR 165(2001), 324, 353.

1940 Richtlinie vom 17.4.1989 zur Koordinierung der Bedingungen für die Erstellung, Kontrolle und Verbreitung des Prospekts, der im Falle von öffentlichen Angeboten von Wertpapieren zu veröffentlichen ist (sog. Emissionsprospektrichtlinie), ABl. EG Nr. L 124 v. 5.5.1989, S. 8.

1941 Richtlinie 2003/71/EG des europäischen Parlaments und des Rates vom 4. November 2003 betreffend den Prospekt, der beim öffentlichen Angebot von Wertpapieren oder bei deren Zulassung zum Handel zu veröffentlichen ist, und zur Änderung der Richtlinie 2001/34/EG, Abl. EU L Nr. 345 v. 31.12.2003, S. 64.

1942 Siehe Crüwell, AG 2003, 243, 252.

Umsetzung in nationales Recht zum 1.7.2005 die soeben dargestellte Problematik entschärft würde, enttäuscht wurde. Denn es wurde keine EU-weite Harmonisierung der Prospekthaftungsregeln durch die Prospektrichtlinie (RL 2003/71/EG) vorgenommen. Vielmehr existieren weiterhin unterschiedliche nationale Haftungsnormen, die sich im Hinblick auf den Haftungsmaßstab sowie den für einen Prospekt verantwortlichen Personenkreis stark unterscheiden[1943].

Ansprüche aus Prospekthaftung gegen das virtuelle Emissionshaus richten sich somit dann gemäß § 3 Abs. 2 TMG nach den im Herkunftsland des Diensteanbieters geltenden, in Umsetzung von Art. 6 UAbs. 2 der Prospektrichtlinie (RL 2003/71/EG) erlassenen Prospekthaftungsbestimmungen, wenn § 21 WpPG eine im Vergleich zu diesen schärfere Regelung darstellt[1944]. Denn durch die Anwendung der § 21 WpPG würde der freie Dienstleistungsverkehr von Telemedien unzulässigerweise eingeschränkt, § 3 Abs. 2 TMG.

§ 3 Abs. 2 TMG gelangt bei einer Fremdemission jedoch nur im Verhältnis zum virtuellen Emissionshaus zur Anwendung. Der Emittent tritt in dieser Konstellation nicht in Kontakt mit dem Anleger und tritt diesem gegenüber nicht als Diensteanbieter von Telemedien i.S.v. §§ 1, 2 S. 1 Nr. 1 TMG auf[1945]. Daher findet im Verhältnis zum Emittenten bei einer Fremdemission nicht das in § 3 Abs. 1, 2 TMG verankerte Herkunftslandprinzip Anwendung. Eine Anknüpfung an den Marktort wird nicht überlagert. Anders stellt sich die Lage aber bei einer Eigenemission dar. Hier ist der Emittent Diensteanbieter von Telemedien i.S.v. §§ 1, 2 S. 1 Nr. 1 TMG, so dass einer Anwendung von § 21 WpPG nichts im Wege steht[1946].

b) Ansprüche gemäß §§ 22, 21 Abs. 1, 2 WpPG

Im Gegensatz zur Emissionsprospektrichtlinie[1947], die lediglich Bestimmungen zur Koordinierung der für die Erstellung, Verbreitung und Kontrolle von Emissionsprospekten geltenden Regeln enthielt, enthält die neuere Prospektrichtlinie (RL 2003/71/EG)[1948] mit Art. 6 UAbs. 2 S. 1 zwar nun eine Norm, die die

---

1943 Schlitt/Singhof/Schäfer, BKR 2005, 251, 254; Mülbert/Steup, in: Habersack/Mülbert/Schlitt, § 41, Rn. 2; Schlitt/Schäfer, AG 2005, 498, 510.

1944 Im Ergebnis auch Spindler, ZHR 165(2001), 324, 353 f.; Mankowski, IPRax 2002, 257, 265; Mankowski, in: Reithmann/Martiny, Internationales Vertragsrecht, Rn. 2511, die allerdings § 3 Abs. 1, 2 TMG als Kollisionsnorm betrachten.

1945 Siehe 2. Teil, 5. Abschnitt, B.

1946 Siehe 2. Teil, 5. Abschnitt, B.

1947 Richtlinie vom 17.4.1989 zur Koordinierung der Bedingungen für die Erstellung, Kontrolle und Verbreitung des Prospekts, der im Falle von öffentlichen Angeboten von Wertpapieren zu veröffentlichen ist (sog. Emissionsprospektrichtlinie), ABl. EG Nr. L 124 v. 5.5.1989, S. 8.

1948 Richtlinie 2003/71/EG des europäischen Parlaments und des Rates vom 4. November 2003 betreffend den Prospekt, der beim öffentlichen Angebot von Wertpapieren oder bei deren Zulassung zum Handel zu veröffentlichen ist, und zur Änderung der Richtlinie 2001/34/EG, Abl. EU Nr. L 345 v. 31.12.2003, S. 64.

Mitgliedstaaten verpflichtet, unabhängig davon, ob es sich um einen Börsenzulassungsprospekt oder einen Prospekt, der aufgrund des Vorliegens eines öffentlichen Angebots zu erstellen ist, handelt, bei Prospektverstößen eine Haftungsregelung für Prospekthaftungsfälle zur Verfügung zu stellen[1949]. Jedoch wurde den Mitgliedstaaten bei der Umsetzung ein weiter Ermessenspielraum eingeräumt, so dass es zu keiner Vereinheitlichung der Haftungstatbestände gekommen ist. Vollständig vereinheitlicht wurden dagegen die Vorschriften über die Erstellung, Veröffentlichung und Billigung von Prospekten. Die §§ 17–19 WpPG sollen gewährleisten, dass ein im EU-Mitgliedstaat des Emittenten gebilligter Prospekt nicht schärferen Bestimmungen im Inland unterliegt; jedoch bezieht sich diese Aussage nur auf die Frage der Anforderungen an die öffentlich-rechtliche Zulassung des Prospektes, nicht jedoch an die daran anknüpfenden zivilrechtlichen Haftungsfragen.

Ausschlaggebend ist daher, ob die Prospekthaftung nach §§ 22, 21 Abs. 1, 2 WpPG als vertraglicher Verbraucherschutz begriffen werden kann. Auf diesem Gebiet gilt nämlich nicht das in der ECRL verankerte Herkunftslandprinzip. Ansprüche aus §§ 22, 21 Abs. 1, 2 WpPG werden als dem Deliktsstatut unterfallend qualifiziert[1950]. Dies hat zur Folge, dass trotz kollisionsrechtlicher Anknüpfung inländischen Sachrechts dieses aufgrund europarechtlicher Normen – Art. 3 Abs. 2 ECRL bzw. § 3 Abs. 2 TMG – nicht zur Anwendung gelangt, falls hierdurch der freie Dienstleistungsverkehr von Telemedien unzulässigerweise eingeschränkt würde, § 3 Abs. 2 TMG.

c) Ansprüche gemäß §§ 280, 241 Abs. 2, 311 Abs. 2 BGB (culpa in contrahendo)

Ansprüche gemäß §§ 280, 241 Abs. 2, 311 Abs. 2 BGB werden nicht durch das in der ECRL statuierte Herkunftslandprinzip überlagert, da es sich bei dem zwischen dem Wertpapierdienstleistungsunternehmen und dem Anleger geschlossenen Vertrag um einen Verbrauchervertrag handelt. Hier findet aufgrund von § 3 Abs. 3 Nr. 2 TMG, diese Vorschrift setzt den 6. Spgstr. des Anhangs zu Art. 3 Abs. 3 ECRL in deutsches Recht um, das Herkunftslandprinzip keine Anwendung.

6. Anbieter aus Nicht-EWR-Staaten

Hat ein Anbieter seinen Sitz in einem Staat außerhalb des Geltungsbereichs der ECRL, so bleibt es aufgrund der Nichtanwendbarkeit der ECRL bei dem allgemein durch IPR-Regeln gefundenen Ergebnis.

1949 Siehe hierzu: Crüwell, AG 2003, 243, 252.
1950 Siehe 2. Teil, 3. Abschnitt, B.III.2.

VI. Zusammenfassung

Zusammenfassend lässt sich feststellen, dass im Anwendungsbereich des in Art. 3 Abs. 1, 2 der ECRL, umgesetzt in deutsches Recht durch § 3 Abs. 1, 2 TMG, verankerten Herkunftslandprinzips im Bereich des zivilrechtlichen Anlegerschutzes sich Modifikationen hinsichtlich des anwendbaren Rechts ergeben, die zuungunsten des Anlegers wirken. In einigen Konstellationen wird das Marktortprinzip durch das Herkunftslandprinzip überlagert. Wann dies der Fall ist, hängt davon ab, ob der Anbieter in einem EU-Mitgliedstaat bzw. einem sonstigen EWR-Staat oder aber einem Drittstaat niedergelassen ist.

1. Anwendbarkeit von deutschem Recht bei einer Fremdemission

(1) Vertragliche Schadensersatzansprüche im Bereich einer Fremdemission richten sich – sofern die situativen Voraussetzungen des Art. 6 Abs. 1 Rom I-VO gegeben sind, also ein auf das Inland zielendes Angebot bzw. eine auf das Inland ausgerichtete Tätigkeit vorliegt, und keine Rechtswahlvereinbarung getroffen wurde – nach deutschem Recht. In dieser Fallkonstellation kommen deutsche Verbraucherschutzvorschriften zur Anwendung. Dies gilt unabhängig davon, ob das Emissionshaus seinen Sitz im Anwendungsbereich von Art. 3 ECRL hat, da gemäß dem 6. Spgstr. des Anhangs zu Art. 3 Abs. 3 ECRL, umgesetzt in deutsches Recht durch § 3 Abs. 3 Nr. 2 TMG, der Bereich des vertraglichen Verbraucherschutzes vom Herkunftslandprinzip ausgenommen worden ist.

(2) Wertpapierdienstleistungsunternehmen treffen in der Praxis meist eine Rechtswahlvereinbarung. Haben Wertpapierdienstleistungsunternehmen und Verbraucher eine solche Vereinbarung getroffen, so findet der Umfang der Rechtswahl in Art. 6 Abs. 2 S. 2 Rom I-VO seine Grenzen, allerdings nur dann, wenn der situative Anwendungsbereich des Art. 6 Rom I-VO eröffnet ist. Demnach darf dem Verbraucher durch eine Rechtswahl nicht der Schutz entzogen werden, der ihm durch diejenigen Bestimmungen gewährt wird, von denen nach dem Recht, das nach Art. 6 Abs. 1 Rom I-VO mangels einer Rechtswahl anzuwenden wäre, abgewichen werden darf. Dies sind u.a. Regelungen betreffend den Fernabsatz von Finanzdienstleistungen, AGB Klauseln, § 280 Abs. 1 BGB (pVV), §§ 280 Abs. 1, 241 Abs. 2, 311 Abs. 2 BGB (culpa in contrahendo) sowie §§ 5, 6 TMG[1951]. Ist der Anwendungsbereich des Art. 6 Abs. 2 S. 2 Rom I-VO nicht eröffnet, so kommt grundsätzlich ein Rückgriff auf Art. 46b EGBGB in Betracht. Art. 46b EGBGB findet nur Anwendung, wenn der Vertrag aufgrund subjektiver Anknüpfung – also Rechtswahl – nicht dem Recht eines EWR-Staates unterliegt, obwohl er einen engen Zusammenhang mit einem solchen Staat aufweist[1952]. In diesem Fall kommen die in Umsetzung der

---

1951 Siehe 2. Teil, 3. Abschnitt, B.IV.1.b.dd.

1952 Martiny, in: Reithmann/Martiny, Internationales Vertragsrecht, Rn. 4235; Limbach, in: juris-PK-BGB, Band 6, Art. 46b EGBGB, Rn. 18 ff.; zu Art. 29a EGBGB a.F.: Staudinger, RIW 2000, 416; Thorn, in: Palandt, Art. 46b EGBGB, Rn. 4; Martiny, in: MüKo-BGB, 4. Auflage, Band 10, Art. 29a EGBGB, Rn. 31 ff.

Richtlinie 2002/65/EG (Fernabsatz von Finanzdienstleistungen)[1953] erlassenen Vorschriften zur Anwendung[1954]. Da die situativen Anwendungsbereiche von Art. 6 Abs. 2 Rom I-VO und Art. 46b EGBGB im Wesentlichen deckungsgleich sind, dürfte eine Beschränkung der Rechtswahlfreiheit gemäß Art. 46b EGBGB bei einer Fremdemission eher der Ausnahmefall sein.

Art. 6 Abs. 2 S. 2 Rom I-VO gelangt unabhängig davon, ob der Anbieter seinen Sitz in einem EU-Mitgliedstaat bzw. EWR-Staat oder Drittstaat hat zur Anwendung, da gemäß 6. Spgstr. des Anhangs zu Art. 3 Abs. 3 ECRL der vertragliche Verbraucherschutz vom Anwendungsbereich des Herkunftslandprinzips ausgenommen ist. Gleiches gilt gemäß dem 5. Spgstr. des Anhangs zu Art. 3 Abs. 3 ECRL, umgesetzt in deutsches Recht durch § 3 Abs. 3 Nr. 1 TMG, für die Freiheit der Rechtswahl.

(3) Liegen dagegen die situativen Voraussetzungen des Art. 6 Abs. 1 Rom I-VO nicht vor, weil es aufgrund objektiver und subjektiver Kriterien an einer Ausrichtung des Angebots bzw. der Tätigkeit des Wertpapierdienstleistungsunternehmens auf das Inland fehlt, und wurde keine Rechtswahlvereinbarung getroffen, so kommen keine deutschen Verbraucherschutzvorschriften zur Anwendung, auch nicht über Art. 46b EGBGB. Das anzuwendende Recht bestimmt sich dann im Falle einer fehlenden Rechtswahl bei einer Fremdemission anhand von Art. 4 Abs. 1 lit. b) Rom I-VO. Da im Rahmen eines Vertrages über die Erbringung einer Wertpapierdienstleistung das Wertpapierdienstleistungsunternehmen regelmäßig die vertragscharakteristische Dienstleistung erbringt, ist das Recht des Landes, in welchem das Unternehmen seine Hauptverwaltung hat, anzuwenden.

Im Anwendungsbereich von Art. 3 ECRL ergeben sich keine Änderungen an dem soeben gefundenen Ergebnis. In der Sache ist das Herkunftslandprinzip ebenfalls durch Art. 4 Abs. 1 lit. b) Rom I-VO verwirklicht worden, da an die Hauptverwaltung der Partei angeknüpft wird, welche die für den Vertag charakteristische Leistung erbringt[1955]. Es kommt im Anwendungsbereich des Art. 4 Rom I-VO zu keiner Rechtszersplitterung zwischen EU-Mitgliedstaaten bzw. EWR-Staaten und Drittstaaten.

(4) Wurde eine wirksame Rechtswahlvereinbarung getroffen und liegen die situativen Voraussetzungen des Art. 6 Rom I-VO nicht vor, so bestimmt sich das anwendbare Recht ausschließlich anhand von Art. 3 Rom I-VO. Es findet keine Beschränkung der Rechtswahlfreiheit gemäß Art. 6 Abs. 2 S. 2 Rom I-VO statt. Der

---

1953 Richtlinie 2002/65/EG des Europäischen Parlaments und des Rates vom 23. September 2002 über den Fernabsatz von Finanzdienstleistungen an Verbraucher und zur Änderung der Richtlinie 90/619/EWG des Rates und der Richtlinien 97/7/EG und 98/27/EG, ABl. EG Nr. L 271 v 9.10.2002, S. 16; siehe zur Umsetzung der RL 2002/65/EG in deutsches Recht: Rott, BB 2005, 53 ff.; Fischer, ZAP 2005, Fach 8, 401 ff.

1954 Siehe 2. Teil, 3. Abschnitt, B.IV.1.c.ee.

1955 In diesem Sinne auch Mankowski, ZVglRWiss 100(2001), 137, 156, jedoch zu Art. 28 Abs. 2 EGBGB a.F.

situative Anwendungsbereich von Art. 46b EGBGB ist in diesem Fall in aller Regel ebenfalls nicht eröffnet, da dieser mit dem situativen Anwendungsbereich des Art. 6 Rom I-VO weitestgehend deckungsgleich ist[1956]. Da Fragen der Rechtswahl gemäß dem 5. Spgstr. des Anhangs zu Art. 3 Abs. 3 ECRL, umgesetzt in deutsches Recht durch § 3 Abs. 3 Nr. 1 TMG, nicht dem in Art. 3 ECRL verankerten Herkunftslandprinzip unterfallen, ergeben sich im Anwendungsbereich der ECRL keine Änderungen.

(5) Dagegen gestaltet sich die Rechtslage im Bereich deliktischer Ansprüche nicht einheitlich. Schadensersatzansprüche eines geschädigten Anlegers gegen das Emissionshaus wie auch gegen den Emittenten unterfallen im Falle der spezialgesetzlichen Prospekthaftung dem Deliktsstatut und sind gemäß Art. 4 Abs. 3 Rom II-VO am Marktort anzuknüpfen. Je nachdem, ob ein Angebot aus einem EU-Mitgliedstaat bzw. EWR-Staat heraus erfolgt, wird das Marktortprinzip der spezialgesetzlichen Prospekthaftungsansprüche durch das in Art. 3 Abs. 1, 2 ECRL verankerte Herkunftslandprinzip überlagert, sofern das am inländischen Marktort anwendbare Prospekthaftungsrecht strengere Anforderungen an den Diensteanbieter stellen würde als das im Heimatstaat des Diensteanbieters in Umsetzung von Art. 6 UAbs. 2 der Prospektrichtlinie (RL 2003/71/EG) erlassene Recht und es hierdurch zu einer Einschränkung des freien Dienstleistungsverkehrs von Telemedien kommen würde. In diesem Fall würden stattdessen die im Heimatstaat des Diensteanbieters in Umsetzung von Art. 6 UAbs. 2 der Prospektrichtlinie (RL 2003/71/EG) erlassenen Vorschriften zur Anwendung gelangen.

(6) Sonstige deliktische Ansprüche gemäß § 823 BGB i.V.m. einem Schutzgesetz gegen den Diensteanbieter sind außerhalb des Anwendungsbereichs von Art. 3 Abs. 2 ECRL, umgesetzt in deutsches Recht durch § 3 Abs. 2 TMG, gemäß Art. 4 Rom II-VO am Erfolgsort anzuknüpfen. Sofern es hierdurch im Anwendungsbereich von § 3 Abs. 2 TMG zu einer Beschränkung des freien Dienstleistungsverkehrs von Telemedien kommt, ist anstelle des Erfolgsortrechts das Heimatlandrecht des Diensteanbieters anzuwenden.

2. Anwendbarkeit von deutschem Recht bei einer Eigenemission

(1) Bei einer Eigenemission richtet sich das auf den Zeichnungsvertrag anzuwendende Recht nach dem Gesellschaftsstatut.

(2) Schadensersatzansprüche eines geschädigten Anlegers gegen den Emittenten unterfallen im Falle der spezialgesetzlichen Prospekthaftung dem Deliktsstatut und sind gemäß Art. 4 Abs. 3 Rom II-VO am Marktort anzuknüpfen. Da bei einer Fremdemission der Emittent nicht Diensteanbieter von Telemedien i.S.v. §§ 1, 2 S. 1 Nr. 1 TMG ist, findet bei einer Fremdemission das in § 3 Abs. 2 TMG, durch diese Norm wurde Art. 3 Abs. 2 ECRL in deutsches Recht umgesetzt, verankerte Herkunftslandprinzip auf den Emittenten keine Anwendung.

1956 Siehe 2. Teil, 3. Abschnitt, B.IV.1.c.dd.

Dagegen handelt es sich bei einer Eigenemission beim Emittenten um einen Diensteanbieter von Telemedien[1957]. Je nachdem, ob der Emittent in einem EU-Mitgliedstaat bzw. EWR-Staat oder aber einem Drittstaat niedergelassen ist, wird das Marktortprinzip der spezialgesetzlichen Prospekthaftungsansprüche durch das in § 3 Abs. 1, 2 TMG verankerte Herkunftslandprinzip überlagert, sofern die Anwendung von deutschem Marktortrecht den freien Dienstleistungsverkehr von Telemedien beschränken würde, § 3 Abs. 2 TMG[1958].

C. Internationales Zivilprozessrecht

Klagen gegen ein ausländisches Wertpapierdienstleistungsunternehmen können von einem geschädigten Anleger, der seinen gewöhnlichen Aufenthalt im Inland hat, vor einem deutschen Gericht unter der Voraussetzung erhoben werden, dass dieses international zuständig ist. Dabei sollte die Bedeutung der Frage der internationalen Zuständigkeit nicht unterschätzt werden. Denn die Frage der internationalen Zuständigkeit geht dem internationalen Privatrecht vor. Das IPR eines Staates kann nur zur Anwendung gelangen, wenn seine Gerichte international zuständig sind[1959].

Im folgenden Abschnitt soll der Frage nachgegangen werden, wann die internationale Zuständigkeit deutscher Gericht gegeben ist. Auf die Problematik des „forum-shopping"[1960] kann in dieser Arbeit nicht eingegangen werden, da dies den Rahmen sprengen würde. Insoweit sei auf die weiterführende Literatur verwiesen[1961]. Für einen Anleger mit gewöhnlichem Aufenthalt in Deutschland ist eine Klageerhebung im Inland mit einigen Vorteilen verbunden, da keine Sprachbarrieren bestehen und er eher mit dem hiesigen Justizsystem vertraut sein dürfte. Teilweise ist eine Prozessführung im Inland aufgrund geringerer Prozessführungskosten vorteilhaft, so dass die Frage nach der Zuständigkeit deutscher Gerichte oftmals Auswirkungen auf die Rechtsverwirklichung selbst hat[1962].

Eine ausdrückliche Regelung der internationalen Zuständigkeit findet sich – außer im Bereich des Familienrechts mit §§ 98–106 FamFG – nur selten im deutschen Recht, vielmehr wird diese mittelbar durch die örtliche Zuständigkeit bestimmt[1963].

1957 Siehe hierzu: 3. Teil, 4. Abschnitt unter B.II.

1958 Diese Frage wird im 3. Teil, 4. Abschnitt unter B.II. näher behandelt.

1959 Schack, IZVR, Rn. 244 ff.; Geimer, IZPR, Rn. 58.

1960 Unter „forum shopping" versteht man das systematische Ausnutzen von in mehreren Staaten parallel bestehender internationaler Zuständigkeit um bestimmte tatsächliche oder rechtliche Vorteile zu nutzen. Hierbei macht der Kläger von seinem Recht Gebrauch, unter mehreren zuständigen Gerichten eine Wahl zu treffen (§ 35 ZPO).

1961 Schack, IZVR, Rn. 250 ff.; Geimer, IZPR, Rn. 1095 ff.

1962 Scheuermann, Internationales Zivilverfahrensrecht, 8.

1963 Schack, IZVR, Rn. 266; Gottwald, in: Nagel/Gottwald, IZPR, § 3, Rn. 419 ff.; Geimer, IZPR, Rn. 943 ff.

Etwas anderes gilt jedoch, soweit eine deutsche Zuständigkeit durch Staatsverträge oder durch EU-Verordnung geregelt wird, da diese den Zuständigkeitsvorschriften des deutschen Rechts vorgehen[1964]. Die wichtigsten multilateralen Abkommen, welche Entscheidungszuständigkeiten regeln, waren das EuGVÜ[1965], das zwischenzeitlich durch die EuGVO[1966] abgelöst worden ist[1967], und das Luganer Übereinkommen (LugÜ)[1968], welches im Verhältnis zur Schweiz, zu Norwegen und Island Anwendung findet[1969]. EuGVO und LugÜ sind im Wesentlichen inhaltsgleich, so dass keine gesonderten Ausführungen zum LugÜ erfolgen. Gemäß Art. 64 LugÜ findet die EuGVO vorrangig Anwendung, sofern die Anwendungsbereiche des LugÜ sowie der EuGVO gleichzeitig eröffnet sind.

I. Unternehmen mit Sitz im Anwendungsbereich der EuGVO

Bei Klagen eines Anlegers mit gewöhnlichem Aufenthalt in Deutschland gegen ein Wertpapierdienstleistungsunternehmen mit Sitz in einem Staat, in welchem die EuGVO anwendbar ist, kann die Zuständigkeit eines deutschen Gerichts durch Art. 5 Nr. 1 EuGVO (Gerichtsstand des Erfüllungsortes), Art. 5 Nr. 3 EuGVO (Gerichtsstand der unerlaubten Handlung), Art. 5 Nr. 5 (Gerichtsstand des Niederlassungsorts) sowie Artt. 16 Abs. 1, 15 EuGVO (Gerichtsstand bei Verbrauchersachen) begründet werden. Die EuGVO ist grundsätzlich – außer im Falle einer Anwendbarkeit von Art. 22 EuGVO oder Art. 23 EuGVO – nicht auf Fälle anwendbar, in denen der Beklagte keinen Wohnsitz im Hoheitsgebiet eines Mitgliedstaat hat, Art. 4 Abs. 1 EuGVO[1970].

1964 von Hein, in: Kropholler/von Hein, EuZPR, Einl., Rn. 40; Geimer, IZPR, Rn. 248b.

1965 Brüsseler Übereinkommen vom 27.6.1968 über die gerichtliche Zuständigkeit und die Vollstreckung gerichtlicher Entscheidungen in Zivil- und Handelssachen, konsolidierte Fassung, ABl. EG Nr. C 27 v. 26.1.1998, S. 1.

1966 Verordnung (EG) Nr. 44/2001 des Rates vom 22. Dezember 2000 über die gerichtliche Zuständigkeit und die Anerkennung und Vollstreckung von Entscheidungen in Zivil- und Handelssachen (ABl. Nr. L 12 v. 16.1.2001, S. 1), zuletzt geändert durch die Verordnung (EG) Nr. 1791/2006 des Rates vom 20. November 2006, ABl. Nr. L 363 v. 20.12.2006, S. 1.

1967 Im Verhältnis zu Dänemark findet die EuGVO aufgrund des Abkommens zwischen der Europäischen Gemeinschaft und dem Königreich Dänemark über die gerichtliche Zuständigkeit und die Anerkennung und Vollstreckung von Entscheidungen in Zivil- und Handelssachen vom 19.10.2005 Anwendung; siehe hierzu: von Hein, in: Kropholer/von Hein, EuZPR, Einl., Rn. 42 f.

1968 Luganer Übereinkommen über die gerichtliche Zuständigkeit und die Vollstreckung gerichtlicher Entscheidungen in Zivil- und Handelssachen vom 30.10.2007 (LugÜ), ABl. EU Nr. L 339 v. 21.12.2007, S. 3 ff.

1969 Siehe zum Verhältnis der EuGVO, des EuGVÜ und des LugÜ: Stadler, in: Musielik, EuZPR, Vorbem. Rn. 9 ff.; Junker RIW 2002, 569 ff.

1970 Gottwald, in: Nagel/Gottwald, IZPR, § 3, Rn. 44; von Hein, in: Kropholler/von Hein, EuZPR, Art. 4 EuGVO, Rn. 1 ff.

1. Artt. 16 Abs. 1 2. Alt., 15 EuGVO (Gerichtsstand bei Verbrauchersachen)

Ein geschädigter Anleger hat gemäß Art. 16 Abs. 1, 2. Alt. EuGVO die Möglichkeit, an seinem Wohnort das virtuelle Emissionshaus vor dem zuständigen deutschen Gericht zu verklagen, falls die Voraussetzungen des Art. 15 EuGVO vorliegen. Gemäß Art. 15 Abs. 1 EuGVO ist Voraussetzung, dass der Beklagte seinen Wohnsitz in einem EU-Mitgliedstaat hat. Bei juristischen Personen ist gemäß Art. 60 Abs. 1 EuGVO auf den satzungsmäßigen Sitz, den Ort ihrer Hauptverwaltung oder ihrer Hauptniederlassung abzustellen[1971]. Die Verordnung hat dem Kläger hierdurch ein Wahlrecht eingeräumt, an welchem der in Art. 60 Abs. 1 EuGVO aufgezählten Orte er eine Gesellschaft verklagen möchte[1972].

Der räumliche Anwendungsbereich des Art. 15 Abs. 1 EuGVO wird durch Art. 15 Abs. 2 EuGVO erweitert. Nach dieser Norm wird der Vertragspartner eines Verbrauchers, der seine Hauptniederlassung nicht in einem Mitgliedstaat hat, jedoch in einem Mitgliedstaat eine Zweigniederlassung, Agentur oder sonstigen Niederlassung besitzt, so behandelt, als ob er seine Hauptniederlassung in einem Mitgliedstaat hätte[1973]. Der in Art. 5 Nr. 5 EuGVO und Art. 15 Abs. 2 EuGVO verwendete Begriff der Niederlassung ist anhand der Rechtsprechung des EuGH[1974] autonom auszulegen und wird identisch verwendet[1975]. Ein ausländisches Emissionshaus, das sich ausschließlich über das Internet an Anleger mit gewöhnlichem Aufenthalt in Deutschland wendet, betreibt keine Zweigniederlassung oder Agentur in Deutschland, sondern erbringt vielmehr eine Korrespondenzdienstleistung.

a) Vorliegen eines Verbrauchervertrages

Dies setzt zunächst voraus, dass ein Verbraucher einen in Art. 15 Abs. 1 EuGVO enumerierten Vertragstyp abgeschlossen hat. Dann müsste es sich bei privaten Anlegern, welche Aktien erwerben, um Verbraucher i.S.v. Art. 15 EuGVO handeln. Der der EuGVO zugrunde liegende Verbraucherbegriff ist dem vormaligen Art. 5 EVÜ/Art. 29 EGBGB (nunmehr Art. 6 Rom I-VO) entnommen[1976], so dass zur

---

1971 Siehe hierzu: Geimer, in: Geimer/Schütze, EZVR, A.1, Art. 60 EuGVO, Rn. 1 ff.; Wagner, in: Stein/Jonas, Band 10, Art. 60 EuGVVO, Rn. 1 ff.; von Hein, in: Kropholler/von Hein, EuZPR, Art. 60 EuGVO, Rn. 1 ff.

1972 von Hein, in: Kropholler/von Hein, EuZPR, Art. 60 EuGVO, Rn. 2; Wagner, in: Stein/Jonas, Band 10, Art. 60 EuGVVO, Rn. 3.

1973 Geimer, in: Geimer/Schütze, EZVR, A.1, Art. 15, Rn. 8 f.; Wagner, in: Stein/Jonas, Band 10, Art. 15 EuGVVO, Rn. 50 f.; von Hein, in: Kropholler/von Hein, EuZPR, Art. 15, Rn. 28.

1974 EuGH, Urt. v. 22.11.1978, Rs. C- 33/78 (Somafar./. Saar Ferngas), Slg. 1978, 2183, 2192.

1975 von Hein, in: Kropholler/von Hein, EuZPR, Art. 15, Rn. 28; Staudinger, in: Rauscher, EuZPR, Art. 15 Brüssel I-VO, Rn. 19.

1976 Geimer, in: Geimer/Schütze, EZVR, A.1, Art. 15, Rn. 17; von Hein, in: Kropholler/von Hein, EuZPR, Art. 15 EuGVO, Rn. 1; Wagner, in: Stein/Jonas, Band 10, Art. 15

Auslegung grundsätzlich auf die zu Art. 5 EVÜ/Art. 29 EGBGB sowie Art. 6 Rom I-VO ergangene Rechtsprechung[1977] zurückgegriffen werden kann[1978]. Allerdings ist hierbei zu beachten, dass der Wortlaut des Art. 15 EuGVO nicht vollständig mit dem Wortlaut des Art. 6 Rom I-VO übereinstimmt[1979]. In der Vergangenheit stieß eine parallele Auslegung in der Praxis an Grenzen, da die oberste Auslegungsautorität im Rahmen des EuGVO beim EuGH liegt, während das EVÜ bis zum 1.8.2004 durch nationale Gerichte ausgelegt worden war[1980]. Eine Auslegung von Art. 15 EuGVO ist ohne Rückgriff auf die lex fori oder lex causae vorzunehmen. Der Verbraucherbegriff ist eng auszulegen[1981]. Fraglich ist, ob es im Rahmen von Art. 15 EuGVO auf die tatsächliche Verbrauchereigenschaft ankommt oder darauf, dass für den Anbieter nach den objektiven Umständen erkennbar ist, dass dem Vertrag ein privater Verwendungszweck zugrunde liegt. Praktikabilitätsgründe und die Einheitlichkeit der Rechtsordnung gebieten es, den Verbraucherbegriff im Rahmen von Art. 15 EuGVO wie im Rahmen von Art. 6 Rom I-VO auszulegen, also darauf abzustellen, dass der Anbieter den privaten Verwendungszweck anhand objektiver Kriterien erkennen konnte. Der innere Wille des Verbrauchers ist kein taugliches Abgrenzungskriterium[1982].

Weiterhin müsste der Erwerb von Aktien ein in Art. 15 Abs. 1 EuGVO aufgezählten Geschäft darstellen. Art. 15 Abs. 1 lit. a) EuGVO ist einschlägig, soweit es sich um den Kauf von beweglichen Sachen auf Teilzahlung handelt. Der Begriff der beweglichen Sache ist unionsrechtlich autonom auszulegen[1983]. Art. 15 Abs. 1 lit. a) EuGVO ist beim Kauf von Aktien nicht einschlägig, da es sich hierbei um einen Rechtskauf und nicht einen Sachkauf handelt und es außerdem an einer Teilzahlung fehlt. Auch Art. 15 Abs. 1 lit. b) EuGVO ist vorliegend nicht einschlägig, da Aktien keine bewegliche Sachen i.S.v. Art. 15 Abs. 1 lit a) EuGVO sind und diese

---

EuGVVO, Rn. 13; Schlosser-Bericht, in: Bülow/Böckstiegel B I 1a, 601.165 Nr. 155, 158.

1977 EuGH, Urt. v. 19.1.1993, Rs. C-89/91, NJW 1993, 1251, Rn. 13; EuGH, Urt. v. 3.7.1997, Rs. C-269/95, WM 1997, 1549 1550., Rn. 12.

1978 Siehe hierzu: Staudinger, in: Rauscher, EuZPR, Vorbem. Art. 15–17 Brüssel I-VO, Rn. 2; Geimer, in: Geimer/Schütze, EZVR, A.1, Art. 15, Rn. 17; von Hein, in: Kropholler/von Hein, EuZPR, Art. 15 EuGVO, Rn. 4.

1979 Siehe hierzu: von Hein, in: Kropholler/von Hein, EuZPR, Art. 15 EuGVO, Rn. 4.

1980 Siehe hierzu: Stadler, in: Musielak, EuZPR, Vorbem, Rn. 4 f.

1981 So von Hein, in: Kropholler/von Hein, EuZPR, Art. 15 EuGVO, Rn. 6 unter Verweis auf EuGH, Urt. v. 3.7.1997, Rs. C-269/95, WM 1997, 1549, Rn. 13–16; siehe zum Vebraucherbegriff im Rahmen von Art. 15 EuGVO: Staudinger, in: Rauscher, EuZPR, Art. 15 Brüssel I-VO, Rn. 1 ff.; Geimer, in: Geimer/Schütze, EZVR, A.1, Art. 15, Rn. 18 ff.

1982 Geimer, in: Geimer/Schütze, EZVR, A.1, Art. 15, Rn. 23; Wagner, in: Stein/Jonas, Band 10, Art. 15 EuGVO, Rn. 8; von Hein, in: Kropholler/von Hein, EuZPR, Art. 15 EuGVO, Rn. 8.

1983 Geimer, in: Geimer/Schütze, EZVR, A.1, Art. 15, Rn. 28; von Hein, in: Kropholler/von Hein, Art. 15 EuGVO, Rn. 13.

in der Regel auch nicht mittels eines in Raten zurückzuzahlenden Darlehens finanziert werden. Jedoch könnte beim Erwerb von Aktien der Auffangtatbestand des Art. 15 Abs. 1 lit. c) EuGVO einschlägig sein. Voraussetzung hierfür ist, dass das virtuelle Emissionshaus oder bei einer Direktemission der Emittent in Deutschland eine berufliche oder gewerbliche Tätigkeit ausübt oder eine solche auf irgendeine Art und Weise auf Deutschland ausrichtet und der geschlossene Vertrag in den Bereich dieser Tätigkeit fällt[1984]. Im Gegensatz zu Art. 13 Abs. 1 Nr. 3 EuGVÜ, der lediglich Dienstleistungen und die Lieferung beweglicher Sachen erfasste, greift Art. 15 Abs. 1 lit. c) EuGVO in „allen anderen Fällen" ein und stellt einen weit gefassten Auffangtatbestand dar[1985]. Es ist nicht mehr Voraussetzung, dass eine Dienstleistung erbracht oder eine bewegliche Sache geliefert wird[1986]. Denn anders als Art. 13 Abs. 1 Nr. 3 EuGVÜ besteht in der Neufassung keine Begrenzung auf bewegliche Sachen, so dass auch die Übertragung von Rechten in den Anwendungsbereich von Art. 15 Abs. 1 lit. c) EuGVO fällt[1987].

Der Anwendungsbereich des Art. 15 Abs. 1 lit. c) EuGVO ist somit im Gegensatz zu Art. 5 EVÜ/Art. 29 EGBGB a.F. auch bei einer Eigenemission eröffnet. Im Gegensatz zu Art. 13 Abs. 1 Nr. 3a EuGVÜ und Art. 5 EVÜ/Art. 29 EGBGB a.F. gilt Art. 15 Abs. 1 lit. c) EuGVO nun für alle Typen von Verträgen, an denen ein Verbraucher beteiligt ist[1988].

b) Ausrichtung des Angebots auf Deutschland

Der Gerichtsstand des Art. 16 Abs. 1, 2. Alt. EuGVO ist nur eröffnet, falls der Anbieter seine berufliche oder gewerbliche Tätigkeit im Aufenthaltsstaat des Verbrauchers ausübt (Art. 15 Abs. 1 lit. c), 1. Alt. EuGVO) oder diese auf den Aufenthaltsstaat des Verbrauchers ausrichtet (Art. 15 Abs. 1 lit. c), 2. Alt. EuGVO). Mit der 2. Alternative des Art. 15 Abs. 1 lit. c) EuGVO wollte man Internetsachverhalte erfassen, um Verbraucher, die im Wege des elektronischen Geschäftsverkehrs Verträge schließen, besser zu schützen[1989]. Der situative Anwendungsbereich des

1984 Siehe hierzu: von Hein, in: von Kropholler/von Hein, EuZPR, Art. 15 EuGVO, Rn. 22 ff.; Geimer, in: Geimer/Schütze, EZVR, A.1, Art. 15, Rn. 33 ff.; Wagner, in: Stein/Jonas, Band 10, Art. 15 EuGVVO, Rn. 40 ff.

1985 Staudinger, in: Rauscher, EuZPR, Art. 15 Brüssel I-VO, Rn. 7; Wagner, in: Stein/Jonas, Band 10, Art. 15 EuGVVO, Rn. 32; Geimer, in: Geimer/Schütze, EZVR, A.1, Art. 15, Rn. 33.

1986 Staudinger, in: Rauscher, EuZPR, Art. 15 Brüssel I-VO, Rn. 7; Geimer, in: Geimer/Schütze, EZVR, A.1, Art. 15, Rn. 44 ff.; Wagner, in: Stein/Jonas, Band 10, Art. 15 EuGVVO, Rn. 32.

1987 Geimer, in: Geimer/Schütze, EZVR, A.1, Art. 15, Rn. 43; Staudinger, in: Rauscher, EuZPR, Art. 15 Brüssel I-VO, Rn. 7 ff.

1988 Schlosser, EZPR, Art. 15 EuGVVO, Rn. 8; von Hein, in: Kropholler/von Hein, Art. 15 EuGVO, Rn. 20.

1989 Siehe Begr. zum Vorschlag für eine Verordnung (EG) des Rates über die gerichtliche Zuständigkeit und die Anerkennung und Vollstreckung von Entscheidungen

Art. 15 Abs. 1 lit. c) EuGVO ist mit dem des Art. 6 Rom I-VO deckungsgleich[1990]. Der Verordnungsgeber beabsichtigte ausweislich der Erwägungsgründe Nr. 7 und Nr. 24 der nach Inkrafttreten der EuGVO erlassenen Rom I-VO damit eine einheitliche Auslegung der neu geschaffenen Rom I-VO und der älteren EuGVO[1991].

Zur Beurteilung der Frage, wann ein Unternehmer seine Tätigkeit auf den Staat des gewöhnlichen Aufenthalts des Verbrauchers ausgerichtet hat und damit der Verbrauchergerichtsstand des Art. 16 Abs. 1, 2. Alt. EuGVO eröffnet ist, kann daher auf die im Rahmen von Art. 6 Rom I-VO[1992] entwickelten Kriterien zur Frage, wann ein Angebot auf das Inland ausgerichtet ist, abgestellt werden. Es ist anhand objektiver Kriterien und auch mit Hilfe eines „Disclaimers" die Zielrichtung einer Webseite zu ermitteln[1993].

Der EuGH hat jüngst in einer Entscheidung[1994] zu Art. 15 Abs. 1 lit. c) EuGVO festgestellt, dass das Kriterium des „Ausrichtens" dann erfüllt sei, wenn der Gewerbetreibende seinen Willen zum Ausdruck gebracht hat, Geschäftsbeziehungen zu Verbrauchern auch im Wohnsitzmitgliedsstaat des Verbrauchers herzustellen. Das Vorliegen der Bereitschaft hierzu sei anhand einer Reihe von objektiven Kriterien, die aber nicht erschöpfend seien, festzustellen. Als taugliche Kriterien führte der EuGH u.a. „den internationalen Charakter der fraglichen Tätigkeit, wie bestimmter touristischer Tätigkeiten, die Angabe von Telefonnummern mit internationaler Vorwahl, die Verwendung eines anderen Domänennamens oberster Stufe als dem des Mitgliedstaats, in dem der Gewerbetreibende niedergelassen ist, z. B. „.de", oder die Verwendung von neutralen Domänennamen oberster Stufe wie „.com" oder „.eu", Anfahrtsbeschreibungen von einem oder mehreren anderen Mitgliedstaaten aus zum Ort der Dienstleistung oder die Erwähnung einer internationalen Kundschaft, die sich aus in verschiedenen Mitgliedstaaten wohnhaften Kunden zusammensetzt, insbesondere durch die Wiedergabe von Kundenbewertungen" auf[1995].

---

in Zivil- und Handelssachen, KOM (1999) 348 endg., S. 18; siehe auch: Geimer, in: Geimer/Schütze, EZVR, A.1, Art. 15, Rn. 35; Sujecki, EWS 2010, 360, 362.

1990 Leible/Lehmann, RIW 2008, 528, 538; von Hein, in: Kropholler/von Hein, Art. 15 EuGVO, Rn. 25; Martiny, in: MüKo-BGB, Band 10, Art. 6 Rom I-VO, Rn. 31 ff.; siehe auch Erwägungsgrund Nr. 24 der Rom I-VO.

1991 Martiny, in: Reithmann/Martiny, Internationales Vertragsrecht, Rn. 4182; Bitter, IPRax 2008, 96 ff.

1992 Siehe 2. Teil, 3. Abschnitt unter B.IV.1.b.cc.

1993 So auch Staudinger, in: Rauscher, EuPR, Art. 15 Brüssel I-VO, Rn. 15; Micklitz/Rott, EuZW 2001, 325, 331; Buchner, EWS 2000, 147, 152; Koch/Maurer, WM 2002, 2443, 2451.

1994 EuGH, Urt. v. 7.12.2010, Rs. C-585/08, Rs. C-144/09 (Peter Pammer/Reederei Karl Schlüter GmbH & Co. KG und Hotel Alpenhof GesmbH/Oliver Heller), NJW 2011, 505, 508, Rn. 75 f.

1995 EuGH, Urt. v. 7.12.2010, Rs. C-585/08, Rs. C-144/09 (Peter Pammer/Reederei Karl Schlüter GmbH & Co. KG und Hotel Alpenhof GesmbH/Oliver Heller), NJW 2011, 505, 508 f., Rn. 83 ff.

Gemäß Art. 15 Abs. 1 lit. c) EuGVO ist weitere Voraussetzung für die Eröffnung des Verbrauchergerichtsstands, dass der mit dem Verbraucher geschlossene Vertrag in den Bereich der vom Unternehmen im Staat des gewöhnlichen Aufenthalts des Verbrauchers ausgeübten oder dahin ausgerichteten beruflichen oder gewerblichen Tätigkeit fällt[1996]. Art. 15 Abs. 1 lit. c) EuGVO fordert lediglich – wie auch Art. 6 Rom I-VO[1997] – eine Kausalität zwischen dem „Ausrichten" der beruflichen oder gewerblichen Tätigkeit auf den Wohnsitzstaat des Verbrauchers und dem Vertragsschluss[1998]. Dabei muss der Unternehmer bereits vor dem Vertragsschluss mit dem Verbraucher und unabhängig von dem mit diesem geschlossenen Vertrag seine berufliche oder gewerbliche Tätigkeit im Wohnsitzstaat des Verbrauchers ausgeübt oder auf diesen Staat ausgerichtet haben[1999]. Ein erstmaliges Tätigwerden im Wohnsitzstaat aufgrund des mit dem Verbraucher geschlossenen Vertrags reicht für die Annahme einer Tätigkeit im Wohnsitzstaat des Verbrauchers bzw. eines „Ausrichtens" auf diesen Staat nicht aus[2000].

Im Unterschied zum EuGVÜ[2001] ist es damit nicht mehr erforderlich, dass der Verbraucher die zum Vertragsschluss führenden Rechtshandlungen in seinem Wohnsitzstaat vorgenommen oder der Unternehmer die Bestellung des Verbrauchers in diesem Staat entgegengenommen hat[2002]. Vielmehr greift Art. 15 Abs. 1 lit. c) EuGVO auch ein, wenn der Verbraucher einen Vertrag während einer Auslandsreise schließt, und schützt damit auch den aktiven Verbraucher[2003], sofern er aufgrund einer auf seinen Wohnsitzstaat ausgerichteten Tätigkeit zum Vertragsschluss motiviert wurde. Dabei ist unerheblich, ob der Vertragsschluss mittels

---

1996 Siehe hierzu: von Hein, in: Kropholler/von Hein, EuZPR, Art. 15 EuGVO, Rn. 23 ff.; Staudinger, in: Rauscher, EuZPR, Art. 15 Brüssel I-VO, Rn. 17 ff.; Wagner, in: Stein/Jonas, Band 10, Art. 15 EuGVVO, Rn. 48.

1997 Siehe zu Art. 6 Rom I-VO: Magnus, in: Staudinger, Band IVR 1, Art. 6 Rom I-VO, Rn. 120; Limbach, in: jurisPK, Band 6, Art. 6 Rom I-VO, Rn. 45; Martiny, in: MüKo-BGB, Band 10, Art. 6 Rom I-VO, Rn. 37; BGH, Beschluss v. 17.9.2008, III ZR 71/08, NJW 2009, 298, Rn. 12.

1998 von Hein, in: Kropholler/von Hein, Art. 15 EuGVO, Rn. 26; Schlosser, EZPR, Art. 15 EuGVVO, Rn. 8; Staudinger, in: Rauscher, EZPR, Art. 15 Brüssel I-VO, Rn. 18.

1999 BGH, Urt. v. 30.3.2006, VII ZR 249/04, NJW 2006, 1672, Rn. 25.

2000 BGH, Urt. v. 30.3.2006, VII ZR 249/04, NJW 2006, 1672, Rn. 24.

2001 Siehe zur Problematik unter Geltung des EuGVÜ: Mankowski, RabelsZ 63(1999), 203, 250; Pichler, in: Hoeren/Sieber, Hdb. Multimedia-Recht, Teil 31, Rn. 178; Hausmann, in: Staudinger, Anhang II zu Art. 27–37 EGBGB, Rn. 103.

2002 Mankowski, MMR 2002, 643, 645; Staudinger, in: Rauscher, EuZPR, Art. 15 Brüssel I-VO, Rn. 13; von Hein, in: Kropholler/von Hein, Art. 15 EuGVO, Rn. 27.

2003 Siehe Begründung zu Art. 15 EuGVO des Vorschlags für eine Verordnung (EG) des Rates über die gerichtliche Zuständigkeit und die Anerkennung und Vollstreckung von Entscheidungen in Zivil- und Handelssachen, KOM (1999) 348, S. 17 f.; von Hein, in: Kropholler/von Hein, Art. 15 EuGVO, Rn. 27; Staudinger, in: Rauscher, EuZPR, Art. 15 Brüssel I-VO, Rn. 11.

Internet oder auf anderem Wege erfolgt ist[2004]. Im Hinblick auf den elektronischen Geschäftsverkehr dürfte diese Regelung auch die Vermeidung von Beweisproblemen bezweckt haben, da gerade im Internet der Ort des Vertragsschlusses oftmals nur schwer nachvollzogen werden kann[2005].

c) Umfang des Gerichtsstands

Fraglich ist, welche Ansprüche am Gerichtsstand des Art. 15 EuGVO geltend gemacht werden können, da die Vorschrift von „Ansprüchen aus Vertrag" spricht. Bei der Auslegung der Vorschrift ist von einem weiten Vertragsbegriff auszugehen[2006].

Unter den Begriff der Klage aus einem Vertrag können Ansprüche aus culpa in contrahendo (§§ 280, 241 Abs. 2, 311 Abs. 2 BGB)[2007] wie auch deliktische Ansprüche[2008] gegen das virtuelle Emissionshaus subsumiert werden, sofern diese in einem engen Sachzusammenhang zum Vertrag stehen (Annexzuständigkeit). Dies ist bei Prospekthaftungsansprüchen gegen das Emissionshaus, von welchem der Anleger die Aktien erworben hat, der Fall, da diese in einem engen Verhältnis zum Erwerbsvertrag stehen. Dagegen wird bei Klagen im Rahmen einer Fremdemission gegen den Emittenten und gegen das virtuelle Emissionshaus die gerichtliche Zuständigkeit gegen den Emittenten – mit dem ja kein Vertrag besteht – nicht durch Art. 15 EuGVO begründet. Dies folgt aus der Tatsache, dass Art. 6 Nr. 1 EuGVO (Regelung über Streitgenossenschaft) nicht auf Verträge gemäß Art. 15 EuGVO anwendbar ist[2009]. Eine analoge Anwendung des Art. 6 Nr. 1 EuGVO im Rahmen von Art. 15 EuGVO kommt aber nur bei Bestehen einer notwendigen Streitgenossenschaft in Betracht[2010]. An einer solchen fehlt es jedoch bei der Geltendmachung von Prospekthaftungsansprüchen. Wird bei einer Fremdemission nur der Emittent

---

2004 Siehe zum Fall des Präsentierens eines Anlageprodukts auf einer Webseite und einem darauf erfolgten Vertragsschluss mittels eines in Deutschland ansässigen Vermittlers: OLG Dresden, Urt. v. 15.12.2004, 8 U 1855/04, WM 2006, 806.

2005 Mankowski, MMR 2002, 643, 645; Staudinger, in: Rauscher, EuZPR, Art. 15 Brüssel I-VO, Rn. 14.

2006 Siehe zu Einzelheiten: Geimer, in: Geimer/Schütze, EZVR, A.1, Art. 15, Rn. 25 ff.; Staudinger, in: Rauscher, EuZPR, Art. 15 Brüssel I-VO, Rn. 8 f.; von Hein, in: Kropholler/von Hein, Art. 15 EuGVO, Rn. 20 ff.

2007 Hausmann, in: Staudinger (2002), Anhang II zu Art. 27–37 EGBGB, Rn. 107; OLG Köln, Urt. v. 16.3.1988, 12 U 197/88, ZIP 1989, 838, 839 (zu Art. 13 EuGVÜ); Geimer, in: Geimer/Schütze, EZVR, A.1, Art. 15, Rn. 25a.

2008 BGH, Urt. v. 5.10.2010, VI ZR 159/09, EuZW 2011, 34 ff. zu Art. 13 Abs. 1 Nr. 3 LugÜ; Geimer, in: Geimer/Schütze, EZVR, A.1, Art. 15, Rn. 26; Benicke, WM 1997, 945, 952; a.A. Hüßtege, in: Thomas/Putzo, 31. Auflage, Art. 15 EuGVVO, Rn 1, der diesen Standpunkt in der 32. Auflage nicht mehr vertritt; von Hein, EuZW 2011, 369, 370; Wagner/Gess, NJW 2009, 3481, Fn. 10.

2009 Geimer, in: Geimer/Schütze, EUZVR, A1, Art. 6, Rn. 9; Leible, in: Rauscher, EuZPR, Art. 6 Brüssel I-VO, Rn. 2.

2010 Geimer, in: Geimer/Schütze, EZVR, A1, Art. 6, Rn. 9 sowie Art. 16, Rn. 14; Leible, in: Rauscher, EuZPR, Art. 6 Brüssel I-VO, Rn. 8 f.

verklagt, so ist der Gerichtsstand des Art. 16, 15 Abs. 1 lit. c) EuGVO nicht einschlägig, da zwischen Kläger und diesem keine vertragliche Beziehung besteht.

2. Art. 5 Nr. 1 EuGVO (Gerichtsstand des Erfüllungsortes)

Ähnlich wie das deutsche Recht (§ 29 ZPO) sieht die EuGVO neben dem allgemeinen Gerichtsstand des Wohnorts des Beklagten den besonderen Gerichtsstand des Erfüllungsortes vor[2011]. Dieser wird in Art. 5 Nr. 1 lit. b) 1. Spgstr. EuGVO für die Fallkonstellationen des Warenverkaufs als der Ort legaldefiniert, an dem bei einem Vertrag über die Lieferung beweglicher Sachen diese geliefert werden müssen[2012]; bei Dienstleistungen wird der Lieferort gemäß Art. 5 Nr. 1 lit. b) 2. Spgstr. EuGVO als der Ort definiert, an dem diese nach dem Vertrag erbracht worden sind oder hätten erbracht werden müssen[2013]. Im Gegensatz zum EuGVÜ enthält die EuGVO mit Art. 5 Nr. 1 lit. b) EuGVO eine autonome prozessuale Definition des Erfüllungsortes[2014], die allerdings nur für den Verkauf von Waren und die Erbringung von Dienstleistungen Anwendung findet. Anders als im Rahmen des EuGVÜ ist bei Art. 5 Nr. 1 lit. b) EuGVO nicht mehr für jede verletzte Vertragspflicht bzw. jeden geltend gemachten Anspruch eine gesonderte Bestimmung des Erfüllungsortes vorzunehmen; dieser ist vielmehr europarechtlich autonom zu bestimmen[2015].

Liegen die Voraussetzungen des Art. 5 Nr. 1 lit. b) EuGVO nicht vor, so bestimmt sich gemäß Art. 5 Nr. 1 lit. c) EuGVO der Ort des zuständigen Gerichts gemäß Art. 5 Nr. 1 lit a) EuGVO als der Ort, an welchem die streitgegenständliche vertragliche Verpflichtung erfüllt worden ist oder hätte erfüllt werden müssen[2016]. Im Rahmen des Art. 5 Nr. 1 lit. a) EuGVO bestimmt sich somit der Erfüllungsort wie schon im Rahmen von Art. 5 EuGVÜ nach der lex causae[2017]. Im Rahmen des

---

2011 Siehe zum Begriff des Erfüllungsorts: von Hein, in: Kropholler/von Hein, Art. 5 EuGVO, Rn. 29 ff., 45 ff.; Leible, in: Rauscher, EuZPR, Art. 5 Brüssel I-VO, Rn. 31 ff.; Wagner, in: Stein/Jonas, Band 10, Art. 5 EuGVVO, Rn. 51 ff.

2012 Leible, in: Rauscher, EuZPR, Art. 5 Brüssel I-VO, Rn. 46 ff.; Wagner, in: Stein/Jonas, Band 10, Art. 5 EuGVVO, Rn. 51 ff.; Pfeiffer, in: Gounalakis, Rechtshandbuch Electronic Business, § 13, Rn. 38; Geimer, in: Geimer/Schütze, EZVR, A1, Art. 5, Rn. 86.

2013 Leible, in: Rauscher, EuZPR, Art. 5 Brüssel I-VO, Rn. 49 f.; Wagner, in: Stein/Jonas, Band 10, Art. 5 EuGVVO, Rn. 52 ff.; Pfeiffer, in: Gounalakis, Rechtshandbuch Electronic Business, § 13, Rn. 41;

2014 Leible, in: Rauscher, EuZPR, Art. 5 Brüssel I-VO, Rn. 32; Geimer, in: Zöller, ZPO, Anh 1, Art. 5 EuGVVO, Rn. 3; Pfeiffer, in: Gounalakis, Rechtshandbuch Electronic Business, § 13, Rn. 37 f.; Geimer, in: Geimer/Schütze, EZVR, A.1, Art. 5, Rn. 13; Schlosser, EZPR, Art. 5 EuGVVO, Rn. 10.

2015 Leible, in: Rauscher, EuZPR, Art. 5 Brüssel I-VO, Rn. 45; Wagner, in: Stein/Jonas, Band 10, Art. 5 EuGVVO, Rn. 58.

2016 Siehe hierzu: Leible, in: Rauscher, EuZPR, Art. 5 Brüssel I-VO, Rn. 31 ff., 58; Wagner, in: Stein/Jonas, Band 10, Art. 5 EuGVVO, Rn. 76 ff.

2017 EuGH, Urt. v. 23.4.2009, Rs. C-533/07 (Falco Privatstiftung u. Rabitsch/Weller-Lindhorst), NJW 2009, 1865, 1867, Rn. 51.

EuGVÜ erfolgte eine Bestimmung des Erfüllungsorts auch bei Warenlieferungen und der Erbringung von Dienstleistungen nach der sogenannten „Tessili-Formel" gemäß der lex causae, folglich nach dem Recht, welches für das mit der Streitsache befasste Gericht maßgeblich ist[2018], und ist für jede verletzte Vertragspflicht bzw. jeden geltend gemachten Anspruch gesondert zu bestimmen[2019]. Eine generelle Anknüpfung an den Ort der vertragscharakteristischen Leistung wurde vom EuGH[2020] im Rahmen des EuGVÜ abgelehnt. Diese Rechtsprechung findet im Rahmen von Art. 5 Nr. 1 lit. a) EuGVO weiterhin Anwendung[2021]. Ein Kauf beweglicher Sachen liegt nicht vor, da Aktien keine beweglichen Sachen i.S.v. Art. 5 Nr. 1 lit. b) EuGVO darstellen[2022]. Der Begriff der Dienstleistung in Art. 5 Nr. 1 lit. b) EuGVO ist nach dem gesetzgeberischen Willen weit auszulegen und umfasst auch Finanzdienstleistungen[2023]. Das virtuelle Emissionshaus erbringt eine Wertpapierdienstleistung i.S.v. § 2 Abs. 4 WpHG und eine Bankdienstleistung i.S.v. § 1 KWG. Bei diesen handelt es sich um Korrespondenzdienstleistungen, da diese ohne Ortsveränderung erbracht werden.

a) Bestimmung des Erfüllungsorts bei Korrespondenzdienstleistungen

Fraglich ist, wie bei Korrespondenzdienstleistungen der Erfüllungsort zu bestimmen ist[2024]. Bei Korrespondenzdienstleistungen fallen der Ort, an dem die vertraglich geschuldete Leistung vorgenommen wird, und der Ort, an dem die Folgen der vertraglich geschuldeten Leistung eintreten, auseinander. Man könnte mithin auf den Ort der Vornahme der Leistungshandlung oder den Ort, an dem die Folgen der vertraglich geschuldeten Leistung eintreten, abstellen[2025].

2018 EuGH, Urt. v. 6.10.1976, Rs. 12/76 (Industria Tessili Italiana Como/Dunlop AG), NJW 1977, 491 f.; Jayme/Kohler, IPRax 1999, 404, 405; Pfeiffer, in: Gounalakis, Rechtshandbuch Electronic Business, § 13, Rn. 30.

2019 EuGH, Urt. v. 6.10.1976, Rs. 12/76 (Industria Tessili Italiana Como/Dunlop AG), NJW 1977, 491 f.; Jayme/Kohler, IPRax 1999, 404, 405; Pfeiffer, in: Gounalakis, Rechtshandbuch Electronic Business, § 13, Rn. 30.

2020 EuGH, Urt. v. 15.1.1987, Rs. 266/85 (Shenvai/Kreischer), Slg. 1987, 239.

2021 EuGH, Urt. v. 23.4.2009, Rs. C-533/07 (Falco Privatstiftung u. Rabitsch/Weller-Lindhorst), NJW 2009, 1865, 1867, Rn. 51; Wagner, in: Stein/Jonas, Band 10, Art. 5 EuGVVO, Rn. 77; Leible, in: Rauscher, EuZPR, Art. 5 Brüssel I-VO, Rn. 35, krit. Rn. 36.

2022 von Hein, in: Kropholler/von Hein, EuZPR, Art. 5 EuGVO, Rn. 41.

2023 von Hein, in: Kropholler/von Hein, EuZPR, Art. 5 EuGVO, Rn. 44; Pfeiffer, in: Gounalakis, Rechtshandbuch Electronic Business, § 13, Rn. 40.

2024 Siehe hierzu: Mankowski, in: Magnus/Mankowski, Brussels I Regulation, Art. 5, Rn. 122 f.

2025 Siehe zur Bestimmung des Erfüllungsorts: von Hein, in: Kropholler/von Hein, EuZPR, Art. 5 EuGVO, Rn. 45 ff.; Leible, in: Rauscher, EuZPR, Art. 5 Brüssel I-VO, Rn. 51 ff.; Mankowski, in: Magnus/Mankowski, Brussels I Regulation, Art. 5, Rn. 113 ff.

Dem Wortlaut von Art. 5 Nr. 1 lit. b) 2. Spgstr. EuGVO zufolge besteht an dem Ort in einem Mitgliedstaat, an dem Dienstleistungen nach dem Vertrag erbracht worden sind oder hätten erbracht werden müssen, ein Gerichtsstand. Der Wortlaut der Norm („erbracht") deutet darauf hin, dass auf den Ort, an dem die vertraglich geschuldete Leistungshandlung vorgenommen worden ist, abzustellen ist[2026]. Dagegen legt ein Vergleich mit Art. 5 Abs. 1 lit. b) 1. Spgstr. EuGVO, der den Lieferort als Gerichtsstand des Erfüllungsorts bei Warenlieferungen bestimmt, es nahe auf den Ort abzustellen, an dem die Folgen der vertraglich vereinbarten Tätigkeit eingetreten sind.

Der EuGH hat sich bisher mit dieser Fragestellung nicht auseinandergesetzt, jedoch jüngst in einer Entscheidung[2027] festgestellt, dass in Fällen, in denen die Dienstleistung in verschiedenen Mitgliedstaaten erbracht wird, es für die Bestimmung des Erfüllungsortes maßgebend sei, wo der nach wirtschaftlichen Kriterien zu ermittelnde örtliche Schwerpunkt der Dienstleistung liege. In einer weiteren Entscheidung zur Bestimmung des Gerichtsstands des Erfüllungsortes bei Dienstleistungsverträgen hat der EuGH[2028] ausgeführt, dass auf den Ort der hauptsächlichen Leistungserbringung abzustellen sei. Lasse sich dieser nicht bestimmen, so sei der Gerichtsstand des Erfüllungsorts i.S.v. Art. 5 Abs. 1 lit. b) EuGVO, hilfsweise der Ort der Niederlassung des Dienstleistenden, maßgeblich[2029].

Die beiden Entscheidungen bieten jedoch keine explizite Hilfestellung für die Bestimmung des Gerichtsstands des Erfüllungsortes bei Erbringung von Korrespondenzdienstleistungen, da in beiden Fällen die Orte, an welchen Leistungshandlungen vorgenommen worden waren, mit den Orten, an denen die Folgen der vertraglich geschuldeten Leistung eintraten, identisch waren. Allerdings ließe sich die „Wood Floor" Entscheidung[2030] des EuGH dahingehend interpretieren, dass der Ort der Tätigkeitsausübung maßgeblich ist.

2026 Mankowski, in: Magnus/Mankowski, Brussels I Regulation, Art. 5, Rn. 113.

2027 EuGH, Urt. v. 9.7.2009, Rs. C-204/08 (Peter Rehder/Air Baltic Corporation), NJW 2009, 2801, 2802, Rn. 36 f.

2028 EuGH, Urt. v. 11.3.2010, Rs. C-19/09 (Wood Floor Solutions Andreas Domberger GmbH/Silva Trade SA), EuZW EuZW 2010, 378, 379, Rn. 33 ff.

2029 EuGH, Urt. v. 11.3.2010, Rs. C-19/09 (Wood Floor Solutions Andreas Domberger GmbH/Silva Trade SA), EuZW EuZW 2010, 378, 380, Rn. 40.

2030 EuGH, Urt. v. 11.3.2010, Rs. C-19/09 (Wood Floor Solutions Andreas Domberger GmbH/Silva Trade SA), EuZW EuZW 2010, 378, 380, Rn. 40. lautet: „Kann der Ort der hauptsächlichen Leistungserbringung nicht anhand der Vertragsbestimmungen ermittelt werden, weil diese entweder mehrere Erbringungsorte oder ausdrücklich gar keinen bestimmten Erbringungsort vorsehen, hat der Vertreter aber bereits solche Leistungen erbracht, so ist hilfsweise der Ort heranzuziehen, an dem er seine Tätigkeiten zur Erfüllung des Vertrags tatsächlich überwiegend vorgenommen hat, vorausgesetzt, die Erbringung der Dienstleistungen an diesem Ort widerspricht nicht dem Parteiwillen, wie er sich aus den Vertragsbestimmungen ergibt. Dabei können tatsächliche Aspekte der Rechtssache, insbesondere

Eine vergleichbare Problematik stellt sich beim Versendungskauf. Hier fallen der Ort, an dem die Leitungshandlung vorgenommen wird, und der Ort, an dem der Leistungserfolg eintritt bzw. eintreten soll, auseinander. Teilweise wird in Rechtsprechung[2031] und Literatur[2032] die Auffassung vertreten, dass der Erfüllungsort beim Versendungskauf anhand von prozessualen Wertungen, wie beispielsweise der Vorhersehbarkeit sowie der räumlichen Nähe des Ortes des Eintritts des Leistungserfolgs zum Vertrag, zu ermitteln sei. Andere[2033] wollen hingegen materiell-rechtliche Wertungen zur Bestimmung des Erfüllungsorts heranziehen. Der EuGH hat sich jüngst in einer Entscheidung[2034] ersterer Ansicht angeschlossen und sich dafür ausgesprochen, dass beim Versendungskauf der Gerichtsstand des Erfüllungsorts anhand des Ortes, an dem der Leistungserfolg eingetreten ist, zu bestimmen sei. Dieser Ort sei derjenige der körperlichen Übergabe der Waren, durch die der Käufer am endgültigen Bestimmungsort des Verkaufsvorgangs die tatsächliche Verfügungsgewalt über diese Waren erlangt hat oder hätte erlangen müssen[2035]. Der EuGH[2036] begründete seine Entscheidung damit, dass der Bestimmungsort bei Waren vorhersehbar sei und damit zwischen dem Vertrag und dem zur Entscheidung berufenen Gericht eine räumliche Nähe bestehe. Im Übrigen sei Ziel eines Kaufvertrags über bewegliche Sachen deren Übergabe vom Verkäufer an den Käufer[2037]. Würde man die vom EuGH für den Versendungskauf aufgestellten Grundsätze auf die Korrespondenzdienstleistung übertragen, so wäre der Erfüllungsgerichtsstand an dem Ort eröffnet, an dem die Folgen der vertraglich vereinbarten Tätigkeit eingetreten sind. Indes spricht gegen eine solche Betrachtungsweise, dass bei einer Dienstleistung ein Tätigwerden geschuldet ist und nicht die Übergabe einer beweglichen Sache. In vielen Konstellationen dürfte eine größere

---

die an diesen Orten aufgewendete Zeit und die Bedeutung der dort ausgeübten Tätigkeit, berücksichtigt werden".

2031 BGH, Urt. v. 23.06.2010, VIII ZR 135/08, RIW 2011, 327, 328, Rn. 20; OLG Dresden, Urt. v. 11.06.2007, 3 U 336/07, IHR 2008, 162, 164; OLG Karlsruhe, Urt. v. 12.06.2008, 19 U 5/08, IHR 2008, 194, 195.

2032 Hau, IPRax 2009, 44, 45; Hager/Bentele, IPRax 2004, 73, 76; von Hein, in: Kropholler/von Hein, EuZPR, Art. 5 EuGVO, Rn. 49.

2033 Leible, in: Rauscher, EuZPR, Art. 5 Brüssel I-VO, Rn. 53d ff.; Wagner, in: Stein/Jonas, ZPO, Band 10, Art. 5 EuGVVO, Rn. 65 will allerdings nur dann den Erfüllungsort anhand materiell-rechtlicher Wertungen bestimmen, wenn eine Lieferung noch nicht erfolgt ist. Ist eine Lieferung erfolgt, sei dagegen der Erfüllungsort anhand prozessualer Wertungen zu bestimmen.

2034 EuGH, Urt. v. 25.2.2010, Rs. C-381/08 (Car Trim GmbH/KeySafety Systems Srl), EuZW 2010, 301 ff.

2035 EuGH, Urt. v. 25.2.2010, Rs. C-381/08 (Car Trim GmbH/KeySafety Systems Srl), EuZW 2010, 301, 303, Rn. 62.

2036 EuGH, Urt. v. 25.2.2010, Rs. C-381/08 (Car Trim GmbH/KeySafety Systems Srl), EuZW 2010, 301, 302, Rn. 48 f.

2037 EuGH, Urt. v. 25.2.2010, Rs. C-381/08 (Car Trim GmbH/KeySafety Systems Srl), EuZW 2010, 301, 303, Rn. 61.

Sach- und Beweisnähe zum Ort bestehen, an dem die geschuldete Tätigkeit ausgeführt wurde[2038]. Im Übrigen würde ein Abstellen auf den Ort, an dem die Folgen der Leistungshandlung eingetreten sind, zu einer Unvorhersehbarkeit des Erfüllungsortsgerichtsstands für den Dienstleistenden führen, da für diesen nicht klar erkennbar ist, in welchem Land der die Online-Dienstleistung in Anspruch Nehmende sich gerade aufhält. Auch spricht für eine Bestimmung des Ortes des Erfüllungsgerichtsstands anhand des Ortes, an dem die geschuldete Leistungshandlung vorgenommen wurde, dass hierdurch ein Gleichlauf zwischen Art. 4 Abs. 1 lit. b) Rom I-VO bzw. Art. 4 Abs. 2 Rom I-VO und Art. 5 Abs. 1 lit. b) Rom I-VO erreicht wird[2039]. In aller Regel dürfte bei Online-Verträgen die Leistungshandlung am Ort des gewöhnlichen Aufenthalts des Dienstleistungsanbieters vorgenommen werden[2040].

Auch spricht für ein Abstellen auf den Ort, an dem die vertraglich geschuldete Handlung vorgenommen worden ist, die vom Verordnungsgeber vorgenommene Grundsatzentscheidung, dass vorbehaltlich anderweitiger Vorschriften der EuGVO Personen, die ihren Wohnsitz im Hoheitsgebiet eines Mitgliedstaats haben, ohne Rücksicht auf ihre Staatsangehörigkeit vor den Gerichten dieses Mitgliedstaats zu verklagen sind[2041]. Die Eröffnung einer Gerichtspflichtigkeit in einem anderen Mitgliedstaat stellt somit eine Abweichung vom Grundsatz der Gerichtspflichtigkeit im Wohnsitzstaat dar, die einer sachlichen Rechtfertigung bedarf. Eine solche ist im vorliegenden Fall jedoch nicht ersichtlich. Bei einer Fremdemission bestimmt sich damit der Gerichtsstand des Erfüllungsorts anhand des Ortes der Hauptverwaltung des Wertpapierdienstleistungsunternehmens.

Bei einer Eigenemission findet dagegen Art. 5 Abs. 1 lit. b) EuGVO keine Anwendung, da der Emittent gegenüber dem Anleger keine Dienstleistung erbringt. Der Gerichtsstand des Erfüllungsortes bestimmt sich im Rahmen einer Fremdemission daher anhand von Art. 5 Abs. 1 lit. a) EuGVO und ist für jede vertragliche Verpflichtung gesondert zu bestimmen[2042]. Demnach ist das Gericht des Ortes, an dem die vertragliche Verpflichtung erfüllt worden ist oder zu erfüllen wäre, zuständig. Im Unterschied zu Art. 5 Nr. 1 lit. b) EuGVO erfolgt im Rahmen des Art. 5 Abs. 1 lit. a) EuGVO die Bestimmung des Erfüllungsorts nicht europarechtlich autonom, sondern nach der lex causae[2043].

Bei einer Direktemission können gegen den Emittenten Ansprüche aus dem Zeichnungsvertrag bestehen. Bei dem zwischen dem Neuaktionär und der

2038 Mankowski, in: Magnus/Mankowski, Brussels I Regulation, Art. 5, Rn. 124.

2039 So Mankowski, in: Magnus/Mankowski, Brussels I Regulation, Art. 5, Rn. 124.

2040 Mankowski, in: Magnus/Mankowski, Brussels I Regulation, Art. 5, Rn. 124; Gottwald, in: MüKo-ZPO, Band 3, Art. 5 EuGVO, Rn. 27.

2041 EuGH, Urt. v. 3.7.1997, Rs. C-269/95, WM 1997, 1549 1550., Rn. 13.

2042 Wagner, in: Stein/Jonas, Band 10, Art. 5 EuGVVO, Rn. 76 ff.; Leible, in: Rauscher, EuZPR, Art. 5 Brüssel I-VO, Rn. 35 ff.

2043 Wagner, in: Stein/Jonas, Band 10, Art. 5 EuGVVO, Rn. 79; Leible, in: Rauscher, EuZPR, Art. 5 Brüssel I-VO, Rn. 40 ff.

Aktiengesellschaft abgeschlossenen Zeichnungsvertrag handelt es sich nach h. M.[2044] um einen korporationsrechtlichen Vertrag zwischen der Aktiengesellschaft und dem Zeichner; teilweise wird auch eine Doppelnatur dahingehend angenommen, dass ein Zeichnungsvertrag schuldrechtliche Elemente mit Zahlungs- und Lieferverpflichtungen enthalte und andererseits ein kooperationsrechtliches Rechtsgeschäft, das auf Einräumung einer Mitgliedschaft einer Gesellschaft gerichtet ist. Hauptleistung ist die Einräumung einer Mitgliedschaft. Der Gerichtsstand des Erfüllungsortes ist mithin am Sitz des Emittenten begründet.

b) Vom Gerichtsstand des Erfüllungsorts umfasste Ansprüche

Der Gerichtsstand des Erfüllungsorts ist wie im deutschen Recht (§ 29 ZPO) auf Klagen aus Verträgen begrenzt[2045]. Dabei sind die Begrifflichkeiten „Vertrag" und „Ansprüche aus einem Vertrag" im Rahmen von Art. 5 Nr. 1 lit. a) EuGVO unionsrechtlich autonom zu qualifizieren[2046]. Der Begriff des Vertrages ist im Rahmen von Art. 5 Nr. 1 lit. a) EuGVO weiter als im Rahmen von Art. 15 EuGVO I-VO auszulegen. Erfasst werden hiervon auch Schadensersatzansprüche aus einem Vertrag[2047]. Dagegen unterfallen Ansprüche gegen den Emittenten wie gegen das Emissionshaus aus spezialgesetzlicher Prospekthaftung nicht dem Gerichtsstand des Erfüllungsortes, da diese als deliktisch zu qualifizieren sind.

Fraglich ist, ob Ansprüche aus §§ 280 Abs. 1, 242 Abs. 1, 311 Abs. 2 BGB (culpa in contrahendo) dem Gerichtsstand des Art. 5 Nr. 1 EuGVO oder dem Gerichtsstand des Art. 5 Nr. 3 EuGVO unterfallen. Dies hängt davon ab, ob solche Ansprüche im Rahmen von Art. 5 EuGVO vertraglich oder deliktisch zu qualifizieren sind. Im ersteren Falle wäre der Gerichtsstand des Erfüllungsorts (Art. 5 Nr. 1 EuGVO) einschlägig, im letzteren Fall der Gerichtsstand der unerlaubten Handlung (Art. 5 Nr. 3 EuGVO). Der EuGH[2048] hat entschieden, dass Ansprüche aus culpa in contrahendo nicht dem Anwendungsbereich des Art. 5 Nr. 1 EuGVÜ unterfallen, da diese deliktisch zu qualifizieren seien. Der Entscheidung lag der Sachverhalt zugrunde, dass der Beklagte Vertragsverhandlungen abgebrochen hatte. Eine deliktische Qualifikation wurde mit dem Argument bejaht, dass es im konkreten Fall an einer dem Beklagten gegenüber eingegangen freiwilligen Verpflichtung fehle und somit

---

2044 Peifer, in: MüKo-AktG, Band 4, § 185, Rn. 32; Lutter, in: KöKo-AktG, § 185, Rn 5; Wiedemann, in: GK-AktG, § 185, Rn. 29; Servatius, in: Spindler/Stilz/Servatius, § 185, Rn. 12.

2045 von Hein, in: Kropholler/von Hein, EuZPR, Art. 5 EuGVO, Rn. 5; Leible, in: Rauscher, EuZPR, Art. 5 Brüssel I-VO, Rn. 12 ff.; Wagner, in: Stein/Jonas, Band 10, Art. 5 EuGVVO, Rn 12.

2046 von Hein, in: Kropholler/von Hein, EuZPR, Art. 5 EuGVO, Rn. 5 ff.; Leible, in: Rauscher, EuZPR, Art. 5 Brüssel I-VO, Rn. 12 ff.; Geimer, in: Geimer/Schütze, EZVR, A.1, Art. 5, Rn. 13 ff.

2047 EuGH, Urt. v. 8.3.1988, Rs. 9/87 (Arcado/Haviland), NJW 1989, 1424 ff.

2048 EuGH, Urt. v. 17.9.2002, Rs. C-334/00 (Fonderie Officine Meccaniche Tacconi SpA/Heinrich Wagner Sinto Maschinenfabrik GmbH), NJW 2002, 3159, 3160, Rn. 27.

auch keine vertraglichen Ansprüche geltend gemacht würden[2049]. Es gäbe keine freiwillige Verpflichtung, Vertragsverhandlungen nicht abzubrechen. Ein solches Verhalten sei daher deliktisch zu qualifizieren.

Von Teilen der Literatur[2050] wird dagegen argumentiert, dass in anderen Konstellationen, bei denen es im Ergebnis zu einem Vertragsschluss kommt, die vom EuGH aufgestellten Grundsätze nicht zur Anwendung gelangen und Ansprüche aus culpa in contrahendo nicht als deliktisch zu qualifizieren seien. Dies folge aus der Tatsache, dass Haftungsgrund nicht allgemein in Anspruch genommenes Vertrauen oder eine Art Berufshaftung ist, sondern (vor)-vertragliche Pflichten verletzt worden sind, die dem Schutz des Äquivalenzinteresses dienten. Auch könnte für eine Anwendung von Art. 5 Nr. 1 EuGVO die Tatsache sprechen, dass bei Verletzung der Aufklärungs- und Beratungspflichten nach Vertragsschluss Ansprüche aus § 280 Abs. 1 BGB – pVV – bestehen. Diese unterfallen nach einhelliger Meinung dem Vertragsstatut[2051] und können somit im Gerichtsstand des Art. 5 Nr. 1 EuGVO geltend gemacht werden. Es wäre bedenklich, wollte man die Verletzung gleichartiger Pflichten je nach Verletzungszeitpunkt unterschiedlichen Gerichtsständen unterstellen[2052].

Jedoch sind gemäß Art. 2 Abs. 1 Rom II-VO i.V.m. Erwägungsgrund Nr. 30 Ansprüche aus culpa in contrahendo als außervertraglich zu qualifizieren, wenngleich sie aber in aller Regel gemäß Art. 12 Abs. 1 Rom II-VO vertragsakzessorisch angeknüpft werden. Von Seiten der Literatur[2053] wird daher argumentiert, dass vor

---

2049 In diesem Fall wurden Verkehrspflichten verletzt, die dem Schutz des Integritätsinteresses dienen.

2050 Mankowski, IPRax 2003, 127, 134 f.; so bei Verletzung von Aufklärungspflichten bei der Anlagervermittlung: Schütze, in: Assmann/Schütze, Hdb. KapitalanlageR, § 8, Rn. 11; Leible, in: Rauscher, EuZPR, Art. 5 Brüssel I-VO, Rn. 27; Gottwald, in: MüKo-ZPO, Band 3, Art. 5 EuGVO, Rn. 11, 64, der es für sachgerechter erachtet bei der Verletzung von Aufklärungs- und Beratungspflichten dem Rechtsgedanken des Art. 12 Abs. 2 Rom II-VO folgend auf das Vertragsstatut zurückzuverweisen und daher Art. 5 Nr. 1 EuGVO anzuwenden. Bei der Verletzung von deliktsähnlicher Obhuts- und Erhaltungspflichten solle dagegen Art. 5 Nr. 3 EuGVO zur Anwendung gelangen.

2051 Spellenberg, in: MüKo-BGB, Band 10, Art. 12 Rom I-VO, Rn. 62; Martiny, in: Reithmann/Martiny, Internationales Vertragsrecht, Rn. 321; Thorn, in: Palandt, Art. 12 Rom I-VO, Rn. 7; von Hein, in: Kropholler/von Hein, Art. 5 EuGVO, Rn. 14; Gottwald, in: MüKo-ZPO, Band 3, Art. 5 EuGVO, Rn. 6; BGH, Urt. v. 14.7.1993, I ZR 204/91, BGHZ 123, 201, 207; OLG München, Urt. v. 9.1.1996, 25 U 4605/95, RIW 1996, 329, 330. Allerdings hat der EuGH, Urt. v. 17.9.202, Rs. C-334/00 (Tacconi), NJW 2002, 3159 zu Art. 5 Nr. 1, 3 EuGVÜ entschieden, dass Schadensersatzansprüche aus c.i.c. wegen des Abbruchs von Vertragsverhandlungen deliktisch einzuordnen sind.

2052 So andeutungsweise: Bitter, IPRax 2008, 96, 100.

2053 von Hein, in: Kropholler/von Hein, EuZPR, Art. 5 EuGVO, Rn. 75; Lüttringhaus, RIW 2008, 193, 199.

dem Hintergrund der Auslegungskontinuität (Erwägungsgrund Nr. 19 der EuGVO) davon ausgegangen werden müsse, dass Ansprüche aus culpa in contrahendo auch dann dem Anwendungsbereich des Art. 5 Nr. 3 EuGVO unterfallen, wenn sie auf Ersatz des Äquivalenzinteresses gerichtet seien.

Dem ist zuzustimmen, da mit der EuGVO die Schaffung EU-weit einheitlicher Gerichtsstände bezweckt wurde. Eine Auslegung des Begriffs der culpa in contrahendo nach der lex causae oder der lex fori würde diesem Ziel zuwider laufen[2054]. Der Begriff ist gemeinschaftsrechtlich autonom auszulegen. Auch spricht der Umstand, dass Ansprüche aus culpa in contrahendo in den meisten EU-Mitgliedstaaten[2055] deliktsrechtlich qualifiziert werden für eine Unterstellung dieser Ansprüche unter den Gerichtsstand des Art. 5 Nr. 3 EuGVO. Des Weiteren stellt Erwägungsgrund Nr. 30 der Rom II-VO ausdrücklich klar, dass die Verletzung von Offenlegungspflichten wie auch der Abbruch von Vertragsverhandlungen dem Anwendungsbereich von Art. 12 Rom II-VO unterfallen sollen. Für eine Differenzierung zwischen Äquivalenz- und Integritätsinteresse und damit einhergehend einer unterschiedlichen Qualifikation der culpa in contrahendo, je nach Fallkonstellation, verbleibt somit kein Raum. Ansprüche aus §§ 280 Abs. 1, 241 Abs. 2, 311 Abs. 2 BGB (culpa in contrahendo) können somit – im Unterschied zu Ansprüchen gemäß § 280 Abs. 1 BGB – nicht im Gerichtsstand des Art. 5 Nr. 1 EuGVO geltend gemacht werden.

Art. 5 Nr. 1 EuGVO findet jedoch nur Anwendung, sofern Art. 16 EuGVO nicht einschlägig ist, da diese Norm insoweit lex specialis zu Art. 5 Nr. 1 EuGVO ist[2056]. Wie bereits gezeigt, unterfallen jedoch alle vertraglichen Ansprüche, welche bei einer Eigen- wie auch bei einer Fremdemission bestehen, bereits dem Gerichtsstand des Art. 16 Abs. 1, 2. Alt. EuGVO, sofern der situative Anwendungsbereich des Art. 15 Abs. 1 lit c) EuGVO gegeben ist. Nur in Fällen, in denen das virtuelle Emissionshaus oder der Emittent seine Tätigkeit nicht auf den Wohnsitzstaat des Verbrauchers ausgerichtet hat, verbleibt Raum für eine Anwendung von Art. 5 Nr. 1 EuGVO. Außervertragliche Ansprüche, beispielsweise aus deliktischer Handlung, können dagegen nicht im Gerichtsstand des Art. 5 Nr. 1 EuGVO geltend gemacht werden[2057].

2054 So Leible, in: Raucher, EuZPR, Art. 5 Brüssel I-VO, Rn. 78.

2055 Schmitt. BKR 2010, 366 weist darauf hin, dass lediglich in Deutschland und Österreich Ansprüche aus culpa in contrahendo als quasi-vertraglich qualifiziert werden.

2056 von Hein, in: Kropholler/von Hein, EuZPR, Art. 5 EuGVO, Rn. 5; Geimer, in: Geimer/Schütze, EZVR, A1, Art. 15, Rn. 26.

2057 von Hein, in: Kropholler/von Hein, EuZPR, Art. 5 EuGVO, Rn. 79 ff.; Leible, in: Rauscher, EuZPR, Art. 5 Brüssel I-VO, Rn. 59.

3. Art. 5 Nr. 3 EuGVO (Gerichtsstand der unerlaubten Handlung)

Der Begriff der unerlaubten Handlung ist unionsrechtlich autonom auszulegen[2058]. Eine Auslegung nach der lex fori oder der lex causae würde dem mit der EuGVO verfolgten Ziel der Schaffung von EU weit einheitlichen Gerichtsständen zuwiderlaufen[2059]. Dabei ist der Begriff der unerlaubten Handlung in Anlehnung an die Abgrenzung der sachlichen Anwendungsbereiche der Rom I-VO und der Rom II-VO auszulegen[2060]. Laut EuGH sollen alle Klagen, mit denen eine Schadenshaftung geltend gemacht werden und die nicht an einen Vertrag i.S.v. Art. 5 Nr. 1 EuGVO anknüpfen, dem Anwendungsbereich des Art. 5 Nr. 3 EuGVO unterfallen[2061]. Für den Gerichtsstand der unerlaubten Handlung gilt nach der Rechtsprechung des EuGH[2062], dass der Kläger im Falle einer direkten Schädigung wie im deutschen IPR (Art. 40 ff. EGBGB) und in Abweichung von Art. 4 Rom II-VO zwischen dem Handlungsort und dem Erfolgsort, der meist mit dem Schadensort identisch ist, wählen kann[2063].

a) Bestimmung des Erfolgsortes

Als Erfolgsort i.S.d. Schadensorts kommt grundsätzlich der Wohnsitz des geschädigten Anlegers in Betracht. Der Gerichtsstand des Art. 5 Nr. 3 EuGVO soll dann eröffnet sein, wenn eine besonders enge Beziehung zwischen der Streitigkeit und dem angerufenen Gericht besteht, da das Gericht des Ortes, an dem das schädigende Ereignis eingetreten ist, wegen der Nähe zum Streitgegenstand und der leichteren Beweisaufnahme in der Regel am besten in der Lage sei, den Rechtsstreit zu

---

2058 von Hein, in: Kropholler/von Hein, EuZPR, Art. 5 EuGVO, Rn. 72; Geimer, in: Geimer/Schütze, EZVR, A.1, Art. 5, Rn. 204 f.; Leible, in: Rauscher, EuZPR, Art. 5 Brüssel I-VO, Rn. 78; EuGH, Urt. v. 16.7.2009, Rs. C-189/08 (Zuid-Chemie BV/Philippo's Mineralenfabriek NV/SA), EuZW 2009, 608, Rn. 17; EuGH, Urt. v. 2.10.2008, Rs. C-372/07, NJW-RR 2009, 405, Rn. 17.

2059 Leible, in: Rauscher, EuZPR, Art. 5 Brüssel I-VO, Rn. 78; Geimer, in: Geimer/Schütze, EZVR, A.1, Art. 5, Rn. 204 f.

2060 von Hein, in: Kropholler/von Hein, EuZPR, Art. 5 EuGVO, Rn. 72; Geimer, in: Geimer/Schütze, EZVR, A.1, Art. 5, Rn. 204 f.

2061 EuGH, Urt. v. 11.7.2002, Rs. C-96/00, EuZW 2002, 539, 541, Rn. 33; EuGH, Urt. v. 27.09.1988, Rs. C-189/87, NJW 1988, 3088, 3089, Rn. 17; EuGH, Urt. v. 20.1.2005, Rs. C-27/02 (Engler/Janus Versand GmbH), NJW 2005, 811, 812, Rn. 29.

2062 EuGH, Urt. v. 6.10.1976, Rs. C-12/76 (Industria Tessili Italiana Como/Dunlop AG), NJW 1977, 491; EuGH, Urt. v. 11.1.1990, Rs. C-220/88 (Dumez France u.a./Hess. Landesbank u.a.), NJW 1991, 631; beide Entscheidungen sind zu Art. 5 Nr. 3 EuGVÜ ergangen.

2063 EuGH, Urt. v. 16.7.2009, Rs. C-189/08 (Zuid-Chemie BV/Philippo's Mineralenfabriek NV/SA), EuZW 2009, 608, Rn. 23; EuGH, Urt. v. 5. 2. 2004, Rs. -18/02, BeckRS 2004, 74722, Rn. 40; Geimer, in: Geimer, Schütze, A1, Art. 5, Rn. 241; Leible, in: Rauscher, EuZPR, Art. 5 Brüssel I-VO, Rn. 85.

entscheiden[2064]. Schadensort ist lediglich der Ort, an dem der *Erstschaden* eingetreten ist, nicht dagegen auch der Ort, an dem der Geschädigte infolge des Erstschadens einen *Folgeschaden* hat[2065].

Die bloße Abrufbarkeit der Internetseite begründet allerdings – anders als im Rahmen von Persönlichkeitsverletzungsdelikten[2066] – im vorliegenden Fall nicht einen Gerichtsstand am Wohnsitz des geschädigten Anlegers[2067]. Denn die Abrufbarkeit einer Webseite mit einem Angebot Aktien zu zeichnen oder mit unrichtigen Kapitalmarktinformationen führt noch nicht zu einem Vermögensschaden.

Bei der Bestimmung des Erfolgsorts bzw. Schadensorts stellt sich im Zusammenhang mit Kapitalanlagedelikten bzw. Wertpapiergeschäften die Problematik, dass es sich bei dem Schaden um einen reinen Vermögensschaden handelt, der nach deutschem Verständnis nicht Folge der Verletzung eines bestimmten Rechtsguts ist[2068]. Bei primären Vermögensschäden – bei diesen kommt es zu keiner Verletzung eines absoluten Rechts – fehlt es nach deutschem Verständnis damit an einer Rechtsgutverletzung, auf die ein Verletzungserfolg bezogen werden kann[2069]. Es ist daher zu klären, wie bei reinen Vermögensschäden der Erfolgsort zu bestimmen ist.

Erfolgsort könnte der Ort sein, an welchem der geschädigte Anleger seinen Wohnsitz und damit seine Vermögenszentrale hat[2070]. Alternativ könnte man den Erfolgsort auch als den Ort bestimmen, an welchem der geschädigte Anleger die

---

2064 So EuGH, Urt. v. 1.10.2002, Rs. C-167/00 (Verein für Konsumenteninformation/Karl Heinz Henkel), NJW 2002, 3617, 3618, Rn. 46; siehe auch EuGH, Urt. v. 10.6.2004, Rs. C-168/02 (Kronhofer/Maier u.a.), NJW 2004, 2441, 2442, Rn. 15.

2065 Siehe zu Einzelheiten: Geimer, in: Geimer, Schütze, A1, Art. 5, Rn. 253 ff.; Leible, in: Rauscher, EuZPR, Art. 5 Brüssel I-VO, Rn. 83d ff.; Leible, in: Rauscher, EuZPR, Art. 5 Brüssel I-VO, Rn. 86 ff.; Wagner/Gess, NJW 2009, 3481 ff.; EuGH, Urt. v. 19.9.1995, Rs. C-364/93 (Antonio Marinari/Lloyds Bank u.a.), EuZW 1995, 765.

2066 EuGH, Urt. v. 25.10. 2011, Rs C-509/09 (eDateAdvertising GmbH/X und Martinez/MGN Limited), EuZW 2011, 962; zurückhaltender, allerdings für § 32 ZPO: BGH, Urt. v. 29.03.2011, VI ZR 111/10, BeckRS 2011, 10203, Rn. 8; LG Hamburg, Beschluss v. 9.6.2011, 303 O 197/10, MMR 2011, 594.

2067 Siehe zur Bestimmung des Erfolgsorts bei Internetdelikten: von Hein, in: Kropholler/von Hein, Art. 5 EuGVO, Rn. 86; Leible, in: Raucher, EuZPR, Art. 5 Brüssel I-VO, Rn. 88e; Wagner, in: Stein/Jonas, Band 10, Art. 5 EuGVVO, Rn. 173 ff.

2068 Hierauf weisen Wagner/Gess, NJW 2009, 3481 hin; siehe zur Problematik der Internationalen Tatortzuständigkeit bei Vermögensschäden, die auf einer unerlaubten Handlung beruhen: Kiethe, NJW 1994, 222 ff.; von Hein, IPRax 2005, 17 ff.; Huber, IPRax 2009, 134, 136 ff.; Geimer, in: Zöller, ZPO, Anh I, Art. 5 EuGVVO, Rn. 26 ff.; Staudinger, in: Rauscher, EuZPR, Art. 5 Brüssel I-VO, Rn. 86b ff.

2069 Junker, in: MüKo-BGB, Band 10, Art. 4 Rom II-VO, Rn. 21; Wurmnest, in: jurisPK-BGB, Band 6, Art. 4 Rom II-VO, Rn. 14.

2070 So Weller, IPRax 2000, 202, 207; Leible, in: Raucher, EuZPR, Art. 5 Brüssel I-VO, Rn. 86c für Fälle des Kapitalanlagebetrugs.

zum Vermögensschaden führende Verfügung getroffen hat[2071] oder als den Ort, an welchem ein konkret abgrenzbarer Vermögensteil geschädigt worden ist[2072]. Vereinzelt[2073] wird bei bestimmten Kapitalmarktdelikten auch eine Bestimmung des Erfolgsorts anhand des angesprochenen Markts erwogen[2074].

Im Rahmen von Art. 5 Nr. 3 EuGVÜ hat der EuGH[2075] entschieden, dass der Ort des Klägerwohnsitzes als Ort des Mittelpunkts seines Vermögens nicht prinzipiell dazu geeignet ist, eine Zuständigkeit am Wohnsitzort des Klägers zu begründen, wenn einziger Anknüpfungspunkt der Umstand ist, dass dem Kläger nach seinem Vorbringen durch Verlust von Vermögensbestandteilen in einem anderen Vertragsstaat als seinem Wohnort ein finanzieller Schaden entstanden ist. Dem Urteil lag der Sachverhalt zugrunde, dass dem Kläger durch den Verlust von Vermögensbestandteilen in einem von seinem Wohnsitzstaat abweichenden Vertragsstaat ein finanzieller Schaden entstanden war, der sich auf sein Gesamtvermögen in seinem Wohnsitzstaat ausgewirkt hatte. Der EuGH hatte in seinem Urteil weiter ausgeführt, dass die Wendung „Ort, an dem das schädigende Ereignis eingetreten ist" nach der Rechtsprechung des EuGH nicht so weit auszulegen ist, dass sie jeden Ort erfasst, an dem die nachteiligen Folgen eines Umstands spürbar werden können, der bereits einen tatsächlich an einem anderen Ort entstandenen Schaden verursacht hat[2076].

Der Ort des Erstschadens kann mit der Vermögenszentrale zusammenfallen, muss es jedoch nicht. Daher ist ein generelles Abstellen auf den Ort der Vermögenszentrale als Schadensort abzulehnen. Dies liefe dem Sinn und Zweck des Art. 5 Nr. 3 EuGVO zuwider, eine Vorhersehbarkeit des Gerichtsstands für die Parteien sowie von Rechts- und Beweisnähe des zur Entscheidung berufenen Gerichts zu schaffen[2077]. Beweisnähe erfordert eine besonders enge Beziehung zwischen dem Ort, an welchem das schädigende Ereignis eingetreten ist, und dem Ort des zur

2071 So im Falle des Kapitalanlagebetrugs: von Hein, IPRax 2005, 17, 21; Wagner, in: Stein/Jonas, Band 10, Art. 5 EuGVVO, Rn. 161.

2072 BGH, Urt. v. 13.7.2010, XI ZR 28/09, NZG 2011, 69, 72, Rn. 30 f.; BGH, Urt. v. 15.11.2011, XI ZR 54/09, BKR 2012, 78, 81; Wagner, in: Stein/Jonas, Band 10, Art. 5 EuGVVO, Rn. 161 zu Fällen, in denen kein Kapitalanlagebetrug vorliegt.

2073 So im Fall der spezialgesetzlichen Prospekthaftung: Bachmann, IPRax 2007, 77, 82; von Hein, in: Kropholler/von Hein, EuZPR, Art. 5 EuGVO, Rn. 86b; siehe für den Fall einer fehlerhaften Ad-hoc Mitteilung: OLG Frankfurt, Beschluss v. 5.8.2010, 21 AR 50/10, EuZW 2010, 918.

2074 Bachmann, IPRax 2007, 77, 82.

2075 EuGH, Urt. v. 10.6.2004, Rs. C-168/02 (Kronhofer/Maier u.a.), EuZW 2004, 477, 478, Rn. 19 ff.

2076 EuGH, Urt. v. 10.6.2004, Rs. C-168/02 (Kronhofer/Maier u.a.), EuZW 2004, 477, 478, Rn. 19.

2077 Wagner, in: Stein/Jonas, Band 10, Art. 5 EuGVVO, Rn. 160.

Entscheidung berufenen Gerichts[2078]. Allerdings ist ein ausschließliches Abstellen auf den Ort, an welchem eine Schädigung an einem klar abgrenzbaren Vermögensteil eingetreten ist, nicht unproblematisch[2079] und kann auch nicht zwingend aus der „Kronhofer"-Entscheidung des EuGH abgeleitet werden[2080].

Bestimmt man den Erfolgsort anhand des Ortes, an dem ein klar abgrenzbarer Vermögensteil geschädigt wurde, so kann auch als Erfolgsort der Wohnsitz des geschädigten Anlegers in Betracht kommen, falls er dort ein Konto hat und der geltend gemachte Vermögensschaden darin besteht, dass das Guthaben des Klägers auf seinem bei einem Kreditinstitut im Wohnsitzstaat geführten Girokonto geschädigt wird, da er es an den Beklagten überwiesen hat[2081]. Eine solche Betrachtungsweise steht im Einklang mit der „Kronhofer"-Entscheidung[2082] des EuGH.

Allerdings kann ein Abstellen auf einen klar abgrenzbaren Vermögensteil dann zu Komplikationen führen, wenn es zu einer Veruntreuung von Kundengeldern kommt und diese erst im Ausland veruntreut werden[2083], beispielsweise dann, wenn der Schädiger eine Manipulation dieses Anknüpfungspunktes vornimmt[2084]. Durch die Überweisung vom Konto im Wohnsitzstaat auf das ausländische Konto ist noch nicht ein Schaden im Inland eingetreten, sondern erst durch die Veruntreuung auf dem Konto im Ausland. Auch führt ein Abstellen auf einen klar abgrenzbaren Vermögensteil dann zu Komplikationen, wenn ein geschädigter Anleger Gelder von einem Konto, welches er im Ausland hat, an den Schädiger in einem anderen Staat überweist. In diesem Fall wäre u.U. der Erfolgsort in einem Staat zu verorten, zu dem die einzige Verbindung im Konto des geschädigten Anlegers besteht[2085].

Vor dem Hintergrund dieser Problematik könnte man erwägen, den Erfolgsort als den Ort zu bestimmen, an welchem der geschädigte Anleger die zum Vermögensschaden führende Verfügung getroffen hat[2086]. Jedenfalls bei Kapitalanlagedelikten

---

2078 von Hein, in: Kropholler/von Hein, EuZPR, Art. 5 EuGVO, Rn. 73, 82; Wagner/Gess, NJW 2009, 3481, 3482; EuGH, Urt. v. 16.7.2009, Rs. C-189/08 (Zuid-Chemie BV/Philippo's Mineralenfabriek NV/SA), EuZW 2009, 608, 609, Rn. 24.

2079 Siehe hierzu: Leible, in: Rauscher, EuZPR, Art. 5 Brüssel I-VO, Rn. 86c; von Hein, IPRax 2005, 17, 21.

2080 Hierauf weisen Huber, IPRax 2009, 134, 136 f., von Hein, IPRax 2005, 17, 21 sowie Wagner, NJW 2009, 3481, 3483 hin.

2081 BGH, Urt. v. 13.7.2010, XI ZR 28/09, NZG 2011, 69, 72, Rn. 30 f.; Leible, in: Raucher, EuZPR, Art. 5 Brüssel I-VO, Rn. 86c.

2082 EuGH, Urt. v. 10.6.2004, Rs. C-168/02 (Kronhofer/Maier u.a.), EuZW 2004, 477.

2083 Hier ist allerdings zu berücksichtigen, dass wenn Kundengelder erst im Ausland veruntreut werden, der Erfolgsort nicht im Inland liegt; siehe hierzu: BGH, Versäumnisurteil v. 6.11.2007, VI ZR 34/07, NJW-RR 2008, 516, 518, Rn. 21 zu Art. 5 Nr. 3 LugÜ.

2084 Mankowski, EWiR, Art. 5 EuGVÜ, 3/98, 1085, 1086; von Hein, IPRax 2005, 17, 21.

2085 Siehe hierzu: Mankowski, EWiR, Art. 5 EuGVÜ, 3/98, 1085, 1086; von Hein, IPRax 2005, 17, 21; Leible, in: Rauscher, EuZPR, Art. 5 Brüssel I-VO, Rn. 86c.

2086 So von Hein, IPRax 2005, 17, 21 f.; Wagner/Gess, NJW 2009, 3481, 3484; a.A. Leible, in: Rauscher, EuZPR, Art. 5 Brüssel I-VO, Rn. 86c der auf den Ort des Abflusses des Geldes und nicht auf den Verfügungsort abstellen möchte.

bietet sich ein Abstellen auf den Ort an, an dem die täuschungsbedingte Verfügung getroffen wurde, da der Anleger durch sein Handeln erst den Schaden herbeigeführt hat und der Erfolg des Schädigers darin besteht, den Geschädigten zu einer Vermögensverfügung veranlasst zu haben[2087]. Ein Abstellen auf diesen Ort ist auch aus Gründen der Beweisnähe vorteilhaft[2088].

Bei Veröffentlichung von unrichtigen Prospekten oder sonstigen Kapitalmarktinformationen könnte man alternativ auch eine Bestimmung des Erfolgsortes anhand des Marktortes, ähnlich wie im Rahmen von Art. 4 Abs. 3 Rom II-VO vornehmen[2089]. Den Marktort könnte man anhand des angesprochenen Personenkreises bestimmen. Hierfür kann auf die im Rahmen von Art. 15 Abs. 1 lit. c) EuGVO entwickelten Kriterien zur Beantwortung der Frage, wann eine Tätigkeit auf das Inland ausgerichtet ist abgestellt werden[2090]. Jedoch ist eine solche Vorgehensweise vor dem Hintergrund von Mehrfachnotierung in unterschiedlichen Staaten nicht unproblematisch[2091]. Auch bestünde bei einer Anknüpfung an den Marktort die Gefahr eines Forum-Shoppings, da die Prospekthaftungsregeln aufgrund der Vorgaben von Art. 6 Abs. 2 UAbs. 1 der Prospektrichtlinien (RL 2003/71/EG) in der EU nicht vereinheitlicht wurden[2092]. Daher ist eine Anknüpfung an den Marktort abzulehnen.

Zusammenfassend lässt sich festhalten, dass jeder der aufgezeigten Lösungsansätze nicht frei von Widersprüchen ist. Daher scheint es sachgerecht, je nach Fallkonstellation bzw. Deliktstyp den Erfolgsort anhand unterschiedlicher Kriterien zu bestimmen[2093]. Für Fälle des Kapitalanlagebetrugs erscheint es sachgerecht, auf den Ort abzustellen, an dem der Geschädigte über sein Vermögen verfügt hat. Bei Untreuefällen erscheint es dagegen sachgerecht, zur Bestimmung des Erfolgsortes auf den Lageort des veruntreuten Gelds abzustellen.

b) Bestimmung des Handlungsortes

Ein geschädigter Anleger kann daneben auch eine Klage am Handlungsort erheben. Handlungsort ist der Ort, an welchem das zum Schadensereignis führende Geschehen seinen Ausgang genommen hat[2094]. Es stellt sich die Frage, ob der

2087 So von Hein, IPRax 2005, 17, 21 f.; so auch Huber, in: IPRax 2009, 134, 137, allerdings für die Bestimmung des Erfolgsortes im Rahmen von § 32 ZPO.

2088 von Hein, IPRax 2005, 17, 21 f.

2089 Bachmann, IPRax 2007, 77, 82.

2090 Hierfür plädiert Bachmann, IPRax 2007, 77, 82.

2091 von Hein, EuZW 2011, 369, 372.

2092 Hierauf weist von Hein, EuZW 2011, 369, 372 hin.

2093 In diesem Sinne: von Hein, IPRax 2005, 17, 22 ff.; von Hein, in: Kropholler/von Hein, EuZPR, Art. 5 EuGVO, Rn. 86b; Junker, ZZPInt 9(2004), 200, 206.

2094 Leible, in: Rauscher, EuZPR, Art. 5 Brüssel I-VO, Rn. 87; Wagner, in: Stein/Jonas, Band 10, Art. 5 EuGVVO, Rn. 146; EuGH, Urt. v. 16.7.2009, Rs. C-189/08 (Zuid-Chemie BV/Philippo's Mineralenfabriek NV/SA), EuZW 2009, 608, 609, Rn. 27.

Handlungsort im Herkunftsland des virtuellen Emissionshauses liegt. Maßgebliche Tathandlung ist beispielsweise eine mangelhafte Aufklärung des Anlegers oder die Täuschung des Anlegers bei Abschluss des Anlagevertrags[2095]. Des Weiteren kann maßgeblich Handlung bei einer Pflicht zur Veröffentlichung von Kapitalmarktinformationen auch das Unterlassen der Veröffentlichung sein[2096].

Auch bei grenzüberschreitenden Internet-Sachverhalten wird die zum Schaden führende Handlung nicht im Wohnsitzstaat des Anlegers vorgenommen, sondern im Sitzstaat des Anbieters. Es ist grundsätzlich auf den Ort des Uploads und nicht des Downloads abzustellen[2097]. Im Wohnsitzstaat des geschädigten Anlegers entfaltet die Handlung lediglich ihre Wirkung. Daher verdient die vom OLG Koblenz getroffene Entscheidung[2098], dass im Fall eines per Telefon aus dem Ausland im Inland begangenen Anlagebetrugs Handlungsort i.S.v. Art. 5 Nr. 3 EuGVO das Inland sei, keine Zustimmung[2099]. Das OLG Koblenz hatte einen Handlungsort im Inland damit begründet, dass bei einer telefonisch übermittelten Willenserklärung der Ort als Handlungsort maßgeblich sei, an dem die Kundgabehandlung akustisch wahrgenommen wird[2100]. Hiergegen ist jedoch anzuführen, dass der Schädiger die die zur Täuschung führende Erklärung im Ausland abgegeben hat[2101], im Inland hingegen lediglich die Auswirkungen der Handlung wahrnehmbar sind. Ein Abstellen auf den Empfangsort der Willenserklärung ist auch abzulehnen, da es ansonsten regelmäßig zu einer Eröffnung des Klägergerichtsstands käme.

c) Vom Gerichtsstand der unerlaubten Handlung umfasste Ansprüche

Dem Gerichtsstand der unerlaubten Handlung unterfallen Ansprüche des geschädigten Anlegers aus spezialgesetzlicher Prospekthaftung gegen den Emittenten und das ausländische Wertpapierdienstleistungsunternehmen[2102], Ansprüche gegen das Wertpapierdienstleistungsunternehmen aus § 823 Abs. 2 BGB i.V.m. Schutzgesetzen[2103] sowie Ansprüche aus §§ 280 Abs. 1, 241 Abs. 2, 311 Abs. 2 BGB (culpa in

2095 von Hein, in: Kropholler/von Hein, EuZPR, Art. 5 EuGVO, Rn. 83a; Leible, in: Rauscher, EuZPR, Art. 5 Brüssel I-VO, Rn. 88a.

2096 von Hein, in: Kropholler/von Hein, EuZPR, Art. 5 EuGVO, Rn. 83a; Mankowski, in: Magnus/Mankowski, Brussels I Regulation, Art. 5, Rn. 214 ff.; OLG Düsseldorf, Urt. 19.5.2006, I-17 U 162/05, SchiedsVZ 2006, 331, 334.

2097 von Hein, in: Kropholler/von Hein, EuZPR, Art. 5 EuGVO, Rn. 83b; Leible, in: Rauscher, EuZPR, Art. 5 Brüssel I-VO, Rn. 88e; Berger, GRUR Int. 2005, 467; Lehr, NJW 2012, 705, 706.

2098 OLG Koblenz, Urt. v. Urt. v. 25.6.2007, 12 U 1717/05, NJW-RR 2008, 148, 149 f.

2099 In diesem Sinne auch Wagner/Gess, NJW 2009, 3481, 3484; von Hein, in: Kropholler/von Hein, EuZPR, Art. 5 EuGVO, Rn. 83a; Leible, in: Rauscher, EuZPR, Art. 5 Brüssel I-VO, Rn. 88a.

2100 OLG Koblenz, Urt. v. Urt. v. 25.6.2007, 12 U 1717/05, NJW-RR 2008, 148, 149 f.

2101 Wagner NJW 2009, 3481, 3485.

2102 EuGH, Urt. v. 10.6.2004, Rs.C-168/02 (Kronhofer/Maier u.a.), NJW 2004, 2441 f.

2103 BGH, Urt. v. 13.07.2010, XI ZR 28/09, RIW 2010, 723, 724, Rn. 20.

contrahendo). Diese sind im Rahmen von Art. 5 Nr. 3 EuGVO als Ansprüche aus unerlaubter Handlung zu qualifizieren[2104]. Im Falle einer Anspruchskonkurrenz ist das Gericht der Deliktsklage nicht kraft Sachzusammenhang befugt über etwaige konkurrierende Ansprüche zu entscheiden[2105]. Jedoch kann gemäß Art. 24 EuGVO eine Zuständigkeit durch rügelose Einlassung begründet werden[2106].

4. Art. 5 Nr. 5 EuGVO (Gerichtsstand des Niederlassungsorts)

Der Gerichtsstand der Niederlassung[2107] spielt im Kontext einer Klage eines Anlegers, welcher in Deutschland seinen gewöhnlichen Aufenthalt hat, gegen ein ausländisches virtuelles Emissionshaus keine Rolle, da ein solches gerade keine Zweigniederlassung, Agentur oder sonstige Niederlassung in Deutschland betreibt. Dies würde dem Geschäftskonzept widersprechen. Auch kann der PC des Anlegers nicht als Zweigniederlassung oder Agentur des Wertpapierdienstleistungsunternehmens betrachtet werden. Insoweit sei auf die im 2. Teil, 3. Abschnitt unter A.III.2 zum Begriff der Niederlassung gemachten Ausführungen verwiesen.

5. Zulässigkeit von Gerichtsstandsvereinbarungen

Das soeben gefundene Ergebnis könnte u.U. durch Gerichtsstandsvereinbarungen geändert werden. Die Zulässigkeit einer solchen beurteilt sich im Anwendungsbereich des EuGVO nach Art. 23 EuGVO, wobei für Verbraucherverträge zusätzlich die Einschränkungen des Art. 17 EuGVO gelten[2108]. Gemäß Art. 17 Nr. 1 EuGVO kann vom besonderen Verbrauchergerichtsstand durch eine Gerichtsstandsvereinbarung abgewichen werden, sofern diese nach Entstehen der Streitigkeit geschlossen wird[2109]. Begründet wird dies damit, dass bei Bestehen einer konkreten Streitigkeit das Schutzbedürfnis des Verbrauchers anders als vor Vertragsschluss geringer sei, da jener in dieser Situation die Tragweite seiner Entscheidung besser

---

2104 Siehe 2. Teil, 3. Abschnitt, C.I.2.

2105 von Hein, in: Kropholler/von Hein, EuZPR, Art. 5 EuGVO, Rn. 79; EuGH, Urt. v. 27.9.1988, Rs. 189/87 (Kalfelis/Schröder), Slg. 1988, 5565, 5585, Nr. 16, 20; Gottwald, in: MüKo-ZPO, Art. 5 EuGVO, Rn. 67; Hüßtege, in: Thomas/Putzo EuGVVO, Band 3, Art. 5, Rn. 19; a.A. Geimer, in: Geimer/Schütze, EZVR, A1, Art. 5, Rn. 223.

2106 von Hein, in: Kropholler/von Hein, Art. 45 EuGVO, Rn. 15; EuGH, Urt. v. 20.5.2010, Rs. C-111/09 (ČPP/Bilas), EuZW 2010, 678, Rn. 33.

2107 Siehe zu diesem Gerichtsstand: Gottwald, in: Nagel/Gottwald, § 3, Rn. 97 ff.; Geimer, in: Geimer/Schütze, EZVR, A.1, Art. 5, Rn. 296 ff.; Geimer, in: Zöller, ZPO, Anh I, Art. 5 EuGVVO, Rn. 40 ff.; von Hein, in: Kropholler/von Hein, EuZPR, Art. 5 EuGVO, Rn. 99 ff.

2108 Siehe zu Einzelheiten: Mankowski, in: Rauscher, EuZPR, Art. 23 Brüssel I-VO, Rn. 48 f.; Geimer, in: Geimer/Schütze, EZVR, A.1, Art. 17, Rn. 1 ff.; von Hein, in: Kropholler/von Hein, EuZPR, Art. 17 EuGVO, Rn. 1 ff.

2109 Siehe hierzu: Geimer, in: Geimer/Schütze, EZVR, A.1, Art. 17, Rn. 4; Staudinger, in: Rauscher, EuZPR, Art. 17 Brüssel I-VO, Rn. 2.

beurteilen könne[2110]. Außerdem kann die Vereinbarung eines für den Anbieter günstigen Gerichtsstands nicht zur Voraussetzung für den Abschluss eines Vertrages gemacht werden. Hieraus folgt, dass bei einer Fremdemission die Vereinbarung eines Gerichtsstands mit dem virtuellen Emissionshaus vor Vertragsschluss unzulässig ist, da eine Verbrauchersache i.S.v. Art. 15 EuGVO vorliegt. Jedoch kann gemäß Art. 24 EuGVO eine Zuständigkeit durch rügelose Einlassung begründet werden[2111].

II. Unternehmen mit Sitz in sonstigen Staaten

Ist im Verhältnis zu einem anderen Staat die internationale Zuständigkeit nicht in einem bi- oder multilateralen Vertrag geregelt, so bestimmt sich die internationale Zuständigkeit mangels ausdrücklicher Regelung mittelbar durch die örtliche Zuständigkeit[2112]. Im Bereich der Zivil- und Handelssachen bestehen außer den unter I. behandelten Abkommen keine, die im Zusammenhang mit der Emission von Aktien von Interesse sind. Fraglich ist allerdings, ob die Verordnung EuGVO auch im Verhältnis zu Drittstaaten Anwendung findet oder aber nur zwischen den Mitgliedstaaten der EU.

1. Verhältnis zwischen EuGVO und Zuständigkeitsvorschriften der ZPO

Art. 2 Abs. 1 EuGVO bestimmt, dass Personen, die ihren Wohnsitz im Hoheitsgebiet eines Mitgliedstaates haben, ohne Rücksicht auf ihre Staatsangehörigkeit vor den Gerichten dieses Mitgliedstaates zu verklagen sind[2113]. Aus dem Wortlaut der Norm folgt, dass die EuGVO auch dann Anwendung findet, wenn der Rechtsstreit keine Berührungspunkte zu einem anderen Mitgliedstaat, sondern lediglich zu einem Drittstaat, aufweist. Teilweise wurde allerdings von Seiten der Rechtsprechung[2114] und der Literatur[2115] (im Rahmen des EuGVÜ) eine teleologische Reduktion des Anwenungsbereichs auf Sachverhalte mit Berührungspunkten zu einem anderen Mitgliedstaaten gefordert. Diese Einschränkung wurde auch mit dem Wortlaut des Abs. 3 der Präambel des EuGVÜ begründet[2116], in der es heißt, dass es Ziel des

2110 Geimer, in: Geimer/Schütze, EZVR, A.1, Art. 17, Rn. 4.
2111 von Hein, in: Kropholler/von Hein, Art. 45 EuGVO, Rn. 15; EuGH, Urt. v. 20.5.2010, Rs. C-111/09 (ČPP/Bilas), EuZW 2010, 678, 680, Rn. 33.
2112 Schack, IZVR, Rn. 266; Gottwald, in: Nagel/Gottwald, IZPR, § 3, Rn. 419 ff.; Geimer, IZPR, Rn. 946.
2113 Siehe zu Art. 2 Abs. 1 EuGVO: Geimer, in: Geimer/Schütze, EZVR, A.1., Art. 2, Rn. 17 ff.; von Hein, in: Kropholler/von Hein, Art. 2 EuGVO, Rn. 1 ff.; Mankowski, in: Rauscher, EuZPR, Art. 2 Brüssel I-VO, Rn. 1 ff.
2114 BGH, Urt. v. 12.10.1989, VII ZR 339/88, BGHZ 109, 29, 34; BGH, Urt. v. 20.5.1981, VIII ZR 270/80, NJW 1981, 2642.
2115 Piltz, NJW 1979, 1071, 1072; Geimer, IZVR, 3. Auflage, Rn. 240.
2116 Siehe hierzu: Schack, IZVR, 3. Auflage, Rn. 240; Ganssauge, 14.

Abkommens sei, „innerhalb der Gemeinschaft den Rechtsschutz der dort ansässigen Personen zu verstärken". Dagegen lehnt der EuGH[2117] und auch die h.M. in der Literatur[2118] eine derartige teleologische Reduktion des Anwendungsbereichs der EuGVO ab. Begründet wird dies u.a. mit dem eindeutigen Wortlaut des Art. 2 Abs. 1 sowie Erwägungsgrund Nr. 8 der EuGVO[2119]. Auch würde eine solche Reduktion des Anwendungsbereichs der EuGVO wegen der Unschärfe des Begriffs des Mitgliedstaatenbezugs zu Rechtsunsicherheit führen[2120]. Schließlich ist Ziel der EuGVO die Schaffung von klar vorhersehbaren Gerichtständen[2121]. Daher findet die EuGVO bei Klagen eines Klägers aus einem Drittstaat unabhängig vom Vorliegen eines Bezugs zu einem weiteren Mitgliedstaat Anwendung, sofern der Beklagte seinen Wohnsitz in einem Mitgliedstaat hat.

Gemäß Art. 4 Abs. 1 EuGVO bestimmt sich vorbehaltlich der Artt. 22, 23 EuGVO im Fall, dass der Beklagte keinen Wohnsitz im Hoheitsgebiet eines Mitgliedstaats hat, die Zuständigkeit der Gerichte eines jeden Mitgliedstaats nach dessen eigenen Gesetzen[2122]. Die Bestimmung des Wohnsitzes richtet sich dabei nach Artt. 59, 60 EuGVO. Gegenüber einem Beklagten, der keinen Wohnsitz im Hoheitsgebiet eines Mitgliedstaats hat, kann sich gemäß Art. 4 Abs. 2 EuGVO jede Person, die ihren Wohnsitz im Hoheitsgebiet eines Mitgliedstaats hat, in diesem Staat auf die dort geltenden Zuständigkeitsvorschriften, insbesondere auf die in Anhang I der EuGVO aufgeführten Vorschriften, wie ein Inländer berufen, ohne dass es auf ihre Staatsangehörigkeit ankommt[2123]. EU-Recht bricht nationales Recht nur insoweit, wie ein Anwendungsvorrang besteht[2124]. Ist aber schon der Anwendungsbereich einer europarechtlichen Norm nicht eröffnet, so kann diese auch nicht nationales Recht verdrängen. Im Verhältnis zu Drittstaaten bestimmt sich die internationale

---

2117 EuGH, Urt. v. 1.3.2005, Rs. C -281/02 (Andrew Owusu/N.B. Jackson), EuZW 2005, Rn. 26 ff.; EuGH, Gutachten Rs. 1/2003 v. 7.2.2006; in diese Richtung: EuGH, Urt. 13.7.2000, Rs. C-412/98 (Group Josi Reinsurance Company SA/Universal General Insurance Company), NJW 2001, 501.

2118 Mankowski, in: Rauscher, EuZPR, Vorbem Art. 2, Rn. 11 f.; Geimer, in: Geimer/Schütze, A.1., Einl. Rn. 234 ff. sowie Art. 2, Rn. 104 f.; Gottwald, in: MüKo-ZPO, Band 3, Art. 2 EuGVO, Rn. 29; Stadler, in: Musielak., ZPO, Art. 2 VO (EG) 44/2001, Rn. 2; von Hein, in: Kropholler/von Hein, Art. 2 EuGVO, Rn. 8.

2119 Geimer, in: Geimer, in: Geimer/Schütze, EVZR, A.1, Einl., Rn. 236; Gebauer, ZEuP 2001, 943, 954; Mankowski, in: Rauscher, EuZPR, Vorbem Art. 2, Rn. 12.

2120 Gebauer, ZEuP 2001, 943, 953, 962; Geimer, in: Geimer/Schütze, EVZR, A.1, Art. 4, Rn. 111; Mankowski, in: Rauscher, EuZPR, Vorbem Art. 2, Rn. 12.

2121 Geimer, in: Geimer/Schütze, EVZR, A.1, Art. 4, Rn. 113.

2122 Siehe hierzu: Geimer, in: Geimer/Schütze, EVZR, A.1, Art. 4, Rn. 1 ff.; Wagner, in: Stein/Jonas, Band 10, Art. 4 EuGVVO, Rn. 1; von Hein, in: Kropholler/von Hein, EuZPR, Art. 4 EuGVO, Rn. 1 ff.;

2123 Geimer, in: Geimer/Schütze, EZVR, A.1., Art. 4, Rn. 4; Mankowski, in: Rauscher, EuZPR, Art. 4 Brüssel I-VO, Rn. 5.

2124 Mankowski, in: Rauscher, EuZPR, Vorbem Art. 2 Brüssel I-VO, Rn. 17; Pfeiffer, in: Gounalakis, Rechtshandbuch Electronic Business, § 13, Rn. 13.

Zuständigkeit, soweit keine bilateralen Abkommen getroffen worden sind, daher nach den Vorschriften der ZPO, sofern der Beklagte keinen Wohnsitz im Hoheitsgebiet eines Mitgliedstaats hat.

2. Internationale Zuständigkeit nach ZPO

Im Folgenden wird die Untersuchung auf diejenigen Gerichtsstände beschränkt, die bei Klagen gegen ausländische Emittenten und Emissionshäusern in Deutschland von praktischer Bedeutung für den Anlegerschutz sind. So dürfte der allgemeine Gerichtsstand gemäß § 12 ZPO einem Kläger mit gewöhnlichem Aufenthalt im Inland nicht weiterhelfen; gleiches gilt für den allgemeinen Gerichtsstand juristischer Personen (§ 17 ZPO) und den Gerichtsstand des Vermögens (§ 23 ZPO). Von größerem Interesse für einen geschädigten Anleger mit gewöhnlichem Aufenthalt im Inland dürften dagegen die Gerichtsstände bei falschen, irreführenden oder unterlassenen öffentlichen Kapitalmarktinformationen (§ 32b ZPO), des Erfüllungsortes (§ 29 ZPO) und der unerlaubten Handlung (§ 32 ZPO) sein.

a) Ausschließlicher Gerichtsstand bei falschen, irreführenden oder unterlassenen öffentlichen Kapitalmarktinformationen (§ 32b ZPO)

Durch das Gesetz zur Einführung von Kapitalanleger-Musterverfahren (KapMuG)[2125] wurden zur Verbesserung des Anlegerschutzes die prozessualen Möglichkeiten im Bereich kollektiver Rechtsschutzformen erweitert und damit einhergehend die Vorschrift des § 32b ZPO neu geschaffen[2126]. § 48 BörsG a.F. wurde durch das KapMuG zunächst zeitlich befristet aufgehoben. Ursprünglich war vorgesehen, dass die zeitlich befristete Ersetzung zum 30.10.2010 ausläuft. Der Gesetzgeber hat jedoch durch Art. 5 des Gesetzes zur Einführung einer Musterwiderrufsinformation für Verbraucherdarlehensverträge[2127] die Geltungsdauer des § 9 Abs. 2 KapMuG und damit von § 32b ZPO bis zum 31.10.2012 verlängert und schließlich durch das Gesetz zur Reform des Kapitalanleger-Musterverfahrensgesetzes und zur Änderung anderer Vorschriften[2128] die Regelung des § 32b ZPO dauerhaft beibehalten[2129]. § 48 BörsG a.F. statuierte für Streitigkeiten wegen

2125 Gesetz über Musterverfahren in kapitalmarktrechtlichen Streitigkeiten (Kapitalanleger-Musterverfahrensgesetz – KapMuG) v. 16.8.2005, BGBl. I 2005, S. 2437.

2126 Siehe zum KapMuG: Hess, ZIP 2005, 1713 ff.; Maier-Reimer/Wilsing, ZGR 2006, 79 ff.; Möllers/Weichert, NJW 2005, 2737; von Hein, RIW 2004, 602; Volkommer, NJW 2007, 3094.

2127 Gesetz zur Einführung einer Musterwiderrufsinformation für Verbraucherdarlehensverträge, zur Änderung der Vorschriften über das Widerrufsrecht bei Verbraucherdarlehensverträgen und zur Änderung des Darlehensvermittlungsrechts vom 24. 7. 2010, BGBl. I 2010, S. 977.

2128 BGBl. I 2012, S. 2182 ff.; siehe hierzu: Stumpf/Müller, GWR 2011, 464 ff.; Keller/Wigand, ZBB 2011, 373 ff.; Sustmann/Schmidt-Bendun, NZG 2011, 1207 ff.

2129 Patzina, in: MüKo-ZPO, Band 1, § 32b ZPO, Rn. 1; Heinrich, in: Musielak, § 32b ZPO, Rn. 1; Vollkommer, in: Zöller, ZPO, § 32b, Rn. 1.

börsengesetzlicher Prospekthaftungsansprüche einen ausschließlichen Gerichtsstand am Sitz der Börse, welche den Börsenzulassungsprospekt des Emittenten gebilligt hatte.

§ 32b Abs. 1 S. 1 Nr. 1 ZPO statuiert nunmehr einen sachlich und örtlich ausschließlichen Gerichtsstand für Klagen, mit denen der Ersatz eines auf Grund falscher, irreführender oder unterlassener öffentlicher Kapitalmarktinformationen verursachten Schadens geltend gemacht wird[2130]. § 32b Abs. 1 S. 1 ZPO benennt drei Anknüpfungspunkte für die Bestimmung der örtlichen Zuständigkeit des Gerichts, nämlich den Sitz des betroffenen Emittenten, den Sitz des betroffenen Anbieters von sonstigen Vermögensanlagen sowie den Sitz der Zielgesellschaft. Der ausschließliche Gerichtsstand am Sitz der Zielgesellschaft soll an dieser Stelle nicht näher betrachtet werden, da dieser nur im Zusammenhang mit § 32b Abs. 1 S. 1 Nr. 3 ZPO eine Rolle spielt. § 32b Abs. 1 S. 1 Nr. 3 ZPO setzt das Vorliegen eines Erfüllungsanspruchs aus Vertrag, der auf einem Angebot nach dem Wertpapiererwerbs- und Übernahmegesetz beruht, voraus[2131].

Im Gerichtsstand des § 32b Abs. 1 Nr. 1 können neben dem Emittenten auch Mitglieder des Aufsichtsrates sowie sonstiger Verwaltungsorgane des Emittenten verklagt werden, sofern sie für die öffentlichen Kapitalmarktinformationen verantwortlich sind[2132]. Daneben können auch sonstige Emissionsbegleiter, die die Prospektverantwortung übernommen haben[2133], sowie Garanten wie Rechtsanwälte und Wirtschaftsprüfer im Gerichtsstand des § 32b ZPO verklagt werden.

Der Begriff der öffentlichen Kapitalmarktinformation wird in § 1 Abs. 2 S. 1 KapMuG legaldefiniert. Demnach sind öffentliche Kapitalmarktinformationen für eine Vielzahl von Kapitalanlegern bestimmte Informationen über Tatsachen, Umstände, Kennzahlen und sonstige Unternehmensdaten, die einen Emittenten von Wertpapieren oder Anbieter von sonstigen Vermögensanlagen betreffen[2134]. § 1 Abs. 2 S. 2 Nr. 1–6 KapMuG führt nicht abschließend Regelbeispiele für öffentliche Kapitalmarktinformationen auf[2135]. Gemäß § 1 Abs. 2 S. 2 Nr. 1 KapMuG können auch Prospekte nach dem WpPG tauglicher Gegenstand sein. Der Anwendungsbereich des § 32b ZPO ist jedoch nicht auf spezialgesetzliche Prospekthaftungsansprüche beschränkt. Auch allgemeine Haftungstatbestände der richterrechtlich entwickelten (engen oder weiten) Prospekthaftung unterfallen dem Anwendungsbereich des

2130 Vollkommer, in: Zöller, ZPO, § 32b ZPO, Rn. 1 ff.; Patzina, in: MüKo-ZPO, Band 1, § 32b, Rn. 1 ff.; Toussaint, in: Vorwerk/Wolf, Beck'scher Online-Kommentar, § 32b ZPO, Rn. 1 ff.; Parigger, in: Vorwerk/Wolf, KapMuG, § 32b ZPO, Rn. 1 ff.

2131 Siehe hierzu: Schneider BB 2005, 2249, 2250; Cuypers WM 2007, 1446, 1451; Vollkommer, in: Zöller, ZPO, § 32b ZPO, Rn. 9.

2132 Hess, in: KöKo-KapMuG, § 32b ZPO, Rn. 6; Vollkommer, in: Zöller, ZPO, § 32b ZPO, Rn. 6.

2133 Siehe OLG München, Beschluss v. 16.5.2007, 31 AR 119/07, NJW-RR 2007, 1644; Hess, in: KöKo-KapMuG, § 32b ZPO, Rn. 6.

2134 Heinrich, in: Musielak, § 32b ZPO, Rn. 2.

2135 Siehe zu diesen: Kruis, in: KöKo KapMuG, § 1 KapMuG, Rn. 31–61.

§ 32b S. 1 Nr. 1 ZPO[2136]. Darüber hinaus unterfallen auch sonstige deliktische Ansprüche, beispielsweise aus § 826 BGB oder § 823 Abs. 2 BGB i.V.m. §§ 263, 264a StGB oder einem Schutzgesetz (§ 400 AktG, § 331 HGB)[2137], dem Anwendungsbereich des § 32b Abs. 1 Nr. 1 ZPO, da diese Norm keine bestimmte Anspruchsgrundlage zur Geltendmachung von Schadensersatzansprüchen voraussetzt[2138]. Damit können dem Grundsatz nach auch vertragliche und quasivertragliche Schadensersatzansprüche im Gerichtsstand des § 32b ZPO geltend gemacht werden[2139]. In der Praxis hatte der BGH jedoch die Anwendbarkeit von § 32b ZPO a.F.[2140] auf vertragliche Ansprüche stark eingeschränkt[2141]. So hatte der BGH[2142] die Anwendbarkeit des § 32b ZPO a.F. auf Schadensersatzansprüche wegen der Verletzung von Pflichten aus Anlageberatungsverträgen verneint. Begründet hatte er dies damit, dass die Beratungspflichtverletzung nicht auf fehlerhaften oder unvollständigen öffentlichen Kapitalmarktinformationen beruhe[2143]. Eine bloße Bezugnahme des Anlageberaters auf öffentliche Kapitalmarktinformationen reiche für die Begründung eines Gerichtsstands gemäß § 32b S. 1 Nr. 1 ZPO a.F. nicht aus, da eine hierauf gestützte Klage nicht auf den Ersatz eines auf Grund fehlerhafter öffentlicher Kapitalmarktinformationen verursachten Schadens gerichtet sei, sondern auf den Ersatz eines Schadens auf Grund fehlerhafter Beratung[2144]. Damit reichte es laut BGH nicht aus, dass im Rahmen einer fehlerhaften Beratung auch öffentliche Kapitalmarktinformationen in Bezug genommen werden[2145]. Durch das Gesetz zur Reform des Kapitalanleger-Musterverfahrensgesetzes und zur Änderung anderer Vorschriften wurde jedoch der Anwendungsbereich des § 32b ZPO auch auf solche

2136 BGH, Beschluss v. 10.6.2008, XI ZB 26/07, NZG 2008, 592; BGH, Beschluss v. 30.1.2007, X ARZ 381/06, NJW 2007, 1364, Rn. 10; BGH, Beschluss v. 7.2.2007, X ARZ 423/06, NJW 2007, 1365, Rn. 11; a.A. OLG München, ZIP 2006, 1699, 1700.

2137 Hess, in: KöKo-KapMuG, § 32b ZPO, Rn. 2; Vollkommer, in: Zöller, ZPO, § 32b ZPO, Rn. 5.

2138 Vollkommer, in: Zöller, ZPO, § 32b ZPO, Rn. 5; Hess, in: KöKo-KapMuG, § 32b ZPO, Rn. 5.

2139 Hess, in: KöKo-KapMuG, § 32b ZPO, Rn. 5; Vollkommer, in: Zöller, ZPO, § 32b ZPO, Rn. 5; Hess, in: KöKo-KapMuG, § 32b ZPO, Rn. 5; Begr. RegE. eines Gesetzes zur Einführung von Kapitalanleger-Musterverfahren, BT-Drs. 15/5091, S. 20, 33 f.; OLG Koblenz, Beschluss v. 12.10.2006, 4 SmA 21/06, NJW 2006, 3723.

2140 Vor Inkrafttreten des Gesetz zur Reform des Kapitalanleger-Musterverfahrensgesetzes und zur Änderung anderer Vorschriften, BGBl. I 2012, S. 2182 ff.

2141 BGH, Beschluss v. 7.2.2007, X ARZ 423/06, NJW 2007, 1365, Rn. 12; BGH, Beschluss v. 30.1.2007, X ARZ 381/06, NJW 2007, 1364, Rn. 11.

2142 BGH, Beschluss v. 30.1.2007, X ARZ 381/06, NJW 2007, 1364, Rn. 11; BGH, Beschluss v. 7.2.2007, X ARZ 423/06, NJW 2007, 1365, Rn. 12.

2143 BGH, Beschluss v. 30.1.2007, X ARZ 381/06, NJW 2007, 1364, Rz . 11; BGH, Beschluss v. 7.2.2007, X ARZ 423/06, NJW 2007, 1365, Rn. 12.

2144 BGH, Beschluss v. 30.1.2007, X ARZ 381/06, NJW 2007, 1364, Rn. 11; BGH, Beschluss v. 7.2.2007, X ARZ 423/06, NJW 2007, 1365, Rn. 12.

2145 a.A. OLG Koblenz, Beschluss v. 12.10.2006, 4 SmA 21/06, NJW 2006, 3723.

Rechtsstreitigkeiten erweitert, die lediglich einen mittelbaren Bezug zu öffentlichen Kapitalmarktinformationen aufweisen[2146]. § 32b Abs. 1 Nr. 2 ZPO n.F. erfasst nunmehr Situationen, in denen Anlageberater und Anlagevermittler falsche oder irreführende öffentliche Kapitalmarktinformation verwenden oder eine gebotene Aufklärung darüber, dass eine öffentliche Kapitalmarktinformation falsch oder irreführend ist, unterlassen[2147].

Somit kann ein geschädigter Anleger seit Inkrafttreten des Gesetzes zur Reform des Kapitalanleger-Musterverfahrensgesetzes und zur Änderung anderer Vorschriften in der Regel Schadensersatzansprüche wegen Verletzung von Aufklärungs- und Beratungspflichten im Gerichtsstand des § 32b ZPO geltend machen. Der geschädigte Anleger kann daher in der Regel Ansprüche wegen Verletzung der Aufklärungspflichten gemäß § 280 Abs. 1 BGB (pVV) bzw. §§ 280, 241 Abs. 2, 311 Abs. 2 BGB (culpa in contrahendo) sowie gemäß § 823 Abs. 2 BGB i.V.m. §§ 31 ff. WpHG am Gerichtsstand des § 32b ZPO geltend machen.

§ 32b ZPO – wie auch schon § 48 BörsG a.F.[2148] – findet im Anwendungsbereich der EuGVO keine Anwendung[2149]. § 32b Abs. 1 a.E. ZPO stellt ausdrücklich klar, dass aufgrund des Vorrangs der EuGVO § 32b ZPO (im Falle einer Klage eines Klägers mit Wohnsitz im Inland) nur zur Anwendung gelangen kann, falls der Emittent oder der Anbieter sonstiger Vermögensanlagen seinen Sitz im Inland hat[2150]. Dies folgt im Übrigen auch aus Art. 76 Abs. 2 EuGVO und dem Grundsatz, dass Europarecht vor nationalem Recht Anwendungsvorrang genießt[2151].

Da der ausschließliche Gerichtsstand gemäß § 32b Abs. 1 a.E. ZPO bei einem Auslandsbezug – auch im Hinblick auf Nicht-EU-Mitgliedstaaten – nicht anwendbar ist, muss sich ein geschädigter Anleger, sofern er Ansprüche gegen einen Emittenten oder anderen Prospektverantwortlichen mit allgemeinem Gerichtsstand im Ausland geltend machen möchte, außerhalb des Anwendungsbereichs der EuGVO wahlweise des Gerichtsstandes des Erfüllungsorts (§ 29 ZPO) oder der unerlaubten Handlung (§ 32 ZPO) bedienen. Im Geltungsbereich der EuGVO bestimmt sich dagegen die gerichtliche Zuständigkeit im Fall des Auslandsbezugs für eine unter § 1 Abs. 2 KapMuG fallende Schadensersatzklage wegen fehlerhafter Kapitalmarktinformationen gegen einen ausländischen Emittenten

2146 Vollkammer, in: Zöller, ZPO, § 32b, Rn. 5; Toussiant, in: BeckOK-ZPO, § 32a ZPO, Rn. 9 ff.

2147 Vollkammer, in: Zöller, ZPO, § 32b, Rn. 6; Toussiant, in: BeckOK-ZPO, § 32a ZPO, Rn. 9 ff.

2148 Siehe zu § 48 BörsG a.F.: Scheuermann, Internationales Zivilverfahrensrecht, 115.

2149 Hess, in: KöKo-KapMuG, § 32b ZPO, Rn. 14; Vollkommer, in: Zöller, § 32b ZPO, Rn. 8; Parigger, in: Vorwerk/Wolf, KapMuG, ZPO § 32b, Rn. 10.

2150 Vollkommer, in: Zöller, § 32b ZPO, Rn. 8; Parigger, in: Vorwerk/Wolf, KapMuG, ZPO § 32b, Rn. 10.

2151 Staudinger, in: Rauscher, EuZPR, Einl. Brüssel I-VO, Rn. 27.

oder sonstigen Anbieter mit allgemeinem Gerichtsstand in einem anderen EU-Mitgliedstaat nach den Regeln der EuGVO[2152].

b) Gerichtsstand des Erfüllungsortes (§ 29 ZPO)

Der internationale Gerichtsstand des Erfüllungsortes ist nur dann einschlägig, wenn keine anderweitige ausschließliche Zuständigkeit gegeben ist. Weiterhin muss eine Streitigkeit aus einem Vertragsverhältnis vorliegen[2153]. Dies ist bei einer Fremdemission dann der Fall, wenn der geschädigte Anleger Ansprüche wegen Beratungspflichtverletzungen gegen die Bank geltend machen möchte, von der er die Aktien erworben hat, und diese Bank nicht Haftungsgegner eines Prospekthaftungsanspruchs ist. Denn ansonsten ist der ausschließliche Gerichtsstand des § 32b ZPO einschlägig, sofern gleichzeitig Prospekthaftungsansprüche gegen die Bank geltend gemacht werden. Gleiches gilt im Fall einer Direktemission bzgl. des Emittenten.

Anders als im Rahmen von Art. 5 Nr. 1 lit. b) EuGVO ist dabei der Erfüllungsort i.S.v. § 29 ZPO für jede Leistung gesondert zu bestimmen[2154]. Teilweise[2155] wird die Ansicht vertreten, dass die Bestimmung des Erfüllungsortes nach der lex causae vorzunehmen sei, also nach dem anwendbaren Vertragsstatut. Begründet wird dies damit, dass hierdurch gewährleistet werde, dass in internationalen Rechtsstreitigkeiten an dem Ort geklagt wird, an dem nach materiellem Recht die vertragliche Leistung gefordert werden kann. Überzeugender erscheint es, die Bestimmung des Erfüllungsortes ebenso wie alle anderen Definitionen der ZPO über die internationale und örtliche Zuständigkeit nach der lex fori vorzunehmen, also unter Rückgriff auf § 269 BGB[2156]. Das von den Befürwortern einer Qualifikation nach der lex causae ins Feld geführte Argument, durch eine solche Auslegung solle gewährleistet werden, dass bei internationalen Rechtsstreitigkeiten an dem Ort geklagt wird, an dem nach materiellem Recht die vertragliche Leistung gefordert werden kann, vermag heute nicht mehr zu überzeugen, da mit § 29 Abs. 2 ZPO von diesem Identitätsdogma bereits abgewichen worden ist[2157]. Im Übrigen würde durch eine Bestimmung des Erfüllungsortes nach der lex causae das dem deutschen Recht zugrunde liegende Prinzip des schuldnernahen Erfüllungsortes unterlaufen. Dabei

2152 Parigger, in: Vorwerk, Wolf, KapMuG, § 32b ZPO, Rn. 11; Vollkommer, in: Zöller, ZPO, § 32b ZPO, Rn. 8.

2153 Hüßtege, in: Thomas/Putzo, § 29 ZPO, Rn. 3; Vollkommer, in: Zöller, ZPO, § 29, Rn. 5; Pfeiffer, in: Gounalakis, Rechtshandbuch Electronic Business, § 13, Rn. 43.

2154 Hüßtege, in: Thomas/Putzo, § 29 ZPO, Rn. 5; Vollkommer, in: Zöller, ZPO, § 29, Rn. 23; Schack, IZVR, Rn. 295.

2155 Roth, in: Stein/Jonas, Band 1, § 29, Rn. 52; Patzina, in: MüKo-ZPO, Band 1, § 29, Rn. 105.

2156 Schack, IZVR, Rn. 301; Pfeiffer, in: Gounalakis, Rechtshandbuch Electronic Business, § 13, Rn. 43; Pichler, in: Hoeren/Sieber, Hdb. MultiMedia-Recht, Teil 31, Rn. 47.

2157 Schack, IZVR, Rn. 300.

bestimmt sich der Erfüllungsort nach § 269 BGB, sofern nicht eine anderweitige Vereinbarung getroffen worden ist[2158]. Gemäß § 269 Abs. 1 BGB ist dies im Regelfall der Wohnsitz des Schuldners, bei Gewerbetreibenden der Ort der Niederlassung, § 269 Abs. 2 BGB.

Bei Vertragsschlüssen im Internet tritt die Besonderheit auf, dass Leistungs- und Erfolgsort meist auseinander fallen. Zur Bestimmung des Erfüllungsortes ist alleine der Leistungsort maßgeblich[2159], sofern es sich nicht um eine Bringschuld handelt. Bei Bankverträgen ist der Geschäftssitz der Bank Erfüllungsort[2160], bei Dienstverträgen der Ort, an welchem die Dienste zu erbringen sind[2161]. Bei Kaufverträgen ist Leistungsort der Wohnsitz des Schuldners; es sei denn, es läge eine Bringschuld vor. Werden die Aktien nicht in einem Depot verwahrt, sondern übersandt, so liegt eine Schickschuld vor. Aus diesen Beispielen folgt, dass Ansprüche auf Lieferung von Aktien oder Erbringung einer Wertpapierdienstleistung am Niederlassungsort des Emittenten bzw. des virtuellen Emissionshauses zu erfüllen sind. Jedoch geht es vorliegend um die Fragestellung, an welchem Ort ein geschädigter Anleger Schadensersatzansprüche geltend machen kann. Bei Klagen auf Schadensersatz wegen Verletzung vertraglicher Pflichten ist streitige Verpflichtung i.S.v. § 29 ZPO diejenige Vertragspflicht, für deren Verletzung Ersatz begehrt wird[2162]. Im Ergebnis führt dies dazu, dass der Gerichtsstand des § 29 ZPO für die Geltendmachung von Schadensersatzansprüchen gegenüber ausländischen Emittenten für geschädigte Anleger mit gewöhnlichem Aufenthalt in Deutschland nicht von Bedeutung ist, da Erfüllungsort des Kauf- bzw. Kommissionsvertrags der Ort der Niederlassung des virtuellen Emissionshauses ist[2163]. Bei ausländischen Emissionshäusern liegt dieser außerhalb Deutschlands.

2158 Eine Vereinbarung eines Erfüllungsortes ist nur zwischen Kaufleuten zulässig, § 29 Abs. 2 ZPO, und spielt daher im Kontext dieser Arbeit keine Rolle.

2159 Patzina, in: MüKo-ZPO, Band 1, § 29, Rn. 61; Krüger, in: MüKo-BGB, Band II, § 269, Rn. 2; Bittner, in: Staudinger, § 269, Rn. 2.

2160 So Vollkommer, in: Zöller, ZPO, § 29, Rn. 25 zu Benachrichtigungspflichten und sonstigen Nebenpflichten der Bank; BGH, Urt. v. 7.5.2002, XI ZR 197/01, NJW 2002, 2703 zu der sich aus Nr. 15 Abs. 2 der Sonderbedingungen für Wertpapiergeschäfte ergebenden Pflicht, den Kunden über den Verfall von Rechten aus Optionsscheinen zu benachrichtigen. Hierbei handele es sich für die Bank grundsätzlich nicht um eine Bring-, sondern um eine Schickschuld.

2161 Roth, in: Stein/Jonas, Band 1, § 29, Rn. 44; BGH, Urt. v. 26.11.1984, II ZR 20/84, ZIP 1985, 157; Krüger, in: MüKo-BGB, Band 2, § 269, Rn. 30.

2162 Roth, in: Stein/Jonas, Band 1, § 29, Rn. 18; Vollkommer, in: Zöller, ZPO, § 29, Rn. 25; Bittner, in: Staudinger, Band 2, § 269 BGB, Rn. 35.; OLG Saarbrücken, Urt. v. 13.10.1999, 1 U 190/99-37, NJW 2000, 670, 671; BayObLG, Beschluss v. 10.6.2002, 1Z AR 50/02, NJW 2002, 2888.

2163 Zum selben Ergebnis für Klagen gegen ausländische Internetanbieter gelangt auch Ganssauge, 84; Pichler, in: Hoeren/Sieber, HdB. Multimedia-Recht, Teil 31, Rn. 104.

c) Gerichtsstand des § 29c ZPO auf Internetsachverhalte nicht anwendbar

Vor Inkrafttreten des Fernabsatzgesetzes (nunmehr § 312b BGB) war umstritten, ob die Vorschriften über den Widerruf von Haustürgeschäften auf Internetsachverhalte Anwendung[2164] finden. Im Bereich der internationalen Zuständigkeit spielte der vormalige § 7 HTWG – nunmehr § 29c ZPO – eine Rolle. Diese Norm statuiert einen ausschließlichen Gerichtsstand am Wohnort des Verbrauchers. In der Begründung zum Regierungsentwurf[2165] eines Fernabsatzgesetzes wurde ausdrücklich klargestellt, dass Fernabsatzverträge keine Haustürgeschäfte darstellen, sondern beide Geschäftsarten sich tatbestandlich gegenseitig ausschließen. Der ausschließliche Gerichtsstand des § 29c ZPO ist daher vorliegend nicht einschlägig.

d) Gerichtsstand des Vermögens (§ 23 ZPO)

Gemäß § 23 ZPO wird die internationale Zuständigkeit deutscher Gerichte bereits durch das Vorhandensein von Vermögenswerten des Beklagten im Inland begründet. Es ist dagegen nicht erforderlich, dass der Beklagte seinen Wohnsitz im Inland hat. Sinn und Zweck dieser Regelung ist es, dem Kläger einen Gerichtsstand an dem Ort zu eröffnen, an welchem sich Vermögen des Beklagten befindet, um eine Anerkennung des Urteils im Ausland und eine dortige Vollstreckung zu vermeiden[2166].

Dabei stellt jeder geldwerte Gegenstand, dem ein Verkehrswert beigemessen wird, Vermögen dar. Es ist gleichgültig, ob es sich um Sachen oder Rechte handelt[2167]. Teilweise[2168] wird eine restriktive Auslegung des Vermögensbegriffs dahingehend gefordert, dass nur die dem Vollstreckungszugriff unterliegenden Gegenstände, die einen gewissen Wert besitzen, Vermögen i.S.v. § 23 ZPO darstellen. Die erscheint auch sinnvoll, da ansonsten ein bereits verlorenes Reisegepäckstück die internationale Zuständigkeit begründen könnte[2169]. Als Vermögen des ausländischen Emittenten oder des virtuellen Emissionshauses im Inland werden meist nur Forderungen auf Zahlung des Aktienkaufpreises gegen andere Anleger in Betracht kommen, da ein virtuelles Emissionshaus keine Niederlassungen oder Repräsentanzen unterhält. Gemäß § 23 S. 2 ZPO gilt bei Forderungen der Wohnsitz

---

2164 Siehe zu diesem Streit: Ruoff, Zur Anwendbarkeit des HTWG im Internet, NJW-CoR 2000, 38 ff.

2165 BT-Drs. 14/2658, S. 34 f.

2166 Schack, IZVR, Rn. 367; Hüßtege, in: Thomas/Putzo, § 23 ZPO, Rn. 1; Vollkommer, in: Zöller, ZPO, § 23, Rn. 1.

2167 Patzina, in: MüKo-ZPO, Band 1, § 23, Rn. 16; Roth, in: Stein/Jonas, Band 1, § 23 ZPO, Rn. 16.

2168 Vollkommer, in: Zöller, ZPO, Band 1, § 23, Rn. 7; Roth, in: Stein/Jonas, Band 1, § 23 ZPO, Rn. 15; Schack, IZVR, Rn. 370 f.; a.A. Patzina, in: MüKo-ZPO, Band 1, § 23, Rn. 16; Hüßtege, in: Thomas/Putzo, § 23, Rn. 6.

2169 Siehe hierzu: Gottwald, in: Nagel/Gottwald, § 3, Rn. 437; Schack, IZVR, Rn. 370 f.; OLG Celle, Beschluss v. 29.10.1998, 13 W 106/98, IPRax 2001, 338.

des (Dritt-)Schuldners als Belegenheitsort des Vermögens[2170]. Es genügt, wenn der Schuldner der Forderung der Kläger selbst ist[2171]. Fraglich ist, ob zur Begründung der internationalen Zuständigkeit neben einer Vermögensbelegenheit im Inland ein hinreichender Inlandsbezug gegeben sein muss. Teilweise[2172] wird dies mit dem Argument abgelehnt, dass der Begriff des hinreichenden Inlandsbezugs zu unscharf sei und es hierdurch zu einer Auflösung der im besonderen Maße der Rechtsklarheit verpflichteten internationalen Zuständigkeit komme.

Andere wiederum – auch der BGH[2173] – möchten den Anwendungsbereich des § 23 ZPO mit dem Argument, dass eine weite Auslegung der Norm völkerrechtswidrig sei, auf Fälle beschränken, in denen ein zusätzlicher Inlandsbezug gegeben ist. Demnach vermag § 23 ZPO die internationale Zuständigkeit eines deutschen Gerichts nur zu begründen, falls neben der Vermögensbelegenheit ein hinreichender Inlandsbezug der Rechtsstreitigkeit gegeben ist[2174]. Ein solcher soll immer dann gegeben sein, wenn ein inländischer Wohn- oder Geschäftssitz des Klägers vorhanden ist, eine Leistungserbringung im Inland erfolgt[2175] oder der Kläger im Inland aktiv am Geschäftsverkehr teilnimmt[2176]. Daneben bietet Art. 6 Abs. 1 lit. a), lit. b) Rom I-VO (vormals Art. 29 Abs. 1 Nr. 1–3 EGBGB a.F.) einen Anhaltspunkte dafür, wann ein Inlandsbezug gegeben ist[2177].

Dieser Streit ist vorliegend ohne Bedeutung, da bei Aktienemissionen über das Internet nach den von der Rechtsprechung aufgestellten Grundsätzen immer ein hinreichender Inlandsbezug gegeben ist. Der Gerichtsstand des Vermögens ist nur dann einschlägig, wenn nicht bereits der Gerichtsstand des § 32b ZPO eröffnet ist. Diese Konstellation ist immer dann gegeben, wenn überhaupt kein Wertpapierprospekt veröffentlicht worden ist oder der geschädigte Anleger die Aktien von einem Wertpapierdienstleistungsunternehmen erworben hat, welches nicht zum Emissionskonsortium gehört.

2170 Patzina, in: MüKo-ZPO, Band 1, § 23, Rn. 19; Vollkommer, in: Zöller, ZPO, § 23, Rn. 10.

2171 Patzina, in: MüKo-ZPO, Band 1, § 23, Rn. 19; Vollkommer, in: Zöller, ZPO, § 23, Rn. 8.

2172 Roth, in: Stein/Jonas, Band 1, § 23, Rn. 10; Schack, IZVR, Rn. 368.

2173 BGH, Urt. v. 2.7.1991, XI ZR 206/90, BGHZ 115, 90, 98 unter Berufung auf BVerfGE 64, 1, 20.

2174 Patzina, in: MüKo-ZPO, Band 1, § 23, Rn. 15; BGH, Urt. v. 2.7.1991, XI ZR 206/91, BGHZ 115, 90, 94; OLG Stuttgart, Urt. v. 6.8.1990, 5 U 77/89, IPRax 1991, 179, 180; Pichler, in: Hoeren/Sieber, Hdb. MultiMedia-Recht, Teil 31, Rn. 45; a.A. Schack, IZVR, Rn. 368.

2175 Vollkommer, in: Zöller, ZPO, § 23, Rn. 13.

2176 Patzina, in: MüKo-ZPO, Band 1, § 29, Rn. 15; BGH, Urt. v.12.11.1990, II ZR 249/89, WM 1991, 384, 386.

2177 Vollkommer, in: Zöller, ZPO, § 23, Rn. 13.

e) Gerichtsstand der unerlaubten Handlung (§ 32 ZPO)

Sofern der Gerichtsstand des § 32b ZPO nicht einschlägig ist, kommt auch eine Zuständigkeit deutscher Gerichte gemäß § 32 ZPO in Betracht. Der BGH hatte sich jüngst in einer Reihe von Entscheidungen[2178] mit der Frage der Wirksamkeit von Schiedsklauseln in Verträgen ausländischer Broker mit inländischen Verbrauchern auseinandergesetzt und in diesem Kontext einen Gerichtsstand gemäß § 32 ZPO in Deutschland angenommen[2179]. Dies setzt das Vorliegen einer unerlaubten Handlung voraus. Dabei beurteilt sich nach der lex fori, was als unerlaubte Handlung zu qualifizieren ist[2180]. Spezialgesetzliche Prospekthaftungsansprüche sind deliktisch zu qualifizieren. Ebenso Ansprüche gemäß § 823 Abs. 2 BGB i.V.m. §§ 31 ff. WpHG, § 823 Abs. 2 BGB i.V.m. § 32 KWG[2181] oder gemäß § 826 BGB wegen vorsätzlicher sittenwidriger Schädigung[2182]. Charakteristikum von Distanzdelikten ist dabei, dass Handlungs- und Erfolgsort auseinander fallen können. Im Rahmen von § 32 ZPO kann nach Wahl des Klägers an beiden Orten geklagt werden[2183]. Fraglich ist, ob die Abrufbarkeit einer Webseite in Deutschland dazu geeignet ist, einen Gerichtsstand gemäß § 32 ZPO zu begründen. Die bloße Abrufbarkeit einer Webseite in Deutschland genügt im Rahmen von § 32 ZPO als alleiniges Kriterium nicht, um einen Gerichtsstand im Inland zu begründen[2184], da es ansonsten zu einer

2178 BGH, Urt. v.8.6.2010, XI ZR 349/08, NZG 2011, 468; BGH, Urt. v. 25.01.2011, XI ZR 350/08, BeckRS 2011, 05921; BGH, Urt. v. 9.3.2010, XI ZR 93/09, BGHZ 184, 365; BGH, Urt. v. 8.6.2010, XI ZR 41/09, NZG 2010, 1351; BGH, Urt. v. 29.3.2011, VI ZR 111/10, GRUR 2010, 461; Roth, in: Stein/Jonas, Band 1, § 32, Rn. 19.

2179 Siehe zu diesen Entscheidungen und der Behandlung von Klagen von Kapitalanlegern: Thole, ZBB 2011, 399 ff.; Engert/Groh, IPRax 2011, 458 ff.; Huber, IPRax 2009, 334 ff.

2180 Vollkommer, in: Zöller, ZPO, § 32, Rn. 16; Roth, in: Stein/Jonas, Band 1, § 32, Rn. 17.

2181 Der BGH, Urt. v. 5.10.2010, VI ZR 159/09, EuZW 2011, 34, 37, Rn. 22 hat entschieden, dass auch ein Schadensersatzanspruch aus § 823 Abs. 2 BGB i.V.m. § 32 KWG ein Anspruch „aus einem Vertrag" sein und damit der Zuständigkeit für Verbrauchersachen i.S.v. Art. 13 Abs. 1 Nr. 3 LugÜ unterliegen kann. Für die Begründung der Zuständigkeit für Verbrauchersachen genüge es, dass sich die Schadenshaftung allgemein auf einen Vertrag beziehe und eine Klage, die auf einer gesetzlichen Grundlage beruhe, eine so enge Verbindung zu dem Vertrag aufweise, dass sie von ihm nicht getrennt werden könne.

2182 BGH, Urt. v. 17.05.2011, XI ZR 352/08, BeckRS 2011, 20371; BGH, Urt. v. 9.3.2010, XI ZR 93/09, BGHZ 184, 365, Rn. 18 f.; BGH, Urt. v. 8.6.2010, XI ZR 349/08, WM 2010, 2025, Rn. 17; BGH, Urt. v. 8.6.2010, XI ZR 41/09, NZG 2009, 2032, Rn. 17; OLG Düsseldorf, Urt. v. 17.11.2008, I-9 U 109/08, BeckRS 2011, 22155.

2183 BGH, Urt. v. 9.3.2010, XI ZR 93/09, BGHZ 184, 365; BGH, Urt. v. 29.3.2011, VI ZR 111/10, GRUR 2010, 461, Rn. 8; Roth, in: Stein/Jonas, Band 1, § 32 ZPO, Rn. 26; Vollkommer, in: Zöller, ZPO, § 32, Rn. 16.

2184 Siehe zu dieser Frage im Rahmen von Persönlichkeitsrechtsverletzungen: BGH, Urt. v. 29.3.2011, VI ZR 111/10, BeckRS 2011, 10203; der BGH, Urt. v. 2.3.2010,

uferlosen Gerichtspflichtigkeit des Beklagten käme. Gegen die gegenteilige Auffassung[2185] spricht der Sinn und Zweck des § 32 ZPO, die Schaffung von Sach- und Beweisnähe des am Tatort berufenen Gerichts[2186]. Auch führt die bloße Abrufbarkeit einer Webseite mit einem Angebot Aktien zu zeichnen, noch nicht zu einem Vermögensschaden.

Ein geschädigter Anleger kann im Rahmen von § 32 ZPO wählen, ob er das Gericht am Handlungs- bzw. Begehungsort oder am Erfolgsort anruft[2187]. Dabei ist Handlungs- bzw. Begehungsort der Ort, an welchem mindestens ein wesentliches Tatbestandsmerkmal der unerlaubten Handlung verwirklicht worden ist[2188]. Dagegen begründet § 32 ZPO grundsätzlich keinen Gerichtsstand am Schadensort[2189]. Nur wenn der Schadenseintritt selbst zum Tatbestand der Rechtsverletzung gehört, ist der Ort des Schadenseintritts Begehungsort[2190].

Bei Unterlassungsdelikten, beispielsweise bei unterlassener Aufklärung, bestimmt sich der Handlungsort anhand des Ortes, an welchem die unterlassene Handlung hätte vorgenommen werden müssen[2191]. Handlungsort ist somit der Ort der Niederlassung des Wertpapierdienstleistungsunternehmens, welches den Anleger durch unterlassene Aufklärung geschädigt hat. Werden falsche Informationen

---

VI ZR 23/09, MMR 2010, 441, 443, Rn. 20 hatte eine tatsächliche Kollision der widerstreitenden Interessen einerseits des Klägers an der Achtung seines Persönlichkeitsrecht und andererseits des Beklagten an der Gestaltung seines Internetauftritts sowie an einer Berichterstattung im Inland gefordert und ist damit über das Erfordernis eines gewöhnlichen Aufenthalts des Klägers im Inland und der bloßen Abrufbarkeit der Internetseite hinausgegangen. Fraglich ist, ob der BGH aufgrund der Entscheidung des EuGH, Urt. v. 25.10.2011, Rs. C-509/09 (eDateAdvertisingGmbH/X und Martinez/MGN Limited), EuZW 2011, 962 zu künftig an diesem Erfordernis noch festhalten wird. Siehe auch: Heinrich, in: Musielak, ZPO,§ 32, Rn. 18 ; Patzina, in: MüKo-ZPO, Band 1, § 32, Rn. 26.

2185 Siehe zu dieser: Schack, MMR 2000, 135, 138 f. zu Markenrechtsverletzungen; Roth, in: Stein/Jonas, Band 1, § 32, Rn. 34.

2186 Heinrich, in: Musielak, ZPO, § 32, Rn. 1; Roth, in: Stein/Jonas, Band 1, § 32, Rn. 1.

2187 Roth, in: Stein/Jonas, Band 1, § 32, Rn. 26; Patzina, in: MüKo-ZPO, Band 1, § 32 ZPO, Rn. 20.

2188 Vollkommer, in: Zöller, ZPO, § 32, Rn. 16; Roth, in: Stein/Jonas, Band 10, § 32, Rn. 26; Patzina, in: MüKo-ZPO, Band 1, § 32, Rn. 20.

2189 Vollkommer, in: Zöller, ZPO, § 32 ZPO, Rn. 16; Roth, in: Stein/Jonas, Band 10, Rn. 29; BGH, Urt. v. 14.5.1969, I ZR 24/68, BGHZ 52, 108, 111; a.A. das BayObLG, Urt. v. 27.3.2002003, 1Z AR 28/03, ZIP 2003, 1863, 1864, das hiervon abweichend in einer Entscheidung zu einem Kapitalanlagebetrugsfall ausgeführt hat, dass im Fall, dass der Schadenseintritt selbst zum Tatbestand der Rechtsgutsverletzung gehöre, der Ort des Schadenseintritts als Begehungsort anzusehen sei.

2190 Patzina, in: MüKo-ZPO, Band 1, § 32, Rn. 20; BGH, Urt. v. 20.12.1963, I b ZR 104/62, NJW 1964, 969 zu Wettbewerbsverstößen.

2191 Roth, in: Stein/Jonas, Band 1, § 32, Rn. 27; Patzina, in: MüKo-ZPO, Band 1, § 32, Rn. 20; Heinrich, in: Musielak, ZPO, § 32, Rn. 17.

ins Internet gestellt, so ist Handlungsort der Ort, an dem die Informationen ins Internet eingestellt wurden[2192]. Daher ist § 32 ZPO mangels inländischen Handlungsorts nicht dazu geeignet, einen Gerichtsstand in Deutschland zu begründen, wenn ein Emittent bzw. das virtuelle Emissionshaus mit Sitz in einem Staat, der nicht EU-Mitgliedstaat ist, in Deutschland einen unrichtigen Wertpapierverkaufsprospekt veröffentlicht hat, wegen des Vorliegens eines öffentlichen Angebots im Inland hätte veröffentlichen müssen oder Anleger im Inland nicht oder falsch aufgeklärt hat.

Jedoch kann der geschädigte Anleger auch im Rahmen von § 32 ZPO am Erfolgsort Klage erheben[2193]. Erfolgsort ist der Ort, an dem ein zum Haftungstatbestand der unerlaubten Handlung gehörender Erfolg wie die Verletzung eines absoluten Rechts oder geschützten Rechtsguts i.S.v. § 823 Abs. 1 BGB eingetreten ist[2194]. Bei Vermögensschäden stellt sich ähnlich wie im Rahmen von Art. 5 Abs. 1 lit. c) EuGVO die Frage, wie der Erfolgsort zu bestimmen ist.

Bei reinen Vermögensschäden wird die Ansicht vertreten, dass ausnahmsweise auch der Ort des Schadenseintritts anstelle des Erfolgsorts als Begehungsort in Betracht kommt[2195]. Begründet wird dies damit, dass es hier – anders als bei der Verletzung von absoluten Rechten wie Leib und Leben – an einer Rechtsgutsverletzung fehle. In diesem Sinne hat der BGH in einem Fall der Spesenreiterei einer ausländischen Brokerfirma (§ 826 BGB) am Ort des Vermögensschadens eine Zuständigkeit deutscher Gerichte bejaht[2196]. Gleiches sollte auch für Ansprüche gemäß § 823 BGB i.V.m. § 31 ff. WpHG gelten, da es hier ebenfalls an einer Rechtsgutsverletzung fehlt[2197].

Auch im Rahmen von § 32 ZPO ist umstritten, ob bei Vermögensschäden zur Bestimmung des zuständigen Gerichts auf den Lageort des abgrenzbaren

2192 Patzina, in: MüKo-ZPO, Band 1, § 32, Rn. 26; Roth, in: Stein/Jonas, Band 1, § 32, Rn. 34.

2193 Patzina, in: MüKo-ZPO, Band 1, § 32, Rn. 20; Roth, in: Stein/Jonas, Band 1, § 32, Rn. 26.

2194 BGH, Urt. v. 28.6.2007, I ZR 49/04, NJW-RR 2008, 57, 58, Rn. 23; Toussaint, in: BeckOK-ZPO, § 32, Rn. 10; Patzina, in: MüKo-ZPO, Band 1, § 32, Rn. 20.

2195 Roth, in: Stein/Jonas, Band 10, § 32, Rn. 30; Vollkommer, in: Zöller, ZPO, § 32, Rn. 16; Patzina, in: MüKo-ZPO, Band 1, § 32, Rn. 32 (für Spesenreiterei, sog. „churning“); BGH, Urt. v. 22.11.1994, XI ZR 45/91, NJW 1995, 1225; Toussaint, in: BeckOK-ZPO, § 32, Rn. 10a.

2196 BGH, Urt. v. 22.11.1994, XI ZR 45/91, NJW 1995, 1226; BGH, Urt. v. 16.12.1997, VI ZR 408/96, NJW 1998, 998.

2197 Roth, in: Stein/Jonas, Band 10, § 32, Rn. 30; Koller, EWiR 1998, 354 zu BGH, Urt. v. 16.12.1997, VI ZR 408/96, NJW 1998, 988; Huber, IPRax 2009, 134, 136 weist darauf hin, dass das durch diese Aufklärungspflichten geschützte Interesse nicht das Vermögen der Anleger, sondern deren Interesse auf Grundlage von zutreffenden Informationen eine Anlageentscheidung zu treffen sei. Durch das Verhalten des Schädigers werde die freie Willensentscheidung beeinträchtigt.

geschädigten Vermögensteils abzustellen ist[2198] oder auf den Sitz des Geschädigten bzw. seine Vermögenszentrale[2199]. Definiert man den Schadensort wie im Rahmen von Art. 5 Abs. 1 lit. c) EuGVO als den Ort, an dem der Erstschaden eingetreten ist, nicht dagegen auch als den Ort, an dem der Geschädigte infolge des Erstschadens einen Folgeschaden erlitten hat, so ist auf den Ort der Belegenheit des klar abgrenzbaren Vermögensteils abzustellen und nicht auf den Sitz seiner Vermögenszentrale. Jedoch besteht bei einer solchen Betrachtungsweise, jedenfalls bei Kapitalanlagedelikten, die Gefahr, dass keine hinreichende Beweis- und Sachnähe mehr gewährleistet ist, da der Erfolgsort dann durch den Ort der Niederlassung der kontoführenden Bank des Anlegers bestimmt würde, welcher auch im Ausland liegen kann[2200].

Liegt allerdings zwischen Schädigungshandlung und Schadenseintritt ein weiterer Zwischenschritt, so kommt als Erfolgsort der Ort, an dem der Zwischenschritt vorgenommen worden ist, in Betracht[2201]. So ist beispielsweise bei einem Kapitalanlagebetrug (§ 823 Abs. 2 BGB i.V.m. § 263 StGB) der Erfolgsort dort zu verorten, wo die Täuschungshandlung einen Irrtum erregt bzw. der geschädigte Anleger die zum Vermögensschaden führende Vermögensverfügung getroffen hat[2202].

Im Ergebnis bedeutet dies, dass Ansprüche aus spezialgesetzlicher Prospekthaftung, aus § 823 Abs. 2 BGB i.V.m. §§ 31 ff. WpHG oder einem anderen Schutzgesetz sowie Ansprüche gemäß § 826 BGB wegen vorsätzlicher sittenwidriger Schädigung[2203] am Gerichtsstand der unerlaubten Handlung geltend gemacht werden können. Bei der Geltendmachung von Ansprüchen wegen Vertragsverletzungen greift der Deliktsgerichtsstand des § 32 ZPO dann ein, wenn sich die Verletzung vertraglicher oder auch vorvertraglicher Pflichten gleichzeitig als deliktischer Tatbestand darstellt. Dies ist beispielsweise bei einer arglistigen Täuschung bei

---

2198 Patzina, in: MüKo-ZPO, Band 1, § 32, Rn. 20; Roth, in: Stein/Jonas, Band 1, § 32, Rn. 30; BayObLG, *Beschluss* v. 27.03.2003, 1Z AR 28/03, BeckRS 2003, 30313585; OLG Karlsruhe, Urt. v. 9.8.2006, 19 U 8/05, BeckRS 2006, 09503.

2199 Toussaint, in: BeckOK-ZPO, § 32, Rn. 10.1; OLG Frankfurt a.M., Beschluss v. 19.7.2007, 1 W 41/07, NJOZ 2007, 4637, 4638.

2200 In diesem Sinne: Huber, IPRax 2009, 134, 137; zur Parallelproblematik im Rahmen von Art. 4 Rom II-VO: Ringe, in: jurisPK-BGB, Band 6, Art. 4 Rom II-VO, Rn. 65; Schmitt, BKR 2010, 366, 370.

2201 Huber, IPRax 2009, 134, 136.

2202 BGH, Urt. v. 25.11.1993, IX ZR 32/93, NJW 1994, 1413, 1415; BGH, Urt. v. 06.02.1990, XI ZR 184/88, NJW-RR 1990, 604; Toussaint, in: BeckOK-ZPO, § 32, Rn. 10.1; Roth, in: Stein/Jonas, Band 1, § 32, Rn. 30; Huber, IPRax 2009, 134, 137.

2203 Siehe hierzu: BGH, Urt. v. 17.05.2011, XI ZR 352/08, BeckRS 2011, 20371; BGH, Urt. v. 9.3.2010, XI ZR 93/09, BGHZ 184, 365, Rn. 18 f.; BGH, Urt. v. 8.6.2010, XI ZR 349/08, WM 2010, 2025, Rn. 17; BGH, Urt. v. 8. 6. 2010XI ZR 41/09, NZG 2010, 1351, 1352, Rn. 17; OLG Düsseldorf, Urt. v. 17.11.2008, I-9 U 109/08, BeckRS 2011, 22155.

Vertragsschluss oder bei täuschenden und betrügerischen Handlungen bei Vertragserfüllung der Fall[2204].

f) Keine Gerichtsstandsvereinbarungen zulässig
Fraglich ist, ob sich die Zulässigkeit von Gerichtsstandsvereinbarungen nach § 38 ZPO oder aber nach Art. 23 EuGVO beurteilt. Im Anwendungsbereich des EuGVO verdrängt Art. 23 EuGVO die Vorschrift des § 38 ZPO[2205]. Deshalb kommen die den § 38 ZPO modifizierenden Vorschriften wie beispielsweise § 53 Abs. 3 KWG auch nicht zur Anwendung[2206]. Voraussetzung für eine Anwendbarkeit von Art. 23 EuGVO ist, dass eine der Parteien ihren Wohnsitz bzw. Sitz im geografischen Anwendungsbereich der EuGVO hat. Auf den Wohnsitz des Beklagten abzustellen führt nicht weiter, da im Zeitpunkt des Abschlusses der Gerichtsstandsvereinbarung nicht feststeht, wer Kläger und wer Beklagter ist.

Es wird die Ansicht vertreten[2207], dass bei einem Wohnsitz des Klägers in einem EU-Mitgliedstaat Art. 23 EuGVO sowohl auf Prorogations- wie auch Derogationsvereinbarungen Anwendung findet. Begründet wird dies damit, dass hierdurch die Einheitlichkeit des Prüfungsmaßstabs für die Beurteilung von Prorogations- und Derogationsvereinbarungen gewährleistet wird. Anderer Ansicht[2208] zufolge soll dagegen Art. 23 EuGVO dann keine Anwendung finden, wenn eine Partei ihren Wohnsitz außerhalb des Anwendungsbereichs der EuGVO, also in einem Nicht-EU-Mitgliedstaat hat. Begründet wird dies damit, dass es entgegen dem Wortlaut des Art. 23 EuGVO nicht Sinn und Zweck der Verordnung sei, Zuständigkeitsregelungen mit Auswirkungen auf Drittstaaten und Personen, die dort ihren Wohnsitz haben, zu treffen. Auch würde der Anwendungsbereich des § 38 Abs. 2 ZPO hierdurch sehr stark eingeschränkt. Gegen letztere Ansicht sprechen jedoch der Wortlaut des Art. 23 EuGVO sowie Erwägungsgrund Nr. 8 zur EuGVO, der einen Anknüpfungspunkt nur zu einem und nicht zu mehreren Mitgliedstaaten fordert. Für eine teleologische Reduktion dieser Norm ist daher kein Raum.

III. Ergebnis

Ein geschädigter Anleger kann – sofern er nicht eine wirksame Gerichtsstandsvereinbarung getroffen hat – in aller Regel auch den Emittenten bzw. das ausländische Wertpapierdienstleistungsunternehmen vor einem deutschen Gericht verklagen.

2204 Patzina, in: MüKo-ZPO, Band 1, § 32, Rn. 18.

2205 Geimer, in: Geimer/Schütze, EZVR, A.1, Art. 23, Rn. 69 ff.; Heinrich, in: Musielak, ZPO, § 38, Rn. 14; Bork, in: Stein/Jonas, Band 1, § 38, Rn. 22.

2206 Geimer, IZPR, Rn. 1643.

2207 Geimer, in: Geimer/Schütze, EZVR, A.1, Art. 23, Rn. 63.

2208 Patzina, in: MüKo-ZPO, Band 1, § 38, Rn. 25; BGH, Urt. v. 26.10.1981, II ZR 198/80, BGHZ 80, 110, 114.

D. Zustellung

Voraussetzung für eine wirksame Klageerhebung in Deutschland ist gemäß § 253 Abs. 1 ZPO die Zustellung der Klageschrift an den Beklagten. Die Zustellung im Ausland wird durch § 183 ZPO geregelt, wobei eine Unterscheidung zwischen einer Zustellung in einem EU-Mitgliedstaat und einem Drittstaat vorzunehmen ist.

Sofern eine Zustellung in einen EU-Mitgliedstaat erfolgen soll, bestimmt § 183 Abs. 5 ZPO, dass anstelle der Zustellungsvorschriften der ZPO die Vorschriften der Verordnung (EG) Nr. 1393/2007[2209] des Europäischen Parlaments und des Rates vom 13. November 2007 über die Zustellung gerichtlicher und außergerichtlicher Schriftstücke in Zivil- und Handelssachen in den Mitgliedstaaten und zur Aufhebung der Verordnung (EG) Nr. 1348/2000 Anwendung finden[2210]. Ergänzend hierzu gelten die §§ 1068, 1069 ZPO.

Außerhalb des Geltungsbereichs der Verordnung (EG) Nr. 1393/2007 gestaltet sich dagegen eine Zustellung schwieriger. Gemäß § 183 Abs. 1 S. 2, 1. Alt. ZPO kann eine Zustellung durch Einschreiben mit Rückschein erfolgen, soweit dies aufgrund völkerrechtlicher Vereinbarungen zulässig ist, § 183 Abs. 1 S. 1 ZPO[2211]. Als völkerrechtliche Vereinbarungen kommen in erster Linie das Haager Zivilprozessübereinkommen (HZPÜ)[2212], das Haager Zustellungsübereinkommen (HZÜ)[2213] sowie bilaterale Verträge in Betracht. Fehlt es an einer solchen Vereinbarung, ist eine Zustellung im Ausland per Einschreiben mit Rückschein gemäß § 183 Abs. 1 S. 2, 1. Alt. ZPO unzulässig. Daneben kann gemäß § 183 Abs. 1 S. 2, 2. Alt. ZPO auch eine Zustellung im Ausland auf Ersuchen des Vorsitzenden des Prozessgerichts durch die Behörden des fremden Staates erfolgen[2214]. Ist ein solches Vorgehen nicht möglich, so kann gemäß § 183 Abs. 2 S. 1 ZPO durch die diplomatische oder konsularische Vertretung des Bundes, die in diesem Staat residiert, eine Zustellung erfolgen.

2209 Verordnung (EG) Nr. 1393/2007 des Europäischen Parlaments und des Rates vom 13. November 2007 über die Zustellung gerichtlicher und außergerichtlicher Schriftstücke in Zivil- oder Handelssachen in den Mitgliedstaaten und zur Aufhebung der Verordnung (EG) Nr. 1348/2000, ABl. EU Nr. L 324 v. 10.12.2007, S. 79 ff.

2210 Siehe hierzu: Geimer, in: Zöller, ZPO, Anhang II B; Stadler, in: Musielak, ZPO, VO (EG) 44/2001, Art. 1, Rn. 1 ff.

2211 Siehe hierzu: Geimer, in: Zöller, ZPO, § 183, Rn. 1a, 40 ff.; Wittschier, in: Musielak, ZPO, § 183, Rn. 2.

2212 Haager Übereinkommen über den Zivilprozess vom 1. März 1954, BGBl. II 1958, S. 577; abgedruckt bei Jayme/Hausmann, Nr. 210.

2213 Haager Übereinkommen über die Zustellung gerichtlicher und außergerichtlicher Schriftstücke im Ausland in Zivil- oder Handelssachen vom 15. November 1965, BGBl. II 1977, S. 1453; abgedruckt bei Jayme/Hausmann, Nr. 211.

2214 Siehe hierzu: Geimer, in: Zöller-ZPO, § 183, Rn. 1b, 46 ff.; Hartmann, in: Baumbach/Lauterbach/Albers/ Hartmann, ZPO, § 183, Rn. 5 f.

In der Praxis ist dies ein häufig gewählter Weg[2215]. § 183 Abs. 2 ZPO ist im Verhältnis zu § 183 Abs. 1 ZPO subsidiär[2216]. Gemäß § 184 Abs. 1 ZPO kann das Prozessgericht in den Fällen des § 183 die Bestellung eines Zustellungsbevollmächtigten im Inland verlangen[2217]. Unter bestimmten Voraussetzungen kann auch anstelle einer Auslandszustellung gemäß § 185 Nr. 3 ZPO eine öffentliche Zustellung im Inland erfolgen. Eine solche ist danach möglich, falls eine notwendige Auslandszustellung unausführbar oder nicht Erfolg versprechend erscheint. Eine Zustellung ist unausführbar, wenn der Wohnsitzstaat des Beklagten keine Rechtshilfe gewährt[2218]. Eine bloße Langwierigkeit des Zustellungsverfahrens reicht dagegen nicht aus[2219]. Nicht Erfolg versprechend ist eine Zustellung, wenn erfahrungsgemäß mit einer so außergewöhnlich langsamen Erledigung zu rechnen ist, dass der betreffenden Partei ein Zuwarten billigerweise nicht zugemutet werden kann[2220]. Aber auch wenn eine öffentliche Zustellung im Inland vorgenommen werden kann, ist dem Kläger damit noch nicht weitergeholfen, da das obsiegende Urteil noch vollstreckt werden muss. Hat der Beklagte kein Vermögen im Inland, so ist der Kläger auf die Durchführung einer Auslandsvollstreckung angewiesen. Hieraus folgt, dass deutsche Gerichte für eine Zustellung oftmals und für eine Vollstreckung meistens auf die Rechtshilfe ausländischer Staaten angewiesen sind.

E. Vollstreckung

Bereitet die Herbeiführung einer Sachentscheidung durch ein Gericht schon nicht selten Schwierigkeiten, so nehmen die Probleme im Bereich der Anerkennung und Vollstreckung noch zu. Denn die Durchführung der Zwangsvollstreckung wird von jedem Staat selbstständig geregelt[2221]. Bei dieser handelt es sich um Ausübung hoheitlicher Gewalt, die grundsätzlich nur innerhalb des eigenen Staatsgebietes zulässig ist[2222]. Die Vollstreckung einer deutschen Entscheidung im Ausland setzt voraus, dass der deutsche Titel im Ausland anerkannt und nach dort geltendem

---

2215 Roth, in: Stein/Jonas, Band 3, § 183, Rn. 28; Hartmann, in: Baumbach/Lauterbach/Albers/Hartmann, ZPO, § 183, Rn. 6.

2216 Dörndorfer, in: BeckOK-ZPO, § 183, Rn. 6; Wittschier, in: Musielak, ZPO, § 183, Rn. 3.

2217 Siehe zu Einzelheiten: Stöber, in: Zöller, ZPO, § 184, Rn. 1 ff.; Roth, in: Stein/Jonas, Band 3, § 184, Rn. 3 f.; Hüßtege, in: Thomas/Putzo, ZPO, § 184, Rn. 1 f.

2218 Hartmann, in: Baumbach/Lauterbach/Albers/Hartmann, ZPO, § 185, Rn. 11; Hüßtege, in: Thomas/Putzo, ZPO, § 185, Rn. 9; Roth, in: Stein/Jonas, Band 3, § 185, Rn. 9.

2219 Das AG Bad Säckingen, Urt. v. 23.10.1995, 2 F 112/91, FamRZ 1997, 611 hielt eine Zustellfrist von zwei Jahren noch für hinnehmbar.

2220 Roth, in: Stein/Jonas, Band 3, § 185, Rn. 10; Hüßtege, in: Thomas/Putzo, ZPO, § 185, Rn. 10.

2221 Schack, IZVR, Rn. 1061; Gottwald, in: Nagel/Gottwald, IZPR, § 19, Rn. 5.

2222 Geimer, IZPR, Rn. 405, 3200 ff.; Gottwald, in: Nagel/Gottwald, IZPR, § 19, Rn. 2.

Recht für vollstreckbar erklärt wird[2223]. Völkerrechtlich ist kein Staat verpflichtet, Urteile ausländischer Gerichte anzuerkennen und eine Vollstreckung aus ihnen in seinem Hoheitsgebiet zuzulassen. Dieses Problem versucht man durch den Abschluss bi- und multilateraler Anerkennungs- und Vollstreckungsabkommen zu lösen[2224].

In der Praxis haben die einzelnen Staaten unterschiedlichste Voraussetzungen für die Anerkennung und Vollstreckung ausländischer Titel geschaffen. Die wichtigste Voraussetzung dürfte hierbei der Grundsatz der Gegenseitigkeit, der Reziprozität, sein. Dieser besagt, dass in Deutschland ein ausländisches Urteil nur anerkannt und vollstreckt werden darf, wenn in dem betreffenden ausländischen Staat deutsche Entscheidungen anerkannt und vollstreckt werden können, § 328 Abs. 1 Nr. 5 ZPO[2225]. Ist die Gegenseitigkeit nicht verbürgt, so scheidet eine Vollstreckung deutscher Entscheidungen im betreffenden Staat von vornherein aus[2226].

Während innerhalb der EU die Anerkennung und Vollstreckung von Urteilen durch die EuGVO sowie die EuVTVO[2227] eine einheitliche gesetzliche Regelung gefunden hat, bestehen im Verhältnis zu anderen Staaten nur selten bi- oder multilaterale Abkommen.

Selbst wenn es gelingt, ein ausländisches Wertpapierdienstleistungsunternehmen vor einem deutschen Gericht zu verklagen und eine Sachentscheidung zu erwirken, muss diese letztendlich auch vollstreckt werden können. Im Rahmen der EuGVO sowie der EuVTVO ist dies regelmäßig kein Problem, auch wenn sich die Vollstreckung in manchen europäischen Ländern, beispielsweise in Italien oder in Belgien, in die Länge ziehen kann.

I. Vollstreckung innerhalb der EU

Eine Anerkennung und Vollstreckung von Entscheidungen in Zivil- und Handelssachen innerhalb der EU kann sowohl auf Grundlage der Art. 32 ff. EuGVO wie auch nach der EuVTVO erfolgen. Gemäß Art. 1 S. 1 EuVGO[2228] findet die EuG VO wie auch gemäß Art. 2 S. 1 EuVTVO[2229] jeweils auf Zivil- und Handelssachen

2223 Schack, IZVR, Rn. 1070; Gottwald, in: Nagel/Gottwald, IZPR, § 19, Rn. 2 ff.

2224 Siehe hierzu: Geimer, IZPR, Rn. 2757 ff.

2225 Siehe hierzu: Gottwald, in: MüKo.ZPO, § 328, Rn. 121 ff.; Stadler, in: Musielak, § 328 ZPO, Rn. 31 ff.

2226 Siehe hierzu: Gottwald, in: Nagel/Gottwald, IZPR, § 12, Rn. 196 ff.

2227 Verordnung des Europäischen Parlaments und des Rates vom 21. April 2004 zur Einführung eines europäischen Vollstreckungstitels für unbestrittene Forderungen, L 143 vom 30.4.2004, 15.

2228 Siehe zum sachlichen Anwendungsbereich der EuGVO: Mankowski, in: Rauscher, EuZPR. Art. 1 Brüssel I-VO, Rn. 1 ff.; Schlosser, EZPR, Art. 1, Rn. 1 ff.; Gottwald, in: Nagel/Gottwald, IZPR, § 14, Rn. 7.

2229 Siehe zum sachlichen Anwendungsbereich der EuVTVO: Stürner, in: Hk-ZV, Art. 2 EuGVTVO, Rn. 1 ff.; Pabst, in: Rauscher, EuZPR, Art. 2, Rn. 1 ff.

Anwendung. Der sachliche Anwendungsbereich beider Verordnungen ist somit deckungsgleich[2230]. Im Unterschied zur EuGVO können jedoch auf Grundlage der EuVTVO lediglich Entscheidungen, gerichtliche Vergleiche sowie öffentliche Urkunden vollstreckt werden, die unbestrittene Geldforderungen zum Gegenstand haben, Art. 3 Abs. 1 EuVTVO[2231]. Damit kommen als europäische Vollstreckungstitel im Anwendungsbereich der EuVTVO nur Entscheidungen, die unbestrittene Geldforderungen zum Gegenstand haben, in Betracht. Dagegen können gemäß Art. 38 EuGVO alle Entscheidungen i.S.v. Art. 32 EuGVO vollstreckt werden, eine Beschränkung auf unbestrittene Geldforderung ist nicht vorgesehen[2232].

Voraussetzung für eine Vollstreckung einer unbestrittenen Forderung auf Grundlage der EuVTVO ist gemäß Art. 5 EuVTVO, dass die Entscheidung aus der vollstreckt werden soll, im Ursprungsmitgliedstaat als Europäischer Vollstreckungstitel bestätigt worden ist[2233]. Die Voraussetzungen für eine Bestätigung als Europäischer Vollstreckungstitel sind in den Art. 6 Abs. 1, 9, 24, 25 EuVTVO geregelt[2234]. In Deutschland erfolgt die Bestätigung als europäischer Vollstreckungstitel gemäß § 1079 ZPO durch die Gerichte, Behörden oder Notare, die die vollstreckbare Ausfertigung des Titels erteilen[2235]. Eine als Europäischer Vollstreckungstitel bestätigte Entscheidung muss in einem anderen EU-Mitgliedstaat im Rahmen der EuVTVO weder in einem gesonderten Verfahren anerkannt noch für vollstreckbar erklärt werden[2236]. Damit verhindert Art. 5 EuVTVO eine Nachprüfung der Entscheidung im EU-Mitgliedstaat, in welchem diese vollstreckt werden soll. Art. 5 EuVTVO regelt allerdings nicht explizit, dass es keines gesonderten Anerkennungsverfahrens im Vollstreckungsstaat bedarf. Hieraus wird vereinzelt[2237] die Schlussfolgerung gezogen, dass sich die Anerkennung einer Entscheidung allein nach der EuGVO richte und als Folge dessen ein Titel zwar auf Basis der EuVTVO

2230 Stürner, in: Hk-ZV, Art. 2 EuGVTVO, Rn. 1; Pabst, in: Rauscher, EuZPR, Art. 1, Rn. 2 f.

2231 Siehe zum Begriff der unbestrittenen Forderung: Stürner, in: Hk-ZV, Art. 3 EuVTVO, Rn. 7 ff.; Pabst, in: Rauscher, EuZPR, Art. 3 EG-VollstrTitelVO, Rn. 4 ff.; Rijavec, in: Rijavec/Jelinek/Brehm, 81 ff.; Gottwald, in: Nagel/Gottwald, IZPR, § 14, Rn. 10 ff.

2232 Siehe hierzu: Mäsch, in: Hk-ZV, Art. 32 EuGVVO, Rn. 2 ff.; von Hein, in: Kropholler/von Hein, EuGVO, Art. 32, Rn. 8 ff.

2233 Siehe zum Bestätigungsverfahren: Stürner, in:Hk-ZV, Art. 5 EuVTVO, Rn. 1 ff.; Pabst, in: Rauscher, EuZPR, Art. 5 EG-VollstrTitelVO, Rn. 1 ff.; Gottwald, in: Nagel/Gottwald, IZPR, § 14, Rn. 18 ff.

2234 Siehe zu Einzelheiten: Rijavec, in: Rijavec/Jelinek/Brehm, 156 ff.; Gottwald, in: Nagel/Gottwald, IZPR, § 14, Rn. 18 ff.

2235 Gottwald, in: Nagel/Gottwald, IZPR, § 14, Rn. 37; Stürner, in: Hk-ZV, Anhang zur EuVTVO, § 1079 ZPO, Rn. 1 ff.

2236 Siehe hierzu: Pabst, in: Rauscher, EuZPR, Art. 5 EG-VollstrTitelVO, Rn 1 ff.; Stürner, in:Hk-ZV, Art. 5 EuVTVO, Rn. 2 ff.; Gottwald, in: Nagel/Gottwald, IZPR, § 14, Rn. 41.

2237 So Schlosser, EZPR, Art. 5 VTVO, Rn. 2.

vollstreckt werden könne, nicht aber außerhalb des Vollstreckungsverfahrens im Vollstreckungsstaat anerkannt werde, was aus dem Wortlaut des Art. 11 EuVTVO folge[2238]. Gegen eine solche Sichtweise wird vorgebracht, dass mit der EuVTVO neben der EuGVO ein unabhängiges zweites Vollstreckungssystem geschaffen werden sollte und eine solche Auslegung daher zu eng sei[2239]. Außerdem folge dies aus dem Wortlaut des Art. 5 EuVTVO, wonach eine im Ursprungsmitgliedstaat als Europäischer Vollstreckungstitel bestätigte Entscheidung in den anderen Mitgliedstaaten anerkannt und vollstreckt wird, ohne dass es einer Vollstreckbarkeitserklärung bedarf und ohne dass die Anerkennung angefochten werden darf[2240]. Die Vollstreckung eines europäischen Vollstreckungstitels erfolgt nach nationalem Recht des Vollstreckungsstaats, Art. 20 Abs. 1 EuVTVO[2241]. Sofern der Schuldner die gegen ihn gerichtete Forderung bestreitet, findet die EuVTVO keine Anwendung.

Im Unterschied zur EuVTVO findet die EuGVO auch auf die Anerkennung und Vollstreckung von strittigen Forderungen Anwendung. Gemäß Art. 33 Abs. 1 EuGVO wird eine in einem EU-Mitgliedstaat ergangene Entscheidung in den anderen EU-Mitgliedstaaten anerkannt, ohne dass es hierfür eines besonderen Verfahrens bedarf[2242]. Art. 32 bestimmt, dass „Entscheidung“ im Sinne der EuGVO jede von einem Gericht eines EU-Mitgliedstaates erlassene Entscheidung ist, ohne Rücksicht auf die Bezeichnung. Eine Anerkennung scheidet nur dann aus, wenn eines der in den Artt. 34, 35 EuGVO enummerierten Anerkennungshindernisse vorliegt[2243]. Im Unterschied zur EuVTVO ist im Vollstreckungsstaat vor Beginn der Zwangsvollstreckung gemäß Artt. 38 ff. EuGVVO ein Vollstreckbarerklärungsverfahren (Exequatur) zu durchlaufen[2244]. Die Entscheidung aus der vollstreckt werden soll, ist gemäß Art. 38 Abs. 1 EuVGO in dem EU-Mitgliedstaat, in welchem sie vollstreckt werden soll, auf Antrag des Berechtigten für vollstreckbar zu erklären. Der Antrag ist gemäß Art. 39 Abs. 1 EuGVO an das Gericht oder die sonst befugte Stelle zu

2238 Art. 11 EuVTVO lautet: „Die Bestätigung als Europäischer Vollstreckungstitel entfaltet Wirkung nur im Rahmen der Vollstreckbarkeit der Entscheidung“.

2239 So Stürner, in: Hk-ZV, Art. 5 EuVTVO, Rn. 9; Pabst, in: Rauscher, EuZPR, Art. 3 EG-VollstrTitelVO, Rn. 7.

2240 So Stürner, in: Hk-ZV, Art. 5 EuVTVO, Rn. 9; Pabst, in: Rauscher, EuZPR, Art. 5 EG-VollstrTitelVO, Rn. 7.

2241 Gottwald, in: Nagel/Gottwald, IZPR, § 14, Rn. 46 ff.; Stürner, in: Hk-ZV, Art. 20 EuVTVO, Rn. 1 ff.

2242 Siehe hierzu: von Hein, in: Kropholler/von Hein, EuZPR, Art. 33 EuGVO, Rn. 1 ff.; Mäsch, in: Hk-ZV, Art. 33 EuGVVO, Rn. 1 ff.

2243 Siehe hierzu: Mäsch, in: Hk-ZV, Art. 34 EuGVVO, Rn. 1 ff.; Art. 35 EuGVVO, Rn. 1 ff.

2244 Siehe hierzu: Mäsch, in: Hk-ZV, Art. 38 EuGVVO, Rn. 16 ff.; allerdings wird gemäß Art. 36 Abs. 2 i.V.m. Art. 45, 46 ff. der EuGVO n.F. (VO 1215/2012) nach Inkrafttreten dieser VO künftig auch im Anwendungsbereich der EuGVO kein Exequaturverfahren mehr erforderlich sein; siehe hierzu: Gottwald, in: Nagel/Gottwald, § 14, Rn. 56 ff.

richten, die in Anhang II der EuGVO aufgeführt sind. Gemäß Art. 39 Abs. 2 EuGVO bestimmt sich die örtliche Zuständigkeit nach dem Wohnsitz des Schuldners bzw. dem Ort, an dem die Zwangsvollstreckung durchgeführt werden soll. Gemäß Art. 40 Abs. 1 EuGVO ist für die Antragstellung das Recht im Vollstreckungsstaat maßgeblich[2245]

II. Vollstreckung außerhalb der EU

Außerhalb der EU und des Anwendungsbereichs des Luganer Abkommens ist eine Vollstreckung jedoch nur nach Maßgabe bi- sowie multilateraler Vollstreckungsübereinkommen gewährleistet, welche oftmals nicht bestehen[2246]. Nach Völkergewohnheitsrecht besteht keine Pflicht zur Anerkennung und Vollstreckung ausländischer Entscheidungen[2247]. Bestehen keine entsprechenden Abkommen, so richtet sich die Anerkennung und Vollstreckung nach dem jeweiligen nationalen Recht des Vollstreckungsstaats[2248]. Eine Vollstreckung ist nur dann möglich, wenn das Erfordernis der Gegenseitigkeit erfüllt ist. So scheitert beispielsweise eine Vollstreckung am Erfordernis der Gegenseitigkeit in Abu Dhabi, Albanien, Benin, Dominikanische Republik, Indonesien, Russland, Saudi-Arabien, Thailand, Trinidad und Tobago, Ukraine und Vietnam, um nur einige Länder aufzuführen[2249]. Daher besteht die Möglichkeit, dass sich ein Wertpapierdienstleistungsunternehmen in einer solchen ausländischen Vollstreckungsoase niederlässt und dort seinen Server aufstellt, um von dort aus Schrottaktien zu vertreiben[2250].

III. Ergebnis

Es lässt sich somit festhalten, dass sich dem Anleger bei Zeichnung von Aktien von Emittenten aus bestimmten Ländern keine Chance bietet, Schadensersatzansprüche gegen diese geltend zu machen; auch wenn er theoretisch meist einen Schadensersatzanspruch hat. Ist die Anerkennung und Vollstreckung eines in Deutschland erstrittenen Urteils im Ausland nicht oder nur mit erheblichen

---

2245 Mäsch, in: Hk-ZV, Art. 40 EuGVVO, Rn. 1 ff.

2246 Siehe hierzu: Geimer, IZPR, Rn. 2758 ff.

2247 So Geimer, IZPR, Rn. 2757.

2248 Einen Überblick über Anerkennungs- und Vollstreckungsverfahren in allen Ländern zu geben würde den Rahmen dieser Arbeit sprengen. Eine Übersicht über solche Verfahren nach geographischen Regionen geordnet findet man bei Gottwald, in: Nagel/Gottwald, IZPR, § 16 für die USA (Rn. 8 ff.), die Common-Law-Staaten (Rn. 35 ff.), lateinamerikanische Staaten (Rn. 61 ff.), civil-law Staaten des europäischen Rechtsraums (Rn. 72 ff.), südosteuropäischen Staaten (Rn. 93 ff.), arabischen Staaten (Rn. 107 ff.) und ostasiatischen Staaten (Rn. 116 ff.).

2249 Eine ausführliche Länderliste mit Staaten, in denen die Gegenseitigkeit verbürgt ist, findet man bei Gottwald, in: Nagel/Gottwald, IZPR, § 12, Rn. 196 ff.

2250 Terlau, in: Moritz/Dreier, Teil D, Rn. 799.

Schwierigkeiten möglich, so stellt sich die Frage, ob nicht eine Klage im Ausland zweckmäßiger ist.

4. Abschnitt: Die Haftung des virtuellen Emissionshauses

Nachdem im vorigen Abschnitt die Frage geklärt worden ist, unter welchen Voraussetzungen deutsches Kapitalmarktrecht und deutsche Haftungsnormen anwendbar sind, stellt sich nunmehr die Frage nach dem Umfang der zivilrechtlichen wie aufsichtsrechtlichen Aufklärungs- und Beratungspflichten eines virtuellen Emissionshauses. Sowohl beim Erwerb von Aktien von einer Konsortialbank – also dem Emissionshaus – wie auch beim Erwerb von einer Bank, die die Aktien ihrerseits von einer Konsortialbank erworben hat, gelten die §§ 31 ff. WpHG[2251]. Im ersten Fall liegt ein Primärgeschäft vor, in letzterem ein Sekundärgeschäft.

A. Problemstellung

Ein virtuelles Emissionshaus bietet Aktien mittels Internet-Brokerage an. Bei diesem Geschäftsmodell handelt es sich um einen Unterfall des Discount-Broking[2252], bei welchem grundsätzlich keine Anlageberatung angeboten wird[2253].

Discount-Broker wenden sich – teilweise ausdrücklich – nur an gut informierte und erfahrene Anleger und klären lediglich durch standardisierte Informationsbroschüren auf[2254]; eine Aufklärung durch individuelle Hinweise erfolgt dagegen nicht. Ein virtuelles Emissionshaus betreibt eine Form des Discount-Broking. Es wird nun zu untersuchen sein, welche Auswirkungen dies auf den Anlegerschutz und evtl. bestehende Ansprüche gegen das virtuelle Emissionshaus hat. In den letzten Jahren war die Frage, inwieweit Discount-Brokern dem Anleger gegenüber Aufklärungs- und Beratungspflichten obliegen, in der Literatur Gegenstand

2251 Kümpel, WM 1993, 2023, 2025.

2252 Vor Umsetzung der MiFID wurde teilweise auch der Begriff der Execution-Only-Deals verwendet, siehe Teil B., Ziff. 2.6. der Richtlinie gemäß § 35 Abs. 6 WpHG a.F. (jetzt § 35 Abs. 4 WpHG) zur Konkretisierung der §§ 31 und 32 WpHG für das Kommissionsgeschäft, den Eigenhandel für andere und das Vermittlungsgeschäft der Wertpapierdienstleistungsunternehmen vom 23. August 2001, BAnz. Nr. 165 v. 4.9.2001, S. 19217. § 31 Abs. 7 WpHG n.F. enthält seit Umsetzung der MiFID in deutsches Recht für diese Art von Wertpapierdienstleistungen nunmehr eine explizite gesetzliche Regelung.

2253 Fuchs, in: Fuchs, WpHG, § 31, Rn. 292; Florian, 77; Schütt, Die Bank 1995, 101, 103.

2254 Lang, § 17, Rn. 1 ff.; Kümpel, Bank- und Kapitalmarktrecht, 3. Auflage, Rn. 16.585; Schwark, in: Schwark, Kapitalmarktrechts-Kommentar, 3. Auflage, § 31 WpHG, Rn. 31, Rn. 66, Möllers, in: KöKo-WpHG, § 31, Rn. 194.

heftiger Kontroversen[2255] und hat nicht selten die Gerichte beschäftigt[2256]. Durch Umsetzung der MiFID sowie der MiFID-Durchführungsrichtlinie und Neufassung der §§ 31 ff. WpHG sind einige dieser Unklarheiten zumindest im Bereich des Aufsichtsrechts beseitigt worden. Es wurde mit § 31 Abs. 7 WpHG eine eindeutige aufsichtsrechtliche Regelung für reine Ausführungsgeschäfte geschaffen, die allerdings auf Geschäfte mit bestimmten Arten von Finanzinstrumenten beschränkt ist[2257]. Sofern der Anwendungsbereich des § 31 Abs. 7 WpHG nicht eröffnet ist, unterfallen Geschäfte von Discount-Brokern aufsichtsrechtlich dem Anwendungsbereich des § 31 Abs. 5 WpHG, der den Umfang von Aufklärungspflichten bei der Erbringung von anderen Wertpapierdienstleistungen als Anlageberatung und Portfolioverwaltung regelt, das so genannte beratungsfreie Geschäft[2258].

B. Haftung für unzureichende Aufklärung und Beratung

Es ist zu unterscheiden, ob einerseits Beratungspflichten und andererseits Aufklärungspflichten abbedungen werden können. Aufklärungs- und Beratungspflichten unterscheiden sich dadurch, dass bei einer Aufklärung eine bloße Tatsachenmitteilung stattfindet, auf Grund derer der Kunde in die Lage versetzt werden soll, eine eigenständige Anlageentscheidung zu treffen[2259]. Bei einer Beratung liegt dagegen der Schwerpunkt auf der Bewertung von Tatsachen[2260].

2255 Siol, in: FS-Schimansky, 781 ff.; Reich, WM 1997, 1601 ff.; Wieneke, Discount-Broking und Anlegerschutz; Rost, Informationspflichten von Wertpapierdienstleistern ohne Beratungsangebot (Discount-Broker) gegenüber Privatkunden; Lang, § 16; Balzer, WM 2001, 1533 ff.

2256 BGH, Urt. v. 5.10.1999, XI ZR 296/98, ZIP 1915, 1918 ff.; BGH, Urt. v. 11.11.2003, XI ZR 21/03, WM 2004, 24 ff. (Aufklärungspflichten eines Discount-Brokers); KG Berlin, Urt. v. 23.1.2003, 8 U 282/01 (keine Begründung eines Beratungsvertrages); OLG Stuttgart, Urt. v. 18.12.2002, 9 U 58/02 (Aufklärung durch standardisierte Informationsbroschüren); OLG München, Urt. v. 21.7.1998, 18 U 2422/98, ZIP 1998, 1954.

2257 Siehe zu § 31 Abs. 7 WpHG: Rothenhöfer, in: Schwark/Zimmer, Kapitalmarktrechts-Kommentar, § 31, Rn. 318 ff.; Fuchs, in: Fuchs, WpHG, § 31, Rn. 302 ff.; Koller, in: Assmann/Schneider, WpHG, § 31, Rn. 181 ff.

2258 Siehe hierzu: Rothenhöfer, in: Schwark/Zimmer, Kapitalmarktrechts-Kommentar, § 31 WpHG, Rn. 292 ff.; Koller, in: Assmann/Schneider, WpHG, § 31, Rn. 174 ff.

2259 Roth, in: Assmann/Schütze, HdB. KapitalanlageR, § 11, Rn. 28; von Look, in: Vortmann, Prospekthaftung und Anlageberatung, § 1, Rn. 15.

2260 v. Heymann/Edelmann, in: Assmann/Schütze, HdB KapitalanlageR, § 4, Rn. 3; Lang, § 3, Rn. 9; Ellenberger, WM-Sonderbeilage 1/2001, 2, 3; Bracht, in: Schwintowski, Bankrecht, § 18, Rn. 13.

I. Keine Beratungspflichten

Eine Beratungspflicht lässt sich im Unterschied zu einer Aufklärungspflicht nicht aus § 31 Abs. 3 WpHG herleiten, da durch diese Norm nur die Pflicht zur Mitteilung entscheidungserheblicher Tatsachen, nicht aber auch eine Pflicht zu deren Bewertung statuiert wird[2261]. Ebensowenig statuiert § 31 Abs. 4 WpHG eine Pflicht des Wertpapierdienstleistungsunternehmens zur Anlageberatung, sondern regelt nur aufsichtsrechtlich den Umfang der im Rahmen einer Anlageberatung bestehenden Pflichten[2262].

Gegenstand des Effektengeschäfts ist grundsätzlich nicht die Erbringung von Beratungsleistungen, sondern lediglich die Ausführung eines Auftrags zum Erwerb bestimmter Finanzinstrumente[2263]. Auch lässt sich aus der Schutzpflicht des § 241 Abs. 2 BGB keine über die Aufklärungspflicht hinausgehende Beratungspflicht ableiten[2264]. Daher qualifiziert das Wertpapierhandelsgesetz die Anlageberatung als eigenständige Wertpapierdienstleistung[2265]. Wäre das Wertpapierdienstleistungsunternehmen schon aufgrund seiner Pflicht zur Information und Aufklärung zur Beratung verpflichtet, so wäre die Qualifikation der Anlageberatung als eigenständige Wertpapierdienstleistung i.S.v. § 2 Abs. 3 Nr. 9 WpHG überflüssig[2266]. Eine Beratungspflicht kann daher nur aufgrund eines eigenständigen Beratungsvertrags entstehen. Ein solcher kann auch stillschweigend zustande kommen[2267], beispielsweise wenn der Kunde Auskünfte erhält, welche er zur Grundlage wesentlicher Entscheidungen machen will. So ist es bereits ausreichend, wenn ein Kunde sich Rat suchend an seine Bank wendet und diese ihn daraufhin berät oder wenn die Bank ihm von sich aus ein solches Gespräch anbietet und der Kunde dieses wahrnimmt[2268].

2261 Rothenhöfer, in: Schwark/Zimmer, Kapitalmarktrechts-Kommentar, § 31 WpHG, Rn. 152; Fuchs, in: Fuchs, WpHG, § 31, Rn. 138.

2262 Siehe Koller, in: Assmann/Schneider, WpHG, § 31, Rn. 150; Rothenhöfer, in: Schwark/Zimmer, Kapitalmarktrechts-Kommentar, § 31 WpHG, Rn. 268.

2263 Ekkenga, in: MüKo-HGB, Band 5, Effektengeschäft, Rn. 251.

2264 Ekkenga, in: MüKo-HGB, Band 5, Effektengeschäft, Rn. 251; Möllers, in: KöKo-WpHG, § 31, Rn. 225.

2265 Siehe hierzu: Koller, in: Assmann/Schneider, WpHG, § 2, Rn. 111 ff.; Kumpan, in: Schwark/Zimmer, Kapitalmarktrechts-Kommentar, § 2 WpHG, Rn. 93 ff.

2266 Mit ähnlicher Argumentation zur alten Rechtslage – hier war die Anlageberatung eine Wertpapiernebendienstleistung i.S.v. § 2 Abs. 3a Nr. 3 WpHG a.F.: Möllers/Leisch, JZ 2000, 1085, 1090; Reich, WM 1997, 1601, 1607.

2267 Ekkenga, in: MüKo-HGB, Band 5, Effektengeschäft, Rn. 267; Fuchs, in: Fuchs, WpHG, § 31, Rn. 242; BGH, BGH, Beschluss v. 12.3.1996, XI ZR 232/95, NJW 1996, 1744; BGH, Urt. v. 25.9.2007, XI ZR 320/06, BKR 2008, 199, Rn. 12.

2268 BGH, Urt. v. 4.3.1987, IVa ZR 122/85, WM 1987, 495; BGH, Urt. v. 6.7.1993, XI ZR 12/93, WM 1993, 1455.

Beim Discount-Broking dürfte es regelmäßig am Abschluss eines solchen Vertrages fehlen[2269]. Discount-Broker verwenden in der Praxis in ihren Allgemeinen Geschäftsbedingungen den Hinweis, dass im Interesse einer kostengünstigen Ausführung auf jede Form der Beratung verzichtet wird[2270]. Zur Begründung einer Beratungspflicht reicht es nicht aus, dass ein Kunde gezielt einen Auftrag zum Erwerb eines bestimmten Wertpapiers erteilt[2271]. Von Seiten der Rechtsprechung ist anerkannt, dass durch das gezielte Erteilen eines Kaufauftrags der Kunde zu erkennen gibt, dass er Beratung weder wünscht noch benötigt[2272]. Im Übrigen hat der Discount-Broker die Möglichkeit, das Zustandekommen eines Beratungsvertrages durch den Hinweis zu verhindern, dass keine Beratung erfolgt, sondern sich die angebotene Leistung auf die Ausführung von Kauf- und Verkaufsaufträgen beschränkt[2273].

Das LG Köln hatte sich mit der Frage der Zulässigkeit eines Ausschlusses von Beratungspflichten beim Discount-Broking unter dem Blickwinkel der Kontrolle von Allgemeinen Geschäftsbedingungen beschäftigt[2274]. Es hielt das LG Köln[2275] eine Klausel, die jegliche Beratung ausschließt, für mit § 9 Abs. 2 Nr. 1 AGBG a.F. (nunmehr § 307 Abs. 2 Nr. 1 BGB) unvereinbar. Das LG Köln hatte dies damit begründet, dass es sich bei der entsprechenden Klausel nicht um eine bloße Leistungsumschreibung handele, die die Art, den Umfang und die Güte der geschuldeten Leistung näher festlege, sondern um eine Klausel, die das Hauptleistungsversprechen einschränke, verändere, ausgestalte oder modifiziere[2276]. Auch stelle die Klausel einen unzulässigen Haftungsausschluss im Hinblick auf etwaige Verletzungen von Informations- und Beratungspflichten dar[2277]. Solche Pflichten könnten ausnahmsweise bestehen, falls nach den Umständen des Einzelfalls eine

---

2269 BGH, Urt. v. 19.3.2013, XI ZR 431/11, NJW 2013, 3293, Rn. 17; Hannöver, in: Schimansky/Bunte/Lwowski, Bankrechts-Handbuch, Band 2, § 110, Rn. 31; Buchmann, AG 2013, R116 m.w.N.; Balzer WM 2001, 1533, 1535.

2270 Lang, § 17, Rn. 1; Siol, in: FS-Schimansky, 783; Schwark, in: Schwark, Kapitalmarktrechts-Kommentar, 3. Auflage, § 31 WpHG, Rn. 65; Fuchs, in: Fuchs, WpHG, § 31, Rn. 293.

2271 Siol, in: FS-Schimansky, 783; BGH, Beschluss v. 12.3.1996, XI ZR 232/95, NJW 1996, 1744.

2272 BGH, Beschluss v. 12.3.1996, XI ZR 12/93, WM 1996, 906; OLG Düsseldorf, Urt. v. 31.07.2003, I-6 U 7/03, ZBB 2004, 157 f.; OLG Hamm, Urt. v. 23.10.1996, 31 U 91/96, WM 1997, 568, 569; BGH, Urt. v. 11.11.2003, XI ZR 21/03, NJW 2004, 484 ff.

2273 Kümpel, Kapitalmarktrecht, 3. Auflage, Rn. 16.480; Hannöver, in: Schimansky/Bunte/Lwowski, Bankrechts-Handbuch, Band 2, 4. Aiflage, § 110, Rn. 30 ff.

2274 LG Köln, Urt. v. 12.6.1997, 26 O 48/96, ZIP 1997, 1328 f.; siehe zu dieser Entscheidung: Assmann/Roth, Hdb. KapitalanlageR, § 11, Rn. 109 f.; Lang, § 17, Rn. 18 ff.; Siller, 106 ff.; Balzer, Anm. zu OLG Köln, EWiR 1997, 675.

2275 LG Köln, Urt. v. 12.6.1997, 26 O 48/96, ZIP 1997, 1328, 1329. Das Verfahren wurde in der Berufungsinstanz durch Vergleich beendet.

2276 LG Köln, Urt. v. 12.6.1997, 26 O 48/96, ZIP 1997, 1328, 1329.

2277 LG Köln, Urt. v. 12.6.1997, 26 O 48/96, ZIP 1997, 1328, 1329.

Beratung geboten gewesen wäre oder falls tatsächlich – entgegen der Klausel – eine (fehlerhafte) Beratung erfolgt sei[2278]. An der Entscheidung des LG Köln wurde in der Literatur zu Recht Kritik geübt[2279]. Für eine Inhaltskontrolle nach § 307 Abs. 1, 2 BGB (vormals § 9 AGBG) wäre nur dann Raum, wenn der Beratungsverzicht als Einschränkung der Leistungsverpflichtung gesehen werden könnte[2280], nicht jedoch, wenn es sich um eine nach § 307 Abs. 3 S. 1 BGB (vormals § 8 AGBG) kontrollfreie Bestimmung des Leistungsgegenstandes handelt[2281]. Letzteres ist der Fall, da der Kunde ohne Abschluss eines individuellen Vertrages keine Beratung fordern kann. In jüngeren Entscheidungen[2282] wurde ein solcher formularmäßiger Ausschluss der Beratung daher zutreffend keiner Inhaltskontrolle nach den AGB-Vorschriften unterzogen.

Weiterhin stand die Entscheidung des LG Köln im Widerspruch zu Ziffer 3.6. der Richtlinie des vormaligen BAWe zu §§ 31, 32 WpHG a.F.[2283]. Diese wurde im Rahmen der Neufassung der §§ 31 ff. WpHG durch das FRUG aufgehoben. Die Richtlinie des vormaligen BAWe statuierte eine aufsichtsrechtliche Pflicht des Wertpapierdienstleistungsunternehmens, den Kunden vor Annahme seines Auftrags darauf hinzuweisen, dass allein die Ausführung von Aufträgen ohne Beratung angeboten wird („execution only"). Auch dies spricht für die Vereinbarkeit einer Klausel, die Beratung ausschließt, mit den Vorschriften über allgemeine Geschäftsbedingungen[2284]. An dieser Rechtslage hat sich auch nach Inkrafttreten des FRUG nichts geändert[2285].

2278 LG Köln, Urt. v. 12.6.1997, 26 O 48/96, ZIP 1997, 1328, 1329.

2279 Siller, 109 ff.; Balzer, Anm. zu OLG Köln, EWiR 1997, 675; Lang, § 17, Rn. 19 ff.

2280 Hierauf weisen Balzer, Anm. zu OLG Köln, EWiR 1997, 675; Balzer, WM 2001, 1533, 1536 sowie Lang, § 17, Rn. 19 hin.

2281 Siehe hierzu: Grüneberg, in: Palandt, § 307 BGB, Rn. 54; Wurmnest, in: MüKo-BGB, Band 2, § 307 BGB, Rn. 1, 12 ff.

2282 BGH, Urt. v. 5.10.1999, XI ZR 296/98, BGHZ 142, 345 ff.; OLG München, Urt. v. 21.7.1998, 18 U 2422/98, ZIP 1998, 1954; LG München I, Urt. v. 29.1.1998, 26 O 4309/97, EWiR 1998, 473.

2283 Richtlinie des vormaligen BAWe gemäß § 35 Abs. 2 WpHG zur Konkretisierung der §§ 31 und 32 WpHG für das Kommissions-, Festpreis- und Vermittlungsgeschäft der Kreditinstitute vom 26.5.1997, BAnz. Nr. 98 v. 3.6.1997, S. 6586. Diese Richtlinie wurde durch die Richtlinie gemäß § 35 Abs. 6 WpHG (jetzt § 35 Abs. 4 WpHG) zur Konkretisierung der §§ 31 und 32 WpHG für das Kommissionsgeschäft, den Eigenhandel für andere und das Vermittlungsgeschäft der Wertpapierdienstleistungsunternehmen vom 23. August 2001, BAnz. Nr. 165 v. 4.9.2001, S. 19217 ersetzt. Ziffer 2.6. der Richtlinie vom 26.5.1997 wurde in Teil B, Ziff. 2.6 S. 1 der Richtlinie vom 4.9.2001 unverändert übernommen.

2284 So auch Siller, 109 ff.; Siol, in: FS-Schimansky, 791; Lang, § 16, Rn. 14; Balzer, WM 2001, 1533, 1534.

2285 Krit. Hannöver, in: Schimansky/Bunte/Lwowski, Bankrechts-Handbuch, Band 2, § 110, Rn. 39, der eine Angleichung der zivilrechtlichen Rechtsprechung an § 31 Abs. 5 und Abs. 7 WpHG erwartet.

II. Aufklärungspflichten

Dagegen bereitete die Fragestellung, ob und in welchem Umfang Discount-Broker aufsichtsrechtlich Aufklärungspflichten gegenüber Anlegern obliegen, bis zur Umsetzung der MiFID sowie der MiFID-Durchführungsrichtlinie durch das FRUG mehr Probleme. Ausgangspunkt der Betrachtung war die Frage, ob die durch § 31 Abs. 3 WpHG, vormals § 31 Abs. 2 Nr. 2 WpHG a.F., aufsichtsrechtlich bestehende Aufklärungspflicht vertraglich ausgeschlossen werden konnte.

Im Rahmen der §§ 31 ff. WpHG n.F. ist dies jedenfalls nicht möglich, da § 31 Abs. 3 WpHG n.F. – wie § 31 Abs. 5 sowie Abs. 7 WpHG n.F. klarstellen – bei jedweder Erbringung einer Wertpapierdienstleistung anwendbar ist[2286]. Im Übrigen können gegenüber einer Aufsichtsbehörde bestehende öffentlich-rechtliche Pflichten nicht durch privatrechtlichen Vertrag mit Dritten abbedungen werden. Mit § 31 Abs. 7 WpHG wurde erstmals eine gesetzliche Grundlage speziell für das Modell des Discount-Broking geschaffen[2287]. Allerdings ist dabei zu berücksichtigen, dass § 31 Abs. 7 WpHG nur auf Geschäfte mit bestimmten Arten von Finanzinstrumenten Anwendung findet. Dies sind Geschäfte mit Aktien, die zum Handel an einem organisierten Markt oder einem gleichwertigen Markt zugelassen sind, Geldmarktinstrumente, Schuldverschreibungen und andere verbriefte Schuldtitel, in die kein Derivat eingebettet ist, sowie Anteile an Investmentvermögen, die den Anforderungen der Richtlinie 2009/65/EG entsprechen[2288]. Dies hat zur Folge, dass je nach vertriebenem Finanzinstrument Discount-Broker entweder dem Anwendungsbereich des § 31 Abs. 7 WpHG oder des § 31 Abs. 5 WpHG unterfallen. Erstere Vorschrift ist bei einer Fremdemission einschlägig, sofern die zu platzierenden Aktien zum Handel an einem organisierten Markt oder einem gleichwertigen Markt zugelassen werden; letztere Vorschrift ist einschlägig, falls Aktien ohne gleichzeitige Zulassung zum Handel an einem organisierten Markt platziert werden.

1. Vorgehensweise in der Praxis

In der Praxis arbeiteten Discount-Broker bereits vor Umsetzung der MiFID durch das FRUG mit so genannten Kundengruppenmodellen[2289]. Hierbei erfolgte aufgrund der von den Anlegern gemäß § 31 Abs. 2 Nr. 1 WpHG a.F. eingeholten Auskünfte

2286 Siehe hierzu: 2. Teil, 4. Abschnitt, B.II.2.a.

2287 Rothenhöfer, in: Schwark/Zimmer, Kapitalmarktrechts-Kommentar, § 31 WpHG, Rn. 318 ff.; Fuchs, in: Fuchs, WpHG, § 31, Rn. 302; Koller, in: Assmann/Schneider, WpHG, § 31, Rn. 181 ff.

2288 Siehe zu Einzelheiten: 2. Teil, 4. Abschnitt, B.II.2.a.

2289 Siehe zu diesen Modellen: Lang, § 17, Rn. 63 ff.; Schwark, in: Schwark, Kapitalmarktrechts-Kommentar, 3. Auflage, § 31 WpHG, Rn. 9, 68; Assmann, in: Assmann/Schneider, WpHG, 4. Auflage, § 31, Rn. 167 f.; Mülbert, in: ders., Vor § 37a, Rn. 23; Siol, in: FS-Schimansky, 781, 788; Wieneke, 168 ff.; Siller, 50; Fuchs, in: Fuchs, WpHG, § 31, Rn. 283 weist zutreffend darauf hin, dass die

über Kenntnisse und Erfahrungen eine Einteilung in bestimmte Risikogruppen. Eine Erstaufklärung erfolgte bei Beginn der Geschäftsbeziehung durch standardisierte Informationsbroschüren[2290]. Eine Einteilung in Kundengruppen wurde im Rahmen von § 31 Abs. 2 Nr. 1 WpHG a.F. auch von der BaFin befürwortet. Dagegen konnten sich das so genannte Freigabemodell und das Profimodell in der Praxis nicht durchsetzen. Beim Freigabemodell stand das gesamte Spektrum der Wertpapierdienstleistungen dem Kunden ohne Einschränkung zur Verfügung[2291]. Beim Profimodell nahm der Discount-Broker dagegen nur solche Kunden an, die über eine weit reichende Erfahrung verfügen[2292]; Zielgruppe waren hier institutionelle und semi-professionelle Anleger[2293].

Mit Umsetzung der MiFID in deutsches Recht durch das FRUG wurde mit § 31a WpHG erstmalig eine gesetzliche Regelung für die Einteilung von Kunden in unterschiedliche Kundenklassen geschaffen[2294]. Die Norm nimmt allerdings nur eine Unterscheidung zwischen professionellen Kunden, geeigneten Gegenparteien sowie Privatkunden vor. Eine weitere Unterteilung in unterschiedliche Kategorien von Privatkunden wird von § 31a Abs. 3 WpHG nicht vorgenommen[2295]. Die vor Umsetzung der MiFID aufgestellten Grundsätze für eine Einteilung der Privatkunden in unterschiedliche Kundenklassen besitzen heute noch Gültigkeit[2296].

2. Umfang der durch Aufsichtsrecht begründeten Aufklärungspflichten inländischer Wertpapierdienstleistungsunternehmen

Das Aufsichtsrecht unterscheidet nicht zwischen Discount-Brokern und „normalen“ Banken[2297]. Vielmehr hängt der Umfang der Aufklärungspflichten von der Art

---

Kundengruppenmodelle auch nach Umsetzung der MiFID im Einklang mit geltendem Recht stehen.

2290 Florian, 90; Roth, in: Assmann/Schütze, Hdb. KapitalanlageR, § 11, Rn. 116; Koller, in: Assmann/Schneider, 4. Auflage, WpHG, § 31, Rn. 147.

2291 Siehe hierzu: Lang, § 17, Rn. 4; Wieneke, 32, 164, der dieses Modell für mit § 31 WpHG a.F. unvereinbar hält.

2292 Wieneke, 29; Lang, § 17, Rn. 5.

2293 Lang, § 17, Rn. 5.

2294 Koch, in: Schwark/Zimmer, Kapitalmarktrechts-Kommentar, § 31a, Rn. 1 ff.; Fuchs, in: Fuchs, WpHG, § 31a, Rn. 1 ff.; Duve/Keller, BB 2006, 2425 ff.; Kasten BKR 2007, 261 ff.

2295 Koch, in: Schwark/Zimmer, Kapitalmarktrechts-Kommentar, § 31a WpHG, Rn. 23; Koller, in: Assmann/Schneider, WpHG, § 31a, Rn. 15 ff.

2296 Fuchs, in: Fuchs, WpHG, § 31, Rn. 283.

2297 Rothenhöfer, in: Schwark/Zimmer, Kapitalmarktrechts-Kommentar, § 31 WpHG. Rn. 320; Fuchs, in: Fuchs, WpHG, § 31, Rn. 304; Koller, in: Assmann/Schneider, WpHG, § 31, Rn. 182; a.A. Ekkenga, in: MüKo-HGB, Band 5, Effektengeschäft, Rn. 355; Weichert/Wenninger, WM 2007, 627, 632. Diese vermag jedoch nicht zu überzeugen und ist auch nicht vom Wortlaut des Art. 19 Abs. 6 MiFID gedeckt; siehe hierzu: 1. Teil, 2. Abschnitt, A.II.1.f.

der Wertpapierdienstleistung ab, die gegenüber dem Kunden erbracht wird. Das WpHG nimmt eine Unterscheidung zwischen reinen Ausführungsgeschäften (§ 31 Abs. 7 WpHG) und dem beratungsfreien Geschäft (§ 31 Abs. 5 WpHG) vor. Im Rahmen reiner Ausführungsgeschäfte i.S.v. § 31 Abs. 7 WpHG werden die aufsichtsrechtlichen Aufklärungspflichten im Vergleich zum beratungsfreien Geschäft i.S.v. § 31 Abs. 5 WpHG weiter herabgesetzt.

a) Reine Ausführungsgeschäfte i.S.v. § 31 Abs. 7 WpHG („execution only")

§ 31 Abs. 7 WpHG regelt in Umsetzung von Art. 19 Abs. 6 MiFID den Umfang von Informations- und Aufklärungspflichten bei reinen Ausführungsgeschäften, die sich auf einen eng umgrenzten Katalog von Finanzinstrumenten beziehen müssen. Bei dieser Art Wertpapierdienstleistung ist das Wertpapierdienstleistungsunternehmen zu keiner Exploration, Angemessenheits- oder Geeignetheitsprüfung verpflichtet. § 31 Abs. 7 WpHG bestimmt, dass die Pflichten des § 31 Abs. 5 WpHG, insbesondere die Hinweispflichten des § 31 Abs. 5 S. 3 und S. 4 WpHG, bei einer vom Wertpapierdienstleistungsunternehmen festgestellten Unangemessenheit des beabsichtigten Geschäfts keine Anwendung finden[2298]. Die Tätigkeit des Wertpapierdienstleistungsunternehmens beschränkt sich auf das reine Ausführen von Kundenaufträgen bezüglich eines vom Kunden ausgewählten nicht-komplexen Finanzinstruments.

aa) Veranlassung der Tätigkeit durch den Kunden

Der Anwendungsbereich des § 31 Abs. 7 WpHG ist nur dann eröffnet, wenn das Wertpapierdienstleistungsunternehmen auf Veranlassung des Kunden tätig wird und eine im Katalog des § 31 Abs. 7 Nr. 1 WpHG aufgeführte Wertpapierdienstleistung erbringt, das Finanzkommissionsgeschäft, den Eigenhandel, die Abschlussvermittlung sowie die Anlagevermittlung[2299]. Der Veranlassungsbegriff ist – wie der Begründung zum Regierungsentwurf des FRUG[2300] zu entnehmen ist – den Vorgaben der MiFID entsprechend weit auszulegen[2301]. Gemäß Erwägungsgrund Nr. 30 S. 1 der MiFID soll eine Wertpapierdienstleistung grundsätzlich als auf Veranlassung eines Kunden erbracht angesehen werden, es sei denn, der Kunde fordert diese Leistung als Reaktion auf eine an ihn persönlich gerichtete Mitteilung der Wertpapierfirma an, mit der er zum Kauf eines bestimmten Finanzinstruments

---

2298 Rothenhöfer, in: Schwark/Zimmer, Kapitalmarktrechts-Kommentar, § 31 WpHG, Rn. 321; Fuchs, in: Fuchs, WpHG, § 31, Rn. 282 ff.

2299 Rothenhöfer, in: Schwark/Zimmer, Kapitalmarktrechts-Kommentar, § 31 WpHG, Rn. 323; Koller, in: Assmann/Schneider, WpHG, § 31, Rn. 189.

2300 Begr. RegE., BT-Drs. 16/4028, S. 36.

2301 Rothenhöfer, in: Schwark/Zimmer, Kapitalmarktrechts-Kommentar, § 31 WpHG, Rn. 322; Fuchs, in: Fuchs, WpHG, § 31, Rn. 311 ff.; Spindler/Kasten WM 2006, 1797, 1800, gehen dagegen von einem engen Anwendungsbereich der „execution-only"-Regel aus.

oder zum Abschluss eines bestimmten Geschäfts aufgefordert wird oder bewogen werden soll. Erwägungsgrund Nr. 30 S. 2 der MiFID stellt klar, dass eine Wertpapierdienstleistung „auch dann als auf Veranlassung des Kunden erbracht betrachtet werden (kann), wenn der Kunde auf der Grundlage einer beliebigen Mitteilung, die Werbung oder ein Kaufangebot gleich welcher Art für Finanzinstrumente enthält und sich an das Publikum generell oder eine größere Gruppe oder Gattung von Kunden oder potenziellen Kunden richtet, diese Dienstleistung anfordert“[2302]. Damit ist ein Wertpapiergeschäft im Zweifel nur dann nicht auf Veranlassung des Kunden erbracht, wenn das Wertpapierdienstleistungsunternehmen persönlich zum Kunden Kontakt aufgenommen und ihn zur Durchführung des Wertpapiergeschäfts bewogen hat[2303].

bb) Nicht-komplexe Finanzinstrumente

Gemäß § 31 Abs. 7 Nr. 1 WpHG ist weitere Voraussetzung für eine Anwendbarkeit von § 31 Abs. 7 WpHG, dass die beauftragte Wertpapierdienstleistung sich auf Aktien, die zum Handel an einem organisierten oder einem gleichwertigen Markt zugelassen sind, auf Geldmarktinstrumente, Schuldverschreibungen und andere verbriefte Schuldtitel, in die kein Derivat eingebettet ist, auf den Anforderungen der Richtlinie 2009/65/EG[2304] entsprechende Anteile an Investmentvermögen oder auf andere nicht komplexe Finanzinstrumente bezieht[2305]. Der Umfang der öffentlich-rechtlichen Aufklärungs- und Informationspflichten bestimmt sich daher nur dann anhand von § 31 Abs. 7 WpHG, wenn die dem Anleger zur Zeichnung angebotenen Aktien auch gleichzeitig zum Handel an einem organisierten Markt i.S.v. § 2 Abs. 5 WpHG oder einem gleichwertigen Markt zugelassen werden. Als gleichwertig gilt ein Markt in einem Nicht-EWR-Staat[2306], wenn es sich um ein multilaterales System handelt, das die Interessen einer Vielzahl von Personen am Kauf und Verkauf der dort zum Handel zugelassenem Finanzinstrumente innerhalb des Systems nach festgelegten Bestimmungen zu Vertragsabschlüssen zusammenführt, und das System durch staatliche Stellen genehmigt, geregelt und überwacht

2302 Koller, in: Assmann/Schneider, WpHG, § 31, Rn. 190; Spindler/Kasten WM 2006, 1797, 1800; Balzer ZBB 2007, 333, 342.

2303 Koller, in: Assmann/Schneider, WpHG, § 31, Rn. 190.

2304 Richtlinie 2009/65/EG des Europäischen Parlaments und des Rates vom 13. Juli 2009 zur Koordinierung der Rechts- und Verwaltungsvorschriften betreffend bestimmte Organismen für gemeinsame Anlagen in Wertpapieren (OGAW), ABl. EU Nr. L 302 v. 17.11.2009, S. 32.

2305 Rothenhöfer, in: Schwark/Zimmer, Kapitalmarktrechts-Kommentar, § 31 WpHG, Rn. 324 ff.; Fuchs, in: Fuchs, WpHG, § 31, Rn. 305 ff.; Koller, in: Assmann/Schneider, WpHG, § 31, Rn. 184 ff.

2306 Gemäß Art. 47 der MiFID hat jeder Mitgliedstaat der EU-Kommission eine Liste mit den geregelten Märkten zu übermitteln, für die er Herkunftsmitgliedstaat ist. Diese Liste wird von der EU-Kommission veröffentlicht.

wird[2307]. In Deutschland erfüllt lediglich der regulierte Markt i.S.v. § 32 BörsG die Tatbestandsmerkmale eines organisierten Marktes nach § 2 Abs. 5 WpHG, nicht aber der Freiverkehr i.S.v. § 48 BörsG, da dieser aufgrund seiner privatrechtlichen Organisation nicht von einer staatlich anerkannten Stelle geregelt wird[2308].

cc) Warnhinweis

Gemäß § 31 Abs. 7 Nr. 2 WpHG ist weitere Voraussetzung für eine Anwendbarkeit von § 31 Abs. 7 WpHG, dass das Wertpapierdienstleistungsunternehmen den Kunden in standardisierter Form mitteilt, dass keine Angemessenheitsprüfung im Sinne des § 31 Abs. 5 WpHG erfolgt[2309].

dd) Rechtsfolge

Liegen die Voraussetzungen des § 31 Abs. 7 WpHG vor, so beschränkt sich die Informationspflicht der Bank darauf, die in § 31 Abs. 3 WpHG statuierten Informationspflichten durch Übergabe von standardisierten Informationen zu erfüllen[2310]. § 31 Abs. 3 S. 1 WpHG statuiert, dass Kunden rechtzeitig und in verständlicher Form Informationen zur Verfügung zu stellen sind, die angemessen sind, damit die Kunden nach vernünftigem Ermessen die Art und die Risiken der ihnen angebotenen oder von ihnen nachgefragten Arten von Finanzinstrumenten verstehen und auf dieser Grundlage ihre Anlageentscheidungen treffen können. § 31 Abs. 3 S. 2 WpHG i.V.m. § 5 WpDVerOV legt detailliert weitere umfängliche Informationspflichten fest[2311]. Die zur Verfügung gestellten Informationen müssen den Anforderungen des § 31 Abs. 2 WpHG genügen und sind vor Vertragsschluss zur Verfügung zu stellen[2312].

b) Beratungsfreie Geschäfte i.S.v. § 31 Abs. 5 WpHG

Sofern der sachliche Anwendungsbereich des § 31 Abs. 7 WpHG nicht eröffnet ist, beispielsweise weil ein Anleger eine Aktie zeichnen möchte, die nicht zum Handel an einem organisierten Markt zugelassen ist, richten sich die Aufklärungs- und Informationspflichten des virtuellen Emissionshauses nach § 31 Abs. 5 WpHG.

Im Unterschied zu § 31 Abs. 7 WpHG ist das Wertpapierdienstleistungsunternehmen verpflichtet, die in § 31 Abs. 5 S. 1 WpHG genannten Informationen ein-

---

2307 Siehe hierzu: Kumpan, in: Schwark/Zimmer, Kapitalmarktrechts-Kommentar, § 2 WpHG, Rn. 118 ff.; Fuchs, in: Fuchs, WpHG, 141 ff.

2308 Kumpan, in: Schwark/Zimmer, Kapitalmarktrechts-Kommentar, § 2 WpHG, Rn. 120; Fuchs, in: Fuchs, WpHG, § 31, Rn. 149.

2309 Rothenhöfer, in: Kapitalmarktrechts-Kommentar, § 31, Rn. 333 ff.; Fuchs, in: Fuchs, WpHG, § 31, Rn. 312.

2310 Siehe hierzu: 1 Teil, 3. Abschnitt, A.II.4.c.

2311 Siehe hierzu: 1 Teil, 3. Abschnitt, A.II.4.c.

2312 Siehe Begr. RegE. FRUG zu § 31 Abs. 3 WpHG, BT-Drs. 16/4028, S. 64; Fuchs, in: Fuchs, WpHG, § 31, Rn. 122 ff.

zuholen. Der Umfang der Erkundigungspflichten bei Wertpapierdienstleistungen i.S.v. § 31 Abs. 5 S. 1 WpHG bestimmt sich nach § 6 Abs. 2 WpDVerOV. Das Wertpapierdienstleistungsunternehmen hat lediglich die Informationen über den Kunden einzuholen, die erforderlich sind, um die Angemessenheit der Finanzinstrumente oder Wertpapierdienstleistungen für den Kunden beurteilen zu können. Dies sind gemäß § 31 Abs. 5 S. 1 WpHG i.V.m. § 6 Abs. 2 WpDVerOV Angaben zu Arten von Wertpapierdienstleistungen oder Finanzinstrumenten, mit denen der Kunde vertraut ist, Angaben zu Art, Umfang, Häufigkeit und Zeitraum zurückliegender Geschäfte des Kunden mit Finanzinstrumenten sowie Angaben zur Ausbildung sowie der gegenwärtigen und relevanten früheren beruflichen Tätigkeiten des Kunden. Dagegen sind keine Angaben hinsichtlich der finanziellen Verhältnisse der Kunden sowie der mit den Geschäften verfolgten Ziele einzuholen. Die Einholung von Kundenangaben erfolgt durch den Discount-Broker in standardisierter Form[2313]. Aufgrund der eingeholten Kundenangaben über Kenntnisse und Erfahrungen hinsichtlich bestimmter Arten von Wertpapiergeschäften erfolgt eine Einteilung in bestimmte Risikoklassen.

Im Rahmen von § 31 Abs. 5 S. 2 WpHG hat das Wertpapierdienstleistungsunternehmen lediglich zu prüfen, ob der Anleger über die erforderlichen Kenntnisse und Erfahrungen verfügt, um die im Zusammenhang mit der Art der Finanzinstrumente bzw. der Art der Wertpapierdienstleistung stehenden Risiken angemessen beurteilen zu können[2314]. Dies geschieht in der Praxis dadurch, dass das Wertpapierdienstleistungsunternehmen jedes Wertpapier einer bestimmten Risikoklasse zuordnet und prüft, ob der Kunde, der das Wertpapier erwerben möchte, einer Risikoklasse zugeteilt wurde, die den Erwerb des Wertpapiers zulässt[2315].

Gelangt das Wertpapierdienstleistungsunternehmen im Rahmen der Angemessenheitsprüfung zu einer negativen Einschätzung des Finanzinstruments bzw. der Wertpapierdienstleistung, so hat es gemäß § 31 Abs. 5 S. 3 WpHG dem Kunden einen Hinweis zu erteilen[2316]. Dies ist dann der Fall, wenn das Wertpapier einer höheren Risikoklasse zugeordnet wurde als der Kunde. Diesen Hinweis kann das Wertpapierdienstleistungsunternehmen gemäß § 31 Abs. 5 S. 5 WpHG auch standardisiert erteilen. Sofern der Kunde trotz des Hinweises an der Durchführung des avisierten Geschäfts festhält, steht dem nichts entgegen.

2313 Fuchs, in: Fuchs, WpHG, § 31, Rn. 295; siehe zur alten Rechtslage: Wieneke, 173; Lang, § 17, Rn. 6, 63 ff.

2314 Siehe zu Einzelheiten: Rothenhöfer, in: Schwark/Zimmer, Kapitalmarktrechts-Kommentar, § 31 WpHG, Rn. 300; Fuchs, in: Fuchs, WpHG, § 31, Rn. 281.

2315 Fuchs, in: Fuchs, WpHG, § 31, Rn. 283; Rothenhöfer, in: Schwark/Zimmer, Kapitalmarktrechts-Kommentar, § 31 WpHG, Rn. 302.

2316 Siehe zur Hinweispflicht: Fuchs, in: Fuchs, WpHG, § 31, Rn. 285 ff.; Rothenhöfer, in: Schwark/Zimmer, Kapitalmarktrechts-Kommentar, § 31 WpHG, Rn. 303 ff.; Koller, in: Assmann/Schneider, WpHG, § 31, Rn. 178 f.; Ekkenga, in: MüKo-HGB, Band 5, Effektengeschäft, Rn. 353.

Kann das Wertpapierdienstleistungsunternehmen die Angemessenheit des Finanzinstruments bzw. der Wertpapierdienstleistung nicht beurteilen, weil der Kunde die erforderlichen Informationen nicht erteilt hat, so hat es den Kunden hierauf gemäß § 31 Abs. 5 S. 4 WpHG hinzuweisen. Der entsprechende Hinweis kann ebenfalls gemäß § 35 Abs. 5 S. 5 WpHG in standardisierter Form erfolgen.

Das Wertpapierdienstleistungsunternehmen hat sodann dem Kunden gemäß § 31 Abs. 3 WpHG rechtzeitig vor Ausführung des Auftrags Informationen zur Verfügung zu stellen, die angemessen sind, damit der Kunde nach vernünftigem Ermessen die Art und die Risiken der ihnen angebotenen oder von ihnen nachgefragten Arten von Finanzinstrumenten oder Wertpapierdienstleistungen verstehen und auf dieser Grundlage seine Anlageentscheidungen treffen kann[2317]. Die Informationsübermittlung erfolgt in standardisierter Form.

3. Umfang der zivilrechtlichen Aufklärungspflichten inländischer Wertpapierdienstleistungsunternehmen

Der Umfang der zivilrechtlichen Aufklärungspflichten eines Discount-Brokers kann nicht losgelöst vom Umfang der öffentlich-rechtlichen Aufklärungspflichten ermittelt werden, sofern man der Ansicht folgt, dass die §§ 31 ff. WpHG auf das Zivilrecht zumindest ausstrahlen[2318]. Literatur[2319] und Rechtsprechung[2320] hatten sich in der Vergangenheit unter Verweis auf § 31 Abs. 2 S. 1 Nr. 2 WpHG a.F. ausführlich mit der Fragestellung des zivilrechtlichen Umfangs der Aufklärungspflichten von Discount-Brokern beschäftigt.

Im Folgenden wird der Meinungsstand wiedergegeben und untersucht, inwieweit die durch Umsetzung der MiFID eingetretenen Änderungen im Bereich des Aufsichtsrechts sich auf den Umfang zivilrechtlicher Aufklärungspflichten auswirken. Gemäß § 31 Abs. 2 S. 1 Nr. 2 WpHG a.F.[2321] hatte das Wertpapierdienstleistungsunternehmen seinen Kunden alle zweckdienlichen Informationen zur Verfügung zu stellen, sofern diese erforderlich waren. Dabei bestimmte sich die Erforderlichkeit der Information anhand der Professionalität des Kunden.

2317 Siehe zu Einzelheiten 1. Teil, 2. Abschnitt, A.II.4.c.

2318 Siehe hierzu 1. Teil, 2.Abschnitt, A.I.1.

2319 Siller, 37 ff.; Than, in: Bankrechtstag 1995, 135, 149; Koller, in: Assmann/Schneider, WpHG, 4. Auflage, § 31, Rn. 159 ff., 167 ff.; Schwark, in: Schwark, Kapitalmarktrechts-Kommentar, 3. Auflage, § 31 WpHG, 67; Lang, § 16, Rn. 34 ff.; Wieneke, 140 ff.; Florian, 77 ff.; Schwintowski, ZBB 1999, 385 ff.; Siol, in: FS-Schimansky, 781, 785 ff.; Balzer, DB 1997, 2311 ff.; Horn, in: FS-Schimansky, 653, 662 ff.

2320 BGH, Urt. v. 5.10.1999, XI ZR 296/98, BGHZ, 142, 345 ff.; BGH, Urt. v. 11.11.2003, XI ZR 21/03, WM 2004, 24 ff.; BGH, Urt. v. 14.5.1996, XI ZR 188/95, WM 1996, 1214 ff.; BGH, Urt. v. 8. 5. 2001, XI ZR 192/00, NJW 2002, 62 ff.; OLG München, Urt. v. 21.7.1998, 18 U 2422/98, ZIP 1998, 1954.; LG München, Urt. v. 29.1.1998, 26 O 4309/97, EWiR 1998, 473 ff.; OLG Hamm, Urt. v. 23.10.1996, 31 U 91/96, WM 1997, 568 ff.

2321 § 31 Abs. 3 WpHG n.F. entspricht weitestgehend dieser Norm.

a) Zulässigkeit eines vollständigen Aufklärungsausschlusses

Teilweise wurde in der Literatur[2322] zu §§ 31, 32 WpHG a.F. die Auffassung vertreten, ein vollständiger Ausschluss von Aufklärungspflichten sei beim Discount-Broking aufsichtsrechtlich wie auch zivilrechtlich zulässig, da die Bestimmungen des WpHG einen hinreichenden Freiraum hierfür gewährten, sofern der Kunde auf den Ausschluss jeglicher Aufklärung ausdrücklich hingewiesen worden sei. Vertreter dieser Meinung behaupteten[2323], der Finanzausschuss des Deutschen Bundestages[2324] habe ebenfalls die Auffassung vertreten, Discount-Brokern oblägen keine Aufklärungspflichten. Aus den Gesetzesmaterialien zu § 31 WpHG a.F. lässt sich aber nur entnehmen, dass Discount-Broker keine Beratung erbringen müssen; von einem Verzicht auf Aufklärung ist dagegen nicht die Rede[2325]. Die Zulässigkeit eines völligen Aufklärungsverzichts kann aus den Gesetzesmaterialien zu §§ 31, 32 WpHG a.F. nicht hergeleitet werden[2326]. Es ist in den Materialien nur die Rede davon, dass der Umfang der Aufklärungspflichten auch von der Höhe der zu entrichtenden Gebühr abhängig gemacht werden kann[2327]. Aus den Gesetzesmaterialien lässt sich folglich nur herleiten, dass der Umfang der Aufklärungspflichten im Rahmen von §§ 31, 32 WpHG a.F. beim Discount-Broking reduzierbar war. Inwieweit es im Hinblick auf Art. 11 der Wertpapierdienstleistungsrichtlinie (RL 93/22/EG) zulässig war, den Umfang der Aufklärungspflichten von der Höhe eines Entgelts abhängig zu machen, muss an dieser Stelle nicht mehr näher geklärt werden, da die Wertpapierdienstleistungsrichtlinie (RL 93/22/EG) zwischenzeitlich außer Kraft getreten und durch die MiFID ersetzt worden ist.

Der BGH hat sich in einem Urteil vom 5.11.1999[2328] zu der Frage geäußert, inwieweit Discount-Brokern Aufklärungspflichten obliegen. Dabei ging es um die

2322 Clausen, Bank- und Börsenrecht, § 6, Rn. 42; Than, in: Bankrechtstag 1995, 135, 149; Kümpel, WM 1995, 689, 693.

2323 Kümpel, WM 1995, 689, 693; Koller, in: Assmann/Schneider, WpHG, 4. Auflage, § 31, Rn. 159 hält eine solche Ansicht für europarechtswidrig.

2324 Beschlußempfehlung und Bericht des Finanzausschusses zu dem Enwturf eines Gesetzes der Bundesregierung über den Wertpapierhandel und zur Änderung börsenrechtlicher und wertpapierrechtlicher Vorschriften (Zweites Finanzmarktförderungsgesetz), BT-Drs. 12/7918, S. 104.

2325 So auch Schwark, in: Schwark, Kapitalmarktrechts-Kommentar, 3. Auflage, § 31 WpHG, 67; Lang, § 16, Rn. 36; Wieneke, 148.

2326 So auch Wieneke, 148; Schwark, in: Schwark, Kapitalmarktrechts-Kommentar, 3. Auflage, § 31 WpHG, Rn. 67.

2327 BT-Drs. 12/7918, S. 104.

2328 BGH, Urt. v. 5.10.1999, XI ZR 296/98, BGHZ, 142, 345 ff.; siehe zu dieser Entscheidung: Lang, § 17, Rn. 74 ff.; Koller, EWiR 1999, 1111 ff.; Schwintowski, ZBB 1999, 385 ff.

Fragestellung, ob ein Discount-Broker, welcher bei Aufnahme der Geschäftsbeziehung erklärt, er wende sich nur an gut informierte und erfahrene Anleger, durch Überreichung einer allgemeinen Informationsbroschüre zu Beginn der Geschäftsbeziehung seinen Aufklärungspflichten nachgekommen ist, wenn daneben keine individuellen Hinweise gegeben werden. Im konkreten Fall klärte der Discount Broker zwar mittels Standardbroschüren über die Risiken von Optionsscheinen auf, nicht jedoch über die von Bandbreitenoptionsscheinen. Das OLG München hatte als Vorinstanz eine solche Vorgehensweise als zulässig erachtet und ausgeführt, dass von einem Discount-Broker keine auf das konkrete Wertpapier und dessen spezifische Funktionsweise bezogene Aufklärung verlangt werden könne[2329], vielmehr sei die Erteilung einer auf die jeweilige Anlageform beschränkten Eingangsinformation ausreichend[2330]. Der BGH erachtete eine solche Vorgehensweise des Discount-Brokers ebenfalls als mit § 31 Abs. 2 S. 1 Nr. 2 WpHG a.F. vereinbar und verneinte eine Aufklärungspflichtverletzung[2331]. Er führte in seinem Urteil aus, dass Inhalt und Umfang von Aufklärungspflichten sowie die Form ihrer Erfüllung nicht nur von der Aufklärungsbedürftigkeit des Anlegers und vom gewählten Anlageobjekt abhingen, sondern auch von der Wahl des Geschäftspartners des Anlegers[2332]. Eine Bank, die wahrheitsgemäß erkläre, sich mit bestimmten vom Kunden nachgefragten Optionsscheinen nicht auszukennen, mache sich keiner Aufklärungspflichtverletzung schuldig, wenn sie die Kundenorder ausführe ohne den Kunden über die damit verbundenen Risiken aufzuklären[2333]. Bei der Erteilung eines gezielten Auftrags bringe der Kunde zum Ausdruck, dass er weitere Informationen durch die Bank nicht mehr benötige und daher nicht aufklärungsbedürftig sei[2334]. Gleiches müsse auch dann gelten, wenn ein Discount-Broker bei Aufnahme der Geschäftsbeziehung erklärt, sich nur an gut informierte und erfahrene Anleger zu wenden und darauf hinweist, dass er lediglich zu einer Aufklärung durch Übersendung von standardisierten Informationsbroschüren bereit sei, aber nicht zu einer individuellen Aufklärung[2335]. Bringe ein Kunde zum Ausdruck, dass er keine Informationen benötige, so sei eine Aufklärung i.S.v. § 31 Abs. 2 S. 1 WpHG a.F. nicht erforderlich[2336]. Auch sei es unbeachtlich gewesen, dass in den Standardbroschüren nur über die Risiken von Optionsscheinen, nicht jedoch aber über die von Bandbreitenoptionsscheinen aufgeklärt worden sei[2337].

2329 OLG München, Urt. v. 6.10.1998, 5 U 2238/98, ZIP 1998, 2056, 2058.
2330 OLG München, Urt. v. 6.10.1998, 5 U 2238/98, ZIP 1998, 2056, 2058.
2331 BGH, Urt. v. 5.10.1999, XI ZR 296/98, BGHZ 142, 345, 355.
2332 BGH, Urt. v. 5.10.1999, XI ZR 296/98, BGHZ 142, 345, 354 f.
2333 BGH, Urt. v. 5.10.1999, XI ZR 296/98, BGHZ 142, 345, 355; siehe auch: BGH, Urt. 19.5.1998, XI ZR 286/97, WM 1998, 1391, 1392.
2334 BGH, Urt. v. 5.10.1999, XI ZR 296/98, BGHZ 142, 345, 355.
2335 BGH, Urt. v. 5.10.1999, XI ZR 296/98, BGHZ 142, 345, 355.
2336 BGH, Urt. v. 5.10.1999, XI ZR 296/98, BGHZ 142, 345, 356.
2337 BGH, Urt. v. 5.10.1999, XI ZR 296/98, BGHZ 142, 345, 357.

Die Literatur[2338] interpretierte diese Entscheidung teilweise dahingehend, der BGH lasse einen vollständigen Ausschluss von Aufklärungspflichten zu. Richtig ist diese Ansicht im vorliegenden Fall im Hinblick auf Bandbreitenoptionsscheine. Denn es erfolgte keine Aufklärung über die mit dieser Anlageform verbundenen Risiken durch standardisierte Informationen. Letzten Endes verneinte der BGH aber in seiner Entscheidung damit implizit die Notwendigkeit einer Aufklärung zumindest durch standardisierte Broschüren[2339], da eine solche hinsichtlich von Bandbreitenoptionsscheinen gerade nicht erfolgt war. Insoweit wich diese Entscheidung auch von anderen zu § 31 Abs. 2 Nr. 2 WpHG a.F. ergangenen[2340] ab, in denen immer eine herabgesetzte Aufklärungspflicht bejaht wurde, die durch Überlassung standardisierter Informationsbroschüren erfüllt werden konnte.

Auch nach Umsetzung der MiFID wird ein vollständiger Ausschluss von zivilrechtlichen Aufklärungspflichten beim Discount-Broking als zulässig erachtet[2341]. Art. 19 Abs. 6 der MiFID, umgesetzt in deutsches Recht durch § 31 Abs. 7 WpHG, legt dagegen fest, dass auch bei reinen Ausführungsgeschäften, wie sie Discount-Broker erbringen, Aufklärungspflichten gemäß § 31 Abs. 3 WpHG n.F. bestehen. Anders als im Rahmen von § 31 Abs. 2 S. 1 Nr. 2 WpHG a.F. – hiernach mussten dem Kunden zweckdienliche Informationen nur insoweit erteilt werden, wie dies zur Wahrung des Kundeninteresses und im Hinblick auf Art und Umfang der beabsichtigten Geschäfte erforderlich war – sieht § 31 Abs. 3 WpHG n.F. nicht mehr die Möglichkeit einer Einschränkung von Informationspflichten oder gar eines vollständigen Verzichts auf Information wegen fehlender Schutzbedürftigkeit des Kunden vor. Das Bestehen von zivilrechtlichen Aufklärungspflichten lässt sich damit nur ablehnen, sofern man §§ 31 ff. WpHG eine Ausstrahlungswirkung auf das Zivilrecht abspricht[2342]. Der BGH hatte jüngst in einer Entscheidung zur Aufklärungspflichten von Banken über die Gewinnspanne bei Verkauf von Wertpapieren im Wege des Eigengeschäfts ausgeführt, dass die §§ 31 ff. WpHG ausschließlich öffentlich-rechtlicher Natur seien und nicht auf das zivilrechtliche Schuldverhältnis zwischen Bank und Kunde einwirkten[2343]. Sie bewirkten daher weder eine Begrenzung noch Erweiterung der zivilrechtlichen Pflichten[2344]. Vereinzelt wird diese Entscheidung in der Literatur dahingehend interpretiert, dass

2338 Koller, in: Assmann/Schneider, WpHG, 3. Aufl., § 31, Rn. 135, in der 4. Auflage wird diese Ansicht jedoch nicht mehr in dieser Deutlichkeit vertreten, siehe Koller, in: WpHG, 4. Auflage, § 31, Rn. 161; Schwintowski, ZBB 1999, 385, 387.

2339 So auch Lang, § 17, Rn. 84.

2340 BGH, Urt. v. 11.11.2003, XI ZR 21/03, WM 2004, 24 ff.; OLG München, Urt. v. 21.7.1998, 18 U 2422/98, ZIP 1998, 1954.

2341 So Kropf, WM 2014, 640. 641 f.

2342 BGH, Urt. v. 17.9.2013, XI ZR 332/12, WM 2013, 1983, 1984, Rn. 16, 20 zu § 31d WpHG.

2343 BGH, Urt. v. 17.9.2013, XI ZR 332/12, WM 2013, 1983, 1984, Rn. 20.

2344 BGH, Urt. v. 17.9.2013, XI ZR 332/12, WM 2013, 1983, 1984, Rn. 20; so auch schon BGH, Urt. 27.9.2011, XI ZR182/10, WM 2011, 2268, 2273, Rn. 47.

der BGH beim Discount-Broking einen vollständigen Ausschluss von Aufklärungspflichten zulasse[2345].

b) Herabgesetzte Aufklärungspflichten

Die wohl h.M.[2346] ging im Rahmen von §§ 31, 32 WpHG a.F. dagegen wie grundsätzlich die Rechtsprechung[2347] – mit Ausnahme des BGH-Urteils zu Bandbreitenoptionsscheinen[2348] – davon aus, dass beim Discount-Broking eine herabgesetzte zivilrechtliche Aufklärungspflicht dem Kunden gegenüber bestand. Diese Ansicht hat durch Schaffung von § 31 Abs. 7 WpHG n.F. nunmehr eine Stütze im Gesetz gefunden und wird von Teilen der Literatur auch im Rahmen von §§ 31 ff. WpHG vertreten[2349].

Dementsprechend sahen und sehen nach alter wie auch nach neuer Rechtslage die Allgemeinen Geschäftsbedingungen und Grundsätze zur Ausführung von Aufträgen von Discount-Brokern vor, dass Kunden keine Hintergrundinformationen über die verschiedenen Anlagemöglichkeiten erhalten und auch keine Auswertung solcher Informationen im Kundeninteresse erfolgt. Der Kunde erhält bei Aufnahme der Geschäftsverbindung lediglich standardisierte Informationsbroschüren, die Ausführungen zu Chancen und Risiken bestimmter Wertpapierdienstleistungen und Finanzinstrumente enthalten; objektbezogene Informationen zu der beabsichtigten Anlage sowie Hintergrundinformationen erfolgen dagegen in der Regel nicht[2350]. Begründet wird dies damit, dass der Kunde die Auswahl der Anlageobjekte treffe und es daher möglich sei, dass der Discount-Broker über keinerlei Informationen hinsichtlich der ausgewählten Aktie verfüge[2351].

Diese Vorgehensweise wurde auch von der Rechtsprechung gebilligt. Das OLG München hatte beispielsweise in einem Urteil vom 21.7.1998[2352] über den Erwerb von Fokker-Anleihen über einen Discount-Broker zu entscheiden. In diesem Fall hatte der Kunde lediglich eine standardisierte Informationsbroschüre erhalten. Das Gericht stellte fest, dass dem Discount-Broker nur eine allgemeine

---

2345 So Kropf, WM 2014, 640. 641 f.

2346 Florian, 94; Balzer, WM 1533, 1534; Pfüller/Westerwelle, in: Hoeren/Sieber, Multimedia-Recht, Teil 13.7, Rn. 132; Schwintowski, ZBB 1999, 385, 387; Lang, § 17, 34 ff.; Siller, 54 ff.; Roth, in: Assmann/Schütze, Hdb. KapitalanlageR, § 11, Rn. 112 ff.; Wieneke, 169 ff., 183; Horn, in_ FS-Schimansky, 653, 662 ff.; Siol, in: FS-Schimansky, 781, 785 ff.

2347 BGH, Urt. v. 11.11.2003, XI ZR 21/03, WM 2004, 24 ff.; OLG München, Urt. v. 21.7.1998, 18 U 2422/98, ZIP 1998, 1954.

2348 BGH, Urt. v. 5.10.1999, XI ZR 296/98, BGHZ 142, 345, 355.

2349 Fuchs, in: Fuchs, WpHG, § 31, Rn. 299 ff.; Lenenbach, Kapitalmarktrecht, 2. Auflage, Rn. 11.375 ff.

2350 Fuchs, in: Fuchs, WpHG, § 31, Rn. 300; Lenenbach, Kapitalmarktrecht, 2. Auflage, Rn. 11.380.

2351 Lang, § 17, Rn. 40.

2352 OLG München, Urt. v. 21.7.1998, 18 U 2422/98, ZIP 1998, 1954.

Aufklärungspflicht oblag; das Bestehen einer Pflicht zur Individualaufklärung wurde dagegen verneint[2353]. In einem Urteil vom 11.11.2003[2354] hat der BGH diesen Standpunkt geteilt und darauf hingewiesen, dass ein Wertpapierdienstleistungsunternehmen nicht die Aufgabe habe, einen Kunden durch Begrenzung seiner Entscheidungsfreiheit vor sich selbst zu schützen. Dem lag der Fall zugrunde, dass ein Anleger auf Kredit Aktien und Optionsscheine erworben hatte. Der BGH führte in diesem Urteil ebenfalls aus, dass eine Aufklärung durch standardisierte Broschüren ausreiche, wenn der Discount-Broker ausdrücklich darauf hinweist, dass keine Individualaufklärung erfolgt[2355]. Fraglich ist allerdings, ob nicht in besonderen Situationen dem Discount-Broker neben einer allgemeinen Aufklärungspflicht, die durch standardisierte Broschüren erfüllt werden kann, Individualaufklärungspflichten erwachsen können, beispielsweise wenn ein Anleger für die Bank erkennbar falsche Angaben macht, um in eine höhere Risikoklasse eingestuft zu werden, oder die Tragweite seiner Anlageentscheidung nicht zu überschauen vermag. Teilweise[2356] wird in einer solchen Situation das Bestehen von (zivilrechtlichen) Warnpflichten vermutet. Diese unterscheiden sich von Aufklärungspflichten dadurch, dass Warnpflichten nur in Ausnahmesituationen bestehen, wenn – für die Bank erkennbar – dem Kunden eine konkrete Gefahr droht[2357]. Dagegen bestehen Aufklärungspflichten stets. Höchstrichterlich nicht entschieden wurde bisher, ob eine Absenkung der zivilrechtlichen Aufklärungspflichten auch dann in Betracht kommt, falls der Kunde weder informiert noch erfahren ist und die Bank hiervon Kenntnis besitzt. Von der Literatur wird dies bejaht[2358].

c) keine herabgesetzten Aufklärungspflichten

Andere[2359] wiederum vertraten im Rahmen von §§ 31, 32 WpHG a.F. die Ansicht, dass Discount-Brokern gleiche Aufklärungspflichten wie herkömmliche Banken oblägen und daher keine Möglichkeit zur Herabsetzung von Aufklärungspflichten bestünde. Als Begründung hierfür wurde angeführt, dass eine kundenfreundliche Gestaltung der Provisionen keinen Einfluss auf Aufklärungspflichten habe, was aus dem Wortlaut des Art. 11 Abs. 1 der Wertpapierdienstleistungsrichtlinie (RL 93/22/EG)

2353 OLG München, Urt. v. 21.7.1998, 18 U 2422/98, ZIP 1998, 1954.

2354 BGH, Urt. v. 11.11.2003, XI ZR 21/03, WM 2004, 24 f.

2355 BGH, Urt. v. 11.11.2003, XI ZR 21/03, WM 2004, 24, 26.

2356 In diesem Sinne auch BGH, Urt. v. 11.11.2003, XI ZR 21/03, WM 2004, 24, 27 sowie Siol, in: FS-Schimanksy, 781, 789, die eine Warnpflicht für den Fall annehmen, dass Kundenaufträge deutlich von zuvor erklärten Zielvorstellungen abweichen; ebenso Schwark, in: Schwark, Kapitalmarktrechts-Kommentar, 3. Auflage, § 31 WpHG, Rn. 56.

2357 Horn, in: FS-Schimansky, 651, 664 f.; Siol, in: FS-Schimanksy, 781, 789; Lang, § 3, Rn. 19 und § 17, Rn. 91.

2358 Balzer, WM 2001, 1533, 1534; Horn, in: FS-Schimansky, 653, 661.

2359 Koller, in: Assmann/Schneider, WpHG, 2. Auflage, § 31, Rn. 135, der diese Ansicht aber seit der 3. Auflage nicht mehr vertritt; Reich, WM 1997, 1601, 1606.

bzw. aus § 31 Abs. 2 S. 1 Nr. 2 WpHG a.F. folge. Im Übrigen beinhalte die Wertpapierdienstleistungsrichtlinie (RL 93/22/EG) keine Sonderregelungen betreffend Discount-Broker. Daher bestimme sich der Umfang der Aufklärungspflichten ausschließlich nach der Professionalität des Anlegers[2360]. Diese öffentlich-rechtlichen Aufklärungspflichten könnten auch vertraglich nicht beeinflusst werden.

Diese Auffassung könnte im Widerspruch zu Art. 19 Abs. 6 der MiFID, umgesetzt in deutsches Recht durch § 31 Abs. 7 WpHG, stehen, sofern man von einer Doppelnatur der §§ 31 ff. WpHG ausgeht. § 31 Abs. 7 WpHG legt fest, dass bei reinen Ausführungsgeschäften, wie sie Discount-Broker erbringen, lediglich eingeschränkte Aufklärungspflichten gemäß § 31 Abs. 3 WpHG n.F. bestehen. Sie ließe sich unter Geltung der §§ 31 ff. WpHG n.F. nur dann vertreten, falls man die in § 31 Abs. 3 WpHG niedergelegten Informationspflichten – nur diese sind im Anwendungsbereich des § 31 Abs. 7 WpHG zu erfüllen – als Mindeststandard für Vertragspflichten betrachtet, der nicht unterschritten, wohl aber durch strengere vertragliche Pflichten überschritten werden darf[2361].

d) Stellungnahme

Der Ansicht, die unter Geltung der §§ 31, 32 WpHG a.F. eine umfassende Aufklärungspflicht der Discount-Broker forderte, ist entgegenzuhalten, dass zwar zutreffenderweise eine Differenzierung der Aufklärungspflichten nach der Höhe des für eine Wertpapierdienstleistung entrichteten Entgelts unzulässig ist, es jedoch mit dem Wortlaut von Art. 11 Abs. 1 der Wertpapierdienstleistungsrichtlinie (RL 93/22/EG) bzw. § 31 Abs. 2 S. 1 Nr. 2 WpHG a.F. vereinbar ist, eine Differenzierung nach der Professionalität der Anleger vorzunehmen. Gleiches gilt nach Umsetzung der MiFID durch das FRUG nach neuer Rechtslage. § 31 WpHG n.F. nimmt aufsichtsrechtlich eine Differenzierung des Umfangs von Aufklärungspflichten anhand der Professionalität der Anleger vor und schreibt explizit fest, dass bei Geschäften mit bestimmten Arten von Finanzinstrumenten und Wertpapierdienstleistungen (§ 31 Abs. 7 WpHG) lediglich herabgesetzte öffentlich-rechtliche Aufklärungspflichten bestehen. Der Vereinbarung herabgesetzter zivilrechtlicher Aufklärungspflichten steht daher nichts entgegen[2362]. In der Praxis erfolgt dies mittels der Verwendung von Kundengruppenmodellen. Anleger, denen jegliche Professionalität fehlt, haben die Möglichkeit, das Beratungsangebot traditioneller Banken wahrzunehmen. Auch würde letzten Endes der Standpunkt, dass Discount-Brokern zivilrechtlich umfassenden Aufklärungspflichten obliegen, zur Undurchführbarkeit des Geschäftsmodells des Discount-Brokings führen.

Gegen den Standpunkt, dass Discount-Brokern zivilrechtlich keine Aufklärungspflichten obliegen, spricht der Normcharakter des § 31 WpHG. Als Norm des

---

2360 Reich, WM 1997, 1601, 1606.

2361 In diesem Sinne: Lenenbach, Kapitalmarktrecht, 2. Auflage, Rn. 4.33.

2362 So auch Fuchs, in: Fuchs, WpHG, § 31, Rn. 300; Lenenbach, Kapitalmarktrecht, 2. Auflage, Rn. 11.378 ff.

Aufsichtsrechts kann dieser nicht einfach durch die Vertragsparteien abbedungen werden. Darüber hinaus gilt es zu bedenken, dass Kunden, die auf Aufklärung verzichten, dies oftmals nicht tun, weil sie bereits umfassend informiert sind, sondern vielmehr, weil sie ihre Informationsdefizite selbst nicht erkennen[2363].

Die Lösung ist vielmehr darin zu sehen, dass der Umfang der vorzunehmenden Aufklärung sich auch zivilrechtlich nach der Professionalität des Kunden richtet. Die Ansicht, die bei Discount-Brokern auch zivilrechtlich nur verminderte Aufklärungspflichten annimmt, erscheint daher vorzugswürdig. Inhalt und Umfang der Aufklärungspflichten hängen, wie bereits gezeigt, stark von der Aufklärungsbedürftigkeit des Kunden ab. Die Annahme einer individuellen Beratungspflicht, verbunden mit der Pflicht zu einer objektgerechten Aufklärung durch Discount-Broker, würde das Geschäftsmodell ad absurdum führen. Ausnahmsweise kann aber eine individuelle Aufklärungspflicht angenommen werden, wenn der Kunde bei Erfragung seiner Erfahrungen und Kenntnisse für den Discount-Broker ersichtlich übertreibt, um die Einstufung in eine höhere Risikoklasse zu erreichen[2364], oder er gänzlich unerfahren ist. Den aufklärungsbedürftigen Kunden muss der Discount-Broker an eine Bank mit Beratungsangebot verweisen.

Zusammenfassend lässt sich sagen, dass eine Aufklärung über die Risiken einer bestimmten Anlageform durch standardisierte Broschüren zu erfolgen hat; einer Aufklärung über das konkrete Anlageobjekt bedarf es dagegen in der Regel nicht[2365]. Allerdings können dem Discount-Broker unter bestimmten Umständen Warnpflichten obliegen[2366].

4. Aufklärungspflichten ausländischer Wertpapierdienstleistungsunternehmen

Wie bereits im 2. Teil, 3. Abschnitt unter A.II.2. dargestellt, unterliegen Wertpapierdienstleistungsunternehmen aus Drittstaaten gemäß § 31 Abs. 10 WpHG aufsichtsrechtlich den deutschen Wohlverhaltensregeln gemäß § 31 Abs. 1 Nr. 1, Abs. 2–9 WpHG sowie §§ 31a, 31b, 31d und 31e WpHG, sofern diese Wertpapierdienstleistungen oder Wertpapiernebendienstleistungen gegenüber Kunden erbringen, die ihren gewöhnlichen Aufenthalt oder ihre Geschäftsleitung im Inland haben, wenn nicht die Wertpapierdienstleistung oder Wertpapiernebendienstleistung einschließlich der damit im Zusammenhang stehenden Nebenleistungen ausschließlich in einem Drittstaat erbracht wird. Drittstaaten i.S.v. § 31 Abs. 10 WpHG sind alle Nicht-EWR-Staaten. Wertpapierdienstleistungsunternehmen aus

---

2363 Koller, in: Assmann/Schneider, WpHG, 3. Auflage, § 31, Rn. 159, der diesen Standpunkt in der 4. Auflage aber nicht mehr in dieser Deutlichkeit vertritt; siehe ders., 4. Auflage, § 31, Rn. 159.

2364 Balzer, WM 2001, 1533, 1534; Fuchs, in: Fuchs, WpHG, § 31, Rn. 301.

2365 Pfüller/Westerwelle, in: Hoeren/Sieber, Multimedia-Recht, Teil 13.7, Rn. 132; Fuchs, in: Fuchs, WpHG, § 31, Rn. 302.

2366 Siehe hierzu: 2. Teil, 4. Abschnitt, B.III.

anderen EWR-Staaten unterliegen dagegen aufgrund des in der MiFID verankerten Herkunftslandprinzips den in Umsetzung von Art. 19 Abs. 6 MiFID in ihrem Herkunftsland erlassenen aufsichtsrechtlichen Bestimmungen.

Zwar besteht aus aufsichtsrechtlichen Gründen damit keine Pflicht für Wertpapierdienstleistungsunternehmen mit Sitz in einem EWR-Staat zur Einhaltung deutscher Wohlverhaltensregeln, die weitestgehend mit denen ihres Herkunftslandes identisch sind. Denn mit der MiFID wird eine weitestgehende Harmonisierung der Wohlverhaltensregeln in allen EWR-Staaten angestrebt. Jedoch kann eine Missachtung der von der deutschen Rechtsprechung näher konkretisierten Wohlverhaltensregeln in Bezug auf zivilrechtliche Aufklärungspflichten gleichwohl zu Schadensersatzansprüchen gemäß §§ 311 Abs. 2, 241 Abs. 2 BGB führen, da die zivilrechtlichen Aufklärungspflichten weiter als die aufsichtsrechtlichen Aufklärungspflichten reichen können, auch wenn sie sich weitestgehend an den aufsichtsrechtlichen Aufklärungspflichten orientieren.

Dieses auf den ersten Blick fragwürdige Ergebnis beruht auf der Tatsache, dass Art. 6 Rom I-VO als Regelung des vertraglichen Verbraucherschutzes gemäß 6. Spgstr. des Anhangs zu Art. 3 Abs. 3 ECRL, umgesetzt in deutsches Recht durch § 3 Abs. 3 Nr. 2 TMG, vom Herkunftslandprinzip ausgenommen worden ist[2367]. Liegen die Voraussetzungen des Art. 6 Rom I-VO vor, so hat dies zur Folge, dass die richterrechtlich ausgestalteten Aufklärungspflichten zur Anwendung gelangen[2368]; einem ausländischen Wertpapierdienstleistungsunternehmen obliegen dann zivilrechtlich die gleichen Aufklärungspflichten wie einem inländischen. Bei Verletzung dieser Pflichten macht es sich schadensersatzpflichtig.

III. Warnpflichten

Weiterhin erscheint fraglich, in welchem Umfang einen Discount-Broker zivilrechtliche Warnpflichten gegenüber dem Kunden treffen. Grundsätzlich haben Warnpflichten das Ziel, den Anleger im Rahmen des Zumutbaren vor Vermögensschäden zu schützen[2369]. Eine Warnpflicht kann aus der dem Wertpapierdienstleistungsunternehmen obliegenden Interessenwahrungspflicht resultieren[2370].

2367 Siehe hierzu: 2. Teil, 3. Abschnitt, B.II.3.b.

2368 Siehe hierzu: 2. Teil, 3. Abschnitt, B.IV.2.

2369 BGH, Urt. v. 17.10.2006, XI ZR 205/05, DStR 2007, 165 ff.; Horn, ZBB, 1997, 139, 141; Vortmann, Aufklärungs- und Beratungspflichten der Banken, Rn. 12 f.; Schwark, in: Schwark, Kapitalmarktrechts-Kommentar, 3. Auflage, § 31 WpHG, Rn. 56; Warnpflichten spielten meist im Zusammenhang mit Börsentermingeschäften eine Rolle, siehe BGH, Urt. v. 1.2.1994, XI ZR 125/93, ZIP 1994, 447, 449; BGH, Urt. v. 8.2.1994, XI ZR 74/93, WM 1994, 492, 493.

2370 In der Praxis bestehen allerdings gewisse Schwierigkeiten, Warn- und Beratungspflichten sauber voneinander abzugrenzen. Jedoch führen beide Arten von Pflichtverletzungen zum selben Ergebnis, so dass dieser Abgrenzungsfrage nur eine untergeordnete Bedeutung zukommt. Siehe zu dieser Fragestellung: Lang,

Wie bereits oben dargestellt, haben auch Discount-Broker, sofern nicht ein reines Ausführungsgeschäft i.S.v. § 31 Abs. 7 WpHG erbracht wird, aufsichtsrechtlich ihren Kunden gegenüber die Pflicht, diese vor Beginn der Geschäftsbeziehung über Kenntnisse und Erfahrungen zu befragen. Werden diese Angaben vom Kunden gemacht, so stellt sich die Frage, ob der Discount-Broker bei Erstellung eines Risikoprofils den Kunden darauf hinzuweisen hat, wenn ein von diesem beabsichtigtes Geschäft im Widerspruch zur angegebenen Risikoklasse steht. Aufsichtsrechtlich besteht eine solche Pflicht im Rahmen des beratungsfreien Geschäfts i.S.v. § 31 Abs. 5 WpHG[2371], nicht aber im Rahmen von § 31 Abs. 7 WpHG bei reinen Ausführungsgeschäften. Im Rahmen von § 31 Abs. 7 WpHG besteht lediglich eine Pflicht des Wertpapierdienstleistungsunternehmens, den Anleger darauf hinzuweisen, dass keine Angemessenheitsprüfung i.S.v. § 31 Abs. 5 WpHG vorgenommen wird. Diese aufsichtsrechtliche Verpflichtung wird teilweise[2372] ebenfalls als Warnpflicht interpretiert.

Zivilrechtlich ist anerkannt, dass eine vorvertragliche Aufklärungspflicht nicht den Zweck verfolgt, den Kunden vor sich selbst zu schützen[2373]. Eine Warnpflicht besteht nur in Ausnahmefällen[2374]. Die Annahme einer solchen zivilrechtlichen Verpflichtung hätte auch bei reinen Ausführungsgeschäften i.S.v. § 31 Abs. 7 WpHG zur Folge, dass das Wertpapierdienstleistungsunternehmen den vom Kunden erteilten Auftrag einer Bewertung dahingehend unterziehen müsste, inwieweit dieser mit den vom Kunden gemachten Angaben zu Erfahrungen und Kenntnissen vereinbar ist, obwohl aufsichtsrechtlich diese Angaben im Rahmen von § 31 Abs. 7 WpHG nicht einzuholen sind. Die Annahme einer zivilrechtlichen Warnpflicht auch im Rahmen von § 31 Abs. 7 WpHG würde daher dazu führen, dass reine Ausführungsgeschäfte in der Praxis wegen etwaiger Haftungsrisiken des Wertpapierdienstleistungsunternehmens praktisch nicht durchführbar wären, und ist daher abzulehnen.

Allerdings ist zu berücksichtigen, dass für den Fall der Einteilung der Kunden in Risikokategorien und der Mitteilung dieser Einteilung an den Kunden auch bei reinen Ausführungsgeschäften mit diesem Rücksprache zu nehmen ist, wenn die von

---

§ 3, Rn. 19; Leisch, 135, 137; Schwark, in: Schwark, Kapitalmarktrechts-Kommentar, 3. Auflage, § 31 WpHG, Rn. 56.

2371 Siehe zu dieser Pflicht im Rahmen von § 31 Abs. 5 WpHG: Rothenhöfer, in: Schwark/Zimmer, Kapitalmarktrechts-Kommentar, § 31, Rn. 304, der die in § 31 Abs. 5 S. 3 WpHG aufgeführte Hinweispflicht mit dem Argument einer richtlinienkonformen Auslegung der Norm als Warnpflicht interpretiert; Fuchs, in: Fuchs, WpHG, § 31, Rn. 285.

2372 So Fuchs, in: Fuchs, WpHG, § 31, Rn. 312.

2373 BGH, Urt. v. 11.11.2003, XI ZR 23/01, WM 2004, 24, 26; BGH, Urt. v. 14.5.1996, XI ZR 188/95, WM 1996, 1214; BGH, Urt. v. 8. 5. 2001, XI ZR 192/00, NJW 2002, 62, 63.

2374 Siehe zu Warnpflichten im Zusammenhang mit Bankgeschäften: Lenenbach, Rn. 8.12; Lang, § 3, Rn. 19; Lange, 30.

ihm beabsichtigte Anlage nicht der ihm mitgeteilten Risikogruppe entspricht[2375]. Diese Pflicht ist von einer Beratungspflicht, welche aufsichtsrechtlich grundsätzlich im Rahmen von § 31 Abs. 7 WpHG nicht besteht, abzugrenzen. Die Pflicht zur Rücksprache ergibt sich daraus, dass dem Kunden seine Kategorisierung mitgeteilt und hierdurch bei ihm das Vertrauen geweckt worden ist, er werde darauf hingewiesen, wenn er Geschäfte außerhalb seiner Kategorie zu tätigen beabsichtigt[2376]. Zivilrechtliche Warnpflichten bestehen außerdem, wenn der Discount-Broker dem Kunden gegenüber einen erheblichen Wissensvorsprung besitzt, etwa weil er wichtige Informationen über Wertpapiere erlangt hat, die der Kunde nicht kennen kann[2377].

IV. Anwendbarkeit weiterer verbraucherschützender Normen

Die im Folgenden zu untersuchenden Regelungen knüpfen nicht an die Erbringung einer bestimmten Dienstleistung an, sondern sind speziell auf den Einsatz des Mediums Internet bezogen. Es handelt sich um Regelungen, die an den gewählten Vertriebsweg anknüpfen. Sie werden auch als horizontale Regelungen bezeichnet[2378]. Vorliegend kommen als solche (1) Vorschriften des Telemediengesetzes (TMG) und (2) über den Fernabsatz von Finanzdienstleistungen in Betracht.

1. Informationspflichten nach TMG

Neben dem Herkunftslandprinzip enthält die ECRL in den Artt. 5, 6 und 10 Informationspflichten, die Anbietern von Diensten der Informationsgesellschaft gegenüber Verbrauchern obliegen. Der deutsche Gesetzgeber hat diese Vorgaben in den §§ 5, 6 TMG (vormals §§ 6, 7 TDG) sowie § 312g BGB i.V.m. Art. 246 § 3 EGBGB umgesetzt. Dabei statuiert § 5 TMG allgemeine Informationspflichten, die alle Diensteanbieter treffen, die geschäftsmäßig Telemedien anbieten, und entspricht insoweit Art. 5 ECRL, während die in § 6 TMG beschriebenen Pflichten nur Anbieter kommerzieller Kommunikation betreffen[2379].

2375 Lenenbach, Kapitalmarktrecht, 2. Auflage, Rn. 11.379; Siol, in: FS-Schimansky, 781, 789; BGH, Urt. v. 19.3.2013, XI ZR 431/11, AG 2013, 463, 465, Rn. 25.

2376 In diesem Sinne zu §§ 31, 32 WpHG a.F. auch BGH, Urt. v. 11.11.2003, XI ZR 21/03, WM 2004, 24, 27; Schwark, in: Schwark, Kapitalmarktrechts-Kommentar, 3. Auflage, § 31 WpHG, Rn. 56; Reich WM 1997, 1601, 1607 f. sowie Siol, in: FS-Schimanksy, 781, 789, die eine Warnpflicht für den Fall annehmen, dass Kundenaufträge deutlich von zuvor erklärten Zielvorstellungen abweichen.

2377 Siol, in: FS-Schimansky, 781, 789; Lang, § 17, Rn. 99; Kümpel, Bank- und Kapitalmarktrecht, 3. Auflage, Rn. 16.589; Roth, in: Assmann/Schütze, Hdb. KapitalanlageR, § 11, Rn. 120.

2378 Florian, 296; Lang, § 17, Rn. 6, 63 ff.

2379 Lammich, in: Moritz/Dreier, Teil B, Rn. 267 f.; Spindler, in: Gounalakis, Rechtshandbuch Electronic Business, § 9, Rn. 147 f. (jeweils zu § 6 TDG, der inhaltlich mit der Nachfolgenorm § 5 TMG identisch ist); zu § 5 TMG: Heckmann, jurisPK-Inernetrecht, Kapitel I.6, Rn. 1 ff.

Artt. 10, 11 ECRL wurden durch § 312g BGB i.V.m. Art. 246 § 3 EGBGB in deutsches Recht umgesetzt und enthalten Regelungen, die für alle Anbieter im elektronischen Geschäftsverkehr gelten.

a) Informationspflichten gemäß § 5 TMG

Durch § 5 TMG[2380] wurde Art. 5 ECRL in deutsches Recht umgesetzt[2381]. Der Anwendungsbereich des § 5 TMG ist eröffnet, sofern es sich bei einem virtuellen Emissionshaus um einen Diensteanbieter, der geschäftsmäßig Telemedien anbietet, handelt. Diensteanbieter i.S.v. § 5 TMG sind gemäß § 1 Abs. 1 S. 1 TMG alle elektronischen Kommunikations- und Informationsdienste, die nicht Telekommunikationsdienste i.S.v. § 3 Nr. 24 TKG, telekommunikationsgestützte Dienste i.S.v. § 3 Nr. 25 TKG oder Rundfunkdienste i.S.v. § 2 Abs. 1 RStV sind[2382]. Bei einem virtuellen Emissionshaus handelt es sich um einen Diensteanbieter von Telemedien.

Gemäß § 5 Abs. 1 Nr. 1 TMG muss das virtuelle Emissionshaus Name und Anschrift angeben sowie gemäß § 5 Abs. 1 Nr. 2 über Kontaktmöglichkeiten auf elektronischem Wege informieren[2383]. § 5 Abs. 1 Nr. 3 TMG verpflichtet das Emissionshaus dazu, Angaben zur zuständigen Aufsichtsbehörde zu machen[2384]. Dies ist bei Anbietern mit Sitz in Deutschland die BaFin. Bei Emissionshäusern, die ihren Sitz im Inland haben, sind diese Angaben weniger bedeutsam als bei solchen aus dem Ausland. Für den Anleger stellt es eine Erleichterung dar, die Adresse ausländischer Aufsichtsbehörden genannt zu bekommen, bei welchen er sich u.U. beschweren kann. Des Weiteren statuieren § 5 Abs. 1 Nr. 4 TMG die Pflicht zur Angabe des Handelsregisters, in welches das Emissionshaus eingetragen worden ist, und § 5 Abs. 1 Nr. 5-7 TMG weitere Informationspflichten, die bei Aktienemissionen nicht von Bedeutung sind. Auf diese wird daher hier nicht weiter eingegangen. Dagegen

---

2380 Siehe zu Einzelheiten dieser Informationspflichten: Brunst, MMR 2004, 8, 10 f.; Lubitz, K&R 2005, 97 f.; Micklitz/Schirmbacher, in: Spindler/Schuster § 5 TMG, Rn. 1 ff. sowie § 6 TMG, Rn. 1 ff.; Marly, in: Grabitz/Hilf, Band IV, A4, Art. 5, Rn. 11 ff.

2381 Micklitz/Schirmbacher, in: Spindler/Schuster, § 5 TMG, Rn. 1; Heckmann, in: jurisPK-Internetrecht, Kapitel I.5, Rn. 2 ff.; Spindler, in: Gounalakis, Rechtshandbuch Electronic Business, § 9, Rn. 160 f. (zu § 6 TDG, der inhaltlich mit der Nachfolgenorm § 5 TMG identisch ist).

2382 Siehe zu Abgrenzungsfragen zwischen den einzelnen Diensten: Micklitz/Schirmbacher, in: Spindler/Schuster, § 5 TMG, Rn. 7; Heckmann, in: jurisPK-Internetrecht, Kapitel I.1, Rn. 37 ff.; Schulz, in: Beck'scher Kommentar zum Rundfunkrecht, § 2 RStV, Rn. 10, 57 ff.

2383 Siehe hierzu: EuGH, Urt. v. 16.10.2008, Rs. C-298/07, Slg 2008, S. I-7841 ff.; Lorenz, VuR 2009, 295 ff.; Heckmann, in: jurisPK-Internetrecht, Kapitel I.5, Rn. 31 ff.; Micklitz/Schirmbacher, in: Spindler/Schuster, § 5 TMG, Rn. 40 ff.

2384 Siehe zu § 5 S. 1 Nr. 3 TMG: Micklitz/Schirmbacher, in: Spindler/Schuster, § 5 TMG, Rn. 49 ff.

enthält weder § 5 TMG noch Art. 5 ECRL eine Regelung darüber, in welcher Sprache diese Informationen zu erteilen sind[2385].

b) *Informationspflichten gemäß § 6 TMG*

Weiterhin statuiert § 6 TMG (vormals § 7 TDG), der in Umsetzung von Art. 6 ECRL ergangen ist, bestimmte Informationspflichten für Anbieter kommerzieller Kommunikation[2386]. Fraglich ist, ob ein virtuelles Emissionshaus diese zu erfüllen hat. Dies ist der Fall, wenn das Anbieten von Aktien durch Wertpapierdienstleistungsunternehmen eine Tätigkeit der kommerziellen Kommunikation darstellt. Der Begriff der kommerziellen Kommunikation ist in § 2 S. 1 Nr. 5 TMG bzw. Art. 2 lit. f) ECRL legaldefiniert. Demnach stellt kommerzielle Kommunikation jede Form der Kommunikation dar, die der mittelbaren oder unmittelbaren Förderung des Absatzes von Waren oder Dienstleistungen eines Unternehmens oder dessen Selbstdarstellung dient. So unterfällt beispielsweise die Homepage eines Unternehmens mit Anpreisungen der eigenen Leistungen dem Begriff der kommerziellen Kommunikation[2387]. Im Ergebnis deckt sich der in § 2 S. 1 Nr. 5 TMG verwendete Begriff der kommerziellen Kommunikation mit dem in den §§ 1, 3 UWG enthaltenen Tatbestandsmerkmal des Handelns im geschäftlichen Verkehr und zu Zwecken des Wettbewerbs[2388]. Die Veröffentlichung eines Verkaufsprospekts durch ein virtuelles Emissionshaus stellt kommerzielle Kommunikation dar.

Gemäß § 6 TMG hat der Anbieter kommerzieller Kommunikation – also das virtuelle Emissionshaus – bestimmte Informationspflichten gegenüber seinen Kunden zu erfüllen[2389]. Diese Informationspflichten spielen für die Emission von Aktien mittels des Internet lediglich eine untergeordnete Rolle und werden daher an dieser Stelle nicht vertieft erläutert. § 6 Nr. 1 TMG statuiert beispielsweise die Pflicht, kommerzielle Kommunikationen klar als solche zu kennzeichnen. Sinn und Zweck dieser Norm ist es, eine klare Trennung zwischen Information und Werbung zu gewährleisten[2390]. Damit hat die Norm die gleiche Zielsetzung wie § 31 Abs. 2 S. 2 WpHG. Gemäß § 31 Abs. 2 S. 2 WpHG müssen Werbemitteilungen eindeutig als solche erkennbar sein.

2385 Siehe zu dieser Problematik Hoeren, MMR 1999, 1925, 197.

2386 Siehe zu § 6 TMG: Micklitz/Schirmbacher, in: Spindle/Schuster, § 6 TMG, Rn. 1 ff.

2387 Pfeiffer/Weller/Nordmeier, in: Spindler/Schuster, § 2 TMG, Rn. 10 ff.; Spindler, in: Gounalakis, Rechtshandbuch Electronic Business, § 9, Rn. 150; Marly, in: Grabitz/Hilf, Band IV, A4, Art. 2, Rn. 28.

2388 Pfeiffer/Weller/Nordmeier, in: Spindler/Schuster, § 2 TMG, Rn. 10; Spindler, in: Gounalakis, Rechtshandbuch Electronic Business, § 9, Rn. 150; Marly, in: Grabitz/Hilf, Band IV, A4, Art. 2, Rn. 30; Begr. RegE. EGG, BT-Drs. 14/6098, S. 16.

2389 Siehe zum genauen Umfang dieser Pflichten: Micklitz/Schirmbacher, in: Spindler/Schuster, § 6 TMG, Rn. 19 ff.; Spindler, in: Gounalakis, Rechtshandbuch Electronic Business, § 9, Rn. 153 f.; Marly; in: Grabitz/Hilf, Band IV, A4, Art. 6, Rn. 4 ff.

2390 Micklitz/Schirmbacher, in: Spindler/Schuster, § 6 TMG, Rn. 19.

c) *Sonstige Pflichten*

Weiterhin statuiert Art. 10 ECRL bestimmte vorvertragliche Informationspflichten. Art. 10 ECRL ist durch § 312g BGB (vormals § 312e BGB) in deutsches Recht umgesetzt worden und verpflichtet den Unternehmer u.a. dazu, geeignete technische Mittel zur Korrektur von Eingabefehlern, Informationen über den Ablauf des Vertragsschlusses sowie Informationen über Vertragsbedingungen zur Verfügung zu stellen[2391].

Von besonderem Interesse im Zusammenhang mit Auslandsgeschäften ist die Vorschrift des § 312g Abs. 1 S. 1 Nr. 2 BGB i.V.m. Art. 246 § 3 EGBGB. Diese statuiert die Verpflichtung, dem Verbraucher Informationen über die für den Vertragsschluss zur Verfügung stehenden Sprachen zur Verfügung zu stellen[2392]. Demnach hat das virtuelle Emissionshaus vor Zeichnung von Aktien den potentiellen Anleger darüber zu informieren, in welcher Sprache eine Aufklärung erfolgt. In welcher Sprache der für ein öffentliches Wertpapierangebot im Inland zu erstellende Prospekt abgefasst sein muss, regelt dagegen § 19 Abs. 4 WpPG[2393].

Verstöße gegen § 312g BGB haben zur Folge, dass gemäß § 312g Abs. 6 S. 2 BGB dann, wenn dem Verbraucher ein Widerrufsrecht gemäß § 355 BGB zusteht, die Widerrufsfrist nicht vor Erfüllung der in § 312g Abs. 1 S. 1 BGB aufgeführten Pflichten beginnt. § 312g BGB begründet kein neues eigenständiges Widerrufsrecht, sondern setzt das Bestehen eines Widerrufsrechts voraus[2394]. Jedoch besitzt ein Verbraucher im Zusammenhang mit der Erbringung von Finanzdienstleistungen im Fernabsatz in der Regel kein Widerrufsrecht[2395]. Allerdings können Verstöße gegen die in § 312g BGB aufgeführten Informationspflichten ein Anfechtungsrecht des Verbrauchers begründen, beispielsweise dann, wenn die Verletzung der Pflicht, dem Verbraucher hinreichende Mittel zum Erkennen und Berichtigen von Eingabefehlern zur Verfügung zu stellen, zu einem Erklärungsirrtum führt[2396]. Des Weiteren kann die schuldhafte Nichtbeachtung der in § 312g BGB aufgeführten Pflichten auch Schadensersatzpflichten begründen[2397].

2391 Siehe zu Einzelheiten Grüneberg, in: Palandt, § 312g BGB, Rn 1 ff., 5 ff.; Wendehorst, in: MüKo-BGB, Band 2, § 312g, Rn. 1 ff, 63 ff.

2392 Siehe hierzu: Wendehorst, in: MüKo-BGB, Band 2, § 312g BGB, Rn. 85 ff.; Grüneberg, in: Palandt, § 312g BGB, Rn. 6 sowie Art. 246 EGBGB § 3, Rn. 5.

2393 Siehe hierzu: Groß, Kapitalmarktrecht, § 19 WpPG, Rn. 9; Heidelbach, in: Schwark/Zimmer, Kapitalmarktrechts-Kommentar, § 19 WpPG, Rn. 19 ff.

2394 Wendehorst, in: MüKo-BGB, Band 2, § 312g, Rn. 109.

2395 Siehe hierzu: 2. Teil, 4. Abschnitt, B.IV.2.c.

2396 So Wendehorst, in: MüKo-BGB, Band 2, § 312g, Rn. 121, der zutreffenderweise darauf hinweist, dass unabhängig von einer Pflichtverletzung des Anbieters eine Anfechtungsmöglichkeit besteht; siehe auch: Löhnig, JA 2003, 516, 520.

2397 Wendehorst, in: MüKo-BGB, Band 2, § 312g, Rn. 122; Grüneberg, in: Palandt, § 312g BGB, Rn. 18.

d) Anbieter mit Sitz im Ausland

Die soeben beschriebenen Pflichten treffen auch ausländische Anbieter, da es sich bei den §§ 5, 6 TMG um verbraucherschützende Normen i.S.v. Art. 6 Rom I-VO handelt. Auch Anbietern aus EU-Mitgliedstaaten obliegen diese Pflichten, da die ECRL gemäß dem 6. Spgstr. des Anhangs zu ihrem Art. 3 das Gebiet des vertraglichen Verbraucherschutzes vom Herkunftslandprinzip ausnimmt.

2. Anwendbarkeit der Vorschriften über den Fernabsatz von Finanzdienstleistungen

Fraglich ist, ob auf eine Internetemission die Vorschriften über den Fernabsatz bzw. den Fernabsatz von Finanzdienstleistungen (§§ 312b-f BGB) Anwendung finden. Durch diese wurden die in der Fernabsatzrichtlinie (FARL)[2398] sowie die in der Richtlinie über den Verbraucherschutz bei Finanzdienstleistungen im Fernabsatz (FFDL-RL)[2399] enthaltenen Vorgaben[2400] in deutsches Recht umgesetzt[2401].

Der Anwendungsbereich der FARL ist indes bei Online-Broking und dem Kauf von Wertpapieren via Internet nicht eröffnet, da Art. 3 Abs. 1 FARL sowie Anhang II der FARL Wertpapier- und Bankdienstleistungen explizit vom Anwendungsbereich der Richtlinie ausnimmt[2402]. Die Platzierung von Aktien – zumindest in Form einer Fremdemission – stellt eine Finanzdienstleistung dar, so dass die Vorschriften über den Fernabsatz, insbesondere zum Widerrufsrecht, nicht anwendbar sind.

Jedoch könnte im vorliegenden Fall der Anwendungsbereich der FFDL-RL eröffnet sein. Der deutsche Gesetzgeber hat die FFDL-RL durch das Gesetz zur

---

2398 Richtlinie 97/7/EG des europäischen Parlaments und des Rates vom 20. Mai 1997 über den Verbraucherschutz bei Vertragsschlüssen im Fernabsatz, ABl. EG Nr. L 144 v. 4.6.1997, S. 19 ff. i.d.F. Richtlinie 2002/65/EG des europäischen Parlaments und des Rates vom 23. September 2002, ABl. EG Nr. L 271 v. 9.10.2002, S. 16 ff.

2399 Richtlinie 2002/65/EG des Europäischen Parlaments und des Rates über den Fernabsatz von Finanzdienstleistungen an Verbraucher und zur Änderung der Richtlinie 90/619/EWG des Rates und der Richtlinie 97/7/EG und 98/27/EG vom 23. September 2002, ABl. EG Nr. 271 v. 9.10.2002, S. 16.

2400 Siehe hierzu: Kohte, in: Derleder/Knops/Bamberger, Handbuch europäisches Bankrecht, § 8, Rn. 1 ff.; Härting/Schirmbacher, DB 2003, 1777 f.; Heiss, IPRax 2003, 100 f.; Ring, in: Dauner-Lieb/Heidel/Ring, Band 2, § 312b, Rn. 22.

2401 Siehe hierzu: Wendehorst, in: MüKo-BGB, Band 2, Vorb. §§ 312b-312i BGB, Rn. 1 ff.; Micklitz, in: Grabitz/Hilf, Band IV, Nach A3, Rn. 1–10; Kühne/Bledjian, in: Gounalakis, Rechtshandbuch Electronic Business, § 7, Rn. 30 ff.; sowie Leßmann/Leßmann, § 11, Rn. 8 f.

2402 Siehe hierzu: Micklitz, in: Grabitz/Hilf, Band IV, Nach A3, Rn. 1–10; Kühne/Bledjian, in: Gounalakis, Rechtshandbuch Electronic Business, § 7, Rn. 31; Ring, in: Dauner-Lieb/Heidel/Ring, Band 2, § 312b, Rn. 27.

Änderung der Vorschriften über Fernabsatzverträge bei Finanzdienstleistungen[2403] in deutsches Recht umgesetzt und §§ 312b-f BGB entsprechend modifiziert[2404]. Aufgrund der Tatsache, dass die FFDL-RL eine Vollharmonisierung verlangt, hatte der deutsche Gesetzgeber bei der Umsetzung nur einen minimalen Handlungsspielraum[2405].

Weitere Änderungen haben die Vorschriften betreffend Fernabsatzverträge durch das Gesetz zur Umsetzung der Verbraucherkreditrichtlinie, des zivilrechtlichen Teils der Zahlungsdiensterichtlinie sowie zur Neuordnung der Vorschriften über das Widerrufs- und Rückgaberecht vom 29.7.2009[2406] erfahren[2407]. Dieses ist am 11.6.2010 in Kraft getreten.

a) Fremdemission als Finanzdienstleistung i.S.v. § 312b Abs. 1 S. 2 BGB?

Der Anwendungsbereich des §§ 312b ff. BGB (und damit der FFDL-RL) wäre im Falle einer Fremdemission eröffnet, wenn es sich bei einer Fremdemission um eine Finanzdienstleistung i.S.v. § 312 Abs. 1 S. 2 BGB bzw. i.S.v. Art. 2 lit. b) FFDL-RL handelt und der Erwerb von Aktien einen zwischen einem Unternehmer und einem Verbraucher unter ausschließlicher Verwendung von Fernkommunikationsmitteln abgeschlossenen Vertrag darstellt. Art. 2 lit. b) FFDL-RL statuiert, dass jede Bankdienstleistung eine Finanzdienstleistung i.S.d. der Richtlinie darstellt. Der

---

2403 Gesetz zur Änderung der Vorschriften über Fernabsatzverträge bei Finanzdienstleistungen vom 2. Dezember 2004, BGBl. I 2004, S. 3102.

2404 Siehe hierzu: Held/Schulz, BKR 2005, 270 f.; Härting/Schirmbacher, CR 2005, 48 f.; Kocher, DB 2004, 2679 f.; Rott, BB 2005, 53 f.

2405 Schmidt-Räntsch, in: Bamberger/Roth, BeckOK-BGB, § 312b, Rn. 22.

2406 BGBl. I 2009, S. 2355.

2407 Durch dieses Gesetz wurden u.a. die im Gesetzesnamen genannten Richtlinien in nationales Recht umgesetzt. Sinn und Zweck der Umsetzung waren neben einer Verbesserung des Schutzniveaus für Verbraucher beim Abschluss von Verbraucherkreditverträgen die Einführung von einheitlichen Rechten und Pflichten für den europäischen Zahlungsverkehr. Das Gesetz modifiziert des Weiteren die Vorschriften über das Widerrufs- und Rückgaberecht bei Verbraucherverträgen. Dies soll zu einer Vereinfachung der Anwendung und zu mehr Rechtssicherheit bei der Verwendung der entsprechenden Musterwiderrufsbelehrungen führen. In der Vergangenheit war es des Öfteren zu gerichtlichen Auseinandersetzungen hinsichtlich einer rechtskonformen Gestaltung von Widerrufsbelehrungen gekommen. Um diese Rechtsunsicherheit zu beseitigen, erhielten die bisherigen Vorschriften der BGB-Informationsverordnung Gesetzesrang und wurden in Art. 246 ff. EGBGB überführt. Die Musterwiderrufs- und Musterrückgabebelehrungen sind nunmehr in Art. 246 ff EGBGB geregelt. Auch werden durch Art. 246 ff. EGBGB künftig die §§ 1 und 3 der BGB-InfV a.F. geregelten Informationspflichten zu finden sein; siehe zu diesem Gesetz: Derleder, NJW 2009, 3195 ff.; Schröder, NJW 20110, 1933 ff.; Ady/Paetz, WM 2009, 1061 ff.; siehe zu Bemühungen der EU-Kommission bzgl. einer Vollharmonisierung des Verbraucherschutzrechts: Föhlisch, MMR 2010, 75 ff.

deutsche Gesetzgeber hat diese Vorschrift in § 312b Abs. 1 S. 2 BGB umgesetzt. Während im KWG zwischen Bank- und Finanzdienstleistungen differenziert wird, verwendet Art. 2 lit. b) der FFDL-RL den Begriff der Finanzdienstleistung als Oberbegriff, der auch Bankdienstleistungen umfasst[2408]. Der deutsche Gesetzgeber hat den Begriff der Finanzdienstleistung in § 312b Abs. 1 S. 2 BGB legaldefiniert. Demnach sind Finanzdienstleistungen Bankdienstleistungen sowie Dienstleistungen im Zusammenhang mit einer Kreditgewährung, Versicherung, Altersversorgung von Einzelpersonen, Geldanlage oder Zahlung[2409].

Bei der Emission von Aktien handelt es sich bei Einschaltung eines Intermediärs immer um ein Bankgeschäft i.S.v. § 1 Abs. 1 KWG oder eine Finanzdienstleistung i.S.d. § 1 Abs. 1a KWG bzw. § 2 Abs. 3 WpHG. Je nach Ausgestaltung des Rechtsverhältnisses zwischen Emittenten und Emissionshaus liegt entweder ein Bankgeschäft i.S.v. § 1 Abs. 1 S. 2 Nr. 10 KWG oder § 1 Abs. 1 S. 2 Nr. 4 KWG vor oder eine Finanzdienstleistung in Gestalt der Anlagevermittlung nach § 1 Abs. 1a S. 2 Nr. 1 KWG, des Platzierungsgeschäfts i.S.d. § 1 Abs. 1a S. 2 Nr. 1c KWG[2410], der Abschlussvermittlung nach § 1 Abs. 1a S. 2 Nr. 2 KWG oder des Eigengeschäfts i.S.v. § 1 Abs. 1a S. 2 Nr. 4 KWG. Im Verhältnis zum Kunden betreibt die Bank entweder ein Finanzkommissionsgeschäft i.S.v. § 1 Abs. 1 S. 2 Nr. 4 KWG, einen Eigenhandel für andere gemäß § 1 Abs. 1a S. 2 Nr. 4 KWG oder aber eine Abschlussvermittlung. Diese Geschäfte stellen Finanzdienstleistungen i.S.v. § 312b Abs. 1 S. 2 BGB dar.

Bei einem Wertpapierdienstleistungsunternehmen handelt es sich um einen Anbieter i.S.d. Art. 2 lit. c) FFDL-RL. Der deutsche Umsetzungsgesetzgeber hat im Rahmen von § 312b BGB auf eine gesonderte Definition des Begriffs des Anbieters verzichtet und verwendet stattdessen den Begriff des Unternehmens. Eine Anwendbarkeit der Vorschriften über den Fernabsatz setzt damit voraus, dass es sich bei dem Vertragspartner des Anlegers um ein Unternehmen i.S.v. § 14 BGB handelt[2411]. Weitere Voraussetzung für die Anwendbarkeit der Vorschriften über den Fernabsatz ist, dass dieses Unternehmen im Rahmen eines für den Fernabsatz organisierten Vertriebs- bzw. Dienstleistungssystems handelt, § 312b Abs. 1 BGB[2412]. Unter die in § 312b Abs. 2 BGB definierten Fernkommunikationstechniken

---

2408 Grüneberg, in: Palandt, § 312b, Rn. 10b; Wendehorst, in: MüKo-BGB, Band 2, § 312b BGB, Rn. 12 ff.; Kocher, DB 2004, 2649, 2670; Kohte, in: Derleder/Knops/Bamberger, Handbuch europäisches Bankrecht, § 8, Rn. 7 f.; Ring, in: Dauner-Lieb/Heidel/Ring, Band 2, § 312b, Rn. 34.

2409 Siehe hierzu: Wendehorst, in: MüKo-BGB, Band 2, § 312b BGB, Rn. 11 ff.; Schmidt-Räntsch, in: Bamberger/Roth, BeckOK-BGB, § 312b, Rn. 22 ff.; Grüneberg, in: Palandt, § 312b BGB, Rn. 10b.

2410 § 1 Abs. 1a S. 2 Nr. 1c KWG wurde zur Umsetzung des Anhang I Abschnitt A Nr. 7 der MiFID eingesetzt und ist wortgleich mit der Regelung des § 2 Abs. 3 S. 1 Nr. 6 WpHG.

2411 Held/Schulz, BKR 2005, 270, 271; Rott, BB 2005, 53, 54.

2412 Siehe hierzu: Wendehorst, in: MüKo-BGB, Band 2, § 312b BGB, Rn. 47 ff.; Ekkenga, in: MüKo-HGB, Band 5, Effektengeschäft, Rn. 172 ff.

fällt auch der Internetvertrieb[2413]. Somit ist bei Vorliegen einer Fremdemission der Anwendungsbereich der Vorschriften über den Fernabsatz von Finanzdienstleistungen eröffnet.

Neben besonderen Informationspflichten der Diensteanbieter (b) räumt Art. 6 Abs. 1 S. 1 FFDL-RL in bestimmten Fällen dem Verbraucher/Anleger auch ein Widerrufsrecht ein (c). Der deutsche Gesetzgeber hat dieses Widerrufsrecht in §§ 312d, 355 ff. BGB umgesetzt[2414].

b) Informationspflichten

Art. 3 Abs. 1 FFDL-RL statuiert Informationspflichten der Diensteanbieter, die von diesen vor Vertragsschluss zu erfüllen sind[2415]. Diese Informationspflichten lassen sich in vier Gruppen einteilen: Gemäß Art. 3 Abs. 1 Nr. 1 sind dem Anleger Informationen über den Anbieter (aa), gemäß Nr. 2 über die Finanzdienstleistung (bb), gemäß Nr. 3 über den Fernabsatzvertrag (cc) und gemäß Nr. 4 über Rechtsbehelfe gegen den Anbieter (dd) zur Verfügung zu stellen.

Der deutsche Gesetzgeber hatte diese Informationspflichten ursprünglich vollständig in der BGB-InfoV umgesetzt. Nach Inkrafttreten des Gesetzes zur Umsetzung der Verbraucherkreditrichtlinie, des zivilrechtlichen Teils der Zahlungsdiensterichtlinie sowie zur Neuordnung der Vorschriften über das Widerrufs- und Rückgaberecht vom 29.7.2009[2416] sind diese Pflichten nunmehr teilweise in Art. 246 EGBGB geregelt und haben somit den Rang eines förmlichen Gesetzes.

Art. 246 § 1 Abs. 1 EGBGB (vormals § 1 Abs. 1 BGB-InfoV a.F.) statuiert Informationspflichten, die alle Fernabsatzverträge betreffen. Art. 246 § 1 Abs. 2 EGBGB (vormals § 1 Abs. 2 BGB-InfoV) legt dagegen solche Pflichten fest, die lediglich auf Finanzgeschäfte Anwendung finden. Gemäß § 312c Abs. 1 BGB i.V.m. Art. 246 § 1 Abs. 1 EGBGB sind diese Informationen vor Vertragsschluss zur Verfügung zu stellen.

aa) Informationen über den Anbieter

Art. 3 Abs. 1 Nr. 1 der FFDL-RL, umgesetzt in deutsches Recht durch Art. 246 § 1 Abs. 1 Nr. 1–3 EGBGB (vormals § 1 Abs. 1 Nr. 1–3 BGB-InfoV), statuiert eine Pflicht

2413 Wendehorst, in: MüKo-BGB, Band 2, § 312b BGB, Rn. 47 ff.; Schmidt-Räntsch, in: Bamberger/Roth, BeckOK-BGB, § 312b, Rn. 23 ff.

2414 Siehe hierzu: Grüneberg, in: Palandt, § 312d BGB, Rn. 1 ff.; Wendehorst, in: MüKo-BGB, Band 2, § 312d BGB, Rn. 1 ff.;Kocher, DB 2004, 2679, 2683 f.; Held/Schulz, BKR 2005, 270, 273 f.; Härting/Schirmbacher, CR 2005, 48, 52; Rott, BB 2005, 53, 59 f.

2415 Siehe zu diesen Informationspflichten Kohte, in: Derleder/Knops/Bamberger, Handbuch europäisches Bankrecht, § 8, Rn. 13–37; Kocher, DB 2004, 2679, 2680 f.; Held/Schulz, BKR 2005, 270, 272 f.; Härting/Schirmbacher, CR 2005, 48, 49 f.; Rott, BB 2005, 53, 55 f.

2416 BGBl. I 2009, S. 2355.

des Anbieters, seine Identität offen zulegen[2417]. Gemäß Art. 246 § 1 Abs. 1 Nr. 1 EGBGB[2418] (vormals § 1 Abs. 1 Nr. 1 BGB-InfoV) hat der Unternehmer seine Identität und das öffentliche Unternehmensregister, bei dem der Rechtsträger eingetragen ist, sowie die zugehörige Registernummer anzugeben. Diese Verpflichtung ergibt sich für Teledienste bereits aus § 5 Nr. 4 TMG. Für Wertpapierdienstleistungsunternehmen statuiert der durch das FRUG neu gefasste § 31 Abs. 3 S. 3 Nr. 1 WpHG i.V.m. mit § 5 Abs. 2 S. 2 Nr. 1a WpDVerOV die Verpflichtung, Namen und Anschrift offen zulegen, und bleibt damit hinter den Vorgaben von Art. 246 § 1 Nr. 1 EGBGB zurück. Sofern der Anbieter einen Vertreter oder eine andere für ihn gewerblich tätige Person im Aufenthaltsstaat des Verbrauchers einsetzt und der Verbraucher mit dieser Person geschäftlich in Kontakt tritt, sind gemäß Art. 246 § 1 Abs. 1 Nr. 2 EGBGB[2419] (vormals § 1 Abs. 1 Nr. 2 BGB-InfoV) Angaben über die Identität und die Funktion der Person zu machen. Weiterhin sind gemäß Art. 246 § 1 Abs. 1 Nr. 3 EGBGB[2420] (vormals § 1 Abs. 1 Nr. 3 BGB-InfoV) die ladungsfähige Anschrift des Anbieters und bei juristischen Personen auch der Name eines Vertreters anzugeben.

Gemäß Art. 246 § 1 Abs. 2 Nr. 1 EGBGB[2421] (vormals § 1 Abs. 2 Nr. 1 BGB-InfoV) sind die Hauptgeschäftstätigkeit des Anbieters sowie die für ihn zuständige Aufsichtsbehörde anzugeben. Sinn und Zweck der Pflicht zur Angabe der Haupttätigkeit eines Anbieters ist es, den Verbraucher darauf aufmerksam zu machen, dass der von ihm mit dem Anbieter angestrebte Vertragsschluss nicht zu dessen Hauptgeschäftstätigkeit gehört[2422]. Die Verpflichtung zur Angabe der zuständigen Aufsichtsbehörde – in Deutschland ist dies die BaFin – ergibt sich im Bereich des elektronischen Geschäftsverkehrs bereits aus § 5 Nr. 3 TMG und für Wertpapierdienstleistungsunternehmen aus § 31 Abs. 3 S. 3 Nr. 1 WpHG i.V.m. mit § 5 Abs. 2 S. 2 Nr. 1d WpDVerOV. Gerade bei grenzüberschreitenden Emissionen ist nicht ohne weiteres feststellbar, welche ausländische Behörde für die Überwachung des Wertpapierdienstleistungsunternehmens zuständig ist, so dass diese Information für den Anleger von erheblichen Nutzen sein kann.

Auf den ersten Blick könnte man meinen, dass die in Art. 3 Abs. 1 Nr. 1a bis Nr. 1e FFDL-RL festgelegten Anbieterinformationspflichten keine Verbesserungen des Anlegerschutzes bewirken, da diese Angaben bereits nach § 7 WpPG i.V.m. der

2417 Siehe hierzu: Wendehorst, in: MüKo-BGB, Band 2, § 312c BGB, Rn. 17 ff.; Grüneberg, in: Palandt, EGBGB Art. 246 § 1, Rn. 5 ff.

2418 Durch diese Norm wurde Art. 3 Abs. 1 Nr. 1a und Nr. 1d FFDL-RL in deutsches Recht umgesetzt.

2419 Durch diese Norm wurde Art. 3 Abs. 1 Nr. 1b und Nr. 1c FFDL-RL in deutsches Recht umgesetzt.

2420 Durch diese Norm wurde Art. 3 Abs. 1 Nr. 1a FFDL-RL in deutsches Recht umgesetzt.

2421 Durch diese Norm wurde Art. 3 Abs. 1 Nr. 1a und Nr. 1e FFDL-RL in deutsches Recht umgesetzt.

2422 Härting/Schirmbacher, CR 2005, 48, 50.

Verordnung (EG) Nr. 809/2004[2423] zu machen sind. In diesem Zusammenhang ist jedoch darauf hinzuweisen, dass die Vorschriften über den Fernabsatz von Finanzdienstleistungen unabhängig von einer evtl. bestehenden Prospektpflicht einschlägig sind. Teilweise statuieren § 5 TMG wie auch der durch das FRUG eingeführte § 31 Abs. 3 S. 3 WpHG i.V.m. § 5 Abs. 2 S. 2 Nr. 1 WpDVerOV bereits diese Informationspflichten.

bb) Informationen betreffend die Finanzdienstleistung

Art. 3 Abs. 1 Nr. 2 FFDL-RL statuiert die Pflicht des Anbieters, den Verbraucher über Eigenschaften der angebotenen Finanzdienstleistung aufzuklären[2424]. Diese Vorgabe hat der deutsche Gesetzgeber durch Art. 246 § 1 Abs. 2 Nr. 2 EGBGB (vormals § 1 Abs. 2 Nr. 2 BGB InfoV) in deutsches Recht umgesetzt. Eine besondere Bedeutung erlangt in diesem Zusammenhang Art. 246 § 1 Abs. 2 Nr. 2 EGBGB[2425] (vormals § 1 Abs. 2 Nr. 2 BGB-InfoV), der den Anbieter verpflichtet, über bestimmte Risiken von Finanzinstrumenten – beispielsweise Preisschwankungen – zu informieren. Bei Aktien handelt es sich um solche Finanzinstrumente. Außerdem ist der Anleger darüber aufzuklären, dass in der Vergangenheit erwirtschaftete Erträge kein Indikator für künftige Erträge sind.

Vereinzelt wird angenommen[2426], dass im Rahmen von Art. 246 § 1 Abs. 2 Nr. 2 EGBGB eine Pflicht zur Aufklärung auch über objektspezifische Risiken der avisierten Anlage bestehe. Dies wird mit dem Wortlaut von Art. 246 § 1 Abs. 2 Nr. 2 EGBGB begründet, wonach der Unternehmer dem Verbraucher gegebenenfalls einen Hinweis erteilen muss, dass sich die Finanzdienstleistung auf Finanzinstrumente bezieht, die wegen ihrer spezifischen Merkmale oder der durchzuführenden Vorgänge mit speziellen Risiken behaftet sind[2427]. Durch die Formulierung „spezifische Merkmale“ und „spezielle Risiken“ habe der Gesetzgeber zum Ausdruck gebracht, dass sich der Hinweis auf ein konkretes Finanzinstrument und nicht auf eine Gattung von Finanzinstrumenten beziehen müsse[2428]. Dem ist jedoch entgegenzuhalten, dass eine solche Regelung im Widerspruch zu Art. 19 Abs. 6 der MiFID steht und im Übrigen auch europarechtswidrig wäre. Die MiFID wurde nach

2423 Verordnung (EG) Nr. 809/2004 der Kommission vom 29. Aptil 2004 zur Umsetzung der Richtlinie 2003/71/EG des Europäischen Parlaments und des Rates betreffend die in Prospekten enthaltenen Informationen sowie das Format, die Aufnahme von Informationen mittels Verweis und die Veröffentlichung solcher Prospekte und die Verbreitung von Werbung, ABl. EG Nr. L 149 v. 30.4.2004, S. 1 ff.

2424 Siehe hierzu: Kohne, in: Derleder/Knops/Bamberger, Handbuch europäisches Bankrecht, § 8, Rn. 24; Grüneberg, in: Palandt, EGBGB Art. 246 § 1, Rn. 13–20.

2425 Durch diese Norm wurde Art. 3 Abs. 1 Nr. 2c FFDL-RL in deutsches Recht umgesetzt.

2426 Ekkenga, in: MüKo-HGB, Band 5, Effektengeschäft, Rn. 386.

2427 Ekkenga, in: MüKo-HGB, Band 5, Effektengeschäft, Rn. 386.

2428 Ekkenga, in: MüKo-HGB, Band 5, Effektengeschäft, Rn. 386.

der FFDL-RL erlassen und regelt explizit auch die Erbringung von Finanzdienstleistungen im Fernabsatz. Im Rahmen des beratungsfreien Geschäfts (§ 31 Abs. 5 WpHG) wie auch bei reinen Ausführungsgeschäften (§ 31 Abs. 7 WpHG) sind gerade keine anlage-/objektspezifischen Informationen zur Verfügung zu stellen. Eine solche Pflicht kann auch nicht aus § 31 Abs. 3 Nr. 2 WpHG hergeleitet werden[2429].

Weiterhin von Bedeutung ist Art. 246 § 1 Abs. 1 Nr. 7 EGBGB[2430] (vormals § 1 Abs. 2 Nr. 7 BGB-InfoV), der den Anbieter dazu verpflichtet, mit der Finanzdienstleistung verbundene Kosten, Provisionen und Abgaben offen zu legen[2431]. Dem Diensteanbieter erwachsen im Bereich von Aktienemissionen bereits aus § 31 WpHG i.V.m. der WpDVerOV umfangreiche Aufklärungspflichten, so dass durch Art. 246 § 1 Abs. 2 EGBGB[2432] (vormals § 1 Abs. 2 BGB-InfoV) der Anlegerschutz faktisch nicht verbessert wird.

cc) Informationen betreffend den Fernabsatzvertrag

Im Folgenden werden die Informationspflichten, welche den Fernabsatzvertrag betreffen und bei einer Fremdemission bestehen, kurz dargestellt.

Art. 3 Abs. 1 Nr. 3a der FFDL-RL, umgesetzt in deutsches Recht durch Art. 246 § 1 Abs. 1 Nr. 10, EGBGB (vormals § 1 Abs. 1 Nr. 10 BGB-InfoV), statuiert eine Pflicht des Anbieters, den Verbraucher über das Bestehen bzw. das Nichtbestehen eines Widerrufsrechts aufzuklären. Ein solches besteht gemäß § 312d Abs. 4 Nr. 6 BGB im vorliegenden Fall jedoch nicht (siehe unten c). Es bestehen im vorliegenden Fall lediglich Informationspflichten hinsichtlich der Sprache, in welcher die Vertragsbedingungen und sonstige Vorabinformationen mitgeteilt werden müssen, Art. 246 § 1 Abs. 2 Nr. 6 EGBGB (vormals § 1 Abs. 2 Nr. 6 BGB-InfoV), sowie Informationspflichten hinsichtlich des Mitgliedstaates, dessen Recht der Anbieter der Aufnahme von Beziehungen zum Verbraucher vor Abschluss des Fernabsatzvertrags zugrunde legt, Art. 246 § 1 Abs. 2 Nr. 4 EGBGB (vormals § 1 Abs. 2 Nr. 4 BGB-InfoV). Des Weiteren hat der Anbieter Informationen über Vertragsklauseln (AGB), über das auf den Fernabsatzvertrag anwendbare Recht und/oder über das zuständige Gericht zur Verfügung zu stellen, Art. 246 § 1 Abs. 2 Nr. 5 EGBGB (vormals § 1 Abs. 2 Nr. 5 BGB-InfoV).

2429 So aber: Ekkenga, in: MüKo-HGB, Band 5, Effektengeschäft, Rn. 386; siehe hierzu: 1. Teil, 2. Abschnitt, A.II.4.c.

2430 Durch diese Norm wurde Art. 3 Abs. 1 Nr. 2b FFDL-RL in deutsches Recht umgesetzt; allerdings wird in der deutschen Umsetzung nicht explizit erwähnt, dass Provisionen offen zu legen sind.

2431 Siehe hierzu: Kocher, DB 2004, 2679, 2681; Held/Schulz, BKR 2005, 270, 272; Härting/Schirmbacher, CR 2005, 48, 50.

2432 Durch diese Norm wurde Art. 3 Abs. 1 Nr. 2 FFRL-RL in deutsches Recht umgesetzt.

dd) Informationen betreffend Rechtsbehelfe

Art. 3 Abs. 1 Nr. 4 der FFDL-RL, umgesetzt in deutsches Recht durch Art. 246 EGBGB § 1 Abs. 2 Nr. 7, Nr. 8 EGBGB (vormals § 1 Abs. 2 Nr. 7, Nr. 8 BGB-InfoV), statuiert, dass der Verbraucher vom Diensteanbieter darüber aufzuklären ist, welche Rechtsbehelfe ihm gegen diesen zur Verfügung stehen[2433]. Dabei hat der Anbieter Angaben über das Bestehen eines Garantiefonds oder anderer Entschädigungsregelungen, die nicht unter die Richtlinie 94/19/EG des Europäischen Parlaments und des Rates vom 30. Mai 1994 über Einlagensicherungssysteme und die Richtlinie 97/9/EG des Europäischen Parlaments und des Rates vom 3.3.1997 über Systeme für die Entschädigung der Anleger fallen, zu machen sowie darüber zu informieren, ob ein Verbraucher, der Vertragspartei ist, Zugang zu einem außergerichtlichen Beschwerde- und Rechtsbehelfsverfahren hat, und gegebenenfalls die Voraussetzungen für diesen Zugang darzustellen.

c) Bestehen eines Widerrufsrechts

Die FFDL-RL sieht in Art. 6 ein Widerrufsrecht für Verbraucher-Anleger vor. Der Verbraucher kann jedes über das Internet abgeschlossene Finanzdienstleistungsgeschäft widerrufen. Je nach Finanzdienstleistung soll ihm hierbei eine Frist von 14 Tagen ab Vertragsschluss bzw. Übergabe der notwendigen Informationen zur Verfügung stehen. Der deutsche Gesetzgeber hat diesen Artikel durch § 312d BGB umgesetzt[2434].

Jedoch steht dem Verbraucher nicht bei allen Finanzdienstleistungen ein solches Widerrufsrecht zu. Gemäß Art. 6 Abs. 2 lit. a) Spgstr. 3 FFDL-RL, umgesetzt in deutsches Recht durch § 312d Abs. 4 Nr. 6 BGB, ist ein solches Widerrufsrecht ausgeschlossen, wenn der Preis der zu erbringenden Finanzdienstleistung auf dem Finanzmarkt Schwankungen unterliegt, auf welche das Unternehmen keinen Einfluss hat und die während der Widerrufsfrist auftreten können[2435]. Dies ist bei der Emission von handelbaren Wertpapieren regelmäßig der Fall, so dass der Anleger bei einer Aktienemission kein Widerrufsrecht geltend machen kann[2436]. Allerdings kann die Verletzung von Informationspflichten einen Schadensersatzanspruch gemäß §§ 280 Abs. 1, 241 Abs. 2, 311 Abs. 2 BGB (culpa in contrahendo) oder gemäß

2433 Siehe hierzu: Schmidt-Räntsch, in: Bamberger/Roth, BeckOK-BGB, Art. 246 EGBGB § 1, Rn. 41 ff.; Kocher, DB 2004, 2679, 2681; Kohte, in: Derleder/Knops/Bamberger, Handbuch europäisches Bankrecht, § 8, Rn. 34.

2434 Siehe hierzu: Wendehorst, in: MüKo-BGB, Band 2, § 312d, Rn. 3 ff.; Härting/Schirmbacher, CR 2005, 48 ff.; Kocher, DB 2004, 2679 ff.; Rott, BB 2005, 53 ff.

2435 Siehe hierzu: Wendehorst, in: MüKo-BGB, Band 2, § 312d, Rn. 45 ff.; Grüneberg, in: Palandt, § 312d, Rn. 14; Kohte, in: Derleder/Knops/Bamberger, Handbuch zum europäischen Bankrecht, § 8, Rn. 43 f.; Härting/Schirmbacher, CR 2005, 48, 52; Kocher, DB 2004, 2679, 2683; Rott, BB 2005, 53, 60 f.

2436 Siehe auch: OLG Karlsruhe, Urt. v. 13.9.2011, 17 U 104/10, ZIP 2011, 2051, 2052 f. zu Zertifikaten.

§ 280 Abs. 1 BGB (pVV) begründen[2437]. Auch handelt es sich bei den Normen, die Informationspflichten im Fernabsatz statuieren, um Schutzgesetze im Sinne des § 823 Abs. 2 BGB[2438].

d) Ergebnis

Insgesamt wurde durch die Umsetzung der FFDL-RL in deutsches Recht die Position des Anlegers nur unwesentlich verbessert[2439]. Die von der Richtlinie statuierten Informationspflichten werden größtenteils bereits durch andere Gesetze wie das WpPG, TMG und die Verordnung (EG) Nr. 809/2004[2440] festgelegt. Insbesondere die durch § 7 WpPG, Art. 4 Abs. 1 i.V.m. Anhang I der Verordnung (EG) Nr. 809/2004 geforderten Angaben über die zu emittierenden Wertpapiere machen weitere Informationen praktisch überflüssig. Lediglich die Pflicht, Informationen über Rechtsbehelfe zu erteilen (Art. 3 Abs. 4 FFDL-RL), führt zu einer geringfügigen Verbesserung des Anlegerschutzes. Auch wurden durch das FRUG weitere Informationspflichten in § 31 Abs. 3 WpHG i.V.m. der WpDVerOV eingeführt, die oftmals über die durch die FFDL-RL statuierten Informationspflichten hinausgehen.

Bei den Vorschriften über den Fernabsatz von Finanzdienstleistungen handelt es sich um zwingendes Recht i.S.v. Art. 6 Abs. 2 Rom I-VO. Des Weiteren ist die FFD-RL auch in Art. 46b Abs. 3 EGBGB genannt. Hieraus folgt, dass die Vorschriften über den Fernabsatz von Finanzdienstleistungen bei einer Fremdemission immer zur Anwendung gelangen, soweit diese auf das Inland ausgerichtet ist.

C. Prospekthaftung

Grundsätzlich kann es keinen Unterschied machen, ob es sich beim Prospekterlasser um ein virtuelles oder ein „normales" Emissionshaus handelt. Daher kann bzgl. der Haftungssystematik wegen Verletzung von Prospektpflichten auf die Ausführungen im ersten Teil der Arbeit verwiesen werden, sofern es sich um ein virtuelles Emissionshaus handelt, welches seinen Sitz im Inland hat und seine Dienstleistungen gegenüber Anlegern mit gewöhnlichem Aufenthalt im Inland erbringt. Handelt es sich dagegen um einen ausländischen Emittenten, so besteht die Besonderheit, dass § 21 Abs. 3 WpPG wie auch § 22 Nr. 2 WpPG einen gewissen

---

2437 Ekkenga, in: MüKo-HGB, Band 5, Effektengeschäft, Rn. 179; Grüneberg, in: Palandt § 312c, Rn. 5 ; Grigoleit NJW 2002, 1151, 1156.

2438 Ekkenga, in: MüKo-HGB, Band 5, Effektengeschäft, Rn. 285; Staudinger/Thüsing, 2005, § 312 c RdNr. 15; Ende/Klein, Grundzüge des Vertriebsrechts im Internet, 2001, S. 171; noch zögernd MünchKommBGB/Wendehorst § 312 c RdNr. 139.

2439 A.A. Ekkenga, in: MüKo-HGB, Band 5, Effektengeschäft, Rn. 388.

2440 Verordnung (EG) Nr. 809/2004 der Kommission vom 29. April 2004 zur Umsetzung der Richtlinie 2003/71/EG des Europäischen Parlaments und des Rates betreffend die in Prospekten enthaltenen Informationen sowie das Format, die Aufnahme von Informationen mittels Verweis und die Veröffentlichung solcher Prospekte und die Verbreitung von Werbung, ABl. EU Nr. L 149 v. 30.4.2004, S. 1.

Inlandsbezug fordern, damit ein Prospekthaftungsanspruch besteht. Diese Konstellation soll im Folgenden näher betrachtet werden.

I. Ansprüche gemäß § 21 Abs. 1, 2 WpPG

Gemäß § 21 Abs. 3 WpPG ist Voraussetzung für einen Anspruch gemäß § 21 Abs. 1, 2 WpPG, dass Wertpapiere auf Grund eines Inlandsgeschäfts oder einer ganz bzw. teilweise im Inland erbrachten Wertpapierdienstleistung erworben worden sind. Sinn und Zweck dieser Regelung ist es, die Haftung eines ausländischen Emittenten, dessen Aktien an mehreren Börsen zugelassen sind, dahingehend zu beschränken, dass er bei ausschließlich im Ausland erfolgten Erwerbsvorgängen nicht mit einer Prospekthaftung nach deutschem Recht rechnen muss[2441]. Wie bereits oben dargelegt, handelt es sich bei § 21 Abs. 3 WpPG um eine Sachnorm, die den Anwendungsbereich des § 21 Abs. 1, 2 WpPG einschränkt.

Damit stellt sich die Frage, wann ein Anleger mit gewöhnlichem Aufenthalt im Inland bei Sachverhalten mit Auslandsbezug Prospekthaftungsansprüche geltend machen kann. Voraussetzung hierfür ist, dass Wertpapiere aufgrund einer Wertpapierdienstleistung erworben wurden, die zumindest teilweise im Inland erbracht wurde, oder ein Inlandsgeschäft gegeben ist.

Am Sinnvollsten erscheint es, den Begriff einer teilweisen Dienstleistungserbringung im Rahmen von § 21 Abs. 3 WpPG wie in §§ 31 Abs. 10 WpHG auszulegen[2442], da hierdurch ein Gleichklang zwischen den einzelnen kapitalmarktrechtlichen Vorschriften erreicht wird. Es kann daher für die Frage, wann von einer teilweisen Dienstleistungserbringung im Inland auszugehen ist, auf die Ausführungen im Rahmen von § 31 Abs. 10 WpHG im 2. Teil, 3. Abschnitt unter A.II.3 verwiesen werden.

Wann vom Vorliegen eines Inlandsgeschäfts auszugehen ist, ist Gegenstand einiger Kontroversen. Vereinzelt wird die Ansicht vertreten[2443], dass sich dies nach dem Abschlussort des Geschäfts beurteilen solle. Problematisch bei über das

2441 Siehe Begründung des Entwurfs der Bundesregierung eines Gesetzes zur weiteren Fortentwicklung des Finanzplatzes Deutschland (Drittes Finanzmarktförderungsgesetz), BT-Drs. 13/8933, S. 79; Schwark, in: Schwark/Zimmer, Kapitalmarktrechts-Kommentar, §§ 44, 45 BörsG, Rn. 41; Hamann, in: Schäfer, Wertpapierhandelsgesetz, §§ 45, 46 BörsG n.F., Rn. 24 ff.; Kümpel, Bank- und Kapitalmarktrecht, 3. Auflage, Rn. 9.368; Schlitt, AG 2002, 490; zurückhaltender Oulds, in: Kümpel/Wittig, Rn. 15.247.

2442 So auch ohne Begründung: Schwark, in: Schwark/Zimmer, Kapitalmarktrechts-Kommentar, §§ 44, 45 WpHG, Rn. 42; Groß, Kapitalmarktrecht, § 21 WpPG, Rn. 72; ähnlich Schnyder, in: MüKo-BGB, Band 11, IntKapMarktR, Rn. 105; Hamann, in: Wertpapierhandelsgesetz, §§ 45, 46 a.F. BörsG, Rn. 28 bzgl. der Vorgängervorschriften von § 31 Abs. 10 WpHG, den §§ 31 Abs. 3, 32 Abs. 3 WpHG a.F.

2443 Bremer, in: Meyer/Bremer, Börsengesetz, 4. Auflage (1957), § 46, Anm. 1.

Internet[2444] abgeschlossenen Verträgen ist, dass eine solche Ansicht zu Zufallsergebnissen führt. Denn Abschlussort ist entweder der Ort des Emissionshauses oder des Anlegers, je nachdem, wer von beiden das Angebot zum Vertragsschluss abgegeben und wer es angenommen hat.

Andere[2445] wiederum nehmen ein Inlandsgeschäft dann an, wenn es sich um ein an einer deutschen Börse getätigtes Geschäft handelt; bei anderen Geschäften soll nach den Regeln des IPR entschieden werden[2446]. Problematisch an dieser Ansicht ist jedoch, dass zwischen Erwerber und Veräußerer der Wertpapiere Rechtswahlvereinbarungen getroffen werden können und hierdurch auch das zwischen Erwerber und Emittenten anwendbare Recht bestimmt werden würde. Wann eine Prospektverantwortlichkeit des Emittenten gemäß § 44 Abs. 1, 2 BörsG gegeben ist, würde so u.U. über eine zwischen Veräußerer (Emissionshaus) und Erwerber getroffene Rechtswahl bestimmt.

Nach einer weiteren Ansicht[2447] ist bei der Frage, ob ein Inlandsgeschäft vorliegt, auf den Ort der Platzierung bzw. darauf abzustellen, ob die Wertpapiere bei Anlegern im Inland untergebracht werden[2448]. Diese Ansicht gibt eine Antwort für den Fall, dass ein Wertpapier über eine inländische Börse erworben wird. Für den Fall, dass ein außerbörslicher Erwerbsvorgang vorliegt, hilft sie bei der Beantwortung der Frage, wann ein Inlandsgeschäft vorliegt, nur bedingt weiter, da der Begriff des Unterbringens im Inland unscharf ist. Es liegt aber nahe, auch hier auf die im Rahmen von §§ 31 ff. WpHG entwickelten Grundsätze zurückzugreifen. Denn wenn ein öffentliches Angebot im Inland vorliegt, hat der Emittent auch die Absicht, Wertpapiere im Inland unterzubringen.

Bischoff[2449] vertritt für über eine deutsche Börse getätigte Geschäfte einen ähnlichen Standpunkt. Findet der Erwerb dagegen nicht über eine Börse statt, so sei ein Inlandsgeschäft dann anzunehmen, wenn der Erwerber der Aktien seinen gewöhnlichen Aufenthalt im Inland habe und sich bei Abschluss des Geschäfts im Inland befinde[2450]. In dieser Konstellation erbringt der ausländische Emittent – wie im 2. Teil, 3. Abschnitt unter A.II.3 dargelegt – immer zumindest teilweise eine Wertpapierdienstleistung im Inland.

2444 Diese Problematik tritt im Übrigen auch bei allen Geschäftsabschlüssen unter Abwesenden auf.

2445 Schwark, BörsG, 2. Aufl., §§ 45, 46, Rn. 33.

2446 Einen guten Überblick über die Folgen einer solchen Auffassung bietet Hamann, in: Schäfer, Wertpapierhandelsgesetz, §§ 45, 46 BörsG a.F., Rn. 132, der aber die Auffassung vertritt, dass auf den Ort der Platzierung abzustellen sei.

2447 Groß, Kapitalmarktrecht, § 21 WpPG, Rn. 72; Hamann, in: Schäfer, Wertpapierhandelsgesetz, §§ 45, 46 BörsG a.F., Rn. 133.

2448 Hamann, in: Schäfer, Wertpapierhandelsgesetz, §§ 45, 46 BörsG a.F., Rn. 133.

2449 Bischoff, AG 2002, 495.

2450 Bischoff, AG 2002, 495.

Zusammenfassend kann man festhalten, dass immer dann, wenn auch nur teilweise Dienstleistungen im Inland erbracht werden, gleichzeitig auch ein Inlandsgeschäft vorliegt. Dies führt auch im Hinblick zu Vorschriften des WpHG zu einem einheitlichen Ergebnis. Befindet sich ein Anleger mit gewöhnlichem Aufenthalt im Inland zum Erwerbszeitpunkt nicht im Inland, so besteht auch kein Prospekthaftungsanspruch gemäß § 21 Abs. 1, 2 WpPG; auch bestehen gemäß § 31 Abs. 10 WpHG keine Aufklärungspflichten, da keine teilweise Dienstleistungserbringung im Inland vorliegt.

Sofern das virtuelle Emissionshaus seinen Sitz in einem EWR-Staat hat, stellt sich die Frage, ob anstelle des § 21 Abs. 1, 2 WpPG die in Umsetzung von Art. 6 Abs. 2 UAbs. 1 der Prospektrichtlinie (RL 2003/71/EG) im Herkunftsstaat des virtuellen Emissionshaus geltenden Prospekthaftungsregelungen zur Anwendung gelangen. Dies hängt davon ab, ob das in Art. 3 Abs. 2 ECRL verankerte Herkunftslandprinzip, welches durch § 3 Abs. 2 TMG in deutsches Recht umgesetzt wurde, zur Anwendung gelangt. Dies ist dann der Fall, wenn das virtuelle Emissionshaus bei einer Fremdemission als Diensteanbieter von Telemedien i.S.v. §§ 1, 2 S. 1 Nr. 1 TMG qualifiziert werden kann. Gemäß § 2 S. 1 Nr. 1 TMG ist Diensteanbieter jede natürliche oder juristische Person, die eigene oder fremde Telemedien zur Nutzung bereithält oder den Zugang zur Nutzung vermittelt[2451]. § 1 Abs. 1 S. 1 TMG definiert Telemedien als elektronische Informations- und Kommunikationsdienste, soweit sie nicht Telekommunikationsdienste i.S.v. § 3 Nr. 24 TKG, die ganz in der Übertragung von Signalen über Telekommunikationsnetze bestehen, telekommunikationsgestützte Dienste nach § 3 Nr. 25 TKG oder Rundfunk nach § 2 des RStV sind[2452]. Der Begriff ist europarechtlich anhand von Art. 2 lit. a) ECRL auszulegen.

Der Begriff des Dienstes der Informationsgesellschaft ist in Art. 2 lit. a) ECRL legaldefiniert. Demnach würde es sich bei dem Emittenten um einen Diensteanbieter der Informationsgesellschaft handeln, falls dieser einen Dienst der Informationsgesellschaft i.S.v. Art. 1 Nr. 2 der Richtlinie 98/34/EG[2453], auf welche Art. 2 lit. a) ECRL verweist, anbieten würde. Dienste der Informationsgesellschaft sind alle Dienstleistungen, welche elektronisch im Fernabsatz auf individuellen Abruf erbracht werden. Dabei ist der Dienstleistungsbegriff wiederum europarechtlich anhand der Artt. 56, 57 AEUV auszulegen[2454].

Das virtuelle Emissionshaus erbringt einen Dienst der Informationsgesellschaft bzw. ist Diensteanbieter von Telemedien, da es eine Wertpapierdienstleistung i.S.v.

2451 Siehe zum Begriff des Diensteanbieters: Schmitz, in: Spindler/Schuser, § 2 TMG, Rn. 2.

2452 Siehe zum Begriff der Telemedien: Schmitz, in: Spindler/Schuser, § 1 TMG, Rn. 4 ff.; Hoeren, NJW 2007, 801 ff.

2453 Richtlinie 98/34/EG des europäischen Parlaments und des Rates vom 22.Juni 1998 über ein Informationsverfahren auf dem Gebiet der Normen und der technischen Vorschriften i.d.F. der Richtlinie 98/48/EG des europäischen Parlaments und des Rates v. 20.7.1998, ABl. EG Nr. L 217 v. 5.8.1998, S. 18 ff.

2454 Marly, in: Grabitz/Hilf, Band IV, A4, Art. 2, Rn. 7.

§ 2 Abs. 3 WpHG und damit einen Telemediendienst i.S.v. § 1 TMG erbringt. Damit gelangt das in § 3 Abs. 2 TMG verankerte Herkunftslandprinzip mit der Folge zur Anwendung, dass ein geschädigter Anleger lediglich Ansprüche auf Grundlage der in Umsetzung von Art. 6 Abs. 2 UAbs. 1 der Prospektrichtlinie (RL 2003/71/EG) im jeweiligen Herkunftsstaat des virtuellen Emissionshaus geltenden Prospekthaftungsregelungen geltend machen kann, sofern das virtuelle Emissionshaus seinen Sitz bzw. Hauptniederlassung in einem EWR-Staat hat und die dort in Umsetzung von Art. 6 Abs. 2 UAbs. 1 der Prospektrichtlinie (RL 2003/71/EG) erlassenen Prospekthaftungsregelungen weniger strenge Anforderungen als § 21 WpPG statuieren. Eine Anwendung des § 21 WpPG würde zu einer Beschränkung des freien Dienstleistungsverkehrs von Telemedien i.S.v. § 3 Abs. 2 TMG führen.

Liegt der Sitz bzw. die Hauptniederlassung in einem Nicht-EWR-Staat, so gilt nicht das in § 3 Abs. 2 TMG verankerte Herkunftslandprinzip, so dass ein geschädigter Anleger Ansprüche auf Grundlage von § 21 Abs. 1, 2 WpPG geltend machen kann.

II. Ansprüche gemäß §§ 22 Nr. 2, 21 Abs. 1, 2 WpPG

Im Gegensatz zu § 21 Abs. 1, 2 WpPG ist für das Bestehen eines Anspruchs aus §§ 22 Nr. 2, 21 Abs. 1. 2 WpPG eine Zulassung zum regulierten Markt an einer inländische Börse nicht Anspruchsvoraussetzung. Daraus folgt, dass die kollisionsrechtliche Anknüpfung nicht an die international öffentlich-rechtliche Vorfrage der Zulassung zum Handel im regulierten Markt an einer inländischen Börse gebunden ist. Vielmehr ist darauf abzustellen, wann ein öffentliches Angebot im Inland i.S.v. § 3 Abs. 1 WpPG vorliegt. Damit ist das Vorliegen eines Angebots im Inland Anspruchsvoraussetzung für §§ 22 Nr. 2, 21 Abs. 1, 2 WpPG. Die Verletzung von Informationspflichten in Form eines falschen, unvollständigen oder fehlenden Prospekts ist nur möglich, wenn eine Prospektpflicht besteht. Eine solche setzt jedoch gemäß § 3 Abs. 1 WpPG das Vorliegen eines öffentlichen Angebots im Inland voraus. Wann ein solches vorliegt, wurde bereits im 2. Teil, 1. Abschnitt unter A.I.1.a. ausführlich erläutert.

Werden die Aktien sowohl im Inland wie auch im Ausland öffentlich angeboten, so reicht das Vorliegen eines Angebots im Inland für das Bestehen eines Prospekthaftungsanspruchs noch nicht aus. § 22 Nr. 2 WpPG modifiziert § 21 Abs. 3 WpPG für diesen Fall dahingehend, dass, sofern Aktien auch im Ausland angeboten werden, ein Anspruch nur besteht, wenn Aktien aufgrund eines Inlandsgeschäfts erworben wurden[2455]. Sinn und Zweck dieser Norm ist, das Haftungsrisiko des Emittenten bei einem Angebot in mehreren Ländern zu begrenzen. Der Emittent soll nur in Fällen nach deutschem Recht haften, in denen ein Erwerb in Deutschland stattgefunden

---

2455 Groß, Kapitalmarktrecht, § 22 WpPG, Rn. 7; Heidelbach, in: Schwark/Zimmer, Kapitalmarktrechts-Kommentar, § 13 VerkProspG, Rn. 30; Assmann, in: Assmann/Lenz/Ritz, § 13 VerkProspG, Rn. 72.

hat. Es soll dadurch verhindert werden, dass ausländische Anleger, die ihre Aktien im Ausland erworben haben, Prospekthaftungsansprüche nach deutschem Recht geltend machen können.

Die Ausführungen von Groß[2456] zu § 22 Nr. 2 WpPG sind insofern missverständlich, als nach seiner Ansicht Voraussetzung für das Vorliegen eines Prospekthaftungsanspruchs ein öffentliches Angebot im Ausland und das Vorliegen eines Inlandsgeschäfts oder einer teilweisen Wertpapierdienstleistungserbringung im Inland ist. Wenn aber Sinn und Zweck des §§ 22 Nr. 2, 21 Abs. 3 WpPG eine Begrenzung der Emittentenhaftung für Ansprüche gemäß §§ 22, 21 Abs. 1, 2 WpPG ist, so kann dies nur dadurch erreicht werden, dass man das Vorliegen eines öffentlichen Angebots im Inland fordert. Für eine solche Betrachtungsweise spricht im Übrigen auch, dass ein Anspruch gemäß §§ 22, 21 Abs. 1, 2 WpPG das Vorliegen eines falschen Prospektes voraussetzt. Ob aber ein Angebot überhaupt prospektpflichtig ist, beurteilt sich danach, ob ein öffentliches Angebot im Inland vorliegt.

Unterlässt das virtuelle Emissionshaus eine Prospektveröffentlichung trotz Vorliegens eines öffentlichen Angebots im Inland, so kann der geschädigte Anleger gemäß § 24 WpPG Schadensersatzansprüche gegen dieses geltend machen, wenn die Wertpapiere auf Grund eines im Inland abgeschlossenen Geschäfts oder einer ganz oder teilweise im Inland erbrachten Wertpapierdienstleistung erworben wurden, § 24 Abs. 3 WpPG. Dies gilt jedoch nur bzgl. Wertpapierdienstleistungsunternehmen mit Sitz bzw. Hauptniederlassung in Deutschland oder Nicht-EWR-Staaten.

Aufgrund des in § 3 Abs. 2 TMG verankerten Herkunftslandprinzips kann ein geschädigter Anleger gegen Wertpapierdienstleistungsunternehmen mit Sitz bzw. Hauptniederlassung in einem anderen EWR-Staat lediglich Ansprüche auf Grundlage der in Umsetzung von Art. 6 Abs. 2 UAbs. 1 der Prospektrichtlinie (RL 2003/71/EG) im jeweiligen Herkunftsstaat erlassenen Norm geltend machen.

III. Zusammenfassung

Hat das virtuelle Emissionshaus seinen Sitz in Deutschland, so ergeben sich bzgl. der spezialgesetzlichen Prospekthaftung keine Abweichungen zu der Rechtslage bei einem „Off-line" Aktienerwerb, d.h. einem solchen unter Einschaltung einer Filialbank.

Dagegen ergeben sich bei einem Aktienerwerb mittels Internet bei einem ausländischen Emissionshaus Besonderheiten, wobei zwischen Emissionshäusern mit Sitz in einem EWR-Staat und solchen aus Nicht-EWR-Staaten zu unterscheiden ist. Da die Prospekthaftung deliktisch zu qualifizieren ist, unterfällt sie dem Herkunftslandprinzip. Dies hat zur Folge, dass sich im Anwendungsbereich der ECRL die Haftung des virtuellen Emissionshauses wegen Verletzung von Prospektpflichten anhand des Herkunftslandrechts des Emissionshauses beurteilt. Es kommt

2456 Groß, Kapitalmarktrecht, § 22, Rn. 7.

darauf an, wie Art. 6 Abs. 2 UAbs. 1 der Prospektrichtlinie (RL 2003/71/EG) im jeweiligen Herkunftsstaat umgesetzt worden ist.

Hat das virtuelle Emissionshaus seinen Sitz bzw. seine Hauptniederlassung außerhalb des Geltungsbereichs der ECRL – also in einem Nicht-EWR-Staat – so kommt deutsches Haftungsrecht zur Anwendung, da das in § 22 Nr. 2 WpPG sowie § 21 Abs. 3 WpPG verankerte Marktortprinzip nicht durch das Herkunftslandprinzip der ECRL, das durch § 3 TMG in deutsches Recht umgesetzt worden ist, überlagert wird.

5. Abschnitt: Die Haftung des Emittenten

In diesem Abschnitt soll der Frage nachgegangen werden, unter welchen Voraussetzungen der Emittent einem geschädigten Anleger haftet.

A. Emittenten mit Sitz in Deutschland

Sofern der Emittent seinen Sitz in Deutschland hat, kann hier auf die Ausführungen im 1. Teil, 3. Abschnitt zur Haftung des Emittenten verwiesen werden. Bei Aktien, welche im Inlan d zum Handel in einem regulierten Markt an einer Börse zugelassen sind, ergibt sich eine Haftung des Emittenten als Mitunterzeichner des Prospektes aus § 21 Abs. 1 und 2 WpPG. Für Aktien, die nicht zum Handel in einem regulierten Markt an einer Börse zugelassen werden, besteht gemäß § 3 Abs. 1 WpPG beim Vorliegen eines öffentlichen Angebots im Inland eine Prospektpflicht[2457]. Verletzt der Emittent diese Pflicht, so hat der geschädigte Anleger gemäß §§ 22, 21 Abs. 1, 2 WpPG einen Schadensersatzanspruch gegen den Emittenten, falls dieser einen unvollständigen oder unrichtigen Prospekt veröffentlicht. Unterbleibt dagegen eine Prospektveröffentlichung vollständig, so haftet der Emittent dem geschädigten Anleger gemäß § 24 Abs. 1, 2 WpPG. Dem stehen auch nicht die aktienrechtlichen Vorschriften des Erwerbs eigener Aktien (§ 71 AktG) und das Verbot der Einlagenrückgewähr (§ 57 AktG) entgegen.

B. Emittenten in anderen EWR-Staaten

Schwieriger gestaltet sich dagegen die Rechtslage, wenn der Emittent seinen Sitz im Ausland hat. Hier gelten zwar grundsätzlich die Ausführungen im 4. Abschnitt zur Haftung des Emissionshauses, jedoch stellt sich für Emittenten mit Sitz in einem Staat innerhalb des Geltungsbereichs der ECRL die Frage, ob aufgrund des in der ECRL verankerten Herkunftslandprinzips die deutschen Vorschriften über die Prospekthaftung (§§ 22, 21 Abs. 1, 2 WpPG) anwendbar sind oder ob der Emittent gemäß den in Umsetzung von Art. 6 Abs. 2 UAbs. 1 der Prospektrichtlinie (RL 2003/71/EG) in ihrem Herkunftsland ergangenen Vorschriften haftet.

2457 Siehe zu Einzelheiten 2. Teil, 3. Abschnitt, A.I.1.

Dies hängt davon ab, ob der Emittent neben dem virtuellen Emissionshaus bei einer Fremdemission als Diensteanbieter von Telemedien i.S.v. §§ 1, 2 S. 1 Nr. 1 TMG qualifiziert werden kann. Gemäß § 2 S. 1 Nr. 1 TMG ist Diensteanbieter jede natürliche oder juristische Person, die eigene oder fremde Telemedien zur Nutzung bereithält oder den Zugang zur Nutzung vermittelt[2458]. § 1 Abs. 1 S. 1 TMG definiert Telemedien als elektronische Informations- und Kommunikationsdienste, soweit sie nicht Telekommunikationsdienste i.S.v. § 3 Nr. 24 TKG, die ganz in der Übertragung von Signalen über Telekommunikationsnetze bestehen, telekommunikationsgestützte Dienste nach § 3 Nr. 25 TKG oder Rundfunk nach § 2 des RStV sind[2459]. Der Begriff ist europarechtlich anhand von Art. 2 lit. a) ECRL auszulegen. Der Begriff des Dienstes der Informationsgesellschaft ist in Art. 2 lit. a) ECRL legaldefiniert. Demnach würde es sich bei dem Emittenten um einen Diensteanbieter der Informationsgesellschaft handeln, falls er einen Dienst der Informationsgesellschaft i.S.v. Art. 1 Nr. 2 der Richtlinie 98/34/EG[2460], auf welche Art. 2 lit. a) ECRL verweist, anbieten würde. Dienste der Informationsgesellschaft sind alle Dienstleistungen, welche elektronisch im Fernabsatz auf individuellen Abruf erbracht werden. Dabei ist der Dienstleistungsbegriff wiederum europarechtlich anhand der Art. 56, 57 AEUV auszulegen[2461].

Das virtuelle Emissionshaus erbringt einen Dienst der Informationsgesellschaft bzw. ist Diensteanbieter von Telemedien, da es eine Wertpapierdienstleistung i.S.v. § 2 Abs. 3 WpHG und damit einen Telemediendienst i.S.v. § 1 TMG erbringt. Beim Emittenten, der den Prospekt mitunterzeichnet hat, gestaltet sich die Beantwortung dieser Frage dagegen schwieriger. Er nimmt im Gegensatz zum Emissionshaus nicht unmittelbar am elektronischen Geschäftsverkehr teil, erbringt keine Wertpapierdienstleistung i.S.v. § 2 Abs. 3 WpHG und betreibt auch kein Bankgeschäft gemäß § 1 KWG. Es besteht kein direkter Kundenkontakt zwischen Emittent und Anleger. Daher erbringt der Emittent bei einer Fremdemission auch keinen Dienst der Informationsgesellschaft i.S.v. Art. 2 lit. a) ECRL bzw. ist kein Diensteanbieter von Telemedien i.S.v. §§ 1, 2 S. 1 Nr. 1 TMG.

Damit stellt sich die Frage, ob das in Art. 3 der ECRL statuierte Herkunftslandprinzip, umgesetzt in deutsches Recht durch § 3 TMG, und die damit verbundene Haftungsprivilegierung auch auf solche Personen Anwendung findet, die zwar nicht selbst mit dem Kunden in Kontakt getreten sind und daher selbst keinen Dienst der Informationsgesellschaft erbringen bzw. die nicht als Diensteanbieter

---

2458 Siehe zum Begriff des Diensteanbieters: Schmitz, in: Spindler/Schuser, § 2 TMG, Rn. 2.

2459 Siehe zum Begriff der Telemedien: Schmitz, in: Spindler/Schuser, § 1 TMG, Rn. 4 ff.; Hoeren, NJW 2007, 801 ff.

2460 Richtlinie 98/34/EG des europäischen Parlaments und des Rates vom 22.Juni 1998 über ein Informationsverfahren auf dem Gebiet der Normen und der technischen Vorschriften i.d.F. der Richtlinie 98/48/EG des europäischen Parlaments und des Rates v. 20.7.1998, ABl. EG Nr. L 217 v. 5.8.1998, S. 18 ff.

2461 Marly, in: Grabitz/Hilf, Band IV, A4, Art. 2, Rn. 7.

von Telemedien i.S.v. §§ 1, 2 S. 1 Nr. 1 TMG qualifiziert werden können, aber gleichwohl dem Kunden des Diensteanbieters gegenüber mit diesem gesamtschuldnerisch haften. Spindler[2462] will im Rahmen der spezialgesetzlichen Prospekthaftung den „Hintermännern" des Prospekts, die als Prospektveranlasser haften, aber nicht Diensteanbieter von Telemedien sind, eine Berufung auf das Herkunftslandprinzip und damit verbunden eine Haftungsprivilegierung ermöglichen. Zur Begründung führt er an, dass anderenfalls den „Hintermännern" zwar die Haftung des Prospektherausgebers, der Diensteanbieter von Telemedien ist, einseitig zugerechnet würde, nicht aber dessen Haftungsprivilegierung[2463]. Überträgt man diesen Rechtsgedanken auf die Frage, ob im Rahmen einer Fremdemission auch der Emittent, der kein Diensteanbieter von Telemedien ist, sich auf das Herkunftslandprinzip berufen kann, so müsste man dies bejahen.

Gegen eine solche Sichtweise spricht jedoch, dass sie zu Zufallsergebnissen führt, je nachdem, ob eine von einem „Hintermann" erbrachte Leistung auf herkömmlichem Wege oder elektronisch vertrieben wird. Dies gilt nicht nur für das Gebiet der Prospekthaftung, sondern für alle Bereiche, in denen eine Haftung mehrerer Personen in Betracht kommt. Außerdem ist es mit dem Wortlaut des Art. 2 lit. b) ECRL nicht vereinbar, den Anwendungsbereich der ECRL auf Personen auszudehnen, die selbst keinen Dienst der Informationsgesellschaft erbringen.

Da es sich beim Emittenten bei einer Fremdemission nicht um einen Diensteanbieter i.S.v. Art. 2 lit. b) ECRL, umgesetzt in deutsches Recht durch § 2 S. 1 Nr. 1 TMG, handelt, ist deutsches Recht auf Prospekthaftungsansprüche gemäß §§ 22, 21 Abs. 1, 2 WpPG anwendbar. Die Marktortregel wird nicht durch das in Art. 3 Abs. 2 ECRL, umgesetzt in deutsches Recht § 3 Abs. 2 TMG, verankerte Herkunftslandprinzip überdeckt.

Der geschädigte Anleger besitzt somit die Möglichkeit, seine Prospekthaftungsansprüche gegen den Emittenten nach deutschem Recht geltend zu machen. Dagegen richten sich Prospekthaftungsansprüche gegen das virtuelle Emissionshaus im Anwendungsbereich von Art. 3 der ECRL bzw. § 3 TMG nach den in Umsetzung von Art. 6 Abs. 2 UAbs. 1 der Prospektrichtlinie (RL 2003/71/EG) im Herkunftsland des Emissionshauses geltenden Vorschriften, sofern die Anwendung der deutschen Prospekthaftungsvorschriften zu einer Beschränkung des freien Dienstleistungsverkehrs von Telemedien führen würde.

C. Haftung des Emittenten mit Sitz in sonstigen Staaten

Hat der Emittent seinen Sitz in einem Land außerhalb des Anwendungsbereichs der ECRL, so gelten die Ausführungen im 2. Teil, 5. Abschnitt unter B. entsprechend.

2462 Spindler, ZHR (165)2001, 324, 354; für den Fall einer akzessorischen Haftung bejahend: Spindler, in: Spindler/Schmitz/Geis, TDG, § 4, Rn. 14.

2463 Spindler, ZHR (165)2001, 324, 355, der fälschlicherweise davon ausgeht, dass die Prospektveranlasser akzessorisch haften. Diese haften jedoch gesamtschuldnerisch.

Denn anders als beim virtuellen Emissionshaus handelt es sich beim Emittenten nicht um einen Diensteanbieter, so dass unabhängig davon, ob der Emittent seinen Sitz im Geltungsbereich der ECRL hat, immer die Marktortregel gilt.

6. Abschnitt: Aufsichtsrecht

Haben virtuelle Emissionshäuser ihren Sitz im Inland, so steht der BaFin das gleiche aufsichtsrechtliche Instrumentarium wie gegenüber „herkömmlichen" Banken zur Verfügung. Dieses wurde bereits im 1. Teil, 4. Abschnitt näher dargestellt. Im Folgenden wird zu untersuchen sein, welche Maßnahmen die BaFin gegenüber Wertpapierdienstleistungsunternehmen und Emittenten ergreifen kann, die Aktien via Internet aus dem Ausland im Inland vertreiben. Hierbei stellt sich die Problematik der extraterritorialen Anwendung deutschen Rechts[2464]. Insbesondere fehlt den deutschen Behörden die Befugnis, erlassene Verwaltungsakte im Ausland durchzusetzen und gegebenenfalls zu vollstrecken. Daher sind sie in der Praxis auf die Zusammenarbeit mit ausländischen Aufsichtsbehörden angewiesen[2465].

A. Maßnahmen gegenüber virtuellen Emissionshäusern/Anbietern

I. WpPG

Im Jahr 2001 entdeckte das vormalige BAWe erstmalig 11 Fälle, in denen Wertpapiere im Internet, auch aus dem Ausland, deutschen Anlegern ohne vorherige Veröffentlichung eines Verkaufsprospekts angeboten worden waren[2466]. In solchen Fällen kann die BaFin die im 1. Teil, 4. Abschnitt unter A. beschriebenen Maßnahmen gegen Emittenten bzw. Anbieter mit Sitz im Inland ergreifen. Wie bereits im 2. Teil, 3. Abschnitt unter A.I.1.e. behandelt, bestehen Prospektpflichten, sofern Anleger, die ihren gewöhnlichen Aufenthalt in Deutschland haben, zielgerichtet angesprochen werden und somit ein öffentliches Angebot vorliegt.

Es stellt sich die Frage, wie gegenüber einem Emittenten bzw. Anbieter mit Sitz im Ausland, der keinen bzw. einen unvollständigen oder unrichtigen Verkaufsprospekt im Inland veröffentlicht hat und Aktien im Inland öffentlich anbietet, vorgegangen werden kann. Da die Regelungen zum Europäischen Pass nur für durch Behörden eines anderen EWR-Staates gebilligte Prospekte gelten, ist nachfolgend

2464 Siehe zur Bedeutung des Territorialitätsprinzips bei Internetsachverhalten: Ruthig, in: Gounalakis, Rechtshandbuch Electronic Business, § 14, Rn. 19 ff.

2465 Siehe zu dieser Problematik: Zens, Die Zusammenarbeit der Versicherungsaufsichtsbehörden in der Europäischen Gemeinschaft sowie Berkenbusch, Grenzüberschreitender Informationsaustausch im Banken-, Versicherungs- und Wertpapieraufsichtsrecht.

2466 BAWe, Jahresbericht 2001, S. 19.

eine Unterscheidung zwischen EWR-Staaten (1.) und Drittstaaten (2.) vorzunehmen.

1. Angebote aus EWR-Staaten

Sofern ein Emittent bzw. Anbieter seinen Sitz in einem Mitgliedstaat des EWR hat, kann ein Prospekt im Sitzstaat des Emittenten gebilligt werden. Das WpPG enthält mit § 17 Abs. 3 sowie § 19 Abs. 4, 5 Regelungen für den „Import" von im Ausland gebilligten Prospekten ins Inland, den so genannten „Europäischen Pass"[2467]. Gemäß § 17 Abs. 3 WpPG ist ein von der zuständigen Behörde eines anderen Mitgliedstaates des Europäischen Wirtschaftsraums gebilligter Prospekt einschließlich etwaiger Nachträge in der Bundesrepublik Deutschland ohne zusätzliches Billigungsverfahren für ein öffentliches Angebot oder für die Zulassung zum Handel in einem organisierten Markt gültig, sofern die BaFin nach den in Umsetzung von Art. 18 Prospektrichtlinie ergangenen Vorschriften des Herkunftsstaates unterrichtet wird und die Sprache des Prospekts die Anforderungen des § 19 Abs. 4, 5 WpPG erfüllt[2468].

Die Frage, ob die BaFin oder die entsprechende ausländische Aufsichtsbehörde für eine Prospektbilligung zuständig ist, beurteilt sich anhand der §§ 2 Nr. 13, 13 WpPG nach dem Herkunftslandprinzip. Gemäß § 2 Nr. 13 lit. a) WpPG gilt als Herkunftsstaat der Sitzstaat des Emittenten. Der Prospekt muss lediglich von der zuständigen Behörde im Sitzstaat des Emittenten gebilligt worden sein, um in einem anderen Vertragsstaat des EWR Verwendung finden zu können[2469]. In diesem Falle besitzt die BaFin lediglich ein eingeschränktes Prüfungsrecht dahingehend, ob die Sprachenregelung des § 19 Abs. 4, 5 WpPG eingehalten ist und eine Billigungsbescheinigung der zuständigen Behörde des Sitzstaates des Emittenten vorliegt.

a) Untersagung eines öffentlichen Angebots im Inland

Gemäß § 26 Abs. 4 WpPG hat die BaFin ein öffentliches Angebot zu untersagen, wenn entgegen § 3 WpPG kein Prospekt veröffentlicht wurde, entgegen § 13 WpPG ein Prospekt veröffentlicht wird, der Prospekt oder das Registrierungsformular nicht mehr nach § 9 WpPG gültig ist, die Billigung des Prospekts nicht durch

2467 Siehe hierzu: Crüwell, AG 2003, 253 ff.; Kullmann/Sester, WM 2005, 1068, 1069; Groß, Kapitalmarktrecht, § 17 WpPG, Rn. 1 ff.; Zeising, in: Just/Voß/Ritz/Zeising, WpPG, § 17, Rn. 1 ff.

2468 Siehe zu den sprachlichen Anforderungen an einen Prospekt: Zeising, in: Just/Voß/Ritz/Zeising, WpPG, § 19, Rn. 8 ff.; Groß, Kapitalmarktrecht, § 19, Rn. 1 ff.; Mattil/Möslein, WM 2007, 819 ff.

2469 Siehe hierzu: Kullmann/Sester, WM 2005, 1068, 1070; Schlitt/Singhof/Schäfer, BKR 2005, 251, 257; Schlitt/Schäfer, AG 2005, 498, 508.

eine Bescheinigung im Sinne des § 18 Abs. 1 WpPG nachgewiesen worden ist oder der Prospekt nicht der Sprachenregelung des § 19 WpPG genügt[2470].

Hat der Emittent bzw. Anbieter seinen Prospekt von der Heimatstaatbehörde billigen lassen, so stellt sich die Frage, ob und ggf. welche der in § 26 Abs. 4 WpPG aufgezählten Maßnahmen die BaFin aufgrund des Europapasses gegenüber einem Emittenten bzw. Anbieter ergreifen kann. § 26 Abs. 4 WpPG ist in Umsetzung des Art. 21 Abs. 3 S. 2 der Prospektrichtlinie ergangen. Gemäß dieser Norm stehen die dort aufgeführten Befugnisse nur derjenigen Behörde zu, die für die Billigung des Prospekts zuständig ist. Dieser Standpunkt wird zusätzlich von § 29 WpPG gestützt, der auf der Umsetzung von Art. 23 der Prospektrichtlinie beruht. Gemäß § 29 Abs. 1 WpPG kann die Bundesanstalt bei Verstößen des Anbieters bzw. Emittenten gegen § 3 Abs. 1 oder 3, gegen die §§ 7, 9, 10, 14 bis 16, 18 oder 19 WpPG oder gegen Zulassungsfolgepflichten diese Informationen der zuständigen Behörde des Herkunftsstaates übermitteln[2471]. Erst wenn die von der zuständigen Behörde des Herkunftsstaates ergriffenen Maßnahmen nicht ausreichen und der Emittent bzw. Anbieter fortgesetzt gegen die einschlägigen Rechts- oder Verwaltungsbestimmungen verstößt, kann die BaFin gemäß § 29 Abs. 2 WpPG, der Art. 23 Abs. 2 der Prospektrichtlinie umsetzt, nach vorheriger Unterrichtung der zuständigen Behörde des Herkunftsstaates alle für den Schutz des Publikums erforderlichen Maßnahmen ergreifen[2472]. § 29 WpPG ist somit im Verhältnis zu § 26 WpPG lex specialis, der ähnlich wie § 53b Abs. 4 KWG der BaFin die Befugnis einräumt, Vorsichtsmaßnahmen zu ergreifen. Dagegen kennt das WpPG keine § 53b Abs. 5 KWG vergleichbare Kompetenz zur Ergreifung von Eilmaßnahmen[2473]. Daraus folgt, dass die BaFin keine Kompetenz besitzt, ein öffentliches Angebot bei einem von einer ausländischen Behörde gebilligten, ihrer Ansicht nach aber unrichtigen oder unvollständigen Prospekt zu untersagen.

b) Untersagung von Werbung

Liegen Anhaltspunkte dafür vor, dass eine Werbung unter Verstoß gegen die Regelungen des § 15 Abs. 2–5 WpPG erfolgt, so kann die BaFin gemäß § 15 Abs. 6 S. 1 WpPG eine Aussetzung der Werbung für höchstens zehn aufeinanderfolgende

---

2470 Siehe zu § 26 Abs. 4 WpPG: Groß, Kapitalmarktrecht, § 26 WpPG, Rn. 7; siehe zum inhaltsgleichen § 21 Abs. 4 WpPG a.F.: Höninger, in: Holzborn, WpPG, § 21, Rn. 21 f.; Heidelbach, in: Schwark/Zimmer, Kapitalmarktrechts-Kommentar, § 21 WpPG, Rn. 36 ff.

2471 Siehe hierzu: Groß, Kapitalmarktrecht, § 29 WpPG, Rn. 1.

2472 Siehe hierzu: Groß, Kapitalmarktrecht, § 29 WpPG, Rn. 2; siehe zum inhaltsgleichen § 24 WpPG a.F.: Schwark/Zimmer, Kapitalmarktrechts-Kommentar, § 24 WpPG, Rn. 1 f.

2473 Siehe hierzu: Vahldiek, in: Boos/Fischer/Schulte-Mattler, KWG, § 53b, Rn. 170 f.; Haug, in: Szagunn/Haug/Ergenzinger, KWG, § 53b, Rn. 23 f.; Beck/Samm, KWG, § 53b, Rn. 24.

Tage anordnen[2474]. Daneben kann die BaFin gemäß § 15 Abs. 1 S. 2 WpPG die Werbung mit solchen Angaben untersagen, die dazu geeignet sind, über den Umfang der Prüfung gemäß § 13 WpPG oder § 16 WpPG irrezuführen[2475]. Fraglich ist, ob diese Kompetenz der BaFin auch gegenüber einem Emittenten bzw. Anbieter mit Sitz in einem anderen Vertragsstaat des EWR zusteht, dessen Prospekt von der zuständigen Heimatlandbehörde gebilligt worden ist. Gemäß Art. 15 Abs. 6 der Prospektrichtlinie kann jedoch nur die zuständige Behörde des Herkunftsstaates des Anbieters bzw. Emittenten die Werbung untersagen. Daraus folgt, dass bei einer europarechtskonformen Auslegung des § 15 Abs. 6 WpPG der BaFin eine solche Kompetenz grundsätzlich nicht zusteht[2476]. Diese Auffassung wird zusätzlich durch § 29 WpPG gestützt, der auf der Umsetzung von Art. 23 der Prospektrichtlinie beruht. Gemäß § 29 Abs. 1 WpPG kann die Bundesanstalt bei Verstößen des Anbieters bzw. Emittenten gegen § 3 Abs. 1 oder 3, die §§ 7, 9, 10, 14 bis 16, 18 oder 19 WpPG oder gegen Zulassungsfolgepflichten diese Informationen der zuständigen Behörde des Herkunftsstaates übermitteln. Erst wenn die von der zuständigen Behörde des Herkunftsstaates ergriffenen Maßnahmen erfolglos bleiben und der Emittent bzw. Anbieter fortgesetzt gegen die einschlägigen Rechts- oder Verwaltungsbestimmungen verstößt, kann die BaFin gemäß § 29 Abs. 2 WpPG nach vorheriger Unterrichtung der zuständigen Behörde des Herkunftsstaates alle für den Schutz des Publikums erforderlichen Maßnahmen ergreifen und daher in diesem Fall ausnahmsweise entsprechend § 15 Abs. 6 WpPG handeln[2477].

c) Datenübermittlung an Heimatlandbehörde des Emittenten bzw. Anbieters

Während § 26 Abs. 7 WpPG sowie § 26 Abs. 8 S. 4 WpPG die Übermittlung von personenbezogenen Daten eines inländischen Emittenten, Anbieters bzw. Zulassungsantragsstellers an ausländische Behörden zur Erfüllung ihrer aufsichtlichen Aufgaben und für Zwecke der Zusammenarbeit nach Maßgabe des § 28 Abs. 1, 2 WpPG regelt, erfasst § 28 Abs. 4, 5 WpPG die Datenübermittlung ausländischer Aufsichtsbehörden an die BaFin[2478]. § 28 Abs. 5 WpPG stellt klar, dass die

2474 Siehe hierzu: Berrar, in: Frankfurter Kommentar zum WpPG, § 15, Rn. 55 ff.; Groß, Kapitalmarktrecht, § 15 WpPG, Rn. 3; Heidelbach, in: Schwark/Zimmer, Kapitalmarktrechts-Kommentar, § 15 WpPG, Rn. 22 ff.

2475 Siehe hierzu: Berrar, in: Frankfurter Kommentar zum WpPG, § 15, Rn. 58 ff.; Groß, Kapitalmarktrecht, § 15 WpPG, Rn. 3; Heidelbach, in: Schwark/Zimmer, Kapitalmarktrechts-Kommentar, § 15 WpPG, Rn. 24 ff.

2476 So auch Schlitt/Schäfer, AG 2005, 498, 510; Kunold/Schlitt, BB 2004, 501, 511.

2477 Siehe hierzu: Groß, Kapitalmarktrecht, § 29 WpPG, Rn. 2; siehe zum inhaltsgleichen § 24 WpPG a.F.: Heidelbach, in: Schwark/Zimmer, Kapitalmarktrechts-Kommentar, § 24 WpPG, Rn. 13. f.

2478 Siehe hierzu: Groß, Kapitalmarktrecht, § 26, Rn. 10 f. sowie § 28 WpPG, Rn. 1 ff.; siehe zun inhaltsgleichen §§ 21 und 23 WpPG a.F.: Heidelbach, in: Schwark/Zimmer, Kapitalmarktrechts-Kommentar, § 21 WpPG, Rn. 57 sowie § 23 WpPG, Rn. 1 ff.

Regelungen im WpHG über den Informationsaustausch und die internationale Zusammenarbeit neben § 28 Abs. 4 WpPG fort gelten. § 4 Abs. 10 WpHG findet neben diesen Normen Anwendung.

2. Angebote aus Drittstaaten

Es stellt sich die Frage, welche aufsichtsrechtlichen Maßnahmen gegen Emittenten bzw. Anbieter aus Drittstaaten ergriffen werden können, die Prospektpflichten verletzen. § 20 WpPG erklärt die Vorschriften über die Billigung von Prospekten durch Behörden aus EWR-Staaten im Verhältnis zu Drittstaaten für anwendbar, sofern der Prospekt nach den von der internationalen Organisation von Wertpapieraufsichtsbehörden festgelegten internationalen Standards einschließlich der Offenlegungsstandards der International Organisation of Securities Commissions (IOSCO), erstellt wurde und die Informationspflichten, auch in Bezug auf Finanzinformationen, den Anforderungen dieses Gesetzes gleichwertig sind[2479]. Derzeit findet die Regelung des § 20 WpPG keine Anwendung[2480]. Daher hat ein Emittent aus einem Drittstaat, der Wertpapiere im Inland öffentlich anbietet, einen Prospekt nach den Vorschriften des WpPG zu erstellen und diesen vor Veröffentlichung durch die BaFin billigen zu lassen. Es stellt sich die Frage, welche Handlungsmöglichkeiten der BaFin bei Verstößen gegen die Prospektpflicht gegenüber Emittenten bzw. Anbietern aus Drittstaaten zur Verfügung stehen.

a) Untersagung eines öffentlichen Angebots

Gemäß § 26 Abs. 4 WpPG kann die BaFin ein öffentliches Angebot untersagen, sofern entgegen § 3 Abs. 1 WpPG kein Prospekt veröffentlicht wurde, entgegen § 13 WpPG ein Prospekt veröffentlicht wird, der Prospekt oder das Registrierungsformular nicht mehr nach § 9 WpPG gültig ist, die Billigung des Prospekts nicht durch eine Bescheinigung im Sinne des § 18 Abs. 1 WpPG nachgewiesen worden ist oder der Prospekt nicht der Sprachenregelung des § 19 Abs. 4, 5 WpPG genügt[2481]. Da nur Emittenten aus einem Vertragsstaat des EWR in den Genuss der Reglungen des Europäischen Passes gelangen, müssen Emittenten aus Drittstaaten

2479 Siehe Wolf, in: Frankfurter Kommentar zum WpPG, § 20, Rn. 6 ff.; Heidelbach, in: Schwark/Zimmer, Kapitalmarktrechts-Kommentar, § 20 WpPG, Rn. 7 ff., 10.

2480 Just, in: Just/Voß/Ritz/Zeisig, WpPG, § 20, Rn. 5; Heidelbach, in: Schwark/Zimmer, Kapitalmarktrechts-Kommentar, § 20 WpPG, Rn. 1; dagegen gab es in Frankreich und den Niederlanden, wo die Prospektrichtlinie ebenfalls umgesetzt wurde, laut von Ilberg, in: Assmann/Schlit/von Kopp-Colomb, WpPG, § 20 WpPG, Rn. 17 bereits Billigungen von Wertpapierprospekten US-amerikanischer Emittenten.

2481 Siehe hierzu: Groß, Kapitalmarktrecht, § 26 WpPG, Rn. 7; siehe zum inhaltsgleichen § 21 Abs. 4 WpPG a.F.: Müller, in: Frankfurter Kommentar zum WpPG, § 21, Rn. 38 ff.; Heidelbach, in: Schwark/Zimmer, Kapitalmarktrechts-Kommentar, § 21 WpPG, Rn. 36 ff.

ihre Prospekte von der BaFin billigen lassen, sofern sie Wertpapiere im Inland öffentlich anbieten. Dies hat zur Folge, dass die BaFin ihnen gegenüber sämtliche im WpPG vorgesehene Maßnahmen ergreifen kann. § 29 WpPG gilt nur im Verhältnis zu Vertragsstaaten des EWR[2482], so dass durch diese Norm im Hinblick auf Emittenten, Anbieter und Zulassungsantragsteller aus Drittstaaten eine Anwendung des § 26 Abs. 4 WpPG nicht eingeschränkt wird.

Fraglich ist, ob die BaFin die Kompetenz besitzt, die Veröffentlichung eines Verkaufsprospekts eines ausländischen Emittenten generell zu untersagen, oder ob sie lediglich eine Veröffentlichung im Inland untersagen darf oder eine Untersagungsverfügung schon grundsätzlich ausscheidet, sofern ein Emittent nicht seinen Sitz bzw. seine Hauptverwaltung in Deutschland hat. Aus der Konzeption von § 3 Abs. 1 WpPG folgt, dass sich eine Untersagungsverfügung immer nur auf das Inland beziehen kann. Denn wenn das Entstehen von Prospektpflichten an das Vorliegen eines Angebots im Inland geknüpft wird, so hat sich eine Untersagungsverfügung auch auf diesen Bereich zu beschränken. Anderes würde eine Durchbrechung des Territorialprinzips bedeuten. Diese Ansicht wird auch von § 22 Nr. 2 WpPG gestützt. Nach dieser Norm setzen Schadensersatzansprüche das Vorliegen eines Inlandsgeschäfts voraus. Die Einheitlichkeit der Rechtsordnung gebietet es, nur gegen solche Angebote vorzugehen, von denen eine Gefahr für Anleger mit gewöhnlichem Aufenthalt im Inland ausgeht.

b) Untersagung von Werbung

Liegt noch kein öffentliches Angebot im Inland vor, jedoch Werbung, so kann die BaFin bei Verstößen gegen die die Werbung reglementierende Vorschrift des § 15 Abs. 2–5 WpPG gemäß § 15 Abs. 6 S. 1 WpPG eine Aussetzung der Werbung für höchstens zehn aufeinanderfolgende Tage anordnen[2483]. Daneben kann die BaFin gemäß § 15 Abs. 1 S. 2 WpPG die Werbung mit solchen Angaben untersagen, die dazu geeignet sind, über den Umfang der Prüfung gemäß § 13 WpPG oder § 16 WpPG irrezuführen[2484]. Bezüglich der Einzelheiten wird auf die Ausführungen im 1. Teil, 4. Abschnitt unter A.II. verwiesen.

c) Auskunftsrecht gemäß § 26 Abs. 2, 3 WpPG

Emittenten, die ihren Sitz in einem Drittstaat haben und deren Prospekt nicht von einer Behörde eines Vertragsstaates des EWR gebilligt worden ist, haben gemäß

2482 So zum inhaltsgleichen § 24 WpPG a.F. auch: Müller, in: Frankfurter Kommentar zum WpPG, § 24, Rn. 2.

2483 Siehe hierzu: Berrar, in: Frankfurter Kommentar zum WpPG, § 15, Rn. 55 ff.; Groß, Kapitalmarktrecht, § 15 WpPG, Rn. 3; Heidelbach, in: Schwark/Zimmer, Kapitalmarktrechts-Kommentar, § 15 WpPG, Rn. 22 ff.

2484 Siehe hierzu: Berrar, in: Frankfurter Kommentar zum WpPG, § 15, Rn. 58 ff.; Groß, Kapitalmarktrecht, § 15 WpPG, Rn. 3; Heidelbach, in: Schwark/Zimmer, Kapitalmarktrechts-Kommentar, § 15 WpPG, Rn. 24 ff

§ 13 Abs. 1 WpPG ihren Prospekt von der BaFin billigen zu lassen. Dieser stehen dann alle im WpPG aufgeführten Eingriffsbefugnisse zu, da der Emittent bzw. Anbieter nicht den Europäischen Pass in Anspruch nehmen kann.

d) Datenübermittlung an die Behörde im Sitzstaat des Emittenten

Eine Datenübermittlung an Drittstaaten kann nicht auf §§ 26 Abs. 7, 28 WpPG gestützt werden, da § 28 WpPG nur die Datenübermittlung an andere Aufsichtsbehörden eines Vertragsstaates des EWR regelt. Auch § 29 WpPG regelt lediglich die Zusammenarbeit mit den zuständigen Behörden eines Mitgliedstaats des EWR. Daher kommt, sofern der Emittent seinen Sitz außerhalb des EWR hat, bei Verstößen gegen die Prospektpflicht eine Datenübermittlung lediglich auf Grundlage von Vorschriften des WpHG sowie auf Grundlage von Memoranda of Understanding (MoU)[2485] in Betracht. § 28 Abs. 5 WpPG stellt klar, dass die im WpPG enthaltenen Reglungen über die Zusammenarbeit mit der jeweils zuständigen Behörde eines Vertragsstaates des EWR die Vorschriften des Wertpapierhandelsgesetzes über die Zusammenarbeit mit den entsprechenden zuständigen Stellen anderer Staaten sowie die Regelungen über die internationale Rechtshilfe in Strafsachen unberührt lassen.

II. KWG

Hat das virtuelle Emissionshaus seinen Sitz in Deutschland, so unterliegt es vollumfänglich den Vorschriften des KWG[2486] und der Aufsicht durch die BaFin. Anders sieht es hingegen aus, wenn das virtuelle Emissionshaus seinen Sitz im Ausland hat. Hier ist zu differenzieren, ob sich der Sitz in einem EWR-Staat (1.) oder in einem Nicht-EWR-Staat befindet (2.).

1. Institute mit Sitz in einem Mitgliedstaat des EWR

Gemäß § 53b Abs. 1 S. 1 KWG sind Einlagenkreditinstitute sowie Wertpapierhandelsunternehmen im Rahmen des Europäischen Passes[2487] zur Errichtung von Zweigniederlassungen sowie zur Erbringung grenzüberschreitender Finanzdienstleistungen im Inland ohne Erlaubnis der BaFin befugt, sofern sie ihren Sitz in einem anderen Vertragsstaat des EWR haben. Instituten aus Drittstaaten ist dagegen

---

2485 Bei einem MoU handelt es sich um eine Vereinbarung zwischen Aufsichtsbehörden, die jedoch nicht die Qualität eines völkerrechtlichen Vertrages besitzen und damit keine rechtliche Verbindlichkeit haben. Vielmehr handelt es sich um eine Absichtserklärung; siehe zu MoUs Berkenbusch, 59 ff.; Zens, 46; Beck, in: Schwark/Zimmer, Kapitalrechts-Kommentar, § 7 WpHG, Rn. 11 f.

2486 Siehe hierzu: 1. Teil, 4. Abschnitt, D.

2487 Siehe zum Europäischen Pass für Wertpapierhandelsunternehmen und Einlagenkreditinstituten: Vahldiek, in: Boos/Fischer/Schulte-Mattler, KWG, § 53b, Rn. 6 ff.; Becker, in: Reischauer/Kleinhans, § 53b, Rn. 2 f.; Hanten, WM 2003, 1412, 1415; Kurth, WM 2000, 1521, 1523.

die Erbringung grenzüberschreitender Finanzdienstleistungen im Inland nicht gestattet[2488]. Ist das Institut aus einem EWR-Staat im Besitz des Europäischen Passes[2489] und betreibt es Bankgeschäfte im Inland, so unterliegt es gemäß § 53b KWG nur einer eingeschränkten Kontrolle im Gastland[2490].

a) Überwachung der Institute gemäß § 53b KWG

Virtuelle Emissionshäuser, die Aktien im Inland platzieren, sind Finanzdienstleistungsinstitute und können sich auf den Europäischen Pass berufen. Dies bedeutet, dass jene Unternehmen prinzipiell von der zuständigen Heimatlandbehörde beaufsichtigt werden. Zahlreiche Vorschriften des KWG finden gleichwohl gemäß § 53b Abs. 3 S. 3 KWG auf solche Unternehmen Anwendung[2491]. Die Einhaltung dieser Vorschriften wird von der BaFin als zuständiger Gastlandbehörde unter bestimmten Voraussetzungen überwacht. So bleibt die BaFin, sofern ein Institut aus einem anderen Vertragsstaat des EWR im Inland eine Zweigniederlassung betreibt, gemäß § 53 Abs. 3 S. 1 KWG zur Überwachung der Einhaltung der §§ 3, 6 Abs. 2, 10 Abs. 1 S. 3 bis 8 (Datenerhebung), 11 (Liquiditätsregeln), 14, 22 (Millionenkredite), 23 (Werbung), 23a (Einlagensicherung und Anlegerentschädigung), 24 Abs. 1 Nr. 5 und 7 (Anzeigepflichten), 24b, 24c, 25, 25a Abs. 1 S. 6 Nr. 2, 25g, 25h bis 25j, 25l, 37, 39 bis 42, 43 Abs. 2 und 3, 44 Abs. 1 und 6, 44a Abs. 1 und 2, 44c, 46 bis 49 sowie § 17 FinDAG zuständig[2492]. Dagegen listet § 53b Abs. 3 S. 3 KWG Vorschriften auf, die auf inländische Aktivitäten von Instituten, die im Wege des grenzüberschreitenden Dienstleistungsverkehrs im Inland tätig werden, anwendbar sind. Dies sind § 3 (Verbotene Geschäfte), § 23a (Einlagensicherung und Anlegerentschädigung), § 37 (Einschreiten gegen ungesetzliche Geschäfte), § 44 Abs. 1 (Auskünfte und Prüfungen von Instituten, Anbietern von Nebendienstleistungen, Finanzholding-Gesellschaften und in die Aufsicht auf zusammengefasster Basis einbezogenen Unternehmen), § 44c (Verfolgung unerlaubter Bankgeschäfte und Finanzdienstleistungen), § 49 KWG (sofortige Vollziehbarkeit) sowie § 17 FinDAG (Zwangsmittel)[2493]. § 53b Abs. 3 S. 3 KWG legt den Umfang der Restgeltung von Vorschriften des KWG für

---

2488 Siehe hierzu: 2. Teil, 3. Abschnitt, A.III.3.b.ee.

2489 Siehe zum Europäischen Pass für Wertpapierhandelsunternehmen und Einlagenkreditinstituten: Vahldiek, in: Boos/Fischer/Schulte-Mattler, KWG, § 53b, Rn. 6 ff.; Becker, in: Reischauer/Kleinhans, § 53b, Rn. 2 f.; Hanten, WM 2003, 1412, 1415; Kurt, WM 2000, 1521, 1523.

2490 Vahldiek, in: Boos/Fischer/Schulte-Mattler, KWG, § 53b, Rn. 87 ff., 165 ff.

2491 Siehe hierzu: Valdiek, in: Boos/Fischer/Schulte-Mattler, KWG, § 53b, Rn. 150 ff.; Berkenbusch, 128 f.

2492 Siehe zu Einzelheiten: Valdiek, in: Boos/Fischer/Schulte-Mattler, KWG, § 53b, Rn. 87 ff., 101 ff.

2493 Siehe zu Einzelheiten: Valdiek, in: Boos/Fischer/Schulte-Mattler, KWG, § 53b, Rn. 150 ff.

den grenzüberschreitenden Dienstleistungsverkehr fest[2494]. Diese sind im Vergleich zu den für eine Zweigniederlassung gemäß § 53b Abs. 3 S. 1 KWG geltenden Vorschriften weniger umfangreich. Die Bestimmungen des Restgeltungskatalogs des § 53b Abs. 3 S. 1 sowie Abs. 3 S. 3 werden vom Gesetzgeber in § 53b Abs. 2 S. 1, Abs. 2a KWG als Bedingungen bezeichnet, die aus Gründen des Allgemeininteresses gelten. Die in § 53b Abs. 3 aufgezählten Vorschriften des KWG werden unzutreffend teilweise als abschließend betrachtet[2495]. Jedoch finden auf Institute, die Zweigniederlassungen im Inland betreiben, neben den in § 53 Abs. 3 S. 1 KWG aufgezählten Normen auch § 4, §§ 22a-22o KWG (Refinanzierungsregister)[2496] sowie die §§ 54–60a KWG (Ordnungs- und Bußgeldvorschriften) Anwendung[2497]. Auf Institute, die im Wege des grenzüberschreitenden Dienstleistungsverkehrs im Inland tätig werden, finden neben den in § 53 Abs. 3 S. 3 KWG aufgezählten Normen auch § 4 KWG (Entscheidungen der Bundesanstalt für Finanzdienstleistungsaufsicht), § 6 Abs. 3 KWG sowie § 23 KWG (Werbung) Anwendung[2498]. Ein Teil der in § 53 Abs. 3 KWG aufgeführten Normen beruht auf speziellen europäischen Richtlinienvorgaben, während andere aufgeführte Normen nur aus zwingenden Gründen des Allgemeininteresses zur Anwendung gelangen können[2499]. Eine Unterscheidung zwischen beiden Arten von Normen ist bei einer EU-rechtskonformen Auslegung des § 53b KWG von Bedeutung, da für beide unterschiedliche Anwendungs- und Verfahrensregeln gelten[2500]. Dies folgt aus den Erwägungsgründen Nr. 17 sowie Nr. 18 der RL 2006/46/EG[2501]. Von den in § 53b Abs. 3 S. 3 KWG aufgeführten Normen beruht lediglich § 23a KWG ausschließlich auf europarechtlichen Vorgaben[2502].

2494 Vahldiek, in: Boos/Fischer/Schulte-Mattler, KWG, § 53b, Rn. 150 ff.; Becker, in: Reischauer/Kleinhans, § 53b, Rn. 4; Haug, in: Szagunn/Haug/Ergenzinger, KWG, § 53b, Rn. 20 f.

2495 So Szagunn/Haug/Ergenzinger, KWG, § 53b, Rn. 20; Schreiben des BAKred vom 10. Mai 1999, I 3 – 367 – 3/96 (Beachtlichkeit von Rechtsverordnungen, Mitteilungen, Verlautbarungen und Rundschreiben des Bundesaufsichtsamtes für das Kreditwesen für Zweigniederlassungen von Unternehmen mit Sitz in einem anderen Staat des Europäischen Wirtschaftsraums gemäß § 53b KWG (EU-Zweigniederlassungen); a.A. und zutreffend: Vahldiek, in: Boos/Fischer/Schulte-Mattler, KWG, § 53b, Rn. 87; Brocker, in: Schwennicke/Auerbach, KWG, § 53b, Rn. 35.

2496 Vahldiek, in: Boos/Fischer/Schulte-Mattler, KWG, § 53b, Rn. 132.

2497 Vahldiek, in: Boos/Fischer/Schulte-Mattler, KWG, § 53b, Rn. 134; Brocker, in: Schwennicke/Auerbach, KWG, § 53b, Rn. 35.

2498 Vahldiek, in: Boos/Fischer/Schulte-Mattler, KWG, § 53b, Rn. 153.

2499 Siehe zu dieser Unterscheidung: Vahldiek, in: Boos/Fischer/Schulte-Mattler, KWG, § 53b, Rn. 90 ff.; Brocker, in: Schwennicke/Auerbach, KWG, § 53b, Rn. 36 ff.

2500 Vahldiek, in: Boos/Fischer/Schulte-Mattler, KWG, § 53b, Rn. 89 ff.

2501 Hierauf weist Brocker, in: Schwennicke/Auerbach, KWG, § 53b, Rn. 36 hin.

2502 Art. 9 der Richtlinie 94/19/EG des Europäischen Parlaments und des Rates vom 30. Mai 1994 über Einlagensicherungssysteme sowie Art. 10 der Richtlinie 97/9/EG des Europäischen Parlaments und des Rates vom 3. März 1997 über Systeme für die Entschädigung der Anleger.

Im Rahmen von § 44 KWG kann sich eine Zuständigkeit der BaFin aus zwingenden Gründen des Allgemeininteresses wie auch aus der Zuständigkeitsverteilung, die Art. 43 Abs. 3 der Bankenrichtlinie (RL 2006/48/EG)[2503] vorsieht, ergeben[2504]. Jedoch ist der Anwendungsbereich des Art. 43 Abs. 3 der Bankenrichtlinie (RL 2006/48/EG) nur im Zusammenhang mit Zweigniederlassungen eröffnet, da die Bankenrichtlinie dem Aufnahmestaat keine Zuständigkeit für Prüfungen im Rahmen des grenzüberschreitenden Dienstleistungsverkehrs einräumt. Ein Anwendbarkeit des § 44 KWG im Rahmen des grenzüberschreitenden Dienstleistungsverkehrs kommt daher nur aus zwingenden Gründen des Allgemeininteresses in Betracht[2505].

Dagegen können Verfügungen gegenüber Zweigniederlassungen wie auch gegen Unternehmen, die im Wege einer grenzüberschreitenden Dienstleistung Bankgeschäfte im Inland betreiben, nur dann auf Basis von § 37 KWG (Einschreiten gegen ungesetzliche Geschäfte), § 44c KWG (Verfolgung unerlaubter Bankgeschäfte und Finanzdienstleistungen), § 49 KWG (sofortige Vollziehbarkeit) sowie § 17 FinDAG (Zwangsmittel) getroffen werden, wenn dies aus zwingenden Gründen des *Allgemeininteresses erforderlich ist. Diese Verfügungen müssen* Sachverhalte regeln, in denen die gegenseitige Anerkennung und damit die Erlaubnisfreiheit nach § 53b Abs. 1 S. 1 und 2 nicht greift[2506]. Die Verfügungen müssen aus zwingenden Gründen des Allgemeininteresses erforderlich sein.

Von den in § 53b Abs. 3 S. 3 KWG aufgeführten Vorschriften sind die meisten im Zusammenhang von Aktienemissionen über das Internet ohne größere Bedeutung. So bleibt die BaFin zwar bei Zweigniederlassungen von Einlagenkreditinstituten in Deutschland zur Überwachung der Einhaltung der Liquidität befugt. Für Wertpapierdienstleistungsunternehmen spielt diese Befugnis jedoch keine Rolle, da für sie – anders als für Einlagenkreditinstitute in der Bankenrichtlinie (RL 2006/48/EG) – in der MiFID (RL 2004/39/EG) keine Übertragung der Liquiditätsüberwachung auf den Aufnahmestaat vorgesehen worden ist[2507]. Auch kommt von den soeben aufgezählten Vorschriften, die auf Umsetzung von Richtlinien beruhen, gemäß § 53b Abs. 3 S. 3 KWG im Rahmen der Erbringung von Korrespondenzdienstleitungen lediglich § 23a KWG, der Regelungen über die Einlagensicherung und Entschädigung enthält, zur Anwendung. § 23a KWG spielt jedoch im Zusammenhang mit Aktienemissionen

---

2503 Richtlinie 2006/48/EG des Europäischen Parlaments und des Rates vom 14. Juni 2006 über die Aufnahme und Ausübung der Tätigkeit der Kreditinstitute (Neufassung), ABl. EU Nr. L 177 v. 30.6.2006, S. 1, geändert durch die Richtlinie 2009/111/EG des Europäischen Parlaments und des Rates vom 16. September 2009 zur Änderung der Richtlinien 2006/48/EG, 2006/49/EG und 2007/64/EG hinsichtlich Zentralorganisationen zugeordneter Banken, bestimmter Eigenmittelbestandteile, Großkredite, Aufsichtsregelungen und Krisenmanagement, ABl. EU Nr. L 302 v. 17.11.2009, S. 97.

2504 Vahldiek, in: Boos/Fischer/Schulte-Mattler, KWG, § 53b, Rn. 124.

2505 Vahldiek, in: Boos/Fischer/Schulte-Mattler, KWG, § 53b, Rn. 152.

2506 So Vahldiek, in: Boos/Fischer/Schulte-Mattler, KWG, § 53b, Rn. 121.

2507 Reischauer/Kleinhans, § 53b, Rn. 4; Vahldiek, in: Boos/Fischer/Schulte-Mattler, KWG, § 53b, Rn. 106 f.

keine Rolle, da im direkten Zusammenhang mit der Zeichnung von Aktien kein Einlagengeschäft betrieben wird.

Artt. 29 ff. der Bankenrichtlinie (RL 2006/48/EG) (vormals Artt. 21 ff. der RL 2000/12/EG)[2508], umgesetzt in deutsches Recht durch § 53b Abs. 3 S. 3, 4 und 5 KWG, räumt der zuständigen Behörde des Aufnahmemitgliedstaates die Befugnis ein, ein Einlagenkreditinstitut oder ein Wertpapierdienstleistungsunternehmen, das im Wege des grenzüberschreitenden Dienstleistungsverkehrs gegen Normen, die aufgrund der Bankenrichtlinie erlassen worden sind, verstößt aufzufordern dieses Verhalten einzustellen, und entsprechende Verfügungen zu erlassen, sofern die zuständige Heimatlandbehörde nach entsprechender Aufforderung durch die BaFin nicht tätig geworden ist (umgesetzt durch § 53b Abs. 4 KWG), oder in dringenden Fällen vor Unterrichtung der zuständigen Heimatlandbehörde die Maßnahmen selbst zu ergreifen (§ 53b Abs. 5 S. 1 KWG). Dieses Verfahren wird als kooperatives Verfahren bezeichnet und erfordert vor einem Tätigwerden der BaFin immer eine Einschaltung der zuständigen Aufsichtsbehörde des Herkunftslandes[2509].

Wie soeben dargestellt, enthält die Bankenrichtlinie (RL 2006/48/EG) jedoch keine Bestimmungen, die im Rahmen der Zeichnung von Aktien durch Anleger in der vorliegenden Konstellation von praktischer Relevanz wären. Insoweit spielt das abgestufte Kooperationsverfahren gemäß § 53b Abs. 4, 5 KWG vorliegend keine Rolle. Im Bereich des Wertpapierhandelsrechts besteht allerdings mit § 36a Abs. 3–4 WpHG, der auf Artt. 32 Abs. 7, 62 MiFID beruht, ein vergleichbares abgestuftes Kooperationsverfahren[2510], welches im Zusammenhang mit Wertpapiergeschäften eine größere praktische Relevanz besitzt[2511]. § 36a Abs. 4 i.V.m. Abs. 3 WpHG statuiert eine subsidiäre Eingriffskompetenz der BaFin für den Fall, dass ein Wertpapierdienstleistungsunternehmen aus einem anderen EWR-Staat, welches im Wege einer Korrespondenzdienstleistung Wertpapierdienstleistungen im Inland erbringt, gegen Vorschriften des 6. Abschnitts des WpHG oder entsprechende ausländische Bestimmungen verstößt, die in Umsetzung der MiFID erlassen worden sind[2512]. Verstöße gegen diese Bestimmungen unterfallen nicht dem Anwendungsbereich des § 53b KWG.

2508 Richtlinie 2000/12 des Europäischen Parlaments und des Rates vom 20. März 2000 über die Aufnahme und Ausübung der Tätigkeit der Kreditinstitute, ABl. EG Nr. L 126 v. 26.5.2000, S. 1, geändert durch die Richtlinie 2000/28 des Europäischen Parlaments und des Rates vom 18. September 2000 zur Änderung der Richtlinie 2000/12/EG über die Aufnahme und Ausübung der Tätigkeit der Kreditinstitute, ABl. EG Nr. L 275 v. 27.10.2000, S. 37.

2509 Siehe zu Einzelheiten: Vahldiek, in: Boos/Fischer/Schulte-Mattler, KWG, § 53b, Rn. 165 ff.;. Brocker, in: Schwennicke/Auerbach, KWG, § 53b, Rn. 45 ff.

2510 Dieses wird im 2. Teil, 6. Abschnitt, III.2. ausführlich dargestellt.

2511 Siehe zu diesem Verfahren: 2. Teil, 6. Abschnitt, A.III.1.b.

2512 Koch, in: Schwark/Zimmer, Kapitalmarktrechts-Kommentar, § 36a, Rn. 21 ff.; Schlette/Bouchon, in: Fuchs, WpHG, § 36a, Rn. 9; Döhmel, in: Assmann/Schneider, WpHG, § 36a, Rn. 11.

Nachdem eben gezeigt wurde, dass ein Tätigwerden der BaFin im Rahmen von § 53b Abs. 4, 5 WpHG zur Durchsetzung von speziellen europäischen Richtlinienvorgaben im Zusammenhang mit der Erbringung von Wertpapierdienstleistungen eher der Ausnahmefall sein dürfte, soll nun näher betrachtet werden, unter welchen Umständen im Rahmen von § 53b KWG ein Tätigwerden der BaFin aus zwingenden Gründen des Allgemeininteresses in Betracht kommt. Art. 26 Abs. 1 sowie Art. 31 der RL 2006/48/EG (vormals Art. 20 Abs. 5 der RL 2000/12/EG) räumen den Mitgliedstaaten die Befugnis ein, geeignete Maßnahmen zu ergreifen, um Missstände auf ihrem Staatsgebiet zu ahnden, die gegen die von ihnen aus Gründen des Allgemeininteresses erlassenen Rechts- und Verwaltungsvorschriften verstoßen.

Es besteht Einigkeit, dass es außerhalb des KWG auch Vorschriften gibt, die aus zwingenden Gründen des Allgemeininteresses Anwendung finden und zu einem Tätigwerden der BaFin, gestützt auf die in § 53 Abs. 3 S. 3 KWG genannten Ermächtigungsgrundlagen, berechtigen[2513]. Als solche Vorschriften kommen beispielsweise § 54b Abs. 2 S. 1 BeurkG (Führung von Notaranderkonten)[2514], § 261 StGB (Geldwäsche)[2515] oder die für Banktätigkeiten geltenden Vorschriften des vertraglichen Verbraucherschutzes in Betracht[2516].

Bevor die BaFin eine auf Normen außerhalb des KWG gestützte Verfügung aus Gründen des Allgemeininteresses erlassen darf, muss sie anhand der vom EuGH entwickelten sechs Kriterien nachweisen, dass die Anwendung der Norm aus Gründen des Allgemeininteresses erforderlich ist[2517]. Der EuGH hat in mehreren Entscheidungen[2518] der Geltendmachung des Allgemeininteresses durch nationale Behörden enge Grenzen gesetzt. Die Europäische Kommission hat diese Kriterien

2513 Vahldiek, in: Boos/Fischer/Schulte-Mattler, KWG, § 53b, Rn. 89 ff.; Brocker, in: Schwennicke/Auerbach, KWG, § 53b, Rn. 39 ff.; Haug, in: Szagunn/Haug/Ergenzinger, KWG, § 53b, Rn. 20, Berkenbusch, 128.

2514 Berkenbusch, 128, Fn. 451.

2515 Berkenbusch, 128, Fn. 451.

2516 Mitteilungen der EG-Kommission zu Auslegungsfragen über den freien Dienstleistungsverkehr und das Allgemeininteresse in der Zweiten Bankrechtslinie, SEK (97) 1193, ABl. EG Nr. C 209 v. 10.7.1997, S. 18, 21 f.; EuGH, Urt. v. 4.12.1986, Rs. C-205/84, Fn. 7 (Kommission ./. Deutschland).

2517 Siehe zu diesen Kriterien: Vahldiek, in: Boos/Fischer/Schulte-Mattler, KWG, § 53b, Rn. 89 f.; Brocker, in: Schwennicke/Auerbach, KWG, § 53b, Rn. 40; Berkenbusch, 129.

2518 EuGH, Urt. v. 10.5.1995, Rs. C-384/93, Slg. 1995, S. I-1141 (Alpine Investment); EuGH, Urt. v. 24.3.1994, Rs. C-275/92, Slg. 1994, S. I-1039 (Schindler); EuGH, Urt. v. 18.3.1980, Rs. 62/79, Slg. 1980, S. 881 (Coditel); EuGH, Urt. v. 25.7.1991, Rs. C-353/89, Slg. 1991, S. I-4069 (Mediawet); EuGH, Urt. v. 28.1.1992, Rs. C-204/90, Slg. 1992, S. 249 (Bachmann); EuGH, Urt. v. 30.11.1995, Rs. C-55/94, Slg. 1995, S. I-4165 (Gebhard).

in einer Mitteilung zu Auslegungsfragen[2519] spezifiziert und festgehalten, dass alle Kriterien kumulativ vorliegen müssen, damit die zuständige Behörde des Aufnahmemitgliedstaats tätig werden darf[2520]. (1) Es müssen vordringliche Gründe des Allgemeininteresses des Aufnahmestaats vorhanden sein; (2) es darf keine vorhergehende Harmonisierung des Regelungsbereichs durch Richtlinien erfolgt sein; (3) es darf keine Diskriminierung von Ausländern gegenüber Inländern erfolgen; (4) es darf keine Überschneidung des Allgemeininteresses mit bereits vorhandenen Vorschriften im Herkunftsstaat vorliegen; (5) die zu ergreifende Maßnahme muss im Allgemeininteresse erforderlich sein. (6) Schließlich muss die getroffene Maßnahme auch verhältnismäßig sein[2521].

In der Praxis kommt ein Einschreiten aus zwingenden Gründen des Allgemeinwohls im Zusammenhang mit Aktienemissionen über das Internet gegenüber Wertpapierdienstleistungsunternehmen mit Sitz in einem Vertragsstatt des EWR, die im Wege des grenzüberschreitenden Dienstleistungsverkehrs Wertpapierdienstleistungen im Inland erbringen bzw. Bankgeschäfte betreiben, nur in seltenen Fällen in Betracht, da in den beiden wichtigen Bereichen Prospektpflichten und Wohlverhaltensregeln spezielle Richtlinienvorgaben bestehen. Auch enthalten die Prospektrichtlinie (RL 2003/71/EG) wie auch die MiFID keine Ermächtigungsgrundlagen, Verfügungen aus zwingenden Gründen des Allgemeininteresses zu erlassen. Daraus folgt u.a., dass, sofern eine Behörde eines anderen Vertragsstaates des EWR einen Prospekt gebilligt hat, die BaFin eine Untersagung der Prospektveröffentlichung bzw. eines öffentlichen Angebots nicht auf Vorschriften des KWG aus zwingenden Gründen des Allgemeininteresses stützen kann. Gleiches gilt hinsichtlich der Verletzung von Wohlverhaltensregeln, da hier die MiFID ebenfalls abschließende Regelungen enthält.

Wird ein Tätigwerden auf Gründe des Allgemeininteresses gestützt, so kann die BaFin die in § 53 Abs. 3 S. 3 KWG genannten Mittel ergreifen. Diese Befugnis steht der BaFin gegenüber Wertpapierdienstleistungsunternehmen aus dem EWR und auch aus Drittstaaten zu, wobei letztere Gruppe nicht zur Erbringung von Wertpapierdienstleistungen im Inland berechtigt ist. Gemäß § 53b Abs. 4 S. 3 bzw. Abs. 5 S. 1 KWG kann die BaFin Verfügungen nur dann auf die in § 53b Abs. 3 KWG aufgeführten Normen stützen, wenn die zuvor gemäß § 53b Abs. 4 S. 2 KWG angesprochene Behörde des Herkunftsstaates keine Abhilfe schaffen kann oder will bzw. ein dringender Fall i.S.v. § 53b Abs. 5 S. 1 KWG vorliegt.

2519 Siehe Mitteilungen der EG-Kommission zu Auslegungsfragen über den freien Dienstleistungsverkehr und das Allgemeininteresse in der Zweiten Bankrechtslinie, SEK (97) 1193, ABl. EG Nr. C 209 v 10.7.1997, S. 6, 16.

2520 Siehe Vahldiek, in: Boos/Fischer/Schulte-Mattler, KWG, § 53b, Rn. 90; Brocker, in: Schwennicke/Auerbach, KWG, § 53b, Rn. 40; Berkenbusch, 129 f.

2521 Die dargestellten Kriterien stellen eine Zusammenfassung der Kommissionsmitteilung dar, die von Vahldiek, in: Boos/Fischer/Schulte-Mattler, KWG, § 53b, Rn. 90 in ähnlicher Form vorgenommen worden ist.

Bei einer richtlinienkonformen Auslegung des § 53b Abs. 4, 5 KWG kommen diese Verfahrensvorschriften bei Maßnahmen, die aus Gründen des Allgemeininteresses getroffen worden sind, nicht zur Anwendung, da gemäß Artt. 26 Abs. 1, 31 der Bankenrichtlinie (RL 2006/48/EG) die Bestimmungen über die Restzuständigkeit nicht die Befugnis der Mitgliedstaaten berühren, geeignete Maßnahmen zu ergreifen, um Unregelmäßigkeiten in ihrem Gebiet zu ahnden, die sie aufgrund zwingender Erfordernisse des Allgemeininteresses erlassen haben[2522]. Die BaFin besitzt hier eine Alleinzuständigkeit. Es macht keinen Sinn, die zuständige Behörde des Herkunftsstaates gemäß § 53b Abs. 4 S. 2 KWG aufzufordern, Abhilfe zu schaffen, wenn im Herkunftsstaat eine Regelung fehlt, die ihr ein Einschreiten bei Verstößen gegen aus zwingenden Gründen des Allgemeininteresses im Aufnahmestaat erlassene Vorschriften ermöglicht[2523].

b) Informationsübermittlung gemäß § 9 KWG

Im Gegensatz zum WpHG regelt das KWG nicht explizit den grenzüberschreitenden Informationsaustausch[2524]. § 9 Abs. 1 S. 6 KWG bestimmt lediglich, dass Informationen an eine ausländische Behörde weitergegeben werden dürfen, sofern diese und die von ihr beauftragten Personen einer der durch § 9 Abs. 1 S. 1 KWG für BaFin-Mitarbeiter geltenden vergleichbaren Verschwiegenheitspflicht unterliegen[2525]. Lediglich § 9 Abs. 1 S. 4 KWG enthält eine Regelung, nach der ein unbefugtes Offenbaren oder Verwerten von Informationen dann nicht vorliegt, wenn Informationen an die in § 9 Abs. 1 S. 4 Nr. 1–11 KWG genannten Stellen weitergegeben werden und diese Stellen die Informationen zur Erfüllung ihrer Aufgaben benötigen. Demnach ist ein Informationsaustausch unter den in § 9 KWG aufgestellten Voraussetzungen zulässig. Für Aktienemissionen über das Internet ist ein Informationsaustausch auf der Rechtsgrundlage von § 9 Abs. 1 S. 6 KWG von untergeordneter Bedeutung, da für Zwecke des Informationsaustauschs auf die Regelungen des WpHG sowie des WpPG zurückgegriffen werden kann. Von Normen, die die Informationsübermittlung regeln, sind solche zu unterscheiden, die Mitteilungs- und Unterrichtungspflichten der BaFin als Gastlandbehörde gegenüber der Herkunftsstaatsbehörde eines Wertpapierdienstleistungsunternehmens bzw. Einlagenkreditinstituts statuieren. Beispielsweise statuiert § 53b Abs. 4 S. 2, Abs. 6 KWG solche Unterrichtungspflichten.

2. Institute mit Sitz in einem Drittstaat

Institute, die keine Erlaubnis zum Betreiben von Bankgeschäften besitzen oder nicht unter Regeln des Europäischen Passes fallen, dürfen – wie bereits im 2. Teil, 3. Abschnitt unter A.III.4. dargestellt – im Inland nicht Finanzdienstleistungen im

2522 Vahldiek, in: Boos/Fischer/Schulte-Mattler, KWG, § 53b, Rn. 98, 171.
2523 Brocker, in: Schwennicke/Auerbach, KWG, § 53b, Rn. 45.
2524 Berkenbusch, 147.
2525 Lindemann, in: Boos/Fischer/Schulte-Mattler, KWG, § 9, Rn. 16 f.

Wege des grenzüberschreitenden Dienstleistungsverkehrs erbringen. Tun sie dies doch, kann die BaFin die entsprechenden Geschäfte untersagen.

Das Erbringen grenzüberschreitender Finanzdienstleistungen bzw. gewerbsmäßige Betreiben von Bankgeschäften aus Nicht-EWR-Staaten ist mit Ausnahme der Fälle des § 53c KWG unzulässig[2526]. Die BaFin hat daher solche Geschäfte zu untersagen. Von besonderem Interesse in dieser Konstellation ist lediglich die Vorschrift des § 37 KWG. Nach dieser Norm besitzt die BaFin die Befugnis, die Einstellung und Abwicklung des Geschäftsbetriebes zu verlangen bzw. eine Geschäftstätigkeit im Inland zu untersagen[2527]. Ferner kann die BaFin gemäß § 44c Abs. 1 S. 1 KWG Auskünfte von Unternehmen verlangen, bei denen Tatsachen die Annahme rechtfertigen oder bei denen feststeht, dass sie Bankgeschäfte oder Finanzdienstleistungen ohne die nach dem KWG erforderliche Erlaubnis oder nach § 3 KWG verbotene Geschäfte im Inland betreiben. Ohne Amtshilfe der Heimatlandbehörde lassen sich jedoch entsprechende Anordnungen nicht durchsetzen[2528].

III. Wohlverhaltensregeln gemäß §§ 31 ff. WpHG

Der BaFin stehen bei Verstößen inländischer Wertpapierdienstleistungsunternehmen, die ihre Wertpapierdienstleistungen mittels des Internet erbringen (virtuelle Emissionshäuser), gegen §§ 31 ff. WpHG die im 1. Teil, 4. Abschnitt unter C. beschriebenen Mittel zur Verfügung. Bei im Ausland ansässigen Anbietern gestaltet sich die Lage jedoch schwieriger.

Während im Rahmen der §§ 31 ff. WpHG a.F., die auf der Wertpapierdienstleistungsrichtlinie (RL 93/22/EG) beruhten, bei der Zuständigkeitsverteilung im Bereich der Überwachung der Einhaltung der Wohlverhaltensregelungen lediglich eine Unterscheidung zwischen inländischen und ausländischen Wertpapierdienstleistungsunternehmen vorgenommen wurde, wird seit Umsetzung der MiFID in deutsches Recht durch das FRUG zwischen Wertpapierdienstleistungsunternehmen, die ihren Sitz in einem EU-Mitgliedstaat bzw. EWR-Staat haben, und solchen, die ihren Sitz in einem Nicht-EWR-Staat (Drittstaat) haben, unterschieden[2529].

2526 Gemäß § 53c S. 1 Nr. 1 KWG kann das BMF durch Rechtsverordnung bestimmen, dass die Regelungen des § 53b KWG auf Institute aus Nicht-EWR-Staaten angewendet werden, soweit dies auf Grund von Abkommen der Europäischen Gemeinschaften mit Drittstaaten erforderlich ist. Von dieser Regelung wird derzeit kein Gebrauch gemacht. Daneben können gemäß § 53c S. 1 Nr. 2 KWG Zweigniederlassungen vollständig oder teilweise von den Vorschriften des KWG freigestellt werden. Derzeit bestehen mit den USA, Japan und Australien entsprechende Vereinbarungen; siehe hierzu: Vahldiek, in: Boos/Fischer/Schulte-Mattler, KWG, § 53c, Rn. 5 ff.

2527 Siehe hierzu: Fischer, in: Boos/Fischer/Schulte-Mattler, KWG, § 37, Rn. 1 ff.

2528 Siehe hierzu: 2. Teil, 6. Abschnitt, A.IV.

2529 Siehe hierzu: Rothenhöfer, in: Schwark/Zimmer, Kapitalmarktrechts-Kommentar, § 31 WpHG, Rn. 354 ff.; Fuchs, in: Fuchs, WpHG, § 31, Rn. 322 ff.; Koller, in: Assmann/Schneider, WpHG, § 31, Rn. 203.

1. Angebote aus EWR-Staaten

a) Keine Auskunfts- und Vorlagepflichten gemäß § 35 Abs. 2 WpHG

Wie bereits im 2. Teil, 3. Abschnitt unter A.II. dargestellt, finden auf Wertpapierdienstleistungsunternehmen aus EWR-Staaten, die Wertpapierdienstleistungen gegenüber Kunden erbringen, die ihren gewöhnlichen Aufenthalt oder ihre Geschäftsleitung im Inland haben, nicht deutsche Wohlverhaltensregeln Anwendung[2530]. Es gilt hier das Herkunftslandprinzip. Im Unterschied hierzu fanden vor Umsetzung der MiFID in deutsches Recht deutsche Wohlverhaltensregeln auch auf Wertpapierdienstleistungsunternehmen aus anderen EWR-Staaten Anwendung, sofern diese eine Wertpapierdienstleistung gegenüber Kunden erbrachten, die ihren gewöhnlichen Aufenthalt im Inland hatten, und die Wertpapierdienstleistung nicht ausschließlich im Ausland erbracht wurde.

§ 31 Abs. 10 WpHG sieht eine Anwendung der § 31 Abs. 1 Nr. 1, 2–9 WpHG sowie der §§ 31a, 31b, 31d, 31e WpHG nur für den Fall vor, dass ein Wertpapierdienstleistungsunternehmen aus einem Drittstaat Wertpapierdienstleistungen oder Wertpapiernebendienstleistungen einschließlich der damit im Zusammenhang stehenden Nebenleistungen ausschließlich in einem Drittstaat erbringt[2531]. Dementsprechend ist der Anwendungsbereich des § 35 Abs. 2 WpHG n.F. auf Wertpapierdienstleistungsunternehmen aus Drittstaaten begrenzt, die Wertpapierdienstleistungen gegenüber Kunden erbringen, die ihren gewöhnlichen Aufenthalt im Inland haben, sofern nicht die Wertpapierdienstleistung einschließlich der damit im Zusammenhang stehenden Wertpapiernebendienstleistungen ausschließlich in einem Drittstaat erbracht wird[2532]. Die Begrenzung des Anwendungsbereichs des § 35 Abs. 2 WpHG n.F. auf Wertpapierdienstleistungsunternehmen aus Drittstaaten wurde vom deutschen Gesetzgeber mit dem strikten Herkunftslandprinzip der MiFID und der daraus resultierenden Notwendigkeit einer ausschließlichen Beaufsichtigung durch die Herkunftslandbehörde begründet[2533].

Im Unterschied zur Rechtslage vor Inkrafttreten der MiFID wird die Einhaltung der Wohlverhaltensregeln von Wertpapierdienstleistungsunternehmen, die ihren Sitz in einem EWR-Staat haben, vom Herkunftsstaat kontrolliert. Daher bedarf es keiner § 35 Abs. 2 WpHG a.F. vergleichbaren Norm mehr.

§ 35 Abs. 2 WpHG a.F. räumte dagegen der BaFin die Befugnis ein, auch von Unternehmen mit Sitz in einem EWR-Staat Auskünfte sowie die Vorlage von

2530 Fuchs, in: Fuchs, WpHG, § 31, Rn. 326; Rothenhöfer, in: Schwark/Zimmer, Kapitalmarktrechts-Kommentar, § 31 WpHG, Rn. 356; Koller, in: Assmann/Schneider, WpHG, § 31, Rn. 202.

2531 Siehe 2. Teil, 3. Abschnitt, A.II.1.

2532 Siehe hierzu: Fett, in: Schwark/Zimmer, Kapitalmarktrechts-Kommentar, § 35 WpHG, Rn. 7 ff.; Schlette/Bouchon, in: Fuchs, WpHG, § 35, Rn. 9.

2533 Begr. RegE., BT-Drs. 16/4028, S. 77.

Unterlagen zu verlangen[2534], da hinsichtlich der durch Artt. 11 Abs. 2, 19 Abs. 2 der Wertpapierdienstleistungsrichtlinie (RL 93/12/EG) aufgestellten Verhaltensregeln das Herkunftslandprinzip durchbrochen wurde. Der Aufnahmestaat war zu einer Überwachung der Einhaltung dieser Pflichten berechtigt[2535]. Diese Berechtigung wurde dem Aufnahmestaat durch Art. 42 Abs. 1 der Wertpapierdienstleistungsrichtlinie (RL 93/12/EG) eingeräumt und war durch § 35 Abs. 2 WpHG a.F. in deutsches Recht umgesetzt worden. Allerdings scheiterte eine Durchsetzung dieses Auskunftsverlangens oftmals am Territorialitätsprinzip[2536]. § 35 Abs. 1 WpHG a.F. wie auch § 35 Abs. 1 WpHG n.F. galten bzw. gelten hingegen nur für Wertpapierdienstleistungsunternehmen mit Sitz im Inland.

b) Subsidiäre Eingriffskompetenz gemäß § 36a Abs. 4 i.V.m. Abs. 3 WpHG

§ 36a Abs. 4 i.V.m. Abs. 3 WpHG statuiert in Umsetzung der Artt. 32, 62 MiFID eine subsidiäre Eingriffskompetenz der BaFin für den Fall, dass ein Wertpapierdienstleistungsunternehmen aus einem anderen EWR-Staat, welches im Wege einer Korrespondenzdienstleistung Wertpapierdienstleistungen im Inland erbringt, gegen Vorschriften des 6. Abschnitts des WpHG oder entsprechende ausländische Bestimmungen verstößt[2537]. Im Rahmen des Europäischen Passes dürfen Wertpapierdienstleistungsunternehmen aus einem anderen EWR-Staat im Inland Wertpapierdienstleistungen erbringen, entweder mittels einer Zweigniederlassung oder im Wege des grenzüberschreitenden Dienstleistungsverkehrs.

Werden Wertpapierdienstleistungen über eine Zweigniederlassung erbracht, so regelt § 36a Abs. 1 WpHG den Umfang der Restgeltung von Vorschriften des 6. Abschnitts des WpHG sowie § 36a Abs. 2 WpHG die diesbezüglichen aufsichtsrechtlichen Befugnisse der BaFin[2538]. Gemäß § 36a Abs. 1 S. 1 WpHG finden die Vorschriften des 6. Abschnitts des WpHG mit Ausnahme der §§ 31 Abs. 1 Nr. 2, 31f, 31g, 33, 33b, 34a, 34b Abs. 5 WpHG sowie der §§ 34c, 34d WpHG auf Zweigniederlassungen i.S.v. § 53b KWG Anwendung, die Wertpapierdienstleistungen im Inland erbringen. Die in § 36a Abs. 1 S. 1 WpHG aufgeführten Vorschriften, welche auf Zweigniederlassungen keine Anwendung finden, regeln im Wesentlichen Organisationspflichten, nicht aber Aufklärungs- und Beratungspflichten. Die

---

2534 Berkenbusch, 160; Schwark, in: Schwark, Kapitalmarktrechts-Kommentar, 3. Auflage, § 35 WpHG, Rn. 9; Koller, in: Assmann/Schneider, WpHG, 4. Auflage, § 35, Rn. 4 f.

2535 Berkenbusch, 160; Schwark, in: Schwark, Kapitalmarktrechts-Kommentar, 3. Auflage, § 35 WpHG, Rn. 9.

2536 Koller, in: Assmann/Schneider, WpHG, 4. Auflage, § 35, Rn. 4; siehe ausführlich unten IV.2.

2537 Fett, in: Schwark/Zimmer, Kapitalmarktrechts-Kommentar, § 36a, Rn. 21 ff.; Schlette/Bouchon, in: Fuchs, WpHG, § 36a, Rn. 9; Döhmel, in: Assmann/Schneider, WpHG, § 36a, Rn. 11.

2538 Fett, in: Schwark/Zimmer, Kapitalmarktrechts-Kommentar, § 36a, Rn. 4 ff.; Schlette/Bouchon, in: Fuchs, WpHG, § 36a, Rn. 2 ff.; Döhmel, in: Assmann/Schneider, WpHG, § 36a, Rn. 3 ff.

Überwachung von Organisationspflichten obliegt der zuständigen Behörde des Herkunftslandes. Liegt ein Verstoß gegen die in § 36a Abs. 1 S. 1 WpHG aufgeführten Normen vor, so richtet sich das Verfahren nach § 36a Abs. 2 WpHG[2539].

Verstößt eine Zweigniederlassung gegen andere als die nach § 36a Abs. 1 S. 1 WpHG anwendbaren Vorschriften des 6. Abschnitts des WpHG oder entsprechende ausländische Vorschriften – diese liegen außerhalb des originären Zuständigkeitsbereichs der BaFin –, so richtet sich das von der BaFin anzuwendende Verfahren nach § 36a Abs. 3 WpHG[2540]. Für die Überwachung dieser Vorschriften besitzt die BaFin lediglich eine subsidiäre Eingriffskompetenz.

Auf grenzüberschreitende Wertpapierdienstleistungen eines Wertpapierdienstleistungsunternehmens aus einem anderen EWR-Staat im Inland sind die Vorschriften des 6. Abschnitts des WpHG auch nicht über § 36a Abs. 1 WpHG anwendbar. Die BaFin kann gegenüber solchen Unternehmen keine auf § 36a Abs. 2 WpHG gestützten Maßnahmen erlassen. Es finden die in Umsetzung der MiFID bzw. der MiFID-Durchführungsrichtlinie im Heimatstaat des Wertpapierdienstleistungsunternehmens erlassenen Vorschriften Anwendung. Die Einhaltung dieser Vorschriften wird von der zuständigen Heimatlandbehörde überwacht.

§ 36b Abs. 4 WpHG, der den grenzüberschreitenden Dienstleistungsverkehr regelt, verweist weder auf § 36a Abs. 1 noch auf § 36a Abs. 2 WpHG. Es wird lediglich auf § 36a Abs. 3 WpHG verwiesen. Die BaFin besitzt daher gegenüber Wertpapierdienstleistungsunternehmen, die im Inland eine Korrespondenzdienstleistung erbringen, lediglich eine subsidiäre Eingriffskompetenz[2541]. Gemäß § 36a Abs. 4 i.V.m. Abs. 3 WpHG kann die BaFin Verstöße gegen Vorschriften des 6. Abschnitts des WpHG oder entsprechender ausländischer Normen, die im Rahmen einer grenzüberschreitenden Dienstleistungserbringung im Inland von einem Wertpapierdienstleistungsunternehmen aus einem anderen EWR-Staat begangenen wurden, nur eingeschränkt ahnden. Stellt die BaFin Verstöße gegen Vorschriften des 6. Abschnitts des WpHG oder entsprechende Normen im Herkunftsland des Wertpapierdienstleistungsunternehmens fest, so teilt sie diese Verstöße der zuständigen Stelle des Herkunftsmitgliedstaates nach Maßgabe des § 7 Abs. 5 S. 1 WpHG mit[2542]. Sind die daraufhin getroffenen Maßnahmen der zuständigen Behörde des Herkunftsmitgliedstaates unzureichend oder verstößt das Unternehmen aus

---

2539 Siehe zu diesem Verfahren: Fett, in: Schwark/Zimmer, Kapitalmarktrechts-Kommentar, § 36a, Rn. 11 ff.; Schlette/Bouchon, in: Fuchs, WpHG, § 36a, Rn. 5 ff.; Döhmel, in: Assmann/Schneider, WpHG, § 36a, Rn. 6 ff.

2540 Siehe zu diesem Verfahren: Fett, in: Schwark/Zimmer, Kapitalmarktrechts-Kommentar, § 36a, Rn. 16 ff.; Schlette/Bouchon, in: Fuchs, WpHG, § 36a, Rn. 8 ff.; Döhmel, in: Assmann/Schneider, WpHG, § 36a, Rn. 9 ff.

2541 Döhmel, in: Assmann/Schneider, WpHG, § 36a, Rn. 11; Fett, in: Schwark/Zimmer, Kapitalmarktrechts-Kommentar, § 36a, Rn. 22.

2542 Fett, in: Schwark/Zimmer, Kapitalmarktrechts-Kommentar, § 36a, Rn. 18 f.; Schlette/Bouchon, in: Fuchs, WpHG, § 36a, Rn. 8 f.; Döhmel, in: Assmann/Schneider, WpHG, § 36a, Rn. 10.

anderen Gründen weiter gegen Bestimmungen des 6. Abschnitts des WpHG und sind dadurch Anlegerinteressen oder die ordnungsgemäße Funktion des Marktes gefährdet, so ergreift die Bundesanstalt nach vorheriger Unterrichtung der zuständigen Behörde des Herkunftsmitgliedstaates alle erforderlichen Maßnahmen, um den Anlegerschutz und die ordnungsgemäße Funktion der Märkte zu gewährleisten[2543]. Gemäß § 36a Abs. 3 S. 3 i.V.m. Abs. 2 S. 5 WpHG kann die BaFin Wertpapierdienstleistungsunternehmen aus anderen EWR-Staaten auch – soweit erforderlich – die Durchführung neuer Geschäfte im Inland untersagen.

c) Jahresprüfung gemäß § 36 Abs. 1 S. 1 WpHG

Eine solche ist nur bei Unternehmen, die ihren Sitz in Deutschland haben, zulässig.

d) Einschreiten gemäß § 4 Abs. 1 S. 3 WpHG

Ein Vorgehen gemäß § 4 Abs. 1 S. 3 WpHG ist aufgrund des Konzepts des Europäischen Passes gegenüber Wertpapierdienstleistungsunternehmen mit Sitz in einem Vertragsstaat des EWR nicht ohne weiteres möglich[2544]. Es ist zu berücksichtigen, dass es sich bei dieser Norm um eine subsidiäre Generaleingriffsermächtigung handelt. Hieraus folgt, dass ein Rückgriff auf § 4 Abs. 1 S. 3 WpHG immer nur dann möglich ist, wenn das WpHG keine Spezialermächtigung vorsieht[2545]. Gleiches gilt bzgl. weiterer durch § 4 WpHG statuierter Eingriffsbefugnisse wie beispielsweise der Möglichkeit, gemäß § 4 Abs. 2 S. 1 WpHG Anordnungen treffen zu können, die zur Durchsetzung der Einhaltung der im WpHG niedergelegten Verbote und Gebote geeignet und erforderlich sind.

Im Bereich der Aufsicht über Wertpapierdienstleistungsunternehmen aus anderen EWR-Staaten, die im Wege einer Korrespondenzdienstleistung eine Wertpapierdienstleistung im Inland erbringen, enthält das WpHG mit § 36a Abs. 4 i.V.m. Abs. 3 WpHG eine spezielle Eingriffsbefugnis für den Fall, dass die Heimatlandbehörde des Wertpapierdienstleistungsunternehmens nicht tätig wird[2546]. Diese Befugnis beruht auf Artt. 32 Abs. 7, 62 MiFID. Anders als die Bankenrichtlinie (RL 2006/48/EG) enthält die MiFID keine Ermächtigung der Gastlandbehörde, Verfügungen aus zwingenden Gründen des Allgemeininteresses zu erlassen. Daher ist ein Rückgriff auf § 4 Abs. 1 S. 3 WpHG wie auch auf § 4 Abs. 2 S. 1 WpHG nicht

---

2543 Fett, in: Schwark/Zimmer, Kapitalmarktrechts-Kommentar, § 36a, Rn. 18 f.; Schlette/Bouchon, in: Fuchs, WpHG, § 36a, Rn. 8 f.; Döhmel, in: Assmann/Schneider, WpHG, § 36a, Rn. 10.

2544 So weist Zetzsche, in: Schwark/Zimmer, Kapitalmarktrechts-Kommentar, § 4 WpHG, Rn. 79 darauf hin, dass eine zwangsweise Durchsetzung von Maßnahmen gegen Wertpapierdienstleistungsunternehmen aus EWR-Staaten aufgrund von § 7 Abs. 2 WpHG ohne Mitwirkung der Heimatlandbehörde nicht möglich ist.

2545 Zetzsche, in: Schwark/Zimmer, Kapitalmarktrechts-Kommentar, § 4 WpHG, Rn. 32; Döhmel, in: Assmann/Schneider, WpHG, § 4, Rn. 16.

2546 Zetzsche, in: Schwark/Zimmer, Kapitalmarktrechts-Kommentar, § 4 WpHG, Rn. 33.

möglich. Die Reglung des § 4 Abs. 1 S. 3 WpHG entspricht insoweit der des § 6 Abs. 3 KWG[2547]. Diese kann ebenfalls nur aus zwingenden Gründen des Allgemeininteresses zur Anwendung gelangen[2548].

e) Informationsübermittlung und Zusammenarbeit mit Behörden in anderen EWR-Staaten

Die internationale Zusammenarbeit der BaFin mit den zuständigen Aufsichtsbehörden anderer Staaten regelt § 7 WpHG[2549]. Diese Norm regelt neben der Gewährung von Amtshilfe die Art und Weise des Austauschs von Informationen mit ausländischen Aufsichtsbehörden, die zur Erfüllung der Vorschriften des WpHG geeignet und erforderlich sind. Dabei nimmt sie eine Differenzierung zwischen der Zusammenarbeit mit Behörden aus EWR-Staaten und solchen aus Nicht-EWR-Staaten vor. So besteht beispielsweise gegenüber Aufsichtsbehörden aus EWR-Staaten eine Pflicht zur Informationsübermittlung, während mit Aufsichtsbehörden aus Nicht-EWR-Staaten ein Informationsaustausch lediglich auf freiwilliger Basis erfolgt[2550]. Eine Übermittlung von Informationen hat hier im pflichtgemäßen Ermessen der BaFin zu erfolgen[2551].

§ 7 Abs. 1, 2, 2a, 2b, 4 und 5 WpHG regelt die Zusammenarbeit mit der zuständigen Herkunftsstaatsbehörde eines anderen EWR-Staates. Im Rahmen der Zusammenarbeit ist die BaFin gemäß § 7 Abs. 5 S. 1 WpHG u.a. dazu verpflichtet, Anhaltspunkte für einen Verstoß gegen Verbote oder Gebote nach den Vorschriften des WpHG oder nach entsprechenden ausländischen Vorschriften der zuständigen Aufsichtsbehörde des EWR-Staates, auf dessen Gebiet die vorschriftswidrige Handlung stattfindet oder stattgefunden hat, mitzuteilen[2552]. Diese Verpflichtung beruht auf Art. 58 Abs. 1 der MiFID. Das auf den Informationsaustausch anzuwendende Verfahren richtet sich nach Art. 15 der MiFID-Durchführungs-VO[2553].

2547 Schäfer, in: Boos/Fischer/Schulte-Mattler, KWG, § 6, Rn. 57.

2548 Vahldiek, in: Boos/Fischer/Schulte-Mattler, KWG, § 53b, Rn. 130, 153; a.A. Brocker, in: Schwennicke/Auerbach, KWG, § 53b, Rn. 44, der eine Anwendung von § 6 Abs. 3 KWG jedenfalls im Zusammenhang mit Zweigniederlassungen grundsätzlich ablehnt.

2549 Siehe hierzu: Beck, in: Schwark/Zimmer, Kapitalmarktrechts-Kommentar, § 7, Rn. 4 ff.; Döhmel, in: Assmann/Schneider, WpHG, § 7, Rn. 5 ff.

2550 Schlette/Bouchon, in: Fuchs, WpHG, § 7, Rn. 10; Döhmel, in: Assmann/Schneider, WpHG, § 7, Rn. 26.

2551 Schlette/Bouchon, in: Fuchs, WpHG, § 7, Rn. 10; Döhmel, in: Assmann/Schneider, WpHG, § 7, Rn. 26.

2552 Siehe zu § 7 Abs. 5 WpHG: Beck, in: Schwark/Zimmer, Kapitalmarktrechts-Kommentar, § 7 WpHG, Rn. 24; Döhmel, in: Assmann/Schneider, WpHG, § 7, Rn. 25; Schlette/Bouchon, in: Fuchs, WpHG, § 7, Rn. 26.

2553 Verordnung (EG) Nr. 1287/2006 der Kommission und vom 10. August 2006 zur Durchführung der Richtlinie 2004/39/EG des Europäischen Parlaments und des Rates betreffend die Aufzeichnungspflichten für Wertpapierfirmen, die Meldung

Von größerer Bedeutung im Zusammenhang mit Wertpapierdienstleistungen, die im Inland im Wege des grenzüberschreitenden Dienstleistungsverkehrs erbracht werden, ist die Frage, welche Informationen die Aufsichtsbehörde eines anderen EWR-Staates an die BaFin zu übermitteln hat. Inhalt und Verfahren werden hier ebenfalls von Art. 58 Abs. 1 der MiFID sowie von Art. 15 der MiFID-Durchführungs-VO geregelt, da diese Normen in allen EWR-Staaten Anwendung finden.

Die in Umsetzung von Art. 58 MiFID ergangenen Regelungen im jeweiligen Herkunftsstaat des Wertpapierdienstleistungsunternehmens stellen eine spiegelbildliche Regelung des § 7 Abs. 5 WpHG dar[2554]. Der deutsche Gesetzgeber hat in § 7 Abs. 4 S. 1 WpHG (deklaratorisch) festgehalten, dass die BaFin die in § 7 Abs. 1 S. 1 WpHG genannten Stellen in anderen EWR-Staaten um die Durchführung von Untersuchungen und um Übermittlung von Informationen bitten kann, wenn diese Untersuchungen oder Informationen zur Erfüllung ihrer Aufgaben nach den Vorschriften des WpHG geeignet und erforderlich sind[2555]. Eine solches Vorgehen kommt beispielsweise in Betracht, wenn ein Wertpapierdienstleistungsunternehmen mit Sitz in einem anderen EWR-Staat in Deutschland im Wege des grenzüberschreitenden Dienstleistungsverkehrs Wertpapierdienstleistungen erbringt.

2. Angebote aus Drittstaaten

a) Auskunfts- und Vorlagepflichten gemäß § 35 Abs. 2 WpHG

Wie bereits im 2. Teil, 3. Abschnitt unter A.II. dargestellt, unterfallen Wertpapierdienstleistungsunternehmen aus Nicht-EWR-Staaten, sofern sie eine Wertpapierdienstleistung gegenüber Kunden erbringen, die ihren gewöhnlichen Aufenthalt oder ihre Geschäftsleitung im Inland haben, gemäß § 31 Abs. 10 WpHG dem Anwendungsbereich der § 31 Abs. 1 Nr. 1, Abs. 2 WpHG sowie der §§ 31a, 31b, 31d, 31e WpHG, sofern nicht die Wertpapierdienstleistung oder Wertpapiernebendienstleistung einschließlich der damit im Zusammenhang stehenden Nebenleistungen ausschließlich in einem Drittstaat erbracht wird[2556]. Das Erbringen grenzüberschreitender Finanzdienstleistungen bzw. Betreiben von Bankgeschäften aus Nicht-EWR-Staaten ist allerdings mit Ausnahme der Fälle des § 53c KWG bereits unabhängig davon unzulässig, ob das Wertpapierdienstleistungsunternehmen aus

von Geschäften, die Markttransparenz, die Zulassung von Finanzinstrumenten zum Handel und bestimmte Begriffe im Sinne dieser Richtlinie, ABl. EU Nr. L 241 v. 2.9.2006, S. 1 ff.

2554 Döhmel, in: Assmann/Schneider, WpHG, § 7, Rn. 23.

2555 Beck, in: Schwark/Zimmer, Kapitalmarktrechts-Kommentar, § 7 WpHG, Rn. 25 ff.; Döhmel, in: Assmann/Schneider, WpHG, § 7, Rn. 23.

2556 Siehe zu § 31 Abs. 10 WpHG: Rothenhöfer, in: Schwark/Zimmer, Kapitalmarktrechts-Kommentar, § 31 WpHG, Rn. 354 ff.; Koller, in: Assmann/Schneider, WpHG, § 31, Rn. 202; Fuchs, in: Fuchs, WpHG, § 31, Rn. 322 ff.

einem Nicht-EWG-Staat gegen Vorschriften des 6. Kapitels des WpHG verstößt[2557]. Daher ist zweifelhaft, ob § 35 Abs. 2 WpHG Praxisrelevanz besitzt[2558].

§ 35 Abs. 1 WpHG räumt der BaFin die Befugnis ein, ohne besonderen Anlass Prüfungen zur Überwachung der Einhaltung der im 6. Abschnitt des WpHG geregelten Pflichten bei Wertpapierdienstleistungsunternehmen, mit diesen verbundenen Unternehmen sowie Zweigniederlassungen i.S.v. § 53b KWG vorzunehmen[2559]. § 35 Abs. 1 WpHG findet daher lediglich auf Wertpapierdienstleistungsunternehmen und Kreditinstitute Anwendung, die ihre Hauptverwaltung oder eine Zweigniederlassung im Inland haben. Erbringt dagegen ein Wertpapierdienstleistungsunternehmen aus einem Nicht-EWR-Staat Wertpapierdienstleistungen in Form einer Korrespondenzdienstleistung im Inland, besitzt die BaFin keine Prüfkompetenz i.S.v. § 35 Abs. 1 WpHG. Ein solcher Anspruch kann allenfalls im Wege der Amtshilfe durchgesetzt werden[2560]. Um die Einhaltung der Wohlverhaltensregeln gegenüber Wertpapierdienstleistungsunternehmen aus Nicht-EWR-Staaten überwachen zu können, räumt § 35 Abs. 2 WpHG der BaFin allerdings die Befugnis ein, auch von Unternehmen mit Sitz in diesen Staaten Auskünfte sowie die Vorlage von Unterlagen zu verlangen, sofern diese Wertpapierdienstleistungen in Form einer Korrespondenzdienstleistung im Inland erbringen[2561]. Allerdings scheitert eine Durchsetzung dieses Auskunftsverlangens in der Praxis am Territorialitätsprinzip[2562]. Das ausländische Wertpapierdienstleistungsunternehmen untersteht nur insoweit der inländischen Marktaufsicht der BaFin, als die Betätigung dieses Unternehmens auch die Interessen inländischer Kunden berührt.

b) Einschreiten gemäß § 4 Abs. 1 S. 3 WpHG sowie gemäß § 4 Abs. 2 S. 1 WpHG

Erbringt dagegen ein Wertpapierdienstleistungsunternehmen aus einem Nicht-EWR-Staat Wertpapierdienstleistungen in Form einer Korrespondenzdienstleistung im Inland, so ist die BaFin befugt, Anordnungen gemäß § 4 Abs. 1 S. 3 WpHG gegenüber dem Unternehmen zu treffen, die geeignet und erforderlich

---

2557 Gemäß § 53c S. 1 Nr. 1 KWG kann das BMF durch Rechtsverordnung bestimmen, dass die Regelungen des § 53b KWG auf Institute aus Nicht-EWR-Staaten angewendet werden, soweit dies auf Grund von Abkommen der Europäischen Gemeinschaften mit Drittstaaten erforderlich ist. Von dieser Regelung wird derzeit kein Gebrauch gemacht. Daneben können gemäß § 53c S. 1 Nr. 2 KWG Zweigniederlassungen teilweise von den Vorschriften des KWG freigestellt werden. Derzeit bestehen mit den USA, Japan und Australien entsprechende Vereinbarungen.

2558 Fett, in: Schwark/Zimmer, Kapitalmarktrechts-Kommentar, § 35, Rn. 9.

2559 Siehe zu § 35 Abs. 1 WpHG: Fett, in: Schwark/Zimmer, Kapitalmarktrechts-Kommentar, § 35, Rn. 2 ff.; Koller, in: Assmann/Schneider, WpHG, § 35, Rn. 2 ff.

2560 Siehe zu dieser Frage: 2. Teil, 6. Abschnitt, A.III.2.d.

2561 Rothenhöfer, in: Schwark/Zimmer, Kapitalmarktrechts-Kommentar, § 35 WpHG, Rn. 7 ff.; Koller, in: Assmann/Schneider, WpHG, § 31, Rn. 202; Fuchs, in: Fuchs, WpHG, § 31, Rn. 322 ff.

2562 Koller, in: Assmann/Schneider, WpHG, § 35, Rn. 5; siehe ausführlich unten IV.2.

sind, Missstände zu beseitigen oder zu verhindern. Gegenüber Wertpapierdienstleistungsunternehmen aus Nicht-EWR-Staaten ist § 4 Abs. 1 S. 3 WpHG uneingeschränkt anwendbar, sofern nicht der Anwendungsbereich der spezielleren Regelung des § 35 Abs. 2 WpHG eröffnet ist[2563]. Allerdings dürfte die praktische Durchsetzbarkeit einer auf Basis von § 4 Abs. 1 S. 3 WpHG von der BaFin erlassenen Verfügung aufgrund des Territorialitätsprinzips nicht gegeben sein[2564]. Gleiches gilt für Verfügungen, die die BaFin auf der Rechtsgrundlage von § 4 Abs. 2 S. 1 WpHG gegen Wertpapierdienstleistungsunternehmen aus Nicht-EWR-Staaten erlässt. Ohne Amtshilfe der zuständigen Behörde im Nicht-EWR-Staat sind diese gegenüber dem Wertpapierdienstleistungsunternehmen nicht durchsetzbar.

c) Jahresprüfung gemäß § 36 Abs. 1 S. 1 WpHG
Eine solche ist nur bei Unternehmen, die ihren Sitz oder eine Zweigniederlassung in Deutschland haben, zulässig.

d) Informationsübermittlung gemäß § 7 WpHG
Gemäß § 7 Abs. 7 S. 1 WpHG kann die BaFin mit den zuständigen Stellen von Nicht-EWR-Staaten entsprechend § 7 Abs. 1–6 WpHG zusammenarbeiten und Vereinbarungen über den Austausch von Informationen abschließen[2565]. Die Ausgestaltung des Verfahrens der Informationsübermittlung mit solchen Staaten sowie etwaige Verpflichtungen zur Leistung von Unterstützungsmaßnahmen werden von der MiFID bzw. der MiFID-Durchführungs-VO nicht geregelt, da diese nur im Verhältnis zwischen EWR-Staaten bindend sind und die EU nicht für Drittstaaten verbindliche Regeln setzen kann[2566]. Vielmehr kommt eine Informationsübermittlung und Unterstützung bei Prüfungshandlungen nur im Rahmen eines Memorandum of Understanding (MoU)[2567] in Betracht. Dieses regelt die Zusammenarbeit zwischen den einzelnen nationalen Wertpapierhandelsüberwachungsbehörden.

2563 Zetzsche, in: Schwark/Zimmer, Kapitalmarktrechts-Kommentar, § 4, Rn. 32 f.

2564 Siehe zur Bedeutung des Territorialitätsprinzips bei Internetsachverhalten: Ruthig, in: Gounalakis, Rechtshandbuch Electronic Business, § 14, Rn. 19 ff.

2565 Siehe zu § 7 Abs. 7 WpHG: Beck, in: Schwark/Zimmer, Kapitalmarktrechts-Kommentar, § 7 WpHG, Rn. 10 f.; Döhmel, in: Assmann/Schneider, WpHG, § 7, Rn. 27.

2566 Hierauf weisen Beck, in: Schwark/Zimmer, Kapitalmarktrechts-Kommentar, § 7 WpHG, Rn. 10 sowie Schlette/Bouchon, in: Fuchs, WpHG, § 7, Rn. 10 WpHG hin.

2567 Es bestehen Abkommen zwischen BaFin und u.a. den US-amerikanischen Behörden SEC (Securities Exchange Commission) und CFTC (Commodities Futures Trading Commission), den Aufsichtsbehörden in China (China Securities Regulatory Commission; CSRC), Taiwan (Securities Futures Commission), Türkei, Jersey, Südafrika, Hongkong (Securities and Futures Commission), Australien (Australian Securities Commission), Brasilien und Argentinien (Comisión Nacional de Valores, CNV). Mit der Schweiz besteht hingegen nur ein Briefwechsel. Eine vollständige Liste der von der BaFin abgeschlossenen MoU kann unter http://www.bafin.de/

Bei einem sog. Memorandum of Understanding handelt es sich nicht um einen völkerrechtlichen Vertrag, da der jeweiligen Aufsichtsbehörde die Kompetenz zum Abschluss völkerrechtlicher Verträge fehlt[2568]. Neben einem Informationsaustausch sehen die MoU teilweise auch Inspektionen durch die Aufsichtsbehörden des Herkunftslandes auf Ersuchen der Aufsichtsbehörde des Aufnahmestaates vor[2569]. Für den Informationsaustausch und die Zusammenarbeit mit Aufsichtsbehörden aus Nicht-EWR-Staaten gelten im Grundsatz die für den Informationsaustausch mit Aufsichtsbehörden aus EWR-Staaten von § 7 WpHG statuierten Regelungen. Allerdings bestimmt § 7 Abs. 7 S. 2 WpHG, dass Informationen, die von einer Behörde aus einem Nicht-EWR-Staat übermittelt werden, nur unter Beachtung einer Zweckbestimmung der übermittelnden Stelle verwendet und nur mit ausdrücklicher Zustimmung der übermittelnden Stelle der Deutschen Bundesbank oder dem Bundeskartellamt mitgeteilt werden dürfen, sofern dies für die Erfüllung ihrer Aufgaben erforderlich ist[2570]. Für die Übermittlung personenbezogener Daten gilt gemäß § 7 Abs. 7 S. 4 WpHG dabei § 4b BDSG.

IV. Bekanntgabe und Vollstreckung

Wurde in den vorherigen Punkten A.I.-III. dieses Abschnitts sowie im Abschnitt 2 des 2. Teils unter A. die Frage des Umfangs der Regelungsgewalt von Staaten und der Verfahrenszuständigkeit der BaFin behandelt, soll nunmehr der Frage nach den territorialen Grenzen der staatlichen Vollzugsgewalt im Bereich des Kapitalmarktrechts nachgegangen werden[2571]. Hierbei geht es um die Fragestellung, ob und inwieweit Staaten befugt sind, auch außerhalb ihres Hoheitsgebiets hoheitliche Handlungen vorzunehmen. Der vom StIGH im Lotusfall[2572] aufgestellte Grundsatz, dass die Ausübung hoheitlicher Gewalt auf fremdem Staatsgebiet unzulässig ist, sofern keine Regelungen oder Titel vorliegen, die dies gestatten, gilt bis heute fort[2573]. Welche Handlungen eines Staates auf dem Gebiet eines anderen Staates verboten sind, hängt von der Ausgestaltung der jeweiligen nationalen Rechtsordnung ab. Vollstreckungshandlungen sind unstrittig unzulässig[2574].

DE/Internationales/BilateraleZusammenarbeit/GemeinsameStandpunkte_MoU/gemeinsamestandpunkte_mou_node.html (Stand: 23.12.2013) abgerufen werden.

2568 Zens 46; Korth, WM 2000, 1521, 1527 f.; Beck, in: Schwark/Zimmer, Kapitalmarktrechts-Kommentar, § 7 WpHG, Rn. 11.

2569 Wettner, 110.

2570 Siehe hierzu: Beck, in: Schwark/Zimmer, Kapitalmarktrechts-Kommentar, § 7 WpHG, Rn. 13; Döhmel, in: Assmann/Schneider, WpHG, § 7, Rn. 26.

2571 Siehe zur Parallelproblematik bei Sachverhalten mit Internetbezug: Engel, MMR-Beilage 4/2003, 1, 8 f.

2572 PCIJ Series A (10) 1927, S. 18.

2573 Hailbronner, in: Vitzthum, Völkerrecht, 221; Dahm, Völkerrecht, 326; Zens, 30; Söbbing/Weinbrenner, WM 2006, 165, 169.

2574 Zens, 30.

1. Bekanntgabe

Dagegen ist umstritten, ob die Durchführung von hoheitlichen Maßnahmen auf einem fremden Staatsgebiet ohne Zwang zulässig ist. Diese Frage ist von Bedeutung, da gemäß § 41 Abs. 1 S. 1 VwVfG die Anordnungen der BaFin dem Adressaten gegenüber bekannt gegeben werden müssen. Grundsätzlich erfolgt die Bekanntgabe eines Verwaltungsakts im Inland durch Aufgabe zur Post. Daneben kann eine Bekanntgabe auch elektronisch erfolgen, sofern die Voraussetzungen des § 3a VwVfG erfüllt sind. So muss der Empfänger gemäß § 3a Abs. 1 VwVfG gegenüber der Behörde hierfür einen Zugang eröffnet haben[2575].

Die Bekanntgabe eines Verwaltungsaktes an einen Empfänger im Ausland mittels einfachen Briefs wird nicht explizit im VwVfG geregelt. Teilweise wird die Auffassung vertreten, dass eine Bekanntgabe im Ausland mittels einfachen Briefs nicht ohne Zustimmung des ausländischen Staates zulässig sei[2576]. So hat beispielsweise die Schweiz grundsätzlich jeder Postzustellung von Hoheitsakten auf ihrem Staatsgebiet widersprochen[2577]. Andere wiederum vertreten die Auffassung, eine Bekanntgabe mittels einfachen Briefs sei auch ohne Zustimmung des ausländischen Staates zulässig[2578], da es sich – anders als bei einer Zustellung – bei der Herbeiführung des Zugangs an den Empfänger nicht um die Ausübung hoheitlicher Gewalt, sondern um einen tatsächlichen Vorgang handele[2579]. Eine Zulässigkeit der Bekanntgabe im Ausland mittels einfachen Briefs wird auch damit begründet, dass der Entwurf eines Vierten Gesetzes zur Änderung verwaltungsverfahrensrechtlicher Vorschriften (4. VwVfÄndG)[2580] von der völkerrechtlichen Zulässigkeit einer einfachen Bekanntgabe im Ausland ausgehe, da dieser Entwurf – wie auch der auf diesem Entwurf beruhende § 42 Abs. 2 S. 2 VwVfG n.F. – die Zugangsfiktion des § 41 Abs. 2 VwVfG auch auf elektronische Verwaltungsakte ausgeweitet habe, ohne diese Wirkung auf das Inland zu beschränken[2581]. Demgegenüber geht Ziffer 1.8.4 des Anwendungserlasses zu § 122 AO davon aus, dass eine Bekanntgabe

---

2575 Siehe hierzu: Ramsauer, in: Kopp/Ramsauer, § 3a VwVfG, Rn. 6 ff.; Schmitz, in: Stelkens/Bonk/Sachs, § 3a VwVfG, Rn. 6 ff.

2576 Ohler, WM 2002, 162, 169; Gloria, in: Ipsen, Völkerrecht, § 23, Rn. 6 f.; Verdross/Simma, § 456 (S. 277); Meng, 130; Zens, 31.

2577 Ohler/Kruis, DÖV 2009, 93, 95; Zens, 32, Fn. 121.

2578 Stelkens, in: Stelkens/Bonk/Sachs, § 41 VwVfG, Rn. 218; Ramsauer, in: Kopp/Ramsauer, § 41 VwVfG, Rn. 8c; vertritt man wie Schlochauer, 68 oder Schwartz, 249 den Standpunkt, dass Hoheitsakte ohne Zwangscharakter auf fremden Staatsgebiet zulässig sind, so bestehen unter diesem Blickwinkel keine völkerrechtlichen Bedenken gegen die Bekanntgabe eines Verwaltungsaktes im Ausland mittels einfachen Briefs.

2579 So Ramsauer, in: Kopp/Ramsauer, § 41 VwVfG, Rn. 8c; Stelkens, in: Stelkens/Bonk/Sachs, § 41 VwVfG, Rn. 218.

2580 BT-Drs. 16/10493, S. 15.

2581 So Stelkens, in: Stelkens/Bonk/Sachs, § 41 VwVfG, Rn. 218; Tiedemann, in: BeckOK-VwVfG, § 41, Rn. 72; Ramsauer, in: Kopp/Ramsauer, § 41 VwVfG, Rn. 8c.

mittels einfachen Briefes im Ausland nur dann völkerrechtlich zulässig ist, wenn der betreffende Staat hiermit einverstanden ist. Fehlt ein solches Einverständnis, so muss nach § 123 AO bzw. §§ 14, 15 VwVfG verfahren werden. Dem hat sich auch der BFH angeschlossen[2582]. Gegen eine völkerrechtliche Zulässigkeit der Bekanntgabe eines Verwaltungsaktes im Ausland ohne Einverständnis des ausländischen Staates wird angeführt, dass dieser Akt in ein hoheitliches Verfahren eingebunden sei und der Vorbereitung eines Verwaltungsverfahrens diene, das eine Ausübung hoheitlicher Gewalt darstelle[2583]. Dieser Zusammenhang lasse sich auch nicht dadurch unterbrechen, dass sich der Staat für die Bekanntgabe der Hilfe einer ausländischen Post oder Privater bediene[2584]. Diese Ansicht, der zufolge eine Bekanntgabe mittels einfachen Briefs im Ausland ohne Einverständnis des ausländischen Staates unzulässig sei, steht jedoch im Widerspruch zum Gesetzeswortlaut des § 41 Abs. 2 S. 2 VwVfG und der Intention des Gesetzgebers[2585]. Neben einer Bekanntgabe im Ausland mittels einfachen Briefs ist auch eine elektronische Bekanntgabe im Ausland zulässig[2586].

§ 41 Abs. 2 S. 1 VwVfG stellt die widerlegbare Vermutung auf, dass Verwaltungsakte drei Tage nach Aufgabe der Post als zugegangen zu betrachten sind[2587]. Die Zugangsfiktion des § 41 Abs. 2 VwVfG findet dagegen nicht auf Postsendungen ins Ausland Anwendung[2588]. Begründet wird dies damit, dass eine ausländische Post keine Post i.S.v. § 41 Abs. 2 VwVfG darstellt[2589]. § 41 Abs. 2 S. 2 VwVfG stellt die widerlegbare Vermutung auf, dass ein Verwaltungsakt, der im Inland oder in das Ausland elektronisch übermittelt wird, am dritten Tag nach der Absendung als bekannt gegeben gilt[2590]. Im Unterschied zu § 41 Abs. 2 S. 1 VwVfG findet die

---

2582 BFH, Urt. v. 1.2.2000, VII R 49/99, NVwZ 2000, 1214; Kopp/Ramsauer, § 78, Rn. 41.

2583 Meng, 130 merkt an, dass beispielsweise der Lauf von Widerspruchsfristen an den Zeitpunkt der Bekanntgabe geknüpft ist; Gloria, in: Ipsen, Völkerrecht, § 23, Rn. 7 nennt das Beispiel einer gerichtlichen Ladung.

2584 Meng, 135; Zens, 31.

2585 Stelkens, in: Stelkens/Bonk/Sachs, § 41 VwVfG, Rn. 219; Ramsauer, in: Kopp/Ramsauer, § 41 VwVfG, Rn. 8c.

2586 Stelkens, in: Stelkens/Bonk/Sachs, § 41 VwVfG, Rn. 118, 218; Ramsauer, in: Kopp/Ramsauer, § 41 VwVfG, Rn. 8c; Ohler/Kruis, DÖV 2009, 93, 95, die darauf hinweisen, dass für eine Bekanntgabe von Verwaltungsakten im Ausland völkerrechtlich niedrigere Hürden als für eine Bekanntgabe mittels einfachen Briefs bestehen, da aufgrund des Abrufs des Adressaten von einem Mailserver die territoriale Verbindung zum Sitzstaat des Adressaten nicht zwingend sei.

2587 Stelkens, in: Stelkens/Bonk/Sachs, § 41 VwVfG, Rn. 109 ff.; Tiedemann, in: BeckOK-VwVfG, § 41, Rn. 64 ff.

2588 Stelkens, in: Stelkens/Bonk/Sachs, § 41 VwVfG, Rn. 115; Tiedemann, in: Beck-VwVfG, § 41, Rn. 67.

2589 Stelkens, in: Stelkens/Bonk/Sachs, § 41 VwVfG, Rn. 115; Tiedemann, in: Beck-VwVfG, § 41, Rn. 67.

2590 Siehe hierzu: Stelkens, in: Stelkens/Bonk/Sachs, § 41 VwVfG, Rn. 116 ff.; Ramsauer, in: Kopp/Ramsauer, § 41 VwVfG, Rn. 41.

Zugangsfiktion bei der elektronischen Übermittlung von Verwaltungsakten in das Ausland Anwendung.

Neben einer Bekanntgabe an den Beteiligten gemäß § 41 Abs. 1 S. 1 WvVfG kann ein Verwaltungsakt auch gemäß § 41 Abs. 3 S. 1 VwVfG öffentlich bekannt gegeben werden, sofern dies durch Rechtsvorschrift zugelassen ist[2591]. Als entsprechende Rechtsvorschriften könnten § 30 WpPG sowie § 40b WpHG in Betracht kommen. § 30 WpPG[2592] bzw. § 40b Abs. 1 WpHG[2593] erlauben der BaFin jedoch keine Zustellung durch öffentliche Bekanntgabe, sondern ermöglichen lediglich die öffentliche Bekanntmachung von unanfechtbaren Maßnahmen, die sie wegen Verstößen gegen Verbote oder Gebote des WpPG bzw. WpHG getroffen hat, auf ihrer Internetseite, soweit dies zur Beseitigung oder Verhinderung von Missständen geboten ist. Sinn und Zweck dieser Normen ist die Schaffung von negativer Publizität[2594]. Sie haben präventiven Charakter und ermöglichen insoweit eine Durchbrechung des Amtsgeheimnisses der BaFin[2595]. Weder bei § 30 WpPG noch bei § 40b WpHG handelt es sich um eine spezialgesetzliche Vorschrift i.S.v. § 41 Abs. 3 S. 1 VwVfG. Auch handelt es sich bei § 34 WpPG – anders als bei der Vorläufernorm des § 16a Abs. 1 S. 2 VerkProspG a.F.[2596] – nicht um eine spezialgesetzliche Vorschrift i.S.v. § 41 Abs. 3 S. 1 VwVfG. Nicht zuletzt aufgrund der erheblichen Schwierigkeiten, die mit der Bekanntgabe und Vollstreckung eines Verwaltungsaktes im Ausland verbunden sind, hatte der Gesetzgeber durch Art. 12 des Vierten Finanzmarkförderungsgesetzes[2597] die Vorschrift des § 16a VerProspG a.F. in das VerkProspG eingefügt. § 16a Abs. 1 S. 2 VerkProspG a.F. sah vor, dass im Falle der Nichtbestellung eines Bevollmächtigten Verwaltungsakte durch öffentliche Bekanntmachung bekannt gegeben werden konnten[2598]. § 16a Abs. 2 S. 2 VerkProspG a.F. sah vor, dass Zustellungen in diesem Fall durch öffentliche Bekanntmachung im Bundesanzeiger erfolgen konnten[2599]. Durch Art. 2 des Gesetzes zur Novellierung

2591 Siehe hierzu: Ramsauer, in: Kopp/Ramsauer, § 41, Rn. 44 ff.; Stelkens, in: Stelkens/Bonck/Sachs, § 41 VwVfG, Rn. 135 ff.

2592 Siehe zum inhaltsgleichen § 25 WpPG a.F.: Müller, in: Frankfurter Kommentar zum WpPG, § 25, Rn. 1 ff.

2593 Siehe zu § 40b WpHG: Waßner, in: Fuchs, WpHG, § 40b, Rn. 1 ff.; Vogel, in: Assmann/Schneider, WpHG, § 40b, Rn. 1 ff.

2594 Waßner, in: Fuchs, WpHG, § 40b, Rn. 2; Zimmer/Cloppenburg, in: Schwark/Zimmer, Kapitalmarktrechts-Kommentar, § 40b WpHG, Rn. 1 ff.

2595 Waßner, in: Fuchs, WpHG, § 40b, Rn. 2.

2596 Siehe zu dieser Vorschrift: Heidelbach, in: Schwark/Zimmer, Kapitalmarktrechts-Kommentar, § 16a VerkProspG, Rn. 1.

2597 Gesetz zur weiteren Fortentwicklung des Finanzplatzes Deutschland (Viertes Finanzmarktförderungsgesetz), BGBl. I 2002, S. 2010.

2598 Siehe hierzu: Heidelbach, in: Schwark/Zimmer, Kapitalmarktrechts-Kommentar, § 16a VerkProspG, Rn. 2 ff.

2599 Siehe hierzu: Heidelbach, in: Schwark/Zimmer, Kapitalmarktrechts-Kommentar, § 16a VerkProspG, Rn. 8 ff.

des Finanzanlagenvermittler- und Vermögensanlagenrechts[2600] wurde jedoch § 16a VerkProspG aufgehoben. Gemäß § 34 WpPG hat ein Emittent mit Sitz im Ausland im Inland lediglich einen Bevollmächtigten zu benennen, falls er gemäß § 2 Nr. 13 lit. b) oder lit. c) WpPG der Aufsicht der BaFin unterliegt. Die Möglichkeit der öffentlichen Bekanntgabe bzw. Zustellung für den Fall einer unterlassenen Benennung eines Bevollmächtigten ist dagegen nicht mehr vorgesehen. Weder KWG, WpHG, WpPG noch FinDAG enthalten eine spezialgesetzliche Vorschrift i.S.v. § 41 Abs. 3 S. 1 VwVfG. Eine öffentliche Bekanntmachung ist jedoch nur dann zulässig, wenn diese Form der Bekanntgabe durch Rechtsvorschrift zugelassen ist[2601].

Daneben kann eine Bekanntgabe auch durch förmliche Zustellung gemäß den Vorschriften des VwZG erfolgen. § 41 Abs. 5 VwVfG stellt klar, dass die spezielleren Vorschriften des VwZG durch § 41 VwVfG unberührt bleiben[2602]. Eine förmliche Zustellung kommt gemäß § 1 Abs. 2 VwZG in Betracht, wenn dies durch Rechtsvorschrift oder behördliche Anordnung bestimmt ist. Eine Zustellung kann u.a. mittels Einschreiben oder elektronisch erfolgen. Fraglich ist, ob eine Zustellung eines inländischen Verwaltungsakts im Ausland mittels Einschreibens völkerrechtlich zulässig ist. Gemäß § 9 Abs. 1 S. 1 Nr. 1 VwZG kann eine Zustellung eines inländischen Verwaltungsakts im Ausland durch Einschreiben mit Rückschein durch Aufgabe mit der Post nur dann erfolgen, soweit ein solches Vorgehen völkerrechtlich zulässig ist[2603]. Das Zustellungsverfahren richtet sich mithin danach, ob und welche völkerrechtlichen Vereinbarungen mit dem Staat bestehen, in welchem zugestellt werden soll. Die eine Auslandszustellung regelnden Vorschriften des VwZG wurden im Rahmen einer Novellierung des VwZG weitgehend an die diese gleiche Rechtsmaterie in Zivilsachen regelnden §§ 183 ff. ZPO angeglichen[2604]. Jedoch ist eine Zustellung – anders als im Rahmen der §§ 183 ff. ZPO – nicht nur bei Vorliegen einer völkerrechtlichen Vereinbarung zulässig, sondern auch dann, wenn eine Zustellung nach Völkergewohnheitsrecht zulässig ist oder der Staat, in dem zugestellt werden soll, eine solche toleriert oder ausdrücklich sein Einverständnis erklärt hat[2605]. Als multilaterales, die Zustellung von Schriftstücken in Verwaltungssachen regelndes Abkommen existiert seit 1977 das Europäische Übereinkommen über die Zustellung von Schriftstücken in Verwaltungssachen[2606]. Jedoch spielen diese Abkommen im Bereich der

---

2600 BGBl. I 2011, S. 2481.

2601 Ramsauer, in: Kopp/Ramsauer, § 41 VwVfG, Rn. 45; Stelkens, in: Stelkens/Bonk/Sachs, § 41 VwVfG, Rn. 146 ff.

2602 Ramsauer, in: Kopp/Ramsauer, § 41, Rn. 56; Stelkens, in: Stelkens/Bonk/Sachs, § 41 VwVfG, Rn. 199.

2603 Sadler, VwVG/VwZG, § 9 VwZG, Rn. 8 f.; Ronellenfitsch/Rost, in: BeckOK-VwVfG, § 9 VzZW, Rn. 3 ff. Ohler/Kruis, DÖV, 93, 96 ff.

2604 Rosenbach, DVBl 2005, 816, 820.

2605 Ronellenfitsch/Rost, in: BeckOK-VwVfG, § 9 VwZG, Rn. 5; Rosenbach, DVBl 2005, 816, 820; Sadler, VwVG/VwZG § 9 VwZG, Rn. 9.

2606 BGBl. II 1981, S. 553.

Bankenaufsicht nur eine untergeordnete Rolle, da ihr Anwendungsbereich aufgrund einer Subsidiaritätsklausel (Art. 16) eingeschränkt ist. Diese Klausel regelt nicht nur den Vorrang speziellerer Abkommen, sondern auch, dass sonstige zwischen Behörden geschlossene Abkommen Vorrang genießen. Als solche kommen nicht nur völkerrechtliche Übereinkommen in Betracht, sondern auch etwaiges Völkergewohnheitsrecht, ausdrückliches nichtvertragliches Einverständnis oder aber auch Tolerierung eines solchen Verhaltens[2607].

Die Zusammenarbeit zwischen den einzelnen nationalen Wertpapierhandelsüberwachungsbehörden ist in sogenannten „Memoranda of Understanding“[2608] geregelt. Derartige Abkommen haben trotz der gemeinschaftsrechtlichen Rechtsvorschriften zur Zusammenarbeit der Aufsichtsbehörden auch im Gemeinschaftsraum besondere Bedeutung zur Konkretisierung der richtliniengemäßen Zusammenarbeit[2609]. Die Amtshilfe zwischen den Aufsichtsbehörden wird zwischen den einzelnen EWR-Staaten überwiegend von Finanzmarktrichtlinien bzw. nationalen Umsetzungsgesetzen geregelt, läuft jedoch in diesem Rahmen auch auf der Basis bilateraler und multilateraler Abkommen zwischen den Aufsichtsbehörden, so genannter Memoranda of Understanding.

Grundlage der Zusammenarbeit ist jeweils eine Generalklausel in der entsprechenden Richtlinie, wonach die jeweiligen mitgliedstaatlichen Aufsichtsbehörden bei der Überwachung eng zusammenarbeiten, um eine wirksame Aufsicht zu gewährleisten[2610]. Daneben bestehen mit einer Reihe weiterer Staaten zweiseitige Abkommen. Besteht dagegen mit dem Staat, in welchem eine Zustellung erfolgen soll, keine völkerrechtliche Vereinbarung, ist eine Zustellung mit der Post durch eingeschriebenen Brief unzulässig[2611], da hierdurch unzulässig in die Hoheitsrechte des ausländischen Staates eingegriffen würde.

2607 Ronellenfitsch/Rost, in: BeckOK-VwVfG, § 9 VwZG, Rn. 5; Rosenbach, DVBl 2005, 816, 820.

2608 Es bestehen neben dem multilateralen Abkommen im Rahmen der FESCO, dieses gilt zwischen den EU-Mitgliedstaaten, Island und Norwegen, u.a. weitere Memoranda of Understanding zwischen BaFin und Aufsichtsbehörden in Ungarn (Komiso pro cenné papíry KCP), Tschechien, den US-amerikanischen Behörden SEC (Securities Exchange Commission) und CFTC (Commodities Futures Trading Commission), China (China Securities Regulatory Commission; CSRC), Taiwan (Securities Futures Commission), Hongkong (Securities and Futures Commission), Australien (Australian Securities Commission), Brasilien, Korea, Monaco, Russland, Polen, der Schweiz und Argentinien (Comisión Nacional de Valores, CNV); siehe hierzu: Döhmel, in: Assmann/Schneider, WpHG, § 7, Rn. 7 ff.

2609 Wettner, 109.

2610 Siehe Art. 56 Abs. 1 RL 2004/39/EG (MIFID) sowie Art. 22 Abs. 2 der RL 2003/71/EG (Prospektrichtlinie).

2611 Gloria, in: Ipsen, § 23, Rn. 6; BSG, Urt. v. 31.1.1973, 9 RV 706/71, NJW 1973, 1064; Engelhardt, in: Engelhardt/App, VwVG/VwZG, § 9 VwVG, Rn. 3; Sadler, VwVG/VwZG, § 9 VwZG, Rn. 9 f.

In einem solchen Fall kann eine Zustellung im Ausland gemäß § 9 Abs. 1 S. 1 Nr. 2, 1. Alt. VwZG auf Ersuchen der Behörde durch die Behörden des fremden Staates oder gemäß § 9 Abs. 1 S. 1 Nr. 2, 2. Alt. VwZG durch die diplomatische oder konsularische Vertretung des Bundes, die in diesem Staat residiert, erfolgen[2612]. Im Anwendungsbereich des Europäischen Übereinkommens über die Zustellung von Schriftstücken in Verwaltungssachen bereitet eine Zustellung auf Ersuchen der Behörde durch die Behörden des fremden Staates keine Schwierigkeiten. Weiterhin kommt eine Zustellung gemäß § 9 Abs. 1 S. 1 Nr. 3 VwZG auf Ersuchen der Behörde durch das Auswärtige Amt an einen Deutschen, der das Recht der Immunität genießt und zu einer Vertretung der Bundesrepublik Deutschland im Ausland gehört, in Betracht[2613]. Daneben kommt auch eine elektronische Zustellung gemäß § 9 Abs. 1 S. 1 Nr. 4 VwZG in Betracht. Eine solche setzt gemäß § 5 Abs. 5 S. 1 VwZG voraus, dass der Empfänger hierfür einen Zugang eröffnet hat[2614]. An die Zugangseröffnung sind dabei dieselben Anforderungen zu stellen wie für eine Zugangseröffnung nach § 3a Abs. 1 VwVfG[2615]. Daneben kann eine Zustellung mittels De-Mail Dienstes erfolgen[2616]. Auch eine elektronische Zustellung bzw. mittels De-Mail Dienstes im Ausland setzt voraus, dass diese völkerrechtlich zulässig ist[2617].

Eine Zustellung durch öffentliche Bekanntmachung gemäß § 10 Abs. 1 S. 1 Nr. 3 VwZG kommt dann in Betracht, wenn die Zustellung im Fall des § 9 VwZG nicht möglich ist oder keinen Erfolg verspricht[2618]. Dies ist beispielsweise dann der Fall, wenn mit einem ausländischen Staat keine konsularischen Verbindungen bestehen, keine Schutzmachtvertretung existiert und eine Zustellung mittels Einschreibens mit Rückschein durch die Post völkerrechtlich unzulässig ist. § 10 Abs. 2 VwZG regelt die Art und Weise der öffentlichen Zustellung[2619]. Daneben kann gemäß § 10 Abs. 1 S. 1 Nr. 2 VwZG eine Zustellung durch öffentliche Bekanntmachung im Inland erfolgen, wenn an eine juristische Person, die zur Anmeldung einer inländischen Geschäftsanschrift zum Handelsregister verpflichtet

---

2612 Siehe hierzu: Ronellenfitsch/Rost, in: BeckOK-VwVfG, § 9 VwZG, Rn. 7 ff.; Sadler, VwVG/VwZG, § 9 VwZG, Rn. 27 ff.

2613 Siehe hierzu: Ronellenfitsch/Rost, in: BeckOK-VwVfG, § 9 VwZG, Rn. 25 ff.; Sadler, VwVG/VwZG, § 9 VwZG, Rn. 32 ff.

2614 Siehe zu Einzelheiten: Sadler, in: VwVG/VwZG, § 9 VwZG, Rn. 35 ff.; Ronellenfitsch/Rost, in: BeckOK-VwVfG, § 9 VwZG, Rn. 28 f.

2615 Rosenbach, DVBl 2005, 816, 820 f.; Stelkens, in: Stelkens/Bonk/Sachs, § 41 VwVfG, Rn. 217.

2616 Siehe hierzu: Stelkens, in: Stelkens/Bonk/Sachs, § 41 VwVfG, Rn. 217a; Ronellenfitsch/Rost, in: BeckOK-VwVfG, § 9 VwZG, Rn. 29.

2617 Rosenbach, DVBl 2005, 816, 821; Sadler, VwVG/VwZG, § 9 VwZG, Rn. 36; Ronellenfitsch/Rost, in: BeckOK-VwVfG, § 9 VwZG, Rn. 29.

2618 Siehe hierzu: Ronellenfitsch/Rost, in: BeckOK-VwVfG, § 10 VwZG, Rn. 20 f.; Sadler, VwVG/VwZG, § 10 VwZG, Rn. 31 ff.

2619 Siehe hierzu: Ronellenfitsch/Rost, in: BeckOK-VwVfG, § 10 VwZG, Rn. 22 ff.; Sadler, VwVG/VwZG, § 10 VwZG, Rn. 47 ff.

ist, eine Zustellung weder unter der eingetragenen Anschrift noch unter einer im Handelsregister eingetragenen Anschrift einer für Zustellungen empfangsberechtigten Person oder einer ohne Ermittlungen bekannten anderen inländischen Anschrift möglich ist[2620]. Ein ausländisches Wertpapierdienstleistungsunternehmen, welches ausschließlich im Wege des grenzüberschreitenden Dienstleistungsverkehrs im Inland tätig wird, ist nicht zur Anmeldung einer inländischen Geschäftsanschrift zum Handelsregister verpflichtet. Eine Zustellung gemäß § 10 Abs. 1 S. 1 Nr. 2 VwZG scheidet damit aus.

2. Vollstreckung

Wie oben dargestellt, besitzt die BaFin zumindest theoretisch die Möglichkeit gegen ausländische Unternehmen, welche Finanzdienstleistungen im Inland erbringen, vorzugehen[2621]. In diesem Abschnitt soll nunmehr die Vollstreckbarkeit solcher Anordnungen näher betrachtet werden. Eine Vollstreckung setzt immer die vorherige Bekanntgabe des Verwaltungsaktes voraus. Eine solche kann – wie unter A.IV.1 in diesem Abschnitt gezeigt – auch mittels öffentlicher Bekanntgabe erfolgen, so dass eine Vollstreckung jedenfalls nicht an der fehlenden Bekanntgabe scheitert.

Die Vollstreckung gegen ausländische Unternehmen erlassener Anordnungen im Ausland durch inländische Behörden stellt jedoch einen völkerrechtlich unzulässigen Eingriff in die Souveränitätsrechte des betreffenden Staates dar[2622]. Gestützt wird diese Ansicht auch dadurch, dass das VwVG selbst nichts über die Vollstreckbarkeit von deutschen Verwaltungsakten im Ausland aussagt.

Die einzige Möglichkeit, gegen den Emittenten bzw. Anbieter vorzugehen, besteht somit darin, die Aufsichtsbehörde im Sitzstaat des Emittenten bzw. Anbieters zu veranlassen, gegen diesen einzuschreiten oder einen in Deutschland gegen den ausländischen Emittenten bzw. Anbieter erlassenen Verwaltungsakt zu vollstrecken. Ob dies erfolgt, hängt mitunter auch davon ab, ob das Recht im Sitzstaat des Emittenten ein Tätigwerden im Ausland sanktioniert.

Die Amtshilfe zwischen den Aufsichtsbehörden wird von den einzelnen EWR-Vertragsstaaten überwiegend durch Finanzmarktrichtlinien bzw. nationale Umsetzungsgesetze geregelt, läuft jedoch in diesem Rahmen auch auf der Basis bilateraler und multilateraler, rechtlich nicht verbindlicher Abkommen zwischen den Aufsichtsbehörden, sogenannter Memoranda of Understanding[2623]. Grundlage der Zusammenarbeit ist jeweils eine Generalklausel in der entsprechenden Richtlinie, wonach die jeweiligen mitgliedstaatlichen Aufsichtsbehörden bei der Überwachung eng zusammenarbeiten, um eine wirksame Aufsicht

2620 Sadler, VwVG/VwZG, § 10 VwZG, Rn. 30; Ronellenfitsch/Rost, in: BeckOK-VwVfG, § 10 VwZG, Rn. 17 ff.; Rosenbach, DBVl 2005, 816, 821.

2621 Seebach, WM 2010, 733, 735 f.

2622 Zens, 30; Verdross/Simma, Völkerrecht, § 456, (S. 276); Wettner, 130.

2623 Zens 46; Korth, WM 2000, 1521, 1527 f.

zu gewährleisten[2624]. Jedoch ist eine Pflicht zur Leistung von Vollstreckungshilfe nicht ausdrücklich in den entsprechenden Richtlinien normiert[2625]. Lediglich die Richtlinie 2004/39/EG (MiFID)[2626] normiert Voraussetzungen und Grenzen der Hilfeleistung für den Wertpapiersektor genauer; die anderen für den Kapitalmarktsektor relevanten Richtlinien enthalten keine entsprechende Norm[2627]. Auch sehen die MoU keine Rechtshilfe bei der Zwangsvollstreckung gegen Unternehmen mit Sitz im Ausland vor. Jedoch lässt sich eine entsprechende Verpflichtung der Herkunftslandbehörde zur Leistung von Vollstreckungshilfe aus der Generalverpflichtung zu einer engen Zusammenarbeit herleiten[2628].

Dagegen bestehen nur sehr rudimentär bilaterale Staatsverträge, die einen Staat zur Vollstreckung eines von einem anderen Staat erlassenen bestandskräftigen Verwaltungsaktes verpflichten[2629]. Meist steht die Vollstreckung im Ermessen des ersuchten Staates. Dagegen schließt beispielsweise Art. 15 des Europäischen Abkommens über die Erlangung von Auskünften und Beweisen in Verwaltungssachen[2630] explizit eine Verpflichtung des um Hilfeleistung ersuchten Staates aus, zur Durchsetzung dieses Ermittlungsersuchens einer ausländischen Behörde Zwangsmittel anzuwenden[2631].

Zwischen Staaten, die nicht Vertragsstaaten des EWR sind, gestaltet sich eine Vollstreckung noch schwieriger, da keine diesen Bereich regelnden Staatsverträge bestehen und die Zusammenarbeit mit solchen Staaten auch nicht auf die Generalklausel der Richtlinie 2004/39/EG (MiFID) gestützt werden kann, sondern lediglich auf Vereinbarungen in einem MoU, die aber keine Leistung von Vollstreckungshilfe vorsehen. Dies hat zur Folge, dass Verfügungen der BaFin

---

2624 Siehe Art. 28 S. 1 RL 2000/12/EG (BankenRL), umgesetzt durch § 8 Abs. 3 S. 1 KWG; Art. 23 Abs. 3 S. 1 RL 93/12/EG (WertpapierdienstleistungsRL), Art. 56 Abs. 1 RL 2004/39/EG (MiFID) sowie Art. 22 Abs. 2 der RL 2003/71/EG (Prospektrichtlinie).

2625 Wettner, 113.

2626 Richtlinie 2004/39/EG des Europäischen Parlaments und des Rates über Märkte für Finanzinstrumente, zur Änderung der Richtlinien 85/91/EWG und 93/6/EWG des Rates und der Richtlinie 200/12/EG des Europäischen Parlaments und das Rates und zur Aufhebung der Richtlinie 93/22/EWG des Rates vom 21. April 2004 (Markt- und Finanzdienstleistungsrichtlinie), ABl. EU Nr. L 145 v 30.4.2004, S. 1.

2627 Wettner, 114.

2628 Wettner, 112; Siehe Art. 57 UAbs. 1 S. 1 RL 2004/39/EG (MiFID).

2629 Der „Vertrag zwischen der Bundesrepublik Deutschland und der Republik Österreich über Amts- und Rechtshilfe in Verwaltungssachen", BGBl. II 1990, S. 358 sieht beispielsweise in Art. 9 Abs. 1 vor, dass öffentliche Geldforderungen und von deutschen Verwaltungsbehörden festgesetzte Geldbußen i.H.v. mindestens DM 50,– im Wege der Amtshilfe vollstreckt werden.

2630 BGBl. II 1981, S. 550.

2631 Siehe hierzu: Kurth, WM 2000, 1521, 1529; Zens, 48.

gegen Unternehmen, die ihren Sitz in einem Off-Shore Financial Center (OFC) haben, nicht durchsetzbar sind[2632].

B. Überwachungsmaßnahmen gegenüber dem Emittenten

Da der Emittent keine Wertpapierdienstleistung erbringt und auch kein Bankgeschäft betreibt, kommen nur Maßnahmen gegen ihn nach WpPG in Betracht. Hier können gegenüber dem Emittenten die gleichen Maßnahmen wie gegenüber dem Emissionshaus ergriffen werden. Es treten auch die gleichen Probleme auf.

C. Überwachungsmaßnahmen gegenüber Dritten wie Providern

Wie oben dargestellt, bereitet die Durchsetzung von aufsichtsrechtlichen Maßnahmen gegenüber Anbietern aus Nicht-EWR-Staaten erhebliche Probleme. Es stellt sich die Frage, ob und ggf. wie die BaFin gegenüber Dritten im Inland, die in die Anbahnung, den Abschluss oder die Abwicklung verbotener Geschäfte eines ausländischen Unternehmens involviert sind, vorgehen kann. Dabei werden Ausgangspunkte der Untersuchung § 37 und § 44c KWG sein.

Als Dritte, die in die Anbahnung, den Abschluss oder die Abwicklung verbotener Geschäfte im Inland eingebunden sind, kommen inländische Banken (I.), Access-Provider (II.), Host-Provider wie auch Content-Provider in Betracht. Im Folgenden soll das Augenmerk auf Access-Provider gelegt werden, da ein ausländischer Anbieter meist einen ausländischen Content- bzw. Host-Provider in Anspruch nimmt und der einzige Bezugspunkt im Inland der Access-Provider ist, der dem Anleger mit gewöhnlichem Aufenthalt im Inland den Zugang zum Angebot herstellt.

I. Einschreiten gegenüber inländischen Kreditinstituten

Gemäß § 37 Abs. 1 S. 4 KWG besitzt die BaFin die Befugnis, Anordnungen gegenüber Personen, Unternehmen oder in einem Unternehmen verantwortliche Personen zu treffen, die in die Anbahnung, den Abschluss oder die Abwicklungen ungesetzlicher Geschäfte einbezogen sind – unabhängig davon, ob sie selbst ein Bankgeschäft betreiben oder eine Finanzdienstleistung erbringen. Durch das 4. FMFG wurde diese Befugnis ausdrücklich im Gesetz klargestellt[2633], wenngleich dies bereits zur vorherigen Gesetzesfassung so vertreten wurde[2634]. Daher kann die BaFin beispielsweise einem inländischen zugelassenen Kreditinstitut den

---

2632 Siehe auch zu dieser Problematik im Zusammenhang mit Outsourcing-Verträgen: Söbbing/Weinbrenner, WM 2006, 165 f.

2633 Fischer, in: Boos/Fischer/Schulte-Mattler, KWG, § 37, Rn. 7; Schwennicke, in: Schwennicke/Auerbach, KWG, § 37, Rn. 8.

2634 Samm, in: Beck/Samm, KWG, § 37, Rn. 12; Reischauer/Kleinhans, KWG, § 37, Rn. 4a (jeweils Vorauflage).

Geschäftsverkehr mit einem nicht zugelassenen ausländischen Institut bzw. einem solchen, welches ohne Besitz des Europäischen Passes im Wege des grenzüberschreitenden Dienstleistungsverkehrs im Inland tätig wird, untersagen[2635]. Ein solches Verbot des Zahlungsverkehrs mit einem ausländischen Institut führt zu einer wirksamen Unterbindung seiner inländischen Geschäftstätigkeit. Ein Kunde, welcher Wertpapiere erwerben möchte, muss hierzu auch das Geld ins Ausland überweisen.

II. Einschreiten gegenüber Internet-Service-Providern

Das effektivste und manchmal einzige Mittel zur Kontrolle von Internet-Angeboten dürfte eine Kontrolle der Service-Provider, namentlich der Access-Provider, darstellen[2636]. Diese sind die Einfallstore zum Internet. Eine Kontrolle kann am ehesten an diesem Punkt einsetzen, da Access-Provider in Deutschland im Gegensatz zu ausländischen Emissionshäusern eine Infrastruktur besitzen[2637].

1. Begriffsbestimmungen

Die Klassifizierung eines Dienstes in Kategorie Rundfunk-, Telemedien- oder Telekommunikationsdienste hat nach geltender Rechtslage weit reichende Folgen, da sich je nach zugeordneter Kategorie unterschiedliche Erfordernisse zum Betrieb eines solchen Dienstes und für ein Einschreiten gegen solche Diensteanbieter ergeben[2638]. Die weitestreichenden Folgen zieht die Qualifikation eines Dienstes als Rundfunkdienst nach sich, da für den Betrieb eines solchen hohe gesetzliche Anforderungen gestellt werden.

2635 Siehe hierzu: Ohler, WM 2002, 162, 169.

2636 Spindler, in: Spindler/Schmitz/Geis, TDG, § 8, Rn. 13 (zu § 8 TDG, der mit § 7 TMG inhaltsgleich ist).

2637 Erstmals hatte in Deutschland die Bezirksregierung Düsseldorf mit Verfügung vom 6.2.2002, 21.50.30 (abrufbar z.B. unter http://www.bezreg-duesseldorf. nrw. de/cat/pdf/39sperrverf_022002.pdf) eine Sperrungsverfügung gegen Access-Provider erlassen. Rechtsgrundlage hierfür war § 22 Abs. 3 MDStV a.F. (nunmehr § 59 Abs. 3 des 13. RStV). Hierbei ging es um die Fragestellung, ob Access-Provider, die den Zugang zu Internetseiten in mit rechtsradikalen Inhalten den USA vermitteln, diesen sperren müssen. Insgesamt erließ die Bezirksregierung 76 Sperrungsverfügungen. Die Rechtmäßigkeit der Vorgehensweise der Bezirksregierung wurde bis auf einen Fall gerichtlich bestätigt; siehe: VG Minden, Beschluss v. 31.10.2002, 11 L 1110/02, MMR 2003, 135; OVG Köln, Urt. v. 3.3.2005, 6 K 7151/02; MMR OVG Münster, MMR 2003, 348 ff.; Stadler, MMR 2003, 208 ff.; ders., MMR 2002, MMR 2002, 343 ff.; Engel, MMR-Beilage 4/2003, 1 ff.; Spindler/Volkmann, MMR 2003, 353; Schneider, MMR 2004, 18 ff.

2638 Holznagel/Kibele, in: Gounalakis, Rechtshandbuch Electronic Business, § 50, Rn. 33.

a) *Keine Beteiligung von Rundfunkdiensten*

Besondere Bedeutung kommt im bestehenden Regulierungssystem für elektronische Medien dem Rundfunkbegriff zu, da über diesen eine Abgrenzung der Rundfunkregulierung von anderen Regelungsmaterien für elektronische Medien wie Telemedien (vormals Mediendienste und Teledienste) vorgenommen wird. Unter Rundfunk versteht man nach herkömmlicher Begriffsbestimmung jede für die Allgemeinheit bestimmte Veranstaltung und Verbreitung von Darbietungen aller Art in Ton, Wort und Bild unter Verwendung elektrischer Schwingungen ohne Verbindungsleitung oder längs oder mittels des Leiters[2639]. § 2 Abs. 1 S. 1 des 13. RStV definiert Rundfunk als einen linearen Informations- und Kommunikationsdienst, der eine für die Allgemeinheit und zum zeitgleichen Empfang bestimmte Veranstaltung und Verbreitung von Angeboten in Bewegtbild oder Ton entlang eines Sendeplans unter Benutzung elektromagnetischer Schwingungen ist[2640]. Demnach stellen Fernsehen und Hörfunk Rundfunkdienste dar, auch verschlüsselte Darbietungen wie Pay-TV und pay-per-view[2641] werden vom Rundfunkbegriff erfasst. Dies stellt § 2 Abs. 1 S. 2 des 13. RStV klar. Virtuelle Wertpapierdienstleistungen lassen sich jedoch nicht mittels Rundfunkdiensten abwickeln, so dass diese im Rahmen der Untersuchung nicht von Interesse sind.

b) *Telemedien*

Von Rundfunkdiensten sind Telemedien abzugrenzen. § 1 TMG definiert Telemedien als alle elektronischen Informations- und Kommunikationsdienste, soweit sie nicht Telekommunikationsdienste nach § 3 Nr. 24 TKG, die ganz in der Übertragung von Signalen über Telekommunikationsnetze bestehen, telekommunikationsgestützte Dienste nach § 3 Nr. 25 TKG oder Rundfunk nach § 2 des RStV sind[2642].

c) *Telekommunikationsdienste*

Der Begriff der Telekommunikation wird in § 3 Nr. 22 TKG legaldefiniert. Danach wird unter Telekommunikation der technische Vorgang des Aussendens, Übermittelns und Empfangens von Nachrichten jeglicher Art verstanden. Es lassen sich wiederum verschiedene Telekommunikationsdienste voneinander unterscheiden. Beispielsweise fallen hierunter der Sprachtelefondienst wie auch die

---

2639 Es ist eine Unterscheidung zwischen dem einfach-gesetzlichen Rundfunkbegriff des RStV und dem verfassungsrechtlichen Rundfunkbegriff vorzunehmen, siehe hierzu: Schulz, in: Beck'scher Kommentar zum Rundfunkrecht, § 2 RStV, Rn. 10 ff.; Schulz, in: Hahn/Vesting, Rundfunkrecht, § 2, Rn. 10 ff.; Hesse, 80 ff.; Spindler, in: Spindler/Schmitz/Geis, TG, § 2, Rn. 35 f.

2640 Siehe zum Rundfunkbegriff im Rahmen des 13. RStV: Holznagel/Kibele, Spindler/Schuster, § 2 RStV, Rn. 39 ff.

2641 Schulz, in: Beck´scher Kommentar zum Rundfunkrecht, § 2, Rn. 56; Holznagel/Kibele, Spindler/Schuster, § 2 RStV, Rn. 48 ff.

2642 Siehe zum Begriff der Telemedien: Härting, Internet-Recht, Rn. 1637 ff.; Holznagel/Ricke, in: Spindler/Schuster, § 1 TMG, Rn. 1 ff., 10.

Annex-Dienste (Auskunftsdienste, Mehrwertdienste). Telekommunikationsdienste lassen sich von den unter a) bis b) beschriebenen Diensten dergestalt abgrenzen, dass bei ihnen der Transport von Informationen im Vordergrund steht. Bei den anderen Diensten liegt der Schwerpunkt dagegen auf dem Inhalt[2643]. Bei diesen handelt es sich nicht um Telekommunikationsdienste i.S.d. TKG[2644].

d) Ergebnis

Ein virtuelles Emissionshaus, welches im Internet Aktien zur Zeichnung anbietet, ist Diensteanbieter von Telemedien i.S.v. § 1 TMG, da es sich um einen elektronischen Informations- und Kommunikationsdienst handelt[2645].

Es stellt sich die Frage, auf welcher Rechtsgrundlage Verfügungen gegen einen Access-Provider erlassen werden können, der den Zugang zu Wertpapierangeboten vermittelt. Dies hängt davon ab, ob es sich bei einem Angebot zur Zeichnung von Aktien bzw. zum Erwerb von Wertpapieren um einen Telemediendienst mit journalistisch-redaktionellem Inhalt handelt oder um einen Telemediendienst ohne solche Inhalte[2646]. Der 13. RStV[2647] enthält neben Bestimmungen für Rundfunkdienste, die nicht für Telemediendienste gelten, besondere inhaltliche Bestimmungen für Telemedien mit journalistisch-redaktionell gestalteten Angeboten. Bis zum Inkrafttreten des 9. RStV[2648] wurde diese Materie im MDStV[2649] geregelt. Telemedien mit journalistisch redaktionellem Angebot wurden als Mediendienste bezeichnet und unterfielen ausschließlich dem Anwendungsbereich des MDStV. Telemedien ohne journalistisch-redaktionellen Inhalt wurden als Teledienste bezeichnet und fielen ausschließlich in den Anwendungsbereich des TDG[2650].

Nach neuer Rechtslage finden auf Telemedien ohne journalistisch-redaktionellen Inhalt lediglich die Regelungen des TMG Anwendung, die wie das vormalige TDG keine inhaltlichen bzw. inhaltsbezogenen Anforderungen an Telemedien

---

2643 Holznagel/Ricke, in: Spindler/Schuster, § 1 TMG, Rn. 5 f.; Lammich, in: Moritz/Dreier, Teil B, Rn. 244.

2644 OVG Münster, Urt. Beschluss v. 19.12.2002, 15 L 4148/02, MMR 2003, 205, 206.

2645 Siehe zum Begriff des elektronischen Informations- und Kommunikationsdienstes: Holznagel/Ricke, in: Spindler/Schuster, § 1 TMG, Rn. 4 ff.; Martiny, in: MüKo-BGB, Band 10, Anh. III zu Art. 9 Rom I-VO, § 3 TMG, Rn. 8 f.

2646 Siehe zu dieser Abgrenzungsfrage: Holznagel/Ricke, in: Spindler/Schuster, § 1 TMG, Rn. 15, 19 ff.

2647 Staatsvertrag für Rundfunk und Telemedien (Rundfunkstaatsvertrag – RStV) vom 31.08.1991 in der Fassung des Dreizehnten Staatsvertrages zur Änderung rundfunkrechtlicher Staatsverträge vom 10. März 2010 (vgl. GBl. S. 307), in Kraft getreten am 1.4.2010.

2648 Siehe zu den durch den 9. RStV eingetretenen Änderungen: Holznagel/Ricke, MMR 2008, 18 ff.

2649 Staatsvertrag über Mediendienste (Mediendienstestaatsvertrag – MDStV) in der Fassung vom 1. April 2003.

2650 Gesetz über die Nutzung von Telediensten (Teledienstegesetz – TDG).

stellen. Dagegen finden auf solche Dienste die ergänzenden durch den 13. RStV geschaffenen Regeln gemäß § 1 Abs. 4 TMG keine Anwendung. In diesem Fall können Verfügungen gegen Access-Provider auch nicht auf der Grundlage von § 59 Abs. 4 des 13. RStV ergehen[2651].

Zur Frage, wie Telemedien mit journalistisch-redaktionellem Angebot von solchen ohne journalistisch-redaktionelles Angebot abgegrenzt werden können, kann daher auf die Ausführungen zur Abgrenzung zwischen Telediensten und Mediendiensten Bezug genommen werden[2652].

Als Abgrenzungskriterium bei Bankdienstleistungen soll darauf abzustellen sein, ob ein Angebot auf die Herstellung einer Leistungsbeziehung zielt, bei welcher es der Bank auch auf die Identität des Kunden ankommt, oder aber ob es sich um einen reinen Informationsdienst handelt, der anonym von jedem genutzt werden kann[2653]. Als Abgrenzungskriterium kann darauf abgestellt werden, ob der Kunde sich registrieren lassen muss und sich jeweils durch ein Passwort auszuweisen hat, bevor er eine Leistung in Anspruch nehmen darf. Ein Aktienerwerb ist ohne Feststellung der Identität des Kunden nicht möglich. Weiteres wesentliches Kriterium zur Unterscheidung zwischen Medien- und Telediensten bzw. zwischen Telemedien mit redaktionell-journalistischen Inhalt und solchen ohne letzterem ist die redaktionelle Gestaltung zur Meinungsbildung[2654]. Fehlt es an einer solchen oder steht diese im Hintergrund, so handelt es sich um einen Teledienst bzw. um Telemedien ohne journalistisch-redaktionellen Inhalt. Daher unterfallen Aktienemissionen über das Internet nur dem Anwendungsbereich des TMG. Da der Access-Provider Informationen weiterleitet, die einen Telemediendienst ohne journalistisch-redaktionellen Inhalt darstellen, erbringt er selbst einen Telemediendienst ohne journalistisch-redaktionellen Inhalt und unterliegt insoweit auch nur den Vorschriften des TMG[2655].

2. Einschreiten gegenüber einem Access-Provider

Im Unterschied zum RStV enthält das TMG keine Regelung über die sachliche und örtliche Zuständigkeit zum Erlass von Verfügungen gegen Diensteanbieter

2651 Siehe zu dieser Norm: Volkmann, in: Spindler/Schuster, § 59 RStV, Rn. 47 ff.

2652 Holznagel/Ricke, in: Spindler/Schuster, § 1 TMG, Rn. 19 ff.; Härting, Internet-Recht, Rn. 1635 ff.

2653 Ohler, WM 2002, 162, 168.

2654 Gounalakis/Rhode, CR 1998, 487, 490; Spindler, in: Spindler/Schmitz/Geis, TDG, § 2, Rn. 11; OVG Münster, Beschluss v. 19.12.2002, 15 L 4148/02, MMR 2003, 205, 206. Dieses Kriterium wird auch zur Abgrenzung von Telemedien mit journalistisch-redaktionellem Inhalt von solchen ohne diesen verwendet; siehe hierzu: Holznagel/Ricke, in: Spindler/Schuster, § 1 TMG, Rn. 19.

2655 Timmermann/Stender-Vorwachs, in: Spindler/Schuster, 1. Auflage, Vorb. §§ 7 ff. TMG, Rn. 63; so auch Engel, MMR-Beilage 4/2003, 1, 14 zur alten Rechtslage und der Frage, ob es sich bei einem Access-Provider um einen Tele- oder Mediendienst handelt.

von Telemedien. Dies hat zur Folge, dass die allgemeinen Polizei- und Ordnungsbehörden zur Bekämpfung von Gefahren zuständig sind[2656]. Während im 13. RStV mit § 59 Abs. 3, 4 noch eine Regelung besteht, wer Adressat einer Anordnung ist, richtet sich die Inanspruchnahme von Diensteanbietern von Telemedien ohne journalistisch-redaktionellen Inhalt nach den allgemeinen polizeirechtlichen Grundsätzen über die Gefahrenabwehr. Weder begründen die §§ 7–10 TMG neue Haftungsverantwortlichkeiten von Access-Providern noch enthalten sie öffentlich-rechtliche Eingriffsbefugnisse[2657].

Die Verantwortlichkeit von Access-Providern wird in § 8 Abs. 1 TMG (vormals § 9 Abs. 1 TDG), der Art. 12 ECRL in deutsches Recht umsetzt, geregelt[2658]. Demnach ist ein Access-Provider für fremde Informationen, die er in einem Kommunikationsnetz übermittelt oder denen er den Zugang zur Nutzung vermittelt, nicht verantwortlich, falls er die Übermittlung nicht veranlasst, den Adressaten der übermittelten Informationen nicht ausgewählt oder die übermittelten Informationen nicht ausgewählt oder verändert hat[2659]. Jedoch bleibt gemäß § 7 Abs. 2 S. 2 TMG im Fall der Nichtverantwortlichkeit des Providers für fremde Inhalte eine Verpflichtung zur Sperrung der Nutzung bzw. Entfernung von Informationen nach den allgemeinen Gesetzen bestehen[2660]. Das TMG enthält damit keine Ermächtigungsnorm zum Erlass einer Sperrungsverfügung, vielmehr können Eingriffe nach den allgemeinen Vorschriften erfolgen. Als Ermächtigungsgrundlage kommt vorliegend § 37 Abs. 1 S. 4 KWG in Betracht.

Die BaFin müsste sachlich zum Erlass einer Verfügung gegen die oben aufgeführten Diensteanbieter zuständig sein. Durch das 4. FMFG[2661] wurde in § 37 KWG klargestellt, dass die BaFin nicht nur dann gegen Unternehmen oder natürliche Personen vorgehen kann, wenn diese selbst Bankgeschäfte betreiben oder Finanzdienstleistungen erbringen, sondern es ausreicht, dass eine Person oder ein Unternehmen in die Anbahnung, den Abschluss oder die Abwicklung von Bankgeschäften mit einbezogen ist[2662].

Die BaFin darf zur Verfolgung unerlaubter Bank-, Finanzdienstleistungs- und Versicherungsgeschäfte gemäß § 37 Abs. 1 S. 4 KWG Auskünfte und die Vorlage

---

2656 Zimmermann, NJW 1999, 3145, 3147.

2657 Hoffmann, in: Spindler/Schuster, Vorb. §§ 7 TMG, Rn. 25; BGH, Urt. v. 23. 9. 2003, VI ZR 335/02, NJW 2003, 3764 ff.

2658 Siehe hierzu: Hoffmann, in: Spindler/Schuster, § 8 TMG, Rn. 17 ff.; Härting, Internet-Recht, Rn. 1676 ff.; Heckmann, in: juris PK-Internetrecht, Kapitel I.8, Rn. 1 ff.

2659 Siehe hierzu: Hoffmann, in: Spindler/Schuster, § 8 TMG, Rn. 20 ff.; siehe zu § 9 TDG: Spindler, in: Spindler/Schmitz/Geis, TDG, § 9, Rn. 14.

2660 Siehe hierzu: Hoffmann, in: Spindler/Schuster, § 7 TMG, Rn. 32.

2661 Gesetz zur weiteren Fortentwicklung des Finanzplatzes Deutschland (Viertes Finanzmarktförderungsgesetz) vom 21.6.2002, BGBl. I 2002, S. 2010.

2662 Fischer, in: Boos/Fischer/Schulte-Mattler, KWG, § 37, Rn. 7; Samm, in: Beck/Samm, KWG, § 37, Rn. 12; so bzgl. einer Zuständigkeit des BAKred nach alter Rechtslage, Ohler, WM 2002, 162, 167.

von Geschäftsunterlagen verlangen, vor Ort prüfen, Geschäftsräume durchsuchen und Beweismittel sicherstellen. Seit Juli 2002 darf die BaFin gemäß § 44c KWG auch bei solchen Personen und Unternehmen ermitteln, die möglicherweise in die Anbahnung, den Abschluss oder die Abwicklung derartiger unerlaubter Geschäfte eingebunden sind, ohne dass Anhaltspunkte dafür vorliegen müssen, dass sie selbst derartige Geschäfte betreiben. Das kann beispielsweise für Treuhänder, Rechtsanwälte oder Internet-Provider gelten. Der BaFin stehen gegenüber diesen Unternehmen grundsätzlich die gleichen Ermittlungs- und Eingriffsbefugnisse zu wie gegenüber den möglichen Betreibern unerlaubter Geschäfte[2663].

Eine solche Vorgehensweise gegen Access-Provider ist im Bereich des Electronik Banking mit dem Argument auf Kritik gestoßen, dass die in § 5 Abs. 1–3 TDG a.F., der insoweit den §§ 7–10 TMG. entspricht, vorgesehene Haftungsprivilegierung[2664] auch in Bezug auf eine polizeirechtliche Inanspruchnahme gelte und nicht nur auf den zivil- und strafrechtlichen Bereich beschränkt sei[2665]. Diese Kritik findet jedoch weder in der Gesetzesbegründung zum EGG[2666] noch in der ECRL eine Stütze[2667]. Auch spricht der Wortlaut der Artt. 12–15 ECRL gegen eine solche Betrachtungsweise, da diese Artikel jeweils einen abschließenden Absatz beinhalten, wonach die Befugnis unberührt bleibt, dass ein Gericht oder eine Verwaltungsbehörde nach dem Rechtssystem der Mitgliedstaaten von Anbieter verlangen kann, die Rechtsverletzung abzustellen oder zu verhindern[2668]. Diese Ansicht kommt auch in Erwägungsgrund Nr. 45 der ECRL zum Ausdruck. Der deutsche Gesetzgeber hat mit § 7 Abs. 2 S. 2 TMG diese Vorgabe in nationales Recht umgesetzt.

2663 Fischer, in: Boos/Fischer/Schulte-Mattler, KWG, § 37, Rn. 7; BaFin Jahresbericht 2003, S. 73.

2664 Siehe zu dieser: Hoffmann, in: Spindler/Schuster, § 7 TMG, Rn. 10 ff.; Härting, Internet-Recht, Rn. 1646 ff ; BGH, Urt. v. 23. 9. 2003, VI ZR 335/02, NJW 2003, 3764 ff.; Engel–Flechsig/Maennel/Tettenborn, NJW 1997, 2981, 2983 ff.

2665 Müller-Using/Lücke, Neues Recht für Multimedia-Dienste, ArchPT 1997, 101, 106; Waldenberger, AfP 1998, 373; dagegen differenziert Ohler, WM 2002, 161, 167 mit dem Argument, dass die Filterfunktion, die § 5 TDG a.F. innewohne, sich nicht auf die materielle Verantwortlichkeit beschränken dürfe, sondern vielmehr auch bei der Zuständigkeitsabgrenzung des § 6 Abs. 1 KWG Berücksichtigung finden müsse, danach, ob ein ISP hinreichend eng in die Tätigkeit eines Kreditinstituts eingebunden sei. Im Ergebnis bejaht er generell die Befugnis der BaFin zum Erlass von Sperrungsverfügungen gegen Access-Provider und differenziert nur im Rahmen der Zulässigkeit zum Erlass solcher Verfügungen gegen Host- und Comtent-Provider danach, ob eine hinreichend enge Einbindung in eine solche Tätigkeit gegeben ist.

2666 Begr. RegE. Elektronischer Geschäftsverkehr-Gesetz, BT-Drs. 14/6098, S. 22, 23; vgl. auch Begr. RegE. zu § 5 Abs. 4 TDG a.F.: BT-Drs. 13/7385, 19 ff.

2667 Zimmermann/Stender-Vorwachs, in: Spindler/Schuster, 1. Auflage, Vorb. §§ 7 ff. TMG, Rn. 46; Freytag, CR 2000, 600, 605.

2668 Siehe Marly, in: Grabitz/Hilf, Band IV, A4, Art. 12, Rn. 10; Art. 13, Rn. 17 sowie Art. 14, Rn. 19 f.

So bleibt nach dieser Norm im Fall der Nichtverantwortlichkeit des Providers für fremde Inhalte eine Verpflichtung zur Sperrung der Nutzung bzw. Entfernung von Informationen nach den allgemeinen Gesetzen bestehen[2669]. Gleichwohl kann aufgrund von Art. 15 Abs. 1 ECRL keine allgemeine Verpflichtung der Anbieter hergeleitet werden, die von ihnen übermittelten und gespeicherten fremden Informationen zu überwachen[2670]. Der deutsche Gesetzgeber hat dies explizit in § 7 Abs. 2 S. 1 TMG klargestellt[2671].

Gegen einen Access-Provider, der Zugang zu rechtswidrigen Kapitalmarktangeboten vermittelt, kann daher eine Sperrungsverfügung aufgrund von § 37 Abs. 1 S. 4 KWG erlassen werden. Jedoch handelt es sich bei dem Access-Provider um einen Nichtstörer[2672], da er – außer im Falle eines kollusiven Zusammenwirkens, in dem gemäß § 8 Abs. 1 S. 2 TMG keine Haftungsprivilegierung eingreift[2673] – weder Verhaltens- noch Zustandsstörer ist, sofern der Access-Provider keine positive Kenntnis von der Rechtswidrigkeit eines Kapitalmarktangebots hat. Eine solche Verfügung müsste weiterhin dem Verhältnismäßigkeitsgrundsatz entsprechen. Dabei ist entscheidend, ob eine Sperrungsverfügung einen geeigneten Beitrag zur Gefahrenabwehr leistet.

Eine solche Sperrungsverfügung ist geeignet, da sie – flächendeckend erlassen – den technisch durchschnittlich gebildeten Nutzern den Zugriff auf die betreffende Webseite zumindest erschwert[2674]. Weiterhin müsste diese Maßnahme auch erforderlich sein[2675]. Dies ist dann der Fall, wenn kein gleichwirksames, milderes Mittel zur Zweckerreichung zur Verfügung steht. Im vorliegenden Fall steht kein gleichwirksames, milderes Mittel zur Verfügung, da gegen Anbieter aus einem Off-Shore Financial Center mangels Vollstreckbarkeit von Anordnungen in solchen Ländern nicht vorgegangen werden kann.

Auch müsste eine solche Maßnahme zumutbar sein. Dies ist dann der Fall, wenn der technische und wirtschaftliche Aufwand zur Sperrung nicht außer Verhältnis

2669 Siehe hierzu: Zimmermann/Stender-Vorwachs, in: Spindler/Schuster, 1. Auflage, § 7 TMG, Rn. 61; Spindler, in: Spindler/Schmitz/Geis, TDG, § 8, Rn. 3; Hütig, in: Moritz/Dreier, Teil D, Rn. 57 ff.

2670 Marly, in: Grabitz/Hilf, Band IV, A4, Art. 15, Rn. 5.

2671 Hoffmann, in: Spindler/Schuster, § 7 TMG, Rn. 28 ff.; Lammich, in: Moritz/Dreier, Teil B, Rn. 292; Spindler, in: Spindler/Schmitz/Geis, TDG, § 8, Rn. 11.

2672 Hoffmann, in: Spindler/Schuster, § 7 TMG, Rn. 61; OVG Münster, Beschluss v. 19.12.2002, 15 L 4148/02, MMR 2003, 205, 206.

2673 Siehe hierzu: Hoffmann, in: Spindler/Schuster, § 8 TMG, Rn. 64; Spindler, in: Spindler/Schmitz/Geis, TDG, § 9, Rn. 9 f.; Begr. RegE., BT-Drs. 14/6098, S. 33.

2674 Hoffmann, in: Spindler/Schuster, § 8 TMG, Rn. 44; OVG Münster, Beschluss v. 19.12.2002, 15 L 4148/02, MMR 2003, 205, 207; krit. Zimmermann, NJW 1999, 3145, 3150; a.A. Schneider, MMR 2004, 18, 22.

2675 Siehe hierzu: Zimmermann, NJW 1999, 3145, 3150; krit. Spindler, in: Spindler/Schmitz/Geis, TDG, § 9, Rn. 45 sowie Engel MMR-Beilage 4/2003, 1, 29.

zum mit der Sperrung verfolgten Zweck steht[2676]. Anders als bei der Sperrung von Seiten mit meinungsbildenden Inhalten stehen im vorliegenden Fall nicht das Grundrecht auf freie Meinungsäußerung und ein Zensurverbot im Raum. Es handelt sich um ein kommerzielles Angebot ohne meinungsbildenden Charakter.

III. Ergebnis

Vor Erlass von Maßnahmen gegen Access- und Service-Provider muss zunächst die sachliche Zuständigkeit der BaFin festgestellt werden. Eine solche ist auch dann gegeben, wenn der Adressat der Verfügung neben seiner Funktion als Access-/Host-Provider selbst kein Bankgeschäft betreibt oder aber hinreichend eng in die Tätigkeit eines Instituts eingebunden ist. Es ist jedoch zu berücksichtigen, dass der Access-Provider dann als Nichtstörer in Anspruch genommen wird.

Dies ist nur dann zulässig, falls Maßnahmen gegenüber den jeweiligen Inhaltsanbietern (hier dem virtuellen Emissionshaus) bzw. dem Host-Provider fehlschlagen, beispielsweise weil diese ihren Sitz im Ausland haben. Denn die Regel des allgemeinen Polizeirechts, das vor Inanspruchnahme eines Nichtstörers der Verhaltens- bzw. Zustandsstörer in Anspruch zu nehmen ist, gilt auch im Bereich des TMG.

2676 Lammich, in: Moritz/Dreier, Teil B, Rn. 288; Spindler, in: Spindler/Schmitz/Geis, TDG, § 9.

Dritter Teil: Wertpapieremissionen über das Internet in Form einer Eigenemission

1. Abschnitt: Einsatzmöglichkeiten einer Direktemission

Im Gegensatz zu einer auf herkömmlichem Weg durchgeführten Selbstemission stellt das fehlende Vertriebsnetz der Banken bei einer über das Internet durchgeführten Platzierung kein wesentliches Problem dar, sofern es sich um kleinere Emissionsvolumina handelt. Das Internet substituiert in diesem Fall das Vertriebsnetz der Banken. Hierdurch ergeben sich neben Kostenvorteilen für den Emittenten auch neue Einsatzbereiche, da der Emittent nicht mehr vor dem Problem steht, sich eine die Emission durchführende Bank oder ein Finanzdienstleistungsinstitut suchen zu müssen[2677].

A. Platzierung im regulierten Markt einer Börse

Grundlegendes Problem einer Emission mit gleichzeitiger Börsenzulassung zum Handel im regulierten Markt ist, dass ein Zulassungsantrag nur zusammen mit einem Kreditinstitut gestellt werden kann. In diesem öffentlich-rechtlich organisierten Marktsegment ist der Zulassungsantrag gemäß § 32 Abs. 2 BörsG i.V.m. § 5 Abs. 3 S. 2 WpPG schriftlich vom Emittenten gemeinsam mit einem Kreditinstitut, Finanzdienstleistungsinstitut oder einem nach § 53 Abs. 1 S. 1 KWG oder § 53b Abs. 1 S. 1 KWG tätigen Unternehmen – im Folgenden werden diese Unternehmen als Kreditinstitut bezeichnet – zu stellen, welches an einer inländischen Börse als Teilnehmer zum Handel zugelassen ist[2678]. Andere Emissionsbegleiter sind zur Antragstellung nicht berechtigt[2679]. Begründet wird dieser gesetzliche Ausschluss damit, dass in diesem Marktsegment eine bei der Platzierung erfahrene Institution notwendig sei und eine effektive Prospekthaftung so am ehesten gewährleistet werden könne[2680]. Neben dem Emittenten steht dem Anleger mit dem Kreditinstitut ein (solventer) Anspruchsgegner zur Verfügung. Das Kreditinstitut übernimmt

2677 Tawakkoli, DStR 1999, 1330, 1334; Assmann, in: FS-Schütze, 15, 16 f.; Schanz, Börseneinführung, § 10, Rn. 9; Ekkenga/Maas, Rn. 74; zweifelnd: Singhof/Weber, in: Habersack/Mülbert/Schlitt, § 4, Rn. 2 der ausführt, dass eine Eigenemission unter Einsatz des Internets als Emissionsform für Börsengänge keine Rolle spielt.

2678 Singhof/Weber, in: Habersack/Mülbert/Schlitt, § 4, Rn. 91; Groß, Kapitalmarktrecht, § 5 WpPG, Rn. 7 sowie § 32 BörsG, Rn. 32; Ekkenga/Maas, Rn. 74.

2679 Siehe zur Verfassungsmäßigkeit dieses Ausschlusses Heidelbach, in: Schwark/Zimmer, Kapitalmarktrechts-Kommentar § 32 BörsG, Rn. 35 f.

2680 Siehe Begründung zur KWG-Novelle 1997, BR-Drucks. 96A/96 S. 27; Schäfer, in: Schäfer, Wertpapierhandelsgesetz, § 36 BörsG, Rn. 8a.

somit immer ein Prospekthaftungsrisiko, unabhängig davon, ob es die Aktien begibt.

Aufgrund des Erfordernisses der Mitwirkung eines Kreditinstituts bei der Zulassung zum Handel im regulierten Markt dürfte eine Eigenemission daher in diesem Marktsegment eher die Ausnahme bleiben[2681]. Eine solche Ausnahme war der Börsengang der Google Inc., die bisher größte Emission unter ausschließlicher Verwendung des Internets. Beim IPO der Google Inc. am 19.8.2004 wurden 19,6 Millionen Aktien ausgegeben; die Preisspanne der Papiere betrug $ 85 bis $ 95 pro Aktie. Diese wurde im NASDAQ aufgenommen und hatte eine Erstnotiz von $ 100,01[2682].

In Deutschland kommt eine Platzierung von Aktien, die bereits zum Handel an einem organisierten Markt zugelassen sind, dann ohne Mitwirkung eines Kreditinstitutes in Betracht, wenn weder gemäß § 4 Abs. 2 WpPG für die Zulassung der neuen Aktien zum Handel an einem organisierten Markt ein Prospekt erstellt noch für die Einbeziehung der neuen Aktien zum Handel ein Zulassungsantrag gemäß § 32 Abs. 2 S. 1 BörsG gestellt werden muss. Denn gemäß § 5 Abs. 4 S. 2 WpPG ist ein Prospekt, der zum Zwecke der Zulassung von Wertpapieren zum Handel an einem organisierten Markt verwendet werden soll, von einem Kreditinstitut zu unterzeichnen. Auch kann gemäß § 32 Abs. 2 S. 1 BörsG ein Zulassungsantrag nur zusammen mit einem Kreditinstitut gestellt werden. Gemäß § 40 Abs. 1 BörsG ist der Emittent zugelassener Aktien verpflichtet, für später ausgegebene Aktien derselben Gattung die Zulassung zum regulierten Markt zu beantragen[2683]. Allerdings ist zu beachten, dass die Stellung eines Zulassungsantrags im Unterschied zur Unterzeichnung eines Prospekts keine Prospekthaftungsansprüche auslöst. Damit stellt die Pflicht zur Erstellung eines Prospekts zum Zwecke der Zulassung zum Handel in einem organisierten Markt eine im Vergleich zur Stellung eines Zulassungsantrags höhere Hürde für eine Eigenemission dar.

Während § 4 Abs. 1 WpPG regelt, wann trotz Vorliegens eines öffentlichen Angebots keine Prospektpflicht besteht, legt § 4 Abs. 2 WpPG fest, unter welchen Voraussetzungen kein Prospekt bei einer Zulassung von Wertpapieren zum Handel an einem organisierten Markt zu erstellen ist. Im Folgenden sollen die Ausnahmetatbestände des § 4 Abs. 2 Nr. 1, Nr. 5 sowie Nr. 7 WpPG näher betrachtet werden.

Gemäß § 4 Abs. 2 Nr. 1 WpPG entfällt eine Prospektpflicht und damit die Notwendigkeit einer Mitwirkung von Kreditinstituten bei der Prospekterstellung, sofern Aktien begeben werden, die über einen Zeitraum von zwölf Monaten weniger als 10% der Zahl der Aktien derselben Gattung ausmachen, die bereits zum

---

2681 So auch Ekkenga/Maas, Rn. 74; Singhof/Weber, in: Habersack/Mülbert/Schlitt, § 4, Rn. 24 hält die Durchführung einer Eigenemission unter Einsatz des Internets als Emissionsform für Börsengänge für nicht praktikabel.

2682 http://www.google-ipo.com (Stand: 23.11.2013); Kuls, „Google bringt keinen Schub für Neuemissionen", FAZ Nr. 198 v. 26.8.2004, S. 17.

2683 Siehe hierzu: Bloß/Schneider, WM 2009, 879 ff.; Groß, Kapitalmarktrecht, § 40 BörsG, Rn. 1 ff.

Handel an demselben organisierten Markt zugelassen sind[2684]. Die Ausnahme des § 4 Abs. 2 Nr. 1 WpPG findet keine Entsprechung in § 4 Abs. 1 WpPG für öffentliche Angebote. Daher ist trotz Vorliegens der Voraussetzungen des § 4 Abs. 2 Nr. 1 WpPG ein Prospekt zu erstellen, sofern ein öffentliches Angebot vorliegt. Bei einer beabsichtigten Zulassung zum Handel in einem organisierten Markt und gleichzeitigem Vorliegen eines öffentlichen Angebots ist nur dann kein Prospekt zu erstellen, wenn sowohl ein Ausnahmetatbestand des § 4 Abs. 1 WpPG wie auch des § 4 Abs. 2 WpPG einschlägig sind[2685]. Des Weiteren entfällt gemäß § 4 Abs. 2 Nr. 5 WpPG eine Prospektpflicht, falls neue Aktien im Wege einer Kapitalerhöhung aus Gesellschaftsmitteln geschaffen und diese den Altaktionären zum Bezug angeboten oder zugeteilt werden[2686]. Einen entsprechenden Ausnahmetatbestand für öffentliche Angebote ohne Börsenzulassung sah bis zum Inkrafttreten des Gesetzes zur Umsetzung der Richtlinie 2010/73/EU[2687] und zur Änderung des Börsengesetzes vom 26.6.2012[2688] (im Folgenden Gesetz zur Umsetzung der Richtlinie 2010/73/EU) § 4 Abs. 1 Nr. 4 WpPG a.F. vor[2689]. Dieser wurde durch das Gesetz zur Umsetzung der Richtlinie 2010/73/EU aufgehoben. Allerdings hat die Aufhebung des Ausnahmetatbestands keine praktischen Auswirkungen, da bei einer Kapitalerhöhung aus Gesellschaftsmitteln gemäß § 212 AktG kein (öffentliches) Angebot an die Aktionäre erfolgt. Vielmehr stehen die neuen Aktien den Aktionären unmittelbar zu[2690]. Daher wurde die Regelung des § 4 Abs. 1 Nr. 4 WpPG a.F. auch von Stimmen in der Literatur als überflüssig erachtet[2691].

2684 Siehe zur 10% Ausnahme: Lachner/Heppe, WM 2008, 576 ff.; Zeising, in: Just/Voß/Ritz/Zeising, WpPG, § 4, Rn. 30 ff.; Groß, Kapitalmarktrecht, § 4 WpPG, Rn. 10 ff.; Schnorbus, in: Frankfurter Kommentar zum WpPG, § 4, Rn. 58 ff.

2685 Hierauf weist Heidelbach, in: Schwark, Kapitalmarktrechts-Kommentar, § 4 WpPG, Rn. 4 hin.

2686 Siehe hierzu: Zeising, in: Just/Voß/Ritz/Zeising, WpPG, § 4, Rn. 46 ff.; Groß, Kapitalmarktrecht, § 4 WpPG, Rn. 17; Schnorbus, in: Frankfurter Kommentar zum WpPG, § 4, Rn. 83 ff.

2687 Richtlinie 2010/73/EU des Europäischen Parlaments und des Rates zur Änderung der Richtlinie 2003/71/EG betreffend den Prospekt, der beim öffentlichen Angebot von Wertpapieren oder bei deren Zulassung zum Handel zu veröffentlichen ist, und der Richtlinie 2004/109/EG zur Harmonisierung der Transparenzanforderungen in Bezug auf Informationen über Emittenten, deren Wertpapiere zum Handel auf einem geregelten Markt zugelassen sind, ABl. EU Nr. L 327 v. 11.12.2010, S. 1.

2688 BGBl I 2011, S. 4281; siehe zu dieser Gesetzänderung: Leuering, NJW 2012, 1905 ff.

2689 Siehe hierzu: Schnorbus, in: Frankfurter Kommentar zum WpPG, § 4, Rn. 31 ff.; Heidelbach, in: Schwark/Zimmer, Kapitalmarktrechts-Kommentar, § 4 WpPG, Rn. 15 ff.; Schnorbus, in: Frankfurter Kommentar zum WpPG, § 4, Rn. 34.

2690 Schnorbus, in: Frankfurter Kommentar zum WpPG, § 4, Rn. 34; Heidelbach, in: Schwark/Zimmer, Kapitalmarktrechts-Kommentar, § 4 WpPG, Rn. 17.

2691 So Heidelbach, in: Schwark/Zimmer, Kapitalmarktrechts-Kommentar, § 4 WpPG, Rn. 17; Berrar, in: Frankfurter Kommentar zum WpPG, § 4, Rn. 36.

Gemäß § 4 Abs. 2 Nr. 7 WpPG entfällt eine Prospektpflicht auch dann, wenn die neuen Aktien nach der Ausübung von Umtausch- oder Bezugsrechten aus anderen Wertpapieren ausgegeben werden[2692]. Fraglich ist, ob es sich bei den im Wege einer Bezugsrechtsemission ausgegebenen Aktien um „andere" Wertpapiere i.S.v. § 4 Abs. 2 Nr. 7 handelt. Hierzu wird die Ansicht vertreten, dass aufgrund des klaren Wortlauts der Norm[2693] wie auch der Gesetzesmaterialien[2694] § 4 Abs. 2 Nr. 7 WpPG auch auf eine Bezugsrechtskapitalerhöhung Anwendung findet, da es sich bei den alten Aktien um andere Wertpapiere handelt und die neuen Aktien der selben Gattung wie die alten Aktien angehören, die bereits zum Handel an demselben organisierten Markt zugelassen sind.

Trotz Vorliegens der Ausnahme des § 4 Abs. 2 Nr. 7 WpPG könnte dennoch eine Prospektpflicht bestehen, falls ein Bezugsrechtsangebot ein öffentliches Angebot i.S.v. § 2 Nr. 4 WpPG darstellt und damit Prospektpflichten gemäß § 3 Abs. 1 WpPG auslöst. § 4 Abs. 2 WpPG befreit nur von der Pflicht zur Veröffentlichung eines Prospekts zum Zwecke der Zulassung von Wertpapieren zum Handel an einem organisierten Markt, nicht jedoch von der Pflicht zur Veröffentlichung eines Prospekts bei Vorliegen eines öffentlichen Angebots. Fraglich ist, ob bei einer Bezugsrechtsemission, die sich nur an die Altaktionäre richtet, ein prospektpflichtiges öffentliches Angebot i.S.v. §§ 2 Nr. 4, 3 Abs. 1 WpPG vorliegt. Hierzu wird die Ansicht vertreten, dass – anders als bei einer Kapitalerhöhung mit Bezugsrechtsausschluss – bei einer Bezugsrechtemission, die sich nur an die Altaktionäre richtet und bei der kein Bezugsrechtshandel stattfindet, kein prospektpflichtiges öffentliches Angebot i.S.v. § 3 Abs. 1 WpPG vorliege, da es an einer Öffentlichkeit des Angebots i.S.v. § 2 Nr. 4 WpPG fehle[2695]. Diese Rechtsauffassung wurde bis zum

2692 Siehe hierzu: Zeising, in: Just/Voß/Ritz/Zeising, WpPG, § 4, Rn. 49 ff.; Groß, Kapitalmarktrecht, § 4 WpPG, Rn. 19; Angersbach/Chevallerie/Ulbricht, ZIP 2009, 1302 ff.; Oltmanns/Zöllter-Petzoldt, NZG 2013, 489 ff.; Berrar, in: Frankfurter Kommentar zum WpPG, § 4, Rn. 86 ff.

2693 Groß, Kapitalmarktrecht, § 4 WpPG, Rn. 19; Heidelbach, in: Schwark/Zimmer, Kapitalmarktrechts-Kommentar, § 4 WpPG, Rn. 45; Schnorbus, in: Frankfurter Kommentar zum WpPG, § 4, Rn. 100; Angersbach/Chevallerie/Ulbricht, ZIP 2009, 1302, 1304; a.A. Herfs, in: Habersack/Mülbert/Schlitt, 2. Auflage, § 4, Rn. 105, Fn. 206, der darauf hinweist, dass es sich bei Aktien, die aus der Ausübung eines Bezugsrechts stammen, nicht um „andere" Wertpapiere i.S.v. § 4 Abs. 2 Nr. 7 WpPG handele.

2694 Angersbach/Chevallerie/Ulbricht, ZIP 2009, 1302, 1304 f.

2695 So zur Rechtslage vor Inkrafttreten des Gesetz zur Umsetzung der Richtlinie 2010/73/EU und zur Änderung des Börsengesetzes vom 26.6.2012, BGBl I 2011, S. 4281: Heidelbach, in: Schwark/Zimmer, Kapitalmarktrechts-Kommentar, § 2 WpPG, Rn. 22; Ritz/Zeising, in: Just/Voß/Ritz/Zeising, § 2 WpPG, Rn. 103; Groß, Kapitalmarktrecht, 4. Auflage, § 2 WpPG, Rn. 18; Angersbach/Chevallerie/Ulbricht, ZIP 2009, 1302, 1307; a.A. Grosjean, in: Heidel, § 2 WpPG, Rn. 20, der eine entsprechende Verwaltungspraxis für europarechtswidrig hält. Auch die EU-Kommission hatte an einer solchen Vorgehensweise massive Zweifel

Inkrafttreten des Gesetzes zur Umsetzung der Richtlinie 2010/73/EU und zur Änderung des Börsengesetzes vom 26.6.2012[2696] ebenfalls von der BaFin vertreten[2697]. In entsprechender Verwaltungspraxis erachtete die BaFin Bezugsrechtsemissionen, die sich ausschließlich an Altaktionäre des Unternehmens richteten, nicht als öffentliche Angebote i.S.v. § 2 Nr. 4 WpPG und damit als nicht prospektpflichtig. Mit Inkrafttreten des Gesetzes zur Umsetzung der Richtlinie 2010/73/EU hat die BaFin diese Verwaltungspraxis jedoch aufgegeben und stuft eine Bezugsrechtsemission nunmehr als prospektpflichtiges öffentliches Angebot ein[2698]. Auch in der Literatur wird seit Inkrafttreten des Gesetzes zur Umsetzung der Richtlinie 2010/73/EU ein Bezugsrechtsangebot nunmehr als öffentliches Angebot qualifiziert[2699], obwohl durch das Gesetz zur Umsetzung der Richtlinie 2010/73/EU weder der Wortlaut von §§ 2 Nr. 4, 3 Abs. 1 noch von § 4 Abs. 2 Nr. 7 WpPG geändert wurde. Begründet wird das Vorliegen eines öffentlichen Angebots bei einer Bezugsrechtsemission damit, dass durch die (Änderungs-)Richtlinie 2010/73/EU Art. 7 Abs. 2 lit. g)[2700]

---

angemeldet; siehe hierzu: von Kopp-Colomb/Knobloch, in: Assmann/Schlitt/Kopp-Colomb, § 2 WpPG, Rn. 39.

2696 BGBl. I 2011, S. 4281.

2697 Siehe zur vormaligen Verwaltungspraxis der BaFin vor Inkrafttreten des Gesetzes zur Umsetzung der Richtlinie 2010/73/EU: Heidelbach, in: Schwark/Zimmer, Kapitalmarktrechts-Kommentar, § 2 WpPG, Rn. 22 f.; Schnorbus, in: Frankfurter Kommentar zum WpPG, § 2 WpPG, Rn. 77; siehe auch: BaFin „Ausgewählte Rechtsfragen in der Aufsichtspraxis", Stand 4.9.2007, Seminarunterlagen der BaFin, S. 5 (zitiert nach Groß, Kapitalmarktrecht, § 2 WpPG, Rn. 18a, Fn. 99); a.A. Grosjean, in: Heidel, § 2 WpPG, Rn. 20, der eine entsprechende zwischenzeitlich aufgegebene Verwaltungspraxis für europarechtswidrig hielt. Auch die EU-Kommission hatte an einer solchen Vorgehensweise massive Zweifel angemeldet; siehe hierzu: von Kopp-Colomb/Knobloch, in: Assmann/Schlitt/Kopp-Colomb, § 2 WpPG, Rn. 39.

2698 Siehe BaFin-Journal 9/12, S. 7.

2699 Herfs, in: Habersack/Mülbert/Schlitt, § 6, Rn. 119; Oltmanns/Zöllter-Petzoldt, NZG 2013, 489 ff.; Groß, Kapitalmarktrecht, § 2 WpPG, Rn. 18a; Leuering, NJW-Spezial 2012, 591 ff.; Schnorbus, in: Frankfurter Kommentar zum WpPG, § 2, Rn. 69, 79 hatte bereits vor Inkrafttreten des Gesetzes darauf hingewiesen, dass eine entsprechende Verwaltungspraxis der BaFin Bezugsrechtsangebote nicht als öffentliche Angebot zu betrachten künftig nicht mehr darstellbar sein wird; ebenso: Heidelbach, in: Schwark/Zimmer, Kapitalmarktrechts-Kommentar, § 2 WpPG, Rn. 23, der diese Änderung jedoch kritisch sieht.

2700 Art. 7 Abs. 2 lit. g) lautet: „bei Aktienangeboten von Gesellschaften, deren Aktien derselben Gattung zum Handel an einem geregelten Markt oder in einem multilateralen Handelssystem im Sinne von Artikel 4 Absatz 1 Nummer 15 der Richtlinie 2004/39/EG zugelassen sind und die einer angemessenen ständigen Offenlegungspflicht und Marktmissbrauchsvorschriften unterliegen, ist eine angemessene Offenlegungsregelung anzuwenden, sofern der Emittent das satzungsmäßige Bezugsrecht nicht außer Kraft gesetzt hat."

neu in die Prospektrichtlinie (RL 2003/71/EG) eingefügt wurde[2701]. Art. 7 Abs. 2 lit. g) legt die inhaltlichen Anforderungen an einen Prospekt fest, der bei einer Bezugsrechtsemission (ohne Bezugsrechtsausschluss) zu veröffentlichen ist. Eine Pflicht zur Veröffentlichung eines Prospekts besteht gemäß Art. 3 der Prospektrichtlinie dann, wenn ein öffentliches Angebot vorliegt. Eine Prospektpflicht setzt damit das Vorliegen eines öffentlichen Angebots voraus. In der Literatur wird daher der Standpunkt vertreten, dass der Richtliniengeber beim Erlass der Richtlinie folglich davon ausgegangen sei, dass Bezugsrechtsangebote öffentliche Angebote darstellen[2702]. Auch lege der Richtliniengeber in Erwägungsgrund Nr. 18 dar, wann und weshalb die vereinfachten Anforderungen an einen Prospekt für Bezugsrechtsemissionen zur Anwendung gelangen sollen[2703]. Damit habe der Richtliniengeber zum Ausdruck gebracht, dass er davon ausgehe, dass Bezugsrechtsangebote grundsätzlich öffentliche Angebote darstellen[2704]. Denn nur dann, wenn man von einer Prospektpflicht ausgehe, mache es überhaupt Sinn, im Falle einer Bezugsrechtsemission herabgesetzte Prospektpflichten festzuschreiben[2705].

Infolge dieser Änderung wurde die EU-ProspektVO um Art. 26a EU-ProspektVO ergänzt, der die Veröffentlichung eines Prospekts mit reduziertem Inhalt ermöglicht. Gemäß dieser Norm sind in den Prospekt, der im Rahmen einer Bezugsrechtsemission Verwendung finden soll, die in den neu geschaffenen „verhältnismäßigen Schemata" in den Anhängen XXIII und XXIV der EU-ProspektVO geforderten Angaben aufzunehmen[2706]. Damit ist in der Praxis eine prospektfreie Bezugsrechtsemission nicht mehr möglich. Gemäß § 40 Abs. 1 BörsG ist der Emittent zugelassener Aktien verpflichtet, für später ausgegebene Aktien derselben Gattung die Zulassung zum regulierten Markt zu beantragen. Gemäß § 32 Abs. 2 BörsG ist der Antrag schriftlich vom Emittenten gemeinsam mit einem Kreditinstitut, Finanzdienstleistungsinstitut oder einem nach § 53 Abs. 1 S. 1 KWG oder § 53b Abs. 1 S. 1 KWG tätigen Unternehmen zu stellen. Gemäß § 5 Abs. 3 S. 2 WpPG ist ein Prospekt, auf Grund dessen Wertpapiere zum Handel an einem organisierten Markt zugelassen werden sollen, vom Zulassungsantragsteller zu unterzeichnen. Gemäß § 32 Abs. 2 BörsG i.V.m. § 5 Abs. 4 S. 2 WpPG ist der Prospekt somit neben dem Emittenten auch von dem Kreditinstitut, Finanzdienstleistungsinstitut oder

---

2701 Schnorbus, in: Frankfurter Kommentar zum WpPG, § 2 WpPG, Rn. 79; Groß, Kapitalmarktrecht, § 2 WpPG, Rn. 18a; Leuering, NJW-Spezial 2012, 591.

2702 So Leuering, NJW-Spezial 2012, 591; Groß, Kapitalmarktrecht, 5 Auflage, § 2 WpPG, Rn. 18; Schnorbus, in: Frankfurter Kommentar zum WpPG, § 2, Rn. 69.

2703 So Leuering, NJW-Spezial 2012, 591.

2704 Leuering, NJW-Spezial 2012, 591; Groß, Kapitalmarktrecht, 5 Auflage, § 2 WpPG, Rn. 18.

2705 So Leuering, NJW-Spezial 2012, 591; Groß, Kapitalmarktrecht, 5 Auflage, § 2 WpPG, Rn. 18.

2706 Siehe hierzu: Herfs, in: Habersack/Mülbert/Schlitt, § 6, Rn. 119; Oltmanns/Zöllter-Petzoldt, NZG 2013, 489, 490; Schnorbus, in: Frankfurter Kommentar zum WpPG, § 2, Rn. 80.

nach § 53 Abs. 1 S. 1 oder § 53b Abs. 1 S. 1 KWG tätigen Unternehmen, mit dem der Emittent zusammen die Zulassung der Wertpapiere beantragt, zu unterzeichnen. Dieses übernimmt damit die (Mit-)Verantwortung für den Prospekt und damit auch die Mithaftung gemäß § 21 WpPG. Ein Kreditinstitut wird sich die Übernahme des Risikos der Prospekthaftung entsprechend vergüten lassen.

Damit besitzen nach Inkrafttreten des Gesetzes zur Umsetzung der Richtlinie 2010/73/EU und zur Änderung des Börsengesetzes vom 26.6.2012 lediglich noch die Ausnahmetatbestände des § 4 Abs. 2 Nr. 1 WpPG (10% Kapitalerhöhung) sowie des § 4 Abs. 2 Nr. 5 WpPG (Kapitalerhöhung aus Gesellschaftsmitteln) für eine prospektfreie Zulassung praktische Relevanz.

B. Einbeziehung in den Freiverkehr (Open Market)

Anders sieht es bei einer Einbeziehung zum Handel im Freiverkehr (Open Market) aus. Die Bedingungen für eine Teilnahme am Handel und die Einbeziehung von Wertpapieren zum Handel im Freiverkehr werden gemäß § 48 Abs. 1 S. 3 BörsG in allgemeinen Geschäftsbedingungen geregelt, die der Börsenträger erlässt[2707]. Diese sind privatrechtlicher Natur[2708]. Gemäß § 48 Abs. 3 BörsG finden auf den Betrieb des Freiverkehrs die Vorschriften des BörsG mit Ausnahme der §§ 27–29 BörsG sowie §§ 32–47 BörsG entsprechend Anwendung. Hieraus folgt, dass § 32 Abs. 2 S. 1 BörsG – diese Norm bestimmt, dass eine Zulassung von Wertpapieren zum Handel im regulierten Markt vom Emittenten der Wertpapiere nur zusammen mit einem Kreditinstitut, einem Finanzdienstleistungsinstitut oder einem nach § 53 Abs. 1 S. 1 KWG oder § 53b Abs. 1 S. 1 KWG tätigen Unternehmen beantragt werden kann – bei einer Einbeziehung von Wertpapieren zum Handel im Freiverkehr keine Anwendung findet[2709]. Es ist damit grundsätzlich keine Mitwirkung von Kreditinstituten bei einer Einbeziehung zum Handel im Freiverkehr erforderlich. Beispielsweise regelt § 9 Abs. 1 der Allgemeine Geschäftsbedingungen der Deutsche Börse AG für den Freiverkehr an der Frankfurter Wertpapierbörse (im Folgenden AGB-Freiverkehr)[2710], dass ein Antrag auf Einbeziehung von Wertpapieren zum Handel im Freiverkehr von jedem Handelsteilnehmer an der Frankfurter Wertpapierbörse gestellt werden kann[2711]. Es ist kein Prospekt zu erstellen, sofern

2707 Groß, Kapitalmarktrecht, § 48 BörsG, Rn. 1a; Schanz, Börseneinführung, § 11, Rn. 43.

2708 Groß, Kapitalmarktrecht, § 48 BörsG, Rn. 1a; Schanz, Börseneinführung, § 11, Rn. 43; Schwark, in: Schwark/Zimmer, Kapitalmarktrechts-Kommentar, § 48 BörsG, Rn. 3.

2709 Groß, Kapitalmekrecht, § 48 BörsG, Rn. 3.

2710 Allgemeine Geschäftsbedingungen der Deutsche Börse AG für den Freiverkehr an der Frankfurter Wertpapierbörse, Stand: 26.7.2013, FWB10, abrufbar unter http://deutsche-boerse.com (Stand: 30.11.2013).

2711 Siehe hierzu: Groß, Kapitalmarktrecht, § 48 BörsG, Rn. 3; Schanz, Börseneinführung, § 11, Rn. 49.

kein öffentliches Angebot erfolgt, sondern lediglich eine Einbeziehung der Aktien in dieses Marktsegment erfolgt[2712]. Die Sonderregelung des § 3 Abs. 4 WpPG – diese Norm bestimmt, dass für Wertpapiere, die im Inland zum Handel an einem organisierten Markt zugelassen werden sollen, der Zulassungsantragsteller einen Prospekt veröffentlichen muss – greift bei einer Einbeziehung zum Handel im Freiverkehr nicht ein, da es sich bei diesem nicht um einen organisierten Markt i.S.v. § 2 Nr. 16 WpPG handelt[2713]. Ist ein Prospekt zu erstellen, weil auch ein öffentliches Angebot vorliegt, so ist er gemäß § 3 Abs. 1 WpPG vom Anbieter, also bei einer Direktemission vom Emittenten, zu veröffentlichen. Bei Vorliegen eines öffentlichen Angebots ist keine Mitwirkung eines Kreditinstituts bei der Prospekterstellung notwendig, da für die Antragstellung zur Einbeziehung zum Handel im Freiverkehr keine Mitwirkung eines Kreditinsituts erforderlich ist.

Dagegen gestaltet sich die Lage bei einer Einbeziehung der Aktien zum Handel im Entry Standard, einem Teilsegment des Freiverkehrs der Frankfurter Wertpapierbörse, im Falle einer Eigenemission schwieriger, da gemäß § 16 Abs. 1 S. 1 AGB-Freiverkehr ein Antrag nur zusammen mit einem Kreditinstitut, einem Finanzdienstleistungsinstitut oder einem nach § 53 Abs. 1 S. 1 KWG oder § 53b Abs. 1 S. 1 KWG tätigen Unternehmen gestellt werden kann. Das Unternehmen muss gemäß § 16 Abs. 1 S. 2 AGB-Freiverkehr ein haftendes Eigenkapital i.H.v. mindestens EUR 730.000,– besitzen. Gemäß § 16 Abs. 1 S. 3 AGB-Freiverkehr steht der Mitantragsteller für die Vollständigkeit und Richtigkeit der im Antrag gemachten Angaben und für die Vollständigkeit der eingereichten Unterlagen ein. Auch setzt eine Einbeziehung in den Entry Standard gemäß § 17 Abs. 1 lit. a) AGB-Freiverkehr das Vorliegen eines (prospektpflichtigen) öffentlichen Angebots sowie die Erstellung eines entsprechenden Prospekts voraus[2714]. Allerdings ist es – anders als bei der Zulassung von Wertpapieren im Inland zum Handel an einem organisierten Markt – nicht erforderlich, dass der Prospekt vom Zulassungsantragsteller mitunterzeichnet wird, da gemäß § 3 Abs. 4 WpPG eine Pflicht des Zulassungsantragstellers zur Prospektveröffentlichung lediglich bei einer Zulassung zum Handel an einem organisierten Markt besteht. Beim Feiverkehr handelt es sich nicht um einen organisierten Markt i.S.v. § 2 Nr. 16 WpPG. Eine Einbeziehung zum Handel im Entry Standard des Freiverkehrs setzt die Mitwirkung eines Kreditinstituts bei der Antragstellung voraus, nicht jedoch bei der Erstellung des Prospekts.

2712 Siehe hierzu: Schanz, Börseneinführung, § 11, Rn. 49 ff.; Harrer/Müller, WM 2006, 653, 656; Schwark, in: Schwark/Zimmer, Kapitalmarktrechts-Kommentar, § 48 BörsG, Rn. 8, 12; Groß, Kapitalmarktrecht, § 48 BörsG, Rn. 10.

2713 Groß, Kapitalmarktrecht, § 2 WpPG, Rn. 35; Heidelbach, in: Schwark/Zimmer, Kapitalmarktrechts-Kommentar, § 2 WpPG, Rn. 82.

2714 Schanz, Börseneinführung, § 11, Rn. 53.

C. Vorbörsliche Risikofinanzierung

Das eigentliche Einsatzpotential einer Eigenemission dürfte im Bereich der vorbörslichen Risikofinanzierung (Pre-IPO) liegen[2715]. Private Equity, hierbei handelt es sich um eine Investition durch privates Beteiligungskapitel in nicht börsennotierte Unternehmen, galt lange Zeit als Domäne vermögender Privatanleger, institutioneller Investoren und vor allem Venture-Capital-Gesellschaften[2716]. Ende der 1990er Jahre hatte sich diese Situation vorübergehend verändert, da aufgrund der Überzeichnung von Emissionen bei Privatanlegern eine erhöhte Bereitschaft zur vorbörslichen Beteiligung an Unternehmen festzustellen war[2717]. Bisher war der Bereich des Venture Capital dadurch geprägt, dass jeweils eine größere Zahl von Minderheitsbeteiligungen an vielversprechenden, aber hochriskanten jungen Unternehmen von spezialisierten Gesellschaften übernommen und betreut wurde, die sich ihrerseits am offenen Markt finanzieren konnten und einen Ausstieg über einen Verkauf an der Börse anstrebten[2718].

Als eine Alternative hierzu wird teilweise die Ende der 1990er Jahre verstärkt durchgeführte öffentliche Direktemission von Anteilen junger Unternehmen zu einem möglichst frühen Zeitpunkt ihrer Entwicklung, verbunden mit der Aufnahme des Handels der Anteile auf einem geeigneten außerbörslichen Sekundärmarkt betrachtet[2719]. Das Anlagerisiko ist bei einem Unternehmen nach Börsengang niedriger als davor; gleiches trifft jedoch auch auf die Gewinnchancen zu. Bleibt aber ein Börsengang aus, führt dies zu erheblichen Kursverlusten, ggf. bis hin zu einem Totalverlust[2720]. Hierbei handelt es sich nicht um ein mit dem Einsatz des Internets zusammenhängendes Risiko, sondern vielmehr um ein mit dem Geschäftsmodell der vorbörslichen Risikobeteiligung verbundenes. Eine solche Finanzierung wird allerdings erst durch Einsatz des Internets in größerem Umfang ermöglicht[2721].

D. Ergebnis

Zusammenfassend lässt sich feststellen, dass eine Internetemission in Form einer Direktemission für kleinere Emissionen ohne Börsennotierung, für Emissionen

2715 In diesem Sinne: Schaefer. MMR 2001, 491; Assmann, in: FS-Schütze, 15, 20 f.; Weber, MMR 1999, 385, 390.

2716 Siehe zu diesem Geschäftsmodell: Otto, in: Assmann/Schütze, Hdb. KapitalanlageR, 2. Auflage, § 27, Rn. 5 ff.

2717 Pfüller/Koehler, WM 2002, 781 f.

2718 Otto, in: Assmann/Schütze, Hdb. KapitalanlageR, 2. Auflage, § 27, Rn. 24 ff.; Schaefer, MMR 2001, 491.

2719 Siehe hierzu Tawakkoli, DStR 1999, 1330, 1334 f.; Assmann, in: FS-Schütze, 15, 34 ff.; Schaefer, MMR 2001, 491 f.; Jäger, Aktiengesellschaft, § 54, Rn. 103 f.

2720 Pfüller/Köhler, WM 2002 781, 784.

2721 So auch Ekkenga/Maas, Rn. 74; krit. dagegen Müller, in: Kümpel/Wittig, Rn. 15.04.

zur Einbeziehung in den Freiverkehr (Open Market)[2722] oder für eine 10% Kapitalerhöhung einer bereits in einem organisierten Markt notierten Gesellschaft in Betracht kommt, sofern die über einen Zeitraum von zwölf Monaten neu begebenen Aktien weniger als 10% der Zahl der Aktien derselben Gattung ausmachen, die bereits zum Handel an demselben organisierten Markt zugelassen sind, und kein öffentliches Angebot i.S.v. §§ 2 Nr. 4, 3 Abs. 1 WpPG vorliegt[2723]. Dagegen kommt eine Eigenemission seit Inkrafttreten des Gesetzes zur Umsetzung der Richtlinie 2010/73/EU und zur Änderung des Börsengesetzes vom 26.6.2012 bei einer Bezugsrechtsemission nur noch bedingt in Betracht, da hier eine Mitwirkung eines Kreditinstituts erforderlich ist, welches gemäß § 21 WpPG als Prospektverantwortlicher (mit-)haftet.

Bei einer beabsichtigten Börsenzulassung zum Handel in einem organisierten Markt besteht die Notwendigkeit, ein Kreditinstitut einzuschalten, da der Emittent nur zusammen mit einem solchen einen Börsenzulassungsantrag stellen kann. In der Praxis ist jedoch das Kreditinstitut, welches den Börsenzulassungsprospekt mit unterzeichnet, auch in den Platzierungsvorgang mit einbezogen[2724].

Theoretisch spräche zwar nichts dagegen, ein Kreditinstitut lediglich mit der Erstellung und Mitunterzeichnung eines Prospektes zu beauftragen, nicht aber mit der Platzierung, jedoch ist zu beachten, dass durch Mitunterzeichnung des Börsenzulassungsantrages das Kreditinstitut Prospektverantwortlichkeit (mit) übernimmt. Findet ein Emittent kein Kreditinstitut, welches eine Platzierung und eine Börsenzulassung begleiten möchte, so dürfte sich diese Schwierigkeit auch bei der Suche nach einem Institut, welches lediglich den Börsenzulassungsantrag mitunterzeichnet, zeigen, da in beiden Konstellationen das Kreditinstitut als Prospektverantwortlicher haftet. Hinzu kommt, dass ein in den Platzierungsvorgang eingeschaltetes Kreditinstitut aus diesem einen wesentlich höheren Gewinn erzielt, das damit verbundene Risiko jedoch nicht wesentlich steigt.

Eine Direktemission bietet sich daher in erster Linie für junge, innovative Unternehmen aus dem High-Tech Bereich an[2725], die Aktien ohne gleichzeitige Zulassung zum Handel in einem organisierten Markt emittieren. Eine Einbeziehung zum Handel im Freiverkehr (Open Market bzw. Entry Standard) erfordert nicht die Mitwirkung eines Kredit- bzw. Finanzdienstleistungsinstituts.

2722 So auch Schanz, Börseneinführung, § 10, Rn. 9; laut Koch/Wegmann, 217 haben diesen Weg beispielsweise die Berliner Spezialflug AG sowie die DB-Soft AG beschritten.

2723 Ekkenga/Maas, Rn. 73.

2724 Singhof/Weber, in: Habersack/Mülbert/Schlitt, § 4, Rn. 24; Ekkanga/Maas, Rn. 73.

2725 Schanz, Börseneinführung, § 10, Rn. 10, Fn. 10; Assmann, FS-Schütze, 15, 16 f.; Pfüller/Westerwelle, MMR 1998, 171, 172; Jäger, Aktiengesellschaft, § 54, Rn. 104; Cocca, Der Schweizer Treuhänder 2001, 1101, 1102 weist darauf hin, dass ca. 40% aller Direktemissionen unter Verwendung des Internets gescheitert sind.

2. Abschnitt: Der Ablauf einer Direktemission

Die folgenden Ausführungen gelten für den Fall, dass eine Aktiengesellschaft mit Satzungssitz in Deutschland Aktien emittiert; auf nach ausländischem Recht gegründete Unternehmen finden die Vorschriften des deutschen Aktienrechts über die Gründung und Kapitalaufbringung keine Anwendung[2726]. Gesellschaften aus anderen EU-Mitgliedstaaten oder EWR-Staaten, die sich auf die Niederlassungsfreiheit gemäß Artt. 49, 54 AEUV berufen können, unterliegen – vorbehaltlich einer Rück- oder Weiterverweisung gemäß Art. 4 Abs. 1 EGBGB[2727] – dem an ihrem Satzungssitz geltenden Recht, sofern dieser im Geltungsbereich derjenigen Rechtsordnung belegen ist, nach der die Gesellschaft gegründet wurde[2728]. Auf Gesellschaften, die in einem Staat gegründet wurden, der weder EU-Mitgliedstaat noch EWR-Staat ist, findet dagegen die modifizierte Sitztheorie Anwendung[2729], sofern nicht in einem Staatsvertrag eine anderweitige Regelung getroffen wurde, Art. 3 Nr. 2 EGBGB. So wurde beispielsweise in Art. XXV Abs. 5 S. 2 des deutsch-amerikanischen Freundschafts-, Handels- und Schiffahrtsvertrags von 1954[2730] festgeschrieben, dass im Verhältnis zu den USA die Gründungstheorie Anwendung findet[2731]. Dagegen findet im Verhältnis zur Schweiz die Sitztheorie Anwendung,

2726 Kindler, in: MüKo-BGB, Band 11, IntGesR, Rn. 427; Altmeppen/Ego, in: MüKo-AktG, Band 7, B. Europäische Niederlassungsfreiheit, Rn. 61, 327; Kronke/Mazza, in: Kronke/Mehlis/Schnyder, Teil K, 136.

2727 Siehe hierzu: Hausmann, in: Reithmann/Martiny, Internationales Vertragsrecht, Rn. 5090 f., 5095; Kronke/Mazza, in: Kronke/Mehlis/Schnyder, Teil K, 107 ff.; eine Rück- oder Weiterverweisung kommt beispielsweise dann in Betracht, wenn in einem anderen EU-Mitgliedstaat oder EWR Staat, in welchem die Aktiengesellschaft ihren Satzungssitz, nicht aber ihren Verwaltungssitz hat, die Sitztheorie zur Anwendung gelangt.

2728 Kindler, in: MüKo-BGB, Band 11, IntGesR, Rn. 427; Hüffer, AktG, § 1, Rn. 38 f.; BGH, Urt. v. 13.3.2003, VII ZR 370/98 (Überseering), NJW 2003, 1461; BGH, Urt. v. 13.9.2004, II ZR 276/02, NJW 2004, 3706, 3707; EuGH, Urt. v. 5.11.2002, Rs. C-208/00 (Überseering BV/Nordic Construction Company Baumanagement GmbH), NJW 2002, 3614 ff.; EuGH, Urt. v. 30.9.2003, Rs. C-167/01 (Kamer van Koophandel en Fabrieken voor Amsterdam/Inspire Art Ltd), NJW 2003, 3331 ff.

2729 Kindler, in: MüKo-BGB, Band 11, IntGesR, Rn. 428; Hausmann, in: Reithmann/Martiny, Internationales Vertragsrecht, Rn. 5066.

2730 Freundschafts-, Handels- und Schiffahrtsvertrag zwischen der Bundesrepublik Deutschland und den Vereinigten Staaten von Amerika v. 29.10.1954, BGBl. II 1956, S. 487.

2731 BGH. Urt. v. 9.1.2003, VIII ZR 155/02, 1607 f.; BGH, Urt. v. 13.10.2004, I ZR 245/01, NZG 2005, 44 f.; Kindler, in: MüKo-BGB, Band 11, IntGesR, Rn. 241 f.; Hüffer, AktG, § 1, Rn. 35; Hausmann, in: Reithmann/Martiny, Internationales Vertragsrecht, Rn. 5072; Hübner, 80 ff.

da die Schweiz nicht EWR-Staat ist und auch kein entsprechender Staatsvertrag besteht, der eine anderweitige Regelung enthält[2732].

Auf Aktiengesellschaften, die ihren Satzungssitz außerhalb der Bundesrepublik Deutschland haben, finden die Gründungsvorschriften des AktG keine Anwendung; eine Verlagerung des Satzungssitzes aus der Bundesrepublik Deutschland ins Ausland ist unzulässig[2733]. Dagegen stellt sich die Frage, welches Recht auf die Gründung bzw. auf Kapitalmaßnahmen von Aktiengesellschaften Anwendung findet, deren Satzungssitz in Deutschland liegt, die jedoch ihren Verwaltungssitz nicht in Deutschland haben[2734]. Vor Inkrafttreten des MoMiG[2735] wurden von der h.M.[2736] und der Rspr.[2737] die Ansicht vertreten, dass der Beschluss, den Satzungssitz ins Ausland zu verlegen, einen Auflösungsbeschluss darstelle bzw. nach einem solchen Beschluss ein Amtslöschungsverfahren gegen die Gesellschaft eingeleitet werden könne.

Der durch das MoMiG geänderte § 5 AktG ermöglicht es nach deutschem Recht gegründeten Aktiengesellschaften als Sitz der Geschäftsleitung und der Verwaltung einen vom Satzungssitz abweichenden Ort, auch im Ausland[2738], zu wählen. Damit ist es deutschen Aktiengesellschaften möglich, rechtsformwahrend ihren Verwaltungssitz ins Ausland zu verlegen oder bei einer Neugründung von Anfang an den Verwaltungssitz im Ausland festzulegen, sofern der inländische Satzungssitz beibehalten wird[2739].

2732 BGH, Urt. v. 27.10.2008, II ZR 158/06 (Trabrennbahn), NJW 2009, 289 ff.; dagegen ging die Vorinstanz (OLG Hamm, Urt. v. 26.5.2006, 30 U 166/05, BeckRS 2006, 09857) davon aus, dass auch im Verhältnis zur Schweiz die Gründungstheorie zur Anwendung gelangt.

2733 Heider, in: MüKo-AktG, Band 1, § 5, Rn. 66; Altmeppen/Ego, in: MüKo-AktG, Band 7, B. Europäische Niederlassungsfreiheit, Rn. 66; Pentz, in: MüKo-AktG, Band 1, § 45, Rn. 24.

2734 Siehe hierzu: Heider, in: MüKo-AktG, Band 1, § 5, Rn. 61; Kindler, in: MüKo-BGB, Band 11, IntGesR, Rn. 346 ff.

2735 Gesetz zur Modernisierung des GmbH-Rechts und zur Bekämpfung von Missbräuchen (MoMiG) vom 23.10.2008, BGBl I 2008, 2026.

2736 Ebenroth/Auer, JZ 1993, 374, 375; Eidenmüller ZIP 2002, 2233, 2242; siehe weitere Nachweise bei: Kindler, in: MüKo-BGB, Band 11, IntGesR, Rn. 525, Fn. 2.

2737 BGH, Beschluss v. 2.6.2008, II ZB 1/06, NJW 2008, 2914, 2915 f.; OLG Hamm, Beschluss v. 30.4.1997, 15 W 91/97, NJW-RR 1998, 615; BayObLGZ, Beschluss v. 7.5.1992, 3Z BR 14/92, NJW-RR 1993, 43.

2738 Vgl. Begr. RegE. MoMiG, BT-Dr 16/6140, S. 29.

2739 Hausmann, in: Reithmann/Martiny, Internationales Vertragsrecht, Rn. 5075 ff.; Altmeppen/Ego, in: MüKo-AktG, Band 7, b. Europäische Niederlassungsfreiheit, Rn. 321; Kindler, in: MüKo-BGB, Band 11, IntGesR, Rn. 525 ff.; der EuGH hat in der Rechtssache Castesio (EuGH, Urt. v. 16.12.2008, Rs. C-210/06, NZG 2009, 61, Rn. 99 ff., entschieden, dass der rechtsformwahrende Wegzug durch Verlegung des Satzungs- und/oder Verwaltungssitzes nicht durch die Niederlassungsfreiheit gewährleistet ist, sondern seine Voraussetzungen nationalem Recht

A. Aktien aus einer Kapitalerhöhung

Werden bei einer Emission nicht ausschließlich bereits bestehende Aktien aus dem Bestand eines Großaktionärs oder eigene Aktien der Gesellschaft[2740] umplatziert[2741], müssen vor einer Platzierung im Wege der Satzungsänderung durch Erhöhung des Grundkapitals weitere Aktien erst geschaffen werden[2742].

Dem Emittenten stehen unterschiedliche Möglichkeiten zur Durchführung einer Kapitalerhöhung zur Verfügung. Zum einen kann eine Kapitalerhöhung im Wege einer Bezugsrechtsemission (I.) oder aber ohne Bezugsrecht bzw. mit Bezugsrechtsausschluss (II.) durchgeführt werden.

I. Bezugsrechtsemission

Nach den gesetzlichen Vorschriften über die reguläre Kapitalerhöhung ist die Bezugsrechtsemission der Regelfall für die Aufnahme zusätzlichen Eigenkapitals[2743]. Gemäß § 186 Abs. 1 S. 1 AktG steht jedem Aktionär ein Bezugsrecht[2744] zu, das nur unter bestimmten Voraussetzungen ausgeschlossen werden kann[2745]. Möchte sich eine Aktiengesellschaft durch die Platzierung von Aktien bei neuen Aktionären neues Kapital beschaffen, so scheidet eine Bezugsrechtsemission aus, da die Aufnahme neuer Aktionäre nur über den Umweg der Zeichnung junger Aktien durch Altaktionäre und der anschließenden Weiterveräußerung an Dritte möglich ist[2746], es sei denn, die Altaktionäre wären bereit, auf ihr Bezugsrecht zu verzichten[2747]. Diese Konstellation wird unter B. näher betrachtet.

---

unterliegen. Damit geht § 5 AktG über die durch die Niederlassungsfreiheit aufgestellten Anforderungen hinaus; siehe zur EuGH-Entscheidung: Hausmann, in: Reithmann/Martiny, Internationales Vertragsrecht, Rn. 5056 ff.; Hübner, 67 ff.; Grohmann/Gruschinske, EuZW 2008, 463 ff.

2740 Siehe zur Zulässigkeit der Haltung von eigenen Aktien:

2741 Siehe hierzu 3. Teil, 2. Abschnitt unter B. sowie Wolf, in: Habersack/Mülbert/Schlitt, § 8.

2742 Peifer, in: MüKo-AktG, Band 4, Vor § 182, Rn. 1 ff.; v. Dryander/Niggemann, in: Hölters, AktG, § 182, Rn. 8; Schlitt/Seiler, WM 2003, 2175 f.; Hüffer, AktG, § 182, Rn. 1 f.

2743 Herfs, in: Habersack/Mülbert/Schlitt, § 6, Rn. 1; Peifer, in: MüKo-AktG, Band 4, § 186, Rn. 55.

2744 Siehe zur wirtschaftlichen Bedeutung des Bezugsrechts: Herfs, in: Habersack/Mülbert/Schlitt, § 6, Rn. 27; Schlitt/Seiler, WM 2003, 2175, 2176; Peifer, in: MüKo-AktG, Band 4, § 186, Rn. 2 ff.; Krieger/Kraft, in: Münchner Handbuch des GesR, Band 4, § 56, Rn. 61 ff.

2745 Siehe zu diesen Voraussetzungen: Peifer, in: MüKo-AktG, Band 4, § 186, Rn. 22 ff.; Krause, in: Habersack/Mülbert/Schlitt, § 7, Rn. 8 ff.; Servatius, in: Spindler/Stilz, AktG, § 186, Rn. 40 ff.

2746 Krause, in: Habersack/Mülbert/Schlitt, § 7, Rn. 18 f.

2747 Schlitt/Seiler, WM 2003, 2175, 2179.

1. Reguläre Kapitalerhöhung

Die reguläre Kapitalerhöhung ist in den §§ 182–191 AktG geregelt und wird auch als Kapitalerhöhung gegen Einlage bezeichnet.

a) Satzungsbeschluss über Kapitalerhöhung

Das gesetzliche Leitbild der regulären Kapitalerhöhung geht davon aus, dass in einer ersten Phase die Hauptversammlung die Erhöhung des Grundkapitals beschließt, § 182 Abs. 1 AktG. Dabei besteht die Möglichkeit, im Kapitalerhöhungsbeschluss einen konkreten Erhöhungsbetrag, einen Höchstbetrag oder einen Mindest- und einen Höchstbetrag festzulegen[2748]. In der Praxis bietet sich die Festlegung eines konkreten Betrages nicht an, da die Kapitalerhöhung scheitert, falls dieser Betrag bei der Übernahme von Aktien nicht erreicht wird[2749], mithin auch nur eine neue Aktie nicht platziert werden kann. Dieses Problem kann dadurch gelöst werden, dass mit der Zeichnung ein Dritter beauftragt wird, der schon vor Beginn eines Bezugsangebots die Aktien zeichnet, oder aber ein so genannter „Bis-zu"-Kapitalerhöhungsbeschluss gefasst wird, bei dem lediglich die Festlegung eines Höchstwertes erfolgt[2750].

b) direkte oder mittelbare Platzierung der Aktien

In der Praxis werden Bezugsrechtsemissionen in der Regel aber über die Einschaltung von Emissionsbanken abgewickelt[2751]. Der Vorteil dieser Vorgehensweise besteht für den Emittenten darin, dass ein Zeichner für den gesamten Kapitalerhöhungsbetrag im Vorhinein feststeht[2752]. Mittler des Bezugsrechts können jedoch nur Kreditinstitute i.S.v. § 1 Abs. 1 KWG sein; Finanzdienstleistungsinstitute gemäß § 1 Abs. 1a KWG dürfen diese Funktion nicht wahrnehmen[2753]. Daraus folgt, dass diese Funktion auch nicht von einem Aktionär oder einem Mitglied des Vorstands wahrgenommen werden kann. Im Falle einer mittelbaren Platzierung ist immer die Mitwirkung eines Kreditinstituts notwendig, das ein Bankgeschäft i.S.v. § 1 Abs. 1 S. 1 Nr. 10 KWG erbringt. Diese Konstellation soll hier nicht näher interessieren, da es sich um eine Fremdemission handelt. Im Rahmen einer Eigenemission kann

---

2748 Herfs, in: Habersack/Mülbert/Schlitt, § 6, Rn. 57; Wiedemann, in: GK-AktG, Band 6, § 182, Rn. 55; Servatius, in: Spindler/Stilz, § 182 AktG, Rn. 41; Peifer, in: MüKo-AktG, Band 4, § 182, Rn. 36; RG, Urt. v. 30.5.1903, Rep. I. 21/03, RGZ 55, 65, 67.

2749 Wiedemann, in: GK-AktG, Band 6, § 182, Rn. 56; Herfs, in: Habersack/Mülbert/Schlitt, § 6, Rn. 58.

2750 Peifer, in: MüKo-AktG, Band 4, § 182, Rn. 36; Herfs, in: Habersack/Mülbert/Schlitt, § 6, Rn. 59.

2751 Schlitt/Seiler, WM 2003, 2175, 21178; Peifer, in: MüKo-AktG, Band 4, § 186, Rn. 105.

2752 Priester, in: Pfeiffer/Kummer/Scheuch, FS-Brandner, 97, 99; Herfs, in: Habersack/Mülbert/Schlitt, § 6, Rn. 12; Schlitt/Seiler, WM 2003, 2175, 2178.

2753 Hüffer, AktG, § 186, Rn. 46; Peifer, in: MüKo-AktG, Band 4, § 186, Rn. 107; Herfs, in: Habersack/Mülbert/Schlitt, § 6, Rn. 33.

somit nur eine Direktplatzierung erfolgen. Es empfiehlt sich, in diesem Fall einen „Bis-zu“-Kapitalerhöhungsbeschluss zu fassen.

c) Ausgabebetrag

Zum Inhalt des Kapitalerhöhungsbeschlusses gehört regelmäßig, jedoch nicht notwendigerweise, auch die Festlegung eines Ausgabebetrages, zu welchem die neuen Aktien den Zeichnern offeriert werden[2754]. Bei einer Kapitalerhöhung bestimmt § 182 Abs. 3 AktG, dass neue Eigenmittel nur pari oder über pari ausgegeben werden dürfen, und nimmt somit eine Beschränkung des zulässigen Ausgabebetrages nach untern vor[2755]. Bei einer Unterpari-Emission läge ein Verstoß gegen den Grundsatz der Kapitalaufbringung mit der Folge vor, dass ein entsprechender Kapitalerhöhungsbeschluss gemäß § 241 Nr. 3 AktG nichtig wäre. Die Ausgabe neuer Aktien muss mindestens zum Nennbetrag oder zum anteiligen Betrag des Grundkapitals (geringster Ausgabebetrag) erfolgen, § 9 Abs. 1 AktG. Der Regelfall ist jedoch die Überpari-Emission[2756]. Bei dieser werden die neuen Aktien mit einem Ausgabeaufschlag (Agio) ausgegeben.

d) Bezugsangebot

Das Bezugsangebot regelt die Konditionen, zu denen das Bezugsangebot vom Emittenten erworben werden kann, und stellt ein Angebot i.S.v. § 145 BGB dar[2757]. Im Bezugsangebot ist eine Frist zu bestimmen, innerhalb derer die Aktionäre das Bezugsangebot annehmen können[2758]. Gemäß § 186 Abs. 1 S. 2 AktG muss diese Frist mindestens zwei Wochen betragen.

e) Zeichnung

Gemäß § 185 Abs. 1 S. 1 AktG erfolgt die Zeichnung der neuen Aktien durch schriftliche Erklärung. Der Zeichnungsschein stellt die schriftliche Verkörperung der Zeichnungserklärung dar. Die Zeichnungserklärung bedarf im Gegensatz zu ihrer Annahme durch die AG gemäß § 185 Abs. 1 S. 1 AktG der Schriftform des § 126 Abs. 1 BGB[2759]. Sinn und Zweck dieser Regelung ist es, den Zeichner zu schützen

---

2754 Peifer, in: MüKo-AktG, Band 4, § 182, Rn. 44 ff.; Herfs, in: Habersack/Mülbert/Schlitt, § 6, Rn. 68; Hüffer, AktG, § 182, Rn. 22 ff.

2755 Krieger/Kraft, in: Münchner Handbuch des GesR, Band 4, § 56, Rn. 27; Hüffer, AktG, § 182, Rn. 22; Peifer, in: MüKo-AktG, Band 4, § 182, Rn. 45.

2756 Peifer, in: MüKo-AktG, Band 4, § 182, Rn. 45; Hüffer, AktG, § 182, Rn. 22.

2757 Siehe zu Einzelheiten: Herfs, in: Habersack/Mülbert/Schlitt, § 6, Rn. 95 ff.; Peifer, in: MüKo-AktG, Band 4, § 186, Rn. 38 f.

2758 Herfs, in: Habersack/Mülbert/Schlitt, § 6, Rn. 101; Peifer, in: MüKo-AktG, Band 4, § 186, Rn. 42 f.; Hüffer, AktG, § 186, Rn. 15.

2759 Peifer, in: MüKo-AktG, Band 4, § 185, Rn. 11; Hüffer, AktG, § 185, Rn. 7; Servatius, in: Spindler/Stilz, AktG, § 185, Rn. 23.

und eine Beweissicherung für die AG und das Registergericht zu gewährleisten[2760]. Gemäß § 126 Abs. 3 BGB kann die Schriftform auch durch die elektronische Form gemäß § 126a Abs. 1 BGB ersetzt werden, falls das elektronische Dokument mit einer qualifizierten elektronischen Signatur nach dem Signaturgesetz[2761] versehen wird[2762]. Alternativ kann der Zeichnungsschein den Aktionären auf dem Postweg zugesandt und unterzeichnet zurückgesendet werden.

f) Einzahlung des Kapitalerhöhungsbetrages

Sodann haben die Zeichner den Kapitalerhöhungsbetrag einzuzahlen. Gemäß §§ 188 Abs. 2, 36a Abs. 1, 54 Abs. 3 AktG sind bei Bareinlagen die Mindesteinlage i.H.v. 25% sowie das gesamte Aufgeld einzuzahlen[2763]. Dabei hat die Einzahlung so zu erfolgen, dass der eingezahlte Betrag endgültig zur Verfügung des Vorstands steht[2764].

g) Anmeldung und Eintragung

Der Beschluss über die Durchführung der Kapitalerhöhung ist vom Vorstand und vom Aufsichtsratsvorsitzenden gemeinsam entweder gemäß § 184 Abs. 1 AktG sogleich oder aber erst zusammen mit der vollzogenen Durchführung einer Kapitalerhöhung zum Handelsregister anzumelden, § 188 Abs. 4 AktG[2765]. Es ist gängige Praxis, den Kapitalerhöhungsbeschluss zusammen mit der Durchführung der Kapitalerhöhung zum Handelsregister anzumelden[2766]. Nach Zeichnung, Zahlung des Ausgabepreises und Ausstellung der Einzahlungsbestätigung kann die Durchführung der Kapitalerhöhung zur Eintragung angemeldet werden.

Eine Anmeldung und Eintragung der Durchführung der Kapitalerhöhung kann nur erfolgen, wenn der gesamte Erhöhungsbetrag dem Vorstand zur freien

---

2760 Lutter, in: KöKo-AktG, § 185, Rn. 44; Peifer, in: MüKo-AktG, Band 4, Art. 185 AktG, Rn. 9; Wiedemann, in: GK-AktG, Band 6,§ 185, Rn. 2.

2761 Gesetz über Rahmenbedingungen für elektronische Signaturen und zur Änderung weitere Vorschriften (SigG) vom 16.5.2001, BGBl. I 2001, S. 876.

2762 Siehe zur qualifizierten elektronischen Signatur: Einsele, in: MüKo-BGB, Band 1, § 126a, Rn. 7 f.; Ellenberger, in: Palandt, § 126a BGB, Rn. 3 ff.; Noack, Kremer, in: Dauner-Lieb/Heidel/Ring, Band 1, § 126a, Rn. 18 ff.

2763 Siehe zu Einzelheiten: Pentz, in: MüKo-AktG, Band 1, § 36a, Rn. 6 ff.; Hüffer, AktG, § 36a, Rn. 2 f.

2764 Siehe zu Einzelheiten: Peifer, in: MüKo-AktG, Band 4, § 188, Rn. 12 ff.; Pentz, in: MüKo-AktG, Band 1, § 36a, Rn. 6 ff.; Wiedemann, in: GK-AktG, Band 6, § 188, Rn. 11 f.

2765 Herfs, in: Habersack/Mülbert/Schlitt, § 6, Rn. 85; Peifer, in: MüKo-AktG, Band 4, § 188, Rn. 44.

2766 Peifer, in: MüKo-AktG, Band 4, § 182, Rn. 9; Hüffer, AktG, § 188, Rn. 18; Herfs, in: Habersack/Mülbert/Schlitt, § 6, Rn. 85.

Verfügung gestellt worden ist, §§ 188 Abs. 2 S. 1, 36 Abs. 2 AktG[2767]. Dies haben der Vorstand und der Aufsichtsrat gemäß §§ 188 Abs. 2, 36a Abs. 1, 37 Abs. 1 AktG mittels einer Bankbestätigung nachzuweisen. Der Emittent kann nur eingeschränkt über die eingegangenen Kapitalerhöhungsbeträge verfügen, wenn Zeichner mit der Zahlung ihrer Einlage säumig sind[2768]. Dies hat zur Folge, dass die Durchführung der Kapitalerhöhung nicht eingetragen werden kann.

Weitere, neue Kapitalmaßnahmen können nicht vorgenommen werden, sofern noch Einlagen auf das bisherige Kapital ausstehen. Bei einem geringen Umfang dieser Außenstände oder im Falle der Uneinbringlichkeit gilt dies ausnahmsweise jedoch nicht, § 182 Abs. 4 S. 3 AktG[2769]. Um diese Schwierigkeiten zu vermeiden, werden Aktienemissionen im Regelfall als Fremdemissionen durchgeführt[2770]. Bei einer Eigenemission wird vorgeschlagen, dass die Vorstandsmitglieder die Aktien zuerst im eigenen Namen zeichnen und sie anschließend zugunsten der Gesellschaft bestmöglich an Anleger verkaufen[2771]. Eine solche Vorgehensweise scheidet im Rahmen einer Bezugsrechtsemission jedoch aus, da das Bezugsrecht den Altaktionären und nicht dem Vorstand der Gesellschaft zusteht. Diese Vorgehensweise käme allenfalls im Rahmen einer Emission unter Ausschluss des Bezugsrechts in Betracht[2772]. Es läge dann aber keine Eigenemission, sondern eine Fremdemission bzw. Umplatzierung vor.

2767 Siehe zu Einzelheiten: Wiesner, in: Münchner Handbuch des GesR, § 16, Rn. 6; Wiedemann, in: GK-AktG, Band 6, § 188, Rn. 11 f.; Peifer, in: MüKo-AktG, Band 4, § 188, Rn. 28.

2768 Da vor Anmeldung der Durchführung einer Kapitalerhöhung 25% des Nennbetrags zu begleichen sind, kann die Gesellschaft diesen Betrag gegen säumige Zeichner nicht gemäß §§ 63 ff. AktG einfordern. Diese sind nicht Aktionäre, da die Aktionärsstellung erst durch Eintragung der Durchführung der Kapitalerhöhung entsteht. Vor Eintragung ausstehende Beträge sind nach den allgemeinen Regelungen über Leistungsstörungen bei einseitigen Verträgen beizutreiben; siehe zu Einzelheiten Gehrlein, in: GK-AktG, Band 2, § 63, Rn. 4; Wiesner, in: Münchner Handbuch des GesR, § 16, Rn. 12 ff.; Bayer, in: MüKo-AktG, Band 1, § 63, Rn. 6 f.; dagegen ist umstritten, ob § 63 AktG dann Anwendung findet, wenn entgegen der §§ 188 Abs. 2, 36a AktG eine Eintragung erfolgt ist, obwohl die Mindesteinlage nicht von allen Aktionären geleistet wurde; siehe hierzu: Bayer, in: MüKo-AktG, § 63, Rn. 6; Lutter, in: KöKo-AktG, § 63, Rn. 4; Gehrlein, in: GK-AktG, Band 2, § 63, Rn. 4.

2769 Siehe hierzu: Hüffer, AktG, § 182, Rn. 28; Peifer, in: MüKo-AktG, Band 4, Art. 188, Rn. 66; Krieger/Kraft, in: Münchner Handbuch des GesR, Band 4, § 56, Rn. 5; Wiedemann, in: GK-AktG, Band 6, § 182, Rn. 88.

2770 Schaefer, MMR 2001, 491, 495.

2771 Schaefer, MMR 2001, 491, 495.

2772 Schaefer, MMR 2001, 491, 495 stellt zutreffend fest, dass in dieser Konstellation der Vorstand als Co-Emittent für die Vollständigkeit und Richtigkeit des Prospekts mitverantwortlich ist.

h) Ausgabe der neuen Aktien

Erst nach Eintragung der Durchführung der Kapitalerhöhung können die neuen Aktien ausgegeben werden[2773]. Vorher ausgegebene Urkunden sind gemäß § 191 S. 2 AktG nichtig.

2. Genehmigtes Kapital

Eine Sonderform der ordentlichen Kapitalerhöhung ist die in den §§ 202–206 AktG geregelte Schaffung genehmigten Kapitals[2774]. Diese ist dadurch gekennzeichnet, dass die Hauptversammlung noch keine aktuelle Erhöhung durch unmittelbare Zuführung neuer Mittel beschließt, sondern den Vorstand im Wege einer Satzungsänderung dazu ermächtigt, das Grundkapital bis zu einem bestimmten Nennbetrag durch Ausgabe neuer Aktien gegen Einlage zu erhöhen[2775].

Sinn und Zweck dieser Vorschrift ist es, dem Vorstand die Möglichkeit einer schnellen und flexiblen Beschaffung neuen Eigenkapitals zu eröffnen. In der Praxis wird die Schaffung genehmigten Kapitals einer regulären Kapitalerhöhung im Regelfall vorgezogen[2776]. Auch bei dieser Form der Kapitalerhöhung stehen den Altaktionären Bezugsrechte zu, so dass sich diese Form der Kapitalerhöhung – sofern nicht das Bezugsrecht ausgeschlossen wird[2777] – nur bedingt zur Gewinnung neuer Aktionäre eignet. Bzgl. des Schriftformerfordernisses bei der Zeichnung, der Einzahlung des Erhöhungsbetrages sowie der Eintragung der Durchführung der Kapitalerhöhung treten die gleichen Schwierigkeiten auf wie bei einer regulären Kapitalerhöhung.

II. Kapitalerhöhung unter Ausschluss des Bezugsrechts

Kein gesetzliches Bezugsrecht besteht bei einer bedingten Kapitalerhöhung gemäß §§ 192 ff. AktG sowie bei einer Kapitalerhöhung aus Gesellschaftsmitteln[2778]. Die bedingte Kapitalerhöhung stellt eine Sonderform der regulären Kapitalerhöhung dar. Im Gegensatz zur regulären Kapitalerhöhung wird die tatsächliche Übernahme neuer Einlagen an den Eintritt weiterer Bedingungen geknüpft. Eine bedingte

---

2773 Wiedemann, in: GK-AktG, Band 6, § 191, Rn. 13 f.; Hüffer, AktG, § 189, Rn. 3; Krieger/Kraft, in: Münchner Handbuch des GesR, § 56, Rn. 136 f.

2774 Herfs, in: Habersack/Mülbert/Schlitt, § 6, Rn. 9; Krieger/Kraft, in: Münchner Handbuch des GesR, Band 4, § 58, Rn. 1.

2775 Krieger, in: Münchner Handbuch des GesR, Band 4, § 58, Rn. 1; Hirte, in: GK-AktG, § 202, Rn. 24 ff.; Bayer, in: MüKo-AktG, Band 4, § 202, Rn.

2776 Schlitt/Seiler, WM 2003, 2175, 2177; Ekkenga/Maas, Rn. 85; Herfs, in: Habersack/Mülbert/Schlitt, § 4, Rn. 8.

2777 Siehe hierzu ausführlich: 3. Teil, 2. Abschnitt, II.2.

2778 Siehe hierzu: Hüffer, AktG, § 192, Rn. 2 ff.; Fuchs, in: MüKo-AktG, § 192, Rn. 1 ff.; v. Dryander/Niggemann, in: Hölters, AktG, § 192, Rn. 1 ff.

Kapitalerhöhung ist nur für die in § 192 Abs. 2 AktG aufgezählten Zwecke[2779] zulässig und soll hier nicht näher erörtert werden.

Bei einer Kapitalerhöhung aus Gesellschaftsmitteln gemäß § 207 AktG handelt es sich um die einzige Form einer Kapitalerhöhung, bei der die Gesellschaft keine neuen Mittel von außen zugeführt werden[2780]. Vielmehr erfolgt eine Umwandlung von freiem Kapital in Garantiekapital. Bilanztechnisch handelt es sich um einen Tausch auf der Passivseite. Die neu geschaffenen Aktien stehen den bisherigen Altaktionären anteilig zu. Dieses Verfahren scheidet daher aus, wenn neue Aktien bei Neuaktionären platziert werden sollen.

Daneben besteht auch im Rahmen einer regulären Kapitalerhöhung gemäß § 186 Abs. 3 S. 1 AktG (1) sowie eines genehmigten Kapitals die Möglichkeit, das Bezugsrecht auszuschließen (2). Möchte eine Aktiengesellschaft im Wege einer Kapitalerhöhung neue Aktionäre gewinnen, so kann dies nur mittels Kapitalerhöhung mit Bezugsrechtsausschluss geschehen.

1. Reguläre Kapitalerhöhung mit Bezugsrechtsausschluss

Rechtsprechung[2781] und Literatur[2782] sehen im Ausschluss des Bezugsrechts einen schwerwiegenden Eingriff in die mitgliedschaftliche Rechtsstellung des Aktionärs, der nur unter engen materiellen und formellen Voraussetzungen zulässig ist und einer besonderen sachlichen Rechtfertigung bedarf. Der BGH hat in der „Kali + Salz"[2783]- sowie der „Holzmann"-Entscheidung[2784] Grundsätze aufgestellt, unter denen ein Bezugsrechtsausschluss zulässigerweise erfolgen kann. Danach muss der Ausschluss des Bezugsrechts über die gesetzlich benannten förmlichen Voraussetzungen[2785] hinaus sachlich gerechtfertigt sein[2786] und sich – sofern es sich nicht um

2779 Siehe zu diesen: Hüffer, § 192 AktG, Rn. 8 ff.; Fuchs, in: MüKo-AktG, § 192, Rn. 36 ff.; v. Dryander/Niggemann, in: Hölters, AktG, § 192, Rn. 22 ff.; Frey, in: GK-AktG, Band 6, § 192, Rn. 49 ff.

2780 Siehe zu Art. 207 AktG: Arnold, in: MüKo-AktG, Band 4, § 207, Rn. 1 ff.; Hüffer, AktG, § 207, Rn. 1 ff.; Simons, in: Hölters, AktG, § 207, Rn. 1 ff.

2781 BGH, Urt. v. 13.3.1979, II ZR 142/76 (Kali + Salz), BGHZ 71, 40, 46; BGH, Urt. v. 19.4.1982, II ZR 55/81 (Holzmann), BGHZ 83, 319, 321; BGH, Urt. v. 7.3.1994, II ZR 52/93, BHZ 125, 239, 244.

2782 Peifer, in: MüKo-AktG, Band 6, § 186, Rn. 71; Rodloff, ZIP 2003, 1076, 1079; Krieger/Kraft, in: Münchner Handbuch des GesR, Band 4, § 56, Rn. 75; Wiedemann, in: GK-AktG, Band 6, § 186, Rn. 104; differenzierend danach, ob das Bezugsrecht zugunsten eines Großaktionärs oder außenstehender Kapitalanleger ausgeschlossen wird: Bezzenberger, ZIP 2002, 1917, 1930.

2783 BGH, Urt. v. 13.3.1979, II ZR 142/76, BGHZ 71, 40 ff.

2784 BGH, Urt. v. 19.4.1982, II ZR 55/81, BGHZ 83, 319 ff.

2785 Siehe zu diesen: v. Dryander/Niggemann, in: Hölters, AktG, § 186, Rn. 51 ff.; Peifer, in: MüKo-AktG, Band 4, Art. 186, Rn. 59 ff.; Wiedemann, in: GK-AktG, Band 6, § 186, Band 6, Rn. 108 f.; Hüffer, AktG, § 186, Rn. 20.

2786 Siehe zu sachlichen Rechtfertigungsgründen: v. Dryander/Niggemann, in: Hölters, AktG, § 186, Rn. 51 ff.; Peifer, in: MüKo-AktG, Band 4, Art. 186, Rn. 71 ff.

einen vereinfachten Bezugsrechtsausschluss nach § 186 Abs. 3 S. 4 AktG[2787] handelt – am Grundsatz der Verhältnismäßigkeit messen lassen[2788].

Der Bezugsrechtsausschluss ist sachlich gerechtfertigt, falls das mit diesem Ausschluss verfolgte Ziel im Gesellschaftsinteresse steht[2789]. Dies ist dann der Fall, wenn er dazu dient, im Rahmen des Unternehmensgegenstands den Gesellschaftszweck zu fördern. Weiterhin muss der Bezugsrechtsausschluss zur Erreichung des Ziels auch geeignet und erforderlich sein. Geeignetheit ist dann gegeben, wenn das angestrebte Ziel durch den Bezugsrechtsausschluss erreicht werden kann[2790]. Dieser ist erforderlich, wenn er das am besten geeignete Mittel zur Zielerreichung darstellt[2791]. Das verfolgte Ziel darf auf normalem Wege, d.h. mit einem Bezugsrecht für alle Aktionäre, nicht erreichbar sein[2792], und die Interessen der Gesellschaft müssen die konkreten Nachteile der Aktionäre überwiegen[2793].

Teilweise wird behauptet, dass diese strengen, an das Vorliegen eines sachlichen Grundes für einen Bezugsrechtsausschluss gestellten Anforderungen eine Barkapitalerhöhung mit Bezugsrechtsausschluss in der Praxis in vielen Fällen unmöglich mache[2794], da es aus Sicht der Gesellschaft gleichgültig sei, von wem das Kapital aufgebracht werde. Der BGH hatte in seiner eine reguläre Kapitalerhöhung betreffenden „Kali + Salz"-Entscheidung[2795] festgestellt, dass ein Bezugsrechtsausschluss einen schweren Eingriff die mitgliedschaftlichen Rechte der Aktionäre darstelle. Die in diesem Urteil aufgestellten Anforderungen an die Zulässigkeit eines Bezugsrechtsausschlusses im Rahmen einer regulären Kapitalerhöhung wurden vom BGH in seinem „Holzmann"-Urteil[2796] auf das genehmigte Kapital übertragen.

2787 Siehe zu den Voraussetzungen eines solchen: Peifer, in: MüKo-AktG, § 186, Rn. 82 ff.; Servatius, in: Spindler/Stilz, AktG, § 186, Rn. 55 ff.; Wiedemann, in: GK-AktG, Band 6, § 186, Rn. 148.

2788 Peifer, in: MüKo-AktG, Band 4, § 186, Rn. 77 ff.; Krieger/Kraft, in: Münchner Handbuch des GesR, Band 4, § 56, Rn. 86 ff.

2789 Hüffer, AktG, § 186, Rn. 26; Peifer, in: MüKo, § 186, Rn. 77 f.; BGH, Urt. v. 13.3.1979, II ZR 142/76 (Kali + Salz), BGHZ 71, 40, 44.

2790 Servatius, in: Spindler/Stilz, AktG, § 186, Rn. 48; Hüffer, AktG, § 186, Rn. 27; Peifer, in: MüKo-AktG, § 186, Rn. 76; Wiedemann, in: GK-AktG, Band 6, § 186, Rn. 144.

2791 BGH, Urt. v. 7.3.1994, II ZR 52/93, BGHZ 125, 239, 244; Hüffer, AktG, § 186, Rn. 27; Servatius, in: Spindler/Stilz, AktG, § 186, Rn. 48; Wiedemann, in: GK-AktG, Band 6, § 186, Rn. 144.

2792 BGH, Urt. v. 13.3.1979, II ZR 142/76 (Kali + Salz), BGHZ 71, 40, 44; Lutter, in: KöKo, § 186, Rn. 49 f.

2793 BGH, Urt. v. 13.3.1979, II ZR 142/76 (Kali + Salz), BGHZ 71, 40, 46; Hüffer, AktG, § 186, Rn. 28; Wiedemann, in: GK-AktG, Band 6, § 186, Rn. 146.

2794 Krieger/Kraft, in: Münchner Handbuch des GesR, Band 4, § 56, Rn. Peifer, in: MüKo-BGB, Band 4, Art. 186, Rn. 91; OLG Celle, Urt. v. 29. 6. 2001 – 9 U 89/01, NZG 2001,

2795 BGH, Urt. v. 13.3.1979, II ZR 142/76 (Kali + Salz), BGHZ 71, 40, 44.

2796 BGH, Urt. v. 19.4.1982, II ZR 55/81 (Holzmann), BGHZ 83, 319 ff.

Im Nachgang zur „Holzmann"-Entscheidung des BGH war es zu einer Flut von Anfechtungsklagen im Zusammenhang mit einem Bezugsrechtsausschluss auch bei der regulären Kapitalerhöhung gekommen[2797]. Aus der Tatsache, dass der BGH später in seiner „Siemens/Nold"-Entscheidung[2798] – diese betraf eine Sachkapitalerhöhung – sowie in der „Mangusta/Commerzbank I"-Entscheidung[2799] – diese betraf eine Barkapitalerhöhung – die Anforderungen an Berichtspflichten des Vorstands für die Ermächtigung zum Bezugsrechtsausschluss beim genehmigten Kapital und für die Ausnutzung dieser Ermächtigung gelockert hat, wird seitens der Literatur teilweise gefolgert, dass der BGH auch eine teilweise Abkehr von den materiellen Anforderungen des Bezugsrechtsausschlusses angedeutet habe[2800]. Diese Rechtsprechungsänderung zum genehmigten Kapital sei auf den Bezugsrechtsausschluss bei der regulären Kapitalerhöhung zu übertragen[2801]. Vereinzelt wird auch die Ansicht vertreten, dass bei einer regulären Kapitalerhöhung mit Bezugsrechtsausschluss auf das Erfordernis der sachlichen Rechtfertigung vollständig zu verzichten und stattdessen lediglich eine allgemeine Missbrauchskontrolle vorzunehmen sei[2802]. Dagegen hält eine Mehrheit der Stimmen in der Literatur[2803] wie auch die Rechtsprechung[2804] an einer Sachkontrolle des Bezugsrechtsausschlusses fest.

Fraglich ist, ob ein für die Aufnahme außenstehender Aktionäre oder eine Börseneinführung durchgeführter Bezugsrechtsausschluss diesen Anforderungen Genüge leistet. Teilweise wird danach differenziert[2805], ob der Bezugsrechtsausschluss der Aufnahme außenstehender Aktionäre oder der Aufstockung der Beteiligungsquote eines Großaktionärs dient. Im Falle der Aufnahme außenstehender Aktionäre sei der Bezugsrechtausschluss gerechtfertigt, nicht dagegen bei einem Bezugsrechtsausschluss zugunsten eines Großaktionärs[2806]. Gegen eine solche

2797 Siehe umfängliche Rechtsprechungsnachweise bei Martens, ZIP 1992, 1677, Fn. 1.

2798 BGH, Urt. v. 23.6.1997, II ZR 132/93 (Siemens/Nold), BGHZ 136, 133 f.

2799 BGH, Urt. v. Urt. v. 10.10.2005 (Mangusta/Commerzbank I), ZIP 2005, 205 ff.

2800 Wamser, in: Spindler/Stilz. AktG, § 203, Rn. 79; Bungert, NJW 1998, 488, 491.

2801 Kindler, ZGR 1998, 35, 39, 64 f.; Hofmeister, NZG 2000, 713, 717 ff.

2802 Bezzenberger ZIP 2002, 1917, 1924 ff.

2803 Kraus, in: Habersack/Mülbert/Schlitt, § 7, Rn. 52; Hüffer, AktG, § 203, Rn. 35; Bayer, in: MüKo-AktG, Band 4, § 203, Rn. 110, 116; Zöllner, AG 2002, 585 ff.

2804 OLG Schleswig, Urt. v. 18.12.2003, 5 U 30/03, NZG 2004, 281, 284; OLG München, Urt. v. 15.5.2002, 7 U 2371/01, NZG 2002, 1113, 1114; OLG Celle, Urt. v. 29.6.2001, 9 U 89/01, NZG 2001, 1140 ff. Schließlich hat der BGH in seinem „Mangusta/Commerzbank II"-Urteil (BGH, Urt. v. 10.10.2005, II ZR 90/03, ZIP 2005, 2207, 2209) festgestellt, das mit dem Absenken der Anforderungen an den Ermächtigungsbeschluss keinesfalls der vom Gesetzgeber beabsichtigte Schutz der Aktionäre herabgesetzt werden sollte.

2805 Bezzenberger, ZIP 2002, 1719, 1724 f.

2806 Bezzenberger, ZIP 2002, 1719, 1928; siehe aber: § 7 Abs. 1, 3 FMStBG (Bezugsrechtsausschluss zum Zwecke der Finanzmarktstabilisierung; siehe hierzu: Voland, NZG 2012, 694 ff.; OLG München, Urt. v. 28.9.2011, 7 U 711/11, BeckRS 2011, 23448.

Differenzierung wird eingewandt, dass eine Kapitalerhöhung regelmäßig der Gewinnung von Eigenkapital diene und das Interesse der Gesellschaft dementsprechend nicht darauf gerichtet sei, bestimmte Zeichner zu gewinnen, sondern darauf liquide Mittel zu erhalten[2807].

Ein Bezugsrechtsausschluss zum Zwecke einer Börseneinführung im Inland wird grundsätzlich als zulässig erachtet, sofern die nach § 9 BörsZulVO erforderliche Aktienanzahl und Streuung der Aktien nur durch Bezugsrechtsausschluss gewährleistet werden kann[2808]. Im Rahmen der Verhältnismäßigkeitsprüfung ist dabei das langfristige Interesse der Aktiengesellschaft an einer Kapitalmarktfinanzierung mit dem Interesse der Altaktionäre an der Ausübung ihres Bezugsrechts abzuwägen[2809].

Nach teilweise vertretener Ansicht[2810] sollen bei einer Inlandsplatzierung die Interessen der Altaktionäre nicht ohne weiteres hinter den Finanzierungsinteressen und Kapitalmarktinteressen der Gesellschaft zurücktreten. Hinzutreten müsse das konkret anstehende überwiegende Interesse der Gesellschaft, für eine Finanzierung den Kapitalmarkt zu nutzen[2811]. An einem solchen solle es nach teilweise vertretener Ansicht beim erstmaligen Börsengang eines bisher noch nicht börsennotierten Unternehmens mit geschlossenem Aktionärskreis in der Regel fehlen, meist überwiege das Bezugsinteresse der Altaktionäre[2812].

Hiergegen spricht, dass die mit dem Börsengang verbundene langfristige Erschließung des Kapitalmarkts im Gesellschaftsinteresse liegt und nur durch Bezugsrechtsausschluss Aktien geschaffen werden können, deren Platzierung der Gesellschaft einen vollen Mittelzufluss sichert und gleichzeitig zum für eine Börsenzulassung erforderlichen Streubesitz beiträgt, § 9 BörsZulVO[2813]. Teilweise wird auch die Ansicht vertreten, dass ein Bezugsrechtsausschluss für alle Aktionäre günstig sei, wenn er zugunsten neuer Investoren erfolge, die noch nicht an der AG beteiligt sind[2814]. Die Entscheidung zum Börsengang wird in der Regel von sämtlichen Altaktionären getroffen, die dann auch auf ihr Bezugsrecht

---

2807 Wiedemann, in: GK-AktG, Band 6, § 186, Rn. 159.

2808 Peifer, in: MüKo-AktG, Band 4, Art. 186, Rn. 96; Hüffer, AktG, § 186, Rn 31; Wiedemann, in: GK-AktG, § 186, Rn 159.

2809 Hüffer, AktG, § 186, Rn 31; Peifer, in: MüKo-AktG, Band 4, Art. 186, Rn. 96; Krieger/Kraft, in Münchner Handbuch des GesR, § 56, Rn 81

2810 Martens, in: FS-Steindorff, 1990, 151, 160 f.; Krause, in: Habersack/Mülbert/Schlitt, § 7, Rn. 20; LG München I, Urt. v. 3.5.1990, 12 HKO 15 563/89, AG 1991, 73, 74.

2811 Krause, in: Habersack/Mülbert/Schlitt, § 7, Rn. 20; Martens, in: FS-Steindorff, 1990, 151, 160 f.; Krieger, in: Münchner Handbuch des GesR, Band 4, § 56, Rn. 72.

2812 Krause, in: Habersack/Mülbert/Schlitt, § 7, Rn. 20; Martens, in: FS-Steindorff, 1990, 151, 160 f.; Krieger/Kraft, in: Münchner Handbuch des GesR, Band 4, § 56, Rn. 72; Wiedemann, in: GK-AktG, Band 6, § 186, Rn. 159.

2813 Singhof/Weber, in: Habersack/Mülbert/Schlitt, § 4, Rn. 59; Peifer, in: MüKo-AktG, Band 4, Art. 186, Rn. 96; Hüffer, AktG, § 186, Rn. 31.

2814 Bezzenberger, ZIP 2002, 1719, 1724.

verzichten[2815]. Der BGH[2816] hat jedenfalls für den Fall einer Auslandsplatzierung die Zulässigkeit eines Bezugsrechtsausschlusses bejaht und damit begründet, dass – sofern eine breite Streuung der Aktien angestrebt und der Ausgabekurs an den aktuellen Börsenkurs (im Inland) angelehnt wird – dies im Interesse der Gesellschaft liege.

Daneben kann im Rahmen einer regulären Kapitalerhöhung das Bezugsrecht auch unter den vereinfachten Voraussetzungen des § 186 Abs. 3 S. 4 AktG ausgeschlossen werden. Diese Vorschrift findet bei einer Kapitalerhöhung jedoch nur Anwendung, wenn die Aktien an einer Börse zum Handel in einem regulierten Markt zugelassen sind[2817] und die durchzuführende Kapitalerhöhung nicht 10% des Grundkapitals übersteigt. Liegen diese Voraussetzungen vor, so greift die widerlegliche Vermutung, dass ein überwiegendes Finanzierungsinteresse der Aktiengesellschaft gegeben ist und Vermögensinteressen der Aktionäre nicht verletzt worden sind[2818]. Werden neue Aktien im Wege einer Kapitalerhöhung unter Ausschluss des Bezugsrechts der Altaktionäre geschaffen und sind die Aktien an einer Börse zugelassen, darf der Ausgabepreis dieser neuen Aktien deren aktuellen Börsenkurs nicht wesentlich unterschreiten (§ 186 Abs. 3 S. 4 AktG)[2819]. Hier werden Abschläge im Rahmen von 3% bis 5% als noch zulässig erachtet[2820].

Gemäß § 255 Abs. 2 AktG kann bei Ausschluss des Bezugsrechts jeder Altaktionär den Kapitalerhöhungsbeschluss anfechten, sofern der Bezugspreis neuer Aktien unangemessen niedrig ist. Dieser ist unangemessen niedrig, wenn der Wert der Aktien nach vernünftiger kaufmännischer Beurteilung verfehlt und diese Wertverfehlung nach den Umständen des Einzelfalls für die Aktionäre objektiv nicht hinnehmbar ist[2821]. Maßgeblich zur Bestimmung des Unternehmenswerts ist hierbei bei Gesellschaften ohne Börsenkurs der volle Wert (innere Wert) des Unternehmens, wie er auch für die Ermittlung der Verschmelzungswertrelation bei der Ermittlung der angemessenen Abfindung i.S.v. § 305 Abs. 3 AktG zugrunde zu legen ist[2822]. Existiert dagegen ein Börsenkurs, gilt ebenfalls das Prinzip des vollen

---

2815 Singhof/Weber, in: Habersack/Mülbert/Schlitt, § 4, Rn. 60; Rodloff, ZIP 2003, 1076, 1082.

2816 BGH, Urt. v. 7.3.1994, II ZR 52/93 (Deutsche Bank), BGHZ 125, 239, 245.

2817 Siehe zu Einzelheiten: Wiedemann, in: GK-AktG, Band 6, § 186, Rn. 148; Peifer, in: MüKo-AktG, Band 4, § 186, Rn. 82 ff.; Krieger/Kraft, in: Münchner Handbuch des GesR, Band 4, § 56, Rn. 89.

2818 Peifer, in: MüKo-AktG, Band 4, Art. 186, Rn. 82; Wiedemann, in: GK-AktG, Band 6, § 186, Rn. 150.

2819 Krieger/Kraft, in: Münchner Handbuch des GesR, Band 4, § 56, Rn. 90; Peifer, in: MüKo-AktG, Band 4, § 186, Rn. 87.

2820 Krause, in: Habersack/Mülbert/Schlitt, § 7, Rn. 32 m.w.N.

2821 Hüffer, in: MüKo-AktG, Band 4, § 255, Rn. 16 ff.; Stilz, in: Spindler/Stilz, AktG, § 255, Rn. 21 ff.

2822 Hüffer, in: MüKo-AktG, Band 4, § 255, Rn. 16; BGH, Urt. v. 13.3.1978, II ZR 142/76, BGHZ 71, 40, 51; OLG Stuttgart, Urt. v. 1.12.1999, 20 U 98/99, BB 2000, 1155, 1157.

Wertes. Dies hat zur Folge, dass der Erhöhungsbeschluss anfechtbar ist, falls der Ausgabebetrag zwar dem Börsenkurs entspricht, aber nach vernünftiger kaufmännischer Beurteilung verfehlt und diese Wertverfehlung nach den Umständen des Einzelfalls für die Aktionäre objektiv nicht hinnehmbar ist[2823].

2. Genehmigtes Kapital mit Bezugsrechtsausschluss

Statt eine reguläre Kapitalerhöhung mit Bezugsrechtsausschluss durchzuführen, besteht auch die Möglichkeit, den Vorstand zur Durchführung einer Kapitalerhöhung zu ermächtigen, § 202 AktG[2824]. Gemäß §§ 203 Abs. 1 S. 1, 186 Abs. 1 S. 1 AktG stehen den Aktionären auch bei einer Kapitalerhöhung aufgrund eines genehmigten Kapitals Bezugsrechte zu[2825]. Das Bezugsrecht kann entweder im Ermächtigungsbeschluss unmittelbar durch die Hauptversammlung ausgeschlossen werden, §§ 203 Abs. 1, 186 Abs. 3, 4 AktG, oder aber durch Ermächtigung des Vorstands, dieses mit Zustimmung des Aufsichtsrats auszuschließen, §§ 203 Abs. 2, 186 Abs. 4 AktG[2826]. Daneben besteht auch im Rahmen des genehmigten Kapitals die Möglichkeit eines vereinfachten Bezugsrechtsausschlusses gemäß §§ 203 Abs. 1 S. 1, 186 Abs. 3 S. 4 AktG[2827].

Bei einem Bezugsrechtsausschluss im Rahmen des genehmigten Kapitals mussten ausgehend von der „Holzmann"-Entscheidung[2828] die gleichen strengen Voraussetzungen erfüllt sein wie bei der regulären Kapitalerhöhung[2829], was zur Folge hatte, dass das genehmigte Kapital für die Praxis faktisch nicht mehr zur Verfügung

2823 Hüffer, in: MüKo-AktG, Band 4, § 255, Rn. 20; Hüffer, AktG, § 255, Rn. 8; a.A. Englisch, in: Hölters, AktG, § 255, Rn. 23; Stilz, in: Spindler/Stilz, AktG. § 255, Rn. 23 f. die die Auffassung vertreten, dass falls die Börsenkapitalisierung unter dem aus einer Ertragswertberechnung abgeleiteten Unternehmenswert liege, ein für die jungen Aktien theoretisch errechneter höherer Wert am Markt in der Regel nicht durchsetzbar sei und daher auf den Börsenkurse abzustellen sei, auch wenn dieser unter dem mittels Ertragswertberechnung ermitteltem Wert liege.

2824 Siehe hierzu: Hüffer, AktG, § 202, Rn. 1 ff.; Bayer, in: MüKo-AktG, Band 4, § 202, Rn. 1 ff.; Wamser, in: Spindler/Stilz, AktG, § 202, Rn. 1 ff.; Krieger, in: Münchner Handbuch des GesR, Band 4, § 58, Rn. 1 ff.

2825 Siehe hierzu: Hüffer, AktG, § 203, Rn. 7 ff.; Bayer, in: MüKo-AktG, Band 4, § 203, Rn. 39 ff.; Wamser, in: Spindler/Stilz, AktG, § 203, Rn. 26, 57 ff.

2826 Krieger, in: Münchner Handbuch des GesR, § 58, Rn. 15, 43 ff.; Hüffer, AktG, § 203, Rn. 21; Wamser, in: Spindler/Stilz, AktG, § 203, Rn. 96 ff.; Bayer, in: MüKo-AktG, Band 4, § 203, Rn. 90 ff.

2827 Bayer, in: MüKo-AktG, Band 4, § 203, Rn. 161 ff.; Wamser, in: Spindler/Stilz, AktG, § 203, Rn. 26, 57 ff.; Hüffer, AktG, § 203, Rn. 10a; Krieger, in: Münchner Handbuch des GesR, Band 4,§ 58, Rn. 2.

2828 BGH, Urt. v. 19.4.1982, II ZR 55/81 (Holzmann), BGHZ 83, 319.

2829 Bayer, in: MüKo-AktG, Band 4, Art. 203, Rn. 97 ff.; Wamser, in: Spindler/Stilz, AktG, § 203, Rn. 76; Krause, in: Habersack/Mülbert/Schlitt, § 7, Rn. 48.

stand[2830]. Der BGH hatte in seiner „Kali + Salz"-Entscheidung[2831] festgestellt, dass im Zeitpunkt der Beschlussfassung durch die Hauptversammlung über den Ausschluss des Bezugsrechts das Gesellschaftsinteresse an einem solchen Ausschluss dem Interesse der ausgeschlossenen Aktionäre gegenüberzustellen sei und diese Interessen im Rahmen einer Verhältnismäßigkeitsprüfung gegeneinander abzuwägen seien. Die in der „Kali + Salz"-Entscheidung[2832] aufgestellten Grundsätze hatte der BGH im Prinzip in seiner „Deutschen Bank"-Entscheidung[2833] – diese betraf einen Bezugsrechtsausschluss durch die Hauptversammlung für ein genehmigtes Kapital – erneut bestätigt. Dies hatte zur Folge, dass im Vorfeld der Schaffung des genehmigten Kapitals mit Bezugsrechtsausschluss zu prüfen war, ob dieser zur Erreichung des entsprechenden Zweckes geeignet, erforderlich und verhältnismäßig war[2834]. Entsprechend konkrete Informationen musste der Vorstand im Vorfeld der Hauptversammlung, die über den Bezugsrechtsausschluss im Rahmen des genehmigten Kapitals zu beschließen hatte oder den Vorstand zu einem solchen Ausschluss ermächtigt hatte, in einem schriftlichen Bericht vorlegen[2835]. Der BGH hat mit seiner „Siemens/Nold"-Entscheidung[2836], die in der „Adidas"-Entscheidung[2837] sowie der „Mangusta/Commerzbank I"-Entscheidung[2838] bestätigt wurde, seine bisherige Rechtsprechung grundlegend geändert[2839]. Der BGH führte in diesem Urteil aus, dass weder im Zeitpunkt der Entscheidung über den Direktausschluss des Bezugsrechts durch die Hauptversammlung noch im Falle einer Ermächtigung des Vorstands zum Ausschluss des Bezugsrechts durch die Hauptversammlung dieser Ausschluss bereits im Zeitpunkt der Beschlussfassung sachlich i.S. der in der „Holzmann"-Entscheidung aufgestellten Grundsätze gerechtfertigt sein müsse[2840]. Zur Begründung führte er aus, dass die von der Rspr. im Rahmen des genehmigten Kapitals an den Bezugsrechtsausschluss bisher gestellten Anforderungen, wie sich in der Unternehmenspraxis und der Rspr. gezeigt habe, zu streng und nicht

2830 Wamser, in: Spindler/Stilz, AktG, § 203, Rn. 77; Bezzenberger, ZIP 2002, 1719, 1921.
2831 BGH, Urt. v. 13.3.1979, II ZR 142/76 (Kali + Salz), BGHZ 71, 40, 46.
2832 BGH, Urt. v. 13.3.1979, II ZR 142/76 (Kali + Salz), BGHZ 71, 40, 44 ff.
2833 BGH, Urt. v. 7.3.1994, II ZR 52/93 (Deutsche Bank), BGHZ 125, 239, 244 d.
2834 v. Dryander/Niggemann, in: Hölters, AktG, § 203, Rn. 17; Bayer, in: MüKo-AktG, Band 4, § 203, Rn. 97.
2835 BGH, Urt. v. 19.4.1982, II ZR 55/81 (Holzmann), BGHZ 83, 319, 327; Bayer, in: MüKo-AktG, Band 4, § 203, Rn. 98.
2836 BGH, Urt. v. 23.6.1997, II ZR 132/93 (Siemens/Nold), BGHZ 136, 133 f.; siehe zu dieser Entscheidung: Wamser, in: Spindler/Stilz, AktG, § 203, Rn. 80 ff.; Bayer, in: MüKo-AktG, Band 4, § 203, Rn. 105 ff.
2837 BGH, Urt. v. 15.5.2000, II ZR 359/98, BGHZ 144, 290 f.
2838 BGH, Urt. v. 10.10.2005, II ZR 148/03 (Mangusta/Commerzbank I), ZIP 2005, 2205 ff.
2839 Siehe hierzu: Krause, in: Habersack/Mülbert/Schlitt, § 7, Rn. 49 ff.; Wamser, in: Spindler/Stilz, AktG, § 203, Rn. 79 ff.; krit.: Bayer, in: MüKo-AktG, Band 4, Art. 203, Rn. 105 ff.; Lutter, JZ 1998, 50 ff
2840 BGH, Urt. v. 23.6.1997, II ZR 132/93 (Siemens/Nold), BGHZ 136, 133, 139.

praktikabel seien. Der BGH zog hieraus den Schluss, „dass die Voraussetzungen, unter denen von dem genehmigten Kapital mit Bezugsrechtsausschluss oder der Ermächtigung des Vorstands dazu für die Kapitalerhöhung mit Sacheinlagen Gebrauch gemacht werden darf, im wohlverstandenen Interesse der Gesellschaften und ihrer Aktionäre neu zu bestimmen“ seien[2841].

Er erachtete es vielmehr als ausreichend, dass die Kapitalmaßnahme, zu deren Durchführung der Vorstand ermächtigt werden solle, im wohlverstandenen Interesse der Aktiengesellschaft liege und dass diese Maßnahme der Hauptversammlung in allgemein umschriebener Form abstrakt bekannt gegeben werde[2842]. Der BGH führte in seinem Siemens/Nold“-Urteil weiter aus, dass es Pflicht des Vorstands sei, im Rahmen seines unternehmerischen Ermessens sorgfältig zu prüfen, ob der allein ihm bekannte vollständige Sachverhalt die Durchführung des Hauptversammlungsbeschlusses, der den Ausschluss des Bezugsrechts der Aktionäre umfasse, im Gesellschaftsinteresse gerechtfertigt sei[2843]. Die Einhaltung dieser Bindungen unterliege der Kontrolle des Aufsichtsrats und der Hauptversammlung. Auch bedürfe die Entscheidung des Vorstandes über den Bezugsrechtsausschluss gemäß § 204 Abs. 1 S. 2 AktG der Zustimmung des Aufsichtsrates.

Zwar betraf die „Siemens/Nold“-Entscheidung[2844] den Ausschluss des Bezugsrechts im Rahmen des genehmigten Kapitals durch die Hauptversammlung, jedoch hat der BGH in seinem Urteil zum Ausdruck gebracht, dass die von ihm aufgestellten Grundsätze auch im Falle der Ermächtigung des Vorstands zu einem Bezugsrechtsausschluss gelten sollen[2845]. Auch betrafen das „Siemens/Nold“-Urteil[2846] sowie das „Adidas“-Urteil[2847] des BGH den Fall einer Sachkapitalerhöhung, doch lassen sich die in diesen Entscheidungen aufgestellten Grundsätze auf die Barkapitalerhöhung übertragen[2848]. Der BGH hat die in diesen Entscheidungen aufgestellten

---

2841 BGH, Urt. v. 23.6.1997, II ZR 132/93 (Siemens/Nold), BGHZ 136, 133, 138.

2842 BGH, Urt. v. 23.6.1997, II ZR 132/93 (Siemens/Nold), BGHZ 136, 133, 139.

2843 BGH, Urt. v. 23.6.1997, II ZR 132/93 (Siemens/Nold), BGHZ 136, 133, 139.

2844 BGH, Urt. v. 23.6.1997, II ZR 132/93 (Siemens/Nold), BGHZ 136, 133 ff.

2845 BGH, Urt. v. 23.6.1997, II ZR 132/93 (Siemens/Nold), BGHZ 136, 133, 139; siehe auch: Wamser, in: Spindler/Stilz, AktG, § 203, Rn. 83.

2846 BGH, Urt. v. 23.6.1997, II ZR 132/93 (Siemens/Nold), BGHZ 136, 133 f.

2847 BGH, Urt. v. 15.5.2000, II ZR 359/98, BGHZ 144, 290 f. Der BGH hatte in zwei weiteren Entscheidungen (BGH, Urt. v. 10.10.2005, II ZR 148/03 (Mangusta/Commerzbank I), ZIP 2005, 2205 ff.; BGH, Urt. v. 10.10.2005, II ZR 90/03 (Mangusta/Commerzbank II), ZIP 2005, 2207 ff.) wohl zum Ausdruck gebracht, dass er an den in der „Siemens/Nold“-Entscheidung aufgestellten materiellen Voraussetzungen, unter denen der Bezugsrechtsausschluss beim genehmigten Kapital zulässig ist, festhält.

2848 Krause, in: Habersack/Mülbert/Schlitt, § 7, Rn. 54; Krieger, in: Münchner Handbuch des GesR, § 58, Rn. 18; Kindler, ZGR 1998, 35, 56, 64.

Grundsätze schließlich in seiner „Mangusta/Commerzbank I"-Entscheidung[2849] für den Fall der Barkapitalerhöhung bestätigt[2850].

Teilweise[2851] wird die „Siemens/Nold"-Entscheidung dahingehend interpretiert, dass der BGH lediglich hinsichtlich des Umfangs der Berichtspflicht des Vorstands im Vorfeld der Hauptversammlung Erleichterungen im Vergleich zur „Holzmann"-Entscheidung zugelassen habe. Im Hinblick auf die materiellen Rechtfertigungserfordernisse gälten die in der „Kali + Salz"-Entscheidung aufgestellten Grundsätze dagegen fort, weshalb eine ausführliche Interessenabwägung vorzunehmen sei. Andere[2852] wiederum interpretieren die „Siemens/Nold"-Entscheidung dahingehend, dass lediglich noch zu prüfen sei, ob ein Bezugsrechtsausschluss im Interesse der Gesellschaft liege.

Nach dieser Rechtsprechung muss die Maßnahme, zu deren Durchführung der Vorstand zum Ausschluss des Bezugsrechts ermächtigt wird, im Vorfeld der Durchführung der Maßnahme lediglich noch allgemein umschrieben und der Hauptversammlung zur Kenntnis gebracht werden. Es muss gegenüber der Hauptversammlung nicht mehr konkret dargelegt werden, wie die neu zu schaffenden Aktien verwendet werden sollen[2853].

Geht die Schaffung des genehmigten Kapitals dagegen mit einem Bezugsrechtsausschluss durch die Hauptversammlung einher, so muss der Zweck des Bezugsrechtsausschlusses ebenfalls lediglich allgemein und abstrakt umschrieben werden[2854]. Rein floskelhafte Ausführung genügen allerdings nicht[2855]. Laut BGH[2856] ist es jedoch nicht mehr erforderlich, dass der Hauptversammlung in einem schriftlichen Vorstandsbericht vorab die konkreten Tatsachen darlegt werden, aufgrund derer sich die Hauptversammlung eine konkrete Meinung über die Verhältnismäßigkeit des Bezugsrechtsausschlusses bilden kann. Vielmehr reicht es aus, der Hauptversammlung abstrakte Gründe mitzuteilen[2857].

2849 BGH, Urt. v. Urt. v. 10.10.2005 (Mangusta/Commerzbank I), ZIP 2005, 205 ff.

2850 Siehe zu dieser Entscheidung u.a.: Busch, NZG 2006, 81 ff.; Bürgers/Holzborn, BKR 2006, 202 ff.

2851 Wamser, in: Spindler/Stilz, AktG, § 203, Rn. 83; Krieger, in: Münchner Handbuch des GesR, § 58, Rn. 44; Hirte, in: GK-AktG, Band 6, § 203, Rn. 63 ff., 79; Peifer, in: MüKo-AktG, Band 4, § 203, Rn. 116 f.

2852 Krause, in: Habersack/Mülbert/Schlitt, § 7, Rn. 49; v. Dryander/Niggemann, in: Hölters, AktG, § 203, Rn. 18; Henze, ZHR 167 (2003), 1, 3.

2853 Hüffer, AktG, § 203, Rn. 26; Bayer, in: MüKo-AktG, Band 4, § 203, Rn. 145 f.

2854 Wamser, in: Spindler/Stilz, AktG, § 203, Rn. 66; v. Dryander/Niggemann, in: Hölters, AktG, § 203, Rn. 41; krit. Bayer, in: MüKo-AktG, Band 4, § 203, Rn. 145 f.

2855 Wamser, in: Spindler/Stilz, AktG, § 203, Rn. 67; LG München I, Urt. v. 23.12.2004, 5 HKO 15081/04, DB 2005, 824, 825.

2856 BGH, Urt. v. 23.6.1997, II ZR 132/93 (Siemens/Nold), BGHZ 136, 133, 139 f.

2857 v. Dryander/Niggemann, in: Hölters, AktG, § 203, Rn. 22, 41; krit. Bayer, in: MüKo-AktG, Band 4, § 203, Rn. 145 f.

Sofern das Bezugsrecht nicht von der Hauptversammlung, sondern vom Vorstand ausgeschlossen werden soll, trifft der Vorstand die Entscheidung über die Ausübung der Ermächtigung in eigener Verantwortung nach sorgfältiger und gewissenhafter Prüfung[2858]. Kommt der Vorstand zum Ergebnis, dass aus unternehmerischer Sicht der Ausschluss des Bezugsrechts im Interesse der Gesellschaft liegt, dann darf er in Erfüllung seiner Geschäftsführungsaufgaben von dieser Ermächtigung Gebrauch machen[2859].

Die Absenkung der im Vorfeld der Hauptversammlung, welche über die Schaffung eines genehmigten Kapitals und den Bezugsrechtsausschluss entscheidet, bestehenden Berichtspflichten versuchte der BGH dadurch zu kompensieren, dass er dem Vorstand im Nachgang zur Ausnutzung des genehmigten Kapitals und zur Ausübung des Bezugsrechts umfängliche Informationspflichten auferlegt hat, um eine Nachkontrolle in der nächsten Hauptversammlung zu ermöglichen[2860]. Der Vorstand hat im Nachgang zum Bezugsrechtsausschluss in der nächsten ordentlichen Hauptversammlung über die Einzelheiten seines Vorgehens zu berichten. Der BGH hat in seiner „Commerzbank/Mangusta II"-Entscheidung[2861] ausgeführt, dass ein in seinen Mitgliedschaftsrechten beeinträchtiger Aktionär pflichtwidriges Verhalten des Vorstands bei der Ausnutzung eines genehmigten Kapitals mit Bezugsrechtsausschluss mittels einer gegen die Aktiengesellschaft gerichteten Feststellungsklage gemäß § 256 ZPO geltend machen kann[2862]. Das OLG Frankfurt[2863] hat jüngst ausgeführt, dass eine Verletzung der nachträglichen Berichtspflicht des Vorstands nicht nur zur Anfechtbarkeit der Entlastung der Mitglieder des Vorstands, sondern auch zur Anfechtbarkeit neuer, nach Ausnutzung des genehmigten Kapitals gefasster Beschlüsse zur Schaffung eines weiteren genehmigten Kapitals und zum Ausschluss des Bezugsrechts führen könne[2864].

Für die Zeichnung, die Leistung der Einlage sowie die Eintragung der Durchführung der Kapitalerhöhung gelten die Ausführungen zur regulären Kapitalerhöhung mit Bezugsrechtsausschluss entsprechend[2865]. Es ergeben sich im Vergleich hierzu keine wesentlichen Änderungen. Aufgrund der im Vergleich zur regulären

---

2858 BGH, Urt. v. 23.6.1997, II ZR 132/93 (Siemens/Nold), BGHZ 136, 133, 139; siehe hierzu: Bayer, in: MüKo-AktG, Band 4, § 203, Rn. 94 ff.; v. Dryander/Niggemann, in: Hölters, AktG, § 203, Rn. 48 ff.; Hüffer, AktG, § 203, Rn. 25.

2859 BGH, Urt. v. 23.6.1997, II ZR 132/93 (Siemens/Nold), BGHZ 136, 133, 140; Wamser, in: Spindler/Stiliz, AktG, § 203, Rn.85.

2860 Bayer, in: MüKo-AktG, Band 4, § 203, Rn. 153; Hüffer, AktG, § 203, Rn. 37.

2861 BGH, Urt. v. 10.10.2005, II ZR 93/05, BGHZ 164, 249 ff.

2862 Siehe hierzu: Bayer, in: MüKo-AktG, Band 4, § 203, Rn. 172; Hüffer, AktG, § 203, Rn. 39; Wamser, in: Spindler/Stilz, AktG, § 203, Rn. 110 ff.; Hüffer, AktG, § 203, Rn. 38.

2863 OLG Frankfurt, Urt. v. 5.7.2011, 5 U 104/10, ZIP 2011, 1613.

2864 Siehe zu dieser Entscheidung: Born, ZIP 2011, 1793 ff.; Litzenberger, NZG 2011, 1019 ff.

2865 Wamser, in: Spindler/Stilz, AktG, § 203, Rn. 10 ff.; Hüffer, in: AktG, § 203, Rn. 2 ff.

Kapitalerhöhung mit Bezugsrechtsausschluss höheren Flexibilität eines genehmigten Kapitals ist diesem der Vorzug zu geben.

III. Ergebnis

Eine reguläre Kapitalerhöhung ohne Bezugsrechtsausschluss kommt nur für Aktiengesellschaften mit einem überschaubaren Aktionärskreis in Frage, die keine neuen außenstehenden Aktionäre aufnehmen möchte. Sollen hingegen die aus einer Kapitalerhöhung entstehenden Aktien bei neuen Investoren platziert werden, insbesondere über die Börse, so ist das Bezugsrecht der Aktionäre auszuschließen. Die sachliche Rechtfertigung eines solchen Ausschlusses ist im Rahmen einer mit Börsenzulassung durchgeführten Kapitalerhöhung anzunehmen, da für das mit dem Börsengang verbundene langfristige Finanzierungsinteresse der Gesellschaft nur auf diese Weise Aktien geschaffen werden können[2866]. Es bietet sich an, die neuen Aktien im Wege eines genehmigten Kapitals und nicht im Rahmen einer regulären Kapitalerhöhung zu schaffen, da dies organisatorische Vorteile und mehr Flexibilität bietet.

Eine reguläre Kapitalerhöhung ist, sofern der Kapitalerhöhungsbeschluss keine Durchführungsfrist enthält, unverzüglich i.S.v. § 121 Abs. 1 S. 1 BGB vorzunehmen. Um eine Abgrenzung zum genehmigten Kapital zu gewährleisten, darf die Durchführungsfrist nicht an die für ein genehmigtes Kapital in § 202 Abs. 1, 2 S. 1 AktG vorgesehene Frist heranreichen. Im Regelfall sollte eine reguläre Kapitalerhöhung innerhalb von sechs Monaten nach Beschlussfassung durch die Hauptversammlung durchgeführt werden[2867], eine gesetzliche Frist für die Durchführung einer regulären Kapitalerhöhung sieht das AktG nicht vor. Ein genehmigtes Kapital hat dagegen eine Laufzeit von bis zu fünf Jahren, § 202 Abs. 1, 2 S. 1 AktG[2868].

Jedoch bietet sich die Durchführung einer Eigenemission aufgrund der bei Zeichnung, Leistung der Einlage sowie Eintragung der Durchführung der Kapitalerhöhung geschilderten Probleme[2869] in der Praxis nur eingeschränkt an.

B. Aktien eines Großaktionärs

Trennt sich ein Großaktionär von seinen Anteilen, wird dies als Umplatzierung bezeichnet[2870]. Der Fall einer Umplatzierung stellt keine Eigenemission dar, da in

2866 Singhof/Weber, in: Habersack/Mülbert/Schlitt, § 4, Rn. 59; Peifer, in: MüKo-BGB, Band 4, Art. 186, Rn. 96; Hüffer, AktG, § 186, Rn 31.

2867 Dryander/Niggemann, in: Hölters, AktG, § 182, Rn. 39; Peifer, in: MüKo-BGB, Band 4, Art. 182, Rn. 37

2868 Siehe hierzu: Bayer, in: MüKo-AktG, Band 4, § 202, Rn. 59; Hüffer, AktG, § 202, Rn. 11.

2869 Siehe 3 Teil, 2. Abschnitt, A.I.1.e.-I.1.g.

2870 Siehe hierzu: Wolf, in: Habersack/Mülbert/Schlit, § 8, Rn. 1 ff.; Ekkenga/Maas, Rn. 14.

diesem Fall nicht neue Aktien durch die Gesellschaft ausgegeben werden, sondern ein außen stehender Dritter bereits bestehende Aktien weiterveräußert. Dies ist ein Fall einer Fremdemission. Platziert ein Großaktionär bereits bestehende oder die Aktiengesellschaft eigene Aktien um, so handelt es sich um einen reinen Kaufvertrag. Aufgrund der bei einer Eigenemission auftretenden Probleme[2871] bietet es sich an, anstelle einer Eigenemission einen Aktionär im Rahmen einer Kapitalerhöhung Aktien zeichnen zu lassen und diese anschließend umzuplatzieren. Allerdings haftet er dann als Prospektverantwortlicher, falls die Umplatzierung ein prospektpflichtiges öffentliches Angebot darstellt und der die Aktien umplatzierende Aktionär ein eigenes wirtschaftliches Interesse an dieser Umplatzierung besitzt[2872]. In der Praxis werden nicht zuletzt aus diesem Grund in einen Umplatzierungsvorgang Banken eingeschaltet[2873].

3. Abschnitt: Anwendbarkeit kapitalmarktrechtlicher Vorschriften

Im folgenden Abschnitt soll der Frage nachgegangen werden, welche kapitalmarktrechtlichen Vorschriften bei einer Eigenemission und bei einer Umplatzierung von Aktien eines Großaktionärs ohne Bankenbeteiligung zur Anwendung gelangen.

A. Anwendbarkeit von Vorschriften des KWG/WpHG

KWG und WpHG sind nur einschlägig, wenn für den Kunden eine Wertpapierdienstleistung erbracht bzw. ein Bankgeschäft betrieben wird. Dies ist jedoch bei einer Eigenemission nicht der Fall, da diese weder ein Bankgeschäft i.S.d. KWG noch eine Finanzdienstleistung i.S.d. WpHG darstellt. Im Falle einer Eigenemission erbringt der Emittent im Verhältnis zum Kunden weder eine Finanzdienstleistung in Gestalt der Anlagevermittlung nach § 1 Abs. 1a S. 2 Nr. 1 KWG, des Platzierungsgeschäfts i.S.d. § 1 Abs. 1a S. 2 Nr. 1c, der Abschlussvermittlung nach § 1 Abs. 1a S. 2 Nr. 2 KWG, des Eigengeschäfts i.S.v. § 1 Abs. 1a S. 2 Nr. 4 KWG noch ein Bankgeschäft in Form des Emissionsgeschäfts i.S.d. § 1 Abs. 1 S. 2 Nr. 10 KWG und unterliegt damit nicht den Erlaubnisvoraussetzungen des § 32 Abs. 1 S. 1 KWG sowie einer laufenden Beaufsichtigung durch die BaFin. Aus diesem Grund liegt auch keine Wertpapierdienstleistung i.S.v. § 2 Abs. 4 WpHG vor, so dass weder die Vorschriften des KWG noch des WpHG im Rahmen einer Eigenemission Anwendung finden.

Werden Aktien eines Altaktionärs ohne Bankenbeteiligung umplatziert, so sind die Vorschriften des KWG und des WpHG ebenfalls nicht einschlägig, da bei einer

2871 Siehe zu diesen: 3 Teil, 2. Abschnitt, A.I.1.g.

2872 Groß, Kapitalmarktrecht, § 21 WpPG, Rn. 35; siehe zu §§ 44, 45 BörsG a.F.: Schwark, in: Schwark/Zimmer, Kapitalmarktrechts-Kommentar, §§ 44, 45, Rn. 9.

2873 Wolf, in: Habersack/Mülbert/Schlitt, § 8, Rn. 9 ff.; Zacharias, 237.

einmaligen Platzierung kein Bankgeschäft betrieben und auch keine Wertpapierdienstleistung erbracht wird. Das Betreiben eines Bankgeschäfts ist gemäß § 32 Abs. 1 S. 1 KWG nur dann erlaubnispflichtig, wenn es gewerbsmäßig betrieben wird. Gewerbsmäßiges Betreiben eines Bankgeschäfts liegt vor, wenn der Betrieb auf eine gewisse Dauer angelegt ist und der Betreiber mit Gewinnerzielungsabsicht handelt[2874]. Bis zur 6. KWG-Novelle war dagegen eine Erlaubnis nur dann erforderlich, wenn das Betreiben eines Bankgeschäfts einen in kaufmännischer Weise eingerichteten Geschäftsbetrieb erfordert hatte[2875]. Kein gewerbliches Handeln liegt vor, wenn lediglich einzelne Bankgeschäfte betrieben werden[2876]. In einer Reihe von Fällen hat die BaFin Bagatellgrenzen festgelegt, wann noch von einem nicht-gewerbsmäßigen Betreiben ausgegangen werden kann[2877]. Allerdings hat sich weder das vormalige BAKred noch die BaFin zu Bagatellgrenzen im Zusammenhang mit dem Betreiben des Emissionsgeschäfts, Finanzkommissionsgeschäfts oder der Abschlussvermittlung geäußert. Im Zusammenhang mit der Finanzportfolioverwaltung wurde noch ein nicht-gewerbliches Handeln bei der Verwaltung von drei Portfolios mit einem Gesamtvolumen von 1 Mio. DM bzw. EUR 500.000, – angenommen[2878].

Ein Aktien umplatzierender Großaktionär betreibt kein Finanzkommissionsgeschäft i.S.v. § 1 Abs. 1 S. 2 Nr. 4 KWG, da er nicht für fremde Rechnung handelt. Die Aktiengesellschaft, deren Aktien er nach Zeichnung weiterveräußert, ist wegen des Verbots der Einlagenrückgewähr nicht befugt, dem Großaktionär einen bei der Umplatzierung entstandenen Verlust zu ersetzen. Der Großaktionär handelt auf eigene Rechnung. Ein Aktien umplatzierender Großaktionär betreibt bei einer einmaligen Übernahme von Aktien zur Platzierung kein Emissionsgeschäft i.S.v. § 1 Abs. 1 S. 2 Nr. 10 KWG, da ein einmaliges Handeln nicht gewerbsmäßig ist. Auch liegt keine Abschlussvermittlung i.S.v. § 1 Abs. 1a S. 2 Nr. 2 KWG vor. Eine solche würde voraussetzen, dass der Großaktionär die Aktien im Wege einer offenen Stellvertretung, also im fremden Namen und für fremde Rechnung, platziert. Da der Großaktionär aber selbst bereits die Aktien gezeichnet und die Einlage geleistet hat, handelt er weder für fremde Rechnung noch im fremden Namen. Aus diesem Grund benötigt auch ein Großaktionär, der Aktien einmalig umplatziert, keine

2874 Schäfer, in: Boos/Fischer/Schulte-Mattler, KWG, § 1, Rn. 18; Haug, in: Szagunn/Haug/Ergenzinger, KWG, § 1, Rn. 6.

2875 Siehe zum Begriff des in kaufmännischer Weise eingerichteten Geschäftsbetriebs: Schäfer, in: Boos/Fischer/Schulte-Mattler, KWG, § 1, Rn. 19 f.; Haug, in: Szagunn/Haug/Ergenzinger, KWG, § 1, Rn. 6.

2876 RGZ 66, 48, 51.

2877 Schäfer, in: Boos/Schulte/Fischer-Mattler, KWG, § 1, Rn. 21 m.w.N. sowie BaFin, Schreiben v. 21. 2. 2003, Q31–71.51–142/98, bestätigt durch Merkblatt v. 14.5.2005 zur Erlaubnispflicht internetbasierter Kreditvermittlungsplattformen (hinsichtlich des Einlagen- und Kreditgeschäftes).

2878 BAKred, Schreiben vom 28.4.1998, GZ: VII 4 – 71.51 – 742/98 Li., BaFin, Merkblatt – Hinweise zum Tatbestand der Finanzportfolioverwaltung, Stand: 3.1.2011, S. 6.

Erlaubnis zum Betreiben von Bankgeschäften und hat auch nicht die in §§ 31 ff. WpHG statuierten Wohlverhaltensregeln zu beachten. Er erbringt nicht gewerbsmäßig eine Wertpapierdienstleistung i.S.v. § 2 Abs. 4 WpHG.

B. Anwendbarkeit von Vorschriften des BörsG

Sollen die im Rahmen einer Selbstemission begebenen Aktien an einer Börse gehandelt werden, so gelten die für eine Börsenzulassung einschlägigen Vorschriften ausnahmslos. Hier kann auf eine Mitwirkung von Banken im Gegensatz zum eigentlichen Platzierungsprozess nicht verzichtet werden, da gemäß § 32 Abs. 2 BörsG, § 5 Abs. 3 S. 2 WpPG der für eine Zulassung zum Handel im regulierten Markt an einer Börse erforderliche Börsenzulassungsprospekt von einem Kreditinstitut, einem Finanzdienstleistungsinstitut, einem nach § 53 Abs. 1 S. 1 KWG oder nach § 53b Abs. 1 S. 1 KWG tätigen Unternehmen mit zu unterzeichnen ist.

C. Anwendbarkeit von Vorschriften des WpPG

Anders als die Vorschriften des WpHG und KWG knüpft das WpPG nicht an eine bestimmte Tätigkeit an, sondern an das Vorliegen eines öffentlichen Angebots von Wertpapieren. Daher sind die Vorschriften des WpPG uneingeschränkt auf eine Eigenemission anwendbar[2879]. Liegt ein öffentliches Angebot im Inland vor, so ist gemäß § 3 Abs. 1 WpPG ein Prospekt zu erstellen, es sei denn, einer der in § 3 Abs. 2 WpPG aufgeführten Befreiungstatbestände wäre einschlägig.

Richtet sich ein Angebot auf Zeichnung von Aktien ausschließlich an qualifizierte Anleger, so besteht trotz Vorliegens eines öffentlichen Angebots gemäß § 3 Abs. 2 Nr. 1 WpPG keine Prospektpflicht[2880]. Ebenfalls keine Prospektpflicht besteht, wenn sich ein Angebot auf Zeichnung von Aktien in jedem EWR-Staat an weniger als 150 nicht qualifizierte Anleger (§ 3 Abs. 2 S. 1 Nr. 2 WpPG) richtet[2881] oder der Verkaufspreis innerhalb eines Zeitraums von 12 Monaten für alle in EWR-Staaten angebotenen Aktien weniger als EUR 100.000 beträgt (§ 3 Abs. 2 S. 1 Nr. 5 WpPG)[2882].

§ 4 Abs. 1 WpPG sieht weitere Ausnahmen von der Pflicht zur Veröffentlichung eines Prospekts bei Vorliegen eines öffentlichen Angebots vor[2883]. Im

2879 Siehe 2. Teil, 3. Abschnitt, A.I.

2880 Groß, Kapitalmarktrecht, § 3 WpPG, Rn. 6; Schnorbus, in: Frankfurter Kommentar zum WpPG, § 3, Rn. 26 ff.

2881 Groß, Kapitalmarktrecht, § 3 WpPG, Rn. 7; Schnorbus, in: Frankfurter Kommentar zum WpPG, § 3, Rn. 28 ff.

2882 Groß, Kapitalmarktrecht, § 3 WpPG, Rn. 9; Schnorbus, in: Frankfurter Kommentar zum WpPG, § 3, Rn. 26 ff.

2883 Siehe hierzu: Groß, Kapitalmarktrecht, § 4 WpPG, Rn. 1; Schnorbus, in: Frankfurter Kommentar zum WpPG, § 4, Rn. 3 ff.; Heidelbach, in: Schwark/Zimmer, Kapitalmarktrechts-Kommentar, § 4 WpPG, Rn. 5 ff.

Zusammenhang mit Aktienemissionen spielen die in § 4 Abs. 1 WpPG vorgesehenen Ausnahmen allerdings keine wesentliche Rolle. Vor Inkrafttreten des Gesetzes zur Umsetzung der Richtlinie 2010/73/EU und zur Änderung des Börsengesetzes vom 26.6.2012 sah § 4 Abs. 1 Nr. 4 WpPG a.F. vor, dass, falls neue Aktien im Wege einer Kapitalerhöhung aus Gesellschaftsmitteln geschaffen und diese den Altaktionären zum Bezug angeboten oder zugeteilt werden, kein Prospekt zu erstellen war[2884]. Dieser Ausnahmetatbestand wurde jedoch durch das Gesetz zur Umsetzung der Richtlinie 2010/73/EU aufgehoben. Allerdings besitzt die Aufhebung keine praktische Relevanz, da bei einer Kapitalerhöhung aus Gesellschaftsmitteln gemäß § 212 AktG kein Angebot an die Aktionäre erfolgt. Vielmehr stehen die neuen Aktien den Aktionären unmittelbar zu[2885]. Daher wurde die Regelung des § 4 Abs. 1 Nr. 4 WpPG a.F. auch als überflüssig erachtet[2886].

Eine Pflicht gemäß § 3 Abs. 4 WpPG zur Veröffentlichung eines Prospekts für Wertpapiere, die im Inland zum Handel an einem organisierten Markt zugelassen werden sollen, entfällt bei Aktien, die bereits zum Handel an einem organisierten Markt im Inland zugelassen sind, und zwar dann, wenn eine Kapitalerhöhung mit Bezugsrechtsausschluss durchgeführt wird und das zu emittierende Volumen innerhalb von zwölf Monaten nicht mehr als 10% des Grundkapitals überschreitet, § 4 Abs. 2 Nr. 1 WpPG[2887]. Allerdings besteht, sofern gleichzeitig auch ein öffentliches Angebot i.S.v. §§ 2 Nr. 4, 3 Abs. 1 WpPG vorliegt, eine Pflicht zur Veröffentlichung eines Prospekts, obwohl die Voraussetzungen des Ausnahmetatbestands des § 4 Abs. 2 Nr. 1 WpPG vorliegen[2888]. Des Weiteren entfällt gemäß § 4 Abs. 2 Nr. 5 WpPG eine Prospektpflicht gemäß § 3 Abs. 4 WpPG, falls neue Aktien im Wege einer Kapitalerhöhung aus Gesellschaftsmitteln geschaffen werden, diese den Aktionären im Verhältnis ihrer Anteile am bisherigen Grundkapital zugeteilt werden und Aktien derselben Gattung bereits zum Handel an einem organisierten Markt im Inland zugelassene sind[2889]. Hier liegt – wie dargelegt – kein öffentliches Angebot i.S.v § 2 Nr. 4, 3 Abs. 1 WpPG vor, so dass keine Prospektpflicht besteht. Gemäß § 4 Abs. 2 Nr. 7 WpPG entfällt eine Prospektpflicht gemäß § 3 Abs. 4 WpPG dann, wenn die neuen Aktien nach der Ausübung von Umtausch- oder Bezugsrechten aus anderen Wertpapieren, die bereits zum Handel an einem organisierten Markt

2884 Siehe hierzu: Schnorbus, in: Frankfurter Kommentar zum WpPG, § 4, Rn. 31 ff.; Heidelbach, in: Schwark/Zimmer, Kapitalmarktrechts-Kommentar, § 4 WpPG, Rn. 15 ff.; Schnorbus, in: Frankfurter Kommentar zum WpPG, § 4, Rn. 34.

2885 Schnorbus, in: Frankfurter Kommentar zum WpPG, § 4, Rn. 34; Heidelbach, in: Schwark/Zimmer, Kapitalmarktrechts-Kommentar, § 4 WpPG, Rn. 17.

2886 So Heidelbach, in: Schwark/Zimmer, Kapitalmarktrechts-Kommentar, § 4 WpPG, Rn. 17; Berrar, in: Frankfurter Kommentar zum WpPG, § 4, Rn. 36.

2887 Schnorbus, AG 2008, 389, 406; Zeising, in: Just/Voß/Ritz/Zeising, WpPG, § 4, Rn. 30 ff.; Groß, Kapitalmarktrecht, § 4 WpPG, Rn. 10.

2888 Siehe zu Einzelheiten: 1. Abschnitt, A.

2889 Siehe hierzu: Zeising, in: Just/Voß/Ritz/Zeising, WpPG, § 4, Rn. 46 ff.; Groß, Kapitalmarktrecht, § 4 WpPG, Rn. 17.

im Inland zugelassen sind, ausgegeben werden[2890]. Bei einer Bezugsrechtsemission ist dieser Ausnahmetatbestand einschlägig[2891].

Allerdings liegt in diesem Fall ein öffentliches Angebot i.S.v. §§ 2 Nr. 4, 3 Abs. 1 WpPG vor, so dass eine Prospektpflicht besteht[2892]. Bis zum Inkrafttreten des Gesetzes zur Umsetzung der Richtlinie 2010/73/EU und zur Änderung des Börsengesetzes vom 26.6.2012 vertrat die BaFin die Auffassung, dass bei einer Bezugsrechtsemission kein öffentliches Angebot i.S.v. § 2 Nr. 4 WpPG vorliege, und verneinte folglich eine Pflicht zur Veröffentlichung eines Prospekts gemäß § 3 Abs. 1 WpPG[2893]. Begründet wurde dies damit, dass – anders als bei einer Kapitalerhöhung mit Bezugsrechtsausschluss oder einer Umplatzierung von Aktien – bei einer Bezugsrechtemission, die sich nur an die Altaktionäre richtet und bei der kein Bezugsrechtshandel stattfindet, es an einer Öffentlichkeit des Angebots i.S.v. § 2 Nr. 4 WpPG fehle[2894]. Diese Verwaltungspraxis hat die BaFin mit Inkrafttreten des Gesetzes zur Umsetzung der Richtlinie 2010/73/EU und zur Änderung des Börsengesetzes vom 26.6.2012 aufgegeben und stuft eine Bezugsrechtsemission nunmehr als prospektpflichtiges öffentliches Angebot ein[2895]. Damit ist bei einer Bezugsrechtsemission gemäß §§ 2 Nr. 4, 3 Abs. 1 WpPG ein Prospekt zu veröffentlichen.

4. Abschnitt: Das anzuwendende Recht (bei ausländischen Emittenten)

Handelt es sich bei dem Emittenten um ein ausländisches Unternehmen, so stellt sich die Frage, welche deutschen öffentlich-rechtlichen Vorschriften im Einzelnen anwendbar sind.

2890 Siehe hierzu: Zeising, in: Just/Voß/Ritz/Zeising, WpPG, § 4, Rn. 49 ff.; Groß, Kapitalmarktrecht, § 4 WpPG, Rn. 19; Angersbach/Chevallerie/Ulbricht, ZIP 2009, 1302 ff.; a.A. Herfs, in: Habersack/Mülbert/Schlitt, 2. Auflage, § 4, Rn. 105, Fn. 206, der darauf hinweist, dass es sich bei Aktien, die aus der Ausübung eines Bezugsrechts stammen, nicht um „andere" Wertpapiere i.S.v. § 4 Abs. 2 Nr. 7 WpPG handelt.

2891 Siehe 1. Abschnitt, A.

2892 Siehe zu Einzelheiten: 1. Abschnitt, A.

2893 Siehe BaFin „Ausgewählte Rechtsfragen in der Aufsichtspraxis", Stand 4.9.2007, Seminarunterlagen der BaFin, S. 5 (zitiert nach Groß, Kapitalmarktrecht, § 2 WpPG, Rn. 18a, Fn. 99); siehe zu Einzelheiten: 1. Abschnitt, A.

2894 Heidelbach, in: Schwark/Zimmer, Kapitalmarktrechts-Kommentar, § 2 WpPG, Rn. 22; Ritz/Zeising, in: Just/Voß/Ritz/Zeising, § 2 WpPG, Rn. 103; Schnorbus, in: Frankfurter Kommentar zum WpPG, § 2, Rn. 70; a.A. Herfs, in: Habersack/Mülbert/Schlitt, 2. Auflage, § 4, Rn. 105; Grosjean, in: Heidel, § 2 WpPG, Rn. 20.

2895 Siehe BaFin-Journal 9/12, S. 7; siehe zu Einzelheiten 1. Abschnitt, A.

A. Öffentlich-rechtliche Vorschriften

Da der Emittent kein Bankgeschäft i.S.v. § 1 Abs. 1 KWG betreibt und auch keine Wertpapierdienstleistung i.S.v. § 2 Abs. 4 WpHG erbringt, kommen als öffentlich-rechtliche Vorschriften nur das BörsG und das WpPG in Betracht[2896]. Bzgl. der Anwendbarkeit von Vorschriften des WpPG gelten die Ausführungen im 2. Teil, 3. Abschnitt unter A.I. zur Fremdemission entsprechend, da es auch hier wiederum auf die Mitunterzeichnung des Prospektes bzw. die Anbietereigenschaft und nicht auf die Art des Vertriebs ankommt. Vorschriften des BörsG sind anwendbar, sofern eine Zulassung an einer inländischen Börse beantragt worden ist.

B. Privatrechtliche Vorschriften

I. Vertragsstatut/Gesellschaftsstatut

1. Erwerb von Aktien aus dem Eigenbestand der Aktiengesellschaft oder von einem Großaktionär

Veräußert die Aktiengesellschaft Aktien aus dem Eigenbestand, so liegt aus Sicht des Anlegers ein Rechtskauf vor. Gleiches gilt für den Fall, dass ein Großaktionär Aktien an Privatanleger veräußert. In diesen Fällen ist der persönliche Anwendungsbereich von Art. 6 Rom I-VO eröffnet[2897]. Fraglich ist, ob beim Rechtskauf auch der sachliche Anwendungsbereich von Art. 6 Rom I-VO eröffnet ist. Im Unterschied zur Vorgängervorschrift des Art. 29 EGBGB a.F. ist der Anwendungsbereich von Art. 6 Rom I-VO nicht auf Warenlieferungs-, Dienstleistungs- und die auf diese bezogenen Finanzierungsverträge beschränkt[2898]. Allerdings sind die in Art. 6 Abs. 4 Rom I-VO aufgeführten Ausnahmen vom sachlichen Anwendungsbereich der Norm zu beachten. Auf den Rechtskauf findet Art. 6 Rom I-VO damit grds. Anwendung.

Allerdings ist fraglich, ob beim Kauf von Aktien der sachliche Anwendungsbereich von Art. 6 Rom I-VO eröffnet ist. Gemäß Art. 6 Abs. 4 lit. d) Rom I-VO findet diese Norm auf Rechte und Pflichten im Zusammenhang mit einem Finanzinstrument sowie auf Rechte und Pflichten, durch die die Bedingungen für die Ausgabe oder das öffentliche Angebot und öffentliche Übernahmeangebote bezüglich übertragbarer Wertpapiere festgelegt werden, sofern es sich dabei nicht um die Erbringung von Finanzdienstleistungen handelt, keine Anwendung[2899].

2896 Siehe 2. Teil, 3. Abschnitt, A.

2897 Siehe 2. Teil, 3. Abschnitt, B.IV1.b.aa.

2898 Martiny, in: MüKo-BGB, Band 10, Art. 6 Rom I-VO, Rn. 13; Mankowski, IHR 2008, 133, 141; Limbach, in: jurisPK-BGB, Band 6, Art. 6 Rom I-VO, Rn. 10 ff.

2899 Siehe hierzu: Einsele, WM 2009, 289, 294 ff.; Martiny, in: Reithmann/Martiny, Internationales Vertragsrecht, Rn. 4196 ff.; Limbach, in: jurisPK-BGB, Band 6, Art. 6 Rom I-VO, Rn. 34 ff.; Mankowski, RIW 2009, 98, 105 ff.

Damit beinhaltet Art. 6 Abs. 4 lit. d) zwei Untertatbestände, welche eine Ausnahme vom sachlichen Anwendungsbereich des Art. 6 Abs. 1, 2 Rom I-VO statuieren. Diese betreffen Finanzinstrumente sowie die Bedingungen für die Ausgabe oder das öffentliche Angebot und öffentliche Übernahmeangebote bezüglich übertragbarer Wertpapiere und die Zeichnung oder den Rückkauf von OGAW-Anteilen[2900]. Laut Erwägungsgrund Nr. 28 der Rom I-VO soll durch diese Regelung vermieden werden, dass für jedes ausgegebene Finanzinstrument in Abhängigkeit vom gewöhnlichen Aufenthaltsort des Verbrauchers ein anderes Recht anzuwenden ist, da dies die Fungibilität der Wertpapiere beeinträchtigen würde. Bei Aktien handelt es sich um Finanzinstrumente i.S.v. Art. 6 Abs. 4 lit. d) Rom I-VO, da diese in Anhang I, Abschnitt C zu Art. 4 MiFID (Richtlinie 2004/39/EG) aufgeführt werden[2901]. Gemäß Art. 6 Abs. 4 lit. d), 1. Alt. Rom I-VO sind Rechte und Pflichten, die im Zusammenhang mit einem Finanzinstrument stehen, vom Anwendungsbereich des Art. 6 Rom I-VO ausgenommen, sofern es sich dabei nicht um die Erbringung von Finanzdienstleistungen handelt. Diese Ausnahme betrifft laut Erwägungsgrund Nr. 28 nur solche Rechte und Pflichten, die das Finanzinstrument begründen. Begründet wird diese Ausnahme damit, dass eine Anwendbarkeit von Art. 6 Rom I-VO dazu führen könnte, dass für jedes der ausgegebenen Finanzinstrumente in Abhängigkeit des Ortes, in dem der angesprochene Verbraucher seinen gewöhnlichen Aufenthalt hat, ein anderes Recht anzuwenden wäre, wodurch ein fungibler Handel der Finanzinstrumente verhindert werden würde. Ein Vertrag über den Rechtskauf von bereits begebenen Aktien beeinträchtigt aber nicht die Fungibilität der Aktien, da er keinen Einfluss auf die aus dem Wertpapier Aktie erwachsenen Rechte und Pflichten hat, sondern lediglich die Übertragung des Wertpapiers betrifft. Daher ist die Ausnahme des Art. 6 Abs. 4 lit. d), 1. Alt. Rom I-VO vorliegend nicht einschlägig[2902].

Gemäß Art. 6 Abs. 4 lit. d), 2. Alt. Rom I-VO gelangt Art. 6 Rom I-VO ebenfalls dann nicht zur Anwendung, soweit Rechte und Pflichten betroffen sind, durch die die Bedingungen für die Ausgabe oder das öffentliche Angebot und öffentliche Übernahmeangebote bezüglich übertragbarer Wertpapiere festgelegt werden, sofern es sich dabei nicht um die Erbringung von Finanzdienstleistungen handelt. Fraglich ist, ob die Veräußerung von Aktien aus dem Eigenbestand der Gesellschaft oder eines Großaktionärs ein öffentliches Angebot i.S.v. Art. 6 Abs. 4 lit. d), 2. Alt. Rom I-VO darstellt und deshalb der sachliche Anwendungsbereich von Art. 6 Rom I-VO nicht eröffnet ist. Ein öffentliches Angebot liegt nicht nur bei einem IPO

2900 Siehe hierzu ausführlich: Mankowski, RIW 2009, 98, 102 ff.; Einsele, WM 2009, 289, 294 f.

2901 Siehe hierzu 2. Teil, 3. Abschnitt, B.IV.1.b.bb.bbb.

2902 In diesem Sinne auch: Einsele, WM 2009, 289, 294 f.; Martiny, in: MüKo-BGB, Band 10, Art. 6 Rom I-VO, Rn. 25; Magnus, in: Staudinger, Band IVR 1, Art. 6 Rom I-VO, Rn. 93; Mankowski, in: Reithmann/Martiny, in: Internationales Vertragsrecht, Rn. 2405, der allerdings keine Unterscheidung zwischen erstmaliger Ausgabe und Weiterveräußerung vornimmt.

(Initial Public Offering) vor, sondern auch, wenn bereits existierender Wertpapiere umplatziert und dabei öffentlich angeboten werden[2903]. Zur Bestimmung, wann ein öffentliches Angebot vorliegt, kann auf die Prospektrichtlinie (RL 2003/71/EG) zurückgegriffen werden[2904]. Platziert ein Großaktionär Aktien um oder veräußert eine Aktiengesellschaften eigene Aktien, so liegt in der Regel auch ein öffentliches Angebot vor. Aus diesem Grund greift vorliegend der Ausnahmetatbestand des Art. 6 Abs. 4 lit. d), 2. Alt. Rom I-VO mit der Folge ein, dass der Anwendungsbereich des Art. 6 Rom I-VO nicht eröffnet ist. Der Aktien abgebende Großaktionär wie auch die Aktiengesellschaft, die eigene Aktien veräußert, erbringen dem Anleger gegenüber keine Finanzdienstleistung, so dass die Rückausnahme des Art. 6 Abs. 4 lit. d), 2. Alt. aE Rom I-VO nicht eingreift. Daraus folgt, dass sich das auf den Kaufvertrag über Aktien anwendbare Recht bei einer Umplatzierung in der Regel nicht anhand von Art. 6 Abs. 1 Rom I-VO bestimmt. Auch unterliegen etwaige Rechtswahlvereinbarungen, die zwischen dem Großaktionär bzw. der Aktiengesellschaft getroffen werden, nicht einer Beschränkung durch Art. 6 Abs. 2 S. 2 Rom I-VO.

Dagegen findet Art. 46b EGBGB sehr wohl auf Rechtswahlvereinbarungen Anwendung. Art. 46b EGBGB regelt die Anwendbarkeit solcher Normen, die in Umsetzung von Verbraucherschutzrichtlinien ergangen sind. Im Gegensatz zu Art. 6 Rom I-VO, der nur im Falle des Vorliegens bestimmter Vertragstypen (Verbraucherverträge) zur Anwendung gelangt, regelt Art. 46b EGBGB die Anwendbarkeit solcher Normen, die in Umsetzung von Verbraucherschutzrichtlinien ergangen sind[2905]. Jene sind in Art. 46b Abs. 3 EGBGB abschließend aufgeführt. Es wird auf die Sekundärrechtsakte in ihrer jeweils geltenden Fassung verwiesen. Dies sind derzeit die Richtlinie 93/13/EWG (AGB-Gesetz)[2906], die Richtlinie 94/47/EG (Time-Sharing)[2907], die

2903 Magnus, in: Staudinger, Band IVR 1, Art. 6 Rom I-VO, Rn. 95; Mankowski, in: Reithmann/Martiny, Internationales Vertragsrecht, Rn. 2373; Einsele, WM 2009, 289, 295; nicht eindeutig: Mankowski, RIW 2009, 98, 103, 105, der aber eine Unterscheidung zwischen kollektivrechtlichen Aspekten (dann greife die Ausnahme des Art. 6 Abs. 4 lit. d) 2. Alt Rom I-VO) und individualrechtlichen Aspekten (dann greift die Ausnahme nicht ein vornimmt.

2904 Mankowski, in: Reithmann/Martiny, Internationales Vertragsrecht, Rn. 2375.

2905 Martiny, RIW 2009, 737, 745; Thorn, in: Palandt, Art. 46b EGBGB, Rn. 3.

2906 Richtlinie 93/13/EWG des Rates vom 5. April 1993 über missbräuchliche Klauseln in Verbraucherverträgen, ABl. EG Nr. L 95 v. 21.4.1993, S. 29.

2907 Richtlinie 94/47/EG des Europäischen Parlaments und des Rates vom 26. Oktober 1994 zum Schutz der Erwerber im Hinblick auf bestimmte Aspekte von Verträgen über den Erwerb von Teilzeitnutzungsrechten an Immobilien, ABl. EG Nr. L 280 v. 29.10.1994, S. 83.

Richtlinie 97/7/EG (Fernabsatz)[2908], die Richtlinie 99/44/EG (Verbrauchsgüterkauf)[2909], die Richtlinie 2002/65/EG (Fernabsatz von Finanzdienstleistungen)[2910] sowie die Richtlinie 2008/48/EG (Verbraucherkreditverträge)[2911].

Art. 46b EGBGB findet nur Anwendung, wenn der Vertrag aufgrund einer Rechtswahlvereinbarung nicht dem Recht eines EWR-Staates unterliegt, obwohl er einen engen Zusammenhang mit einem solchen Staat aufweist[2912]. Wird dagegen keine Rechtswahlvereinbarung getroffen, so bestimmt sich das anwendbare Recht nicht nach Art. 6 Abs. 1 Rom I-VO, da die situativen Voraussetzungen des Art. 6 Abs. 1 Rom I-VO nicht vorliegen, sondern nach Art. 4 Abs. 2 Rom I-VO. Abzustellen ist im Rahmen dieser Norm auf den Ort, an welchem der Erbringer der charakteristischen Leistung – hier also der Emittent, der eigene Aktien veräußert, oder der Großaktionär, der diese abgibt, – seine Hauptverwaltung hat[2913].

2. Zeichnung von Aktien

Der zwischen Aktiengesellschaft und Anleger abgeschlossene Zeichnungsvertrag unterfällt nicht dem Anwendungsbereich der Rom I-VO. Das auf diesen Vertrag anwendbare Recht bestimmt sich anhand des Gesellschaftsstatuts[2914].

II. Das auf außervertragliche Schuldverhältnisse anzuwendende Statut/Deliktsstatut

Im Falle einer Fremdemission ist der Emittent (als Hintermann), der nicht mit dem Kunden direkt in Kontakt tritt, nicht Diensteanbieter von Telemedien i.S.v.

2908 Richtlinie 97/7/EG des Europäischen Parlaments und des Rates vom 20. Mai 1997 über den Verbraucherschutz bei Vertragsabschlüssen im Fernabsatz, ABl. EG Nr. L 144 v. 4.6.1997, S. 19.

2909 Richtlinie 1999/44/EG des Europäischen Parlaments und des Rates vom 25. Mai 1999 zu bestimmten Aspekten des Verbrauchsgüterkaufs und der Garantien für Verbrauchsgüter, ABl. EG Nr. L 171 v. 7.7.1999, S. 12.

2910 Richtlinie 2002/65/EG des Europäischen Parlaments und des Rates vom 23. September 2002 über den Fernabsatz von Finanzdienstleistungen an Verbraucher und zur Änderung der Richtlinie 90/619/EWG des Rates und der Richtlinien 97/7/EG und 98/27/EG, ABl. EG Nr. L 271 v. 9.10.2002, S. 16; siehe zur Umsetzung der RL 2002/65/EG in deutsches Recht: Rott, BB 2005, 53 ff.; Fischer, ZAP 2005, Fach 8, 401 ff.

2911 Richtlinie 2008/48/EG des Europäischen Parlaments und des Rates vom 23. April 2008 über Verbraucherkreditverträge und zur Aufhebung der Richtlinie 87/102/EWG des Rates, ABl. EU Nr. L 133 v. 22.5.2008, S. 66.

2912 Martiny, in: Reithmann/Martiny, Internationales Vertragsrecht, Rn. 4235; Limbach, in: juris-PK-BGB, Band 6, Art. 46b EGBGB, Rn. 15 ff.; zu Art. 29a EGBGB a.F.: Staudinger, RIW 2000, 416; Thorn, in: Palandt, Art. 46b Rn. 4 und früher 688. Auflage, Art. 29a EGBGB, Rn. 4; Martiny, in: MüKo-BGB, 4. Auflage, Band 10, Art. 29a EGBGB, Rn. 31.

2913 Siehe 2. Teil, 3. Abschnitt, B.IV.3.a.

2914 Siehe 2. Teil, 3. Abschnitt, B.IV.3.b.bb.

§§ 1, 2 S. 1 Nr. 1 TMG[2915], da dieser keine Telemedien anbietet[2916]. Daher findet § 3 TMG nicht auf den Emittenten bei einer Fremdemission Anwendung. Der Emittent unterfällt damit nicht dem Herkunftslandprinzip. Dies hat zur Folge, dass bei Vorliegen eines öffentlichen Angebots im Inland der Emittent gemäß §§ 22, 21 Abs. 1, 2 WpPG haftet.

Fraglich ist, ob der Emittent sich dagegen bei einer Eigenemission auf das in § 3 Abs. 1, 2 TMG verankerte Herkunftslandprinzip berufen kann. Dies hätte zur Folge, dass bei Vorliegen eines öffentlichen Angebots im Inland der Emittent gleichwohl nicht gemäß §§ 22, 21 Abs. 1, 2 WpPG haften würde, sondern lediglich gemäß der in Umsetzung von Art. 6 UAbs. 2 der Prospektrichtlinie (RL 2003/71/EG) in seinem Herkunftsland erlassenen Norm, falls eine Anwendung der §§ 22, 21 Abs. 1, 2 WpPG zu einer Beschränkung des freien Dienstleistungsverkehrs von Telemedien führen würden.

Eine solche Konstellation ist denkbar, da keine EU-weite Harmonisierung der Prospekthaftungsregeln durch die Prospektrichtlinie (RL 2003/71/EG) vorgenommen wurde. Vielmehr existieren weiterhin unterschiedliche nationale Haftungsnormen, die sich im Hinblick auf den Haftungsmaßstab sowie des für einen Prospekt verantwortlichen Personenkreises stark unterscheiden[2917]. Ansprüche aus Prospekthaftung gegen das virtuelle Emissionshaus könnten sich somit dann gemäß § 3 Abs. 2 TMG nach den im Herkunftsland des Diensteanbieters geltenden, in Umsetzung von Art. 6 UAbs. 2 der Prospektrichtlinie (RL 2003/71/EG) erlassenen Prospekthaftungsbestimmungen richten, sofern die §§ 22, 21 Abs. 1, 2 WpPG eine im Vergleich zu diesem schärfere Regelung darstellen[2918]. Dies setzt jedoch voraus, dass auf den Emittenten § 3 Abs. 1, 2 TMG Anwendung findet.

Eine Anwendbarkeit des TMG setzt voraus, dass der Emittent bei einer Eigenemission Diensteanbieter von Telemedien i.S.v. §§ 1, 2 S. 1 Nr. 1 TMG ist. Bei einer Eigenemission tritt der Emittent – im Unterschied zu einer Fremdemission – in direkten geschäftlichen Kontakt mit dem Anleger. In den Erwerbsvorgang ist kein Kredit- bzw. Finanzdienstleistungsinstitut eingeschaltet. Gemäß § 2 S. 1 Nr. 1 TMG ist Diensteanbieter jede natürliche oder juristische Person, die eigene oder fremde Telemedien zur Nutzung bereithält oder den Zugang zur Nutzung vermittelt[2919]. § 1

2915 Siehe 2. Teil, 5. Abschnitt, B.

2916 So Holznagel/Ricke, in: Spindler/Schuster, § 2 TMG, Rn. 3; Freitag, CR 2000, 600, 601; Spindler, in: Spindler/Schmitz/Geis, § 3 TDG, Rn. 6 in Bezug auf Erfüllungsgehilfen und Arbeitnehmer von Diensteanbietern von Telemedien.

2917 Schlitt/Singhof/Schäfer, BKR 2005, 251, 254; Mülbert/Steup, in: Habersack/Mülbert/Schlitt, Unternehmensfinanzierung, § 41, Rn. 2; Schlitt/Schäfer, AG 2005, 498, 510.

2918 Im Ergebnis auch Spindler, ZHR 165(2001), 324, 355 f.; Mankowski, IPRax 2002, 257, 265; Mankowski, in: Reithmann/Martiny, Internationales Vertragsrecht, Rn. 2511, die allerdings § 3 Abs. 1, 2 TMG als Kollisionsnorm betrachten.

2919 Siehe zum Begriff des Diensteanbieters: Holznagel/Ricke, in: Spindler/Schuster, § 2 TMG, Rn. 2.

Abs. 1 S. 1 TMG definiert Telemedien als elektronische Informations- und Kommunikationsdienste, soweit sie nicht Telekommunikationsdienste i.S.v. § 3 Nr. 24 TKG, die ganz in der Übertragung von Signalen über Telekommunikationsnetze bestehen, telekommunikationsgestützte Dienste nach § 3 Nr. 25 TKG oder Rundfunk nach § 2 des RStV sind[2920]. Der Begriff ist europarechtlich anhand von Art. 2 lit. a) ECRL auszulegen. Der Begriff des Dienstes der Informationsgesellschaft ist in Art. 2 lit. a) ECRL legaldefiniert. Demnach würde es sich bei dem Emittenten um einen Diensteanbieter der Informationsgesellschaft handeln, falls dieser einen Dienst der Informationsgesellschaft i.S.v. Art. 1 Nr. 2 der Richtlinie 98/34/EG[2921], auf welche Art. 2 lit. a) ECRL verweist, anbieten würde. Dienste der Informationsgesellschaft sind alle Dienstleistungen, welche elektronisch im Fernabsatz auf individuellen Abruf erbracht werden. Dabei ist der Dienstleistungsbegriff wiederum europarechtlich anhand der Artt. 56, 57 AEUV auszulegen[2922]. Positiv erfasst die Dienstleistungsfreiheit alle Leistungen, die in der Regel gegen Entgelt erbracht werden[2923]. In Abgrenzung zur Warenverkehrsfreiheit bezieht sich die Dienstleistungsfreiheit auf den Austausch nicht körperlicher Leistungen. Waren i.S.v. Art. 34 AEUV sind dagegen alle beweglichen Güter einschließlich Gas[2924]. Bilden körperliche und nicht-körperliche Leistungen eine nicht trennbare Einheit, so ist danach zu fragen, auf welchem Teil der Schwerpunkt liegt. Geht der nicht-körperliche Teil der Leistung quasi in einem Gegenstand auf, so ist die Warenverkehrsfreiheit einschlägig[2925]. Die Dienstleistungsfreiheit ist hingegen einschlägig, sofern der anlässlich der nicht-körperlichen Leistungserbringung übertragene Gegenstand lediglich Annexcharakter besitzt.

Der Erwerb von Aktien, sofern effektive Stücke existieren, stellt einen gemischten Sach- und Rechtskauf dar. Allerdings liegt der Schwerpunkt auf dem Rechtskauf, der Anteilsschein verbrieft dieses Recht lediglich. Aktien und sonstige

---

2920 Siehe zum Begriff der Telemedien: Holznagel/Ricke, in: Spindler/Schuster, § 1 TMG, Rn. 2 ff.; Hoeren, NJW 2007, 801 ff.

2921 Richtlinie 98/34/EG des europäischen Parlaments und des Rates vom 22.6.1998 über ein Informationsverfahren auf dem Gebiet der Normen und der technischen Vorschriften i.d.F. der Richtlinie 98/48/EG des europäischen Parlaments und des Rates v. 20.7.1998, ABl. EG Nr. L 217 v. 5.8.1998, S. 18 ff.

2922 Marly, in: Grabitz/Hilf, Band IV, A4, Art. 2, Rn. 7.

2923 Müller-Graff, in: Streinz, EUV/AUEV, Art. 56 AEUV, Rn. 15 f.; Seyr, in: Lenz/Borchard, EU-Verträge, Art. 56/57 AEUV, Rn. 7, 9 f.; Randelzhofer/Forsthoff, in: Grabitz/Hilf/Nettesheim, Band I, Art. 56/57 AEUV, Rn. 33.

2924 Randelzhofer/Forsthoff, in: Grabitz/Hilf/Nettesheim, Band I, Art. 56/57 AEUV, Rn. 35 ff.; Leible/T. Streinz, in: ders., Art. 34 AEUV, Rn. 38 ff.4; Lux, in: Lenz/Borchard, EU-Verträge, Art. 28 AEUV, Rn. 15; Kamann, in: Streinz, EUV/AEUV, Art. 28 AEUV, Rn. 14.

2925 Randelzhofer/Forsthoff, in: Grabitz/Hilf/Nettesheim, Band I, Art. 56/57 AEUV, Rn. 38; Seyr, in: Lenz/Borchard, EU-Verträge, Art. 56/57 AEUV, Rn. 8; EuGH, Urt. v. Rs. C-202/88 (Frankreich/Kommission), Slg. 1991, I-1223.

Wertpapiere unterfallen der Kapitalverkehrsfreiheit, soweit sie ein gültiges Recht verbriefen[2926]. Nur soweit dies nicht mehr der Fall ist, können Wertpapiere der Warenverkehrsfreiheit gemäß Art. 34 AEUV unterfallen. In sofern ist die Warenverkehrsfreiheit hier nicht einschlägig.

Es gilt zwischen der Kapitalverkehrsfreiheit in Zwei- und in Dreipersonenverhältnissen zu unterscheiden. Nur im letzteren Fall ist es denkbar, dass neben Art. 63 AEUV noch die Dienstleistungsfreiheit in Betracht kommt[2927]. Bei einer Eigenemission liegt jedoch nur ein Zweipersonenverhältnis vor, so dass beim reinen Erwerbsvorgang der Aktien keine Dienstleistung erbracht wird. Allerdings subsumiert der EuGH[2928] unter den Dienstleistungsbegriff nicht nur Dienstleistungen, eine solche ist vorliegend nicht gegeben, sondern fasst auch die Verteilung von Werbematerial und Anmeldeformularen – also Vorfeldmaßnahmen – als Dienstleistung auf. Der EuGH begründet seinen Standpunkt damit, dass die Verteilung dieser Materialien keinem Selbstzweck diene, sondern Bereitschaft für die Inanspruchnahme der beworbenen Leistung schaffen soll[2929]. In dieser Entscheidung ging es um die Fragestellung, ob die Zusendung von Anmeldeformularen und Werbung für eine Lotterie der Dienstleistungsfreiheit unterfällt. Der EuGH hat dies bejaht und das Betreiben einer Lotterie als Dienstleistung qualifiziert. In einer weiteren Entscheidung des EuGH[2930] ging es darum, ob das Verbot einer bestimmten Form die Warenverkehrsfreiheit verletzt. Der Tenor beider Entscheidungen lässt sich dahingehend zusammenfassen, dass Vorfeldmaßnahmen immer der Grundfreiheit unterfallen, durch welche die Hauptleistung geschützt wird.

Es stellt sich somit die Frage, ob der Emittent durch das Einstellen eines Verkaufsprospekts auf seiner Webseite oder durch Bewerbung der Emission eine Dienstleistung erbringt. In den eingangs zitierten Urteilen des EuGH wurde Werbung als Vorfeldmaßnahme für die Erbringung einer Dienstleistung der Dienstleistungsfreiheit unterworfen. Im vorliegenden Fall geht es um die Zeichnung von Aktien, also die Beteiligung an einem Unternehmen. Diese unterfällt der Kapitalverkehrsfreiheit und nicht der Dienstleistungsfreiheit. Damit würde der Kauf bzw. die Zeichnung von Aktien über das Internet nicht dem Anwendungsbereich der ECRL unterfallen.

Fraglich ist, ob dieses Ergebnis vom Gesetzgeber gewollt war oder ob man den Dienstleistungsbegriff der ECRL nicht weit auszulegen hat, so dass auch der

---

2926 Ress/Ukow, in: Grabitz/Hilf/Nettesheim, Band I, Art. 63 AEUV, Rn. 211; Ohler, Art. 56, Rn. 78.

2927 Ress/Ukow, in: Grabitz/Hilf/Nettesheim, Band I, Art. 63 AEUV, Rn. 221; Ohler, Art. 56, Rn. 156 ff.; Leible, EWS 1997, 186, 191 f.

2928 EuGH, Urt. v. 24.3.1994, Rs. C-275792 (Her Majesty´s Customs and Excise/Gerhardt Schindler und Jörg Schindler), Slg. 1994, I-1039.

2929 EuGH, Urt. v. 24.3.1994, Rs. C-275792 (Her Majesty´s Customs and Excise/Gerhardt Schindler und Jörg Schindler), Slg. 1994, I-1039, 1088.

2930 EuGH, Urt. v. 7.3.1990, Rs. C-362/88 (GB-INNO-BN/Confederation du commerce Luxembourgeois), EuZW 1990, 222.

Rechtskauf darunter fällt. Für eine weite Auslegung des Dienstleistungsbegriffs könnte Erwägungsgrund Nr. 18 der ECRL sprechen, in dem es heißt, dass ein Dienst der Informationsgesellschaft auch im Verkauf von Waren bestehen kann und dass diese Richtlinie einen weiten Bereich von Tätigkeiten umfassen solle[2931]. Vorliegend werden keine Waren, auf welche die Richtlinie ebenfalls anwendbar wäre, sondern Rechte verkauft. Der europarechtliche Warenbegriff beinhaltet gerade nicht einen Rechtskauf. Die Richtlinie wäre somit im vorliegenden Fall nicht einschlägig. Jedoch greift eine derartige Auslegung zu kurz. Gemäß Erwägungsgrund Nr. 18 S. 5 sowie Art. 2 lit. f) der ECRL sollen auch kommerzielle Kommunikation sowie die Abfrage von Nutzerdaten einen Dienst der Informationsgesellschaft darstellen. Der Begriff des Dienstes der Informationsgesellschaft geht somit weit über die vom EuGH gezogene Linie zur Abgrenzung der Waren- und Dienstleistungsfreiheit hinaus[2932]. Für eine weite Auslegung des Begriffs des Dienstes der Informationsgesellschaft spricht auch Erwägungsgrund Nr. 21 S. 2 der ECRL, wonach Werbung und der Online-Vertragsschluss dem Anwendungsbereich der Richtlinie unterfallen.

Der deutsche Gesetzgeber hatte ursprünglich bei der Umsetzung der ECRL nicht den in dieser Richtlinie benutzen Terminus Diensteanbieter der Informationsgesellschaft verwendet, sondern in § 2 Abs. 1 TDG a.F. generalklauselartig Teledienste definiert sowie in § 2 Abs. 2 TDG a.F. konkrete Beispiele für Teledienste aufgeführt[2933]. Dies führte zu einem im Vergleich zur ECRL erweiterten Anwendungsbereich des Herkunftslandprinzips[2934]. Mit der Novellierung des TDG durch das Elektronischer-Geschäftsverkehr-Vereinheitlichungsgesetz (ElGVG)[2935] wurde die Begrifflichkeit Teledienste durch den Begriff Diensteanbieter von Telemedien ersetzt. Gemäß § 2 S. 1 Nr. 1 TMG ist Diensteanbieter jede natürliche oder juristische Person, die eigene oder fremde Telemedien zur Nutzung bereithält oder den Zugang zur Nutzung vermittelt. Telemedien werden durch § 1 Abs. 1 S. 1 TMG legaldefiniert[2936]. Für die Auslegung der Begrifflichkeit des Diensteanbieters von Telemedien kann auf Rechtsprechung und Literatur zur Auslegung des Begriffs des Teledienstes zurückgegriffen werden, da im Rahmen der Novellierung des TDG

2931 Spindler, in: Gounalakis, Rechtshandbuch Electronic Business, § 9, Rn. 14; Arndt/Köhlr, EWS 2001, 102, 103.

2932 Spindler, in: Gounalakis, Rechtshandbuch Electronic Business, § 9, Rn. 14; Spindler, in: Spindler/Schmitz/Gleis, TDG, § 2, Rn. 7; wohl auch Florian, 345.

2933 Spindler, in: Spindler/Schmitz/Geis, TDG, § 3, Rn. 3; Lammich, in: Moritz/Dreier, Teil B, Rn. 256 f.

2934 Spindler, in: Spindler/Schmitz/Geis, TDG, § 2 TDG, Rn. 1 f.; Spindler, in: Gounalakis, Rechtshandbuch Electronic Business, § 9, Rn. 19.

2935 Gesetz zur Vereinheitlichung von Vorschriften über bestimmte elektronische Informations- und Kommunikationsdienste, BGBl I 2007, 179; siehe zu diesem Gesetz: Hoeren, NJW 2007, 801 ff.

2936 Holznagel/Ricke, in: Spindler/Schuster, § 1 TMG, Rn. 2 f.

durch das ElGVG lediglich redaktionelle Anpassungen bei den einzelnen Definitionen vorgenommen wurden[2937].

Fraglich ist, ob ein Emittent bei einer Direktemission, der einen Prospekt im Internet veröffentlicht, Diensteanbieter von Telemedien i.S.v. § 2 S. 1 Nr. 1 TMG ist. Gemäß § 2 Abs. 2 Nr. 2 TDG a.F. wurden Angebote zur Information oder Kommunikation, soweit nicht die redaktionelle Gestaltung zur Meinungsbildung für die Allgemeinheit im Vordergrund steht, als Teledienste betrachtet. Ein Angebot zur Information bzw. Kommunikation lag nach TDG auch dann vor, wenn kommerzielle Kommunikation i.S.v. § 3 Abs. 1 Nr. 5 TDG a.F. erbracht wurde. Der im Rahmen von § 3 Abs. 1 Nr. 5 TDG a.F. verwendete Begriff der kommerziellen Kommunikation ist mit dem im Rahmen von § 2 S. 1 Nr. 5 TMG verwendeten Begriff der kommerziellen Kommunikation identisch[2938].

Bei einem Angebot auf Zeichnung von Aktien im Internet könnte es sich um kommerzielle Kommunikation i.S.v. § 2 S. 1 Nr. 5 TMG handeln. Der in § 2 S. 1 Nr. 5 TMG verwendete Begriff der kommerziellen Kommunikation ist mit dem in Art. 2 lit. f) ECRL verwendeten Begriff identisch[2939]. Demnach ist kommerzielle Kommunikation jede Form der Kommunikation, die der mittelbaren oder unmittelbaren Absatzförderung von Waren oder Dienstleistungen eines Unternehmens oder dessen Selbstdarstellung dient. So unterfällt beispielsweise die Homepage eines Unternehmens mit Anpreisungen der eigenen Leistungen dem Begriff der kommerziellen Kommunikation[2940]. Im Ergebnis deckt sich der in § 2 S. 1 Nr. 5 TMG bzw. Art. 2 lit. f) ECRL verwendete Begriff der kommerziellen Kommunikation mit dem in den §§ 1, 3 UWG enthaltenem Tatbestandsmerkmal des Handelns im geschäftlichen Verkehr und zu Zwecken des Wettbewerbs[2941]. Die Veröffentlichung eines Verkaufsprospekts durch den Emittenten und Anpreisungen seines Unternehmens mit dem Ziel, Anleger zur Zeichnung von Aktien zu veranlassen, stellen kommerzielle Kommunikation dar. Der Emittent ist somit ein Diensteanbieter von Telemedien.

Dies hat zur Folge, dass im Anwendungsbereich der ECRL deliktische Ansprüche aufgrund des in § 3 Abs. 1, 2 TMG verankerten Herkunftslandprinzips dem Rechtsregime des Sitzlands des Diensteanbieters unterfallen, sofern eine Anwendung deutschen Deliktsrechts die Freiheit der Erbringung von Diensten der Informationsgesellschaft beschränkt. Somit gelten die im Rahmen der deliktischen

2937 Holznagel/Ricke, in: Spindler/Schuster, § 2 TMG, Rn. 2.
2938 Holznagel/Ricke, in: Spindler/Schuster, § 2 TMG, Rn. 10.
2939 Holznagel/Ricke, in: Spindler/Schuster, § 2 TMG, Rn. 10.
2940 Holznagel/Ricke, in: Spindler/Schuster, § 2 TMG, Rn. 11; Spindler, in: Spindler/Schmitz/Geis, TDG, § 3, Rn. 21; Spindler, in: Gounalakis, Rechtshandbuch Electronic Business, § 9, Rn. 150; Marly, in: Grabitz/Hilf, Band IV, A4, Art. 2, Rn. 28.
2941 Spindler, in: Spindler/Schmitz/Geis, TDG, § 3, Rn. 22; Spindler, in: Gounalakis, Rechtshandbuch Electronic Business, § 9, Rn. 150; Marly, in: Grabitz/Hilf, Band IV, A4, Art. 2, Rn. 30; Begr. RegE. EGG, BT-Drs. 14/6098, S. 16.

Haftung virtueller Emissionshäuser gemachten Ausführungen[2942] entsprechend für den Emittenten im Falle einer Eigenemission.

5. Abschnitt: Haftung des Emittenten

Im folgenden Abschnitt soll näher betrachtet werden, auf welcher Grundlage bei einer Eigenemission ein geschädigter Anleger gegen den Emittenten vorgehen kann.

A. Ansprüche wegen Verletzung von Prospektpflichten

Sollen Aktien zum Handel in einem organisierten Markt zugelassen werden, so muss gemäß § 3 Abs. 3 WpPG ein Prospekt erstellt werden. Dieser ist neben dem Zulassungsantragsteller, einem Kreditinstitut, auch vom Emittenten gemäß §§ 5 Abs. 3 S. 2 WpPG, 32 Abs. 2 BörsG als weiterem Zulassungsantragsteller mit zu unterzeichnen. Der Emittent haftet daher einem geschädigten Anleger gegenüber gemäß § 21 Abs. 1, 2 WpPG als Prospekterlasser[2943]. Für nicht börsennotierte Aktien besteht gemäß § 3 Abs. 1 S. 1 WpPG beim Vorliegen eines öffentlichen Angebots im Inland eine Prospektpflicht[2944]. Diese muss vom Anbieter erfüllt werden. Jedoch muss der Emittent nicht notwendigerweise auch Anbieter i.S.v. § 2 Nr. 10 WpPG sein[2945]. Nach dieser Norm ist Anbieter eine Person oder Gesellschaft, die Wertpapiere öffentlich anbietet. In den meisten Fällen kann ein öffentliches Angebot nicht ohne die Zustimmung des Emittenten erfolgen, so dass dieser bei einer Eigenemission, aber auch bei einer Fremdemission – unabhängig von der Gestaltung des Übernahmevertrages – Anbieter ist[2946]. Hier hat der Emittent an der Platzierung ein eigenes wirtschaftliches Interesse; er steuert den Platzierungsvorgang und die Gewinnung außenstehender Aktionäre und ist somit Prospektveranlasser[2947].

2942 Siehe zu diesen: 2. Teil, 4. Abschnitt, C.IV.

2943 Groß, Kapitalmarktrecht, § 21 WpPG, Rn. 18; Schwark, in: Schwark/Zimmer, Kapitalmarkt-Rechtskommentar, §§ 44, 45 BörsG, Rn. 8 ff.

2944 Siehe zu Einzelheiten 2. Teil, 3. Abschnitt unter A.I.1.

2945 Heidelbach, in: Schwark/Zimmer, Kapitalmarktrechts-Kommentar, § 2 WpPG, Rn. 51; Groß, Kapitalmarktrecht, § 2 WpPG, Rn. 27; siehe zur alten Rechtslage unter § 1 VerkProspG, der mit § 3 Abs. 1 WpPG identisch ist: Heidelbach, in: Schwark, Kapitalmarktrechts-Kommentar, 3. Auflage, § 1, Rn. 32; Schäfer, ZIP 1991, 1557, 1563; Hamann, in: Schäfer, Wertpapierhandelsgesetz, § 1 VerkProspG, Rn. 21 ff.

2946 Heidelbach, in: Schwark/Zimmer, Kapitalmarktrechts-Kommentar, § 2 WpPG, Rn. 52; siehe zur alten Rechtslage: Ritz, in: Assmann/Lenz/Ritz, VerkProspG, § 1 VerkProspG, Rn. 84; Schäfer, ZIP 1991, 1557, 1563; Heidelbach, in: Schwark, Kapitalmarktrechts-Kommentar, 3. Auflage, § 1 VerkProspG, Rn. 33.

2947 Auf diese Konstellation wird im 3. Teil, 5. Abschnitt unter A. näher eingegangen.

Außenstehende können Aktien nur dann zeichnen, wenn ihnen diese vom Emittenten angedient werden. Bei einer Kapitalerhöhung mit Bezugrechtsausschluss unterbreitet der Emittent außen stehenden Anlegern das Angebot auf Zeichnung von Aktien und somit ein öffentliches Angebot[2948]. Der Emittent ist Prospektpflichtiger und haftet einem geschädigten Anleger gemäß §§ 22, 21 Abs. 1, 2 WpPG.

Dagegen ist der Emittent bei einer Umplatzierung eines die Aktien abgebenden Großaktionärs oder dann, wenn im Anschluss an eine Privatplatzierung die Aktien ohne Mitwirkung des Emittenten öffentlich angeboten werden, in der Regel nicht Anbieter und damit nicht Prospektverantwortlicher[2949]. Denn in diesem Fall hat der Emittent die Weiterveräußerung an die Öffentlichkeit im Anschluss an die Privatplatzierung nicht initiiert und ist somit nicht Anbieter[2950], es sei denn, er hat ausdrücklich neben dem Altaktionär die Prospektverantwortung mit übernommen[2951].

Auch ein Antrag auf Einbeziehung in den Freiverkehr löst nicht zwangsläufig Prospektpflichten aus, so dass in dieser Konstellation – unabhängig davon, ob der Emittent oder ein Dritter den Antrag auf Einbeziehung gestellt hat – der Emittent nicht Anbieter ist[2952]. Denn ein prospektpflichtiges öffentliches Angebot liegt nur dann vor, wenn eine Mitteilung an das Publikum in jedweder Form und auf jedwede Art und Weise vorliegt, die ausreichende Informationen über die Angebotsbedingungen und die anzubietenden Wertpapiere enthält, um einen Anleger in die Lage zu versetzen, über den Kauf oder die Zeichnung dieser Wertpapiere zu entscheiden. Gemäß § 2 Nr. 4 a.E. WpPG sollen Mitteilungen auf Grund des Handels von Wertpapieren im Freiverkehr kein öffentliches Angebot darstellen. Ein solches ist nur dann gegeben, wenn neben einer Einbeziehung auch Marketingmaßnahmen erfolgen[2953].

Verletzt der Emittent ihm obliegende Prospektpflichten, so hat der geschädigte Anleger gemäß §§ 22, 21 Abs. 1, 2 WpPG einen Schadensersatzanspruch gegen ihn. Dem stehen auch nicht die aktienrechtlichen Vorschriften über den Erwerb

2948 Heidelbach, in: Schwark/Zimmer, Kapitalmarktrechts-Kommentar, § 2 WpPG, Rn. 52.

2949 Heidelbach, in: Schwark/Zimmer, Kapitalmarktrechts-Kommentar, § 2 WpPG. Rn. 53; Groß, Kapitalmarktrecht, § 2 WpPG, Rn. 27; siehe zur alten Rechtslage unter Geltung des VerkProspG: Hamann, in: Schäfer/Hamann, KMG, BörsG §§ 44, 45, Rn. 92.

2950 Heidelbach, in: Schwark/Zimmer, Kapitalmarktrechts-Kommentar, § 2 WpPG. Rn. 53; Groß, Kapitalmarktrecht, § 2 WpPG, Rn. 27; Schäfer, ZIP 1991, 1557, 1563.

2951 Siehe zur Frage zur Zulässigkeit der Mitübernahme der Prospektverantwortlichkeit bei einer Umplatzierung: BGH, Urt. v. 31.5.2011, II ZR 141/09, WM 2011, 1273 ff.; OLG Köln, Urt. v. 28.5.2009, 18 U 108/07, NZG 2009, 951 ff.; LG Bonn, Urt. v. 01.06.2007, 1 O 552/05, ZIP 2009, 1276 ff.

2952 Schwark, in: Schwark/Zimmer, Kapitalmarktrechts-Kommentar, § 48 BörsG, Rn. 12; Harrer/Müller, WM 2006, 653, 656.

2953 Schwark, in: Schwark/Zimmer, Kapitalmarktrechts-Kommentar, § 48 BörsG, Rn. 12; Harrer/Müller, WM 2006, 653, 656.

eigener Aktien (§ 71 AktG) und das Verbot der Einlagenrückgewähr (§ 57 AktG) entgegen. Zur näheren Begründung wird auf die Ausführungen zur Prospekthaftung des Emittenten im 1. Teil, 3. Abschnitt unter A.II.1. verwiesen.

Veröffentlicht der Emittent keinen Prospekt, obwohl er Anbieter ist, so haftet er gemäß § 24 WpPG.

Innerhalb des Anwendungsbereichs der ECRL bestimmt sich dagegen die Prospekthaftung eines Emittenten aufgrund des in Art. 3 Abs. 1, 2 ECRL, umgesetzt in deutsches Recht durch § 3 Abs. 1, 2 TMG, verankerten Herkunftslandprinzips nach seinem Heimatlandrecht und nicht nach deutschem Recht, sofern die Anwendung von deutschem Recht den freien Dienstleistungsverkehr von Telemedien einschränken würde[2954].

B. Aufklärungs- und Beratungspflichten

Im folgenden Abschnitt soll näher beleuchtet werden, welche Aufklärungs- und Beratungspflichten dem Emittenten gegenüber einem Anleger obliegen.

I. Aufklärungs- und Beratungspflichten nach WpHG

Da der Emittent bei einer Direktemission keine Wertpapierdienstleistung erbringt, unterliegt er auch nicht den in §§ 31 ff. WpHG statuierten Pflichten.

II. Sonstige Aufklärungs- und Beratungspflichten

Sonstige Aufklärungs- und Beratungspflichten könnten dem Emittenten aus § 242 BGB erwachsen. Wie bereits im 1. Teil, 2. Abschnitt unter A.I.4. gezeigt, bestehen für Emissionsbanken solche Pflichten. Fraglich ist, ob diese die Emissionsbanken treffenden Pflichten bei einer Direktemission auf den Emittenten übertragen werden können.

Gegen eine Übertragung der von der Rechtsprechung[2955] für Anlagevermittlung bzw. Bankgeschäfte aufgestellten Grundsätze zur anlage- und objektgerechten Beratung spricht, dass ein Eigengeschäft vorliegt. Im Unterschied zur Einschaltung eines Emissionshauses werden eigene Aktien und nicht fremde platziert. Auch steht der Erwerb mitgliedschaftlicher Rechte im Vordergrund. Im Unterschied zur bei einer Fremdemission mitwirkenden Bank erweckt der Emittent nicht den Anschein der Unabhängigkeit. Dagegen erweckt eine Bank nach außen hin diesen Anschein und beruft sich auf ihren Ruf als Emissionsbegleiter. Hierdurch wird das Vertrauen der Anleger geweckt, dass unabhängige Experten die Emission geprüft haben. Gerade hieran fehlt es jedoch bei einer Eigenemission[2956]. Informations- und

---

2954 Siehe 2. Teil, 3. Abschnitt, B.V.5

2955 Siehe insbesondere: BGH, Urt. v. 6.7.1993, XI ZR 12/93 (Bond), WM 1993, 1455, 1456.

2956 Zacharias, 198; Ekkenga/Maas, Rn. 75.

Aufklärungspflichten bestehen bei einer Eigenemission nur insoweit, als Treu und Glauben unter Berücksichtigung der Verkehrssitte es erfordern.

Anlegerschutz gewährt hier neben dem Gesellschaftsrecht in erster Linie das WpPG, da die für die Beurteilung der wirtschaftlichen Lage des Unternehmens erforderlichen Informationen vom Unternehmen in den Prospekt aufgenommen werden müssen.

III. Warnpflichten

Als weitere Pflichtenkategorie neben Aufklärung und Beratung wird die Pflicht zur Warnung genannt[2957]. Dabei erlangen Warnpflichten regelmäßig als Benachrichtigungspflichten nach Abschluss eines Geschäftes Bedeutung. Dagegen sind Warnpflichten im Vorfeld eines Geschäftes mit Aufklärungspflichten identisch[2958]. Prinzipiell besteht keine Pflicht, den Vertragspartner vor sich selbst zu warnen. Fraglich ist, in welchen Konstellationen hiervon eine Ausnahme zu machen sein könnte.

Die im Rahmen einer Fremdemission im 2. Teil, 4. Abschnitt unter B.III behandelten Konstellationen beruhen alle auf der Besonderheit, dass ein Finanzintermediär eingeschaltet worden ist, der ein besonderes wirtschaftliches Interesse an der Erbringung einer Finanzdienstleistung bzw. eines Bankgeschäfts hat. Darüber besteht im Rahmen eines Rechtskaufs keine Pflicht zu prüfen, ob erworbene Anteile dem Risikoprofil des Anlegers entsprechen. Dem Emittenten obliegen somit bei einer Eigenemission keine Warnpflichten.

IV. Sonstige Pflichten

Fraglich ist, ob die im TMG aufgestellten Informationspflichten, die Vorschriften über den Fernabsatz oder aber über den Fernabsatz von Finanzdienstleistungen bei einer Eigenemission via Internet anwendbar sind.

1. Pflichten nach TMG

Eine Anwendbarkeit des TMG setzt voraus, dass der Emittent einer Eigenemission Diensteanbieter von Telemedien i.S.v. §§ 1, 2 S. 1 Nr. 1 TMG ist. Anders als bei einer Fremdemission tritt bei einer Eigenemission der Emittent in direkten geschäftlichen Kontakt mit dem Anleger. In den Erwerbsvorgang ist kein Kredit- oder Finanzdienstleistungsinstitut eingeschaltet. Wie bereits im 3. Teil, 4. Abschnitt unter B.II. dargestellt, handelt es sich bei einem Emittenten im Falle der Eigenemission um einen Diensteanbieter von Telemedien, so dass die Vorschriften des TMG und

---

2957 Siehe hierzu: Vortmann, Rn. 11 f., 26; Roth, in: Assmann/Schütze, HdB. KapitalanlageR, § 11, Rn. 120; Grundmann, in: MüKo-BGB, Band 2, § 311, Rn. 116 f.

2958 Lang, § 3, Rn. 20; siehe auch: Vortmann, Aufklärungs- und Beratungspflichten der Banken, Rn. 11 ff.; a.A. Lange, 30, der eine Unterscheidung zwischen Aufklärungs- und Warnpflichten im Vorfeld eines Vertrages ablehnt.

damit die in §§ 5, 6 niedergelegten Informationspflichten anwendbar sind. Zum Umfang der Informationspflichten wird auf die Ausführungen im 2. Teil, 4. Abschnitt unter B.IV.1. verwiesen.

Fraglich ist jedoch, ob bei einer Eigenemission auch die in § 312g BGB niedergelegten Informationspflichten neben §§ 5, 6 TMG zur Anwendung gelangen. Der Anwendungsbereich des § 312g BGB ist dem Wortlaut der Norm zufolge dann eröffnet, wenn sich ein Unternehmer zum Zwecke des Abschlusses eines Vertrags über die Lieferung von Waren oder über die Erbringung von Dienstleistungen eines Tele- oder Mediendienstes bedient[2959]. Die Zeichnung von Aktien stellt weder eine Warenlieferung dar, noch erbringt der Emittent eine Dienstleistung. Dem Wortlaut der Norm zufolge findet § 312g BGB bei einer Eigenemission daher keine Anwendung. Damit ist der sachliche Anwendungsbereich der Norm enger gefasst als der von Artt. 10, 11 der ECRL, der durch § 312g BGB in deutsches Recht umgesetzt wurde[2960]. Gemäß Artt. 10, 11 der ECRL haben alle Diensteanbieter der Informationsgesellschaft, die mittels elektronischem Wege Verträge abschließen, die in diesen Artikeln aufgeführten Informationspflichten zu erfüllen, und nicht nur solche, die einen Vertrag über die Lieferung von Waren oder über die Erbringung von Dienstleistungen mittels elektronischem Wege abschließen. Die Beschränkung in § 312g BGB auf Warenlieferungen und die Erbringung von Dienstleistungen ist daher europarechtswidrig[2961]. Eine europarechtskonforme Auslegung der Norm erfordert, dass Vertragsgegenstände beliebiger Art dem Anwendungsbereich des § 312g BGB unterfallen[2962], auch Kapitalbewegungen[2963]. Der Emittent hat bei einer Eigenemission daher die in § 312g BGB statuierten Informationspflichten zu erfüllen.

2. Anwendbarkeit der Vorschriften über den Fernabsatz bzw. den Fernabsatz von Finanzdienstleistungen

Fraglich ist dagegen, ob auch bei einer Eigenemission die Vorschriften über den Fernabsatz von Finanzdienstleistungen Anwendung finden. Dann müsste der

2959 Siehe zu § 312g BGB: Wendehorst, in: MüKo-BGB, Band 2, § 312g, Rn. 1 ff.

2960 Wendehorst, in: MüKo-BGB, Band 2, § 312g, Rn. 9 f.; siehe zum inhaltsgleichen § 312e BGB a.F.: Spindler/Anton, in: Spindler/Schuster, § 312e BGB, Rn. 4.

2961 Wendehorst, in: MüKo-BGB, Band 2, § 312g, Rn. 9, 17.

2962 Wendehorst, in: MüKo-BGB, Band 2, § 312g, 17; siehe zum inhaltsgleichen § 312e BGB a.F.: Spindler/Anton, in: Spindler/Schuster, § 312e BGB, Rn. 4; ähnlich Masuch, in: Bamberger/Roth, BeckOK, § 312g, Rn. 4 ff. der zum selben Ergebnis gelangt, indem er die Begriffe Warenlieferung und Dienstleistungen weit auslegt und auch unkörperliche Sachen wie Immobilien unter den Warenbegriff subsumiert sowie alle sonstigen entgeltlich erbrachten Leistungen, die nicht unter den Warenbegriff fallen, als Dienstleistung i.S.d. Norm qualifiziert.

2963 Wendehorst, in: MüKo-BGB, Band 2, § 312g, 17; siehe zum inhaltsgleichen § 312e BGB a.F.: Spindler/Anton, in: Spindler/Schuster, § 312e BGB, Rn. 4.

Emittent auch Anbieter einer Finanzdienstleistung sein. Art. 2 lit. b) FFD-RL[2964], umgesetzt in deutsches Recht durch § 312b Abs. 1 S. 2 BGB, enthält eine Legaldefinition des Begriffs der Finanzdienstleistung. Demnach stellt jede Bankdienstleistung sowie jede Dienstleistung im Zusammenhang mit einer Kreditgewährung, Versicherung, Altersversorgung von Einzelpersonen, Geldanlage oder Zahlung eine Finanzdienstleistung dar[2965]. Während im KWG zwischen Bank- und Finanzdienstleistungen differenziert wird, verwendet Art. 2 lit. b) FFD-RL den Begriff der Finanzdienstleistung als Oberbegriff, der auch Bankdienstleistungen umfasst[2966].

Zieht man lediglich § 1 Abs. 1, 1a KWG[2967] sowie § 2 Abs. 3 WpHG zur Auslegung des Begriffs der Finanzdienstleistung heran, so ist das Vorliegen einer solchen zu verneinen. Wie bereits im 3. Teil, 3. Abschnitt unter A. dargelegt, erbringt der Emittent bei einer Eigenemission weder eine Finanzdienstleistung noch betreibt er ein Bankgeschäft. Fraglich ist, ob die Zeichnung von Aktien im Rahmen einer Eigenemission als sonstige Dienstleistung im Zusammenhang mit der Geldanlage gesehen werden kann. Dies ist zu verneinen, da der Emittent dem Anleger gegenüber keine Dienstleistung erbringt; vielmehr handelt es sich bei dem Zeichnungsvertrag um einen korporationsrechtlichen sowie schuldrechtlichen Vertrag, der auf Einräumung eines mitgliedschaftlichen Rechts gerichtet ist[2968]. Dieses Recht entsteht erst mit der Eintragung der Durchführung der Kapitalerhöhung und nicht schon mit der Zeichnung[2969]. Der Anwendungsbereich der FFDL-RL ist somit bei einer Eigenemission nicht eröffnet. Dieses Ergebnis wird auch von Erwägungsgrund Nr. 18 der FFDL-RL[2970] untermauert, in dem es heißt, dass nur die organisierte Bereitstellung von Dienstleistungen durch einen Anbieter von Finanzdienstleistungen

2964 Richtlinie 2002/65/EG des Europäischen Parlaments und des Rates über den Fernabsatz von Finanzdienstleistungen an Verbraucher und zur Änderung der Richtlinie 90/619/EWG des Rates und der Richtlinie 97/7/EG und 98/27/EG vom 23.9.2002, ABl. EG Nr. L 271 v. 9.10.2002, S. 16.

2965 Siehe hierzu: Wendehorst, in: MüKo-BGB, Band 2, § 312b BGB, Rn. 11 ff.; Schmidt-Räntsch, in: Bamberger/Roth, BeckOK-BGB, § 312b, Rn. 22 ff.

2966 Grüneberg, in: Palandt, § 312b, Rn. 10b; Kocher, DB 2004, 2649, 2670; Kohte, in: Derleder/Knops/Bamberger, Handbuch europäisches Bankrecht, § 8, Rn. 7 f.; Ring, in: Dauner-Lieb/Heidel/Ring, Band 2, § 312b, Rn. 34.

2967 Die in § 1 KWG enthaltenen Legaldefinitionen beruhen auf einigen EU Richtlinien, welche im Rahmen der Harmonisierung des Bankaufsichtsrechts innerhalb der EU erlassen worden sind, siehe hierzu: Schäfer/Tollmann, in: Boos/Fischer/Schulte-Mattler, KWG, § 1, Rn. 1.

2968 Lutter, KöKo-AktG, § 186, Rn. 5, 19; Hüffer, in: AktG, § 185. Rn. 4; Wiedemann, in: GK-AktG, Band 6, § 185, Rn. 29 f.; Peifer, in: MüKo-AktG, Band 6, § 185, Rn. Rn. 32.

2969 Krieger, in: Münchner Handbuch des GesR, Band 4, § 56, Rn. 100 ff.; Hüffer, AktG, § 185, Rn. 4.

2970 Erwägungsgrund Nr. 18 der Richtlinie 2002/65/EG des Europäischen Parlaments und des Rates über den Fernabsatz von Finanzdienstleistungen an Verbraucher und zur Änderung der Richtlinie 90/619/EWG des Rates und der Richtlinie 97/7/EG und 98/27/EG vom 23.9.2002, ABl. EG Nr. 271 v. 9.10.2002, S. 16, 33.

unter die Richtlinie fallen soll, nicht dagegen die Bereitstellung auf gelegentlicher Basis. Der Emittent erbringt schon keine Finanzdienstleistung, aber selbst wenn man eine Eigenemission als solche Dienstleistung auffassen wollte, so würde eine Anwendung der FFDL-RL daran scheitern, dass eine solche Dienstleistung nur gelegentlich angeboten wird.

Zu einem anderen Ergebnis, allerdings noch bzgl. des geänderten Vorschlags einer FFDL-RL[2971], gelangt Florian[2972]. Er begründet dies damit, dass bei einer Eigenemission zwischen Emittenten und Verbraucher/Anleger Informationsasymmetrien auftreten und gerade in diesem Bereich im Vergleich zu Fremdemissionen geringere Informationsmöglichkeiten bestehen[2973]. Das Bestehen von Informationsasymmetrien gerade in diesem Bereich lässt sich nicht leugnen. Nur kann dies nicht als Argument für eine Auslegung entgegen dem Wortlaut der Richtlinie herangezogen werden. Mit gleicher Begründung ließe sich dann bei einer Eigenemission auch das Bestehen von Aufklärungspflichten gemäß §§ 31 ff. WpHG bejahen. Dieser Ansicht kann daher nicht gefolgt werden. Der Anwendungsbereich der FFDL-RL ist daher bei einer Eigenemission nicht eröffnet.

Der deutsche Gesetzgeber hat die Vorschriften über den Fernabsatz von Finanzdienstleistungen in den §§ 312b ff. BGB umgesetzt. Diese Vorschriften sind anhand der FFD-RL europarechtskonform auszulegen. Daher ist der Anwendungsbereich des § 312b Abs. 1 S. 2 BGB bei einer Eigenemission nicht eröffnet.

Wie bereits im 2. Teil, 4. Abschnitt unter B.IV.2. festgestellt, finden die in Umsetzung der FARL (RL 97/7/EG)[2974] ergangenen Vorschriften über den Fernabsatz beim Online-Broking und dem Kauf von Wertpapieren mittels Discount-Broker über das Internet keine Anwendung. Dies ergibt sich aus Art. 3 Abs. 1 1. Spgstr. der FARL, der alle unter den Anwendungsbereich der FFDL-RL fallenden Wertpapier- und Bankdienstleistungen vom Anwendungsbereich der FARL ausnimmt. Vor Verabschiedung der FFDL-RL, die Änderungen in Art. 3 Abs. 1 FARL vornahm und den Anhang II strich, hieß es, dass gemäß des Anhangs II zu Art. 3 Abs. 1 1. Sogstr. FARL (RL 97/7/EG a.F.)[2975] Wertpapierdienstleistungen vom Anwendungsbereich der FARL ausgenommen sind. Der deutsche Gesetzgeber hatte diese Vorgabe durch § 312b Abs. 3

2971 Geänderter Vorschlag für eine Richtlinie des Europäischen Parlaments und des Rates über den Fernabsatz von Finanzdienstleistungen an Verbraucher und zur Änderung der Richtlinien 97/7/EG und 98/27/EG, KOM (1999), 385 endg.

2972 Florian, 305.

2973 Florian, 307.

2974 Richtlinie 97/7/EG des europäischen Parlaments und des Rates vom 20.5.1997 über den Verbraucherschutz bei Vertragsschlüssen im Fernabsatz, ABl. EG Nr. L 144 v. 4.6.1997, S. 19 ff. i.d.F. Richtlinie 2002/65/EG des europäischen Parlaments und des Rates vom 23. September 2002, Abl. EG Nr. L 271 v. 9.10.2002, S. 16 ff.

2975 Richtlinie 97/7/EG des europäischen Parlaments und des Rates vom 20.5.1997 über den Verbraucherschutz bei Vertragsschlüssen im Fernabsatz, ABl. EG Nr. L 144 v. 4.6.1997, S. 19 ff.

Nr. 3 BGB a.F. umgesetzt. Nach Umsetzung der FFDL-RL wurden § 312b Abs. 3 Nr. 3 BGB a.F. gestrichen. § 312b Abs. 1 S. 2 BGB n.F. stellt klar, dass die Vorschriften über den Fernabsatz auch auf Finanzdienstleistungen Anwendung finden[2976].

Die Platzierung von Aktien mittels Fremdemission stellt eine Finanzdienstleistung dar, so dass die Vorschriften über den Fernabsatz auf eine solche nicht anwendbar sind. Es finden jedoch hier die Vorschriften über den Fernabsatz von Finanzdienstleistungen Anwendung. Im Gegensatz zu einer Fremdemission liegt bei einer Eigenemission jedoch, wie im 3. Teil, 5. Abschnitt unter A. dargestellt, keine Finanzdienstleistung vor, so dass die Vorschriften über den Fernabsatz von Finanzdienstleistungen nicht einschlägig sind. Daraus kann aber nicht gefolgert werden, dass automatisch die Vorschriften über den Fernabsatz anwendbar sind. Dies ließe sich nur vertreten, wenn man die Vorschriften über den Fernabsatz als Auffangtatbestand betrachten würde, der immer dann greift, wenn die Vorschriften über den Fernabsatz von Finanzdienstleistungen nicht einschlägig sind[2977]. Aus den Texten der Richtlinien kann jedoch nur abgeleitet werden, dass sich beide Richtlinien überschneidungsfrei ergänzen sollen[2978].

Nach dem Wortlaut des § 312b Abs. 3 Nr. 3 BGB a.F. sollten Finanzgeschäfte vom Anwendungsbereich der Vorschriften über den Fernabsatz ausgenommen werden. Fraglich ist, ob Aktienerwerb unter den Begriff des Finanzgeschäfts subsumiert werden kann. Bei einer europarechtlichen Auslegung der Norm ist dies zu verneinen, da Finanzgeschäfte nur solche Geschäfte sind, die nicht in den Anwendungsbereich der FFDL-RL fallen. Die FARL regelt den Absatz von Waren und die Erbringung von Dienstleistungen im Fernabsatz. Die FFDL-RL regelt dagegen als lex specialis den Absatz von Finanzdienstleistungen im Fernabsatz, der einen Unterfall des Absatzes von Dienstleistungen im Fernabsatz darstellt.

Die in Umsetzung der FARL ergangenen Vorschriften über den Fernabsatz kommen bei einer Eigenemission daher nicht zur Anwendung. Sie sind nur bei der Lieferung von Waren oder bei der Erbringung von Dienstleistungen anwendbar. Der Dienstleistungsbegriff ist europarechtlich anhand des Art. 57 AEUV auszulegen[2979]. Bei einer Eigenemission wird keine Dienstleistung erbracht. Daher stellt sich die Frage, ob die Lieferung von Wertpapieren eine Lieferung von Waren darstellt. Laut Gesetzesbegründung[2980] handelt es sich bei Waren um bewegliche Sachen. Mangels Definition

---

2976 Siehe zu § 312 Abs. 1 S. 2 BGB: Wendehorst, in: MüKo-BGB, Band 2, § 312b, Rn. 11 ff.; Micklitz/Schirmbacher, in: Spindler/Schuster, § 312b, Rn. 38 ff.

2977 Diesen Standpunkt vertritt Kohte, in: Derleder/Knops/Bamberger, § 7, Rn. 8 und begründet diesen damit, dass zwischen der RL 97/7/EG und der RL 2002/65/EG keine Schutzlücken bestehen sollen.

2978 Wendehorst, in: MüKo-BGB, Band 2a, § 312b, Rn. 72.

2979 Grüneberg, in: Palandt, § 312b, Rn. 10c; ähnlich Micklitz/Schirmbacher, in: Spindler/Schuster, § 312b BGB, Rn. 35, die den Dienstleistungsbegriff anhand von Art. 5 Abs. 1 EVÜ sowie von Art. 13 Abs. 1 Nr. 3 EuGVÜ auslegen wollen; zurückhaltender: Wendehorst, in: MüKo-BGB, Band 2, § 312b, Rn. 10.

2980 BT-Drs. 14/2658, S. 30.

des Warenbegriffs in der FARL ist dieser europarechtlich anhand von Art. 34 AEUV auszulegen und negativ vom Dienstleistungsbegriff des Art. 56 AEUV abzugrenzen.

Positiv erfasst die Dienstleistungsfreiheit alle Leistungen, die in der Regel gegen Entgelt erbracht werden[2981]. In Abgrenzung zur Warenverkehrsfreiheit bezieht sich die Dienstleistungsfreiheit auf den Austausch nicht körperlicher Leistungen. Waren i.S.v. Art. 34 AEUV sind dagegen alle beweglichen Güter einschließlich Gas[2982]. Bilden körperliche und nicht-körperliche Leistungen einen nicht trennbaren Sachverhalt, so ist danach zu fragen, auf welchem Teil der Schwerpunkt liegt. Geht der nicht-körperliche Teil der Leistung quasi in einem Gegenstand auf, so ist die Warenverkehrsfreiheit einschlägig[2983]. Die Dienstleistungsfreiheit ist hingegen einschlägig, sofern der anlässlich der nicht-körperlichen Leistungserbringung übertragene Gegenstand lediglich Annexcharakter besitzt.

Der Erwerb von Aktien stellt, sofern effektive Stücke existieren, einen gemischten Sach- und Rechtskauf dar. Allerdings liegt der Schwerpunkt auf dem Rechtskauf, der Anteilsschein verbrieft dieses Recht lediglich. Aktien und sonstige Wertpapiere unterfallen der Kapitalverkehrsfreiheit, soweit sie ein gültiges Recht verbriefen[2984]. Nur soweit dies nicht mehr der Fall ist, können Wertpapiere der Warenverkehrsfreiheit gemäß Art. 34 AEUV unterfallen. Insofern ist die Warenverkehrsfreiheit nicht einschlägig. Dies führt zu dem Ergebnis, dass weder die Vorschriften über den Fernabsatz von Finanzdienstleistungen noch über den Fernabsatz auf den Kauf von Wertpapieren bei einer Direktemission Anwendung finden. Weder der Anwendungsbereich der FARL noch der FFDL-RL bzw. die in Umsetzung dieser Richtlinien erlassenen Vorschriften über den Fernabsatz sind auf eine Eigenemission anwendbar.

6. Abschnitt: Haftung Dritter

Seit einiger Zeit ist die Frage nach der persönlichen Außenhaftung der Organe von Aktiengesellschaften verstärkt Gegenstand gerichtlicher Entscheidungen[2985]

2981 Müller-Graff, in: Streinz, EUV/AEUV, Art. 56 AEUV, Rn. 15 ff.; Seyr, in: Lenz/Borchard, EU-Verträge, Art. 56/57 AEUV, Rn. 7, 12 f.; Randelzhofer/Forsthoff, in: Grabitz/Hilf/Nettesheim, Band I, Art. 56/57 AEUV, Rn. 33 ff.

2982 Randelzhofer/Forsthoff, in: Grabitz/Hilf/Nettesheim, Band I, Art. 56/57 AEUV, Rn. 35 ff.; Leible/T. Streinz, in: ders., Art. 34 AEUV, Rn. 38 ff.; Lux, in: Lenz/Borchard, EU-Verträge, Art. 28 AEUV, Rn. 15; Kamann, in: Streinz, EUV/AEUV, Art. 38 AEUV, Rn. 14 f.

2983 Randelzhofer/Forsthoff, in: Grabitz/Hilf/Nettesheim, Band I, Art. 56/57 AEUV, Rn. 38; Seyr, in: Lenz/Borchard, EU-Verträge, Art. 56/57, Rn. 8; EuGH, Urt. v. 19.3.1991, Rs. C-202/88 (Frankreich/Kommission), Slg. 1991, I-1223.

2984 Ohler, Art. 56, Rn. 78.

2985 BGH, Urt. v. 9.5.2005, II 287/02, BB 2005, 1644 f. (EM.TV).; BGH, Urt. v. 19.7.2004, II ZR 218/03, NJW 2004, 2664 f. (Infomatec); BGH, Urt. v. 19.7.2004, II ZR 217/03, NJW 2004, 2668 f.; BGH, Urt. v. 19.7.2004, II ZR 402/02, NJW 2004, 2971 f.

und diverser Beiträgen in der Literatur[2986]. Neben einer Verantwortlichkeit des Vorstands oder anderer Dritter wegen Verletzung von Prospektpflichten (A.) soll ein Augenmerk auf sonstige im Zusammenhang mit unrichtigen Kapitalmarktinformationen stehende Anspruchsgrundlagen gerichtet werden (B.).

Die folgenden Ausführungen beschränken sich auf die Fragestellung, welche Sanktionen die Verletzung von Pflichten, die im Rahmen der Markteinführungspublizität bestehen, nach sich zieht. Sinn und Zweck dieser Publizitätspflichten ist neben der Stärkung der Funktionsfähigkeit der Kapitalmärkte durch Transparenz die Verbesserung des Anlegerschutzes[2987]. Potentiellen Anlegern soll vor einer Zeichnung von Aktien durch Zurverfügungstellung von Informationen die optimale Basis für eine Entscheidung geboten werden. Welche Folgen eine Verletzung sonstiger nach Markteinführung bestehender Pflichten – wie beispielsweise die Pflicht zur Abgabe von Ad-hoc-Meldungen – nach sich zieht, soll an dieser Stelle nur am Rande betrachtet werden.

A. Prospektverantwortlichkeit Dritter

Es stellt sich die Frage, wann neben dem Emittenten noch weitere Personen wegen eines unrichtigen bzw. unvollständigen Prospekts haftbar gemacht werden können. Grundsätzlich wird zwischen demjenigen, der für den Prospekt die Verantwortung nach außen erkennbar übernommen hat[2988], § 21 Abs. 1 S. 1 Nr. 1 WpPG, und demjenigen, von dem der Erlass des Prospekts ausgeht[2989], § 21 Abs. 1 S. 1 Nr. 2 WpPG, unterschieden. Diese Unterscheidung ist in der Praxis oftmals mit Schwierigkeiten verbunden. Zur Gruppe der Prospekt-Erlasser bzw. derjenigen, die nach außen erkennbar die Verantwortung für den Prospekt übernommen haben, werden neben dem Anbieter (§ 5 Abs. 3 S. 1 WpPG), bei Börsenzulassungsprospekten auch der Antragsteller (§ 5 Abs. 3 S. 2 WpPG), und alle Personen, die gemäß § 5 Abs. 4 S. 1 WpPG im Prospekt als die für den Inhalt Verantwortlichen aufgeführt sind, gezählt[2990].

2986 Casper, BKR 2005, 83 ff.; Möllers, BB 2005, 1637 ff.; Mülbert/Steup, WM 2005, 1633.

2987 Schanz, Börseneinführung, § 13, Rn. 2.

2988 Siehe hierzu. Groß, Kapitalmarktrecht, § 21 WpPG, Rn. 30 ff.; nach alter Rechtslage (vor Umsetzung der MiFID) wurde dieser als Prospekt-Erlasser bezeichnet, siehe hierzu Hamann, in: Schäfer, Wertpapierhandelsgesetz, §§ 45, 46 BörsG a.F., Rn. 38 f.; Schwark, in: Schwark, Kapitalmarktrechts-Kommentar, 3. Auflage, §§ 44, 45 BörsG, Rn. 8 sowie § 55, Rn. 2.

2989 Groß, Kapitalmarktrecht, § 21 WpPG, Rn. 35 ff.; Schwark, in: Schwark/Zimmer, Kapitalmarktrechts-Kommentar, §§ 44, 45 BörsG, Rn. 8 f.; Hamann, in: Schäfer, Wertpapierhandelsgesetz, §§ 45, 46 BörsG a.F., Rn. 42 f.

2990 Heidelbach/Deleczik, in: Schwark/Zimmer, Kapitalmarktrechts-Kommentar, § 5 WpPG, Rn. 29 ff.; Schlitt/Schäfer, in: Assmann/Schlitt/von Kopp-Comlomb, § 5 WpPG, Rn. 45 ff.; siehe zur alten Rechtslage (vor Umsetzung der MiFID): Begr. RegE. zum Dritten Finanzmarktförderungsgesetz, BT-Drs. 13/8933, S. 54, 78;

Bei einer Direktemission ohne Börsenzulassung findet nicht zwangsläufig eine Prospektunterzeichnung durch einen externen Anbieter oder Antragsteller statt; vielmehr kann der Emittent selbst als Anbieter i.S.v. § 5 Abs. 3 S. 1 WpPG auftreten, sofern keine Börsenzulassung angestrebt wird. In aller Regel ist aber der Emittent illiquide, wenn es zum Eintritt einer Prospekthaftung kommt. Damit ist das Augenmerk auf eine zweite Personengruppe zu richten, welche als Anspruchsgegner in Betracht kommt. Es handelt sich dabei um diejenigen, von denen der Prospekt ausgeht. Dies sind die tatsächlichen Urheber des Prospekts, also diejenigen, die ein eigenes wirtschaftliches Interesse an der Emission haben[2991]. Je nach Einzelfall können dies der seine Beteiligung verkaufende Großaktionär[2992], aber auch die die Prospekterstellung maßgeblich steuernden Vorstands- bzw. Aufsichtsratsmitglieder sein, schließlich auch der Gründer oder der Inhaber eines emittierenden Unternehmens, wenn diese aus eigenem (wirtschaftlichen) Interesse den Erlass eines unrichtigen bzw. unvollständigen Prospekts veranlasst haben. Das WpPG bezeichnet diese Personengruppe als Anbieter und definiert in § 2 Nr. 10 WpPG den Begriff dahingehend, dass Anbieter eine Person oder Gesellschaft ist, die Wertpapiere öffentlich anbietet[2993]. Dagegen geht ein Prospekt nicht von Lieferanten unrichtigen Materials für die Aufstellung des Prospekts aus, wie beispielsweise Wirtschaftsprüfern, Rechtsanwälten oder Abschlussprüfern, wenn diese nur Teile des Prospekts liefern und kein eigenes geschäftliches Interesse an der Emission haben[2994]. Dies schließt aber nicht aus, dass diese Gruppe aus anderen Gründen, etwa wegen beruflicher Auskunftshaftung oder zivilrechtlicher Prospekthaftung im weiteren Sinne, in Anspruch genommen werden kann[2995].

Liegen die soeben beschriebenen Voraussetzungen vor, so kommt eine Haftung der Alteigentümer bzw. an der Prospekterstellung maßgeblich beteiligter Vorstände

Sittmann, NZG 1998, 490, 493; Assmann, in: Assmann/Schütze, Hdb. KapitalanlageR, § 7, Rn. 202 f.

2991 Groß, Kapitalmarktrecht, § 21, Rn. 35; Schwark, in: Schwark/Zimmer, Kapitalmarktrechts-Kommentar, §§ 44, 45 BörsG, Rn. 9; Begr. RegE. zum Dritten Finanzmarktförderungsgesetz, BT-Drs. 13/8933, S. 54, 78.

2992 Oulds, in: Kümpel/Wittig, Rn. 15.210; Schwark, in: Schwark/Zimmer, Kapitalmarktrechts-Kommentar, §§ 44, 45 BörsG, Rn. 9; Groß, Kapitalmarktrecht, § 21 WpPG, Rn. 35.

2993 Siehe hierzu: Heidelbach, in: Schwark/Zimmer, Kapitalmarktrechts-Kommentar, § 2 WpPG, Rn. 51 ff.; von Kopp-Colomb/Knobloch, in: Assmann/Schlitt/von Kopp-Comlomb, § 2 WpPG, Rn. 71 ff.

2994 Groß, Kapitalmarktrecht, § 21 WpPG, Rn. 36; Assmann, AG 2004, 435 ff.

2995 Unter welchen Voraussetzungen diese Berufsgruppe haftet, soll im Rahmen der Arbeit nicht näher untersucht werden; siehe hierzu: Schwark, in: Schwark/Zimmer, Kapitalmarktrechts-Kommentar, §§ 44, 45 BörsG, Rn. 12; Groß, Kapitalmarktrecht, § 21 WpPG, Rn. 36 f.; siehe auch: BGH, Urt. v. 02.06.2008, II ZR 210/06, JR 2009, 236 ff.

in Betracht. Die in letzter Zeit ergangenen höchstrichterlichen Entscheidungen[2996] zur persönlichen Haftung von Vorständen beschäftigten sich dagegen mit der Fragestellung, wann ein Vorstand wegen fehlerhafter ad hoc-Mitteilungen Anlegern haftet. In diesen Entscheidungen wurde vom BGH angedeutet, dass eine persönliche Außenhaftung auch bei Verletzung von Prospektpflichten in Betracht kommt[2997], wenngleich in den konkreten Fällen kein unrichtiger Verkaufsprospekt vorlag.

B. Haftung wegen Verstoßes gegen gründungs- und bilanzrechtliche Vorschriften

Während die §§ 37 Abs. 1 S. 4, 46, 47, 48, 49, 93, 117 AktG und § 323 HGB lediglich eine Schadensersatzpflicht gegenüber der Aktiengesellschaft zu begründen vermögen, kann ein geschädigter Anleger unter Umständen Individualansprüche gegen Vorstandsmitglieder aus § 823 Abs. 2 i.V.m. §§ 399 Abs. 1, 400 Abs. 1, Abs. 2 AktG bzw. § 826 BGB herleiten[2998]. In jüngster Vergangenheit hatten die Gerichte[2999] ausgiebig Gelegenheit, sich mit dieser Fragestellung auseinanderzusetzen; allerdings ging es hier nicht um die Verletzung von Markteinführungspublizitätspflichten, sondern um die Verletzung von Folgepflichten. Bei § 400 AktG handelt es sich um ein Schutzgesetz i.S.v. § 823 Abs. 2 BGB[3000]. Gemäß § 400 Abs. 1 Nr. 1 BGB wird bestraft, wer als Mitglied des Vorstands die Verhältnisses der Gesellschaft einschließlich ihrer Beziehungen zu verbundenen Unternehmen in Darstellungen oder Übersichten über den Vermögensstand, in Vorträgen oder Auskünften in der Hauptversammlung unrichtig weitergibt oder verschleiert[3001]. Übersichten über

---

2996 BGH, Urt. v. 9.5.2005, II 287/02, BB 2005, 1644 f. (EM.TV).; BGH, Urt. v. 19.7.2004, II ZR 218/03, NJW 2004, 2664 f. (Infomatec); BGH, Urt. v. 19.7.2004, II ZR 217/03, NJW 2004, 2668 f.; BGH, Urt. v. 19.7.2004, II ZR 402/02, NJW 2004, 2971 f.

2997 BGH, Urt. v. 19.7.2004, II ZR 218/03, NJW 2004, 2664, 2665 (Infomatec); BGH, Urt. v. 19.7.2004, II ZR 217/03, NJW 2004, 2668; BGH, Urt. v. 19.7.2004, II ZR 402/02, NJW 2004, 2971 f.

2998 Siehe hierzu: Mülbert/Steup, in: Habersack/Mülbert/Schlitt, § 41, Rn. 252 f.; Müller-Michaels, in: Hölters, AktG, § 399, Rn. 2 ff.; Schaal, in: MüKo-AktG, Band 6, § 399, Rn. 11 ff.

2999 OLG Frankfurt, Urt. v. 17.3.2005, 1 U 149/04, BB 2005, 1644 f. (Comroad I); OLG München, Urt. v. 20.4.2005, 7 U 5303/04, BB 2005, 901 f. (Comroad II); BGH, Urt. v. 9.5.2005, II 287/02, BB 2005, 1644 f. (EM.TV); BGH, Urt. v. 9.5.2005, II 287/02, BB 2005, 1644 f. (EM.TV).; BGH, Urt. v. 19.7.2004, II ZR 218/03, NJW 2004, 2664 f. (Infomatec); BGH, Urt. v. 19.7.2004, II ZR 217/03, NJW 2004, 2668 f.; BGH, Urt. v. 19.7.2004, II ZR 402/02, NJW 2004, 2971 f.

3000 BGH, Urt. v. 19.7.2004, II ZR 218/03, NJW 2004, 2664, 2665; BGH, Urt. v. 17.9.2001, II ZR 178/99, BGHZ 149, 10, 20; Mülbert/Steup, in: Habersack/Mülbert/Schlitt, § 41, Rn. 284

3001 Siehe zu § 400 AktG: Schaal, in: MüKo-AktG, Band 6, § 400, Rn. 1 ff.; Hüffer, AktG, § 400, Rn. 1 ff.

den Vermögensstand einer Gesellschaft sind Berichte, die einen Gesamtüberblick über die wirtschaftliche Situation des Unternehmens ermöglichen und den Eindruck der Vollständigkeit erwecken[3002]. Prospekte gehören zu dieser Kategorie von Berichten[3003]. In „Infomatec“ entschied der BGH, dass die Abgabe einer unrichtigen Ad-hoc Mitteilung nicht den Tatbestand des § 400 Abs. 1 Nr. 1 AktG erfülle, da solche Mitteilungen keine Übersicht über den Vermögensstand der Gesellschaft darstellen[3004].

Da alle soeben aufgezählten Normen mit Ausnahme des § 399 Abs. 1 Nr. 3 AktG Sonderdelikte darstellen, kommt eine Täterschaft nur bei Personen in Betracht, die Gründer, Prüfer, Vorstand oder Aufsichtsratsmitglied sind. Dabei sind Gründer die von § 28 AktG erfassten Personen, nicht dagegen Hintermänner. Eine Erfassung von Hintermännern kommt aber über § 823 Abs. 2 BGB i.V.m. §§ 26, 27 StGB oder über § 830 Abs. 2 in Betracht[3005].

C. Haftung wegen Verstoßes gegen § 823 Abs. 2 BGB i.V.m. Vorschriften des StGB

Daneben kommt eine Haftung der oben genannten Personengruppe auch wegen Verstoßes gegen § 823 Abs. 2 BGB i.V.m. § 264a StGB in Betracht, sofern die Voraussetzungen des § 264a StGB gegeben sind. § 264a StGB sieht eine Freiheitsstrafe von bis zu drei Jahren für denjenigen vor, der vorsätzlich im Zusammenhang mit dem Vertrieb von Wertpapieren wie Aktien in Prospekten oder anderen Darstellungen hinsichtlich entscheidungsrelevanter Tatsachen gegenüber einem größeren Personenkreis schriftlich oder mündlich unrichtige vorteilhafte Angaben macht oder nachteilige Tatsachen verschweigt. Im Gegensatz zu den Prospektpflichten erwächst dem Emittenten aus § 264a StGB keine Pflicht, im Vorfeld einer Kapitalerhöhung richtige Angaben zu machen, sondern begründet ein Informationsgebot bezüglich nachteiliger Tatsachen. Eine unrichtige Prognose erfüllt jedoch nur dann den Tatbestand des § 264a StGB, wenn sie schuldhaft auf falschen Tatsachen, Verstößen gegen Denkgesetze oder allgemeine Erfahrungssätze oder auf einer Außerachtlassung der bei anderer Prognose gebotenen Zurückhaltung beruht[3006].

3002 BGH, Urt. v. 19.7.2004, II ZR 218/03, BGH, NJW 2004, 2668; Schaal, in: MüKo-AktG, § 400, Band 6, Rn. 18 ff.; Otto, in: GK-AktG, § 400, Rn. 33 f.

3003 Schaal, in: MüKo-AktG, Band 6, § 400, Rn. 20; BGH, Urt. v. 13.12.2004, 1 StR 420/03 (Fall Haffa/EM.TV), NJW 2005, 445 ff.

3004 BGH, Urt. v. 19.7.2004, II ZR 218/03, BGH, NJW 2004, 2668; Schaal, in: MüKo-AktG, Band 6, § 400, Rn. 25.

3005 BGH, Urt. v. 11.7.1988, II ZR 243/87, 1988, 2794 ff.

3006 OLG Bremen, Urt. v. 21.12.1982, 1 U 66/82, ZIP 1983, 423, 425 zur Prospekthaftung.

In den „Infomatec“-Entscheidungen[3007] hatte der BGH einen Schadensersatzanspruch gemäß § 823 Abs. 2 BGB i.V.m. § 264a StGB mit der Begründung abgelehnt, dass eine Ad-hoc-Mitteilung weder Prospekte noch Darstellungen oder Übersichten über den Vermögensstand darstellt. Auch kommt eine Haftung von Vorständen, Altaktionären sowie weiteren Personen, die ein wirtschaftliches Interesse an der Durchführung einer Kapitalerhöhung haben, eine Haftung wegen Verstoßes gegen § 823 Abs. 2 BGB i.V.m. § 263 StGB[3008] sowie § 823 Abs. 2 BGB i.V.m. § 266 StGB in Betracht.

7. Abschnitt: Aufsichtsrechtliche Fragestellungen

Im folgenden Abschnitt soll näher betrachtet werden, welche aufsichtsrechtlichen Maßnahmen die BaFin gegenüber Emittenten oder Dritten, die am Emissionsprozess beteiligt sind, ergreifen kann.

Da der Emittent bei einer Direktemission weder ein Bankgeschäft betreibt noch eine Wertpapierdienstleistung erbringt, kann die BaFin gegen ihn weder nach KWG noch nach WpHG vorgehen. Wie bereits im 3. Teil, 2. Abschnitt unter C. gezeigt, treffen den Emittenten aber auch bei einer Direktemission Prospektpflichten nach § 3 Abs. 1 WpPG. Bei Verletzung dieser Pflichten stehen der BaFin die im 1. Teil, 4. Abschnitt unter A. beschriebenen Maßnahmen zur Verfügung, sofern der Herkunftsstaat des Emittenten Deutschland ist. Der Herkunftsstaat des Emittenten bestimmt sich, sofern er aus einem EWR-Staat kommt, gemäß § 2 Abs. 13 lit. a) WpPG danach, in welchem Staat der Emittent seinen Sitz hat[3009].

Die BaFin hat gegenüber inländischen Emittenten wie auch dem Anbieter gegenüber gemäß § 26 Abs. 4 WpPG die Möglichkeit, ein öffentliches Angebot für die Dauer von zehn Tagen zu untersagen oder gemäß § 26 Abs. 1 WpPG die Aufnahme zusätzlicher Angaben in den Prospekt zu fordern. Auch kann sie gemäß § 15 Abs. 6 WpPG Werbung untersagen oder von den in § 26 Abs. 2, 3 WpPG genannten Personen Auskünfte und die Herausgabe von Unterlagen verlangen. Daneben kann sie auch gegen den Emittenten gemäß § 35 WpPG ein Bußgeld i.H.v. bis zu EUR 500.000, – verhängen.

Gegenüber Emittenten in einem anderen EWR-Staat kann die BaFin die im 2. Teil, 6. Abschnitt unter A.I.1. beschriebenen Maßnahmen ergreifen. Dies umfasst die Untersagung des öffentlichen Angebots und von Werbung. Allerdings können diese Maßnahmen aufgrund des Europäischen Passes für Wertpapierprospekte und des in der Prospektrichtlinie (RL 2003/71/EG) verankerten Herkunftslandprinzips

3007 BGH, Urt. v. 19.7.2004, II ZR 218/03, NJW 2004, 2664 f. (Infomatec); BGH, Urt. v. 19.7.2004, II ZR 217/03, NJW 2004, 2668 f.; BGH, Urt. v. 19.7.2004, II ZR 402/02, NJW 2004, 2971 f.

3008 BGH, Beschluss v. 14.04.2011, 2 StR 616/10, JR 2012, 79 ff.

3009 Heidelbach, in: Schwark/Zimmer, Kapitalmarktrechts-Kommentar, § 2 WpPG, Rn. 69 ff.

erst ergriffen werden, wenn die BaFin die zuständige Behörde im Herkunftsland des Emittenten über Verstöße unterrichtet, die von der zuständigen Behörde des Herkunftsstaates ergriffenen Maßnahmen erfolglos bleiben und der Emittent bzw. Anbieter fortgesetzt gegen die einschlägigen Rechts- oder Verwaltungsbestimmungen verstößt. Die BaFin besitzt allerdings dann keine Kompetenz, ein öffentliches Angebot zu untersagen, falls sie die Untersagungsverfügung darauf stützt, dass nach ihrer Ansicht einem öffentlichen Angebot ein unrichtiger oder unvollständiger Prospekt zugrunde liegt, dieser Prospekt aber von der zuständigen Behörde eines anderen EWR-Staates gebilligt worden ist.

Gegenüber Emittenten aus Nicht-EWR-Staaten kann die BaFin die im 2. Teil, 6. Abschnitt unter A.I.2. beschriebenen Maßnahmen ergreifen. Dies umfasst eine Untersagung des öffentlichen Angebots im Inland gemäß § 26 Abs. 4 WpPG sowie von Werbung gemäß § 15 Abs. 6 WpPG. Da ein Emittent aus einem Nicht-EWR-Staat sich nicht auf das in der Prospektrichtlinie (RL 2003/71/EG) verankerte Herkunftslandprinzip und den Europäischen Pass berufen kann, besteht auch keine Notwendigkeit zur Einschränkung der Aufsichtskompetenzen der BaFin.

Vierter Teil: Schutz des Anlegers bei den einzelnen Emissionsformen – eine vergleichende Betrachtung

1. Abschnitt: Vorbemerkung und Ergebnisse

In den ersten drei Teilen dieser Arbeit wurde untersucht, welche Ansprüche geschädigten Anlegern bei den einzelnen Vertriebsformen zustehen und in wieweit diese durchsetzbar sind. Im abschließenden Teil der Arbeit werden die gefundenen Ergebnisse nunmehr verglichen, um die mit bestimmten Vertriebswegen bestehenden spezifischen Risken näher darzustellen.

Die gefundenen Ergebnisse sind in der folgenden Tabelle zusammengefasst.

Übersicht über die Anwendbarkeit anlegerschützender Normen bei den einzelnen Emissionsformen

Anwendbarkeit anlegerschützender Normen bei den einzelnen Emissionsformen	**Inländische Fremdemission ohne Verwendung des Internets**	**Inländische Fremdemission unter Verwendung des Internets**	**Inländische Eigenemission unter Verwendung des Internets**	**Ausländische Fremdemission unter Verwendung des Internets**	**Ausländische Eigenemission unter Verwendung des Internets**
Anwendbarkeit der §§ 31 ff. WpHG (aufsichtsrechtliche Aufklärungspflichten)	Uneingeschränkt	Uneingeschränkt, allerdings Herabsetzung der aufsichtsrechtlichen Aufklärungspflichten (§ 31 Abs. 5, 7 WpHG)	Nein	Ja, sofern Anleger im Inland zielgerichtet angesprochen werden und Emittent seinen Sitz in einem Drittstaat hat; bei Emittenten aus einem EU-Mitgliedstaat finden die in Umsetzung von Art. 19 MiFID im Heimatstaat des Emittenten geltenden Regeln Anwendung	Nein
§ 3 Abs. 1 WpPG (Prospektpflicht)	Ja, bei Vorliegen eines öffentlichen Angebots	Ja, bei Vorliegen eines öffentlichen Angebots	Ja, bei Vorliegen eines öffentlichen Angebots	Ja, bei Vorliegen eines öffentlichen Angebots im Inland	Ja, bei Vorliegen eines öffentlichen Angebots im Inland

Anwendbarkeit anlegerschützender Normen bei den einzelnen Emissionsformen	Inländische Fremdemission ohne Verwendung des Internets	Inländische Fremdemission unter Verwendung des Internets	Inländische Eigenemission unter Verwendung des Internets	Ausländische Fremdemission unter Verwendung des Internets	Ausländische Eigenemission unter Verwendung des Internets
Erlaubnis nach § 32 KWG für Emissionsbegleiter notwendig	Ja	Ja	Nein, jedoch ist bei einer Zulassung zum Handel im organisierten Markt der Zulassungsantrag zusammen mit einem Kreditinstitut zu stellen	Ja, sofern Anleger im Inland zielgerichtet Angesprochen werden	Nein, jedoch ist bei einer Zulassung zum Handel im organisierten Markt im Inland der Zulassungsantrag zusammen mit einem Kreditinstitut zu stellen
Ansprüche aus §§ 22, 21 Abs. 1, 2 WpPG gegen den Emittenten bzw. das Emissionshaus	Ja	Ja	Ja	Bei Emittenten und Emissionshäusern aus EU-Mitgliedstaaten aufgrund der ECRL (-), es kommt auf die jeweilige nationale Regelung an; bei allen anderen (+), sofern hinreichender Inlandsbezug gegeben ist	Bei Emittenten aus EU-Mitgliedstaaten aufgrund der ECRL (-), es kommt auf die jeweilige nationale Regelung an; bei allen anderen (+), sofern hinreichender Inlandsbezug gegeben ist

Anwendbarkeit anlegerschützender Normen bei den einzelnen Emissionsformen	**Inländische Fremdemission ohne Verwendung des Internets**	**Inländische Fremdemission unter Verwendung des Internets**	**Inländische Eigenemission unter Verwendung des Internets**	**Ausländische Fremdemission unter Verwendung des Internets**	**Ausländische Eigenemission unter Verwendung des Internets**
Informationspflichten nach TMG	Nein	Ja	Ja	Ja	Ja
Vorschriften über den Fernabsatz von Finanzdienstleistungen	Nein	Ja	Nein	Ja	Nein
Deutsches Recht auf vertragliche Ansprüche anwendbar	Ja	Ja	Ja	Ja, sofern der situative Anwendungsbereich von Art. 6 Rom I-VO eröffnen ist (Vorliegen einer auf das Inland ausgerichteten Tätigkeit)	Sofern keine Rechtswahlvereinbarung vorliegt (-). Das auf den Zeichnungsvertrag anzuwendende Recht bestimmt sich nach dem Gesellschaftsstatut

2. Abschnitt: Anlegerschutz bei einer Fremdemission vs. Eigenemission

Wie gezeigt[3010], besteht der wesentliche Unterschied zwischen einer Eigen- und einer Fremdemission unter Anlegerschutzgesichtspunkten zum einen darin, dass kapitalmarktrechtliche Vorschriften wie das KWG und WpHG auf Eigenemissionen keine Anwendung finden (A.). Zum anderen aber fehlt bei Fremdemissionen dem geschädigten Anleger oft auch ein solventer Anspruchsgegner (B.). Hinzu kommt, dass bei einer Eigenemission die in Umsetzung der Richtlinie über den Fernabsatz von Finanzdienstleistungen (RL 2002/65/EG) erlassenen Vorschriften (§§ 312b-f BGB) nicht Anwendung finden, so dass bei einer Eigenemission geringere Informationspflichten als bei einer Fremdemission bestehen.

A. Lücken im Anlegerschutz aufgrund der Nichtanwendbarkeit kapitalmarktrechtlicher Vorschriften

Der Emittent erbringt bei einer Eigenemission keine Finanzdienstleistung und betreibt auch kein Bankgeschäft[3011]. Aus diesem Grund sind weder die Vorschriften des KWG noch diejenigen des WpHG anwendbar. Der wesentliche Nachteil für den Anleger besteht dabei darin, dass der Emittent keinen Wohlverhaltensregeln unterliegt, deren Einhaltung von staatlichen Stellen überwacht wird. Damit obliegen dem Emittenten keine aufsichtsrechtlichen Informations- und Aufklärungspflichten.

So entfällt bei einer Eigenemission beispielsweise die Pflicht des Anbieters, den Anleger darauf hinzuweisen, dass mit dem Kauf der Aktien das Risiko eines Totalverlusts verbunden sein kann oder aber die Anlage nicht den Anlagezielen entspricht. Auch führt das Fehlen einer Erlaubnispflichtigkeit einer Eigenemission dazu, dass Zuverlässigkeit und fachliche Eignung der mit einer Emission betrauten Personen nicht kontrolliert werden.

Eine staatliche Aufsicht durch die BaFin beschränkt sich beim Vorliegen eines öffentlichen Angebots auf die Überprüfung des Prospekts. Damit beschränkt sich die staatliche Kontrolle einer Eigenemission auf die formale Prüfung der Einhaltung der Prospektpflichten nach WpPG. Bei einer Eigenemission ist der kapitalmarktrechtliche Anlegerschutz nur bedingt gewährleistet; dem gesellschaftsrechtlichen Anlegerschutz kommt hingegen eine gesteigerte Bedeutung zu. Anlegerschutz wird damit bei einer Eigenemission im Wesentlichen durch Zivilrecht und Gesellschaftsrecht bewirkt; eine kapitalmarktrechtliche Komponente, die dem öffentlich Recht zuzuordnen ist, entfällt.

3010 Siehe 3. Teil, 3. Abschnitt.

3011 Siehe 3. Teil, 3. Abschnitt, A.

B. Lücken im Anlegerschutz wegen Fehlens eines Emissionsbegleiters als solventer Schuldner

Gegen eine Mitwirkung von Kreditinstituten bei Emissionen wird ins Feld geführt, dass diese zugunsten des Emittenten parteiisch seien[3012] und eine behördliche Prüfung und Kontrolle der Emittenten durch die Börsenzulassungsstelle ausreiche. Im Übrigen verteuere die Einschaltung eines Finanzintermediärs das Zulassungsverfahren unnötig. Auch sei eine zusätzliche Haftung der Kreditinstitute neben dem Emittenten überdies entbehrlich[3013].

Zu einem großen Teil hängt der Erfolg einer Emission von der Findung eines marktgerechten Preises ab. Hieraus resultiert ein Zielkonflikt zwischen Emittenten und Anleger hinsichtlich der Höhe des Emissionspreises, wobei der Emittent an einem möglichst hohen, der Anleger an einem möglichst niedrigen Erwerbspreis interessiert ist[3014]. Dieser Konflikt besteht auch zwischen Anleger und Emissionskonsortium, da das Konsortium einen bestimmten Prozentsatz des Emissionsvolumens als Vergütung für die erbrachten Dienstleistungen erhält[3015].

Die gegen eine Mitwirkung von Finanzintermediären bei einer Emission vorgetragenen Argumente sind grundsätzlich nicht von der Hand zu weisen. Banken erhalten für ihre Mitwirkung bei der Platzierung meist Provisionen i.H.v. 1% bis 3% des Emissionserlöses. Aus dieser Tatsache resultiert ein Interesse der Bank an einem möglichst hohen Emissionserlös[3016]. Hinzu kommt nochmals eine Vergütung i.H.v. 0,75% bis 1% des Emissionsvolumens für die Übernahme des Prospektrisikos[3017]. Andererseits wird eine Konsortialbank daran interessiert sein, dass der Kurs der neu ausgegebenen Aktien nicht einbricht, da dieses negative Folgen für das Standing haben dürfte. Da das Bankenkonsortium das volle Risiko einer Nichtabsetzbarkeit der Wertpapiere trägt, wird es sich dieses Risiko durch einen Abschlag vom für angemessen gehaltenen Kurs vergüten lassen[3018].

Ein Blick auf die beiden spektakulärsten Prospekthaftungsfälle nach § 45 a.F. BörsG widerlegt zumindest die These, dass ein geschädigter Anleger keinen zusätzlichen Anspruchsgegner benötige; in den Fällen „Beton- und Monierbau“[3019] und „Bond-Finance (DM) Ltd.“[3020] war ein wirtschaftlich wirksamer Anlegerschutz nur durch die Mithaftung der solventen Emissionsbegleiter gegeben. Gleiches galt

---

3012 Paskert, Informations- und Prüfungspflichten bei Wertpapieremissionen, 143.

3013 Bruns/Rodrian, Wertpapier und Börse, § 36, Anm. 15, 16.

3014 Brandt, in: Kümpel/Wittig, Rn. 15.512; Schantz, in: Schwintowski, Bankrecht, § 22, Rn. 9, 65.

3015 Ekkenga/Maas, Rn. 360; Haag, in: Habersack/Mülbert/Schlitt, § 29, Rn. 30.

3016 Koch/Wegmann, 218; Haag, in: Habersack/Mülbert/Schlitt, § 29, Rn. 30.

3017 Koch/Wegmann, 171; Schanz, Börseneinführung, § 10, Rn. 232.

3018 Siehe zu Einzelheiten: Schanz, Börseneinführung, § 10, Rn. 76.

3019 BGH, Urt. v. 12. Juli 1982, II ZR 175/81, WM 1982, 862 f.

3020 OLG Frankfurt, Urt. v. 1.2.1994, 5 U 213/92, WM 1994, 291.

für den Fall MHM-Mode[3021]. Auch ist anzumerken, dass eine Zulassung zum Handel im regulierten Markt an einer inländischen Börse nur zusammen mit einem Kreditinstitut bzw. Finanzdienstleistungsunternehmen beantragt werden kann. Zwar ist die Einschaltung eines Kreditinstituts zur Platzierung der neu ausgegebenen Aktien nicht notwendig; auch muss das Platzierungsrisiko nicht von einer Bank übernommen werden, jedoch nimmt die Bank durch Stellung des Zulassungsantrags das Risiko einer Prospekthaftung auf sich, § 5 Abs. 4 S. 2 WpPG i.V.m. § 32 Abs. 2 BörsG.

Die Emissionsbegleitung setzt ein haftendes Eigenkapital von mindestens EUR 730.000, – voraus[3022]; im Falle des Eintritts einer Prospekthaftung erscheint diese Summe als unzureichend[3023]. Des Weiteren unterliegen Kredit- und Finanzdienstleistungsinstitute einer besonderen Aufsicht und haben ein Eigeninteresse am Aufbau und der Erhaltung eines guten Rufes bzw. Emissionsstandings[3024], was letztlich zu einer Verbesserung des Anlegerschutzes führt.

Zwar sollen sich durch das Wegfallen einer Provision bei einer Eigenemission bis zu 8% des Emissionserlöses einsparen lassen[3025], doch trägt der Emittent dann das Risiko einer vollständigen Unterbringung am Markt.

Letzten Endes ist eine Eigenemission ohne Bankenbeteiligung meist nur im außerbörslichen Bereich denkbar, da eine Börsenzulassung immer eine Antragstellung zusammen mit einem Kreditinstitut erfordert[3026]. Dieses hat den Zulassungsprospekt mit zu unterzeichnen und haftet daher. Insofern lässt sich die eingangs getroffene Aussage, dass Eigenemissionen wegen Fehlens eines solventen Anspruchgegners riskanter sind, in dieser Form nicht aufrechterhalten. Vielmehr sind aus Solvenzgesichtspunkten lediglich Eigenemissionen ohne Bankenbeteiligung riskant. Diese können aber nur im außerbörslichen Bereich oder bei Einbeziehung in den Freiverkehr (Open Market) stattfinden.

3. Abschnitt: Unregulierter Kapitalmarkt vs. regulierter Kapitalmarkt

Damit verlagert sich das Problem mangelnder Solvenz im Wesentlichen auf die Ebene des unregulierten bzw. grauen Kapitalmarkts. Dieser ist vom regulierten Kapitalmarkt zu unterscheiden.

3021 LG Frankfurt, Urt. 07.10.1997, 3/11 O 44/96, WM 1998, 1181 f.; siehe zu diesem Urteil: Hommelhoff/v. Aersen, EWiR 1998, 579 f.; Kort, AG 1998, 9 f.

3022 Schwark, in: Schwark/Zimmer, Kapitalmarktrechts-Kommentar, BörsG § 32, Rn. 33.

3023 Schwark, in: Schwark/Zimmer, Kapitalmarktrechts-Kommentar, BörsG § 32, Rn. 33.

3024 Schücking, in: Habersack/Mülbert/Schlitt, § 32, Rn. 23 ff.

3025 Ekkenga/Maas, § 1, Fn. 186; Koch/Wegmann, 218.

3026 Siehe 3. Teil, 1. Abschnitt.

Der regulierte Markt entstand am 1.11.2007 aufgrund des FRUG durch die Fusion des vormaligen geregelten Marktes und des vormaligen amtlichen Marktes. Alle Wertpapiere, die vor dem 1.11.2007 einem der beiden fusionierten Segmente angehörten, wurden automatisch in den regulierten Markt aufgenommen. Der regulierte Markt ist ein organisierter Markt im Sinne von § 2 Abs. 5 WpHG[3027] und wird öffentlich-rechtlich reguliert. Die mit der Zulassung zum regulierten Markt verbundenen Pflichten entsprechen denen des früheren amtlichen Marktes, sind also strenger als die des ehemaligen geregelten Marktes, und werden in § 32 Abs. 3 BörsG sowie in der auf der Grundlage des § 34 BörsG erlassenen BörsZulVO näher geregelt[3028].

Daneben sieht § 48 BörsG die Möglichkeit vor, dass die Börse für Wertpapiere, die weder zum Handel im regulierten Markt zugelassen noch zum Handel in den regulierten Markt einbezogen sind, den Betrieb eines Freiverkehrs durch den Börsenträger zulässt, sofern durch eine Handelsordnung sowie durch Geschäftsbedingungen des Börsenträgers, die von der Geschäftsführung gebilligt wurden, eine ordnungsmäßige Durchführung des Handels und der Geschäftsabwicklung gewährleistet erscheint. Bei dem durch § 48 BörsG geregelten Freiverkehr handelt es sich um keinen organisierten Markt i.S.v. § 2 Abs. 5 WpHG, da er die dafür erforderlichen Voraussetzungen, insbesondere, dass er durch staatliche Stellen genehmigt, geregelt und überwacht wird, nicht hinreichend erfüllt[3029]. Der Freiverkehr ist privatrechtlich[3030] ausgestaltet. Als Teil dieses Marktes kann auch der Freiverkehr (Open Market) betrachtet werden[3031], der nur rudimentär reguliert wird. Nur in diesem Bereich des Kapitalmarkts sind Eigenemissionen ohne Bankenbeteiligung überhaupt möglich[3032].

A. Keine unterschiedlichen Prospektpflichten

Seit Inkrafttreten des Prospektrichtlinie-Umsetzungsgesetzes werden die inhaltlichen Anforderungen an einen Prospekt, der bei Vorliegen eines öffentlichen Angebots sowie bei Zulassung zum Handel im regulierten Markt an einer Börse

3027 Siehe hierzu: Ekkenga, in: MüKo-BGB, Band 5, Effektengeschäft, Rn. 8; Assmann, in: Assmann/Schneider, WpHG, § 2, Rn. 158 ff.; Weber, NJW 2007, 3688, 3689.

3028 Siehe zu diesen Pflichten: Groß, Kapitalmarktrecht, § 32 BörsG, Rn. 4a.

3029 OLG München, Beschluss v. 21.5.2008, 31 Wx 62/07, WM 2008, 1602, 1605; Groß, Kapitalmarktrecht, § 48 BörsG, Rn. 2; Groß, in: Ebenroth/Boujong/Joost/Strohn, Band 2, BoersG 2007 § 48, Rn. IX483; Fuchs, in: Fuchs, WpHG. § 2, Rn. 149; Hopt, in: Baumbach/Hopt, HGB, BörsG, § 48, Rn. 2.

3030 Siehe zur Rechtsnatur des Freiverkehrs: Groß, Kapitalmarktrecht, § 48 BörsG, Rn. 2; Ekkenga, in: MüKo-HGB, Band 5, Effektengeschäft, Rn. 9.

3031 Der Freiverkehr unterfällt nicht dem Anwendungsbereich der RL 2003/71/EG (EU-Prospektrichtlinie) und ist auch kein organisierter Markt i.S.d. MiFID (RL 2004/39/EG), sondern lediglich ein multilaterales Handelssystem (MTF).

3032 Siehe 3. Teil, 1. Abschnitt unter D.

bzw. bei Einbeziehung in den Handel im regulierten Markt an einer Börse zu erstellen ist, nunmehr einheitlich geregelt. Es wird keine Unterscheidung zwischen Verkaufsprospekt und Börsenzulassungsprospekt mehr vorgenommen[3033]. Auch ist nunmehr die BaFin für die Prüfung aller Prospekte zuständig, unabhängig davon, ob eine Börsenzulassung beantragt ist oder lediglich ein öffentliches Angebot vorliegt[3034]. Es bestehen daher keine unterschiedlichen Prospektpflichten mehr in den einzelnen Marktsegmenten. Allerdings setzt eine Einbeziehung von Aktien in den Freiverkehr nicht die Erstellung eines Prospekts voraus; ein solcher ist nur dann zu erstellen, wenn auch ein öffentliches Angebot vorliegt. Dies ist dann der Fall, wenn neben den Antrag auf Einbeziehung Werbemaßnahmen treten[3035].

Zwar ist bei der Einbeziehung von Aktien in den Freiverkehr, sofern auch ein öffentliches Angebot vorliegt, ein Prospekt zu erstellen, der die gleichen Informationen wie ein Prospekt, der für eine Zulassung zum Handel in einem organisierten bzw. regulierten Markt erstellt worden ist, enthalten muss, jedoch bestehen im Freiverkehr im Vergleich zu einem organisierten bzw. regulierten Markt verminderte Transparenz- und Folgepflichten[3036]; mit Zulassung zum Handel im organisierten Markt an einer Börse sind eine höhere Transparenz und ein verbesserter Anlegerschutz verbunden.

B. Keine Bankenmitwirkung im Bereich nicht regulierter Märkte erforderlich

Wie soeben gezeigt bestehen zwischen den einzelnen Marktsegmenten keine großen Unterschiede hinsichtlich der in einen Prospekt aufzunehmenden Informationen. Schwerer wiegt im außerbörslichen Bereich bzw. bei einer Einbeziehung in den Freiverkehr (Open Market) die nicht erforderliche Bankenmitwirkung.

Als Mithaftender tritt hier an die Stelle der Bank der Prospektveranlasser – meist der Unternehmensvorstand – oder bei einer Umplatzierung ohne Zwischenschaltung einer Bank die ihre Beteiligung abgebenden Altaktionäre[3037]. Daneben ist es aber auch denkbar, dass lediglich der Emittent haftet, falls dieser alleiniger Anbieter i.S.v. § 2 Nr. 10 WpPG und damit einziger Prospektverantwortlicher i.S.v. §§ 22, 21 Abs. 1, 2 WpPG ist[3038]. In beiden Konstellationen steht dem geschädigten Anleger ein im Vergleich zu einem Kreditinstitut wenig solventer Schuldner zur Verfügung.

3033 Laurenz, NZG 2005, 109, 110; Holzborn/Israel, ZIP 2005, 1668, 1670.

3034 Siehe hierzu: Holzborn/Israel, ZIP 2005, 1668, 1670; Schlitt/Schäfer, AG 2005, 498, 506; Schlitt/Singhof/Schäfer, BKR 2005, 251, 255; Groß, Kapitalmarktrecht, § 13 WpPG, Rn. 4 f.

3035 Siehe 3. Teil, 5. Abschnitt, A.

3036 Beck/Schäfer, in: Habersack/Mülbert/Schlitt, HdB. Kapitalmarktinformation, § 23, Rn. 1 f.; Harrer/Müller, WM 2006, 653, 654 f.

3037 Siehe zu Einzelheiten: 3. Teil, 6. Abschnitt, A.

3038 Siehe hierzu: 3. Teil, 5. Abschnitt, A.

4. Abschnitt: Inländische vs. ausländische Emittenten

Im folgenden Abschnitt werden die Unterschiede zwischen einer Emission eines inländischen und eines ausländischen Emittenten gegenübergestellt.

A. Prospekthaftung

Erwirbt ein Anleger mit gewöhnlichem Aufenthalt im Inland Aktien von einem ausländischen Emissionshaus bzw. Emittenten, so kann dieser Ansprüche gemäß §§ 22, 21 Abs. 1, 2 WpPG geltend machen, sofern die Voraussetzungen des § 21 Abs. 3 WpPG vorliegen. Gemäß § 21 Abs. 3 WpPG ist Voraussetzung für einen Anspruch gemäß § 21 Abs. 1, 2 WpPG, dass Wertpapiere auf Grund eines Inlandsgeschäfts oder einer ganz bzw. teilweise im Inland erbrachten Wertpapierdienstleistung erworben worden sind[3039].

Sofern der Anwendungsbereich der ECRL eröffnet ist, der Emittent oder das virtuelle Emissionshaus also seinen Sitz in einem anderen EU-Mitgliedstaat oder EWR-Staat hat, richten sich Prospekthaftungsansprüche aufgrund des in Art. 3 Abs. 1, 2 ECRL verankerten Herkunftslandprinzips, umgesetzt in deutsches Recht durch § 3 Abs. 1, 2 TMG, nach der Rechtsordnung des Herkunftsstaates des Diensteanbieters, sofern die Anwendung deutschen Rechts zu einer Beschränkung des Dienstleistungsverkehrs von Telemedien führen würde.

Deliktische Ansprüche sind – anders als Vorschriften des vertraglichen Verbraucherschutzes – nicht vom Anwendungsbereich der ECRL ausgenommen. Dies kann dazu führen, dass die Rechtsordnung eines anderen EU-Mitgliedstaates oder EWR-Staats eine im Vergleich zur deutschen für einen geschädigten Anleger ungünstigere Haftungsregelung enthält, da Prospekthaftungsansprüche durch die Prospektrichtlinie (RL 2003/71/EG) nicht harmonisiert worden sind. Während ein Anleger mit gewöhnlichem Aufenthalt im Inland bei Verletzung von Prospektpflichten durch einen Emittenten bzw. ein virtuelles Emissionshaus mit Sitz außerhalb des Anwendungsbereichs der ECRL auf ein Eingreifen der deutschen Prospekthaftung hoffen kann, ist dies nicht der Fall, sofern das virtuelle Emissionshaus seinen Sitz in einem anderen EU-Mitgliedstaat oder EWR-Staat hat.

B. Informations- und Aufklärungspflichtverletzungen

Im Folgenden wird näher betrachtet, ob und wie sich von Emittenten bzw. virtuellen Emissionshäusern zu erfüllende Informations- und Aufklärungspflichten, je nachdem, in welchem Land diese ihren Sitz haben, unterscheiden.

3039 Siehe zu Einzelheiten: 2. Teil, 3. Abschnitt, B.III.1.b.

I. *Informations- und Aufklärungspflichtverletzungen bei einer Fremdemission*

Seit Umsetzung der MiFID (RL 2004/39/EG) durch das FRUG und damit einhergehend der Abschaffung von optionalen Verschärfungsmöglichkeiten[3040] der EU-Mitgliedstaaten im Bereich der Wohlverhaltensregeln sind diese EU bzw. EWR weit einheitlich geregelt. Aufsichtrechtlich obliegen Wertpapierdienstleistungsunternehmen aus anderen EU-Mitgliedstaaten bzw. EWR-Staaten im Grundsatz damit die gleichen Informations- und Aufklärungspflichten wie inländischen Wertpapierdienstleistungsunternehmen, sofern sie sich gezielt mit ihrem Angebot an Anleger mit gewöhnlichem Aufenthalt im Inland wenden.

Für Wertpapierdienstleistungsunternehmen, welche ihre Hauptniederlassung in einem anderen EU-Mitgliedstaat bzw. EWR-Staat haben, gelten die jeweils in ihrem Heimatstaat in Umsetzung von Art. 19 MiFID (RL 2004/39/EG) erlassenen Vorschriften. Diese sollten im Idealfall mit den in Deutschland geltenden Vorschriften identisch sein.

Wertpapierdienstleistungsunternehmen aus einem Nicht-EWR-Staat, die im Wege einer grenzüberschreitenden Dienstleistungserbringung Wertpapierdienstleistungen im Inland erbringen, obliegen dagegen gemäß § 31 Abs. 10 WpHG aufsichtrechtlich dieselben Informations- und Aufklärungspflichten gemäß §§ 31 ff. WpHG wie inländischen Emissionshäusern, sofern sie sich gezielt mit ihrem Angebot an Anleger mit gewöhnlichem Aufenthalt im Inland wenden[3041].

Der Umfang zivilrechtlicher Aufklärungs- und Informationspflichten bestimmt sich dagegen nach dem Vertragsstatut. Sofern der situative Anwendungsbereich des Art. 6 Abs. 1 Rom I-VO eröffnet ist, also ein auf das Inland zielendes Angebot bzw. eine auf das Inland ausgerichtete Tätigkeit vorliegt und keine Rechtswahlvereinbarung getroffen wurde, richten diese sich nach deutschem Recht. Dies gilt unabhängig davon, ob das Emissionshaus seinen Sitz im Anwendungsbereich von Art. 3 ECRL hat, da gemäß dem 6. Spgstr. des Anhangs zu Art. 3 Abs. 3 ECRL der Bereich des vertraglichen Verbraucherschutz vom Herkunftslandprinzip ausgenommen worden ist. Diese Vorgabe hat der deutsche Gesetzgeber mit § 3 Abs. 3 Nr. 2 TMG umgesetzt. Allerdings werden in der Praxis Wertpapierdienstleistungsunternehmen meist eine Rechtswahlvereinbarung gemäß Art. 3 Rom I-VO treffen.

Haben Wertpapierdienstleistungsunternehmen und Verbraucher eine Rechtswahlvereinbarung getroffen, so findet der Umfang der Rechtswahl in Art. 6 Abs. 2 S. 2 Rom I-VO seine Grenzen. Demnach darf dem Verbraucher durch eine Rechtswahl nicht der Schutz entzogen werden, der ihm durch diejenigen Bestimmungen gewährt wird, von denen nach dem Recht, das nach Art. 6 Abs. 1 Rom I-VO mangels einer Rechtswahl anzuwenden wäre, abgewichen werden darf. Dies sind die

3040 Art. 11 Abs. 2 der Wertpapierdienstleistungsrichtlinie (RL 93/22/EG) sah eine solche Möglichkeit vor.

3041 Siehe 2. Teil, 4. Abschnitt, B.II.3.

u.a. Regelungen betreffend den Fernabsatz von Finanzdienstleistungen, betreffend AGB Klauseln, § 280 Abs. 1 BGB (pVV). §§ 280 Abs. 1, 241 Abs. 2, 311 Abs. 2 BGB (culpa in contrahendo) sowie §§ 5, 6 TMG[3042]. Damit richtet sich im Falle einer wirksamen Rechtswahl im Anwendungsbereich des Art. 6 Rom I-VO der Umfang von zivilrechtlichen Aufklärungspflichten ebenfalls nach deutschem Recht.

Ist der situative Anwendungsbereich des Art. 6 Rom I-VO dagegen nicht eröffnet, weil es aufgrund objektiver und subjektiver Kriterien an einer Ausrichtung des Angebots bzw. der Tätigkeit des Wertpapierdienstleistungsunternehmens auf das Inland fehlt, und wurde keine Rechtswahlvereinbarung getroffen, so bestimmt sich das anzuwendende Recht und damit der Inhalt und Umfang von zivilrechtlichen Informations- und Aufklärungspflichten bei einer Fremdemission nach Art. 4 Abs. 1 lit. b) Rom I-VO. Dienstleistungsverträge unterliegen dem Recht des Staates, in dem der Dienstleister seinen gewöhnlichen Aufenthalt hat. Da im Rahmen eines Vertrages über die Erbringung einer Wertpapierdienstleistung das Wertpapierdienstleistungsunternehmen regelmäßig die vertragscharakteristische Leistung erbringt, ist das Recht des Landes, in welchem das Unternehmen seine Hauptniederlassung hat, anzuwenden. Im Anwendungsbereich von Art. 3 ECRL ergeben sich an diesem Ergebnis keine Änderungen. In der Sache ist das Herkunftslandprinzip ebenfalls durch Art. 4 Rom I-VO verwirklicht worden, da an die Hauptniederlassung der Partei angeknüpft wird, welche die für den Vertag charakteristische Leistung erbringt[3043].

Wurde eine wirksame Rechtswahlvereinbarung getroffen und liegen die situativen Voraussetzungen des Art. 6 Rom I-VO nicht vor, so bestimmt sich das anwendbare Recht und damit der Inhalt und Umfang von zivilrechtlichen Informations- und Aufklärungspflichten ausschließlich anhand von Art. 3 Rom I-VO. Der situative Anwendungsbereich von Art. 46b EGBGB ist in diesem Fall in aller Regel nicht eröffnet, da dieser mit dem situativen Anwendungsbereich des Art. 6 Abs. 2 S. 2 Rom I-VO weitestgehend deckungsgleich ist[3044]. Es greift somit keine Beschränkung der Freiheit der Rechtswahl ein. Da Fragen der Rechtswahl gemäß dem 5. Spgstr. des Anhangs zu Art. 3 Abs. 3 ECRL nicht dem in Art. 3 ECRL verankerten Herkunftslandprinzip unterfallen, ergeben sich im Anwendungsbereich der ECRL keine Änderungen.

II. Informations- und Aufklärungspflichtverletzungen bei einer Eigenemission

Hingegen finden die §§ 31 ff. WpHG bei einer Eigenemission keine Anwendung, da der Emittent keine Wertpapierdienstleistung erbringt. Es bestehen bei einer

3042 Siehe 2. Teil, 3. Abschnitt, B.IV.1.b.dd.

3043 In diesem Sinne auch Mankowski, ZVglRWiss 100(2001), 137, 156, jedoch zu Art. 28 Abs. 2 EGBGB a.F.

3044 Siehe 2. Teil, 3. Abschnitt, B.IV.1.c.dd.

Eigenemission keine öffentlich-rechtlichen bzw. kapitalmarktrechtlichen Aufklärungs- und Informationspflichten, sondern lediglich zivilrechtliche Informationspflichten. Der Umfang dieser Pflichten ergibt sich aus dem BGB, sofern deutsches Recht auf den Zeichnungsvertrag anzuwenden ist. Dies ist bei in Deutschland gegründeten Gesellschaften der Fall. Bei einer Eigenemission eines ausländischen Emittenten bestimmt sich das auf den Zeichnungsvertrag anwendbare Recht anhand des Gesellschaftsstatuts[3045]. Der Umfang etwaiger im Zusammenhang mit dem Zeichnungsvertrag stehenden Informationspflichten bestimmt sich damit nach dem durch das Gesellschaftsstatut zur Anwendung berufenen Recht[3046].

C. Anwendbarkeit verbraucherschützender Normen

Im Rahmen von Aktienemissionen sind die Vorschriften über den Fernabsatz von Finanzdienstleistungen und die im TMG verankerten Informationspflichten neben den in §§ 31 ff. WpHG statuierten Informationspflichten von besonderer Bedeutung für den Anlegerschutz.

I. Anwendbarkeit der Vorschriften über den Fernabsatz von Finanzdienstleistungen

Bei einer Fremdemission eines Emissionshauses mit Sitz im Ausland kommen die in Umsetzung der FFDL-RL (RL 2002/65/EG) erlassenen Vorschriften über den Fernabsatz von Finanzdienstleistungen (§§ 312b-g BGB) über Art. 6 Abs. 1 Rom I-VO und bei Vorliegen einer Rechtswahl über Art. 6 Abs. 2 S. 2 Rom I-VO zur Anwendung, sofern ein auf das Inland ausgerichtetes Angebot vorliegt. Dagegen kommen schon bei einer Eigenemission die Vorschriften über den Fernabsatz von Finanzdienstleistungen grds. nicht zur Anwendung, da ihr sachlicher Anwendungsbereich nicht eröffnet ist.

II. Anwendbarkeit der Informationspflichten des TMG

Die Vorschriften des TMG sind sowohl bei einer Eigen- wie auch einer Fremdemission anwendbar, unabhängig davon, ob der Emittent bzw. das virtuelle Emissionshaus seinen Sitz im In- oder Ausland hat.

D. Gerichtliche Durchsetzung und Vollstreckung der Ansprüche

Meist kann ein durch ein ausländisches Emissionshaus geschädigter Anleger in Deutschland Klage erheben, da in der Regel im Anwendungsbereich der EuGVO entweder der Verbrauchergerichtsstand gemäß Artt. 16 Abs. 1 2. Alt., 15 EuGVO[3047]

3045 Siehe 2. Teil, 3. Abschnitt, B.IV.3.b.bb.
3046 Siehe 2. Teil, 3. Abschnitt, B.IV.3.b.bb.
3047 Siehe 2. Teil, 3. Abschnitt, C.I.1.

und/oder der Gerichtsstand der unerlaubten Handlung (Art. 5 Nr. 3 EuGVO) eröffnet ist[3048].

Dagegen ist der ausschließliche Gerichtsstand bei falschen, irreführenden oder unterlassenen öffentlichen Kapitalmarktinformationen (§ 32b ZPO) gemäß § 32b Abs. 1 S. 2 ZPO bei einem Auslandsbezug – im Hinblick auf EU-Mitgliedstaaten wie auch Drittstaaten – nicht anwendbar. Da im Verhältnis zu Drittstaaten die EuGVO nicht Anwendung findet, muss sich ein geschädigter Anleger, sofern er Ansprüche gegen einen Emittenten oder anderen Prospektverantwortlichen mit allgemeinem Gerichtsstand in einem Drittstaat geltend machen möchte, außerhalb des Anwendungsbereichs der EuGVO somit wahlweise des Gerichtsstandes des Erfüllungsorts (§ 29 ZPO)[3049] oder des Gerichtsstands der unerlaubten Handlung (§ 32 ZPO)[3050] bedienen um in Deutschland Klage erheben zu können.

Die eigentliche Schwierigkeit liegt bei grenzüberschreitenden Emissionen in der Vollstreckung des erwirkten Urteils. Meist wird ein ausländisches Unternehmen keine der Pfändung unterliegenden Gegenstände im Inland besitzen[3051] oder aber seinen Sitz bzw. sein gesamtes vollstreckungsfähiges Vermögen in einem Staat haben, der sich keinem Vollstreckungsabkommen oder einem die Anerkennung zusichernden Handels-, Schiffahrts- und Freundschaftsabkommen unterworfen hat und in dem deutsche Urteile auch sonst nicht anerkannt werden[3052]. Hinzu kommt, dass eine Vollstreckung kleinerer Beträge im Ausland aufgrund des Vollstreckungsrisikos und der Vollstreckungskosten nicht lohnt. Lediglich im Anwendungsbereich des EuGVO ist ein wirksamer Verbraucherschutz im Bereich der Vollstreckung gewährleistet[3053].

E. Behördliche Durchsetzung aufsichtsrechtlicher Verfügungen

Ähnliche Probleme ergeben sich bei der Durchsetzung aufsichtsrechtlicher Verfügungen gegen Emittenten mit Sitz im Ausland. Die Vollstreckung von gegen ausländische Unternehmen erlassenen Anordnungen im Ausland durch inländische Behörden stellt einen völkerrechtlich unzulässigen Eingriff in die Souveränitätsrechte des betreffenden Landes dar[3054]. Daher besteht die einzige Möglichkeit gegen einen ausländischen Emittenten bzw. Anbieter vorzugehen darin, die Aufsichtsbehörde im Sitzstaat des Emittenten bzw. Anbieters zu einem Einschreiten zu veranlassen bzw. zur Vollstreckung eines in Deutschland gegenüber dem

---

3048 Siehe 2. Teil, 3. Abschnitt, C.I.3.

3049 Siehe 2. Teil, 3. Abschnitt, C.II.2.b.

3050 Siehe 2. Teil, 3. Abschnitt, C.II.2.e.

3051 Ernst, in: Gounalakis, Rechtshandbuch Electronic-Business, § 16, Rn. 32.

3052 Terlau, in: Moritz/Dreier, Teil D, Rn. 799; vergleiche eine Liste solcher Staaten bei Gottwald, in: MüKo-ZPO, Band 1, § 328, Rn. 135 ff.

3053 Siehe hierzu: Pfeiffer, in: Gounalakis, Rechtshandbuch Electronic-Business, § 16, Rn. 32.

3054 Zens, 30; Verdross/Simma, Völkerrecht, § 456 (S. 276); Wettner, 130.

ausländischen Emittenten bzw. Anbieter erlassenen Verwaltungsakts zu bewegen. Ob die Aufsichtsbehörde im Sitzstaat des Emittenten bzw. Anbieters Maßnahmen gegen diesen ergreift, hängt davon ab, ob das Recht im Sitzstaat des Emittenten ein Tätigwerden im Ausland sanktioniert und die zuständige Heimatlandbehörde zu einem Einschreiten willens und befugt ist. Dabei wird die Amtshilfe zwischen den Aufsichtsbehörden der EWR- Vertragsstaaten überwiegend durch Finanzmarktrichtlinien bzw. die nationalen Umsetzungsgesetze geregelt. So sieht beispielsweise Art. 56 der MiFID (RL 2004/39/EG) eine Pflicht zur Leistung von Amtshilfe bei der Zusammenarbeit zwischen den Aufsichtsbehörden der EWR-Staaten vor und ermöglicht Aufsichtsbehörden auch ein grenzüberschreitendes Tätigwerden bei Vor-Ort-Prüfungen, Art. 57 MiFID (RL 2004/39/EG). Daneben läuft aber die Zusammenarbeit zwischen Aufsichtsbehörden auch auf der Basis bilateraler und multilateraler, rechtlich nicht verbindlicher Abkommen, sogenannter Memoranda of Understanding[3055]. Aufgrund der Harmonisierung des Aufsichtsrechts der einzelnen EWR-Vertragsstaaten ist sichergestellt, dass Verfügungen der BaFin gegen Unternehmen mit Sitz in einem dieser Staaten auch vollstreckt werden können bzw. die zuständige Heimatlandbehörde zu einem Einschreiten veranlasst werden kann.

Gegenüber Emittenten bzw. Anbietern mit Sitz in einem Staat, der nicht Vertragsstaat des EWR ist, gestaltet sich eine Vollstreckung schwieriger bzw. erscheint als unmöglich. Zwischen diesen Staaten bestehen keine diesen Bereich regelnden Staatsverträge; auch kann eine Zusammenarbeit mit solchen Staaten nicht auf die Generalklausel in den entsprechenden Finanzmarktrichtlinien gestützt werden. Das Bestehen eines MoU mit einem solchen Staat ändert an diesem Ergebnis ebenfalls nichts, da diese nicht zur Leistung von Vollstreckungshilfe verpflichten. Dies hat zur Folge, dass Verfügungen der BaFin gegen Unternehmen, die ihren Sitz in einem Off-Shore Financial Center (OFC) haben, nicht durchsetzbar sind[3056]. In diesem Fall kann lediglich versucht werden, den Zugang zu rechtswidrigen Kapitalmarktangeboten durch Erlass von Sperrungsverfügungen gegen inländische Access-Provider zu unterbinden.

5. Abschnitt: Zusammenfassung und Bewertung

Das Internet hat den Kapitalmarkt grundlegend verändert und neue Vertriebsformen wie Discount-Broking oder Online-Banking erst ermöglicht. Anleger wurden in die Lage versetzt, weltweit die Dienste von Banken und Finanzdienstleistungsunternehmen in Anspruch zu nehmen ohne dafür ins Ausland reisen zu müssen. Hierdurch wurde ihnen der Erwerb von Aktien aus aller Welt erleichtert bzw. erst ermöglicht.

3055 Zens, 46; Korth, WM 2000, 1521, 1527 f.

3056 Siehe auch zu dieser Problematik im Zusammenhang mit Outsourcing-Verträgen: Söbbing/Weinbrenner, WM 2006, 165 ff.

Bei einer solchen Vorgehensweise kann der inländische Anleger jedoch nicht in jedem Fall auf die Anwendbarkeit seiner Rechtsordnung vertrauen. Zwar kommen in vielen Fällen mit Auslandsbezug inländische Verbraucherschutzvorschriften über Art. 6 Rom I-VO zur Anwendung: So ist gemäß Art. 6 Abs. 1 Rom I-VO deutsches Recht zur Anwendung berufen, wenn ein Wertpapierdienstleistungsunternehmen seine Tätigkeit auf Deutschland ausgerichtet hat oder bereits in Deutschland tätig ist und keine Rechtswahlvereinbarung getroffen wurde[3057].

In der Praxis verwenden Banken und Wertpapierdienstleistungsunternehmen in ihren AGB meist Rechtswahlklauseln, die das Recht ihres Heimatlandes für anwendbar erklären. Jedoch findet die Freiheit der Rechtswahl in Art. 6 Abs. 2 S. 2 Rom I-VO eine Schranke. Demnach darf einem Verbraucher nicht der Schutz entzogen werden, der ihm durch diejenigen Bestimmungen gewährt wird, von denen nach dem Recht, das mangels einer Rechtswahl anzuwenden wäre, nicht durch Vereinbarung abgewichen werden darf. Damit sind trotz Rechtswahl § 280 Abs. 1 BGB (pVV)[3058], §§ 280 Abs. 1, 241 Abs. 2, 311 Abs. 2 BGB (culpa in contrahendo)[3059] sowie Vorschriften über den Fernabsatz von Finanzdienstleistungen[3060] anwendbar[3061], sofern das ausländische Wertpapierdienstleistungsunternehmen seine Tätigkeit im Inland ausübt oder auf das Inland ausgerichtet hat. Geht beispielsweise ein inländischer Anleger von sich aus auf den ausländischen Anbieter zu, der bisher noch nicht im Inland tätig war, und fragt diesen, ob er nicht ausnahmsweise Wertpapiere ins Inland liefern oder eine grenzüberschreitende Wertpapierdienstleistungen im Inland erbringen kann, so ist der Anwendungsbereich des Art. 6 Abs. 1 lit. b) Rom I-VO nicht eröffnet.

Zivilrechtliche Ansprüche aus der Verletzung von zivilrechtlichen Informations- und Aufklärungspflichten spielen im Bereich des Online-Broking allerdings eine eher untergeordnete Rolle, da keine individualisierte Aufklärung erfolgt. Auch

3057 Siehe zur Frage, wann eine auf das Inland ausgerichtete Tätigkeit angenommen werden kann: 2. Teil, 3. Abschnitt, B.IV.1.b.cc.ddd.

3058 So zu Aufklärungspflichtverletzungen: BGH, Urt. v. 25.1.2005, XI ZR 78/04, RIW 2005, 463, 464 zu Art. 29 EGBGB a.F.; so auch Martiny, in: MüKo-BGB, Band 10, Art. 6 Rom I-VO, Rn. 43.

3059 Zwar sind Ansprüche aus culpa in contrahendo als außervertragliche Ansprüche zu qualifizieren und unterfallen damit nicht direkt dem Anwendungsbereich der Rom I-VO. Jedoch findet gemäß Art. 12 Abs. 1 Rom II-VO auf außervertragliche Schuldverhältnisse aus Verhandlungen vor Abschluss eines Vertrags, unabhängig davon, ob der Vertrag tatsächlich geschlossen wurde oder nicht, das Recht Anwendung, das auf den Vertrag anzuwenden ist oder anzuwenden gewesen wäre, wenn er geschlossen worden wäre.

3060 Diese beruhen auf der Richtlinie 2002/65/EG des Europäischen Parlaments und des Rates vom 23. September 2002 über den Fernabsatz von Finanzdienstleistungen an Verbraucher und zur Änderung der Richtlinie 90/619/EWG des Rates und der Richtlinien 97/7/EG und 98/27/EG, ABl. Nr. L 271 v. 09.10.2002, 16.

3061 Siehe hierzu: 2. Teil, 3. Abschnitt, B.IV.1.b.dd.

wird zwischen Anleger und Online-Broker in der Regel kein Beratungsvertrag abgeschlossen. Eine Aufklärung erfolgt anhand standardisierter Informationsbroschüren[3062].

Der Umfang der aufsichtsrechtlichen Aufklärungspflichten ist beim Online-Broking im Vergleich zu herkömmlichem Vertrieb ebenfalls herabgesetzt. § 31 Abs. 7 WpHG bestimmt, dass dem Kunden lediglich die in § 31 Abs. 3 WpHG benannten Informationen überlassen werden müssen. Die Informationsüberlassung kann in standardisierter und abstrakter Form erfolgen.

Im Verhältnis zu Wertpapierdienstleistungsunternehmen aus anderen EU-Mitgliedstaaten und EWR-Staaten finden §§ 31 ff. WpHG und damit § 31 Abs. 7 WpHG allerdings keine Anwendung, sondern die in Umsetzung von Art. 19 Abs. 6 MiFID im jeweiligen Heimatstaat erlassenen Normen[3063]. Im Verhältnis zu Drittstaaten findet dagegen § 31 Abs. 7 WpHG gemäß § 31 Abs. 10 WpHG Anwendung, wenn keine ausschließliche Dienstleistungserbringung im Ausland vorliegt, d.h. Voraussetzung für die Anwendbarkeit der §§ 31 ff. WpHG ist das Erbringen einer Korrespondenzdienstleistung im Inland[3064].

Damit bestehen beim Erwerb von Aktien mittels Internet im Vergleich zum Erwerb auf herkömmlichem Wege über eine Bankfiliale herabgesetzte zivilrechtliche sowie aufsichtsrechtliche Informations- und Aufklärungspflichten. Der Umfang dieser Pflichten kann sich auch nach ausländischem Recht bestimmen, sofern nicht Anleger im Inland zielgerichtet angesprochen werden bzw. keine teilweise Dienstleistungserbringung im Inland vorliegt. Es bietet sich an, die Frage, wann eine auf das Inland ausgerichtete Tätigkeit i.S.v. Art. 6 Rom I-VO vorliegt, sowie die Fragestellung, wann eine teilweise Dienstleistungserbringung im Inland i.S.v. § 31 Abs. 10 WpHG gegeben ist, anhand derselben Kriterien zu beurteilen, auch um zu einen Wertungswiderspruch zwischen Aufsichts- und Zivilrecht zu vermeiden.

Von größerer Bedeutung für den Anlegerschutz sind Ansprüche aus Prospekthaftung. Diese bestehen unabhängig davon, ob vertragliche Informations-, Aufklärungs- oder Beratungspflichten verletzt worden sind. Ein Wertpapierprospekt ist zu erstellen, sofern ein öffentliches Angebot im Inland vorliegt (§ 3 Abs. 1 WpPG) oder Wertpapiere zum Handel in einem organisierten Markt im Inland zugelassen werden sollen (§ 3 Abs. 3 WpHG)[3065]. Liegen diese Voraussetzungen nicht vor, so bestehen auch keine Prospekthaftungsansprüche nach deutschem Recht, da das Vorliegen einer Prospektpflicht Voraussetzung für das Bestehen von Ansprüchen gemäß §§ 22, 21 Abs. 1, 2 WpPG bzw. § 24 WpPG ist. Werden keine Anleger im Inland zielgerichtet angesprochen, so liegt auch kein öffentliches Angebot im Inland vor. Es ist anhand einer Kombination objektiver und subjektiver Kriterien zu bestimmen, ob Anleger mit gewöhnlichem Aufenthalt im Inland angesprochen

3062 Siehe 2. Teil, 4. Abschnitt, B.II.1.
3063 Siehe 2. Teil, 3. Abschnitt, A.II.1.a.
3064 Siehe 2. Teil, 3. Abschnitt, A.II.1.d.
3065 Siehe zu dieser Frage: 2. Teil, 3. Abschnitt, A.I.

werden sollen. Hierdurch wird in ausreichendem Maße sichergestellt, dass ein „Disclaimer" nicht rechtsmissbräuchlich dazu verwendet wird, sich einer Prospektpflichtigkeit in Deutschland zu entziehen.

Aber auch wenn ein öffentliches Angebot im Inland vorliegt, kann der geschädigte Anleger nicht in jedem Fall darauf vertrauen, dass deutsche Prospekthaftungsnormen zur Anwendung gelangen. Ansprüche aus spezialgesetzlicher Prospekthaftung sind an das Recht des Marktortes anzuknüpfen[3066]. Damit kommt es in den meisten Fällen zu einem Gleichklang zwischen dem auf vertragliche Ansprüche und spezialgesetzliche Prospekthaftungsansprüche anwendbaren Recht. Jedoch wird im Anwendungsbereich des in § 3 Abs. 2 TMG verankerten Herkunftslandprinzips das durch Art. 4 Abs. 3 Rom II-VO auf spezialgesetzliche Prospekthaftungsansprüche anwendbare Recht durch das Heimatlandrecht des virtuellen Emissionshauses verdrängt, sofern die Anwendung inländischen Rechts zu einer Einschränkung des freien Dienstleistungsverkehrs von Telemedien führen würde, § 3 Abs. 2 TMG[3067]. Es kommt damit im Anwendungsbereich des § 3 Abs. 2 TMG – auf das in dieser Norm verankerte Herkunftslandprinzip können sich alle Diensteanbieter von Telemedien berufen, die in einem EU-Mitgliedstaat bzw. EWR-Staat niedergelassen sind – darauf an, ob die in Umsetzung von Art. 6 UAbs. 2 S. 1 der Prospektrichtlinie (RL 2003/71/EG) im jeweiligen Herkunftsland des Diensteanbieters erlassene Norm[3068] im Vergleich zu §§ 22, 21 WpPG strengere oder weniger strenge Haftungsregeln statuiert. Sofern die §§ 22, 21 WpPG eine im Vergleich zum im Herkunftsland geltenden Recht schärfere Regelung darstellen, gelangt deutsches Recht nicht zur Anwendung. Denn durch die Anwendung der §§ 22, 21 WpPG würde der freie Dienstleistungsverkehr von Telemedien unzulässigerweise eingeschränkt, § 3 Abs. 2 TMG.

Dies führt zu dem fragwürdigen Ergebnis, dass ein inländischer Anleger, sofern er Aktien von einem Wertpapierdienstleistungsunternehmen aus einem anderen EU-Mitgliedstaat oder EWR-Staat erworben hat und dieses Unternehmen auch Prospekterlasser ist, nicht Ansprüche aus §§ 22, 21 WpPG gegen dieses Unternehmen geltend machen kann, sofern hierdurch der freie Dienstleistungsverkehr von Telemedien eingeschränkt würde. Erwirbt ein Anleger dagegen Aktien mittels Internet von einem Wertpapierdienstleistungsunternehmen aus einem anderen EU-Mitgliedstaat bzw. EWR-Staat und wurde der Prospekt nicht von diesem Unternehmen, sondern einem anderen Wertpapierdienstleistungsunternehmen erlassen, so können Prospekthaftungsansprüche dagegen auf Basis von §§ 22, 21 WpPG geltend gemacht werden, da der Prospekterlasser in dieser Konstellation mangels direktem Kontakt mit dem Anleger nicht Diensteanbieter von Telemedien ist.

3066 Siehe zur Marktortanknüpfung: 2. Teil, 3. Abschnitt, B.V.3.e-f.

3067 2. Teil, 3. Abschnitt, B.V.5.a.

3068 Die EU-Mitgliedstaaten hatten bei der Umsetzung von Art. 6 UAbs. 2 S. 1 der Prospektrichtlinie (RL 2003/71/EG) einen großen Gestaltungsspielraum.

Dagegen finden die §§ 22, 21 WpPG Anwendung, wenn ein deutscher Anleger Wertpapiere von einem Wertpapierdienstleistungsunternehmen aus einem Nicht-EWR-Staat, welches gleichzeitig Prospekterlasser ist, erwirbt, da in Bezug auf dieses Unternehmen das in § 3 Abs. 2 TMG verankerte Herkunftslandprinzip nicht anwendbar ist. Das Herkunftslandprinzip führt damit im Bereich der spezialgesetzlichen Prospekthaftung zu einer Rechtsspaltung zwischen EU-Mitgliedstaaten bzw. EWR-Staaten auf der einen Seite und Drittstaaten auf der anderen Seite.

Gemäß § 32 KWG ist es Drittstaatenunternehmen – im Gegensatz zu Unternehmen aus EU-Mitgliedstaaten und EWR-Staaten – nicht erlaubt, im Inland gewerbsmäßig oder in einem Umfang, der einen in kaufmännischer Weise eingerichteten Geschäftsbetrieb erfordert, Bankgeschäfte zu betreiben oder Finanzdienstleistungen zu erbringen: Dies gilt auch für solche Geschäfte, die im Wege einer Korrespondenzdienstleistung getätigt werden[3069]. Ein Betreiben von Bankgeschäften oder Erbringen von Finanzdienstleistungen im Inland i.S.v. § 32 KWG ist immer dann anzunehmen, wenn ein ausländisches Institut Kunden mit gewöhnlichem Aufenthalt im Inland zielgerichtet anspricht. Werden diese Institute im Inland tätig, finden die §§ 31 ff. WpHG auf sie Anwendung, auch wenn bankaufsichtsrechtlich ein Tätigwerden im Inland aufgrund von § 32 KWG unzulässig ist[3070].

Hier tritt das Problem auf, dass etwaige bankaufsichtsrechtliche Maßnahmen gegenüber Unternehmen aus Drittstaaten nur schwer durchsetzbar sind. Zwar hat die Umsetzung der MiFID (RL 2004/39/EG) in deutsches Recht durch das FRUG zu einer Verbesserung der Zusammenarbeit der Aufsichtsbehörden der EU-Mitgliedstaaten und EWR-Staaten geführt und damit zu einer verbesserten Überwachung von Wertpapierdienstleistungsunternehmen, die aus einem EWR-Vertragsstaat heraus Finanzdienstleistungen im Wege einer Korrespondenzdienstleistung im Inland erbringen. Dagegen gestaltet sich die Zusammenarbeit mit Aufsichtsbehörden aus Drittstaaten, insbesondere mit solchen aus sog. „Offshore-Financial-Centers" (OFCs), in welchen die meisten unseriösen Anbieter beheimatet sind, nach wie vor schwierig.

Das größte Gefährdungspotential für den Anlegerschutz bei Aktienemissionen unter Zuhilfenahme des Internets im Wege einer Fremdemission liegt somit nicht in einer mangelnden Regulierungsdichte, sondern in der praktischen Durchsetzbarkeit bzw. Rechtsanwendung. Sowohl aufsichtsrechtliche Eingriffsbefugnisse wie auch in Deutschland erwirkte Urteile nützen einem geschädigten Anleger wenig, so lange keine Vollstreckung im Ausland möglich ist[3071].

Im Vergleich zu einer Fremdemission bestehen bei einer Eigenemission für den Anleger zusätzliche Risiken. Der Einsatz des Internets hat die effektive Durchführung einer Eigenemission erst ermöglicht. Die Durchführung einer solchen unter Zuhilfenahme des Internets kommt für kleinere Emissionen ohne Börsennotierung,

3069 Siehe 2. Teil, 3. Abschnitt, A.III.3.b.
3070 Siehe 2. Teil, 3. Abschnitt, A.II.
3071 Siehe 2. Teil, 3. Abschnitt, D.

für Emissionen mit Einbeziehung in den Freiverkehr (Open Market)[3072] oder für eine Kapitalerhöhung mit Bezugsrechtsausschluss einer bereits in einem organisierten Markt notierten Gesellschaft, sofern die über einen Zeitraum von zwölf Monaten neu begebenen Aktien weniger als 10% der Zahl der Aktien derselben Gattung ausmachen, die bereits zum Handel an demselben organisierten Markt zugelassen sind, und kein öffentliches Angebot vorliegt, in Betracht. Seit Inkrafttreten des Gesetzes zur Umsetzung der Richtlinie 2010/73/EU[3073] und zur Änderung des Börsengesetzes vom 26.6.2012[3074] kommt eine Eigenemission für eine Kapitalerhöhung ohne Bezugsrechtsausschluss dagegen nicht mehr in Betracht, da ein Prospekt zu erstellen ist, der von einem Kreditinstitut zu unterzeichnen ist[3075].

Eine Eigenemission ist dadurch gekennzeichnet, dass es an der Einschaltung eines Finanzintermediärs fehlt. Dies hat Auswirkungen auf den Umfang zivilrechtlicher wie aufsichtsrechtlicher Informations- und Aufklärungspflichten. Die von der Rechtsprechung[3076] für den Vertrieb von Finanzprodukten aufgestellten Grundsätze zur anleger- und objektgerechten Beratung lassen sich auf eine Eigenemission nicht übertragen, da im Unterschied zur Einschaltung eines Emissionshauses vom Emittenten eigene Aktien und nicht fremde platziert werden. Der Erwerb mitgliedschaftlicher Rechte steht im Vordergrund. Informations- und Aufklärungspflichten bestehen lediglich im Zusammenhang mit dem Zeichnungsvertrag insoweit, als Treu und Glauben unter Berücksichtigung der Verkehrssitte es erfordern[3077].

Das auf den Zeichnungsvertrag anwendbare Recht bestimmt sich anhand des Gesellschaftsstatuts. Es kommen keine verbaucherschützenden Vorschriften über Art. 6 Rom I-VO zur Anwendung[3078]. Vielmehr richten sich vertragliche Nebenpflichten ausschließlich nach dem durch das Gesellschaftsstatut zur Anwendung berufenen Recht. Dagegen spielt die Verletzung von gründungsrechtlichen Vorschriften im Zusammenhang mit dem Zeichnungsvertrag bei einer Eigenemission eine größere Rolle als bei einer Fremdemission.

3072 So auch Schanz, Börseneinführung, 2. Auflage, § 10, Rn. 9; dagegen kritisch ders., 4. Auflage, § 10, Rn. 10; Koch/Wegmann, 217, der als Beispiele hierfür die Berliner Spezialflug AG sowie die DB-Soft AG nennt.

3073 Richtlinie 2010/73/EU des Europäischen Parlaments und des Rates zur Änderung der Richtlinie 2003/71/EG betreffend den Prospekt, der beim öffentlichen Angebot von Wertpapieren oder bei deren Zulassung zum Handel zu veröffentlichen ist, und der Richtlinie 2004/109/EG zur Harmonisierung der Transparenzanforderungen in Bezug auf Informationen über Emittenten, deren Wertpapiere zum Handel auf einem geregelten Markt zugelassen sind, ABl 2010 L 327, S. 1 ff.

3074 BGBl I 2011, S. 4281; siehe zu dieser Gesetzänderung: Leuering, NJW 2012, 1905 ff.

3075 Siehe 3. Teil, 1. Abschnitt.

3076 Siehe insbesondere: BGH, Urt. v. 6. Juli 1993, XI ZR 12/93 (Bonrd), WM 1993, 1455, 1456.

3077 Siehe 3. Teil, 5. Abschnitt, B.I.

3078 Siehe 2. Teil, 3. Abschnitt, B.IV.3.b.

Anders als bei einer Fremdemission obliegen dem Emittent bei einer Eigenemission keine aufsichtsrechtlichen Informations- und Aufklärungspflichten gemäß §§ 31 ff. WpHG, da der Emittent keine Wertpapierdienstleistung erbringt[3079]. Auch bestehen im Unterschied zu einer Fremdemission lediglich erheblich herabgesetzte zivilrechtliche Informations- und Aufklärungspflichten. Dies führt dazu, dass die Wahrscheinlichkeit von Informationsasymmetrien zu Lasten des Anlegers bei einer Eigenemission zunimmt.

Bei einer Eigenemission sind daher noch mehr als bei einer Fremdemission die Vorschriften des WpPG für den Anleger von zentraler Bedeutung. Wichtigste Informationsquelle für den Anleger ist bei einer Eigenemission der Prospekt. Ein solcher ist gemäß § 3 Abs. 1 WpPG aber nur beim Vorliegen eines öffentlichen Angebots im Inland zu erstellen oder gemäß § 3 Abs. 4 WpPG, sofern Wertpapiere zum Handel an einem organisierten Markt im Inland zugelassen werden sollen[3080]. Jedoch werden im Rahmen einer Eigenemission begebene Aktien oftmals nicht zum Handel in einem organisierten Markt im Inland zugelassen. In Deutschland existieren ca. 16.000 Aktiengesellschaften; von diesen haben lediglich ca. 820 ihre Aktien an einer Börse in einem organisierten Markt gelistet[3081]. Sofern Wertpapiere nicht zum Handel an einem organisierten Markt im Inland zugelassen werden sollen, ist bei der Prospekterstellung keine Mitwirkung eines Kreditinstituts, eines Finanzdienstleistungsinstituts, eines nach § 53 Abs. 1 S. 1 KWG oder nach § 53b Abs. 1 S. 1 KWG tätigen Unternehmens notwendig, §§ 32 Abs. 2 BörsG, 5 Abs. 4 S. 2 WpPG. Aus diesem Grund können Ansprüche aus spezialgesetzlicher Prospekthaftung bei einer Eigenemission nur gegen den Emittenten, nicht aber gegenüber Kreditinstituten, geltend gemacht werden, da diese in der Regel nicht an der Prospekterstellung mitwirken.

Sofern ein öffentliches Angebot im Inland vorliegt und damit ein Prospekt gemäß § 3 Abs. 1 WpPG zu erstellen ist, stehen dem Anleger bei der Verletzung von Prospektpflichten Schadensersatzansprüche gemäß §§ 22, 21 WpPG aus spezialgesetzlicher Prospekthaftung gegen den Emittenten zu. Unterbleibt eine Prospektveröffentlichung, so kann der geschädigte Anleger Ansprüche gemäß § 24 WpPG geltend machen. Dies gilt uneingeschränkt im Hinblick auf inländische Emittenten. Bei ausländischen Emittenten sind Prospekthaftungsansprüche gemäß Art. 4 Abs. 3 Rom II-VO am Marktort anzuknüpfen[3082]. Da im Unterschied zu einer Fremdemission der Emittent bei einer Eigenemission Diensteanbieter von Telemedien i.S.v. §§ 1, 2 S. 1 Nr. 1 TMG ist, kann er sich im Anwendungsbereich des § 3 Abs. 2 TMG auf das Herkunftslandprinzip berufen, sofern die Anwendung des Sachrechts des Marktorts zu einer Einschränkung des freien Dienstleistungsverkehrs

3079 Siehe 3. Teil, 3. Abschnitt, A.

3080 Siehe 2. Teil, 3. Abschnitt, A.II.

3081 Christian Amann, „Plötzlich ist das Kapital weg, Außerbörsliche Aktien sind für Privatanleger hochriskant", SZ v. 4.1.2006, S. 26.

3082 Siehe 2. Teil, 3. Abschnitt, B.V.1.

von Telemedien führen würde. Anleger mit gewöhnlichem Aufenthalt im Inland können gegen Emittenten aus einem anderen EU-Mitgliedstaat oder EWR-Staat spezialgesetzliche Prospekthaftungsansprüche gemäß §§ 22, 21 Abs. 1, 2 WpPG dann nicht geltend machen, falls die in Umsetzung von Art. 6 UAbs. 2 S. 1 der Prospektrichtlinie (RL 2003/71/EG) im Herkunftsland des Emittenten erlassenen Prospekthaftungsnormen aus Sicht des Emittenten eine im Vergleich zu §§ 13 VerkProspG, 44, 45 BörsG für den Emittenten „günstigere“ Regelung enthalten[3083]. Dagegen findet im Verhältnis zu Emittenten aus Drittstaaten das in § 3 Abs. 2 TMG verankerte Herkunftslandprinzip keine Anwendung, so dass spezialgesetzliche Prospekthaftungsansprüche an den Marktort anzuknüpfen sind[3084].

Es lässt sich festhalten, dass Anleger nicht in jedem Fall auf die Anwendbarkeit deutscher Prospekthaftungsvorschriften vertrauen können. Erschwerend kommt hinzu, dass selbst wenn deutsches Sachrecht anwendbar ist, es meist an einem solventen Anspruchsgegner fehlt. Anders als bei einer Fremdemission können Prospekthaftungsansprüche bei einer Eigenemission in der Regel nur gegen den Emittenten selbst geltend gemacht werden[3085]. Etwas anderes gilt lediglich dann, wenn weitere Personen wie z.B. der Vorstand oder Großaktionäre an der Erstellung des Prospekts mitgewirkt und diesen „veranlasst“ haben[3086].

Als zusätzliches Risiko kommt bei einer Eigenemission für den Anleger hinzu, dass der Emittent keinerlei aufsichtsrechtlicher Überwachung unterliegt, sofern keine Prospektpflicht besteht. Auch besteht im Rahmen einer Eigenemission eine höhere Gefahr als bei einer Fremdemission, dass es im Rahmen einer Kapitalerhöhung zu betrügerischen Handlungen kommt. Schließlich besteht bei deutschen Aktiengesellschaften die Gefahr, dass eine Kapitalerhöhung nicht eingetragen werden kann, weil nicht alle Zeichner ihrer Einlagepflicht nachgekommen sind.

Zusammenfassend lässt sich somit feststellen, dass der Einsatz des Internets im Zusammenhang mit dem Erwerb von Aktien (über einer Bank) bzw. Zeichnung von Aktien durch Anleger ohne Einschaltung einer Bank neue Chancen (größere Auswahl und geringere Transaktionskosten) bietet. Dem Emittenten bietet das Internet die Möglichkeit, ohne Bankenbeteiligung eine Kapitalerhöhung durchzuführen.

Diesen Chancen stehen Rechtsanwendungsrisiken gegenüber, sobald ein Auslandsbezug gegeben ist. Schließlich führt die fehlende Beteiligung von Finanzintermediären dazu, dass kapitalmarktrechtliche Regelungen, mit Ausnahme des WpPG, nicht zur Anwendung gelangen. Bei einer Direktemission wird Anlegerschutz mit Ausnahme des WpPG somit nicht durch Kapitalmarktrecht, sondern lediglich durch Gesellschaftsrecht gewährleistet. Hierbei handelt es sich jedoch nicht in erster Linie um ein aus der Verwendung des Internets als Vertriebskanal erwachsendes Problem, sondern um ein spezifisches, mit einer Eigenemission verbundenes Risiko.

3083 Siehe 2. Teil, 3. Abschnitt, V.B.5.b.
3084 Siehe 2. Teil, 3. Abschnitt, V.B.1.-2.
3085 Siehe 3. Teil, 3. Abschnitt, C.
3086 Siehe 1. Teil, 3. Abschnitt, B.I.1.

Literaturverzeichnis

Abrams, Charles: The Investment Services Directive – who should be the principal regulator of cross-border services? EFSL 1995, S. 317 ff.
(zit: Abrams, ESFL, Seite)

Ady, Johannes/Paetz, Erich: Die Umsetzung der Verbraucherkreditrichtlinie in deutsches Recht und besondere verbraucherpolitische Aspekte, WM 2009, S. 1061 ff.
(zit.: Ady/Paetz, WM 2009, Seite)

Ahrens, Hans-Jürgen: Das Herkunftslandprinzip in der E-Commerce-Richtlinie, CR 2000, S. 835 ff.
(zit.: Ahrens, CR 2000, Seite)

Angersbach, Carsten/v. d. Chevallerie, Albrecht/Ulbricht, Julia: Prospektfreie Börsenzulassung von neuen Aktien aus einer reinen Bezugsrechtskapitalerhöhung ohne Volumenbegrenzung nach § 4 II Nr. 7 WpHG, ZIP 2009, S. 1302 ff.
(zit.: Angersbach/Chevallerie/Ulbricht, ZIP 2009, Seite)

Armbrüster, Christian/Ebke, Werner F./Hausmann, Rainer/Magnus, Ulrich (Hrsg.): J. von Staudingers Kommentar zum Bürgerlichen Gesetzbuch mit Einführungsgesetzen und Nebengesetzen
Band Internationales Vertragsrecht 1, Neubearbeitung, Berlin 2011
(zit.: Bearbeiter, in: Staudinger, Band IVR 1, Artikel, Randnummer)
Band Internationales Vertragsrecht 2, Neubearbeitung, Berlin 2011
(zit.: Bearbeiter, in: Staudinger, Band IVR 2, Artikel, Randnummer)
Band IPR, 13. Bearbeitung, Berlin 2002
(zit.: Bearbeiter, in: Staudinger (2002), Artikel, Randnummer)

Assmann, Heinz-Dieter: Neuemissionen von Wertpapieren über Internet. Initial Public Offerings (IPO's) als Gegenstand des deutschen Kapitalmarktrechts, in: Reinhold Geimer (Hrsg.), Festschrift für Rolf A. Schütze zum 65. Geburtstag, München 1999, S. 15 ff.
(zit.: Assmann, in: FS-Schütze, Seite)

Assmann, Heinz-Dieter: Interessenkonflikte aufgrund von Zuwendungen, ZBB 2008, S. 21 ff.
(zit.: Assmann, ZBB 2008, Seite)

Assmann, Heinz-Dieter: Die Prospekthaftung beruflicher Sachkenner de lege lata und de lege ferenda, AG 2004, S. 435 ff.
(zit.: Assmann, AG 2004, Seite)

Assmann, Heinz-Dieter/Schlitt, Michael/von Kopp-Colomb, Wolf: Wertpapierprospektgesetz, Verkaufsprospektgesetz, 2., neu bearbeitete und erweiterte Auflage, Köln 2010
(zit.: Bearbeiter, in: Assmann/Schlitt/Kopp-Colomb, WpPG, Paragraph, Randnummer)

Assmann, Heinz-Dieter/Schütze, Rolf A.: Handbuch des Kapitalanlagerechts, 3., neu bearbeitete Auflage, München 2007
(zit.: Bearbeiter in Assmann/Schütze, Hdb. KapitalanlageR, Paragraph, Randnummer)

Assmann, Heinz-Dieter/Schneider, Uwe H./: Wertpapierhandelsgesetz, 6., neu bearbeitete und erweiterte Auflage, München 2012
(zit.: Bearbeiter, in: Assmann/Schneider, WpHG, Paragraph, Randnummer)

Assmann, Heinz-Dieter/Schneider, Uwe. H: Wertpapierhandelsgesetz, 4., neu bearbeitete und erweiterte Auflage, Berlin 2006
(zit.: Bearbeiter, in: Assmann/Schneider, WpHG, 4. Auflage, Paragraph, Randnummer)

Assmann, Heinz-Dieter/Lenz, Jürgen/Ritz, Corinna: Verkaufsprospektgesetz, VerkProspVO und VerkProspGebVO, Köln 2001
(zit.: Bearbeiter in Assmann/Lenz/Ritz, Paragraph, Randnummer)

Bachmann, Gregor: Die internationale Zuständigkeit für Klagen wegen fehlerhafter Kapitalmarktinformation, IPRax 2007, S. 77 ff.
(zit.: Bachmann, IPRax 2007, Seite)

Bader, Johann/Ronellenfitsch, Michael: Beck'scher Online-Kommentar zum VwVfG, Edition 22, München 2014
(zit: Bearbeiter, in: BeckOK-VwVfG, Paragraph, Randnummer)

Bähre, Inge/Schneider, Manfred: KWG-Kommentar, Kreditwesengesetz mit den wichtigsten Ausführungsverordnungen, 3., neu bearbeitete Auflage, München 1986
(zit.: Bearbeiter, in: Bähre/Schneider, KWG, Paragraph, Randnummer)

Balzer, Peter: Umsetzung der MiFID: Ein neuer Rechtsrahmen für die Anlageberatung, ZBB 2007, S. 333 ff.
(zit.: Balzer, ZBB 2007, Seite)

Balzer, Peter: Anlegerschutz bei Verstößen gegen die Verhaltenspflichten nach §§ 31 ff. Wertpapierhandelsgesetz (WpHG), ZBB 1997, S. 260 ff.
(zit.: Balzer, ZBB 1997, Seite)

Balzer, Peter: Rechtsfragen des Effektengeschäfts der Direktbanken, WM 2001, S. 1533 ff.
(zit.: Balzer, WM 2001, Seite)

Balzer, Peter: Discount-Broking im Spannungsfeld zwischen Beratungsausschluß und Verhaltenspflichten nach dem WpHG, DB 1997, S. 2311 ff.
(zit.: Balzer, DB 1997, Seite)

Balzer, Peter: Aktuelle Rechtsprechung zum Discount Broking, Die Bank 1/2001, S. 51 ff.
(zit.: Balzer, Die Bank 2001, Seite)

Bauer, Jürgen F./Mansel, Heinz Peter: Systemwechsel im europäischen Kollisionsrecht, Fachtagung der Bayer-Stiftung für deutsches und internationales Arbeits- und Wirtschaftsrecht, München 2002
(zit.: Bearbeiter, in: Bauer/Mansel, Systemwechsel im europäischen Wirtschaftsrecht, Seite)

Baumbach, Adolf/Lauterbach, Wolfgang/Albers, Jan/Hartmann, Peter: Zivilprozessordnung, 72., völlig neubearbeitete Auflage, München 2014
(zit.: Bearbeiter, in: Baumbach/Lauterbach/Albers/Hartmann, Paragraph, Randnummer)

Baumbach/Hopt: Handelsgesetzbuch, 34. Auflage 2010
(zit.: Bearbeiter, in: Baumbach/Hopt, HGB, Paragraph, Randnummer)

Bausch, Stephan: Beratung und Beratungshaftung von Banken im Lichte der Pilotentscheidungen zu Lehman-Zertifikaten, NJW 2012, S. 354 ff.
(zit.: Bausch, NJW 2012, Seite)

Bayer, Walter/Schmidt, Jessica: BB-Rechtsprechungs- und Gesetzgebungsreport im Europäischen Gesellschaftsrecht 2008/09, BB 2010, S. 387 ff.
(zit.: Bayer/Schmidt, BB 2010, Seite)

Beck, Heinz/Samm, Carl-Theodor/Kokemoor, Axel (Hrsg.): Gesetz über das Kreditwesen, Kommentar nebst Materialien und ergänzenden Vorschriften, Heidelberg 2010
Band 1, 145. Aktualisierung, Stand Juni 2010
Band 2, 145. Aktualisierung, Stand Juni 2010
(zit.: Bearbeiter, in: Beck/Samm/Kokemoor, KWG, Band, Paragraph, Randnummer)

Bender, Gunnar/Sommer, Christian: E-Commerce-Richtlinie: Auswirkungen auf den elektronischen Geschäftsverkehr in Deutschland, RIW 2000, S. 260 ff.
(zit.: Bender/Sommer, RIW 2000, Seite)

Benecke, Lars: Die teleologische Reduktion des räumlich-persönlichen Anwendungsbereichs von Art. 2 ff. und Art. 17 EuGVÜ, Bielefeld 1993
(zit.: Benecke, Seite)

Benicke, Christoph: Prospektpflicht und Prospekthaftung bei grenzüberschreitenden Emissionen, in: Heinz-Peter Mansel/Rainer Hausmann/Christian Kohler/

Herbert Kronke/Thomas Pfeiffer (Hrsg.), Festschrift für Erik Jayme, Band I, München 2004, S. 25 ff.
(zit.: Benicke, in: FS-Jayme, Seite)

Benicke, Christoph: Wertpapier-Vermögensverwaltung, Tübingen 2006
(zit.: Benicke, Seite)

Berkenbusch, Kathrin: Grenzüberschreitender Informationsaustausch im Banken-, Versicherungs- und Wertpapieraufsichtsrecht, Baden-Baden 2004
(zit.: Berkenbusch, Seite)

Berrar, Carsten/Meyer, Andreas/Müller, Cordula/Schnorbus, York/Singhof, Bernd/Wolf, Christoph: Frankfurter Kommentar zum WpPG und zur EU-ProspektVO, Frankfurt 2011
(zit: Bearbeiter, in: Frankfurter Kommentar zum WpPG, Paragraph, Randnummer)

Bezzenberger, Tilman: Das Bezugsrecht der Aktionäre und sein Ausschluss, ZIP 2002, S. 1917 ff.
(zit.: Bezzenberger, ZIP 2002, Seite)

Birkelbach, Jörg: Vorbörsliche Beteiligungen an jungen Unternehmen – riskant wie lukrativ, c't 5/2001, S. 102 ff.
(zit.: Birkelbach, c't 5/2001, Seite)

Birnbaum, Günter: Die jährliche Prüfung des Wertpapierdienstleistungsgeschäfts bei Wertpapierdienstleistungsunternehmen nach § 36 des Wertpapierhandelsgesetzes (WpHG), WPg 1999, 100 ff.
(zit.: Birnbaum, WPg 1999, Seite)

Bischoff, Kai: Internationale Börsenprospekthaftung, AG 2002, 489 ff.
(zit.: Bischoff, AG 2002, Seite)

Bitter, Anna-Kristina: Auslegungszusammenhang zwischen der Brüssel I-Verordnung und der künftigen Rom I-Verordnung, IPRax 2008, S. 96 ff.
(zit.: Bitter, IPRax 2008, Seite)

Bliesener, Dirk H.: Aufsichtsrechtliche Verhaltenspflichten beim Wertpapierhandel
(zit.: Bliesener, Seite)

Bloß, Henning/Schneider, Jörg: Prospektfreie Teilzulassung für später ausgegebene Aktien, WM 2009, S. 879 ff.
(zit.: Bloß/Schneider, WM 2009, Seite)

Böhm, Michael: Regierungsentwurf zur Verbesserung der Durchsetzbarkeit von Ansprüchen aus Falschberatung, BKR 2009, S. 221 ff.
(zit.: Böhm, BKR 2009, Seite)

Boos, Karl-Heinz/Fischer, Reinfried/Schulte-Mattler, Hermann (Hrsg.): Kreditwesengesetz, Kommentar zum KWG und Ausführungsvorschriften, 4. Auflage, München 2012
(zit.: Bearbeiter, in: Boos/Fischer/Schulte-Mattler, KWG, Paragraph, Randnummer)

Borges, Georg: Lokalisierung von Angeboten beim Electronic Banking, WM 2001, S. 1542 ff.
(zit.: Borges, WM 2001, Seite)

Borges, Georg: Weltweite Geschäfte per Internet und deutscher Verbraucherschutz, ZIP 1999, S. 565 ff.
(zit.: Borges, ZIP 1999, Seite)

Born, Felix: Berichtspflichten nach Ausnutzung genehmigten Kapitals mit Ausschluss des Bezugsrechts, ZIP 2011, S. 1793 ff.
(zit.: Born, ZIP 2011, Seite)

Bosch, Ulrich/Groß, Wolfgang: Das Emissionsgeschäft, 2. Ausgabe, Köln 2000
(zit.: Bearbeiter, in: Bosch/Groß, Emissionsgeschäft, Seite)

Brand, Peter-Andreas: Persönlichkeitsrechtsverletzungen im Internet, E-Commerce und „Fliegender Gerichtsstand", NJW 2012, S. 127 ff.
(zit.: Brand, NJW 2012, Seite)

Brandner, Hans Erich/Bergmann, Alfred: Zur Zuteilung von Aktienemissionen an Privatanleger, in: Marcus Lutter (Hrsg.), Festschrift für Martin Peltzer zum 70. Geburtstag, Köln 2001, S. 17 ff.
(zit.: Brandner/Bergmann, in: FS-Peltzer, Seite)

Brinckmann, Hendrik: Lehman-Zertifikate und die Neuregelungen bei der Anlageberatung anlässlich der Reform des SchVG – Lässt sich eine vorsichtigere Beratungspraxis etablieren? BKR 2010, S. 45 ff.
(zit.: Brinckmann, BKR 2010, Seite)

Brocker, Moritz/Wohlfarter, Sepp: Die Auswirkungen der neuen Prospektrichtlinie für Bezugsrechtsemissionen auf die Eigenkapitalbeschaffung mittelständischer Unternehmen, BB 2013, S. 393 ff.
(zit: Brocker/Wohlfarter, BB 2013, Seite)

Bruchwitz, Sebastian/Voß, Thomas: Der Regierungsentwurf für ein Gesetz zur Novellierung des Finanzanlagevermittler- und Vermögensanlagerechts, BB 2011, S. 1226 ff.
(zit.: Bruchwitz/Voß, BB 2011, Seite)

Brunst, Phillip W.: Umsetzungsprobleme der Impressumspflicht bei Webangeboten, MMR 2004, S. 8 ff.
(zit.: Brunst, MMR 2004, Seite)

Buchner, Benedikt: E-Commerce und effektiver Rechtschutz – oder: Wer folgt wem wohin?, EWS 200, S. 147 ff.
(zit.: Buchner, EWS 2000, Seite)

Buck-Heeb, Petra: Der Anlageberatungsvertrag – Die Doppelrolle der Bank zwischen Fremd- und Eigeninteresse –, WM 2012, S. 625 ff.
(zit.: Buck-Heeb, WM 2012, Seite)

Buck-Heeb, Petra: Aufklärung über Rückvergütungen – Die Haftung von Banken und freien Anlageberatern, BKR 2010, S. 309 ff.
(zit: Buck-Heeb, BKR 2010, Seite)

Buck-Heeb, Petra: Zur Aufklärungspflicht von Banken bezüglich Gewinnmargen, BKR 2010, S. 1 ff.
(zit: Buck-Heeb, BKR 2010, Seite)

Bungert, Hartwin: Die Liberalisierung des Bezugsrechts im Aktienrecht, Zum Siemens/Nold Urteil des BGH, NJW 1998, S. 488 ff.
(zit.: Bungert, NJW 1998, Seite)

Bungert, Hartwin: Ausnutzung eines genehmigten Kapitals mit Bezugsrechtsausschluss – Anmerkung zu den BGH-Urteilen Mangusta/Commerzbank I und II, BB 2005, S. 2757 ff.
(zit.: Bungert, BB 2005, Seite)

Bürgers, Tobias/Holzborn, Timo: Von „Siemens/Nold“ zu „Commerzbank/Mangusta“ – BGH konkretisiert Überprüfung des Bezugsrechtsausschlusses bei genehmigtem Kapital, BKR 2006, S. 202 ff.
(zit.: Bürgers/Holzborn, BKR 2006, Seite)

Busch, Thorsten: Mangusta/Commerzbank – Rechtsschutz nach Ausnutzung eines genehmigten Kapitals, NZG 2006, S. 81 ff.
(zit.: Busch, NZG 2006, Seite)

Caspar, Matthias: Persönliche Außenhaftung der Organe bei fehlerhafter Information des Kapitalmarkts?, BKR 2005, S. 83 ff.
(zit.: Caspar, BKR 2005, Seite)

Clausnitzer, Jochen: Gerichtsstands- und Rechtswahlfreiheit bei grenzüberschreitenden Onlineverträgen, EuZW 2010, S. 374 ff.
(zit.: Clausnitzer, EuZW 2010, Seite)

Clausnitzer, Jochen/Woopen, Herbert: Internationale Vertragsgestaltung – Die neue EG-Verordnung für grenzüberschreitende Verträge (Rom I-VO), BB 2008, S. 1798 ff.
(zit.: Clausnitzer/Woopen, BB 2008, Seite)

Claussen, Carsten Peter: Bank- und Börsenrecht, 2. Auflage, München 2000
(zit.: Claussen, Paragraph, Randnummer)

Clouth, Peter/Lang, Volker: MiFID-Praktikerhandbuch: Neue Verhaltenspflichten für Banken und Sparkassen durch Gesetzgeber und Bankenaufsicht, Köln 2007 (zit: Bearbeiter, in: Clouth/Lang, MiFID-Praktikerhandbuch, Seite)

Crüwell, Christoph: Die europäische Prospektrichtlinie, AG 2003, S. 243 ff. (zit.: Crüwell, AG 2003, Seite)

Dahm, Georg/Delbrück, Jost/Wolfrum, Rüdiger: Völkerrecht, Berlin – New York 1988 (zit.: Bearbeiter, in: Dahm/Delbrück/Wolfrum, Seite)

Dauner-Lieb, Barbara: Systemwechsel im europäischen Kollisionsrecht, Fachtagung der Bayer-Stiftung für deutsches und internationales Arbeits- und Wirtschaftsrecht am 17. und 18. Mai 2001, München 2001 (zit.: Bearbeiter, in: Dauner-Lieb, Seite)

Dauner-Lieb, Barbara/Heidel, Thomas/Ring, Gerhard: Anwaltkommentar BGB BGB, Band 1: Allgemeiner Teil mit EGBGB, Bonn 2005

BGB, Band 2: Schuldrecht, Teilband 1: §§ 241 bis 610, Bonn 2005 (zit.: Bearbeiter, in: Dauner-Lieb/Heidel/Ring, Band, Paragraph, Randnummer)

De Meo, Francesco: Bankenkonsortien, München 1994 (zit.: De Meo, Bankenkonsortium, Seite)

Derleder, Peter: Die vollharmonisierende Europäisierung des Rechts der Zahlungsdienste und des Verbraucherkredits, NJW 2009, S. 3195 ff. (zit.: Derleder, NJW 2009, Seite)

Derleder, Peter/Knops, Kai-Oliver/Bamberger, Heinz Georg: Handbuch zum deutschen und europäischen Bankrecht, 2. Auflage, Berlin Heidelberg 2008 (zit.: Bearbeiter, in: Derleder/Knops/Bamberger, Paragraph, Randnummer)

Dethloff, Nina: Europäisches Kollisionsrecht des unlauteren Wettbewerbs, JZ 2000, S. 179 ff. (zit.: Dethloff, JZ 2000, Seite)

Dierkes, Thomas: Best Execution in der deutschen Börsenlandschaft, ZBB 2008, S. 11 ff. (zit.: Dierkes, ZBB 2008, Seite)

Domke, Frank: Das Widerrufsrecht des Verbrauchers bei Fernabsatzverträgen über Finanzdienstleistungen (zit.: Domke, BB 2007, Seite)

du Boisson, Joachim: Die Reichweite der Erlaubnistatbestände Emissionsgeschäft und Eigenhandel für andere in § 1 Kreditwesengesetz, WM 2003, S. 1401 ff. (zit.: du Boisson, WM 2003, Seite)

Duve, Christian/Keller, Moritz: MiFID: Die neue Welt des Wertpapiergeschäfts, BB 2006, S. 2425 ff. (zit.: Duve, BB 2006, Seite)

Ebenroth, Carsten Thomas/Boujong, Karlheinz/Joost, Detlev/Strohn, Lutz: Handelsgesetzbuch, 2. Auflage
Band 1, §§ 1–342e, München 2008
Band 2, §§ 343–475h, Bank und Börsenrecht, München 2009
(zit. Bearbeiter, in: Ebenroth/Boujong/Joost/Strohn, HGB, Band, Paragraph, Randnummer)

Einsele, Dorothee: Anlegerschutz durch Information und Beratung Verhaltens- und Schadensersatzpflichten der Wertpapierdienstleistungsunternehmen nach Umsetzung der Finanzmarktrichtlinie (MiFID), JZ 2008, S. 477 ff.
(zit: Einsele, JZ 2008, Seite)

Einsele, Dorothee: Bank- und Kapitalmarktrecht, 2., neu bearbeitete Auflage, Tübingen 2010
(zit.: Einsele, Bank- und Kapitalmarktrecht, Seite)

Einsele, Dorothee: Auswirkungen der Rom I-Verordnung auf Finanzdienstleistungen, WM 2009, S. 289 ff.
(zit.: Einsele, WM 2009, Seite)

Ekkenga, Jens: Änderungs- und Ergänzungsvorschläge zum Regierungsentwurf eines neuen Wertpapierprospektgesetzes, BB 2005, S. 561 ff.
(zit.: Ekkenga, BB 2005, Seite)

Ekkenga, Jens/Maas, Heyo: Das Recht der Wertpapieremissionen, Berlin 2006
(zit.: Ekkenga/Maas, Paragraph, Randnummer)

Ellenberger, Jürgen: Die Börsenprospekthaftung nach dem Dritten Finanzmarktförderungsgesetz, in: Norbert Horn/Hans-Jürgen Lwowski/Gerd Nobbe (Hrsg.), Bankrecht – Schwerpunkte und Perspektiven: Festschrift für Herbert Schimansky, Köln 1999, S. 591–611
(zit.: Ellenberger, in: FS-Schimansky, Seite)

Ellenberger, Jürgen: Die neue Rechtsprechung des Bundesgerichtshofes zur Aufklärungs- und Beratungspflichten bei der Anlageberatung, WM-Sonderbeilage 1/2001 zu Heft 15/2001, S. 2 ff.
(zit.: Ellenberger, WM-Sonderbeilage 1/2001, Seite)

Elsen, Jochen Robert/Jäger, Lars: Revision der Prospektrichtlinie – Überblick wesentlicher Neuerungen, BKR 2010, S. 97 ff.
(zit.: Elsen/Jäger, BKR 2010, Seite)

Engel, Christoph: Die Internet-Service-Provider als Geiseln deutscher Ordnungsbehörden, Eine Kritik an den Verfügungen der Bezirksregierung Düsseldorf, MMR-Beilage 4/2003, S. 1 ff.
(zit.: Engel, MMR-Beilage 4/2003, Seite)

Engelhardt, Hanns/App, Michael: Verwaltungs-Vollstreckungsgesetz/Verwaltungszustellungsgesetz, 9., neubearbeitete Auflage, München 2011
(zit.: Bearbeiter, in: Engelhardt/App, Paragraph, Randnummer)

Engert, Andreas/Groh, Gunnar: Internationaler Kapitalanlegerschutz vor dem Bundesgerichtshof, IPRax 2011, S. 458 ff.
(zit.: Engert/Groh, IPRax 2011, Seite)

Fayaz, Nilab: Sanktionen wegen der Verletzung von Gemeinschaftsmarken: Welche Gerichte sind zuständig und welches Recht ist anzuwenden? (2. Teil), GRUR Int 2009, S. 566 ff.
(zit.: Fayaz, GRUR Int 2009, Seite)

Feldmüller, Christian: Die Rechtsstellung fremder Staaten und sonstiger juristischer Personen des ausländischen öffentlichen Rechts im deutschen Verwaltungsprozessrecht, Berlin 1999
(zit.: Feldmüller, Seite)

Felke, Klaus: Rechtsfragen des Kreditvertriebs über Internet, München 2003
(zit.: Felke, Seite)

Felke, Klaus/Jordans, Roman: Umsetzung der Fernabsatz-Richtlinie für Finanzdienstleistungen, NJW 2005, S. 710 ff.
(zit.: Felke/Jordans, NJW 2005, Seite)

Ferrari, Franco: Zur autonomen Auslegung der EuGVVO, insbesondere des Begriffs des „Erfüllungsortes der Verpflichtung“ nach Art. 5 Nr. 1b, IPRax 2007, S. 61 ff.
(zit.: Ferrari, IPRax 2007, Seite)

Ferrari, Franco/Leible, Stefan: Rome I Regulation, München 2009
(zit.: Bearbeiter, in: Ferrari/Leible, Rome I Regulation, Seite)

Fezer, Karl-Heinz/Koos, Stefan: Das gemeinschaftsrechtliche Herkunftslandprinzip und die e-commerce-Richtlinie, IPRax 2000, 349 ff.
(zit.: Fezer/Koos, IPRax 2000, Seite)

Fischer, Nikolaj: Neuregelungen zum Fernabsatz von Finanzdienstleistungen, ZAP 2005, Fach 8, S. 401 ff.
(zit.: Fischer, ZAP, Fach 8, Seite)

Fleischer, Holger: Die Richtlinie über Märkte für Finanzinstrumente und das Finanzmarkt-Richtlinie-Umsetzungsgesetz – Entstehung, Grundkonzeption, Regelungsschwerpunkte -, BKR 2006, S. 389 ff.
(zit.: Fleischer, BKR 2006, Seite)

Fleischer, Holger: Das Vierte Finanzmarktförderungsgesetz, NJW 2002, S. 2977 ff.
(zit.: Fleischer, NJW 2002, Seite)

Floer, Annette: Internationale Reichweite der Prospekthaftung, Zum Kollisionsrecht der Haftung für fehlerhafte Verkaufs- und Börsenzulassungsprospekte, Baden-Baden 2002
(zit.: Floer, Seite)

Florian, Ulrich: Rechtsfragen des Wertpapierhandels im Internet, München 2001
(zit.: Florian, Seite)

Föhlisch, Carsten: Endlich Vollharmonisierung im Fernabsatzrecht? Auswirkungen der geplanten Europäischen Verbraucherrechtsrichtlinie, MMR 2009, S. 75 ff.
(zit.: Föhlisch, MMR 2009, Seite)

Franck, Jens-Uwe: Unionsrechtliche Regulierung des Wertpapierhandels und mitgliedstaatliche Gestaltungsspielräume: Dokumentation der Anlageberatung als Paradigma, BKR 2012, S. 1 ff.
(zit.: Franck, BKR 2012, Seite)

Freitag, Robert: Mitgliedstaatliche Beschränkungen des Kapitalverkehrs – Europäisches Gemeinschaftsrecht, EWS 1997, S. 186 ff.
(zit.: Freitag, EWS 1997, Seite)

Freitag, Robert/Leible, Stefan: Ergänzung des kollisionsrechtlichen Verbraucherschutzes durch Art. 29a EGBGB, EWS 2000, S. 342 ff.
(zit.: Freitag/Leible, EWS 2000, Seite)

Freiwald, Béatrice: Erlaubnispflicht nach § 32 Abs. 1 KWG für grenzüberschreitende Bank- und Finanzdienstleistungen, WM 2008, S. 1537 ff.
(zit.: Freiwald, WM 2008, Seite)

Freytag, Lars F./Koenen, Karl T.: Neue Regeln für den Open Market, WM 2011, S. 1594 ff.
(zit.: Freytag/Koenen, WM 2011, Seite)

Fuchs, Andreas: Wertpapierhandelsgesetz (WpHG), München 2009
(zit.: Bearbeiter, in: Fuchs, WpHG, Paragraph, Randnummer)

Ganssauge, Niklas: Internationale Zuständigkeit und anwendbares Recht bei Verbraucherverträgen im Internet, Tübingen 2004
(zit.: Ganssauge, Seite)

Gebauer, Martin: Drittstaaten- und Gemeinschaftsbezug im europäischen Recht der internationalen Zuständigkeit, ZEuP 2001, S. 942 ff.
(zit.: Gebauer, ZEuP 2001, Seite)

Gebauer, Martin/Wiedmann, Thomas: Zivilrecht unter europäischem Einfluss, 2., überarbeitete und erweiterte Auflage, Stuttgart – München – Hannover – Berlin – Weimar – Dresden 2010
(zit.: Bearbeiter, in: Gebauer/Wiedmann, Kapitel, Randnummer)

Geiger, Rudolf/Khan, Daniel-Erasmus/Kotzur, Markus (Hrsg.): EUV/AEUV, Vertrag über die Europäische Union und Vertrag über die Arbeitsweise der Europäischen Union, Kommentar, 5., neu bearbeitete und erweiterte Auflage, München 2010
(zit.: Bearbeiter, in: Geiger/Khan/Kotzur, EUV/AEUV, Artikel, Randnummer)

Geimer, Reinhold: Internationales Zivilprozessrecht, 6. neu bearbeitete und erweiterte Auflage, Köln 2009
(zit.: Geimer, IZPR, Randnummer)

Geimer, Reinhold/Schütze, Rolf A.: Europäisches Zivilverfahrensrecht, Kommentar, 3. Auflage, München 2010
(zit.: Bearbeiter, in: Geimer/Schütze, EZVR, Abschnitt, Artikel, Randnummer)

Gierschmann, Sybille: Die E-Commerce-Richtlinie, DB 2000, S. 1315 ff.
(zit.: Gierschmann, DB 2000, Seite)

Glöckner, Jochen: Keine klare Sache: der zeitliche Anwendungsbereich der Rom II-Verordnung, IPRax 2009, S. 121 ff.
(zit.: Glöckner, IPRax 2009, Seite)

Goette, Wulf/Habersack, Mathias/Kalss, Susanne: Münchner Kommentar zum Aktiengesetz,
Band 1, §§ 1–75, 3. Auflage, München 2008
Band 2, §§ 76–117, 3. Auflage, München 2008
Band 4, §§ 179–277, 3. Auflage, München 2011
Band 6, §§ 329–410, 3. Auflage, München 2011
(zit.: Bearbeiter, in: MüKo-AktG, Band, Paragraph, Randnummer)

Gounalakis, Georgius: Rechtshandbuch Electronic Business, München 2003
(zit.: Bearbeiter, in: Gounalakis, Rechtshandbuch Electronic Business, Paragraph, Randnummer)

Gounalakis, Georgius/Rhode, Lars: Haftung des Host-Providers: ein neues Fehlurteil aus München?, NJW 2000, S. 2168 ff.
(zit.: Gounalakis, Rhode, NJW 2000, Seite)

Grabau, Fritz-René/Hennecka, Jürgen: Entwicklung des weltweiten Zuständigkeits- und Anerkennungsübereinkommens – Aktueller Überblick, RIW 2001, S. 569 ff.
(zit.: Grabau/Hennecka, RIW 2001, Seite)

Grabitz, Eberhard/Hilf, Meinhard/Nettesheim, Martin: Das Recht der Europäischen Union, Kommentar, München
Band I, 51. Ergänzungslieferung – Stand September 2013, München
(zit.: Bearbeiter, in: Grabitz/Hilf, Band, Kapitel, Artikel, Randnummer)

Grabitz, Eberhard/Hilf, Meinhard: Das Recht der Europäischen Union, Kommentar, München

Band III, 40. Ergänzungslieferung – Stand Oktober 2009, München
Band IV, 40. Ergänzungslieferung – Stand Oktober 2009, München
(zit.: Bearbeiter, in: Grabitz/Hilf, Band, Kapitel, Artikel, Randnummer)

Groß, Wolfgang: Kapitalmarktrecht, Kommentar zum Börsengesetz, zur Börsenzulassungs-Verordnung, und zum Wertpapierprospektgesetz, 5., vollständig überarbeitete und erweiterte Auflage, München 2012
(zit.: Groß, Kapitalmarktrecht, Paragraph, Seite)

Groß, Wolfgang: Bookbuilding, ZHR 162(1998), S. 318 ff.
(zit.: Groß, ZHR 162(199), Seite)

Grub, Maximilian/Thiem, Ulrich: Das neue Wertpapierprospektgesetz – Anlegerschutz und Wettbewerbsfähigkeit des Finanzplatzes Deutschland, NZG 2010, S. 750 ff.
(zit.: Grub/Thiem, NZG 2005, Seite)

Gruber, Joachim: Vertragsschluß im Internet unter kollisionsrechtlichen Aspekten, DB 1999, S. 1437 ff.
(zit.: Gruber, DB 1999, Seite)

Grüger, Tobias W.: Kurspflegemaßnahmen durch Banken – Zulässige Marktpraxis oder Verstoß gegen das Verbot der Marktmanipulation nach § 20a Abs. 1 WpHG?, BKR 2007, S. 437 ff.
(zit.: Grüger, BKR 2007, Seite)

Grundmann, Stefan: Europäisches Schuldvertragsrecht, Berlin 1999
(zit.: Grundmann, Europäisches Schuldvertragsrecht, Seite)

Grundmann, Stefan: Deutsches Anlegerschutzrecht in internationalen Sachverhalten, Vom internationalen Schuld- und Gesellschaftsrecht zum internationalen Marktrecht, RabelsZ 54(1990), S. 283 ff.
(zit.: Grundmann, RabelsZ 54(1990), Seite)

Gruson, Michael: Prospekterfordernisse und Prospekthaftung bei unterschiedlichen Anlageformen nach amerikanischen und deutschem Recht, WM 1995, S. 89 ff.
(zit.: Gruson, WM 1995, Seite)

Gummert, Hans Weipert, Lutz: Münchner Handbuch des Gesellschaftsrechts
Band 4, 3. Auflage, München 2007
(zit.: Bearbeiter, in: Münchner Handbuch des GesR, Paragraph, Randnummer)

Habersack, Mathias: Die Pflicht zur Aufklärung über Rückvergütungen und Innenprovisionen und ihre Grenzen, WM 2010, 1245 ff.
(zit: Habersack, WM 2010, Seite)

Habersack, Mathias/Mülbert, Peter O./Schlitt, Michael: Unternehmensfinanzierung am Kapitalmarkt, 3., neu bearbeitete und erweiterte Auflage, Köln 2013
(zit.: Bearbeiter, in: Habersack/Mülbert/Schlitt, Paragraph, Randnummer)

Hager, Günter/Bentele, Florian: Der Lieferort als Gerichtsstand – zur Auslegung des Art. 5 Nr. 1 lit. b EuGVO, IPRax 2004, S. 73 ff.
(zit.: Hager/Bentele, IPRax 2004, Seite)

Halfmeier, Axel: Vom Cassislikör zur E-Commerce-Richtlinie: Auf dem Weg zu einem europäischen Mediendeliktsrecht, ZEuP 2001, S. 837 ff.
(zit.: Halfmeier, ZeuP 2001, Seite)

Handig, Christian: Neues im Internationalen Wettbewerbsrecht – Auswirkungen der Rom II-Verordnung, GRUR Int 2008, S. 24 ff.
(zit.: Handig, GRUR Int 2008, Seite)

Hanten, Mathias: Aufsichtsrechtliche Erlaubnispflicht bei grenzüberschreitenden Bankgeschäften und Finanzdienstleistungen, WM 2003, S. 1412 ff.
(zit.: Hanten, WM 2003, Seite)

Hanten, Mathias: Der europäische Pass für Zweigniederlassungen von Kredit- und Finanzinstituten aus deutscher Sicht, ZBB 2000, 245 ff.
(zit.: Hanten, ZBB 2000, Seite)

Härting, Niko: Gesetzentwurf zur Umsetzung der E-Commerce-Richtlinie, CR 2001, S. 271 ff.
(zit.: Härting, Niko, CR 2001, Seite)

Härting, Niko/Schirmbacher, Martin: Finanzdienstleistungen im Fernabsatz, Neues Recht für das Online-Banking, CR 2005, S. 45 ff.
(zit.: Härting CR 2005, Seite)

Härting, Niko/Schirmbacher Martin: Fernvertrieb von Finanzdienstleistungen, DB 2003, S. 1777 ff.
(zit.: Härting/Schirmbacher, DB 2003, Seite)

Hau, Wolfgang: Gerichtsstandsvertrag und Vertragsgerichtsstand beim innereuropäischen Versendungskauf, IPRax 2009, S. 44 ff.
(zit: Hau, IPRax 2009, Seite)

Heinze, Stephan: Europäisches Kapitalmarktrecht, Recht des Primärmarktes, München 1999
(zit.: Heinze, Seite)

Heiss, Helmut: Die Richtlinie über den Fernabsatz von Finanzdienstleistungen an Verbraucher aus Sicht des IPR und IZVR, IPRax 2003, S. 100 ff.
(zit.: Heiss, IPRax 2003, Seite)

Heiss, Helmut: Inhaltskontrolle von Rechtswahlklauseln in AGB nach europäischem Internationalen Privatrecht?, RabelsZ 65(2001), S. 634 ff.
(zit.: Heiss, RabelsZ 65(2001), Seite)

Held, Stefanie/Schulz, Netta-Karina: Fernabsatz von Finanzdienstleistungen – Umsetzung in der Bankpraxis –, BKR 2005, S. 270 ff.
(zit.: Held/Schulz, BKR 2005, Seite)

Hellgardt, Alexander/Ringe, Wolf-Georg: Internationale Kapitalmarkthaftung als Corporate Governance, ZHR 173 (2009), S. 802 ff.
(zit.: Hellgardt/Ringe, ZHR 173 (2009), Seite)

Helmschrott, Harald/Waßmer, Martin Paul: Aufklärungs-, Beratungs- und Verhaltenspflichten von Wertpapierdienstleistern nach §§ 31, 32 WpHG bei der Anlage in Aktien des Neuen Marktes, WM 1999, 1853 ff.
(zit.: Helmschrott/Waßmer, WM 1999, Seite)

Henze, Hartwig: Vermögensbindungsprinzip und Anlegerschutz, NZG 2005, S. 115 ff.
(zit.: Henze, NZG 2005, Seite)

Herberger, Maximilian/Martinek, Michael/Rüßmann, Helmut/Weth, Stephan (Hrsg.): juris PraxisKommentar BGB
Band 2.1 Schuldrecht §§ 241 bis 432, 5. Auflage, Saarbrücken 2010
Band 6 Internationales Privatrecht, 5. Auflage, Saarbrücken 2011
(zit.: Bearbeiter, in: jurisPK-BGB, Band, Artikel/Paragraph, Randnummer)

Hess, Burkhard: Musterverfahren im Kapitalmarktrecht, ZIP 2005, S. 1713 ff.
(zit.: Hess, ZIP 2005, Seite)

Hess, Burkhard/Reuschle, Fabian/Rimmelspacher, Bruno: Kölner Kommentar zum KapMuG, Köln – Berlin – München 2008
(zit.: Bearbeiter, in: KöKo-KapMuG, Paragraph, Randnummer)

Heybey, Torsten A.: Die neuen Bestimmungen über Interessenkonflikte bei Wertpapiergeschäften, insbesondere über Zuwendungen unter besonderer Berücksichtigung von Provisionsrückvergütungen, BKR 2008, S. 353 ff.
(zit.: Heybey, BKR 2008, Seite)

Hirschberg, Holger: MIFID – Ein neuer Rechtsrahmen für die Wertpapierhandelsplätze in Deutschland, AG 2006, S. 398 ff.
(zit.: Hirschberg, AG 2006, Seite)

Hirte, Heribert: Die Pflichtenstellung des Vorstands der Aktiengesellschaft und der Schutz der Aktionäre beim bezugsrechtsfreien genehmigten Kapital, NZG 2010, S. 58 ff.
(zit.: Hirte, NZG 2010, Seite)

Hoeren, Thomas/Sieber, Ulrich: Handbuch Multimedia-Recht, Rechtsfragen des elektronischen Geschäftsverkehrs, 9. Ergänzungslieferung, Stand April 2004, München
(zit.: Bearbeiter, in: Hoeren/Sieber, Teil, Randnummer)

Hoffmann, Helmut: EGG – Eine Reihe von Problemen des elektronischen Rechtsverkehrs ungelöst, MMR 2002, S. 65 ff.
(zit.: Hoffmann, MMR 2002, EGG, Seite)

Hoffmann, Helmut: Zivilrechtliche Haftung im Internet, MMR 2002, S. 284 ff.
(zit.: Hoffmann, MMR 2002, Seite)

Hoffmann, Jochen: Der Verbraucherbegriff des BGB nach Umsetzung der Finanz-Fernabsatzrichtlinie, WM 2006, S. 560 ff.
(zit.: Hoffmann, WM 2006, Seite)

Hofmeister, Holger: Der Ausschluss des aktiengesetzlichen Bezugsrechts bei börsennotierten AG, Konsequenzen aus BGHZ 136, 133 ff. – Siemens/Nold, NZG 2000, 713
(zit.: Hofmeister, NZG 2000, Seite)

Hölters, Wolfgang: Aktiengesetz, Kommentar, München 2011
(zit.: Bearbeiter, in: Hölters, AktG, Paragraph, Randnummer)

Holzborn, Timo/Israel, Alexander: Die Neustrukturierung des Finanzmarktrechts durch das Finanzmarktrichtlinienumsetzungsgesetz (FRUG), NJW 2008, S. 791 ff.
(zit.: Holzborn/Israel, NJW 2008, Seite)

Holzborn, Timo/Foelsch, Martin Eberhard: Schadensersatzpflichten von Aktiengesellschaften und deren Management bei Anlegerverlusten – Ein Überblick, NJW 2003, S. 932 ff.
(zit.: Holzborn/Foelsch, NJW 2003, Seite)

Holzborn, Timo/Israel, Alexander: Das neue Wertpapierprospektrecht, Wesentliche Änderungen aufgrund des Wertpapierprospektgesetzes, ZIP 2005, S. 1668 ff.
(zit.: Holzborn/Israel, ZIP 2005, Seite)

Holznagel, Bernd/Ricke, Thorsten: Die Aufsicht im Internet – Wer hat noch nicht, wer will noch mal?, MMR 2008, S. 18 ff.
(zit.: Holznagel/Ricke, MMR 2008, Seite)

Hommelhoff, Peter: Börsenhandel von GmbH- und KG-Anteilen?, Zu den Vorschlägen der Kommission „Zweiter Börsenmarkt", ZHR 153 (1989), S. 181 ff.
(zit.: Hommelhoff, ZHR 153(1989), Seite)

Hommelhoff, Peter/van Aerssen, Rick: § 57 AktG 1/98, Anmerkungen zu LG Frankfurt, Urt. v. 7.10.1997, Az. 3/11 o 44/96, EWiR 1998, 579 ff.
(zit.: Hommelhoff/van Aerssen, EWiR 1998, Seite)

Hopt, Klaus J.: 50 Jahre Anlegerschutz und Kapitalmarktrecht: Rückblick und Ausblick, WM 2009, S. 1873 ff.
(zit.: Hopt, WM 2009, Seite)

Hopt, Klaus J.: Die Verantwortlichkeit der Banken bei Emissionen, Recht und Praxis in der EG, in Deutschland und in der Schweiz, München 1991
(zit.: Hopt, Seite)

Hopt, Klaus J.: Emissionsgeschäft und Emissionsbanken, Recht und Praxis in Deutschland und der Schweiz, in: v. Reinhard Goerdeler (u.a.) (Hrsg.), Festschrift für Alfred Kellermann zum 70. Geburtstag am 29.11.1990, Berlin 1991, S. 181 ff.
(zit.: Hopt, in: FS-Kellermann 1991, Seite)

Hopt, Klaus J./Rudolph, Bernd/Baum, Harald: Börsenreform, eine ökonomische, rechtsvergleichende und rechtspolitische Untersuchung, Stuttgart 1997
(zit.: Bearbeiter, in: Hopt/Rudolph/Baum, Börsenreform, Seite)

Hopt, Klaus J./Wiedemann, Herbert: Großkommentar zum Aktiengesetz, 4., neubearbeitete Auflage,
Zweiter Band, §§ 53a–75, Berlin – 2008
Sechster Band, §§ 150–220, Berlin – 2006 zit.: Bearbeiter, in: GK-AktG, Band, Paragraph, Randnummer)

Horn, Christian: Verbraucherschutz bei Internetgeschäften, MMR 2002, S. 209 ff.
(zit.: Horn, MMR 2002, Seite)

Horn, Norbert: Der Ausschluß von Aufklärung und Beratung im Anlegerschutzrecht, in: Norbert Horn/Hans-Jürgen Lwowski/Gerd Nobbe (Hrsg.), Bankrecht – Schwerpunkte und Perspektiven: Festschrift für Herbert Schimansky, Köln 1999, S. 653–665
(zit.: Horn, in: FS-Schimansky, Seite)

Horn, Norbert: Die Aufklärungs- und Beratungspflichten der Banken, ZBB 1997, S. 139 ff.
(zit.: Horn, ZBB 1997, Seite)

Huber, Herwart: Rechtsprechung zum Bank- und Kreditsicherungsrecht, Anmerkungen zu LG Frankfurt, Urt. v. 7.10.1997, Az. 3/11 O 44/96, ZIP 1998, S. 641 ff.
(zit.: Huber, ZIP 1998, Seite)

Huber, Peter/Bach, Ivo: Die Rom-II VO, Kommissionsentwurf und aktuelle Entwicklung, IPRax 2005, S. 73 ff.
(zit.: Huber/Bach, IPRax 2005, Seite)

Huber, Stefan: Ausländische Broker vor deutschen Gerichten, Zur Frage der Handlungszurechnung im internationalen Zuständigkeits- und Kollisionsrecht, IPRax 2009 S. 134 ff.
(zit. Huber, IPRax 2009, Seite)

Hübner, Leonhard: Kollisionsrechtliche Behandlung von Gesellschaften aus „nichtprivilegierten" Drittstaaten, Baden-Baden 2011
(zit.: Hübner, Seite)

Hüffer, Uwe: Aktiengesetz, 10., neu bearbeitete Auflage, München 2012
(zit.: Hüffer, AktG, 10. Auflage, Paragraph, Randnummer)

Hunecke, Daniel: Der Zeichnungsvertrag, Tübingen, 2011
(zit.: Hunecke, Seite)

Hüßtege, Rainer/Mansel, Heinz-Peter: NomosKommentar – BGB, Band 6, Rom-Verordnungen, Baden-Baden 2014
(zit.: Bearbeiter, in: Hüßtege/Mansel

Hutter, Stephan/Kaulamo, Katja: Transparenzrichtlinie-Umsetzungsgesetz: Änderungen der Regelpublizität und das neue Veröffentlichungsregime für Kapitalmarktinformationen, NJW 2007, S. 550 ff.
(zit.: Hutter/Kaulamo, NJW 2007, Seite)

Hutter, Stephan/Stürwald, Florian: EM.TV und die Haftung für fehlerhafte Ad-hoc-Mitteilungen, NJW 2005, S. 2428 ff.
(zit.: Hutter/Stürwald, NJW 2005, Seite)

Jäger, Axel: Aktiengesellschaft, unter besonderer Berücksichtigung der KGaA. München 2004
(zit.: Jäger, Aktiengesellschaft, Paragraph, Randnummer)

Jäger, Axel: Thema Börse (9): Wege für die New Economy, NZG 21/2000, S. 1049 ff.
(zit.: Jäger, Thema Börse(9), NZG 2000, Seite)

Jäger, Georg: Grundstrukturen des Wertpapierhandelsrechts – Erwiderung auf Bausch, BKR 2009, 288, 304 ff., BKR 2009, S. 351 ff.
(zit.: Jäger, BKR 2009, Seite)

Jäger, Stefan: Das Prospekthaftungsstatut, Baden-Baden 2007
(zit.: Jäger, Seite)

Jayme, Erik: Inhaltskontrolle von Rechtswahlklauseln in Allgemeinen Geschäftsbedingungen, in: Bernhard Pfister/Michael R. Will (Hrsg.), Festschrift für Werner Lorenz zum 70. Geburtstag, Tübingen 1991, S. 435 ff.
(zit.: Jayme, in: FS-Lorenz, Seite)

Jayme, Erik: Kollisionsrecht 2000, IPRax 2000, S. 454 ff.
(zit.: Jayme, IPRax 2000, Seite)

Jooß, Alexander: Rückvergütungen vs. Innenprovisionen, WM 2011, S. 1260 ff.
(zit.: Jooß, WM 2011, Seite)

Jordans, Roman: Die Umsetzung der MiFID in Deutschland und die Abschaffung des § 37d WpHG, WM 2007, S. 1827 ff.
(zit.: Jordans, WM 2007, Seite)

Jordans, Roman: Aufklärungspflichten über Einnahmen aus dem Vertrieb von Finanzprodukten – eine Übersicht über die Rechtsprechung zu Kick-Backs, Provisionen und Margen seit dem Jahr 2000, BKR 2011, S. 456 ff.
(zit.: Jordans, BKR 2011, Seite)

Junker, Abbo: Die Rom II-Verordnung: Neues Internationales Deliktsrecht auf europäischer Grundlage, NJW 2007, S. 3675 ff.
(zit.: Junker, NJW 2007, Seite)

Junker, Abbo: Internationales Vertragsrecht im Internet, Im Blickpunkt: Internationale Zuständigkeit und anwendbares Recht, RIW 1999, 809 ff.
(zit.: Junker, RIW 1999, Seite)

Just, Clemens/Ritz, Corinna/Voß, Thorsten/Zeising, Michael: Wertpapierprospektgesetz (WpPG) und EU-Prospektverordnung, München 2009
(zit.: Bearbeiter, in: Just/Ritz/Voß/Zeising, Paragraph, Randnummer)

Kasten, Roman A.: Das neue Kundenbild des § 31a WpHG – Umsetzungsprobleme nach MiFID & FRUG, BKR 2007, S. 261 ff.
(zit.: Kasten, BKR 2007, Seite)

Keller, Christoph/Kolling, Annabella: Das Gesetz zur Einführung von Kapitalanleger-Musterverfahren – Ein Überblick, BKR 2005, S. 399 ff.
(zit.: Keller/Kolling, BKR 2005, Seite)

Kiethe, Kurt: Internationale Tatortzuständigkeit bei unerlaubter Handlung – die Problematik des Vermögensschadens, NJW 1994, S. 222 ff.
(zit.: Kiethe, NJW 1994, Seite)

Kiethe, Kurt: Prospekthaftung und grauer Kapitalmarkt, ZIP 2000, S. 216 ff.
(zit.: Kiethe, Prospekthaftung und grauer Kapitalmarkt, ZIP 2000, Seite)

Kindl, Johann: Der Erwerb eigener Aktien nach dem KonTraG, DStR 1999, S. 1276 ff.
(zit.: Kindl, DStR 1999, Seite)

Kindl, Johann/Meller-Hannich, Caroline/Wolf, Hans-Joachim: Gesamtes Recht der Zwangsvollstreckung, Handkommentar, 2. Auflage, Baden-Baden 2013
(zit: Bearbeiter, in: Hk-ZV, Artikel, Randnummer)

Kindler, Peter: Bezugsrechtsausschluß und unternehmerisches Ermessen nach deutschem und europäischem Recht, ZGR 1998, S. 35 ff.
(zit.: Kinder, ZGR 1998, Seite)

Klatt, Heiko: Die Kerngleichheit als Grenze der Prüfungspflichten und der Haftung des Hostproviders, ZUM 2009, S. 265 ff.
(zit.: Klatt, ZUM 2009, Seite)

Kluth, David: Die Grenzen des kollisionsrechtlichen Verbraucherschutzes, Jena 2009
(zit.: Kluth, Seite)

Knack, Hans Joachim: Verwaltungsverfahrensgesetz (VwVfG), Kommentar, 8., neu bearbeitete Auflage, Köln-Berlin-Bonn-München 2004
(zit.: Bearbeiter, in: Knack, Paragraph, Randnummer)

Koch, Christian/Maurer, Peter: Rechtsfragen des Online-Vertriebs von Bankprodukten – behindern gesetzliche Regelungen den elektronischen Geschäftsverkehr? – Teil I –, WM 2002, S. 2451 ff.
(zit.: Koch/Maurer, WM 2002, Seite)

Koch, Harald: Verbrauchergerichtsstand nach dem EuGVÜ und Vermögensgerichtsstand nach der ZPO für Termingeschäfte?, IPRax 1995, S. 71 ff.
(zit.: Koch, IPRax 1995, Seite)

Koch, Jens: Innenprovisionen und Rückvergütungen nach der Entscheidung des BGH vom 27.10.2009, BKR 2010, S. 177 ff.
(zit: Koch, BKR 2010, Seite)

Koch, Wolfgang/Wegmann, Jürgen: Praktiker-Handbuch Börseneinführung, Ablauf des Börsengangs mittelständischer Unternehmen – mit Erfahrungsberichten vom Neuen Markt, 3. Auflage, Stuttgart 2000
(zit.: Koch/Wegmann, Praktiker-Handbuch Börseneinführung, Seite)

Kocher, Eva: Neue Vorschriften für den Fernabsatz von Finanzdienstleistungen an Verbraucher, DB 2005, S. 2679 ff.
(zit.: Kocher, DB 2005 Seite)

Koller, Ingo: Die Abdingbarkeit des Anlegerschutzes durch Information im europäischen Kapitalmarktrecht, in: Theodor Baums/Marcus Lutter/Carsten Schmidt/Johannes Wertenbruch (Hrsg.), Festschrift für Ulrich Huber zum siebzigsten Geburtstag, Tübingen 2006, S. 821 ff.
(zit.: Koller, in: FS-Huber, Seite)

Köndgen, Johannes: Mutmaßungen über die Zukunft europäischer Börsen, in: Uwe H. Schneider/Peter Hommelhoff/Karsten Schmidt (Hrsg.), Festschrift für Marcus Lutter zum 70. Geburtstag: Deutsches und europäisches Gesellschafts-, Konzern- und Kapitalmarktrecht, Köln 2000, S. 1401–1421
(zit.: Köndgen, in: FS-Lutter 2000, Seite)

Köndgen, Johannes: Die Entwicklung des privaten Bankrechts in den Jahren 1999–2003, NJW 2004, S. 1288 ff.
(zit.: Köndgen, NJW 2004, Seite)

Köndgen, Johannes: Zur Theorie der Prospekthaftung (I), AG 1983, S. 85 ff.
(zit.: Köndgen, AG 1985, Seite)

Kopp, Ferdinand O./Ramsauer, Ulrich/: Verwaltungsverfahrensgesetz, 13., vollständig überarbeitete Auflage, München 2012
(zit.: Bearbeiter, in: Kopp/Ramsauer, Paragraph, Randnummer)

Kort, Michael: Neuere Entwicklungen im Recht der Börsenprospekthaftung (§§ 45, ff. BörsG) und der Unternehmensberichtshaftung (§ 77 BörsG), AG 1999, S. 9 ff.
(zit.: Kort, AG 1999, Seite)

Korts, Sebastian/Korts, Petra: Der Weg zur börsennotierten Aktiengesellschaft, Leitfaden für das Going Public von Unternehmen, Heidelberg
(zit.: Korts/Korts, Seite)

Kowalewski, Jörn/Hellgardt, Alexander: Der Stand der Rechtsprechung zur deliktsrechtlichen Haftung für vorsätzlich falsche Ad-hoc-Mitteilungen, DB 2005, S. 1839 ff.
(zit.: Kowalewski/Hellgardt, DB 2005, Seite)

Kronke, Herbert/Melis, Werner/Schnyder, Anton: Handbuch Internationales Wirtschaftsrecht, Köln 2005
(zit.: Bearbeiter, in: Kronke/Melis/Schnyder, Teil, Randziffer)

Kropholler, Jan: Internationales Privatrecht, einschließlich der Begriffe des Internationalen Zivilverfahrensrechts, 5., neubearbeitete und erweiterte Auflage, Tübingen 2004
(zit.: Kropholler, IPR, Seite)

Kropholler, Jan/von Hein, Jan: Europäisches Zivilprozessrecht, Kommentar zu EuGVO, Lugano-Übereinkommen 2007, EuVTVO, EuMVVO und EuGFVO, 9., völlig neubearbeitete und erweiterte Auflage, Frankfurt a.M. 2011
(zit.: Bearbeiter, in: Kropholler/von Hein, EuZPR, Artikel, Randnummer)

Kühne, Andreas Otto: Ausgewählte Auswirkungen der Wertpapierdienstleistungsrichtlinie – MiFID, BKR 2005, S. 275 ff.
(zit.: Kühne, BKR 2005, Seite)

Kühne, Andreas Otto/Eberhardt, Maxi: Erlaubnispflicht eines „Family Office" unter Berücksichtigung des neuen Finanzdienstleistungstatbestandes der Anlageberatung, BKR 2008, S. 133 ff.
(zit.: Kühne, Eberhardt, BKR 2008, Seite)

Kullmann, Walburga/Metzger, Jürgen: Der Bericht der Expertengruppe „Europäische Wertpapiermärkte" (ESME) zur Richtlinie 2003/71/EG („Prospektrichtlinie"), WM 2008, S. 1292 ff.)
(zit.: Kullmann/Metzger, WM 2008, Seite)

Kullmann, Walburga/Sester, Peter: Das Wertpapierprospektgesetz (WpPG), – Zentrale Punkte des neuen Regimes für Wertpapieremissionen –, WM 2005, S. 1068 ff.
(zit.: Kullmann/Sester, WM 2005, Seite)

Kumpan, Christoph: Transparenz als Mittel der Kapitalmarktregulierung – Die neuen Transparenzvorschriften der Richtlinie über Märkte für Finanzinstrumente –, WM 2006, S. 797 ff.
(zit.: Kumpan, WM 2006, Seite)

Kumpan, Christoph/Hellgardt, Alexander: Haftung der Wertpapierdienstleistungsunternehmen nach Umsetzung der EU-Richtlinie über Märkte für Finanzinstrumente (MiFID), DB 2006, S. 1714 ff.
(zit.: Kumpan/Hellgardt, DB 2006, Seite)

Kümpel, Siegfried: Bank- und Kapitalmarktrecht, 3., neubearbeitete und wesentlich erweiterte Auflage, Köln 2004
(zit.: Kümpel, Bank- und Kapitalmarktrecht, Randnummer)

Kümpel, Siegfried: Verbraucherschutz im Bank- und Kapitalmarktrecht, WM 2005, S. 1 ff.
(zit.: Kümpel, WM 2005, Seite)

Kümpel, Siegfried: Die allgemeinen Verhaltensregeln des Wertpapierhandelsgesetzes, WM 1995, S. 689 ff.
(zit.: Kümpel, WM 1995, Seite)

Kümpel, Siegfried/Wittig, Arne: Bank- und Kapitalmarktrecht, 4., neu bearbeitete Auflage, Köln 2011
(zit: Bearbeiter, in: Kümpel/Wittig, Randnummer)

Kuntz, Thilo: Internationale Prospekthaftung nach Inkrafttreten des Wertpapierprospektgesetzes, WM 2007, S. 432 ff.
(zit.: Kuntz, WM 2007, Seite)

Kurth, Ekkehard: Problematik grenzüberschreitender Wertpapieraufsicht, WM 2000, S. 1521 ff.
(zit.: Kurth, WM 2000, Seite)

Lachner, Constantin M./Heppe, Rafael v.: Die prospektfreie Zulassung nach § 4 Abs. 2 Nr. 1 WpPG („10%-Ausnahme") in der jüngsten Praxis, WM 2008, S. 576 ff.
(zit.: Lachner/Heppe, WM 2006, Seite)

Lang, Volker: Informationspflichten bei Wertpapierdienstleistungen, Rechtliche Grundlagen, Typenspezifische Anforderungen, Haftung, München 2003
(zit.: Lang, Paragraph, Randnummer)

Lang, Volker/Kühne, Andreas Otto: Anlegerschutz und Finanzkrise – noch mehr Regeln? WM 2009, S. 1301 ff.
(zit.: Lang/Kühne, WM 2009, Seite)

Lange, Markus: Informationspflichten von Finanzdienstleistern, Zivilrechtliche Vorfeldpflichten bei Anlagegeschäften an Finanz- und Terminmärkten unter Berücksichtigung der §§ 31, 21 WpHG, Berlin 2000
(zit.: Lange, Seite)

Lehmann, Matthias/Manger-Nestler, Cornelia: Die Vorschläge zur neuen Architektur der europäischen Finanzaufsicht, EuZW 2010, S. 87 ff.
(zit.: Lehmann/Manger-Nestler, EuZW 2010, Seite)

Leible, Stefan: Internationales Vertragsrecht, die Arbeiten an einer Rom I-Verordnung und der Eruopäische Vertragsgerichtsstand, IPRax 2006, S. 365 ff.
(zit.: Leible, IPRax 2006, Seite)

Leible, Stefan: Binnenmarkt, elektronischer Geschäftsverkehr und Verbraucherschutz, JZ 2010, S. 272 ff.
(zit.: Leible, JZ 2010, Seite)

Leible, Stefan: Verbesserung des kollisionsrechtlichen Verbraucherschutzes, in: Das Grünbuch zum Internationalen Vertragsrecht, München 2004
(zit.: Bearbeiter, in: Leible, Grünbuch zum Internationalen vertragsrecht, Seite)

Leible, Stefan/Müller, Michael: Die Bedeutung von Websites für die internationale Zuständigkeit in Verbrauchersachen, NJW 2011, S. 495 ff.
(zit.: Leible/Müller, NJW 2011, Seite)

Leible, Stefan/Lehmann, Matthias: Die Verordnung über das auf vertragliche Schuldverhältnisse anzuwendende Recht („Rom I"), RIW 2008, S. 528 ff.
(zit.: Leible/Lehmann, RIW 2008, Seite)

Leible, Stefan/Lehmann, Matthias: Die neue EG-Verordnung über das auf außervertragliche Schuldverhältnisse anzuwendende Recht („Rom II"), RIW 2007, S. 721 ff.
(zit.: Leible/Lehmann, RIW 2007, Seite)

Leible, Stefan/Hoffmann, Jochen: „Überseering" und das (vermeintliche) Ende der Sitztheorie, RIW 2002, S. 925 ff.
(zit.: Leible/Hoffmann, RIW 2002, Seite)

Leisch, Franz Clemens: Informationspflichten nach § 31 WpHG, Rechtsnatur und Inhalt, Zur zivilrechtlichen Geltung einer Norm des Wirtschaftsrechts, München 2004
(zit.: Leisch, Seite)

Lenenbach, Markus: Kapitalmarkt- und Börsenrecht, Köln 2002
(zit.: Lenenbach, Seite)

Lenz, Carl Otto/Borchardt, Klaus-Dieter: EU-Verträge, 6. Auflage, Köln 2012
(zit.: Bearbeiter, in: Lenz/Borchardt, 6. Auflage, Artikel, Randnummer)

Lenz, Jürgen/Ritz, Corinna: Die Bekanntmachung des Bundesaufsichtsamtes für den Wertpapierhandel zum Wertpapierverkaufsprospektgesetz und zur Verordnung über Wertpapier-Verkaufsprospekte, WM 2000, S. 904 ff.
(zit.: Lenz/Ritz, WM 2000, Seite)

Leuering, Dieter: Die Neuordnung der gesetzlichen Prospekthaftung, NJW 2012, S. 1905 ff.
(zit: Leuering, NJW 2012, Seite)

Leuering, Dieter/Stein, Philip: Prospektpflicht von Bezugsrechtsemissionen, NJW-Spezial 2012, S. 599 ff.
(zit.: Leuering/Stein, NJW-Spezial 2012, Seite)

Leuering, Dieter/Zetzsche, Dirk: Die Reform des Schuldverschreibungs- und Anlageberatungsrechts – (Mehr) Verbraucherschutz im Finanzmarktrecht?, NJW 2009, S. 2856 ff.
(zit.: Leuering/Zetzsche, NJW 2009, Seite)

Lippe, Donovan/Voigt, Daniel: Offenlegungspflichten der Anlageberater jenseits von Rückvergütungen – unterschiedliche Anforderungen an Anlageberater bei der Offenlegung von Innenprovisionen durch verschiedene BGH-Senate?, BKR 2011, S. 151 ff.
(zit: Lippe/Voigt, BKR 2011, S. 151 ff.)

Lippe, Donovan/Voigt, Daniel: Offenlegungspflichten der Anlageberater jenseits von Rückvergütungen – unterschiedliche Anforderungen an Anlageberater bei der Offenlegung von Innenprovisionen durch verschiedene BGH-Senate?, BKR 2011, S. 151 ff.
(zit.: Lippe, BKR 2011, Seite)

Litzenberger, Gabriel: Verstoß gegen Berichtspflichten bei der Ausnutzung genehmigten Kapitals unter Bezugsrechtsausschluss und fehlerhafte Entsprechenserklärungen zum DCGK – Die Deutsche Bank Hauptversammlung 2009, NZG 2011, S. 1019 ff.
(zit.: Litzenberger, NZG 2011, Seite)

Livonius von, Hilger: Aktuelle Rechtsfragen des Vertriebs von Finanzprodukten, BKR 2005, S. 10 ff.
(zit.: von Livonius, BKR 2005, Seite)

Loewenheim, Ulrich/Koch, Frank A: Praxis des Online-Recht, Wiesbaden 1998
(zit.: Bearbeiter, in: Loewenheim/Koch, Seite)

Lorenz, Stephan: Im BGB viel Neues: Die Umsetzung der Fernabsatzrichtlinie, JuS 2000, Seite 833 ff.
(zit.: Lorenz, JuS 2000, Seite)

Lubitz, Markus: Entwicklungen des E-Commerce 2004, K&R 2005, S. 97 ff.
(zit.: Lubitz, K&R 2005, Seite)

Lurger, Brigitta/Vallant, Sonja Maria: Grenzüberschreitender Wettbewerb im Internet, Umsetzung des Herkunftslandsprinzips der E-Commerce-Richtlinie in Deutschland und Österreich, RIW 2002, S. 188 ff.
(zit.: Lurger/Vallant, RIW 2002, Seite)

Lutter, Marcus: Zum Bezugsrechtsausschluß bei der Kapitalerhöhung im Rahmen des genehmigten Kapitals, JZ 1998, S. 50 ff.
(zit.: Lutter, JZ 1998, Seite)

Lüttringhaus, Jan D.: Das internationale Privatrecht der culpa in contrahendo nach den EG Verordnungen „Rom I" und „Rom II", RIW 2008, S. 193 ff.
(zit.: Lüttringhaus, RIW 2008, Seite)

Maaß, Oliver/Troidl, Wolfgang: Haftung des Großaktionärs bei Einlagenrückgewähr – Folgen aus dem Telekom-KfW-Urteil, BB 2011, S. 2563 ff.
(zit.: Maaß/Troidl, BB 2011, Seite)

Magnus, Ulrich: Die Rom I-Verordnung, IPRax 2010, S. 27 ff.
(zit.: Magnus, IPRax 2010, Seite)

Magnus, Ulrich/Mankowski, Peter (Hrsg.): Brussels I Regulation, 2., revised edition, München 2012
(zit.: Bearbeiter, in: Magnus/Mankowski, Brussels I Regulation, Artikel, Randnummer)

Mai, Gerald: Wertpapierhandel im Internet, Besondere Rechte und Pflichten der Vertragsparteien im Rahmen von Internet-Brokerage, CR 2002, S. 200 ff.
(zit.: Mai, CR 2002, Seite)

Mankowski, Peter: Neues zum „Ausrichten" unternehmerischer Tätigkeit unter Art. 15 Abs. 1 lit. c EuGVO, IPRax 2009, S. 238 ff.
(zit.: Mankowski, IPRax 2009, Seite)

Mankowski, Peter: Finanzverträge und das neue Internationale Verbrauchervertragsrecht des Art. 6 Rom I-VO, RIW 2009, S. 98 ff.
(zit.: Mankowski, RIW 2009, Seite)

Mankowski, Peter: Die Rom-I Verordnung – Änderungen im europäischen IPR für Schuldverträge, IHR 2008, S. 133 ff.
(zit.: Mankowski, IHR 2008, Seite)

Mankowski, Peter: Das Herkunftslandsprinzip als Internationales Privatrecht der e-commerce-Richtlinie, ZVglRWiss 100(2001), S. 137
(zit.: Mankowski, ZVglRWiss 100, Seite)

Mankowski, Peter: Der Vorschlag für die Rom-I Verordnung, IPRax 2006, S. 101 ff.
(zit.: Mankowski, IPRax 2006, Seite)

Mankowski, Peter: E-Commerce und Internationales Verbraucherschutzrecht, MMR 2000, Beilage 7, S. 22 ff.)
(zit.: Mankowski, MMR-Beilage 7/2001, Seite)

Mankowski, Peter: Entwicklungen im Internationalen Privat- und Prozessrecht 2003/2004 (Teil 1), RIW 2004, 481 ff.
(zit.: Mankowski, RIW 2004, Seite)

Mankowski, Peter: Die Düsseldorfer Sperrungsverfügung – alles andere als rheinischer Karneval, MMR 2002, S. 277 ff.
(zit.: Mankowski, MMR 2002, Seite)

Mankowski, Peter: Herkunftslandprinzip und Günstigkeitsvergleich in § 4 TDG-E, CR 2001, S. 630 ff.
(zit.: Mankowski, CR 2001, Seite)

Mankowski, Peter: Das Internet im Internationalen Vertrags- und Deliktsrecht, RabelsZ 63(1999), S. 203 ff.
(zit.: Mankowski, RabelsZ 63(1999), Seite)

Mankowski, Peter: Überlegungen zu einer sach- und interessengerechten Rechtswahl für Verträge des internationalen Wirtschaftsverkehrs, RIW 2003, S. 2 ff.
(zit.: Mankowski, RIW 2003, Seite)

Mankowski, Peter: Comments on the European Commission's Draft Proposal for a Council Regulation on the Law Applicable to Non-Contractual Obligatons, RabelsZ 67(2003), S. 1 ff.
(zit.: Mankoski, RabelsZ 67(2003), Seite)

Mankowski, Peter: Die Qualifikation der culpa in contrahendo – Nagelprobe für den Vertragsbegriff des IZPR und IPR, IPRax 2003, S. 127 ff.
(zit.: Mankowski, IPRax 2003, Seite)

Mankowski, Peter: Herkunftslandprinzip und deutsches Umsetzungsgesetz zur e-commerce-Richtlinie, IPRax 2002, S. 257 ff.
(zit.: Mankowski, IPRax 2002, Seite)

Mankowski, Peter: Optionsanleihen ausländischer Gesellschaften als Objekt von Börsenaußengeschäften – Qualifikation und Internationales Privatrecht, AG 1998, S. 11 ff.
(zit.: Mankowski, AG 1998, Seite)

Mansel, Heinz-Peter/Thorn, Karsten/Wagner, Rolf: Europäisches Kollisionsrecht 2009: Hoffnungen durch den Vertrag von Lissabon, IPRax 2010, S. 1 ff.
(zit.: Mansel/Thorn/Wagner, IPRax 2010, Seite)

Manzei, Daniela: Rechtsvergleichende Betrachtung von Verhaltensregeln für Wertpapierdienstleistungsunternehmen im Privatkundengeschäft unter deutschem wie US-amerikanischem Aufsichtsrecht, WM 2009, 393 ff.
(zit.: Manzei, WM 2009, Seite)

Marberth-Kubicki, Annette: Der Beginn der Internet-Zensur, Zugangssperren durch Access-Provider, NJW 2009, S. 1792 ff. (Marberth-Kubicki, NJW 2009, Seite)

Martens, Klaus-Peter: Der Ausschluß des Bezugsrechts, ZIP 1992, S. 1677 ff.
(zit.: Martens, ZIP 1997, Seite)

Martiny, Dieter: Neues deutsches internationales Vertragsrecht, RIW 2009, S. 737 ff.
(zit.: Martiny, RIW 2009, Seite)

Martiny, Dieter: Europäisches Internationales Vertragsrecht – Ausbau und Konsolidierung, ZEuP 1999, S. 246 ff.
(zit: Martiny, ZEuP 1999, Seite)

Martiny, Dieter: Internationales Vertragsrecht im Schatten des Europäischen Gemeinschaftsrecht, ZEuP 2001, S. 308 ff.
(zit.: Martiny, ZEuP 2001, Seite)

Martiny, Dieter: Neue Impuls im Europäischen Internationalen Vertragsrecht, ZEuP 2006, S. 60 ff.
(zit.: Martiny, ZEuP 2006, Seite)

Mattil, Peter/Möslein, Florian: Die Sprache des Emissionsprospekts – Europäisierung des Prospektrechts und Anlegerschutz –, WM 2007, S. 819 ff.
(zit.: Mattil/Möslein, WM 2007, Seite)

Meng, Werner: Extraterritoriale Jurisdiktion im öffentlichen Wirtschaftsrecht, Berlin – Heidelberg – New York 1994
(zit.: Meng, Seite)

Merkt, Hanno: Internationaler Unternehmenskauf, 2. Auflage, Köln 2003
(zit.: Merkt, Internationaler Unternehmenskauf, Randnummer)

Metzger, Axel: Zum Erfüllungsgerichtsstand bei Kauf- und Dienstleistungsverträgen gemäß der EuGVVO, IPRax 2010, S. 420 ff.
(zit.: Metzger, IPRax 2010, Seite)

Micklitz, Hans-W./Rott, Peter: Vergemeinschaftung des EuGVÜ in der Verordnung (EG) Nr. 44/2001, EuZW 2001, S. 325 ff.
(zit.: Micklitz/Rott, EuZW 2001, Seite)

Möllers, Thomas M.J.: Anlegerschutz durch Aktien- und Kapitalmarktrecht, ZGR 1997, S. 334
(zit.: Möller, ZGR 1997, Seite)

Möllers, Thomas M.J.: Europäische Methoden- und Gesetzgebungslehre im Kapitalmarktrecht, Vollharmonisierung, Generalklauseln und soft law im Rahmen des Lamfalussy-Verfahrens als Mittel der Etablierung von Standards, ZEuP 2008, S. 480 ff.
(zit.: Möllers, ZEuP 2008, Seite)

Möllers, Thomas M.J.: Vermögensbetreuungsvertrag, graue Vermögensverwaltung und Zweitberatung, Vertragstypen zwischen klassischer Anlageberatung und Vermögensverwaltung, WM 2008, S. 93 ff.
(zit.: Möllers, WM 2008, Seite)

Möllers, Thomas M.J.: Das Verhältnis der Haftung wegen sittenwidriger Schädiger zum gesellschaftsrechtlichen Kapitalerhaltungsgrundsatz – EM.TV und Comroad, BB 2005, S. 1637 ff.
(zit.: Möllers, BB 2005, Seite)

Möllers, Thomas M.J./Weichert, Tilman: Das Kapitalanleger-Musterverfahrensgesetz, NJW 2005, S. 2737 ff.
(zit.: Möllers/Weichert, NJW 2005, Seite)

Möllers, Thomas M.J./Leisch, Franz-Clemens: Neuere Gesetze und Rechtsprechung zur bank- und kapitalmarktrechtlichen Informationshaftung, JZ 2000, S. 1085–1092
(zit.: Möllers/Leisch, JZ 2000, Seite)

Moritz, Hans-Werner/Dreier, Thomas: Rechts-Handbuch zum E-Commerce, 2. Auflage, Köln 2005
(zit.: Bearbeiter, in: Moritz/Dreier, Rechtshandbuch E-Commerce, Randnummer)

Mormann, Felix: Die Gerichtsstand-Dreifaltigkeit für Kapitalanlageklagen nach § 32b ZPO, ZIP 2011, S. 1182 ff.
(zit.: Mormann, ZIP 2011, Seite)

Mülbert, Peter O.: Anlegerschutz bei Zertifikaten – Beratungspflichten, Offenlegungspflichten bei Interessenkonflikten und die Änderungen durch das Finanzmarkt-Richtlinie-Umsetzungsgesetz (FRUG) –, WM 2007, S. 1149 ff.
(zit.: Mülbert, WM 2007, Seite)

Mülbert, Peter O.: Auswirkungen der MiFID-Rechtsakte für Vertriebsvergütung im Effektengeschäft der Kreditinstitute, ZHR 172 (2008), S. 170 ff.
(zit.: Mülbert, ZHR 172 (2008), Seite)

Müller, Robert/Oulds, Mark K.: Transparenz im europäischen Fremdkapitalmarkt, WM 2007, S. 573 ff.
(zit.: Müller/Oulds, WM 2007, Seite)

Müller, Welf/Rödder, Thomas: Beck'sches Handbuch der AG – mit KGaA –, Gesellschaftsrecht – Steuerrecht – Börsengang, München 2004
(zit.: Bearbeiter, in: Müller/Rödder, Paragraph, Randnummer)

Müller-Christmann, Bernd: Das Gesetz zur Stärkung des Anlegerschutzes und Verbesserung der Funktionsfähigkeit des Kapitalmarkts, DB 2011, S. 749 ff.
(zit.: Müller-Christmann, DB 2011, Seite)

Musielak, Hans-Joachim: Kommentar zur Zivilprozessordnung mit Gerichtsverfassungsgesetz, 10., neubearbeitete Auflage, München 2013
(zit.: Musielak, ZPO, Paragraph, Randnummer)

Nagel, Bernhard: Deutsches und europäisches Gesellschaftsrecht, München, 2000
(zit.: Nagel, Seite)

Nagel, Heinrich/Gottwald, Peter: Internationales Zivilprozessrecht, 7. neu bearbeitete Auflage, Köln 2013
(zit.: Bearbeiter, in: Nagel/Gottwald, IZVR, Paragraph, Randnummer)

Neuhaus, Paul Heinrich: Grundbegriffe des Internationalen Privatrechts, 2. Auflage, Tübingen 1976
(zit.: Neuhaus, Grundbegriffe, Seite)

Nickels, Sven: Neues Bundesrecht für den E-Commerce, CR 2002, S. 302 ff.
(zit.: Nickels. CR 2002, Seite)

Nikolaus, Max/d'Oleire, Stefan: Aufklärung über „Kick-backs" in der Anlageberatung: Anmerkungen zum BGH-Urteil vom 19.12.2006 = WM 2007, 487, WM 2007, S. 2129 ff.
(zit: Nikolaus/d'Oleire, WM 2007, Seite)

Nirk, Rudolf/Reuter, Hans-Peter/Bächle, Hans-Ulrich: Handbuch der Aktiengesellschaft, Loseblattsammlung, Köln 2005
(zit.: Bearbeiter, in: Rudolf/Reuter/Bächle, Teil, Randnummer)

North, Michael: Von Aktie bis Zoll, Ein historisches Lexikon des Geldes, München 1995
(zit.: North, Seite)

Oelke, Thorsten: Der neue Entry Standard Index der Deutschen Börse – ein Instrument zur Mittelstandsfinanzierung?, BKR 2006, S. 7 ff.
(zit.: Oelke, BKR 2006, Seite)

Ohler, Christoph: Aufsichtsrechtliche Fragen des electronic-banking, WM 2002, S. 162 ff.
(zit.: Ohler, WM 2002, Seite)

Ohler, Christoph: Die Kapitalverkehrsfreiheit und ihre Schranken, WM 1997, S. 1801 ff.
(zit.: Ohler, WM 1997, Seite)

Ohler, Christoph: Europäische Kapital- und Zahlungsverkehrsfreiheit, Kommentar zu den Artikeln 56 bis 60 EGV, der Geldwäscherichtlinie und Überweisungsrichtlinie, Berlin Heidelberg 2006
(zit.: Ohler, Artikel, Randnummer)

Oltmanns, Martin/Zöllter-Petzoldt, Irka: Bezugsrechtskapitalerhöhungen von Unternehmen im Entry-Standard, NZG 2013, S. 489 ff.
(zit: Oltmanns/Zöllter-Petzoldt, NZG 2013, Seite)

Ott, Stephan: Impressumspflicht für Webseiten Die Neuregelungen nach § 5 TMG, § 55 RStV, MMR 2007, S. 354 ff.
(zit.: Ott, MMR 2007, Seite)

Paefgen, Walter G.: Kollisionsrechtlicher Verbraucherschutz im Internationalen Vertragsrecht und Europäisches Gemeinschaftsrecht, ZEuP 2003, S. 266 ff.
(zit.: Paefgen, ZEuP 2003, Seite)

Palandt, Otto: Bürgerliches Gesetzbuch, 72. Auflage, München 2013
(zit.: Bearbeiter, in: Palandt, Paragraph, Randnummer)

Paschas, Nikolaos/Neumann, Kay-Uwe: Die Neuregelungen des UMAG im Bereich der Durchsetzung von Haftungsansprüchen der Aktiengesellschaft gegen Organmitglieder, DB 2005, S. 1779 ff.
(zit.: Paschas/Neumann, DB 2005, Seite)

Pfeifer, Klaus-Gerhard: Einführung der Dokumentationspflicht für das Beratungsgespräch durch § 34 Abs. 2a WpHG, BKR 2009, S. 485 ff.
(zit.: Pfeifer, BKR 2009, Seite)

Pfeiffer, Thomas: Neues Internationales Vertragsrecht, EuZW 2008, S. 622 ff.
(zit.: Pfeiffer, EuZW 2008, Seite)

Pfeiffer, Thomas: Die Entwicklung des Internationalen Vertrags-, Schuld- und Sachrechts in den Jahren 1997–1999, NJW 1999, 3674 ff.
(zit.: Pfeiffer, NJW 1999, Seite)

Pfeiffer, Thomas: Internationale Zuständigkeit und prozessuale Gerechtigkeit, Frankfurt/Main 1995
(zit.: Pfeiffer, Internationale Zuständigkeit, Seite)

Pfüller, Markus/Koehler, Tanja: Handel per Erscheinen – Rechtliche Rahmenbedingungen beim Kauf von Neuemissionen auf dem Graumarkt – WM 2002, S. 781 ff.
(zit.: Pfüller/Koehler, WM 2002, Seite)

Pfüller, Markus/Westerwelle, Kai: Das Internet als Kapitalmarkt, MMR 1998, S. 171 ff.
(zit.: Pfüller/Westerwelle, MMR 1998, Seite)

Piltz, Burghard: Die Zuständigkeitsordnung nach dem EWG-Gerichtsstands- und Vollstreckungsübereinkommen, NJW 1979, S. 1071 ff.
(zit.: Piltz, NJW, Seite)

Plück, Ralf/Schmutzler, Karl Jürgen/Kühn, Peter: Kapitalmarktrecht, Gesetzliche Regelungen und Haftungsrisiken für Finanzdienstleister, Wiesbaden 1999
(zit.: Plück/Schmutzler/Kühn, Seite)

Podewils, Felix/Reisich, Dennis: Haftung für „Schrott"-Zertifikate? – Aufklärungs- und Beratungspflichten nach BGB und WpHG beim Erwerb von Zertifikaten, NJW 2009, S. 116 ff.
(zit.: Podewils/Reisich, NJW 2009, Seite)

Preuße, Thomas/Schmidt, Maike: Anforderungen an Informationsblätter nach § 31 Abs. 3a WpHG, BKR 2011, S. 265 ff.
(zit.: Preuße/Schmidt, BKR 2011, Seite)

Priester, Hans-Joachim: Emissions-Tranchen bei ordentlicher Kapitalerhöhung? NZG 2010, S. 81 ff.
(zit.: Priester, NZG 2010, Seite)

Raiser, Thomas/Veil, Rüdiger: Recht der Kapitalgesellschaften, 5., neubearbeitete und erweiterte Auflage, München 2010
(zit.: Raiser/Veil, Paragraph, Randnummer)

Rauscher, Thomas: Europäisches Zivilprozessrecht und Kollissionsrecht,
Bearbeitung 2011, Rom I-VO, Rom II-VO, München 2011
Bearbeitung 2011, Brüssel I-VO, LugÜbk 2007, München 2011
Neubearbeitung 2010, EG-VollstrTitelVO, EG-MahnVO, EG-BagatellVO, EG-ZustVO 2007, EG-BewVO, EG-InsVO
(zit.: Bearbeiter, in: Rauscher, EuZPR, Artikel, Randnummer)

Rauscher, Thomas/Wax, Peter/Wenzel, Joachim: Münchner Kommentar zur Zivilprozessordnung mit Gerichtsverfassungsgesetz und Nebengesetze
Band 1, §§ 1–510c, 4. Auflage, München 2013
Band 3, §§ 946–1086, EGZPO – GVG – EGGVG – UklaG, Internationales Zivilprozessrecht, 3. Auflage, München 2008
(zit.: Bearbeiter, in: MüKo-ZPO, Band, Paragraph, Randnummer)

Rauscher, Thomas/Pabst, Steffen: Die Rechtsprechung zum Internationalen Privatrecht 2008–2009, NJW 2009, S. 3614 ff.
(zit.: Rauscher/Pabst, NJW 2009, Seite)

Rebmann, Kurt/Säcker, Franz Jürgen/Rixecker, Roland (Hrsg.): Münchner Kommentar zum Bürgerlichen Gesetzbuch,
Band 2, Schuldrecht, Allgemeiner Teil, §§ 241–432, 6. Auflage, München 2012
Band 5, Schuldrecht, Besonderer Teil III, §§ 705–853, Partnerschaftsgesellschaftsgesetz, Produkthaftungsgesetz, Auflage, München 2013
Band 10, Einführungsgesetz zum Bürgerlichen Gesetzbuch, Internationales Privatrecht, Rom I-Verordnung, Rom II-Verordnung, Einführungsgesetz zum Bürgerlichen Gesetzbuch (Art. 1–24), 5. Auflage, München 2010

Band 11, Internationales Privatrecht, Internationales Wirtschaftsrecht, Einführungsgesetz zum Bürgerlichen Gesetzbuch (Art. 25–248 EGBGB), 5. Auflage, München 2010
(zit.: Bearbeiter, in: MüKo-BGB, Band, Artikel, Randnummer)

Reich, Norbert: Informations-, Aufklärungs- und Warnpflichten beim Anlagegeschäft unter besonderer Berücksichtigung des „execution-only-business" (EOB), WM 1997, S. 1601 ff.
(zit.: Reich, WM 1997, Seite)

Reischauer, Friedrich/Kleinhans, Joachim: KWG, Loseblattkommentar für die Praxis nebst sonstigen bank- und sparkassenrechtlichen Aufsichtsgesetzen sowie ergänzende Vorschriften, I. Band, Berlin
(zit.: Bearbeiter, in: Reischauer/Kleinhans, KWG, Paragraph, Anmerkung)

Reithmann, Christoph/Martiny, Dieter: Internationales Vertragsrecht, 7., neu bearbeitete Auflage, Köln 2010
(zit.: Reithmann/Martiny, Internationales Vertragsrecht, Randnummer)

Richrath, Jochen: Aufklärungs- und Beratungspflichten – Grundlagen und Grenzen, WM 2004, S. 653 ff.
(zit.: Richrath, WM 2004, Seite)

Riehmer, Klaus/Heuser, Friederike: Börsen und Internet, NZG 2001, S. 385 ff.
(zit.: Riehmer/Heuser, NZG 2001, Seite)

Rijavec, Vesna/Jelinek, Wolfgang/Brehm, Wolfgang: Die Erleichterung der Zwangsvollstreckung in Europa, Baden-Baden 2012
(zit.: Bearbeiter, in: Rijavec/Jelinek/Brehm, Seite)

Rodloff, Frank: Zum Kontrollmaßstab des Bezugsrechtsausschlusses, ZIP 2003 S. 1076 ff.
(zit.: Rodloff, ZIP 2003, Seite)

Rögner, Herbert: Zur „Auslegung" des Inlandsbegriffs des § 32 KWG durch die Verwaltungspraxis Bundesanstalt für Finanzdienstleistungsaufsicht – zugleich Anmerkung zum Beschluss des VGH Kassel vom 21.1.2005, WM 2005, 1123 – WM 2006, S. 745 ff.
(zit.: Rögner, WM 2006, Seite)

Rösler, Hannes/Siepmann, Verena: Der Beitrag des EuGH zur Präzisierung von Art. 15 I EuGVO, EuZW 2006, S. 76 ff.
(zit.: Rösler/Siepmann, EuZW 2006, Seite)

Rösler, Patrick/Werner, Stefan: Erhebliche Neuerungen im zivilen Bankrecht: Umsetzung von Verbraucherkredit- und Zahlungsdiensterichtlinie, Überblick über den Umsetzungsbedarf in der Bankpraxis anhand der vorliegenden Gesetzentwürfe, BKR 2009, S. 1 ff.
(zit.: Rösler/Werner, BKR 2009, Seite)

Roßnagel, Alexander: Das Telemediengesetz, Neuordnung für Informations- und Kommunikationsdienste, NVwZ 2007, S. 743 ff.
(zit.: Roßnagel, NVwZ 2007, Seite)

Roßnagel, Alexander: Europäische Signaturrichtlinie und Optionen ihrer Umsetzung, MMR 1999, S. 261 ff.
(zit.: Roßnagel, MMR 1999, Seite)

Rost, Stefan: Informationspflichten von Wertpapierdienstleistern ohne Beratungsangebot (Discount-Broker) gegenüber Privatkunden, Unter besonderer Berücksichtigung des § 31 II Nr. 2 Wertpapierhandelsgesetz (WpHG), Berlin 2001
(zit.: Rost, Seite)

Rothenhöfer, Kay: Interaktion zwischen Aufsichts- und Zivilrecht in, in: Harald Baum/Andreas M. Fleckner/Alexander Hellgardt (Hrsg.), Perspektiven des Wirtschaftsrechts, deutsches, europäisches und internationales Handels-, Gesellschafts- und Kapitalmarktrecht, Beiträge für Klaus J. Hopt aus Anlass seiner Emeritierung, Berlin 2008, S. 55 ff.
(zit.: Rothenhöfer, in: FS-Hopt, Seite)

Rott, Peter: BB-Gesetzgebungsreport: Die Umsetzung der Richtlinie über den Fernabsatz von Finanzdienstleistungen im deutschen Recht, BB 2005, S. 53 ff.
(zit.: Rott, BB 2005, Seite)

Rötting, Michael/Lang, Christina: Das Lamfalussy-Verfahren im Umfeld der Neuordnung der europäischen Finanzaufsichtsstrukturen, EuZW 2012, S. 8 ff.
(zit: Rötting/Lang, EuZW 2012, Seite)

Rozok, Matthias: Tod der Vertriebsprovisionen oder Alles wie gehabt? Die Neuregelungen über Zuwendungen bei der Umsetzung der Finanzmarktrichtlinie, BKR 2007, S. 217 ff.
(zit.: Rozok, BKR 2007, Seite)

Rühl, Christiane: § 12 AGBG im System des internationalen Verbraucherschutzrechts, RIW 1999, S. 321 ff.
(zit.: Rühl, RIW 1999, Seite)

Ruoff, Axel: E-Commerce und Verbraucherschutz – Zur Anwendbarkeit des Haustürwiderrufsgesetzes im Internet, NJW-CoR 2000, S. 38 ff.
(zit.: Ruoff, NJW-CoR 2001, Seite)

Rusche, Tim: Der „enge Zusammenhang“ im Sinne des Art. 29a EGBGB, IPRax 2001, S. 420 ff.
(zit.: Rusche, IPRax 2001, Seite)

Sack, Rolf: Das internationale Wettbewerbs- und Immatrialgüterrecht nach der EGBGB Novelle, WRP 2000, S. 269 ff.
(zit.: Sack, WRP 2000, Seite)

Sack, Rolf: Die IPR-Neutralität der E-Commerce-Richtlinie und des Telemediengesetzes, EWS 2011, S. 65 ff.
(zit.: Sack, EWS 2011, Seite)

Sack, Rolf: Das internationale Wettbewerbsrecht nach der E-Commerce-Richtlinie (ECRL) und dem EGG-/TDG-Entwurf, WRP 2001, S. 1408 ff.
(zit.: Sack, WRP 2001, Seite)

Sack, Rolf: Der EuGH zu Art. 3 E-Commerce-Richtlinie – die Entscheidung „eDate Advertising“, EWS 2011, S. 513 ff.
(zit.: Sack, EWS 2011, Seite)

Sack, Rolf: Das Herkunftslandprinzip der E-Commerce-Richtlinie und der Vorlagebeschluss des BGH vom 10.11.2009, EWS 2010, S. 70 ff.
(zit.: Sack, EWS 2010, Seite)

Sadler, Gerhard: Verwaltungsverfahrensgesetz/Verwaltungsvollstreckungsgesetz, Kommentar anhand der Rechtsprechung, 6., neubearbeitete Auflage, Heidelberg 2006
(zit.: Sadler, VwVG/VwZG, Paragraph, Randnummer)

Sandrock, Otto: Die Schrumpfung der Überlagerungstheorie, Zu den zwingenden Vorschriften des deutschen Sitzrechts, die ein fremdes Gründungsstatut überlagern können, ZVglRWiss 102(2003), S. 447 ff.
(zit.: Sandrock, ZVglRWiss 102(2003), Seite)

Schack, Haimo: Internationales Zivilverfahrensrecht, 5. Auflage, München 2010
(zit.: Schack, IZVR, Randnummer)

Schäfer, Carsten: Prospekthaftung bei öffentlicher Umplatzierung von Aktien – Zur richtigen Verteilung von Risiken, ZIP 2010, S. 1877 ff.
(zit.: Schäfer, ZIP 2010, Seite)

Schäfer, Frank A.: Sind die §§ 31 ff. WpHG n.F. Schutzgesetze i.S.v. § 823 Abs. 2 BGB? WM 2007, S. 1872 ff.
(zit.: Schäfer, WM 2007, Seite)

Schäfer, Frank A.: Emission und Vertrieb von Wertpapieren nach dem Wertpapierverkaufsprospektgesetz, ZIP 1991, S. 1557 ff.
(zit.: Schäfer, ZIP 1991, Seite)

Schäfer, Frank A.: Der Begriff des Emissionsgeschäfts im KWG – und die Tätigkeit von Venture Capital Gesellschaften aus bankaufsichtsrechtlicher Sicht -, WM 2002, S. 361 ff.
(zit.: Schäfer, WM 2002, Seite)

Schäfer, Frank A.: Wertpapierhandelsgesetz, Börsengesetz mit BörsZulV, Verkaufsprospektgesetz mit VerkProspV, Köln 1999
(zit: Schäfer, Wertpapierhandelsgesetz, Paragraph, Randnummer)

Schäfer, Frank A.: Die Pflicht zur Aufdeckung von Rückvergütungen und Innenprovisionen beim Vertrieb von Fonds in Rechtsprechung und Gesetzgebung, in: Mathias Habersack/Hans-Ulrich Joeres/Achim Krämer, Entwicklungslinien im Bank- und Kapitalmarktrecht, Festschrift für Gerd Nobbe, Köln 2009, S. 725 ff.
(zit.: Schäfer, in: FS-Nobbe, Seite)

Schäfer, Frank A./Hamann, Uwe: Kapitalmarktgesetze, Wertpapierhandelsgesetz, Börsengesetz mit BörsZulV, Wertpapierprospektgesetz, Verkaufsprospektgesetz, Wertpapiererwerbs- und Übernahmegesetz, Kommentar, 2., neu bearbeitete Auflage, Stuttgart, Berlin, Köln 2006
(zit.: Bearbeiter, in: Schäfer/Hamann, KMG, Paragraph, Randnummer)

Schäfer, Frank A./Müller, Jörg: Haftung für fehlerhafte Wertpapierdienstleistungen, Köln 1999
(zit.: Bearbeiter, in Schäfer/Müller, Randnummer)

Schäfer, Frank. A.: Zivilrechtliche Konsequenzen der Urteile des BGH zu Gewinnmargen bei Festpreisgeschäften – Besprechung der Urteile des BGH vom 27. September 2011, XI ZR 178/10 = WM 2011, 2261 und XI ZR 182/10 = WM 2011, 2268 –, WM 2012, S. 197 ff.
(zit.: Schäfer, WM 2012, Seite)

Schanz, Kay: Börseneinführung, Recht und Praxis des Börsengangs, 2., vollständig überarbeitete und erweiterte Auflage, München 2002
(zit.: Schanz, Börseneinführung, 2. Auflage, Paragraph, Randnummer)

Schanz, Kay: Börseneinführung, Handbuch für den Börsengang und die börsennotierte Gesellschaft, 4. Auflage, München 2012
(zit.: Schanz, Börseneinführung, Paragraph, Randnummer)

Scheuermann, Isabel: Internationales Zivilverfahrensrecht bei Verträgen im Internet, Tübingen 2004
(zit.: Scheuermann, Seite)

Schimansky, Herbert/Bunte, Hermann-Josef/Lwowski, Hans-Jürgen: Bankrechts-Handbuch,
Band 1, 4. Auflage, München 2011
Band 2, 4. Auflage, München 2011
(zit.: Bearbeiter, in: Schimansky/Bunte/Lwowski, Band, Paragraph, Randnummer)

Schirmbacher, Martin: Musterhafte Widerrufsbelehrung – Neuerungen und kein Ende, BB 2009, S. 1088 ff.
(zit.: Schirmbacher, BB 2009, Seite)

Schlicht, Manuela: Compliance nach Umsetzung der MiFID-Richtlinie, Wesentliche Änderungen oder gesetzliche Verankerung schon gelebter Praxis?, BKR 2006, S. 469 ff.
(zit.: Schlicht, BKR 2006, Seite)

Schlitt, Michael: Die neuen Marktsegmente der Frankfurter Wertpapierbörse, Struktur, Zulassungsvoraussetzungen und Folgepflichten, AG 2003, S. 57 ff.
(zit.: Schlitt, AG 2003, Seite)

Schlitt, Michael/Seiler, Oliver: Aktuelle Rechtsfragen bei Bezugsrechtsemissionen, WM 2003, S. 2175 ff.
(zit.: Schlitt/Seiler, WM 2003, Seite)

Schlitt, Michael/Singhof, Bernd/Schäfer, Susanne: Aktuelle Rechtsfragen und neue Entwicklungen im Zusammenhang mit Börsengängen, BKR 2005, S. 251 ff.
(zit.: Schlitt/Singhof/Schäfer, BKR 2005, Seite)

Schlitt, Michael/Schäfer, Susanne: Auswirkungen des Prospektrichtlinie-Umsetzungsgesetzes auf Aktien- und Equity-linked Emissionen, AG 2005, S. 498 ff.
(zit.: Schlitt/Schäfer, AG 2005, Seite)

Schlitt, Michael/Schäfer, Susanne: Der neue Entry Standard der Frankfurter Wertpapierbörse, AG 2006, S. 147 ff.
(zit.: Schlitt/Schäfer, AG 2006, Seite)

Schlochauer, Hans-Jürgen: Die extraterritoriale Wirkung von Hoheitsakten, Frankfurt am Main 1962
(zit.: Schlochauer, Seite)

Schlosser, Peter F.: EU-Zivilprozessrecht, 3., erweiterte Auflage, München 2009
(zit.: Schlosser, EZPR, Artikel, Randnummer)

Schlüter, Uwe: Börsenhandelsrecht, Handbuch für Banken und Finanzdienstleistungsinstitute, 2. gründlich überarbeitete und wesentlich erweiterte Auflage, München 2003
(zit.: Schlüter, Randnummer)

Schmid, Tobias/Kitz, Volker: Von der Begriffs- zur Gefährdungsregulierung im Medienrecht, ZUM 2009, S. 739 ff.
(zit.: Schmid/Kitz, ZUM 2009, Seite)

Schmidt, Karsten/Hadding, Walther: Münchener Kommentar zum Handelsgesetzbuch
Band 1, §§ 1–75, 3. Auflage, München 2008
Band 5, §§ 343–372, Recht des Zahlungsverkehrs, Effektengeschäft, Depotgeschäft, Ottawa Übereinkommen über Internationales Factoring, 2. Auflage, München 2009
Band 7, Europäisches Aktienrecht, SE-VO, SEBG, Europäische Niederlassungsfreiheit, 3. Auflage, München 2012
(zit.: Bearbeiter, in: MüKo-HGB, Band, Paragraph, Randnummer)

Schmidt, Karsten/Lutter, Marcus: Aktiengesetz, Kommentar
Band 1, §§ 1–149, 2., neu bearbeitete und erweiterte Auflage, Köln 2010
(zit. Bearbeiter, in: Schmidt/Lutter, AktG, Band, Paragraph, Randnummer)

Schmitt, Christian: Die kollisionsrechtliche Anknüpfung der Prospekthaftung im System der Rom II-Verordnung, BKR 2010, S. 366
(zit.: Schmitt, BKR 2010, Seite)

Schmitt, Christian: Die Haftung wegen fehlerhafter oder pflichtwidrig unterlassener Kapitalmarktinformation, Baden-Baden 2010
(zit.: Schmitt, Seite)

Schmitz, Rudolf: Entwicklungen der Rechtsprechung zum KapMuG, NZG 2011, S. 1201 ff.
(zit.: Schimtz, NZG 2011, Seite)

Schmolke, Klaus Ulrich: Der Lamfalussy-Prozess im Europäischen Kapitalmarktrecht – eine Zwischenbilanz, NZG 2005, S 912 ff.
(zit: Schmolke, NZG 2005, Seite)

Schneider, Joachim: Kapitalmarktrechtlicher Anlegerschutz und Internationales Privatrecht, Frankfurt am Main 1998
(zit.: Schneider, Kapitalmarktrechtlicher Anlegerschutz, Seite)

Schneider, Sven H.: Nichtanwendbarkeit des KWG bzw. WpHG trotz Erbringung regulierter Tätigkeiten, WM 2008, S. 285 ff.
(zit.: Schneider, WM 2008, Seite)

Schnorbus, York: Prospektanforderungen für bestimmte Emittenten („Specialist Issuers"), WM 2009, S. 249 ff.
(zit.: Schnorbus, WM 2009, Seite)

Scholz, Ulrich/Rixen, Gerrit: Die neue europäische Kollisionsnorm für außervertragliche Schuldverhältnisse aus wettbewerbsbeschränkendem Verhalten, EuZW 2008, S. 327 ff.
(zit.: Scholz/Rixen, EuZW 2008, Seite)

Schubert, Werner: Die Abschaffung des Konzessionssystems durch die Aktienrechtsnovelle von 1870, ZGR 1981, S. 285 ff.
(zit.: Schubert, ZGR 1981, Seite)

Schumacher, Florian: Zur Anwendbarkeit des § 31d WpHG auf Gewinnmargen im Finanzinstrumentenvertrieb, WM 2011, S. 678 ff.
(zit.: Schumacher, WM 2011, Seite)

Schuster, Fabian/Schütze, Marc/Schulze zur Wiesche, Jens/Kemper, Birgit/Salevic, Marc/Dierking, Laura: Entwicklung des Internet-, Multimedia- und Telekommunikationsrechts im Jahre 2006, MMR-Beilage 2007, S. 1 ff.
(zit.: Schuster/Schütze/Schulte u.a., MMR-Beilage 2007, Seite)

Schütt, Henrik: Die Bank 1995, S. 101 ff.
(zit.: Schütt, Die Bank 1995, Seite)

Schwab, Martin: Provisionen, Rückvergütungen und der legitime Erwartungshorizont des Anlagekunden, BKR 2011, S. 450 ff.
(zit: Schwab, BKR 2011, Seite)

Schwark, Eberhard: Börsengesetz, Kommentar zum Börsengesetz und zu den börsengesetzlichen Nebenbestimmungen, 2., neubearbeitet Auflage, München 1994
(zit.: Schwark, Börsengesetz, 2. Auflage, Paragraph, Randnummer)

Schwark, Eberhard: Kapitalmarktrechtskommentar, Börsengesetz mit Börsenzulassungsverordnung, Verkaufsprospektgesetz mit Verkaufsprospektgesetzverordnung, Wertpapierhandelsgesetz, Wertpapiererwerbs- und Übernahmegesetz, 3., vollständig überarbeitete und erweiterte München 2004
(zit.: Bearbeiter, in: Schwark, Kapitalmarktrechts-Kommentar, 3. Auflage, Paragraph, Randnummer)

Schwark, Eberhard/Zimmer, Daniel: Kapitalmarktrechts-Kommentar, Börsengesetz mit Börsenzulassungsverordnung, Wertpapierprospektgesetz, Verkaufsprospektgesetz mit Vermögensanlagen-Verkaufsprospektverordnung, Wertpapierhandelsgesetz, Wertpapiererwerbs- und Übernahmegesetz, 4., neubearbeitete und erweiterte Auflage, München 2010
(zit.: Bearbeiter, in: Schwark/Zimmer, Kapitalmarktrechts-Kommentar, Paragraph, Randnummer)

Schwartz, Ivo E.: Deutsches internationales Kartellrecht, Köln-Berlin-Bonn-München 1962
(zit.: Schwartz, Seite)

Schwarze, Jürgen (Hrsg.): EU-Kommentar, 3. Auflage, Baden-Baden 2012
(zit: Bearbeiter, in: Schwarze, EU-Kommentar, Artikel, Randnummer)

Schwenke, Michael: Die Kapitalverkehrsfreiheit im Wandel? – Eine erste Analyse neuer Entwicklungen in der Rechtsprechung des EuGH-, IStR 2006, S. 748 ff.
(zit.: Schwenke, IStR 2006, Seite)

Schwennicke, Andreas/Auerbach, Dirk: Kreditwesengesetz (KWG), 2. Auflage, München 2013
(zit.: Bearbeiter, in: Schwennicke/Auerbach, KWG, Paragraph, Randnummer)

Schwintowski, Hans-Peter: Aufklärungspflichten beim Discount Brokerage, ZBB 1999, S. 385 ff.
(zit.: Schwintowski, ZBB 1999, Seite)

Schwintowski, Hans-Peter: Der Geeignetheitstest nach § 31 Abs. 4 WpHG, BKR 2009, S. 217 ff.
(zit.: Schwintowski, BKR 2009, Seite)

Schwintowski, Hans-Peter: Bankrecht, 3. Auflage, Köln 2011
(zit.: Bearbeiter, in: Schwintowski, Bankrecht, Paragraph, Randnummer

Seebach, Daniel: Die Reichweite des Marktortprinzips im Inlandsmerkmal des § 32 Abs. 1 Satz 1 KWG – zugleich methodische Anmerkungen zu BVerwG WM 2009, 1553, WM 2010, S. 733 ff.
(zit.: Seebach, WM 2010, Seite)

Seelinger, Jan: Gesellschaftskollisionsrecht und Transatlantischer Binnenmarkt, Baden-Baden 2010
(zit. Seelinger, Seite)

Sethe, Rolf: Die Zulässigkeit von Zuwendungen bei Wertpapierdienstleistungen, in: Mathias Habersack/Hans-Ulrich Joeres/Achim Krämer, Entwicklungslinien im Bank- und Kapitalmarktrecht, Festschrift für Gerd Nobbe, Köln 2009, S. 769 ff.
(zit.: Sethe, in: FS-Nobbe, Seite)

Seyfried, Thorsten: Die Richtlinie über Märkte für Finanzinstrumente (MiFID) – Neuordnung der Wohlverhaltensregeln, WM 2006, S. 1375 ff.
(zit.: Seyfried, WM 2006, Seite)

Sieber, Ulrich: Verantwortlichkeit im Internet, Technische Kontrollmöglichkeiten und multimediarechtliche Regelungen, München 1999
(zit.: Sieber, Seite)

Siller, Christian: Rechtsfragen des Discount-Broking, Köln 1999
(zit.: Siller, Seite)

Singhof, Bernd/Weber, Christian: Neue kapitalmarktrechtliche Rahmenbedingungen für den Erwerb eigener Aktien AG 2005, S. 549 ff.
(zit.: Singhof/Weber, AG 2005, Seite)

Siol, Joachim: Aufklärungs- und Beratungspflichten der Discount-Broker, in: Norbert Horn/Hans-Jürgen Lwowski/Gerd Nobbe (Hrsg.), Bankrecht – Schwerpunkte und Perspektiven: Festschrift für Herbert Schimansky, Köln 1999, S. 781–792
(zit.: Siol, in: FS-Schimansky 1999, Seite)

Sittmann, Jörg W.: Die Prospekthaftung nach dem Dritten Finanzmarktförderungsgesetz, NZG 13/1998, S. 490 ff.
(zit.: Sittmann, NZG 1998, Seite)

Söbbing, Thomas/Weinbrenner, Christoph: Die Zulässigkeit der Auslagerung von IT-Dienstleistungen durch Institute in sog. Offshore-Regionen, WM 2006, S. 165 ff.
(zit.: Söbbing/Weinbrenner, WM 2006, Seite)

Sonnenberger, Hans Jürgen: Das Internationale Privatrecht im dritten Jahrtausend – Rückblick und Ausblick, ZVglRWiss 100(2001), S. 107 ff.
(zit.: Sonnenberger, ZVglRWiss 100(2001), Seite)

Spickhoff, Andreas: Anspruchskonkurrenzen, Internationale Zuständigkeit und Internationales Privatrecht, IPRax 2009, S. 128 ff.
(zit.: Spickhoff, IPRax 2009, Seite)

Spindler, Gerald: Aufklärungspflichten eines Finanzdienstleisters über eigene Gewinnmargen? – Ein „Kick-Back" zu viel, WM 2009, S. 1821 ff.
(zit.: Spindler, WM 2009, Seite)

Spindler, Gerald: Herkunftslandprinzip und Kollisionsrecht – Binnenmarktintegration ohne Harmonisierung?, RabelsZ 66(2002), S. 633 ff.
(zit.: Spindler, RabelsZ 66(2002), Seite)

Spindler, Gerald: Kapitalmarktgeschäfte im Binnenmarkt, Der Einfluss der E-Commerce-Richtlinie auf das Internationale Vertragsrecht, IPRax 2001, S. 400 ff.
(zit.: Spindler, IPRax 2001, Seite)

Spindler, Gerald: TDG, Teledienstegesetz, Teledienstedatenschutzgesetz, Signaturgesetz, Kommentar, München 2004
(zit.: Bearbeiter, in: Spindler, TDG, Paragraph, Randnummer)

Spindler, Gerald: Emissionen im Internet: Kapitalmarktrecht und Kollisionsrecht, NZG 2000, S. 1058 ff.
(zit.: Spindler, NZG 2000, Seite)

Spindler, Gerald: Internationale Kapitalmarktangebote und Dienstleistungen im Internet – Öffentlich-rechtliche Regulierung und Kollisionsrecht unter besonderer Berücksichtigung der E-Commerce- Richtlinie -, WM 2001, S. 1689 ff.
(zit.: Spindler, WM 2001, Seite)

Spindler, Gerald: E-Commerce in Europa, Die E-Commerce Richtlinie in ihrer endgültigen Fassung, MMR 2000 Beilage 7, S. 4. ff.)
(zit.: Spindler, MMR-Beilage 7/2000, Seite)

Spindler, Gerald: Das Herkunftslandprinzip im neuen Teledienstegesetz, RIW 2002, S. 183 ff.
(zit.: Spindler, RIW 2002, Seite)

Spindler, Gerald: Internet, Kapitalmarkt und Kollisionsrecht unter besonderer Berücksichtigung der E-Commerce-Richtlinie, ZHR 165(2001), S. 324 ff.
(zit.: Spindler, ZHR 165(2001), Seite)

Spindler, Gerald/Stilz, Eberhard: Kommentar zum Aktiengesetz
Band 2, §§ 150–410 AktG, IntGesR, SpruchG, SE-VO, 2. Auflage, München 2010
(zit.: Bearbeiter, in: Spindler/Stilz, AktG, Paragraph, Randnummer)

Spindler, Gerald/Schuster, Fabian: Recht der elektronischen Medien, 2. Auflage, München 2011
(zit.: Spindler/Schuster, Paragraph, Randnummer)

Spindler, Gerald/Kasten, Roman A.: Änderungen des WpHG durch das Finanzmarktrichtlinie-Umsetzungsgesetz (FRUG), WM 2007, S. 1245 ff.
(zit.: Spindler/Kasten, WM 2007, Seite)

Spindler, Gerald/Kasten, Roman A.: Der neue Rechtsrahmen für den Finanzdienstleistungssektor – die MiFID und ihre Umsetzung, WM 2006, S. 1749 ff.
(zit.: Spindler/Kasten, WM 2006, Seite)

Staudinger, Ansgar: Art. 29a EGBGB des Referentenentwurfs zum Fernabsatzgesetz, IPRax 1999, S. 414 ff.
(zit.: Staudinger, IPRax 1999, Seite)

Staudinger, Ansgar: Internationales Verbraucherschutzrecht made in Germany, Im Blickpunkt: der neue Art. 29a EGBGB, RIW 2000, 416 ff.
(zit.: Staudinger, RIW 2000, Seite)

Staudinger, Ansgar: Die ungeschriebenen Kollisionsrechtlichen Regelungsgebote der Handelsvertreter-, Haustür- und Produkthaftungsrichtlinie, NJW 2001, S. 1974 ff.
(zit.: Staudinger, NJW 2001, Seite)

Stein, Friedrich/Jonas, Martin: Zivilprozessordnung, 22. Auflage,
Band 1, §§ 1–40, Tübingen 2003
Band 3. §§ 128–252, Tübingen 2005
Band 5, §§ 328–510b, Tübingen 2006
Band 10, EuGVVO, GVG, Tübingen 2011
(zit.: Bearbeiter, in: Stein/Jonas, ZPO, Paragraf, Randnummer)

Stelkens, Paul/Bonk, Heinz Joachim/Sachs, Michael: Verwaltungsverfahrensgesetz, Kommentar, 8. Auflage, München 2014
(zit.: Bearbeiter, in: Stelkens/Bonk/Sachs, VwVfG, Paragraph, Randnummer)

Stephan, Thomas: Die Sicherstellung der Wohlverhaltensregeln bei grenzüberschreitendem Bezug, München 2001
(zit; Stephan, Seite)

Streinz, Rudolf (Hrsg.): EUV/AEUV, Vertrag über die Europäische Union und Vertrag über die Arbeitsweise der Europäischen Union, 2. Auflage, München 2012
(zit.: Bearbeiter, in: Streinz, EUV/AEUV, Artikel, Randnummer)

Stumpf, Wolf/Müller, Dennis: Referentenentwurf zur Reform des KapMuG: Neuerungen und Kritik, GWB 2011, S. 464 ff.
(zit.: Stumpf/Müller, GWB 2011, Seite)

Sudmeyer, Jan/Rückert, Susanne Kuthe, Thorsten: Entry Standard – Das neue Börsensegment für den Mittelstand, BB 2005, S. 2703 ff.
(zit.: Sudmeyer/Rückert/Kuthe, BB 2005, Seite)

Sujecki, Bartosz: Grenzüberschreitender Verbraucherschutz beim elektronischen Geschäftsverkehr nach der EuGVVO und der Rom I-VO, EWS 2010, S. 360 ff.
(zit.: Sujecki, EWS 2010, Seite)

Sustmann, Marco/Schmidt-Bendun, Rüdiger: Der Referentenentwurf zur Reform des Kapitalanleger-Musterverfahrensgesetzes (KapMuG), NZG S. 2011, 1207 ff.
(zit.: Sustmann/Schmidt/Bendun, NZG 2011, Seite)

Szagunn, Volkhard/Haug, Ulrich/Ergenzinger, Wilhelm: Gesetz über das Kreditwesen, 6., vollständig überarbeitete Auflage, Stuttgart, Berlin, Köln 1997
(zit.: Bearbeiter, in: Szagunn/Haug/Ergenzinger, KWG, Paragraph, Randnummer)

Tawakkoli, Boris: Aktienplazierung via internet, DStR 1999, S. 1330 ff.
(zit.: Tawakkoli, DStR 1999, Seite)

Teuber, Hanno: Finanzmarkt-Richtlinie (MiFID) – Auswirkungen auf Anlageberatung und Vermögensverwaltung im Überblick, BKR 2006, S. 429 ff.
(zit.: Teuber, BKR 2006, Seite)

Than, Jürgen: Die Umsetzung der Verhaltensnormen der §§ 31 ff. WpHG in den Kreditinstituten, in: Das zweite Finanzmarktförderungsgesetz in der praktischen Umsetzung/Bankrechtstag 1995, S. 135 ff.
(zit: Than, Bankrechtstag 1995, Seite)

Thomas, Heinz/Putzo, Hans: Zivilprozessordnung, FamFG, Verfahren in Familiensachen, GVG, Einführungsgesetze, EU-Zivilverfahrensrecht, 34., Auflage, München 2013
(zit.: Bearbeiter, in: Thomas/Putzo, Paragraf, Randnummer)

Thorn, Karsten: Verbraucherschutz bei Verträgen im Fernabsatz, IPRax 1999, S. 1 ff.
(zit.: Thorn, IPRax 1999, Seite)

Thünken, Alexander: Die EG-Richtlinie über den elektronischen Geschäftsverkehr und das internationale Privatrecht des unlauteren Wettbewerbs, IPRax 2001, S. 15 ff.
(zit.: Thünken, IPRax 2001, Seite)

Thünken, Alexander,: Das kollisionsrechtliche Herkunftslandprinzip, Frankfurt am Main 2003
(zit.: Thünken, Das kollisionsrechtliche Herkunftslandprinzip, Seite)

Tornberg, Nina: The Commission's Communication on the General Good – magna charta or law-making? EBLR 1999, S. 24 ff.
(zit.: Tornberg, EBLR 1999, Seite)

Tschäpe, Philipp/Kramer, Robert/Glück, Oliver: Die Rom II-Verordnung – Endlich ein einheitliches Kollissionsrecht für die gesetzliche Prospekthaftung? RIW 2008, S. 657 ff.
(zit.: Tschäpe/Kramer/Glück, RIW 2008, Seite)

Uskenbayeva, Sandugash: Produkthaftung für Software im Internet, Eine Untersuchung zur Internationalen Produkthaftung, Tübingen 2008
(zit.: Uskenbayeva, Produkthaftung für Software im Internet, Seite)

Vander, Sascha: Eingriffe in das allgemeine Fernabsatzrecht, Gesetz zur Änderung der Vorschriften über Fernabsatzverträge bei Finanzdienstleistungen, MMR 2005, S. 139 ff.
(zit.: Vander, MMR 2005, Seite)

Varadinek, Brigitta/Röh, Lars: Anmerkungen zu BGH, Urt. v. 27.10.2009 – XI ZR 338/08, ZIP 2009, S. 2380 ff.
(zit.: Varadinek/Röh, ZIP 2009, Seite)

Veil, Rüdiger: Vermögensverwaltung und Anlageberatung im neuen Wertpapierhandelsrecht – eine behutsame Reform der Wohlverhaltensregeln?, ZBB 2008, S. 34 ff.
(zit.: Veil, ZBB 2008, Seite)

Veil, Rüdiger: Aufklärung und Beratung über die fehlende Einlagensicherung von Lehman-Zertifikaten?, WM 2009, S. 1585 ff.
(zit.: Veil, WM 2009, Seite)

Veil, Rüdiger: Anlageberatung im Zeitalter der MiFID, WM 2007, S. 1821 ff.
(zit.: Veil, WM 2007, Seite)

Veil, Rüdiger: Compliance-Organisationen in Wertpapierdienstleistungsunternehmen im Zeitalter der MiFID, WM 2008, S. 1093 ff.)
(zit.: Veil, WM 2008, Seite)

Verdross, Alfred/Simma, Bruno: Universelles Völkerrecht: Theorie und Praxis, 3. Auflage, Berlin 1984
(zit.: Verdross/Simma, Paragraph)

Voge, Dirk: Zur Erlaubnispflicht grenzüberschreitend betriebener Bank- und Finanzdienstleistungsgeschäfte – zugleich Anmerkung zum Urteil des EuGH vom 3.10.2006 = WM 2006, 1949 –, WM 2007 S. 381 ff.
(zit: Voge, WM 2007, Seite)

Vollkommer, Georg: Neue Wege zum Recht bei kapitalmarktrechtlichen Streitigkeiten – Erste Erfahrungen mit dem Gesetz zur Einführung von Kapitalanleger-Musterverfahren, S. NJW 2007, 3094 ff.
(zit.: Vollkommer, NJW 2007, Seite)

von Hein, Jan: Die Internationale Prospekthaftung im Lichte der Rom II-Verordnung, in: Harald Baum/Andreas M. Fleckner/Alexander Hellgardt (Hrsg.), Perspektiven des Wirtschaftsrechts, deutsches, europäisches und internationales Handels-, Gesellschafts- und Kapitalmarktrecht, Beiträge für Klaus J. Hopt aus Anlass seiner Emeritierung, Berlin 2008, S. 371 ff.
(zit.: von Hein, in: FS-Hopt, Seite)

von Hein, Jan: Die Kodifikation des europäischen IPR der außervertraglichen Schuldverhältnisse vor dem Abschluss?, VersR 2007, S. 441 ff. (von Hein, VersR 2007, Seite)

von Hein, Jan: Kapitalanlegerschutz im Verbrauchergerichtsstand zwischen Fernabsatz und konventionellem Vertrieb: Zur Konkretisierung der „Ausrichtung" in Art. 15 Abs. 1 lit. c EuGVO, IPRax 2006, S. 16 ff.
(zit.: von Hein, IPRax 2006, Seite)

von Hein, Jan: Europäisches Internationales Deliktsrecht nach der Rom II-Verordnung, ZEuP 2009, S. 6 ff.
(zit.: von Hein, ZEuP 2009, Seite)

von Hein, Jan: Deliktischer Kapitalanlegerschutz im europäischen Zuständigkeitsrecht, IPRax 2005, S. 17 ff.
(zit.: von Hein, IPRax 2005, Seite)

von Hein, Jan: Internationale Zuständigkeit und anwendbares Recht bei grenzüberschreitendem Kapitalanlagebetrug, IPRax 2006, S. 460 ff.
(zit.: von Hein, IPRax 2006, Seite)

von Wilmosky, Peter: Der internationale Verbrauchervertrag im EG-Binnenmarkt, ZEuP 1995, S. 735 ff.
(zit.: v. Wilmosky, ZEuP 1995, Seite)

Vortmann, Jürgen: Prospekthaftung und Anlageberatung, Stuttgart 2000
(zit.: Bearbeiter, in: Vortmann, Paragraph, Randnummer)

Vutzthum, Wolfgang Graf: Völkerrecht, Berlin – New York 1994
(zit.: Bearbeiter, Vitzthum, Seite)

Wackerbarth, Ulrich: Prospektveranlassung durch Aktionäre und Einlagenrückgewähr, WM 2011, S. 193 ff.
(zit.: Wackerbarth, WM 2011, Seite)

Wagner, Gerhard: Die neue Rom II-Verordnung, IPRax 2008, S. 1 ff.
(zit.: Wagner, IPRax 2008, Seite)

Wagner, Klaus R.: Neue Entwicklungen zur Anlagevermittler-/Anlageberaterhaftung (Teil II), DStR 2004, S. 1883 ff.
(zit.: Wagner, DStR 2004, Seite)

Wagner, Klaus R.: Der stillschweigende Anlagevermittlungs-/-beratungsvertrag, DStR 2003, S. 1757 ff.
(zit.: Wagner, DStR 2003, Seite)

Wagner, Klaus R.: Anlegerschutzverbesserung und „Grauer Kapitalmarkt", NZG 2011 S. 609 ff.
(zit.: Wagner, NZG 2011, Seite)

Wagner, Rolf: Das Vermittlungsverfahren zur Rom II-VO, in: Dietmar Baetge/Jan von Hein/Michael von Hinden (Hrsg.), Die richtige Ordnung, Festschrift für Jan Kropholler zum siebzigsten Geburtstag, Tübingen 2008, S. 715 ff.
(zit.: Wagner, in: FS-Kropholler, Seite)

Wagner, Rolf: Der Grundsatz der Rechtswahl und das mangels Rechtswahl anwendbare Recht (Rom I-Verordnung), IPRax 2008, S. 377 ff.
(zit.: Wagner, IPRax 2008, Seite)

Wagner, Rolf: Die Bemühungen der Haager Konferenz für Internationales Privatrecht um ein Übereinkommen über die gerichtliche Zuständigkeit und ausländische Entscheidungen in Zivil- und Handelssachen, IPRax 2001, S. 533 ff.
(zit.: Wagner, IPRax 2001, Seite)

Wagner, Rolf: Internationales Deliktsrecht, die Arbeiten an der Rom II-Verordnung und der Europäische Deliktsgerichtsstand, IPRax 2006, S. 372 ff.
(zit.: Wagner, IPRax 2006, Seite)

Wagner, Rolf/Gess, Kirsten: Der Gerichtsstand der unerlaubten Handlung nach der EuGVVO bei Kapitalanlagedelikten, NJW 2009, S. 3481 ff.
(zit.: Wagner/Gess, NJW 2009, Seite)

Waldenberger, Arthur: Electronic Commerce: der Richtlinienvorschlag der EG-Kommission, EuZW 1999, S. 295 ff.
(zit.: Waldenberger, EuZW 1999, Seite)

Weber, Christoph: Internationale Prospekthaftung nach der Rom II-Verordnung, WM 2008, S. 1581 ff.
(zit.: Weber, WM 2008, Seite)

Weber, Martin: Die Entwicklung des Kapitalmarktrechts im Jahre 2007, NJW 2007, S. 3688 ff.
(zit.: Weber, NJW 2007, Seite)

Weber, Martin: Die Entwicklung des Kapitalmarktrechts im Jahre 2006, NJW 2006, S. 3685 ff.
(zit.: Weber, NJW 2006, Seite)

Weber, Martin: Die Entwicklung des Kapitalmarktrechts im Jahre 2008, NJW 2009, S. 33 ff.
(zit.: Weber, NJW 2009, Seite)

Weber, Martin: Internet-Emissionen, MMR 1999, S. 395 ff.
(zit.: Weber, MMR 1999, Seite)

Weber, Stefan: Kapitalmarktrecht, Eine Untersuchung des österreichischen Rechts und des europäischen Gemeinschaftsrechts, Wien 1999
(zit.: Weber, Seite)

Weichert, Tilman/Wenninger, Thomas: Die Neuregelung der Erkundigungs- und Aufklärungspflichten von Wertpapierdienstleistungsunternehmen gem. Art. 19 RiL 2004/39/EG (MiFID) und Finanzmarkt-Richtlinie-Umsetzungsgesetz, WM 2007, S. 627 ff.
(zit.: Weichert/Wenninger, WM 2007, Seite)

Werner, Rüdiger: Börseneinführung im geregelten Markt, Haftung der Emissionsbegleiterin/„Elsflether Werft AG“, Anm. zu OLG Bremen, Urt. v. 21.5.1997 – 1 U 132/96, EWiR § 45 BörsG 1/1998, S. 453 f.
(zit.: Werner, Anm. zu OLG Bremen, EWiR 1998, Seite)

Wernicke, Nina/Hoppe, Vera: Die neue EuGVVO – Auswirkungen auf die internazionale Zuständigkeit bei Internetverträgen, RIW 2004, 643 ff.
(zit.: Wernicke/Hoppe, MMR 2002, Seite)

Wettner, Florian: Die Amtshilfe im Europäischen Verwaltungsrecht, Tübingen 2005
(zit.: Wettner, Seite)

Wieneke, Laurenz: Discount-Broking und Anlegerschutz, Baden-Baden 1999
(zit.: Wieneke, Seite)

Wieneke, Laurenz: Emissionspublizität, Praktische Anforderungen und rechtliche Grenzen, NZG 2005, S. 109 ff.
(zit.: Wieneke, NZG 2005, Seite)

Witt, Carl-Heinz: Keine Verdrängung des Verbots der Einlagenrückgewähr durch allgemeine Haftungsnormen und Übernahme der Prospekthaftung als verbotene Einlagenrückgewähr, WuB II A § 57 AktG 1.07
(zit.: Witt, WuB II A. § 57 AktG 1.07)

Wittwer, Alexander: EuGH-Rechtsprechung zur EuGVVO aus den Jahren 2009 und 2010, ZEuP 2010, S. 636 ff.
(zit.: Wittwer, ZEuP, Seite)

Wolf, Manfred: Auslegung und Inhaltskontrolle von AGB im internationalen kaufmännischen Verkehr, ZHR 153(1989), S. 200 ff.
(zit.: Wolf, ZHR 153(1989), Seite)

Wolf, Manfred/Horn, Norbert/Lindacher, Walter F.: AGB-Gesetz, Gesetz zur Regelung der Allgemeinen Geschäftsbedingungen, Kommentar, 4., völlig neubearbeitete Auflage, München 1999
(zit.: Bearbeiter, in: Wolf/Horn/Lindacher, AGBGB, Paragraph, Randnummer)

Wunderlich, Nina/Blaschke, Christoph: Die Gewährleistung der Kapitalverkehrsfreiheit in Bezug auf Drittstaaten – Neuere Entwicklungen in der Rechtsprechung des EuGH, IStR 2008, S. 754 ff.
(zit.: Wunderlich/Blaschke, IStR 2008, Seite)

Zacharias, Erwin: Börseneinführung mittelständischer Unternehmen, 2., überarbeitete und wesentlich erweiterte Auflage, Bielefeld 2000
(zit.: Zacharias, Seite)

Zens, Andreas: Die Zusammenarbeit der Versicherungsaufsichtsbehörden in der Europäischen Gemeinschaft, Karlsruhe 2005
(zit.: Zens, Seite)

Zimmermann, Andreas: Polizeirechtliche Gefahrenabwehr und das Internet, NJW 1999, S. 3145 ff.
(zit.: Zimmermann, NJW 1999, Seite)

Zingel, Frank: Die Verpflichtung zur bestmöglichen Ausführung von Kundenaufträgen nach dem Finanzmarkt-Richtlinie-Umsetzungsgesetz, BKR 2007, S. 173 ff.
(zit.: Zingel, BKR 2007, Seite)

Zingel, Frank/Rieck, Daniela: Die neue BGH-Rechtsprechung zur Offenlegung von Rückvergütungen, BKR 2009, S. 353 ff.
(zit.: Zingel/Rieck, BKR 2009, Seite)

Zöller, Richard: Zivilprozessordnung, 30., neubearbeitete Auflage, Köln 2014
(zit.: Bearbeiter, in: Zöller, ZPO, Paragraph, Randnummer)

Zöllner, Wolfgang: Gerechtigkeit bei der Kapitalerhöhung, AG 2002, S. 585 ff.
(zit.: Zöllner, AG 2002, Seite)

Zöllner, Wolfgang (Hrsg.): Kölner Kommentar zum Aktiengesetz,
Band 1, §§ 1–75 AktG, 2. neubearbeitete und erweiterte Auflage, Köln-Berlin-Bonn-München 1988
Band 5/1, §§ 179–240, 2. neubearbeitete und erweiterte Auflage, Köln-Berlin-Bonn-München 1995
(zit.: Bearbeiter, in: KöKo-AktG, Paragraph, Randnummer)

Studien zum Europäischen und Internationalen Wirtschaftsrecht
Studies in European and International Economic Law

Herausgeber/Editors: Peter Hay, Meinhard Hilf, Herbert Kronke und Wolfgang Oehler

Band/Volume 1 Ralf Scheibach: Importrelevante Investitionsauflagen und das GATT. Eine Untersuchung über Investitionsmaßnahmen mit handelspolitischen Auswirkungen und ihre Vereinbarkeit mit dem GATT. 1992.

Band/Volume 2 Ilona Muráti: Gläubigerschützende Maßnahmen zur Sicherung der Kapitalaufbringung und der Kapitalerhaltung im spanischen Aktienrecht. Ein Vergleich mit der Rechtslage nach dem deutschen AktG unter Einbeziehung der EG-Richtlinien zur Koordinierung der Schutzbestimmungen auf dem Gebiet des Gesellschaftsrechts. 1993.

Band/Volume 3 Johannes Zügel: Mitwirkung der Arbeitnehmer nach der EU-Richtlinie über die Einsetzung eines Europäischen Betriebsrats. Eine Untersuchung der Richtlinie 94/45 und der vorangegangenen Richtlinienvorschläge unter Berücksichtigung der Praxis multinationaler Unternehmen. 1995.

Band/Volume 4 Torsten Straub: Zur Rechtswahl im internationalen Wechselrecht. Vergleichende Darstellung der Kollisionsnormen Deutschlands, Englands und der UNCITRAL unter dem Aspekt der Parteiautonomie. 1995.

Band/Volume 5 Andreas Kadletz: Haftung und Versicherung im internationalen Lufttransportrecht. 1998.

Band/Volume 6 Wolfram Bechtel: Umzug von Kapitalgesellschaften unter der Sitztheorie. Zur europarechtskonformen Fortentwicklung des internationalen Gesellschaftsrechts. 1999.

Band/Volume 7 Angela von Falkenhayn: Das Verhältnis von Factor und Debitor beim Factoring. Abtretungsverbot und andere Einwendungen im deutschen und amerikanischen Recht und nach der UNIDROIT-Konvention. 1999.

Band/Volume 8 Bettina Grünwald: Das Verbot der irreführenden Werbung nach § 3 UWG – ein Handelshemmnis? 2000.

Band/Volume 9 Hans-Eric Rasmussen-Bonne: Alternative Rechts- und Forumswahlklauseln. Eine vergleichende Darstellung. 1999.

Band/Volume 10 Werner Meier: Grenzüberschreitender Durchgriff in der Unternehmensgruppe nach US-amerikanischem Recht. Jurisdiktions- und Prozeßrecht, Kollisionsrecht, materielles Recht. 2000.

Band/Volume 11 Heiner Braun: Joint Ventures im amerikanischen und deutschen Internationalen Privatrecht. Inhalt und Grenzen des Vertragsstatuts. 2000.

Band/Volume 12 Hanno Naumann: Der Regelungsbereich des UN-Kaufrechts im Spannungsfeld zwischen Einheitsrecht und Kollisionsrecht. 2000.

Band/Volume 13 Markus A. Papmehl: Die Schiedsfähigkeit gesellschaftsrechtlicher Streitigkeiten. 2001.

Band/Volume 14 Heike Bruhn: Niederlassungsfreundliche Sitzverlegung und Verschmelzung über die Grenze nach italienischem Recht. Eine rechtsvergleichende Untersuchung unter Berücksichtigung der europäischen Niederlassungsfreiheit. 2002.

Band/Volume 15 Necla Agdag-Güney: Umwandlung öffentlicher Unternehmen in der Türkei. Eine rechtsvergleichende Untersuchung zum deutschen und türkischen Recht der

Umwandlung von öffentlichen Wirtschaftsunternehmen im Rahmen eines Privatisierungsvorhabens. 2002.

Band/Volume 16 Valerio Sangiovanni: Die Ad-hoc-Publizität im deutschen und italienischen Recht. 2003.

Band/Volume 17 Renate Dendorfer: Aktives Telefonmarketing. Erfassung und Neubewertung der wettbewerbsrechtlichen Beurteilung unerbetener Werbeanrufe. Unter Berücksichtigung europarechtlicher Entwicklungen und US-amerikanischer Regelungen. 2003.

Band/Volume 18 Stephan Bode: Die Wirksamkeit einer Forderungsübertragung gegenüber Dritten vor dem Hintergrund der internationalen Forderungsfinanzierung. 2007.

Band/Volume 19 René Sauer: Die Harmonisierung des Kollisions- und des Sachrechts für Wertpapierguthaben und Wertpapiersicherheiten. Hintergrund und Entwicklung gemeinschaftsrechtlicher und globaler Regelungsansätze. 2008.

Band/Volume 20 Mathias Kapitza: Untersuchungen zur Markenrechtsfähigkeit der BGB-Gesellschaft. 2009.

Band/Volume 21 Franziska Edler: Die Aufhebung von Schiedssprüchen und der Erlass einstweiliger Maßnahmen in Deutschland und Schweden. Ein Rechtsvergleich vor dem Hintergrund der Investitionsschiedsgerichtsbarkeit. 2009.

Band/Volume 22 Christoph Rodenhäuser: Aktienemissionen über das Internet – eine Gefährdung des Anlegerschutzes? 2015.

www.peterlang.com